Peter Köck / Hanns Ott

Wörterbuch für Erziehung und Unterricht

3100 Begriffe aus den Bereichen

Pädagogik
Didaktik
Psychologie
Soziologie
Sozialwesen

Auer Verlag GmbH

6., mehrfach überarbeitete und aktualisierte Auflage. 1997

Gesamtherstellung: Ludwig Auer GmbH, Donauwörth
ISBN 3-403-0**2455**-5

Vorwort

Das Wörterbuch soll in 3100 Stichwörtern umfassende Auskunft über Fachausdrücke des Erziehungsfeldes geben.
Die Bezugswissenschaften sind vornehmlich Pädagogik, Didaktik, Psychologie und Soziologie sowie deren Nachbarwissenschaften.

Das Wörterbuch will gleicherweise Eltern und proffessionelle Erzieher, Studenten der Erziehungswissenschaften, Lehrer aller Schularten, Ausbilder und Führungskräfte in erzieherisch relevanten Berufsfeldern erreichen.
Verständliche Formulierung und veranschaulichende Beispiele sollen den unmittelbaren Zugang auch zu komplexen Fachgebieten erleichtern.

Die Stichwörter sind nicht nur dem aktuellen wissenschaftlichen Stand entsprechend erläutert, sondern auch in ihrer Bedeutung für die erzieherische Praxis beschrieben.

Die in die Texte eingefügten bzw. ihnen nachgestellten Verweispfeile sollen zum Studium größerer Themenkreise anregen und auf ergänzende Informationen hinweisen.
Das Wörterbuch ist insofern als überschaubares Nachschlagewerk **und** als verläßlicher Studienbegleiter angelegt.

Die Literaturhinweise geben Anregungen zum vertieften Studium eines Themenkomplexes. Um einer vielseitigen Information willen wurde darauf geachtet, möglichst verschiedene Standpunkte bei den Literaturhinweisen zu berücksichtigen.

Peter Köck

AAM → Angeborener Auslösemechanimus

Abendgymnasium

Der Besuch des Abendgymnasiums ermöglicht berufstätigen Erwachsenen, die allgemeine Hochschulreife (→ Abitur) zu erwerben. Die Voraussetzungen für die Aufnahme in ein Abendgymnasium sind:
Erfüllung der Hauptschulpflicht, eine mindestens zweijährige, aufeinanderfolgende, regelmäßige Berufstätigkeit oder eine entsprechende abgeschlossene Berufsausbildung, ein Mindesteintrittsalter von 18 Jahren, das Bestehen eines Aufnahmetests, eine zusätzliche berufliche Tätigkeit neben dem Schulbesuch.
Eine elternunabhängige Förderung nach dem → Bundesausbildungsförderungsgesetz können Schüler(innen) eines Abendgymnasiums in den letzten drei Schulhalbjahren vor der Abiturprüfung erhalten, da sie während dieser Zeit der Verpflichtung einer Berufsausbildung enthoben sind.
Die Ausbildung dauert 4 Jahre, gliedert sich in die Eingangsphase (1. und 2. Jahrgangsstufe), in der der Unterricht nach festgelegten Stundentafeln erteilt wird, und in die Kursphase (3. und 4. Jahrgangsstufe), in der die Schüler(innen) unterschiedliche Leistungs- und Grundkurse gemäß der Kollegstufe des Gymnasiums belegen. – Ausbildungsrichtungen in Abendgymnasien können sein: sprachliche; mathematisch-naturwissenschaftliche; wirtschaftswissenschaftliche. O

Abendrealschule

Abendrealschulen sind nicht einheitlich organisiert. Sie führen Berufstätige grundsätzlich in drei oder vier Jahren zum → Mittleren Bildungsabschluß (Realschulabschluß) und vermitteln die Fachoberschulreife (→ Fachoberschule).
Die Voraussetzungen für die Aufnahme sind:
Eine regelmäßige zusammenhängende Berufstätigkeit oder eine abgeschlossene Berufsausbildung, eine berufliche Tätigkeit während des Schulbesuches, der Hauptschulabschluß und ein Mindesteintrittsalter von 17 Jahren.
Der Unterricht, der wöchentlich 16 bis 20 Stunden umfaßt, orientiert sich am Lehrplan der Realschule. Die Wahlpflichtfächergruppen entsprechen im wesentlichen denen der Realschule, wobei sich die Schüler(innen) bereits im ersten Schuljahr für eine Wahlpflichtfächergruppe (mathematisch-naturwissenschaftlich-technisch; wirtschaftlich; musisch-gestaltend, hauswirtschaftlich, sozial) entscheiden müssen.
→ Realschule O

Abenteuerspielplatz → Kinderspielplatz

Aberration

(abgeleitet vom lat. Substantiv aberratio) bedeutet Abweichung und bezeichnet von jeweiligen Gesellschaftsstrukturen entwickelten, geprägten und festgelegten Normen abweichende Verhaltensweisen. Der Begriff wird in verschiedenen Wissensgebieten in bezug auf fachliche Einzelbereiche variabel verwendet. Normen werden im allgemeinen geprägt durch religiöse, politische, ideologische, rechtsstaatsgemäße und auch gesellschaftsverändernde Entwicklungen.
Aberrationen ergeben sich im Kontext situationeller Zwänge durch spezifische Gruppenkonstellationen in einem Gesellschaftsgefüge, in verschiedenen Lebensfeldern wie z. B. im Bereich „Schule“.

Sie sind funktional zu verstehen und können unter entsprechend gegebenen Bedingungen auch zu Lösungen und Konflikten führen. – In psychologischen und pädagogischen Bereichen gelten bewußt und unbewußt veränderte Wiedergaben von Plänen, Vorschriften, Vorgängen, Beobachtungen, Ereignissen usw. als Aberrationen, wobei diese – solange sie nicht der Norm entsprechen – auch als sog. „Negativnormen" bezeichnet werden. – Psychische Störungen, körperliche Schwächen können z. B. bei zu erbringenden Schulleistungen oder auch im Straßenverkehr durch Fehlverhalten, Fehleinschätzungen und normabweichende Einschätzungen zu aberrierendem Verhalten führen.

→ Anerkennung, soziale → Chromosomen → Norm O

Abhängigkeit, soziale

Als sozial abhängig gilt ein → Individuum, das existentiell auf die Betreuung oder Hilfe eines oder mehrerer anderer Individuen angewiesen ist. Von entwicklungspsychologisch besonderer Bedeutung ist die soziale Abhängigkeit des Kleinkindes, dessen → Sozialisationsprozeß vor allem dadurch gekennzeichnet ist, daß es unmittelbare → Bezugspersonen in ihren Verhaltensweisen imitiert und sich mit ihnen identifiziert. Die intakte soziale Abhängigkeit ist in diesem Falle also notwendige Voraussetzung für das soziale Lernen. Ein Mangel an sozialer Abhängigkeit von unmittelbaren Bezugspersonen im Kleinkindalter führt zu Verhaltensstörungen, die von teilweisen Defiziten im sozialen Verhalten bis zum psychischen Krankheitsbild des → Hospitalismus reichen können. Die Entwicklung der sozialen Abhängigkeit wird in der Psychologie meist auf die Wirkung sekundärer → Verstärkungen zurückgeführt, d. h. eine Bezugsperson, die regelmäßig primäre Bedürfnisse des Abhängigen stillt (z. B. die Mutter, die das Nahrungsbedürfnis des Kindes befriedigt), wird in ihrem gesamten Verhalten von diesem als positiv gesinnt empfunden.
Die allgemeine Ablösung des Jugendlichen z. B. von den Eltern führt auch zu einem Abbau seiner sozialen Abhängigkeit. Wegen der erwünschten Einübung des Heranwachsenden in die Selbstbestimmung ist es notwendig, daß die bisherigen Bezugspersonen ihm den Weg aus der unmittelbaren sozialen Abhängigkeit erleichtern. K

Ability

(engl.) beinhaltet begrifflich → Eignung, → Begabung, Befähigung, → Fähigkeit, Talent. Sie differenziert qualitätsmäßig bei zu erbringenden und erbrachten Leistungen in bezug auf Fähigkeiten, Eignung, Begabung, physisches und geistiges Durchhaltevermögen, Geschicklichkeit und bezieht sich in der modernen Psychologie auf meßbare und unterscheidbare Begabungen.
Im weiteren Sinne umfaßt „ability" das natürliche Talent bzw. die anlagenbedingte Begabung eines Menschen.

→ ability grouping → Faktorenanalyse → mixed abilities O

Ability grouping

wird auch als streaming oder tracking bezeichnet. Es bedeutet, größere Gruppen, in denen sich Lernende mit unterschiedlichen → Begabungen, → Fähigkeiten oder Eignungen befinden (→ mixed abilities), auf Grund geeigneter pädagogischer/psychologischer Verfahren (z. B. durch Eignungs-, Leistungstests) entsprechend ihrer intellektuellen Fähigkeiten, ihres Leistungsstandes, ihrer Fertigkeiten oder Talente in kleineren Gruppen mit annähernd gleichartigem Niveau zusammenzufassen, um eine bessere Lerneffektivität zu erzielen.

→ ability → aptitude test O

Abitur

(lat. abire = abgehen, weggehen, fortgehen) Das Abitur, auch als Reifeprüfung oder in der Schweiz und in Österreich als Matura (lat. maturus = reif, tauglich) bezeichnet, stellt einen Bildungsabschluß dar, der zur Aufnahme eines Hochschulstudiums berechtigt. Die verschiedenen Abiturformen sind: 1. die allgemeine Hochschulreife, 2. die fachgebundene Hochschulreife, 3. die Fachhochschulreife. Die allgemeine Hochschulreife (allgemeines Abitur) berechtigt zur Immatrikulation an allen → Hochschulen (z. B. Universitäten, Gesamthochschulen, → Fachhochschulen, → Kunsthochschulen) und wird erworben nach bestandener Abschlußprüfung an → Gymnasien oder Schulen des zweiten bzw. berufsbezogenen Bildungsweges wie z. B. Kollegs und Abendgymnasien. Die fachgebundene Hochschulreife (fachgebundenes Abitur, Fakultätsreife), welche die Fachhochschulreife einschließt, ermöglicht ein Studium in bestimmten Studiengängen an Universitäten und in allen Studiengängen an Fachhochschulen. Sie wird durch Abschlußprüfungen an Schulen des zweiten bzw. beruflichen Bildungsweges erreicht wie z. B. → Berufsoberschulen, Berufskollegs, → Fachakademien.
Die → Fachhochschulreife (allgemeine Fachhochschulreife, unabhängig von der Ausbildungsrichtung) gibt die Berechtigung zum Studium an Fachhochschulen und Gesamthochschulen in bestimmten Studiengängen und wird an → Fachoberschulen abgelegt.

→ Abendgymnasium → Berufsbezogener Bildungsweg → Kolleg O

Ablaufdiagramm → Flußdiagramm

Ablehnung, soziale

Die soziale Ablehnung richtet sich als vorwiegend emotionale Reaktion gegen Mitmenschen oder Erlebnissituationen, die für den Ablehnenden aufgrund eines übernommenen Vorurteils oder eigener schlechter Erfahrungen mit unangenehmen Erinnerungen verknüpft sind. So lehnt z. B. ein Schüler jeden Lehrer ab, weil ein extrem autoritärer Lehrer seine ganze Berufsgruppe etwa durch ungerechte Behandlung des Betroffenen bei diesem in Mißkredit gebracht hat. Ober eine Schulklasse lehnt einen Mitschüler ab, der durch Petzen bei den Lehrern Punkte sammelt. Auf → Vorurteilen und möglicherweise auch auf → Verdrängungen beruht die soziale Ablehnung ganzer Berufsgruppen (der Polizei, der Beamten usw.) oder von Menschen bestimmter Herkunft, Hautfarbe, Religion usw. K

Ablösung

Sie bedeutet den meist schrittweise erfolgenden Abbau von sozialer → Abhängigkeit bzw. einer starken emotionalen Bindung an eine → Bezugsperson. Der entwicklungspsychologisch normale Vorgang der Ablösung erreicht seinen Höhepunkt in der → Pubertät. Das Drängen der Jugendlichen nach freier Daseinsgestaltung und Selbstbestimmung wird von Eltern und Erziehern oft als undankbare Abwendung mißverstanden und die notwendige Ablösung durch Maßnahmen der

Einschränkung und Bindung erschwert. Das pädagogisch wünschenswerte Verhalten bestünde in dem Angebot eines partnerschaftlichen Verhältnisses anstelle der bisherigen sozialen Abhängigkeit. Die Alternative heißt also nicht Halten um jeden Preis oder Verlust, sondern Veränderung des mitmenschlichen Bezuges. In der psychoanalytischen Behandlung ist die Ablösung vom Therapeuten eine unabdingbare Voraussetzung für eine konfliktfreie Beendigung der Therapie. K

abnorm

(lat: ab = weg; norma = Regel, Richtschnur, Maßstab; abnormis = von der Regel abweichend) abnormal oder auch anomal bedeutet von der Regel abweichend, den einem Gesellschaftssystem gültigen Gesetzen, Anschauungen, Prinzipien oder üblichen Verhaltensmustern nicht entsprechend.
Die Begriffe Abnormität und Anomalie finden Anwendung z. B. bei Personen mit krankhaftem Verhalten, mit Abweichungen im psychischen, geistig-intellektuellen Bereich oder auch bei körperlichen Mißbildungen. – Die „abnormal psychology" (→ Klinische Psychologie) befaßt sich mit „abnormen Personen", d. h. vom sog. Durchschnitt abweichenden, psychisch und sozial auffallenden und auch durch nicht gewünschte Außeneinflüsse belasteten Personen. O

Abstraktion

(lat. abstrahere = abziehen, wegnehmen, wegziehen) stellt die Bezeichnung für einen Denkvorgang dar, der sich mit der Bildung von Begriffen und Gesetzen befaßt. Sie ist gekennzeichnet durch ein stufenweises Herauslösen, Heraussondern, Auswählen bestimmter Merkmale und Komponenten mit der Absicht, das Wesentliche und Gleichbleibende unterschiedlicher Gegenstände oder komplexer Sachverhalte zum Zwecke einer vereinfachenden Bewertung, Kategorisierung oder Klassifizierung zu erkennen. Aus der konkreten Wirklichkeit wird die Verschiedenheit herausgeschält, um das verbleibende Allgemeine untersuchen zu können und zum Abstraktum zu gelangen. Je weiter man sich vom Gegenständlichen entfernt, desto höher wird der Abstraktionsgrad (abgestufter Abstraktionsvorgang) z. B. Wal, Meerestier, Säugetier, Tier, Lebewesen, Lebendes, Seiendes.
Die Entwicklung des abstrakten Denkens und die Fähigkeit zur Abstraktion werden durch die → Schulpädagogik gefördert.

→ Pädagogik → Intelligenz O

Abwehrmechanismen

Als Abwehrmechanismen bezeichnen S. und A. Freud Maßnahmen des Ich, mit denen es Triebansprüchen des Es (Lustprinzip) begegnet, wenn die Gefahr besteht, daß die ungehemmte Triebbefriedigung zu Konflikten mit dem Über-Ich und der Realität (Realitätsprinzip) führt. So wird z. B. durch den Abwehrmechanismus der Sublimierung sexuelle Energie in die Bewältigung nichtsexueller Aufgaben abgeleitet, weil die normative Übereinkunft der Gesellschaft ein ungehemmtes Ausleben der Sexualität verbietet und gegebenenfalls mit → Sanktionen belegt.
Die wichtigsten Abwehrmechanismen, die in eigenen Abschnitten erläutert werden, sind: Verdrängung, Rationalisierung, Regression, Sich-Zurückziehen, Isolierung, Verschiebung, Verkehrung oder Umschlagen ins Gegenteil, Projektion, Introjektion, Identifikation, Autismus, Ungeschehenmachen, Sublimierung.

→ Ich – Es – Über-Ich K

Abweichendes Verhalten → Devianz → Verhalten

Acculturation

1. Synonym für → Enkulturation
2. Acculturation wird in der Ethnologie (=Völkerkunde) als Bezeichnung für einen Kulturwandel verwendet, der durch die **wechselseitige** Beeinflussung kulturell verschiedenartiger Gruppen hervorgerufen wird. Die einseitige Angleichung der Kultur einer Völkergruppe z. B. an die eines Eroberers wird genauer → Assimilation genannt. K

Acquired Immune Deficiency Syndrome → AIDS

Action flexibility

oder Aktionsflexibilität ist die Fähigkeit, sich wechselnden Situationen anzupassen, Ereignisse und Geschehnisse rasch zu erfassen und sein Verhalten so auszurichten, um ein angestrebtes Ziel zu erreichen. Sie stellt eine wesentliche Grundlage der → Lokomotion dar. O

Action research

Wörtlich übersetzt bedeutet action research Untersuchung, Forschung durch Handeln. Die Methode des action research findet z. B. in der gruppendynamischen Forschung Verwendung, da Erfahrungen über das Kräftespiel in Gruppen letztlich nicht durch theoretische Reflexion, sondern nur durch das eigene Einlassen des Forschers in die Erfahrungssituation selbst gewonnen werden können.

→ Feld → Handlungsforschung → Qualitativer Forschungsansatz K

Adaptabilität

bedeutet Anpassungsfähigkeit.

→ Adaptation → Adaptive Programmierung → Adaptiver Unterricht → Anpassung → Anpassungsniveau O

Adaptation

Sie bedeutet die Anpassung speziell der Sinnesorgane an länger dauernde veränderte Verhältnisse. Allgemein erfahrbar ist die Adaptation des Auges an die bestehenden Lichtverhältnisse durch Regulierung der Lichtempfindlichkeit.

Gelegentlich wird der Begriff Adaptation auch im Sinne der sozialen → Anpassung verwendet.

→ Anpassungsniveau K

Adaptation level (AL) → Anpassungsniveau

Adaption → Adaptation → Assimilation

Adaptionsniveau → Anpassungsniveau

Adaptive Programmierung

(lat. adaptare = anpassen, angleichen) bedeutet Lern- und Lehrprogramme für computergestützten (computerunterstützten, rechnergestützten) Unterricht, computergestützte Lehre und Informationspools, computergestütztes Training und Individualstudium kontinuierlich dem jeweils neuesten Wissensstand anzugleichen. Adaptive Programme sollen aufgrund ihres Aufbaues, ihrer stetigen inhaltlichen Ergänzung und möglichst anpassungsfähigen künstlichen Intelligenz ermöglichen, daß dem Lernenden unter Berücksichtigung seines → Anpassungsniveaus verständliche Begriffserklärungen gegeben, Fehler aufgezeigt, Lösungswege und Methoden dargestellt werden, um das angestrebte Ziel zu erreichen.
Unter adaptiver Programmierung wird auch die Umgestaltung, Umarbeitung, Angleichung von Texten, Zeichnungen, Konstruktionen, Plänen usw. bei der Übertragung von einem Medium auf ein anderes verstanden (Medientransfer). O

Adaptiver Unterricht

Der adaptive Unterricht ist methodisch und didaktisch so aufzubereiten und zu gestalten, daß er sich den verschiedenen Merkmalen und individuellen Lernverhältnissen der Adressaten anpaßt, um optimale Ergebnisse zu erzielen. Hierzu sind von seiten der Lehrenden umfangreiche Kenntnisse über den Einsatz unterschiedlicher Lehrmethoden, Medien, Lehr- und Unterrichtsprogramme und der Unterrichtsorganisation notwendig.

→ Adaptation → Adaptive Programmierung → Anpassungsniveau → Lehrdarstellung → Medien → Unterricht O

Additive Gesamtschule → Gesamtschule

Additum

bezeichnet zusätzliche Lehrangebote im Rahmen innerer oder äußerer → Differenzierung im Unterricht, welche über die für alle Schüler verbindliche Mindestanforderungen (= Fundamentum) hinausführen. Lernziele des Additum werden entsprechenden Lernzielkontrollen unterworfen, dürfen aber nicht in die für alle Schüler gleichermaßen gültige Leistungsbeurteilung einbezogen werden. K

Adoleszenz

wird in der entwicklungspsychologischen Fachliteratur sowohl gleichbedeutend mit → Jugendalter als auch als Oberbegriff für die Entwicklungsabschnitte → Pubertät und Jugendalter verwendet. K

Adoption

heißt seit der Neuregelung des Adoptionsrechts ab 1.1.1977 „Annahme als Kind“. Im einzelnen gilt folgendes:

1. Ein Kind adoptieren können unbeschränkt geschäftsfähige Personen, Ehepaare nur gemeinsam, Alleinstehende in Ausnahmefällen.
2. Ein Ehepartner bzw. der/die Alleinstehende muß mindestens 25 Jahre alt sein.
3. Das Kind erhält in vollem Umfang alle Rechte und Pflichten eines ehelichen Kindes, d. h. z. B. es wird seinen neuen Verwandten gegenüber erbberechtigt, aber auch unterhaltspflichtig und umgekehrt. Die Bindung an die bisherige Familie wird völlig aufgehoben.

4. Die vollzogene Adoption gilt für immer.
5. Die Zustimmung zur Adoption müssen geben
   - die Annehmenden
   - das Kind (über 14 Jahre alt und geschäftsfähig)
   - die Eltern des Kindes, bei nichtehelichen Kindern die Mutter des Kindes, in Ausnahmefällen (z. B. Verwahrlosung) das Vormundschaftsgericht.
6. Der Adoption geht eine meist einjährige Pflegezeit voraus, in der die Bindungen zwischen Kind und Adoptiveltern wachsen können.
7. Die Adoption erfolgt auf Antrag durch Beschluß des Vormundschaftsgerichts.
8. Die Adoptionsvermittlung darf nur durch Fachleute vorgenommen werden, die an Adoptionsvermittlungsstellen der Jugendämter, den zentralen Adoptionsstellen der Landesjugendämter oder an entsprechenden anerkannten Stellen des Diakonischen Werkes, des Deutschen Caritasverbandes oder der Arbeiterwohlfahrt tätig sind.
9. Kindervermittlung aufgrund von Ersatzmutterschaft – sei es durch künstliche oder natürliche Befruchtung oder durch Austragen eines fremden Embryos – ist bei Strafandrohung untersagt, ebenso der Kinderhandel.
10. Die zentralen Adoptionsstellen der Landesjugendämter sind an der Vermittlung zu beteiligen, wenn der Adoptionsbewerber oder das Kind eine ausländische Staatsangehörigkeit besitzt, staatenlos ist oder seinen Wohnsitz außerhalb der Geltung dieses Gesetzes hat. Bei der Vermittlung behinderter und schwieriger Kinder kann die Beratung der zentralen Adoptionsstellen in Anspruch genommen werden. Für die Adoption ausländischer Kinder fehlen immer noch endgültige rechtliche Regelungen. Ebenso liegen keine hinreichenden wissenschaftlichen Untersuchungen vor für die Beantwortung der folgenden Probleme:
    - Werden diese Kinder in der aufnehmenden Gesellschaft akzeptiert oder sind sie für Randgruppen prädestiniert?
    - In welchem Ausmaß kann die aufnehmende Gesellschaft mit ihren andersartigen kulturellen Bedingungen die bestmögliche Entwicklung dieser Kinder gewährleisten?
    - Wie wirkt sich der Wechsel von einem Kulturraum in einen anderen auf diese Kinder aus, insbesonders für die Entfaltung ihrer Identität? K

Baer/Gross 1981; Blandow/Frauenknecht 1980; Bohman 1979; Ebertz 1987; Hoffmann-Riem 1985; Lehle 1985; Napp-Peters 1978; Roth-Stielow 1976; Schreiner 1984; Selzam 1977; Sichel 1987; Weyer 1979; Wolters 1989

Advance organizer

(von engl. advance = vorrücken, unterstützen, fördern) ist eine dem Lernprozeß vorgeschaltete oder den Verlauf des Lernprozesses strukturierende Organisationshilfe. So wirkt es sich in der Regel förderlich auf den Lernprozeß aus, wenn der Lernende zu Beginn im Sinne des informierenden Unterrichtseinstiegs über die Lernziele und je nach Schwierigkeit der Aufgabenstellung über die auszuführenden Lernaktivitäten und Lernmethoden in Kenntnis gesetzt wird bzw. dieselben in einem Unterrichtsgespräch unter Mithilfe des Lehrers selbst festlegt. Nach Ausubels Subsumtionstheorie ist dafür zu sorgen, daß neue Erkenntnisse durch entsprechende Organisationshilfen entweder aus bestehendem Wissen abgeleitet werden (= derivate Subsumtion) oder durch Ausweitung bestehenden Wissens gewonnen werden (= korrelative Subsumtion). Letztlich soll durch Subsumtion

(= Zusammenfassung, Klassifizierung, Unterordnung) Wissen auf immer höherem Niveau organisiert werden (vgl. → Abstraktion). K

Ausubel 1963, 1974

Äquilibration → Intelligenz

Äquivalenz

bedeutet wörtlich übersetzt Gleichwertigkeit.

1. Im **künstlerischen Bereich** besagt die Äquivalenztheorie, daß ein Kunstwerk nicht als tatsächliche Wirklichkeit, sondern als Wirklichkeitsersatz, also der Wirklichkeit gleichwertig erfahren wird.
2. In der **Wahrnehmungspsychologie** bezeichnet das Äquivalenzprinzip einen Vorgang, bei dem für die Wahrnehmung störende Signale durch gleichwertige nicht störende beseitigt werden. So beruhen beispielsweise Verständigungsschwierigkeiten zwischen Partnern oft auf wahrnehmungsverzerrenden Signalen wie mangelnder Zuwendung, Tonfall und Wortwahl beim Gespräch usw. Oder ein Lesevorgang wird in der Regel durch lärmende Zeitgenossen erheblich beeinträchtigt, durch leise Unterhaltungsmusik aber nicht.
3. In der **Didaktik** ist von Äquivalenz die Rede, wenn Lernprozesse anhand verschiedener Lerninhalte zu gleichwertigen Qualifikationen (= Befähigungen) führen und damit z. B. zur Grundlage für einheitliche Abschlußprüfungen und für Übergänge zwischen den Schularten gemacht werden können. So führt z. B. die → Kollegstufe des Gymnasiums mit ihren Wahlmöglichkeiten zur Qualifikation der Allgemeinen Hochschulreife. Wesentlich ist dabei die Studierfähigkeit, also die Fähigkeit, eigene Lernprozesse erfolgreich im Sinne der Wissenschaftspropädeutik (→ Propädeutik) organisieren zu können.
   Bildungspolitisch spielt die Äquivalenz der Lerninhalte eine bedeutende Rolle bei der Anerkennung von Abschlußqualifikationen im Sekundarschulbereich II und im Hochschulbereich.
   Äquivalenz der Lerninhalte liegt aber auch **fachimmanent** bei jeder Unterrichtsvorbereitung vor, wenn der Lehrer entscheidet, welchen von mehreren möglichen Lerninhalten er für die Erreichung eines bestimmten Lernzieles auswählt. K

Affekt

Affekt wird sowohl als Bezeichnung für jede Art von Emotionen als auch einschränkend für besonders intensive Emotionen bei gleichzeitig herabgesetzter rationaler Einflußnahme verwendet. Die letztere Bedeutung ist die gebräuchlichere. In diesem Sinne spricht man z. B. von Affekthandlungen, die durch einen plötzlichen, rational unkontrollierten Gefühlsausbruch verursacht werden.

→ Gefühl K

Affektive Hemmung

Unter affektiver Hemmung versteht man eine Beeinträchtigung von Gedächtnisleistungen durch starke gefühlsmäßige Erregungen nach Abschluß des zugehörigen Lernprozesses. Wenn z. B. ein Schüler in der 2. Unterrichtsstunde bei einer Leistungsmessung einen Mißerfolg erleidet, der ihn emotional sehr bedrückt, überlagert diese emotionale Erregung seine evtl. in der 1. Unterrichtsstunde gewonnenen Lernergebnisse derart, daß er in seinem Gedächtnis nicht mehr oder nur noch teilweise über sie verfügt.

→ Gedächtnishemmungen K

Affektiver Lernzielbereich

Durch die affektiven Lernziele werden im Rahmen der → Curricula emotionale Kräfte des einzelnen angesprochen wie z. B. das Verhalten in einer Gemeinschaft, einem anderen oder kulturellen Werten gegenüber. Es sind Lernziele aus dem Gefühls-, Einstellungs- und Interessenbereich sowie des Urteilens und Wertens.

Krathwonl 1975

→ Affekt → Affektivität → Taxonomie → Urteil → Werte O

Affektivität

Sie bezeichnet die Fähigkeit des Menschen schlechthin, auf Begegnendes (Situationen, Mitmenschen) mit → Gefühlen zu antworten. Die Affektivität ist als Anlage in ihm grundgelegt, bedarf aber wie jede andere seiner Anlagen der fördernden Einflußnahme durch die → Umwelt, um entfaltet zu werden. Daraus leitet sich der verpflichtende Auftrag für den vorschulischen und schulischen Bildungsbereich ab, der affektiven Komponente im Erziehungsprozeß gleichberechtigt neben der kognitiven Förderung Raum zu geben. Untersuchungen der Lernpsychologie haben ferner den Nachweis erbracht, daß die kognitiven Leistungen entscheidend von der affektiven Gestimmtheit des Lernenden beeinflußt werden. K

Afferenz

Nerven, die einen von einem Sinnesorgan (Rezeptor) aufgenommenen Impuls über Nervenbahnen nach innen zu einem entsprechenden Zentrum weitermelden, bezeichnet man als **afferent** (= hinführend). Die neuralen Verbindungen vom Rezeptor zum jeweiligen registrierenden Zentrum heißen **Afferenzen**.

→ Efferenz → Sinnesrezeptor O

Affinität

Als Relationsbegriff besagt affin, daß zwei oder mehr Eigenschaften, Gegebenheiten oder Gleichheiten durch innere Verwandtschaft dazu tendieren, gemeinsam aufzutreten. In der Mathematik bezieht sich Affinität z. B. auf gleichbleibende Eigenschaften der Figuren. O

Affirmative Erziehung

heißt wörtlich übersetzt bejahende Erziehung. Konzepte der affirmativen Erziehung betonen gegenüber Erziehungsutopien eine wirklichkeitsbezogene, lebens- und sinnbejahende Erziehung, die das Kind in seiner jeweiligen entwicklungsbedingten Erfahrungswelt ernst nimmt. Sie messen dem Aufbau einer belastungsfähigen Ichstärke gleich großes Gewicht zu wie der Befähigung zu verantwortlichem sozialen Handeln. In der Tradition geisteswissenschaftlicher Pädagogik wenden sie sich gegen jede einseitige ideologiekritische oder ideologisierende, aber auch

ausschließlich empirische Wirklichkeitsbetrachtung; darin liegt ihre besondere Leistung.
Allerdings ist bei affirmativen Erziehungskonzepten auch die Gefahr nicht zu übersehen, allzusehr auf die bloße Rekonstruktion des Bestehenden auf Kosten notwendiger Weiterentwicklung zu setzen und die aus der gesellschaftlichen Praxis selbst erwachsende und damit berechtigte Kritik an Mißständen eben dieser gesellschaftlichen Praxis zu gering zu bewerten. K

Brezinka 1986; Frankl 1985; Zöpfl/Brunnhuber 1974 und 1975

Aggression

Als Aggression wird in der Umgangssprache die Verhaltenweise eines Individuums bezeichnet, die von der Absicht getragen ist, zerstörend, schädigend oder verletzend auf andere einzuwirken. Sie kann tätlich sein, sie kann aber auch verbal erfolgen oder in Intrigen, Verleumdungen usw. bestehen.
Das gruppendynamische Verständnis der Aggressivität geht von der Annahme aus, daß es sich bei ihr um ein zunächst ungerichtetes Energiepotential handelt, das zur Entladung drängt. Diese Entladung erfolgt konstruktiv, wenn die Aggressionsenergie in die Bewältigung einer Aufgabe geleitet wird. Beim Mangel einer Möglichkeit zu konstruktiver Entladung kann sie Leerlaufhandlungen (unmotiviertes Blödeln, Schattenboxen usw.) oder destruktive Handlungen auslösen.
Erklärungen zur Entstehung der Aggression (als ausgeführte Handlung) bzw. der **Aggressivität** (als Handlungsbereitschaft) versuchen folgende Theorien zu geben:

1. Die **trieb- und instinkttheoretischen Modelle** (v. a. S. Freud und K. Lorenz) führen aggressives Verhalten auf einen eigenen, biologisch verankerten Trieb zurück, der in seiner Erscheinungsweise aber durchaus von Umweltgegebenheiten mitbestimmt wird. Seine grundsätzliche Verlaufsform als Energiestau und Energiereduktion kann aber durch Umweltfaktoren nicht beeinflußt werden. Die Verantwortlichkeit des Menschen für seine aggressiven Handlungen ist nach diesen Theorien zumindest stark eingeschränkt.
2. Die **Frustrations-Aggressions-Hypothesen** (v. a. J. Dollard u. a.) behaupten, daß Frustrationen immer Reaktionen nach sich ziehen, deren eine die Aggression sein kann. Diese fällt umso stärker aus, je stärker die Frustration war und je öfter sie ungehemmt ausgelebt werden konnte.
   Die hier vertretene gesetzmäßige Frustrations-Aggressions-Folge widerspricht dem Grundsatz der Entscheidungsfreiheit und der Verantwortung des Menschen für oder gegen eine bestimmte Handlung.
3. Nach dem **lerntheoretischen Aggressions-Modell** beeinflussen Lernvorgänge nicht nur die Erscheinungsform der Aggressivität, sondern bauen sie auf. Über das Imitationslernen übernimmt das Kind aggressive Verhaltensweisen, die es durch das Lernprinzip des Lernens am Erfolg weiter ausbaut.

Die pädagogische Konsequenz ist das Ausbleiben von Verstärkungen für Aggressionen (aggressive Verhaltensweisen dürfen nicht zum Erfolg führen) und das Angebot alternativer kooperativer Verhaltensweisen, die in derselben Situation Erfolg bringen. Die Imitation aggressiven Verhaltens wird unterbunden, wenn die entsprechenden „Vorbilder" (aggressives Verhalten von Familienmitgliedern, Film- und Fernsehhelden usw.) ausgeschaltet werden.
Wenn man den Menschen als ein mit Freiheit ausgestattetes, entscheidungsfähiges und damit für seine Handlungen verantwortliches Lebewesen auffaßt, ist

ferner auf den systematischen Aufbau überlegter Werthaltungen wie auch Sinnorientierung und auf die Einübung in einen konstruktiven Umgang mit den geistigen Grundfähigkeiten des Entscheidens und Verantwortens zu setzen. K

Ammon 1973; Bandura 1979; Blattert 1979; Büttner 1988; Ceh 1988; von Cube 1988; Dollard u. a. 1973; Franke 1988; Hilke/Kempf 1982; Meves/Illies 1985; Nolting 1987; Petermann/Petermann 1988; Projektgruppe Aggression 1985; Schöpf 1985; Selg u. a. 1988

Agoraphobie → Phobie

Agrammatismus

bezeichnet eine Sprachstörung, die durch das Weglassen grammatikalischer Funktionswörter (z. B. Artikel, Fürwörter) oder von Beugungsendungen auffällt. Der Sprecher beschränkt sich vornehmlich auf den Gebrauch von Haupt- und Zeitwörtern.
Entwicklungsbedingter A. liegt zu Beginn der Sprachentwicklung mit den Einwort-, Zweiwortsätzen und den grammatikalisch noch unbeholfenen Mehrwortsätzen vor.
Der oft synonym verwendete Begriff **Dysgrammatismus** beschreibt exakt eine Sprachstörung, bei welcher der Sprecher die verwendeten Wörter zwar richtig aussprechen kann, aber falsch konjugiert bzw. dekliniert und/oder in falscher Reihenfolge anordnet.
Bei extremen Formen des A. oder des D. sind die Sätze nicht oder kaum mehr verständlich.
Die Behandlung wird von Logopäden und bei schulpflichtigen Kindern von Sprachheillehrern in Sonderschulen für Sprachbehinderte vorgenommen. Wünschenswert ist eine Früherfassung sprachgestörter Kinder und ihre Betreuung in sog. Schulvorbereitenden Einrichtungen.

→ Logopädie K

Agraphie

bezeichnet die Unfähigkeit zu schreiben aufgrund einer Teilschädigung des Sprachzentrums im Gehirn.

→ Aphasie → Paragraphie

AIDS

(oder Aids Abk. für engl. **A**cquired **I**mmune **D**eficiency **S**yndrome bedeutet erworbenes Immunschwächesyndrom) ist eine infektiöse Erkrankung mit einer Ansteckungszeit von etwa 6 bis 30 Monaten, wobei sich das Virus (→ HIV) im Körper eines Infizierten jahrelang ruhig verhalten kann, bevor es sich aktiviert und das Immunsystem zu zerstören beginnt. Eine Infizierung mit dem Erreger führt nach bisherigen Erfahrungen in etwa bis zu 20% der Fälle zu sichtbaren Krankheitserscheinungen, wobei Infizierte im allgemeinen lebenslang Virusträger bleiben. Die Inkubationszeit von AIDS kann mehr als 10 Jahre betragen.
Das die Infektions- und Immunschwächekrankheit AIDS auslösende Virus wurde Mitte der 70er Jahre erwähnt. Die ersten AIDS-Erkrankungen zeigten sich 1972 in den U.S.A. (New York) bei Homosexuellen. In der Bundesrepublik Deutschland wurde 1982 der erste AIDS-Fall offiziell festgestellt.
Als Risikogruppen für AIDS-Erkrankung werden bisher insbesondere genannt:

homosexuelle Männer, bisexuelle Männer, Promiskuitive mit aggressiven Sexualpraktiken, Drogenabhängige (Fixer, nicht sterile Spritzen), Empfänger von Bluttransfusionen oder Blutgerinnungsprodukten (z. B. Bluterkranke), Sexualpartner der zu den Risikogruppen Zählenden, Neugeborene an AIDS erkrankter Mütter (bis zu 65% der infizierten Mütter übertragen den HIV-Erreger auf ihre Kinder während Schwangerschaft, Geburt oder anschließendem Stillen).
Da AIDS noch nicht heilbar ist, bemüht sich die Medizin in besonderer Weise, schwere Komplikationen der Infektionskrankheit durch gezielte, rechtzeitige Diagnosestellung und entsprechende antibiotische Therapie zu verhindern und den Fortlauf der Krankheit zu verlangsamen bzw. einen Stillstand herbeizuführen.

Bundeszentrale für gesundheitliche Aufklärung; Burkel 1988; Deutsche AIDS-Hilfe 1989; Institut für soziale Arbeit 1990; Jäger 1987, 1991; Jürgs 1988; Klietmann 1990; Kruse/Wagner 1988; Pedergnana 1990; Stück 1989; vgl. auch Literatur bei AIDS-Phobie und HIV!

→ AIDS-Phobie → HIV OK

AIDS-Phobie/AIDS-Phobiker

Die AIDS-Phobie (→ Phobie) stellt eine besondere Art der → Neurose dar. Der AIDS-Phobiker vermutet bereits bei geringen körperlichen Schwächen und möglichen Krankheitserscheinungen eine → HIV-Infektion, die mit dem AIDS-Tod enden könne.
Zwei Gruppen von AIDS-Phobikern sind zu unterscheiden:

1. Personen, die Risikogruppen angehören → AIDS
2. Personen, die ihren Körper mit seinen Organen stetiger Betrachtung unterziehen und jegliche Art von Unwohlsein, Schmerzgefühl, Wundsein usw. als HIV-Infektion definieren.

Der AIDS-Phobiker läßt sich durch medizinische Beratung nur kurzzeitig beruhigen und sucht stets weitere Spezialisten auf, um sich die von ihm selbst gestellte AIDS-Diagnose bestätigen zu lassen.
Der Grund dafür, daß die Zahl der AIDS-Phobiker beachtlich gestiegen ist und sich noch weiter vermehrt, liegt vor allem darin, daß sich die Immunschwächekrankheit AIDS in einer Vielzahl von Symptomen und zunächst unspezifischen physischen Erscheinungen äußern kann. Solche sind z. B. Lymphknotenschwellungen, unklares erhöhtes Fieber, Durchfall, Gewichtsverlust, Schwäche und Müdigkeit, Speiseröhrenentzündung, Nachtschweiß, gewisse Sarkome. – Insbesondere Patienten, die keiner Risikogruppe angehören und zu Unrecht fest überzeugt sind, AIDS zu haben, sind trotz wiederholter Testergebnisse zu keiner Meinungsänderung zu bewegen. Durch die Phobie ergeben sich häufig gestörte soziale Bezüge. OK

Jäger 1988; Miller 1991; vgl. auch Literatur bei AIDS und HIV!

Akkommodation, informationelle

Akkommodation bedeutet allgemein Anpassung, Anpassungsfähigkeit. Die informationelle Akkommodation beschreibt dementsprechend einen Anpassungsvorgang, der sich auf Nachrichten (Informationen) bezieht. Nach H. Frank ist der Mensch fähig, „im Laufe der → Apperzeption seine subjektiven Wahrscheinlichkeiten an die entsprechenden Wahrscheinlichkeiten der Quelle anzunähern". Während der Informationsaufnahme stellt sich also der Empfänger der Information in zunehmendem Maße auf die „Eigenarten" des Senders ein, z. B. auf die bevorzugte Auswahl von Informationen, eine bestimmte Art der Übermittlung usw. Dieser Vorgang bewirkt sozusagen automatisch eine „Verkürzung der mittleren Apperzeptionszeit“ bzw. eine „Vergrößerung des pro Zeiteinheit apperzipierbaren Informationsbetrages“. Mit anderen Worten: Je besser ich eine Informationsquelle kenne (z. B. den Lehrer, die Lehrmaschine, die Zeitung X, den Kommentator Y), desto schneller kann ich einen größeren Informationsbetrag aufnehmen. Frank erwähnt als Beispiel den Prozeß, der im Sinne der informationellen Akkommodation von der Schulfremdsprache zur gesprochenen Alltagssprache führt. (Frank 1969, vor allem Band 2, Seite 89/90)

→ Kybernetische Didaktik → Kybernetische Pädagogik → Kybernetische Lehrmaschinen → Programmierte Instruktion → Schemata, kognitive K

Akkulturation → Acculturation

akroamatisch

(abgel. von griech. τό ἀκρόαμα = das nur zum Hören Bestimmte) Inhalte von Schriften, Texten, schriftlich festgehaltenen Tatsachen, Darstellungen, Ergebnissen, Erhebungen usw., die für interne Informationen, für internen Lehrbetrieb, mündliche Weitergabe und nicht zur Veröffentlichung bestimmt sind, werden als akroamatisch bezeichnet. O

Akroamatische Unterrichtsform

Der → monologische Unterricht, der lehrerdominant ist und die Schüler ausschließlich als Zuhörende betrachtet, wird als → akroamatisch bezeichnet. – Die → akroamatische Lehrform findet sich an Hochschulen und in der Erwachsenenbildung in Form von Vorlesungen oder Vorträgen, die meist spezifisch fachbezogen angelegt sind und deren Inhalte grundsätzlich nicht in der dargebrachten Form veröffentlicht werden.

→ Dialogischer Unterricht → Unterrichtsformen O

Aktionsflexibilität → Action flexibility

Aktionsformen im Unterricht

bezeichnen die Art und Weise, auf welche Lehrer und Schüler im Unterricht tätig werden. Es ist zu beachten, daß grundsätzlich jede realisierbare Aktionsform von jedem Teilnehmer am Unterrichtsprozeß ausgeübt werden kann. Es muß sogar als vordringliches Erziehungsziel gesehen werden, vorwiegend vom Lehrer praktizierte Aktionsformen durch schrittweise Einübung auf die Schüler übergehen zu lassen. Es gibt beispielsweise keine stichhaltige Begründung dafür, weshalb nicht geeignete und interessierte Schüler – wo immer möglich – Lehrerfunktionen wie Kurzvortrag, Diskussionsleitung, Demonstration, Vorbereitung von Experimenten u. a. übernehmen sollten.

Aktionsformen sind aufgrund ihrer aufgabenspezifischen Leistung auszuwählen. Dabei entscheidet letztlich über den Erfolg der gewählten Aktionsform die konsequente Entsprechung von Lehrer- und Schüleraktivität. Dem Schüler nicht angepaßte Aktionsformen erzeugen jedenfalls mutwillige Unterrichtsstörungen.

Aktionsformen werden immer innerhalb einer → Sozialform und einer → Unterrichtsform verwirklicht.

Häufige Aktionsformen sind außer den bereits genannten: Geschichten erzählen, mitschreiben, Arbeit an Arbeitsblättern, am Buchtext, am Quellenmaterial ..., → Interview, Anweisung, → Frage, → Impuls, → Gespräch in verschiedenen Varianten (z. B. offenes Rundgespräch, Diskussion, Debatte, Anhörkreis), → Experiment, → Lernspiele, → Rollenspiele, Dialogspiele, freies → Spiel, Stegreifspiel, → Pantomime, → Team teaching, → Planspiele, → Simulationen, → Vortrag sowie viele fachspezifische Aktionsformen. K

Köck 1991

Aktivierung

Sie bezeichnet allgemein die Zustände der Aufmerksamkeit, die in einem Organismus durch Umweltreize verschiedenster Art hervorgerufen werden. Nach empirischen Untersuchungen ist die Aktivierung am größten bei mittlerer Reizstärke, während sie bei Abweichungen von dieser nach oben oder unten geringer bleibt. In schulischen Lernprozessen wird z. B. die zugehörige Aktivierung durch die allzu schnelle Bilderfolge einer Diaserie oder durch eine allzu große Anzahl von Dias herabgesetzt, im Extremfall sogar ausgelöscht und von andersartigen Aktivierungen überlagert. Für den Aufbau und die Erhaltung der Aktivierung im dargelegten Fall ist also eine sorgfältige Auswahl von Dias unter didaktischen und lernpsychologischen Gesichtspunkten nötig. K

Aktivitätscurriculum (activity curriculum)

Das Aktivitätscurriculum legt Wert auf Schulung und Lehren von Fertigkeiten und Haltungen von Schülern in bezug auf das gesellschaftliche Leben. Es betont besonders die Aktualisierung von Verhaltensweisen in sich wandelnden sozialen Umfeldern und die Befähigung der Lernenden, theoretische Fachkenntnisse bewußt und gezielt praxisbezogen umsetzen zu können. Die Ausgebildeten sollen Interdependenzen im Rahmen ihrer Verantwortungsbereiche erkennen.

→ Bildung → Breitfeldcurriculum → Curriculum → Formale Bildung → Lernziel O

Aktualität als Unterrichtsprinzip

→ Here and now problems → Unterrichtsprinzip

Akzeleration

Unter Akzeleration versteht man allgemein die Vorverlegung bzw. Beschleunigung der Entwicklung bei Kindern und Jugendlichen im Vergleich zur Norm. Statistische Erhebungen lassen z. B. eine Vorverlegung der sexuellen Reifung der heutigen Jugend um drei bis vier Jahre gegenüber jener der Jugendlichen um die Jahrhundertwende erkennen. Die erste Menstruation der Mädchen (= Menarche) erfolgte damals durchschnittlich mit 15½ Jahren, heute tritt sie bereits mit 11½ bis 12 Jahren ein. Besonders augenfällig sind auch die generelle Akzeleration des Wachstumstempos und die kontinuierliche Zunahme der Körpergröße bei den Jugendlichen, aber auch die Vorverlagerung der mit der früheren Reifung verbundenen Rollen- und Statuskonflikte der Jugendlichen.

Für dieses Phänomen der **epochalen Akzeleration**, das alle Jugendlichen gleichermaßen betrifft, werden die veränderten Umwelteinflüsse verantwortlich gemacht, wie verbesserte Ernährung, Reizüberflutung, größere Anforderungen

durch Familie, Schule, Arbeitsplatz, der weitgehende Verzicht auf Kinderarbeit u. a. m. Man nimmt an, daß alle diese Einflüsse zusammengenommen die Hypophyse (= Hirnanhangdrüse) zu einer Steigerung der Hormonproduktion veranlassen. Eine **individuelle Akzeleration** liegt vor, wenn einzelne Jugendliche die Durchschnittswerte ihrer Altersgruppe übertreffen.
Von einer **synchronen bzw. harmonischen Akzeleration** spricht man, wenn alle Teilbereiche der Entwicklung betroffen sind, um eine **asynchrone bzw. disharmonische Akzeleration** handelt es sich, wenn z. B. nur die sexuelle Reifung verfrüht einsetzt, während Intelligenz und Sozialverhalten sich altersentsprechend, also der sexuellen Reifung gegenüber langsamer entwickeln.
→ Pubertät → Retardierung → Vorpubertät K

Akzelerations-Modelle

werden im Rahmen der besonderen Förderung hochbegabter Schüler diskutiert. Der Ableitung des Begriffs Akzeleration aus dem Lateinischen entsprechend soll das schulische Lernen durch Überspringen von Klassen (das in seltenen Fällen schon immer möglich war) oder durch den Besuch sog. D-Zug-Klassen beschleunigt werden, in denen der schulische Lernstoff von drei Jahrgangsklassen auf der Grundlage eines eigenen Lehrplans in zwei Jahrgangsklassen bewältigt wird.
Es fehlen abschließende Erkenntnisse, ob die Beschleunigung des Lernfortschritts durch die meistens notwendige Heimunterbringung der Kinder und durch die Beschränkung ihrer Freizeitaktivitäten nicht mit Defiziten an familiärer Sozialisation, mangelnden Kontakten mit nicht ausgewählten Gleichaltrigen und der Behinderung breit angelegter (Freizeit-)Interessen erkauft werden muß.
→ Akzeleration K

ALGOL

ist eine Abkürzung aus den beiden englischen Wörtern „**ALGO**rithmic **L**anguage" und stellt eine problemorientierte und von der jeweiligen Datenverarbeitungsanlage unabhängige Programmiersprache dar. Sie dient zur Lösung technischer und wissenschaftlicher Aufgaben.
→ Programmiersprachen O

Algorithmus

bezeichnet ein System eindeutig beschriebener, in der Reihenfolge des Ablaufs festgelegter und nach formalen Gesichtspunkten anwendbarer Lösungsverfahren oder Regeln, die geeignet sind, alle Aufgaben einer bestimmten Art zu bewältigen. Algorithmen gibt es nicht nur im Bereich der Mathematik. In der → Programmierten Instruktion unterscheidet H. Frank im Sinne von Lösungsstrategien folgende Algorithmen:

1. Der Skinner-Algorithmus ist ein Einweglösungsverfahren, bei dem die nachfolgende Operation sich zwangsläufig aus der vorausgegangenen Operation ergibt.
2. Der Iterations-Algorithmus verweist bei einem nicht oder mühsam durchlaufenden Lernschritt auf dessen Wiederholung, und zwar in Abhängigkeit von den aufgetretenen Schwierigkeiten.
3. Der Umweg-Algorithmus bietet für zwei aufeinanderfolgende Operationen al-

ternativ eine mehrgliedrige Lernschrittserie mit dem Zweck zusätzlicher Informationen an.
4. Der Regelungs-Algorithmus rät je nach dem Lernverhalten des Schülers ein Wiederholen oder Überspringen eines Lernschrittes an.
5. Der Mehrweg-Algorithmus schlägt gleichwertige Wege der Problembewältigung alternativ vor.
6. Der Crowder-Algorithmus bietet leistungsorientierte und das aktuelle Lernverhalten des Schülers berücksichtigende Verfahrensalternativen an. K

Alkoholembryopathie (AE)

bezeichnet das Krankheitsbild, das Kinder aufweisen, die im Mutterleib durch Alkoholkonsum der Schwangeren geschädigt wurden. Eine während der Schwangerschaft enthaltsame Alkoholikerin gefährdet also den Embryo nicht. Mehr als 2000 Babys mit AE werden in Deutschland pro Jahr geboren, es ist allerdings aufgrund mangelnder systematischer Diagnose mit einer weit höheren Anzahl zu rechnen.
Die AE-Kinder sind unterdurchschnittlich klein und leicht und haben einen ungewöhnlich kleinen Kopf. Ihr Intelligenzquotient (→ Intelligenztest) liegt nach den wenigen bisher vorliegenden Langzeitstudien bei einem Mittelwert von 68, mit einer Streuung von 20 bis 105. Zu selbständiger Lebensführung sind AE-Kinder in der Regel nicht fähig. Zur geistigen Behinderung gesellen sich meist noch Verhaltensstörungen. Während die übrigen körperlichen Krankheitssymptome im Laufe der Zeit verschwinden, bleiben Kleinwuchs (Mädchen ca. 1,40 m; Jungen ca. 1,50–1,60 m) und kleiner Kopf.

→ Drogenmißbrauch → Sucht K

Allegorie

(abgel. von griech. ἀλλεγορία: bildliche Rede, bildliche Darstellung) Die Allegorie – das Anderssagen, das Andersausdrücken – versucht Abstraktes, Begriffe oder geistige Abläufe durch gleichnishafte, rational erfaßbare Darstellungen zu veranschaulichen und begreiflich zu machen.
Sie vermittelt eine gedankliche Beziehung zwischen dem Dargestellten und dem Gemeinten.
In der Antike und insbesondere im Mittelalter und in der Barockzeit spielten Allegorien in Bildung und Unterweisung eine wesentliche Rolle.
Allegorien werden häufig auch zum Ausdruck gebracht durch Personifizierungen wie z. B. die Darstellung des Glücks durch eine Göttin auf geflügeltem Rad oder die des Todes durch einen Sensenmann. O

Alleinunterricht

Der Begriff Alleinunterricht weist eine Doppelbedeutung auf:
1. Ein Schüler wird von einer Lehrkraft einzeln unterrichtet bzw. durch Einzelunterricht gefördert.
2. Jeder Schüler arbeitet selbständig für sich an einem Problem, an einer gestellten Aufgabe, an einem Werkstück. Die Arbeit kann in Verbindung mit Medien erfolgen und durch entsprechende Programme ergänzt werden. Auch die Arbeit im → Sprachlabor kann Alleinunterricht darstellen.

→ Einzelarbeit → Lernorganisation → Selbsttätigkeit O

Allgemeine Didaktik → Didaktik

Allgemeine Hochschulreife → Abitur

Allgemeine Psychologie

Sie beschäftigt sich als Teilbereich der Psychologie mit der Erforschung und Beschreibung allgemeingültiger Gesetzmäßigkeiten psychischen Verhaltens und Erlebens. Ihre Forschungsergebnisse zur Wahrnehmung, zum Lernen, zu den Denkprozessen, zum emotionalen und motivationalen Verhalten und zum Handeln des Menschen verstehen sich als Aussagen über menschliche Verhaltensweisen, wie sie unter normalen Bedingungen von allen Menschen gleicherweise erwartet werden können. In der modernen Psychologie steht die allgemeine Psychologie in enger wechselseitiger Beziehung zur → Differentiellen Psychologie, welche die individuellen Unterschiede im menschlichen Verhalten untersucht, zur → Sozialpsychologie, deren Forschungsgegenstand das menschliche Verhalten in Abhängigkeit zu den sozialen und kulturellen Gegebenheiten ist, und zur Vergleichenden Psychologie, die sich mit dem unterschiedlichen Verhalten verschiedener Tierarten beschäftigt.
Als empirische Wissenschaft bedient sich die moderne Allgemeine Psychologie streng empirischer Methoden wie systematischer Verhaltensbeobachtung, des → Experiments und der → Statistik.
→ Psychologie K

Allgemeine Schulordnung → Schulordnung

Allokation

bedeutet Zuteilung, Verteilung, Umlage. Im Bildungsbereich wirft vor allem die Allokation von Bildungschancen und in ihrem Gefolge von Lebensqualität Fragen auf, die in erster Linie → Bildungsforschung, → Bildungsökonomie und schließlich die Bildungspolitik als beschließende Instanz zu beantworten haben. K

Alltagspsychologie → common sense psychology

Alpha-Typ → Soziodynamische Grundformel

ALSKINDI

ist die Abkürzung für **Al**gorithmische **Skin**nerstil-**Di**daktik, eine Formaldidaktik, die 1967 von H. Frank entworfen wurde. Bei den mit Hilfe von ALSKINDI erstellten Programmen sind wie beim Buchprogramm vom Lernenden Lücken auszufüllen.
→ ALZUDI → COGENDI → Kybernetische Didaktik → Kybernetische Lehrmaschinen → Programmierte Instruktion K

Alternative Schulen

Die Alternativen Schulen sind unter der Bezeichnung „private Schulen“ in Artikel 7 des Grundgesetzes der Bundesrepublik Deutschland verankert. Wenn sie als „Ersatz für öffentliche Schulen“ geführt werden, bedürfen sie „der Genehmigung des Staates“ und unterstehen den Landesgesetzen. Lehrziele, Einrichtungen und wis-

senschaftliche Ausbildung der Lehrkräfte müssen dem Standard des öffentlichen Schulwesens entsprechen, die wirtschaftliche und rechtliche Stellung der Lehrkräfte muß gesichert sein, und „eine Sonderstellung der Schüler nach den Besitzverhältnissen der Eltern“ darf nicht erfolgen.
Unter dem Sammelbegriff Alternative Schulen wird heutzutage eine verwirrende Vielfalt von Schulformen außerhalb der Regelschule verstanden. Die Unterschiede im rechtlichen Status, in den Zielsetzungen und in der pädagogischen Praxis sind nicht selten beträchtlich.
So fallen unter Alternative Schulen z. B.

- Schulen in nichtstaatlicher Trägerschaft wie Landerziehungsheime, Jena-Plan-Schulen, Montessorischulen,
- Schulen in der Trägerschaft der Kirchen,
- Freie Waldorfschulen,
- die Laborschule an der Universität Bielefeld,
- vom Staat eingerichtete Modellschulen oder Modellversuche,
- die sog. Freien Schulen wie z. B. die Glockseeschule in Hannover u. a.

Sie alle gehen mit Unterschieden in der Schwerpunktsetzung und auch in der Deutlichkeit der Formulierung davon aus, daß das öffentliche Schulwesen ganz oder teilweise eine „Fehlkonstruktion“ sei.
Alternative Schulen sind damit immer reformorientiert und üben mit diesem Selbstverständnis wichtige Pilotfunktionen für das öffentliche Schulwesen aus.

Übereinstimmende Zielsetzungen der Alternativen Schulen:

1. Durch ganzheitliches Lernen, das einer Trennung von Denken, Fühlen und Handeln vorbeugt, sollen Lernen und Handeln, Alltag und Schule verbunden werden.
2. Weltanschaulich begründete Wertorientierung tritt zumindest gleichgewichtig neben die Informationsvermittlung.
3. Einseitig kognitiver Leistungsorientierung treten die Alternativen Schulen durch eine Aufwertung sozialer Leistungen und handwerklicher Lernfelder entgegen.
4. Sie setzen – in unterschiedlicher Ausprägung – auf die Selbstbestimmung und Selbstregulierung der Lerngruppen.
5. Sie legen großen Wert auf die intensive Zusammenarbeit von Schülern, Eltern und Lehrern.
6. Soziales Lernen wird nicht nur als Unterrichtsprinzip, sondern auch in eigenen Lerneinheiten verfolgt.
7. Alternative Schulen streben angstfreies Lernen in Lebenssituationen vor allem durch → fächerübergreifenden Unterricht und durch konsequente Verwirklichung des → handlungsorientierten Unterrichts an.
8. Das Konzept des offenen Lernens wird vor allem durch folgende Maßnahmen verwirklicht:
   - Orientierung des Unterrichts an der Lebenswelt der Kinder
   - Entdeckendes und handlungsorientiertes Lernen
   - Auflösung der 45-Minuten-Stunde zugunsten variabler Lerneinheiten und des Epochalunterrichts
   - Ablösung des Frontalunterrichts durch flexiblen Gruppenunterricht
   - Umgestaltung der Klassenräume in Lern- und Erfahrungsecken: Mathematik- und Physikecke, Werkecke, Malecke, Leseecke, Diskussionsecke, Ruhezone usw.

- Fächerübergreifendes projektorientiertes Lernen
- Elemente spielerischen Lernens
- Mitgestaltung des Wochenarbeitsplanes durch die Schüler und selbstverantwortliche Kontrolle der Lernaktivitäten
- Einbeziehung der Eltern.

Arbeitsgemeinschaft Freier Schulen 1984; Auernheimer/Heinemann 1980; Behr 1984; Behr/Jeske 1982; Köck 1987; Rose 1987; Storck 1986; Zudeick 1982

→ Freie Schulen → Freinet-Pädagogik → Jenaplan → Landschulheime → Montessorischulen → Waldorfschule, freie K

Altersforschung → Gerontologie

Alterssegregation

bedeutet Trennung, Absonderung (= Segregation) nach Alter, z. B. die Einteilung von Schülern in Jahrgangsklassen. Gerade die schulische Alterssegregation mit ihren altershomogenen Klassenverbänden unterbindet gewichtige sozialerzieherische Effekte, welche die altersgemischte Gruppe mit sich bringt. So sind es auch vor allem sozialerzieherische Gesichtspunkte, die von einer Trennung der Kinder bereits im Vorschulbereich in altershomogene Gruppen abraten. K

ALZUDI

ist die Abkürzung für **Al**gorithmische **Zu**ordnungs**di**daktik. ALZUDI entspricht den Anforderungen des vollalgorithmischen Lehralgorithmierens (→ Lernalgorithmus). Die Formaldidaktik ALZUDI 1 wurde 1966/1967 von H. Frank für den Siemensrechner 303 P programmiert. Der → Basaltext besteht hier aus höchstens 50 Zuordnungen. Als Medienträger dient ein Lehrstoffdarbietungsgerät, bei dem ein Papierstreifen lehrschrittweise in einem Sichtfeld vorbeitransportiert wird.
Nach ALZUDI gilt für die → Programmierte Instruktion grundsätzlich:

1. Der Basaltext ist nicht redundant, d. h. daß keine zusätzlichen Erläuterungen gegeben werden.
2. Der Basaltext muß demzufolge abgearbeitet werden, d. h. ein Voranschreiten im Programm ist nur möglich, wenn Lehrschritt für Lehrschritt in der vorgegebenen Form richtig gelöst wird.
3. Der Lernende kann also seinen Weg durch das Programm nicht beeinflussen, wenn man dabei vom Lerntempo absieht.

ALZUDI entspricht nach dem Gesagten dem Einwegprogramm (= lineares Programm = Skinnerprogramm).

→ COGENDI → Kybernetische Didaktik → Kybernetische Lehrmaschinen → Kybernetische Pädagogik K

Ambiguitätstoleranz

Ambiguität bedeutet wörtlich Zweideutigkeit.
Die Ambiguitätstoleranz bezeichnet die erlernbare Fähigkeit des Menschen, gegenüber mehrdeutigen Erkenntnisinhalten bzw. gegenüber verschiedenen Meinungen zu ein und demselben Sachverhalt für die jeweiligen Argumente vor einem eigenen Urteil offen zu sein, evtl. ein abschließendes Urteil bis zur Gewinnung weiterer Argumente aufzuschieben. Von Natur aus fällt es dem Menschen schwer,

zwischen mehrdeutigen Erkenntnisinhalten in vorläufiger oder endgültiger Unentschiedenheit zu verharren. Mannigfache → Vorurteile verleiten ihn oft zur Intoleranz gegenüber der Mehrdeutigkeit und lassen ihn vorschnelle Urteile fällen. Die Ambiguitätstoleranz ist bei jedem Lernprozeß unabdingbare Voraussetzung für die Veränderung bzw. Erweiterung des Verhaltensrepertoires. Vom Lehrer fordert z. B. jede erstmalige Begegnung mit einem neuen Lehrverfahren (gruppenorientierter Unterricht, → Programmierte Instruktion, → Team teaching) die Fähigkeit der Ambiguitätstoleranz, wenn überhaupt ein vorurteilsfreies Einlassen auf das neue Verfahren gelingen soll. Hier bedeutet Ambiguitätstoleranz also auch das Aushalten ungewohnter, verunsichernder Situationen. K

Ambivalenz

bedeutet wörtlich Doppelwertigkeit.
In der → Tiefenpsychologie beschreibt die Ambivalenz den emotionalen Zustand eines Individuums, einem anderen gegenüber einander entgegengesetzte Gefühle zu empfinden, z. B. Haßliebe. Im weiteren Sinne ist unter einem ambivalenten Verhalten ein schwankendes Verhalten zu verstehen, wenn eine Situation zwei oder mehrere verschiedenartige Reaktionen auslöst, der erzürnte Vater z. B. den unfolgsamen Sohn verprügelt und in Reue über seine unbeherrschte Reaktion ihm einen Zoobesuch verspricht.
→ Schizophrenie K

Ammensprache → Zweiwortsatz

Anale Phase

Als anale Phase bezeichnete S. Freud den Entwicklungsabschnitt des Kindes im 2. und 3. Lebensjahr, in dem das Kind seine Aufmerksamkeit vor allem seinen Ausscheidungsfunktionen und der Erkundung des eigenen Körpers zuwendet. In die anale Phase fällt die Sauberkeitserziehung, in deren Verlauf das Kind durch Hergeben oder Behalten seine Machtposition gegenüber den Eltern erprobt. Eine repressive Sauberkeitserziehung kann nach Freud in späteren Jahren zu verschieden schweren psychischen Störungen führen, z. B. zur → Regression (Zurückfallen) auf die anale Phase durch Einnässen oder Einkoten und zu sexuellen Perversionen. Auch Geiz, übertriebene Sparsamkeit oder Pedanterie führt Freud auf eine autoritäre Sauberkeitserziehung zurück. K

Analer Charakter

wird Personen zugesprochen, die in überbetonter Form Eigenschaften in ihr Erwachsenenleben aus der → analen Phase übernommen haben. Solche Charaktereigenschaften sind z. B. übertriebene Reinlichkeit, Genauigkeit bis zur Pedanterie. O

Analogie

Im allgemeinen Sprachgebrauch bedeutet Analogie die Ähnlichkeit zwischen zwei oder mehreren Sachverhalten oder Situationen aufgrund eines oder mehrerer gemeinsamer Merkmale.
Das für Lernprozesse bedeutsame Analogiegesetz von E. L. Thorndike besagt, daß Menschen und Tiere sich in neuen Situationen so verhalten, wie sie sich in jeder

ähnlichen Situation verhalten hätten. Ein Lernprozeß kann danach erleichtert werden, wenn der Lernende bei der Bewältigung eines Problems über früher vollzogene Problemlösungen verfügt, die eine mehr oder minder große Ähnlichkeit mit der neuen Aufgabe aufweisen. Jeder Lehrer verfährt z. B. bei seinen Aufgaben für die Leistungsmessung nach dem Analogiegesetz, abgesehen von Aufgaben zur bloßen Rekapitulation von Wissen.

→ Analogieprinzip K

Analogieprinzip

Erkenntnisse werden von einem Wissensbereich analog auf einen anderen übertragen. Methoden, Pläne, Abläufe oder Sachverhalte werden in gleicher oder ähnlicher, abgewandelter Form übernommen. So wird z. B. das → Planspiel, das im militärischen Bereich zunächst zur Vorausplanung von Abläufen diente, nach Analogieschluß in entsprechend variierten Formen in Schule, Instituten, Industrie und Wirtschaft verwendet.
Das Analogieprinzip findet auch im Testbereich als **Analogietest,** insbesondere bei Intelligenztests, Anwendung (z. B. bei Erstellung von Zahlenreihen:
1/2, 3/6, 5/10, 7/14 ... oder
3, 6, 12, 24, 48 ... oder 2, 5, 11, 23 ... usw.).

→ Analogie → Intelligenztest → Planspiel O

Analyse

Im Gegensatz zur → Synthese, die vom Einzelelement zum Ganzen schreitet, versteht man unter Analyse das Zerlegen von Gesamtkomplexen, einen Vorgang des Aufteilens von Vorstellungsinhalten, ein Zergliedern von Objekt- und Ablaufinhalten. Sie führt durch → Abstraktion zum Verstehen und entspricht im logischen Bereich der → deduktiven Unterrichtsmethode. Für den Lehrer sind drei Arten der Analyse von Bedeutung:

1. **Einfache Analyse:**
   Teile eines Ganzen werden benannt und herausgegliedert. Das Objekt, die Sache wird durch Zerlegen in Teile bekannt gemacht, z. B. Aufzählen der Teile einer Maschine oder Gliederung der Juraformationen.
2. **Kausale Analyse:**
   Die Zergliederung oder Aufteilung erfolgt in der Absicht, Beziehungen, Begründungen zu finden und Vergleiche anzustellen, z. B. das Herstellen ursächlicher Beziehungen zwischen Gesteinsschicht, Härte und Alter.
3. **Logische Analyse:**
   Das Erforschen und Loslösen der Teile geschieht mit Rücksicht auf abzuleitende Folgerungen, z. B. Warum ist Lias schwarz und Dogger bräunlich rot? Weil die Liasschicht humus- und die Doggerschicht eisenhaltig ist. O

Analytisch-imitative Methode → Fremdsprachenmethodik

Analytische Psychologie

werden allgemein Forschungsrichtungen und therapeutische Ansätze in der Psychologie genannt, die im Unterschied zu ganzheitlichen Konzepten (→ Gestaltpsychologie) Elementen und einzelnen Ursachen des menschlichen Verhaltens nachspüren (Forschung) und sich von deren Bearbeitung auch eine positive Beeinflussung von Fehlverhalten (Therapie) erwarten (vgl. z. B. → Psychoanalyse). Speziell bezeichnet Analytische Psychologie den tiefenpsychologischen Therapieansatz von C. G. Jung, mit welchem dieser sich gegenüber der Psychoanalyse S. Freuds abgrenzte. Jung setzt den Stellenwert von Sexualität und Aggressivität in Entwicklung und Verhalten des Menschen geringer an als Freud. Neben dem persönlichen Unbewußten nimmt er ein kollektives Unbewußtes an, das in Form von Mythen und Symbolen (→ Archetypen) als gesammelte und sozusagen ererbte Erinnerung der Menschheitsentwicklung überkommen ist und die Entwicklung des einzelnen Menschen erheblich beeinflußt. K

Bash 1988; Jung 1981 f., 1987, 1991

Analytischer Verstand

stellt den Teil des menschlichen Denkapparates und des → Gedächtnisses dar, der sich mit Verfahrensweisen befaßt, die z. B. Gesamtheiten, Komplexe, Aussagen usw. auf ihre Entstehung und Entwicklungsstufen zurückverfolgen, Variablen feststellen und Auflösungen in sachlich definierte ‚Einzelteile' vornehmen, um zu objektiven Ergebnissen zu gelangen.
Verfahrensweisen dieser Art werden bei Dependenzanalysen in Form des pädagogischen Experiments als Lehrer-, insbesondere aber als Schülerexperiment angewandt z. B. in der Physik, Biologie, Chemie. – In Fächern mit wirtschaftlich oder sozialbezogenen Inhalten werden Behauptungen, Festlegungen und Darstellungen analytisch zerlegt und aufgrund neuer Erkenntnisse anders formuliert. – Auch für die Erklärung psychischen Geschehens und die Behebung seelischer Störungen ist das Verstehen analytischer Verfahren eine wesentliche Voraussetzung. – In der Grundschule besteht z. B. die Möglichkeit zur Schulung des ‚analytischen Verstandes' durch die Ganzwort- bzw. Ganzsatzmethode. Durch Auflösung von Sätzen, Herauslösen gleicher Wörter, gleicher Buchstaben usw. führt man die Schüler über verschiedene Stufen bis hin zur Bedeutung der Buchstabenschrift. – Bei der Erklärung eines Modells, z. B. einer Maschine wird man auf die Einzelteile und deren Funktionen eingehen, um den Aufbau der Maschine kennenzulernen und deren Anwendungsbereiche zu begreifen.

→ Analyse O

Anamnese

bedeutet wörtlich Rückerinnerung und umfaßt sämtliche Informationen, die zum Lebenslauf oder zur Krankengeschichte eines Menschen erhoben werden können, und die Methoden der Erhebung. Das Anamnesematerial wird vor allem durch Befragung des Betroffenen und seiner Bezugspersonen gewonnen, wichtige Aufschlüsse geben aber auch Tagebücher, schriftlich fixierte Krankheitsverläufe, Bemerkungen in Schülerbögen usw.

Deegener 1984; Dührssen 1986; Kemmler 1974/3

→ Katamnese K

Andragogik

ist streng genommen die Bezeichnung für die Theorie der → Erwachsenenbildung, definitorisch unscharf wird allerdings die Praxis der Erwachsenenbildung häufig in die Begriffsbestimmung mit einbezogen. Die Eigenständigkeit der Andragogik als der Wissenschaft von den Bedingungen und vom Ablauf des Bildungsprozesses Erwachsener gegenüber der → Pädagogik und ihr heute zunehmend bedeutsamer Stellenwert im lebenslangen Bildungsprozeß des Menschen ist mittlerweile unumstritten.

Pöggeler 1973–1981; Winkler 1989

→ Gerontologie → Graduiertenstudium K

Anerkennung, soziale

besteht für ein Individuum in der positiven Reaktion seiner Umgebung (Ehepartner, Eltern, Gruppenmitglieder, Klassenkameraden, Vorgesetzter, Institution usw.) auf erbrachte Leistungen bzw. bestimmte Verhaltensweisen. Sie ist für den Aufbau und die Aufrechterhaltung der → Leistungsmotivation und des Selbstwertgefühls unverzichtbar. Ihre Ausdrucksformen sind vielfältig, z. B. Lob, Beförderung, besondere Auszeichnungen, aber auch Aufnahme in eine Gesprächsrunde oder Clique, Wahl zum Klassensprecher oder Vereinskassierer, Zeichen der Zustimmung und Zuneigung usw. Die soziale Anerkennung hat auch die Funktion eines Regulativs für erwünschtes und unerwünschtes Verhalten. Wenn sie allerdings von einer bestimmten Seite über eine längere Zeitspanne hin versagt wird, sucht der Betroffene nach Möglichkeiten, sie sich bei anderen zu sichern. Ein Jugendlicher z. B., der keine genügende soziale Anerkennung im Elternhaus erfährt, versichert sich ihrer bei einem Lehrer etwa durch hervorragende Lernleistungen oder beständige Mitarbeit im Unterricht, vielleicht sucht und findet er sie aber auch durch negativ von der Norm abweichendes Verhalten bei den Klassenclowns oder einer Rockerbande. K

Angeborener Auslösemechanismus (AAM)

Der AAM ist bei Tieren die angeborene, instinktiv funktionierende Verhaltensdisposition, auf einen ganz bestimmten Reiz (Schlüsselreiz) mit einer genau darauf abgestimmten Reaktion zu antworten. Z. B. löst bei vielen Tierarten in einem Kampf mit Artgenossen die Demutsgebärde des Unterliegenden beim Sieger eine Tötungshemmung aus. AAM steuern aber auch das Sexual- und Brutpflegeverhalten der Tiere.

→ Reiz → Reaktion K

Angemessenheit

Das Unterrichtsprinzip Angemessenheit bezeichnet als Kriterium der Unterrichtsplanung und -führung die Aufbereitung des Lernangebotes auf eine bestimmte Lerngruppe, extrem auf einen einzelnen Lernenden hin. In der anhaltenden Diskussion um Leistungs- und Begabungsbegriff spielt das Prinzip Angemessenheit eine entscheidende Rolle.

Im einzelnen bedeutet Angemessenheit

1. die Orientierung des Lernangebotes an Eingangskönnen und -wissen der Lernenden,
2. die Berücksichtigung der jeweiligen Lerngeschichte, des Lernstils und des Lerntyps der Lernenden,
3. die Berücksichtigung anthropogener und soziokultureller Bedingtheiten.

Im Idealfall sollte anstelle von Über- oder Unterforderung des Lernenden die gerade noch erreichbare Forderung (= didaktischer Vorgriff) stehen. Als direkte

Konsequenzen des Prinzips Angemessenheit in einem Lernverband mit Leistungsgefälle (z. B. Jahrgangsklassen) ergeben sich z. B. → Individualisierung und → Differenzierung des Unterrichts ebenso wie Maßnahmen der Veranschaulichung und Elementarisierung. Didaktische Überlegungen des Lehrenden unter dem Prinzip Angemessenheit erstrecken sich gleicherweise auf Lernziele, Lerninhalte, Methoden, Medien und Lernerfolgskontrollen.

Köck 1991

→ Leistung K

Angewandte Psychologie

versucht Erkenntnisse der verschiedenen psychologischen Forschungsbereiche für die Alltagspraxis fruchtbar zu machen bzw. diese Alltagspraxis selbst wie Schule, Arbeit, Verkehr, Medizin, Politik u. a. auf die psychologische Seite ihrer Probleme hin zu untersuchen. Dementsprechend zählen zu ihren Anwendungsbereichen z. B. die Arbeits- und Wirtschaftspsychologie, die → Pädagogische Psychologie, deren speziellere Bereiche Erziehungsberatung und Schulpsychologie, die Forensische (Gerichts-)Psychologie, die Pharmakopsychologie, welche die Wirkungen chemischer Substanzen wie Drogen oder Medikamente auf den Menschen untersucht, ferner die Werbepsychologie und die Meinungsforschung, die Verkehrspsychologie und die Wehrpsychologie.
Ihrem jeweiligen Aufgabenfeld entsprechend ist die Angewandte Psychologie auf die enge Zusammenarbeit mit anderen wissenschaftlichen Disziplinen auf der Basis streng empirischer Forschung angewiesen. K

Angst

kann als eine negative emotionale (unlustbetonte und meist auch schmerzhafte) Reaktion des Menschen auf eine für ihn subjektiv erfahrene Bedrohung beschrieben werden. Sie signalisiert das Erlebnis eines Verlustes an Sicherheit und Geborgenheit. Als angemessene Antwort auf tatsächliche Gefährdungen ist Angst lebenswichtig, oft sogar lebensrettend.
Neurophysiologisch ist Angst das Produkt der Verarbeitung von bedrohlichen Informationen aus der Innen- und Außenwelt im zentral gelegenen limbischen System des Gehirns, das je nach Situation andere Gehirnpartien zur Reaktion veranlaßt.
Typische Angstreaktionen sind Vermeiden, manchmal auch herausforderndes Aufsuchen angstbesetzter Situationen, sich unauffällig machen, Flucht und aggressive Verhaltensweisen. Als körperliche Begleitumstände fallen z. B. heftiges Schwitzen, erhöhter Pulsschlag, unregelmäßiger Atem, Erbleichen, plötzlicher Harn- und Stuhldrang auf als Folgen einer vegetativen Adrenalinausschüttung.
Für die **Angstauslösung** ist es unerheblich, ob der bedrohende Reiz bekannt oder unbekannt, gegenwärtig und wirklich gegeben, erinnert oder eingebildet ist.
S. Freud schrieb in seinen späteren Schriften der Angst als einer Grundausstattung des Menschen die Funktion eines Signals bei äußerer (Realangst, Furcht) und innerer (Gewissensangst) Gefährdung zu. Die Angst bekommt in diesem Sinne eine existenzsichernde Bedeutung, sie kann aber auch durch einen ungesteuerten Verlauf zur Existenzbedrohung werden, indem sie neurotische Verhaltensweisen (der Situation unangepaßte, überzogene Angstreaktionen) auslöst. Ein in neuerer

Zeit beschriebenes schweres Krankheitsbild der Angst sind überfallartig auftretende Panikattacken, die von Herzrasen, Atemnot, starkem Zittern und gelegentlich auch von Ohnmacht begleitet sind.
Nach der **Lerntheorie** ist die Angst ein sekundärer, durch → Konditionierung gelernter Trieb. Viele Schüler und Studenten entwickeln z. B. eine generelle Prüfungsangst, weil sie in einer oder mehreren Prüfungssituationen oder auch prüfungsähnlichen Situationen versagt haben und/oder sich streng bewertenden, überfordernden Erwartungen der Eltern ausgesetzt sehen. Wesentlich für das Erlernen der Angst ist, daß die an sich neutrale Prüfungssituation mit einem schädigenden Reiz (→ aversiver Stimulus, z. B. Mißerfolg, Demütigung) verbunden ist.
Eine pädagogische Aufgabe von unabsehbarer Tragweite ergibt sich aus der Tatsache, daß Angst bewußt oder unbewußt durch den Einsatz zweifelhafter → Sanktionen als Mittel zur Durchsetzung pädagogischer Zwecke oder zur Aufrechterhaltung bestimmter normierter Verhaltensweisen (z. B. kritikloser Unterordnung in einer Hierarchie oder Sicherstellung der äußeren Disziplin) ausgespielt wird.
Deshalb bedingen sich Angstabbau und repressionsfreie Erziehung gegenseitig.
Winkel (1980) beschreibt **zehn spezielle Schülerängste:** Schullaufbahnangst, Lern- und Leistungsangst, Stigmatisierungsangst, Trennungsangst, Strafangst, Personenangst, Konfliktangst, Institutionenangst, Zukunftsangst und neurotische Angst.
Leichte **Krankheitsbilder der Angst** sind der psychotherapeutischen Behandlung zugänglich, schwere langandauernde Angstzustände und Panikattacken sind gegenwärtig aber nur durch sog. Tranquilizer (= beruhigend wirkende Medikamente) aufzulösen. Der Preis sind hierbei allerdings herabgesetzte Aufnahmefähigkeit und mangelhafte Konzentration, Beeinträchtigung der Reaktionsgeschwindigkeit, Schläfrigkeit und evtl. Medikamentenabhängigkeit.
Für die pädagogische Praxis sind **angstreduzierende Maßnahmen** zu empfehlen wie z. B.
- unmißverständliche Aufklärung über Ziel und Zweck des Lernens statt Geheimniskrämerei,
- angemessene Verstärkungen, v. a. bei mißerfolgsängstlichen Schülern,
- grundsätzliche Arbeit an einer angstfreien Lernatmosphäre, wozu dem Lehrer zum Ausschluß von Selbsttäuschung dringend → Supervision und Kooperation mit Kollegen anzuraten sind,
- Einübung in angstbesetzte Situationen wie Prüfungen sowie Erarbeitung hilfreicher Strategien zur Bewältigung von Angst,
- Angstabbau bei Prüfungen durch vertraute Aufgabenstellung, vertretbare Hilfsangebote, gewohnten Raum und Arbeitsplatz und beruhigendes Lehrerverhalten anstelle disziplinierenden „Kettenrasselns".

Angst ist von Ängstlichkeit als erhöhter Angstbereitschaft, von → Furcht und → Phobie zu unterscheiden.

Becker 1980; Birbaumer 1977; Brück 1986; Cohen 1971; Esser 1978; Freud 1982; Grossmann/Winkel 1977; Jehle/Nord-Rüdiger 1991; Levitt 1971; Pöldinger 1988; Riemann 1987; Schmidt 1975; Schultz 1987; Winkel 1980

→ Schulangst K

Anhörkreis

Die Methode des Anhörkreises ist durch folgende Regeln bestimmt:

- Jeder der am Anhörkreis (= „Hearing“ als Verfahren der Anhörung) Beteiligten äußert sich zu dem anstehenden Problem, und sei es lediglich durch ausdrückliche Zustimmung zu einer bereits dargelegten Meinung.
- Die verschiedenen Äußerungen werden vorläufig ohne Diskussion zur Kenntnis genommen. Eine vorzeitige Festlegung auf eine bestimmte Meinung soll ja gerade vermieden werden.
- Fragen, die lediglich der Herstellung eines besseren Verständnisses des Gesagten dienen, sind zulässig.
- An die Meinungsäußerungen schließt sich eine Phase stiller Reflexion an, die dem Überdenken der vorgetragenen Argumente und der Formulierung konstruktiver Beiträge für die anschließende Diskussion dient. Im Unterricht wird diese Denkpause in der Regel 5–10 Minuten dauern, bei Anhörkreisen z. B. im Parlament zu wichtigen politischen Entscheidungen kann ein Nachdenken über Wochen und Monate hinweg angemessen, ja erforderlich sein.
- Hauptzwecke des Anhörkreises sind also, den Mitläufereffekt abzubauen, ein breites Spektrum von Meinungen für die Denkpause zu gewinnen und jeden Beteiligten zu intensivem individuellem Hin- und Herbewegen von Argumenten zu veranlassen, bevor gewichtige Meinungsäußerungen in Geschwätz oder in der Manipulation durch dominative Redner untergehen.

→ Ambiguitätstoleranz K

Animation

Begriff und Idee der Animation werden seit Ende der 60er Jahre des 20. Jahrhunderts offiziell vom Europarat propagiert, seit 1970 durch das Konzept „animation socio-culturelle“ (freizeitkulturelle Animation) gefördert.
Animation bezeichnet in der Freizeitpädagogik die Fähigkeit der nichtdirektiven Ermutigung in offenen Freizeitsituationen. Sie zielt ab auf Kommunikation, Kreativität, Kontaktaufnahme und Teilhaben, ist insofern als Antwort zu verstehen auf die zunehmende Differenzierung der menschlichen Lebenswelten und die dadurch mitbedingte Kontaktarmut.
Die in Deutschland vor allem von H. W. Opaschowski entwickelte **animative Didaktik** fordert zur Aufrechterhaltung des nichtdirektiven Ansatzes:

- Bedingungen der Teilnahme: Erreichbarkeit, Offenheit, Aufforderungscharakter
- Voraussetzungen der Beteiligung: freie Zeiteinteilung, Freiwilligkeit, Zwanglosigkeit
- Möglichkeiten der Teilnehmer: Wahlmöglichkeit, Entscheidungsmöglichkeit, Initiativmöglichkeit

Verbindungen zwischen der animativen Didaktik und der Schulpädagogik sind erkennbar mit den Konzepten des → offenen Unterrichts und der → Freiarbeit.

Literatur vgl. bei → Freizeiterziehung! K

Animismus

J. Piaget bezeichnet den Animismus als ein Kennzeichen der geistigen Entwicklung im Kindesalter. Das animistische → Denken des Kindes schreibt allen Bewegungen in der Umgebung, aber auch unbewegten Gegenständen Bewußtsein und Intentionalität, also menschliche Eigenschaften zu. Das Kind beschimpft den

Stuhl, an dem es sich gestoßen hat. Es ist auch der Meinung, daß seine Puppe es fühlt, wenn es ihr Schläge verabreicht.
Animistisches Denken ist auch bei Völkern auf einer primitiven Entwicklungsstufe nachweisbar. K

Piaget 1972/1974/1976

Anlage

bezeichnet die erbliche Ausstattung eines Menschen als Voraussetzung der Entwicklung bestimmter Eigenschaften, Fähigkeiten, Verhaltensweisen. Nach dem heute in der wissenschaftlichen Diskussion vorherrschenden Konvergenzprinzip geht man bezüglich der Entwicklung des Menschen von einem auf Wechselwirkung beruhenden Zusammenspiel von Anlagen und Umwelteinflüssen aus; d. h. Ausmaß und Qualität der Umwelteinflüsse entscheiden über die Entwicklungsqualität der Anlagen. Umgekehrt bewirken auch optimale Umwelteinflüsse nichts, wo sie an keine Anlage anknüpfen können.

Anlage und Umwelt 1976; Roth 1980/12

→ Begabung → Milieu K

Anomalie → abnorm

Anomietheorie

Anomie = Gesetzlosigkeit, Regellosigkeit
Die Anomietheorie von Merton versucht Art und Ausmaß von → Verhaltensauffälligkeiten aus dem jeweils besonderen Zueinander der folgenden drei Komponenten zu erklären:

1. Je dringender eine Person bestimmte, in einer Gesellschaft bedeutende Ziele, Güter, Lebensformen anstrebt,
2. je weniger sie sich gleichzeitig an allgemein anerkannte Verhaltensnormen in dieser Gesellschaft gebunden fühlt und
3. je weniger sie über zulässige Mittel bzw. je mehr sie über abweichende Mittel zur Erreichung der angestrebten Ziele verfügt, desto größer ist die Wahrscheinlichkeit, daß diese Person versuchen wird, die erwünschten Ziele mit abweichendem Verhalten zu erreichen.

Die Anwendung der Anomietheorie z. B. auf unlauteren Wettbewerb bei Prüfungen, auf Lügen, Schuleschwänzen oder auf Eigentumsdelikte spricht dafür, mit ihrer Hilfe mögliche Erklärungen für abweichendes Verhalten finden zu können, gleichzeitig aber auch bei jeder der genannten Komponenten Ansätze für die Vorbeugung bzw. Bearbeitung abweichenden Verhaltens erkennen zu können. K

Anpassung, soziale

kennzeichnet den kontinuierlichen Prozeß, in dem → Individuum und → Gruppe bzw. → Gesellschaft durch Veränderung von Verhaltensweisen und durch gegenseitige Einflußnahme einen möglichst konfliktfreien Gleichgewichtszustand anstreben. Pädagogisch bedeutsam ist also der Auftrag, die jungen Menschen über ein bloßes Sichangleichen an vorgefundene Verhältnisse hinaus zu befähigen, sich ihrerseits in realisierbare und zum Kompromiß bereite Methoden zur Durchsetzung berechtigter Ansprüche an die Gesellschaft einzuüben. Wird Kindern und Jugendlichen diese aktive Anpassung versagt, sind aggressive Opposition oder

Fehlanpassung im Sinne einer resignierenden Überanpassung die unausweichliche Folge. K

Anpassungsniveau

Das Anpassungsniveau eines Menschen ergibt sich aus seiner Wahrnehmungserfahrung, seinen bisher erworbenen Kenntnissen und seiner aktuell vorhandenen Reizempfindlichkeit. Damit ist es individuell unterschiedlich, veränderbar und zeigt sich in Relation zwischen Erfahrung, Kenntnissen, Reizen und Fähigkeiten. Es spielt sich zunächst auf den mittleren Schwierigkeitsgrad des Begreifens und Empfindens beim Wahrnehmenden ein. Auf diese Weise stellt z. B. der Lernende bei einem adaptiven Programm, bei adaptivem Unterricht fest, was für ihn begreifbar und angemessen ist und kann die für ihn in Frage kommenden Schwierigkeitsgrade (sehr leicht, leicht, **mittelschwer**, schwer, sehr schwer) selbst bestimmen. Nach dem gleichen Prinzip erfolgt das Messen der physischen Kräfte. Auch bei sozialen, emotionalen und perzeptiven Prozessen wird das Anpassungsniveau einbezogen.

→ Adaptive Programmierung → Adaptiver Unterricht → Apperzeption → Gefühl → Social Sensibility → Sozialphasen des Lernens O

Anschaulichkeit

besagt, daß ein Gegenstand oder eine Situation unmittelbar oder mittelbar (über Medien) der sinnlichen Wahrnehmung oder der Vorstellung zugänglich ist. Als spezifisches Kennzeichen des Lehrens ist Anschaulichkeit vor allem im vorschulischen Bildungsbereich und in der Grundschule gefordert. Für den Lehrer ergibt sich die didaktische Aufgabe, seine Schüler von der Neigung zur Anschaulichkeit schrittweise und zur rechten Zeit zum Erfassen abstrakter Sachverhalte zu führen. Es sei jedoch in diesem Zusammenhang daran erinnert, daß auch der der Abstraktion fähige Erwachsene durch anschauliche Beispiele aus der Praxis Zuflucht zur Anschaulichkeit nimmt, wenn es etwa ein schwieriges theoretisches Problem zu lösen gilt.

→ Anschauung, → Lehrmittel K

Anschauung

„Anschauung ist das Fundament aller Erkenntnis" (Pestalozzi), d. h., Vorstellungsbilder und Begriffe werden durch die unmittelbare sinnliche Wahrnehmung eines Sachverhalts aufgebaut. Denken als Reflexion des Wahrgenommenen kann ohne diese Vorstellung nicht gelingen. Selbst das abstrakte, formallogische Denken operiert mit Symbolen und Zeichen, die durch anschauliches Handeln „begriffen" wurden und ihrerseits eine höhere Anschauungsebene darstellen. Die unmittelbar sinnliche Wahrnehmung vermittelt Zeichen und Symbole, die als Stellvertreter der Wirklichkeit zum Handeln befähigen. Begriffe ohne anschauliches Fundament sind wirklichkeitsfremd, bloße Anschauung bleibt unfruchtbar für das realitätsgemäße Handeln.

Je nach Wirklichkeitsnähe der Anschauung ergibt sich folgende Unterscheidung:

- Unmittelbare direkte Anschauung liegt vor, wenn der zutreffende Begriff gleichzeitig mit der Wirklichkeitsbegegnung angeboten wird.
- Mittelbare direkte Anschauung ist gegeben, wenn die Wirklichkeit durch Medien vermittelt wird.

- Die indirekte Anschauung baut auf hinreichend bekannten Begriffen auf, mit deren Hilfe der Schüler in einem Vorgang der inneren Anschauung Vorstellungsbilder entwickeln und kombinieren kann.

Das **Anschaulichkeitsprinzip** in Lernprozessen tritt in folgenden Varianten auf:

- Es bevorzugt die direkte (also nicht über Medien vermittelte) Begegnung mit einem Objekt, Ereignis oder Vorgang, in idealer Form z. B. bei einem Unterrichtsgang, einer Betriebserkundung, anhand eines Realobjekts im Unterricht.
- Es sorgt für Veranschaulichung direkt nicht erreichbarer Objekte und Ereignisse über Medien, z. B. der Lebensverhältnisse in der Sahelzone über einen Unterrichts- oder Videofilm.
- Es erschließt komplexe Zusammenhänge und Vorgänge durch Vereinfachung, z. B. unter Rückgriff auf graphische Veranschaulichung oder Modellvorstellungen (Atommodell...).

Nach J. Piaget sind Kinder vor allem zwischen dem vierten und siebten Lebensjahr an das anschauliche Denken gebunden. Die Begriffsbildung erfolgt in diesem Alter über die äußere Anschauung und über die innere Anschauung in Form von Vorstellungen und inneren Bildern. Das anschauliche Denken folgt eingleisig dem tatsächlichen Geschehensablauf und es ist phänomengebunden, d. h. die Kinder können noch nicht systematisierend und schlußfolgernd denken, aber sie operieren auch im Anschauungsakt.

Handlungskonsequenzen für den Unterricht:

- Soviel Anschaulichkeit wie nötig, soviel Abstraktion wie möglich!
- Die Qualität des Anschauungsaktes hängt maßgeblich davon ab, daß den sinnlichen Erfahrungen die zugehörigen Symbole, Zeichen, Begriffe zugeordnet werden, d. h. sprachliche Präzision ist gefordert.
- Nicht die Menge der Anschauungsmittel ist entscheidend, sondern ihre Qualität, also besser **ein** Beispiel, **ein** Modell, **ein** Diapositiv mit hohem Informationsgehalt und Erklärungswert verwenden als viele mit Randinformationen und ergänzungsbedürftigem Erklärungswert.
- Die Formen der direkten Anschauung sind in der Regel zuverlässiger als die der indirekten Anschauung, und zwar wegen der unterschiedlich ausgeprägten Begriffsebenen der Schüler bei der indirekten Anschauung und wegen der gemeinsamen Erlebnis- und Beobachtungsgrundlage bei der direkten Anschauung.
- Anschauungsakte werden nicht um ihrer selbst willen vollzogen, sondern um mit ihrer Hilfe Wirklichkeit sprachlich und gedanklich zu erfassen und um über die sicher beherrschten Begriffe die Abstraktionsfähigkeit der Schüler, aber auch die Qualität ihrer Anschauungsfähigkeit selbst zu steigern.

Köck 1987 und 1991; Meyer 1987; Seidl/Hüffner 1967; Walcher 1975

→ Anschaulichkeit → Lehrmittel → Sinnlichkeit → Unterrichtsprinzipien K

Anschauungsmittel → Lehrmittel → Anschauung

Anschlußstudium

Es baut direkt auf ein abgeschlossenes Studium im gleichen Fachbereich auf (= Aufbaustudium, z. B. Studium in Pädagogik zum Zweck der Promotion nach abgeschlossenem Lehramtsstudium) oder es schließt als Zweitstudium an das abgeschlossene Erststudium an (z. B. universitärer Studiengang nach einem abgeschlossenen Fachhochschulstudium im gleichen oder auch in einem anderen Fachbereich).

→ Erweiterungsstudium → Graduiertenstudium → Kontaktstudium → Weiterbildung K

Anspruchsniveau

gibt die Höhe der Erwartungen an, die jemand in seine eigene → Leistung setzt. Es wird u. a. von der allgemeinen → Leistungsmotivation, von Vorerfahrungen (Erfolg bzw. Mißerfolg) im betreffenden Aufgabenbereich, von dem Wunsch nach sozialer → Anerkennung und den Erwartungen der sozialen Umwelt bestimmt. Für die Organisation von Lernprozessen ist z. B. der Befund von Bedeutung, daß erfolgszuversichtliche Schüler zu einem realistischen Anspruchsniveau neigen, d. h. daß sie die Ansprüche an ihre Leistung mit Aussicht auf Erfolg schrittweise steigern. Mißerfolgsähnliche Schüler verfehlen dagegen oftmals eine realistische Selbsteinschätzung, indem sie ihr Anspruchsniveau so niedrig ansetzen, daß sie vor Mißerfolg verschont bleiben, oder extrem hoch wählen, so daß ihnen die Aussichtslosigkeit auf Erfolg ein Alibi für ihr Versagen liefert.
Die pädagogische Konsequenz besteht in einer → Differenzierung der Aufgabenstellungen, um Mißerfolgsängstlichkeit abzubauen und um die realistische Selbsteinschätzung bei der Bestimmung des jeweiligen Anspruchsniveaus zu stärken.

→ Ausgangslage → Eingangskönnen K

Anthropologie, pädagogische

Anthropologie ist die Wissenschaft vom Menschen in umfassendem Sinne. Je nach dem besonderen Forschungsaspekt fragt z. B. die philosophische Anthropologie nach dem Wesen und Sinn des menschlichen Daseins überhaupt, während die naturwissenschaftliche Anthropologie den Menschen als biologisches Lebewesen zum Gegenstand hat und die Sozial- und Kulturanthropologie den Menschen als Sozialwesen erforscht.
Die **pädagogische Anthropologie** interessieren alle Erkenntnisse der Humanwissenschaften, insofern sie pädagogisch von Bedeutung, d. h. bestimmend für Bildungs- und Erziehungsprozesse sind. Umgekehrt fließen der Anthropologie Ergebnisse der empirischen → Pädagogik über den Menschen als eines bildungs- und erziehungsbedürftigen Wesens zu.
In einer Zeit fortschreitender Spezialisierung auch der den Menschen betreffenden wissenschaftlichen Disziplinen kommt der Anthropologie die Aufgabe zu, den Menschen in seiner komplexen und umfassenden Ganzheit zu erforschen und zu beschreiben. K

Bock 1984; Bollnow 1983/4; Braun 1989; Gehlen 1983/1986; Gerner 1986; Hamann 1982; Illies 1971; Jendrowiak/Kreuzer 1982; König/Ramsenthaler 1980; Lassahn 1983; Portmann 1970; Roth 1976/4; Scheuerl 1982

Anthroposophie

ein griechisches Kunstwort (wörtlich: Wissenschaft, Erkenntnis vom Menschen), von R. Steiner (1861–1925) geschaffen, bezeichnet dessen Lehre vom Menschen und von seinen besonderen geistigen und seelischen Entwicklungsmöglichkeiten. In teilweiser Anlehnung an Goethes naturwissenschaftliche Schriften, die er 1883–1897 im Rahmen der Weimarer Goetheausgabe als erster herausgegeben

und kommentiert hat, nimmt Steiner eine höhere geistige Welt über der sinnlich wahrnehmbaren Welt an. Er bekannte sich zu Seelenwanderung und Wiedergeburt als Konsequenz der Metamorphosen (= Verwandlungen), welche die Goetheschen „Urphänomene“ auf dem Wege über gesetzmäßige Veränderungen durchlaufen würden.
Steiner unterstellt die Existenz übersinnlicher Erkenntnisfähigkeiten des Menschen, die über die bloße Sinneswahrnehmung hinausgehen, für ihre Entfaltung aber intensiver Schulung (z. B. Meditationsübungen) bedürfen.
Die Entwicklung des Menschen verläuft nach seiner Ansicht in drei Phasen: Vom 1. bis 7. Lebensjahr ist das Kind v. a. auf Nachahmung und Vorbild angewiesen, vom 7. bis 14. Lebensjahr bestimmen sein Leben Autorität und Nachfolge, und vom 14. bis 21. Lebensjahr ist der Mensch der Aufgabe eigenständiger Urteilsbildung ausgesetzt, wobei die Erwachsenen nur noch als Ratgeber fungieren.
Unter Einbezug der christlichen Weltanschauung in seine Lehre gründete Steiner 1913 die **Anthroposophische Gesellschaft,** heute mit Sitz am Goetheanum in Dornach bei Basel. Seine Anthroposophie brachte er u. a. als Grundlage in die Pädagogik der Freien → Waldorfschule (1919) und in die biologisch-dynamische Landwirtschaft ein. Er leitete die Entwicklung besonderer Naturheilmittel und -kosmetika ein, plädierte für einen der menschlichen Natur gemäßen Baustil, für klassenlose Krankenhäuser und selbstverwaltete Kindergärten und Schulen. Nach seiner Meinung hat sich alles Institutionelle der Natur des Menschen unterzuordnen.

Badewien 1986; Baral 1987; Baumann 1986; Becker/Schreiner 1981; Carlgren 1986 und 1988; Fränkl-Lundborg 1987; Kögler 1987; Krämer u. a. 1987; Martin 1988; Neumann/Weirauch 1988; Steiner z. B. 1904, 1919, 1924

→ Alternative Schulen K

Antiautoritäre Erziehung

ist inhaltlich nicht eindeutig abzugrenzen. Sie reicht von der Absage an den autoritären → Erziehungsstil bis zum Entwurf in ihren Zielsetzungen wiederum divergierender Erziehungskonzepte (vgl. das Programm von A. S. Neill in Summerhill oder der → Kinderläden).
Gelegentlich wird die antiautoritäre Erziehung auch mit dem demokratisch-sozialintegrativen Erziehungsstil gleichgesetzt.
Es wäre der begrifflichen Klarheit förderlich, sie ihrem ursprünglichen Ansatz gemäß jenen Erziehungskonzepten vorzubehalten, die jede pädagogische Einflußnahme grundsätzlich zugunsten der uneingeschränkten Bedürfnisbefriedigung der Kinder und Heranwachsenden in Frage stellen und deren erklärtes Erziehungsziel in totaler → Emanzipation von den Zwängen und Normen der gegebenen Gesellschaftsordnung besteht. Empirische Untersuchungen haben den Nachweis erbracht, daß extrem antiautoritär erzogene Kinder in den meisten Fällen spätestens bei Schuleintritt durch die kompromißlose Konfrontation mit andersgearteten Erziehungskonzepten erhebliche Anpassungsschwierigkeiten haben, die oftmals zu schweren → Neurosen führen.
Nach Schaller (Schäfer/Schaller 1976) ist das antiautoritäre „Gesellschaftsmodell die prästabilisierte Harmonie vollendeter Egoisten“.
Er skizziert **fünf Fehlformen antiautoritärer Erziehung:**
1. Die Erwachsenen stehlen sich aus ihrer Verantwortung wie beim Laissez-faire-Stil.

2. Der autoritätsfreie Raum wird ideologisch und damit letztlich wieder autoritär besetzt (vgl. z. B. die → Kinderläden nach sozialistisch-marxistischen Maximen!).
3. Das autoritäre Verhältnis wird lediglich umgekehrt, indem der Wille der Kinder und Jugendlichen an die Stelle des Willens der Erwachsenen tritt.
4. „Die Bindung des Menschen an seine natürliche Güte" – wie bei J. J. Rousseau und heute bei A. S. Neill und der Humanistischen Psychologie nachzulesen – geht von illusionären Voraussetzungen aus, denen die alltägliche Erfahrung widerspricht.
5. Zumindest heftig umstritten ist die „psychoanalytische Begründung antiautoritärer Erziehung", wonach das Ich sich im gesetzmäßigen Prozeß seines Werdens selbst reguliert (Verdrängung, Sublimierung durch Leistung usw.), wenn es nicht behindert wird. Auch die ausschließliche Erklärung des Menschen aus der Entwicklung seiner Sexualtriebe (etwa im Anschluß an W. Reich) erwies sich in ihrer Einseitigkeit als nicht haltbar.

Auchter 1973; Bott 1971; Brezinka 1976; Ehrhardt 1973; Engelmayer 1973; Kohl 1971; Kron 1973; Neill 1969; Paffrath 1972; Weber 1974; Werder 1974

→ Antipädagogik → Autorität K

Antimedienaffekt

ist eine Abwehrhaltung gegenüber → Medien und Medienangeboten, die beim Schüler aus der Erfahrung mehrmaliger Überforderung durch ein Medienangebot resultieren kann, aber ebenso aus der übertriebenen häufigen Konfrontation mit Medien, die zu einer Einbuße an Motivationsbereitschaft führt.
Der Antimedienaffekt vieler Lehrer ist auf einen unbewußt gehegten Konkurrenzneid gegenüber dem informationstüchtigeren Medium zurückzuführen und/oder auf schlechte Erfahrungen mit dem medienorientierten Unterricht, wenn etwa mangelnde Einübung der Lernenden in das Lernen über Medien, organisatorische Schwierigkeiten und technische Mängel den Unterricht unökonomisch und ineffektiv werden ließen.

→ Medienerziehung K

Antipädagogik

betont die konsequente Orientierung am Kind als dem eigentlichen Ausgangspunkt aller Erziehung gegenüber dem Anpassungs- und Uniformierungsdruck der Sozialisationsinstanzen (z. B. Familie, Schule, Kirche). Mit v. a. psychoanalytischer Begründung plädieren die Vertreter der Antipädagogik (z. B. v. Braunmühl, A. Miller, v. Schoenebeck) für eine Erziehung als naturgemäßes Wachsenlassen. Nach ihrer Ansicht dient die herkömmliche Erziehung der Bedürfnisbefriedigung der Erwachsenen und nicht jener der Kinder, weshalb sie abzuschaffen sei. Mit ihren Normen, Regeln und Verhaltenserwartungen ergreife die Erwachsenengeneration über den Erziehungsprozeß Besitz von der nachfolgenden Generation statt ihrer eigenständigen Entwicklung eine Chance zu lassen.
Erziehung im Sinne der Antipädagogik ist freundschaftliche Begleitung der Kinder und Jugendlichen z. B. durch Ich-Botschaften, gegenseitiges Akzeptieren, gemeinsam ausgehandelte Gestaltung der Lebensumstände.
Neben der m. E. unzulässigen Verallgemeinerung von Erkenntnissen, die in der psychoanalytischen Praxis gewonnen wurden, für die Erziehungspraxis bleibt die

Antipädagogik die Antwort schuldig auf die Frage nach der angemessenen Ausrüstung der jungen Menschen für die tatsächlich vorgefundene Lebenswirklichkeit. K

v. Braunmühl 1983; Miller 1981; Oelkers/Lehmann 1983; v. Schoenebeck 1982; Winkler 1982

Antipathie

stellt sich als elementares, oft rational nicht faßbares → Gefühl gegenüber Personen oder Situationen ein, die Abneigung oder Widerwillen hervorrufen. K

Antizipation

bedeutet die gedankliche Vorwegnahme eines Ereignisses oder des Endprodukts eines Handlungsverlaufes. Ein Lehrer antizipiert z. B. die Verhaltensweisen seiner Schüler, wenn er konkrete methodische Schritte für die Bewältigung eines Lernproblems plant. K

Antizipatorische Reaktion

Als antizipatorische Reaktion gilt eine Handlung, die unter den gegebenen Umständen verfrüht durchgeführt wird, z. B. die Lösung einer Rechenaufgabe aufgrund einiger bekannter Details in der Aufgabenstellung, bevor alle zur Lösung notwendigen vorbereitenden Schritte bewältigt sind. Die antizipatorische Reaktion erfolgt also aufgrund vertrauter Umstände vor dem zugehörigen auslösenden Reiz. K

Aphasie

bezeichnet eine Gruppe von Sprachstörungen, die auf eine Schädigung des Sprachzentrums im Gehirn zurückzuführen sind. Je nachdem welcher Teil des Sprachzentrums geschädigt ist, besteht die Folge in Wortverständnisschwierigkeiten oder in Sprechbeeinträchtigung oder im Vergessen von Bezeichnungen oder in Wortvertauschungen oder in kombinierten Erscheinungsformen der beschriebenen Sprachstörungen.

Franke 1987; Möller 1984; Springer/Kattenbeck 1987; Stockert 1984; Taylor 1981

→ Agrammatismus → Aphrasie → Logopädie K

Aphorismus

Sinnvoll und prägnant geformte, kurz hingeworfene, inhaltsreiche Gedanken in Form von in sich geschlossenen Sinnsprüchen in Prosaform oder als sog. Gedankensplitter werden als Aphorismen bezeichnet. Sie sollen zum Nachdenken anregen und führen nicht selten zu einer neuen Erkenntnis durch Widerspruch, Gegensatz oder Vergleich. O

Aphrasie

bezeichnet sowohl Sprechverweigerung aufgrund psychischer Erkrankung als auch die Unfähigkeit, richtige Sätze zu bilden. K

Appell

In der Umgangssprache wird der Appell als unmittelbare, bedrängende Aufforderung zum Handeln unter Verzicht auf eine sorgfältig abwägende Überlegung verstanden.

Im pädagogischen Bereich setzte sich O. F. Bollnows Definition des Appells durch, die sich gerade gegen die manipulierende Tendenz der umgangssprachlichen Bedeutung wendet. Beim Appell „erhebe nicht ich als zufälliger einzelner Mensch den Anspruch, sondern ich verweise auf eine in dem anderen Menschen selber vorhandene Autorität, eben auf jene ‚höhere Instanz' (das Gewissen), die entscheiden soll". Der Appell stellt sehr hohe Ansprüche sowohl an den Erzieher als auch an den ihm anvertrauten jungen Menschen, denn immer „geht der Appell auf eine Unterscheidung von Oberfläche und Tiefe, von Uneigentlichkeit und Eigentlichkeit des Menschen", ja er „wendet sich an die Freiheit der Entscheidung selber (die sich auch im Inhaltlichen jeder vorherigen Festlegung entzieht), und der Appell ist um so reiner ein Appell, je weniger er von dem möglichen Inhalt der Entscheidung vorwegnimmt".

Bollnow 1965; Köck 1972

→ Impuls K

Apperzeption

bezeichnet dem Wortsinn nach die Auffassung von Sinneseindrücken. Dem psychologischen Sprachgebrauch entsprechend setzt sie einen hohen Grad an Aufmerksamkeit und bewußter Zuwendung dem Begegnenden gegenüber voraus, wodurch Sinneseindrücke bzw. ein psychischer Inhalt zu klarer Auffassung strukturiert werden.
Perzeption bedeutet demgegenüber die bloße sinnliche Wahrnehmung ohne den Akt bewußter Zuwendung und Klärung.

→ Sinnesrezeptoren → Wahrnehmung K

Appetenzkonflikt

bedeutet Annäherungskonflikt und ergibt sich, wenn zwei oder mehrere gleicherweise erstrebenswerte Ziele zur Wahl gegeben sind. Die Wahl des einen Zieles bedeutet notwendigerweise die Vernachlässigung eines anderen.
Die Psychologie unterscheidet genauer zwischen einem Appetenz-Aversions-Konflikt (Annäherungs-Vermeidungs-Konflikt; jedes von zwei gegebenen, aber nicht gleichzeitig erreichbaren Zielen wird gleichzeitig angestrebt und gemieden) und einem Aversions-Aversions-Konflikt (es besteht die Tendenz, beide gegebenen Ziele zu vermeiden, ohne aber letztlich einer Wahl ausweichen zu können).

→ Appetenzverhalten K

Appetenzverhalten

Es drückt ein Triebverhalten aus und bezeichnet nach W. Craig alles zweckgerichtete Verhalten höherer Organismen, das aktiv bestimmte Reizsituationen anstrebt und angeborene, oft dem Träger noch unbewußte Mechanismen auslöst.
Das Appetenzverhalten kann als die Spannungssteigerung, die Unruhe verstanden werden, die vor der Auslösung eines entsprechenden Instinktverhaltens liegt und dieses begleitet.

→ Appetenzkonflikt → Verhaltensforschung O

Approximation

bedeutet allgemein Näherung, Annäherung. Approximationslernen bezeichnet somit Lernvorgänge, durch deren Bewältigung die Aussicht auf erfolgreiche Bearbeitung ähnlicher oder nur in Details gleicher Lernsituationen steigt.
In der → Informationstheorie besteht „der Approximationsprozeß (oder Akkomodationsprozeß) darin, daß das subjektive Schema des Empfängers sich dem objektiven Sachverhalt des Senders immer genauer (bzw. vollständig) angleicht" (Cube 1982[4]).
→ Akkomodation, informationelle → Schemata, kognitive K

APT

stellt eine Abkürzung für **A**utomatic **P**rogramming for **T**ools dar. Sie ist eine verfahrensorientierte Programmiersprache zur numerischen Steuerung von Werkzeugmaschinen.
→ Programmiersprachen O

Aptitude

(abgeleitet von lat. aptus = geeignet, fähig) Der englische Begriff aptitude bedeutet → Begabung, Befähigung, Talent, Geschicklichkeit und wird in der → pädagogischen Psychologie für Sonderbegabung, Partialbegabung und anlagebedingte Fähigkeiten verwendet. Diese werden durch → aptitude tests festgestellt. O

Aptitude test

Aptitude tests stellen gesondert auf Einzelpersonen oder Gruppen ausgerichtete, differenzierte „Eignungsprüfungen", → Eignungstests dar, mit deren Hilfe Begabungsrichtungen, Sonder-, Partialbegabungen und anlagebedingte Fähigkeiten prognostiziert werden und aktuelle Leistungsmaßstäbe erkannt werden sollen, die geeignet sind, die Lernfähigkeit in verschiedenen Verhaltensbereichen zu bestimmen; aptitude tests basieren nicht auf dem IQ. Sie zielen in Testfolgen eher auf Profilbewertungen ab und messen ein weitreichendes Spektrum von Begabungen, Fähigkeiten, → Geschicklichkeiten, Eigentümlichkeiten und Verhaltensweisen, (z. B. verbales Verständnis, rasches Erfassen zahlenmäßiger Transaktionen und Operationen; logische Denkfähigkeit; Eignung für Lehr-, medizinische, technische oder handwerkliche Berufe), um vorausschauend Entwicklungstendenzen darzulegen.
Aptitude tests werden sehr weitläufig in Bereichen der → Erziehungs- und → Berufsberatung verwendet.
→ Ability grouping → Aptitude → Begabung → Fähigkeit → Intelligenztest → Leistungstest O

Aptitude-Treatment-Interaction

abgekürzt ATI, **A**ptitude (= Fähigkeit, Neigung, Eignung) bzw. Attribute (= Eigenschaft, Merkmal) **T**reatment (= Aufbereitung) **I**nteraction (= Wechselwirkung).
Die ATI untersucht vor allem Wechselwirkungen zwischen Schülerfähigkeiten bzw. -merkmalen und Unterrichtsmethoden. Sie hat z. B. herausgefunden, daß ängstliche Schüler im lehrerzentrierten Unterricht zu besseren Ergebnissen kommen als im wenig strukturierten schülerzentrierten Unterricht. Die Konsequenz

aus solcher Erkenntnis ist die langsame, schrittweise Einübung in den schülerzentrierten Unterricht, wenn sich bei einem Teil der Schüler keine Negativeffekte einstellen sollen.
K

Arbeit

kennzeichnet ein menschliches Handeln, das durch Zweckmäßigkeit, Zielgerichtetheit und Planmäßigkeit bestimmt ist. Sie dient sowohl der Bedürfnisbefriedigung des einzelnen als auch der Erhaltung und optimierenden Veränderung der gesamtgesellschaftlichen Lebensverhältnisse. Je nach Aufgabenstellung ist schwerpunktmäßig körperliche, geistige oder psychische Arbeit gefordert bzw. eine jeweils spezielle Kombination dieser Formen der Arbeit.

Heck 1985; Schmale o. J.; Schneider 1983; Neuberger 1985

→ Arbeitslehre → Arbeitspädagogik → Arbeitsunterricht → Spiel K

Arbeitsauftrag

Die Effektivität eines Arbeitsauftrages innerhalb eines organisierten Lernprozesses (z. B. in einer Unterrichtsstunde, in einem Lehrprogramm, in mediengesteuertem Lernen) wird weitgehend davon bestimmt, inwiefern bei seiner Formulierung die nachfolgenden Kriterien Beachtung finden.

1. Der Arbeitsauftrag muß **zielorientiert** formuliert sein. Das Arbeitsziel muß für die Lernenden verständlich und erreichbar sein. In der Regel nehmen Arbeitsaufträge auf die operationalisierten → Lernziele Bezug, die für die betreffende Lerneinheit festgelegt wurden.
2. Der Arbeitsauftrag muß **problemorientiert** sein. Die Schüler werden einen Arbeitsauftrag nur dann gerne übernehmen, wenn die Fragestellung ihre Interessen trifft bzw. ihre Neugier weckt und wenn sie Einsicht in die Brauchbarkeit ihrer Arbeit gewinnen können.
3. Der Arbeitsauftrag muß **prägnant** formuliert sein, d. h. klar gegliedert, eindeutig und für jeden Lernenden durchschaubar. Zum Kriterium der Prägnanz gehört z. B. die umfassende Angabe der Arbeitsbedingungen wie Material, Hilfsmittel, Instrumente, Zeit usw. Ein Arbeitsauftrag ist um so besser formuliert, je weniger Rückfragen die Schüler nötig haben, und je weniger Mißverständnisse er auslöst.
4. Arbeitsaufträge sollten möglichst **variabel** in bezug auf die Aktivitäten der Schüler gestaltet sein, also verschiedene, u. U. auch arbeitsteilig zu leistende Tätigkeiten auslösen wie z. B. Beschreiben, Vergleichen, Beobachten, Beurteilen, Problemlösen, Erstellen von Graphiken und Wandbildern, Planen, Durchspielen einer Situation usw. Zur Variabilität zählt auch, daß die Arbeitsaufträge jeweils mit den unterschiedlichen Anforderungen der verschiedenen → **Lernzielstufen** verbunden werden (vgl. die ausführliche Darstellung beim Stichwort Lernzielstufen).
5. Arbeitsaufträge sollten die Möglichkeit anbieten, über die Arbeit an der Sache hinaus in einer kurzen Reflexionsphase zum → **Diskurs** bzw. zur → **Metakommunikation** vorzustoßen. Hier können z. B. nach einem kooperativ durchgeführten Arbeitsauftrag die Rollen der Gruppenmitglieder, ihre Leistung für das Ergebnis, ihre Gefühle und ihre Wirkung auf die anderen reflektiert werden. Auf diese Weise können Kooperationsverhalten und Kommunikationsstil im Laufe der Zeit verbessert werden.

6. Arbeitsaufträge sollten den Schülern **schriftlich fixiert** zur Verfügung stehen, z. B. über Tafel, Tageslichtprojektor, Arbeitsblatt. K

Arbeitsblatt

nennt man ein unter didaktischen Gesichtspunkten entworfenes, von Lehrmittelfirmen vorgefertigtes oder vom Lehrer selbst erstelltes Einzelblatt, das für jeden Schüler einer Klasse vervielfältigt wird. Es ist neben → Schulbuch, Heft, Tafel und Tageslichtprojektor das am meisten verwendete → Unterrichtsmedium.

Die **Formen des Arbeitsblattes** reichen von bloßer Vorstrukturierung des Lernprozesses z. B. durch Linien, offene Graphiken, Schemakästchen, leere Tabellen bis zu teilweiser oder umfassender Information z. B. durch Texte, Bilder, Skizzen, ausgefüllte Tabellen. Vom reinen Informationsblatt ist das Arbeitsblatt aber dadurch abgegrenzt, daß es immer mit einem präzisen Arbeitsauftrag für die Schüler verbunden ist.

Arbeitsblätter können **in jeder Phase des Unterrichts** eingesetzt werden, was sich allerdings in unterschiedlicher Gestaltung und Aufgabenstellung niederschlagen muß; die mit einem Arbeitsblatt verbundene Lernaufgabe ist eben eine andere, je nachdem ob das Arbeitsblatt z. B. zur Ergebnissicherung, Zusammenfassung, Lernerfolgskontrolle, Differenzierung des Unterrichts, Übung oder Stofferarbeitung verwendet wird.

Arbeitsblätter müssen folgenden **Kriterien** genügen:

1. Der Einsatz eines Arbeitsblattes ist nur aufgrund ausdrücklicher didaktischer und methodischer Begründung vertretbar. Es muß sich als notwendig für die Lernzielerreichung, die Inhaltserschließung oder die Einübung in eine Arbeitstechnik ergeben.
2. Die Verwendung eines Arbeitsblattes widerspricht dem Prinzip der Unterrichtsökonomie, wenn es durch andere Unterrichtsmedien wie z. B. Schulbuch, Hefteintrag, Atlasarbeit usw. ersetzt werden kann.
3. Aus einem Arbeitsblatt müssen sich für den Schüler ausführbare (das bedeutet die vorausgesetzte Beherrschung der erforderlichen Arbeitstechniken) und sinnvolle, lohnende Handlungskonsequenzen ergeben. So ist es m. E. z. B. fraglich, ob bloße Lückentextarbeit ein Arbeitsblatt rechtfertigt.
4. Ein Arbeitsblatt muß in präziser Wechselwirkung zu den anderen eingesetzten Unterrichtsmedien und zum Stundenablauf verwendet werden, z. B. zur Bearbeitung einer Aufgabenstellung nach einer entsprechenden Vorbereitungsphase im Unterricht, als durch eigene Formulierung und Gestaltung der Schüler zu leistende schrittweise Teilzusammenfassung nach einzelnen Unterrichtsschritten, in Verbindung mit einem Videofilm oder einem Text usw.
5. Ein Arbeitsblatt erweist sich über die unmittelbare Bearbeitungsphase hinaus erst als sinnvoll, wenn es längerfristig weiterverwendet wird z. B. als Stoffzusammenfassung nach mehreren Lerneinheiten, als Lernhilfe für die Erledigung von Hausaufgaben oder für die Vorbereitung von Schulaufgaben, als Nachschlagewerk, als Orientierungshilfe für die Informationssuche in weiteren Quellen wie Schulbuch, Lexika, Schülerbibliothek.
6. Ein Arbeitsblatt ergibt sich meistens als zwingende Folge aus der Beachtung von Unterrichtsprinzipien wie → Anschaulichkeit, → Didaktische Reduktion, → Selbsttätigkeit, Handlungsorientierung (→ handlungsorientierter Unterricht), → Differenzierung.

7. Ein Arbeitsblatt ist nach den Kriterien Kürze/Prägnanz, Verständlichkeit und übersichtliche Gliederung zu gestalten. Nachfragen der Schüler zum Zweck des Arbeitsblattes sind ein Gradmesser für die mangelnde Güte desselben. Deutlicher Druck und motivierende Form steigern die Neugier und Arbeitsbereitschaft der Schüler. K

Eckert 1980; Wellenhofer 1991

Arbeitsgemeinschaft

Die Arbeitsgemeinschaft als Form des freiwilligen Zusammenwirkens zur gemeinsamen Durchführung und Erreichung von Aufgaben ist bereits in den Anfängen der → Erwachsenenbildung in den → Volkshochschulen zu finden. Ihre Bedeutung liegt in der Vertiefung des Gemeinschaftsbewußtseins und in der Entfaltung pesönlicher Kräfte im Dienste einer zu lösenden sachlichen Aufgabe.
Die Arbeitsgemeinschaft stellt heute eine methodische Form im Bereich des Lehrens und Lernens dar. Sie befaßt sich mit einem Aufgabenkomplex, einem abgegrenzten zu untersuchenden Stoffbereich, mit der Erstellung praktischer Aufgaben, oder orientiert sich an einem zu erreichenden Lernziel und versucht durch überlegte gemeinsame intensive Arbeit, die über längere Zeit, in der Schule auch über Jahrgangsstufen hinaus, andauern kann, die bestmögliche Lösung des Problems zu finden oder ein begründetes Ergebnis zu erstellen. In der Arbeitsgemeinschaft, deren Teilnehmerzahl auf etwa 20 begrenzt werden sollte, besteht intensive Interaktion zwischen Lehrenden und Lernenden. Die gleichberechtigten Teilnehmer pflegen geordneten Erfahrungsaustausch, sie bemühen sich um Bewußtmachung, Sichtung, Auswertung und Beurteilung ihrer eigenen und gemeinsamen Lebenserfahrung, versuchen gemeinsame → Erkenntnisse zu gewinnen, → Urteile zu bilden und → Schlüsse zu ziehen. Die Teilnehmer schließen sich in einer aktiven Schaffensgemeinschaft auf arbeitsmäßiger und bei der Bearbeitung und Lösung weitreichender, komplizierter Aufgaben auch auf arbeitsteiliger Grundlage zusammen. O

Arbeitsgleiche Gruppen → Gruppenarbeit

Arbeitslehre

ist als → Unterrichtsprinzip in allen Schularten beheimatet, als Unterrichtsfach gehört sie zum Fächerkanon der → Hauptschule. Abhängig vom ideologischen Standort reicht die Interpretation der Arbeitslehre von der Einübung in die gegebene Wirtschafts- und Arbeitswelt als wesentlichen Teil der gesellschaftlichen Praxis über die aktuelle Wissenschaftsorientierung des Faches bis zum Einbezug der Kritik technologischer, ökonomischer, ökologischer und politischer Verhältnisse.
Abgesehen von der in den jeweiligen Lehrplänen erkennbaren speziellen ideologischen Interpretation ist es die Aufgabe der Arbeitslehre als Unterrichtsprinzip und Fach, die Schüler an die Realität der Wirtschafts- und Arbeitswelt in ihrer Einbindung in das gegebene Gesellschaftssystem hinzuführen.
Dies wird erreicht

- durch Vorbereitung auf die Berufswelt in Form umfassender Information über → Berufsfelder, unterstützt durch → Betriebsbesichtigungen, → Betriebserkundungen und → Betriebspraktika,

– und durch die Vermittlung relevanten Wissens und Könnens in bezug auf die Wirtschafts- und Arbeitswelt im schulischen Unterricht.

Die Aufgabenstellung der Arbeitslehre erfordert die Gestaltung des Unterrichts nach den Grundsätzen des → handlungsorientierten Unterrichts. K

Babilas/Schleucher 1983; Karg 1986

Arbeitslosigkeit

wird offiziell nach dem Arbeitsförderungsgesetz nur für jene erwerbsfähige Personengruppe anerkannt, die als arbeitslos gemeldet ist. Die Dunkelziffer der Arbeitslosen dürfte nach Schätzungen ebenso hoch sein wie die amtliche Anzahl der Arbeitslosen.

Allein die Anzahl der gemeldeten arbeitslosen Jugendlichen (15- bis 20jährige) liegt seit Mitte der 80er Jahre beständig über einer halben Million mit steigender Tendenz, abgesehen von zyklischen Schwankungen der Arbeitslosenzahl z. B. aufgrund von Rationalisierungsschüben, Weltwirtschaftsentwicklung, Anzahl der Jugendlichen mit gerade abgeschlossener Berufsausbildung. Die Situation der **Jugendarbeitslosigkeit** wird weiter verschärft, wenn die Altersgrenze wegen der immer längeren Verweildauer in Bildungseinrichtungen, vor allem aber wegen der ständig steigenden Zahl akademisch ausgebildeter Arbeitsloser realistischerweise auf 25 Jahre erhöht wird. Die schwerwiegenden negativen Folgen langandauernder Arbeitslosigkeit, hier wiederum vor allem der Jugendlichen, die schließlich das Potential der Zukunft einer Gesellschaft ausmachen, deuten sich bereits an: Schulisch immer höher qualifizierte Jugendliche müssen sich gegenüber ihren Erwartungen mit einem beruflichen Abstieg zufrieden geben. Weiter andauernde Arbeitslosigkeit begünstigt die Entstehung des Gefühls der Nutzlosigkeit, Resignation, Depressionen, Zuflucht zu Suchtmitteln, aber auch Solidarisierung in Außenseitergruppen, die der sozialen Diskriminierung ausgesetzt sind. Verlängerung der Ausbildungszeiten, Umschulungsangebote, zeitlich begrenzte Arbeitsbeschaffungsmaßnahmen und Selbsthilfegruppen dürften zur Bewältigung dieser Problematik auf die Dauer nicht ausreichen. K

Arbeitsmittel → Anschauung → Lehrmittel → Lernhilfen → Medien

Arbeitspädagogik

gewinnt ihre Erkenntnisse über die erzieherische Bedeutung von Arbeit und Beruf vorwiegend mit empirischen Methoden. Die Forschung ist v. a. durch zwei Fragestellungen bestimmt: Worin besteht die erzieherische Funktion der Arbeit und des Berufes für die Entwicklung und die Selbstverwirklichung des jungen Menschen und des Erwachsenen und wie müssen Arbeit und Beruf und die arbeits- und berufspädagogischen Maßnahmen beschaffen sein, um ein humangemäßes Hineinwachsen in diese Bereiche zu garantieren?

Die pädagogische Förderung eines sinnvollen Arbeitsverhaltens beginnt bereits im frühpädagogischen Bereich mit altersgemäßen kleinen Aufträgen in der Familie und im Kindergarten. Sie ist in enger Verbindung zur Weckung der → Leistungsmotivation zu sehen. Ein weiterer Schwerpunkt der Arbeitspädagogik ist mit dem schulischen Arbeiten gegeben, wo sie sich durch einige Unterrichtsfächer (z. B. Arbeitslehre, Wirtschaftslehre) und durch die Phase der Berufsfindung und Berufswahl mit dem Forschungsbereich der → Berufspädagogik überschneidet. Gegenstand der Berufspädagogik sind aber nicht nur die Berufswahl und die berufliche Bildung, sondern auch die Eingliederung in das berufliche Leben selbst einschließlich der → Fort- und → Weiterbildung und eines evtl. Berufswechsels und in neuerer Zeit in verstärktem Maße auch die Ausbildung der Ausbilder.

Büscher 1988/4; Golas 1985/4; Hintermaier/Wagner 1980; Schelten 1987

→ Betriebspädagogik → Pädagogik → Wirtschaftspädagogik K

Arbeitsprojektor → Overhead projector

Arbeitspsychologie

trägt in Kooperation mit Medizin, Sozialpsychologie, Soziologie und Wirtschaftswissenschaften als angewandte Psychologie durch Forschung und Handlungsempfehlungen zur Verbesserung von Arbeitsbedingungen bei. So ist sie z. B. maßgeblich beteiligt an der Ablösung der von Monotonie und Vereinsamung begleiteten Einzelarbeit in der Fließbandproduktion durch selbstverantwortlich gestaltete Teamarbeit. K

Frieling/Sonntag 1987; Schmale o. J.; Ulich 1991

Arbeitsschutz für Kinder und Jugendliche

ist vor allem durch das Jugendarbeitsschutzgesetz (1984 novelliert) gesichert. Durch die Bestimmungen sollen Kinder und Jugendliche vor Überbelastungen und gesundheitlichen Frühschäden in jeder Art von Beschäftigungsverhältnis bewahrt werden.

Ausgewählte Vorschriften:

- Die Beschäftigung von Kindern und von Jugendlichen unter 15 Jahren ist grundsätzlich verboten.
- Für eine zulässige Beschäftigung sind Dauer und Uhrzeit festgelegt.
- Bezahlte Freistellung muß für die Teilnahme am Berufsschulunterricht, an Prüfungen und Ausbildungsmaßnahmen und für den Tag vor schriftlichen Abschlußprüfungen gewährt werden.
- Ausnahmegenehmigungen können auf Antrag von den Gewerbeaufsichtsämtern nach Anhörung des zuständigen → Jugendamtes erteilt werden, wobei allerdings strenge Maßstäbe anzuwenden sind. K

Arbeitsteiliger Gruppenunterricht → Gruppenarbeit

Arbeitstransparent → Transparenttechnik

Arbeitsunterricht

bzw. Arbeitsschule bezeichnete ursprünglich die Anfang des 20. Jahrhunderts von G. Kerschensteiner in die Schulpraxis eingebrachte erzieherische Konzeption, durch manuelle → Selbsttätigkeit der Schüler und Wirklichkeitsbezug der Lerninhalte die kognitive Einseitigkeit der Schule zu überwinden. Heute meint Arbeitsunterricht allgemein Lernphasen im Unterricht, die der Schüler selbst planend und handelnd auf ein für ihn unmittelbar sinnvolles Ziel hin bewältigt.

Besondere Chancen hat der Arbeitsunterricht z. B. im → Projektunterricht, in → Planspielen und in Fächern, die von vornherein auf die Erstellung von „Werkstücken“ ausgerichtet sind wie Kunsterziehung, Werken und die praxisbezogenen

Fächer in der → Berufsschule. Voraussetzung für ein Gelingen des Arbeitsunterrichts ist die Beherrschung der dafür notwendigen Arbeitstechniken durch die Schüler.

Kerschensteiner 1964, 1982

→ Arbeit → Arbeitspädagogik → Handlungsorientierter Unterricht K

Archetyp

C. G. Jung bezeichnet in seiner Analytischen Psychologie als Archetypen die Inhalte des kollektiven Unbewußten im Unterschied zu denen des persönlichen Unbewußten, welche durch den individuell verschiedenen Entwicklungsverlauf jedes Menschen entstehen.

Als Archetypen gelten z. B. Vater-Mutter-Kind, Anima – Animus, Gott, Tod. Sie betreffen als urmenschliche Gegebenheiten jeden Menschen gleicherweise, wenngleich die Art und Weise der Begegnung über ihre durchaus verschiedene Wirkung entscheidet. Der speziell pädagogische Auftrag besteht also darin, die unverfälschte Begegnung des Kindes mit den Archetypen zu ermöglichen und ihm nicht den Zugang zu ihrem eigentlichen Wesen durch Zerrbilder z. B. des Vaters, der Mutter, Gottes zu verstellen. K

Balmer 1972; Jacobi 1957; Jung 1954; 1981 f., 1991

Arrest

als zwangsweise verhängte Strafmaßnahme in der Form des Nachsitzens in der Schule ist nicht mehr zulässig.

→ Nacharbeit → Ordnungsmaßnahmen K

Artikulations-Schemata des Unterrichts

In der Folge von Herbarts Artikulation des Unterrichts und in neuerer Zeit abgestützt durch empirische Befunde der Lernpsychologie wurden von der Methodik Artikulations-Schemata des Unterrichts definiert, die einen nach den Lernphasen der Schüler gegliederten Ablauf von Lernprozessen garantieren sollen. Damit erfolgte letztlich eine Ablösung von der Einteilung des Unterrichts in → Formalstufen, wo den einzelnen Unterrichtsschritten jeweils bestimmte Denkakte zugeordnet wurden, hin zum flexiblen Einsatz von Arbeitsschritten.

Artikulations-Schemata in Auswahl:

1. Kerschensteiner, G.:
   - Schwierigkeitsanalyse und -umgrenzung
   - Lösungsvermutung
   - Prüfung der Lösungskraft
   - Bestätigungsversuche
2. Bach, H. (1967^7):
   - Hinwendung
   - Vorbereitung
   - Erarbeitung
   - Vertiefung
   - Befestigung
   - Gestaltung
   - Ablösung
   - Entspannung

3. Huber, F. (1972[11]):
   - Erschließung des Neuen
   - Besinnung
   - Bewältigung
4. Roth, H. (1968[2]):
   - Stufe der Motivation
   - Stufe der Schwierigkeiten
   - Stufe der Lösung
   - Stufe des Tuns und Ausführens
   - Stufe des Behaltens und Einübens
   - Stufe des Bereitstellens, der Übertragung, der Integration
5. Odenbach, K. (1974) referiert als Lernschritte neuerer Modelle des Lernprozesses
   - Initiationsphase
   - Explorationsphase
   - Objektivationsphase
   - Integrationsphase

Welchem Artikulations-Schema der Lehrende auch immer bei seiner Unterrichtsführung folgt, es muß bedacht werden, daß der gesicherte Lernerfolg wesentlich vom Durchlaufen **aller** Lernschritte abhängt. K

Köck 1991; Vogel 1973

Asozialität

bezeichnet den Tatbestand eines Verhaltens, das gegen festgelegte, allgemeinverbindliche soziale Vorstellungen und Erwartungen der Gesellschaft in auffallender Weise verstößt. Der Asoziale verletzt also → Normen, die gemeinhin für ein möglichst konfliktfreies und gegenseitig förderliches Zusammenleben von Menschen einer bestimmen → Gesellschaft gelten. Diese Normen können in einem stillschweigenden Übereinkommen bestehen, aber auch in der Form von Gesetzen schriftlich niedergelegt sein. Je nachdem gilt z. B. der Kriminelle, der objektiv nachweisbare Straftaten begeht, aber auch der die Gesellschaft über Gebühr belastende Landstreicher als Asozialer. In die Beurteilung asozialen Verhaltens gehen zweifellos viele Vorurteile mit ein, wenn man nur an die unterschiedliche Bewertung z. B. der Landfahrer oder der Bewohner eines Obdachlosenheimes denkt.

Thiem-Schräder 1989; vgl. auch Literatur bei → Devianz!

→ Deprivation → Devianz → Jugendkriminalität → Verwahrlosung K

Assimilation

Im allgemeinen Sprachgebrauch bedeutet Assimilation den Vorgang oder den Zustand des Ähnlichwerdens bzw. des Angleichens.

In der Denkpsychologie Piagets bezeichnet Assimilation den Prozeß der Anpassung der Gegebenheiten der Umwelt an die bestehenden kognitiven → Schemata. So ordnet z. B. ein Kind zunächst alle schwarzen Männer, auch Neger, solange seinem kognitivem Schema „alle schwarzen Männer sind Kaminkehrer" ein, bis es feststellen muß, daß diese Einordnung nicht mit der Wirklichkeit übereinstimmt.

In der Soziologie liegt der Schwerpunkt beim Assimilationsprozeß auf der Anpassung eines Einzelnen oder einer Gruppe an die → Normen und Verhaltensweisen einer anderen → Gruppe oder der → Gesellschaft, in der der Einzelne oder die Gruppe leben will.

→ Acculturation → Adaptation → Akkomodation K

Assoziation

Seiner lateinischen Herkunft entsprechend bedeutet Assoziation allgemein Verbindung, Verknüpfung.

Eine große Rolle spielt die Assoziation in der modernen **Lernpsychologie** als gleichsam automatisch ablaufende Verknüpfung einer Reiz-Reaktions-Folge, womit sie mit der → Konditionierung gleichgesetzt wird. Folgerichtig wird die Assoziation für die verschiedenen Formen konditionierten Lernens in Anspruch genommen. Die Assoziation erwünschter Verhaltensweisen kann z. B. durch wiederholte Erfolgserlebnisse bei ihrem Auftreten verstärkt werden. Umgekehrt sorgen gehäufter Mißerfolg und Unlusterlebnisse über die Assoziation für den Abbau unerwünschter Verhaltensweisen (→ Verhaltenstherapie). Umstände, die sich förderlich auf die Assoziation auswirken, sind in den **Assoziationsgesetzen** festgehalten: Gesetz der Ähnlichkeit, des Gegensatzes, der räumlichen und zeitlichen Nähe (Kontiguität), der Häufigkeit, der Intensität, der Bekanntheit, des Zusammenhangs usw. Die Wahrscheinlichkeit, daß z. B. bei einem mathematischen Problem die für die Problemlösung richtigen Reaktionen assoziiert werden, ist um so größer, je größer die Ähnlichkeit des Problems mit einem früher gelösten ist.

Die **freie Assoziation,** d. h. die ungesteuerte Produktion von Gedanken, Einfällen auf ein Stichwort, findet in der Psychoanalyse bei Assoziationstests oder auch bei der Methode des → Brainstorming Anwendung.

In Herbarts Artikulation des Unterrichts bezeichnet Assoziation den Vorgang der Verknüpfung von Einzelergebnissen des Unterrichts zu einem umfassenden Ganzen (→ Artikulations-Schemata des Unterrichts).

→ Assoziationstheorie K

Assoziationseffekt → S-R-Theorie

Assoziationstheorie

Sie erklärt das durch Reize zustandekommende Verhalten und Erleben und das Auftreten von Reaktionen aus den Assoziationsgesetzen.

→ Assoziation O

Assoziative Hemmung → Gedächtnishemmungen

Asthenie, asthenisches Kind

Asthenie bezeichnet eine vorübergehende (z. B. durch Infektion ausgelöste) oder anlagebedingte körperliche und/oder psychische Schwäche und Kraftlosigkeit.

Das asthenische Kind erscheint als schmalwüchsig, zart, körperlich wie seelisch rasch ermüdet, schnell überfordert, übererregbar, mißmutig, geistig weggetreten und extrem häufig tagträumend.

Die Gründe für Asthenie reichen von der Nichterfüllung körperlicher und seelischer Grundbedürfnisse über chronische oder akute Infekte bis zu möglicherweise psychoneurotischer Verursachung mit der Folge von Atemnot, Schwindel-

gefühlen und Herzrasen bei körperlichen Anstrengungen oder starken Gemütserregungen.
Die psychosomatische Koppelung ist für das Verhalten asthenischer Kinder typisch. K

ATI → Aptitude-Treatment-Interaction

Atmosphäre, pädagogische

wird die gefühlsmäßige Grundstimmung im dialogischen Bezug von Erzieher und Kind bzw. Jugendlichem genannt. Eine positive pädagogische Atmosphäre wird ermöglicht durch Echtheit der Partner, gegenseitige → Wertschätzung, Offenheit und Vertrauen und durch einen sozialintegrativen → Erziehungsstil, der überhaupt Chancen für eine echte menschliche Begegnung im → pädagogischen Bezug eröffnet.

→ Gruppenatmosphäre K

Attitüde

ist die → Einstellung und Handlungsbereitschaft gegenüber einer besonderen Situation. In der Curriculumterminologie drückt sie das aus kognitiven, affektiven und psychomotorischen Handlungskomponenten zu bestimmende Verhalten gegenüber Lernabläufen und Informationen aus. O

Audiothek

wird die katalogisierte und zum Verleih bzw. für den schnellen Zugriff durch den Lehrer bestimmte Sammlung von Lehrmitteln und Lernprogrammen genannt, die von Mini-Disc, Schallplatte, Tonband oder Kassette abgehört werden können.

→ Diathek → Foliothek → Lehrmittel → Mediothek → Videothek K

Audiovisuelle Medien,

abgekürzt AVM, sind jene technischen Mittler im Unterrichtsgeschehen, die im Sinne der Lehrobjektivierung auf akustische, optische oder kombinierte Weise dem Schüler einen Lerninhalt vermitteln: Je nach didaktischer Aufbereitung können sie punktuell an einem vom Lehrer bestimmten Ort des Lernprozesses oder als selbständige Träger eines größeren Lernabschnittes eingesetzt werden.

Ashauer 1980; Köck 1977 und 1991

→ Medien → Unterrichtsmedien K

Audiovisuelles Zentrum

1. Geplante Bezeichnung für Medienzentren, in denen z. B. alle schulbezogenen audiovisuellen Medien sowie Schulbücher und Fachliteratur konzentriert und über ein Verleihsystem abrufbar sind.
2. Ökonomische, d. h. für den sofortigen Einsatz vernetzte Konzentration der heute üblichen und häufig benutzten audiovisuellen Unterrichtsmedien in einem Klassenraum oder in einem Medienraum für mehrere Klassen z. B. eines Stockwerks im Schulgebäude. Gebräuchlich, aber im Einsatz unhandlicher und durch unvermeidliche Erschütterungen für Schäden anfälliger sind die mobilen

Medieneinheiten, die bei Bedarf auf fahrbaren Tischen in die Klassenzimmer gebracht werden.
Die Variante des fest in jedem Klassenraum installierten audiovisuellen Zentrums ist die kostspieligste, aber durch den geringeren Verschleiß und durch die sofortige Verfügbarkeit ökonomischere und damit auch am meisten benutzte.
Nach einem in der ZEIT veröffentlichten Vorschlag könnte ein modernes audiovisuelles Zentrum im häuslichen und schulischen Bereich unter Einbezug der Computertechnologie folgendermaßen aussehen:

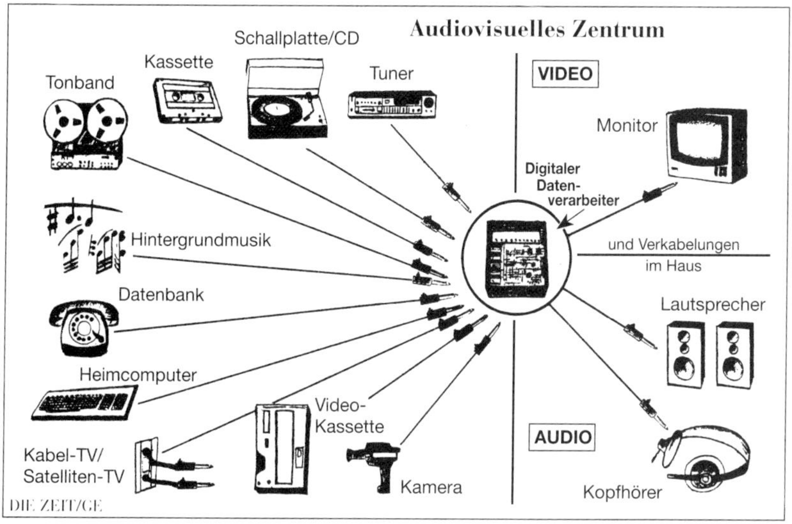

K

Aufbaustudium → Anschlußstudium

Aufforderungscharakter → Valenz

Auffrischungslehrgang (Refresher course)

Das früher Gelernte ist zu wiederholen und auf den gegenwärtig aktuellen Wissens- und Kenntnisstand zu bringen. Bei Lehrkräften sollen Fachwissen, didaktische, methodische und erziehungswissenschaftliche Kenntnisse reflektiert, vertieft und auf den jeweilig neuesten Stand erweitert werden.
→ Lehrerfortbildung → Lehrerweiterbildung → Weiterbildung O

Aufgabe

In einer Aufgabe treten an einen Menschen Anforderungen aus dem Umfeld (Person, Situation, Sache) heran, und zwar der Schwierigkeit nach auf einem Kontinuum zwischen Routineaufgaben und Problemlösungsaufgaben angesiedelt. Auf-

gaben sind mit dem Anspruch der Notwendigkeit, gelegentlich auch des Zwanges zu Bearbeitung und Bewältigung versehen, bedürfen aber um einer optimalen Ausführung willen der Annahme durch den Bearbeiter, der ja seine spezifische Leistungsfähigkeit investieren soll.
Seit Eggersdorfer wird zwischen Beobachtungs-, Deutungs-, Darstellungs- und Denkaufgaben unterschieden. Diese grundsätzlichen **Aufgabenformen** sind m. E. durch kombinierte Formen, wie sie z. B. in Schülerversuchen vorliegen, und durch die Aufgabenformen der Erfolgssicherung, Übung und Automatisierung zu ergänzen.
Das **Anspruchsniveau** von Aufgaben wird von der Art der Aufgabenstellung und den intendierten Anforderungsstufen (→ Lernzielstufen) bestimmt. So fordern z. B. enge Aufgabenstellungen i. d. R. Reproduktions- und Routinehandlungen heraus, während weite Aufgabenstellungen auf Such- und Orientierungsverhalten sowie auf Kreativität und Problemlösungsverhalten abzielen. Nach Erkenntnis der Motivationsforschung fördern Aufgaben mit individuell mittlerem Schwierigkeitsgrad die Bereitschaft zur Aufgabenbearbeitung. Demgegenüber verleiten als zu leicht empfundene Aufgaben zu Nachlässigkeit, Langeweile und Ersatzhandlungen, als zu schwer empfundene Aufgaben bereiten die Flucht aus dem Lernfeld vor (vgl. auch → Kausalattribuierungstheorie).
Bei der **formalen Gestaltung** von Aufgaben sind folgende Hinweise hilfreich:
- Die Aufgabe muß sinnvoll und notwendig sein.
- Die Aufgabe ist sorgfältig auf das Eingangskönnen der Schüler abzustellen.
- Es empfiehlt sich, die Schüler vor Ausgabe der Aufgabe zu voller Aufmerksamkeit „einzusammeln".
- Die Güte der Aufgabe wird von ihrer inhaltlichen und auf den Adressaten bezogenen Präzision bestimmt.
- Aufgaben werden i. d. R. schriftlich formuliert für die Schüler präsent gehalten (Tafel, Tageslichtprojektor, Arbeitsblatt...).
- Für die Aufgabenbearbeitung benötigtes Material, Werkzeug, Techniken müssen bereitstehen.

Bei jeder Art von Aufgabe sollte darauf geachtet werden, daß neben dem aktuellen Aufgabenlösungseffekt übergeordnete Erziehungsziele mitverfolgt werden wie z. B. Entwicklung von Aufgabenbewußtsein und Aufgabenbereitschaft, Einübung in Strategien der Aufgabenbewältigung, Ausloten der eigenen Leistungsgrenzen, Einüben in Aufgabenrollen (→ Rollenfunktionen in der Gruppe).

→ Arbeitsblatt → Aufgabentypen → Aufgebende Unterrichtsform → Hausaufgabe K

Aufgabenanalyse

Sie untersucht Konstruktion, Inhalt, Sinn und Wert einer zu einem gegebenen Zeitpunkt gestellten → Aufgabe in bezug zum durchgenommenen Stoff, Schüler-, Lernverhalten, Kenntnisstand der Klasse, zu den bereits erreichten und angestrebten → Lernzielen, den Reiz-Reaktionsverhältnissen der Aufgabe und den Lernbedingungen. So wird z. B. festgestellt, inwieweit Gesetze, Regeln und Begriffe vorher im Unterricht auswendig gelernt wurden, um in einer Schulaufgabe nur memoriert zu werden, oder welche negativen und positiven Reize in Form verbaler Instruktionen während der Aufgabenbearbeitung der Lehrer gegeben hat. Die Aufgabenanalyse versucht die für den Schüler jeweilig günstige, für seine Entwicklung effektivste Aufgabenstellung zu finden, die nicht Wissen abfragt, sondern auf Erkenntnisse, stoffliche Zusammenhänge usw. achtet.

→ Hausaufgabe → Schulaufgabe O

Aufgabenrolle → Rollenfunktionen in der Gruppe

Aufgabensynthese

In der Schule stellt die Aufgabensynthese die Zusammenschau, die Zusammenfassung oder Vereinigung der in einem Fache oder einer Schule während eines abgegrenzten Zeitraumes bearbeiteten Aufgaben zu überschaubaren Einheiten dar. Sie dient der Feststellung, inwieweit gesetzte → Lernziele erreicht wurden und überprüft den ‚Ist-Zustand' im Vergleich zum angestrebten ‚Soll-Zustand'.

→ Aufgabenanalyse → Aufgabe → Hausaufgabe → Schulaufgabe → Leistungsbewertung O

Aufgabentypen

Unter Berücksichtigung der Erfordernisse des Lerninhalts und der Anforderungen der erwünschten → Lernzielstufe kommen im Unterricht und bei Leistungsmessungen verschiedene Aufgabentypen in Frage (Auswahl):

- **Essay-Aufgaben** in Form
  - einer Frage,
  - eines Kurztextes,
  - eines Fallbeispiels,
  - einer Graphik,
  - einer Tabelle,
  - einer Quelle (historisch),
  - einer Schemazeichnung,
  - eines problemhaltigen Bildes,

  jeweils in Verbindung mit gezielten Fragen.
- **Richtig-Falsch-Aufgaben,** die dem Schüler lediglich eine Entscheidung zwischen ja – nein, richtig – falsch, +/− abverlangen.
- **Zuordnungsaufgaben** sind geeignet, um eindeutige Fakten wie Begriffe, Daten, Regeln einer gegebenen Reihe von Aussagen zuordnen zu lassen. Dabei sorgt eine größere Anzahl von Zuordnungsfakten dafür, daß sich die Schüler weniger aufs Raten verlegen.
- **Multiple-Choice-Aufgaben** → Multiple choice system
- **Ergänzungsaufgaben** sehen vor, daß die Schüler z. B. in stumme Karten, Lückentexte, Zeichnungen usw. fehlende Fakten aus dem Gedächtnis oder in Form der Zuordnung eintragen.
- **Entwurf von Ordnungsschemata,** z. B. zu Ober- und Unterbegriffen.
- **Aufgaben in Rätselform** (Kreuzwort-, Bilder-, Silbenrätsel, Quiz).
- **Rollenspiele,** Demonstrationen, Debatten, Interviews von Experten etc. dienen eher der Verhaltensbeobachtung in bezug auf affektive und instrumentelle Aspekte als einer exakten Leistungsmessung. Entsprechende Fähigkeiten werden deshalb auch angemessener mit Worten als mit Noten gewürdigt.
- **Umgang mit Geräten,** Hilfsmitteln, Nachschlagewerken.
- Die einzelnen Fächer sehen **fachspezifische Aufgabentypen** vor, mit denen die Schüler durch hinreichende Übung vertraut sein müssen, wie z. B. mit Dialog-

spielen, Comprehension, Diktatformen im Fremdsprachenunterricht, mit Versuchbeschreibung, -vorbereitung, -aufbau, -durchführung in naturwissenschaftlichen Fächern.

Vgl. ausführlicher Köck 1991, Seite 338 f.

→ Aufgabe → Aufgebende Unterrichtsform K

Aufgebende Unterrichtsform, Aufgebender Unterricht

1. Kurzbeschreibung/Funktionen

Durch die aufgebende Unterrichtsform werden die Schüler in die Lage versetzt, anhand präziser Aufgabenstellungen ein Lernproblem auf vereinbartem Wege selbsttätig zu lösen.

Je nach Anspruchsniveau der Aufgabenstellung (enge oder offene, vom Lehrer vorgegebene oder selbst erstellte Aufgaben) liefern die Schüler Produkte auf vorprogrammiertem Weg oder Problemlösungen mit hoher Eigenleistung.

Die aufgebende Unterrichtsform ist in fast jede Unterrichtsstunde integriert und beansprucht je nach Aufgabenumfang ca. zehn bis 30 Minuten. Zur Regelung der Interaktionen der Schüler kommt in Abhängigkeit vom Lernproblem und der vereinbarten Aktionsformen jede Sozialform in Frage.

2. Hauptsächliche Anwendungsbereiche

- Sequenz einer Unterrichtsstunde, meistens in der Phase der Problembearbeitung oder Problemanwendung,
- Feststellung des Lernfortschritts,
- Hausaufgabe.

3. Hinweise und Tips

- Präzise Aufgabenbeschreibung durch Lehrer oder Schüler, schriftlich fixiert (Tafel, Overheadprojektor, Arbeitsblatt).
- In der Regel genaue Wegbeschreibung durch Lehrer oder Schüler.
- **Vorher** bedenken, welches Material, welche Hilfsmittel, welche Arbeitstechniken benötigt werden.

→ Erarbeitender Unterricht → Unterrichtsformen K

Aufmerksamkeit

Nach Meinung der modernen Denk- und Wahrnehmungspsychologie kommt der Aufmerksamkeit die Aufgabe zu, unter den auf das Individuum einwirkenden → Reizen die attraktivsten auszuwählen und sie vor der Eingabe in die bewußte Informationsaufnahme und -verarbeitung gleichsam zu filtern. Die Aufmerksamkeit übt also zunächst einmal eine schützende Funktion für das Individuum aus, indem sie eine → Reizüberflutung verhindert. Darüber hinaus sorgt sie aber auch für eine entsprechend intensive Bearbeitung der ausgewählten Informationen. Geläufige Unterscheidungen werden **nach dem Umfang der Aufmerksamkeit** zwischen der eng begrenzten, aber präzisen fixierenden Aufmerksamkeit und der umfassenden, aber oberflächlicheren fluktuierenden Aufmerksamkeit und **nach der Art der Auslösung** zwischen willkürlicher und unwillkürlicher Aufmerksamkeit getroffen. Die **willkürliche Aufmerksamkeit** wird als bewußte, vom Willen gesteuerte Hinwendung zu einer Aufgabe verstanden, während die **unwillkürliche Aufmerksamkeit** von der Stärke des Reizes selbst, von der Häufigkeit seines Auftre-

tens und von seiner unmittelbaren subjektiven Bedeutsamkeit für das Individuum bestimmt wird.
Für die **Organisation von Lernprozessen** ist die Vertrautheit mit den Faktoren wichtig, die geeignet sind, einen Lerngegenstand so attraktiv anzubieten, daß der Lernende wenn möglich seine unwillkürliche Aufmerksamkeit auf ihn richtet. Interessantheit des Lerngegenstandes und Neugierverhalten des Lernenden müssen miteinander korrespondieren. Andererseits wird der Lehrende darauf achten, einer Ablenkung des Lernenden entgegenzuwirken, indem er störende Alternativreize ausschaltet und das Verharren des Lernenden beim erwünschten Lerngegenstand z. B. durch Erfolgserlebnisse verstärkt.

→ Apperzeption → Verstärkung → Wahrnehmung K

Ausbildungsberater

Beauftragte, z. B. von Handwerks- oder Industrie- und Handelskammern, welche die Ausbildenden und die Auszubildenden beraten und die Berufsausbildung selbst überwachen, sind Ausbildungsberater.

→ Berufsberatung O

Ausbildungsberuf

ist ein gemäß dem → Berufsbildungsgesetz bundesrechtlich anerkannter Beruf, für den nach einer festgelegten → Ausbildungsordnung ausgebildet werden muß.

Staatlich anerkannte Ausbildungsberufe nach Berufsgruppen

Landwirte
Landwirt/in
Winzer/in

Tierzüchter, Fischereiberufe
Tierwirt/in
Fischwirt/in

Landwirtschaftliche Arbeitskräfte, Tierpfleger
Tierpfleger/in

Gartenbauer
Gärtner/in
Florist/in

Forst-, Jagdberufe
Revierjäger/in
Forstwirt/in

Bergleute
Bergmechaniker
Berg- und Maschinenmann

Mineralaufbereiter
Aufbereiter im Bergbau

Steinbearbeiter
Steinmetz/in
Steinbildhauer/in
Natursteinschleifer/in
Farbsteinschleifer/in
Schmucksteingraveur/in
Achatschleifer/in
Diamantschleifer/in
Edelsteinschleifer/in
Diamantziehsteinmacher/in
Edelsteingraveur/in

Baustoffhersteller
Beton- und Terrazzohersteller/in
Betonfertigteilbauer/in

Keramiker
Figurenkeramformer/in
Industriekeramiker/in
Keramiker/in
Kerammodelleinrichter/in
Kerammodelleur/in

Glasmacher
Industrieglasfertiger/in
Glasmacher/in
Glasapparatebauer/in
Thermometermacher/in
Leuchtröhrenglasbläser/in
Flachglasveredler/in
Glasveredler/in
Glasschleifer/in und Glassätzer/in

Brillenoptikschleifer/in
Feinoptiker/in

Chemiearbeiter
Chemiebetriebsjungwerker/in
Chemikant/in
Pharmakant/in
Wachszieher/in
Chemielaborjungwerker/in
Vulkaniseur/in

Kunststoffverarbeiter
Kunststoff-Formgeber/in
Gummi- und Kunststoffauskleider/in

Papierhersteller, -verarbeiter
Papiermacher/in
Verpackungsmittelmechaniker/in
Buchbinder/in
Stahlstichpräger/in

Drucker
Schriftsetzer/in
Druckvorlagenhersteller/in
Galvanoplastiker/in
Stereotypeur/in
Chemigraf/in
Druckformhersteller/in
Flexograf/in
Formstecher/in
Notenstecher/in
Stahlrollenstecher/in
Stempelmacher/in
Drucker/in
Steindrucker/in
Textilveredler/in – Druckerei
Tapetendrucker/in
Siebdrucker/in
Reprograf/in

Holzaufbereiter, Holzwarenfertiger und verwandte Berufe
Holzbearbeitungsmechaniker/in
Drechsler (Elfenbeinschnitzer)/in
Holzbildhauer/in
Bürsten- und Pinselmacher/in
Schirmmacher/in
Korbmacher/in

Metallerzeuger, Walzer
Verfahrensmechaniker/in
(in der Hütten- und Halbzeugindustrie)
Drahtzieher/in

Former, Formgießer
Gießereimechaniker
Glockengießer/in
Metallformer und Metallgießer
Zinngießer/in
Schriftgießer/in

Metallverformer (spanlos)
Drahtwarenmacher/in
Kabeljungwerker/in

Metallverformer (spanend)
Dreher/in
Zerspanungsmechaniker/in
(Drehtechnik)
Revolverdreher/in
Zerspanungsmechaniker/in
(Automaten-Drehtechnik)
Walzendreher/in
Fräser/in
Zerspanungsmechaniker/in
(Frästechnik)
Hobler/in
Bohrer/in
Bohrwerkdreher/in
Metallschleifer/in
Zerspanungsmechaniker/in
(Schleiftechnik)
Schleifer/in

Metalloberflächenbearbeiter, -vergüter, -beschichter
Vorpolierer/in
(Schmuck- und Kleingeräteherstellung)
Feinpolierer/in
Flachgraveur/in
Graveur/in
Ziseleur/in
Universalhärter/in
Galvaniseur/in und Metallschleifer/in
Galvaniseur/in
Emailschriftenmaler/in

Metallverbinder
Schmelzschweißer/in

Schmiede
Federmacher/in
Schneidwerkzeugmechaniker/in
Anlagenmechaniker/in
Kupferschmied/in

Feinblechner, Installateure
Klempner/in
Konstruktionsmechaniker/in
Karosserie- und Fahrzeugbauer/in
Fluggerätebauer/in
Gas- und Wasserinstallateur/in
Zentralheizungs- und Lüftungsbauer/in
Anlagenmechaniker/in
Rohrleitungsbauer

Schlosser
Metallbauer/in
Konstruktionsmechaniker/in
Modellschlosser/in
Kunststoffschlosser/in
Industriemechaniker/in
Maschinenbaumechaniker/in

Mechaniker
Kraftfahrzeugmechaniker/in
Automobilmechaniker/in
Landmaschinenmechaniker/in
Fluggerätemechaniker/in
Flugtriebwerkmechaniker/in
Feinmechaniker/in
Industriemechaniker/in
Chirurgiemechaniker/in
Werkzeugmechaniker/in
Büchsenmacher/in
Orthopädiemechaniker/in
Kälteanlagenbauer/in
Zweiradmechaniker/in
Gerätezusammensetzer/in
Maschinenzusammensetzer/in
Teilezurichter/in
Uhrmacher/in

Werkzeugmacher
Werkzeugmacher/in
Werkzeugmechaniker/in
Prägewalzengraveur/in
Stahlgraveur/in

Metallfeinbauer und zugeordnete Berufe
Gürtler/in
Gürtler/in und Metalldrücker/in
Goldschmied/in
Juwelengoldschmied/in
Silberschmied/in
Schmucksteinfasser/in
Gold-, Silber- und Aluminiumschläger/in
Zahntechniker/in
Augenoptiker/in
Klavier- und Cembalobauer/in
Orgel- und Harmoniumbauer/in
Metallblasinstrumentenmacher/in
Metallblasinstrumenten- und Schlagzeugmacher/in
Geigenbauer/in
Zupfinstrumentenmacher/in
Holzblasinstrumentenmacher/in
Handzuginstrumentenmacher/in
Biologiemodellmacher/in

Elektriker
Elektroinstallateur/in
Energieelektroniker/in
Kraftfahrzeugelektriker/in
Industrieelektroniker/in
Fernmeldeanlagenelektroniker/in
Kommunikationselektroniker/in (Telekommunikationstechnik)
Kommunikationselektroniker/in (Informationstechnik)
Kommunikationselektroniker/in (Funktechnik)
Elektromaschinenbauer/in
Elektromaschinenmonteur/in
Elektromechaniker/in
Büroinformationselektroniker/in
Nachrichtengerätemechaniker/in
Radio- und Fernsehtechniker/in
Hörgeräteakustiker/in

Spinnberufe
Textilmaschinenführer/in – Spinnerei
Textilmechaniker
Seiler/in

Textilhersteller
Musterprogrammierer/in – Weberei
Textilmaschinenführer/in – Weberei
Textilmechaniker/in – Bandweberei
Weber/in
Textilstopfer/in
Textilmechaniker/in – Weberei
Textilmaschinenführer/in – Tufting
Textilmaschinenführer/in – Maschinenindustrie

Gummistrumpfstricker/in
Stricker/in
Textilmechaniker/in – Ketten- und Raschelwirkerei
Textilmechaniker/in – Strickerei und Wirkerei
Textilmechaniker/in (Strumpf- und Feinstrumpfrundstrickerei)
Textilmaschinenführer/in – Vliesstoff
Schmucktextilienhersteller/in

Textilverarbeiter
Bekleidungsschneider/in
Herrenschneider/in
Damenschneider/in
Bekleidungsfertiger/in
Bekleidungsnäher/in
Wäscheschneider/in
Sticker/in
Tapisserist/in
Modist/in
Hut- und Mützenmacher/in
Mützenmacher/in
Mützennäher/in
Krawattennäher/in
Kunststoff- und Schwergewebekonfektionär/in
Segelmacher/in

Textilveredler
Textilveredler/in – Färberei
Textilmaschinenführer/in – Veredelung
Textilveredler/in – Appretur
Textilveredler/in – Beschichtung
Plisseebrenner/in

Lederhersteller, Leder- und Fellverarbeiter
Gerber/in
Schuhmacher/in
Orthopädieschuhmacher/in
Schuhfertiger/in
Schuh- und Lederwarenstepper/in
Sattler/in
Feinsattler/in
Bandagist/in
Feintäschner/in
Täschner/in
Handschuhmacher/in
Pelzveredler/in
Pelzwerker/in
Kürschner/in

Back-, Konditorwarenhersteller
Bäcker/in
Konditor/in

Fleisch-, Fischverarbeiter
Fleischer/in

Speisenbereiter
Koch/Köchin

Getränke-, Genußmittelhersteller
Weinküfer/in
Brauer/in und Mälzer/in
Brenner/in
Destillateur/in
Fachkraft für Fruchtsafttechnik

Übrige Ernährungsberufe
Molkereifachmann/frau
Müller/in
Fachkraft für Lebensmitteltechnik
Fachkraft für Süßwarentechnik

Maurer, Betonbauer
Hochbaufacharbeiter
Maurer
Backofenbauer/in
Feuerungs- und Schornsteinbauer
Beton- und Stahlbetonbauer

Zimmerer, Dachdecker, Gerüstbauer
Ausbaufacharbeiter/in
Zimmerer
Schiffszimmerer/in
Dachdecker

Straßen-, Tiefbauer
Straßenbauer
Tiefbaufacharbeiter
Gleisbauer
Wasserbauwerker
Brunnenbauer
Kanalbauer

Bauausstatter
Stukkateur/in
Isolierer/in im Bereich der Industrie
Isoliermonteur/in
Klebeabdichter/in
Wärme-, Kälte- und Schallschutzisolierer/in
Trockenbaumonteur/in

Asphaltbauer
Fliesen-, Platten- und Mosaikleger/in
Kachelofen- und Luftheizungsbauer/in
Glaser/in
Estrichleger/in

Raumausstatter, Polsterer
Raumausstatter/in
Parkettleger/in
Polsterer/in
Fahrzeugpolsterer/in
Polster- und Dekorationsnäher/in

Tischler, Modellbauer
Tischler/in
Holzmechaniker/in
Modellbauer/in
Modelltischler/in
Fahrzeugstellmacher/in
Wagner/in
Böttcher/in
Bootsbauer/in
Schiffbauer/in
Leichtflugzeugbauer/in
Rolladen- und Jalousiebauer/in

Maler, Lackierer und verwandte Berufe
Maler/in und Lackierer/in
Lackierer/in
Vergolder/in
Glas- und Porzellanmaler/in
Glas- und Kerammaler/in

Warenprüfer, Versandfertigmacher
Handelsfachpacker/in

Techniker
Kulturbautechniker/in
Straßenbautechniker/in
Bautechniker/in in der Wasserwirtschaftsverwaltung
Bergvermessungstechniker/in
Vermessungstechniker/in

Technische Sonderfachkräfte
Biologielaborant/in
Pflanzenschutzlaborant/in
Milchwirtschaftliche/r Laborant/in
Landwirtschaftlich-technische/r Laborant/in
Physiklaborant/in
Werkstoffprüfer/in
Meß- und Regelmechaniker/in
Mathematisch-technische/r Assistent/in
Wärmestellengehilfe/in
Chemielaborant/in
Baustoffprüfer/in
Edelmetallprüfer/in
Stoffprüfer/in (Chemie) (Glas-, Keramische Industrie sowie Steine und Erden)
Textillaborant/in – chemisch-technisch
Textillaborant/in – physikalisch-technisch
Lacklaborant/in
Fotolaborant/in
Film- und Videolaborant/in
Technische/r Zeichner/in
Bauzeichner/in
Teilzeichner/in
Kartograph/in
Planungstechniker/in
Zeichner/in in der Wasserwirtschaftsverwaltung

Warenkaufleute
Kaufmann/frau im Groß- und Außenhandel
Kaufmann/frau im Einzelhandel
Verkäufer/in
Fachverkäufer/in im Nahrungsmittelhandwerk
Verlagskaufmann/frau
Buchhändler/in
Musikalienhändler/in
Drogist/in
Apothekerhelfer/in
Tankwart/in

Bank-, Versicherungskaufleute
Bankkaufmann/frau
Sparkassenkaufmann/frau
Versicherungskaufmann/frau

Andere Dienstleistungskaufleute und zugehörige Berufe
Speditionskaufmann/frau
Schiffahrtskaufmann/frau
Luftverkehrskaufmann/frau
Seegüterkontrolleur/in
Reiseverkehrskaufmann/frau
Werbekaufmann/frau

Berufe des Landverkehrs
Kaufmann/frau im Eisenbahn- und Straßenverkehr
Berufskraftfahrer/in
Straßenwärter/in

Berufe des Wasser- und Luftverkehrs
Binnenschiffer/in
Ewerkführer/in
Hafenschiffer/in

Berufe des Nachrichtenverkehrs
Dienstleistungsfachkraft im Postbetrieb

Lagerverwalter, Lager-, Transportverarbeiter
Zahnlagerist/in
(Zahnlagerverwalter/in)

Unternehmer, Organisatoren, Wirtschaftsprüfer
Fachgehilfe/Fachgehilfin
(in steuer- und wirtschaftsberatenden Berufen)

Rechnungskaufleute, Datenverarbeitungsfachleute
Datenverarbeitungskaufmann/frau

Bürofach-, Bürohilfskräfte
Bürogehilfe/Bürogehilfin
Bürokaufmann/frau
Fachangestellte/r für Arbeitsförderung
Justizangestellte/r
Sozialversicherungsfachangestellte/r
Verwaltungsangestellter/Verwaltungsangestellte
Industriekaufmann/frau
Rechtsanwaltsgehilfe/gehilfin
Notargehilfe/gehilfin
Rechtsanwalts- und Notargehilfe/gehilfin
Patentanwaltsgehilfe/gehilfin
Kaufmann/frau
(in der Grundstücks- und Wohnungswirtschaft)
Werkgehilfe/gehilfin (Schmuckwarenindustrie, Taschen- und Armbanduhren)
Stenosekretär/in, Büroassistent/in

Sicherheitswahrer
Schornsteinfeger/in

Publizisten, Dolmetscher, Bibliothekare
Assistent/in an Bibliotheken

Künstler und zugeordnete Berufe
Textilmustergestalter/in
Fotogravurzeichner/in
Schilder- und Lichtreklamehersteller/in
Schauwerbegestalter/in
Fotograf/in
Lichtdruckretuscheur/in
Pferdewirt/in

Übrige Gesundheitsdienstberufe
Arzthelfer/in
Zahnarzthelfer/in
Tierarzthelfer/in
Veterinärmedizinische/r Laborant/in

Lehrer
Schwimmeistergehilfe/gehilfin

Körperpflege
Friseur/in

Gästebetreuer
Kaufmannsgehilfe/gehilfin im Hotel- und Gaststättengewerbe
Hotelfachmann/fachfrau
Restaurantfachmann/fachfrau
Fachgehilfe/gehilfin im Gastgewerbe

Hauswirtschaftliche Berufe
Hauswirtschafter/in

Reinigungsberufe
Textilreiniger/in
Gebäudereiniger/in
Ver- und Entsorger/in K

Ausbildungsberufsbild

Für die → Ausbildungsberufe sind Ausbildungsberufsbilder vorhanden, in denen die Inhalte der zu erwerbenden Kenntnisse und Fertigkeiten für eine Berufsausbildung beschrieben sind. Das Ausbildungsberufsbild ist Bestandteil der → Ausbildungsordnung. O

Ausbildungsförderung → Bundesausbildungsförderungsgesetz

Ausbildungsordnung

In der Ausbildungsordnung sind laut → Berufsbildungsgesetz festgelegt: die jeweilige Bezeichnung des → Ausbildungsberufes, die Ausbildungsdauer, Prüfungsanforderungen, die für den zu erlernenden Beruf erforderlichen Kenntnisse und Fertigkeiten. Als Bestandteil der Ausbildungsordnung gibt der Ausbildungsrahmenplan Anleitungen zur sachlichen und zeitlichen Gliederung der Berufsausbildung. O

Ausbildungsrichtung

Innerhalb einer → Schulart werden Schulen oder Abteilungen von Schulen, die einen bestimmten gemeinsamen Schwerpunkt des Lehrplanes in aufbauender Form anbieten, als Ausbildungsrichtungen bezeichnet. Solche sind z. B. → Fachakademie für Wirtschaft oder Musisches → Gymnasium. O

Ausdruckpsychologie

untersucht als angewandte Psychologie vor allem in der psychologischen Diagnostik (→ Psychodiagnostik) die wie auch immer gearteten Äußerungen eines Menschen durch Mimik, Gestik, Bewegung, Sprechweise, Werkgestaltung, und zwar als sichtbaren Ausdruck psychischer Befindlichkeit. Da sehr unterschiedliche psychische Vorgänge zum selben Ausdruck führen können (z. B. Erröten durch Scham, Erregung, Zorn), bedürfen Rückschlüsse auf jeden Fall der umsichtigen Anbindung an den situativen Gesamtzusammenhang. K

Buser 1973; Klages 1982/10

Ausgangslage

Die Ausgangslage bezeichnet das Wissen und Können, das der einzelne beim Schuleintritt oder später beim Eintritt in weitere Ausbildungs- und Weiterbildungsphasen mitbringt. Sie ist milieubedingt, geschlechts-, schichtenspezifisch und regional verschieden; von der bisherigen Erziehung, den geistigen, seelischen und körperlichen Anlagen des einzelnen mit abhängig.

→ Chancengleichheit → Eingangskönnen → Eingangsverhalten → Vermittlungsvariable O

Ausschluß von der Schule → Ordnungsmaßnahmen → Relegation

Außenseiter

Als Außenseiter gilt ein Gruppenmitglied, das den → Normen und Erwartungen der → Gruppe aufgrund mangelnder Anpassungsfähigkeit oder aktivem Opponieren nicht entspricht. Ein Gruppenmitglied kann aber auch zum Außenseiter gemacht werden, indem es ein Opfer von → Vorurteilen wird oder von der Gruppe wegen bestimmter Verhaltensweisen (extrem demütiges, aggressives, aber auch besonders korrektes Verhalten) die Sündenbock- oder Blitzableiterfunktion für unbewältigten gruppeninternen Zündstoff übertragen bekommt.

In konkreten Einzelfällen ist oft schwer auszumachen, ob die den Außenseiter kennzeichnenden Verhaltensweisen Ursache oder Folge seiner Außenseiter-Position sind. Es ist deshalb meist nötig, zur Aufdeckung der Hintergründe und um dem betroffenen Gruppenmitglied aus seiner mißlichen, negativ persönlichkeitsverändernden Position herauszuhelfen, eine Analyse der Entwicklung der aktuellen Gruppenstruktur vorzunehmen. Diese Analyse ist Bestandteil des gruppeninternen Bewußtmachens der individuellen psychischen und der gruppendynamischen Vorgänge in einer Gruppe. Es wäre allerdings wünschenswert, daß durch permanentes → Feedback, durch Arbeit an konstruktiven Konfliktlösungen und durch → Verhaltenstraining die Besetzung der Außenseiter-Position vermieden bzw. ihr im Ansatz bereits begegnet wird.

Becker 1981; Buchkremer 1977; Dierkes 1980; Klugermann 1987; Köck 1987

→ Soziodynamische Grundformel K

Auswahl-Antwort-System → multiple choice system

Auszubildende(r)

abgekürzt Azubi, ist die heute übliche Bezeichnung für Lehrling in einem → Ausbildungsberuf gemäß dem → Berufsbildungsgesetz.
Der Azubi hat mit einem Ausbildenden einen schriftlichen → Berufsausbildungsvertrag abgeschlossen, der ihn u. a. verpflichtet,

- die berufsbezogenen Aufträge nach besten Kräften auszuführen,
- an den Ausbildungsmaßnahmen außerhalb des Betriebes teilzunehmen, für die er freigestellt ist,
- weisungsberechtigten Personen im Rahmen der Berufsausbildung Folge zu leisten,
- Material, Werkzeuge, Maschinen und dergleichen im Betrieb sorgsam zu behandeln,
- die dort geltende Ordnung einzuhalten,
- über Betriebs- und Geschäftsgeheimnisse Stillschweigen zu bewahren.

Die Vergütung des Azubi ist tarifrechtlich geregelt, seine Rechte sind v. a. durch das Jugendarbeitsschutzgesetz (→ Arbeitsschutz für Kinder und Jugendliche) gewahrt. K

Schirmer 1984

Authentizität

Hierdurch wird die Echtheit, die Glaubwürdigkeit oder Zuverlässigkeit einer Sache, eines → Mediums zum Ausdruck gebracht. Die Authentizität eines Videobandes (→ Videorecorder) besagt, daß die Aufzeichnungen weder inhaltlich durch spätere Einblendungen oder nachheriges Überspielen variiert noch technisch verändert wurden. O

Autismus

Die Bezeichnung Autismus wird häufig undifferenziert und meist auch unzutreffend für jegliche Form in sich gekehrten, realitätsfernen Verhaltens des Menschen verwendet.
Das von Leo Kanner 1943 erstmals beschriebene Krankheitsbild des frühkindlichen Autismus (= Kannersches Syndrom) tritt in seiner klassischen Form bei einem Kind unter 7000–10 000 Kindern auf, wobei Jungen häufiger betroffen sind als Mädchen. Nach Meinung Kanners ist der frühkindliche Autismus angeboren,

B. Rimland „betrachtet Autismus als eine hemmende genetische Abweichung von der Anlage zu hoher Intelligenz". Neuere Untersuchungen legen als Ursache schwere Stoffwechselstörungen nahe, die von Störungen und Ausfällen im Zentralnervensystem (v. a. Wahrnehmungsstörungen) in den ersten Lebensmonaten begleitet sind und als Folge den chronischen, meistens lebenslangen Krankheitsverlauf des Autismus nach sich ziehen. 75% der autistischen Kinder weisen eine geistige Retardierung auf.
Das **Erscheinungsbild** des frühkindlichen Autismus ist gekennzeichnet durch Teilnahmslosigkeit, Unfähigkeit zu sozialen Kontakten und zur Kommunikation, Stereotypie in Bewegung und Beschäftigung, Beunruhigung durch die geringste Veränderung der Umwelt, ritualisierte, zwanghafte Handlungen und in besonders schweren Fällen auch durch die Neigung zu Selbstverletzungen. Etwa die Hälfte der autistischen Kinder lernt nie sprechen, die anderen verfügen nur über eine gestörte Sprache in meist monotoner Sprechweise. Intensive heilpädagogische Behandlung verspricht eine teilweise, sehr selten vollkommene Heilung. Das Leben in einer Partnerschaft kommt für autistische Menschen wegen ihrer Bindungsunfähigkeit äußerst selten in Frage. Überwiegend psychisch bedingter Autismus wird in neuerer Zeit u. a. mit der – allerdings heftig umstrittenen – sog. → Festhaltetherapie behandelt. K

Arens/Dzikowski 1988; Bettelheim 1977; Cordes 1980; Cordes/Döring 1986; Innerhofer/Klicpera 1988; Jacobs 1986; Kehrer 1989; Sievers 1982; Tinbergen/Tinbergen 1984; Wing 1987; Wurst 1976

Autodidakt

ist eine Person, die sich durch Selbstlernen bildet und entsprechendes Wissen aneignet. O

Autoerotik

bezeichnet die mehr oder minder stark ausgeprägte Tendenz, den eigenen Körper als Quelle sexueller Lust zu sehen. Nach S. Freud ist die Autoerotik beim Kleinkind eine normale Entwicklungsphase, später kann sie krankhafte Züge annehmen, wenn durch sie der Partnerbezug auf die Dauer verfehlt wird.

→ Narzißmus K

Autogenes Training

Der Nervenarzt J. H. Schultz entwickelte das autogene Training als eine Methode der Entspannung durch Selbsthypnose. Fachkundige Einübung in die Methode und regelmäßiges Training sind unabdingbare Voraussetzungen für ihre erfolgreiche Anwendung. Schultz unterscheidet zwischen einer Unterstufe und einer Oberstufe des autogenen Trainings. Ziel der Übungen auf der Unterstufe sind Muskel- und Gefäßentspannung, Regulierung des Atems, der Tätigkeit des Herzens, der Bauchorgane und der Kopfregion. Die erwünschten Effekte der entspannenden und entkrampfenden Umstellung physiologischer Aktivitäten werden durch suggestive formelhafte Vorstellungen (z. B. das rechte Bein ist schwer) erzielt. Die Oberstufe des autogenen Trainings hat meditativen Charakter, insofern sie über bildhafte Vorstellungen zu intensiver „Selbstschau" und „Selbstklärung" führen soll. K

Biermann 1978/2; Boyes 1986; Eberlein 1985 (2×), 1987; Kemmler 1975; Kleinsorge 1988; Krapf 1980/3; Kruse 1988/5; Lindemann 1977; Postmeyer 1983/4; Schultz 1988/18

Autokinetisches Phänomen

bezeichnet eine Scheinbewegung, die einem festen Lichtpunkt in einem völlig dunklen Raum vom Betrachter nach einiger Zeit des Hinsehens zugeschrieben wird. In Wirklichkeit verursacht die ermüdende Augenmuskulatur eine Bewegung der Augen, die aber als solche wegen fehlender Bezugspunkte im dunklen Raum nicht identifiziert werden kann.

→ Wahrnehmung K

Autokratischer Unterrichtsstil → Unterrichtsstil → Erziehungsstile

Automatisch-methodische Spracherlernung → Fremdsprachenmethodik

Automatisierung

zielt über Drill, Konditionierung und Dressur auf Gewohnheitsbildung. Die erwünschten Verhaltensweisen sollen sich auf Schlüsselreize hin zuverlässig und ohne Belästigung des Bewußtseins einstellen. Im militärischen Bereich dient die Automatisierung von Bewegungsabläufen, Handgriffen und von Befehl-Antwort-Ketten der Überlebenssicherung; im zivilen Bereich begünstigen z. B. die Gewöhnung an Eßmanieren, die Sauberkeitserziehung und die Eingewöhnung in allgemein übliche Umgangsformen die Akzeptanz der umgebenden Gesellschaft, – gelegentlich um den Preis einer zwanghaften Persönlichkeitsentwicklung und der Beeinträchtigung von Selbständigkeit und Verantwortungsfähigkeit.
Lernpsychologisch gesehen bedeutet Gewohnheitsbildung unbestritten Entlastung von Routinehandlungen zugunsten einsichtigen Lernens. Unerwünschte Nebeneffekte können vermindert werden, wenn das Automatisieren **in Sinn- und Lebenszusammenhängen** erfolgt. So weist z. B. der pattern drill des Fremdsprachenunterrichts – übersetzt als Strukturmusterübung – über stumpfsinniges Pauken hinaus.

→ Lernerfolgskontrolle K

Autonomie

bedeutet allgemein Eigengesetzlichkeit, Selbständigkeit. Die autonome Erziehung betont die Unabhängigkeit des Kindes von gesellschaftlichen Einflüssen und sein Heranwachsen ausschließlich auf Grund natürlicher Reifeprozesse und in ihm liegender Steuerungsmechanismen. Der Erzieher habe lediglich negative Einflüsse der Umwelt fernzuhalten.

→ Antiautoritäre Erziehung → Antipädagogik → Negative Erziehung K

Autoritär → Erziehungsstile

Autorität

Autorität bezeichnet formal den durch Führungsfunktionen und Kompetenzen unterschiedlicher Art hervorgehobenen Status einer Person gegenüber anderen. Der Autorität Besitzende übt im weitesten Sinne Einfluß auf andere Menschen aus. Autorität wird demjenigen zuerkannt, der in den Augen anderer die folgenden Merkmale aufweist:

- Tüchtigkeit und Intelligenz

- Besondere Fähigkeit zur Anpassung an die Gruppenmehrheit und zur Förderung des Zusammenhalts in der Gruppe
- Durchsetzungsfähigkeit
- Eine nicht exakt bestimmbare Ausstrahlung

Nach gruppendynamischem Verständnis erhält die Autorität ihre Legitimation durch den Nutzen, den sie für eine Gruppe oder eine Institution hat. Autorität in diesem Sinne kommt also nur Personen zu, die durch besondere Sachkompetenz oder durch ausgeprägte Fähigkeiten zur Koordination, Vermittlung und Integration den Gruppenzielen bzw. dem Fortbestand der Gruppe dienen. Wer sich durch solche Leistungen als Autorität legitimiert hat, ist darüber hinaus aber immer auch noch auf die Anerkennung und das Vertrauen der übrigen Gruppenmitglieder angewiesen, d. h. niemand macht sich letztlich selbst zur Autorität. Er kann auch die durch Anerkennung gewonnene Fremdlegitimation seiner Autorität wieder einbüßen, wenn er die in Sachkompetenz und Gruppenvorteil liegende Eigenlegitimation nicht mehr oder nur unzureichend zu erbringen imstande ist. Wie alle Rollen in einer Gruppe ist auch die des Autorität Besitzenden nicht statisch, sondern dynamisch zu verstehen, d. h. sie wechselt unter Umständen je nach Aufgabenstellung und den sozialen und emotionalen Gegebenheiten in der Gruppe.

Ein weiterer Aspekt der Autorität ergibt sich mit ihrer **Entlastungsfunktion.** Die durch Sachkompetenz und die damit verbundene Leistung für andere legitimierte Autorität besitzt Entscheidungsfähigkeit, die dem nicht oder noch nicht Kompetenten abgeht bzw. erst durch Lernprozesse und Einübung zuwachsen muß. Bei aller vorläufig notwendigen Entlastung des Nichtkompetenten und Lernenden von Entscheidungen darf Autorität aber nicht ihr eigentliches Ziel verfehlen, sich schrittweise überflüssig zu machen, indem sie dem Lernenden eigene Entscheidungen versagt, wo er sie zu fällen bereits in der Lage ist.

Andererseits entzieht die Verweigerung von Autorität der nachwachsenden Generation den Ordnungsrahmen eines erträglichen Zusammenlebens; in der Auseinandersetzung damit kann sie sich erst ihren eigenen Standpunkt erringen; die Folge einer solchen Autoritätsverweigerung durch Autoritätsträger sind Orientierungslosigkeit bis hin zur Anarchie.

Von der durch persönliche Qualifikation und durch die Anerkennung einer Gruppe legitimierten Autorität ist die **sog. Amtsautorität** zu unterscheiden, die durch Verordnung innerhalb einer Hierarchie abgesichert und ihrem Träger zugeteilt wird. Sie ist offensichtlich notwendig zur Aufrechterhaltung von Hierarchien in Staat, Kirche, Schule, Militär, Organisationen und Institutionen aller Art. In Amtspersonen begegnen uns aber in erster Linie Statusträger, die eine funktionale Autorität ausüben. Allerdings gewinnt ein Amt in dem Maße an Ansehen und Anerkennung, als sein Inhaber auch persönliche Autorität besitzt.

Die sog. Amtsautorität kann zu einem schwerwiegenden sozialen Problem werden, wenn ihr Träger mangels persönlicher Qualifikationen und angesichts vielseitiger Ablehnung zur Aufrechterhaltung seiner von Amts wegen verliehenen Funktionen lediglich auf seine rechtliche Position angewiesen ist und im schlimmsten Fall eben nicht mehr Autorität, sondern Herrschaft und Zwang ausübt. Die unausbleibliche Folge sind in einem solchen Fall offene und versteckte Opposition, Ängste, mit Demutsgebärden agierende Mitläufer und Jasager.

Dabei scheint der Mißbrauch von Autorität nicht nur von feststehenden Charaktereigenschaften abzuhängen, sondern in hohem Maße von der Situation, die zur

Machtausübung verleitet, und von den Erwartungen der Bezugsgruppe (experimentell vielfach bestätigt, u. a. durch das berühmte → Milgram-Experiment).
Beim Lehrer und Erzieher ergibt sich in besonderem Maße die Notwendigkeit, seine in Amt und Funktion gründende Überlegenheit durch eine in Erfahrungsvorsprung und Vertrauen sowie auf Wissen und Können (= Fachautorität, Expertentum) gegründete Autorität zu ersetzen.
Seine Aufgabe besteht ja u. a. gerade darin, seinen Schülern zu kritischer Unterscheidung zwischen echter Autorität, Herrschaft, Diktatur zu verhelfen und ihnen die Gelegenheit zu geben, sich in Ausübung und Anerkennung echter Autorität einzuüben. Das Endziel jeder Autorität muß die Entlassung von ihr in Selbständigkeit und selbstausgeübte Autorität, also → Emanzipation im eigentlichen Sinn sein.

Adorno 1950; Beeretz 1975; Eschenburg 1976; Geissler 1977; Horkheimer 1987; Köck 1987; Neuhäusler 1972; Sennett 1980; Weber 1974

→ Antiautoritäre Erziehung → Antipädagogik K

Autoritätskonflikt

Th. Wilhelm führt den Autoritätskonflikt auf ein „Mißverhältnis der Erlebnissphäre" zurück. Das Selbständigkeitsstreben der Kinder und Jugendlichen sieht sich der vor allem materiellen Abhängigkeit von den Eltern und ganz bestimmten Autoritätserwartungen der Eltern gegenüber; und dies um so mehr, je stärker Abhängigkeit und Autorität von den Eltern ausgespielt werden. Dabei ist den Heranwachsenden in den meisten Familien das berufliche Tätigkeitsfeld der Eltern verschlossen, in dem diese aufgrund ihres Könnens und ihrer Stellung → Autorität gewinnen. Es entfällt somit heute in den meisten Fällen die kontinuierliche Einübung der Heranwachsenden in die Gesellschaft über die Orientierung an gesellschaftlich bedeutsamen Aktivitäten des Vaters, eine Situation, die A. Mitscherlich als „vaterlose Gesellschaft" beschreibt. K

Autosuggestion

wird der Vorgang der Selbstbeeinflussung bei Entspannungs- und Meditationstechniken wie z. B. dem → autogenen Training genannt. K

Aversiver Stimulus

Ständige Kritik, Beschimpfung, Infragestellen der Fähigkeiten, ständiges Bloßstellen eines Schülers vor der Klasse sind aversive Stimuli. Sie stellen Versagenserlebnisse dar und drängen den Schüler in eine negative Situation, in eine Abwehrstellung, in eine Interesselosigkeit an der Schule, in offene oder versteckte Opposition und können Anlaß für die Entstehung von → Minderwertigkeitskomplexen werden.

→ Reiz O

Axiom

ist eine unbewiesene grundlegende Aussage, die auf keine weitere Aussage dieser Art zurückgeführt werden kann und die anderen Axiomen desselben Systems (axiomatisches System) nicht widerspricht. Axiome sind nicht widerlegbare und nicht hinterfragbare Ausgangssätze. „Wäre der Ausgangssatz beweisbar, wäre er kein Axiom. Man muß ihn unbeweisbar hinnehmen, er ist evident." (Dauenhauer 1973)

Das axiomatische Denken schafft damit die Voraussetzung für jegliche wissenschaftliche Ableitung, für die Deduktion.
Ein in sich geschlossenes axiomatisches System hat drei Forderungen zu erfüllen: Widerspruchsfreiheit, Vollständigkeit und Unabhängigkeit.

Dauenhauer 1973; Seiffert 1969; Stegmüller 1969; Welte 1974

→ Axiomatik → deduktive Methode OK

Axiomatik

Unter Axiomatik ist die Lehre von den Axiomen zu verstehen. Sie befaßt sich mit denkerisch notwendigen Annahmen, die unbeweisbar aber einsichtig sind, und mit Ausgangssätzen, die eine Grundlage zur Deduktion (= zum Ableiten) bilden.

→ Axiom → deduktive Methode O

AZUBI → Auszubildende(r)

BAföG → Bundesausbildungsförderungsgesetz

Balintgruppe

M. Balint (1965[3]), ein Londoner Arzt, schuf die nach ihm benannten Gruppen als Fallbesprechungsseminare für Ärzte. Diese sollten hier Gelegenheit bekommen, die sich aus dem Umfeld von Arzt und Patient, ihrem Bezug zur Krankheit und aus ihrer wechselseitigen Beziehung ergebenden Probleme (z. B. Gefühle, Voreingenommenheit) vorzutragen, zu besprechen und wenn möglich einer Lösung zuzuführen. Mittlerweile wird diese gruppendynamisch orientierte Technik der Fallbesprechung adressatenspezifisch auch in anderen Berufsfeldern praktiziert, z. B. in Betrieben, im sozialpädagogischen und pädagogischen Bereich. Im Unterschied zu anderen gruppendynamischen → Trainingsformen oder gar zur → Gruppentherapie ist der Hauptzweck der Balintgruppen die **Fallbearbeitung,** wenn auch gruppenspezifische Probleme im Hier und Jetzt der Gruppensitzung und damit Phasen der Selbsterfahrung nicht ausgeschlossen werden können und sollen.
Zentralthema ist immer der in einem ganz konkreten Fall vorgetragene eigene problematische Umgang eines Gruppenmitgliedes (z. B. Lehrer, Arzt, Priester, Ehepartner) mit einer Person oder einer Gruppe.
So wurde z. B. in einer meiner Trainingsgruppen das mit Regelmäßigkeit jedes Jahr wiederkehrende Problem einer jungen Lehrerin bearbeitet, das darin bestand, daß sie nach einer relativ glücklich verlaufenen Phase des Kennenlernens und intensiver Bindung von der Klasse zurückgewiesen wurde. Die Haltung der Lehrerin signalisierte tiefe Enttäuschung und Kränkung. Im Laufe der Sitzung stellte sich heraus, daß die Lehrerin aus einer generellen Bindungsangst Männern gegenüber ihre ganze Zuneigung und ihr Liebesbedürfnis auf die jeweilige Klasse warf, was nicht nur eine pädagogische Fehlhaltung vermuten läßt, sondern von seinem Anspruch her die Klasse (als Kompensationsobjekt) schlicht überfordert.
Die Balintgruppe besteht aus 8–12 Mitgliedern, die sich regelmäßig im Abstand von 2–4 Wochen über längere Zeit hin (meistens ein Jahr lang) jeweils zu einer 2–3 Stunden dauernden Sitzung treffen. Der Gruppenleiter hält sich zurück, achtet aber auf Fallbezogenheit des Sitzungsverlaufes. Im Vordergrund stehen die Erfahrungen und Meinungen der anderen Gruppenmitglieder zum vorgetragenen Fall. K

Knoepfel 1980; Giesecke/Rappe-Giesecke 1983; Nedelmann/Ferstl 1989

Basaltext

ist die notwendige Grund- bzw. Mindestinformation in einem Lernprozeß. Besonders sorgfältig wird der Basaltext in Lernprogrammen (→ Programmierte Instruktion) zusammengestellt.

→ ALSKINDI → ALZUDI → COGENDI K

BASIC → Programmiersprachen

Basisfaktoren

Basisfaktoren oder Basisphänomene sind Lehrern und Schülern eigene verhaltensbestimmende Gegebenheiten und subjektive Erkenntnisinhalte, die eine entsprechende Schicht bilden, auf die didaktische → Intentionen treffen. Sie sind in ihrer Gesamtheit Ausdruck der Selbständigkeit der jeweiligen → Bezugsperson. Diese wird auch durch gezielte Planmäßigkeit und hinzutretende weitere Faktorendeterminanten grundsätzlich nicht aufgehoben.

→ Faktorengefüge O

Baukastensystem, Baukastenprinzip

Der Begriff des Baukastensystems oder Baukastenprinzips wird im Bildungsbereich unterschiedlich verwendet:

1. In der → Erwachsenenbildung, im organisierten Bildungsangebot der → Weiterbildung und auch bei Kontaktstudien bezieht er sich auf Lehrgänge, Kurse oder Seminare, die ein in sich geschlossenes Stoffangebot machen, in der Regel mit einer Leistungsüberprüfung abschließen und auf Grund des gezielten abgegrenzten Stoffangebotes die Möglichkeit bieten, an einem sich zeitlich später anschließenden Lehrgang teilzunehmen. Lehrgänge dieser Art, an die sich entsprechende temporär versetzte Fortführungs- oder Aufbaulehrgänge anschließen, sind Bausteine im Baukastensystem. Einzellehrgänge eines solchen Aufbausystems werden als Module bezeichnet.
2. Beim Auf- und Ausbau von Mediensystemen oder → Mediotheken wird vom Baukastenprinzip gesprochen, wenn ein angeschafftes Grundsystem durch Zusatzgeräte, also durch „Einzelbausteine“, erweitert werden kann oder wenn an ein selbständig arbeitendes Zentralgerät nach dem Baukastensystem mehrere periphere Geräte angeschlossen werden können.
3. Im Rahmen bildungsorganisatorischer, schulorganisatorischer Maßnahmen spricht man vom Baukastensystem, wenn mehrere Schulen, Schularten oder Schulformen in einem größeren Organisationsgebilde zusammengefaßt werden: z. B. Berufsschule, Berufsfachschule, Berufsaufbauschule, Fachoberschule, Fachakademie und Berufsoberschule wären ein nach dem Baukastenprinzip kooperativ gestaltetes Bildungsgefüge.

→ Audiovisuelles Zentrum → Fortbildung → Kontaktstudium → Modultraining → Weiterbildung O

Bayernkolleg

ist ein vom Bayerischen Staatsministerium für Unterricht und Kultus gegründetes staatliches Institut zur Erlangung der allgemeinen Hochschulreife über den 2. Bildungsweg. Das Studium am Bayernkolleg ist in eine Eingangsphase (1. Jahr)

und eine Kursphase (2. und 3. Jahr) gegliedert. Der dreijährige Vollzeitunterricht kann von Interessenten besucht werden,
- die zu Beginn des 1. Schuljahres das 19. Lebensjahr (Berufsaufbauschüler das 18. Lebensjahr) vollendet haben,
- eine 2jährige Berufsausbildung bzw. eine 3jährige regelmäßige Berufstätigkeit nachweisen können,
- die Oberstufenreife des Gymnasiums oder den Realschulabschluß oder die Fachschulreife besitzen oder den einjährigen Vorkurs am Bayernkolleg erfolgreich besucht haben
- und eine schriftliche, gegebenenfalls auch mündliche Aufnahmeprüfung (nicht für Teilnehmer des Vorkurses) bestanden haben. K

Beamtenfachhochschule

An den Beamtenfachhochschulen studieren Beamte auf Widerruf im Rahmen des Vorbereitungsdienstes für die Laufbahn des gehobenen nichttechnischen Dienstes. Nach Verordnung vom Februar 1975 wurden z. B. von der Bayerischen Staatsregierung sechs Fachbereiche an der Bayerischen Beamtenfachhochschule errichtet.
Diese sind:
- Allgemeine innere Verwaltung mit dem Sitz in Hof
- Polizei mit dem Sitz in Fürstenfeldbruck
- Rechtspflege mit dem Sitz in Starnberg
- Bibliotheks- und Archivwesen mit dem Sitz in München
- Finanzwesen mit dem Sitz in Herrsching a. A.
- Sozialverwaltung mit dem Sitz in Wasserburg a. I.

Die Beamtenfachhochschule vermittelt auf der Bildungsebene der → Fachhochschulen den Studierenden auf der Grundlage wissenschaftlicher Erkenntnisse eine auf die Aufgaben der Rechtspflege und der Verwaltung bezogene Bildung, die zur Erfüllung der Dienstaufgaben befähigt. Sie hat die Aufgabe, die Fähigkeit der Studierenden zur Übernahme von Verantwortung in Staat und Gesellschaft zu entwickeln.
Voraussetzung für das Studium an Beamtenfachhochschulen ist die → Fachhochschulreife, eine andere Hochschulreife oder ein als gleichwertig anerkannter Bildungsabschluß. Die Voraussetzung besitzt auch, wer das Abschlußzeugnis der Realschule oder ein als gleichwertig anerkanntes Zeugnis vorweist, die Befähigung für eine Laufbahn des mittleren nichttechnischen Dienstes besitzt, zum Aufstieg in den gehobenen Dienst zugelassen ist und eine Ergänzungsprüfung erfolgreich abgelegt hat.
Mit der Abschlußprüfung verleiht die Beamtenfachhochschule der Fachrichtung entsprechende Diplomgrade, z. B. Diplomrechtspfleger oder Diplomfinanzwirt. K

Bearbeitungs-Speed-Test → Power-Test

Bedarfsanalyse

Sie befaßt sich im Bildungswesen, vor allem in der → Erwachsenenbildung und beruflichen → Weiterbildung damit, die Notwendigkeit von Ausbildungsgängen und Fachlehrgängen für potentielle Interessenten zu erkunden. Sie stellt z. B. detaillierte Untersuchungen an, um die Anpassung der beruflichen Bildung an die gesellschaftliche, technische und wirtschaftliche Entwicklung durch gezielte Planung entsprechender Bildungsveranstaltungen zu ermöglichen. O

Bedingte Reaktion → Konditionierung

Bedingter Reflex

wird die Reaktion eines Menschen oder Tieres auf einen neutralen Reiz genannt, der – zufällig oder absichtlich arrangiert – über längere Zeit zusammen mit dem tatsächlichen Auslösereiz aufgetreten ist. Vgl. ein Beispiel bei → Konditionierung! K

Bedürfnis

bezeichnet einen physischen oder psychischen Spannungszustand, der eine Störung des gewohnten Gleichgewichts durch einen Mangel z. B. an Nahrung, Wärme, Zuneigung, Leistung, Erfolg, sexuellem Kontakt anzeigt. Dieser Spannungszustand mobilisiert im Organismus Kräfte, die auf eine Wiederherstellung des Gleichgewichts (→ Homöostase) abzielen (Bedürfnisreduktion bzw. Bedürfnisbefriedigung).
Unbefriedigte Bedürfnisse führen zu einem Spannungsstau, der auf Umwegen sein Ziel zu erreichen sucht oder sich in inadäquate Handlungen (Aggressionen, Leerlaufhandlungen) entlädt.
→ Motivation K

Beeinflussung

Im Kommunikationsvorgang der Beeinflussung versucht eine Person bewußt oder unbewußt andere zur Änderung von Ansichten oder Verhaltensweisen zugunsten der von ihr als richtig erachteten Ansichten oder Verhaltensweisen zu veranlassen.
Die Beeinflussung wird vor allem dort problematisch, wo sie, wie im **pädagogischen Bezug** z. B. zwischen Eltern–Kind oder Lehrer–Schüler, von einer überlegenen Person ausgeht, die nicht nur einen Erfahrungsvorsprung an Wissen besitzt, sondern auch in überlegener Weise über die verschiedenen Methoden der Beeinflussung bis hin zur → Manipulation verfügt.
Dazu gesellt sich hier noch die allgemeine Statusüberlegenheit des Beeinflussenden und die soziale → Abhängigkeit des Beeinflußten.
Da die Beeinflussung ein wesentliches Merkmal eines jeden erzieherischen Prozesses ist, verpflichten ihre dargestellten Gefahren den Erzieher zu permanenter selbstkritischer Würdigung seiner Einflußnahme, die sich immer und in erster Linie an der Freiheit und an der erstrebten Selbstbestimmung des jungen Menschen orientieren muß. K

Befragung → Interview

Begabtenförderung

umfaßt alle Maßnahmen der Schullaufbahn- und Bildungsberatung, der finanziellen Unterstützung und der Durchlässigkeit zwischen den verschiedenen Schularten für Kinder und Jugendliche mit eingeschränkten Ausgangschancen, um ihnen

auf diese Weise eine ihrer Begabung entsprechende Bildung und Ausbildung zukommen zu lassen.
→ Begabtenprüfung → Bundesausbildungsförderungsgesetz K

Begabtenprüfung

Das Bestehen der Begabtenprüfung, die grundsätzlich vor einem Prüfungsausschuß eines „Kultus- oder Unterrichtsministeriums" abzulegen ist, ermöglicht den Zugang zum Studium an Hochschulen. In Frage kommen Bewerber mit abgeschlossener Berufsausbildung und entsprechender Berufstätigkeit, die für ein Fachgebiet hervorragend befähigt sind und auf Grund ihres Entwicklungs- und Ausbildungsganges kein → Abitur ablegen konnten. Zulassungsvoraussetzungen und Prüfungsanforderungen für die Begabtenprüfung ergeben sich aus den Prüfungsordnungen der jeweiligen Bundesländer.
→ Begabtenförderung O

Begabung

H. Aebli definiert Begabung **„als die Summe aller Anlage- und Erfahrungsfaktoren, welche die Leistungs- und Lernbereitschaft eines Menschen in einem bestimmten Verhaltensbereich bedingen"**. Dieses Verständnis des Begabungsbegriffes vermag zwischen den **extremen Positionen der Erblehre und der Umwelttheorie** zu vermitteln. Während nämlich die Erblehre die Begabung ausschließlich als anlagebedingt, vererbt begreift, versteht sie die Umwelttheorie ebenso ausschließlich als Ergebnis von Lernerfahrungen im weitesten Sinne, als ein „Begaben" von außen her. Nach dem heutigen Stand der Begabungsforschung kommt den biogenetischen Faktoren für die Begabung zweifellos Bedeutung zu, aber diese Faktoren sind weder in ihrem Umfang bestimmbar noch pädagogisch beeinflußbar.
Die von Basil Bernstein auf breiter Grundlage eingeleiteten schichtenspezifischen Forschungen haben jedoch auch erkennen lassen, daß die dem Menschen begegnende → Umwelt einen erheblichen Einfluß auf seine Leistungs- und Lernbereitschaft bzw. auf die Entfaltung seiner Fähigkeiten ausübt. „Untersuchungen haben ergeben, daß die Differenz der Leistungshöhe in einer Schulklasse im Durchschnitt zwei Drittel des mittleren Lebensalters beträgt, d. h. in einer 8. Jahrgangsstufe (vierzehnjährige Schüler) schwankt die Leistungshöhe um ± 4,7 Jahre. Dazu unterscheiden sich alle Schüler in bezug auf vorschulische Förderung, sie haben unterschiedliches Wissen und Können erworben, sie unterscheiden sich hinsichtlich Temperament, Selbstbewußtsein, hinsichtlich der sozialen Herkunft, der Familienkonstellation und zahlreicher anderer Faktoren. Begabung ist also auch ein Produkt der sozio-kulturellen Umwelt." (Merkle 1973)
W. Arnold versucht die Brücke zwischen → Anlage und Umwelt zu schlagen, indem er sagt: **„Begabung ist anlagebedingt, ihre Entfaltung ist umweltabhängig."** (*Lexikon der Psychologie.* Freiburg-Basel-Wien. Band 1, Seite 242)
Die Chance der Pädagogik besteht in jedem Fall darin, die Umwelteinflüsse möglichst begabungsfördernd zu arrangieren, d. h. Lernprozesse einzuleiten, die eine optimale Entfaltung vererbter Anlagen ermöglichen.
Den erfahrungsmäßig feststellbaren unterschiedlichen Begabungen der Menschen entsprechend werden üblicherweise folgende **Begabungsformen** unter-

schieden, die mit jeweils verschieden ausgeprägter Schwerpunktsetzung kombiniert die gesamte Begabungsstruktur ausmachen:

- Erkenntnisorientierte, forschende Begabung
- Sprachliche Begabung
- Mathematisch-logische Begabung
- Mechanisch-technische Begabung
- Musisch-künstlerische Begabung

Cropley u. a. 1988; Helbig 1988; Michel/Spengler 1985; Roth 1980/12; Skowronek 1976/2

→ Ability → Aptitude test K

Begegnung

Im pädagogischen Bereich wird Begegnung als freiheitliche, im Ergebnis offene Auseinandersetzung mit dem Anderen, d. h. mit der gegenständlichen Wirklichkeit, dem Mitmenschen und dem Transzendenten verstanden. Begegnung in diesem Sinne beinhaltet grundlegende, die menschliche Existenz berührende und verhaltensändernde Erlebnisse und Erfahrungen. Im pädagogischen Verhältnis kann eine Begegnung dieser Art nur auf dem Boden einer allseitigen, also die emotionale Komponente und das Werterleben einschließenden menschlichen → Kommunikation fruchtbar werden. Der herkömmliche einseitig auf Wissensvermittlung und Leistung ausgerichtete schulische Lernbetrieb verbaut den Zugang zu echter Begegnung sowohl mit der Sache als auch mit dem Vermittler.

Buber 1984/1986; Guardini/Bollnow 1956; Hutterer/Stipsits 1984

→ Begegnungsstil K

Begegnungsstil

Für die Arbeit mit schwierigen Kindern und Jugendlichen entwickelte Hischer unabhängig von den Erziehungs- und Führungsstilkonzepten Modi des personalen Umgangs. Er spricht von Begegnungsstilen und beschreibt den appellativen (nonrepressiv auffordernden), konnektiven (auf Bindung abzielenden) und liberativen (in die Selbstentscheidung freigebenden, befreienden) Begegnungsstil.
Sie können schwerpunktmäßig eingesetzt einzelne Phasen im Gesamtablauf heil- und sozialpädagogischer Maßnahmen sowie sozialtherapeutischer und altersübergreifender sozial-agogischer bzw. soziagogischer oder einfach agogischer Prozesse prägen, also auch situativ variiert und kombiniert werden. Mit dem Begriff Begegnungsstil wird generell ein humanes Prinzip des Umgangs mit dem Anderen gekennzeichnet. Hischer bemüht sich gleichzeitig um den Ansatz einer „emanzipatorischen Agogik", allerdings mit der Absicht, dem ideologisierten Emanzipationsbegriff entgegenzuwirken.

→ Begegnung → Emanzipation → Kriminalpsychagogik O

Begleitprogramm

Begleitprogramme dienen dazu, den in Unterricht, Vorlesung oder Seminar erarbeiteten Lerninhalt – meistens im Selbststudium – zu erweitern, zu vertiefen oder zu üben.

→ Enrichmentfunktion der Medien K

Behaltwert

bezeichnet die meßbare Menge einer Information, die für kürzere (Kurzzeitgedächtnis) bzw. längere Zeit (Langzeitgedächtnis) verfügbar im Gedächtnis bleibt. „Nach R. S. Woodworth und H. Schlosberg ist das Behalten eine Form der vier Gedächtnisvorgänge: Einprägen, Behalten, Wiedergeben und Wiedererkennen."(H. Aebli, in *Lex. d. Psych.* Freiburg-Basel-Wien, Band 1, Seite 246.)
Je nach Art der Informationsübermittlung ist der Behaltwert verschieden groß. Nach einer Darstellung von W. Milan wird etwa 10% dessen, was man liest, behalten. Vom Gehörten bleiben 20% im Gedächtnis verfügbar, vom Gesehenen 30%. Der hohe Behaltwert von 70% ergibt sich bei Informationen, die durch Hören und Sehen gleichzeitig aufgenommen werden. Die Chance des Behaltens steigt weiter auf 80% bei Inhalten, die wir selber als Information verarbeiten und vortragen, und sie kulminiert mit 90% bei Informationseinheiten, die wir handelnd unter Einbezug aller Sinne erwerben bzw. weitergeben. Aus diesen Ergebnissen sind weitreichende Schlußfolgerungen für die Organisation von Lernprozessen zu ziehen. K

Behaviorismus

kennzeichnet einen extremen theoretischen Ansatz in der Psychologie, der eine möglichst objektive Untersuchung beobachtbarer menschlicher und tierischer Verhaltensweisen anstrebt. Die Objektivität der Ergebnisse soll dadurch garantiert werden, daß die psychologische Methode der → Introspektion ausgeschlossen bleibt und einzig und allein beobachtbare Reiz-Reaktions-Muster und Produkte des Verhaltens beschrieben werden. Als Begründer des klassischen Behaviorismus gilt J. B. Watson (1878–1958). E. C. Tolman und C. L. Hull modifizierten Watsons Standpunkt, während B. F. Skinner (* 1904) wieder der strengen Richtung des Behaviorismus folgt. Eine Voraussage und Kontrolle des Verhaltens lassen sich nach Skinner allein durch bekräftigende → Reize verwirklichen.
Auf den Gesetzmäßigkeiten zielgerechter Bekräftigungen (→ Verstärkung) bauen Tierdressuren, die Skinnersche → Programmierte Instruktion und die → Verhaltenstherapie auf.

Friedrich 1979; Hilgard/Bower 1983; Leonhard 1978; Skinner 1973 und 1974; Watson 1984/3

→ Lerntheorien K

Behinderte Kinder → Behindertenpädagogik

→ Sondervolksschule → Sonderberufsschule → Weiterführende Sonderschulen → Sonderpädagogik → Schulen für Behinderte und Kranke

Behindertenbereiche → Behindertenpädagogik → Schulen für Behinderte und Kranke

Behindertenpädagogik

befaßt sich als Teilbereich der → Sonderpädagogik mit Bildung, Ausbildung und Erziehung von Behinderten jeden Alters. Aktuelle Bemühungen zielen auf die weitgehende Integration der Behinderten in das gesellschaftliche Leben, was allerdings zunächst eine Einstellungsänderung der Gesellschaft gegenüber den Behinderten erfordert.

Bleidick 1982/5, 1989; Handbuch der Behindertenpädagogik 1979; Jantzen 1987 und 1990; vgl. auch Literatur bei Sonderpädagogik!

→ Schulen für Behinderte und Kranke K

Beispielprogramm

Soll festgestellt werden, ob ein durchgenommener Lerninhalt von den Schülern beherrscht wird, kann dies u. a. mit Hilfe von Beispielprogrammen geschehen, die sach- und wirklichkeitsbezogene Teiltests beinhalten.

→ Kriterienprogrammierung → Programmierte Instruktion K

Bekräftigung → Verstärkung

Beobachtung

Die **Beobachtung** hebt sich von der ungebundenen und lediglich kenntnisnehmenden Wahrnehmung durch folgende **Merkmale** ab:
- Sie ist aufmerksame, zielgerichtete Wahrnehmung;
- sie bedient sich dabei eindeutig beschriebener Methoden;
- sie bezieht sich auf „Vorgänge an Gegenständen, Ereignissen und Mitmenschen" (dtv Wörterbuch zur Psychologie), die in Abhängigkeit von ganz bestimmten, also auch beschreibbaren Situationen betrachtet werden;
- die Beobachtungsergebnisse werden in geeigneter Weise festgehalten;
- die Beobachtung ist immer von der Absicht geleitet, eine neue Erkenntnis zu gewinnen, meistens mit dem Zweck einer praktischen Nutzanwendung.

Die alltägliche Form der Beobachtung ist für den Lehrer/Erzieher in der Regel die aktiv teilnehmende Beobachtung, bei der er sich selbst im Beobachtungsfeld befindet und zusätzlich zur Beobachtung unterrichtlich tätig ist. Diese Doppelbelastung legt die Empfehlung nahe, die Beobachtungsaspekte eng begrenzt und überschaubar zu halten.

Übersicht über die Beobachtungsformen: (siehe nebenstehende Grafik)

Häufig sich verzerrend auf Beobachtungsprozeß und -ergebnis auswirkende **Fehlerquellen** sind (vgl. hierzu mit Beispielen und Möglichkeiten der Bearbeitung Köck 1987, Seite 223 f.):
- Einschränkende bzw. einseitige → Wahrnehmung
- Voreingenommenheiten (→ Vorurteil)
- → Projektionen
- → Stereotypen
- → Konfabulationen
- → Mildeeffekt
- allzu wertend, verkürzend, unscharf abgefaßter Beobachtungsbericht. K

Friedrichs/Lütke 1973; Köck 1987 und 1990; König 1975/8; Kordy 1986; Kreuz 1985/3; Manns 1987; Reenpää 1967; Strätz 1987; Thomae 1980/13

Beobachtungslernen → Modellernen

Beratung

Beratung ist im Idealfall zwischen bloßer Informationsausgabe und zielgerichteter Beeinflussung angesiedelt.

Merkmale:
1. Beratung gibt Informationen und Auskunft im Sinne von **Aufklärung.**
2. Voraussetzung der Beratung ist eine **aktuelle Situation** mit oftmals weitrei-

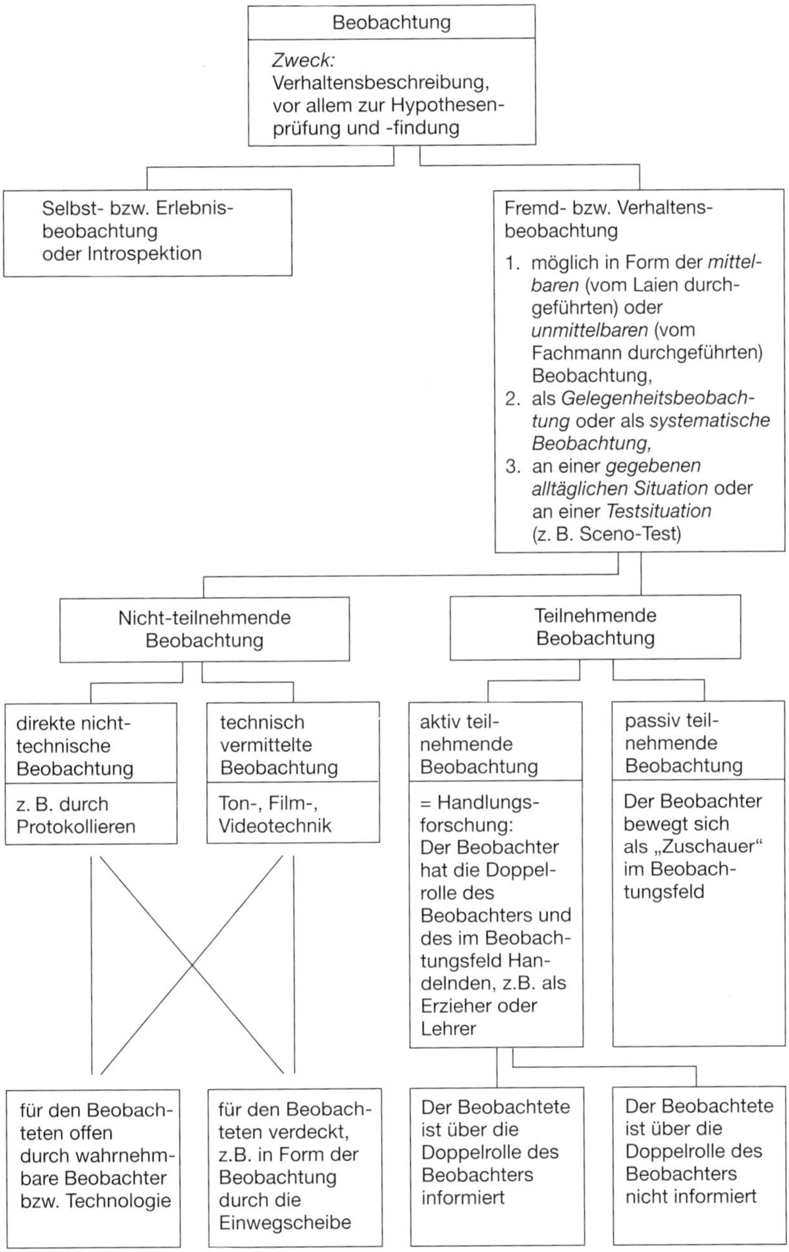
Beobachtung
Zweck: Verhaltensbeschreibung, vor allem zur Hypothesenprüfung und -findung
Selbst- bzw. Erlebnisbeobachtung oder Introspektion
Fremd- bzw. Verhaltensbeobachtung
1. möglich in Form der mittelbaren (vom Laien durchgeführten) oder unmittelbaren (vom Fachmann durchgeführten) Beobachtung,
2. als Gelegenheitsbeobachtung oder als systematische Beobachtung,
3. an einer gegebenen alltäglichen Situation oder an einer Testsituation (z. B. Sceno-Test)
Nicht-teilnehmende Beobachtung
Teilnehmende Beobachtung
direkte nicht-technische Beobachtung
z. B. durch Protokollieren
technisch vermittelte Beobachtung
Ton-, Film-, Videotechnik
aktiv teilnehmende Beobachtung
= Handlungsforschung: Der Beobachter hat die Doppelrolle des Beobachters und des im Beobachtungsfeld Handelnden, z.B. als Erzieher oder Lehrer
passiv teilnehmende Beobachtung
Der Beobachter bewegt sich als „Zuschauer“ im Beobachtungsfeld
für den Beobachteten offen durch wahrnehmbare Beobachter bzw. Technologie
für den Beobachteten verdeckt, z.B. in Form der Beobachtung durch die Einwegscheibe
Der Beobachtete ist über die Doppelrolle des Beobachters informiert
Der Beobachtete ist über die Doppelrolle des Beobachters nicht informiert

chender existentieller Bedeutung, die eine entsprechend interessierte **Fragehaltung** des Ratsuchenden bedingt.

3. Beratung als Aufklärung besagt, daß der Ratsuchende seinen Fähigkeiten und Möglichkeiten entsprechend **am Vorgang der Informationsbeschaffung beteiligt wird und vor allem Entscheidungen selbst treffen muß.**
4. Der Berater hält sich mit lenkenden Maßnahmen zurück. Er versteht sich als Gesprächspartner, der mit „Fingerspitzengefühl" und **Einfühlung die Problemlage des Ratsuchenden zu verstehen versucht.** Die Gesprächshaltung ist **nicht-direktiv, partnerschaftlich.**
5. Die Beratung gerät mit dieser Idealbeschreibung dort schnell in Konflikt, wo sie etwa aufgrund des Alters des Ratsuchenden (wie in der Schule) mit Einschränkungen bezüglich der Informationsaufnahme und -verarbeitung rechnen muß. Allerdings neigen Lehrer aber auch dazu, die Entscheidungsfähigkeit junger Menschen zu unterschätzen.
6. Die Beratungstätigkeit bedarf wie die Beobachtung **ständiger Überprüfung,** insbesonders wegen folgender Gegebenheiten:
   - Gerade viel gefragte Berater wie Lehrer laufen Gefahr, routinierte Beratungsstrategien zu entwickeln, die zur **Oberflächlichkeit** aufgrund zu geringen Beobachtungsmaterials und zu **Verzerrungen und Einseitigkeiten** aufgrund von Vorurteilen führen können.
   - Der Berater bringt sich in den Beratungsvorgang nicht nur als mehr oder minder kompetenter Besitzer von Informationen ein, sondern mit seiner ganzen Person. Seine **individuellen Überzeugungen, Neigungen, aber auch Abwehrmechanismen** gegenüber bestimmten Verhaltensweisen des Ratsuchenden beeinflussen die Qualität der Beratung erheblich.
   - Der Lehrer ist Inhaber mehrerer Rollen gegenüber dem Schüler: er ist Fachmann eines Wissensgebietes, Lehrender, Erzieher, Repräsentant einer Institution, Beurteiler und Berater. **Rollenkonflikte** sind hier zwangsläufig vorprogrammiert.
7. Die Beratungsaufgabe des Lehrers/Erziehers ist – bei allen sicherlich nötigen Kontakten – abzugrenzen gegenüber institutionalisierter Beratung, wie z. B. der → Berufsberatung, → Bewährungshilfe, → Berufsbildungsberatung, Elternberatung, → Erziehungsberatung, Ehe- und Familienberatung, → Schullaufbahnberatung, → Supervision, Telefonseelsorge.
   Engeren Kontakt wird der Lehrer mit dem → Beratungslehrer (v. a. wegen der Schullaufbahnberatung) und mit dem → Schulpsychologen (v. a. wegen verhaltensauffälliger Schüler) pflegen. K

Aurin 1984; Bachmair 1989; Benz/Rückriem 1978; Boettcher/Bremerich-Vos 1987; Breuer 1979; Dietrich 1983 und 1986; Fittkau 1983; Göppner 1984; Heller u. a. 1978; Köck 1987 und 1990; Rogers 1987; Wanzenried 1978

Beratungsgespräch → Gesprächsführung, partnerzentrierte

Beratungslehrer

Die Ausbildung zum Beratungslehrer sieht folgende Möglichkeiten vor:

- An manchen Universitäten können Lehramtsstudenten ein 4semestriges Erweiterungsstudium aufnehmen, aufbauend auf dem für ein Lehramt vorgeschriebenen erziehungswissenschaftlichen Grundstudium.

- Für Lehrer bietet sich nach abgeschlossenem Lehramtsstudium ein 4semestriges Zweitstudium an.
- Bereits im Schuldienst stehenden Lehrern stehen berufsbegleitende Weiterbildungslehrgänge offen.

Die Tätigkeit des Beratungslehrers zählt zu den Dienstaufgaben des damit betrauten Lehrers. Für → Volksschulen werden Beratungslehrer durch das zuständige staatliche Schulamt, für die übrigen staatlichen Schulen durch den Schulleiter und für kommunale Schulen durch den jeweiligen Schulträger bestimmt.
Der Beratungslehrer hat enge Kontakte und Verbindungen zu halten mit Erziehungsberechtigten, Schülern, Kollegen, dem Schulleiter, → Schulpsychologen, → Schuljugendberater, → Verbindungslehrer, Berufsberater, anderen beratenden Personen, mit im → Vorbereitungsdienst tätigen Lehrern, wie z. B. Seminarvorständen und Seminarlehrern, mit den zuständigen Berufsberatern des Arbeitsamtes, mit Erziehungsberatungsstellen, dem Schularzt, den Jugend- und Sozialämtern, den Ämtern für Ausbildungsförderung u. a. Er berät vor allem in Fragen

- der Schullaufbahnwahl,
- der Durchlässigkeit zwischen den Schularten und innerhalb der verschiedenen Ausbildungsrichtungen einer Schulart,
- der Fächer- oder Kurswahl bei den Übergängen von einer zur anderen Stufe,
- der anzustrebenden schulischen Abschlüsse,
- der beruflichen Orientierung und Studienvorbereitung.

Im Einvernehmen mit den Lehrern hilft er Schülern bei Lern- und Leistungsschwierigkeiten und in besonderen Fällen bei Verhaltensauffälligkeiten, soweit er Möglichkeiten im pädagogischen Bereich sieht. Weitergehende Maßnahmen hierzu fallen in die Zuständigkeit des → Schulpsychologen oder bei Volksschülern in die des → Schuljugendberaters. Der Beratungslehrer hat Schülern, Eltern und Lehrern seiner Schule das seinen Arbeitsbereich betreffende Informationsmaterial aufzubereiten und zugänglich zu machen. Außerdem hat er bei Aufklärungsveranstaltungen, Elternversammlungen der Schule oder einzelner Klassen mitzuwirken und dafür zu sorgen, daß Eltern und Schüler rechtzeitig über das gesamte Schulwesen, insbesondere auch über die Möglichkeiten des → beruflichen Schulwesens aufgeklärt werden.

Grewe 1990; Honal 1983 f.

→ Berufsberatung → Berufsbildungsberatung → Erziehungsberatung → Schulberatung → Schullaufbahnberatung OK

Berliner Schule → Unterrichts- und lehrtheoretisches Strukturmodell der Didaktik

Berufliche Ausbildung
erfolgt auf allen Ebenen, für den Absolventen einer → Realschule und eines → Gymnasiums ebenso wie für den einer → Hauptschule. Vor der beruflichen Ausbildung steht die → Berufswahl, die vom einzelnen zu treffen ist. Unter der beruflichen Ausbildung im allgemeinen Sinne wird zunächst die berufliche Erstausbildung verstanden, die im Rahmen der → Sekundarstufe II als beruflicher Bildungsgang zu einem ersten beruflichen Abschluß führt. Diese kann nach dem → dualen System (→ Berufsschule – → Betrieb) oder in schulorientierter Form (→ Berufsfachschule) erfolgen.

→ Berufsgrundschuljahr → Berufliches Schulwesen O

Berufliche Grundbildung

ist in der Grundstufe der → Berufsschule mittlerweile für die meisten Ausbildungsberufe eingeführt, die zu → Berufsfeldern zusammengefaßt sind. Sie dient der Allgemeinbildung und der Vermittlung von Kenntnissen und Fertigkeiten, die für eine zusammengehörige Gruppe von Ausbildungsberufen (= Berufsfeld) gleichermaßen notwendig sind. Der Unterricht wird als Vollzeitunterricht (→ Berufsgrundschuljahr) oder als Berufsgrundbildungsjahr in kooperativer Form (2 Tage Teilzeitunterricht pro Woche oder 16 Wochen Blockunterricht im Schuljahr) erteilt. K

Berufliche Rehabilitation → Rehabilitation

Berufliche Schulen → Berufliches Schulwesen

Berufliche Sozialisation

bezeichnet im Gesamtprozeß der → Sozialisation vor dem Hintergrund der modernen Industrie- und Informationsgesellschaft und ausgehend von einer breiten Grundausbildung die **Einübung des jungen Menschen**

- in die dem Wandel unterworfenen Schlüsselqualifikationen der Wirtschafts- und Arbeitswelt,
- in ein flexibles Spezialistentum,
- in den effektiven Umgang mit neuen (Informations-) Technologien
- und in die Bereitschaft zu hoher Mobilität angesichts des integrierten europäischen Arbeitsmarktes und der immer enger werdenden weltwirtschaftlichen Verflechtungen.

Bammé u. a. 1983; Windolf 1981

→ Arbeitslehre → Berufliche Ausbildung → Berufliches Schulwesen K

Berufliches Gymnasium

Diese Bildungseinrichtung hat ihren Standort zwischen den üblichen Formen der → Gymnasien und den Schulen zur Berufsausbildung und vermittelt als Gymnasium in Aufbauform, das primär in Baden-Württemberg zu finden ist, Bewerbern mit → Mittlerem Bildungsabschluß eine allgemeine Bildung bis zur Hochschulreife und eine berufliche Grundbildung als Basis für eine weitere berufliche Ausbildung.

Folgende Formen des Beruflichen Gymnasiums werden unterschieden:

- Wirtschaftsgymnasium mit dem A-Zug (Vermittlung der allgemeinen Hochschulreife) und dem F-Zug (Vermittlung der fachgebundenen Hochschulreife)
- Technisches Gymnasium
- Frauenberufliches Gymnasium
- Landwirtschaftliches Gymnasium

Über die Beruflichen Gymnasien, die auch bereits in integrierter Form geführt werden, können folgende Abschlüsse erreicht werden:

1. mit dem Abschlußzeugnis des A-Zuges des Wirtschaftsgymnasiums die allgemeine Hochschulreife,
2. mit dem Abschlußzeugnis des F-Zuges des Wirtschaftsgymnasiums und der anderen Formen der Beruflichen Gymnasien die → fachgebundene Hochschulreife. Durch die Zusatzprüfung in einer zweiten Fremdsprache kann diese zur allgemeinen Hochschulreife erweitert werden.

3. mit dem Versetzungszeugnis nach Klasse 13 eines Beruflichen Gymnasiums die → Fachhochschulreife.

Die Abschlüsse der Beruflichen Gymnasien beinhalten eine Grundausbildung in einem Berufsfeld und ermöglichen dem Absolventen, direkt in eine Berufstätigkeit einzutreten oder eine verkürzte Berufsausbildung im → dualen System anzuschließen.

→ Berufliches Schulwesen O

Berufliches Schulwesen

Unter den Begriffen Berufliches Schulwesen, Berufliche Schulen oder Berufsbildende Schulen werden zusammengefaßt: → Berufsschulen, → Berufsaufbauschulen, → Berufsfachschulen, → Wirtschaftsschulen, → Fachschulen, → Fachoberschulen, → Berufsoberschulen, → Fachakademien, außerhalb Bayerns zusätzlich → Handels- und Höhere Handelsschulen sowie → Berufsakademien. Von einem → Beruflichen Schulzentrum spricht man, wenn mehrere Arten beruflicher Schulen aufgrund geographischer, fachlicher oder anderer Gegebenheiten zusammengeschlossen werden. O

Ott 1976; Pütt 1976; Vocke 1981; Winterhager 1974

Berufliches Schulzentrum

Durch die sinnvolle Zusammensetzung mehrerer Schularten in Ballungsräumen oder in einem größeren geographischen Raum entstehen Schulzentren. Diese können horizontal oder vertikal gegliedert sein. Von einer horizontalen Gliederung spricht man z. B. wenn gleichartige Schularten, die zu einem gleichwertigen Bildungsabschluß führen, zusammengefaßt werden. Unter der vertikalen Gliederung versteht man die Zusammenfassung mehrerer aufeinander aufbauender Schularten mit stufenbezogenen Bildungsabschlüssen.

Im → beruflichen Schulwesen sind Formen der horizontalen, vertikalen Gliederung und vor allem eine Anzahl von Mischformen aus diesen beiden üblich. Ein berufliches Schulzentrum, das z. B. eine Berufsschule, Berufsaufbauschule, Fachschule, Fachakademie und Berufsoberschule in der gleichen Ausbildungs- und Fachrichtung umfaßt, kann einen befähigten Schüler zur Meisterprüfung, zur Staatlichen Prüfung nach Abschluß der Fachakademie oder zur Hochschulreife führen.

Durch die Konzentration mehrerer Bildungseinrichtungen sowohl schulischer als auch außerschulischer Art zu organisatorischen Einheiten ergeben sich auch wirtschaftliche und pädagogische Vorteile. O

Berufsakademie

Berufsakademien bestehen seit Oktober 1974 in Baden-Württemberg. Sie vermitteln eine wirtschaftsbezogene und zugleich praxisorientierte berufliche Bildung, deren Abschlüsse denen der berufsqualifizierenden Hochschulabschlüsse gleichwertig sind. Als Eintrittsvoraussetzung in die Berufsakademie wird das Abitur gefordert, das in Baden-Württemberg nicht nur über die allgemein üblichen Formen des → Gymnasiums und den bekannten beruflichen Bildungsweg, sondern auch über → Berufliche Gymnasien erreicht werden kann.

Theoretische und berufspraktische Ausbildungsphasen wechseln in der Berufsakademie nach dem Prinzip des → dualen Systems. Die Ausbildung ist gestuft. Der erste berufsqualifizierende Abschluß wird nach zwei Jahren, die Zielqualifikation nach einem weiteren Jahr erworben.

Ausbildung, Ausbildungsrichtungen und Abschlüsse verdeutlicht die Abbildung:

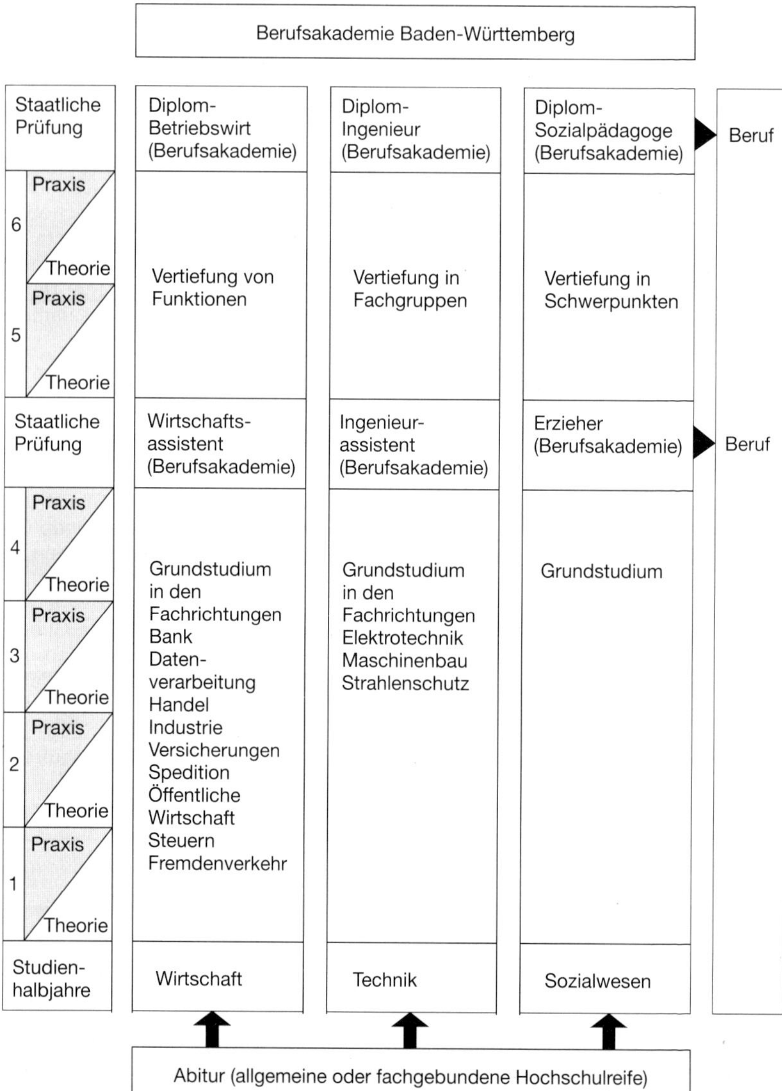

Osswald 1988

→ Fachakademie

OK

Berufsaufbauschule

Die Berufsaufbauschulen (BAS) sind Schulen des zweiten Bildungsweges (→ Berufsbezogener Bildungsweg). Sie vermitteln eine abgeschlossene Berufsausbildung und darüberhinaus die → Fachschulreife (≙ der Mittleren Reife). Der Unterricht führt in Allgemeinbildung und fachtheoretischer Bildung über die Ziele der → Berufsschule hinaus. Zugangsvoraussetzungen sind der → Qualifizierende Hauptschulabschluß oder eine überdurchschnittliche berufliche Qualifikation. Der Ausbildungsgang umfaßt bis zu drei Schuljahren, wobei im letzten Schuljahr Vollzeitunterricht erteilt wird.
Folgende Ausbildungsrichtungen können in der BAS eingerichtet werden:
1. Technik
2. Wirtschaft
3. Hauswirtschaft und Sozialpflege
4. Agrarwirtschaft
Mit der Fachschulreife sind die folgenden weiteren Bildungsmöglichkeiten eröffnet.

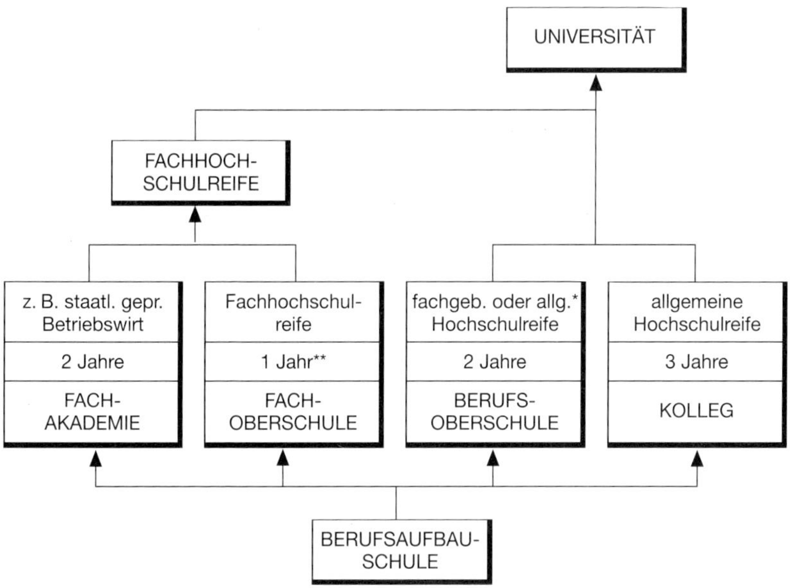

* mit Ergänzungsprüfung
**bei Wechsel der Fachrichtung zwei Jahre

K

Berufsausbildungsvertrag

Zwischen einem Ausbilder und einem → Auszubildenden ist grundsätzlich ein Berufsausbildungsvertrag abzuschließen, der bei Minderjährigen (bis zum 18. Geburtstag) der Zustimmung des gesetzlichen Vertreters bedarf. Er ist von den genannten Beteiligten zu unterzeichnen.
Der Vertrag muß mindestens Angaben enthalten über

- Art, sachliche und zeitliche Gliederung sowie Ziel der Berufsausbildung,
- Beginn und Dauer der Berufsausbildung,
- Ausbildungsmaßnahmen außerhalb der Ausbildungsstätte,
- Dauer der regelmäßigen täglichen Arbeitszeit,
- Dauer der Probezeit,
- Zahlung und Höhe der Vergütung,
- Dauer des Urlaubs
- und Kündigungsbedingungen. K

Berufsbegleitende Schule

Berufsbegleitende Schulen sind Teilzeitschulen wie z. B. Berufsschulen, deren Schüler sich in einem Ausbildungs-, Anlern- oder Arbeitsverhältnis befinden. Schule und berufliche Ausbildung oder Berufstätigkeit laufen parallel nebeneinander. O

Berufsberatung

Die Schule bietet jedem Schüler in Zusammenarbeit mit Einrichtungen der Berufsberatung die Möglichkeit, vor Beendigung der Schulzeit mit Berufsberatern zu sprechen. Der Berufsberater unterrichtet über Entwicklungen am Arbeitsmarkt und informiert über berufliche Anforderungen und Aussichten und über Förderungsmöglichkeiten während der → beruflichen Ausbildung. Er berücksichtigt Wünsche und Fähigkeiten des Schülers, zeigt Alternativen auf, bezieht die Eltern mit in die Informationsgespräche ein und vermittelt auf Wunsch Jugendliche auch in berufliche Ausbildungsstätten. Die Beratung über → Berufswahl und Berufsfindung darf nicht erst kurz vor Schulabschluß erfolgen, sie hat bereits mit der → Schullaufbahnberatung zu beginnen und in der → Berufsbildungsberatung ihre Fortsetzung zu finden. Die nach dem „Strukturplan für das Bildungswesen" geschaffene Form der Bildungsberatung kümmert sich auch um den im → dualen System Auszubildenden. Sie beachtet nicht nur die fachliche, sondern auch die personale Entwicklung und Entfaltung des Jugendlichen, versucht ihm den Eintritt in die Berufs- und Betriebswelt zu erleichtern und gibt Hinweise für eine ihm gerechtwerdende Weiterbildung.

→ Ausbildungsberater → Berufliches Schulwesen → Erziehungsberatung → Schulberatung O

Berufsbezogener Bildungsweg

Jeder Staatsbürger, der nicht den üblichen konventionellen Weg Grundschule – Gymnasium – Hochschule zu einer akademischen Ausbildung einschlägt, kann nach erfolgreichem Berufsabschluß oder bereits während einer Berufsausbildung ihm gemäße Schulen wie z. B. → Berufsaufbauschule, → Berufsoberschule, → Erwachsenenkolleg, → Abendgymnasium oder eine gleichwertige Institution absolvieren und sich die Berechtigung für ein akademisches Studium erwerben. Dieser Bildungsweg, der auch als ‚Zweiter Bildungsweg' bezeichnet wird, kann nur in Verbindung mit beruflicher Tätigkeit gegangen werden. O

Berufsbild

Unter Berufsbild versteht man eine Zusammenstellung der Fertigkeiten und Kenntnisse, die ein Auszubildender (Lehrling) für seinen Beruf zu lernen und zu erwerben hat. Die Berufsbilder, die eingehende Schilderungen von zu erlernenden Berufen nach Aufgaben und Anforderungen beinhalten, stellen die Basis für die betriebliche Ausbildung und den Unterricht an den Berufsschulen dar.

→ Auszubildende (r) O

Berufsbildungsberatung

→ Schullaufbahnberatung in der Sekundarstufe I steht in engem Zusammenhang mit der Berufsbildungsberatung. Durch die Berufsbildungsberatung, die versucht, Konflikte zwischen Bedürfnissen der Gesellschaft und den individuellen Interessen durchsichtiger zu gestalten, soll der Jugendliche zu eigenen Entscheidungen für seine → Berufswahl befähigt werden. Die Eltern werden im allgemeinen an dem Prozeß, der den zu Beratenden zur Entscheidungsfindung führt, beteiligt. Die Berufsbildungsberatung kann bei der Suche nach einem Beruf behilflich sein und berät den Jugendlichen auch in den ersten Jahren seiner Berufstätigkeit.

→ Berufsberatung → Erziehungsberatung → Schulberatung O

Berufsbildungsgesetz

regelt das Berufsbildungswesen, soweit dies in den Kompetenzbereich des Bundes fällt. O

Berufsbildungszentrum

ist die Zusammenfassung mehrerer Bildungseinrichtungen schulischer und außerschulischer Art.

→ Berufliches Schulzentrum O

Berufsethos des Lehrers/Erziehers

bezeichnet als Sammelbegriff seine relativ überdauernden Einstellungen und handlungsleitenden Grundsätze für sein berufliches Arbeitsfeld, die im wesentlichen von weltanschaulichen und moralischen Überzeugungen sowie pädagogischen Theorien bestimmt sind.

Das Berufsethos des Lehrers/Erziehers hat sich heutzutage vor allem angesichts folgender Gegebenheiten zu bewähren:

- Verlust allgemein verbindlicher weltanschaulicher Grundlagen, wenn man von der abstrakten Basis der Verpflichtung auf die Grundwerte und obersten Bildungsziele des Grundgesetzes und der Länderverfassungen absieht;
- statt dessen pluralistische Wertorientierungen oder gar Werteverlust;
- Professionalisierungstendenz des Lehrerberufs zum Job eines „Unterrichtsingenieurs", verbunden mit einer Beschränkung auf Berufstechnik und einem gleichzeitigen Rückzug aus der Erziehungsverantwortung;
- Motivationskrisen und → Burnout-Syndrom.

Für den Lehrer/Erzieher leitet sich daraus die jeweils individuell zu leistende Aufgabe ab, unverzichtbare, sein Handeln leitende Bildungsziele und Prinzipien der pädagogischen Begegnung bewußt zu formulieren, weiterzuentwickeln und selbstkritisch zu leben sowie die Arbeit an seiner fachlichen Qualifikation als permanente Verpflichtung zu sehen. K

Schach 1987

Berufsfachschule

Zum Eintritt in eine Berufsfachschule (BFS) bedarf es in der Regel keiner vorherigen Berufsausbildung. Sie dient als Schule mit Vollzeitunterricht entweder der Vorbereitung auf eine Berufstätigkeit oder der Berufsausbildung selbst. Je nach Art der BFS ist die Zugangsvoraussetzung der Hauptschulabschluß oder der Qualifizierende Hauptschulabschluß oder die Mittlere Reife, in wenigen Fällen eine Berufsausbildung oder bestimmte Vorbildungen. Die Ausbildungsgänge an den verschiedenen BFS dauern mindestens ein Schuljahr, höchstens drei Schuljahre. Es gibt z. B. BFS für

- das Gesundheitswesen (z. B. Hebammen, Logopäden, Krankengymnasten, Arzthelferin ...)
- sozialpflegerische und sozialpädagogische Berufe (z. B. Altenpflege, Familienpflege, Krankenpflege)
- künstlerische Berufe (z. B. Musik, Schauspieler, Graphik und Werbung, Fotografie, Glas und Schmuck, Holzbildhauer)
- Bekleidung (z. B. Bekleidungsnäher, -fertiger, -schneider)
- technische Assistenten (z. B. Bekleidung, Elektro- und Datentechnik, kaufmännische Assistenten)
- Büroberufe
- Datenverarbeitungskaufleute
- Fremdsprachenberufe
- Geigenbau
- Hotel- und Gaststättenberufe

Eine umfassende Übersicht bietet z. B. die Informationsschrift des Bayerischen Staatsministeriums für Unterricht und Kultus, Wissenschaft und Kunst: „Bayerns Schulen von A–Z“, zu beziehen vom Ministerium. K

Berufsfeld

Der Jugendliche entscheidet sich bei Eintritt in die Berufsschule für ein Berufsfeld. In einem Berufsfeld werden solche Berufe zusammengefaßt, bei denen sich in der Ausbildung theoretische und praktische Gemeinsamkeiten und Zusammenhänge ergeben. Die einzelnen Berufsfelder werden ihren Inhalten und Berufsbildungszielen entsprechend den jeweiligen Abteilungen der Berufsschulen zugeordnet. Nach den Bestimmungen über die Anrechnung des → Berufsgrundschuljahres auf die Berufsausbildung geht der Bund von folgenden Berufsfeldern aus:

- Wirtschaft und Verwaltung
- Metall
- Elektrotechnik
- Bautechnik
- Holztechnik
- Textiltechnik und Bekleidung
- Chemie, Physik und Biologie
- Drucktechnik
- Farbtechnik und Raumgestaltung
- Körperpflege
- Gesundheit
- Ernährung und Hauswirtschaft
- Agrarwirtschaft

OK

Berufsfindungsjahr → Berufsgrundschuljahr

Berufsgrundschuljahr (BGJ)

Es vermittelt dem Jugendlichen als 10. Schuljahr mit Vollzeitunterricht eine Berufsgrundbildung im Sinne des Einblicks in die Berufswelt und in berufliche Ausbildungsmöglichkeiten. Es wird auch als Berufsfindungsjahr bezeichnet. Im Hinblick auf die Berufsausbildung des Schülers ist es so gestaltet, daß es entsprechend den Vorschriften des Bundes voll auf eine berufliche Ausbildungszeit angerechnet wird, d. h. es beinhaltet neben allgemeinbildenden auch fachtheoretischen und fachpraktischen Unterricht. Durch den Besuch des BGJ entscheidet sich der Jugendliche noch nicht für einen bestimmten Ausbildungsberuf, sondern für ein → Berufsfeld.

→ Berufliches Schulwesen → Berufsschule OK

Berufsoberschule

Die Berufsoberschule (BOS) wird derzeit nur in Bayern und Baden-Württemberg als Oberstufe des → beruflichen Schulwesens geführt. Sie vermittelt durch ihren Abschluß die → Fachhochschulreife, die → fachgebundene Hochschulreife und durch die Ergänzungsprüfung in einer zweiten Fremdsprache sogar die allgemeine Hochschulreife. Der Ausbildungsgang, der auf einer abgeschlossenen Berufsausbildung und einem → mittleren Bildungsabschluß (→ Fachschulreife) aufbaut, dauert mindestens zwei Schuljahre. Die BOS ist in vier Ausbildungsrichtungen gegliedert: Wirtschaft; Technik und Gewerbe; Hauswirtschaft und Sozialpflege; Agrarwirtschaft.
Die fachgebundene Hochschulreife berechtigt die Absolventen, folgende Studiengänge an Hochschulen aufzunehmen:

Ausbildungsrichtung	Studienberechtigung nach QualV in Bayern	Studienberechtigung in anderen Ländern gem. KMK-Beschluß vom 25. 11. 1976
Technik	– Architektur – Bauingenieurwesen – Brauwesen und Getränketechnologie – Chemie – Chemieingenieurwesen – Elektrotechnik – Informatik – Lebensmitteltechnologie – Maschinenwesen – Mathematik – Metereologie – Physik – Vermessungswesen – Werkstoffwissenschaften – Lehramt an beruflichen Schulen in einer Fächerverbindung mit den beruflichen Fachrichtungen Bautechnik, Elektrotechnik, Metalltechnik oder Ernährungs- und Hauswirtschaftswissenschaft (Schwerpunkt Nahrung)	– Ingenieurwissenschaften – Wirtschaftsingenieurwesen – Mathematik (nur Diplom-Studiengang) – Physik (nur Diplom-Studiengang) – Chemie (nur Diplom-Studiengang)

Ausbildungs-richtung	Studienberechtigung nach QualV in Bayern	in anderen Ländern gem. KMK-Beschluß vom 25. 11. 1976
Wirtschaft	– Betriebswirtschaft – Volkswirtschaft – Sozialwissenschaft (Abschluß als Diplom-Sozialwirt) – Wirtschaftspädagogik (Abschluß als Diplom-Handelslehrer) – Wirtschaftswissenschaft (Abschluß als Diplom-Ökonom)	– Wirtschafts- und Sozialwissenschaften – Wirtschaftsingenieurwesen
Hauswirtschaft und Sozialpflege	– Lebensmittelchemie – Lebensmitteltechnologie – Ökotrophologie (Haushalts- und Ernährungswissenschaft) – Pädagogik – Lehramt an beruflichen Schulen in einer Fächerverbindung mit den beruflichen Fachrichtungen Ernährungs- und Hauswirtschaftswissenschaft oder Sozialpädagogik – Lehramt an Grundschulen (Didaktik der Grundschule in Verbindung mit dem Unterrichtsfach Hauswirtschaftswissenschaft) – Lehramt an Hauptschulen (Didaktiken einer Fächergruppe in Verbindung mit dem Unterrichtsfach Hauswirtschaftswissenschaft) – Lehramt an Realschulen in einer Fächerverbindung mit dem Unterrichtsfach Hauswirtschaftswissenschaft	– Ernährungswissenschaft – Haushaltswissenschaft – Lebensmittelchemie – Lebensmitteltechnologie – Sozialpädagogik
Agrarwirtschaft	– Agrarwissenschaft – Biologie – Forstwissenschaft – Gartenbauwissenschaft – Landespflege – Lehramt an beruflichen Schulen in einer Fächerverbindung mit der beruflichen Fachrichtung Landwirtschaft	– Agrarwissenschaft – Gartenbauwissenschaft – Forstwissenschaft – Biologie (nur Diplom-Studiengang) – Landespflege

K

Berufspädagogik

Die Begriffe Berufs- und Wirtschaftspädagogik werden häufig synonym bzw. in einer Wortverbindung gebraucht. Die Berufspädagogik entwickelte sich von der gewerblichen Richtung (Ausbildung der Lehrer an Berufspädagogischen Instituten und Akademien), die Wirtschaftspädagogik von der kaufmännisch-wirtschaftlichen Richtung her. Ihrem Selbstverständnis nach ist die Berufspädagogik eine Teildisziplin der Erziehungswissenschaft mit dem besonderen Schwerpunkt der pädagogischen Dimension der beruflichen Bildung und Sozialisation. Berufspädagogik ist eine pragmatische Wissenschaft, die sich u. a. mit folgenden Problemfeldern befaßt:

– Verhältnis von Bildungs- und Beschäftigungssystem

- Interdependenzen von Technik, Wirtschaft und Politik
- Berufs- und arbeitsbeeinflussende Ideologien
- Theorien der Berufsfindung
- Berufsbilder und Berufsverständnisse
- Berufsbezogene curriculare Entwicklungen auf allen Ebenen (Ausbildung, Berufsbildung, Berufsfindung, → Berufsberatung, → Weiterbildung, → Fortbildung, → Modultraining usw.)
- action research

Arnold 1990, 1991; Preyer 1978; Schanz 1982; Schmiel/Sommer 1985; Schmiel 1988/6

→ Arbeitspädagogik → Betriebspädagogik → Pädagogik → Wirtschaftspädagogik

OK

Berufsschulbeirat → Schulbeirat

Berufsschule

Die Berufsschule besuchen Berufsschulpflichtige und Berufsschulberechtigte; letztere sind nicht mehr berufsschulpflichtig, befinden sich aber in Berufsausbildung (oder wollen das → Berufsgrundschuljahr besuchen). Die Berufsschule ist eine Pflichtschule wie → Grundschule und → Hauptschule.

Sie ist im Sinne des dualen Systems zusammen mit Betrieben für die Ausbildung in anerkannten Ausbildungsberufen zuständig. Ihre Aufgaben sind Allgemeinbildung und Vermittlung fachtheoretischer und fachpraktischer Kenntnisse und Fertigkeiten.

Die Berufsschule umfaßt eine einjährige Grundstufe und eine mindestens einjährige Fachstufe. Der Unterricht in der Grundstufe wird als Teilzeitunterricht (1–2 Tage pro Woche) oder als Blockunterricht (eine bis mehrere Wochen innerhalb eines bestimmten Zeitraums) oder in berufsfeldbezogenen Ausbildungsberufen als Vollzeitunterricht (→ Berufsgrundschuljahr) erteilt.

In der Fachstufe gibt es nur noch berufsspezifischen Teilzeit- oder Blockunterricht.

Für → Splitterberufe werden größere → Fachsprengel gebildet.

→ Berufsfeld → Berufsschulpflicht

K

Berufsschulpflicht

Die → Schulpflicht dauert, soweit gesetzlich nichts anderes bestimmt ist, zwölf Jahre. Die Berufsschulpflicht beginnt jeweils nach der endenden → Volksschulpflicht. Sie ist grundsätzlich an öffentlichen → Berufsschulen zu erfüllen, in deren Sprengel sich der Beschäftigungsort des Jugendlichen befindet. Ist kein Beschäftigungsverhältnis gegeben, so ist der Wohnort des Jugendlichen maßgebend. Der Besuch einer privaten Berufsschule wird von der Schulaufsichtsbehörde genehmigt, wenn es die Ausbildung des Jugendlichen erforderlich macht. Die Berufsschulpflicht kann auch an weiterführenden Schulen, an → Berufsfachschulen, → Fachschulen, → Ergänzungsschulen und Berufsförderungseinrichtungen abgeleistet werden, wenn diese mindestens das Bildungsziel der Berufsschule erreichen und schulaufsichtlich ihre Eignung bestätigt wird. Die Berufsschulpflicht endet im allgemeinen nach drei Jahren. Bei Berufen mit einer über drei Jahre hinausgehenden Ausbildungszeit verlängert sie sich auf die Dauer des Berufsausbildungsverhältnisses, höchstens jedoch auf dreieinhalb Jahre. Eine Verlängerung tritt auch dann ein, wenn ein Berufsschulpflichtiger den Beruf wechselt. In Berufen, in denen kürzere Ausbildungszeiten zugelassen sind, verkürzt sich die Dauer des Ausbildungsverhältnisses, höchstens jedoch auf zwei Schuljahre. Gehen Jugendliche, die nicht mehr schulpflichtig sind, ein Berufsausbildungsverhältnis ein, so können sie freiwillig die Berufsschule besuchen. Sie sind berufsschulberechtigt.

→ Berufliches Schulwesen O

Berufsvorbereitende Schule

Berufsvorbereitende Schulen bereiten bei mindestens einjähriger Dauer und freiwilligem Schulbesuch auf einen Beruf vor.

→ Berufsbegleitende Schule → Berufsfachschulen O

Berufswahl

meint Entscheidungshandlungen für eine auf Dauer angelegte Erwerbstätigkeit, die schon aufgrund ihres quantitativen Anteils an der Lebenszeit erheblich zur Lebensqualität insgesamt beiträgt. Immer häufiger erfordern Arbeitsmarkt und Berufsbildentwicklung auch die Bereitschaft zu beruflicher Neuorientierung bzw. zu einem Berufswechsel innerhalb des eigenen → Berufsfeldes. Die in Artikel 12 GG verankerte Freiheit der Berufswahl ist nur gewährleistet, wenn die **Berufswahlfähigkeit** – speziell die des jungen Menschen – auf ein möglichst hohes Niveau gebracht wird. Der Jugendliche muß sich u. a. informieren können über

- die zahlreichen beruflichen Bildungsangebote,
- die Vielfalt der → Berufsfelder und der einzelnen Berufe,
- den Unterschied zwischen Ausbildung und Beruf,
- Ausbildungswege, -zeiten und -ablauf,
- notwendige persönliche Voraussetzungen wie Schulabschlüsse, Fähigkeiten, körperliche Konstitution,
- das Verhältnis persönlicher Erwartungen und realistischer Selbsteinschätzung zu den Anforderungen des gewünschten Berufes,
- Berufs- und Arbeitsmarktbedingungen,
- Ausbildungsinhalte sowie Leistungs- und Prüfungsanforderungen,
- Möglichkeiten der → Fort- und → Weiterbildung und des beruflichen Aufstiegs,
- Verdienstmöglichkeiten.

Zu einer breiten **Informationsbasis** tragen bei

- → Arbeitslehre und verwandte Unterrichtsfächer,
- → Projekttage zur Berufsorientierung,
- → Betriebsbesichtigung, → Betriebserkundung, → Betriebspraktikum,
- → Berufsberatung und evtl. Beratungsgespräch mit dem → Beratungslehrer,
- informelle und formelle → Tests, vor allem zur Klärung der körperlichen, geistigen, psychischen, motivationalen Voraussetzungen des Schülers (i. d. R. durch den Psychologischen Dienst des Arbeitsamtes, vgl. aber auch die Selbsterkennungsprogramme STEP der Bundesanstalt für Arbeit für Hauptschüler, Realschüler, Abiturienten!),
- das → Berufsgrundschuljahr in → Berufsfeldern.

Bundesanstalt f. Arbeit 1992/4; Decker 1981; Hablitzel 1989/9 f., 1991/11 f.; Stammberger 1982

→ Berufsbildungsberatung → Schullaufbahnberatung K

Beschreibende Statistik
Sie ermittelt Stichprobenkennwerte zur Feststellung, Interpretation und Charakterisierung von Stichproben-Beobachtungen und verzichtet hierbei auf Schlußfolgerungen bezüglich entsprechender → Parameter in der → Population.
→ Schließende Statistik → Statistik → Stichprobe → Zufallsstichprobe O

Beschützende Werkstätten → Werkstätten für Behinderte

Bestandsmasse → Statistik

Beta-Typ → Soziodynamische Grundformel

Betrieb
Er stellt eine selbständige Wirtschaftseinheit dar, in der durch dispositive Arbeit, durch planmäßig organisatorische Zusammenfassung der Elementarfaktoren wie z. B. menschliche Arbeitsleistung und Werkstoffe die Produktion von Gütern oder die Erstellung von Leistungen erfolgt. Der Betrieb ist örtlich fixiert und wird häufig als technische Einheit der Unternehmung bezeichnet. Er hat neben der organisatorischen und technischen Seite eine wirtschaftliche und soziale. Seine sozialrechtliche Struktur bezieht sich auf die Arbeitsverhältnisse der im Betrieb Beschäftigten. Der soziologische Aspekt eines Betriebes betrachtet neben dem hierarchisch-organisatorischen Aufbau die zwischenmenschlichen Beziehungen formaler und informaler Natur.
Betriebe werden im allgemeinen unterschieden nach
1. der Größe: Groß-, Mittel-, Kleinbetriebe
2. Art der wirtschaftlichen Leistung: Produktionsbetriebe wie z. B. Industrie- und Handwerksbetriebe; Dienstleistungsbetriebe wie z. B. Banken, Versicherungen und Handelsbetriebe; Verwaltungsbetriebe wie z. B. Krankenhäuser.

→ Betriebsbesichtigung → Betriebserkundung → Betriebspädagogik → Betriebspraktikum → Faktor O

Betriebsbesichtigung
Im Gegensatz zur didaktisch geplanten, durchgeführten und nachbereiteten → Betriebserkundung vermittelt die Betriebsbesichtigung einen allgemeinen Eindruck des jeweiligen → Betriebs, zeigt seinen Standort im Wirtschaftsgeschehen auf und gibt Auskunft über Betriebsabläufe. Betriebsbesichtigungen stehen im Zusammenhang mit im Unterricht durchgesprochenen Stoffbereichen und sind nicht intensiv lernzielorientiert vorbereitet. Die Klasse wird in ihrer Gesamtheit oder größeren Gruppen von einem Betriebsangehörigen durch das Werk geführt, ohne vorbereitete Erkundungsaufgaben erfüllen zu müssen. Eine kurze Nachbesprechung im Unterricht findet grundsätzlich statt. O

Betriebserkundung
Der Begriff Betriebserkundung wurde erst Ende der sechziger Jahre geprägt und steht für die ehemals im Unterricht vorbereitete, gezielte, organisierte, mit Schülern sachlich und fachlich nachbereitete „Betriebsbesichtigung“.
Im Rahmen des Unterrichtsablaufes ist die Betriebserkundung ein vom Lehrer mit den Schülern gemeinsam geplantes Unternehmen, das in den Unterrichtsablauf

unter Zuhilfenahme geeigneter → Lehrformen eingebettet und lernzielorientiert aufgebaut ist. Sie kann in den Fächern durchgeführt werden, deren Unterrichtsstoffe das Arbeits- oder Betriebsgeschehen unter funktionalen, sozialen oder berufskundlichen Aspekten betrachten. So wird eine Betriebserkundung unter funktionalem Aspekt z. B. Einblick vermitteln in Betriebsaufbau, Produktionsverfahren und Arbeitsteilung; der soziale Aspekt weist z. B. auf die Hierarchie und Sozialordnung im Betrieb hin und der berufskundliche Aspekt führt z. B. in Ausbildungsprobleme, Berufsbilder und Berufsaussichten ein. Geeignete Fächer für Erkundungen dieser Art sind: Arbeitslehre, Wirtschaftskunde, Betriebswirtschaftslehre, Rechnungswesen, Informatik, Soziallehre u. a. Bei der Lernzielplanung für die Erkundung eines Industriebetriebes ist jeweils von den beruflichen, ökonomischen, sozialen und technologischen Aspekten als → Richtzielen auszugehen. Die → Grob- und Feinzielformulierungen haben in diesem Zusammenhang gesamtwirtschaftliche und bereichsspezifische Aspekte der Industrie zu berücksichtigen. Aus den im Unterricht vermittelten Kenntnissen sind Erkenntnisse und Einsichten zu gewinnen und entsprechende Fähigkeiten, Verhaltensweisen und Fertigkeiten zu entwickeln. Die Betriebserkundung gehört zu einem zeitgerechten Unterricht vor allem bei älteren Schülern und ist in die Curricula der entsprechenden Bezugsfächer mit einzuplanen. Paul Fricker bezeichnet Betriebserkundungen als Hilfsveranstaltungen im Dienste der Beobachtung, die nach Schlieper durch die psychologischen Faktoren des Wahrnehmens, Anschauens und Untersuchens zum Kennen führt.

Für eine Betriebserkundung ist vorzusehen:

- Genaueste stoffliche Vorbereitung mit den Schülern; Einteilen der Klasse in kleine Gruppen mit vorgefertigten Arbeitsaufträgen.
- Vorheriges Kennenlernen des Betriebes durch den Lehrer; Führen von Vorgesprächen mit den im Betrieb Verantwortlichen, Vorbereitung der Erkundung mit den Beschäftigten, die die Gruppen betreuen werden; Ermittlung von Erkundungsschwerpunkten und Absprache über wesentliche Themen.
- Zeitplanung, welche die Erkundungsphasen nicht zu knapp bemessen darf.
- Nachbereitung durch ausgearbeitete Gruppenberichte, die im → Unterrichtsgespräch ausgewertet und anschließend zusammengefaßt und lernzielorientiert in den Gesamtablauf des Unterrichts eingefügt werden.

Ott 1966

→ Beobachtung → Betrieb → Curriculum → Erkundung → Gruppenarbeit → Lernziel → Wahrnehmung

O

Betriebspädagogik

Eingebunden in die Berufs- und Wirtschaftspädagogik ist die Betriebspädagogik gegenwärtig noch auf dem Wege, ihr eigenständiges Profil als wissenschaftliche Disziplin zur Erforschung und Theoriebildung betrieblicher Bildungsleistungen zu finden. Vorrangig ist zu klären, ob betriebliche Organisationsformen überhaupt Bildungsprozesse zulassen, und wie gegebenenfalls Bildung – geplant und ohne Plan – in Betrieben stattfindet. Im einzelnen ist die Erforschung z. B. folgender Problemfelder von pädagogischem Interesse:

- Praxis der Menschenführung im Betrieb
- Auswirkung von Art und Organisationsform eines Betriebes auf Bildung, Verhalten, Einstellung der Beschäftigten

- Auswirkungen kooperativer Arbeitsformen und der Teilhabe an betrieblichen Entscheidungen auf die Motivationsstruktur der Beschäftigten und über diese auf erweiternde Bildungsanstrengungen
- Praxis der betrieblichen Ausbildung
- Funktionen betrieblicher Handlungs- und Ablaufprozesse
- Berufsbildprofile
- Stellenwert ideologischer Positionen in der betrieblichen Bildungsarbeit.

Arnold 1989, 1990; Dörsche 1975; Geissler 1990; Hülshoff 1983; Preyer 1978; Sommer 1990

→ Berufspädagogik → Betriebspsychologie → Pädagogik → Wirtschaftspädagogik K

Betriebspraktikum

Zusätzlich zu den Betriebserkundungen haben Schüler verschiedener Schularten (z. B. Hauptschüler der 8./9. Jahrgangsstufe oder Fachoberschüler der 11. Jahrgangsstufe) und Studenten bestimmter Studiengänge in Betriebspraktika von ein- bis mehrwöchiger Dauer die Gelegenheit der Berufsfeldorientierung bzw. des Einblicks und der Einarbeitung in die betriebliche Praxis. Betriebspraktika sind vom Unterrichtsprinzip der Lebens- und Praxisnähe geleitet, theoretisch orientierter Unterricht und Praxis vor Ort werden miteinander verbunden. Dies erfordert enge Kooperation von Schule bzw. Hochschule, Wirtschaft und Verbänden sowie Kammern. Da das Betriebspraktikum im Rahmen eines Unterrichtsfaches oder als Bestandteil eines Studienganges abzuleisten ist, bedarf es sorgfältiger Vorbereitung. Die jeweiligen Bestimmungen zur Unfallversicherung und zur Haftpflichtversicherung sind von den Organisatoren zu beachten.
Lehrer bzw. Betreuer sollten den Schülern/Studenten durch regelmäßige Besuche in den Betrieben und darüberhinaus ganztägig als Ansprechpartner zur Verfügung stehen. Um die Vermittlung von Betriebspraktika bemühen sich nicht nur die Staatlichen Schulämter und die Hochschulen, sondern auch Gremien der Wirtschaft, in Bayern z. B. der Studienkreis Schule und Wirtschaft des Bildungswerks der Bayerischen Wirtschaft. Als ausgezeichnete Maßnahme für die Vorbereitung von Betriebspraktika, ihre Durchführung und Nachbereitung haben sich mancherorts sog. Lehrerbetriebspraktika erwiesen. Die Effekte von Betriebspraktika sind umstritten, aber nur vor dem Hintergrund individueller Erfahrung zu beurteilen.

Beck u. a. 1984; Das Betriebspraktikum 1986; Feldhoff/Otto 1985–1987; Geiger/Kunder 1984; Heegen/Rogler 1984; Koch 1987 (2x); Nagels/Müller 1982

→ Betriebserkundung K

Betriebspsychologie

befaßt sich als angewandte Psychologie betriebsintern mit Eignungsuntersuchung, → Berufsberatung, Einstellungsuntersuchung und Einstellungstests, Arbeitsplatzanalyse. Heute interessieren in verstärktem Maße → Kooperation und → Kommunikation in Betrieben unter dem Aspekt von Problemlösungsfindung und -entscheidung und die Erforschung der Einflüsse auf die Arbeitsatmosphäre.

Balzereit 1980; Beckerath 1981; Eunson 1990; Schaber 1987; Stopp 1990

→ Arbeitspädagogik → Betriebspädagogik → Wirtschaftspädagogik K

Bettnässen → Enuresis, Enkopresis

Bewährungshilfe

Nach dem Jugendgerichtsgesetz wird in der Regel eine Jugendstrafe von nicht mehr als einem Jahr zur Bewährung ausgesetzt, eine Jugendstrafe bis höchstens zwei Jahre kann unter bestimmten Umständen zur Bewährung ausgesetzt werden. In jedem Fall orientiert sich die Entscheidung an „der Persönlichkeit des Jugendlichen, seinem Vorleben, den Umständen seiner Tat, seinem Verhalten nach der Tat, seinen Lebensverhältnissen" und den zu erwartenden Wirkungen der Aussetzung (§ 21 JGG). Die Bewährungszeit beträgt 2–3 Jahre mit der Möglichkeit der Kürzung und Verlängerung. Ausgehend von erzieherischen Absichten unterstellt der Richter den Jugendlichen einem haupt- oder ehrenamtlichen **Bewährungshelfer** (§ 24 JGG), der dem Jugendlichen bei der Erfüllung der Bewährungsauflagen beisteht, Kontakt mit den Erziehungsberechtigten pflegt, das Auskunftsrecht über den Jugendlichen besitzt und dem Gericht zur Berichterstattung verpflichtet ist. Bei Widerruf oder Beendigung der Bewährung wird der Bewährungshelfer gehört; er kann auch von sich aus Vorschläge dazu unterbreiten.
Da die sozialpädagogisch ausgebildeten hauptamtlichen Bewährungshelfer bei der Justizbehörde bzw. bei der Jugendbehörde wegen der vielen zugeteilten Jugendlichen einer intensiven individuellen Betreuung nicht nachkommen können, gewinnen die ehrenamtlichen Bewährungshelfer zunehmend an Bedeutung. K

Bockwoldt 1982

Bewegungsmasse → Statistik

Bewußtsein

Das Verständnis des äußerst vieldeutigen Phänomens Bewußtsein ist jeweils abhängig vom wissenschaftlichen Standort dessen, der den Begriff gebraucht.
In der **Philosophie** wird unterschieden zwischen Ich-Bewußtsein, Gegenstands-, Objekt- oder Außenweltbewußtsein und Innenwelt-Bewußtsein als Repräsentation der Außenwelt in der Vorstellung. Von den psychologischen Disziplinen ist vor allem die **Kognitionspsychologie** damit befaßt, Erklärungen für den Informationsumsatz im Gehirn zu finden und auf diese Weise auch das Bewußtsein des Menschen zu bestimmen. Dabei geht heutzutage die Mehrzahl der Forscher davon aus, daß auch geistige Phänomene ausschließlich materiellen Ursprungs sind, also nicht im Sinne dualistischen Denkens einer immateriellen Welt entstammen.
Eine Brücke zwischen materialistischen Monisten und Dualisten könnte sich z. B. mit dem Ansatz des Wissenschaftstheoretikers Mario Bunge (1984) ergeben, der von einem emergentistischen Materialismus spricht. Nach seiner Ansicht handelt es sich beim Zentralnervensystem um ein Biosystem, in dem die einzelnen Zellen keine geistigen Eigenschaften besitzen, wohl aber zusammengenommen als System. Diese systemischen Eigenschaften seien im Laufe des Evolutionsprozesses durch eine Vielzahl qualitätsverändernder Differenzierungen aufgetaucht (= emergiert).
Als einigermaßen allgemeinverbindliche **Merkmale des Bewußtseins** als eines Zustandes eines Individuums gelten das Wissen um eigenständige leibseelische Subjektivität und um die Identität mit sich selbst (→ Ich-Identität), die Fähigkeit zu unterscheidender, d. h. abwägender und wählender Reaktion und zu zielgerichtetem Handeln (→ Intentionalität), die Bezugnahme auf frühere Erfahrungen, das Wissen um die Zeitlichkeit alles Existierenden und die Fähigkeit, Bewußtseins-

inhalte anderen mitzuteilen. Das auch im pädagogischen Bereich neuerdings gebräuchliche Schlagwort **Bewußtseinsveränderung** nimmt Bezug auf die Tatsache der Entwicklung des Bewußtseins und auf den pädagogischen Auftrag, dem jungen Menschen bei der Strukturierung und Erweiterung seines Bewußtseins durch möglichst umfassende und intensive Begegnung mit seiner Umwelt beizustehen. Diesem Vorgang gegenüber ist dann Argwohn angebracht, wenn Bewußtseinsveränderung als Ergebnis manipulierender, meist ideologisch gefärbter Einflußnahme auf den Menschen verstanden wird, sei es über direkte verbale Propaganda, über das Arrangement der Lebensumstände, über die Massenmedien usw. Es ist nicht zu vermeiden, daß die **Bewußtseinsbildung** des jungen Menschen der mehr oder minder beeinflussenden Überformung durch das Bewußtsein des Lehrers/Erziehers ausgesetzt ist, woraus sich die Konsequenz einer ständigen kritischen Kontrolle der pädagogischen Begegnung ergibt. K

Adam 1980; Bayer/Bayer 1980; Bunge 1984; Ditfurth 1980; Frey 1980; Funke 1987; Klatzky 1988; Klement 1974; Kuhlenbeck 1986; Neumann o. J.; Ornstein 1988; Ostasz 1987; Pelletier 1988; Pöppel 1988; Schurig 1976; Wagner u. a. 1984

Bezugsgruppe

Bezugsgruppen sind solche Gruppen, von denen ein Individuum Einstellungen, Normen, Verhaltensweisen übernimmt, ohne ihnen unbedingt selbst angehören zu müssen. Wichtige Kriterien für eine Übernahme sind die Feststellung, daß die Bezugsgruppe Bedürfnissen des übernehmenden Individuums entgegenkommt und ihm insofern auch eine gewisse emotionale Beheimatung verspricht, und die Erfahrung, daß ihm die übernommenen Normen, Einstellungen, Verhaltensweisen nützen. Die Bezugsgruppen sind individuell sehr verschieden; während etwa die Familie, die Kindergartengruppe und die Schulklasse relativ feste und für jeden jungen Menschen gültige Bezugsgruppen sind, gibt es darüber hinaus eine Vielzahl individuell bevorzugter formeller und informeller Bezugsgruppen wie Arbeitsgemeinschaften, Cliquen, Vereine, Freundschaften, auch Banden. Der Kontakt zu Bezugsgruppen wird aufgehoben, wenn sie die angegebenen Kriterien nicht mehr erfüllen. K

Köck 1987

Bezugsperson

wird in erster Linie eine Person genannt, zu der ein Kind bzw. Jugendlicher ständigen, verläßlichen Kontakt unterhalten kann. Eine ständige Bezugsperson, z. B. Mutter, Vater, Oma... ist vor allem in den ersten Lebensjahren des Kindes für die Entwicklung von Urvertrauen, Kontakt- und Bindungsfähigkeit unersetzlich. Im weiteren Sinne bezeichnet Bezugsperson Personen mit Vorbildcharakter, die aufgrund ihrer Lebensführung, konkreter Verhaltensweisen, ideeller oder weltanschaulicher Einstellung zu Nachahmung und Identifikation einladen.

→ Bezugsgruppe K

BGJ → Berufsgrundschuljahr

Bild als Unterrichtsmedium

Folgende Erscheinungsformen des Bildes finden im Unterricht je nach Fach und Gelegenheit Verwendung:

- Das künstlerische Bild,
- die in didaktischer Absicht erstellte Buchillustration,
- das Wandbild (naturalistische Darstellung, schematische Zeichnung, Großphoto),
- dokumentarische Bilder wie Flugblätter, Plakate, Karikaturen, Photographien,
- symbolhaltige Darstellungen,
- Illustrationsmaterial verschiedener Art und Qualität aus Zeitungen, Illustrierten, Fachzeitschriften,
- die Lehrerzeichnung,
- das von Schülern gefertigte Bild (Zeichnung, Graphik, Photo).

Je nach Eigenart wird das Bild (Einzelbild oder Serie) dem Lernenden direkt oder über Medienträger (Diaprojektor, Epidiaskop, Tageslichtprojektor) dargeboten. Bei der Auswahl für Unterrichtsprozesse sollten Bilder anhand folgender **Kriterien** überprüft werden:

- Die Aussage des Bildes muß **wissenschaftlich einwandfrei** sein, es sei denn, es käme dem Lehrer darauf an, durch eine überholte oder einseitige Bildaussage die Schüler zu Zweifel oder Widerspruch zu provozieren. Abgesehen von dieser speziellen didaktischen Überlegung begegnen wir hier einem nicht geringen Problem, wenn wir bedenken, daß z. B. bei Erscheinen von Schulbüchern für Geographie, Biologie oder Sozialkunde Teile des Text- und Bildmaterials schon wieder überholt sind.
- Ferner muß das Bild von Inhalt und Gestaltung her **aussagekräftig** sein; es sollte von besonderem dokumentarischen oder exemplarischen Wert sein. Es ist eine Frage der Unterrichtsökonomie, ob sich der Lehrer aussageschwache oder einen unwesentlichen Aspekt des Lernprozesses abdeckende Bilder leisten will.
- Je nach didaktischer Absicht und je nach Fach wird es von unterschiedlicher Bedeutung sein, wie hoch die **künstlerische Qualität** eines Bildes veranschlagt wird. Von provozierenden Effekten wieder abgesehen sollte hier der geschmacksbildende Auftrag nicht geringgeschätzt werden. Andererseits leidet bei anspruchsvollen Schülern auch der Inhalt des Abgebildeten, wenn die Form unästhetisch oder kitschig ist. So manche Bücher des Elementarbereichs oder des Primarschulbereichs und v. a. Religionsbücher aller Schulstufen verdienten unter diesem Gesichtspunkt eine gründliche Überarbeitung. Der Lehrer wird mittlerweile auf andere Quellen künstlerisch anspruchsvollen Bildmaterials ausweichen.
- Aus motivationspsychologischen Gründen ist es der Überlegung wert, ob das Bild nach Aussagegehalt und Gestaltung für eine bestimmte Lerngruppe **altersgemäß** ist. Dieses Kriterium orientiert sich an entwicklungspsychologischen Erkenntnissen, die dem Lehrer ein sicheres Urteil über Aufnahmekapazität, Konzentrationsfähigkeit und Denkstrukturen einer Altersgruppe erlauben. Kinder im Elementarbereich und im Primarschulbereich kapitulieren in der Regel vor aussagemäßig überladenen Bildern oder vor statischen Aussagen wie Landschaften oder Porträts, während sie Bilder mit klaren Zusammenhängen und mit dynamischem Inhalt bevorzugen; diese können in Handlung aufgelöst werden, und sie kommen der egozentrischen und realistischen Denkweise dieser Altersgruppe entgegen. Der Abstraktionsgrad eines Bildangebotes muß also jeweils dem altersspezifischen Abstraktionsvermögen entsprechen.
- Wenn das Bild den bisher genannten Kriterien gerecht wird, erhebt sich wie bei allen Medienangeboten selbstverständlich noch die fundamentale didaktische

Frage, inwieweit es überhaupt für den aktuellen Lernprozeß als bestmögliches Medium gelten kann, und an welchem Platz des Lernverlaufs es einzusetzen ist. Die letzte Entscheidung ist eine methodische, die gleicherweise vom Aussagegehalt des Bildes wie von den beherrschten geistigen Arbeitstechniken der Lernenden abhängt. K

Köck 1977[2]

Bilderbuch

Das Bilderbuch zählt zur **Kinderliteratur,** die daneben im wesentlichen – dem Alter des Zugriffs der Kinder nach geordnet – Kinderreim, Bildergeschichten (z. B. *Struwwelpeter, Max und Moritz*), Märchen, Poesiealbum, Abenteuergeschichten, Heldengeschichten, → Comics, Schul- und Sachbücher umfaßt.
Als Teil der Kinderliteratur gehört es zur umfassenden **Kinderkultur,** die darüberhinaus u. a. durch Spiele und Spielzeug, durch Angebote über → audiovisuelle Medien, durch Konsumware für die Freizeit und Kindermodetrends bestimmt ist.
Abgesehen von ihrem großen Vorläufer, dem „orbis pictus" des A. Comenius (1592–1670) treten Bilderbücher erst im 18. Jahrhundert in Erscheinung, und zwar als Lernbücher, die nach dem Prinzip der Anschaulichkeit gestaltet wurden (vgl. z. B. das Elementarwerk von Basedow und das Abc-Büchlein von Campe). Zu diesen bebilderten Lernbüchern gesellten sich im 19. Jahrhundert die **Bilderbogen** mit popularwissenschaftlicher Aufmachung (z. B. Ansicht einer Burg mit all ihren Funktionen) und die **Bildgeschichten,** die meistens der Vermittlung moralisch-sittlicher Verhaltensregeln dienten (vgl. *Struwwelpeter*).
Seit Anfang des 20. Jahrhunderts ist der Bilderbuchmarkt durch zwei Entwicklungslinien gekennzeichnet. Das sog. „gute Bilderbuch" wird vor allem unter künstlerischen Gesichtspunkten gestaltet. Die auf Massenproduktion abgestellten Comic strips versuchen sich demgegenüber auf Bedürfnisse und Geschmack möglichst großer Abnehmerkreise einzustellen.
Heute werden bei den Bilderbüchern **unterschieden** (nach Oberhuemer u. a. 1988):

- Bildgeschichten ohne Text,
- erzählende Bilderbücher (z. B. realistische Alltagsgeschichten, phantastische Erzählungen, Parabeln und Fabeln, sozialkritische Geschichten),
- Sachbilderbücher,
- Märchenbilderbücher,
- illustrierter Reim- und Gedichtband,
- illustriertes Liederbuch,
- biblische Bildergeschichten und
- Beschäftigungsbilderbücher.

Das Bilderbuch ist ein unbestritten bedeutender Mittler in der Erwachsenen-Kind-Kommunikation und Hilfsmittel der Welterkundung.

Das Bilderbuch

- fördert die visuelle Wahrnehmung und übt in fixierende Aufmerksamkeit ein,
- erweitert das Wissen und regt zur Alltagsbewältigung an,
- setzt Phantasie frei in der Umsetzung der Statik der Bilder in die Dynamik von Geschichten,
- bietet Identifikationsmöglichkeiten,
- dient der Erweiterung der Sprachkompetenz

- und hält als Handlungsauslöser zu gestaltender Bewegung, kreativem Spiel und sozialem Lernen an.

Für das Kind ist ein Bilderbuch **bedeutsam und angemessen** gestaltet, wenn

- seine Neugier geweckt wird,
- es emotional angesprochen wird,
- es durch die Eindeutigkeit der Darstellung erfahrener oder erfahrbarer Wirklichkeit begegnen kann (Gegenwartsbezug)
- und einen Zuwachs an Wissen und Können erfährt (Zukunftsbezug),
- nicht zu vergessen das bloße Vergnügen.

Stil und Technik der Bilderbuchillustration sind heute zunehmender Kritik ausgesetzt (vgl. z.B. Budeus-Budde 1988; Thiele 1987). Nach Meinung der Kritiker ist das herkömmliche Bilderbuch von einfallsloser, stereotyper, meist einfältiger statt kindgemäßer Gestaltung bestimmt, nostalgischen Bedürfnissen der Erwachsenen nachhängend und einer unzeitgemäßen Schonraum-Pädagogik verpflichtet. Demgegenüber werden auch für Bilderbücher bei aller berechtigten Kindangemessenheit anspruchsvolle Thematik und ebenso anspruchsvolle künstlerische Gestaltung gefordert.

Format und äußere Aufmachung weisen die folgenden Varianten auf: (nach Oberhuemer u.a. 1988):

- Leporellos
- Verwandlungsbilderbücher
- Kulissenbilderbücher
- Minibilderbücher
- Riesenbilderbücher
- Bilderbücher als Gegenstandsform (z.B. als schematisierte Einkaufstasche mit ausgestanztem Griff)
- Bildkarten

K

Boehle 1987; Budeus-Budde 1988; Das Bilderbuch 1981; Doderer 1977–1982 und 1981; Geissbühler-Strupler 1984; Latsch 1979; Niermann 1979; Oberhuemer 1988; Thiele 1985 und 1987; Watzke 1981 und 1982

Bildfrequenz

gibt die Anzahl vollständiger Bilder pro Sekunde an, mit der Filme oder Videos über Filmleinwand bzw. Monitor übertragen werden. Die Bildfrequenz z.B. von Stummfilmen beträgt 18 Bilder pro Sekunde (leicht flimmernd), die von Tonfilmen 24 Bilder pro Sekunde. Das öffentliche Fernsehen sendet mit 25 Bildern pro Sekunde, exakt mit versetzten 50 Halbbildern pro Sekunde, K

Bildmeditation

Das herkömmliche Verständnis von → Meditation ruft möglicherweise in der Verbindung mit einer Unterrichtsmethode Erwartungen hervor, die nicht eingelöst werden können. Die Bezeichnungen Bildmeditation und → Schreibmeditation haben sich aber als gruppendynamische Übungsformen so eingebürgert und bewährt, daß eine modifizierte Übertragung in den unterrichtlichen Bereich sinnvoll erscheint.

Als Unterrichtsmethode bezeichnet die Bildmeditation den Vorgang, daß die Schüler auf dargebotene symbolhaltige Bilder (am besten Dias – höhere Konzentration wegen der Verdunklung!) mit assoziativen und spontanen Aussagen reagieren,

wobei die ausgelösten Gefühle und nicht die Inhalte der Bilder von vorrangiger Bedeutung sind.
Die erste Phase der Bildmeditation, die Bildbetrachtung, erfordert um der vollen Wirkung der Bilder willen Zeit und absolute Ruhe. Eine Beschränkung auf ein Bild oder wenige Bilder ist anzuraten. Es empfiehlt sich, registrierte Gefühle stichwortartig schriftlich festzuhalten, da das sofortige Ausplaudern erfahrungsgemäß die anderen Betrachter „blickverengend" beeinträchtigt. Die zweite Phase der Bildbetrachtung gehört dem immer noch unreflektierten Austausch und der Fixierung der festgestellten Gefühlsäußerungen. Erst in der dritten Phase wird in freier Diskussion oder anhand von Leitfragen den Ursachen und den in diesen versteckten Wertvorstellungen und Erfahrungen nachgespürt, die individuell ganz bestimmte Gefühle bei der Bildbetrachtung hervorgerufen haben. K

Bildreportage

Die **Reportage** unterscheidet sich von der Nachricht oder Meldung dadurch, daß in ihr der Reporter seine subjektive Meinung in eine Information einbringt. Der **Bildreportage** bedienen sich vor allem illustrierte Zeitungen, Filmwochenschau und das Fernsehen. Das vorhandene Bildmaterial z. B. zu einem aktuellen Ereignis wird in den genannten Fällen meist im nachhinein unter einem bestimmten Aspekt arrangiert und mit einem Kommentar versehen. Im schulischen Bereich können einzelne Schüler oder eine Gruppe Bildreportagen in fast allen Unterrichtsfächern aus eigener Fotoproduktion oder aus Bildern aus Zeitungen und Illustrierten zu einem bestimmten Thema erstellen. Die Produktion bzw. die Auswahl des Bildmaterials und die Abfassung eines Kommentars fördern in hohem Maße die → Selbsttätigkeit und → Kreativität der Schüler. K

Bildsamkeit

und Bildungsfähigkeit des Menschen ergeben sich aus der Tatsache seiner „biologischen Frühgeburt", der Notwendigkeit lebenslangen Lernens und seiner anthropologischen Bestimmung zur Freiheit. Die u. a. von Weltanschauung, Weltbild und Gesellschaftssystem abhängige Definition der Bildsamkeit des Menschen begründet maßgeblich die Inhalte und die Gestaltung von Bildungs- und Erziehungsprozessen.
Formal bezeichnet Bildsamkeit die dem Menschen wesentlich eigene Disposition zur → Bildung. Sie bezieht sich gleicherweise auf seine Anlagen und auf jene Umwelt- und Lernbedingungen, die eine Entfaltung seiner Anlagen erst ermöglichen. Ihre volle Verwirklichung findet sie im → Pädagogischen Bezug, in dem die Bildungsabsicht einer Gesellschaft – konkretisiert in der des Erziehers – mit dem Bildungswillen des jungen Menschen zusammentrifft. Neuere Forschungen verweisen auf den Zusammenhang der Bildsamkeit als einer Ausgangsdisposition für Lern- und Bildungsprozesse mit dem konkreten soziokulturellen Umfeld des Lernenden. Um den natürlichen Bildungs- und Lernwillen des zu Erziehenden zu erhalten, bedarf es einer alters- und zeitgemäßen Festlegung curricular definierter Lernziele, sorgfältiger didaktischer Analyse der geplanten Lernprozesse und nicht zuletzt einer – effektive Lernprozesse erst ermöglichenden – positiven emotionalen Grundstimmung im pädagogischen Bezug.

→ Begabung K

Bildschirmtext (Btx)
ist ein Fernmeldedienst der Deutschen Bundespost über das Telefonnetz. Btx verbindet in einem Computernetz Haushalte, Unternehmen und öffentliche und private Einrichtungen miteinander. Die über das Telefon abgerufenen Daten sind auf dem Fernsehbildschirm auf einer stehenden Textseite lesbar. Das Computernetz veranschaulicht die folgende Graphik (entnommen aus **Informationen zur politischen Bildung,** 209/85):

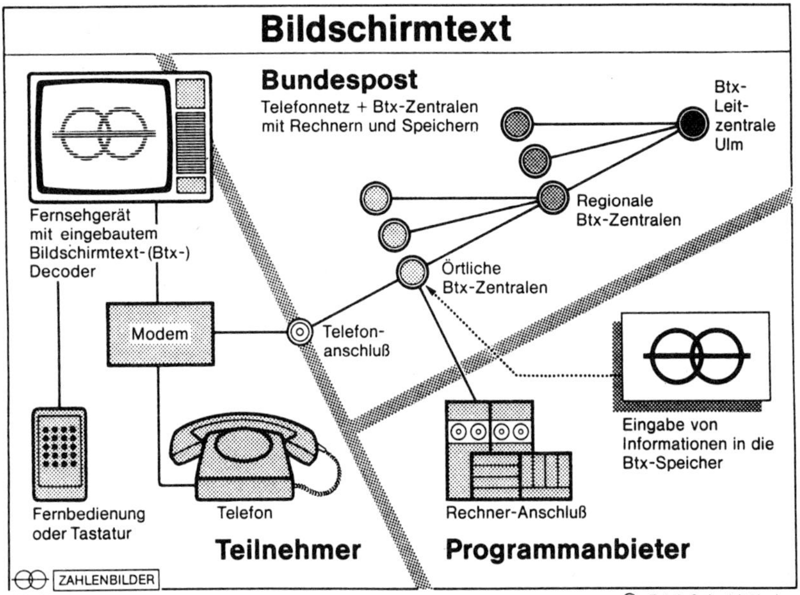

Btx bietet
- Abruf von Informationen, z. B. Wetterbericht, Verbraucherinformationen, Fahrpläne, Warentest...,
- Austausch von Mitteilungen, z. B. Geburtstagsgrüße an andere Btx-Teilnehmer,
- Durchschaltung zu den Computern von Unternehmen, z. B. Banküberweisung, Warenbestellung, Reisebuchung (vgl. *Zeitlupe* Nr. 18).

→ Neue Medien K

Bildung
bedeutet in der Umgangssprache den Prozeß des Gebildetwerdens und das Endergebnis dieses Prozesses sozusagen als festen Besitz und als Kennzeichen des Gebildeten.
In der pädagogischen Diskussion erscheint Bildung vor allem
- als die subjektive Seite der Kultur im Sinne von Aneignung und Weiterentwicklung von Kulturgütern (kulturanthropologischer Ansatz),

- als Befähigung zum erfolgreichen Umgang mit der Welt (curriculum- oder lernzieltheoretischer Ansatz, z. B. Robinsohn 1967)
- und als Arbeit an Verhaltensweisen, die das Leben und Überleben als Individuum und als soziales Wesen in einer Gesellschaft sichern (soziologischer Ansatz).

Ungeachtet der extremen Positionen individualistischer und kollektivistischer Bildungstheorien und der Akzentsetzungen formaler, materialer und kategorialer Bildungsauffassungen (→ Didaktik als Theorie der Lehr- bzw. Bildungsinhalte) läßt sich als vorläufiger Diskussionsstand der Begriffsbestimmung von Bildung festhalten:

1. Als ein auf Gemeinschaft hin angelegtes „Mängelwesen" ist der Mensch **bildungsbedürftig,** durch seine Lernfähigkeit aber auch **bildungsfähig.**
2. Nach Platon ist Bildung „vollendete Natur". Bloßes Wachsenlassen bringt also die Natur nicht zur Vollendung. Vielmehr bedarf der Mensch bei seiner Bildung der **„Handreichung"** (Pestalozzi).
3. Bildung ist ein **lebenslanger Vorgang,** in dem lediglich Fremdbestimmung und „Handreichung" zugunsten der Selbstbestimmung abgebaut werden, wohl nie aber völlig abgelöst werden können.
4. Formal ereignet sich im Bildungsprozeß **die Begegnung von Mensch und Umwelt.** Bildung als lebenslanger Vorgang meint die **ordnende Orientierung** des Menschen gegenüber der ständig steigenden Flut von Eindrücken, Informationen, neuen wissenschaftlichen Erkenntnissen, gegenüber veröffentlichter und öffentlicher Meinung sowie gegenüber den folgenschweren Zugriffen der Technologie. Eine solche allzeit wache und aufmerksame Orientierung „im Ganzen des Seins" (Max Müller) ist die Voraussetzung für die Erarbeitung eines Gerüsts von wesentlichen Anhaltspunkten für die eigene Lebensgestaltung.
5. Diese eigene Lebensgestaltung müßte aber als Ergebnis eines verkürzten Bildungsverständnisses aufgefaßt werden, wenn sie etwa – wie z. B. in der neuhumanistischen Bildung – als Verwirklichung einer einseitig individualistischen Lebensform verstanden würde. Bildung zielt also ab auf den ganzen Menschen mit allen seinen ihm möglichen Lebensäußerungen und -erfahrungen. Und sie stellt ihn in Wechselbeziehung mit allen anderen Lebensbereichen von Welt und Umwelt, die ihn gestalten, die aber auch er seinerseits verantwortlich zu gestalten aufgerufen ist.
   Zusammengefaßt vollzieht sich im Bildungsprozeß personale Selbstverwirklichung des Menschen in Verantwortlichkeit gegenüber seiner Umwelt.
6. Keine eindeutige Antwort scheint mir auf die Frage nach einem allgemein verbindlichen oder/und überzeitlich gültigen **Bildungskanon** möglich zu sein. Selbst die Einschränkung eines solchen Bildungskanons auf eine ständig wechselnde Auswahlsammlung gerade aktuellen Wissens müßte scheitern, wenn wir uns vergegenwärtigen, daß sich die heute verfügbare Informationsmenge nach Meinung von Fachleuten alle sechs Jahre verdoppelt. Die Formulierung eines verbindlichen Bildungskanons geht aber vollends im Meinungsstreit unter, wenn emotionale, soziale, künstlerisch-kreative, sittliche Dimensionen berücksichtigt werden sollen, oder wenn etwa gar Herzensbildung eingebracht werden soll. So bleibt uns in einer pluralistischen Gesellschaft als grob ordnender, allgemeinverbindlicher Rahmen nur der Rückbezug auf die Bildungsziele des Grundgesetzes und der Länderverfassungen.

Das Fehlen eines allgemein anerkannten und gültigen Weltbildes, das seinen Ursprung in weltanschaulich oder ideologisch begründeten Überzeugungen hat, ist zweifellos als gewichtiger Grund der weithin beklagten **Bildungskrise** und **der damit verbundenen** Orientierungslosigkeit anzusehen.
Auf das Ausmaß individuell erreichbarer Bildung wirken sich mannigfache **Bildungsbarrieren** vor allem sozio-ökonomischer Art aus (z. B. mangelnde Sprachkompetenz, geringe finanzielle Möglichkeiten, bildungs- und lernfeindliches Umfeld), die zu überwinden in erster Linie eine Aufgabe der Bildungspolitik und der Bildungsinstitutionen ist, welche die Rahmenbedingungen für gleiche Bildungschancen sicherstellen (→ Chancengleichheit).

Adorno 1967; Ballauf 1986; Böhme 1976; Bonner Universitätssymposium 1983; Dohmen 1964; Dzambo 1987; Fördergemeinschaft... 1984; Grimm 1987; Heydorn 1979/1980; Kade 1988; Klafki 1964; Klingenstein 1978; Maier 1976; Scheler 1947; Steffen 1972; Stippel 1966; Weber 1976; Zöpfl/Huber 1990

→ Erziehung → Unterricht K

Bildungsbarrieren → Bildung

Bildungsdefizit

kann angenommen werden, wenn ein Individuum oder eine Gruppe hinter meßbaren erwarteten Leistungen ständig zurückbleibt. → Bildung ist in dieser Wortverbindung auf Intelligenzleistungen eingeschränkt zu verstehen. Die statistische Ermittlung des Bildungsdefizits ist nicht unproblematisch, da die jeweiligen Bezugsgrößen schwer eindeutig festzulegen sind. Bildungsdefizite werden z. B. im Vergleich der schulischen Anforderungen verschiedener Länder nachgewiesen oder als Folge der Herkunft aus bestimmten sozialen Gruppierungen wie aus Arbeiter- oder Bauernfamilien abgeleitet. Auch die Institution Schule selbst stellte sich als Ursache für Bildungsdefizite heraus, insofern z. B. lange Zeit hindurch Mädchen nicht die gleichen Bildungschancen hatten wie Knaben und das schulische Anspruchsniveau auf Kinder der sozialen Mittelschicht ausgerichtet war und weitgehend immer noch ist.

→ Chancengleichheit → Intelligenz K

Bildungsfähigkeit → Bildsamkeit

Bildungsfernsehen

Vermittlung von Bildung von inhaltlich für bestimmte Altersgruppen und Jahrgangsstufen aufbereiteten Stoffbereichen in Form von einzelnen, aufbauenden Lektionen oder Serien, die über Fernsehen gesendet werden, vollzieht sich im Rahmen des Bildungsfernsehens. Durch Sendungen des Bildungsfernsehens wie z. B. → Telekolleg, Lehrerkolleg, → Teleberuf wurden Möglichkeiten eröffnet, auch außerhalb von organisierten, lokal festgelegten Bildungsinstitutionen an Unterrichtslektionen teilzunehmen und Zertifikate zu erwerben. Häufig bietet das Bildungsfernsehen für Zertifikatskurse ein entsprechendes → Medienverbundsystem an. Es ist von besonders großer Bedeutung für die → Erwachsenenbildung.

→ Kontaktstudium → Fernuniversität → Weiterbildung O

Bildungsforschung

In der Bildungsforschung werden mit Hilfe empirischer Methoden bildungsrelevante Erkenntnisse gewonnen, welche die Grundlage für eine langfristige realistische → Bildungsplanung und für bildungspolitische Entscheidungen liefern sollen. In Modellversuchen werden z. B. alternative didaktische Konzepte frühpädagogischer Bildung überprüft, um Anhaltspunkte für eine allgemeinverbindliche optimale Förderung der Kinder im Vorschulalter zu gewinnen. Bildungsforschung bereitet also Bildungsreformen unterschiedlichster Art wissenschaftlich vor. Sie wird meistens von eigens für diesen Zweck geschaffenen staatlichen Instituten wahrgenommen, in denen Wissenschaftler verschiedener Disziplinen an gemeinsamen Projekten arbeiten.

Maydell 1982; Roth/Friedrich 1975; Stübig 1984; Veröffentlichungen des Max-Planck-Instituts für Bildungsforschung, Reihe

→ Bildungsökonomie → Szenario → Zukunftsforschung K

Bildungsgerechtigkeit → Chancengleichheit

Bildungsgesamtplan

Der Bildungsgesamtplan bis 1985 wurde von der Bund-Länder-Kommission für Bildungsplanung am 15. Juni 1973 vorgelegt. Er stellt einen langfristigen Rahmenplan für die Entwicklung des Bildungswesens sowie für das Bildungsbudget dar. „Der Bildungsgesamtplan gibt als erster gemeinsamer Rahmenplan der Länder und des Bundes für den Ausbau des Bildungswesens die Grundsätze an, nach denen die organisatorischen und inhaltlichen Reformen eingeleitet werden. Die inhaltliche Reform vollzieht sich vor allem durch die notwendige Erneuerung der Lernziele, Lerninhalte, Methoden, Arbeitsformen, Beurteilungskriterien und -verfahren (Curricula). Sie verlangt neue Formen des Arbeitens und Zusammenlebens in den Institutionen des Bildungswesens, demokratische Zusammenarbeit von Schulträgern und Öffentlichkeit und nicht zuletzt ein verstärktes Mitspracherecht für Lehrende, Eltern und Lernende. Ein System individueller Bildungsberatung muß zur Verfügung stehen." (*Bildungsgesamtplan* Band I, Stuttgart 1973, S. 8).
Nach dem Bildungsgesamtplan gliedert sich das Bildungswesen nicht mehr nach Institutionen, sondern nach folgenden Bereichen: → Elementarbereich, → Primarbereich, Sekundarbereich I, Sekundarbereich II, → Tertiärer Bereich, → Weiterbildung.
Dieser Plan erhebt keinen Anspruch auf unkorrigierbare Festlegungen. Er wird vielmehr durch die Bund-Länder-Kommission fortgeschrieben. Die zweite Fassung von 1982 scheiterte allerdings an unüberbrückbaren Meinungsverschiedenheiten über die Finanzierung des Plans. OK

Bund-Länder-Kommission für Bildungsplanung 1973; Deutscher Bildungsrat 1972; Klemm 1990

Bildungsinhalt

Als Bildungsinhalt gilt jeder Lerngegenstand, insofern er sich in seinem Gehalt (Bildungsgehalt) für den Lernenden als bedeutsam, d. h. fördernd und kompetenzerweiternd erweist. In → Curricula kommt der Aspekt der Qualifikation des Lernenden in der Art der Lernzielformulierung zum Ausdruck. Leitende Kriterien bei der Festlegung von Bildungsinhalten – ob in Stoffplänen oder in Curricula – müssen ihre Bedeutung für die Bewältigung aktueller, an den Bedürfnissen der Lernenden

orientierter Lernprobleme und ihr mutmaßlicher Nutzen für die Meisterung zukünftiger, für die Lernenden aber absehbarer Lern- und Lebensprobleme sein. Es ergibt sich als Konsequenz des Gesagten, daß die von einer bestimmten Gesellschaft als erstrebenswert formulierten Bildungsinhalte permanenter Veränderung unterliegen wie die Gesellschaft selbst, woraus sich der grundsätzliche Auftrag ständiger Revision der Curricula ableitet.
Im Bereich des institutionalisierten Lernens hat der Lehrende die schwere Aufgabe zu bewältigen, vorgegebene Bildungsinhalte unter den genannten Kriterien und mit stoff- und adressatengemäßen Methoden an die Lernenden so heranzutragen, daß ihnen eine motivierte Auseinandersetzung damit möglich ist.

→ Didaktische Reduktion → Lerninhalt → Lernziel K

Bildungskatastrophe

Von einer „deutschen Bildungskatastrophe" bzw. einem „Bildungsnotstand" sprach G. Picht 1964 in einer Artikelserie in der Wochenzeitung *Christ und Welt.* Gestützt auf statistisches Material, u. a. auf die „Bedarfsfeststellung 1961 bis 1970" der Kultusminister der Länder der Bundesrepublik Deutschland vom 14. März 1963 berechnete er als Folge eines Defizits an Abiturienten einen Lehrermangel, der sich in den späten 60er Jahren katastrophal auf das Bildungswesen auswirken würde. Ferner beklagte Picht einen „erschreckenden Qualitätsschwund" in den Schulen, den er auf das ungünstige Verhältnis von Lehrer- zur Schülerzahl zurückführte. Als Effekt einer überholten Bildungspolitik beschrieb er einen Mangel an Chancengleichheit, der „Staatsbürger erster bis vierter Klasse" produziere. Auch im Bereich von Raum- und Mittelausstattung der Schulen machte Picht auf ein vorausberechenbares erhebliches Defizit aufmerksam. Angesichts dieses Bildungsnotstandes schlug Picht folgende Sofortmaßnahmen vor:

1. Reform des ländlichen Schulwesens, u. a. durch Einrichtung von Mittelpunktschulen, um die ungleichen Bildungschancen im Stadt-Land-Vergleich zu beseitigen und um die vor allem auf dem Lande noch vorhandenen Begabungsreserven auszuschöpfen.
2. Verdoppelung der Abiturientenzahl innerhalb von 10 Jahren durch den Ausbau des zweiten Bildungsweges.
3. Vermehrung der Lehrer, u. a. über Kurzstudiengänge, und Reform der Lehrerausbildung, die Picht stufenbezogen, aber ausbaufähig anzulegen empfahl.
4. Ausbau der Kooperation zwischen Bund und Ländern in den Bereichen der Bildungsplanung und Bildungsfinanzierung.

In völlig anderer Weise als Picht gewichtet H. Frank die Ursachen der „Bildungskatastrophe", wenn er sagt, daß nicht der Lehrermangel sie verursache, sondern der „Lehrorganisationsmangel", der die → Zeitadaptivität der Lernwege nach wie vor verhindere. K

Frank 1969. Band 2, Seite 179

Bildungsökonomie

Sie betrachtet das Bildungswesen (→ Bildung, Ausbildung, Forschung) unter volkswirtschaftlichen Gesichtspunkten.
Aufgabenbereiche bildungsökonomischer Forschung sind z. B.

- Verhältnis von Bildung und Wirtschaft,
- Bildungsaufwand und wirtschaftliches Wachstum,

- Finanzen der Bildungseinrichtungen,
- Wirtschaftlichkeit und Rationalisierung von Bildungseinrichtungen,
- Nachfrage (Nachwuchsbedarf),
- Vorausberechnung und Planung,
- internationale Vergleiche von Bildungsangeboten und ihren Effekten,
- Sozioökonomische und kulturpolitische Aspekte des Bildungsbereichs (nach Edding 1970).

Im Zentrum bildungsökonomischer Forschung standen bisher die Fragen, welchen Anteil Bildung an der Entstehung des Sozialproduktes hat und inwiefern größerer Bildungsaufwand sich auf die Höhe des individuellen Einkommens und den gesellschaftlichen Fortschritt auswirkt. Ein weiterer traditioneller Forschungsschwerpunkt liegt bei der Ermittlung des materiellen Werts des Menschen sozusagen als Humankapital, das in die Kosten-Nutzen-Rechnungen von Bildungsinvestitionen einzubringen ist. Gegenwärtig hat die Bildungsökonomie Entscheidungshilfe für die Bildungspolitik zu leisten, wenn es z. B. um die sinnvolle und gerechte Verteilung von Studienzugängen an Hochschulen angesichts gegebener Aufnahmekapazitäten geht oder wenn zur Gestaltung des gesamten Bildungswesens im Zusammenhang mit der europäischen oder gar internationalen Konkurrenz Entscheidungen anstehen.

Combe/Petzold 1977; Eckhardt o. J.

→ Bildungsforschung → Bildungsplanung K

Bildungsplanung

verfolgt im Rahmen der Bildungspolitik die vorausschauende Anpassung des Bildungswesens an die veränderten gesellschaftlichen Bedingungen und Bedürfnisse. Sie entwirft (reformerische) Bildungskonzepte, unterstützt bildungspolitische Entscheidungsgremien und evaluiert (→ Evaluation) die Umsetzung der bildungspolitischen Beschlüsse in die Praxis.

Alle organisatorischen Fragen der Bildungsplanung sind im Zusammenhang von Kultur-, Sozial-, Wirtschafts- und Finanzpolitik zu sehen. Seit dem Verwaltungsabkommen vom 25. Juni 1970 besteht die → Bund-Länder-Kommission für Bildungsplanung (BLK). Aufgrund des im Jahr 1969 in das Grundgesetz eingefügten Artikels 91b wirken Bund und Länder in Form von Vereinbarungen bei der Bildungsplanung zusammen.

Im einzelnen gehören zu den Aufgaben der Bildungsplanung:

- Hochrechnung des Bedarfs von Art und Anzahl der verschiedenen Bildungseinrichtungen
- Einrichtung und Revision von Bildungsgängen
- Vorschläge für zukunftsorientierte Lehrpläne
- Hochrechnung des finanziellen und personellen Bedarfs im Bildungsbereich
- Abstimmung von Ausbildung und Arbeitsmarktentwicklung

Als Teilbereiche der Bildungsplanung haben sich mittlerweile die Hochschulplanung, die Schulentwicklungsplanung, die Berufsbildungsplanung, die Weiterbildungsplanung (→ Weiterbildung) und die betriebliche Bildungsplanung entwikkelt.

→ Bildungsforschung → Bildungsgesamtplan → Bildungsökonomie → Statistik → Szenario → Zukunftsforschung K

Bildungssystem in Deutschland → Schule

Bildungstechnologie

befaßt sich als Verfahren, aber auch als Lehre von den im Bildungsbereich relevanten Verfahren (im Sinne einer wissenschaftlichen Disziplin) mit Inhalten und Methoden der → Bildung, Ausbildung, → Fortbildung und → Weiterbildung im öffentlichen und privaten Bereich, insofern sie in erster Linie von technischen → Medien getragen werden. Dabei interessieren den Bildungstechnologen Planung, Produktion, Verteilung und Einsatz einschließlich der Erfolgskontrolle technischer Geräte (hardware) ebenso wie der von ihnen vermittelten Medienangebote (software). Entscheidende Impulse gingen von der Bildungstechnologie z. B. auf die Entwicklung der → Programmierten Instruktion aus.
Zum rein technischen Aspekt gesellten sich mittlerweile in zunehmendem Maße Betrachtungsweisen lernzielorientierter curricularer Planung und solche der Lernpsychologie, insbesonders der Informations- und Kommunikationspsychologie, womit sich die Bildungstechnologie als Synonym zur pädagogischen Verfahrenslehre ausweitete bzw. noch weiter ausgreifend zur „Lehre von den Produktions- und Einsatzbedingungen der Bildungsmittel in Ausbildung und Schule" (Ortner G. E.) in umfassender Bedeutung.

v. Cube 1977 und 1982; Frank 1969 und 1975; Issing/Knigge-Illner 1976; Rollet/Weltner 1973

→ Mediendidaktik → Unterrichtstechnologie K

Bildungstheorien → Didaktik als Theorie der Lehr- bzw. Bildungsinhalte

Bildungsurlaub

bedeutet Anspruch auf Freistellung von der Arbeit zur Teilnahme an Weiterbildungsveranstaltungen. Die festgelegte Mindestdauer für den Bildungsurlaub beträgt gegenwärtig 4 bis 6 Tage im Jahr. Die Einführung des Bildungsurlaubs wurde überwiegend mit berufsbezogenen Argumenten begründet.

Dobischat/Wassmann 1982

→ Erwachsenenbildung → Fortbildung → Life-long-learning → Modultraining → Weiterbildung OK

Bildungsziel

Als Bildungsziel gilt die normative Beschreibung letzter anzustrebender Verwirklichung des Menschseins im Sinne einer Idealvorstellung oder eines → Leitbildes. Gesellschaften mit verhältnismäßig einheitlicher ideologischer Ausrichtung fällt die Formulierung solcher letzter Bildungsziele leicht, wie z. B. den Gesellschaften des christlichen Mittelalters, der Aufklärung oder des bis in unsere Zeit wirkenden Humanismus, aber auch den diktatorischen Gesellschaftssystemen der Gegenwart. Sie alle leiten ihre obersten Bildungsziele aus einer für alle Mitglieder des betreffenden gesellschaftlichen Systems geltenden weltanschaulichen Übereinstimmung ab, gleichgültig ob diese Übereinstimmung gewachsen und freiwillig oder aufoktroiert und erzwungen ist. In einer pluralistischen Gesellschaft kann ein allgemeingültiges letztes Bildungsziel nicht formuliert werden, es sei denn in Form einer formalen, abstrakten Bestimmung, die offen ist für eine verschiedenartige inhaltliche Konkretisierung. In diesem Sinne werden in neuerer Zeit die Bildungs-

ziele z. B. in → Curricula von Leitzielen wie Selbstbestimmung, Emanzipation abgelöst, die ohne konkrete inhaltliche Bestimmung den Stellenwert von Leerformeln haben.
Da aber die Frage nach handlungsleitenden Bildungs- und Erziehungszielen in Unterricht und Erziehung die entscheidende berufsethische Frage für den Lehrer/Erzieher ist, bietet sich bei aller Interpretationsbedürftigkeit der Rückgriff auf die obersten Bildungs- und Erziehungsziele des Grundgesetzes und der Länderverfassungen an. Sie beruhen auf einem Menschenbild, das sich auf Grundsätze des Christentums (z. B. Bedeutung der Person, der Freiheit, der Dialogfähigkeit, der Verantwortung), des Humanismus und der Aufklärung beruft.
Ein Minimalkonsens wird gelegentlich auch angestrebt durch pragmatische Orientierung an drängenden Gegenwarts- und Zukunftsaufgaben, an Grundqualifikationen (z. B. Neuinterpretation von Tugendkatalogen) oder an Schlüsselqualifikationen für Gesellschaft, Wirtschaft und persönliche Lebensführung (vgl. ausführlich Köck 1991, Seite 87 f.).

Benden 1982; Heigl 1986

→ Lernziel → Pluralismus K

Bilinguismus
bedeutet Zweisprachigkeit. Grenzlandbewohner z. B. sind vielfach zweisprachig. Zumindest besitzen sie für die Zweitsprache umfangreiches passives Wissen. O

Binärsystem
Im Gegensatz zum Dezimalsystem, das auf der Basis 10 aufbaut, hat das Binärsystem nur zwei Ziffern, nämlich 0 und 1, und beruht auf Potenzen der Basis 2.

→ Bit → Enkodierung O

Binetarium
heißt das von A. Binet und Th. Simon entwickelte Testinstrumentarium zur Überprüfung der → Intelligenz von Kindern und Jugendlichen.

→ Intelligenztest K

Binnendifferenzierung → Differenzierung

Biodynamik
zählt zu den körperorientierten Psychotherapieformen. Sie wird in Einzel- und Gruppentherapie durchgeführt. Ihre besondere Ausgestaltung erfuhr sie durch Gerda Boyesen, die vor allem von Freudschüler W. Reich beeinflußt wurde.
Ausgehend von der Körper-Seele-Einheit des Menschen, die nur ganzheitlich gelebt störungsfrei funktioniert, betont G. Boyesen die Notwendigkeit der bei den meisten Menschen vernachlässigten Körpererfahrung zur Auflösung psychosomatischer Störungen. Vor allem die Wechselbeziehung zwischen Gefühlsstörungen einerseits und mangelndem Körperkontakt sowie gehemmtem Atem andererseits sei empirisch hinreichend nachgewiesen. Auf der Basis ihrer Theorie von der vegetativen Entladung von Spannungszuständen – sie spricht in diesem Zusammenhang auch von Psychoperistaltik – setzt sie in der Therapie hauptsächlich auf entspannende Massagetechniken und auf Entspannungs- und Atemübungen, um

auf diese Weise über den freien (bzw. befreiten) Energiefluß eine positive Lebenseinstellung zu fördern.

Boyesen, G./Boyesen, M. 1987

→ Bioenergetik → Gestalttherapie K

Bioenergetik

bezeichnet eine Therapieform, in der neben der sprachlichen Bewältigung psychischer Störungen der Umgang mit körperlichen Reaktionen und die Arbeit an psychosomatischen Wechselbeziehungen einbezogen wird. Ihr Hauptvertreter ist Alexander Lowen, ein Schüler von W. Reich, der als Begründer einer (auch) körperorientierten Psychotherapie gilt.
In der Bioenergetik geht es darum, die Körper-Geist-Seele-Einheit des Menschen im Sinne ganzheitlichen Lebens und Erlebens wieder herzustellen, deren Ungleichgewicht Störungen des Organismus nach sich zieht bzw. den freien Energiefluß über Gebühr blockiert; Muskelverspannungen, Schweißausbrüche, Herz-Kreislauf-Beschwerden, aber auch psychische Erkrankungen, neurotische Verspannungen und eine eingeschränkte Erlebens- und Gefühlswelt sind dann mögliche Folgen.
Zur Diagnose gehören neben der Lebenslaufanalyse die Erkundung der Entwicklungsgeschichte des Körpers sowie der körperlichen Lokalisation der Gefühle und die Körperdiagnostik durch Betrachten und Ertasten. In der körperbezogenen Therapie stehen Atemübungen, Entspannungsübungen und Massagetechniken im Vordergrund.

Kelemann 1986; Koll 1988; Lowen 1988; Lowen, A./Lowen, L. 1988; Lowen 1992; Sollmann 1984 und 1988

→ Biodynamik → Gestalttherapie K

Biofeedback

bedeutet wörtlich Rückmeldung von Körperfunktionen. Im erweiterten Sprachgebrauch bezeichnet Biofeedback durch technische Geräte getragene Verfahren, mit denen Körperfunktionen gemessen werden. Solche Geräte sind z. B. Fieberthermometer, Blutdruckmeßgerät, Geräte zur Messung der Aktionsströme des Gehirns (EEG) oder des Herzens (EKG), der Muskeln (EMG) und der Hautfeuchtigkeit (Lügendetektor). Die Meßdaten geben dem Benutzer Anhaltspunkte für die (Selbst-) Behandlung psychosomatischer Störungen, meistens mit Hilfe von Entspannungsübungen.

Hume 1979; Kröner-Herwig/Sachse o. J.; Weidhaas 1988

→ Feedback K

Biogenetisches Grundgesetz → Ontogenese

Biorhythmus

bezeichnet den rhythmischen, periodischen (= regelmäßig wiederkehrenden) Ablauf des Lebens von Organismen. Folgende Biorhythmen sind bekannt:

1. Der angeborene Schlaf-Wach-Rhythmus ist auf 24 Stunden verteilt. Erst Umwelteinflüsse (Verhalten der Mitmenschen, Zeit, Tag-Nacht-Rhythmus) sorgen nach und nach für die Umstellung auf die 24-Stunden-Periode des Tages.

2. Ebenso sind die Systeme der Körpertemperatur- und Kreislaufregulation sowie verschiedene Stoffwechsel- und hormonelle Prozesse nach der Tagesperiodik gegliedert.
3. Biorhythmen mit kürzerer Dauer als die Tagesperiodik sind z. B. beim Wechsel von Traum- und Tiefschlafphasen oder beim Auftreten von Hunger und Durst festzustellen.
4. Biorhythmen mit längerer Ablaufzeit als die Tagesperiodik liegen z. B. bei der Menstruation (= Monatsblutung der Frau) und bei der Zellerneuerung des Körpers vor.
5. Von großer Bedeutung für die zeitliche Verteilung von Lernphasen ist der **Biorhythmus der Leistungsbereitschaft** von Kindern (vgl. Ortner 1987):
   - Die geistige Leistungsfähigkeit steigt **während des Schuljahres** von September bis März kontinuierlich an, fällt ab Mai wieder ab und erreicht im Juli ihren Tiefpunkt.
   - **Während der Schulwoche** können wir von Dienstag bis Donnerstag mit der höchsten Leistungsfähigkeit der Schüler rechnen, wobei der Montag vor allem als Opfer der Freizeitgewohnheiten am Wochenende (Fernsehen, Übermüdung) ausfällt.
   - **Während des Schultages** liegen die Leistungsspitzen zwischen 8 und 11 Uhr und zwischen 16 und 18 Uhr. Hausaufgaben im absoluten Leistungstief zwischen 13 und 14 Uhr zu erledigen, ist unsinnig. K

Appel 1985; Bott 1987; Gross 1988; Jantzen 1986; Laerum 1985; Leibold o. J.; Mletzko 1985; Ortner 1987; Tatzl 1986

Bit

1. Bit als Abkürzung von **b**asic indissoluble **i**nformation uni**t** (= unauflösliche Informationsgrundeinheit) bezeichnet in der → Informationstheorie die jeweils kleinsten Einheiten, aus denen eine Information besteht, bedeutsam z. B. für die Aufnahmefähigkeit und Speicherkapazität des → Gedächtnisses.
2. In der Datenverarbeitung und → Nachrichtentechnik steht Bit als Abkürzung von **bi**nary digi**t** (= Zweierzahl).

Ein **Bit** bezeichnet als kleinste Darstellungseinheit bei der binären Datenverarbeitung die Einheit 0 oder 1 (Strom nicht vorhanden, Strom vorhanden), wodurch Informationen für den Computer verarbeitbar werden.
Ein **Byte** umfaßt als Folge von zusammen betrachteten Binärziffern 8 Bit.
Ein **KByte (Kilobyte)** wird im Unterschied zum Dezimalsystem (dort $10^3 = 1000$) aus Potenzen der Basis 2, also aus 2^{10} errechnet und ergibt somit 1024 Bytes.
Ein **MByte (Megabyte)** beziffert 1 048 576 Bytes.

→ Binärsystem K

Black Box

Der Begriff Black Box (dunkler Kasten) stammt aus der Fernmeldetechnik, wo er für komplexe elektronische Systeme steht, von denen zwar die Funktion, der innere Aufbau aber überhaupt nicht oder nicht im Detail bekannt ist. Watzlawick u. a. berichten, daß der Begriff im Krieg auch für „erbeutetes Feindmaterial verwendet wurde, das wegen der darin möglicherweise enthaltenen Sprengladungen nicht zur Untersuchung geöffnet werden konnte". Wofür auch das Modell der Black Box angewendet wird, immer sind die Eingangs- und Ausgangsgröße (Input–

Output) bekannt, nicht aber die Struktur des Systems selbst bzw. die Vorgänge zwischen Input und Output. Durch den Vergleich verschiedener Input- und Outputgrößen können aber Beziehungen (Input-Output-Relations) zwischen denselben festgestellt und evtl. als gesetzmäßige Veränderungen beschrieben werden. Aus diesen Beobachtungen können dann in einem zweiten Schritt Hypothesen über die innere Struktur des Systems abgeleitet werden.
Die Vorstellungs- und Erkenntnishilfe Black Box bewährt sich vor allem in der psychologischen Forschung, insofern für die Erhellung der Funktion des psychischen Systems (z. B. Kommunikationsvorgang) nicht unbedingt die innere Struktur bekannt sein muß.

K

Watzlawick 1990[8]

Black Metal Gruppen → Hard Rock

Blindenpädagogik → Behindertenpädagogik → Sonderpädagogik

Blinder Fleck → Johari-Fenster

Blindversuch

Im Blindversuch werden den Versuchspersonen die tatsächlichen Versuchsbedingungen vorenthalten oder verfälscht dargeboten, um auf diese Weise Auskunft über das Ausmaß der Situationsabhängigkeit von Verhaltensweisen und Urteilen zu bekommen. So wurde z. B. mehrfach die Notenpraxis von Lehrern untersucht, indem man ihnen Schüleraufsätze zur Korrektur übergab, zusammen mit willkürlich erstellten und zugeteilten positiven und negativen Kurzcharakteristiken der Verfasser. Prompt bewerteten die Korrektoren die Aufsätze der positiv dargestellten Schüler besser als die der negativ beschriebenen. Im **Doppelblindversuch** werden Versuchspersonen und Versuchsleiter über die Versuchsbedingungen im Unklaren gelassen. So ist z. B. bei Doppelblindversuchen mit Medikamenten weder der Versuchsgruppe noch der Kontrollgruppe (die ein unwirksames Mittel erhält) noch dem Versuchsleiter (Arzt, Psychologe) bekannt, wer zu welcher Gruppe gehört.

K

Blockbeschulung

Durch die Blockbeschulung oder den Blockunterricht wird die Ausbildungszeit bei der Berufsausbildung in sog. „Blöcke" zerlegt, d. h., daß z. B. ein zusammenhängender Schulunterricht von 4 Wochen durchgeführt wird, dem eine achtwöchige Ausbildung im Betrieb folgt. Auf Grund dieser aneinandergereihten Form von Schulunterrichts- und betrieblichen Ausbildungsblöcken läßt sich für den Auszubildenden sowohl Unterricht als auch Berufsausbildung effektiver gestalten. Die theoretischen und berufspraktischen „Blöcke" lassen sich entsprechend der Notwendigkeit der Ausbildung verlängern oder verkürzen.

→ Epochalunterricht

O

Blockdiagramm

Im Blockdiagramm werden stehende oder liegende Blöcke, Säulen oder Rechtecke zur Unterscheidung und Verdeutlichung von Beziehungen und Zusammenhängen verwendet. Es erlaubt die anschauliche und übersichtliche Darstellung vor allem quantitativer Aussagen zu einem Wirklichkeitsausschnitt, z. B. zur Höhe des Bruttosozialprodukts in den wichtigsten Industrieländern oder zur prozentualen Verteilung der Lebenshaltungskosten in einer Durchschnittsfamilie.

→ Flußdiagramm → Statistik K

Blockunterricht → Blockbeschulung

Brainstorming

Wörtlich übersetzt heißt Brainstorming „das Gehirn stürmen", „Sturmangriff auf das Gehirn", sammeln von Geistesblitzen.
Gemeint ist eine Methode der Stoffsammlung zu einem Stichwort oder einem Thema auf dem Wege der assoziativen Gedankenverbindungen.
Die Methode des Brainstorming schreibt zwei Phasen vor:
In der ersten Phase werden sämtliche Einfälle zum Thema zusammengetragen, ohne vom Sprecher oder den anderen am Brainstorming Beteiligten auf Brauchbarkeit und Zugehörigkeit reflektiert oder gar kritisiert zu werden. Erst wenn der assoziative Gedankenfluß zum Stillstand kommt, werden **in der zweiten Phase** die gesammelten Einfälle von den Beteiligten kritisch reflektiert, geordnet und gegliedert. Unbrauchbare Vorschläge werden ausgeschieden.
Brainstorming eignet sich besonders gut als Methode des Einstiegs in ein neues Thema, zur Einstimmung einer Gruppe für eine gemeinsame Aufgabe, als Möglichkeit kreativer Überwindung festgefahrener Lernsituationen. Bei der Einübung in die Methode ist strikt auf die Einhaltung der Regeln zu achten. Anfänger neigen vor allem in der ersten Phase dazu, ihre Einfälle aus Gewohnheit oder aus Angst vor Blamage auf ihre Brauchbarkeit zu überprüfen, bevor sie eine Äußerung wagen. K

Branching System

Das verzweigte Programm nach N. A. Crowder geht beim Aufbau davon aus, daß Lernende nach Vorbildung und Begabung verschieden sind.
Es versucht durch fortlaufende Überprüfung in Form des „Mehrfachwahlsystems" (→ Multiple Choice System) das Gelernte zu sichern, bevor neue Aufgaben gestellt werden. Dies geschieht durch das „Branching System" (wörtlich übersetzt: sich verzweigendes System), eine Technik, durch die das Programm in eine vorwärtsweisende Verzweigung (→ wash-ahead) bei richtiger Antwort und in eine rückwärtsweisende Verzweigung (wash-back) bei falscher Antwort münden kann. Die Schleifen im „Branching System" führen nach richtiger Lösung immer wieder ins Hauptprogramm zurück.

→ Programmierte Instruktion O

Breitfeldcurriculum (broad field curriculum)

Bei dieser Organisationsform des Curriculums sind die Einzelfächer und Einzeldisziplinen aufgehoben. An Stelle der einzelnen Fächer entstehen breite Lerngebiete, die sich um Erkenntnisgebiete, um Kernbereiche herumgruppieren.

→ Aktivitätscurriculum → Curriculum → Lernziel O

Btx → Bildschirmtext

Buchstabiermethode → Erstleseunterricht

Bürowirtschaftliche Zentren

Sie finden sich in erster Linie an Schulen, in denen wirtschaftsbezogene Unterrichtsfächer wie Betriebswirtschaftslehre, Rechnungswesen, Informatik, Maschinenschreiben und Kurzschrift erteilt werden. Bürowirtschaftliche Zentren bilden großräumige Organisationskomplexe und ermöglichen durch ihre Funktionen die Ausbildung im maschinellen Rechnen und Buchen, Maschinenschreiben mit Phonotypie, in der Kurzschrift und auf Grund der dort befindlichen Computer im Fach Informatik einschließlich elektronischer Datenverarbeitung (EDV).

→ Wirtschaftsschule → Berufliches Schulwesen O

Bumerang-Effekt

bezeichnet in der Kommunikationsforschung den Vorgang, daß große oder gar extreme Meinungsunterschiede (= Meinungsdiskrepanzen) zwischen Gesprächspartnern in der Regel einen Meinungswandel eines Gesprächspartners ausschließen oder ihn sogar zu einem unerwünschten bzw. der Absicht des anderen nicht angemessenen Meinungswandel veranlassen. Geringfügige Meinungsunterschiede führen zu geringem Meinungswandel, während mittlere Meinungsunterschiede noch am ehesten die Chance in sich bergen, auch einen erwünschten Meinungswandel nach sich zu ziehen.

Dröge u. a. 1973

→ Dissonanz, kognitive K

Bundesausbildungsförderungsgesetz (BAFÖG)

Es gewährleistet seit 1971 durch die Bereitstellung finanzieller Mittel Schülern und Studenten unter dem sozialen Gesichtspunkt der → Chancengleichheit eine Ausbildung, die ihrer Eignung, Neigung und Leistung entspricht. Da der Kreis der Förderberechtigten, Einkommenshöhe und Berechnungsgrenzen, die Höhe der gewährten Mittel, die förderungsfähigen Ausbildungsarten und die Anteile von Zuschuß und Darlehen an der Gesamtförderung Anpassungsänderungen ausgesetzt sind, empfiehlt sich eine aktuelle Information beim zuständigen Amt für Ausbildungsförderung am Landratsamt oder bei der Verwaltung der kreisfreien Städte, beim Studentenwerk (Hochschulen) oder anhand von Broschüren wie dem jeweils aktualisierten „abi Berufswahl-Magazin" oder „UNI Berufswahl-Magazin" der Bundesanstalt für Arbeit.

Die Förderung umfaßt die ganze Schul- bzw. Studienzeit einschließlich des berufsqualifizierenden Abschlusses, bei Studenten eingeschränkt durch die festgelegte Förderungshöchstdauer ihres Studienganges. Eine zweite Ausbildung oder ein Fachrichtungswechsel wird nur in besonders gelagerten Ausnahmefällen gefördert. K

Deutsches Studentenwerk 1991/16; Rothe/Blanke 1991/5

Bundesjugendplan

fördert auf Bundesebene Aktivitäten der außerschulischen Jugendarbeit, die politische Bildung, kulturelle und sportliche Jugendbildung und Aktivitäten der internationalen Jugendarbeit umfaßt. Aktuelle Aufgaben werden nach Dringlichkeit aufgegriffen, z. B. in den 80er und 90er Jahren die Eingliederungs- und Bildungshilfen für junge Aus- und Übersiedler sowie für ausländische Flüchtlinge und angesichts steigender Jugendarbeitslosigkeit sozialpädagogisch betreute Berufsfindung. K

Bundeswehrhochschule, Bundeswehruniversität → Hochschule

Bund-Länder-Kommission

Die Länderregierungen der Bundesrepublik Deutschland schlossen mit der Bundesregierung auf der Grundlage des Artikels 91 b des Grundgesetzes ein Verwaltungsabkommen zwischen Bund und Ländern über die Errichtung einer gemeinsamen Kommission für Bildungsplanung vom 25. Juni 1970. Damit entstand die Bund-Länder-Kommission, die ein ständiges Gesprächsforum für alle Bund und Länder gemeinsam berührenden Fragen des Bildungswesens und der Forschungsförderung bildet.
Die Bund-Länder-Kommission gliedert sich in Ausschüsse, die ihrerseits in Arbeitsgruppen unterteilt werden.
Diese sind:

1. Ausschuß Bildungsgesamtplan
   Arbeitsgruppen: Elementar-, Primar- und Sekundarbereich; Tertiärer Bereich; Weiterbildung; Personal im Bildungswesen; Bauten und Sachmittel; Fragenkatalog.
2. Ausschuß Bildungsbudget
   Arbeitsgruppen: Standardkostenprogramm; Gliederung des Bildungsbudgets.
3. Ausschuß Forschungsförderung
   Arbeitsgruppen: Forschungsbudget; Königsteiner Staatsabkommen.
4. Ausschuß Innovationen im Bildungswesen
   Arbeitsgruppen: Modellversuche: Wissenschaftliche Begleitung; Modellversuche im Hochschulbereich.

→ Bildungsforschung → Bildungsplanung O

Burnout-Syndrom

(von engl. burn out = wörtlich Brennschluß einer Rakete, übertragen allgemein = ausgebrannt) bezeichnet das Gefühl der Leere und des Ausgebranntseins sowie der Unfähigkeit, den Ansprüchen der Wirklichkeit gerecht werden zu können, und zwar als Folge langandauernder außergewöhnlicher Belastungen, also von überlastendem Streß, vor allem in helfenden Berufen (z. B. Ärzte, Krankenpfleger, Sozialarbeiter, Lehrer) und in manchen Dienstleistungsberufen.
Lehrer mit dem Burnout-Syndrom zeigen sich emotional und geistig erschöpft, zunehmend unfähig, sich auf die Lebenssituationen der Schüler einzustellen, und daraus folgend oft gestört in ihrer Alltagskommunikation (von resignierend kontaktscheu bis zynisch autokratisch). Damit gekoppelt treten psychosomatische Reaktionen auf wie z. B. Herz-, Kreislauf-, Atem-, Magen- und Darmbeschwerden, Kopfschmerzen, Allergien und Schlafstörungen. Menschen mit Burnout-Syndrom neigen dazu, ihren Zustand mit übermäßigem Alkohol-, Nikotin-, Drogen- und Medikamentenkonsum vor sich und anderen zu verheimlichen.
Entgegen der öffentlichen und vielfach veröffentlichten Meinung vom Lehrerberuf als routinemäßig ablaufendem Halbtagsjob mit häufigen Ferien sind Lehrer täglich

bis zu sechsmal wechselnden Lerngruppen ausgesetzt, die sie optimal mit immer wieder packender Methodenvielfalt an Lerninhalte heranführen sollen; gleichzeitig müssen sie ihre fachliche, erzieherische und kommunikative Autorität ständig unter Beweis stellen, jederzeit offen auch für die aktuelle individuelle Bedürfnislage eines jeden Schülers, auch und gerade des verhaltensauffälligen Schülers. Überzogene eigene Erwartungen an sich selbst aufgrund idealisierender Ausbildung und von seiten der dienstlich beurteilenden Hierarchie sowie der Eltern, aber auch Fehleinschätzung der eigenen kommunikativen, fachlichen und organisatorischen Fähigkeiten vervollständigen den Teufelskreis des Burnout-Symdroms.
Becker und Gonscharek (1989) beschreiben als Entwicklungsstufen des Burnout-Syndroms (auch als Meßinstrument für eine grobe Selbsteinschätzung geeignet): Idealismus → Realismus → Stagnation → Frustration → Apathie → Burnout.

Prävention und Therapie:

- Arbeit an einer realistischen, für Veränderungen offenen Berufseinstellung und Berufsmotivation
- Lebenslange Arbeit an der Kommunikationsfähigkeit, evtl. auch in Gesprächskreisen mit Kollegen oder in Trainingsseminaren
- Realistische Sicht des Lehrer-Schüler-Verhältnisses, evtl. im Sinne eines immer wieder neu zu interpretierenden → pädagogischen Bezugs
- Hartnäckige Arbeit an einer positiven Lebenseinstellung (ein pessimistischer Pädagoge ist ein Widerspruch in sich, der zwangsläufig scheitern muß)
- Vermeiden der Lehrerkrankheit „Allverantwortlichkeit"
- Verwirklichung außerschulischer, erholsamer Gegengewichte ohne die Konsequenz einer „schizophrenen" Lebensstrategie

Burisch 1989; Edelwich/Brodsky 1984; Enzmann 1988; Meyer 1991; Susteck 1991

→ Midlife-Crisis K

Byte → Bit

CAD

Abkürzung von **c**omputer **a**ided **d**esign (= computerunterstütztes Zeichnen), beschreibt das Zeichnen, Gestalten und Konstruieren mit Hilfe des Computers. Als Arbeitsmaterial dienen die Tastatur des Computers und ein Lichtgriffel. CAD findet vornehmlich Anwendung in Architektur, Bauwesen, Elektrotechnik und Maschinenbau.
In der **computerunterstützten Ingenieurtätigkeit** ergibt sich der folgende Ablauf:
CAD → CAP → CAM → CAQ

CAP: Computer aided production planning = computerunterstützte Produktionsplanung als Umsetzung der Zeichnungen (Ergebnisse des CAD) in Informationen zur Steuerung von Werkzeugmaschinen

CAM: Computer aided manufacturing = computerunterstützte Fertigung

CAQ: Computer aided quality control = computerunterstützte Qualitätskontrolle.

K

Cancrophobie → Phobie

Case method → Fallstudie

Case problem method → Fallstudie

Case study method → Fallstudie

Casework (= Einzelfallhilfe) → Erziehungsberatung

CEDEFOP → Europäische Bildungsprogramme

Chancengerechtigkeit → Chancengleichheit

Chancengleichheit

Mit dem Begriff der Chancengleichheit sind je nach der Situation und Position derer, die sie fordern oder diskutieren, völlig unterschiedliche Zielvorstellungen verbunden. Im allgemeinen wird die Chancengleichheit unter folgenden Gesichtspunkten gesehen:

- allen Kindern haben alle Schulen offenzustehen
- allen ist die Möglichkeit zu geben, ihre Begabungen und Fähigkeiten zu entwikkeln und ihre Persönlichkeit zu entfalten
- eine Benachteiligung von Gruppen oder eines einzelnen auf Grund regionaler, sozialer und individueller Gegebenheiten ist auszuschließen
- Kinder und Heranwachsende sind soweit zu fördern, daß sie die Voraussetzungen besitzen, die Gleichheit der Bildungschancen wahrzunehmen.

Zu berücksichtigen ist hierbei, daß eine Chancengleichheit nicht durch Nivellierung von Stoffangeboten und Anforderungen erreicht wird. Eine einheitlich geplante und gewollte ‚Chancengleichheit', die allen das Gleiche anbietet, gelangt immer wieder zu ungleichen Ergebnissen und entpuppt sich letzten Endes auf Grund der Unterschiedlichkeit der Person als ungerecht und findet nicht den Weg zur sozialen Gleichheit. Um eine etwaige Chancengleichheit im Sinne einer Chancengerechtigkeit erreichen zu können, ist es notwendig, jedem, auch dem älteren Menschen, die Bildungsmöglichkeiten anzubieten, die seinen Anlagen und Neigungen entsprechen (Ermöglichung gleicher Startchancen).
Erst durch gezielte, auf die durch die jeweilige Zeit und ihre Umwelt geprägten Adressaten abgestellte differenzierte und individualisierte Bildungsangebote in vertikaler und horizontaler Richtung mit größtmöglicher Durchlässigkeit und dem Angebot gleichwertiger, aber durchaus unterschiedlicher Bildungsinhalte und mit gestuften Anforderungsformen im allgemeinen und beruflichen Bereich wird eine Art Chancengleichheit und Chancengerechtigkeit erzielt, die dem einzelnen auch eine von ihm angestrebte Lebensqualität ermöglicht. O

Filan 1981; Fischer u. a. 1988; Rothe 1981

Chirologie

bedeutet die Lehre der Handliniendeutung, wird aber auch als Synonym für die normierte Finger- und Handzeichensprache der Taubstummen verwendet. Im Taubstummenunterricht wird zusätzlich der sog. Abseh-Unterricht praktiziert, in dem mit Hilfe spezieller Lautsprachmethoden das Absehen deutlich gesprochener Sprache vom Munde geübt wird. Den Taubstummen soll auf diese Weise wenigstens durch Verstehen die Teilhabe an der Alltagskommunikation ihres Umfeldes ermöglicht werden. K

Choleriker → Temperament

Chromosomen
sind die Bestandteile des Zellkerns. Sie bestehen hauptsächlich aus → Desoxyribonucleinsäure, durch deren Anordnung die Erbinformationen festgelegt sind. Der Mensch besitzt 23 Chromosomenpaare, wovon 22 Paare Autosomen und ein Paar Hetero-Chromosomen (die Geschlechtschromosomen X und Y) sind. Abweichungen von der normalen Chromosomenzahl 46 oder in der Gestalt einzelner Chromosomen werden als Chromosomenaberrationen bezeichnet.
→ Genommutation → Trisomie K

Chromosomenaberration → Chromosomen

Claustrophobie → Phobie

Clique
kann als eine kleine Gruppe Gleichgesinnter bezeichnet werden. Ihr Vorhandensein wird dann negativ beurteilt, wenn sie als Untergruppe innerhalb einer größeren Gruppe Anlaß gehäufter Störungen der Aktivität und des Wohlbefindens der Gesamtgruppe wird und damit die Gefahr ihrer Auflösung heraufbeschwört.
Der Cliquenbildung z. B. in einer Klasse wird vor allem Vorschub geleistet durch mangelnde Motivierung der Gesamtgruppe und ihrer Arbeitsgruppen und durch einen die Opposition herausfordernden autoritären Führungsstil.
→ Erziehungsstile K

Cluster
Bilden verschiedene Merkmale, die nicht unabhängig voneinander auftreten und in mehr oder weniger engem Zusammenhang stehen, eine Merkmalsgruppe, so bezeichnet man diese als ein Cluster. Die Merkmale eines Clusters weisen untereinander eine Korrelation auf, während sie mit anderen nicht korrelieren.
→ Cluster-Analyse → Cluster-Diagramm → Faktorenanalyse O

Cluster-Analyse
ist ein mathematisch-statistisches Verfahren, nach dem auf Grund bestimmter korrelierender Merkmale homogene Gruppen, → Cluster, gebildet werden können. Die Korrelation und die Ähnlichkeit der Merkmale innerhalb der einzelnen Gruppen muß größer sein als zwischen den verschiedenen Gruppen. O

Cluster-Diagramm
Empirisch ermittelte Merkmals- → Cluster lassen sich im Koordinatensystem als Diagramm darstellen. So lassen sich z. B. der Cluster einer sozial-emotionalen Dimension, einer Lenkungs-Dimension und einer dritten Dimension, die die anregende Aktivität zum Ausdruck bringt, zueinander in einem Diagramm in Beziehung setzen (vgl. Beispiel bei → Erziehungsstile!)
→ Cluster → Cluster-Analyse O

COBOL
setzt sich als Abkürzung aus den Anfangsbuchstaben von **Co**mmon **B**usiness **O**riented **L**anguage zusammen und bezeichnet eine problemorientierte → Pro-

grammiersprache, die für die Programmierung von Aufgaben und Abläufen im Wirtschafts- und Verwaltungsbereich geeignet ist. O

COGENDI

ist die Abkürzung für **Co**mputer-**gen**erierte **Di**daktik. Sie zielt auf das halbalgorithmische Lehralgorithmieren ab (→ Lernalgorithmus). Dies bedeutet für die → Programmierte Instruktion im einzelnen:

1. Der → Basaltext ist redundant, d. h. es werden dem Lernenden nötigenfalls Zusatzinformationen angeboten.
2. Der Lernende kann demzufolge durch seine Antworten seinen Weg durch das Programm mitbestimmen.
3. Neben dem Rückverweis an den Anfang eines falsch beendeten Lernschritts (vgl. → ALZUDI) sind Übungs- und Wiederholungsschleifen, Umwegschleifen mit ergänzenden Erläuterungen, Alternativwege mit unterschiedlichen Anforderungen u. a. m. möglich. In vereinfachter Form soll dies die folgende Graphik an den Schriften 1 bis 6 eines Lehrprogramms erläutern.
   Der Programmaufbau läßt die Entsprechung zum verzweigten Programm (= Crowder-Programm; → Lehrprogramm) erkennen.

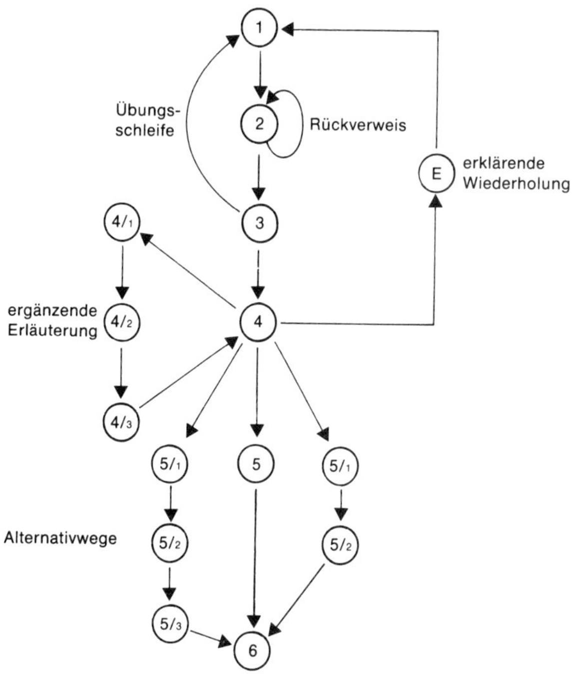

→ ALSKINDI
→ Kriterienprogrammierung
→ Kybernetische Didaktik → Kybernetische Lehrmaschinen
→ Kybernetische Pädagogik K

Collage

ist eine Klebearbeit aus schwarzweißen und/oder farbigen Druckvorlagen oder Papieren, wobei verschiedene Schrifttypen, Ziffern, Bilder, Bildausschnitte und farbige Papiere unter einem gestellten Thema oder zur graphisch und/oder farblich rhythmischen Gliederung und Strukturierung einer Fläche kombiniert werden. Kennzeichen einer gelungenen Collage sind ein gewisser Verfremdungseffekt und die optische Spannung in der inhaltlichen Aussage und in der Art der Gestaltung. Bevorzugte Themen für Collagen sind solche mit stark gesellschaftskritischem, politisch provokativem Aussagegehalt, z. B. die Themen: Krieg, Gewalt, Dritte Welt, Umweltverschmutzung, Liebe. Kindern gelingen oftmals aus der Freude am optischen Spannungseffekt und im spielerischen Umgang mit dem Material ausgezeichnete Collagen. Die reflektierte Erstellung einer Collage setzt künstlerisches Können und kritische Auseinandersetzung mit dem Thema und mit den Möglichkeiten des Materials voraus.
Die Collagentechnik wird auch in der Musik und in der Literatur angewendet, im Unterricht dieser Fächer allerdings kaum aufgegriffen. K

Dreidoppel 1984; Eid/Ruprecht 1985; Gross 1987; Iscan 1986; Wescher 1974

COMETT → Europäische Bildungsprogramme

Comics

(engl. comic strip = lustiger Bildstreifen) ist eine – meist periodisch erscheinende – gezeichnete Bildfolge mit fortlaufender Handlung. Bild und Text sind wechselseitig aufeinander angewiesen. In Seriencomics stehen im Mittelpunkt des Geschehens immer dieselben Zentralfiguren. Textblasen enthalten wörtliche Reden, Gedanken oder Geräusche einer Figur, je nach Intensität verschieden groß oder fett gedruckt. Gefühle werden durch einen entsprechenden Gesichtsausdruck und durch onomatopoetische (= lautnachahmende) Wörter signalisiert. Die Texte beschränken sich meistens auf einfache Dialoge und sog. Peng-Wörter, wie z. B. Rums!, Wrumm!, Ächz!, Platsch!. Vorläufer des heute eigenständigen Mediums Comics waren die Karikaturen des 18./19. Jahrhunderts und vor allem die Bildergeschichten von W. Busch. Die ersten Comics erschienen am 18. 10. 1886 im New York Journal („The Yellow Kid“ von R. F. Outcault).
Heute werden unterschieden:

1. Funnies (= lustige, spaßige Comics), z. B. Peanuts, Blondie, Asterix, Micky Mouse, Donald Duck, Fix und Foxi, Tom und Jerry, Loriot, Clever and Smart, Mad, Garfield.
2. Abenteuer-Comics, z. B. Tarzan, Superman (action comics), Batman (detective comics).
3. Sog. Underground-Comics, Ende der 60er Jahre in Amerika entstanden, die Sex, Gewalt, Kriminalität und die Drogenszene zu ihren Themen machten.

Die Beurteilung der Comics, vor allem der unter 2. und 3. genannten, reicht von Verdummung, Produktion von Analphabeten, Verarmung der Phantasie, Flucht in Scheinwelt und Kriminalität bis zu Unterhaltungswert und Erholung. Gerade der Zusammenhang aber zwischen Comics bestimmter Machart und kriminellen Handlungen ist keineswegs nachgewiesen.
Der die Schüler motivierende Einsatz von Comics im Unterricht, und zwar von der Art der funnies, wurde durch mehrere vom Autor vergebene Facharbeiten im

Rahmen der Lehrerausbildung belegt. Mit Erfolg erprobt wurden Comics in der Eingangsphase des Unterrichts (z. B. Garfield im Englischunterricht), als Form der Lernerfolgskontrolle, als Arbeitsziel (Herstellung von Comics im Kunstunterricht, im Deutsch- und Fremdsprachenunterricht usw.), und in Form szenischer Darstellung, bei der die Schüler in die Rollen ihrer Lieblinsgfiguren schlüpfen.

→ Karikatur K

Comment

ist eine Erklärung, Bemerkung, Stellungnahme, Erläuterung oder Anmerkung, durch welche die eigene Meinung entweder schriftlich oder mündlich, z. B. zu einem gegebenen Text, Vortrag oder Gespräch, zum Ausdruck gebracht wird. Er tritt häufig als Prüfungsteil im Rahmen einer → Comprehension auf. O

Common-Sense-Psychology

auch Alltagspsychologie oder Psychologie des gesunden Menschenverstandes genannt, untersucht die Entstehung und Anwendung sog. naiver, also vorwissenschaftlicher psychologischer Theorien, mit deren Hilfe – ausgehend von ihren Alltagserfahrungen – Menschen ihr eigenes und fremdes Verhalten und Erleben zu interpretieren und zu organisieren versuchen.

So ordnet z. B. nach Heiders **Balancetheorie** der Mensch auf gesetzmäßige Weise seine gesammelten Erfahrungen über zwischenmenschliche Beziehungen, indem er zwischen Einzelerfahrungen widerspruchsfreie, stabile und damit auch angenehme Relationen herstellt. Wirklichkeit wird durch die Anwendung der → Gestaltgesetze überschaubar und verkraftbar, gelegentlich auch um den Preis mangelnder Differenzierung und Unschärfe (vgl. auch → Homöostase!).

Die ebenfalls von Heider stammende **Attributionstheorie** befaßt sich mit der Neigung des Menschen zur Ursachenzuschreibung, wobei Verzerrungen bei der Zuschreibung innerhalb oder außerhalb der Person liegender Ursachen und ihrer angenommenen stabilen oder variablen Beschaffenheit – vermutlich zum Selbstschutz und zur Aufrechterhaltung der Selbstachtung – nicht selten sind. Vgl. hierzu als erläuterndes Beispiel die → Kausalattribuierungstheorie! K

Heider 1978, 1988/89

Community education → Nachbarschaftsschule

Composition

ist eine schriftliche Übungsarbeit in Form eines Aufsatzes für Schüler und Studierende, die eine Fremdsprache erlernen. Sie ist nicht selten ein Prüfungsteil der → Comprehension. O

Comprehension

Die Comprehension stellt eine in sich abgerundete Prüfungsform für Sprachen, insbesondere für die englische Sprache dar. Sie überprüft durch entsprechende Formen der Textbearbeitung die Texterfassung durch den Lernenden, die Erkenntnisse der Zusammenhänge im Text und die fremdsprachlichen Fertigkeiten. Die sich an den Text anschließenden Übungsarbeiten sind unterschiedlich. Sie reichen von Fragen zum Text, Übungen zum Wortschatz und zur Grammatik, von

Übersetzungen, Inhaltsangaben und Stellungnahmen bis zur kurzen Zusammenfassung eines Textes.
Als Prüfungsform spielt die Comprehension vor allem bei Abschlußprüfungen eine bedeutende Rolle.
Im allgemeinen besteht sie aus folgenden fünf Teilen:
1. Text
2. Questions on the text (Fragen zum Text)
3. Vocabulary (Fragen und Erklärungen zum im Text verwendeten Wortschatz)
4. Grammar (Fragen zu grammatikalischen Strukturen und deren Bearbeitung in bezug auf den Text)
5. A written exercise (eine schriftliche Übung in Verbindung zum gegebenen Text).
   z. B. → summary → comment → composition

Mitunter wird eine Übersetzung von Textausschnitten miteinbezogen. O

Computer im Unterricht

Nach John Searle sind Computer „ihrem Wesen nach Geräte zur Manipulation von Symbolen... Die bloß formale Syntax eines Computerprogramms (und, oder, entweder-oder, nicht, wahr-falsch) wird nie Geist ergeben.“ Der menschliche Geist hat eben außer Syntax auch noch Semantik und Bewußtsein.
Die anfangs im pädagogischen Bereich – nach dem Gesagten unnützerweise – durch den Computer ausgelösten Verunsicherungen und Ängste (Isolierung des Schülers, technisch total verwaltetes Leben, Attacken auf den menschlichen Geist, Ablösung des Lehrers, etc.) sind einer Normalisierung der Begegnung von Pädagogik und Computerwelt mit mittlerweile überschießender Pädagogisierungstendenz gewichen.
Der Computer als Unterrichtsmedium bedeutet technisch vermittelte Kommunikation und zweidimensionale Wirklichkeitsbegegnung. Er ist in allen Fächern einsetzbar, wobei seine Hilfsdienste von reinen Übungsaufgaben über formallogische Operationen bis zu schöpferischen Tätigkeiten wie Computergraphik oder -design im Kunstunterricht und musikalischen Kompositionen reicht, nicht zu vergessen seine Eignung als Spielpartner.
Mögliche Leistungen des Computers im Unterricht:
- Wegen der Neuartigkeit des Umgangs mit dem Computer und letztlich auch wegen seiner Berechenbarkeit, Beherrschbarkeit und Zuverlässigkeit kann in der Regel mit der Neugier und dem Forscherverhalten der Schüler gerechnet werden.
- Der Computer ermöglicht konsequent selbstbestimmtes Lernen, was allerdings bedeutet, daß die Lernsoftware individuell einzusetzen ist; andernfalls werden Hauptvorteile des Unterrichts mit dem Computer verspielt, und es stellen sich die bekannten Probleme der Durchschnittsbeschulung ein bzw. Übersättigung der Schüler bei Überangebot.
- Untersuchungen weisen eine Steigerung der Lerneffekte bei den Schülern durch die individuell mögliche sofortige Verstärkung nach sowie eine Vermeidung von Mißerfolgsängstlichkeit.
- Durch systematischen Einsatz zum Abbau von Mißerfolgsängstlichkeit und damit zur Arbeit am Selbstwertgefühl der Schüler erweist sich der Computer gelegentlich als therapeutisches Unterrichtsmedium.

- Verzweigende Programme bieten die Chance der Kooperation der Schüler durch gemeinsame Arbeit am Computer, bei gemeinsamer Fehlersuche, bei der Entwicklung von Lösungsstrategien usw.
- Der Computer im Unterricht sorgt für die Einübung der Schüler in die elektronischen Standards des Informationszeitalters.
- Die durch den Computer ermöglichte Korrekturentlastung für den Lehrer schafft diesem Zeitgewinn für erzieherische und beratende Tätigkeiten und für die Spezialförderung einzelner Schüler. Allerdings sind gelegentliche Korrekturrückmeldungen durch den Lehrer wegen ihrer exakten Bezugnahme auf Stärken und Schwächen der Schüler nach wie vor wichtig.
- Da der Computer selbstverständlicher Bestandteil des täglichen Lebens geworden ist, hat sich die Schule dem Auftrag der Computererziehung zu stellen.

Armbruster/Kübler 1987; Brenner/Gunzenhäuser 1987; Curran/Curnow 1984; Ebeling 1988; Euler u.a. 1987; Eurich 1985; Gergely 1986; Hameyer u.a. 1987; Kleinspehn/Ortmann 1988; Lüde/Rolf 1988; Mandl/Fischer 1985; Moser 1986; Neuwirth 1985; O'Shea/Self 1986; Papert 1985; Sander 1988; Schorb 1988; Turkle 1984; Walter 1984; Wandl 1985 (vgl. auch die reichhaltige Literatur zum Computereinsatz in den verschiedenen Unterrichtsfächern!)

→ Computerunterstützter Unterricht (CUU) → Informationstechnische Bildung K

Computerlinguistik

Bei der Bearbeitung sprachlicher Probleme werden elektronische Rechenanlagen mit herangezogen, z.B. bei Sprachübersetzungen.

→ Computerunterstützter Unterricht → Bürowirtschaftliche Zentren O

Computer-Spiele → Videospiele

Computerunterstützte Ingenieurtätigkeit → CAD

Computerunterstützter Unterricht (CUU)

Der Schüler tritt im CUU mit dem Computer in einen Lerndialog, indem er z.B. bei der Kombination einer Datensichtstation zur Informationsaufgabe (Monitor) und einer Schreibmaschinentastatur zur Antworteingabe das gewünschte Programm abruft und seinem Lerntempo, seinen individuellen Fähigkeiten und den richtigen oder falschen Lernergebnissen entsprechend bearbeitet. Seine Überlegenheit gegenüber anderen Medien beweist der CUU erst mit seiner Leistung, aufgrund der Speicherung aller Lerndaten des Schülers die nachfolgenden Aufgaben jeweils auf das gesamte Lernverhalten des Schülers abstimmen zu können und nicht etwa nur auf die letzte Schülerreaktion. Über die dem Lernverhalten des Schülers angemessene Steuerung des Lerndialogs hinaus ermöglicht die Speicherfähigkeit des Computers auch eine detaillierte Diagnose über den Stand der Fähigkeiten und des Wissens der Schüler. K

Euler u.a. 1987; vgl. auch die Literaturangaben bei → Computer!

Constructed response

ist eine aufgrund eines vorangegangenen Ablaufes oder Prozesses erwartete Antwort oder → Reaktion. Sie tritt als konstruierte Antwort vor allem in Lehrprogrammen linearer Art auf und ist häufig als Ergänzung in Leerstellen von Buchprogrammen oder Laborprogrammen einzufügen.

→ Programmierte Instruktion O

Content validity

befaßt sich mit Verfahren, die die → Validität von Leistungskontrollen, auch der Zwischentests und Einzelaufgaben, in bezug auf vorgegebene stoffliche Inhalte gewährleisten. O

Creaming

(wörtlich übersetzt: entrahmen, das Beste abschöpfen) bezeichnet den Vorgang von Begabungsabschöpfungen. Bei den Volksschulen ergibt sich das erste „creaming" nach der vierten Klasse der Grundschule durch den Übertritt einer Anzahl geeigneter Schüler ins Gymnasium. Das zweite „creaming" findet nach der sechsten Klasse der Hauptschule statt, wenn weitere Begabungen durch → Realschule und → Wirtschaftsschule abgezogen werden. OK

Creative practice

(wörtlich übersetzt: schöpferisches, produktives Verfahren) stellt Gestaltungsübungen im Rahmen von Lehrprogrammen dar, insbesondere von Sprachlaborprogrammen. Die Gestaltungsübung regt den Lernenden an, aufgrund verschiedenartiger → Patterns nachzuschaffen und umzugestalten. Sie verfolgt nicht das freie Gespräch, sondern ein systematisches, auf Teillernziele ausgerichtetes, anhaltendes Üben. Die Übung ist im allgemeinen nach den Regeln der → linearen Programmierung erstellt.

→ Phaseneinheiten → Programmierte Instruktion → Sprachlabor O

CuLP → Curricularer Lehrplan → Curriculum

Curricularer Lehrplan

war zwischen 1970 und 1993 die offizielle Bezeichnung der Lehrpläne für alle Schularten in Bayern. Unter dem Einfluß der → Curriculumtheorie wurden die normgeleiteten und stofforientierten Lehrpläne nach curricularen Gesichtspunkten bearbeitet. Der Curriculare Lehrplan war nach den vier Kategorien → Lernzielen, → Lerninhalten, → Unterrichtsverfahren und → Lernzielkontrollen gestaltet. Die einzelnen Lernzielbezeichnungen der didaktischen Schwerpunkte Wissen, Können, Erkennen und Werten waren nach Anforderungsstufen eindeutig definiert. Durch die Verbindlichkeit der Lernziele (auf Grobzielebene) und der Lerninhalte und den Angebotscharakter der Unterrichtsverfahren und Lernzielkontrollen erwies sich der Curriculare Lehrplan als eine spezifische Form des offenen Curriculums.

→ Curriculum → Lehrplan → Lernziel K

Curriculum

Aus der immer noch wachsenden Zahl der Definitionen zum Begriff Curriculum sei die Beschreibung im Bildungsgesamtplan 1973 ausgewählt: Unter Curriculum wird ein System für den Vollzug von Lernvorgängen in bezug auf definierte und operationalisierte Lernziele verstanden. Es umfaßt:

- Lernziele (Qualifikationen, die angestrebt werden sollen)
- Inhalte (Gegenstände, die für das Erreichen der Lernziele Bedeutung haben)
- Methoden (Mittel und Wege, um die Lernziele zu erreichen)

- Situationen (Gruppierung von Inhalten und Methoden)
- Strategien (Planung von Situationen)
- Evaluation (Diagnose der Ausgangslage, Messung des Lehr- und Lernerfolgs mit objektivierten Verfahren).

Im Curriculum werden vier Ebenen von → Lernzielen in Form einer Lernzielpyramide unterschieden:

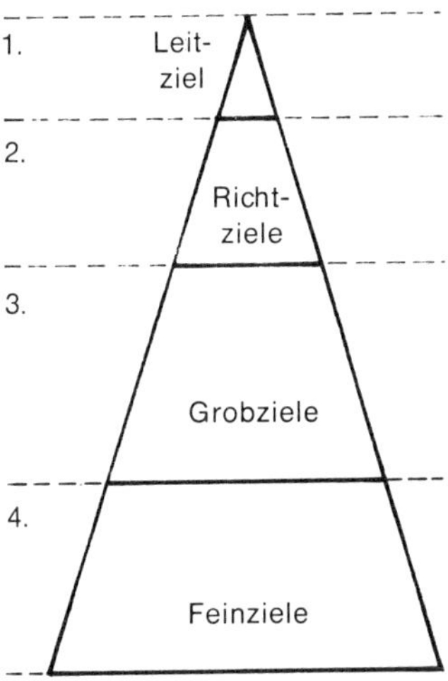

= das oberste pädagogische Ziel einer Gesellschaft, z. B. Mündigkeit, Selbstbestimmung . . .

= die für einen Lernbereich angestrebten Fähigkeiten, z. B. in der politischen Bildung Kritikfähigkeit, Selbstverantwortung

= das Endverhalten nach einer größeren Lerneinheit in einem bestimmten Lernbereich, z. B. die Fähigkeit, Information von Propaganda unterscheiden zu können.

= die elementaren (d. h. eindeutigen und als konkretes Handeln formulierten) Lernziele einer Lerneinheit, z. B. die drei Kernaussagen einer auf Tonband festgehaltenen Nachrichtensendung bestimmen und in Stichworten schriftlich notieren können (→ Operationalisierung)

In der Praxis wird zwischen Formen des geschlossenen und offenen Curriculums unterschieden. Das **geschlossene Curriculum** ist bis in die Feinzielebene (→ Lernziel) hinein und durch bis ins Detail präzisierte Angaben zum Lerninhalt, den Methoden, Medien und Lernzielkontrollen ausformuliert. Häufig wird es in Gestalt vorgefertigter Lernpakete für den Unterricht aufbereitet.

Das **offene Curriculum** beschränkt sich in der Lernzielangabe meist auf verbindliche Richt- und Grobziele und alternativ verbindlich angegebene Lerninhalte. Hinweise auf Unterrichtsverfahren und Lernzielkontrollen sind als Empfehlungen aufzufassen. Das offene Curriculum läßt also die didaktische Freiheit des Lehrenden wenigstens teilweise unangetastet, insofern er die Feinzielformulierungen und die Aufbereitung, oft sogar auch die Auswahl der Lerninhalte zu leisten hat. Seine methodische Freiheit bleibt im Konzept des offenen Curriculums ohnehin voll erhalten (vgl. z. B. → Curricularer Lehrplan). K

Becker u. a. 1977; Blankertz 1974; Dauenhauer 1976; Hameyer u. a. 1982; Robinsohn 1967, 1974; Rülcker 1976; Schmack 1978; Vohland 1979; Westphalen 1980

Curriculumdeterminanten

Die für die Erstellung eines Curriculums bestimmenden Faktoren werden als Determinanten bezeichnet. Im wesentlichen orientiert man sich bei der Findung von → Lernzielen an den drei Curriculumdeterminanten: Individuum (Lernender) – Wissenschaft – Gesellschaft.

Darüber hinaus sind z. B. als weitere Determinanten zu berücksichtigen: fachwissenschaftliche Forschung, fachdidaktische Diskussion und Unterrichtsbedingungen.

→ Curriculum O

Curriculumkonstruktion

Die Curriculumkonstruktion durchläuft drei Hauptabschnitte:

1. Durch die Analyse der aktuellen gesellschaftlichen Situation sollen in einem möglichst breiten Spektrum (z. B. politisch, ökonomisch, beruflich, familiär...) **Situationen des Lebens** beschrieben werden, denen der zu Bildende in der Gegenwart und Zukunft ausgesetzt ist bzw. sein wird.
2. Aus den beschriebenen Situationen des Lebens sind konkrete **Qualifikationen** (nach Robinsohn = Befähigungen zum erfolgreichen Umgang mit Welt) abzuleiten. Neben den gesellschaftlichen Bedürfnissen sind hierbei als bestimmende Faktoren (→ Curriculumdeterminanten) noch die Fachwissenschaften und der Lernende mit seinen individuellen Bedürfnissen und mit seiner Aufnahme- und Verarbeitungskapazität zu berücksichtigen. Die so formulierten Qualifikationen werden nach den drei Lernzielbereichen (kognitive, affektive, instrumentale bzw. psychomotorische → Lernziele) differenziert.
3. Nach dieser Vorarbeit kann das konkrete → Curriculum für ein bestimmtes Fach unter weiterer Berücksichtigung der Curriculumdeterminanten erstellt werden, d. h. die **Curriculumelemente** Lernziele, Lerninhalte, Verfahren, Lernzielkontrollen, evtl. Unterrichtseinheiten, Medienpakete, Projekte usw. werden festgelegt.
4. Jede Curriculumkonstruktion mündet in die → **Curriculumrevision.**

Vgl. z. B. Robinsohn 1967

→ Curricularer Lehrplan K

Curriculumrevision

Die Curriculumrevision befaßt sich mit der ständigen Überarbeitung bereits vorhandener Curricula im Hinblick auf

- veränderten Wissens- und Erkenntnisstand der Fachwissenschaften,
- wechselnde Lernbedürfnisse des sich eventuell ändernden Adressatenkreises,
- sich verändernde allgemein- und mediendidaktische Unterrichtsbedingungen,
- wirtschaftlich und gesellschaftlich bedingte Veränderungen,
- sonstige, das Bildungswesen betreffende → Innovationen, die die curriculare Gestaltung beeinflussen.

Sie nimmt als eine stetige innere Reform des gesamten Unterrichts eine bedeutende Stelle im schulischen Reformprozeß ein. O

Lit. vgl. Curriculum und Curriculumtheorie!

Curriculumtheorie

Der führende Vertreter der Curriculumtheorie im deutschsprachigen Raum war S. B. Robinsohn. Wie beim bildungstheoretischen Ansatz in der Didaktik stehen bei ihm die Bildungsinhalte im Mittelpunkt der Überlegungen. Allerdings wendet er sich gegen die dort übliche an Tradition und Fachwissen orientierte Ermittlung von Bildungsinhalten. Stattdessen fordert er eine rationale Analyse von Lebens-

situationen, aus der – unter empirischer Kontrolle – tatsächlich brauchbare Befähigungen des Lernenden (= Qualifikationen) und die für deren Erwerb geeigneten Bildungsinhalte abzuleiten sind. Schicht- und schulartspezifische Ausleseprozesse werden damit zumindest relativiert. Entsprechend werden die fachwissenschaftlich orientierten Methoden in fächerübergreifenden – und damit den tatsächlichen Lebenssituationen eher angemessenen – Verfahrensweisen wie Projekt, Erkundung, Betriebspraktikum, Gesamtunterricht usw. aufgehoben.
Für die Ermittlung von Bildungsinhalten hält Robinsohn drei Kriterien für bedeutsam:

1. Die Bedeutung eines Gegenstandes innerhalb einer bestimmten Wissenschaft
2. Die Leistung dieses Gegenstandes für das Weltverstehen.
3. Die Funktion des Gegenstandes in besonderen Verwendungssituationen des privaten und öffentlichen Lebens.

Der Nachweis der Relevanz eines Bildungsinhaltes ist wie gesagt empirisch oder durch Analyse von Verwendungssituationen zu erbringen.
Der bei der Konstruktion von Curricula am meisten problematische Punkt ist die Forderung Robinsohns an Experten aus den Fachwissenschaften, den Anwendungsbereichen und aus der Pädagogik, – den genannten Auswahlkriterien verpflichtet – zu einem Konsens bei der Ermittlung der Bildungsinhalte kommen zu müssen.

Robinsohn 1967; Ruprecht 1976/3 (Kurzdarstellung)

→ Curriculum → Curriculumdeterminanten → Curriculumkonstruktion → Curriculumrevision K

DAAD

ist die Abkürzung für **D**eutscher **A**kademischer **A**ustausch**d**ienst, durch welchen – in der Regel zeitlich befristet – wissenschaftliches Personal an Hochschulen des Auslandes, vornehmlich der Entwicklungsländer, vermittelt wird. K

Dalton-Plan (DP)

Der von Helen Parkhurst in Dalton (Mass.) erstmals verwirklichte und bis heute weiterentwickelte DP verfolgt die Absicht, die Effizienz von Lernprozessen durch Maßnahmen konsequenter Individualisierung und Differenzierung zu steigern. Die Jahrgangsklassen sind im DP durch Fachklassen und Arbeitsgruppen ersetzt, die sich an Neigung, Interesse und Fähigkeiten der Schüler orientieren. Die Schüler können unter alternativen Angeboten unterschiedlichen Schwierigkeitsgrades ihren schriftlich fixierten Arbeitsplan auswählen. In den Fachräumen finden sie alle für ihren Lernplan nötigen Hilfsmittel. Der Lehrer erfüllt im wesentlichen die Funktion eines Helfers und Beraters. Der Selbstverwaltung und -regulierung der Gruppe wird hoher Wert beigemessen.

→ Jena-Plan → Winnetka-Plan K

Darbietender Unterricht, darbietende Unterrichtsform

Bei der darbietenden Unterrichtsform erfolgt in totaler Fremdsteuerung der Schüler die Informationsausgabe von *einer* Informationsquelle (Lehrer, Schüler, Medium) *gleichzeitig an alle* Schüler, und zwar im selben Tempo, innerhalb derselben Lernzeit, auf demselben Anspruchsniveau (Uniformierungstendenz).

Der Aktivität der Informationsquelle stehen die ausschließliche Rezeptivität und Reaktivität der Schüler gegenüber, die vorläufig kritik- und fraglos die Information aufgrund der Autorität und Kompetenz der Informationsquelle übernehmen und nachvollziehen.
Interaktionen zwischen den Schülern sind nicht erwünscht.

Hauptsächliche Anwendungsbereiche

- Bericht eigener Erlebnisse oder Erfahrungen durch Lehrer, Schüler, Fachmann, direkt oder über Medien
- Erzeugung bestimmter emotionaler Stimmungen
- Ökonomische Ausgabe einer großen, aber leicht verständlichen Informationsmenge
- Vermittlung von Arbeitsmaterial, das auf andere Weise schwer zugänglich ist
- Berichterstattung von Arbeitsergebnissen (z. B. aus der Kleingruppenarbeit)
- Vermittlung von Methoden und Arbeitstechniken, um Fehlleistungen von vorneherein auszuschließen
- Demonstration gefährlicher oder besonders aufwendiger Versuche.

Hinweise und Tips

- Informationen nach den Kriterien Kürze/Prägnanz, Verständlichkeit und übersichtliche Gliederung gestalten
- Wo möglich (z. B. Lehrererzählung in Geschichte) dramatisieren, personifizieren, lokalisieren
- Die Schüler **vor** der Informationsausgabe zu „gebündelter" Konzentration versammeln!
- Dauer je nach Spannungsgehalt max. 10–20 Minuten, besser nur 5 Minuten, denn danach kommt es zu Abschaltungen bei den Schülern.

Köck 1991; Michael 1983

→ Unterrichtsformen K

Darstellender Unterricht

wird in der Fachliteratur oft als synonyme Bezeichnung für den → darbietenden Unterricht verwendet. Genaugenommen unterscheidet er sich von diesem durch den gezielten Einsatz von Darstellungshilfen wie z. B. Graphiken oder Modellen, um die Schüler über das nötige Ausmaß an Veranschaulichung zu erreichen.

→ Anschaulichkeit → Anschauung → Unterrichtsformen K

Darwinsche Reflexe

Als Darwinsche Reflexe werden eine Anzahl von Primitivreflexen bezeichnet, von denen vermutet wird, daß sie in der früheren Stammesgeschichte des Menschen einmal von lebensnotwendiger Bedeutung waren, die heute aber als überflüssig etwa ab dem 3. Lebensmonat verschwinden. Solche Reflexe sind z. B. der → Moro-Klammerreflex, der → Palma-Reflex, der Babinski-Reflex. Bei letzterem spreizt der Säugling die große Zehe ab, wenn die Fußsohle berührt wird. K

Datenbank

In einer Datenbank werden unter Berücksichtigung des Datenschutzes alle interessierenden Daten (z. B. über den Personenkreis der Lehrer eines Bundeslandes) zentral gespeichert. Mit Hilfe eines Computers (Terminal) ist es jederzeit möglich, in kürzester Frist umfassende Informationen zu gezielten Fragen zu bekommen, z. B. welche Lehrer der Sekundarstufe I während eines genau beschriebenen Zeitraumes eine staatliche Fortbildungsveranstaltung besucht haben. Bis zum heutigen Zeitpunkt werden Datenbanken ausschließlich für die Erfassung organisatorischer Daten verwendet. Darüber hinaus wäre es z. B. bei den für den einzelnen Lehrer nicht mehr überschaubaren Medienangeboten zweckmäßig, die Daten sämtlicher verfügbaren Medienangebote in Datenbanken einzuspeisen, um mit Hilfe eines → Terminals in Sekunden erfahren zu können, welche Medienangebote für ein bestimmtes Fach und eine spezielle Lerngruppe vorhanden sind und wo sie greifbar sind. K

Dating

stellt eine vor allem in den USA praktizierte Spielregel der unverbindlichen Kontaktaufnahme verschiedengeschlechtlicher jugendlicher Partner durch Verabredung dar. Die Mädchen, die über ihre „dates" Buch führen, sehen in der Anzahl ihrer „dates" einen Gradmesser für ihre Attraktivität.

→ Petting K

Debatte

ist ein Streitgespräch, das in der Absicht geführt wird, einen von zwei Anträgen vor einem abstimmungsberechtigten Gremium unter Aufbietung aller Überredungskunst derart darzustellen, daß er sich in der Abstimmung durchsetzt.
Die positive Darstellung der eigenen Ansicht wird durch die kämpferische Herabsetzung der Ansicht des Gegners ergänzt, wobei vor allem behauptete Tatsachen bezweifelt, logische Fehler aufgedeckt bzw. unterstellt und Aussagen des Gegners der Lächerlichkeit preisgegeben werden.
Der Leiter der Debatte hat nur die Aufgaben, die Debatte zu eröffnen, die Anträge vorzustellen, Rednerliste und Redezeit zu überwachen und am Ende der Debatte zur Abstimmung aufzurufen. Die **offene Debatte** wird solange geführt, bis keine Wortmeldungen mehr vorliegen, in der **geschlossenen Debatte** werden Zahl und Reihenfolge der Redner sowie die Redezeiten vorher festgelegt.

Stadler 1983

→ Diskussion → Gespräch K

Debilität

kennzeichnet die leichteste Form angeborenen oder erworbenen Schwachsinns, einem → IQ von 50 bis 70 entsprechend. Die Ursachen der Debilität sind vielfältig. Sie können z. B. in einem extremen Mangel an Förderung der Intelligenzentwicklung, in Sauerstoffmangel beim Geburtsvorgang oder in einer Gehirnentzündung zu suchen sein. Der Debile ist zu selbständiger Gestaltung seines Lebens nicht fähig. Eine möglichst frühzeitig einsetzende heilpädagogische Betreuung in → Schulvorbereitenden Einrichtungen und in Sonderschulen für Geistigbehinderte und die vorbehaltlose Integration des Debilen in die gegebene Umwelt ermöglichen ihm durchaus das Erlernen lebenspraktischer Tätigkeiten. Für die Entwicklung des Sprachvermögens und der sozialen Kontakte des Debilen erweist sich die Gemeinschaft von Nichtbehinderten und Behinderten als äußerst günstig, von dem Gewinn für die sozialen Verhaltensweisen der Nichtbehinderten einmal ganz abgesehen. K

Deduktive Methode, Deduktion

geht von einer bereits bewiesenen Gesetzmäßigkeit oder Regel aus und erklärt mit ihr Einzelphänomene der Alltagserfahrung. Es handelt sich also bei der Deduktion um einen Schluß vom Allgemeinen auf das Besondere, Konkrete.

Beispiel:

Mangelnde Mutterliebe führt zu Fehlentwicklungen der Kinder. Es liegt nahe, die Kontaktarmut eines bestimmten Kindes daraufhin zu untersuchen, ob es nicht vielleicht die Folge mangelnder Mutterliebe ist, sich im konkreten Einzelfall also eine formulierte Gesetzmäßigkeit bestätigt. K

Deduktive Unterrichtsmethode

Der deduktive Unterricht führt im Gegensatz zur → induktiven Unterrichtsmethode von der Regel zum Beispiel, vom Gesetz zur Fallentscheidung. Der Schüler wird vom Allgemeinen zum Besonderen geleitet.

→ Deduktive Methode, Deduktion O

Definition

stellt die Bezeichnung für eine umfassende, begreifliche Erläuterung eines Begriffes und seine Abgrenzung von anderen Begriffen und Aussagen dar. O

Dekodierung → Kodierung

Delinquenz

bezeichnet etwas unscharf sowohl die Veranlagung zu abweichendem Verhalten als auch das Ergebnis eines solchen Verhaltens, wobei die Bandbreite des Verständnisses wieder von Verhaltensstörungen bis zu asozialem, ja kriminellem Verhalten reicht. Ein Delinquent wird dementsprechend undifferenziert ein Übeltäter, ein Asozialer, ein Straffälliger, genannt.

Delinquentes Verhalten von Kindern und Jugendlichen ist in den meisten Fällen auf mangelhafte Einübung in allgemein anerkannte Normen der Gesellschaft zurückzuführen. Dieser empirische Befund wird durch die Feststellungen gestützt, daß die Mehrheit delinquenter Kinder und Jugendlicher aus benachteiligten Bevölkerungsschichten stammt, und etwa nur ein Fünftel von ihnen über die Konsequenzen des delinquenten Verhaltens Bescheid weiß.

Häufig ergibt sich delinquentes Verhalten durchaus entwicklungsgemäß im Zusammenhang mit Mutproben oder Protestaktionen innerhalb der → Peer-group. Ein gefährlicher → Stigmatisierungseffekt ist mit dem Strafvollzug, aber auch schon mit überschießender Bedeutungszumessung delinquenten Verhaltens verbunden, womit nicht selten eine kriminelle Karriere erst eingeleitet wird.

Im Schulbereich sorgen nach einer Untersuchung von Brusten/Hurrelmann vor allem stereotype Einteilungen der Schüler nach Leistung, Beliebtheit und Konformität (Anpassung) durch Lehrer und Mitschüler für entsprechende Selbsteinschätzung der Schüler. Eine in diesem Vorgang „beschädigte Identität" (Goffman) bereitet den Weg zur Delinquenzgefährdung.

Goudsmit 1986; Kreuzer 1981 und 1987; Retzmann 1986; Schuh 1988

→ Asozialität → Devianz → Verwahrlosung K

DELTA → Europäische Bildungsprogramme

Demenz
bezeichnet den Zustand verminderter Intelligenz aufgrund somatischer oder psychischer Erkrankungen oder als Folge des Alters (Altersdemenz); sie ist also erworben, nicht angeboren. K

Demokratischer Erziehungsstil → Erziehungsstile → Unterrichtsstil

Demokratisierung der Schule
geht – anknüpfend an die Studentenbewegung und die außerparlamentarische Opposition in den 60er Jahren – zunächst von der undifferenzierten Annahme aus, daß der hierarchische Aufbau der Institution Schule und der in der Schule weithin praktizierte autoritäre → Erziehungsstil einer Verwirklichung der demokratischen Grundprinzipien Gleichheit, Freiheit, Selbstbestimmung entgegenstünden. Sie verfolgt konsequenterweise die Absicht, die Schulwirklichkeit derart umzugestalten, daß sie zu einem echten Einübungsfeld für demokratische Verhaltensweisen werden kann. Die pädagogischen Vorstellungen für eine Verwirklichung dieser Forderungen reichen je nach ideologischem Standort von totalem Herrschaftsabbau und kämpferischer Solidarisierung gegen die bestehende, vermeintlich verfälschte demokratische Gesellschaftsform bis zum zögernden Zugeständnis einer auf Organisationsfragen beschränkten Schülermitverantwortung.
Historisch reicht das Ringen um die Demokratisierung der Schule bis in die Anfänge des 19. Jahrhunderts und zwar zum Kampf von Staat und Kirche um die Schulaufsicht zurück. Aber das Staatsverständnis selbst und die total abhängige Stellung der Lehrer eröffneten einer Demokratisierung der Schule bis in die 50er Jahre des 20. Jahrhunderts keine echte Chance, abgesehen von elitären, für das öffentliche Schulwesen wirkungslosen Versuchen reformpädagogischer Schulpraxis.
Eine wünschenswerte, aber zugleich realistische Demokratisierung der Schule muß sich an Zweck und Aufgabe der Schule als ihrem Bezugspunkt orientieren. Nach E. Weber ist „die Schule nicht primär eine Institution zur Austragung von genuin kontroversen Gruppeninteressen, schon gar nicht eine Instanz, in der radikale Minderheiten um die Macht zu kämpfen haben, sondern ein soziales System, in dem Lernende und Lehrende sich gemeinsam um optimale Erziehung und Bildung bemühen sollen."
Aus dieser Zweckbestimmung der Schule werden mit Recht die Forderungen „gleicher Bildungschancen für jedermann", einer Lockerung der „hierarchisch-bürokratischen Schulverwaltung und -aufsicht", einer Stärkung der Lehrerposition durch den Ausbau des Kollegialitätsprinzips in der Schulleitung, die Verwirklichung des sozial-integrativen Erziehungsstils, die Einführung von Schulkonferenzen aus Lehrern, Schülern und Eltern als Gremium mit Mitwirkungsrechten und eine kompetente Schülermitbestimmung abgeleitet. Für eine realistische Demokratisierung der Schule ist es bedeutsam, auch ihre Grenzen unmißverständlich abzustecken, die sich aus der unterschiedlichen Sachkompetenz von Lehrern und Schülern, aus den im Grundgesetz verankerten bildungspolitischen Pflichten des Staates und aus den Rechten und Pflichten der Lernenden selbst ergeben.

Füssl/Kubina 1984; Köck 1985 f. (Stichworte „Eltern" und „Schüler") und 1991; Meyer 1973; Nevermann/Richter 1977; Schmoldt 1985; Weber 1974; Wiater/Lohrenz 1980

→ Schülermitverantwortung (SMV) K

Demoskopie → Meinungsforschung

Denken, in psychologischer Sicht

Im Prozeß des Denkens werden die begegnende Welt und die Beziehungen innerhalb dieser geordnet und zwar nach den Kriterien der Gleichheit, der Ähnlichkeit und der Unterschiedlichkeit. Dabei stützt sich das Denken immer auf Wahrnehmungen, Vorstellungen oder Zeichen, z. B. auf die Symbolik der Sprache. Die Sprache fungiert also nicht lediglich als Mittel zum Ausdruck und zur Mitteilung von Gedanken, sondern sie ist selbst elementarer Träger des Denkens, insofern mit ihrer Hilfe vom unmittelbar Gegenständlichen abstrahiert gedacht werden kann.

S. Freud beschrieb das Denken als **Probehandeln mit herabgesetztem Risiko,** das dem Ernstfall vorgelagert ist. In der Pädagogischen Psychologie wird zwischen verschieden anspruchsvollen Denkleistungen unterschieden, so das anschauliche Denken vom abstrakten, begrifflichen Denken, das rezeptive Denken vom produktiven, problemlösenden bzw. vom kritischen Denken. Nach Guilford wird ein Denken in bekannten Bahnen oder nachvollziehender Art **konvergentes** Denken genannt. In Tests wird es durch Aufgaben geprüft, die nur eine einzige richtige Lösung zulassen. Im Unterschied dazu zeichnet sich das **divergente** Denken durch hohe Flexibilität, Originalität und Wort- und Gedankenflüssigkeit aus. Dieser Art des Denkens wird unter dem Terminus **kreatives Denken** in schulischen Lernprozessen steigende Bedeutung beigemessen. Bezüglich der **Entwicklung des Denkens** verdient gegenwärtig besondere Beachtung das Konzept von J. Piaget, der mit Hilfe seiner eigenwilligen → Klinischen Methode u. a. den → Egozentrismus und Realismus im Denken des Kleinkindes und Kindes untersuchte. Als Formen egozentrischen Denkens wies er den **Animismus** (allen Bewegungen liegt Bewußtsein wie den eigenen Bewegungen zugrunde), die **finalistische Deutung von Vorgängen** (hinter allem Geschehenden steckt eine Absicht), das **magische Denken** (Gegenstände, Tiere, Pflanzen und deren Zeichen sind ebenso handlungsfähig wie Menschen) und den **Artifizialismus** (alles ist von den Menschen oder von Gott gemacht) nach. Denken ist nach J. Piaget gekennzeichnet durch die Fähigkeit zur **Operation.** Die Operation ist die zuerst am anschaulichen Objekt, später in der Vorstellung mit Hilfe von Symbolen vollzogene Handlung, die Einsicht in Zusammenhänge und Gesetzmäßigkeiten ermöglicht. Von dieser Art des Denkens unterscheidet sich wesentlich das Lernen durch → Konditionierung, am Modell (→ Modell-Lernen) oder durch Versuch und Irrtum (→ Trial and error learning). Operationen sind reversibel (umkehrbar) und assoziativ (in der Vorstellung beliebigen Verknüpfungen zugänglich), im Gegensatz etwa zu Gewohnheiten, die stereotyp und meistens nur in derselben Situation anwendbar sind, in der sie erworben wurden.

Bezüglich des Grundkonzepts Piagets zum Denken als höchster und beweglichster Anpassung des menschlichen Organismus an die Umwelt und bezüglich der Entwicklungsstufen des Denkens → Intelligenz. K

Aebli 1980, 1981; Heidegger 1984 und 1988; Hussy 1984 und 1986; Kluwe/Spada 1981; Oerter 1980; Piaget 1972 und 1984; Stachowiak 1975; Vester 1978/1980/1988; vgl. auch Literatur zu Intelligenz!

Denkpsychologie
erforscht die Bedingungen und den Verlauf von Denkprozessen je nach der Komplexität der gestellten Aufgabe. Richtungsweisende Erkenntnisse brachten in die Denkpsychologie vor allem die → Würzburger Schule, die → Gestaltpsychologie und bezüglich der Entwicklung des Denkens die Untersuchungen von J. Piaget ein.

Vgl. Lit. zu Denken!

→ Denken K

Denotation
bezeichnet sowohl die Inhaltsangabe eines Begriffs als auch die streng sachbezogene Bedeutung eines Begriffs (z. B. Wald als Ansammlung vieler Bäume) im Unterschied zur → Konnotation oder übertragenen Bedeutung (z. B. Wald als eher emotional bestimmter Ort der Märchen, Mythen). Außerdem beschreibt Denotation die formale Beziehung zwischen einem Zeichen und dem bezeichneten Gegenstand (Referenzobjekt). K

Dependenz → Interdependenz

Depersonalisation → Entpersönlichung

Depression
bezeichnet in der psychologischen Fachsprache eine von Gefühlen getragene negative Einstellung und einen krankhaften Verhaltenszustand, der geprägt sein kann durch konstante Niedergeschlagenheit, Lust- und Hoffnungslosigkeit, pessimistische, schwermütige Stimmungslagen, Verzagtheit, Einsamkeit, Isolation, Angst oder Minderwertigkeitsgefühl bis hin zur Selbsttötungsneigung (→ Suizid). Bei Menschen, die an stärkeren Depressionszuständen leiden, werden im allgemeinen alle anderen Funktionen beeinträchtigt. Ihre körperlichen und auch geistigen Aktivitäten werden geringer. Sie fallen einer Antriebshemmung anheim, können ihre Aufgaben in Familie und Beruf nicht mehr erfüllen und bedürfen einer ambulanten oder stationären Behandlung.
Ist ein äußerer Anlaß zur Depression gegeben, wie z. B. ständige Frustrationen eines Schülers durch die Schule und dadurch zu starker Druck der Eltern auf das Kind, so bezeichnet man diese als eine **reaktive oder neurotische Depression.** Werden für eine Depression keine von außen kommenden Einflußfaktoren und Gründe erkannt, sondern wird angenommen, daß eine depressive Verstimmung oder Erkrankung auf erbliche Belastung oder frühkindliche Erlebnisse zurückzuführen ist, gelegentlich in das Krankheitsbild der → Manie umschlagend und in Schüben auftretend, spricht man von einer **endogenen oder psychotischen Depression.** Eine **somatogene Depression** kann sich als Folge körperlicher Erkrankungen ergeben.
Adler (1965) führt die Depression auf Organminderwertigkeit und Verwöhnung zurück. Die Depression stellt sich aus seiner Sicht als Arrangement dar, um weiter verwöhnt zu werden.
Die deutschen Neopsychoanalytiker nehmen an, daß eine Bereitschaft zu depressiven Reaktionen gelegt wird, wenn entscheidende Verdrängungen im ersten Lebensjahr erfolgten.

Kuiper (1968) stellt fest, daß die Depression dann auftritt, wenn die Kind-Mutter-Beziehung nicht fortgesetzt werden kann, wenn Schutz und Anerkennung wegfallen, jemand im Stich gelassen oder ständig gekränkt wird. Weitere Ursachen depressiven Verhaltens können z. B. auch sein:
- jegliche Störung von Gefühlsbeziehungen,
- schwierige persönliche Situationen,
- psychotische Erkrankungen (→ Psychose),
- Hirnarterienverkalkung,
- Hirnverletzungen.

Häufig wird von Depressiven ihnen zuerkannte und entgegengebrachte Hilfe mit Gleichgültigkeit und Abwendung belohnt. Ihre Apathie ist damit zu erklären, daß sie während ihrer depressiven Stimmungslage unfähig sind, Gefühle zu äußern und ihre Umwelt für sie eintönig, bedeutungslos, uninteressant, kalt und sinnlos geworden ist. Sie befassen sich mit Sterbe- und Todesgedanken. Die Stimmung des Depressiven kann seine → Motorik beeinflussen, so daß seine Bewegungen sich verlangsamen, schwerfällig und unbeholfen werden.
Nach den Erfahrungen von Remschmidt (1972, S. 266) „brauchen Depressive gerade im Krankheitsstadium, in dem sie zu einer Kommunikation unfähig sind, ein hohes Maß an Zuwendung. Gespräche mit ihnen in der Rekonvaleszenzphase zeigen, daß sie im Stadium der tiefsten Depression Interesse, Zuwendung und Anteilnahme als sehr wohltuend empfunden haben, obschon sie nicht in der Lage waren, irgend etwas von sich aus in dieser Richtung zu tun."
In der Therapie kommen neben psychotherapeutischen Verfahren Veränderungen in der depressionsauslösenden Umwelt und gelegentlich auch medikamentöse Behandlung mit Antidepressiva in Frage.

Freyberger 1991; Friese/Trott 1988; Hippius/Laakmann 1991; Kutter 1989/5; Maier 1992; Pflug 1981; Pöldinger/Reimer 1992; Riemann 1989; Waelder 1983; Zulliger 1990

→ Hospitalismus OK

Deprivation, soziale

(von lat. deprivatio = Beraubung) bezeichnet einen Verlust bzw. Mangel an sozialen Kontakten, der vor allem im frühkindlichen und kindlichen Alter meist zu schwerwiegenden Verhaltensstörungen führt, wie sie sich im Phänomen des → Hospitalismus besonders deutlich darstellen. Um Extremformen sozialer Deprivation handelt es sich bei den Kaspar Hauser-Schicksalen oder bei den Experimenten des Hohenstauferkaisers Friedrich II., der Kinder ohne sprachliche und emotionale Kontakte mit der Umgebung aufwachsen ließ, um die Ursprache der Menschen zu erforschen. Die extreme soziale Deprivation führte bei diesem zweifelhaften Experiment zum Tode der Versuchspersonen.
Nach einer Kurzdefinition der „Deutschen Liga gegen Deprivation" ist unter „Deprivation Mutterentbehrung und emotionale Vernachlässigung in der frühen Kindheit zu verstehen.
Folgen: Emotionale Unterentwicklung des Kindes bis zur Verkümmerung von erblich vorhandenen Anlagen (= Deprivationssyndrom). Dadurch bedingte Spätfolgen: Gestörtes soziales Verhalten, Kontaktarmut, Schulversagen, Aggressivität, Apathie, verstärkte Anfälligkeit gegenüber Sucht und Kriminalität."

Moog/Moog 1979; Walper 1988

→ Asozialität → Jugendkriminalität → Schwererziehbarkeit → Verwahrlosung K

Desensibilisierung
bezeichnet den Vorgang, bei dem ein Organismus gegenüber Reizen unterschiedlicher Art (z. B. Krankheitserreger, Medikamente, angstbesetzte Situationen) unempfindlich bzw. weniger empfindlich gemacht wird. In der Verhaltenstherapie werden mit Desensibilisierung die Maßnahmen zusammengefaßt, die helfen sollen, die fixierte Verbindung von angsteinflößenden Reizen mit Angstreaktionen zu löschen. K

Desensitivierung → Desensibilisierung (syn.)

Desillusionierung
Illusion bedeutet allgemein Vorspiegelung, Schein. In der Psychologie ist mit Illusion eine nicht der Wirklichkeit entsprechende Wahrnehmung gemeint, sei es, daß Wirklichkeit den aufnehmenden Sinnen bereits verfälscht begegnet oder daß der Wahrnehmende die objektiven Gegebenheiten durch Fehlleistungen beim Wahrnehmungsakt falsch aufnimmt. So begünstigen z. B. die Massenmedien Film und Fernsehen den Aufbau einer Scheinwelt. Maßnahmen der Desillusionierung erweisen sich in solchen Fällen als wichtiger pädagogischer Auftrag. In unserem Beispiel ginge es bei der Desillusionierung um einen Abbau der Illusion durch eine der Realität entsprechende Information über Absichten und Produktionsmethoden der betreffenden Medien.
→ Apperzeption → Wahrnehmung K

Deskriptive Pädagogik
stützt sich in ihren Aussagen einzig und allein auf Ergebnisse der Deskription als Methode, worunter die bloße Beschreibung erzieherisch bedeutsamer Gegebenheiten und Zusammenhänge ohne Interpretation zu verstehen ist. Die deskriptive Methode ist vor allem auf exakte → Beobachtung in allen ihren Formen angewiesen. Sie gilt heute als eine Methode neben anderen innerhalb der → Empirischen Erziehungswissenschaft. Eine nur auf Deskription beschränkte Pädagogik, wie Dilthey sie in Ablehnung allgemeingültiger normativer pädagogischer Zielsetzungen verstand, ist von ihrem methodischen Ansatz her und in ihrem Aufgabenverständnis zu einseitig und eng. K

Deskriptive Statistik → Statistik

Desoxyribonucleinsäuren
abgekürzt DNS, sind chemische Substanzen, aus denen zum Großteil die → Chromosomen bestehen. Sie sind die Träger der Erbinformationen. K

Destruktion, Destruktionstrieb
bedeutet wörtlich Zerstörung, Zersetzung und wird in der Psychologie als zerstörerische bzw. behindernde Einflußnahme auf die Bedürfnisbefriedigung anderer oder seiner selbst (Selbstdestruktion) verstanden. Eine Form der Destruktion in diesem Sinne ist z. B. destruktive Kritik, die den Handlungsvollzug eines anderen durch herabsetzende oder zweifelnde Stellungnahmen behindert oder völlig zerstört, anstatt mit der Kritik aufbauende und fördernde Hilfen für eine befriedigende

Vollendung der Aktion zu geben (konstruktive Kritik). Die Neigung zu destruktiven Verhaltensweisen kann ihrerseits die Folge ähnlicher eigener Erfahrungen und anderer Versagungen sein.
Als **Destruktionstrieb** bezeichnete S. Freud eine grundlegende Energiequelle des menschlichen Verhaltens, die er als Gegenkraft gegen die aufbauende Energiequelle der → Libido verstand. Ohne Ableitung des Destruktionstriebes in → Aggressionen würde er zur Selbstdestruktion, d. h. zum Tode führen (Todestrieb). K

Fromm 1974

Deszendenztheorie → Ontogenese

Determinante

Eine Determinante wird als zwingende Ursache eines Vorgangs oder eines Zustandes von bestimmter Art verstanden. So bestimmen z. B: Erbdeterminanten die Vererbung bestimmter Merkmale und Anlagen. Oder nach Auffassung der Frustrations-Aggressions-Hypothese Dollards u. a. sind Frustrationen Determinanten der Aggressionen (→ Aggression). Abgesehen von der Richtigkeit dieser Hypothese geht die Psychologie überhaupt von der determinierenden Wirkung der Verhaltensweisen aus, anders bliebe sie auf reine Beschreibung psychischer Phänomene beschränkt.

→ Curriculumdeterminanten K

Deutscher Bildungsrat → Strukturplan für das Bildungswesen

Deutsches Gymnasium → Gymnasium

Deutsches Institut für Fernstudien (DIFF)

Es ist der Universität Tübingen angegliedert und in Zusammenarbeit mit dieser und dem Kultusministerium Baden-Württemberg am 28. 2. 1967 von der Stiftung Volkswagenwerk als rechtsfähige Stiftung bürgerlichen Rechts gegründet worden. In Übereinstimmung mit den Grundsätzen des Staatsabkommens der Länder der Bundesrepublik Deutschland über die Finanzierung wissenschaftlicher Forschungseinrichtungen vereinbarten die Länder, die Anschlußfinanzierung der Stiftung DIFF zu gewährleisten.
Aufgrund der am 5./6. 5. 1977 zwischen der Bundesregierung und den Regierungen der Länder geschlossenen „Ausführungsvereinbarung zur Rahmenvereinbarung über die gemeinsame Förderung von Einrichtungen der wissenschaftlichen Forschung“ (Art. 91 b GG) beteiligt sich seit 1. Januar 1977 der Bund zu 50% an der Grundfinanzierung des DIFF. Das Institut befaßt sich mit der Erforschung der Didaktik und Methodik des Fernstudiums, entwickelt und erprobt Fernstudienlehrgänge und führt diese auch durch. Darüber hinaus entwickelt und organisiert es in Verbindung mit den Rundfunkanstalten Fernstudienlehrgänge im Medienverbund (→ Funkkolleg, → Telekolleg).
Die Projekte des DIFF befassen sich schwerpunktmäßig mit der → Lehrerbildung (→ Lehrerfort-, Lehrerweiterbildung), dem Hochschul-Erststudium und der wissenschaftlichen Erwachsenenbildung.
Zunächst intensiv vorangetriebene Versuche, das DIFF zu einem „überregional

koordinierten bzw. kooperativen Fernstudiensystem in der Bundesrepublik Deutschland" weiterzuentwickeln, sind mittlerweile wegen unterschiedlich motivierter Bedenken auf Seiten der staatlichen Organe (Kulturhoheit der Länder), der Hochschullehrer (Konkurrenzbefürchtungen) und der Studenten (Vereinzelung im Studium und mangelnde Gelegenheit zu solidarischen Aktivitäten in der Lerngruppe) ins Stocken geraten.

→ Fernstudium → Medienverbundsystem OK

Devianz, Deviation

bedeutet in der Soziologie und Psychologie eine Abweichung konkreter Verhaltensweisen von bestehenden, in einer bestimmten Gesellschaft allgemein anerkannten Normen.

Von deviantem Verhalten ist gleicherweise die Rede z. B. bei gelegentlicher geringfügiger Nichtübereinstimmung, bei sexuellen Perversionen und bei permanent asozialem oder kriminellem Verhalten. K

Bonstedt 1977; Brusten/Hurrelmann 1976; Cohen 1975; Domke 1983; Friedrich 1986; Homfeldt 1974; Keupp, H. 1976; Keupp, L. 1982; Meyer/Weber o. J.; Schur 1984; vgl. auch bei → Verhaltensauffälligkeit und → Verhaltensstörung!

Diagnose → Prognose

Diagnose- und Förderklassen → Sonderpädagogische Diagnose- und Förderklassen

Diagnostik, pädagogische und psychologische → Psychodiagnostik → Test

Dialektik

Die Dialektik war bei den Sophisten (Weisheitslehrer; Wanderlehrer, die in Philosophie, Redekunst und Wissenschaft ausbildeten) eine besonders entwickelte Kunst der Gesprächsführung. Sokrates und Platon erhoben sie zur Methode der Philosophie. Im heutigen Sprachgebrauch versteht man unter Dialektik eine Methode, die Probleme und Aussagen durch gegensätzliche Behauptungen oder durch Widersprüche in Frage stellt. Der Widerspruch oder die Negation ist in der dialektischen Methode durchaus konstruktiv zu verstehen als Anreiz, eine These weiter differenzierend und damit präzisierend zu belegen oder aber in Frage zu stellen. Behauptung und Gegenbehauptung (These und Antithese) zu einem Problem versucht man anschließend auf einer höheren Abstraktionsebene zu integrieren (Synthese), um evtl. Erkenntnisse höherer oder anderer Art zu gewinnen. Die Synthese stellt also hier qualitativ mehr dar als die bloße Addition von These und Antithese. Gerade aus der Gegensätzlichkeit von Behauptungen bzw. durch das kritische Hinterfragen von Behauptungen lassen sich u. U. Lösungsmöglichkeiten für ein Problem erschließen, die bis dahin überhaupt nicht gesehen wurden. In der Pädagogik fand die dialektische Methode zur Erkenntnisgewinnung Eingang durch Fr. Schleiermacher. OK

Adorno 1975; Bartels u. a. 1986; Becker/Essler 1981; Fuller 1983; Hartkopf 1972; Heintel 1984/1985; Petersen 1980; Sandkühler/Holz 1986; Viertel 1983

Dialogische Unterrichtsform

In der dialogischen Unterrichtsform bemühen sich Lehrer und Schüler als gleichberechtigte Gesprächspartner um Problemlösungen.
Dabei sind entscheidend
- Argumente anstatt Mehrheiten,
- Freiheit der Meinungsäußerung anstelle der Anpassung an die Gruppenmeinung oder eine dominante Meinungsinstanz,
- strenge Problemorientierung,
- Einbezug von Emotionen und Beziehungen in den Arbeitsprozeß.

Verhaltens- und Gesprächsregeln erleichtern den humanen Umgang miteinander im dialogischen Verfahren (vgl. z. B. → Feedback-Regeln oder die Verhaltensregeln der → themenzentrierten interaktionellen Methode!).
Die dialogische Unterrichtsform hat ihre Chance
- als Unterrichtsprinzip im Sinne der → Metakommunikation,
- bei der Planung und Durchführung von Veranstaltungen des Schullebens, wie z. B. Schullandheimaufenthalte, Skilager,
- bei Auseinandersetzungen auf weltanschaulicher Grundlage und/oder über existenzielle aktuelle Probleme
- und bei der Bearbeitung aktueller Konfliktsituationen.

→ Dialogisches Verhältnis → Unterrichtsformen K

Dialogisches Verfahren → Dialogische Unterrichtsform

Dialogisches Verhältnis

Das dialogische Verhältnis spielte in der Pädagogik als spezifische Kennzeichnung des pädagogischen Bezuges immer eine große Rolle. Formal beschreibt es die wechselseitige Einflußnahme von Erzieher und Zögling. Wenn das dialogische Verhältnis im pädagogischen Bezug den Stellenwert eines Lippenbekenntnisses überwinden will, muß die grundsätzliche Gleichwertigkeit der Dialogpartner auch im praktischen Umgang anerkannt sein. Konsequenzen eines ernstgenommenen dialogischen Verhältnisses sind z. B. sozialintegrativer → Erziehungsstil, jederzeit reversibles (= umkehrbares) Erzieherverhalten, Orientierung der Aktionen von Erzieher und Zögling an den Rechten, Pflichten und Kompetenzen der Dialogpartner.

Buber 1984, 1986; Dilger 1983; Heitger 1983

→ Autorität → Dialogische Unterrichtsform → Gruppe → Personale Pädagogik K

Dianetik

Mit dem Begriff Dianetik (1950) bezeichnet L. Ron Hubbard, vormals Autor von Science-Fiction- und Trivialromanen, die „moderne Wissenschaft der geistigen Gesundheit". Er behauptet in seinem Bestseller, der zur ideologischen Grundlage der → Scientology Church wurde, absolut sichere Methoden gefunden zu haben, die den Menschen frei, glücklich und erfolgreich machen. Die weltweit operierende Scientology Church bedient sich bei Anwerbung und Ausbildung ihrer Mitglieder ausgeklügelter Methoden der Gehirn- und Seelenwäsche und einer äußerst kostenträchtigen Abfolge von Trainingskursen. Heutzutage gewinnt die Scientology Church zunehmend Einfluß auf die Managementebene in Unternehmen, denen bei Anwendung der Dianetik-Lehren sicherer Erfolg versprochen wird. Dianetik im Unternehmen baut auf ein starkes Kontrollsystem, Denunziation und eine sog. neue Ethik, die vor allem darin besteht, Widerstände zu ignorieren bzw. auszuschalten. K

Diaprojektor

Der Diaprojektor ist ein Bildwerfer für durchsichtige Bilder (Dias). Diese werden entweder einzeln durch Wechselschieber oder durch Diamagazine über nichtautomatische, halbautomatische, automatische oder vollautomatische Projektoren auf die Projektionswand geworfen. Können die in einem Magazin des Diaprojektors befindlichen Dias mit Hilfe einer Wahleinrichtung oder einer Schaltautomatik einzeln in beliebiger Reihenfolge gewählt und abgerufen werden, so spricht man von einer selektiven Diaauswahl. O

Diathek

ist ein speziell ausgestatteter Schrank oder ein Regal für die ökonomische Archivierung von Diaserien, meistens mit einem Lichtpult zur Sichtung und Auswahl von Dias versehen.
→ Audiothek → Foliothek → Lehrmittel → Mediothek → Videothek K

Dichotomie

bedeutet Zweiteilung und ist eine Methode, die einem Begriff zwei andere unterstellt, die grundsätzlich einander ausschließende Ereignisse betreffen oder auf dem Gegensatz nur zweier Größen basieren. So kann z. B. das Marx'sche Gesellschaftsmodell als dichotom angesehen werden, wenn man ihm Bourgeoisie und Proletariat als grundsätzliche Begriffe unterordnet. O

Didaktik

bedeutet wörtlich aus dem Griechischen übernommen Lehre, Unterricht, Unterweisung. Als Berufswissenschaft des Lehrers hat sie Tradition seit der Antike. Im Laufe der Zeit entwickelte sie sich von der „Lehrkunst" über die „Unterrichtslehre" zur „wissenschaftlichen Reflexion des Lehrens und Lernens". Als eigenständiger Bereich der Erziehung wurde sie von W. Ratke (1571–1635) und J. A. Comenius (1595–1670) begründet, von J. Fr. Herbart (1776–1841) und seiner Schule für den schulischen Unterricht konzipiert.
Heute ist die Didaktik als Wissenschaft von drei Aufgabenbereichen bestimmt:

1. **Didaktik als Theorie der Bildungsinhalte und des Lehrplans** ist damit befaßt,
   - allgemein verbindliche oberste Bildungsziele zu ermitteln,
   - Kriterien und Methoden der Lehrplananalyse und der Lehrplankonstruktion zu entwickeln,
   - konkrete Unterrichtsinhalte nach pädagogischen Gesichtspunkten zu bestimmen (vgl. → didaktische Reduktion!)
2. Als **Unterrichtstheorie** ist die Didaktik mit ihrer Forschung und mit ihren Handlungsanweisungen auf die Optimierung des unterrichtsbezogenen Handelns des Lehrers ausgerichtet. Im Sinne einer „kritisch-konstruktiven Theorie" (Klafki) steht die Didaktik der vorgefundenen Unterrichtswirklichkeit kritisch gegenüber. So ist es z. B. die Verpflichtung der Didaktik,

- hartnäckig auf unterdrückte oder vernachlässigte Unterrichtsbedingungen hinzuweisen und Verbesserungsvorschläge zu erarbeiten,
- die vielfältigen Abhängigkeiten des Unterrichts von gesellschaftlichen und institutionellen Rahmenbedingungen ins Blickfeld zu rücken,
- alternative Formen der Vermittlung zum herkömmlichen Unterricht zu entwickeln u. a. m.

3. **Didaktik als die Wissenschaft vom Lehren und Lernen** wendet sich den Bedingungen des Informationsumsatzes sowie den psychischen Vorgängen beim Lernprozeß zu. Die Anleihen bei der → Lernpsychologie sind erheblich (vgl. z. B. Köck 1987).

Dem jeweiligen unterrichtlichen Bezugsfeld der Didaktik entsprechend unterscheiden wir zwischen Allgemeiner Didaktik, Fachdidaktik, Bereichsdidaktik und Stufendidaktik.

Aebli 1976 und 1987; Aschersleben 1983; Bonne 1980; Borsum u. a. 1982; Borowski u. a. 1978; Flechsig/Haller 1975; Glöckel 1990; Gudjons u. a. 1991; Kath 1983; Klafki 1985; Knecht-von Martial 1985; Köck 1991; Petersen-Falshöft 1979; Peterssen 1983; Schröder 1991; Schröter 1981; Steuber 1981; Stöcker 1984; Wiater 1991

→ Fachdidaktik → Strukturmodelle der Didaktik K

Didaktik als Theorie der Lehr- bzw. Bildungsinhalte

entstammt der geisteswissenschaftlichen Bildungstheorie. Sie wurde von E. Weniger grundgelegt und vor allem von W. Klafki weiterentwickelt. Sie ist an der Erziehungswirklichkeit orientiert und der → Ideologiekritik aufgeschlossen.
Sie fragt schwerpunktmäßig

1. nach Auswahlkriterien für die Inhalte einer zeitgemäßen Bildung,
2. nach Wesen, Sinn, Möglichkeiten und Grenzen von Bildung überhaupt,
3. nach Unterrichtsfächern und Lerninhalten in bezug auf ihre Bedeutsamkeit und Übersetzbarkeit für Bildung,
4. nach bildungsrelevanten Methoden, jedoch unter dem Primat der Didaktik.

Nach Ansatz und Zielrichtung sind zu unterscheiden:

1. **Materiale Bildungstheorien** definieren „Bildung von den Inhalten und ihrer objektiven Bedeutung her“. Wer sich die definierten und in einem Bildungsideal verkörperten Kulturinhalte angeeignet hat, gilt als gebildet. Bildungsideale in diesem Sinne waren z. B. der Civis Romanus (der politisch voll aktive Bürger Roms), der Christ des Mittelalters, der „uomo universale“ der Renaissance, der Gentleman altangelsächsischer Prägung. Das inhaltlich klar Erfaßte und im Bildungsprozeß Überlieferte war in allen genannten Fällen als Vorbildliches, Bewährtes zu verstehen, dessen Aneignung Bildung bedeutete.
2. **Formale Bildungstheorien,** wie sie z. B. von Rousseau, Pestalozzi und Humboldt vertreten wurden, definierten demgegenüber „Bildung vom Subjekt her, von seiner Entwicklung und Förderung“. Als Ziel der Bildung wird die dem Individuum angemessene Entfaltung seiner Anlagen und Kräfteschulung gesehen. Die Inhalte werden nicht um ihrer selbst willen angeeignet, sie werden vielmehr Mittel zum Zweck.
3. **Die kategoriale Bildungstheorie** W. Klafkis versucht zwischen den beiden genannten Ansätzen zu vermitteln, insofern über das → Elementare als ausgewähltem Bildungsinhalt „allgemeine Inhalte auf der Seite der Welt sichtbar werden“ und damit gleichzeitig „Kategorien auf der Seite des Subjekts“ gebil-

det werden, die wiederum erst den Umgang mit Welt und die weitere Erschließung neuer Bereiche von Welt ermöglichen. Das für den Bildungsprozeß auszuwählende Elementare wirkt also „doppelseitig erschließend“: Es ermöglicht den Zugang zur Welt und öffnet gleichzeitig den Lernenden für die Welt, indem er durch die Aneignung von Kategorien für den Zugriff auf diese Welt befähigt wird. (Vgl. Klafki 1964[4] und 1974)

Blankertz 1986; Köck 1991

→ Didaktik → Formale Bildung → Strukturmodelle der Didaktik K

Didaktische Analyse

Die didaktische Analyse als sog. Kern der Unterrichtsvorbereitung dient zur Ermittlung der thematisch gebundenen Lernstruktur. Die in der Schule zu erschließende Wirklichkeit besteht aus Bildungsinhalten und der Erschließung der in ihnen befindlichen Bildungsgehalte. Der Bildungsinhalt ist nach Klafki dadurch charakterisiert, „daß er als einzelner Inhalt immer stellvertretend für viele Kulturinhalte steht; immer soll ein Bildungsinhalt Grundprobleme, Grundverhältnisse, Grundmöglichkeiten, allgemeine Prinzipien, Gesetze, Werte, Methoden sichtbar machen. Jene Momente nun, die eine solche Erschließung des Allgemeinen im Besonderen oder am Besonderen bewirken, meint der Begriff des Bildungsgehalts.“ Nach der didaktischen Analyse hat sich der Lehrer zunächst Klarheit über Gehalt der Bildungsinhalte zu verschaffen und den Stoff für die von ihm zu unterrichtenden Schüler transparent aufzubereiten. Die Bildungstheorie Klafkis gewinnt durch seine fünf Hauptfragen Bedeutung für die Praxis: Erschließungsrichtung eines Themas; Bedeutung für das Kind; Bedeutung des Themas für die Zukunft des Kindes; Struktur des Inhalts; altersgerechte Aufbereitung der Inhalte zum Zwecke leichteren Aufnehmens und Begreifens.

Kramp u. a. 1976; Köck 1991

→ Didaktik → Kategoriale Didaktik K

Didaktische Innovation → Innovation

Didaktische Reduktion

bearbeitet als zentrale Aufgabe der → Fachdidaktik das Spannungsfeld zwischen fachwissenschaftlich formulierten Aussagen und dem Schüler als Abnehmer.
In der didaktischen Reduktion werden nämlich komplexe Lerninhalte auf ihre Kernaussage zurückgeführt, an besonders einleuchtenden Beispielen erläutert, durch Veranschaulichung vereinfacht usw., um sie Schülern einer bestimmten Jahrgangsstufe zugänglich zu machen. Dabei ergeben sich zwangsläufig quantitative Probleme mit der Auswahl bzw. mit dem Weglassen von Elementen eines Sachverhalts sowie qualitative Probleme, die mit Vorgängen der Vereinfachung, Vergröberung und Übertreibung allemal verbunden sind. Die Fachdidaktik kommt aber auf keinen Fall daran vorbei, den wissenschaftlich formulierten Sachverhalt für eine bestimmte Unterrichtssituation zu „übersetzen“. Verluste sind beim Informationstransport nie vermeidbar; die didaktische Reduktion bietet da wenigstens den Vorteil, die Verluste bewußt und damit vertretbar einzukalkulieren.

Kahlke/Kath 1984; Kath/Kahlke 1985

→ Didaktik → Exemplarisches Lehren und Lernen K

Didaktischer Planungsfilter

Im Bereich der curricularen Lern- und Unterrichtsplanung werden Strukturgitter und Planungsfilter verwendet. Das Gitter des didaktischen Planungsfilters soll dem Lehrenden Anhaltspunkte geben, welche Aspekte bei einem auf vorgegebenen Lernzielen beruhenden Unterricht zu berücksichtigen sind. Kenntnisse der Fachwissenschaften, der Didaktik, der curricularen Ablaufprozesse, der wesentlichen unterrichtsbestimmenden Teile der → Psychologie und → Pädagogik, Theorie-Praxis-Strukturen und der entsprechenden, den Lernstoff beeinträchtigenden Einflußfaktoren müssen vorhanden sein. Das nachfolgende Gitter zeigt die einzelnen Ebenen des Filters und die das Gitter durchdringenden Einflußfaktoren, die bei der Aufbereitung von Unterrichtseinheiten von Bedeutung sind. Die Graphik ist von oben nach unten zu lesen. Siehe Abb. S. 139. O

Didaktisches Dreieck → Unterrichtsinhalt

Didaktisches Material im Kindergarten

wird unter dem Gesichtspunkt der gezielten Förderung der Kinder eingesetzt. Aufgrund seiner didaktischen und methodischen Aufbereitung ist es geeignet, bestimmte, vor allem kognitive Fähigkeiten der Kinder entwickeln und sichern zu helfen (z. B. Logische Blöcke, Konstruktionsmaterial).
Es sind allerdings Bedenken gegenüber einer grundsätzlichen Unterscheidung zwischen Spielmaterial und didaktischem Material aufgrund der bloßen Materialbeschaffenheit angebracht. Jedes Spielmaterial (Bauklötze, Spielautos, Bälle usw.) kann als didaktisches Material betrachtet werden und jedes didaktische Material kann zu bloßen Spielzwecken verwendet werden. Entscheidend für die Lerneffizienz des jeweiligen Materials ist also nicht seine Beschaffenheit, seine von vornherein festgelegte didaktische Struktur oder gar seine Etikettierung durch die Lehrmittel- oder Spielzeugindustrie, sondern die Absicht, mit welcher der Erzieher oder das Kind selbst es benützt.
Wenn z. B. ein vierjähriges Kind mit einfachen Bauklötzen „spielt" in der Absicht, durch eine Brückenkonstruktion eine kreuzungsfreie Fahrt für seine Spielautos zu schaffen, erweisen sich die Bauklötze als didaktisches Material von hohem Wert, weil sie das Kind dazu anregen, ein Problem unter Ausschöpfung der Materialeigenschaften kreativ zu lösen.
→ Kindergarten K

Didaktisches Strukturgitter

Der Strukturgitteransatz wurde Anfang der 70er Jahre vom Münsteraner Arbeitskreis für Didaktik (um Blankertz) als Strategie zur Entwicklung von Curricula entworfen. In dem als zweidimensionale Matrix angelegten Strukturgitter sind die Kriterien benannt, die bei der Curriculumkonstruktion bis hin zur Unterrichtsplanung für eine begründete Bestimmung der Lerneinheiten und ihrer Abfolge beachtet werden müssen.
Dabei geht es letztlich um eine **Verschränkung der Gesellschaftsanalyse der Frankfurter Schule** (insbesondere Habermas) **mit der Curriculumtheorie:**
Es ist eben nicht nur kurzsichtig, sondern auch unrealistisch, von der Annahme auszugehen, daß die Sache an sich überhaupt in die Vermittlung gelangen könne.

Didaktischer Planungsfilter

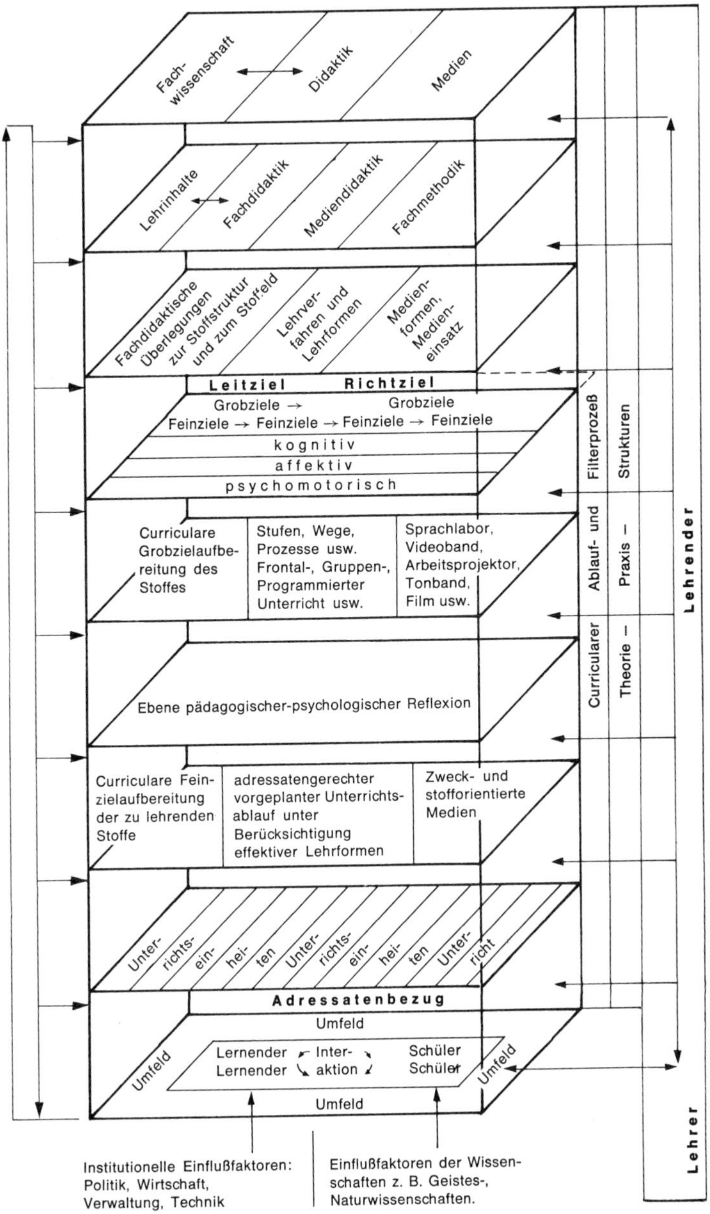

Selbst die fachwissenschaftliche Erkenntnisgewinnung ist allemal schon von technischen, praktischen und emanzipatorischen Erkenntnisinteressen geleitet, ganz zu schweigen von ihrer Bestimmung durch die Medien der Vergesellschaftung, nämlich Arbeit, Sprache und Herrschaft.
Das jeweils fachspezifisch organisierte didaktische Strukturgitter ist demnach als Such- und Planungsmatrix zu verstehen, durch welches bei der Analyse von Unterrichtsinhalten garantiert werden soll, daß der **Zusammenhang der drei Kategorien Gesellschaft, Fachwissenschaft und Schüler** nicht verlorengeht. Möglicherweise ist die vielfach beklagte Praxisferne schulischen Unterrichts u. a. dadurch zu erklären, daß er weder von den geltenden Lebensmaximen der Gesellschaft und dem für heute und morgen wünschenswerten Menschenbild abgeleitet wird noch auf diese hin geplant wird. Je nach Stellenwert eines Unterrichtsinhalts im gesellschaftlichen Kontext ist es keineswegs belanglos, ob die Schüler z. B. vorläufig nur Wissen speichern sollen oder Zusammenhänge begründen, gesellschaftspolitische Hintergründe aufdecken, selbständig und verantwortlich handeln sollen usw.
Zur weiteren Konkretisierung des Strukturgitteransatzes muß auf die speziellen Entwürfe der Fachdidaktik verwiesen werden, da die von den Fachwissenschaften eingebrachten Entscheidungskriterien zwangsläufig voneinander abweichen (müssen).
K

Blankertz 1973 und 1975; Ewers 1977; Kell 1986; Kross 1979; Kutscha 1976; Lackmann 1981

DIFF → Deutsches Institut für Fernstudien

Differentielle Psychologie

befaßt sich mit der Untersuchung und Beschreibung individueller Eigenarten des tierischen und menschlichen Verhaltens. Im Gegensatz zur → Allgemeinen Psychologie geht es ihr also gerade um die individuellen Unterschiede im Verhalten. Bezugspunkte für die Messung der Unterschiede sind durch empirische Methoden ermittelte Durchschnittswerte. Die differentielle Psychologie ist aber nicht nur an der Feststellung individueller Unterschiede interessiert, sondern auch an der Erforschung ihrer Bedingungen. Sie fragt also z. B. danach, warum bezüglich der Intelligenzleistungen einzelner Individuen Unterschiede je nach Geschlechts- und Gruppenzugehörigkeit oder aufgrund der Zugehörigkeit zu einem bestimmten Kulturkreis bestehen.

Amelang/Bartussek 1985

→ Psychologie
K

Differenzierung

1. **In der Entwicklungspsychologie** bezeichnet Differenzierung den kontinuierlich ablaufenden Prozeß der Aufgliederung und Verfeinerung von Fähigkeiten und Fertigkeiten, z. B. die aus ganzkörperlichen, grobmotorischen Bewegungen über langwierige Lernprozesse führende Entwicklung der feinmotorischen Fähigkeit, zu zeichnen oder zu schreiben.
   Parallel zur fortschreitenden Differenzierung verläuft der Vorgang der Zentralisation, der das bewußt gesteuerte und planende Verfügen über differenzierte Fähigkeiten und Kenntnisse ebenso wie ihre mechanisierte Beherrschung signalisiert.

2. Die **Allgemeine Didaktik** versteht unter Differenzierung allgemein alle unterrichtlichen Maßnahmen, durch welche die Schüler einer Jahrgangsklasse aufgrund bestimmter Differenzierungskriterien in Lerngruppen aufgeteilt werden.
Unterscheidungen:
- Differenzierung bezeichnet die **Gliederung des Schulwesens** nach Schultypen (z. B. im Sekundarbereich Sonder-, Haupt-, Realschule, Gymnasium und deren besondere Ausformungen) und nach Jahrgangsstufen, seltener nach Religionszugehörigkeit oder Geschlecht. Differenzierung dient hier im weitesten Sinne als Instrument der → Selektion, insofern mit der Schulzugehörigkeit eine lenkende Auswahl der Schüler für bestimmte Berufs- und Lebenschancen verbunden ist.
- Bei den Versuchen zur **äußeren Differenzierung** wird eine Differenzierung nach Interessen (Möglichkeit verschiedener Fächer- oder Themenwahl; so z. B. beim Kollegstufenmodell des Gymnasiums) und nach → Leistung unterschieden. Für die Leistungsdifferenzierung wiederum haben sich die Formen des → Setting (= Differenzierung nach einzelnen Fächern, Leistungskurssystem) und des → Streaming (= fächerübergreifende Differenzierung) herausgebildet. Zur Rechtfertigung der äußeren Differenzierung nach Leistung wird vor allem immer wieder das Argument herangezogen, daß die leistungshomogene Lerngruppe mit dem ihr genau angemessenen Lernangebot ohne Über- und Unterforderung bedient werden könne. Dadurch würden gleichzeitig Dauerfrustrationen leistungsschwächerer Schüler vermieden.
  Modellversuche mit äußerer Differenzierung nach Leistung haben demgegenüber übereinstimmend durch empirische Untersuchung eine Reihe von Bedenken formuliert, von denen die gewichtigsten im folgenden genannt seien:
  - Es konnten keine zufriedenstellenden Zuteilungskriterien für die verschiedenen Leistungsgruppen gefunden werden. Eine Zuteilung der Schüler etwa ausschließlich nach Noten baut auf Zufälligkeiten (unterschiedliche Benotungspraxis der Lehrer) und ist damit im höchsten Maße unpädagogisch.
  - Eine eventuelle entwicklungs- oder milieubedingte kognitive Benachteiligung von Kindern im Vorschulalter wird durch äußere Differenzierung nach Leistung fortgeschrieben.
  - Leistungsgruppen führen zur Diffamierung der leistungsschwächeren Gruppen, deren Mitglieder allzu oft die Möglichkeit schwinden sehen, jemals in die davoneilenden leistungsstärkeren Gruppen überwechseln zu können. Resignation und weiterer Leistungsabfall sind oft die Folge.
  - Leistungsgruppen führen zur Verschärfung der Rivalität unter den Schülern. Einen möglichen Kompromiß in der äußeren Differenzierung, und zwar in der Form des Setting stellt die Abwechslung zwischen homogenen und heterogenen Lerngruppen (= flexible Differenzierung) dar, wobei zusätzlich die Schüler bei der Lerngruppeneinteilung die größtmögliche Mitsprache haben sollten (= Selbstdifferenzierung).
- **Innere Differenzierung** (syn. Binnendifferenzierung) ist die zwangsläufige Antwort auf die in jeder Jahrgangsklasse gegebenen Unterschiede zwischen den Schülern in Vorkenntnissen, Begabung, Intelligenz, Lerntempo, Lernverhalten, Leistungsvermögen, Interessen, Methodenkenntnissen u. a. (= Differenzierungskriterien).

Für angemessene differenzierende Maßnahmen ist die Voraussetzung eine genaue Bestandsaufnahme der Unterschiede und ihrer Verursachung z. B. durch Begabungsschwerpunkte, bisherige Lernerfahrungen, unökonomischen Lernstil, ungünstige häusliche Lernbedingungen, methodische Fehler der Unterrichtsorganisation. Diagnostische Verfahren im Dienste der inneren Differenzierung sind z. B. das Gespräch mit dem einzelnen Schüler und der Klasse, die Schülerkartei des Lehrers, schriftliches und mündliches → Feedback der Schüler, Eingangstests zur Ermittlung der Lernvoraussetzungen der Schüler, soziometrische Verfahren, Lernerfolgskontrollen und Leistungsmessungen, Begabungs- und Intelligenztests (vgl. ausführlicher Köck 1991, Seite 234 f.).
Sinnvolle Differenzierung strebt ein Lernarrangement an, das an den gegebenen Lernmöglichkeiten des Schülers ansetzt und den Schüler ohne Über- und Unterforderung optimal fördert. Innere Differenzierung trägt insofern in hohem Maße dem Aufbau und Erhalt der grundlegenden Lernmotivation Rechnung, indem sie jeden Schüler in seiner Individuallage (Pestalozzi) ernst nimmt, den lernstärkeren Schüler vor frustrierender Langeweile bewahrt und dem lernschwächeren Schüler dauernde Frustration durch Versagen und schließlich Mißerfolgsängstlichkeit erspart.
Maßnahmen der inneren Differenzierung dienen also letztlich der **Individualisierung des Unterrichts,** d. h. der Planung eines Lehr-Lern-Prozesses auf den einzelnen Schüler hin. Aus organisatorischen und ökonomischen Gründen kann eine konsequente Individualisierung nur über Privat- oder Nachhilfelehrer erreicht werden, im schulischen Unterricht gelegentlich durch Formen der → Programmierten Instruktion, des → computerunterstützten Unterrichts, des → mastery learning nach Bloom (zielerreichendes Lernen, 1973) und des → adaptiven Unterrichts (Schwarzer/Steinhagen 1975; die Lernvoraussetzungen der Schüler werden exakt mit den Unterrichtsbedingungen abgestimmt).
Innere Differenzierung ereignet sich im regulären Unterricht auf dreifache Weise:

- Innere Differenzierung findet sozusagen **als ungeplantes Nebenprodukt der Unterrichtsführung** statt, wenn der Schüler nur die Gelegenheit bekommt, sich seinen Fähigkeiten und Neigungen entsprechend in einer Lernsituation einzurichten.
- Innere Differenzierung **als spontan lenkende Maßnahme** ergibt sich oft aus dem aktuellen Unterrichtsgeschehen, z. B. aus der Hausaufgabenkontrolle, aus Wiederholungsphasen, aus der mitlaufenden Lernerfolgskontrolle, aus Spezialkenntnissen (Hobbys) der Schüler usw.
- Die Notwendigkeit **geplanter Maßnahmen innerer Differenzierung** wird dem Lehrer durch unterschiedliche Leistungen der Schüler bei Lernerfolgskontrollen vermittelt. Je nach Situation stehen dem Lehrer die folgenden spezifischen Maßnahmen innerer Differenzierung zur Verfügung:
  a) Thematisch-intentionale Differenzierung nach Neigungen und Interessen
  b) Soziale Differenzierung (v. a. über Gruppenzusammenstellung und Helfersystem
  c) Methodische Differenzierung (v. a. über → Sozial- und → Aktionsformen)
  d) Mediale Differenzierung (über verschiedene Lernmittel, Medienangebote)

Besondere Anlässe für Maßnahmen der inneren Differenzierung liegen mit folgenden Gegebenheiten vor:

- Förderkurse für Nachzügler wie für Hochbegabte
- Differenzierung bei den Hausaufgaben nach Umfang, Schwierigkeit, gezielten Lernhilfen
- → Helfersystem
- Bei Schultypwechsel: Zur Vorbereitung auf den Arbeits- und Lernstil sowie die Grundkenntnisse der aufnehmenden höheren Schule und zur Wiederintegrierung bei Rückkehr von einer höheren Schule (z. B. mittlerweile erworbenes Vorsprungwissen und -können der Schüler im Sinne des Helfersystems einsetzen)
- Bei Wechsel der Schule innerhalb desselben Schultyps oder erst recht zwischen den verschiedenen Bundesländern
- Unterricht für kranke Kinder zu Hause, im Krankenhaus oder als Nachholkurs nach Rückkehr in die Schule (→ Schule für Kranke)

Begemann u. a. 1983 und 1987; Drescher/Hurych 1976; Glogauer 1976; Herber 1983; Keim 1979; Köck 1991; Merkle 1972 und 1973; Niermann 1981; Preuss 1976; Teschner 1971; Schittko 1984; Wiederhold 1975; Winkeler 1975; für die Problematik der Hochbegabten vgl. Heller/Feldhusen 1986; Hochbegabte Kinder 1985

→ Arbeitsblatt → Aufgabe → Aufgabentypen → Gruppenarbeit → Interessendifferenzierung → Kern- und Kursunterricht K

Dimorphismus

bedeutet wörtlich übersetzt Zweigestaltigkeit. Der Begriff bezeichnet z. B. das Vorkommen von zwei verschiedenen Verhaltensmustern in der gleichen Situation (= Verhaltensdimorphismus) oder die verschiedenartige Organisation zweier Clubs mit derselben Zielsetzung oder den verschiedenartigen Aufbau von Truppen in militärischen und polizeilichen Formationen (= Strukturdimorphismus).
Man könnte also z. B. das Verhalten eines Jugendlichen als dimorph bezeichnen, der das eine Mal der körperbehinderten Nachbarin die Einkaufstasche die Treppe hinaufträgt, das andere Mal aber in derselben Situation achtlos an ihr vorbeiläuft. K

Diplomökotrophologe → Ökotrophologie

Diplompädagoge

Der Diplompädagoge, dessen Studiengang seit 1969 in verschiedenen wissenschaftlichen Hochschulen eingeführt worden ist, wird nicht für ein besonderes Lehramt ausgebildet. Gemäß der Rahmenordnung für die Diplomprüfung in Erziehungswissenschaft vom Dezember 1968 soll der Diplomstudiengang „in allen Bereichen der angewandten Erziehungswissenschaft wissenschaftlich ausgebildete Experten“ bringen. Im Mittelpunkt des Studiums steht die Pädagogik, obligatorisch kommen hinzu Teile der Psychologie und der Soziologie. Inhalte und Organisation der Studienrichtung des Diplompädagogen wurden bisher fast unverändert von bestehenden Studiengängen übernommen (z. B. Schulpädagogik, Sozialpädagogik, Erwachsenenbildung und außerschulische Jugendbildung, Pädagogik der frühen Kindheit), abgesehen von den vier- bis achtwöchigen Hospitationen in den Schwerpunktbereichen des Studiums. Der Abschluß des Studiums wird für eine anschließende Promotion grundsätzlich anerkannt. Absolventen des

Studienganges „Diplompädagoge" fanden bisher in erster Linie Anstellungen im Hochschul- und Schulbereich, in der Schul- und Kultusverwaltung. Darüberhinaus bieten sich Einsatzmöglichkeiten an in Einrichtungen für Fünfjährige (Übergang vom Vorschul- zum Schulbereich, wo allerdings mit der Konkurrenz der Erzieher und Sozialpädagogen zu rechnen ist), in der → Erwachsenenbildung (→ Weiterbildung, Umschulung, → Fortbildung, Volkshochschulen), in der Arbeit mit alten Menschen, in der außerschulischen Bildung, im Beratungswesen des Bildungsbereiches, zur Durchsetzung von Neuerungen im Bildungsbereich, im Bereich der Freizeit-, Medien- und Museumspädagogik und in der Ausländerarbeit. Die Belange der Diplompädagogen vertritt die Bundesarbeitsgemeinschaft der Diplom-Pädagogen e. V., Papestraße 10, 4300 Essen 1.

Bahnmüller 1988; Hommerich 1984

→ Freizeiterziehung → Medienpädagogik → Museumspädagogik K

Direkte Methode → Fremdsprachenmethodik

Direktivität

kennzeichnet zusammenfassend das autoritär lenkende, meist auch irreversible (= nicht umkehrbare) Verhalten von Erziehern. Sie führt im Unterricht zu Disziplinschwierigkeiten, oppositionellem Verhalten der Schüler und Passivität und verhindert kreatives Lernverhalten.

→ Dirigismus → Permissivität K

Dirigismus

Als Begriff der Schulpädagogik bezieht sich Dirigismus auf die bewußte, autoritäre Lenkung des Unterrichts, um das beabsichtigte → Lernziel plangemäß zu erreichen. Ein Abweichen vom vorgesehenen Lernweg durch die Schüler ist kaum möglich. Eine Abwandlung bzw. Neufassung des intendierten Zieles wird nicht zugelassen.

→ Direktivität O

Discovery learning

ist das auf eigener Erfahrung beruhende entdeckende Lernen im Gegensatz zum „Guided discovery learning", welches das fremdgesteuerte entdeckende Lernen bezeichnet. K

Diskontinuitätstheorie → Kontinuitätstheorie

Diskretion, pädagogische

Im allgemeinen Sprachgebrauch bedeutet Diskretion Rücksichtnahme, taktvolle Zurückhaltung, Verschwiegenheit, Vertraulichkeit. Als Beamter ist der Lehrer ausdrücklich an die Amtsverschwiegenheit gebunden, also zur Diskretion verpflichtet. Eine besondere pädagogische Bedeutung kommt aber der Diskretion erst zu, wenn wir in das Begriffsverständnis die Vermeidung von Bloßstellung und von Überforderung einbeziehen sowie die Vermeidung von Machtausübung durch unterschiedlich verteilte Informationen bzw. Informationsmangel, über geheimnisumwitterte Verschlossenheit und Intrigen. Diskretion meint überlegte zumutbare

Interaktion unter Abwägen der Wechselbeziehung von Inhalt, betroffener Person und Situation. Sie kultiviert vor allem die Rücksicht auf die Individuallage des einzelnen, der nicht unter dem Prinzip der Gleichheit formalistischen Bestimmungen und Prinzipienreiterei geopfert werden darf. Diskretion läßt einen Spielraum für die Entwicklung der personalen und sozialen Identität, ohne sich allerdings in reiner Situationsethik zu verlieren.
Ihre tägliche Bewährungsprobe besteht die pädagogische Diskretion vor allem in der Noten- und Beurteilungspraxis sowie im Umgang des Lehrers mit den Schülern, insbesondere mit solchen, die durch abweichendes Verhalten auffallen.

→ Pädagogischer Bezug → Pädagogischer Takt K

Diskriminationslernen

bedeutet Unterscheidungslernen und bezeichnet die Fähigkeit, dargebotene Reize in ihrer Unterschiedlichkeit präzis wahrnehmen und das für die augenblickliche Aufgabenbewältigung Wesentliche auswählen (= diskriminierende Auswahl) zu können. Erfahrungsgemäß fällt es z. B. vierjährigen Kindern schwer, Kreis, Dreieck und Rechteck sicher zu unterscheiden, selbst wenn ihnen keine begriffliche Zuordnung geometrischer Formen, sondern eine nach vorgegebenen Mustern abverlangt wird. Die steigende Komplexität der zu bewältigenden Lernprobleme fordert eine ständige Verfeinerung dieser Fähigkeit des Unterscheidens. Die Einübung in das Diskriminationslernen führt von → Reizen mit deutlich betonter Unterschiedlichkeit in einem Merkmal (siehe Beispiel) zu vielseitiger Unterscheidung (= multiple Diskrimination) in mehreren Merkmalen bei Reizangeboten, deren Unterschiedlichkeit auf Anhieb nicht sofort ins Auge fällt. K

Diskurs

(vom lat. discursus = das Hin- und Herlaufen, das Auseinanderlaufen) bedeutet im allgemeinen Sprachgebrauch Gedankenaustausch, Erörterung, Wortwechsel, aber auch wissenschaftliche Abhandlung. In der **Sprachwissenschaft** wird mit dem Begriff Diskurs die Wechselbeziehung zwischen bewußtem Subjekt, der Sprache (als sinn-leerem Zeichensystem) und dem Sprechen (als sinnvoller Rede) von unterschiedlichen Ansätzen aus diskutiert. Letztlich geht es um die Frage, inwieweit ein Sprecher überhaupt in Abhängigkeit von seiner sprachlichen Kompetenz und seiner Bereitschaft zur Regelbefolgung im Umgang mit sprachlichen Situationen zu eindeutigen sprachlichen Äußerungen gelangen kann.
In den **Sozialwissenschaften** wird der Diskurs als „Instanz der Kritik aller unreflektierten sozialen Normen" (Apel) verstanden. Die neuere pädagogische Literatur betont – v. a. in Anlehnung an die → Kritische Theorie der Frankfurter Schule – die Diskursfähigkeit als wesentliches Lernziel des selbstverantwortlichen, mündigen Menschen. Möglichkeiten zur Verwirklichung des Diskurses im pädagogischen Bereich ergeben sich vor allem im Vollzug der → **Metakommunikation** (= kritisch reflektierende Kommunikation über Kommunikation) und des → **Metaunterrichts,** in dem z. B. Lerninhalte, Unterrichtsmethoden, Medien, Verhaltensnormen kritisch untersucht werden. K

Apel 1973; Bühner/Birnmeyer 1982; Fohrmann/Müller 1987; Foucault 1974; Habermas 1974; Mollenhauer 1982; Watzlawick 1985

Diskurs-Modelle → Inhaltsanalyse

Diskursives Denken → Denken

Diskussion

(vom lateinischen discussio = (gründliche) Prüfung, Untersuchung) ist die Gesprächsform der Erörterung, des Meinungsaustausches mit dem besonderen Zweck,
- einen problematischen Sachverhalt von Bedeutung
- aufgrund unterschiedlicher Ansichten
- genau zu untersuchen
- und auf diese Weise Lösungsmöglichkeiten zu erarbeiten.

Unter den Prinzipien der Sachbezogenheit der Argumentation, der Gleichberechtigung der Diskussionsteilnehmer und der Ausrichtung auf eine möglichst optimale Lösung müssen die **Diskussionsteilnehmer folgenden Anforderungen** genügen:
- Gründliche Vorbereitung zum Diskussionsthema
- Sachorientierter und in jeder Aussage überprüfbarer Vortrag
- Enge Arbeit am angesprochenen Problem
- Verdeutlichung des eigenen Standpunkts

Aufgaben des Diskussionsleiters:
- Vorherige Erkundung der unterschiedlichen Standpunkte, besonderer Kenntnisse und Interessen zum Thema bei den Teilnehmern
- Einleitende Skizzierung der vorliegenden Problematik (evtl. auch in Form von Kurzreferaten von Spezialisten oder der Kontrahenten in der Diskussionsrunde), evtl. Festlegung von Gesprächsschwerpunkten, Vorschlag eines Zeitplans
- Alle Diskussionsteilnehmer im Gespräch halten
- Zwischenergebnisse und Teilzusammenfassungen anhand von Kurznotizen; dabei Kompromisse und Polarisierungen deutlich herausstellen
- Gesamtzusammenfassung am Ende der Diskussion

Gebräuchliche **Diskussionsformen** sind die **Stegreifdiskussion** (die Teilnehmer diskutieren unvorbereitet, aber in ihrem Erfahrungsfeld), die **Podiumsdiskussion** (die Teilnehmer diskutieren vorbereitet zum Zweck der Meinungsbildung des Publikums) und das **Forum** (Podiumsteilnehmer als Fachleute und Publikum diskutieren miteinander, der Diskussionsleiter sammelt Fragen, teilt Redegelegenheit und Redezeit zu).

Böttcher/Zielinski 1974; Ehnert/Ehnert 1980; Greif 1976; Ments 1992; Panzenböck 1979; Steiger 1983; Stadler 1983

→ Debatte → Gespräch K

Disponibilität

bezeichnet die zuverlässige Verfügbarkeit z. B. von Wissen, Fertigkeiten, Arbeitstechniken. K

Disposition

bezeichnet im psychologischen Sprachgebrauch eine anlagebedingte oder erworbene Bereitschaft, mit einem bestimmten Verhalten auf Situationen oder Umweltgegebenheiten zu reagieren. Auf eine Disposition kann also nur aus dem tatsächlichen Verhalten geschlossen werden.

→ Prädisposition K

Dissemination

bezeichnet alle Vorbereitungs-, Planungs-, Durchführungsmaßnahmen und Prozesse, die dazu dienen, erstellte Curricula in einem Bildungssystem in bestimmten Fächern auf entsprechenden Schulstufen oder für vorgesehene Jahrgangsstufen in dafür ausgesuchten Schularten oder Bildungsinstitutionen pflichtgemäß einzuführen.

→ Curriculum O

Dissertation → Promotion

Dissonanz, kognitive

Eine kognitive Dissonanz liegt vor, wenn in ein und derselben Person bzw. zwischen mehreren Personen zwei oder mehrere verschiedene Erkenntnisse, Meinungen oder gar grundlegende Einstellungen zu einem Sachverhalt unvereinbar gegeneinander stehen. Je nach ihrer Bedeutsamkeit wird die kognitive Dissonanz als eine mehr oder minder schwerwiegende Störung empfunden, die die Tendenz in sich birgt, in eine kognitive Konsonanz, also in ein Zusammenpassen der Erkenntnisse, Meinungen, Einstellungen übergeführt zu werden. Der störungsfreie kognitive Gleichgewichtszustand wird erreicht durch sorgfältige Reflexion der widerstreitenden Elemente und durch zusätzliche Informationsbeschaffung, welche zusammen die Revision eines Elements zugunsten des entgegengesetzten oder eine Entscheidung zugunsten des Elementes mit der größeren Zahl zusammenstimmender Argumente ergeben. Nach der Dissonanztheorie von L. A. Festinger (1962) resultieren Einstellungsänderungen immer aus der Notwendigkeit, kognitive Dissonanzen zu überwinden. Nach dem heutigen Stand der Theorie der kognitiven Dissonanz bestimmen vor allem folgende Faktoren die Wirkung einer Aussage in Richtung der Übereinstimmung oder Nichtübereinstimmung:

1. Die bisherige Meinung des Empfängers zur Aussage bzw. zum Aussagenbereich,
2. die positive oder negative Bewertung dessen, der die Aussage macht (= Kommunikator), durch den Empfänger,
3. die Meinung, die durch die Aussage zum Ausdruck gebracht wird bzw. dahinter vermutet wird.

Nichtübereinstimmung kann demzufolge dadurch abgebaut werden, daß

1. entweder der Empfänger seine bisherige Meinung zur Aussage revidiert,
2. oder der Empfänger den Kommunikator neu bewertet,
3. oder die bislang evtl. falsch interpretierte Meinung hinter der Aussage relativiert wird.

Kognitive Konsonanz wird also immer dadurch erreicht, daß die drei genannten Faktoren in Richtung Übereinstimmung verändert werden. K

Dröge u. a. 1973; Köck 1985 f. (Kommunikation)

Dissonanztheorie → Dissonanz, kognitive

Dissozialität → Verwahrlosung (syn.)

Dissoziation

allgemein Trennung, bezeichnet im psychologischen und pädagogischen Sprachgebrauch die Unfähigkeit, zusammengehörige Objekte oder Verhaltensabläufe in ihrem Zusammenhang zu sehen (vgl. die Charakterisierung: Er sieht die Bäume, aber nicht den Wald). Ein ursächlicher Zusammenhang mit v. a. visueller und auditiver → Hyperaktivität ist wahrscheinlich. K

Distanz, soziale

Als soziale Distanz wird der mehr oder minder große Abstand bezeichnet, den einzelne Personen oder Gruppen zueinander einnehmen. Sie kann von unreflektierter Uninteressiertheit bis zu feindseliger Ablehnung reichen und ist bedingt durch grundsätzliche Einstellungen, Interessenrichtungen, sozialen Status, berufliche Position, aber auch durch räumliche Entfernung und die mögliche Häufigkeit sozialer Kontaktaufnahmen. Oftmals erfüllt die soziale Distanz schlicht eine Schutzfunktion gegenüber allzu vielen und zu intensiven Kontakten, die angemessen wahrzunehmen eine Person ohne Verlust an Echtheit und Tiefe nicht in der Lage ist. K

Distribution

Im täglichen Leben, im Unterricht und in vielen Berufen ist es heute von großer Bedeutung, die → Fähigkeit zur rasch wechselnden objektorientierten Kurzkonzentration, zur Distribution, zu besitzen. Sie ist ein reaktionsschnelles Verteilenkönnen von → Konzentration und → Aufmerksamkeit im Nebeneinander und raschen Nacheinander von Abläufen und Geschehnissen. Die Distribution als blitzschnelles Konzentrieren auf verschiedene Einzelheiten zeugt von geistiger Kraft und ist für viele Berufe unerläßlich geworden, z. B. für den Chauffeur, Arzt, Dirigenten, Lehrer u. a.

Der Grad der Distributionsfähigkeit hängt im allgemeinen vom Typ ab. So stellte man z. B. fest, daß der visuelle Typ geringe, der akustische Typ mittlere und der motorische Typ große Distributionsfähigkeit besitzt.

→ Begabung → Tenazität O

Disziplin, Disziplinprobleme

Das lateinische „disciplina" bezeichnete den Unterricht und die Unterweisung ebenso wie die aus dem Unterricht resultierende Kenntnis und Bildung, aber auch die der Unterweisung zugrundeliegende Lehrmethode sowie das Unterrichtsfach selbst. Auch die Schule als Ort der Unterweisung wurde „disciplina" genannt und schließlich Verhaltensweisen und Erziehungsmittel wie Erziehung, Zucht, Ordnung, Lebensgrundsätze, Benehmen.

Heute bezeichnet Disziplin den verinnerlichten und im Verhalten offenkundigen Ordnungsrahmen zur Bewältigung des eigenen Lebens, des Lebens in einem sozialen System und der damit verbundenen Aufgaben für die Welt und die Gesellschaft.

Das Verständnis von Disziplin im Schulbereich ist also durch folgende Bedeutungen gekennzeichnet:

- Disziplin bezeichnet das Ausmaß der Ordnung im sozialen System Schule.
- Disziplin gibt Auskunft über die Ordnungsmaßnahmen und (Erziehungs-)Mittel

zur Aufrechterhaltung der geltenden Regeln des Zusammenlebens in der Schule.
- Im Sinne von Selbstdisziplin sind Bereitschaft und Fähigkeit zur Auseinandersetzung mit Bildungsinhalten gemeint.

Dauerhaft tragfähige Disziplin ist reflektiert und bewußt bejaht und der Veränderung unter dem Prinzip der Verantwortung für sich selbst, die Gesellschaft und die Welt ausgesetzt.

Disziplinprobleme sind zum großen Teil zeit- und gesellschaftsabhängig, weshalb auch die Antworten der Pädagogik immer wieder neu zu überlegen sind. So ist die heutige Kindheit z. B. weithin geprägt durch Fixierung auf Massenmedien (insbesonders auf das Fernsehen), durch Konsum, Erfahrungsarmut (was die unmittelbare Begegnung mit der Wirklichkeit angeht), durch Freizeitverplanung, durch Leistungskonkurrenz in der Schule und durch emotionale Belastungen aufgrund gestörter Familienverhältnisse (Einzelkinder, Scheidungswaisen). Die Jugend ist konfrontiert mit mangelnder Sinn- und Wertorientierung, autoritätsmüden Erwachsenen, umwelt- und weltpolitisch düsteren Zukunftsperspektiven und einer angespannten Arbeitsmarktlage (vgl. ausführlich Cloer).

Die in der Schule praktizierte Disziplin kann nicht getrennt von dem skizzierten gesellschaftlichen Hintergrund gesehen werden.

Darüberhinaus wird sie aber maßgeblich vom schulischen Selbstverständnis, von der Eigenart der Interaktion zwischen Lehrern und Schülern, dem → Erziehungsstil und der → Autorität des Lehrers sowie von der Qualität seines Unterrichts bestimmt. Nach Lochner hat „jeder Lehrer die Klasse, die seinem Spiegelbild entspricht", d. h. ein undisziplinierter Lehrer kann keine disziplinierte Klasse erwarten.

Je nach Besonderheit der Disziplinprobleme werden in manchen Fällen geringfügige Veränderungen im methodischen Verlauf der Unterrichtsstunde oder behutsam eingesetzte Erziehungsmittel wie Ermahnen, Zurechtweisen, Ignorieren, Blickkontakt u. a. greifen; Disziplinprobleme aber, die sich aus dem gestörten Selbstkonzept von Lehrern und Schülern, aus unvereinbaren wechselseitigen Erwartungen, aus mangelhafter Kommunikationsfähigkeit, aus schlecht geplanten oder in resignierter Grundhaltung durchgezogenen Unterrichtsstunden und dergleichen ergeben, können nachhaltig nur durch Arbeit an den Ursachen bewältigt werden, und zwar über → Metakommunikation, → Supervision und evtl. über therapeutische Maßnahmen.

Baacke 1983 und 1984; Born 1986; Cloer 1982 a/b und 1987; Domke 1983; Dreikurs/Cassel 1984; Dreikurs u. a. 1987; Fellsches 1978; Jaffe/Schiessl 1979; Korte 1982; Moll-Strobel 1983; Rückriem 1979; Schäfer 1981; Vierlinger 1990

→ Antiautoritäre Erziehung → Autorität → Disziplinierung → Erziehungsstil K

Disziplinierung

Fehlerhaftes gegen eine gegebene Ordnung verstoßendes, beleidigendes oder bedrohendes Verhalten führt zu strafenden, behindernden oder evtl. die Freiheit beschränkenden Eingriffen durch dazu befugte Personen oder Institutionen. Die Disziplinierung kann direkte Straffolgen haben oder sich z. B. auch der Diskriminierung durch Gleichgestellte bedienen.

→ Disziplin O

Divergentes Denken → Denken

DNS → Desoxyribonucleinsäure

Dominanz

Im psychologischen Sprachgebrauch meint Dominanz in der Regel ein Verhalten, das durch übersteigertes Selbstbewußtsein und durch die Absicht, andere beeinflussen und beherrschen zu wollen, gekennzeichnet ist. Dominanz wird in durchaus positivem Sinne aber auch einer Person zugeschrieben, die z. B. eine Diskussionsrunde durch fachkompetente Argumentation beherrscht. Von einer störenden Dominanz wäre die Rede, wenn diese Person ihr aufgrund berechtigter Fachkompetenz in einem bestimmten Bereich dominantes Verhalten zu einem generellen Rollenverhalten ausweiten würde. K

Dominativer Unterrichtsstil → Unterrichtsstil → Erziehungsstile

Doppelbindung → Double-bind-Situation

Doppelblindversuch → Blindversuch

Double-bind-Situation

bezeichnet wörtlich übersetzt eine Doppelbindungssituation, die sich aus widersprüchlichen Informationen ergibt. Ihre Folge sind i. d. R. Verwirrung bzw. Orientierungslosigkeit, vor allem dann, wenn die betroffenen Personen ihrer wechselseitigen Beziehung hohe oder gar lebenswichtige Bedeutung beimessen, aus ihrer Beziehung also nicht aussteigen können. Doppelbindungen führen insbesondere in Eltern-Kind-Beziehungen oder in Partnerschaften oft zu folgenschweren Kommunikationsstörungen bzw. -verkürzungen. Meistens stimmen bei einer sprachlichen Botschaft die Bedeutungsebene und die Beziehungsebene nicht überein. So signalisiert z. B. eine Mutter verbal Verständnis für einen sanktionsfreien Verhaltensspielraum ihrer jugendlichen Tochter bei abendlichen Ausgängen, gibt aber gleichzeitig nonverbal durch Gestik, Mimik, Verhalten zu verstehen, daß sie bei einer Rückkehr der Tochter nach 22 Uhr voller Sorge und schlaflos sein würde. Wonach soll sich die Tochter nun richten: Nach der verbal bekundeten Großzügigkeit der Mutter oder nach der angedeuteten Möglichkeit, ihr Sorge zuzufügen? Vertraut ihr die Mutter oder nicht? usw. K

Down-Syndrom → Mongolismus

Dramaturgie des Unterrichts

G. Hausmann (1959) führte den an der literarischen Dramaturgie orientierten Ansatz in die → Didaktik ein. Lernprozeß, Unterrichtsverlauf und die in diesen agierenden „Mitspieler", Schüler und Lehrer, werden unter dramaturgischen Aspekten in Anlehnung an die unterschiedlichen Verlaufsformen klassischer und moderner Dramaturgie gesehen. Der Unterrichtsverlauf wäre z. B. im Sinne des „tektonisch geschlossenen Dramas ... anzusehen als ein Fortgang von einer ‚Einleitung' über eine durch ein ‚erregendes Moment' hervorgerufene ‚Steigerung' bis zu einem ‚Höhepunkt', nach dem die Unterrichtshandlung im Anschluß an ein

‚Moment der letzten Spannung' mit einer ‚Lösung' zum Abschluß kommt". Hausmann stellt diesem „geschlossenen Regeltypus" ausdrücklich den am modernen „tektonisch offenen Drama" orientierten Unterrichtsverlauf mit variablen Schwerpunktsetzungen gegenüber.
Letztlich ist die Dramaturgie des Unterrichts als ein – auch durch die in der Didaktik ungewohnte Terminologie betonter – Versuch anzusehen, den Unterricht vom starren Ablauf nach → Formalstufen in Richtung eines lernprozeß-, sach- und adressatenorientierten Unterrichts zu befreien. K

Dressur

bedeutet Abrichtung und erzeugt durch → Übung, → Wiederholung und Gewöhnung Verhaltensweisen verschiedener Art. Von Dressur wird im Gegensatz zur → Erziehung dann gesprochen, wenn äußere Abläufe wie z. B. entsprechende Umgangs- oder Gesellschaftsformen mechanisch eingeübt werden. Das Ergebnis der Dressur wird als Dressat bezeichnet.

→ Konditionierung O

Drill

Der Drill unterscheidet sich von der → Dressur durch sein eindeutig zweckgerichtetes mechanisches Einüben von Handgriffen und Bewegungen, die bei Bedarf genau und rasch ohne langes Nachdenken ausgeführt werden. Es handelt sich hierbei meist um mechanisch eingedrillte Verhaltensweisen im handwerklichen oder militärischen Bereich.

→ Sprachlabor O

Drogen und Drogenmißbrauch

Drogen sind pflanzliche, tierische und neuerdings auch synthetische Stoffe, die durch ihre chemische Zusammensetzung auf das Zentralnervensystem einwirken und auf diesem Wege das Wahrnehmen, Denken, Fühlen und Verhalten des Menschen beeinflussen.
Zu den sog. **legalen Drogen** zählen Alkohol, Nikotin, Koffein, Thein und Medikamente (Downers bzw. Schmerzmittel, Barbiturate bzw. Beruhigungsmittel, Tranquilizer, Speeds bzw. Aufputschmittel, Stimulanzien, Weckamine). 12% der Schüler nehmen nach neuesten Untersuchungen Medikamente vor Klassenarbeiten.
Bei den **illegalen Drogen** werden unterschieden:

- Halluzinogene wie Haschisch, Marihuana, LSD und Meskalin;
- Opiate wie z. B. Opium, Morphium, Kodein, Heroin, Methadon;
- Kokain;
- Schnüffelstoffe (in Farben und Klebstoffen enthaltene Verdünnungsmittel wie z. B. Äther, Benzol, Aceton);
- synthetische Rauschgifte, auch Designer- oder Power-Drogen genannt. Sie werden auf Amphetaminbasis hergestellt und z. B. unter den Bezeichnungen Speed, Cosmic Space, Adam und Eva preislich erheblich günstiger gehandelt als die herkömmlichen Drogen.
- Neuerdings ist eine Zunahme von Polytoxikomanie (= Mehrfachabhängigkeit) zu verzeichnen. Die gleichzeitige Einnahme z. B. von Alkohol und Medikamenten führt zu schwer kalkulierbarer Wirkungssteigerung.

1200 Drogentote 1990 in der BRD und Hunderttausende von Süchtigen stellen ein gesellschaftliches Problem dar, zu dessen Bewältigung die Schule ihren Beitrag leisten muß.

Die **Ursachen für Suchtverhalten** werden heutzutage nicht mehr einseitig z. B. in nicht befriedigten frühkindlichen Bedürfnissen (psychoanalytischer Ansatz) oder in negativ wirkendem Modellverhalten der Erwachsenen (lerntheoretischer Ansatz) gesucht, sondern als **komplexe Kombination der folgenden Bereiche** gesehen:

- Persönlichkeitsstruktur, z. B. psychische Labilität, nicht bewältigter Leistungsdruck, Ängste;
- soziales Umfeld, z. B. Generationskonflikt, inkonsequente Erziehung, Einfluß der Peer-group;
- gesellschaftliche Bedingungen, z. B. Angst vor Arbeitslosigkeit; allgemeine Zukunftsängste, mangelnde Wertorientierung;
- die Existenz und die Wirkung der Droge selbst.

Als **Warnsignale** vor allem für regelmäßigen Drogenkonsum werden von den Drogenberatern aufgelistet:

Warnsignale körperlicher Art

Blasse, fahle Haut (aufgedunsene Haut),
häufige Kopfschmerzen,
leichte Ermüdbarkeit (Neigung zu Schwindel und Ohnmacht).
Herz-, Magen- und Darmbeschwerden,
Übelkeit und Brechreiz,
feines oder stärkeres Zittern der geschlossenen Glieder und Hände,
ausgeprägte Schweißneigung,
unausgeruht, müde und zerschlagen nach meist unruhigem Schlaf.

Warnsignale seelischer Art

Innere Unruhe,
Nervosität,
Schreckhaftigkeit,
Fahrigkeit,
Reizbarkeit/Aggressivität,
depressive Stimmungsschwankungen,
Angstzustände/Mißtrauen.
Minderwertigkeitskomplexe/Enthemmung,
Rührseligkeit, rasche Kränkbarkeit,
Wahnideen/Neurosen,
Verschlossenheit,
Realität wird immer negativ empfunden.

Warnsignale im Bereich sozialer Beziehungen

Alltagserlebnisse werden überzogen geschildert,
exaltiertes Mitteilungsbedürfnis,
gesteigerte Beredsamkeit,
Abbruch bisheriger persönlicher Beziehungen, Hobbys und Freizeitgestaltungen,
Meinungsschwankungen,
kritiklose Übernahme von Wertmaßstäben,
häufiger Wechsel von Bekannten,
Verlust des Gefühls für soziale Verpflichtung,
Unwilligkeit zum Umgang und zur Auseinandersetzung mit Menschen.

Warnsignale im Leistungsbereich
Leistungsabfall ohne erkennbaren Grund,
Verminderung des logischen Denkens,
assoziatives Denken wird lebhafter und phantasiereicher,
Merk- und Konzentrationsstörungen,
Verlust von Interessen, Spontaneität, Kreativität bis hin zur Apathie,
Vernachlässigung der Pflichten.
Die durch Drogentherapie schlicht überforderte Schule muß ihre Aufgabe in der **Drogenprävention** sehen:
- Primäre Drogenprävention setzt bereits in der Grundschule ein. Sie zielt im Vorfeld der direkten Beschäftigung mit dem Drogenproblem allgemein auf eine Stärkung des Ichbewußtseins und auf Wertorientierung ab, aus denen erst verantwortete Entscheidungsfähigkeit erwachsen kann.
- Prävention als Aufklärung ist fächerübergreifend konzipiert, wobei die Information anhand aktueller Fälle aus dem Umfeld oder der Tageszeitung der systematischen Abhandlung vorzuziehen ist.
- Drogenprävention setzt auf die je nach Fall und Situation gestaltete Kooperationskette Lehrer, Drogenkontaktlehrer, Ärzte, Geistliche, Jugendrichter, Jugendamt, Polizei und vor allem Eltern.
  Im akuten Fall ist damit ein Krisenstab vorbereitet, so daß der „Krisenfall" nicht der Gruppenkonstituierung, der Profilierung einzelner oder der Entscheidungsunfähigkeit des Gremiums zum Opfer fällt.
- Eventuell massive sekundäre Drogenprävention kann nötigenfalls z. B. nach dem Muster des amerikanischen Drogenpräventionsprogramms DARE (Drug Abuse Resistance Education) durchgeführt werden. Es bietet einen von Polizeibeamten geleiteten Kurs (einmal pro Woche über 17 Wochen verteilt) an, der von systematischer Aufklärung bis zur Arbeit am Selbstwertgefühl und zur Einübung in Konfliktlösungstechniken reicht.

Bayer. Staatsministerium des Inneren 1984; Bäuerle 1981; Bongartz/Goeb 1988; Bott/Schnell 1984 und 1987; Diener 1987; Güttsches 1986; Hallmann 1983; Kindermann 1989; Kollehn/Weber 1985; Ladewig 1980–1984; Landesinstitut f. Schule u. Weiterbildung 1988; Petzold 1983; Rehm 1989; Scheerer/Voft 1988; Sieber 1988; Staatsinstitut f. Schulpädagogik u. Bildungsforschung 1991; Täschner 1983; vgl. auch die Literaturangaben bei Sucht!

→ Haschisch → Heroin → Kokain → Marihuana → Medikamentenmißbrauch → Methadon → Morphin, Morphium → Prävention → Sucht K

Duales System

Das duale System stellt ein Ausbildungssystem dar, in dem betrieblich-praktische und schulisch-theoretische Ausbildung gleichzeitig nebeneinander ablaufen. Theoretische Lehrstoffe und Erkenntnisse können durch unmittelbare praktische Anschaulichkeit beruflicher Arbeit erklärt, begründet und vertieft werden.

→ Berufsschule O

dysfunktional

Als dysfunktional wird eine Tätigkeit oder ein Vorgang bezeichnet, die bzw. der sich störend, an seiner eigentlichen Aufgabe (= Funktion) vorbei oder ihr entgegen auswirkt. Dysfunktional verhält sich z. B. ein Lehrer, der sein berufliches Tätigkeitsfeld in erster Linie zur Selbstdarstellung mißbraucht.

→ Rollenfunktionen in der Gruppe K

Dysgrammatismus → Agrammatismus

Dyskalkulie → Rechenschwäche

Dyslalie → Stammeln (synonym)

Dyslexie
steht als Sammelbezeichnung für alle Lesestörungen, aber auch als Synonym für die → Legasthenie als besondere Form der Lesestörung.
→ Paralexie K

Echolalie
auch Echosprache oder Echophasie genannt, bezeichnet das nachahmende, stereotype Wiederholen sprachlicher Äußerungen anderer. Die Echolalie ist meistens ein → Symptom für psychische Erkrankungen bestimmter Art, z. B. für → Schizophrenie. K

Effektgesetz
Das Effektgesetz des Lerntheoretikers Thorndike besagt, daß eine Reiz-Reaktions-Verbindung, der eine befriedigende Wirkung (Belohnung, Erfolg) folgt, durch ebendiese als angenehm empfundene Wirkung verstärkt wird; d. h. daß z. B. von Erfolg gekrönte Lernprozesse in einem bestimmten Fachgebiet die Motivationsbereitschaft für dieses Fachgebiet steigern. Gehäufte Mißerfolge ziehen dagegen eine Vermeidungshaltung nach sich. Die Konsequenz für den Lehrenden als Organisator von Lernprozessen besteht darin, diese für die Lernenden differenziert mit Aussicht auf Erfolg zu gestalten. Dies gilt um so mehr bei bereits mißerfolgsängstlichen Schülern, die dazu neigen, ihr Leistungsniveau in falscher Selbsteinschätzung extrem niedrig bzw. unerreichbar hoch anzusetzen.
→ Anspruchsniveau → Lernprozeß K

Effektivität
Sie bezeichnet den Grad der Wirksamkeit, der angesichts bestimmter Normen, gegebener oder gesetzter Ziele erreicht wurde. In jedem Arbeitsablauf lassen sich Ergebnisse durch abgeschlossene → Operationen erkennen. Ebenso ergeben sich in jedem geplanten, lernzielorientierten Unterrichtsablauf und in Lernprogrammen Effekte, das sind Veränderungen in den Ergebnissen oder Leistungen der Schüler, die aus dem Unterrichtsgeschehen oder der Programmanwendung resultieren. Die Effektivität läßt sich in bezug auf die → Ausgangslage der Adressaten feststellen. Zusammengefaßt bezeichnet Effektivität in unserem Zusammenhang also immer das Verhältnis von Aufwand und Nutzen in Lernprozessen, als Formel:

$$\text{Effektivität} = \frac{\text{Lernziel}}{\text{Zeit} \times \text{methodischer Aufwand} \times \text{Medien}}$$

Unter dem Gesichtspunkt der Beurteilungspraxis wirft die Feststellung der Effektivität besondere Probleme auf, insofern sie immer unter subjektiven oder objektiven Aspekten gemessen werden kann, d. h. welcher Lernzuwachs in bezug auf den

individuellen Lernfortschritt des einzelnen Lernenden bzw. auf den genormten Lernzuwachs einer Lerngruppe zu verbuchen ist.
→ Effizienztraining → Leistungskontrolle → Leistungskurve OK

Efferenz

Als Efferenz wird der Vorgang bezeichnet, in dem ein Impuls von einem Zentrum (z. B. Gehirn) über Nervenbahnen an die Peripherie (z. B. Muskeln) geführt wird.
→ Afferenz K

Effizienztraining

Hauptanliegen des Effizienztrainings ist das „... Training zur Teamfähigkeit unter Einbeziehung des Leistungsaspekts". Ebenso werden Formen der Einflußnahme eingeübt, „die der zeitgemäßen Änderung sozialer Normen und Rollen entsprechen" (Däumling u. a. 1974).
Zur Bearbeitung im Effizienztraining bieten sich nach A. M. Däumling u. a. vor allem an:

1. Arbeit an einem Führungsstil, der den affektiven Gegebenheiten Rechnung trägt.
2. Förderung der persönlichen Flexibilität.
3. Normenbildung.
4. Konfliktbearbeitung im Sinn fairer Konfrontation.
5. Bearbeitung konkreter Kooperationsprobleme. K

Egozentrismus

bedeutet totale bzw. überwiegende Ich-Bezogenheit. Abgesehen von krankhaften Ausformungen des Egozentrismus ist vor allem das frühkindliche → Denken durch ihn bestimmt. Er äußert sich hier ganzheitlich im Selbstbewußtsein, in der Wahrnehmung, im Denken und in der Sprache. Das Selbst steht für das Kleinkind im Mittelpunkt aller Beziehungen, und alles Existierende hat seiner Meinung nach Sinn und Zweck auf dieses sein Selbst hin. K

Eidetik

beschreibt in der Vorstellung erzeugte subjektive Anschauungsbilder, deren Intensität der betroffenen Person die Überzeugung suggeriert, ein tatsächliches Wahrnehmungserlebnis zu haben. Bei Eidetikern treten die Vorstellungsbilder an die Stelle des Wirklichkeitserlebnisses. Eidetische Phänomene werden i. d. R. nur bei Kindern bis etwa zum 12. Lebensjahr beobachtet. Sie wurden erstmals von V. Urbantschitsch („Über subjektive Anschauungsbilder") 1907 beschrieben.
→ G-Methode K

Eigenschaft

bezeichnet in den Typenlehren eine relativ überdauernde Verhaltensdisposition (→ Disposition), die über das tatsächliche Verhalten offenkundig und damit beobachtbar wird. Mit der – vor allem vorschnellen – Zuschreibung bestimmter Eigenschaften besteht die Gefahr der Etikettierung (→ Stigmatisierungseffekt). K

Eignung

Der Begriff dient sowohl zur Beschreibung einer bereits nachgewiesenen → Fähigkeit für bestimmte Aktivitäten als auch als Bezeichnung für ein Leistungsvermögen, dessen volle Entfaltung durch Lernprozesse aufgrund von Beobachtungen und → Tests angenommen werden kann. Eignungsfeststellungen erfordern wegen ihrer schullaufbahn- und berufsentscheidenden Wirkung die Entwicklung und ständige Verbesserung eines zuverlässigen Meßinstrumentariums und ein hohes Verantwortungsbewußtsein derer, die Eignung in bestimmte Richtungen feststellen.

→ Ability → Eignungstest K

Eignungstest

Eignungstests verfolgen den Zweck, durch Messung des bereits erworbenen Leistungsvermögens bzw. des aktuellen Ausprägungsgrades der dem Leistungsvermögen zugrundeliegenden → Fähigkeiten die weitere Entfaltung dieser Fähigkeiten vorherzusagen. Sie werden zur Schullaufbahn- und Berufsentscheidung, aber auch in vermehrtem Maße bei Bewerbungen vor allem um leitende Positionen in der Industrie und Verwaltung verwendet. Um einseitigen Aussagen vorzubeugen, werden heute meist sog. Testbatterien (vgl. bei → Intelligenztest) verwendet, die wiederum erst zusammen mit Daten aus → Beobachtungen, → Anamnese→ u. a. einigermaßen verläßliche Daten liefern.

Triebe 1976; Triebe/Ulich 1977

→ Aptitude test → Eignung → Schulleistungsmessung K

Eindruck

bezeichnet das Ergebnis einer ganzheitlichen Wahrnehmung, deren kognitive und emotionale Anteile teils angeborene Auslösemechanismen sind, teils durch Lernprozesse erworben oder zumindest überformt sind. Hinreichend bekannt ist die Problematik des sog. ersten, meistens auch oberflächlichen und durch Voreingenommenheiten belasteten Eindrucks und der Beurteilung von Menschen – hier insbesonders von Schülern durch Lehrer – aufgrund von Eindrücken. Gerade Lehrer sind gehalten, wegen der weitreichenden Bedeutung der Schülerbeurteilung die Subjektivität ihrer Eindrücke durch objektivierende Erhebungsinstrumente wie → Beobachtung, → Tests, → Leistungsmessung u. a. zu korrigieren. K

Einfühlung → Empathie

Eingangskönnen

Es bezeichnet den jeweiligen Wissens- und Kenntnisstand zu Beginn einer Ausbildungs-, Fort- oder Weiterbildungsphase in Bezug auf die Anforderungen in den Fachgebieten, die von der aufnehmenden Schule oder Institution gefordert werden. Der Ausgleich sollte durch die Einflußnahme eines adressatengerechten Unterrichts und durch entsprechende → Vermittlungsvariablen ermöglicht werden.

Mit Hilfe der → Kriterienprogrammierung läßt sich das Eingangskönnen im allgemeinen überprüfen.

→ Eingangsverhalten O

Eingangsstufe
bezeichnet i. d. R. die erste und zweite Jahrgangsstufe der → Primarstufe.
In den 70er Jahren wurde in Bayern die Bezeichnung im Rahmen des „Modellversuchs Eingangsstufe" für die gezielte Förderung der Fünf- und Sechsjährigen in altershomogenen Gruppen verwendet. Betreut von Sozialpädagogen bzw. Erziehern und Grundschullehrern, organisatorisch bereits der Grundschule zugeordnet, sollten die Kinder gleitend und unter starker Betonung spielerischen Lernens vom Elementarbereich in den Primarbereich geführt werden.
Bildungspolitisch ist mittlerweile die Entscheidung zum Verbleib der Fünf- und Sechsjährigen im Elementarbereich, also im → Kindergarten und in verwandten Einrichtungen, gefallen.
→ Elementarerziehung → Grundschule → Modellkindergarten K

Eingangstest
wird jede Art eines informellen Prüfverfahrens genannt, das geeignet ist, – meistens zu Beginn einer Unterrichtsstunde oder einer neuen Lerneinheit – festzustellen, über welchen Kenntnis- und Fertigkeitsstand die Schüler bereits verfügen. Eingangstests dienen der pädagogischen Forderung, die Schüler durch exakt abgestimmte Unterrichtsvorbereitung in Lehr-Lern-Prozesse zu integrieren und damit einer unrealistischen Erwartungshaltung des Lehrers entgegenzuwirken und die Schüler vor Über- sowie Unterforderung zu bewahren. Für Eingangstests kommen je nach Unterrichtsfach mündliche und schriftliche Fragen, die Orientierung in einer Situation u. a. m. in Betracht. K

Eingangsverhalten
kennzeichnet das Verhalten, die → Einstellung eines Schülers zu Beginn einer Unterrichtslektion oder eines anderen Lernprozesses. Es wird bestimmt durch die → Lernpotenz, die → Lernmotivation, den sachstrukturellen Entwicklungsstand des Lernenden. Der Lehrer sollte vor Beginn des Lernprozesses die
1. Binnenkriterien (bekannte Stoffe und Inhalte)
2. Außenkriterien (Intelligenz, Disposition des Schülers; Motivation, usw.) durch entsprechende → Eingangstests prüfen. O

Einheitsschule
bezeichnet ein Schulsystem, in dem alle Schulpflichtigen gemeinsam, d. h. ohne Differenzierung z. B. nach Schichtzugehörigkeit, Konfession, Geschlecht unterrichtet werden. Die sozialistische Erziehung fordert die Einheitsschule als Mittel zur Überwindung gegebener Klassenverhältnisse durch die Schule.
In Deutschland wurde politisch an der Durchsetzung der Einheitsschule seit Beginn der Weimarer Republik gearbeitet, die Reichsschulkonferenz 1920 schaffte als ersten Schritt allerdings nur die Einführung der vierjährigen → Grundschule. Neue Integrationsbemühungen im Bildungswesen kamen seit den 60er Jahren des 20. Jahrhunderts in Gang. Die Integration, hier auch im Sinne der Überwindung der Dreigliedrigkeit des Schulsytems, versprach man sich von der → Gesamtschule, die allerdings als politisch – ideologisches Streitobjekt aufgrund der Kulturhoheit der Länder nur in einigen Bundesländern flächendeckend oder als Alter-

nativangebot eingeführt wurde, in anderen Ländern über Modellversuche nicht hinauskam.
K

Oppermann 1981 (2×)

Einkoten → Enuresis, Enkopresis

Einnässen → Enuresis, Enkopresis

Einprägendes Lernen

Für einprägendes Lernen und Üben (= Langzeitlernen) empfiehlt es sich, folgende Hinweise zu beachten:

1. Richtige Verteilung der Übungsgänge:
   Frühzeitig vor der Prüfung beginnen und den Prüfungsstoff in überschaubaren Abschnitten über längere Zeit verteilen. Kurzfristiges Einprägen in Torschlußpanik führt zu Prüfungspsychosen!
2. Entweder ausschließlich lernen oder ausschließlich entspannen! Radio- und Fernsehberieselung und die Geräuschkulisse plaudernder Mitmenschen setzen die Effektivität von Lernen und Üben herab.
3. Sinnvolle, geordnete und verstandene Informationen werden sehr viel schneller und dauerhafter behalten als sinnlose, ungeordnete und unverstandene.
4. Es soll versucht werden, neue Informationen untereinander und mit bereits bekannten möglichst vielfältig zu verbinden (Im Notfall, aber nur dann: „Eselsbrücken").
5. Am leichtesten werden solche Informationen gelernt, die mit angenehmen Emotionen verbunden sind, die persönliche Anteilnahme oder doch wenigstens sachliches Interesse hervorrufen. Die Entstehung affektiver Lernhemmungen, z. B. durch Übersättigung, sollte vermieden werden.
6. Wichtig ist ferner eine angenehme Lernatmosphäre (Lernteam, Partner, Arbeitsplatz, Bereinigung von Konflikten, Konzentration auf die Übungsphase, Klärung von Unlustgefühlen).
7. Ganzheitliches Lernen erhöht den Behaltwert: Handeln, laut sprechen, Skizzen entwerfen usw.
8. Neue Lernprozesse in der übungsfreien Zeit sollten unterbleiben. (Problem der vor- und rückwirkenden → Gedächtnishemmung; auch durch einen sofort anschließenden Krimi gegeben.)
9. Auch beim Üben ist Verstärkung wichtig.
10. Ständige Kontrolle des Gelernten erhöht den Behaltwert und verhindert die Festigung von Falschem (Falsches ist schwer zu löschen).
11. Von grundsätzlicher Bedeutung ist es, sich Klarheit darüber zu verschaffen, welchem Lerntyp man zugehört.

Für die rationelle Organisation des Langzeitlernens kann eine **Lernkartei** etwa der folgenden Art von Nutzen sein.

→ Überlernen → Übung
K

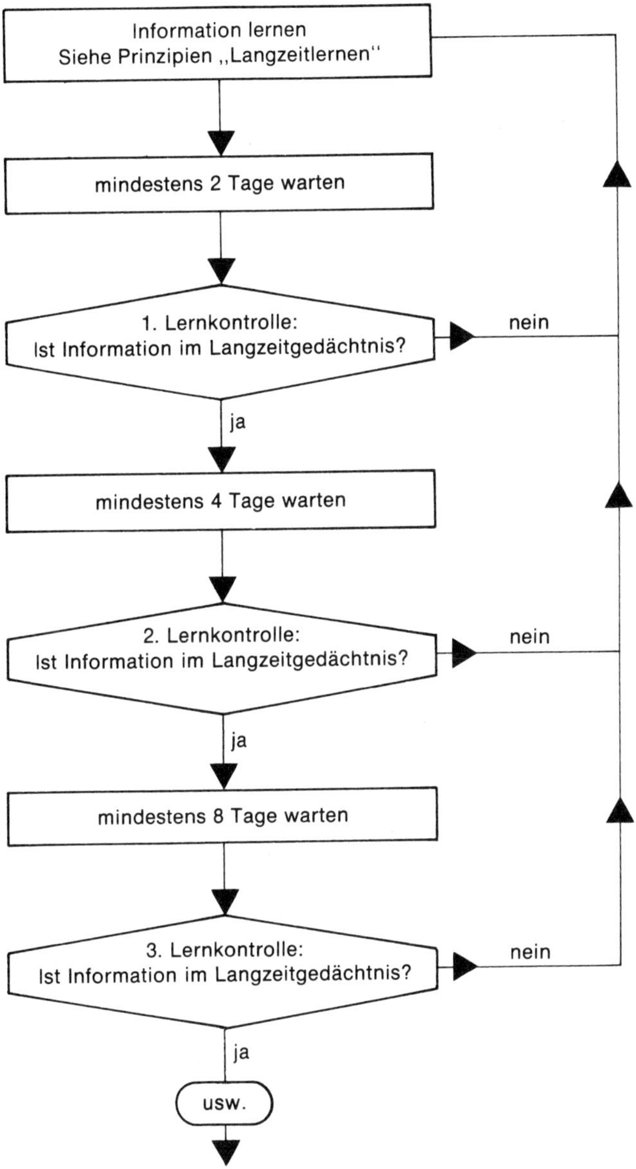
Information lernen
Siehe Prinzipien „Langzeitlernen“
mindestens 2 Tage warten
1. Lernkontrolle:
Ist Information im Langzeitgedächtnis?
nein
ja
mindestens 4 Tage warten
2. Lernkontrolle:
Ist Information im Langzeitgedächtnis?
nein
ja
mindestens 8 Tage warten
3. Lernkontrolle:
Ist Information im Langzeitgedächtnis?
nein
ja
usw.

Einschaltquote

auch Abnehmer-Index genannt, ist ein Meßwert, der z. B. Sendeanstalten des Rundfunks oder Fernsehens die Zahl der Konsumenten einer bestimmten Sendung zurückmeldet. Der Abnehmer-Index gibt zunächst keinen Aufschluß über die Qualität einer Sendung, sondern lediglich über die Anzahl der interessierten Abnehmer. Eine niedrige Einschaltquote wird eine Sendeanstalt in der Regel dazu veranlassen, eine Sendeserie abzusetzen, wenn sie nicht wie bei den Bildungsprogrammen von vorneherein für einen bestimmten, evtl. auch kleinen Adressatenkreis konzipiert ist. K

Einschulung

Aufgrund gesetzlicher Bestimmungen werden in der Bundesrepublik Deutschland alle Kinder, die am 31. Juni eines Jahres sechs Jahre alt sind, zum Schuljahresbeginn im Herbst desselben Jahres eingeschult. Kinder, die zwischen dem 31. Juni und 31. Dezember sechs Jahre alt werden, können auf Antrag der Eltern eingeschult werden. In diesem Fall ist die Schulfähigkeit durch den Schulleiter, im Zweifelsfall auch durch den → Schuljugendberater und den Schularzt festzustellen. Bei beiden erwähnten Gruppen von Kindern kann eine **Zurückstellung** vom Schulbesuch erfolgen, wenn sich ein Kind als nicht schulfähig erweist. Gegen eine diesbezügliche Entscheidung der Schule kann Widerspruch bei der vorgesetzten Dienstbehörde (Staatliches Schulamt) eingelegt werden. Eine begründete Zurückstellung sollte aber eher zum Anlaß gezielter Förderung genommen werden, wenn sie nicht schlicht das Ergebnis verzögerter Entwicklung ist.

→ Schulfähigkeit → Schulkindergarten K

Einsicht

In der Denkpsychologie ist unter Einsicht das unmittelbare Erfassen von Bedeutungen, Begriffen und Sinnzusammenhängen in meist schwierigen Problemsituationen zu verstehen, oft in Form eines Aha-Erlebnisses. Lernen über Einsicht führt vom (plötzlichen) Problemlösungseinfall über Problemlösungsstrategien zu einem Lernergebnis, das zumindest subjektiv neuartig ist. K

Einsprachigkeit im Fremdsprachenunterricht → Fremdsprachenmethodik

Einstellung

Einstellungen sind erworbene, relativ beständige, das aktuelle Verhalten wesentlich mitbestimmende Dispositionen, wie z. B. verfestigte Meinungen, Vorurteile, Werthaltungen. Sie sind als → hypothetische Konstrukte zu bezeichnen, da sie nur aus dem aktuellen, beobachtbaren Verhalten, also aus ihren Auswirkungen erschlossen werden können.

Da Einstellungen auf der vielfältigen Erfahrung beruhen, daß sie sich für ein bestimmtes Individuum zur Bewältigung der Realität als nützlich bewährt haben, sind sie kaum bzw. sehr schwer veränderbar und wirken stabilisierend auf die Persönlichkeitsstruktur. Da sie sich aber in Form verfestigter Auslegungen immer in gleicher Weise auf ganz bestimmte Wirklichkeitsbereiche beziehen, wirken sie gleichzeitig einengend (selektiv) und steuernd auf → Erfahrung und → Bewußtsein des Menschen. Der Erzieher sieht sich mit dieser Doppelwirkung konfrontiert, wenn in einer Lerngruppe die soziale → Wertschätzung der Gruppenmitglieder untereinander, seine eigenen Beurteilungsmaßstäbe oder die Bevorzugung bestimmter Lernbereiche durch die Lernenden betroffen sind. Als Auftrag ergibt sich für den Erzieher, seine eigenen Einstellungen und die der Mitglieder seiner Lerngruppe an ihren Auswirkungen bewußt werden zu lassen und damit die Möglichkeit zu eröffnen, gegebenenfalls an ihrer Veränderung zu arbeiten. K

Benninghaus 1976; Chisman 1976; Hormuth 1979; Markard 1984; Martens 1988; Mummendey 1979; Petermann 1979; Six/Schäfer 1985; Stahlberg/Frey 1989

Einstieg

bezeichnet als formalen Gliederungspunkt die erste Phase einer Unterrichtsstunde, deren Zweck darin besteht, die Schüler in den psychischen Zustand der Aufmerksamkeit zu versetzen (= Motivation für die Begegnung und Auseinandersetzung mit einem Lerninhalt).

→ Artikulationsschemata des Unterrichts K

Einstiegsdrogen

werden Drogen wie z. B. Haschisch und Marihuana genannt, die ihrerseits noch keine körperliche Abhängigkeit nach sich ziehen, aber zum Zweck der Steigerung des Rauscherlebnisses zum Konsum sog. harter Drogen führen können.

→ Drogen und Drogenmißbrauch → Sucht K

Einwegfenster

Unter Einwegfenster ist eine nur von einer Seite aus durchsichtige Scheibe zu verstehen. Sie wird meist als abtrennende Wand oder als Teilstück einer Trennwand in Räume eingebaut, die für Verhaltensbeobachtungen verwendet werden. Beobachter, deren Anwesenheit sich auf das Verhalten einer zu beobachtenden Person oder Gruppe störend auswirken kann, halten sich hinter dem Einwegfenster auf und können somit von den zu Beobachtenden nicht wahrgenommen werden. Solche Einwegfenster bzw. Einwegscheiben werden im Bildungsbereich dort in Räume eingebaut, wo z. B. Unterrichtsstunden, Schüler- und Lehrerverhalten, → Micro teaching oder auch Selbsttätigkeit von Schülern beobachtet werden sollen. O

Einwegprogramm → Programmierte Instruktion

Einwortsatz

kennzeichnet die in der → Sprachentwicklung des Kleinkindes im Alter von 12 bis 18 Monaten geübte Ausdrucksform, die Aussage eines Satzes in einem einzigen Wort zusammenzufassen. Je nach Situation können die folgenden Relationen zwischen Handelndem, Handlung und Objekt der Handlung gemeint sein:

- Aufforderung: „Mama" (das Kind will etwas haben)
- Objekt des Wollens: „Mama" (das Kind will zur Mutter)
- Handlung einer anderen Person, eines Tieres: „fort" (die Mutter geht fort)
- Unbelebtes Handlungsobjekt: „Löffel" (die Mutter nimmt einen Löffel aus der Schublade)

- (vermeintliche) Handlung eines unbelebten Objekts: „fort" (der Teddy sitzt nicht an seiner gewohnten Stelle)
- Handlungsempfänger: „Mama" (das Kind gibt der Mutter etwas)
- Handlungsagent: „Mama" (das Kind reicht nach dem erfolglosen Versuch, einen Turm zu bauen, die Bauklötze der Mutter)

Einwortsätze sind also nur im Kontext der konkreten Situation eindeutig verstehbar. Dies gilt auch für Einwortsätze, die ältere Kinder oder Erwachsene in Ausnahmesituationen des Erlebens (Angst, Schreck, Gefahr, Zorn ...) gebrauchen. K

Einzelarbeit

Jeder einzelne Schüler löst allein Lernaufgaben und zwar
- aufgrund präziser Aufgabenstellung,
- mit vorgegebener oder selbst zu findender Methode,
- je nach Aufgabe eher nachvollziehend-festigend oder auch problemlösend.

Einzelarbeit ist angebracht
- vor allem in Phasen des Wiederholens und Einübens für die selbständige Anwendung von Kenntnissen, Erkenntnissen und Fähigkeiten, vornehmlich praktiziert bei der → Hausaufgabe;
- zur Überprüfung des persönlichen Lernfortschritts, wodurch individuelle Lerndefizite erkannt und bearbeitet werden können;
- zur Sicherung des sog. Minimalwissens und -könnens, über welches jeder einzelne Schüler für nachfolgende Lernaufgaben (auch Prüfungen) verfügen muß.

Einzelarbeit ermöglicht die Individualisierung der Lernprozesse nach Lernaufgabe, Methode, Arbeitstempo, Leistungsfähigkeit und Interessen. Bei angemessenem Anspruchsniveau dient sie in besonderem Maße der Selbstbestärkung und über diese der Lernmotivation des Schülers.
Bei gehäufter Anwendung (vor allem bei linearen Formen der → Programmierten Instruktion) kann sie Vereinsamungseffekte nach sich ziehen und aufgrund langandauernder Über- oder Unterforderung demotivierend wirken.
Auch Einzelarbeit bedarf der ständigen beratenden Begleitung durch den Lehrer.

Köck 1991; Meyer 1987

→ Sozialformen des Unterrichts K

Einzelfallhilfe → Erziehungsberatung

Einzelfallstudie

In der Einzelfallstudie werden Aussagen über das menschliche Verhalten durch die intensive Untersuchung eines einzigen Menschen gewonnen. Ein solches Vorgehen ist gerechtfertigt, wenn
1. eine Person eine bestimmte Personengruppe erschöpfend repräsentiert, also als exemplarischer Fall gelten kann,
2. sich die Individuen einer Personengruppe in den zu untersuchenden Merkmalen kaum unterscheiden,
3. ein besonders repräsentativer Fall vorliegt,
4. die Untersuchung des Einzelfalles zur Widerlegung (Falsifikation → Verifikation) einer Hypothese oder einer generalisierenden Behauptung dient,

5. für die Untersuchung mehrere oder gar beliebig viele Fälle nicht zur Verfügung stehen.

→ Fallstudie → Klinische Methode K

Einzelunterricht → Alleinunterricht → Einzelarbeit → Sozialformen des Unterrichts

Eknoia

bezeichnet die während der Pubertätszeit nicht selten auftretenden scheinbar sinnlosen affektiven Erregungen und ist als krankhafte Reizbarkeit Jugendlicher den Pubertätskrisen zuzurechnen.

→ Affekt → Pubertät → Reiz O

Ekphorische Hemmung → Gedächtnishemmungen

Elaboration

Eine aus mehreren Ergebnissen, schriftlichen Vorlagen, empirischen Erkenntnissen, Evaluationsresultaten usw. planmäßig zusammengestellte und gegliederte Ausarbeitung wird als Elaboration bezeichnet.
Im Rahmen der → Kreativität wird sie als Phase bzw. als Faktor angesehen, der die Fähigkeit ausdrückt, nach gegebenen Informationen eine entsprechende logische Struktur aufzubauen.

→ Evaluation O

Elektrakomplex → Ödipuskomplex

Elektro-Enzephalogramm (EEG)

bedeutet Hirnstrombild. In der Physiologie werden mittels EEG durch gehirnelektrische Registrierung elektrische Spannungsschwankungen in der Großhirnrinde festgestellt und Hirnfunktionen erforscht. O

Elektronisches Klassenzimmer

wird ein Unterrichtsraum genannt, in dem die Schülerplätze mit Kleincomputern ausgerüstet sind, mit deren Hilfe jeder Schüler sein spezifisches Lernprogramm aus einem Medienzentrum abrufen kann.

→ Audiovisuelles Zentrum → Computerunterstützter Unterricht K

Elementarbereich

umfaßt die familienergänzenden und -unterstützenden Bildungseinrichtungen für drei- bis sechsjährige Kinder vor der Einschulung, z. B. → Kindergarten, → Schulvorbereitende Einrichtungen (SVE), → Schulkindergarten.

Bayer. Staatsministerium für Unterricht und Kultus 1990; Hebenstreit 1979

→ Elementarerziehung → Grundschule → Primarbereich K

Elementare, das

Das Elementare bezeichnet als Lehr- und Lernprinzip zunächst die logische Organisation von Lernprozessen vom Einfachen zum Komplizierten bzw. die Reduktion

(→ didaktische Reduktion) komplexer Lerninhalte auf ihre elementaren Bestandteile, auf ihre Elemente. So sehr Pestalozzi, der Vater der „Methode der Elementarbildung", diesem Verständnis des Elementaren mit seiner Lehre von den „lückenlosen Reihenfolgen" als der vom Einfacheren zum Komplizierteren fortschreitenden Abfolge von Lernprozessen folgte, ebenso deutlich stellte er das Elementare als das Wesentliche, Allgemeingültige an Lerninhalten, Methoden und Erfahrungen heraus. Damit war die pädagogische Frage nach der Art und Weise der Lerninhalte gestellt, durch welche sie eigentlich erst zu Bildungsinhalten werden. W. Klafki (1959) differenzierte in unserer Zeit das Prinzip des Elementaren in sieben Erscheinungsformen: das **Fundamentale,** das Grunderfahrungen und -erlebnisse bezeichnet, die nur durch entsprechende „Stimmung" oder „Atmosphäre" ausgelöst werden können; beim **Exemplarischen** wird das Allgemeine, die Gesetzmäßigkeit **am** Besonderen sichtbar, während das **Typische** das Allgemeine **im** Besonderen erschließt. Das Elementare als **Klassisches** muß in der Form individueller vorbildlicher Haltung oder Leistung als **Wert** erfahren und erlebt werden, um ein Bildungsinhalt werden zu können. Das Elementare als **Repräsentatives** bedeutet „Vergegenwärtigung" im Sinne der Verlebendigung der für das Individuum bedeutsamen Geschichte, und es bedeutet „symbolische Verdichtung" als Sichtbarmachen großer geschichtlicher Zusammenhänge und Wirkungen an ihren Höhepunkten. Die **einfachen Zweckformen** als Elementares ermöglichen den Gewinn des Allgemeinen „im Vollzug des Besonderen". Die **einfachen ästhetischen Formen** als Elementares werden „allein in der gestaltenden oder hingebenden Vertiefung in das ganz Indivudelle um des Individuellen willen (**diese** Melodie usw.) ... erschlossen", wobei das Ästhetisch-Elementare durchaus Eigenständigkeit besitzt und nicht nur etwa im Vorfeld hohen künstlerischen Schaffens angesiedelt gesehen werden darf. K

Elementarerziehung

umfaßt als Teilbereich der Erziehungswissenschaft die Theorie und Praxis der Erziehung von Kindern im vorschulischen Bereich, also von der Geburt bis zum Schuleintritt.

Entwicklungs- und Lernpsychologie haben den Nachweis erbracht, daß aufgrund der großen Lernkapazität der Kinder im Vorschulalter und ihrer beschleunigten Intelligenzentwicklung entscheidende Verhaltens- und Lerndispositionen in diesem Alter erworben werden müssen. Lern- und Verhaltensdefizite, die die Kinder aus dem Vorschulalter mit in die Schule bringen, sind erfahrungsgemäß um so schwerer auszugleichen, je später ihnen mit kompensatorischen Maßnahmen begegnet wird.

Die Diskussion um die bildungsmäßige → Chancengleichheit hat sich in diesem Zusammenhang zum Teil von der → Grundschule in den Elementarbereich verlagert.

Hundertmarck 1982; Neidhardt 1979/2; vgl. auch Literatur bei Elementarbereich!

→ Eingangsstufe → Kindergarten → Modellkindergarten → Vorschule K

elementenhaft-synthetisches Verfahren → Methodenkonzeptionen des Unterrichts

Elementenpsychologie → Analytische Psychologie

Eliminationsverfahren

Aus einem komplexen Bereich oder Sachverhalt werden einzelne Elemente oder Faktoren, die für die jeweilige Betrachtungsweise nicht zentral oder nicht von Bedeutung sind, nach vorher festgelegten Regeln ausgesondert. O

Elternabend

Der Elternabend wendet sich an die Eltern der Schüler einer bestimmten Klasse. Er ist mindestens einmal im Schuljahr durchzuführen. Die Eltern können sich kennenlernen und gemeinsame Probleme besprechen, ihr Erziehungsverständnis mit dem des Lehrers abstimmen, sich informieren über Lernziele und Unterrichtsverfahren der Schule sowie über besondere Vorhaben. Elternabende sollen in kleiner Runde vor allem dem Gespräch eine Chance geben; für bloße Information – die ökonomischer schriftlich erfolgt – ist der Elternabend zu schade. Motivierend auf die Teilnahme am Elternabend wirkt sich die vorherige Ankündigung eines Leitthemas durch den Lehrer aus, z. B.

- Lernanforderungen und Hilfen bei den Hausaufgaben
- Disziplinprobleme in Elternhaus und Schule
- Suchtgefährdung bei Kindern und Jugendlichen
- Vorbereitung eines Schulfestes etc. K

Für eine entspannte Atmosphäre können eine gesprächsfördernde Sitzordnung, Getränke und von den Schülern für ihre Eltern vorbereitete Speisen u. a. sorgen.

Bolster 1989/7; Kowalczyk/Ottich 1991; Longardt 1990

Elternarbeit in Kindergarten und Schule

Aufgrund seiner familienergänzenden pädagogischen Funktion und seiner entsprechenden rechtlichen Umschreibung ist der → Kindergarten zweifellos familienoffener als die → Schule, die praktischen Möglichkeiten der Zusammenarbeit mit dem Elternhaus gelten für beide Institutionen aber in gleicher Weise.
In den in Bayern angebotenen „Richtlinien zum Übergang vom Kindergarten zur Grundschule“ werden z. B. folgende Möglichkeiten aufgeführt:

1. **Informieren** über die geleistete und noch zu leistende „Arbeit“, z. B. durch Elternabende in verschiedener Gestaltung, durch Protokolle, Elternbriefe, Anschläge, Dokumentationen, Ausstellungen, Tage der offenen Tür.
2. **Einladen** zur Mitgestaltung von Festen, Spielnachmittagen, Reisen.
3. **Übereinstimmung herstellen** über Erziehungsverständnisse und -ziele vor allem durch Diskussionsgruppen.
4. **Aktivieren** der Eltern z. B. zur Materialbeschaffung, zur Gründung von Kontaktgruppen.
5. **Besuchen** der Eltern und Anregen von Besuchen der Eltern untereinander. Vor allem im Kindergarten kommen dazu noch evtl. Besuche bei Vater und Mutter am Arbeitsplatz, Besuche von Kinderfesten durch die Erzieherin u. a. m.
6. **Beraten** der Eltern in der Sprechstunde, durch Ausstellungen, Materialien, Spezialisten.
7. **Fördern** der Eltern-Kind-Beziehung z. B. durch Eltern-Kind-Turnen, Hospitation der Eltern im Kindergarten (in der Schule nur mit Genehmigung der vorgesetz-

ten Behörde erlaubt), durch Diskussion von Erziehungs- und Lehrmethoden bei Elternabenden, durch Selbsterfahrungsgruppen und Elternverhaltenstraining, durch Absprache über den Einsatz von Förderprogrammen.

Arbeitsgruppe Elternarbeit 1983; Büchner 1976; Furian 1982; Huppertz 1986 und 1988; Hülshof 1979; Jost/Scholl-Schaaf 1985; Keil/Süssmuth 1987; Melzer 1985; Schmitt-Wenkebach 1979; Susteck 1979 und 1981

→ Elternbeirat

K

Elternbeirat

Beim Elternbeirat, der die Vertretung aller Erziehungsberechtigten jeweils einer Schule darstellt, handelt es sich um eine selbständige öffentlich-rechtliche Ein-

Kontaktplan des Elternbeirats in der Übersicht

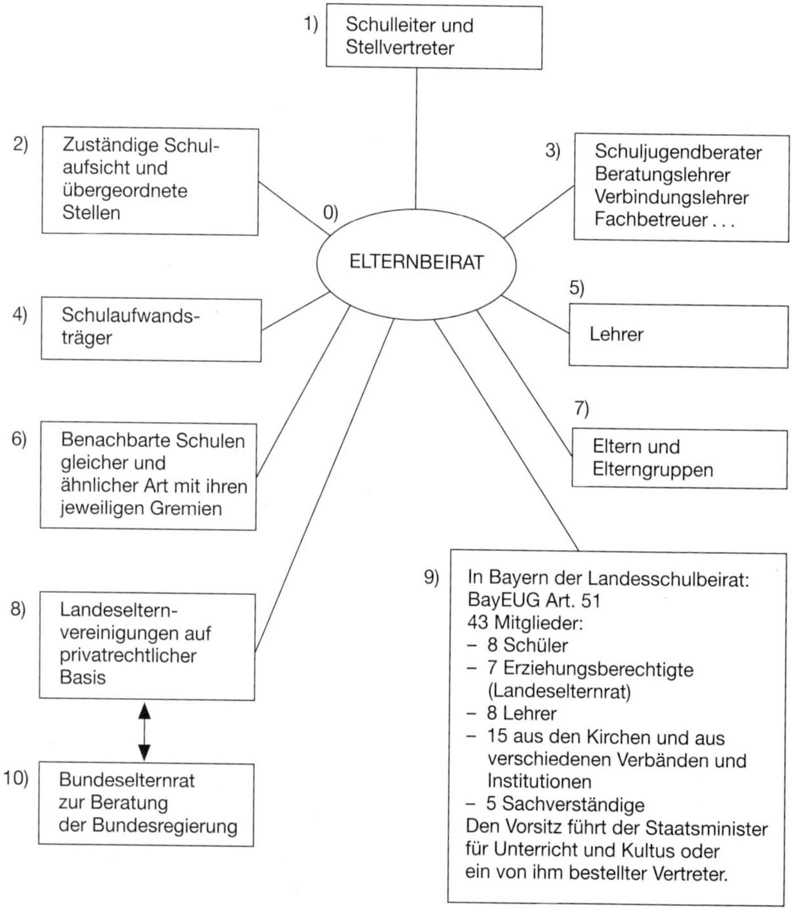

richtung ohne eigene Rechtspersönlichkeit. Für alle Schularten, die überwiegend von Minderjährigen besucht werden, ist jeweils ein Elternbeirat vorgesehen, z. B. an öffentlichen und privaten → Volks- und → Sonderschulen, → Realschulen, → Wirtschaftsschulen, → Fachoberschulen und → Gymnasien. Bei → Berufs- und → Berufsaufbauschulen tritt anstelle des Elternbeirats der Berufsschulbeirat.
Der Elternbeirat wird gewählt. Die Zahl der aus dem Kreis der Eltern zu wählenden Mitglieder wird durch die für die einzelnen Schularten maßgebenden Rechtsvorschriften bestimmt.
Die vom Elternbeirat wahrzunehmenden Aufgaben sind im allgemeinen

- das Vertrauensverhältnis zwischen den Erziehungsberechtigten und den Lehrern, die gemeinsam für Erziehung und Bildung der Schüler verantwortlich sind, zu vertiefen,
- das Interesse und die Verantwortung der Erziehungsberechtigten für die Erziehung und Bildung ihrer Kinder zu wahren und zu pflegen,
- den Erziehungsberechtigten aller Schüler oder der Schüler einzelner Klassen in besonderen Veranstaltungen Gelegenheit zur Unterrichtung und Aussprache zu geben,
- Wünsche, Anregungen und Vorschläge der Erziehungsberechtigten zu beraten,
- zwischen Eltern und Lehrern bei Konflikten zu vermitteln.

Außerdem kann der Elternbeirat insoweit beratend mitwirken, wie dies gesetzlich in Schulordnungen und anderen Bestimmungen vorgesehen ist.

→ Schulbeirat → Schülermitverantwortung OK

Elternbildung

zielt auf die Befähigung der Eltern für die Erziehung ihrer Kinder und auf die Arbeit an sich selbst in der Lebenssituation Familie. Die lebensentscheidende Bedeutung der frühkindlichen Sozialisation ist hinreichend nachgewiesen. Zusätzlich verlangen zeit- und gesellschaftsbedingte Themen wie Drogengefährdung, Kindesmißhandlung, Kinder- und Jugendkriminalität und die ständige Zunahme von Verhaltensauffälligkeiten bei Kindern nach systematischer Aufklärung der Eltern mit der Absicht von Auswirkungen auf das Erziehungskonzept.
Elternbildung wird in Form von Kursen, Vorträgen, Gesprächsrunden, Elternbriefen angeboten z. B. von Volkshochschulen, kirchlichen, kommunalen, privaten Trägern und den Wohlfahrtsverbänden, von Mütter- und Elternschulen, Familienbildungsstätten, neuerdings verstärkt auch von Seiten der Jugendämter und von Selbsthilfegruppen.

Heiliger u. a. 1981; Lüscher u. a. 1984

→ Erziehungskunde → Familienerziehung K

Elternsprechstunde

Der Lehrer hat die Verpflichtung, enge Kontakte mit den Erziehungsberechtigten zu pflegen und sie über den Leistungsstand und das Verhalten ihrer Kinder zu unterrichten. Es gehört nach den einschlägigen Gesetzen, Schul- und Dienstordnungen zu den Dienstpflichten des Lehrers, den Eltern und bei Schülern → beruflicher Schulen, die in einem Beschäftigungsverhältnis stehen, auch deren Ausbildern, Arbeitgebern und Arbeitnehmervertretern in Sprechstunden und an → Sprechtagen für Fragen mit Auskunft und Rat zur Verfügung zu stehen. Hauptamtliche und hauptberufliche Lehrer haben wöchentlich eine Elternsprechstunde außerhalb ihres Unterrichts anzusetzen, nebenamtliche und nebenberufliche Lehrer legen diese nach Vereinbarung fest. Über die Abhaltung der Elternsprechstunde hinaus sind die Lehrer verpflichtet, immer dann mit den Erziehungsberechtigten Verbindung aufzunehmen, wenn dies für die Weiterentwicklung, für den Erziehungs- und Unterrichtserfolg ihres Kindes notwendig erscheint.

→ Elternabend → Elternbeirat → Elternversammlung → Hausaufgabe → Klassenelternversammlung → Schulaufgabe → Schulordnung O

Elternsprechtag

Einmal in jedem Schulhalbjahr oder Ausbildungsabschnitt muß von seiten der Schule ein Elternsprechtag bzw. Elternsprechabend eingeplant werden, an dem alle Lehrer der jeweiligen Schule den Erziehungsberechtigten gleichzeitig zu Auskünften zur Verfügung stehen. Der Schulleiter teilt spätestens eine Woche vor Durchführung den Erziehungsberechtigten schriftlich mit, wann und an welchem Ort eine Aussprache mit den Lehrern stattfinden kann. Die Elternsprechtage sind so anzusetzen, daß kein Pflichtunterricht entfällt und auch Berufstätige daran teilnehmen können.

→ Elternabend → Elternbeirat → Elternsprechstunde → Elternversammlung → Hausaufgabe → Klassenelternversammlung → Schulaufgabe → Schulordnung O

Elternversammlung

Die → Schule lädt die Erziehungsberechtigten aller Schüler oder der Schüler verschiedener Klassen oder Jahrgangsstufen gemeinsam ein, wenn es sich um Angelegenheiten von besonderer Bedeutung handelt, die die Schule insgesamt oder mehrere Klassen betreffen. So sind z. B. bei der Umstrukturierung einer Schule oder bei der Einführung neuer → Curricula Elternversammlungen einzuberufen. Auf begründeten Wunsch des → Elternbeirats kann ebenfalls eine Elternversammlung anberaumt werden.
Für besondere Anlässe werden Elternversammlungen auch von mehreren Schulen verschiedener Schularten gemeinsam durchgeführt, z. B. zur Aufklärung der Eltern über Aufnahme- und Übertrittsverfahren in weiterführende Schulen.

→ Elternabend → Elternsprechstunde → Elternsprechtag → Klassenelternversammlung → Schule → Schulordnung O

Emanzipation, Emanzipatorische Pädagogik

Emanzipation kennzeichnet – zunächst ohne nähere Zielangabe – einen Akt der Befreiung eines Individuums oder einer Gruppe aus einem Abhängigkeitsverhältnis (rechtlich, politisch, sozial, ökonomisch) zu eigenverantwortlichem Handeln. Aufgabe einer **emanzipatorischen Erziehung** ist – ebenso allgemein gefaßt – „in die Gesellschaft einzuüben und gegen sie zu immunisieren, wo diese zwingen will, Stereotypen des Denkens und Handelns zu folgen statt kritischer Einsicht“ (Mitscherlich 1963, Seite 29). Die emanzipatorische Pädagogik sieht diesen ihren Auftrag als grundsätzlich realisierbar an aufgrund des wissenschaftlich gesicherten Nachweises von der „Veränderbarkeit und der relativen Beherrschung natürlicher, v. a. aber gesellschaftlicher Grundlagen menschlicher Existenz“ (Jouhy 1972, S. 148). Wesentlich für das Verständnis **praktizierter emanzipatorischer Erziehung** und ihrer jeweiligen theoretischen Grundlagen ist über die beschriebene allgemeine Bedeutung hinaus ihre **ideologische Interpretation,** die maßgeblich von der → Kritischen Theorie der Frankfurter Schule beeinflußt ist. Die ideologische Interpretation zielt auf eine emanzipatorische Erziehung als politische Praxis, als Anleitung zu Solidarität und Parteilichkeit zum Zweck der Systemveränderung. Maßstab der Befreiung und der erstrebten Freiheiten ist der Mensch, der von Natur aus gut sei und deshalb auch dazu befähigt, in befriedeten Beziehungen zu leben. Als Leitziele der emanzipatorischen Pädagogik fungieren z. B. kritische Rationalität, Mündigkeit, Fähigkeit zur Selbstbestimmung, Selbstverwirklichung, allseitige Entfaltung der individuellen Möglichkeiten, Bewußtsein des Rechts auf individuelles Glück, emanzipierte Identität, das kritische Individuum mit der Bereitschaft zum Widerstand (vgl. Brezinka 1972), zusammenfassend die weitgehende Autonomie des Individuums, Befreiung von Entfremdung und das von Mißtrauen getragene Hinterfragen alles Überlieferten, geschichtlich Gewordenen. K

Bath 1974; Habermas 1985; Herwig 1980; Kerstiens 1975; Kunstmann 1977; Luttringer 1986; Rogers 1988; Schiek 1975; Weber 1974; Wilhelm 1975

Embryo → pränatal

Embryopathie

wird eine Mißbildung oder Entwicklungsstörung körperlicher und/oder seelischer Art genannt, die sich der Embryo (vgl. unter → pränatal) aufgrund einer Erkrankung bzw. eines Fehlverhaltens der Mutter zuzieht. Häufige Ursachen sind toxische Schädigungen (z. B. durch Medikamente, Alkohol, Nikotin, Drogen), Hormonstörungen oder Viruserkrankungen der Mutter (z. B. Röteln, → HIV), Geschlechtskrankheiten, Blutgruppenunverträglichkeit der Eltern, krankhafte organische Befunde, Abtreibungsversuche.

→ Alkoholembryopathie K

Emotion → Gefühl

Empathie

Ursprünglich bezeichnete Empathie den Vorgang, Gefühle und Stimmungen in Gegenstände, Kunstwerke, Situationen zu projizieren, um auf diese Weise deren eigentliche Qualitäten zu erfahren. Die Identifikation mit Handlungsvollzügen von Menschen in der Absicht, deren Handlungsmotive zu verstehen, bedeutete bereits eine Ausweitung des Begriffes. In neuester Zeit spielt Empathie eine große Rolle in gruppendynamischen Trainingsmethoden, durch welche vor allem soziale Empathie, man könnte sagen Fingerspitzengefühl für zwischenmenschliche Beziehungen und emotionale Zustände, geübt werden soll. Aber auch in der individuellen psychotherapeutischen Praxis, bei der Erziehungsberatung, in der Praxis der Rechtssprechung und in allen pädagogischen Berufen ist die Fähigkeit zur Empathie als eines Einfühlens in das Erleben und Handeln anderer Menschen zum Zweck des Verstehens von großer Bedeutung.

→ Sensitivity training → Sensitivität → Trainingsmethoden, gruppendynamische K

Empirische Erziehungswissenschaft

Die empirische Erziehungswissenschaft unterzieht theoretische pädagogische Aussagen und Hypothesen ebenso wie die vorgefundene Erziehungswirklichkeit

der Untersuchung mit empirischen Methoden, d.h. mit Methoden der exakten Beobachtung und Messung und des Experiments. Ihre Ergebnisse müssen logisch widerspruchsfrei und nachprüfbar sein.
Die empirische Erziehungswissenschaft – vertreten durch die pädagogische Tatsachenforschung, die experimentelle Pädagogik und die kritisch-rationalistische Erziehungswissenschaft – steht somit nicht in einem Widerspruch zur geisteswissenschaftlichen Pädagogik; vielmehr vermag sie als Korrektiv für diese zu fungieren und die für pädagogische Theorien nötigen empirisch gesicherten Daten zu liefern. K

Beck 1987; Heller u.a. 1981/2; Jahrbuch für Empirische Erziehungswissenschaft ab 1977; Klauer 1977; Petersen 1987; vgl. auch die Literaturhinweise bei Erziehungswissenschaft!

Encounter-Training

Zum Encounter-Training (= Begegnungsgruppe) treffen sich 10 bis 20 Personen unterschiedlicher sozialer und beruflicher Herkunft wöchentlich zu einer ein- bis dreistündigen Sitzung. Die Gesamtzahl der Sitzungen ist meistens festgelegt. Das Hauptziel des Encounter-Trainings besteht darin, den Teilnehmern die Möglichkeit zu eröffnen, durch verbale und nonverbale Übungen, Rollenspiele, Kreativitätsübungen usw., also durch eine breite Palette von Übungsangeboten die eigene Persönlichkeit voll zu entfalten, Unsicherheiten zu überbrücken, Kommunikationsschwierigkeiten abzubauen, schlicht auch Kraft für die Bewältigung des Alltags zu schöpfen. Vom Trainer werden Maßnahmen erwartet, die einer positiven, aufbauenden Atmosphäre in der Gruppe förderlich sind. Die engagierte Aktivität des Trainers schließt in entscheidenden Phasen modellhaftes Verhalten mit ein.

→ Trainingsmethoden, gruppendynamische K

Endogen

bedeutet in den Anlagen ruhend, auf dem Wege der Vererbung weitergegeben, im Unterschied zu exogen = durch Umweltfaktoren bedingt. K

Endogene Depression → Depression

Endokrinologie

ist die Lehre von der Wirkung endokriner Drüsen und der von diesen produzierten Hormone. Endokrine Drüsen sind Drüsen mit innerer Sekretion, wie z.B. Nebenschilddrüse, Bauchspeicheldrüse, Eierstöcke, Hoden, welche die jeweiligen Hormone direkt in das Blut zur zielgerichteten Verteilung im Körper abgeben. Als Steuerorgan für die endokrinen Drüsen fungiert die Hypophyse, die ihrerseits ebenfalls zu den endokrinen Drüsen zählt.

→ Psychoendokrinologie K

Endverhalten

zeigt den durch eine abgeschlossene Lehr- oder Lerneinheit erreichten Lerneffekt beim Lernenden. Das beobachtbare Verhalten nach einer unterrichtlichen Einflußnahme auf einen Schüler ermöglicht dem Lehrer, Rückschlüsse auf die Gestaltung seines Unterrichts zu ziehen.

→ Eingangsverhalten O

Engramm

Geistige Eindrucksbilder, bewußtes und unbewußtes Einprägen, stetiges Wiederholen, Üben und → Überlernen sollen nach Semon (1920) und Lochner (1964) Spuren bzw. funktionelle Dispositionen im Gehirn hinterlassen, die sog. Engramme (= eingeschriebene Spuren) darstellen. Diese bilden die Grundlage des Gedächtnisses. Die Summe der ererbten und erworbenen Engramme wird als → Mneme bezeichnet.

→ Mnemotechnik OK

Enkodierung

bedeutet das Verschlüsseln einer Information in Zeichen oder Signale nach einem festgesetzten Schlüssel (Kode). Für Rechner z. B. wird der Binärkode verwendet, der nur die zwei Kode-Elemente 0 und 1 enthält.

→ Binärsystem → Kodierung K

Enkopresis → Enuresis, Enkopresis

Enkulturation

bezeichnet den von jedem Menschen unabdingbar zu leistenden Lernprozeß, in die Kultur seines Lebenskreises – zugleich sich anpassend und Neues mitgestaltend – hineinzuwachsen. Kultur ist hier im weitesten Sinne als Inbegriff aller Fähigkeiten, alles Wissens, aller Normen und Verhaltensweisen zu verstehen, durch welche einem Menschen eine Lebensbewältigung in seinem spezifischen soziokulturellen Umfeld überhaupt erst möglich wird. In diesem Verständnis schließt die Enkulturation die Vorgänge der → Sozialisation und der → Personalisation ein.

→ Acculturation K

Enrichmentfunktion der Medien

Damit ist die Bereicherung bzw. die Ergänzung eines Lernprozesses durch den punktuellen Einsatz von technischen Medien gemeint. Der Lehrende ordnet also ein Medienangebot in das didaktische Konzept seiner Unterrichtseinheit ein, z. B. als Einstieg, als Informationsquelle zu einem Teilziel der Lernsequenz, als Zusammenfassung, wobei das mediale Angebot auch im arbeitsteiligen Verfahren einer Kleingruppe zur Bearbeitung mit anschließender Berichterstattung über die Ergebnisse im Gesamtlernverband übergeben werden kann. Selten genützt wird in der Unterrichtspraxis die Möglichkeit, durch einzelne Schüler bzw. durch Kleingruppen mit Hilfe technischer Medien Vorbereitungsarbeit zu Teilproblemen der Lernsequenz leisten zu lassen. Bei dieser Methode müssen allerdings die Schüler mit klar formulierten Lernzielen und Arbeitsaufträgen versehen werden.

→ Medien K

Entdeckendes Lernen

ist in besonderem Maße dem Unterrichtsprinzip der → Selbsttätigkeit mit dem Ziel zunehmender Selbständigkeit verpflichtet.
Das Verständnis entdeckenden Lernens reicht in der Fachliteratur von der lehrergeleiteten Vermittlung von Wissen und Entdeckungen (D. P. Ausubel) über Lernen

durch eigene Entdeckung (J. S. Bruner) bis zum selbsttätigen Erkennen von Phänomenen (H. Neber). Dementsprechend sind auch die Selbstorganisation des Lernprozesses durch die Schüler und das Prinzip „das Lernen lernen" unterschiedlich gewichtet. Übereinstimmung dürfte in der uralten pädagogischen Erkenntnis bestehen, daß ein Lernen aus eigenem Antrieb bzw. aus Neugier und in eigener Organisation jeder anderen Art des Lernens überlegen ist.
Abgesehen von → Alternativen Schulen im Gefolge der → Reformpädagogik, versuchen im öffentlichen Schulwesen immer wieder Ansätze des → Arbeitsunterrichts, des → Projektunterrichts, neuerdings des → handlungsorientierten Unterrichts dem Prinzip des entdeckenden Lernens gerecht zu werden.

Ausubel 1963 und 1974; Bruner 1974; Neber 1981

→ Entdeckenlassende Unterrichtsformen → Unterrichtsformen K

Entdeckenlassende Unterrichtsformen, Entdeckender Unterricht

kurzphasig (innerhalb einer Unterrichtsstunde) und
langphasig (innerhalb einer Doppelstunde oder stundenübergreifend)

1. **Kurzbeschreibung/Funktionen**

Die entdeckenlassenden Unterrichtsformen sollen die Schüler dazu anleiten,
- ein vorgegebenes oder selbst gewähltes Thema
- durch eigene Materialsuche
- und durch eigene Ermittlung geeigneter Methoden
- bei freier Zielsetzung zu bearbeiten.

Eigensteuerung und Eigenverantwortung der Schüler für ihren Arbeitsprozeß, ihr Arbeitsverhalten und ihre Arbeitsergebnisse fordern
- die Auswahl problemhaltiger Themen, die Argumentation, Meinungsaustausch, Ringen um die optimale Lösung verlangen
- **und** gleichzeitig Einplanung und kritische Reflexion sozialer Lernziele und gruppendynamischer Ereignisse.

2. **Hauptsächliche Anwendungsbereiche**

- Bewußt angelegtes Übungsfeld für soziale Lernziele, insbesondere für die Einübung von Kooperation und für die Stärkung des Selbstwertgefühls der Schüler,
- problemlösende Unterrichtssequenzen, zum Teil fremdgesteuert – kurzphasig, z. B.
  - Schüler zerlegen eine Pflanze. (Biologie)
  - Schüler finden anhand eines Stadtplanes von London den Weg zum Wachsfigurenkabinett. (Englisch)
  - Schüler bauen ein Hindernisrennen auf. (Sport)
  - Schüler bereiten die Begegnung mit dem Bischof vor. (Religion)
  - Schüler entwickeln Aufgaben aus der Materialbegegnung. (Kunsterziehung)
- Langphasige Problemlösungen mit aufwendiger Materialsuche und -auswertung,
- gebundene Schülerexperimente (kurzphasig) bis offene Schülerexperimente (langphasig),
- gebundene Unterrichtsgespräche (kurzphasig) bis freie Unterrichtsgespräche (langphasig),
  - Planspiele,
  - Projekte

3. **Hinweise und Tips**

- **Motto:** Die Schüler alles tun lassen, was sie tun können!
- Für präzise Arbeitsanweisungen und die Bereitstellung von Material und Strategien **sorgen,** also die Schüler dazu anleiten!
- In der Phase der Problembearbeitung ist der Lehrer lediglich Beobachter, im Ausnahmefall Berater. Er enthält sich gängelnder „Gschaftelhuberei" auch angesichts von Irrwegen der Schüler.
- Für Einüben in die Grundfähigkeiten der Kooperation im eher lehrergeleiteten Unterricht sorgen! (Vgl. Köck 1987, S. 176 f.) Andernfalls stellen sich Überforderung, Entmutigung, lernfremde Tätigkeiten der Schüler und Disziplinprobleme ein.

Bion 1992; Brunnhuber/Czinczoll 1974; Neber 1981/3; Wilde 1984/2

→ Entdeckendes Lernen → Unterrichtsformen K

Entfremdung

– als anthropologisches Grundphänomen – bezeichnet in der langen Tradition der Philosophie – freilich je nach Denkansatz bezüglich des Ursache-Wirkung-Zusammenhangs verschieden – immer eine Entfernung der Person von dem menschlich Wesentlichen durch Zwänge der bestehenden Realität.
Im psychologischen Sprachgebrauch kennzeichnet die Entfremdung den als → Konflikt empfundenen Zustand des Verlustes von → Identität, der durch eine Überformung durch nicht erfüllbare bzw. nicht akzeptierbare → Normen und Leistungsanforderungen verursacht wird. Das derart überforderte Individuum paßt sich – meist unbewußt – an oder wird handlungsunfähig.
Eine Überwindung der Entfremdung kann nur gelingen durch ein Bewußtmachen des beschriebenen Identitätsverlusts und durch eine kritische Reflexion und gegebenenfalls eine Eliminierung der entfremdenden Faktoren. K

Israel 1986; Knecht 1975; Popitz 1980; Schrey 1975; Treptow 1978

Enthymem

(aus dem Griechischen) bedeutet Einfall, Gedanke. In der philosophischen Fachsprache bezeichnet Enthymem einen Wahrscheinlichkeitsschluß bzw. einen verkürzten logischen Schluß.

→ Schluß(-regeln) K

Entlassung eines Schülers/Studenten → Relegation

Entpersönlichung

Der von der Entpersönlichung Betroffene erlebt sich als fremd. Sein → Ich kann weitgehend oder vollkommen verloren gehen. Es stellt sich ein Gefühl der Unwirklichkeit ein. Eigene Handlungen werden automatenhaft ausgeführt und wie die eines anderen empfunden. Solche Zustände der Selbstentfremdung treten nicht nur bei → Schizophrenie, sondern ansatzweise oder kurzfristig auch bei seelisch gesunden Menschen in Augenblicken größter körperlicher und geistiger Erschöpfung auf.

→ Entfremdung → Streß O

Entschulung

Vertreter der radikalen Schulkritik meldeten ihre Zweifel an der Notwendigkeit bzw. an der aktuellen Verwirklichung des staatlich organisierten und institutionalisierten Schulwesens an, seitdem es Schule dieser Art gibt. In neuerer Zeit erreichte die Forderung der Entschulung der Schule einen ersten Höhepunkt mit den Gründungen → Alternativer Schulen im Zuge der → Reformpädagogik. Manche Pädagogen forderten sogar eine Entschulung der Gesellschaft, womit die Schule überhaupt als notwendige Bildungseinrichtung in Frage gestellt wurde.
Die radikale Schulkritik seit Anfang der 70er Jahre – vor allem von Illich (1972) und Reimer (1972) initiiert – wendet sich gegen die Aufblähung des Bildungswesens im Zuge der Bildungsreform und gegen die damit immer lückenloser funktionierenden Effekte der Schule als Selektionsagentur und als Reproduktionsanstalt der herrschenden gesellschaftlichen Verhältnisse. Die herkömmliche Schule ziele vor allem auf Anpassung und Sozialisation im Sinne reibungslosen Funktionierens, das Lernen werde durch Lernrituale pervertiert und der Bildungskanon trage kaum etwas zur Bewältigung von Gegenwart und Zukunft bei.
Neben den derzeit unrealistischen Gegenmodellen zur Schule sind im öffentlichen Schulwesen Bemühungen mit allerdings nicht allzu weitreichender Wirkung erkennbar, das überkommene Bild von der Schule als bloßer Reproduktionsanstalt zu korrigieren, z. B.

- durch eine stärkere Verbindung von Schule und außerschulischer Wirklichkeit,
- durch projektorientierten Unterricht,
- durch selbstinitiiertes Lernen aus Neugier,
- durch erfahrungs- und handlungsorientierten Unterricht.

→ Freie Schulen

K

Entspannungstechniken

Auch im Schulalltag praktizierbare, aber leider selten angewandte Entspannungstechniken sind die folgenden:

1. → Autogenes Training
2. → Meditation
3. Muskelentspannung durch nacheinander erfolgendes Anspannen, Spannung halten und Entspannen einzelner Muskelgruppen.
4. Eutonie, seit 1957 von Gerda Alexander entwickelt, versucht den ausgewogenen, „guten" Spannungszustand von Muskeln und Gefäßen zu erreichen, und zwar durch die Verbesserung des Körperbewußtseins und der Körperfunktionen, z. B. mit Hilfe von Übungen der Innenraumerfahrung und der Skeletterfahrung.

Die Anwendung von Entspannungstechniken setzt voraus, daß der Lehrer selbst sie in Technik und Wirkung beherrscht.

K

Dieterich 1990/3; Heinzel 1987; Levey 1991; Lindemann 1992; Portmann/Schneider 1990; Schlottke/Wahl 1983

Entwickelnde Unterrichtsform, Entwickelnder Unterricht

1. **Kurzbeschreibung/Funktionen**

Bei der entwickelnden Unterrichtsform versucht der Lehrer (oder das Programm) jeden einzelnen Schüler im Klassenverband auf eingleisiger Denkspur Schritt für

Schritt (meistens mit Hilfe von Frage-Antwort-Ketten) durch ein Problem zu einem bereits formulierten Ziel zu führen. Die Schüler sind mit ihren Antworten voll auf die Erwartungshaltung des den Lernprozeß der Schüler steuernden Lehrers (Programms) eingestellt; sie denken den Denkweg des Lehrers nach. Interaktionen zwischen den Schülern sind nicht angebracht, einziger Bezugspunkt ist die Fragequelle Lehrer oder Programm.

2. **Hauptsächliche Anwendungsbereiche**

- Lernprozesse, die hohe Zielgerichtetheit bei gleichzeitig straffer Führung erfordern, z. B. Regelerarbeitung,
- erwünschter Vollzug einer ganz bestimmten Methode,
- schwierige, komplexe Themen.

3. **Hinweise und Tips**

- Zurückhaltende, des Denken aktivierende Fragen stellen!
- **Vorher** klären, welche Aufgaben die Frage erfüllen soll (in Anlehnung an Meyer 1987, Bd. 2, S. 207):
  - Vorkenntnisse ermitteln,
  - wiederholen,
  - Aufmerksamkeit, Neugier wecken,
  - zum Nachdenken, Widerspruch provozieren,
  - disziplinieren.
- Auf den **Vierer-Takt des Frage-Antwort-Unterrichts** achten:
  - Lehrerfrage
  - Überlegphase,
  - Schülerantwort,
  - Würdigung der Antwort (Verstärkung, Berichtigung).
- **Angemessene Frageform** wählen (Meyer, a. a. O.):
  - **Inhalts-/prozeß-/beziehungsrelevante Fragen:** „Wer kennt eine Definition für ‚Handlungsmuster'?"/„Seid ihr endlich fertig?"/„Was ist eigentlich mit dir los?"
  - **Wissensfragen** („Wer ist Alfred Hrdlicka?") und **Denkfragen** („Wie könnte ein Denkmal für Friedrich Engels gestaltet werden?")
  - **Offene** („Wer weiß noch mehr darüber?") und **geschlossene** Fragen („Wie heißt die Hauptstadt von Frankreich?")
  - **Konvergente** und **divergente** Fragen: Beim „konvergenten" Denken wird bereits Bekanntes und Vertrautes auf neue Probleme oder Situationen angewendet bzw. weiterentwickelt. Beim anspruchsvolleren „divergenten" Denken müssen neue Sach-, Sinn- oder Problemzusammenhänge durchschaut werden, die zum Teil oder ganz im Widerspruch zum bisher Bekannten stehen. (Diese Begriffsbildung stammt von dem Psychologen Guilford.)
  - **„Schrotschuß"-Fragen:** Sie sind absichtlich unscharf. Sie zielen nur ungefähr in die Richtung, in die der Lehrer das Gespräch lenken will. Sie sollen dazu führen, daß sich möglichst alle Schüler der Klasse angesprochen fühlen und beteiligen können: „Einige von euch haben doch sicherlich zu Hause ein Haustier? Erzählt doch mal!"
  - **„Ballon"-Fragen:** Sie greifen in der Ordnung des Lehrgangs vor und dienen dazu, eine neue Lernlandschaft zu erkunden. Der Lehrer testet, wie weit er gehen kann, z. B. „Wißt ihr, was 'ne Anti-Baby-Pille ist?"

- **Fehlformen der Frage vermeiden** (Meyer, a. a. O., S. 208):
  - **Ketten-Fragen:** Der Lehrer stellt mehrere Fragen unmittelbar hintereinander und vermengt sie zumeist noch mit Sachinformationen.
  - **Suggestiv-Fragen:** Der Lehrer will von den Schülern gar nichts Neues wissen, sondern verpackt seine Aufforderung, zuzustimmen, in Frageform: „Sind Sie jetzt auch, so, wie ich Ihnen den Sachverhalt erläutert habe, der Meinung, daß der Euro-Scheck ein praktisches Zahlungsmittel ist?" (Was sollen die Schüler darauf wohl antworten?)
  - **Echo-Fragen:** Viele Lehrer neigen dazu, Schüler-Antworten zu wiederholen. Diese Wiederholung wird dann oft noch in Frageform verpackt: „So, meinen die anderen auch, daß Paris die Hauptstadt von Großbritannien ist?"
  - **Nase-Pul-Fragen:** Der Lehrer stellt eine diffuse Frage, erwartet aber eine ganz präzise Antwort. Da diese längst nicht immer auf der Stelle folgt, pult und bohrt er so lange, bis die erwünschte Antwort da ist. Bei der Nase-Pul-Technik handelt es sich sicherlich um die häufigste und für die Schüler zugleich lästigste Fehlform der Lehrerfrage.
  - **Schein-Fragen:** In Frageform verpackte Tadel oder Belobigungen, Ironisierungen, Anbiederungen usw.
  - **Killer- oder Fangschußfragen:** Der Lehrer hat bemerkt, daß ein Schüler träumt, stört oder mit Nebentätigkeiten beschäftigt ist. Er nimmt ihn dran, um ihn bloßzustellen: „Na, Heiner, kannst du uns die Aufgabe nochmal erklären? Du paßt ja gerade so prima auf!"

→ Frage im Unterricht → Unterrichtsformen K

Entwicklung

bezeichnet den Vorgang kontinuierlicher Veränderung der körperlichen Erscheinungsform und der Verhaltensweisen von Lebewesen. Die Veränderung ist hierbei sowohl als quantitativ meßbares Wachstum (Größe, Gewicht, Anzahl möglicher Reaktionen und Verhaltensweisen usw.) als auch als qualitative Veränderung (vom Krabbeln zum sicheren Laufen, vom Einwortsatz zu flüssigem Sprachgebrauch usw.) zu verstehen.
Wenngleich nach der modernen → Entwicklungspsychologie die Entwicklung des Menschen von der Zeugung bis zum Tode reicht, liegt der Schwerpunkt der Forschung nach wie vor bei Abschnitten der Entwicklung, in denen sich Veränderungen nach bestimmten genetischen und umweltbedingten Gesetzmäßigkeiten forciert vollziehen (z. B. vorgeburtliche Entwicklung, Entwicklung des Säuglings und Kleinkindes, Reifezeit usw.). Die Forscher interessiert dabei insbesonders, welchen Anteil → Reifung und → Lernen, also genetische Einflüsse und Umwelt-Erfahrungen, an der Entwicklung haben. Nachdem heute Extremtheorien wie die → Präformationstheorie und die → Tabula-rasa-Theorie überwunden sind, neigt die moderne Entwicklungspsychologie dazu, eine wechselseitige Abhängigkeit zwischen Reifungs- und Lernprozessen anzunehmen. An einem Beispiel konkretisiert bedeutet das, daß die Fähigkeit zu sprechen einen bestimmten Mindestreifegrad erreicht haben muß, bevor Umweltangebote überhaupt erfolgversprechende Lernprozesse auslösen können. Andererseits hängt der Fortgang des Reifungsprozesses entscheidend von der rechtzeitigen und ausreichenden Einleitung von Lernprozessen ab. H. Werner beschreibt die Entwicklung als einen fortschreiten-

den Prozeß der → Differenzierung und Zentralisation. Die selektierende Art und Weise der Umweltbegegnung erklärt das Phänomen der → Kanalisierung.

Arnold 1988; Bronfenbrenner 1981; Garz 1987; Oerter 1978; Winnicott 1984; vgl. auch die Literaturhinweise bei Entwicklungspsychologie!

→ Entwicklungsabschnitte → Entwicklungspsychologie K

Entwicklungsabschnitte

Die Einteilung der Entwicklung in Abschnitte hat einzig und allein den Zweck, Anhaltspunkte für den Vergleich einer bestimmten Ausprägung von Verhaltensmerkmalen mit einer → Norm zu geben, die aufgrund von Erfahrungswerten oder durch Übereinkunft festgesetzt ist. Als übliche Einteilung der Entwicklung in Abschnitte unter biologischem Aspekt gilt: Säuglingsalter (bis zum Ende des 1. Lebensjahres), frühe Kindheit (2.–6. Lebensjahr), mittleres Kindesalter (6.–10. Lebensjahr), spätes Kindesalter (10.–12. Lebensjahr), Pubertät, Adoleszenz (Jugendalter), Erwachsenenalter, Greisenalter. Die in manchen Publikationen noch gebräuchliche Zusammenfassung des mittleren und späten Kindesalters zum Schulalter ist bei den heute geltenden, sehr unterschiedlichen Schulbesuchszeiten nicht mehr sinnvoll. K

Entwicklungsphasen → Entwicklungsstufen

Entwicklungspsychologie

Die Aufgabe der Entwicklungspsychologie ist die Erforschung der Verlaufsformen der Entwicklung von Individuen einer bestimmten Art, vor allem der Gesetzmäßigkeiten, die diese Entwicklung kennzeichnen. Sie analysiert menschliches Verhalten und Erleben nach Thomae unter den Aspekten der „Konstanz und Veränderlichkeit“. Die Erkenntnisse der Entwicklungspsychologie liefern u. a. wichtige Richtdaten für alters- und entwicklungsgemäße erzieherische Handreichungen, für die Diagnose entwicklungsbedingter Abweichungen vom „Normverhalten“ und für die Vorhersage möglichen künftigen Verhaltens.
Das Hauptproblem der Entwicklungspsychologie stellt nach wie vor das Anlage-Umwelt-Problem dar, d. h. die Frage, welchen Anteil Anlage (= endogene Einflüsse) bzw. Umwelt (= exogene Einflüsse) als bedingende und verändernde Faktoren an der Entwicklung haben und in welchem Wechselwirkungsverhältnis beide zueinander stehen.

Biermann 1985; Erikson 1988; Mussen 1981 und 1986; Nickel 1981/82; Oerter 1984/20; Oerter/Montada 1987; Piaget 1984; Piaget/Inhelder 1986; Schenk-Danzinger 1988/20; Schraml 1983; Silbereisen/Montada 1983; Spitz 1985/8; Wohlwill 1977

→ Entwicklung → Entwicklungsabschnitte K

Entwicklungsquotient → Entwicklungsstufen

Entwicklungsstörungen

Als Entwicklungsstörungen gelten Fehlformen der → Entwicklung, die genetisch bedingt sind oder die z. B. durch Komplikationen während der Schwangerschaft (z. B. Erkrankung der Mutter an Röteln, Blutgruppenunverträglichkeit) und/oder bei der Geburt (z. B. Sauerstoffmangel) oder durch Stoffwechselstörungen oder durch Umweltbedingungen verursacht sind. Eine Abweichung von der normalen Chromosomenzahl (= Chromosomenaberration, ein Verlust bzw. Überschuß an Genen) führt z. B. zum Erscheinungsbild des Down-Syndroms (Mongolismus), die Aberration XXY (statt XY) bedingt das Klinefeldter-Syndrom, Männer mit stark weiblichem Einschlag. Um genetisch oder körperlich bedingte Entwicklungsstörungen auszuschließen bzw. einer Therapie optimale Bedingungen zu schaffen, ist eine möglichst frühzeitige Erfassung einer Entwicklungsstörung bzw. ungünstiger Entwicklungsbedingungen durch Vorsorgeuntersuchungen, Blutgruppenuntersuchung usw. nötig. Die Folgen von Störungen sind entweder ein Stehenbleiben auf einer → Entwicklungsstufe oder das Zurückfallen in eine frühere Entwicklungsstufe (→ Regression).

Josef/Josef 1975/2; Tremel 1980

→ Entwicklung → Entwicklungspsychologie K

Entwicklungsstufen, Entwicklungsphasen

Verschiedene Entwicklungstheorien unternahmen immer wieder den Versuch, den gesamten Entwicklungsprozeß des Menschen durch Einteilung in Stufen oder Phasen zu systematisieren. Die relativ gesetzmäßige Aufeinanderfolge bestimmter Verhaltensweisen oder körperlicher Veränderungen während der Gesamtentwicklung wurde durch statistische Methoden zu untermauern versucht. Busemann z. B. vertrat in seiner Entwicklungstheorie ein periodisch abwechselndes Auftreten emotionaler und intentionaler Phasen, d. h. von Entwicklungsabschnitten der Erregung/Lösung (Trotzalter, Einschulungskrise, Schwatzalter, Flegeljahre, Jugendkrise) und der Beruhigung/Bindung, die er namentlich nicht kennzeichnete. Freud orientierte seine Einteilung der → Entwicklung in die orale, anale und genitale Phase an seiner Theorie der sexuellen Entwicklung.
Stufen- und Phasentheorien kommen zwar dem menschlichen Bedürfnis nach überschaubarer Systematik entgegen, sie bergen aber auch die Gefahr der Schematisierung in sich und bleiben vor allem als Beschreibungsmodelle von Zuständen eine Klärung der Ursache-Wirkungs-Beziehungen schuldig.
Relativ einfach ist die geläufige Einteilung in die Entwicklungsstufen Kindheit, Jugend, Erwachsenenalter, Greisenalter. Um das Verhältnis des Lebensalters zum Entwicklungsalter zu bestimmen, kann der sog. **Entwicklungsquotient** berechnet werden. Das durch Tests ermittelte Entwicklungsalter wird zum Lebensalter in Beziehung gesetzt:

$$\text{EQ (Entwicklungsquotient)} = \frac{\text{EA (Entwicklungsalter)}}{\text{LA (Lebensalter)}} \times 100$$

Werte des EQ über 100 lassen den (vorsichtigen) Schluß auf eine beschleunigte Entwicklung zu, solche unter 100 auf eine verzögerte Entwicklung.

→ Akzeleration → Entwicklungsabschnitte → Retardierung K

Entwicklungstests

messen den Entwicklungsstand eines Individuums, verglichen mit der → Norm der entsprechenden Altersgruppe. Es werden allgemeine und spezifische Entwicklungstests unterschieden. Durch spezifische Entwicklungstests werden die Ausprägungsgrade ganz bestimmter Funktionen gemessen (Entwicklung der Intelli-

genz, der sozialen, motorischen Fähigkeiten usw.) oder sie dienen einem bestimmten Zweck (Schulfähigkeitstest, Schulleistungstest, Berufsberatungstest).
Allgemeine Entwicklungstests fassen Einzeltests zu sog. Testbatterien zusammen, die eine möglichst verläßliche Gesamtdiagnose des Entwicklungsstandes gewährleisten sollen.

Rennen-Allhoff 1987; Schenk-Danziger o. J.

→ Entwicklung → Entwicklungsstufen → Intelligenztest K

Enuresis, Enkopresis

Enuresis bezeichnet allgemein den Vorgang des Einnässens, also der Blasenentleerung ohne Kontrolle durch die Schließmuskulatur. Meist wird der Begriff auf das Einnässen nach der Reinlichkeitsgewöhnung über das 3. Lebensjahr hinaus eingeschränkt verwendet. Die Enuresis tritt dabei viel häufiger nachts auf (E. nocturna) als während des Tages (E. diurna).
Körperliche Ursachen sind selten (5%–10%), sollten aber auf alle Fälle durch fachärztliche Untersuchungen ausgeschlossen werden. Meistens liegen psychische Ursachen vor, die in einer mehr oder weniger tiefgreifenden Störung des Kind-Umwelt-Verhältnisses bestehen (z. B. mangelhafte Zuwendung der Mutter oder der ständigen Kontaktperson zum Kind, häufiger Wechsel der Kontaktpersonen, verfrüht einsetzende Reinlichkeitsgewöhnung oder die Reinlichkeitsgewöhnung als Machtkampf zwischen Kind und Kontaktperson, von Spott, Ungeduld, Strafen, Prügel begleitet). Oft ist die Enuresis mit anderen Arten normabweichenden Verhaltens wie Nägelbeißen, übersteigerte Ängste, Lernstörungen verbunden.
Auf dieselben Ursachen ist die Enkopresis, das Einkoten, zurückzuführen, wenngleich sie seltener als die Enuresis auftritt.
Vorbeugende Maßnahmen zur Vermeidung einer Enuresis bzw. Enkopresis bestehen in dem Arrangement einer möglichst störungsfreien Entwicklung, u. a. in der Aufklärung der Eltern über die Art und Weise einer sinnvollen Reinlichkeitsgewöhnung (nicht vor dem 2. Lebensjahr und auch dann nur schrittweise). Die Therapie einer bestehenden Enuresis oder Enkopresis muß darauf bedacht sein, nicht an den Symptomen, sondern an den Ursachen zu arbeiten, d. h. an der Beseitigung des gestörten Kind-Umwelt-Verhältnisses. K

Enzephalitis

bedeutet Gehirnentzündung. Sie wird durch eine Viruserkrankung des Zentralnervensystems ausgelöst.
Als Begleiterscheinungen können auftreten: Hirnnervenlähmungen, übermäßige Bewegungstätigkeit, Schmerzen in Kopf, Nacken, Brust, Rücken und Gliedmaßen, eventuell Erbrechen, Fieber und im psychischen Bereich Zustände von Delirien bis zur Apathie.
In Europa erfolgt die Übertragung meist durch Zecken, aber auch als Folge von Infektionen wie Masern, Mumps, Windpocken, Röteln. Neben völliger Ausheilung, aber auch tödlichen Krankheitsverläufen ist mit mehr oder minder schweren Ausfallerscheinungen zu rechnen. K

Epidiaskop

Es vereint die Eigenschaften von → Episkop und → Diaprojektor. Als Unterrichtsgerät dient es zur Projektion von durchsichtigen (Dias) und undurchsichtigen Bildern. O

Episkop

Mit einem Episkop lassen sich undurchsichtige Vorlagen wie z. B. Bilder oder Textvorlagen aus Büchern projizieren. Die auf das Objektfeld gebrachte Vorlage wird von einer Halogenlampe so intensiv angestrahlt, daß auf der Projektionsfläche ein klar erkennbares Bild entsteht. O

Epochalunterricht

Der Epochal- oder *Epochenunterricht* ist eine auf einen fächerübergreifenden Bereich bezogene Konzentrationsform des → Unterrichts, die für einen gewissen Zeitraum, für eine Epoche, das Nebeneinander der Fächer zugunsten eines Nacheinanders auflöst. Diese Unterrichtsform, die für längere Zeit bei einem Unterrichtsgegenstand verweilt und in andere Fächer hineingreift, entspricht dem pädagogischen Prinzip und der pädagogischen Forderung nach Beschränkung auf einen Lehrgegenstand zu einem Zeitpunkt und Vermeidung von Übermaß an Vielfalt. Durch das konzentrierte Verweilen bei einem Gegenstand, einem Projekt, wird das Aufnehmen, Begreifen, Erfassen und Behalten der Stoffe beim Schüler gesichert. Der Epochalunterricht gewinnt durch seine geplante Projektarbeit an Geschlossenheit und Effektivität. Nach Lochner bezweckt der Epochalunterricht:

„1. einem Lehrfach einen Vorlauf (Vorsprung) vor anderen Fächern zu sichern, für die es eine Basis vorbereiten soll (Beispiel: die Betriebslehre als Grundlage für Buchführung, Rechnen, Schriftverkehr) oder
2. für einen Lehrgegenstand eine besonders ihn treffende Situation auszunützen (Thema: Nordsee, Geographie und Geschichte) oder
3. verschiedene Fächer auf ein gemeinsames Thema zwecks allseitiger Beleuchtung zu beziehen (Thema: EG übernimmt die Unterrichtsstunden der Wirtschaftsgeographie, der Volkswirtschaftslehre, der Gemeinschaftskunde und der Wirtschaftsgeschichte)."

Lochner 1964

→ Projektunterricht → Unterricht → Unterrichtsformen O

Erarbeitende Unterrichtsformen

nehmen zwischen den Polen der → darbietenden Unterrichtsform und den → entdeckenlassenden Unterrichtsformen eine Mittelposition ein. Direktive Maßnahmen des Lehrers wie Vorausplanung der Lehr-Lern-Sequenzen und damit die Bestimmung der Lerninhalte und der Einzelmethoden des Unterrichts zielen darauf ab, die Schüler zu nachfolgender Eigenaktivität in einem vereinbarten Rahmen anzuregen.

Zu den erarbeitenden Unterrichtsformen zählen mit zunehmenden Anforderungen an die Eigenaktivität der Schüler:

- → Entwickelnde Unterrichtsform (Frage – Antwort – Unterricht)
- → Impulsunterricht
- → Aufgebende Unterrichtsform

→ Unterrichtsformen K

Erasmus → Europäische Bildungsprogramme

erethisch (Erethismus, Erethiker)
wird ein krankhaftes Verhalten genannt, das durch erhöhte Reizbarkeit meist in Verbindung mit außergewöhnlicher motorischer Unruhe gekennzeichnet ist. Es tritt meistens als Folge einer geistigen Behinderung auf.
→ Hyperaktivität K

Erfahrung
Von einer Erfahrung kann gesprochen werden, wenn Reize über das Stadium bloßer Wahrnehmung und Vorstellung hinaus analysiert, interpretiert, miteinander und mit dem bereits bestehenden Erfahrungsschatz verbunden werden und so ein neuer Bestandteil desselben werden. Erfahrung schließt also ebenso wie das Verbum erfahren ein aktives persönliches Interesse und Engagement bei der Verarbeitung des Begegnenden mit ein. Das Erfahrene zeichnet sich durch einen wesentlich höheren → Behaltwert als das lediglich Wahrgenommene aus.
Das Lernen durch Erfahrung taucht dementsprechend in der Geschichte der Schulpädagogik immer wieder als ganzheitliches Gegenkonzept zum Belehrungsunterricht auf. Das Ausmaß der Unmittelbarkeit und Zugänglichkeit von Erfahrungen verdeutlicht der „cone of experience“ (Kegel der Erfahrung) von Edgar Dale (zitiert nach Petersen 1976):

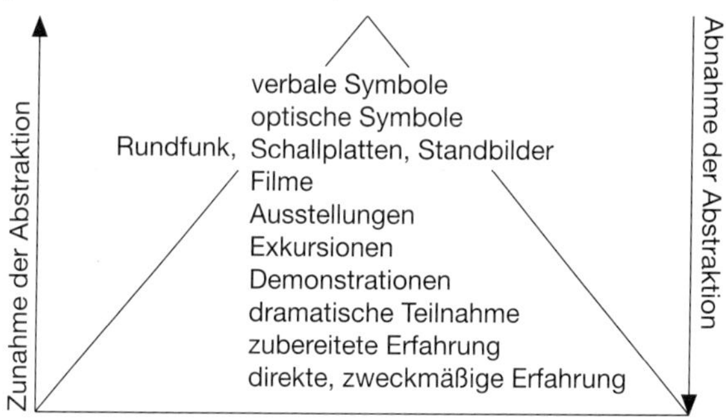

Bion 1992; Dewey 1986 und 1987; Husserl 1985/6; Müller 1971
→ Erfahrungsbezogener Unterricht K

Erfahrungsbezogener Unterricht
setzt schwerpunktmäßig bei der Erfahrungswelt der Schüler und Lehrer an, die thematisiert und erweitert wird. Gefühle, Stimmungen und körperliche Befunde werden ausdrücklich in den Unterricht einbezogen. Insofern versteht sich der erfahrungsbezogene Unterricht als ganzheitliches Unterrichtskonzept.
Garlichs/Groddeck 1978; Gmelch 1987; Krüger/Lersch 1982; Prange 1978–1981; Scheller 1981
→ Erfahrung K

Erfolgsgesetz → Effektgesetz

Erfolgskontrolle → Evaluation → Lernerfolgskontrolle

Ergänzungsschule

Ergänzungsschulen „ergänzen" das öffentliche Schulwesen durch noch nicht bestehende oder nicht im öffentlichen Schulwesen vorgesehene Schultypen. Sie gehören wie die → Ersatzschulen zu den → Privatschulen. Eine Ergänzungsschule kann errichtet werden, wenn bei der zuständigen Schulaufsichtsbehörde die Anzeige über Errichtung und Inbetriebnahme der Schule rechtzeitig, im allgemeinen drei Monate vor Aufnahme des Unterrichts, erfolgt.
Mit der Anzeige sind vorzulegen:
- Nachweis über den Schulträger,
- Curricula über die zu unterrichtenden Fächer,
- Plan über Schuleinrichtung und Schulausstattung,
- Ausbildungs- und Vorbildungsnachweise des Leiters und der Lehrer.

Absolventen von Ergänzungsschulen können einen staatlich anerkannten Abschluß erwerben, wenn sie sich einer Fremden- oder Externenprüfung vor einer staatlichen Kommission unterziehen.
→ Öffentliche Schule → Schule O

Ergänzungsstudium → Anschlußstudium → Erweiterungsstudium → Lehrerausbildung

Ergebnisevaluation

Mit Hilfe empirischer Mittel werden Informationen gesammelt, verarbeitet, geprüft und in Vergleich zum Geplanten gesetzt. Die Ergebnisse können kurz- oder langfristig der Verbesserung von Reformprojekten und Innovationen dienen. Zu den angewandten Methoden zählen z. B. Interviews, statistische Erhebungen, Fragebogen aller Art, Tests, Prüfungen, Beobachtungen, Diskussionen, Urteile und Ansichten von Experten. Sowohl die → formative als auch die → summative Evaluation bedienen sich der Methoden der intrinsischen- und Ergebnisevaluation.
→ Evaluation O

Erkenntnisleitendes Interesse

Auf die dialektische Einheit von Erkenntnis und Interesse wies Habermas 1965 hin. Immer in der Geschichte gab es Erkenntnisse, die den herrschenden Interessen, d. h. den Besitzern der Macht, Institutionen, tonangebenden Gesellschaftsschichten nicht in ihr Konzept paßten (vgl. Sokrates, Christus, Galilei). Die herrschenden Interessen lösten solche Probleme stets auf die gleiche Weise, auch wenn es nicht gelang, die unbequemen Erkenntnisse auf Dauer zu unterdrücken. Eine besondere Note bekommt die Dialektik zwischen Interesse und Erkenntnis, wenn die Erkenntnis produzierende Forschung im Auftrag der herrschenden Interessen handelt und in dieser Position nicht genehme Erkenntnisse zu Tage fördert. Die moderne Form, solche Probleme zu lösen, besteht darin, die gewonnenen Erkenntnisse auf Eis zu legen, Institute zu schließen, Wissenschaftler „in die Wüste zu schicken".
Eine doppelte Wechselwirkung ist nicht zu übersehen: Eine zwischen den Ergebnissen der Wissenschaft und deren Wirkungen auf die bestehende Gesellschaft und eine zwischen den Interessen und Bedürfnissen der Gesellschaft und den

Zielsetzungen der Wissenschaft. Diese offenen Wechselwirkungen werden meistens richtungweisend eingeschränkt durch den marktwirtschaftlichen oder auch politischen Effekt als erkenntnisleitendem Interesse bei Forschungen. Als erkenntnisleitendes Interesse zählt also in der Regel nicht das Interesse der Adressaten und Konsumenten, sondern das des Profits in umfassendem Sinne. Bei dieser Art des Vorgehens werden die Folgelasten nicht berücksichtigt, die sich verhängnisvoll auswirken können. K

Habermas 1968

Erkenntnisse

Durch Lernen, Aneignen, Üben, Wiederholen gelangt der Schüler zu Wissen, zu Kenntnissen. Erfahrungen, Denken, Beurteilen, Kombination von Kenntnissen usw. führt ihn zum Erkennen, zur Erkenntnis, zur Feststellung von Neuem.

→ Aha-Effekt → Lernen → Lernprozeß O

Erklärung

wird eine Aussage genannt, die dazu beiträgt, die Welt zu verstehen. Eine Erklärung muß vernünftig (→ Vernunft) sein und mit unserem bisherigen Wissen übereinstimmen, d. h. wenigstens vorläufig widerspruchsfrei sein. Sie zielt in der Regel darauf ab, Relationen (= Beziehungen) zu verdeutlichen. Bei Erklärungen in Lehr-Lern-Prozessen ist besonders darauf zu achten, daß sie exakt an den bisher erworbenen kommunikativen und kognitiven Fähigkeiten der Schüler sowie an deren Vorwissen anknüpfen. K

Erkundung

bezeichnet die unmittelbare Begegnung mit der außerschulischen Wirklichkeit (Natur, aktuelle Lebensprobleme, Betriebe, Kulturdenkmäler usw.) und zwar mit folgenden vordringlichen Zielen:
- Ganzheitlich-sinnliche Anschauung
- Gründliche Information vor Ort
- Erfahrung und Erweiterung eigener Kompetenzen im Umgang mit der Wirklichkeit unter Einschluß emotionaler und sozialer Belange.

Für den **Ablauf einer Erkundung** sind folgende Phasen von Bedeutung:

1. **Vorbereitung:**
- Wegen des Zeitaufwandes, evtl. nötiger Unterrichtsverschiebungen und der meist fächerübergreifenden Einordnung der Erkundung ist eine langfristige Planung – u. U. in Absprache mit Kollegen – notwendig.
- Eine Vorauserkundung durch den Lehrer gewährleistet eine möglichst genaue Abstimmung des Unternehmens auf die Lerngruppe und auf die Lernziele sowie die Abklärung der benötigten Zeit, der Beförderungsart, der Ausrüstung, der Vermittlung vor Ort.
- Die Schüler sind über den Zweck der Erkundung aufzuklären und durch die Vermittlung notwendiger Grundkenntnisse und Arbeitstechniken auf eine effektive Durchführung vorzubereiten. Vor allem Beobachtungs- und Interviewtechniken sind **vor** der Erkundung einzuüben.

2. **Durchführung:**
- Am effektivsten arbeiten die Schüler nach einem in Stichworten fixierten Erkun-

dungsplan. Arbeitsteilung nach den Grundsätzen der → Netzplantechnik (vorher eingeübt) kann sinnvoll und hilfreich sein.
- Der Lehrer achtet als Berater darauf, daß sich die Lerngruppen nicht in Nebensächlichkeiten verlieren, Schwierigkeiten bei der Materialbeschaffung und Erkenntnisgewinnung überwinden lernen, Ergebnisse sichern, über gruppendynamischen Problemen nicht das eigentliche Ziel der Erkundung aus den Augen verlieren.
- Der erhöhte Wahrnehmungsdruck bei Erkundungen verlangt nach rechtzeitigen Pausen.

3. **Auswertung im Schulunterricht (ausgewählte Möglichkeiten):**
- Vorstellung der Ergebnisse der Arbeitsgruppen
- Einordnen in den umfassenden Themenbereich
- Erstellen von (Foto-) Dokumentationen, von Wandbildern, eines Beitrags für die Schülerzeitung, einer Stellungnahme für die Tageszeitung oder zuständige Ämter
- Bearbeitung gruppendynamischer Probleme, die während der Erkundung aufgetreten sind.

Knirsch 1978; Stammberger 1982

→ Betriebserkundung K

Erlebnis

bezeichnet umgangssprachlich eine nachhaltige → Erfahrung, in der Psychologie jeden Bewußtseinsinhalt, der vor allem durch die Methode der → Hermeneutik (= Verstehen als sinnerfassendes Nachvollziehen, Interpretieren) zugänglich ist. K

Erlebnispädagogik

stellte als Richtung der → Reformpädagogik – vor allem in der maßgeblichen Formulierung von H. Scharrelmann, E. Weber, F. Karsen und W. Neubert – das → Erlebnis in den Mittelpunkt von Erziehung und Unterricht. Allzu einseitig und ausschließlich sah z. B. Neubert für den Unterricht folgenden Ablauf vor: Einstimmung – vom Erleben des Lehrers und der Schüler getragene Inhaltserschließung – Besinnung über das Erlebte – „Rationalisierung des Erlebnisses durch Gewinnung der in ihm angelegten Begriffe – Aufruf zur Tat". K

Erogene Zonen

sind Körperstellen, deren Reizung sexuelle Erregung auslöst. Welche Körperstellen als erogene Zonen empfunden werden, ist individuell verschieden, im allgemeinen aber werden als solche die Geschlechtsorgane, Brustwarzen, Hals, Mundschleimhaut u. a. bezeichnet. K

Ersatzschule

Ersatzschulen und → Ergänzungsschulen sind → Privatschulen und erweitern das schulische Angebot in allen Schularten. In ihren Erziehungs- und Bildungszielen entsprechen Ersatzschulen → öffentlichen Schulen. Sie werden mit staatlicher Genehmigung errichtet und dürfen dann ihren Betrieb aufnehmen, wenn
- sie nicht gegen die verfassungsmäßige Ordnung verstoßen,
- sie in ihren Lehrzielen, ihrer Einrichtung und Ausstattung nicht hinter gleichartigen öffentlichen Schulen zurückstehen,

- die Ausbildung der verpflichteten Lehrer den allgemeinen Anstellungsvorschriften des Staates für die jeweilige Schulart entspricht,
- die angestellten Lehrer rechtlich und wirtschaftlich entsprechend abgesichert sind,
- es sich um keine nach Besitzverhältnissen der Eltern ausgerichtete Institutionen handelt.

→ Schule O

Erstleseunterricht

beginnt am Anfang des 1. Grundschuljahres. Die synthetischen Leselernverfahren wie die Buchstabiermethode und deren Variante Lautiermethode führen von den Buchstaben als Elementen durch fortschreitende Zusammensetzung von Buchstaben zu Silben, Wörtern und Texten.
Die ganzheitlichen oder analytischen Leselernverfahren gehen demgegenüber vor dem theoretischen Hintergrund der Ganzheits- und → Gestaltpsychologie von Ganzheiten wie Wörtern (Ganzwortmethode) oder Sätzen (Ganzsatzmethode) aus, um durch schrittweisen Abbau zur systematisch gesicherten Buchstabenkenntnis vorzustoßen. Analytisch-synthetische Verfahren versuchen die beiden Methoden zu verbinden, indem sie zwar von Ganzheiten ausgehen, die Buchstabenanalyse aber von Anfang an in ihre Arbeit integrieren.

Gümbel 1989

→ Grundschule K

Erwachsenenbildung

Die Erwachsenenbildung gehört nach der Formulierung des Strukturplanes des Bildungsrates als organisierte → Weiterbildung dem → Quartärbereich an. Sie befaßt sich mit Lern- und Bildungsbemühungen von Erwachsenen, die eine schulische und berufliche Ausbildung abgeschlossen haben. Nach Art. 1 zum bayerischen „Gesetz zur Förderung der Erwachsenenbildung" von 1974 „gibt sie mit ihren Bildungsangeboten Gelegenheit, die in der Schule, in der Hochschule oder in der Berufsausbildung erworbene Bildung zu vertiefen, zu erneuern und zu erweitern; ihr Bildungsangebot erstreckt sich auf persönliche, gesellschaftliche, politische und berufliche Bereiche. Sie ermöglicht dadurch den Erwerb von zusätzlichen Kenntnissen und Fähigkeiten, fördert die Urteils- und Entscheidungsfähigkeit, führt zum Abbau von Vorurteilen und befähigt zu einem besseren Verständnis gesellschaftlicher und politischer Vorgänge als Voraussetzung eigenen verantwortungsbewußten Handelns. Sie fördert die Entfaltung schöpferischer Fähigkeiten".
Mit der Festlegung der Erwachsenenbildung in Gesetzen und im Strukturplan des Bildungsrates sind Neuüberlegungen vor allem in bezug auf Bildungswerbung, Bildungsberatung, eine erwachsenen- und kursgerechte → Didaktik, ein systematisiertes durchlässiges Baukastensystem für die Durchführung von Zertifikatslehrgängen und auf entsprechende schwerpunktmäßige Berücksichtigung der Arbeits-, Berufs- und Sozialwelt angestellt worden.
Träger und Förderer der Erwachsenenbildung, → Weiterbildung sind grundsätzlich Volkshochschulen, Volksbildungswerke, Hochschulen, Bildungszentren und private Einrichtungen der Kirchen, Verbände, Gewerkschaften, Parteien, der Wirt-

schaft u. a. Der Landesbeirat für Erwachsenenbildung berät die Landesregierung in Fragen der Erwachsenenbildung, koordiniert die Arbeit der verschiedenen Träger und kooperiert mit den Rundfunk- und Fernsehanstalten.

Benning 1986; Dräger 1984; Hacker/Olzog 1985 f.; Krämer/Walter 1992; Lenz 1987; Nezel 1992; Pöggeler 1973 f.; Ruprecht/Sitzmann 1984 f.; Schulenberg 1978; Tietgens 1992; Weidemann/Geissler 1988 f.

→ Andragogik → Seniorenstudium OK

Erwartung, Erwartungsverhalten

Eine Erwartung gegenüber Vorgängen, Situationen oder Verhaltensweisen von Mitmenschen beruht auf Erfahrungen, die in ähnlichen Situationen gewonnen wurden. Sie nehmen in der Vorstellung den mutmaßlichen Ablauf von Begegnungen, Ereignissen und Situationen vorweg (→ Antizipation). Das Erwartungsverhalten schränkt die Begegnung mit der Umwelt und mit Mitmenschen in ihrer möglichen vollen Entfaltung ein, da es wie ein Filter wirkt, der aufgrund vertrauter positiver oder negativer Anhaltspunkte ein bestimmtes Verhalten gegenüber dem Begegnenden angeraten erscheinen läßt. Das z. B. als Mißtrauen gegenüber Vorgesetzten sich manifestierende Erwartungsverhalten rührt meistens von einer entscheidenden negativ ausgefallenen Begegnung mit einem Vorgesetzten her. In seiner beschriebenen Filterfunktion stellt es eine wirklichkeitsverengende Belastung für jeden künftigen Umgang mit Vorgesetzten dar. 2. Beispiel: Jeder Pädagoge kennt die mißerfolgsbegünstigende Wirkung eines Erwartungsverhaltens, das ein Schüler aufgrund schlechter Erfahrungen mit Schulaufgaben in einem bestimmten Fach aufgebaut hat. Der pädagogische Auftrag heißt in solchen Fällen, auf eine unverkürzte, originale Begegnung mit der Realität hinzuwirken.
Nicht jedes Erwartungsverhalten bedeutet aber eine Verkürzung der Realitätsbegegnung, sondern oftmals kommt ihm auch eine von immer wieder neuem Lernen entlastende Funktion zu, manchmal sogar eine existentiell bedeutsame Schutzfunktion (gefährliche oder bedrohliche Situation in zwischenmenschlichen Begegnungen, im Straßenverkehr usw.).
Der Lerntheoretiker Tolman definiert Erwartung als ein Verhalten, mit dem sich der Lernende auf ein bestimmtes Lernziel hin an bekannten Zeichen, Reizen, Umweltgegebenheiten ausrichtet, die während seines Lernprozesses auftauchen. Der Lernende orientiert sich also mit seinem Erwartungsverhalten in seinem Lernfeld wie auf einer „kognitiven Landkarte".
Daneben kann Erwartung auch mit Norm gleichgesetzt werden, erhält also vorschreibende, allgemeinverbindliche Funktion.

Rihs-Middel 1983; Westhoff 1985

→ Kausalattribuierungstheorie K

Erwartungsnetz

Jedes Individuum ist Erwartungen von verschiedenen Seiten ausgesetzt. Dies gilt in besonderem Maße vom Kind, das sich beständig in Lernprozessen befindet. Je mehr bei diesem Vorgang die Erwartungen übereinstimmen, desto größer ist die Wahrscheinlichkeit, daß das Folgeverhalten des Kindes den Erwartungen entspricht. Widersprüche in den Erwartungen ziehen demgegenüber beim Kind Unsicherheit, damit aber auch die Chance kritisch abwägender Stellungnahme und der Entwicklung selbständigen Verhaltens nach sich.

Hanke und Mandl (1976) stellen das Erwartungsnetz und seine Wirkungsweise in Anlehnung an Finn folgendermaßen dar:
Das Erwartungsnetz und seine Wirkungsweise (n. FINN 1972, S. 395)

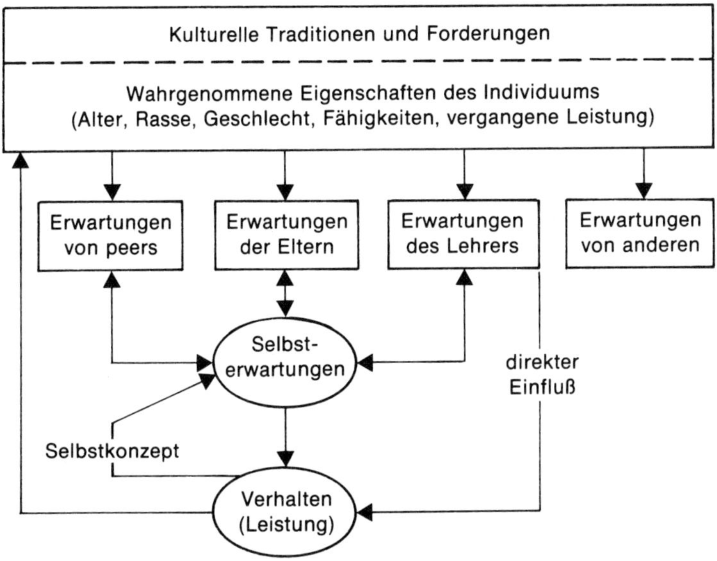

Schiefele 1978/2

→ Erwartung → Hypothesen- und Erwartungstheorie → Kausalattribuierungstheorie → Pygmalion-Effekt K

Erweiterungsstudium

Der Begriff des ‚Erweiterungs- oder Ergänzungsstudiums' bedeutet, daß ein Student nach Abschluß eines von ihm studierten Faches sein Wissen durch zusätzliche Studien in diesem Fach intensivieren und ‚erweitern' kann oder daß er sich in einem ‚weiteren' Fachgebiet durch ergänzende Studien qualifiziert. Innerhalb des Grundkonzepts der → Lehrerbildung ist das ‚Erweiterungsstudium' von beachtlicher Bedeutung, da hierdurch die Durchlässigkeit innerhalb der Lehrämter verstärkt wird. Jedes Lehramt könnte somit schon während des Studiums oder nach der 2. Staatsprüfung im Rahmen der → Lehrerweiterbildung z. B. folgendermaßen stufenimmanent oder stufenübergreifend erweitert werden:
- das Lehramt der → Primarstufe durch das Studium eines weiteren Faches,
- das Lehramt der Sekundarstufe I durch das Studium der Primarstufendidaktik oder durch ein weiteres Fach oder durch das vertiefte Studium eines der bereits für die Sekundarstufe I studierten Faches,
- das Lehramt der Sekundarstufe II durch das vertiefte Studium des zweiten Faches oder durch das Studium eines weiteren Faches. O

Erythrophobie → Phobie

Erziehender Unterricht

umschrieb bei J. Fr. Herbart (1776–1841) die Aufgabe des Unterrichts, neben der Vermittlung von Wissen und Fertigkeiten auch der sittlichen Bildung zu dienen. → Erziehung und → Unterricht stehen in einer unaufhebbaren Wechselwirkung,
- da Lerninhalte nicht um ihrer selbst gelehrt werden, sondern zum Zweck des Erwerbs von Befähigungen zum Handeln,
- da die Eigenart der Vermittlung – sei es über die Person des Lehrers oder über den Computer – immer auch erzieherische Wirkungen hat,
- da der Lehrer – bewußt oder unbewußt – mit einem bestimmten Menschen- und Weltbild und einem daraus abgeleiteten Erziehungskonzept seinen Schülern begegnet,
- da Unterricht als „kommunikatives Handeln mit lernbezogener Zielorientierung“ (Mollenhauer) in einer Sozialsituation stattfindet.

Der Tatsache des erziehenden Unterrichts tragen sogar die Länderverfassungen Rechnung; in Artikel 131 der Bayerischen Verfassung ist z. B. formuliert: „Die Schulen sollen nicht nur Wissen und Können vermitteln, sondern auch Herz und Charakter bilden.“

Hacker/Rosenbusch 1990; Hahn 1982; Lehnen 1977; Mauermann (Hrsg.) 1987

Erzieher (in)

1. Der Erzieher widmet sich von Berufs wegen der die ganze Persönlichkeit umfassenden Förderung von Kindern und Jugendlichen mit dem Ziel, ihnen Hilfestellungen beim Prozeß ihrer → Personalisation, → Sozialisation und → Enkulturation zu leisten. Jeder Erzieher weiß sich bestimmten Erziehungszielen verpflichtet. Die Zielorientierung darf den Erzieher aber nicht soweit bestimmen, daß er zu ihren Gunsten die individuellen Rechte und Bedürfnisse der jungen Menschen durch manipulierende Maßnahmen unterdrückt und ihnen den Weg zur Selbstbestimmung verbaut. Der Erzieher muß also jede seiner erzieherischen Maßnahmen im Sinne eines echten dialogischen Bezuges zwischen ihm und dem zu Erziehenden als offenes Angebot, nicht als Zwang verstehen und darauf bedacht sein, sich selbst rechtzeitig überflüssig zu machen und den jungen Menschen in die Selbstbestimmung zu entlassen.
   Während man in der Vergangenheit zu der Annahme neigte, man müsse zum Erzieher geboren sein, hat sich heute die Erkenntnis durchgesetzt, daß auch die für die erzieherische Tätigkeit notwendigen Kenntnisse und Verhaltensweisen durch Studium und Verhaltenstraining gelernt werden können und müssen.
   Als müßiges Unterfangen muß der Versuch betrachtet werden, Erziehung und Lehrtätigkeit in der Person des Lehrers zu trennen und den Lehrberuf auf bloße Wissensvermittlung zu beschränken. Diese könnten Medien ebenso gut wenn nicht besser alleine leisten. Nachdem aber jeder Lernprozeß dem Erwerb von Fähigkeiten, dem Aufbau bzw. der Festigung von Verhaltensweisen und Einstellungen dient, kann er auf den erzieherischen Einfluß des Lehrenden nicht verzichten, ganz abgesehen davon, daß im schulischen Unterricht nicht nur kognitive, sondern gleichberechtigt auch emotionale und soziale Lernziele zu verfolgen sind.
2. Neben der Bezeichnung jeglicher beruflich ausgeübten erzieherischen Tätigkeit wird der Name Erzieher auch als Berufsbezeichnung für die Absolventen

der Fachakademien für Sozialpädagogik verwendet, die vordem Kindergärtnerin oder je nach Berufsfeld Heimerzieher, Familienpfleger, Altenpfleger, Dorfhelfer, Jugendleiter genannt wurden. K

Derschau 1974; Krüger 1983–1986; Schüttler-Janikulla 1985; vgl. auch die Literaturhinweise bei Erziehung und Diplompädagoge!

Erziehung

Ein die Zeiten überdauernder allgemeingültiger Erziehungsbegriff läßt sich aus der Geschichte nicht ableiten; bestenfalls sind in heutigen Begriffsbestimmungen der Erziehung durchaus widersprüchliche Relikte etwa jüdischer, hellenistischer, christlicher, aufklärerischer und humanistischer Tradition auszumachen. Die inhaltliche Bestimmung der Erziehung ist also von der jeweiligen Gesellschaft immer wieder neu zu leisten. Formal kann Erziehung als Handreichung für den Menschen bei der von ihm selbst zu bewältigenden Aufgabe der Selbstfindung und -verwirklichung, der Welt- und Wertorientierung und der altersabhängig zunehmenden Verantwortung für sich selbst, für die Mitmenschen und für die Welt verstanden werden oder als Hilfe beim Prozeß seiner → Enkulturation, → Sozialisation und → Personalisation.
Erziehungsverantwortung besteht vor allem in Orientierungshilfe, Vorbild und Diskursbereitschaft.
Nach herkömmlicher Auffassung bezeichnet die **funktionale Erziehung** die von selbst gegebenen Einwirkungen eines Kulturkreises, einer Gesellschaft mit ihrem spezifischen Lebensstil, ihren Normen und Erwartungen auf die Person. Im Unterschied dazu umfaßt die **intentionale Erziehung** alle absichtlichen Maßnahmen der pädagogischen Beeinflussung einer Person. In diesem Sinne läßt sich Erziehung als ein dialogisches Geschehen auffassen, als eine wechselseitige soziale Einflußnahme, wobei das Korrektiv z. B. für die erzieherischen Aktivitäten des Lehrers in den Rechten, Bedürfnissen und Interessen des Lernenden zu sehen ist. In der neueren pädagogischen Literatur zeichnet sich die Tendenz ab, den Erziehungsbegriff auf die intentionalen erzieherischen Maßnahmen einzuschränken. Die nach herkömmlicher Auffassung als funktionale Erziehung beschriebenen Vorgänge scheinen präziser und logisch einwandfrei durch den Begriff der Sozialisation erfaßt zu sein.
Im Gefolge des → Symbolischen Interaktionismus und der → Kritischen Theorie der Frankfurter Schule sieht z. B. K. Mollenhauer (1982/4) Erziehung bestimmt durch folgende drei Aspekte:

1. **Erziehung ist kommunikatives Handeln** aller, die im jeweiligen → pädagogischen Feld – ausgerüstet mit je eigenen Handlungsabsichten und bestimmten Vorverständnissen der Situation – aufeinandertreffen. Diesem kommunikativen Handeln ist immer eine „lernbezogene Zielorientierung" (S. 134) eigen. Im Idealfall besteht das Ziel darin, durch die eingeführte Kommunikationsstruktur den im pädagogischen Feld Befindlichen die Chance einzuräumen, ihre Fähigkeit zum → Diskurs zu erwerben und anzuwenden.
2. **Erziehung ist → Interaktion** bzw. „Organisierung oder Umorganisierung des Interaktionsfeldes" (S. 101). Letztes Ziel ist auch hier wieder, das pädagogische Feld so anzulegen, daß die Beteiligten (z. B. Lehrer und Schüler) ihre wechselseitige Abhängigkeit in der Interaktion und ihre „Reaktionsspielräume" erkennen und reflektieren können.

3. **Erziehung ist Reproduktion,** insofern die herrschenden gesellschaftlichen und ökonomischen Verhältnisse wesentlich die Beziehungen der Einzelnen zueinander bestimmen und über diesen Vorgang ihren Fortbestand sichern. „Erziehung kann (deshalb) nicht mehr sein als organisierte Aufklärung; darin liegt ihre Macht wie ihre Ohnmacht" (S. 81). K

Bernfeld 1973; Bierhoff 1985; Brezinka 1971; Bruner 1980; Buber 1986/7; Bucher 1982; Dollase 1984; Eggersdorfer 1962; Flitner 1988/3; Fullat 1982; Giesecke 1988/4; Hentig 1973; Klauer 1973; Piaget 1987/6

Erziehungsbeistand

bezeichnet die staatliche Hilfe, die als Beratung und/oder Betreuung für Minderjährige angeboten wird, deren Entwicklung und Erziehung durch ungünstige Lebensverhältnisse beeinträchtigt sind.

→ Erziehungsheim K

Erziehungsberatung

Die institutionalisierte Erziehungsberatung erfolgt in der Form von ‚Casework' (= Einzelfallhilfe). Aufgrund fachkundiger Untersuchung und Diagnose von Verhaltensauffälligkeiten bei Kindern und Jugendlichen wird den Ratsuchenden bei der Einsicht in die Ursachen einer Verhaltensauffälligkeit geholfen und ein Programm zur Selbsthilfe erarbeitet, nur wenn nötig mit begleitender Betreuung.
Die vielfältigen Störungen (Lernschwierigkeiten, sozial auffälliges Verhalten, körperliche und geistige Behinderungen, Milieuschädigungen, Probleme im Zusammenhang mit Drogenabhängigkeit) erfordern eine Erziehungsberatung im **Team,** dem je nach der Eigenart des Falles Ärzte, Psychologen, Heilpädagogen, Sozialarbeiter, Psychotherapeuten, Juristen, Berufsberater usw. angehören. Die in der Regel von den Kommunen, Kirchen und Wohlfahrtsverbänden getragenen **Erziehungsberatungsstellen** sind im Dachverband der Bundeskonferenz für Erziehungsberatung zusammengefaßt. Bei der Untersuchung der Verhaltensauffälligkeit bedienen sich die Mitarbeiter an einer Erziehungsberatungsstelle aller Methoden, die zur Erhellung der Ursachen beitragen können wie → Anamnese, Exploration, → Tests. Im **kind-, problem- oder familienorientierten Beratungsgespräch** kommt es vor allem darauf an, falsche Einstellungen bei den Eltern oder Erziehern gegenüber der Verhaltensauffälligkeit des Kindes oder Jugendlichen abbauen zu helfen. Oftmals läßt sich damit bereits eine Lösung des vorliegenden Problems erreichen, das einsichtsvolle Mitgehen der Eltern und Erzieher ist aber auch unabdingbar, wenn spezielle therapeutische Maßnahmen ergriffen werden müssen, wie z. B. psychotherapeutische Behandlung, Verhaltenstherapie, Gruppentherapie, spezielle Förderungsmaßnahmen usw. Angesichts der wachsenden Zahl von Kindern und Jugendlichen, die ihrer Verhaltensauffälligkeiten wegen einer planmäßigen Erziehungsberatung bedürfen, ist es beklagenswert, daß viel zu wenig Erziehungsberatungsstellen zur Verfügung stehen und die vorhandenen mit fachkundigem Personal derart unterbesetzt sind, daß Wartefristen bis zu einem Jahr und länger nicht selten sind.

Aichhorn 1972; Brand 1984; Daumenlang/Andre 1983; Flügge 1989; Friedrich 1975; Jung/Martin 1981; Marmon 1979; Redl 1987; Spittler/Specht 1984 f.; Wolf 1983; Zygowski 1984

→ Berufsberatung → Berufsbildungsberatung → Elternbildung → Familienberatung → Familientherapie → Schullaufbahnberatung K

Erziehungsfehler

ergeben sich vor allem aus falschem Erziehungsverständnis (→ Erziehung) und aus Kommunikationsstörungen bzw. aus mehr oder minder ausgeprägter Kommunikationsunfähigkeit. Als häufige Erziehungsfehler gelten

- → Überbehütung, Verwöhnung mit der Folge von Unselbständigkeit, mangelndem Selbstvertrauen und geringer Frustrationstoleranz;
- Vernachlässigung, mangelnde Zuwendung, die in → Verwahrlosung und Kriminalität münden kann (→ Delinquenz, → Jugendkriminalität);
- Feindseligkeit und unwilliges Verhalten mit der möglichen Folge von Mißtrauen und → Hemmungen;
- Einengung und Einschränkung, die das → Selbstwertgefühl derart beeinträchtigen, daß sich die Betroffenen nichts oder nur wenig zutrauen;
- übertriebenes Gewährenlassen und Erziehungsverweigerung (→ Permissivität, → Antiautoritäre Erziehung), die nicht selten → Aggressionen und antisoziales Verhalten herausfordern;
- autoritäre Kontrolle, die oft Minderwertigkeitsgefühle (→ Minderwertigkeitskomplex) und übertriebene Anpassung nach sich zieht;
- straforientierte Erziehung (→ Strafe), die zu Fehlanpassung und → Angst führt;
- widersprüchliche, inkonsequente Erziehung mit der Folge der Orientierungslosigkeit bei den Kindern und Jugendlichen. K

Erziehungsgeld → Erziehungsurlaub

Erziehungsheim

Eine Einweisung ins Erziehungsheim erfolgt immer zum Ausgleich sozialer und ökonomischer Mängel für die Kinder in der Familie. Gemäß Jugendwohlfahrtsgesetz handelt es sich bei der Unterbringung Minderjähriger im Erziehungsheim oder in Pflegefamilien um eine Maßnahme der **freiwilligen Erziehungshilfe,** wenn die „leibliche, geistige oder seelische Entwicklung gefährdet oder geschädigt ist" und die Personensorgeberechtigten der Maßnahme der freiwilligen Erziehungshilfe zustimmen. Sie endet auf Antrag oder mit Erreichen der Volljährigkeit. Die Einweisung ins Erziehungsheim bzw. die Unterbringung in Pflegefamilien im Rahmen der **Fürsorgeerziehung** kann nur vom Vormundschafts- oder Jugendgericht bei drohender oder gegebener Verwahrlosung bzw. als Folge einer Straftat verfügt werden.

Die Heimunterbringung ist zugunsten ambulanter Betreuung und der Versorgung in Pflegefamilien und Wohngemeinschaften drastisch zurückgegangen. Die pädagogische Arbeit im Erziehungsheim baut heute auf Kleingruppenmodelle als soziales Übungsfeld mit Selbstverantwortung und Mitbestimmung sowie auf individuelle Therapie.

Alle diesbezüglichen staatlichen und nichtstaatlichen Hilfsmaßnahmen sind heute unter der Bezeichnung **„Hilfe zur Erziehung"** zusammengefaßt.

Augustin/Brocke 1988/4; Blandow/Faltermeier 1989; Flosdorf 1988; Landenberger/Trost 1988; Rothe 1991/2

→ Familienberatung → Familientherapie K

Erziehungshilfe, freiwillige → Erziehungsheim

Erziehungskunde

als Unterrichtsfach
- bietet den Schülern Anregungen, sich mit ihrer eigenen Entwicklung auseinanderzusetzen
- und bereitet sie auf ihre erzieherische Verantwortung als Eltern vor.

Es liegt nahe, Erziehungskunde, das als Fach in einem → pädagogischen Feld unterrichtet wird, inhaltlich an dem dort ablaufenden Erziehungsprozeß und an den für die Lernenden überschaubaren familiären Erziehungsprozessen zu orientieren. Dies erfordert zweifellos Mut vom Lehrenden, da bei diesem Vorgehen nicht nur das Verhalten der Heranwachsenden, sondern auch sein eigenes und das der Eltern kritisch zu hinterfragen ist, und dies in der Gewißheit, daß durchaus nicht alle als veränderungsbedürftig erkannten erzieherischen Situationen verändert werden können. Trotz der angedeuteten Schwierigkeiten liegt die Chance dieses Faches aber einzig und allein in der Reflexion der selbsterlebten erzieherischen Situationen; sie würde verspielt durch den Rückzug auf das Referieren theoretischer erzieherischer Konzepte, so wichtig diese im Sinne klärender und erklärender Information sein können.

Die Lerninhalte entstammen also in der Regel dem Alltagsleben. Als Methoden der Inhaltserschließung kommen vor allem in Betracht:
- Rollenspiel
- Rollentausch
- Planspiel
- Projekt
- Fallanalysen
- Pro- und Contra-Behandlung
- Interviews
- Expertenbefragung
- gezielte Beobachtung
- originale Begegnung
- kooperierende Unterrichtsformen
- Anknüpfung an die Aktualität
- entdeckendes Lernen
- freies Lernen
- spielerisches Lernen
- Anleihen bei Gruppendynamik und -pädagogik
- fachübergreifendes Lernen

Hierdeis 1985; Hoffmann 1984/7; Kiefersauer 1986; Olbrich 1986

→ Handlungsorientierter Unterricht K

Erziehungslehre → Pädagogik

Erziehungsmittel

Alle Beeinflussungen, die auf eine Person von ihrem unmittelbaren Milieu her auf diese einwirken, alle auf sie absichtlich und unabsichtlich gerichteten und gesteuerten Aktionen jeglicher Art stellen im Rahmen der Erziehung und Persönlichkeitsbildung Mittel der → Erziehung dar. Sie können Positiv- oder Negativcharakter haben.

Die Wahl der Erziehungsmittel einer Gesellschaft wird durch das jeweilige System geprägt.
Erziehungsmittel wie z. B. Gewöhnung, Belohnung und Strafe stehen ferner in Wechselwirkung mit dem praktizierten → Erziehungs- und → Unterrichtsstil.

Geißler 1982/6

→ Bildung → Emanzipatorische Pädagogik → Impuls → Pädagogik → Psychologie OK

Erziehungsrecht
steht nach Artikel 6 Absatz 2 Grundgesetz als „natürliches Recht" den Eltern zu. Pflege und Erziehung sind die „ihnen obliegende Pflicht". Das Erziehungsrecht ist unteilbar und wird von Vater und Mutter gemeinsam ausgeübt, für das nichteheliche Kind von der Mutter. Ausnahmen bedürfen der Entscheidung des Vormundschafts- oder Familiengerichts. Der Staat darf in dieses Erziehungsrecht der Eltern nur eingreifen, wenn dies zum Wohle des Kindes geboten ist, z. B. bei Verwahrlosung oder Mißhandlung des Kindes.
Das Erziehungsrecht der Eltern erfährt seine Einschränkung durch das Grundrecht der freien Entfaltung der Persönlichkeit (Artikel 2 Absatz 1 GG), das in der Praxis allerdings eher durch pädagogisches Geschick als durch gesetzliche Vorschriften gewährleistet wird. K

Ossenbühl 1981; Schmitt-Kammler 1983

Erziehungsregister → Führungszeugnis

Erziehungsstile
bezeichnen die dominante Form konkreten erzieherischen Verhaltens in der → Interaktion mit Kindern. Die Wirkungen solcher erzieherischer Verhaltensweisen in Gestalt der Reaktionen der Betroffenen gehen als bestimmende Faktoren in die Klassifikation der Erziehungsstile mit ein.
Weniger beachtet ist bis heute der Aspekt geblieben, daß mit dem Erziehungsstil gleichzeitig ein jeweils zeitgebundener und historisch gewachsener **Lebensstil** vermittelt wird. Die diesbezüglichen Auswirkungen auf die heranwachsende Generation sind vor allem dann problematisch, wenn der familiäre, schulische und staatliche Erziehungsstil auseinanderdriften. Die ersten bahnbrechenden und bis heute nicht überholten **Experimente zum Erziehungsstil** führte Kurt Lewin zwischen 1930 und 1940 durch. Auf ihn sowie auf Lippitt und White geht die bekannte Unterscheidung von autoritärem, demokratischem und laissez-faire-Erziehungs-(Führungs-)stil zurück. Die Autoren kamen – wie viele nach ihnen bei Detailuntersuchungen – zu folgenden **Ergebnissen** (geringfügig geändert nach Fend 1981 sowie ergänzt nach Petillon 1978):

Führungstyp	Lehrerverhalten	Schülerverhalten
autoritär	Legt alle Richtlinien fest. Schreibt Techniken und Tätigkeiten von Fall zu Fall vor. Starke Lenkung und Kontrolle. Stellt die Arbeitsgruppen zusammen. Verteilt Lob und Tadel nach persönlichen Gesichtspunkten sowie Neigung zu Verboten, Drohungen, Spott, Ironie. Hält sich abseits von der Gruppe.	Größere Leistungsquantität bei relativ geringer Leistungsmotivation. Geringere Arbeits- und Gruppenmoral, mehr Konflikte zwischen den Schülern, stark ausgeprägte Rivalität und Machtkämpfe, „Punktesammeln" beim Lehrer, Aggressionen, Produktion von Sündenböcken, offene sowie versteckte Opposition. Vergeltungs- und Auflehnungstendenz. Weniger Arbeitsbeharrlichkeit bei Abwesenheit des Lehrers. Nach Petillon: Mehr Dominanz gegenüber Mitschülern. Entwicklung negativer sozialer Verhaltensweisen; wenig demokratische Strukturen im Sozialbereich. Geringere Kohärenz (Grad der Gegenseitigkeit). Höhere Anzahl isolierter Kinder. Stärkere Konzentration der Zuneigungen auf wenige Schüler. Mehr Ablehnungen. Geringeres Verständnis für die Bedürfnisse der Mitschüler. Geringere Wertschätzung der Mitschüler. Ausgeprägtes Geltungsstreben einzelner Schüler.
demokratisch, sozialintegrativ, partnerschaftlich	Alle Richtlinien sind Angelegenheit der Gruppendiskussion und Gruppenentscheidung. Lehrer hilft beim Zustandekommen von Entscheidungen. Die einzelnen Schritte, die zum Ziel führen, ergeben sich aus der Diskussion. Führer schlägt alternative Mittel und Verfahren vor. Mitglieder wählen ihre Arbeitsgenossen selbst. Führer/Lehrer ist bei Erteilung von Lob „objektiv" oder „sachlich" orientiert. Führer versucht Gruppenmitglied zu sein. Lehrerverhalten ist durch Offenheit, Echtheit, Wertschätzung gekennzeichnet.	Höchste Arbeits- und Gruppenmoral, weniger Konflikte, weniger Aggression, weniger Sündenböcke. Größere Arbeitsbeharrlichkeit bei Abwesenheit des Führers/Lehrers. Geringere Produktionsmenge, aber höhere Qualität. Nach Petillon: Tendenz zu kooperativem Verhalten. Mehr integrative Verhaltensweisen gegenüber Mitschülern. Entwicklung positiver sozialer Verhaltensweisen: mehr demokratische Strukturen im Sozialbereich. Größere Kohärenz; geringere Anzahl isolierter Kinder; geringere Konzentration der Zuneigungen auf wenige Schüler; weniger Ablehnungen. Größeres Verständnis für die Bedürfnisse der Mitschüler. Höhere Wertschätzung der Mitschüler; geringeres Geltungsstreben einzelner Schüler.

Führungstyp	Lehrerverhalten	Schülerverhalten
laissez-faire bzw. antiautoritär	Völlige Freiheit für individuelle oder Gruppenentscheidung. Neigung zu Indifferenz und Nachgiebigkeit. Führer/Lehrer beschafft das Material, gibt nur auf Befragung Information. Nichtteilnahme am Arbeitsprozeß. Seltene spontane Bemerkungen zur Tätigkeit der Mitglieder. Es wird kein Versuch zur Beurteilung oder Regelung des Ablaufs unternommen.	Geringere Arbeits- und Gruppenmoral und geringere Produktivität, Solidarität in negativer Regression. Extrem praktiziert wie z. B. in den Kinderläden der 70er Jahre sind die Folgen meist • Anarchie, • Lustlosigkeit, • Orientierungslosigkeit, • mangelhafte Gruppenstruktur, • große Anpassungsprobleme bei der Einschulung bis hin zu Neurosen...

Beachtliche Auswirkungen der Arbeit des Lehrers an seinem Erziehungsstil wurden insbesonders festgestellt in bezug auf
- die Lernmotivation und Schulleistung der Schüler,
- die Aufmerksamkeit, Konzentration und Mitarbeit der Schüler,
- das Sprachverhalten der Schüler,
- die Unterrichtsatmosphäre,
- das Ausmaß an Eigenverantwortung und Selbststeuerung der Schüler
- und auf die sozialen Beziehungen innerhalb der Schulklasse.

Bezogen auf die Verhaltensdimensionen maximale bzw. minimale Lenkung und Wertschätzung bzw. Geringschätzung konnten Tausch/Tausch (1979/9) die drei Erziehungsstile folgendermaßen orten:

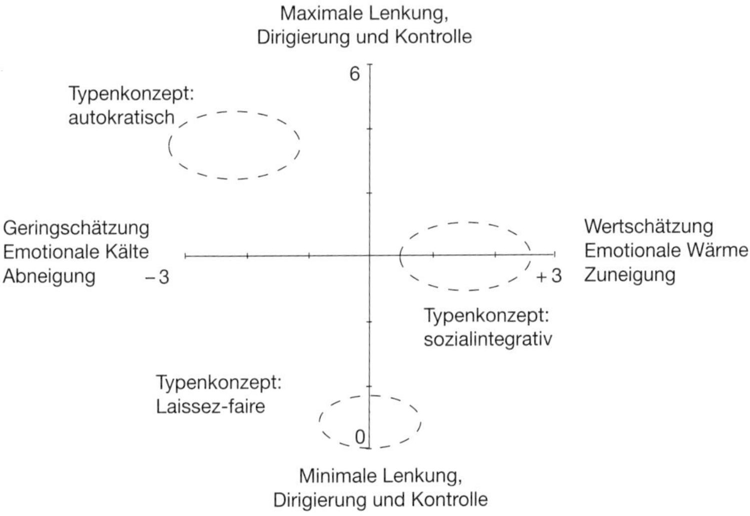

Übertragen auf den **Führungsstil von Vorgesetzten** – sei es im Bildungsbereich oder in Unternehmen – gilt es als gesichert, daß für Führungsaufgaben nicht unbedingt der beste Fachmann der Geeignetste ist, sondern jener, der über herausragende Qualifikationen in der Kommunikation und in der Menschenführung verfügt. Herrschaftswissen und Amtsautorität (→ Autorität) allein reichen heutzutage nicht mehr aus, da die Servilität vor ihnen stark abgenommen hat; Autorität trotzdem von ihnen abzuleiten, bedeutet nach F. Raidt die „innere Kündigung" der Untergebenen (= Dienst nach Vorschrift, ohne aufzufallen und anzuecken), was für Betriebe teuer, im Bildungssystem für die Zukunft der Gesellschaft eine enorme unkalkulierbare Belastung werden kann.

Gerner 1976; Lukesch 1975; Schneewind/Herrmann 1980; Stapf 1972; Weber 1986/8; Tausch/Tausch 1979/9

→ Autorität → Emanzipation → Erziehung K

Erziehungsurlaub

löste gemäß Gesetz vom 1. 1. 1986 den bis dahin üblichen Mutterschaftsurlaub ab. Er gilt für Vater **oder** Mutter und dauert 12 Monate. Durch **Erziehungsgeld,** dessen Gewährung nicht von vorheriger Erwerbstätigkeit abhängig ist, sollen finanzielle Einbußen wenigstens teilweise ausgeglichen werden. K

Grönert 1990

Erziehungswirklichkeit → Merkmalszuschreibung → Situation, erzieherische

Erziehungswissenschaft

Aufgabe der Erziehungswissenschaft ist es, sich in Forschung und Lehre an der Praxis der Erziehung zu orientieren, d. h. die Erziehungswirklichkeit mit empirischen Methoden zu erschließen und auf der Grundlage der Ergebnisse empirischer Untersuchungen und der aktuellen Anforderungen der Gesellschaft Leitlinien für ein verantwortetes erzieherisches Handeln zu beschreiben. Das zentrale Thema der Erziehungswissenschaft sind also → Bildung und → Erziehung in den gegebenen verschiedenen → pädagogischen Feldern.

Nach K. Mollenhauer (1982[4]) ist der Gegenstandsbereich der Erziehungswissenschaft

- Kommunikation, insofern „Erziehungshandeln immer intersubjektive Verständigung ist",
- die „materiellen Konstitutionsbedingungen von Lebenswelten und pädagogischen Feldern".

Im Anschluß an T. Husén ergibt sich folgende Übersicht für die Aufgliederung der Erziehungswissenschaft in Teildisziplinen: (siehe Abbildung S. 197)

Die Erziehungswissenschaft ist wie kaum eine andere Wissenschaft bei der Erkenntnisgewinnung auf die Aussagen ihrer Nachbarwissenschaften angewiesen, u. a. auf Aussagen der Biologie, Psychologie, Soziologie, Informationstheorie und Kybernetik, Politische Wissenschaften, Wirtschaftswissenschaften, Geschichtswissenschaft, Rechtswissenschaft, Medizin, Theologie und Philosophie.

Berg u. a. 1979; Beiträge zur Theorie und Geschichte der Erziehungswissenschaft, Weinheim (vgl. Einzeltitel); Benner 1987; Berger/Gruber 1976; Brezinka 1981/4; Flitner/Scheuerl 1985/2; Gudjons 1986; Klafki 1976; König 1975–1978; König/Zedler 1982 und 1983; Larrá 1986; Mollenhauer 1982; Mollenhauer/Rittelmeyer 1977; Reich/Schiess 1984; Schaller 1979; Skowronek/Schmied 1977; Thiersch u. a. 1978; Wulf 1983/3

→ Empirische Erziehungswissenschaft → Pädagogik K

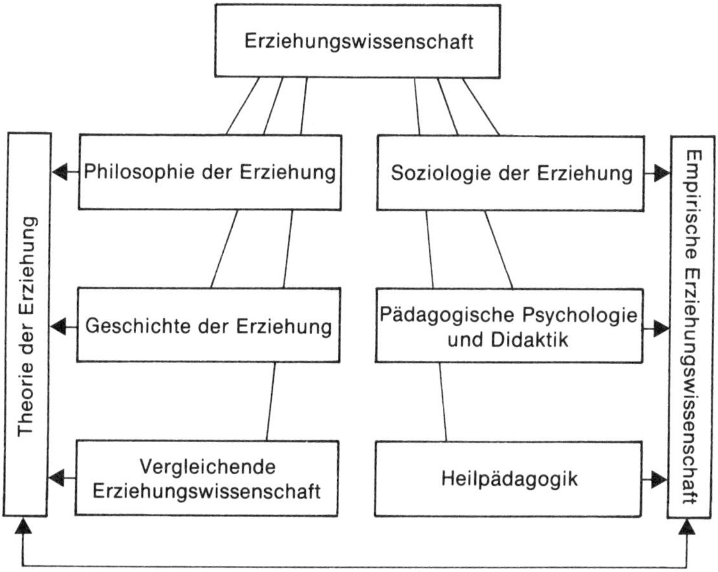

Erziehungsziel

W. Brezinka definiert ein Erziehungsziel als „eine → Norm, die einen vorgestellten Zustand der Persönlichkeit beschreibt, der durch → Erziehung verwirklicht werden soll". Dieser Zustand der Persönlichkeit kann jedoch nicht im Sinne eines ein für allemal Erreichten verstanden werden, das der Veränderung nicht mehr bedarf. Seine dauernde Veränderung erweist sich vielmehr als eine an den Anforderungen der Realität orientierte lebenslange Aufgabe für den Menschen. Erziehungsziele beschreiben also den Zustand der Persönlichkeit, den der junge Mensch nach den Vorstellungen einer bestimmten Zeit und Gesellschaft erreicht haben soll, wenn er aus der Erziehung entlassen wird. Diese allgemeine Definition der Erziehungsziele deutet bereits auf die viel größeren Schwierigkeiten hin, die mit ihrer inhaltlichen Bestimmung aufgegeben sind.

Die Pluralität in weltanschaulich orientierten Zielbestimmungen hat in der heutigen Pädagogik zu einem Rückzug auf neutrale, inhaltlich variabel auszulegende Erziehungsziele geführt wie z. B. Selbstbestimmung, Mündigkeit, → Emanzipation, womit es allerdings auch keineswegs gelang, ideologische Überformungen und Interpretationen der pädagogischen Praxis fernzuhalten. Es wird die immer wieder neu zu leistende Aufgabe jeder Zeit und Gesellschaft sein, ihre Erziehungsziele neu zu bestimmen und zu beschreiben.

Bath 1974; Brezinka 1985; Fördergemeinschaft... 1987; Häberle 1981; Hagmüller 1983; Kerstiens 1978

→ Unterricht → Unterrichtsziel K

Es → Ich – Es – Über-Ich

Eskalation

Ursprünglich fand der Begriff Eskalation vor allem Verwendung im Zusammenhang mit dem stufenweise verstärkten Einsatz militärischer Mittel oder politischer → Sanktionen bei zwischenstaatlichen Auseinandersetzungen. In übertragenem Gebrauch bezeichnet heute Eskalation die Ausweitung eines Vorganges nach Umfang und/oder Intensität aufgrund sich wechselseitig bedingender Faktoren dieses Vorganges. So führt z. B. die Anwendung eines extrem autoritären Führungsstiles in einer Lerngruppe in der Regel zu einer Eskalation hinsichtlich der Verschlechterung der Gruppenatmosphäre.

→ Erziehungsstil K

Esoterik

steht als Sammelbezeichnung für Geheimlehren, die nur Eingeweihten bekannt sind. Der Weg zur Erlösung und zur Erkenntnis der Welt führt nach einer Einführungsphase (Initiationsriten) über strenge geistliche Disziplin und innere Erleuchtungen. Esoterik hat auch eine beachtliche innerkirchliche Tradition. Frühere esoterische Geheimgesellschaften waren z. B. die Kabbalisten, Rosenkreutzer, Freimaurer, Gnostiker u. a.

Heute werden in einem erweiterten Begriffsverständnis der Esoterik auch Phänomene des → Okkultismus, des → Spiritismus und der → Parapsychologie zugeordnet. K

Ethik → Moral

Ethnographie → Kulturanthropologie → Ethnologie

Ethnologie

wird mit allgemeiner **Völkerkunde** oder **Völkerforschung** übersetzt. Sie verarbeitet die Ergebnisse der Ethnographie (→ Kulturanthropologie) und erforscht als vergleichende Wissenschaft im Gegensatz zur Sozialanthropologie Einzelkulturen bzw. Völker und Rassen in Verbindung mit den von ihnen entwickelten Kulturen unter besonderer Berücksichtigung primitiver Entwicklungsformen. O

Ethologie

Die Ethologie, eine Spezialdisziplin der → Verhaltensforschung, befaßt sich mit der Erforschung vererbter und erlernter Verhaltensweisen von Tieren.

→ Instinkt K

Etikettierungseffekt → Stigmatisierungseffekt

Eurhythmie

bedeutet allgemein eine wohlgeordnete Bewegungsfolge, im medizinischen Sprachgebrauch den regelmäßigen Herzschlag, in der Psychotherapie als Heileurhythmie die gezielte Behandlung psychosomatischer Erkrankungen durch Bewegungstherapie. In der Pädagogik der freien → Waldorfschule wird durch Eurhythmie als Unterrichtsfach und Unterrichtsprinzip der Ausdruck von Gedanken, Wörtern, Melodien in dazu passender körperlicher Bewegung gefördert. K

EUROFORM → Europäische Bildungsprogramme

Europa im Unterricht

Wenn nicht den zahlreichen fächerübergreifenden Erziehungs- und Unterrichtsanliegen ein weiteres als gerade aktuelles Lippenbekenntnis ohne praktischen Nutzwert hinzugefügt werden soll, muß „Europa im Unterricht" als **erlebte Praxis** stattfinden. Dies bedeutet vor allem das Erleben der Andersartigkeit, das Bemühen um Gemeinsamkeit und gemeinsames Handeln. Dazu tragen z. B. bei:
- Schulfeste (Aufführungen, Tanz, Musik, Speisen)
- Schülerbriefwechsel (Fremdsprachen)
- Schüleraustausch
- Integration ausländischer Schüler in Arbeitsgemeinschaften, Freizeitgruppen, Hausaufgabenteams
- Studien- und Abschlußfahrten
- Projekte mit dem Ergebnis einer Ausstellung, eines europäisch gestalteten Tages der offenen Türe
- Einbezug der Ferienerlebnisse der Schüler in europäischen Ländern und Aufarbeitung von Vorurteilen über andere Nationen
- Besuch international besetzter Ausstellungen, Messen, Museen, Festivals (multikulturelle Öffnung).

Landesinstitut f. Erziehung und Unterricht 1988; Zentrum f. Europäische Bildung 1989

→ Fächerübergreifender Unterricht K

Europäische Bildungsprogramme

erweisen sich als notwendige Konsequenz des europäischen Binnenmarktes mit seiner hohen Mobilität von Menschen. Kulturelle, politische und wirtschaftliche Gründe legitimieren den erheblichen finanziellen Aufwand. Vor allem der einheitliche Arbeitsmarkt erfordert die Anerkennung von Qualifikationsnachweisen und europaweit einsetzbare hochqualifizierte Fachkräfte. Die europäischen Bildungsprogramme streben z. B. gemeinsame Lehrplanentwicklung, gemeinsame Forschungsprojekte, Austausch von Hochschullehrern und Studenten, von Lehrern und Schülern, Studienaufenthalt von Schülern und Studenten im Ausland und die Förderung der Mehrsprachigkeit an.
Die nachfolgende Liste der Gemeinschaftsprogramme und -projekte in den Bereichen der allgemeinen und beruflichen Bildung vermittelt einen Überblick über die aktuellen Aktivitäten, einschließlich ausgewählter Adressen für die Bestellung speziellen Informationsmaterials (Stand 1992):

AKRONYME	
AKP	Afrikanische, karibische und pazifische Länder (AKP-Staaten)
APHW	Ausbildungspartnerschaft Hochschule – Wirtschaft
CEDEFOP	Europäisches Zentrum für die Förderung der Berufsbildung. Seine Aufgabe ist Information, Forschung und Konzertierung der entsprechenden Aktivitäten sowie die Unterhaltung eines dokumentarischen Netzwerks und einer Datenbank. Kontaktadresse: CEDEFOP, Bundesallee 22, 10717 Berlin
COMETT	Programm zur Zusammenarbeit zwischen Hochschulen und Wirtschaft im Bereich der Aus- und Weiterbildung auf dem Gebiet der Technologie (Community Action Programme in Educa-

	tion and Training for Technology) zur Unterstützung der grenzüberschreitenden Partnerschaft und Zusammenarbeit zwischen den Hochschulen und der Wirtschaft bei der Förderung der höheren beruflichen Bildung im Hinblick auf den technologischen Wandel Kontaktadresse: Bureau d'Assistance Technique Comett, rue Montoyer 14, B-1040 Brüssel
DELTA	Gemeinschaftsaktion auf dem Gebiet der Lerntechnologie (Development of European learning through technological advance) Pilotaktion
ERASMUS	Aktionsprogramm der Europäischen Gemeinschaft zur Förderung der Mobilität von Hochschulstudenten (European Community Action Scheme for the Mobility of University Students) Kontaktadresse: Büro ERASMUS, rue Montoyer 70, B-1040 Brüssel
EUROFORM	Entwicklung neuer Qualifikationen, neuer Kompetenzen und neuer Beschäftigungsmöglichkeiten durch die Förderung grenzüberschreitender Partnerschaften zwischen den Beteiligten aus dem Bereich der beruflichen Bildung
EUROTECNET	Aktionsprogramm zur Förderung von Innovationen in der Berufsbildung in der Folge des technologischen Wandels in der EG; dieses Programm dient der Erforschung der Auswirkungen des technologischen Wandels auf die Berufsqualifikationen und Ausbildungssysteme sowie der Bestimmung neuer Qualifikationsanforderungen an die Arbeitnehmer; Kontaktadresse: EUROTECNET, rue des Deux Eglises 37, B 1040 Brüssel
EURYDICE	Bildungsinformationsnetz der Europäischen Gemeinschaft: Es unterhält Informationsdienste und eine Datenbank vor allem für politische Entscheidungsträger. Es archiviert die Bildungspolitik und das Bildungswesen in den Mitgliedsstaaten. Kontaktadresse: Europäische Informationsstelle von EURYDICE, rue d'Arlon 15, B-1040 Brüssel
FORCE	Aktionsprogramm zur Förderung der beruflichen Weiterbildung in der Europäischen Gemeinschaft; dieses Programm betrifft die Entwicklung der Weiterbildung sowie der betrieblichen Ausbildung Kontaktadresse: Batiment FORCE, rue du Nord 34, B-1040 Brüssel
HKP	Hochschulkooperationsprogramm
HORIZON	Förderung der sozialen und beruflichen Eingliederung Behinderter und anderer benachteiligter Personen
IRDAC	Beratender Ausschuß für industrielle Forschung und Entwicklung der Kommission der Europäischen Gemeinschaften
IRIS	Gemeinschaftsnetz zu Programmen zur Berufsausbildung für Frauen. Kontaktadresse: CREW, rue de la Tourelle 21, B-1040 Brüssel

Jugend für Europa	Informationen zu den Jugendaustauschprogrammen außerhalb des schulischen, akademischen oder berufsbildenden Umfeldes und zu Volontariaten in sozialen, kulturellen und bildungsspezifischen Bereichen Kontaktadresse: ECYEB, place du Luxembourg 2–3, B-1040 Brüssel
KMU	Kleine und mittlere Unternehmen
LINGUA	Programm zur Förderung der Fremsprachenkenntnisse in der Europäischen Gemeinschaft, vor allem durch Auslandsaufenthalte von Hochschullehrern, Lehrern, Studenten und Schülern berufsbildender Schulen Kontaktadresse: Büro LINGUA, rue du Commerce 10, B-1040 Brüssel, oder: Arbeitsstelle LINGUA (DAAD), Kennedyallee 50, 53175 Bonn
NOW	New Opportunities for Women: Das reine Frauen-Förderprogramm unterstützt langarbeitslose Frauen, Mütter, die wieder in den Beruf zurückkehren wollen, und junge Frauen bis 25 Jahre mit beruflichen Eingliederungsschwierigkeiten. Besonderheit: Die geförderten Projekte müssen mit ähnlichen Vorhaben in anderen EG-Ländern in Verbindung stehen. Die Frauen sollen dadurch leichter in zukunftsorientierte Berufsbereiche einsteigen und auch grenzüberschreitend mobil werden können.
PETRA	Aktionsprogramm der Gemeinschaft zur beruflichen Erstausbildung Jugendlicher und ihrer Vorbereitung auf das Erwachsenen- und Berufsleben sowie zum Austausch junger Arbeitnehmer und zur schulischen und beruflichen Beratung Kontaktadresse: PETRA, Square Ambiorix 32, B-1040 Brüssel, oder: Ifastan, Stadtwaldgürtel 33, 50935 Köln
Schulische Eingliederung von Behinderten	Kontaktadresse: Helios, avenue de Cortenbergh 79, B-1040 Brüssel
SPRINT	Plan für die transnationale Entwicklung der Infrastruktur zur Unterstützung von Innovation und Technologietransfer
TEMPUS	Europaweites Mobilitätsprogramm für den Hochschulbereich: Das TEMPUS-Programm zielt insbesondere auf die Förderung der Entwicklung des Hochschulwesens in den Ländern Mittel- und Osteuropas. Kontaktadresse: TEMPUS-Office, rue Montoyer 14, B-1040 Brüssel
VLSI	Systeme mit höchstintegrierten Schaltkreisen

K

Europäisches Gymnasium

ist ein Schulversuch in Bayern (Passau, Nürnberg, Fürth, Würzburg, Kastl) ab Schuljahr 1992/93, der in besonderer Weise der Idee „Europa“ verpflichtet ist und gekennzeichnet ist durch

- Betonung des fremdsprachlichen Profils (3 verpflichtende Fremdsprachen, eine 4. Fremdsprache im Wahlpflichtbereich ab Jahrgangsstufe 11),
- Verstärkung der Naturwissenschaften im Vergleich zu den sprachlichen Gymnasien,

- Betonung der musischen Bildung,
- besondere Gewichtung der Geschichte und ihrer europäischen Verflechtungen (verpflichtendes Abiturfach),
- Förderung europäischer Begegnungen (Briefpartnerschaften, Schüleraustausch, Lehreraustausch, Schulpartnerschaften u. a.)

Schüler, die das → Abitur (Allgemeine Hochschulreife) mit einem Notendurchschnitt über 1,5 ablegen, werden für die Aufnahme in die → Studienstiftung des Deutschen Volkes vorgeschlagen.

→ Europäische Bildungsprogramme K

EUROTECNET → Europäische Bildungsprogramme

EURYDICE → Europäische Bildungsprogramme

Eutonie → Entspannungstechniken

Evaluation

Die Evaluation ist die wissenschaftliche Erprobung und Kontrolle von → Curricula, insbesondere der operationalisierten (= unmißverständlich beschriebenen und überprüfbaren) → Lernziele und der vorgeschlagenen Verfahrensweisen und Lernzielkontrollen in Curricula durch Testläufe. Darüber hinaus kann aber unter Evaluation jegliche wissenschaftliche Begleituntersuchung konkreter Abläufe von Lernprozessen, z. B. des Einsatzes von Medien unter verschiedenen Bedingungen verstanden werden. Als Instrument der empirischen Unterrichtsforschung stellt die Evaluation das unverzichtbare Verbindungsglied und Regulativ zwischen pädagogischer Theorie und Unterrichtspraxis dar. Ihre Ergebnisse gehen beispielsweise in die notwendige permanente Revision der Curricula ein.

→ Ergebnisevaluation → Formative Evaluation → Operationalisierung → Summative Evaluation K

Evaluierung → Evaluation → Operationalisierung

Evidenz, Evidenzerlebnis

Evidenz bedeutet Gewißheit, Deutlichkeit. Das Evidenzerlebnis vermittelt das Gefühl der sicheren Gewißheit im Zusammenhang mit einer Erkenntnis (psychische Evidenz) und die Überzeugung von der Gültigkeit einer Erkenntnis und daraus abgeleiteter Urteile (logische Evidenz). K

Evolution

Als Evolution bezeichnet man z. B. die Entwicklung von Lebewesen von einfacheren zu komplizierteren Organismen oder Verhaltenscodices, die sich über Generationen hinweg als kontinuierliche Veränderung vollzieht. Auslöser der Veränderungen sind vor allem Mutationen (= spontane Veränderungen in den genetischen Informationen) und Selektionen (= Auswahlvorgänge z. B. hinsichtlich Leistungen des Organismus durch Anpassung an die Umweltgegebenheiten). K

Examen → Prüfung → Schulaufgabe

EXAPT

Das Programmiersystem EXAPT, das auf der Basis des Automatic Programming for Tools (→ APT) entwickelt wurde, ist eine verfahrensorientierte → Programmiersprache wie APT. Im Gegensatz zu APT, mit dem Programme für ein-, zwei- und dreidimensionale Bearbeitung von Werkstücken erstellt werden können, beschränkt sich EXAPT in der letzten Aufbaustufe auf die zweidimensionale Steuerung, jedoch unter Berücksichtigung technologischer Gegebenheiten.

→ Programmiersprachen O

Exemplarisches Lehren und Lernen

1. Nach herkömmlicher Auffassung reduziert der Lehrende beim exemplarischen Lehren die durch die Einzelwissenschaften angereicherten und oft unübersichtlichen Stoffgebiete auf einige wenige relevante Sachverhalte, die beispielhaft, vorbildlich und gültig als Exempel für alle anderen stehen. Ein größeres Sachgebiet soll also aus ökonomischen Gründen für den Schüler über **ein** Beispiel erschlossen werden. F. v. Cube (1968[2]) wendet demgegenüber ein, „daß ein einziges Beispiel für den Lernenden noch kein solches ist – es ist vielmehr ein Sachverhalt, der an keiner Stelle (von der Sache her) über sich selbst hinausgeht. Etwas ‚Gemeinsames' kann erst anhand von mindestens zwei dieses Gemeinsame enthaltenden Sachverhalten erkannt werden." Den → Transfer (= Übertragung) auf andere Sachverhalte, die durch das bearbeitete Beispiel miterschlossen werden sollen, kann der Schüler bestenfalls deshalb leisten, weil er das Beispiel als solches der fachlichen Autorität des Lehrers abnimmt. Die eigene Einsicht in den beispielhaften Charakter des einen ausgewählten Sachverhalts stellt sich bei diesem Verfahren erst bei der Anwendung auf andere Sachverhalte sozusagen im nachhinein ein.
2. Nach F. v. Cube ist es wünschenswert, das exemplarische Verfahren dem Schüler selbst in die Hand zu geben bzw. ihn zum exemplarischen Lernen zu befähigen.
   „Im einzelnen gliedert sich dieses zweite Verfahren der exemplarischen Methode in drei Schritte:
   a) Vom Lehrer werden mindestens zwei Beispiele ausgewählt und dargestellt. (Dabei ist zu beachten, daß es sich hier nur vom Standpunkt des Lehrers aus um „Beispiele" handelt.)
   b) Der Lernende arbeitet aus diesen Sachverhalten den gemeinsamen Oberbegriff oder – wie wir auch sagen können – das gemeinsame → Superzeichen heraus.
   c) Das jetzt bekannte Superzeichen wird auf weitere Beispiele des gesamten Forschungsbereiches angewandt. (Nunmehr handelt es sich ja auch vom Standpunkt des Lernenden aus um Beispiele.)"

   So sollten z. B. bei der Besprechung des Blutkreislaufes beim Menschen und bei höheren Säugetieren am Menschen und parallel dazu z. B. am Biber, Wisent oder Eichhörnchen gleiche Gesetzmäßigkeiten gezeigt, erklärt und gelernt werden. Dadurch werden die gemeinsam erarbeiteten Regeln, Lösungsmethoden und Kausalzusammenhänge leichter erkannt, und es wird deutlich, daß für Gleiches derselbe Grundbegriff oder dasselbe Gesetz Gültigkeit hat bzw. ein gemeinsames Superzeichen gesetzt werden kann, das transfergeeignet ist.
   Anstelle des Begriffes Exemplarisches Lehren und Lernen wird im didaktischen

Sprachgebrauch für den gleichen Vorgang auch der Ausdruck horizontale Reduktion verwendet.

Klafki 1964; Scheuerl 1969

→ Analogieprinzip → Didaktische Reduktion → Elementare, das → Lernen → Unterricht

OK

Exhibitionismus

Im weiteren Sinne sind unter Exhibitionismus, auch Exhibismus genannt, auffällige Verhaltensweisen zu verstehen, mit denen eine Person versucht, sich besonders in den Vordergrund zu rücken.
Im engeren Sinne bezeichnet Exhibitionismus eine infantile Form sexueller Abartigkeit, die sich im Trieb zur Entblößung der Geschlechtsteile ohne Verlangen nach Sexualverkehr äußert. Die Psychoanalyse sieht in diesem Verhalten eine Ersatzhandlung für sexuelle Befriedigung.

→ Perversion

O

Exkursion → Betriebserkundung → Erkundung

Exogen → endogen

Experiment

Ein Experiment ist ein Versuch im Sinne planmäßiger, systematischer → Beobachtung bei vorher definierter Zielangabe und unter festgelegten Versuchsbedingungen. Es werden zwei Hauptgruppen von Experimenten unterschieden: das **Erkundungsexperiment** fragt danach, was sich überhaupt unter bestimmten arrangierten oder gegebenen Bedingungen ereignet. Das **Entscheidungsexperiment** dagegen dient bei mehreren vorgegebenen Hypothesen der Entscheidung für eine dieser Hypothesen oder zugunsten einer neu aufgestellten.
Wesentliche **Kennzeichen eines Experiments sind Willkürlichkeit, Variierbarkeit und Wiederholbarkeit.** Es soll der Zusammenhang zwischen vorgegebenen **unabhängigen Variablen** – vom Versuchsleiter systematisch und willkürlich variiert – und der von ihnen **abhängigen Variablen** untersucht werden. Gefragt ist also: Wie verändern sich die abhängigen Variablen durch Veränderung der unabhängigen? Wie z. B. verändert sich die Leistungsmotivation oder die Tendenz zu aggressiven Verhaltensweisen bei 10jährigen Schülern durch einen Wechsel des Unterrichtsstils des Lehrers, etwa vom autoritären zum sozialintegrativen Unterrichtsstil? Die Ergebnisse eines Experiments sind meßbar, d. h. quantitativ erfaßbar.
Eine dritte Gruppe von Variablen, die **Störvariablen,** die umwelt- und personenbedingt sind, müssen im Experiment möglichst konstant gehalten werden, um nicht verfälschend auf den Bedingungszusammenhang zwischen unabhängigen und abhängigen Variablen einwirken zu können. Um sicher zu gehen, daß der hypothetisch angenommene Bedingungszusammenhang nicht auch ohne das experimentelle Arrangement erreicht werden kann, läuft parallel zur Versuchsgruppe meist eine Kontrollgruppe, die nicht diesem experimentellen Arrangement unterliegt. Grenzen erwachsen dem Experiment mit Menschen aus dem Voreingenommenheit produzierenden → Erwartungsverhalten des Versuchsleiters, aus ethischen und juristischen Einwänden und einer möglichen Verfälschung des Verhaltens der Versuchsperson durch entsprechende Einstellung auf die Experimentalsituation.

Gegenüber dem skizzierten wissenschaftlichen Experiment ist das **Unterrichtsexperiment** – verwirklicht als Lehrer- oder Schülerexperiment – vor allem didaktischen Funktionen verpflichtet (vgl. Meyer 1987, Bd. 2):

- Das **Einführungsexperiment** soll Neugier und Forscherlust wecken, indem das Problem präsentiert wird.
- Im **Anwendungs-, Kontroll- oder Bestätigungsexperiment** werden Hypothesen geprüft sowie Erkenntnisse und Gesetzmäßigkeiten formuliert.
- Das **Selbsterfahrungsexperiment** dient der Aufdeckung und Bearbeitung emotionaler, sozialer und gruppendynamischer Belange.

Der **Ablauf des Unterrichtsexperiments** orientiert sich an dem des wissenschaftlichen Experiments:

- Eindeutige Problemformulierung
- Ermittlung geeigneter Experimente zur Problemüberprüfung
- Durchführung der Experimente, deren Erkenntnis- und Behaltwert umso größer ist, je höher der Anteil an Selbsttätigkeit der Schüler ist. Dazu müssen die Schüler über Fähigkeiten der Organisation, der Zusammenarbeit und der Versuchsdokumentation verfügen.
- Auswertung der Versuchsergebnisse; dabei zählen nicht nur die erzielten Produkte, sondern auch die Reflexion und evtl. weitere Arbeit an den im Versuch realisierten Arbeitstechniken, an gruppendynamischen Ereignissen, am erlebten eigenen und fremden Verhalten, am Umgang mit den Versuchsmaterialien und Geräten.

Bredenkamp 1980; Fietkau 1973; Holzkamp 1981; Klauer 1977; Mertens 1975; Mittenecker 1983/10

Experimentelle Pädagogik

stützt sich in der Erforschung der Erziehungswirklichkeit vor allem auf → Experiment, → Beobachtung und → Statistik.

→ Experimentelle Psychologie K

Experimentelle Psychologie

setzt in der Forschung auf das nach wissenschaftlichen Kriterien organisierte → Experiment, Formen systematischer → Beobachtung und Methoden der → Statistik. Die in der Laborsituation gewonnenen Erkenntnisse sind nicht ohne Einschränkungen auf die meist wesentlich komplexere Lebenswirklichkeit übertragbar, als erste sozusagen offene Orientierungen für alltägliches Handeln in psychologischen Feldern (z. B. Lernen, Leben in sozialen Systemen, Werbung, → Verhaltensmodifikation) geben sie aber hilfreiche Anregungen. K

Lüer 1987

Exploration → Anamnese

Exploratives Verhalten → Neugierverhalten

Extemporale → Prüfung → Schulaufgabe

Extinktion
bedeutet die Auslöschung von Gelerntem, von erworbenen Fähigkeiten und Verhaltensformen im Sinne des Verlernens, Vergessens, weil die bisher gewohnte → Verstärkung nur noch sehr selten oder überhaupt nicht mehr folgt.
→ Konditionierung K

Extraprozessual
Als extraprozessual werden die Komponenten bezeichnet, die außerhalb des Unterrichtsprozesses bestehen, z. B. Intelligenz, regionale Herkunft und andere soziale → Determinanten.
→ intraprozessual O

Extraversion
beschreibt die nach außen, auf die Umwelt und andere Menschen gerichtete Wesensart eines Menschen. Sie kennzeichnet einen Einstellungstypus, der nach C. G. Jung und H. J. Eysenck zu schnellen, aber oberflächlichen Kontaktaufnahmen neigt und sich leicht der gegebenen Realität anpaßt.
→ Introversion K

Extrinsische Motivation
bedeutet ein Verhalten, Benehmen oder Handeln, das durch von außen kommende Reize, → Stimuli oder → Impulse veranlaßt wird.
→ intrinsische Motivation → Reiz O

exzessiv
bedeutet je nach Sinnzusammenhang übertrieben, maßlos, ausschweifend. K

Fachabitur → Abitur

Fachakademie
Die nur in Bayern geführten Fachakademien (FAK) sind berufliche Bildungseinrichtungen und vermitteln eine höhere berufliche Qualifikation. Sie setzen einen mittleren Bildungsabschluß und eine dem Ausbildungsziel dienende berufliche Ausbildung oder praktische Tätigkeit bzw. die Fachschulreife voraus und schließen mit einer Staatlichen Abschlußprüfung. Durch eine staatliche Ergänzungsprüfung zur Abschlußprüfung kann die Berechtigung zum Studium an einer → Fachhochschule einschlägiger Fachrichtung, bei sehr guten Prüfungsergebnissen die fachgebundene Hochschulreife (→ Abitur) erworben werden.
Der Ausbildungsgang dauert bei Vollzeitunterricht mindestens vier Halbjahre (vier Semester).
Es gibt derzeit Fachakademien für
- Augenoptik
- Bauwesen
- Fremdsprachenberufe
- Gemeindepastoral
- Hauswirtschaft

- Heilpädagogik
- Landwirtschaft
- Medizintechnik
- Musik
- Sozialpädagogik
- Wirtschaft

K

Fachbereich → Fakultät

Fachdidaktik
ist neben den weiter ausgreifenden Disziplinen → Schulpädagogik und Allgemeine → Didaktik die Berufswissenschaft des Lehrers im engeren Sinne. Sie ist die „... Wissenschaft vom planvollen, institutionalisierten Lehren und Lernen spezieller Aufgaben-, Problem- und Sachbereiche" (Heursen in Lenzen 1986, Band 3), verwirklicht in den einzelnen Unterrichtsfächern.
In neuerer Zeit wird an einer allgemeinen Theorie der Fachdidaktik gearbeitet (z. B. Achtenhagen 1981; Fischler 1982; Heursen 1984). Bis zum Beginn des 20. Jahrhunderts existierte die Fachdidaktik in Form von Kompendien und Meisterlehren, die überwiegend auf Alltagserfahrung beruhende Handlungsanweisungen vermittelten. Seit der Reichsschulkonferenz von 1920 entwickelte sich in der Ausbildung der Volksschullehrer das irreführende Selbstverständnis der Fachdidaktik, ihre Aufgabe in der fachwissenschaftlichen Grundbildung zu sehen, während die Ausbildung der Gymnasiallehrer mit ihrer Vernachlässigung pädagogischer und didaktischer Belange ebenfalls einer Fehlentwicklung der Fachdidaktik anhing. Die heutigen Positionen der Fachdidaktik sind vor allem durch die unterschiedlich gewichteten Aspekte der **Wissenschaftsorientierung** (Ausgangspunkt Fachwissenschaft), der **Schülerorientierung** (Ausgangspunkt Lebenssituationen bzw. erfahrungsbezogener und handlungsorientierter Unterricht) und durch ihr **Verständnis als Berufswissenschaft des Lehrers** (der Lehrer als mitforschender und mitentscheidender Didaktiker und Methodiker) gekennzeichnet.
Die primären **Aufgaben der Fachdidaktik** sind es,
- zwischen der Fachwissenschaft und den Schülern einer bestimmten Altersgruppe und Schulart zu vermitteln (vgl. hierzu die Problematik der → didaktischen Reduktion!),
- die fachübergreifenden Aussagen der Allgemeinen Didaktik zum Lernfeld Unterricht für die spezifischen Anforderungen der einzelnen Fächer zu konkretisieren
- und der Allgemeinen Didaktik Rückmeldung zu geben über die unterrichtspraktische Brauchbarkeit ihrer Handlungsempfehlungen.

Schulpädagogik, Allgemeine Didaktik und Fachdidaktik stehen nicht im Sinne einer Deduktionskette in einem Über-/Unter-Ordnungsverhältnis zueinander, sondern in einem Wechselwirkungsverhältnis, jeweils einem speziellen Aufgabenfeld verpflichtet, die Vorteile ökonomischer und exakt aufeinander bezogener Arbeitsteilung nutzend.

Achtenhagen 1981; Altrichter 1983; Aselmeier 1985; Beckmann 1981; Blankertz 1974; Fischler 1982; Heintel 1986; Hendricks 1986; Heursen 1984; Oelkers 1986; Stocker/Timmermann 1974

→ Curriculum → Didaktik → Erziehungswissenschaft → Lehrerausbildung → Lernen → Schulpädagogik

K

Fachgebundene Hochschulreife → Abitur

Fachhochschule (FH), neuerdings auch Hochschule für...

Im Jahre 1970/71 erfolgte eine Umbenennung und Umstrukturierung der ehemaligen Ingenieurschulen, Höheren Wirtschaftsfachschulen und anderer Höherer Fachschulen in Fachhochschulen (FH). Für die Zulassung zu den Fachhochschulen bedarf es entweder des → Abiturs oder der → Fachhochschulreife.
Die FH vermitteln durch anwendungsbezogene Lehre eine Bildung, die zu selbständiger Anwendung wissenschaftlicher Methoden und zu künstlerischen Tätigkeiten in der Berufspraxis befähigt. Der den FH zugedachte Bildungsauftrag, eine praxisbezogene Ausbildung auf wissenschaftlicher Grundlage durchzuführen, ermöglicht es, den Dualismus „Theorie oder Praxis“ in der Synthese „Theorie **und** Praxis“ aufzulösen.
Von der FH werden unterschiedliche Studiengänge angeboten, z. B.: Technik, Wirtschaft, Sozialwesen, Gestaltung, Religionspädagogik und Kirchliche Bildungsarbeit.
Die Fachhochschule ist gegliedert in Fachbereiche, diese wiederum in Studienrichtungen. So werden in Bayern allein im Fachbereich Technik folgende 24 Studienrichtungen angeboten:
Architektur, Bauingenieurwesen, Druckereitechnik, Elektrotechnik, Fahrzeugtechnik, Feinwerktechnik, Forstwirtschaft, Gartenbau, Holztechnik, Innenarchitektur, Kunststofftechnik, Landbau, Landespflege, Lebensmitteltechnologie, Maschinenbau, Milch- und Molkereiwirtschaft, Physikalische Technik, Stahlbau, Technische Chemie, Textiltechnik, Verfahrenstechnik, Vermessungswesen, Versorgungstechnik und Werkstofftechnik.
Die einzelnen Studienrichtungen spezialisieren sich im dritten Studienabschnitt (6.–8. Semester) auf Studienschwerpunkte. Betriebswirtschaft bietet z. B. Studienschwerpunkte an wie: Fremdenverkehr, Logistik, Marketing, Organisation und Datenverarbeitung, Personalwirtschaft, Rechnungswesen u. a. m.
Der erfolgreiche Abschluß des Studiums in den jeweiligen Studienrichtungen führt zu akademischen Graden, je nach Bundesland entweder Diplom oder Graduierung, wie z. B. Betriebswirt (grad.) bzw. Diplombetriebswirt.
Ein besonderes Kennzeichen der Fachhochschule ist die regionale Kooperation zwischen erkenntnisorientiert denkender Hochschule und marktorientiert handelnder, in der Regel mittelständischer Wirtschaft. Diese Kooperation ist vor allem getragen durch die praxisbezogenen Diplomarbeiten und die Praxissemester der Studenten sowie durch den Wissens- und Technologietransfer als Dienstleistung der Hochschulen.

Edler u. a. 1990; Schöllhammer 1989; Schulte/Rüschenschmidt 1988

→ Beamtenfachhochschule

OK

Fachhochschulreife

Sie wird nach erfolgreichem Abschluß der Fachoberschule und unter bestimmten Voraussetzungen nach Besuch von Fachakademien verliehen und berechtigt zur Aufnahme des Studiums an einer → Fachhochschule.

→ Abitur → Hochschule

O

Fachoberschule

Die Fachoberschulen (FOS) wurden 1969/1970 in der Bundesrepublik Deutschland gegründet als Brücke zwischen verschiedenartigen mittleren Bildungsabschlüssen (z. B. Mittlere Reife der Realschule, zwei Jahre Berufsfachschule, 10. Jahrgangsstufe des Gymnasiums) und den → Fachhochschulen. Sie vermittelt nach zwei Jahren (11. und 12. Jahrgangsstufe) die → Fachhochschulreife. Bewerber mit einer auf die zugelassenen Ausbildungsrichtungen bezogenen abgeschlossenen Berufsausbildung oder entsprechender Berufserfahrung können unmittelbar in die 12. Jahrgangsstufe eintreten oder die FOS in zweijähriger Teilzeitform besuchen. Für die Ausbildungsrichtung Gestaltung ist zusätzlich eine Aufnahmeprüfung abzulegen. Zur Auffrischung der mit dem mittleren Schulabschluß erworbenen Kenntnisse kann eine einjährige Vorklasse mit je zwei Unterrichtsstunden pro Woche in Deutsch, Englisch und Mathematik an Samstagen oder abends besucht werden.
Die Studienpläne der FOS enthalten allgemeine und fachbezogene Unterrichtsfächer. In der 11. Klasse wird der Unterricht durch eine fachpraktische Ausbildung in der Form von Praktika ergänzt. Die FOS bietet die Ausbildungsrichtungen Technik; Agrarwirtschaft; Wirtschaft, Verwaltung, Rechtspflege; Sozialwesen; Gestaltung.

→ Berufliches Gymnasium K

Fachpraktische Ausbildung

Eine fachpraktische Ausbildung ist grundsätzlich eng verbunden mit einem fachbezogenen Unterricht. Die fachpraktische Ausbildung soll dem Schüler, dem Auszubildenden (Lehrling) konkrete Vorstellungen und praktische Kenntnisse vermitteln. Sie dient der Gesamtbildung der Persönlichkeit. Jede berufliche Ausbildung im gewerblichen, technischen, kaufmännischen, landwirtschaftlichen, hauswirtschaftlichen oder sozialen Bereich beruht auf praktischen und theoretischen Bildungsinhalten und besitzt dualen Charakter.

→ duales System O

Fachschule

Der Besuch der Fachschule setzt die Erfüllung der Schulpflicht grundsätzlich voraus, ferner eine Berufsausbildung und in der Regel auch eine ausreichende praktische Berufstätigkeit.
Sie dient der vertieften beruflichen → Fortbildung oder der → Umschulung und fördert die Allgemeinbildung.
Die Ausbildungsgänge, die sich nach den Bedürfnissen des Arbeitsmarktes und damit der Wirtschaft richten, umfassen bei Vollzeitunterricht mindestens ein halbes Schuljahr, bei Teilzeitunterricht einen entsprechend längeren Zeitraum. Die in allen Ländern der Bundesrepublik Deutschland geführten Fachschulen bieten gegenwärtig z. B. folgende Ausbildungsrichtungen an: gewerblich-technische; hauswirtschaftliche; kaufmännische; landwirtschaftliche; sozialpflegerische. Die Fachschulen ermöglichen z. B. die Meisterprüfung im Handwerk oder die Industriemeisterprüfung oder Berufsbezeichnungen mit dem Attribut „staatlich geprüfter..." oder „staatlich anerkannter...". In manchen Fachschulen kann die → Fachschulreife erworben werden. K

Deutscher Handwerkskammertag 1988/7

Fachschulreife

Die Fachschulreife beinhaltet sowohl den mittleren Bildungsabschluß, die sog. ‚mittlere Reife', als auch einen Berufsabschluß. Sie wird nach Absolvierung der → Berufsaufbauschule, durch das → Telekolleg oder andere Zusatzkurse, die sich an die Berufsausbildung anschließen, erworben.
Schüler mit Fachschulreife haben die Möglichkeit, in folgende Schulen überzutreten: → Fachoberschule, → Berufsoberschule, → Kolleg, → Fachakademie, → Abendgymnasium, Übergangsklassen an entsprechenden Gymnasien in Großstädten. O

Fachsprengel

In Berufen, bei denen die Nachwuchszahlen so stark zurückgegangen sind, daß es sich nicht lohnt, für die Auszubildenden in den jeweiligen Berufsschulen eigene Klassen einzurichten, werden z. B. auf Regierungs- oder Landesebene Fachklassen gebildet. Kleinere oder größere abgegrenzte Regionen, in denen Auszubildende von → Splitterberufen zusammengefaßt werden, bezeichnet man als Fachsprengel. O

Fachstufe

Das berufliche Ausbildungsverhältnis gliedert sich dort, wo dieses mit einem nach → Berufsfeldern geordneten → Berufsgrundschuljahr beginnt, in Stufen. Im Anschluß an die berufsfeldbezogene Grundstufe folgt die über ein oder zwei Jahre dauernde Fachstufe der Ausbildung. In der Fachstufe erfolgt die Vermittlung des eigentlich fachspezifischen Wissens und Könnens für den gewählten Beruf. O

Fachtage

oder Projekttage ermöglichen an einem Tag oder mehreren zusammenhängenden Tagen die intensive Bearbeitung eines ausgewählten fachlichen Themenschwerpunkts im Sinne des → Projektunterrichts. Überfachliche Aspekte sind nicht ausgeschlossen, dem fachlichen Schwerpunkt aber unter- bzw. zugeordnet.
Fachtage entfalten ihre lernfördernde Wirkung nur voll, wenn sie durch Blockbildung im Stundenplan und durch die Existenz kooperationsbereiter Lehrerteams regelmäßig wiederkehrend vorgesehen sind. Fach- oder Projekttage als einmalige Sonderveranstaltung in einem Schuljahr dienen eher als irreführendes Aushängeschild für moderne Unterrichtsgestaltung denn als ernstzunehmender Beitrag im Sinne des Projektunterrichts. Eine gelegentlich praktizierte Sonderform des Projekttags ist die Präsentation von Projektergebnissen einzelner Klassen an einem bestimmten Tag für die Schüler einer Jahrgangsstufe oder der ganzen Schule, manchmal gekoppelt mit einem → Tag der offenen Tür. K

Fading

Werden beim Ablauf des programmierten Lehrens und Lernens die Lernhilfen verringert, so spricht man vom Verfahren des „fadings". Die Schüler werden allmählich von der direkten Bindung an das Programm befreit und zu selbständigem Denken geführt.
F. v. Cube (1968, Seite 200) beschreibt den „fading-Effekt" mit folgendem Beispiel: „Zunächst wird ein Satz in der zu lernenden Sprache (in geschriebener Form)

dargeboten. Der Schüler tippt den Satz sodann Buchstaben für Buchstaben auf einer mit der Lehrmaschine verbundenen Schreibmaschine nach. Hat er dies richtig durchgeführt, wird der Satz ein zweites Mal vorgezeigt – jetzt aber unter Auslassung einzelner Buchstaben oder Wörter. Der Schüler hat nun die Aufgabe, die Lücken zu ergänzen und den Satz wieder vollständig niederzuschreiben. Gelingt ihm dies nicht, wird der ganze Satz noch einmal gezeigt, gelingt es hingegen, wird das Verfahren des sukzessiven Abbauens der Information so lange fortgesetzt, bis der Schüler den ganzen Satz auswendig schreiben kann.“ OK

Fächerübergreifender Unterricht

verwirklicht ganzheitliches, praxisorientiertes Lernen, weshalb er dem Schulleben im Sinne von Lebensnähe dient. Er ergibt sich meistens zwangsläufig aus komplexen Lernzielen, Lerninhalten, die von einem Unterrichtsfach allein nicht abgedeckt werden können. Insofern stellt er ein Gegengewicht zum einseitig fachorientierten Unterricht dar, der über der gesonderten Betrachtung von Teilaspekten der Wirklichkeit die Zusammenhänge der Gesamtwirklichkeit leicht aus den Augen geraten läßt.

Fächerübergreifender Unterricht ist insbesonders in folgenden Fällen gefordert:

- Ein und derselbe Lerninhalt muß von verschiedenen fachlichen Standpunkten aus betrachtet werden, wenn er nicht wirklichkeitsfremdes Stückwerk bleiben soll.
- Die besondere Komplexität eines Lerninhalts besteht gerade darin, daß seine Einzelteile in verschiedenen Fächern beheimatet sind. Eine kompetente Auseinandersetzung mit dem Gesamtinhalt ist also nur durch Kooperation der betroffenen Fachlehrer möglich.
- Fächerübergreifender Unterricht greift auch aktuelle und damit zeitabhängige Anlässe auf, welche die Handlungsbereitschaft und -fähigkeit aller Menschen erfordern, in der Regel eine Überforderung für die Vermittlung durch ein einziges Fach.
- Fächerübergreifender Unterricht verfolgt meistens eindeutige Erziehungsabsichten; er zielt also über die Klärung eines Sachverhalts durch verschiedene Fächer hinaus auf Handeln, Einstellung, Gesinnung, Haltung der Schüler.

Die Beschreibung des fächerübergreifenden Unterrichts läßt deutlich werden, daß er auf enge Kooperation der jeweils kompetenten Lehrer angewiesen ist, wenn er kein mehr oder minder brauchbares Zufallsprodukt zeitigen soll. Zu dieser Kooperation gehören:

- die verbindliche Absprache über die angestrebten Lernziele,
- die Festlegung der zu diesem Zweck in den einzelnen Fächern zu behandelnden Lerninhalte,
- die zeitliche Planung der ineinandergreifenden Unterrichtseinheiten,
- der Austausch des fachlichen Lehr- und Lernmaterials, mindestens die Information darüber
- und die Abstimmung der Teilergebnisse sowie die gemeinsame Erarbeitung des Gesamtergebnisses.

Nur auf diese Weise lassen sich Überschneidungen, Wiederholungen und verwirrende Widersprüche vermeiden.

Fächerübergreifende Erziehungs- und Unterrichtsanliegen ergeben sich z. B. mit → Europa im Unterricht, → Freizeiterziehung, → Friedenserziehung, → Gesundheitserziehung, → Medienerziehung, → Sexualerziehung → Umwelterziehung, → Verbrauchererziehung, → Verkehrserziehung. K

Becker 1979; Brandt 1987

Fähigkeit

Grundsätzlich stellt Fähigkeit eine allgemeine und umfassende Bezeichnung für die Bereitschaft dar, zu einem bestimmten Zeitpunkt unter gegebenen Bedingungen eine Leistung entsprechender Höhe und Stärke zu erreichen oder die dafür notwendigen Kenntnisse und → Operationen zu erlernen. Das jeweilige Leistungsniveau wird entweder auf Erziehung und Übung oder auf Anlagen, auf grundlegende, weitgehend erfahrungsunabhängige Leistungsdispositionen zurückgeführt. Fähigkeiten werden somit als Lern- und Leistungsbereitschaften aufgefaßt und sollen zur Lösung von Problemen durch gedankliche Arbeit führen. Man betrachtet sie als → Faktoren und Bezugseinheiten. So legt Thurstone der → Intelligenz primäre Fähigkeiten zugrunde, die zusammenwirken müssen, um intelligentes Verhalten entstehen zu lassen. Guilford setzt z. B. vor das „kritische" Denken die Fähigkeiten der Bewertung von Informationen.

Correll 1974c

→ Ability → Aptitude test O

Fähigkeitstest

Tests, die primär Aufgaben enthalten, welche die Aktualisierung von gelernten Fertigkeiten und Informationen erforderlich machen und die → Fähigkeiten erfassen sollen, sind sog. Fähigkeitstests. Sie unterscheiden sich nur gradmäßig von den → Leistungstests.

→ Aptitude test → Lernzielorientierter Test → Test O

Faktor

kann im Bereich der → Didaktik synonym für Bedingungen oder Variable, z. B. Lehrer, Stoff, Medium und den Begriff der Einzelfähigkeit stehen.

→ Faktorenanalyse → Faktorengefüge O

Faktorenanalyse

Die Faktorenanalyse verfolgt das Ziel, die Wechselbeziehungen einer größeren Zahl von Variablen (veränderbaren Größen) z. B. der → Intelligenz festzustellen, sie zu analysieren und ihr Zustandekommen auf eine möglichst kleine Zahl grundlegender bedingender → Faktoren (Grundfähigkeiten) zurückzuführen. Zur Darstellung dieser Beziehungen und kausalen Abhängigkeiten bedient sich die Faktorenanalyse mathematischer Methoden.

Cattell 1980; Gorsuch 1974; Harman 1976; Lenk 1983; Mulaik 1972; Revenstorf 1976 und 1980

→ Faktorengefüge K

Faktorengefüge

Ein Faktorengefüge setzt sich aus einer bestimmten Anzahl kontaktsensibler, voneinander abhängiger → Faktoren zusammen. So ergibt sich z. B. bei Dauenhauer zur Bestimmung der pädagogischen Situation folgendes Faktorengefüge:

„1. Lehrer, 2. Schüler, 3. Stoffe, 4. Erziehungs- und Bildungsziel, 5. das faktische und normative Schülerbild des Lehrers, 6. soziale Interaktion zwischen Schüler-Schüler, 7. Unterrichtsmittel, 8. Unterrichtszeit, 9. Lehrmethode, 10. Elternhaus, 11. Betrieb (bei berufsbildenden Schulen), 12. Schulatmosphäre, 13. die Gesellschaft (als realer und Normen setzender Faktor), 14. Fachwissenschaften, 15. der Stand der pädagogischen Psychologie und Anthropologie".

Dauenhauer 1970

→ Ability → Faktorenanalyse → Pädagogik → Pädagogische Feldforschung O

Fakultät

heißt die von einem Dekan geleitete Organisationseinheit von Wissenschaften an Universitäten. Die zunehmende Differenzierung wissenschaftlicher Disziplinen und die damit verbundene Aufblähung der Fakultäten führt immer häufiger zur Einrichtung überschaubarer Fachbereiche anstelle der Fakultäten. K

Fakultativer Unterricht → Wahlfach

Fallstudie

Die Fallstudie, die bei der Aufzählung → klinischer Methoden in der Pädagogik erwähnt wird, entwickelte sich als ‚case method', **Fallmethode** zuerst in Amerika. Ihren Ursprung hatte sie an der Graduate School of Business Administration der Harvard University in Boston im Jahre 1908.

Durch diese praxisnahe Gegebenheiten einbeziehende Methode sollen vor allem zwei Ziele realisiert werden:

1. Die Formung der Persönlichkeit durch Förderung bestimmter Eigenschaften.
2. Die Vermittlung der Technik des Entscheidungsprozesses unter Anwendung des theoretischen Wissens auf konkrete Situationen.

Dabei spielt die Bearbeitung des Falles in der Kleingruppe, im team work, eine entscheidende Rolle. Es ist grundsätzlich Aufgabe der Fallmethode, vorhandenes Wissen anzuwenden, einzuordnen und noch eventuell zur Fallösung fehlendes Wissen sich durch Fragen, Lesen und Nachschlagen selbst anzueignen.

Die Fallstudie, bei der man sich für eine Lösungsmöglichkeit zu entscheiden hat, ermöglicht den Lernenden das Aktivwerden in wirklichkeitsnaher, praxisähnlicher Form. Selbständigkeit und Kritikfähigkeit werden gefördert.

Bei der Lösung eines schriftlich vorgelegten Falles, der in gemeinsamer Gruppenarbeit und Diskussion aufgegliedert und gelöst werden soll, sind drei Bereiche von grundlegender Bedeutung:

1. Art und Umfang der Information über die Daten, die für die Fallentscheidung notwendig sind.
2. Herausfinden des Kernproblems bzw. des bereits vorhandenen Kenntnisstandes über dieses Problem.
3. Die Problemlösung durch Untersuchen, Gliedern und Analysieren der vorhandenen und gegebenen Daten.

Somit ergeben sich die drei Aufgaben:

Information, Problemfindung, Problemlösung.

Entsprechend der jeweiligen graduellen Schwerpunktverlagerung auf die einzelnen Aufgaben lassen sich folgende unterschiedliche Arten der Fallmethode aufführen:

Entscheidungsfall, Problemfindungsfall, Beurteilungsfall, Informationsfall und Untersuchungsfall.
Die folgende Übersicht versucht die genannten Arten der Fallmethode zu entschlüsseln.

		Information	Problemfindung	Problemlösung
1	Entscheidungsfall – case method –	alle Informationen werden gegeben	das Problem wird aufgezeigt und genannt	Aufgabe ist die Lösung des Problems
2	Problemfindungsfall – case study method –	alle Informationen werden gegeben	das Problem muß gefunden werden	Aufgabe ist die Lösung des Problems
3	Beurteilungsfall – case problem-method –	alle Informationen werden gegeben	das Problem wird aufgezeigt und genannt	die Lösung des Problems wird zur Beurteilung mit den übrigen Daten oder nach der Selbstlösung zum kritischen Vergleich gegeben
4	Informationsfall – incident method –	es werden keine oder nur unzureichende Informationen gegeben. Der Diskussions- oder Gruppenleiter erfragt diese	das Problem wird aufgezeigt und genannt	Aufgabe ist die Lösung des Problems
5	Untersuchungsfall – project method –	es werden keine Informationen gegeben – Daten sind durch entsprechende Untersuchungen zu finden	das Problem wird aufgezeigt und genannt	Aufgabe ist die Lösung des Problems

→ Einzelfallstudie → Planspiel → Rollenspiel O

Falsifikation → Verifikation

Familie

Das Wort Familie, das gegenwärtig im Sinne eines abstrakt-allgemeinen Begriffes verstanden wird, bedeutete in der vorindustriellen Zeit im Rahmen des sog. ‚Haushaltssystems' eine Lebens-, Produktions-, Erwerbs- und Verbrauchergemeinschaft mehrerer zusammenlebender verwandter Generationen. Sie löste zugleich nach Form und Stellung bei den einzelnen Völkern und Kulturen sehr unterschiedlich (→ Matriarchat, → Patriarchat) die Aufgaben der Erziehung der Kinder, Berufsausbildung oder Berufsfindung, der Gesunderhaltung und Altenversorgung der Fami-

lienmitglieder. Durch die rasche Wendung hin zur modernen pluralistischen Industriegesellschaft, insbesondere nach Beendigung des zweiten Weltkrieges, wurde das Leben in der Familie entscheidend verändert. Die Industrialisierung führte zur Trennung von Wohn- und Arbeitsplatz und bewirkte den Wechsel von der Groß- bzw. Mehrgenerationenfamilie zur → Kernfamilie, die heute die Keimzelle und das Element der sozialen Ordnung darstellt. Obwohl die ehemals von der Mehrgenerationenfamilie getragenen Funktionen heute von Industrie, Staat und anderen außerhalb der Familie liegenden Einrichtungen und Organisationen übernommen worden sind, ist die Kernfamilie der fundamentale Träger der → Sozialisation. Sie trägt bei zur Regeneration der Arbeitskraft, Stabilisierung der Gesellschaft, zur → Soziabilisierung des einzelnen in der Familie, zur Kindererziehung, wirtschaftlichen Versorgung und gemeinsamen Freizeitgestaltung und soll darüber hinaus den Familienmitgliedern eine gewisse Sicherheit in der anonymen Gesellschaft bieten. In der Kernfamilie, die in den letzten Jahren eine Tendenz zu abnehmender Haushaltsgröße zeigte, ergeben sich in der Familienkonstellation dadurch Verschiebungen, daß neben den Vätern auch Mütter in immer stärkerem Maße außerhäuslichen Tätigkeiten nachgehen und daher von den Eltern immer häufiger zur Betreuung ihrer schulpflichtigen Kinder Fremdinstitutionen wie → Kindergarten, → Kinderhorte oder Heime in Anspruch genommen werden.
Die Kernfamilie droht bei innerer Desorganisation zur reinen Verbraucherfamilie und Schlafinstitution zu werden. Nicht selten ergeben sich in solchen Familien, in denen dazu noch beide Eltern berufstätig sind, und in sog. → unvollständigen Familien, in denen keine → Familienerziehung für das Kind möglich ist, Erziehungsschwierigkeiten, um die sich die → Sozialpsychologie und soziale Medizin durch → Familientherapie kümmern. O

Familienberatung

Die Aufgabenfelder der Familienberatung und der → Erziehungsberatung überschneiden sich. Bei der Familienberatung stehen Probleme im Vordergrund, die sich aus einer gestörten Interaktion in der Familie ergeben, weshalb auch i. d. R. alle Beteiligten aus dem Problemfeld in die Beratung einbezogen werden. Zunehmende Bedeutung in der Familienberatung erlangt die Beratung vor geplanten Schwangerschaftsabbrüchen und bei Suchtverhalten von Familienangehörigen (→ Sucht, → Drogen und Drogenmißbrauch). Auch hier kommt die Beratung nur entscheidend über die finanzielle und medizinische Hilfeleistung hinaus, wenn neben dem unmittelbar Betroffenen die Bezugspersonen an der Beratung teilnehmen.

Oswald/Müllensiefen 1990/3; Spittler/Specht 1984; Presting 1991

→ Familientherapie K

Familienerziehung

Nach Artikel 6 GG stehen „Ehe und Familie unter dem besonderen Schutz der staatlichen Ordnung. Pflege und Erziehung der Kinder sind das natürliche Recht der Eltern und die zuvörderst ihnen obliegende Pflicht. Über ihre Betätigung wacht die staatliche Gemeinschaft."
Die → Familie ist trotz des ständigen gesellschaftlichen Wandels, der Zunahme Alleinerziehender und der Experimente mit familienähnlichen Lebensgemeinschaften (z. B. Wohngemeinschaften) eine entscheidende Sozialinstanz für ihre

Mitglieder geblieben. An die Stelle einer problemlosen Selbstverständlichkeit der Kindererziehung ist in der Kernfamilie (= Elternpaar mit noch nicht erwachsenen Kindern) allerdings die gezielte, bewußte, auf die Ansprüche der Gesellschaft und Schule ausgerichtete Beschäftigung mit Erziehungs- und Ausbildungsfragen getreten.

Für das Kind und seine Entwicklung ist die Familie als erster und engster Erfahrungsbereich von bleibender Bedeutung. Die Mutter-Kind-Bindung bzw. Eltern-Kind-Beziehung in der frühesten Kindheit ist für ein störungsfreies körperliches, seelisches und geistiges Gedeihen des Kindes unabdingbar notwendig. Jedes Kind braucht in seiner ersten Entwicklungsphase eine enge symbiotische Beziehung zur Mutter oder zumindest zu einer bleibenden verantwortlichen Bezugsperson. Es benötigt einen absoluten Schonraum, um ein ‚Urvertrauen' entwickeln zu können. Entbehrt das Kind in seiner ersten Lebensphase eine sorgende, verständnisvolle Bezugsperson, so treten Schädigungen auf, die zur frühkindlichen → Deprivation führen.

Die Gesellschaft mit ihren Institutionen, insbesondere den Schulen, erwartet von der Familie grundlegende, verwertbare Erziehungsergebnisse. Da der Grad der Sozialisation der Kinder jedoch in außerordentlichem Maße von ihren Herkunftsfamilien abhängig ist, besteht die Gefahr, daß Familien je nach sozialer Lage und Bildungsstand in inner- und außerfamiliäre Schwierigkeiten geraten, die u. a. eine Ursache für → Leistungsdruck und Leistungsstreß sein können.

Eltern von hoch-leistungsmotivierten Schülern identifizieren sich im allgemeinen mit den Aktivitäten ihrer Kinder und engagieren sich zusammen mit ihnen in Richtung auf die erfolgreiche Bewältigung ihrer Aufgaben.

In der Kernfamilie ist die Ausprägung emotionaler Binnen-Beziehung zwischen Mitgliedern der Familie, die z. B. durch Gattenabhängigkeit, betonte Kinderzentriertheit, → Egozentrismus und Egoismus eines Partners veranlaßt werden, besonders intensiv. Dies kann durch Verstärkung ‚innerfamiliärer Beziehungsmuster' insbesondere im affektiven Bezugsbereich zu Verschiebungen des interpersonellen Verhaltens im Eltern-Kind-System führen und eine ‚ansteigende Anfälligkeit für psychische Probleme' hervorrufen (→ Familientherapie).

Trotz mancher Kritik an der Familienerziehung bleibt es unumstritten, daß für das Heranwachsen und die Erziehung neuer Generationen zumindest in der ‚Phase der Primärsozialisation Kleingruppen erforderlich sind, die sich aus mindestens zwei Generationen und erwachsenen Mitgliedern verschiedenen Geschlechts zusammensetzen' (Mollenhauer 1974).

Der Familienerziehung sind Grenzen gesetzt, wenn die Kleinfamilie keine Kernfamilie mehr darstellt, es sich um eine → unvollständige Familie handelt, die Berufstätigkeit von Vater und Mutter keine Zeit für eine erfolgversprechende Kindererziehung erübrigt, eine soziale Vereinsamung eintritt und die Lernumwelt in der Familie anregungsarm ist. In diesen Fällen bedarf die Sozialisation der Kinder neben der Schule weiterer familienergänzender Erziehungseinrichtungen, wie z. B. → Kindergarten, → Kinderhort oder entsprechende Heime.

Cloer 1979; Liegle 1987; Lukesch 1975; Mollenhauer 1974; Mollenhauer u. a. 1978/2; Mühlfeld 1976; Neidhardt 1975; Stauch 1983/3; Wurzbacher 1977/2; Zubke 1988

→ Erziehungsberatung → Familienberatung OK

Familienfürsorge

umfaßt alle wirtschaftlichen, sozialen, familientherapeutischen und medizinischen Hilfsmaßnahmen, die Familien gemäß Bundessozialhilfegesetz beanspruchen können. K

Schmitz 1982; Schmitz/Lukas 1981; Haar 1984

Familienkonferenz/-rat

bezeichnet einen von Th. Gordon in die pädagogische Praxis eingebrachten und an der nichtdirektiven → Gesprächsführung orientierten Handlungsvorschlag für die Kommunikation in der Familie. Gordon baut mit seinen Konfliktlösungsmodellen auf aktives, einfühlendes Zuhören, Ich-Botschaften (Mitteilung der eigenen Betroffenheit anstelle von Schuldzuweisungen), Verzicht auf elterliche Machtausübung (≙ Konfliktlösung ohne Zwangsmittel) und auf Konfliktlösung ohne Niederlage.

Gordon 1989 (2×)

→ Gesprächstherapie K

Familientherapie

findet in der Regel in der Form der → Gruppentherapie statt, die alle an der familiaren Interaktion beteiligten und für den Symptomträger bedeutenden Personen einbezieht. Ein im sozialen System Familie entstandenes psychosoziales Problem kann nur dort geklärt und behandelt werden. Anlässe für die Familientherapie sind z. B. Vereinsamung oder → Verwahrlosung von Kindern, überbetontes → Matriarchat oder → Patriarchat, Abkapselung der Familie als Kleinstgruppe gegenüber der Umwelt, Generationskonflikte, Kindesmißhandlung, Arbeitsüberlastung eines Familienpartners, Scheidungsfolgen, Suchtverhalten.
Meistens werden Kommunikationsstörungen und pathologisches Verhalten durch ausgeklügelte Spielregeln aufrechterhalten, die ihrerseits den Blick verstellen für die das Fehlverhalten stabilisierende Wirkung ebendieser Spielregeln.
Die in den 50er Jahren des 20. Jahrhunderts entstandene Familientherapie stützt sich mittlerweile auf psychoanalytische, systemtheoretische, strukturelle, verhaltenstheoretische, humanistische u. a. Verfahren.
Unter den Einzelmethoden haben einen besonderen Stellenwert → Rollenspiele, sog. Familienstandbilder (in denen Kommunikationsstruktur, Distanz und Nähe sichtbar werden), → Scenotest, das Bewußtmachen (überholter) familiärer Überlebensregeln (z. B. „ich muß brav sein, sonst wird mir Liebe entzogen"), → Meditationen, Selbst- und Fremdwahrnehmungstraining (→ Trainingsmethoden, gruppendynamische), → Situations- und → Prozeßanalysen, Familienrekonstruktion (genaue Exploration bis zur Großelterngeneration vor allem bezüglich Welt- und Lebensverständnis, Erziehungspraxis, Interaktion).

Brunner 1986; Dold 1989; Haekel 1985; Hörmann 1988; Hoffman 1988/3; Kaufman/Kaufman 1986/2; Textor 1988; Watzlawick/Weakland 1990

→ Erziehungsberatung → Familienberatung → Familienerziehung → Kernfamilie → Soziabilisierung → Unvollständige Familie K

Farbkonstanz → Konstanz

Fatalismus

Als Fatalismus wird die völlige Ergebung in die Macht des Schicksals bezeichnet. Der **Fatalist,** der Schicksalsgläubige, fühlt sich dem Schicksal **(Fatum)** ausgeliefert und glaubt, die auf ihn zukommenden Ereignisse und Geschehnisse in keiner Weise beeinflussen zu können. O

Feature

Eine Fernseh- oder Hörfunksendung, die ein Thema sachlich-informativ darstellt und kritisch untersucht, wird als feature bezeichnet. O

Feedback

Im kybernetischen Sprachgebrauch bezeichnet Feedback die Funktion der laufenden Rückmeldung von Ist-Werten in einem → Regelkreissystem, wodurch ihre sofortige Angleichung an vorgegebene Soll-Werte ermöglicht wird oder eine Veränderung der Soll-Werte geschaffen wird. Die Gruppendynamik versteht Feedback als verbale Verarbeitung von Informationen und Signalen zwischen Personen zum Zweck der Steuerung oder Veränderung von Verhaltensweisen. Da Feedback eine Methode zur konstruktiven Bearbeitung der emotionalen Befindlichkeiten und der sozialen Bezüge in einer Gruppe ist, setzt es zu einer wirksamen Entfaltung gegenseitiges Vertrauen bei den Betroffenen und eine positive Grundhaltung füreinander voraus. Unter den genannten Voraussetzungen ist Feedback eine zuverlässige Methode, die Lernbedingungen in einer Gruppe oder für Einzelne günstig zu beeinflussen, psychisch bedingte Lernstörungen zu beheben und mögliche → Eskalationen von Ablehnung, Aggression, Unterdrückung, Angst usw. zu verhindern.

Für den Lehrenden muß klar sein, daß er durch bloße Stoffvermittlung seinem pädagogischen Auftrag nicht genügen kann. Er kann vielmehr seine Lehrziele nur optimal erreichen, wenn er fähig und bereit ist, die Reaktionen und Signale der Lernenden sensibel aufzunehmen und sie zusammen mit den Lernenden situationsgerecht zu verarbeiten, auch wenn sich für ihn selbst die Notwendigkeit einer Korrektur seines Verhaltens, seiner Methode, seines Lehrzieles ergeben sollte.

→ Feedback – Regeln → Kommunikation K

Feedback – Regeln

Wenn → Feedback im Sinne einer ernstgemeinten Förderung von → Kommunikation wirksam werden soll, erweist es sich als günstig, folgende Regeln zu beachten:

1. Ein nützliches Feedback kann nur aus einer **positiven Grundhaltung** der Betroffenen erwachsen. Der Feedback-Gebende sollte sich selbstkritisch prüfen, ob seine Motive zum Feedback aufbauend, kommunikationsfördernd sind oder ob sich hinter ihnen nicht etwa die Lust zu destruktiver Kritik oder zum bloßen Abreagieren seiner Unmutsgefühle verbirgt.
2. Feedback muß **brauchbar** sein, d. h. auf veränderbare Verhaltensweisen bezogen und nicht etwa auf unveränderbare körperliche Merkmale.
3. Feedback sollte **konkret und präzis** sein, also das aktuelle Geschehen, die die Reaktion hier und jetzt auslösende Verhaltensweise ansprechen.
4. Es ist günstig, wenn das Feedback **erbeten** ist, weil damit eine positive Aufnah-

mebereitschaft angenommen werden kann. Auf keinen Fall aber darf Feedback aufgezwungen werden oder gar mit der Forderung nach einer Verhaltensänderung verbunden werden. Ob der Angesprochene das Feedback annimmt und welche Konsequenzen er daraus zieht, ist einzig und allein seine Sache.

5. Feedback **beschreibt** Wirkungen bestimmter Verhaltensweisen und eigene Reaktionen auf dieselben. Es teilt das tatsächlich Wahrnehmbare mit. Es vermeidet moralische Wertungen, Interpretationen und Analysen von Verhaltensweisen, die den Betroffenen in Abwehr- und Verteidigungshaltung treiben.
6. Feedback ist am wirksamsten, wenn es **in unmittelbarer Verbindung mit dem auslösenden Verhalten** gegeben wird, evtl. auch durch andere Signale als durch direkte Anrede. Im Einzelfall entscheidet freilich die gegebene Situation darüber, ob ein sofort gegebenes Feedback nicht einen augenblicklich wichtigeren Vorgang stört.
7. Feedback sollte **angemessen** sein, d. h. ehrlich, aber taktvoll, die Aufnahmefähigkeit des Angesprochenen und seine Möglichkeiten zur Feedbackverarbeitung berücksichtigend.
8. Feedback sollte so gegeben werden, daß die **Subjektivität** der wiedergegebenen Eindrücke außer Zweifel steht und wenn möglich anderen Gruppenmitgliedern als **Kontrollinstanzen** zur Prüfung übergeben wird.
9. Der Feedback-Empfangende sollte **aufmerksam zuhören,** evtl. **klärend nachfragen** und das **Gehörte in Ruhe verarbeiten,** nicht aber argumentieren und sich verteidigen. K

Fehleranalyse

verfolgt den Zweck, in Leistungssituationen aufgetretene Fehler auf ihre Ursache hin zu untersuchen. Die lediglich produktorientierte Feststellung von Fehlern nützt dem Betroffenen in den meisten Fällen wenig. Erst die (zusätzliche) prozeßorientierte Suche nach der Auslösung eines Fehlers durch beeinträchtigte Wahrnehmung, herabgesetzte Aufmerksamkeit, gestörte Konzentration oder nicht hinreichend beherrschte Denkstrategien eröffnet Möglichkeiten, durch gezielte Beratung und individualisierende Maßnahmen (→ Differenzierung) an der Fehlerursache zu arbeiten. K

Fehlleistung

bezeichnet eine zielverfehlende, ansonsten aber durchaus beherrschte Tätigkeit aufgrund von Ermüdung, Ablenkung, Übererregung oder anderer psychischer Belastungen, welche die Konzentration beeinträchtigen. Gern zitiert, aber in der Fachliteratur umstritten ist die Ansicht S. Freuds, daß in Fehlleistungen unbewußte, meist tabuisierte Wünsche durchbrächen, sozusagen das Unbewußte der Kontrollinstanz Bewußtsein einen Streich spiele.

Feinmotorik → Motorik

Fein-(lern-)ziel

ist ein Lernziel, das eindeutig und überprüfbar das Lernverhalten des Schülers als konkreten Handlungsvollzug beschreibt.

→ Lernziel → Lernzielhierarchie (→ Curriculum: Lernzielpyramide) → Operationalisierung K

Feld

Im Sprachgebrauch der Sozialpsychologie und Verhaltensforschung ist ein **Feld** bestimmt durch alle tatsächlich wahrnehmbaren Bedingungen und Fakten, die für einen aktuellen Vorgang (z. B. eine Leistung wie Problemlösung, Bewertung, Beurteilung, Orientierung) von Bedeutung sind. Sorgfältige Beobachtung kann Aufschluß darüber geben, inwieweit ein bestimmtes Verhalten feldabhängig ist, also von den wahrnehmbaren Umweltgegebenheiten des Beobachteten bestimmt ist oder ob feldunabhängige Bedingungen des Verhaltens angenommen werden müssen.
Bei der **Feldstudie** kommt es entscheidend darauf an, daß die Beobachtung in der natürlich gegebenen Umwelt des Beobachteten stattfindet im Gegensatz etwa zur künstlich geschaffenen Experimentalsituation oder zu Beobachtungen in laborähnlichen Verhältnissen.
Die vor allem in der Sozialpsychologie übliche **Feldforschung** sieht als methodische Bedingung vor, daß der Forscher seine Beobachtungen z. B. über gruppeninterne Interaktionen nicht von außerhalb der Gruppe vornimmt, sondern sich seinerseits in die beobachtete Situation begibt. Von pädagogischer Feldforschung kann in diesem Sinne gesprochen werden, wenn z. B. der Lehrer gezielte Beobachtungsaufträge innerhalb seiner Klasse erfüllt. K

Jeggle 1988/2; Lewin 1982; Patry 1982

Feldtheorie

Für den pädagogischen Bereich wurde vor allem der von K. Lewin in Anlehnung an die → Gestalttheorie vertretene Ansatz der Feldtheorie bedeutsam. Lewins Feldtheorie erklärt das konkrete Verhalten als von gerichteten Kräften (Vektoren) bedingt, die im „psychischen → Feld" für die handelnde Person wahrnehmbar existieren und die in Form aktueller Erfahrungen den „Lebensraum" des Individuums bestimmen. Entscheidend für die Verhaltensanalyse im Sinne Lewins ist die Untersuchung der konkreten Situation vom Standpunkt des erfahrenden und erlebenden Individuums aus. K

Lewin 1982

Feminismus

heißt eine Richtung der Frauenbewegung, die durch Gesetzesänderung die überkommene Rollen- und Herrschaftsverteilung zwischen Mann und Frau, also die Dominanz des Mannes und die offenkundige Benachteiligung der Frau im gesellschaftlichen Leben im Sinne echter Gleichberechtigung überwinden will. K

Fernraum

Die Entwicklung des Säuglings ist durch eine rasch voranschreitende Ausweitung seines Empfindungs-, Wahrnehmungs- und Handlungsfeldes gekennzeichnet, in Wechselwirkung gekoppelt mit einer Verfeinerung seiner Sinne.
In der Phase des **Oralraums** steht das der Überlebenssicherung dienende Instinktverhalten des Saugens im Vordergrund, dem neben seiner biologischen Funktion aber zunehmend die Funktion des Lustgewinns zugeschrieben wird und damit verbunden die Grundlegung vertrauensvoller, offener bzw. mißtrauisch zurückhaltender Weltbegegnung.

Der Übergang zum **Greifraum** ist gegeben, wenn der Säugling beginnt, alles mit Händen und Füßen Erreichbare heranzuholen und in den Mund zu stecken.
Ab dem 6. Monat erobert er sich kriechend, krabbelnd und schließlich gehend den **Fernraum.** K

Fernsehen/Fernseherziehung

Kinder neigen ohne besondere Instruktionen dazu, Medienangebote eher unter dem Aspekt ihres Unterhaltungswertes und als Mittel zur Realitätsflucht zu betrachten als unter dem des Lernens. Medienangebote werden zunächst einmal mit Hilfe bereits bekannter Informationen bewältigt; Neues bedeutet Anstrengung.
Eine von mir angeregte Untersuchung (Schmölz 1986) zum privaten Fernsehkonsum der Realschüler und seiner Auswirkungen auf den Unterricht brachte u. a. folgende Ergebnisse:

- Fernsehwissen gelangt in den Unterricht meistens als oberflächliches Halbwissen oder gar in Form von Vorurteilen, die gründliche Nacharbeit herausfordern. Für den Unterricht brauchbare Informationen werden durch ein wahllos konsumiertes Fernsehangebot überlagert und gelegentlich bis zur Unbrauchbarkeit entstellt.
- Jugendliche beziehen Vorbilder und Einstellungen kritiklos vor allem aus dem Fernsehen. Die befragten Schüler sprachen unter dem Auswahlangebot Fernsehen, Presse, Rundfunk dem Fernsehen mit 100 Prozent die größte Glaubwürdigkeit zu.
- Der private Fernsehkonsum der Schüler scheint sich durch die pausenlose Bilder- und Informationsfolge mindernd auf ihre Konzentrationsfähigkeit auszuwirken.
- Die vom Denken entlastende Bildersprache des Fernsehens trägt zusammen mit der verkümmernden Kommunikation in der Familie zur sprachlichen Verarmung bei. Den durch das Fernsehen vergrößerten passiven Wortschatz können viele Schüler nicht sprachgestaltend umsetzen.
- Exzessiver Fernsehkonsum scheint ein Mitverursacher schlechter Schulleistungen zu sein.

Das Ergebnis kindlicher Medienbegegnung fällt also meistens äußerst flüchtig aus, bei gleichzeitig unreflektierter Aufnahme einer Menge unerwünschter Informationen (Gewalt, Stereotype, Vorurteile) mit schwer kalkulierbarem Tropfen-Effekt.
Eine Langzeitstudie von Tannis MacBeth Williams (1986) u. a. brachte den Nachweis, daß vor allem unkontrolliert hoher Fernsehkonsum Aktivitäten beeinträchtigt, die ungeteilte Aufmerksamkeit verlangen wie z. B. der Leselernprozeß. Ferner hemmt das Fernsehen die Entwicklung der Kreativität, fördert die Aggression durch wirklichkeitsfremde Schnell-Lösungs-Strategien und mindert die Sozialkontakte.
Insbesonders Fensehen und Film machen es wegen ihrer formalen „medienspezifischen Angebotsweisen" (Tempo der Bilderfolge, Schnittechnik...; vgl. Sturm in Issing 1987) meistens unmöglich, das Geschehen innerlich zu versprachlichen. Die Folge sind Erregungszustände mit Denkblockaden sowie Erlebnisse mit verschwindend geringem kognitivem, aber relativ hohem emotionalem Behaltwert. Sturm fordert als Konsequenz eine „zuschauerfreundliche Mediendramaturgie", d. h. Zeit für innerliches Verbalisieren, keine emotionalen Wechselduschen, Rücksicht auf die Verständnisstruktur der Adressaten.

Für die **Fernseherziehung** werden zwei Wege vorgeschlagen:

1. Das Informationszeitalter fordert den kritischen Fernsehnutzer, der das Fernsehen als Kommunikationsinstanz akzeptiert, aber sich nicht von ihm beherrschen läßt. Hierzu verhilft z. B. bewußte Programmwahl, kritisches Hinterfragen und vergleichendes Betrachten von Informationsblocks und Dokumentationen, Kenntnis der Herstellungspraktiken, die Fernsehsendung als Anlaß zum Gespräch.
2. Der handlungsorientierte Ansatz empfiehlt die aktive Wirklichkeitsbearbeitung durch Medien, d. h. auch mit Hilfe der Videotechnik. Die kognitive und emotionale Distanz zum Fernsehen wird auf diese Weise um den Aspekt der technischen Distanz erweitert.

Ainmiller 1989; Akademie f. Lehrerfortbildung Dillingen 1986; Hagen 1986; Hainz/Kopetzky 1990; Hamburgische Anstalt für neue Medien 1992; Hurrelmann 1989; Kunczik/Weber 1990; Sturm 1991; vgl. auch die Literatur bei Medienerziehung!

→ Horrorvideos → Medienerziehung → Schulfernsehen → Schulinternes Fernsehen K

Fernstudium

Der Fernunterricht, der Fernlehrgang oder das Fernstudium, ist in erster Linie im Rahmen der → Erwachsenenbildung zu finden. Durch diese Art der Fernunterweisung erhält bei relativ hoher → Effizienz jeder Interessent ohne große Organisationsprobleme und unabhängig von Ort und Zeit eine Chance zur → Weiterbildung bzw. → Fortbildung. Der Fernunterricht wird überwiegend von privaten Fernlehrinstituten übernommen, die ein differenziertes System des Lehrgangsaufbaues (→ Baukastensystem) und der Arbeitsmittel entwickelt haben. Im Mittelpunkt eines Fernlehrganges steht meist der Fernbrief oder Fernstudienbrief, die Lehr- und Lernkassette, aufbereitet nach lernintensiven Prinzipien wie z. B. der programmierten Unterweisung als Kommunikationsmittel zwischen Lehrendem und Lernendem. Häufig werden als weitere Arbeitsmaterialien auf den Fernstudienlehrgang ausgerichtete Bücher, Tonbänder und andere Medien empfohlen und in das Studium mit einbezogen. Neben privaten Fernlehrinstitutionen bieten staatliche Institutionen in Verbindung mit Rundfunk- und Fernsehstationen Fernstudien im Medienverbund an, die den Teilnehmer zu einer Qualifikation führen können (→ Telekolleg, → Teleberuf, Lehrerkolleg). Erfolgskontrolle und → Leistungsbewertung erfolgen meist durch einen Kontaktlehrer, der Fernstudienbriefe, Programme, Kassetten usw. korrigiert und den Lernenden, der sein Lerntempo mehr oder weniger selbst bestimmen kann, auch berät. Vertiefung, Wiederholung und Berücksichtigung der Individuallage werden dabei besonders beachtet. Vielfach ergänzen den Fernunterricht Kurzlehrgänge oder Wochenendseminare.
Durch die → Zentralstelle für Fernunterricht in Köln ist eine Kontrollmöglichkeit der Fernstudienlehrgänge gegeben.

Delling 1977 und 1982

→ Deutsches Institut für Fernstudien → Fernuniversität → Fernunterrichtsschutzgesetz → Kontaktstudium → Medienverbundsystem → Modultraining O

Fernuniversität

Fernuniversitäten wie z. B. die „Open University" bei London in England oder die Fernuniversität in Hagen ermöglichen berufstätigen Erwachsenen bei entsprechenden von Universität zu Universität unterschiedlichen Voraussetzungen ein volles wissenschaftliches Studium in Form des → Fernstudiums im → Medienverbundsystem, das durchwegs auch Direktkurse am Hochschulort mit einbezieht. → Faktoren, die das Studium bestimmen, sind z. B. Bücher, Lehrbriefe, Lehr- und Lernprogramme, Hörfunk, Tonband/Kassette, Fernsehen, Film, Videoband, Gruppenarbeit, Tutorensystem. Die Fern- und „Fernsehuniversitäten" dürfen nicht unter dem Aspekt der Kapazitätserweiterung gesehen werden, sondern im Rahmen der → Chancengleichheit und der erforderlichen Einführung von → Kontaktstudien. Die Studiengänge an den Fernuniversitäten schließen grundsätzlich mit anerkannten Examina ab.

Fernuniversität Hagen 1987–1992 f.

→ Fernstudium → Fortbildung → Weiterbildung O

Fernunterrichtsschutzgesetz (FernUSG)

Der Fernunterricht, das → Fernstudium bietet unabhängig von Vorbildung und bisherigen Bildungsabschlüssen jedem Lern- und Aufstiegswilligen die Möglichkeit zur → Weiterbildung in berufsbildenden-, allgemeinbildenden und Hobby-Lehrgängen. Fast jede staatlich anerkannte schulische Abschlußprüfung kann durch die Teilnahme an Fernstudienlehrgängen erreicht werden, wobei der Fernstudienteilnehmer die angestrebte Prüfung als Externer an den entsprechenden Bildungsinstituten ablegt. Um irreführende Werbeversprechen, unseriöse Geschäftsgebaren und finanzielle Überforderung eines Weiterbildungswilligen durch Ferninstitute zu vermeiden, verabschiedete der Deutsche Bundestag am 6. Mai 1976 ein Fernunterrichtsschutzgesetz, das am 1. Januar 1977 in Kraft trat. Das FernUSG regelt in 4 Abschnitten den Fernunterrichtsvertrag; die Veranstaltung von Fernunterricht; Organisation, Auskunftspflicht, Ordnungswidrigkeiten, Übergangsvorschriften und Änderung von Bundesgesetzen.
Von besonderer Bedeutung ist, daß nach § 3 Abs. 2 jedem Kursteilnehmer eine Vertragsurkunde ausgehändigt werden muß, die zumindest folgende Punkte zu enthalten hat:

„1. Name und Anschrift des Veranstalters und des Teilnehmers,
2. die Angabe von Gegenstand, Ziel, Beginn und voraussichtlicher Dauer des Fernstudienlehrgangs sowie von Art und Geltung des Lehrgangsabschlusses, dabei muß erkennbar sein, ob es sich um einen Abschluß des Veranstalters handelt oder ob und inwieweit der Fernlehrgang dazu vorgesehen ist, auf eine öffentlich-rechtliche oder eine sonstige bestimmte Prüfung vorzubereiten,
3. die Angabe des Gesamtbetrags der vom Teilnehmer zu entrichtenden Vergütung; hat der Fernunterrichtsvertrag die Lieferung einer beweglichen Sache zum Gegenstand, die nicht Teil des schriftlichen oder audiovisuellen Fernlehrmaterials ist, so muß erkennbar sein, welcher Teil der Vergütung auf die Lieferung dieser Sache entfällt,
4. die Angabe von Betrag, Zahl und Fälligkeit der auf die Vergütung zu entrichtenden Teilzahlungen und sonstigen Pflichten des Teilnehmers,
5. eine drucktechnisch deutlich gestaltete Belehrung über das Recht des Teilnehmers zum Widerruf (§ 4) sowie Name und Anschrift des Widerrufsempfängers,
6. die Kündigungsbedingungen."

Darüber hinaus soll die Urkunde z. B. auch Hinweise geben über die Gliederung des Fernstudienlehrgangs; über zusätzliche Arbeitsmittel, die nicht vom Veranstalter zur Verfügung gestellt werden; über Vorbildung und Zulassungsvoraussetzungen für angestrebte Prüfungen.

Bundesminister für Bildung und Wissenschaft 1976

→ Deutsches Institut für Fernstudien → Fernuniversität → Kontaktstudium → Modultraining → Weiterbildung O

Fertigkeiten

sind spezielle, meist automatisierte → Fähigkeiten und anwendungsbereite Reaktionsweisen. Sie dienen der sicheren und ökonomischen Erledigung von Aufgaben durch manuelles, technisches, künstlerisches und geistiges Handeln.

→ Geschicklichkeit → Skill OK

Festhaltetherapie

wird ein von Martha G. Welch Anfang der 80er Jahre des 20. Jahrhunderts zur Behandlung des frühkindlichen → Autismus in den USA entwickeltes und von Irina Prekop in Deutschland vertretenes psychotherapeutisches Verfahren genannt, in dem geistige Behinderungen sowie seelische Konflikte und Blockaden von Kindern und Erwachsenen durch körperliches Festhalten, Festhalten durch Regeleinhaltung, Blickkontakt und liebevolle Zuwendung von möglichst nahen Bezugspersonen (Mutter, Partner) therapiert werden. Erfolge werden aus der Behandlung von Menschen mit extremer Egozentrik oder Beziehungsarmut, aber auch aus der Therapie autistischer Kinder berichtet. I. Prekop weist darauf hin, daß Festhalten der Urzustand des Neugeborenen und eine Grundform der Betreuung im Kleinkindalter sei. Die Festhaltetherapie wird allerdings mißbraucht, wenn sie benutzt wird, um zu strafen, den Willen des Kindes zu brechen, zu beruhigen ohne zu befreien, oder wenn sie aus unüberwindlicher Ablehnung oder gar aus Haß, zur Machtdemonstration, zur sexuellen Bedürfnisbefriedigung, bei eigener schwerer seelischer Störung des Therapeuten oder aus therapeutischer Routine praktiziert wird. K

Prekop 1988, 1989/2; Rohmann/Elbing 1989; Welch 1984

Fetischismus

bezeichnet die Auslösung von Lustempfinden und sexuellen Gefühlen insbesondere durch Kleidungsstücke und Gegenstände sexuell begehrter Personen.
Der Gegenstand wird durch den ihm zugedachten Bedeutungsgehalt zum **Fetisch.**

→ Perversion OK

FIAC

ist die Abkürzung für **F**landers **I**nteraction **A**nalysis **C**ategories

→ Interaktion, soziale K

Fibel

heißt das bebilderte und inhaltlich auf der unmittelbaren Erfahrungswelt der Kinder aufgebaute Lesebuch für den → Erstleseunterricht. K

Fiche → **Mikrofiche**

Field Research bedeutet Feldforschung. → Feld

Figur-Grund-Wahrnehmung

bezeichnet die Fähigkeit, eine Figur eindeutig vom umgebenden Grund unterscheiden und festhalten zu können. Die Güte dieser Fähigkeit wird von der Menge sicher verfügbarer, d. h. bereits bekannter Figuren (vgl. auch → Schemata, kognitive), der Fähigkeit, Einzelaspekte einer Wahrnehmung deuten und umdeuten zu können und dem Ausmaß der Feldabhängigkeit bei der Wahrnehmung bestimmt. Die Fähigkeit zur Feldunabhängigkeit, d. h. zum Herauslösen einer Figur aus dem umgebenden Feld, wird durch fixierende → Aufmerksamkeit erworben; sie scheint am stärksten zwischen dem 13. und 17. Lebensjahr ausgebildet zu sein. Zur Überprüfung der Figur-Grund-Wahrnehmung werden gerne sog. Vexierbilder (Suchbilder mit einer schwer erkennbaren Figur) oder Kippbilder (die je nach Auswahl der Wahrnehmungsaspekte verschiedene Figuren erkennen lassen) verwendet.
Übungen zur Figur-Grund-Wahrnehmung sollen die Kinder befähigen, sich jeweils auf den aufgaben- und situationsabhängig wichtigsten Wahrnehmungsreiz zu konzentrieren, bedeutsam z. B. beim Lesen- oder Rechnenlernen oder bei der Verkehrserziehung.
→ Gestaltgesetze K

Fiktonsspiel → Spiel

Film → Unterrichtsfilm

Filmabtastung

Eine Geräteeinheit, die einen Film mit opto-elektronischen Einrichtungen Punkt für Punkt abtastet und dabei ein elektrisches Signal erzeugt, das die Bildinformation enthält, wird als elektronischer Filmabtaster bezeichnet. Parallel dazu wird auch das Tonsignal entweder optisch (Lichtton) oder magnetisch (Magnetton) abgetastet. Im allgemeinen stellt die Filmabtastung ein Verfahren dar, bei dem Fernsehkameras Filme elektronisch abtasten, um sie über Fernsehen wieder auszustrahlen. O

Fingerzeichensprache → Chirologie

Fixer

wird in der Umgangssprache der Konsument harter Drogen (z. B. Heroin) genannt, die gespritzt werden.
→ Drogen- und Drogenmißbrauch K

Fixierung

bedeutet nach S. Freud das Stehenbleiben eines Menschen mit seinem Gesamtverhalten oder mit einzelnen Verhaltensweisen auf einer frühkindlichen Entwicklungsstufe.

Im allgemeinen psychologischen Sprachgebrauch ist damit das die Wirklichkeitsbegegnung einschränkende Verharren bei vorgefaßten Meinungen, Einstellungen, Denkstrategien, Wahrnehmungsverhalten gemeint. Aus der Unfähigkeit zum flexiblen Umgang mit der Wirklichkeit entstehen nicht selten **fixe Ideen,** die irrational und damit einer Bearbeitung schwer zugänglich sind. Sie beherrschen den Betroffenen als Zwangsvorstellung (z. B. Waschzwang) oder als Wahnidee (z. B. Verfolgungswahn). K

Flexibilität

bezeichnet allgemein die Anpassungsfähigkeit des Organismus an veränderte Situationen. Als wesentliches Kennzeichen kreativen Verhaltens bedeutet Flexibilität aber auch die Fähigkeit, z. B. ein Problem auf vielen verschiedenen Lösungswegen anzugehen.

→ Kreativität K

Flexible Differenzierung

Bei der flexiblen Differenzierung, einer Form des → Setting, wird die Einteilung der Schüler in Niveaugruppen auf das augenblicklich notwendige Maß eingeschränkt. Die Zusammensetzung der Gruppen wechselt in jeder Unterrichtsstunde nach den jeweiligen Erfordernissen. Die Lernenden durchlaufen bei flexibler Differenzierung meistens 5 Lernphasen:

1. Einführung in die Thematik im Klassenverband oder in der Großgruppe (heterogen)
2. Bearbeitung der Thematik in heterogenen Kleingruppen
3. Lernzielkontrolle bezüglich des allgemeinverbindlichen Fundamentum (vgl. → Additum).
4. Je nach Notwendigkeit Differenzierung in homogene Kleingruppen, z. B. zur Wiederholung, zur Nachholung fehlender Grundlagen, aber auch zur Bearbeitung zusätzlicher Aufgabenstellungen (= Additum).
5. Abschließende Lernzielkontrolle bezüglich des allgemein verbindlichen Fundamentum

Köck 1991; Morawietz 1979; vgl. Literatur bei Differenzierung!

→ Differenzierung K

Flow Chart

Der Begriff wird für → Flußdiagramm aber auch für → Blockdiagramm verwendet. O

Fluchtverhalten (-reaktion)

bezeichnet im pädagogischen Zusammenhang die Neigung eines Kindes oder Jugendlichen, sich einer angst- oder mißerfolgsbesetzten Situation wegen erwarteter Bestrafung oder tatsächlicher bzw. auch nur vermuteter Überforderung (speziell in Lernsituationen) durch Flucht (Ortswechsel oder geistiges Aufgeben) zu entziehen. K

Fluency

bezeichnet als wesentliches Merkmal der → Kreativität die Fähigkeit eines Individuums, durch schnelles Assoziieren Situationen und Probleme sprachlich geläufig und ideen- und einfallsreich anzugehen. Fluency kann durch Kreativitätstraining, z. B. durch die Methode des → Brainstorming gefördert werden. K

Flußdiagramm

Flußdiagramme werden der Verdeutlichung und klaren Übersicht wegen in Schule, Wirtschaft, Technik und Verwaltung verwendet. In der Datenverarbeitung zeigen sie den Datenfluß mit allen damit zusammenhängenden Tätigkeiten in den entsprechenden Bezugsbereichen. In der Schule entstehen z. B. im → entwickelnden Unterricht Flußdiagramme, die den Ablauf eines Vorganges in einem Fache (Sozialkunde, Arbeitslehre, Betriebswirtschaftslehre usw.) verdeutlichen. Sie werden an der Tafel entwickelt oder als Zusammenfassung über den Tageslichtprojektor gezeigt. Häufig werden geometrische Formen (Kreis, Rechteck, Quadrat, Raute usw.) für Fluß- bzw. Ablaufdiagramme als Symbole verwendet, um Arbeitsschritte, Verzweigungen, Verflechtungen oder Einflußkomponenten besser zu veranschaulichen.

→ Blockdiagramm → Statistik O

Fördereinrichtungen

für Ausbildung, Studium und Wissenschaft mit festgelegten Stiftungszwecken und Fördermitteln gibt es in der Bundesrepublik Deutschland in staatlicher, kommunaler, kirchlicher, privater Hand und in der Hand von Parteien. Die Stiftungszwecke reichen von Ausbildungsförderung, Studienförderung, Berufs-, Bildungs- und Wissenschaftsförderung über internationalen Studenten- und Wissenschaftleraustausch, Konfliktforschung, Entwicklungshilfeprogramme bis zur politischen Bildung, Medizinförderung und zu philanthropischen Zwecken.
Für den Schulbereich sind von besonderer Bedeutung das → Bundesausbildungsförderungsgesetz, die → Schülerbegabtenförderung und die → Hochbegabtenförderung. Eine aktualisierte Übersicht über die Fördereinrichtungen kann vom Stiftungszentrum im Stifterverband für die Deutsche Wissenschaft e. V. angefordert werden. K

Deutsches Studentenwerk e. V. 1988/8 f.

Förder-(ungs-)maßnahmen

Es gehört im Schulbereich mit zu den wesentlichen pädagogischen Aufgaben, Lernende in jeder Hinsicht zu fördern, insbesondere Schüler mit speziellen Lernschwierigkeiten. Entsprechend geplante auf bestimmte Adressatengruppen abzielende oder individuelle Förderungsmaßnahmen tragen dazu bei, Sprachbarrieren abzubauen, Schreib-Leseschwächen und Verhaltensstörungen zu überwinden und Leistungsschwächen auszugleichen. Förderungsmaßnahmen müssen vor allem bei behinderten Kindern so frühzeitig wie möglich einsetzen und jeweils alters- und personengerecht gestaltet sein. Zu den Förderungsmaßnahmen gehören z. B. die → Schullaufbahnberatung, die Beratung durch den → Schulpsychologen, die → Berufsberatung, Aufbaukurse, Stützkurse, Liftkurse (zum Wechsel der Schüler in Lerngruppen mit höheren Leistungsanforderungen), Förderkurse und

Sprachkurse für Kinder ausländischer Arbeitnehmer, Kurse zur Beseitigung von Lernschwierigkeiten, die durch Verhaltensstörungen bedingt sind, Hilfen für → Legastheniker, und Aufgabenbetreuung.

→ Schulvorbereitende Einrichtungen → Sonderpädagogische Diagnose- und Förderklassen OK

Fötus → pränatal

Foliothek

wird ein Schrank mit Hängeregistersystem zur ökonomischen Aufbewahrung katalogisierter Arbeitstransparente (→ Transparenttechnik) für den Tageslichtprojektor (→ Overhead projector) genannt.

→ Audiothek → Diathek → Lehrmittel → Mediothek → Videothek K

FORCE → Europäische Bildungsprogramme

Forensische Psychologie

bedeutet Gerichtspsychologie.
Sie befaßt sich als angewandte Psychologie
- mit der Erforschung und Beurteilung der Aussagetüchtigkeit, die durch → Gedächtnis, → Intelligenz und → Wahrnehmung mitbestimmt wird, und der Glaubwürdigkeit von Aussagen im Bereich des Gerichtswesens;
- mit der Beurteilung des Ausmaßes der Verantwortlichkeit eines Straffälligen;
- mit Fragen des Strafvollzugs wie z. B. Psychotherapie, psychologische Schulung der Vollzugsbeamten, Wiedereingliederung in die Gesellschaft (= Resozialisierung). K

Dettenborn u. a. 1989/2; Wegener 1981

Formale Bildung

Das Verhältnis von formaler und materialer Bildung im Bildungsprozeß bestimmte als ein zentrales Thema die Diskussion in der Erziehungswissenschaft. Während die formale Bildung die Priorität im Bildungsgeschehen der Entwicklung und dem Training der im Menschen ruhenden potentiellen Kräfte, seiner Fähigkeiten und Fertigkeiten zuweist, legt die materiale Bildung den Schwerpunkt auf die Vermittlung der Bildungsinhalte, extrem formuliert auf Wissensanhäufung durch Stoffvermittlung. Neuere Bildungstheorien versuchen in unterschiedlicher Weise den skizzierten Gegensatz von formaler und materialer Bildung zu überwinden, indem sie Subjekt und Objekt im Bildungsgeschehen, Kräfteentfaltung und Wissensaneignung als wechselseitig und unaufhebbar aufeinander angewiesene Bedingungsfaktoren menschlichen Daseins, speziell des Bildungsprozesses sehen. K

Formale Lernhilfe → Lernhilfen

Formales Lernprogramm

Ein formales Lernprogramm befaßt sich mit Art, Form und Ablauf des Lernens und Lehrens. Es gibt dem Schüler, dem Studenten z. B. Anleitungen in der Technik des wissenschaftlichen Arbeitens, Hinweise für die Vorbereitung und das Anfertigen eines → Referates, einer Klausur, einer Fach- oder Diplomarbeit.

→ Programmierte Instruktion O

Formalstufen

Zu allen Zeiten bemühte sich die Schulmethodik, gangbare Auffassungswege für die Schüler zu finden. Die → Methode, das Lehrverfahren, soll der Planung dienen, dem Unterrichtsablauf eine bestimmte Ordnung geben und die Auffassung des Schülers erleichtern. Mit dem Entdecken von Gesetzmäßigkeiten im menschlichen Erleben und Verhalten hat die Pädagogik unter entscheidendem Einfluß von Johann Friedrich Herbart die sog. Auffassungsstufen, Formalstufen bzw. Lehrstufen entwickelt, die auch als „Innere Lehrform“ bezeichnet wurden. Herbart sah im Unterrichten einen Wechsel zwischen Vertiefung (Klarheit und Assoziation) und Besinnung (System und Methode). Tuiskon Ziller versuchte die Herbartschen Formalstufen weiterzuführen und kam zu einer fünfstufigen Fassung. Im folgenden Schema sind nur einige Formalstufensysteme angeführt, die für die Entwicklung im Schulwesen charakteristisch waren:

Formalstufen (Lehrstufen)

Herbart:	1. Vertiefung	Klarheit Assoziation
	2. Besinnung	System Methode
Ziller:	1. Analyse	
	2. Synthese	
	3. Assoziation	
	4. System	
	5. Methode	
Rein:	1. Vorbereitung	
	2. Darbietung	
	3. Verknüpfung	
	4. Zusammenfassung	
	5. Anwendung	
Dörpfeld:	1. Anschauen	
	2. Denken	
	3. Anwenden	
Willmann:	1. Auffassung	
	2. Verständnis	
	3. Anwendung	
Lay:	1. Anschauung und Beobachtung	
	2. geistige Verarbeitung	
	3. Darstellung	
Kerschensteiner:	1. Schwierigkeitsanalyse	
	2. Lösungsvermutungen	
	3. Prüfung der Lösungskraft	
	4. Bestätigungsversuche	

Die Formalstufen können nicht in starrer Form angewendet werden. Sie stellten ein Ordnungsprinzip dar, trennten → Lehr- und Lernsequenzen nicht scharf und schematisierten Unterrichtsvorgänge ohne Rücksicht auf unterschiedliche Verlaufsformen der verschiedenen Arten des → Lernens.

→ Artikulations-Schemata des Unterrichts → Dramaturgie des Unterrichts → Unterrichtsformen OK

Formative Evaluation

Im Gegensatz zur → summativen Evaluation bezieht sie sich unmittelbar auf den Ablauf, auf die ständigen Zwischenergebnisse eines Verfahrens, auf den laufenden Reformprozeß. Sie dient dazu, die am Evaluationsprozeß Beteiligten kontinuierlich über positive und negative Ergebnisse zu informieren. Damit trägt sie als Hilfsmittel bei der Erprobung und Einführung von Innovationen wesentlich mit zum Erfolg bei, da sie stets Anlaß zu punktuellen Korrekturen und rasch veranlaßten Verbesserungen werden kann.

→ Evaluation O

Formdeutetest → Projektionstests

Formell

bedeutet allgemein offiziell, den Vorschriften bzw. einer festgelegten Ordnung gemäß.
In der → Sozialpsychologie ist formell die geläufige Bezeichnung für festgefügte, offizielle Kommunikationsstrukturen innerhalb von Institutionen und → Gruppen.

→ Gruppe, formelle und informelle OK

Formkonstanz → Konstanz

Forschungsmethoden, pädagogische

Pädagogische Situationen werden durch Interaktionen und damit durch Dynamik bestimmt, die feststehende Aussagen und Vorhersagen über den Weg des forschenden Zugriffs nur bedingt zulassen. Ein die Wissenschaftlichkeit betreffender Vergleich der Pädagogik (und mit ihr aller Gesellschaftswissenschaften) mit den Naturwissenschaften anhand des naturwissenschaftlichen Forschungsinstrumentariums geht deshalb am Forschungsgegenstand der Pädagogik vorbei und ist nicht zulässig.
Diese Einschränkung ist zur Vermeidung einer Überbewertung oder gar einer positivistisch ausgerichteten Interpretation von Forschungsergebnissen vor allem zu beachten, wenn zur Erforschung pädagogischer Situationen quantitative empirische Methoden (auf Überprüfbarkeit und Meßbarkeit angelegt) wie systematische → Beobachtung, → Interview, → Test, → Experiment und → Statistik herangezogen werden, bei denen letztlich das Verhalten des Untersuchten einer Fremdbewertung unterzogen wird. Quantitative empirische Forschungsmethoden mögen sich für die Erforschung des Unterrichtsprozesses und seiner Gesetzmäßigkeiten eignen, nicht aber für die Erfassung des auf Einmaligkeit angelegten Erziehungsprozesses. Bei pädagogischen Fragestellungen dürfte die strikte Einhaltung

der üblichen Wissenschaftskriterien → Relevanz, → Objektivität, → Reliabilität und → Validität schwerfallen.
Die qualitativen empirischen Forschungsmethoden wie die Autobiographie oder die qualitative → Inhaltsanalyse begünstigen ebenso wie die auf Sinnverstehen gerichteten hermeneutischen Methoden (→ Hermeneutik) eher die Zunahme hypothetischen Wissens über die Erziehungswirklichkeit und davon abhängige Interpretationen der Erziehungswirklichkeit als eine möglichst objektive Tatsachenbeschreibung.

Mollenhauer/Rittelmeyer 1977; Skowronek/Schmied 1977

→ Empirische Erziehungswissenschaft K

Fortbildung

Fortbildung wird nach dem Strukturplan für das Bildungswesen der → Weiterbildung und dem → Quartärbereich zugeordnet. Im Rahmen der → Lehrerbildung stellt sie als → Lehrerfortbildung die dritte Phase dar. Sie befaßt sich mit der ‚Höherbildung' in den Fächern, die der einzelne studiert hat und knüpft an eine abgeschlossene berufliche, theoretische und praktische Ausbildung an, d. h. Fortbildung erfolgt im erlernten Bereich, vermittelt in diesem neues Fachwissen und Fachdidaktik und macht mit Innovationen z. B. struktureller, organisatorischer, gesellschaftlicher Art vertraut. O

Fortbildungsreferent → Multiplikator → Quartarstufenlehrer

Frage im Unterricht

Die Lehrerfrage als dominierende Unterrichtsmethode im Frage-Antwort-Unterricht hat ihre Berechtigung aufgrund empirischer Untersuchungen längst eingebüßt, leider aber nicht ihre tatsächliche Existenz im Unterricht aller Schularten. Der lehrerzentrierte Frage-Antwort-Unterricht ist vor allem dadurch gekennzeichnet, daß er die → Produktivität und → Kreativität der Schüler einschränkt bzw. hemmt, unnötig lenkend in die Lernprozesse der Schüler eingreift und eingleisigen Denkspuren bei den Schülern Vorschub leistet.
Wenn wir von problemstrukturierenden, impulsartigen Fragen des Lehrers absehen, ist die Frage eigentlich Sache des Unsicheren, des Nichtwissenden, des Suchenden, also des Schülers. Aufgabe des Lehrers muß es sein, problemorientierte Lernprozesse zu organisieren, die Wißbegier und Neugier als wesentliche Lernmotive herausfordern und die Schüler zum Fragen veranlassen. Die Frage hat also ihre Bedeutung im Unterricht keineswegs verloren, sie nimmt lediglich einen anderen didaktischen Ort ein als im überkommenen Frage-Antwort-Unterricht. Dem Schüler muß der Aufbau einer echten, Probleme erkennenden Fragehaltung ermöglicht werden, die ihm auch außerhalb organisierter Lernprozesse eine ständige Erweiterung seines Problembewußtseins ermöglicht. Im Unterricht nützen ihm in dieser Hinsicht problemgeladene, für ihn interessante Lernsituationen und eine Atmosphäre des Lernens, die suchende Fragen ohne Imageverlust durch Ironie oder Nichternstgenommenwerden zuläßt.

Knapp 1985; Köck 1972, 1991; Rombach 1988/2; Salzmann 1974/4; Sommer 1981

→ Entwickelnde Unterrichtsform → Impuls → Unterrichtsformen K

Fragealter

Im **ersten Fragealter** (ab 2. Lebensjahr) eignet sich das Kind durch unentwegtes „was ist das?" aktiv die Bezeichnungen von Dingen und Tätigkeiten an. Seit W. Sterns Beobachtungen Anfang des 20. Jahrhunderts spricht man wegen der Reihenfolge erfragter Wortklassen von einem Substanzstadium (Hauptwörter werden allein gebraucht), einem Aktionsstadium (Tätigkeitswörter kommen hinzu) und einem Relations- und Merkmalsstadium (Beziehungen und Eigenschaften werden ausgedrückt). Im **zweiten Fragealter** (etwa ab 4. Lebensjahr) stehen die Warum-Fragen im Vordergrund, also die Fragen nach Gründen und Relationen. K

Frame

Im Rahmen der → programmierten Instruktion bedeutet frame eine → Lerneinheit, einen einzelnen Programmschritt, der grundsätzlich eine Information und z. B. eine zu lösende Frage enthält. Auch die Informationsmenge, die den Rahmen des Programmausgabefensters eines Lehrgerätes ausfüllt, wird als frame bezeichnet. Frame wird manchmal auch gleichbedeutend für → item verwendet. O

Frankfurter Schule → Kritische Theorie

Frauenbildung

löste als Begriff die bis Anfang des 20. Jahrhunderts übliche Bezeichnung Mädchenbildung ab. Bis Anfang des 19. Jahrhunderts wurden vornehmlich Töchter von Adeligen in Frauenklöstern erzogen, im 19. Jahrhundert gesellten sich die höheren Töchterschulen für das gut situierte Bürgertum hinzu. Die Bildung war in diesen Einrichtungen und auch in der Folgezeit mit zum Teil absonderlicher anthropologischer Begründung auf sog. mädchen- und frauentypische Bildungsinhalte wie Familie und häuslicher Bereich ausgerichtet, allenfalls noch auf die sog. schöngeistige Bildung. Speziell in den Dienst der Mädchenbildung stellten sich die Kongregationen der Ursulinen (gegründet 1535) und der Englischen Fräulein (gegründet 1609 von M. Ward), der Franzose F. Fénelon mit seiner Abhandlung „Über die Erziehung der jungen Mädchen" (1687) und in seinem Gefolge A. H. Francke (1663–1727), der 1698 die erste deutsche höhere Mädchenschule gründete. Noch 1920 wurde von der Reichsschulkonferenz ein Antrag auf die Zulassung der Mädchen zu allen weiterführenden Bildungseinrichtungen abgelehnt. Mädchen konnten bestenfalls nach der allgemein verpflichtenden vierjährigen Grundschule das ihnen vorbehaltene Lyceum besuchen, in dem neue Sprachen, Handarbeit, Hauswirtschaft und musische Bildung im Vordergrund standen. Erst seit den 70er Jahren des 20. Jahrhunderts gelten gleiche Lehrpläne für Knaben und Mädchen (→ Koedukation). Frauen stellen mittlerweile in manchen Schulzweigen, z. B. in der → Grundschule und in der → Realschule die Mehrzahl der Lehrkräfte. In der höheren Bildung z. B. an Gymnasien oder an Hochschulen ist der Anteil der Frauen aber immer noch zum Teil erheblich geringer als jener der Männer. Die seit den 70er Jahren des 20. Jahrhunderts verstärkt betriebene Frauenforschung nimmt sich vordringlich der in der gesellschaftlichen Praxis üblichen Benachteiligung der Frau, des dahinter stehenden begründenden Gesellschaftsverständnisses und der rollenspezifischen Erziehungspraxis an.

Bleckwenn 1988 f.

→ Feminismus K

Frauenhaus

werden autonome, kommunale, kirchliche und staatliche sowie von Verbänden getragene Einrichtungen genannt, in denen Frauen, zum Teil mit ihren Kindern, vorübergehend Zuflucht finden können. Das Motto „Frauen helfen Frauen" ist dem Selbsthilfegedanken verpflichtet. Die Anzahl der mißhandelten Ehefrauen kann wegen der enorm hohen Dunkelziffer nur geschätzt werden (ca. 5 Millionen jährlich in der Bundesrepublik Deutschland). Die Frauenhäuser suchen jährlich ca. 14 000 bis 15 000 Frauen als Notquartier auf. Der Zustrom ist besonders groß an Wochenenden und hohen Feiertagen wie Weihnachten, bei Fernsehübertragungen von Fußballspielen und im Fasching. Die männlichen Aggressionen reichen von physischer Gewalt bis zu psychischer Mißhandlung.
Das erste Frauenhaus wurde 1971 von Erin Pizzey in London gegründet, in Deutschland 1976 als staatlich geförderter Modellversuch. Die oftmals geheim gehaltenen Adressen sind über Ärzte und soziale Dienste zu erfragen, über die „Zentrale Informationsstelle für autonome Frauenhäuser" und die „Arbeitsgemeinschaft deutscher Frauen- und Kinderschutzhäuser".

Bösel 1989; Steinert/Straub 1988

→ Feminismus → Mädchenhaus K

Freak

(von engl. freak = Laune, Einfall, aber auch verrückter Kerl) bezeichnet sowohl einen Aussteiger aus allgemein üblichen Lebensgewohnheiten als auch einen leidenschaftlichen bis fanatischen Anhänger eines Lebensstils, einer Idee oder einer Freizeitaktivität (z. B. Umweltfreak, Tennisfreak). K

Freiarbeit, Freie Arbeit

seit langem fester Bestandteil z. B. im Montessori-Unterricht, gesteht als Form des → offenen Unterrichts dem Schüler im Rahmen des schulischen Lernens Eigeninitiative und Eigenverantwortung für Entdeckungen, Erfahrungen und Entscheidungen zu. Freiarbeit ist insofern als Alternative zu lehrerzentrierten gemeinsamen Lehrgängen im Klassenverband zu verstehen.
Freiarbeit ermöglicht ein Lernen, das
- auf die Neugier und die Interessen der Schüler vertraut,
- ganzheitlich alle möglichen Lernerfahrungen umfaßt,
- individuelle Auseinandersetzung mit der Wirklichkeit fördert,
- an die außerschulische Lern- und Lebenswelt der Schüler anknüpft,
- Kommunikation in natürlichen Lernsituationen einübt,
- von den Schülern als sinnerfüllt (signifikant nach C. Rogers) erlebt wird,
- dem Lehrer die Rolle des Lernberaters zuweist.

Die Schüler organisieren sich ihre Lernsituationen nach Zielen, Inhalten, Methoden, Medien und Interaktionen selbst.
Der Weg zu dieser Höchstform der Freiarbeit führt z. B. über Wahlangebote im Unterricht, Materialtische mit Lernangeboten für Zwischenpausen oder für die Vorviertelstunde, spielerische Lernphasen und die „vorbereitete Lernumgebung" (Montessori). K

Freiarbeit e. V. 1991; Hegele 1991; Kayser/Schäkel 1986/2; Krüsmann 1991; Müller-Bardorff 1986; Potthoff 1985 (2×); Röbe 1986; Sester 1985

Freie Schulen

zählen zu den privaten Schulen. Wenn sie als Ersatz für öffentliche Schulen geführt werden, bedürfen sie der Genehmigung des Staates und unterstehen den Landesgesetzen. Freie Schulen vertreten die konsequent am Kind orientierte Schule und bauen auf enge Kooperation von Schülern, Eltern und Lehrern. Die meisten Freien Schulen – im Unterschied zur umfassenderen Bezeichnung „Schulen in freier Trägerschaft" – sind im Gefolge der Studentenbewegung der 60er Jahre und der Praxis der → antiautoritären Erziehung (z. B. in den → Kinderläden) entstanden. Die Selbstbestimmung und Selbstregulierung des Menschen treten als Erziehungsziele gleichgewichtig neben seine gesellschaftliche Integration, ausgehend von seinen natürlichen Lebenswelten. Freie Schulen existieren vor allem in Ballungszentren wie z. B. in Berlin, Bochum, Frankfurt. Aufgrund einer wissenschaftlichen Begleituntersuchung am bekanntesten ist die Glockseeschule, die als Schulversuch an einer staatlichen Schule in Hannover seit 1972 aufgebaut wurde. Zunächst für die vier Jahrgänge der Grundschule konzipiert, wurde sie mittlerweile auf zehn Schuljahre ausgedehnt. Projektorientierter Unterricht herrscht vor. Durch die fehlende Gliederung in Jahrgangsklassen werden die üblichen Probleme mit Notengebung und Versetzung vermieden.

Arbeitsgemeinschaft Freie Schulen 1988; Behr 1988; Behrens-Cobet 1986

→ Alternative Schulen → Offener Unterricht K

Freiheit

Die Philosophie beschreibt mit dem Begriff Freiheit eine formale Relation, eine Beziehung, die inhaltlich von Fall zu Fall näher zu bestimmen ist.

Negative Freiheit (frei sein von) bezeichnet dementsprechend eine Beziehung der Ungebundenheit, der Nichtabhängigkeit, der Nichtbedingtheit und der Nichtbestimmtheit (= Möglichkeit der Distanz).

Positive Freiheit genügt sich in ihrer hinreichenden Beziehung zu sich selbst; sie ist nicht definiert durch Unabhängigkeit, sondern durch Selbstbesitz und durch Beziehung zu anderen und zu sich selbst (= Möglichkeit der Macht).

Freiheit ist angesiedelt in der Spannung zwischen Anspruch (auf Entfaltung, Entscheidung, persönliches Glück, Eigennutz) und Pflicht (zur Rücksichtnahme auf andere, zur Achtung von Normen und Gesetzen, zur Einordnung in die Gesellschaft). Freiheit verlangt demzufolge Disziplin und Verantwortung. Freiheit ist also als anthropologisches Wesensmerkmal zu verstehen, als Handlungsvoraussetzung und -befähigung, die den Menschen als solchen kennzeichnet und auszeichnet. Nach M. Buber hat der Mensch die Freiheit nicht als natürliche Ausstattung oder Besitz, er muß sie vielmehr erwerben, indem er sie verwirklicht, und zwar als Entscheidung und Verantwortung **für** etwas **vor** etwas. Die selbstgeleistete Bindung verleiht Freiheit vom Gebundensein. → Emanzipation im Sinne bloßen Sich-Befreiens von Bindung und Bestimmung verfehlt somit die Freiheit.

Pädagogische Freiheit bezeichnet den Verantwortungs- und Gestaltungsspielraum des Lehrers in pädagogischen Situationen, vornehmlich im Unterricht, der ihm innerhalb des Ordnungsrahmens durch beamtenrechtlich verankerte Dienstpflichten bleibt. Die Schulrechtsentwicklung erweckt den Eindruck, als ob die pädagogische Freiheit des Lehrers letztlich auf die methodische Gestaltung seines Unterrichts und auf sein Verhalten in zwischenmenschlichen Begegnungen mit den Schülern beschränkt sei. Ansonsten sind Lehrer, Lehrerkonferenz und Schulleiter grundsätzlich an die Schulgesetze, die verbindlichen Lehrpläne und die Anordnungen der Schulaufsichtsbehörden gebunden.

Bonin/Haendler 1981; Buber 1983/11; Buer 1990; Fauser 1986; Henricht 1982; Müller 1971, 1974; Schierholz 1988, Simon 1977; Wellershoff 1986/2

→ Pädagogischer Bezug → Pädagogischer Freiraum K

Freinet-Pädagogik

Einer der Kernsätze von Célestin Freinet (1896–1966) lautet: „Das Leben wird nur durch das Leben vorbereitet." Aus eigener Erkenntnis und mit Anleihen bei den Reformpädagogen seiner Zeit (v. a. M. Montessori, H. Lietz, P. Geheeb, P. Petersen, G. Kerschensteiner) verwirklichte Freinet in seiner Schule konsequent **ganzheitliches und selbstbestimmtes Lernen der Schüler aufgrund natürlicher Lernanlässe.** Die Orientierung der Schüler in der Wirklichkeit wird durch Lernorte außerhalb der Schule ermöglicht (Erkundungspädagogik). Für den Weg von der Wirklichkeitserfahrung zur Vorstellung braucht der Schüler Zeit (spielerisches Lernen). Die Verbindung von Schule und Wirklichkeit vermitteln dem Schüler die **sog. Ateliers im Klassenzimmer,** worunter Lernbereiche mit Wirklichkeitsbezug zu verstehen sind. Hier gibt es z. B. Mal-, Werk-, Experimentier-, Mathematik-Ateliers, in denen der Schüler bei freier Auswahl Material zur freien Arbeit, aber auch Arbeitskarteien mit Texten, Filmen, Dias u. a. für systematische Lehrgänge vorfindet, letztere in Informations-, Aufgaben- und Lösungsteilen für die selbsttätige Arbeit der Schüler aufbereitet.
Schulbücher bzw. Lernmaterialien stellen die Schüler selbst als Folge ihrer Wirklichkeitserfahrungen her.
Gartenarbeit wird bewußt gegen die Verkopfung des Unterrichts eingesetzt.
Kooperation der Lehrer untereinander und mit den Eltern ist fest integrierter Bestandteil der schulischen Freinet-Pädagogik. Ausdruck des stark betonten Aspekts der Sozialerziehung sind die gemeinsame Arbeit der Schüler an der „Klassenzimmerkultur" und regelmäßige Gesprächskreise (Morgenkreis und Gesprächskreis am Wochenende aufgrund der während der Woche von den Schülern in eine Wandzeitung eingetragenen Diskussionsanlässe).
Anregungen der Freinet-Pädagogik sind über die beachtlichen Ansätze in der Regelschule Frankreichs hinaus in steigendem Maße auch in Deutschland zu finden, hier v. a. in Alternativen Schulen.

Baillet 1983; Freinet, C. 1979 und 1980; Freinet, E. 1981; Hänsel 1985; Koitka 1979; Laun 1983; Zehrfeld 1979

→ Alternative Schulen K

Freizeiterziehung

Im Sinne einer Idealdefinition ist Freizeit bestimmt durch ihre eindeutige Abgrenzung zur Erwerbsarbeit und durch die → Freiheit von Fremdbestimmung. Zu einem pädagogischen Problem wurde die Freizeit nicht nur durch ihre quantitative Zunahme im Gefolge fortschreitender Arbeitszeitverkürzung und wachsenden Arbeitsmangels, sondern gerade auch durch die Verfehlung ihres Merkmales der Freiheit von Fremdbestimmung. Freizeitindustrie und Massenmedien nützen das ständig größer werdende Freizeitvakuum für Manipulationen, die echter Selbstbestimmung in der Freizeit kaum mehr eine Chance lassen. Eine Sinnverfehlung der

Freizeit liegt gewiß auch vor, wenn die frei gewordene Zeit – in welcher Form auch immer – wieder mit Erwerbsarbeit gefüllt wird oder wenn Jugendliche – nicht befähigt zu konstruktiver Freizeitbewältigung – sich in Leerlaufhandlungen ergehen oder in Banden ihre aufgestauten → Aggressionen destruktiv ausleben. Der Zweck der Freizeit ist neben der Erholung von der Erwerbsarbeit vor allem darin zu sehen, ureigenen Bedürfnissen und Interessen nachzugehen und sich auch außerhalb des beruflichen Feldes selbst zu verwirklichen. Das Ziel der Freizeiterziehung besteht deshalb darin, dem Jugendlichen und dem Erwachsenen Hilfen zu geben, seine Freizeit in die eigene Regie zu nehmen, d. h. kritisch Widerstand gegen die manipulierende Fremdbestimmung seiner Freizeit zu entwickeln, Erholung als Fähigkeit zur Muße zu erlernen, eigene Bedürfnisse und Interessen zu erkennen, zu artikulieren und soweit als möglich zu realisieren.
Verstärkt wird die Verfehlung einer sinnvollen Freizeitnutzung durch die überkommene freizeitfeindliche Werteordnung des Industriezeitalters, deren Wandel erst begonnen hat. Die Bewältigung der Freizeitkrise wird nur gelingen, wenn Freizeit als wesentlich zum Menschen gehörender Wert im gesamtgesellschaftlichen Kontext anerkannt wird. Dementsprechend hat auch die Freizeitpädagogik ihren Platz nicht in einem isolierten Freizeitbereich, sondern eingebunden in die gesamtgesellschaftliche Entwicklung und in Wechselwirkung zu den anderen Humanwissenschaften, vor allem zu Soziologie, Psychologie und nahezu allen Teildisziplinen der Pädagogik.
Nach Opaschowski (1981) haben Schüler folgende Freizeitbedürfnisse, die gleichzeitig als **Funktionsbestimmungen der Freizeiterziehung** gelten können:
1. Bedürfnis nach Erholung, Gesundheit und Wohlbefinden (Rekreation)
2. Bedürfnis nach Ausgleich, Zerstreuung und Vergnügen (Kompensation)
3. Bedürfnis nach Kennenlernen, Erlebnislernen und Weiterlernen (Edukation)
4. Bedürfnis nach Ruhe, Muße und Selbstbesinnung (Kontemplation)
5. Bedürfnis nach Mitteilung, Kontakt und Geselligkeit (Kommunikation)
6. Bedürfnis nach Gemeinschaftsbezug, Zusammengehörigkeit und Gruppenbildung (Integration)
7. Bedürfnis nach Beteiligung, Engagement und sozialer Selbstdarstellung (Partizipation)
8. Bedürfnis nach Entfaltung, produktiver Betätigung und Teilnahme am kulturellen Leben (Enkulturation).

E. Weber (1986) schlägt noch die **„schulisch betreute Erkundung von außerschulischen, freizeitrelevanten Einrichtungen“** vor, z. B. von „Leihbüchereien und Schallplattengeschäften, Reisebüros und Campingplätzen, Konzert- und Theateraufführungen, Jugendfreizeitstätten und Erwachsenenbildungsinstitutionen“.
Bedenkenswert scheinen mir auch die **Sofortmaßnahmen für die Entwicklung eines freizeitkulturellen Lernbereichs in der Schule** (insbesondere in den Abschlußklassen) zu sein, die Opaschowski (1981b, S. 317) unterbreitet:
- die freizeitbezogene Neigungs- und Interessengruppenarbeit in den Unterricht zu integrieren,
- mehr und längere Pausen in Verbindung mit freiwilligen Freizeit- und Sportangeboten einzuplanen,
- Jugendverbände und freizeitkulturelle Vereinigungen in der Schule (z. B. in den Freistunden) stärker zu beteiligen,
- die asphaltierten Schulhöfe unter Mitwirkung der Schüler, Eltern und Lehrer in anregungsreiche Spielhöfe umzuwandeln,

– die Aus-, Fort- und Weiterbildung der Lehrer in Methoden und Techniken der freizeitkulturellen Anregung und Förderung zu intensivieren,
– die Ganztagsschule als Angebotsschule auszubauen,
– die Schulgebäude in der unterrichtsfreien Zeit für den Wohnbereich als „Freizeitstätte um die Ecke“ zu öffnen.

Opaschowski 1977, 1990/2; Vahsen 1983

→ Animation → Fächerübergreifender Unterricht K

Fremdbeobachtung → Beobachtung

Fremdsprachenmethodik

Seit Beginn der pädagogischen Bewegung machen sich Sprachwissenschaftler, Pädagogen und Psychologen Gedanken, mit welchen Methoden Fremdsprachen und deren grammatische Erscheinungen gelehrt werden sollen.
Hierbei wurden mehrere Methoden entwickelt, von denen folgende genannt seien:

a) Die synthetisch-konstruktive Methode ist ein künstliches Gebilde aus Zusammensetzungen von Wörtern und Regeln. Für sie ist die systematisch gegliederte Grammatik Vorbild.
b) Die automatisch-methodische Spracherlernung. Hier wird die Sprache als Verbindung von Wort und Regel gesehen. Beides soll unbewußt durch mechanische Übung erlernt werden. An ein Gespräch ist nicht gedacht. Wilhelm Rein (1847–1929), ein Vertreter dieser Methode, sagte: „Die Fertigkeit im Gebrauch der Sprache ist etwas der Schule Unwürdiges.“
c) Die analytische-imitative Methode versucht von der gesprochenen Sprache auszugehen und lehnt das nur mechanisierte Verfahren ab. Der Lehrer bespricht einen Text, erklärt die dazugehörende Grammatik und vertieft diese durch Übungen. Anschließend wird das System der Interlinearversion angewandt, d. h. man versucht das Deutsche Wort für Wort unter den Originaltext zu schreiben. Auf Grund dieser Niederschrift bemüht man sich erst, eine sinngemäße Übersetzung zu finden.
d) Die genetische Methode verfolgt die Wörter und grammatischen Eigenheiten bis auf ihren Ursprung zurück.
e) Die Methode der unmittelbaren Verknüpfung soll eine Verbindung der Sach- und Sprachvorstellung schaffen. Die Sprache soll nicht mehr von der Grammatik her gelernt werden, sondern aus dem Schriftgut bekannter Schriftsteller. Den Regeln sind die Beispiele voranzustellen.
f) Die Methode der Reformbewegung rückt bei der Spracherlernung die mündliche Sprachbeherrschung gegenüber dem Schriftlichen in den Vordergrund. 1898 lehnten Vertreter dieser Methode auf dem Philologentag in Wien Übersetzungen in die Fremdsprache ab und traten dafür ein, die Grammatik im Englischunterricht weitgehend zu beschränken.
g) Die vermittelnde Methode fordert vom neusprachlichen Unterricht, der humanistisches Bildungsgut beinhaltet, stofflich etwas zu vermitteln und formal zu bilden. Bei ihr bestimmt in den Unterklassen die Grammatik den Gang des Unterrichts. Die Hinübersetzung wird von ihr abgelehnt, die Herübersetzung besonders auf Mittel- und Oberstufe gefordert.
h) Die direkte Methode geht nicht von der Muttersprache aus, sondern vermittelt von Anfang an die gesprochene Fremdsprache in natürlichen Sätzen und an

Hand der Anschauung. Das Schriftbild tritt zunächst in den Hintergrund. Die Methode soll in erster Linie dazu führen, die gesprochene Sprache zu verstehen und mündlich zu gebrauchen. (Ott 1965, S. 80)

Selbstverständlich darf sich der Fremdsprachenunterricht nicht nur an einer Methode orientieren, sondern muß unter Berücksichtigung der zur Verfügung stehenden → Medien und in bezug auf Schüleralter, Schulform und Schülertyp – je nachdem, ob das visuelle, auditive oder motorische Aufnahmemoment vorherrscht – flexibel in der Methodenwahl variieren. Durch die Einbeziehung des → Sprachlabors in den Fremdsprachenunterricht erweitern sich Lehr- und Lernmöglichkeiten.

Als Hauptziel des neusprachlichen Unterrichts steht das Sprachkönnen im Mittelpunkt.

Vier wesentliche Fähigkeiten sollen hierdurch erzielt werden:

- die gesprochene Sprache soll verstanden werden,
- der Schüler soll befähigt werden, sich selbst in der Fremdsprache auszudrükken,
- der Lernende soll sich in der Fremdsprache schriftlich ausdrücken und Vorgänge festhalten können (Summary, Comment, Report etc.),
- mittelschwere fremdsprachliche Texte sollen übersetzt werden können (Version),
- in bestimmten Schulformen sind die Schüler auch zu befähigen, deutsche Texte in die Fremdsprache zu übersetzen (Translation).

→ Didaktik → Unterricht → Unterrichtsmethode O

Friedenserziehung

C. F. v. Weizsäcker bezeichnet „... den bewußt gewollten, geplant herbeigeführten Weltfrieden als Lebensbedingung des technischen Zeitalters" (1963).

Friede als Erziehungsziel muß dynamisch verstanden werden, also nicht nur als anzustrebender Zustand, sondern als andauernder Prozeß geschichtlicher Veränderungen, selbst wieder als Mittel der Konfliktregelung ohne physische und psychische Gewaltanwendung. Die Aufgabe der Friedenserziehung muß demnach die realistische Erziehung zum Frieden im beschriebenen Sinne und zur Friedensfähigkeit sein. Um dieser Aufgabe gerecht werden zu können, muß Friedenserziehung

1. umfassende Information über Bedingungen, konkrete Ursachen und Auswirkungen von Aggressionen im weitesten Sinne ermöglichen. Diese Information bedeutet z. B.

1.1 Einsicht in Kriegsursachen, Kenntnis der sozioökonomischen und sozialpsychologischen Voraussetzungen von Kriegen, welche letztere u. a. in repressiven Sozialisationsbedingungen (autoritärer → Erziehungsstil) und im aggressiven Konkurrenz- und Rivalitätsverhalten unserer extrem leistungsorientierten Gesellschaft ihre Wurzel haben.

1.2 Das Wahrnehmen und Aufnehmen von friedensgefährdenden Fakten bedarf der Ergänzung durch die Einübung in eine wache → Ideologiekritik, die sich mit gesellschaftspolitischen Strömungen und mit wissenschaftlichen Aussagen der Gegenwart auseinandersetzt, z. B. mit den verschiedenen Denkmodellen von Aggressionstheorien (→ Aggression).

1.3 Die Information rundet sich ab durch die fundierte Kenntnis realisierbarer

Friedensmöglichkeiten auf der internationalen, der gesellschaftlichen und der individuellen Ebene.

2. Friedenserziehung muß aber über die bloße Information hinausführen. Das Wissen muß in Gesinnung, Haltung umgesetzt werden als Einübung in die Friedensfähigkeit. Diese Einübung in die Friedensfähigkeit bedeutet

2.1 Bewußtseins- und Verhaltensänderung aufgrund der genannten Informationsprozesse.

2.2 Sie geschieht durch sensibles Wahrnehmen und durch selbstkritisches Erkennen der eigenen Affekte, Vorurteile, Wirkungen auf andere und der eigenen Aggressionen.

2.3 Sie zielt ab auf das Erlernen und Beherrschen von Interaktions- und Kooperationsformen zur Konfliktbewältigung im kronkreten Alltag und in der Arena öffentlicher Auseinandersetzungen.

Bernhard 1988; Callies/Lob 1987/1988; Esser 1991; Heitkämper 1976; Johannsen 1990; Nähring 1977; Roth 1981/2, Wulf 1973

→ Fächerübergreifender Unterricht → Friedensforschung K

Friedensforschung

Solange die Menschheit existiert, hat sie einen positiven, d. h. bewußt gestalteten Frieden noch nie erlebt, weil der Friede – herkömmlich verstanden als Abwesenheit des Krieges – nie über einen provisorischen Zustand hinauskam. Zu den vorrangigen Aufgaben der Friedensforschung gehören aus diesem Grund zunächst die wissenschaftliche Untersuchung der Bedingungsfaktoren und der historisch belegten wie der in Zukunft möglichen Auswirkungen von Krieg und Frieden und die Konflikt- und Aggressionsforschung. Friedensforschung bemüht sich aber auch um die Erhellung der friedensfördernden Chancen bzw. der friedensgefährdenden Faktoren, die bestimmte Ausformungen der zwischenstaatlichen Beziehungen heute in sich bergen, wie z. B. die auf militärischer Stärke beruhende Abschreckungspolitik, Übereinkommen zur Rüstungsbeschränkung und/oder Abrüstung, vertraglicher Verzicht auf bestimmte Waffensysteme (z. B. biologische Waffen), internationale Einrichtungen wie die UNO oder das Modell einer übernationalen Regierung z. B. für ein vereinigtes Europa.

Der Friedensforschung geht es also gleicherweise um Bestandsaufnahme, Ursachenforschung, spekulative Fortschreibung gegenwärtiger gesellschaftlicher und politischer Tendenzen in die Zukunft und um den Entwurf friedensichernder Modelle des Zusammenlebens. Von ihrer breitgefächerten Aufgabenstellung her versteht sich die Friedensforschung als eine wissenschaftliche Disziplin, deren Ergebnisse von der gut funktionierenden interdisziplinären Kooperation v. a. der Soziologie, Psychologie, Politikwissenschaft, Geschichtswissenschaft und Erziehungswissenschaft abhängen.

In besonderer Weise sind der Friedensforschung verpflichtet

- auf internationaler Ebene die International Peace Research Association (IPRA),
- auf nationaler Ebene z. B. die Arbeitsgemeinschaft für Friedens- und Konfliktforschung (AFK, seit 1968) und die Deutsche Gesellschaft für Friedens- und Konfliktforschung e. V. (DGFK, seit 1970).

Arend 1981; Jürgen 1989/2; Moltmann 1988; Müller-Brettel 1992; Reusch 1986; Senghaas 1971; Skuhra/Wimmer 1985; Wasmuth 1991

→ Aggression → Friedenserziehung → Konflikt K

Frigidität

bezeichnet die Empfindungslosigkeit bzw. Gefühlskälte der Frau bei sexuellen Praktiken. Die Gründe hierfür liegen meistens in einer sexualfeindlichen Erziehung und/oder mangelnder Rücksichtnahme des Sexualpartners auf das sexuelle Empfinden der Frau bzw. in dessen Unkenntnis über die sexuelle Reaktion der Frau.

→ Impotenz

K

Friktion

Als technischer Begriff bedeutet Friktion Reibung. In der → Didaktik stellt Friktion die teilweise oder gänzliche Verhinderung der Auswirkung didaktischer → Intentionen auf die Basisschicht (z. B. Schüler) dar.

B. Louis (1976) beschreibt folgende Erscheinungsformen unterrichtlicher Friktionen:

1. Zu den **offenen Friktionsformen** zählen offener Widerspruch, passiver Widerstand, unterrichtsfremde Unterhaltungen, unterrichtsfremde Aktivitäten als Ersatzhandlungen (z. B. Kritzeln, Malen).
2. **Verdeckte Friktionsformen** sind Scheinanpassung (oft als Folge von Resignation), Passivität und Überanpassung.

Als **Ursachen** für unterrichtliche Friktionen nennt B. Louis

1. **auf seiten der Schüler** z. B. „Müdigkeit, Konzentrations- und Leistungsschwäche..., ein sehr schnelles oder ein ausgesprochen langsames Denktempo", ablenkende außerschulische Ereignisse;
2. **in äußeren Umständen liegend** aktuelle Ereignisse, ungünstige räumliche oder zeitliche Bedingungen, hohe Klassenfrequenz, Störungen von außen;
3. **beim Lehrer** unangemessene didaktische und methodische Entscheidungen, persönliche Fehlhaltungen oder Eigenarten.

→ Basisfaktoren

OK

Frontalunterricht

Der Frontalunterricht stellt in erster Linie einen Lehrprozeß dar, der durch den Lehrer gesteuert wird und stoffzentriert ist. Er zielt im wesentlichen auf Gedächtnisleistung ab und versucht durch eine relativ straffe Führung den Lernenden in einer begrenzten Zeit gleiche theoretische Kenntnisse, Informationen und Lehrstoffe zu vermitteln. Der aufgezwungene Lehr- und Lernprozeß des Frontalunterrichts schaltet die unterschiedlich begabten Schüler gleich, isoliert den Einzelschüler, verzichtet auf Individualisierung der Stoffvermittlung und schließt die Lehrer-Schüler- und Schüler-Schüler-Interaktion aus. Das angestrebte Ziel des nur autoritären Frontalunterrichts ist die zu erbringende Leistung. Umsetzungsprozesse des Gelehrten und Gelernten in die Realität und in praktisches Tun erfolgen im allgemeinen nicht.

Der Frontalunterricht vernachlässigt Aktivität und Beteiligung der Lernenden am Unterrichtsgeschehen, er verzichtet auf Motivation zur gedanklichen Wendigkeit, zu selbständigem Denken und Handeln, zur Kooperation und → Kreativität. Der Schüler wird nicht befähigt, Entscheidungen zu treffen und zu revidieren.

Der Frontalunterricht, der in erster Linie bei der Vermittlung neuartiger Informationen verwendet wird und noch eine häufig angewendete Lehrform im Unterrichtsgeschehen darstellt, sollte wegen seiner Nachteile für den Schüler in den Lehr- und Lernprozeß jeweils nur kurzphasig eingefügt werden und sich mit anderen → Sozialformen des Unterrichts wie → Einzelarbeit, Partnerarbeit, → Gruppenarbeit abwechseln.

Meyer/Winzenty 1984; Wragge-Lange 1983

→ Sozialformen des Unterrichts → Unterrichtsformen K

Fruchtbarer Moment

bezeichnet, von F. Copei (1902–1945) in die pädagogische Diskussion eingebracht, den durch Wirklichkeitsbegegnung und Lernsituationen vorbereiteten Augenblick plötzlicher Erkenntnis bzw. die durch die Lernumstände zwingende Auslösung eines von Neugier getragenen Forschungs- und Erkenntnisprozesses.
Im Unterricht kommt es darauf an, nicht nur auf solche fruchtbare Momente hinzuarbeiten, sondern auch den Mut aufzubringen, sich ungeplant einstellende fruchtbare Momente nicht durch die geplante Unterrichtsvorbereitung zu überdecken. K

Copei 1965

Früherkennung, Frühförderung

Die hinreichend gesicherte Erkenntnis von der Schlüsselstellung und Langzeitwirkung frühkindlicher Entwicklung für die Gesamtentwicklung des Menschen legt Maßnahmen zur möglichst frühzeitigen Diagnose von Entwicklungs- und Teilleistungsstörungen und Behinderungen von Kindern nahe. Neben den Vorsorgeuntersuchungen, i. d. R. vom Kinderarzt durchgeführt, kommt bei der Diagnose den sog. frühpädagogischen (Förder-)Zentren und der pädagogischen Diagnostik in Kinderkrippen und Kindergärten steigende Bedeutung zu.
Früherkennung bietet die größte Chance, in Zusammenarbeit von Eltern, Ärzten, Therapeuten verschiedener Disziplinen und Pädagogen durch gezielte Frühförderung Entwicklungsverzögerungen und Behinderungen von Kindern zu korrigieren, auf jeden Fall aber zu mildern.
Frühförderung erfolgt über Aufklärungs- und Informationsarbeit, über ambulante Maßnahmen (z. B. fachkundige Elternberatung, mobile Dienste, spezielle Therapie) und über stationäre Maßnahmen (z. B. → Schulvorbereitende Einrichtungen, → Diagnose- und Förderklassen).

Olbrich 1985; Pädagogischer Ausschuß d. Bundesvereinigung Lebenshilfe 1983; Schlienger 1990; Speck/Warnke 1989/2; Strassmeier 1984/2; Tobler/Grond 1985

→ Elementarerziehung → Vorschule K

Frühlesen

von Frühlesen spricht man, wenn Kinder vor ihrem Schuleintritt lesen lernen. Die Befürworter des Frühlesens stützen sich auf Ergebnisse der Entwicklungspsychologie und Lernpsychologie, wonach die Entwicklung der Kinder im Vorschulalter durch besonders hohe Lernkapazität und den beschleunigten Aufbau der Intelligenz gekennzeichnet ist. Im Zusammenhang mit dem rasch voranschreitenden Sprachaufbau biete sich gerade in dieser Zeit parallel dazu das Lesenlernen an. Entsprechende Versuche im angelsächsischen Raum wurden seit etwa 1966 in Deutschland übernommen.

Die mit dem Frühlernen verbundene Gefahr einer einseitigen kognitiven Förderung der Kinder im Vorschulalter rief eine gegenläufige Bewegung auf den Plan, die eine Überforderung der Kinder durch übertriebene Leselernübungen befürchtet und statt dessen für eine ausgewogene alle Verhaltensbereiche umfassende Förderung der Kinder mit altersgemäßen Lernangeboten eintritt. Bedenken gegen das Frühlesen wurden auch von seiten der Grundschule angemeldet, die beim Schuleintritt der speziell geförderten Kinder ein weiteres Ansteigen des Leistungsgefälles in der ersten → Grundschulklasse verzeichnete. Die anfänglich unumgängliche Unterforderung der im Frühlesen geschulten Kinder wirkte sich zu ungunsten ihres weiteren Lernverhaltens aus. K

Frühpädagogik → Elementarerziehung → Vorschule

Frustration

bezeichnet die Tatsache, daß ein → Individuum ganz oder teilweise, vorübergehend oder endgültig daran gehindert wird, ein erwünschtes Ziel zu erreichen. Diese „Versagung" (S. Freud), z. B. Mißerfolg bei bestimmten Lernprozessen, versetzt das Individuum in einen Spannungszustand. Wenn es ihm durch gesteigerten Kräfteeinsatz nicht gelingt, den Spannungszustand abzubauen und damit auch die Frustration durch direkte konstruktive Reaktion zu überwinden, zieht sie nach Dollard u. a. (1939) zwangsläufig → Aggressionen nach sich (Frustrations-Aggressions-Hypothese). R. C. Barker u. a. (1941) sind mit ihrer Frustrations-Regressions-Hypothese der Meinung, daß Frustration eine → Regression, also ein Zurückgreifen auf längst überwundene und abgelegte Verhaltensweisen zur Folge habe (z. B. Bettnässen bei versagter Zuwendung durch die Bezugsperson). Für die erzieherische Praxis erscheint es jenseits der kontroversen wissenschaftlichen Diskussion um Ursache und Wirkung der Frustration angeraten, sowohl Aggressionen wie Regressionen, Fixierungen, Leerlaufhandlungen und offensichtlich entmutigtes Aufgeben daraufhin zu überprüfen, ob ihnen nicht frustrierende Situationen zugrundeliegen (z. B. andauernde Überforderung in einem Lernbereich). Entsprechende pädagogische Maßnahmen wie z. B. → Differenzierung und → Verstärkung könnten sich als geeignet erweisen, einer grundsätzlichen Mißerfolgsängstlichkeit vorzubeugen und die → Frustrationstoleranz zu stärken. K

Dollard u. a. 1973/5; Kornadt 1981 und 1991

Frustrationstoleranz

bezeichnet die unterschiedlich ausgeprägte Fähigkeit, → Frustrationen zu ertragen. Die Stärke der Frustrationstoleranz hängt wesentlich vom psychophysischen Gesamtzustand einer Person ab, also vom körperlichen Befinden wie von der augenblicklichen emotionalen Gestimmtheit, von der Lerngeschichte wie der Summe aller bisherigen Erfahrungen in der Auseinandersetzung mit frustrierenden Situationen, vom erworbenen Wissen wie vom Potential der verfügbaren Lern- und Problemlösungsstrategien, von der Eigenart des Selbstbewußtseins und der Ich-Stärke.

Erziehungsziel kann es angesichts der existentiellen und alltäglichen Konflikte, denen jeder Mensch ständig ausgesetzt ist, nicht sein, die damit verbundenen Frustrationen vermeiden oder immer nur sublimieren zu lernen. Das Ziel muß vielmehr die schrittweise Erweiterung der Frustrationstoleranz sein, d. h. die Fähigkeit, unlösbare Konfliktsituationen aushalten zu können und aus dem Spannungszustand des Konflikts heraus nach konstruktiven Lösungsmöglichkeiten zu suchen. Für den Erzieher ist von besonderer Bedeutung, daß er erfolgsgewohnte und mißerfolgsängstliche Schüler gleichen Leistungsanforderungen aussetzt. Ohne Kenntnis der unterschiedlichen Frustrationstoleranz seiner Schüler und ohne entsprechende, darauf abgestimmte differenzierende pädagogische Maßnahmen gerät er leicht in Gefahr, durch Hilfsangebote das Gegenteil zu erreichen. K

Führerrolle → Soziodynamische Grundformel

Führungsstile → Erziehungsstile → Unterrichtsstil

Führungszeugnis

Jede Person kann nach Vollendung des 14. Lebensjahres ein Führungszeugnis beantragen (ebenso der gesetzliche Vertreter), das Auskunft gibt über Maßnahmen für straffällige Jugendliche, die im Bundeszentralregister in Berlin eingetragen sind. **Auskunft** erhalten nur Gerichte, Justizvollzugsanstalten und Jugendämter, ausnahmsweise und bei gesichertem Schutz vor Mißbrauch wissenschaftliche Einrichtungen v. a. im Bereich der Jugendkriminologie. K

Fürsorgeerziehung → Erziehungsheim

Fundamentale, das → Elementare, das

Fundamentum → Additum

Funkkolleg

ist eine Sendereihe des Hessischen, Saarländischen, Süddeutschen Rundfunks und des Südwestfunks (Quadriga), die mit Wissenschaftlern mehrerer Fachrichtungen zusammenarbeitet und die Möglichkeit bietet, durch eine Prüfung eine Qualifikation, ein Zertifikat zu erwerben. Die Sendungen werden seit 1969 im → Medienverbundsystem ausgestrahlt.

Vgl. Fischer-Taschenbücher „Funk-Kolleg"!

→ Teleberuf → Telekolleg O

Funktionale Bildung

Im Gegensatz zur → intentionalen Bildung geht die funktionale Bildung regellos, unsystematisch, ohne gezielten Unterricht durch die den Menschen umgebende Umwelt vor sich.

→ Bildung → Formale Bildung → Milieu O

Funktionslust

bezeichnet das Verhalten vor allem von Kleinkindern, spielerisch und damit lustbetont oftmals wiederholt Tätigkeiten auszuführen, offensichtlich mit dem Zweck, Fähigkeiten der Sinne und der Motorik zu trainieren. Funktionslust gilt als Antrieb der **Funktionsspiele** (→ Spiel). K

Funktionsziel → Prozeßziel

Furcht

bezieht sich als gefühlsmäßig belastende Reaktion auf ein klar erkanntes, tatsächlich bedrohliches Ereignis. Die Furchtreaktionen reichen von Untätigkeit und Bewegungslosigkeit (Totstellreflex bei Tieren) bis zur Flucht, zur Abwehr oder zum Gegenangriff. Furcht ist gegen die eher diffus wirkende, meistens nicht auf ein faßbares Einzelobjekt oder -ereignis gerichtete Angst im alltäglichen Erlebnisablauf schwer abzugrenzen. Die Übergänge zwischen beiden sind fließend, die Wechselwirkungen offenkundig. So kann die – den Lerneifer sogar beflügelnde – Furcht vor einer ganz bestimmten Prüfung nach einigen Versagenserlebnissen in Prüfungssituationen oder aufgrund entsprechender Vorerfahrungen in der familiären Primärsozialisation in Angst umschlagen, die den Betroffenen schon bei der Vorstellung einer beliebigen Prüfungssituation z. B. in Schweiß ausbrechen läßt oder gar in seinen Lernanstrengungen lähmt.

→ Angst K

FWU

ist die Abkürzung für Institut für **F**ilm und Bild in **W**issenschaft und **U**nterricht. Das von allen Ländern der Bundesrepublik Deutschland getragene Institut entwickelt vor allem audiovisuelle Unterrichtsmedien, die über das Verleihsystem der Landes-, Kreis- und Stadtbildstellen kostenlos abgerufen werden können. K

G-Methode (Ganzheitsmethode)

Diese Methode zielt beim Auswendiglernen darauf ab, daß ganze Abläufe oder große Teilabschnitte in ihrer Gesamtheit gelesen, erfaßt und geübt werden. So wird z. B. ein Klavierstück oder ein Gedicht solange im Gesamtablauf geübt, bis es voll beherrscht wird. Diese Art des Lernens läßt → Lernerfolge im allgemeinen später sichtbar werden als bei der → T-Methode. Ganzlerner sind häufig Kinder bis zum siebten Lebensjahr und → Eidetiker.

→ Lernen O

Gang

bedeutet im englischen Sprachgebrauch je nach Zusammenhang → Gruppe, → Clique, → Bande u. a. m. Als Lehnwort im Deutschen bezeichnet es mit eher negativem Klang eine Clique oder Bande von Kindern und Jugendlichen, die gemeinsam ihre Freizeit in Abgrenzung von den allgemein üblichen Verhaltensnormen verbringen. Eine Gang unterstreicht ihre Zusammengehörigkeit in der Regel durch irgendeine Art der Uniformierung (Kleidung, Haartracht, Symbole, Gruppenkodex). Die Grenzen der Aktivität einer Gang sind fließend zwischen belästigendem und störend-aggressivem Verhalten (z. B. Motorradgang) und kriminellem Verhalten (Einbruch, Raub, Verprügeln von Passanten). Rivalisierende Gangs mit → Revieren (Streetgangs = Straßenbanden) geraten bei geringsten Grenzüberschreitungen, bei tatsächlichen, vermeintlichen oder provozierenden Beleidigungen oder schlicht wegen ihrer Andersartigkeit nicht selten aneinander. K

ganzheitlich-analytisches Verfahren → Methodenkonzeptionen des Unterrichts

Ganzheitspädagogik/Ganzheitlicher Unterricht
ermöglicht ein Lernen, in dem Wissen, Erfahrung, Denken, Fühlen und Handeln in ihrer Wechselwirkung erlebt werden können. Sie bemüht sich insofern um die Überwindung des in der Schule praktizierten kognitiven („verkopften") Unterrichts. Obwohl nicht darauf beschränkt, werden dem ganzheitlichen Unterricht die größten Chancen in Unterrichtseinheiten eingeräumt, die unmittelbar an die Bedürfnisse und die erfahrbaren Lebenswelten der Schüler anknüpfen und fächerübergreifend, also in Gesamtzusammenhängen, organisiert sind. Seine theoretischen Grundlagen bezieht der ganzheitliche Unterricht von der Ganzheitspädagogik, der Ganzheitspsychologie und der → Gestaltpsychologie.

Conrad/Kitzinger 1990

→ Erstleseunterricht K

Ganzheitspsychologie → Gestaltpsychologie

Ganzlerner → G-Methode

Ganztagsschule
Im Vergleich zur Bundesrepublik Deutschland hat sich die Ganztagsschule in vielen Ländern, vor allem in den englischsprechenden Staaten und in Frankreich, durchgesetzt. Der → Unterricht findet im allgemeinen in der Zeit von 9.00 Uhr vormittags bis etwa 16.30 Uhr nachmittags statt. Der Stundenwechsel geht nicht abrupt vor sich und die Stundenfolge vermeidet einen zu extremen Fächerwechsel. Nach Beendigung längerer Unterrichtsphasen werden jeweils Erholungsphasen eingeschoben, die der geistigen und körperlichen Entspannung dienen. Die erlernten Stoffe werden unmittelbar anschließend geübt und vertieft. Der Sinn für die Gemeinschaft, Verständnis für die Soziallage, Rücksichtnahme auf den anderen, selbständiges Denken und Handeln, Entscheidungsfreude, Aufarbeitung multikultureller Probleme, Einübung in kreative Freizeitaktivitäten werden beachtlich gefördert.
Die hohe Akzeptanz der Ganztagsschule bei den Eltern ist zurückzuführen auf die gestiegene Erwerbstätigkeit beider Elternteile, das breite Spektrum von Freizeitangeboten und die kontrollierte Erledigung von Übungs- und Hausaufgaben.
Eine weitere Aufwertung dürfte die Ganztagsschule durch die Diskussion um die Harmonisierung des europäischen Bildungssystems erfahren.
Als Bedenken gegenüber der Ganztagsschule werden aufgrund von Schulversuchen eingewendet:
- Die für die vertiefende Einübung des Unterrichtsstoffes maximal einplanbaren 8 bis 10 Zeiteinheiten (1 Zeiteinheit = 45 Minuten) pro Woche sind zu knapp bemessen.
- Außerschulische Aktivitäten der Schüler (z. B. privater Musikunterricht, Betätigung in Sportvereinen) kommen wegen des Unterrichtsschlusses um 16.30 Uhr zwangsläufig zum Erliegen.
- Kinderpsychologen erheben den grundsätzlichen Einwand, daß bei Kindern unter dem 10. Lebensjahr beim Besuch einer Erziehungseinrichtung für mehr als die Hälfte des Tages Probleme auftauchen.
- Der Zwang zur Gruppe benachteiligt jene Schüler, die lieber allein und bei freier Zeiteinteilung lernen.

- Bezüglich einer Verbesserung oder Verschlechterung der Schülerleistungen brachten die Versuchsschulen keine eindeutigen Befunde.
- Die Schulaufwandsträger werden mit erheblichen Mehrkosten von ca. 30% belastet.
- Der Lehrerbedarf liegt um 0,5 Lehrer pro Klasse höher als in der Vormittagsschule.
- An einigen Versuchsschulen sprachen die Eltern von einer Verschärfung des „Schulstreß“, obwohl die Ganztagsschule dem gerade entgegenwirken soll.

Dobart 1984; Herdt 1991

→ Heim → Schule → Tagesheimschule OK

Ganzwortmethode → Erstleseunterricht

Gastschüler

Der Begriff des Gastschülers wird sehr unterschiedlich verwendet. Im allgemeinen Sprachgebrauch versteht man hierunter den Schüler, der in einer ihm fremden Klasse zeitweilig den → Unterricht besucht und an diesem unverbindlich teilnimmt. Nach dem Schulrecht sind in den Pflichtschulen diejenigen Gastschüler, die eine → Schule außerhalb des → Schulsprengels, in dem sie wohnen, besuchen. Nach dem Schulfinanzierungsrecht sind Schüler, die außerhalb des Gebietes ihres zuständigen Schul- bzw. Sachaufwandträgers wohnen, Gastschüler. O

Gaußsche Glockenkurve

benannt nach dem Mathematiker und Astronom C. F. Gauß (1777–1855), bezeichnet die mit großer Wahrscheinlichkeit gegebene Normalverteilung empirischer Befunde. So streuen z. B. entsprechend der Normalverteilung die Werte bei der Messung des Intelligenzquotienten für eine bestimmte Bevölkerung nach den folgenden Prozentpunkten:

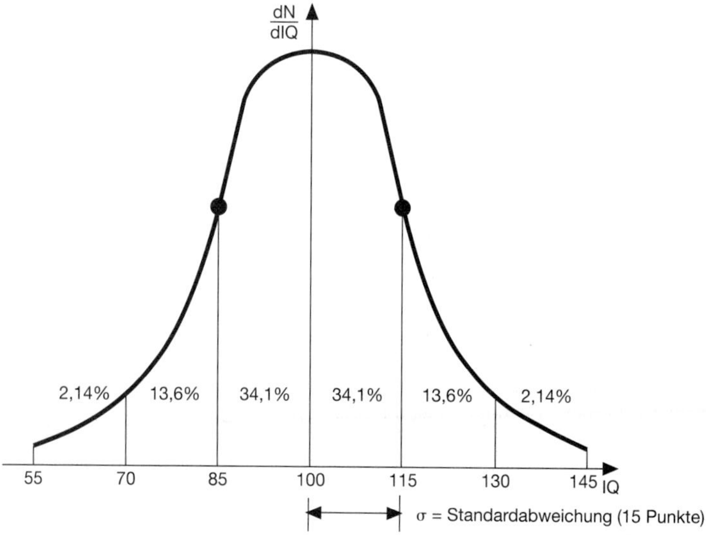

Als problematisch erweist sich die Normalverteilung, wenn sie sich nicht aufgrund empirischer Daten ergibt, sondern wenn die Wirklichkeit auf die Normalverteilung als einem statistischen Hilfsmittel hin ausgerichtet wird. Dies geschieht, wenn z. B. die Notenverteilung bei der Leistungsbewertung möglicherweise noch kriterien- bzw. lernzielorientiert vorgenommen wird, aber nachträglich nach der Normalverteilung revidiert wird. K

Gebärdensprache → Chirologie → Körpersprache

Geburtstrauma → Urangst

Gedächtnis
ist die Fähigkeit eines Organismus, Informationen je nach Art und Umständen des Aufnahmevorganges und der Wiederholungen über kürzere oder längere Zeit zu speichern und nach Bedarf aus dem Gedächtnisspeicher abrufen und wiedergeben zu können. Die informationstheoretische Forschungsrichtung innerhalb der Gedächtnispsychologie unterscheidet

- ein **Ultrakurzzeitgedächtnis** oder sensorisches Register, in dem Informationen nur für Sekunden oder Sekundenbruchteile, höchstens für 20 Sekunden, gehalten werden,
- ein **Kurzzeitgedächtnis**, dessen Speicherzeit bei höchstens 2 Stunden liegt,
- und ein **Langzeitgedächtnis** mit größerer Widerstandsfähigkeit gegen das Vergessen. Durch Vernetzung der Informationen und durch Wiederholung und oftmaligen Abruf der Informationen werden → Engramme hinterlassen.

Die Speicherkapazität des Gedächtnisses wird in bit/sec., d. h. Anzahl der aufgenommenen Informationseinheiten pro Sekunde, gemessen. Die Zuflußgeschwindigkeit von Informationen in das Gedächtnis ist im Schulalter am höchsten.
Für die Organisation von Lernprozessen ist bedeutsam, jenen Bedingungsfaktoren nachzuspüren, die eine Aufnahme von Informationen in das Langzeitgedächtnis günstig beeinflussen. Von den zahlreichen experimentellen Befunden der Gedächtnispsychologie sind für den Praktiker vor allem folgende wichtig:

1. Es wird um so mehr von einer Information vergessen, je größer der zeitliche Abstand zwischen der Informationsaufnahme (Lernen) und ihrer Wiedergabe ist.
2. → Interferenz, d. h. Überlagerung einer Information durch eine andere, erschwert ihre Aufnahme in den Gedächtnisspeicher.
3. Bei der ersten Wiederholung wird von der Gesamtinformation mehr behalten als bei nachfolgenden Wiederholungen.
4. Pausen zwischen den Wiederholungen verringern deren notwendige Anzahl bis zur fehlerlosen Wiedergabe der Information.
5. Eine Fortsetzung der Wiederholungen über die fehlerlose Wiedergabe der Information hinaus wirkt sich nicht zusätzlich hemmend auf das Vergessen aus.
6. Je differenzierter eine Information angeboten wird, desto leichter wird sie gespeichert. Je komplexer bzw. umfangreicher eine Information ist, desto mehr wächst überproportional der Lernaufwand.
7. Eine Information wird um so leichter behalten, je sinnerfüllter sie für den Lernenden ist.

8. Anfang und Ende von Informationen werden vorrangig gelernt.
9. Gedächtnisleistungen sind wesentlich abhängig von affektiven Gegebenheiten und dem psychischen und physischen Gesamtzustand des Individuums.
10. Bei der Aufnahme und Speicherung von Informationen sind die verschiedenen Gedächtnistypen zu berücksichtigen. So behält z. B. der optische Typ besonders gut das Gesehene, der akustische Typ das Gehörte, der kinästhetische Typ das mit einem Bewegungsablauf Verbundene.

Baddeley 1979; Ebbinghaus 1971; Engelkamp 1990; Flechtner 1976–1979; Foppa 1975; Heineken 1987; Norman 1973; Piaget/Inhelder 1980; Rapaport 1977; Schmidt 1990; Sinz 1978; Wender 1980; Wester 1989; Wippich 1984 und 1985

→ Behaltwert → Extinktion → Gedächtnishemmungen → Gedächtnisstörungen → Vergessen

K

Gedächtnishemmungen

Bestimmte Lernanforderungen und affektive Gestimmtheiten unmittelbar vor oder nach einem Lernprozeß können diesen hemmend beeinflussen. Nach Rohracher werden folgende Gedächtnishemmungen unterschieden:

1. Retroaktive (rückwirkende) Hemmung: Ein neuer Lernprozeß, der unmittelbar auf einen anderen folgt, setzt den Behaltwert des ersten herab.
2. Proaktive (vorauswirkende) Hemmung: Ein eben abgeschlossener Lernprozeß wirkt sich hemmend auf die Aufnahme unmittelbar folgender Informationen aus.

   Die volle Problematik der je nach Lernsituation auftretenden, unter 1. und 2. beschriebenen Gedächtnishemmungen wird vor dem Hintergrund der Anforderungen schulischen Lernens deutlich, das gleich hohe Gedächtnisleistungen über eine Vielzahl von Lernprozessen hinweg erwartet.
3. Ähnlichkeits- oder Ranschburgsche Hemmung: Die wechselseitigen Hemmungen zwischen zwei aufeinanderfolgenden Lernprozessen auf die Gedächtnisleistung sind besonders groß, wenn die Lerninhalte sich ähnlich sind.
4. Assoziative oder reproduktive Hemmung: Wenn z. B. ein bestimmter Aufgabentypus aufgrund vielfältiger positiver Lernerfahrungen assoziativ mit einer bestimmten Lösungsstrategie verbunden ist, wird er vom Lernenden zögernder mit neuen Lösungsmöglichkeiten angegangen als ein anderer, der noch nicht mit routinemäßig ablaufenden Lösungswegen verknüpft ist. Konsequenz: Übertrieben mechanische Übungen hemmen die Entfaltung der → Kreativität.
5. Ekphorische Hemmung (Ekphorie = Vorgang der Erinnerung): Wenn z. B. kurz vor einer Lernzielkontrolle oder Leistungsmessung, also einer Wiedergabe früher verarbeiteter Informationen eine neue Information im Gedächtnis gespeichert werden muß, wirkt sich dieser Vorgang hemmend auf die Wiedergabe der früher verarbeiteten Information aus.
6. Affektive Hemmung: Jeder kognitive Lernprozeß wird bezüglich seines Verlaufs und seiner Effektivität von den affektiven Begleitumständen beeinflußt. So wirken starke affektive Erregungen zwischen der Aufnahme einer Information und ihrer Wiedergabe negativ beeinflussend auf letztere.

→ Gedächtnis

K

Gedächtnisstörungen

sind im Unterschied zu den → Gedächtnishemmungen auf organisch oder psychisch bedingte Erkrankung zurückzuführen. Erinnerung und/oder Merkfähigkeit sind teilweise oder dauernd beeinträchtigt. Bei der **Amnesie** – oft als Folge einer Gehirnerschütterung – liegt ein völliger oder teilweiser Erinnerungsausfall vor. **Hypomnesie** als reduzierte Erinnerung geht oft mit Erlebnissen einher, die gefühlsmäßig überlastet sind bei gleichzeitiger Einschränkung des Bewußtseins. **Gedächtnisschwäche** ist mit der durch Gehirnarterienverkalkung verursachten Altersdemenz (→ Demenz) oder mit Hirnschädigungen durch Alkohol- und → Drogenmißbrauch sowie durch Hirnentzündung (→ Enzephalitis) verbunden.

→ Gedächtnis K

Gefühl

bezeichnet allgemein die komplexe affektive Komponente menschlichen Erlebens. Es drückt sich aus durch Lust oder Unlust, Anteilnahme oder Ablehnung, Annäherung oder Vermeidung, Liebe oder Haß usw., immer mit der Aufforderung zu Aktivität in einer bestimmten Richtung verbunden. Starke Gefühle sind von körperlichen Veränderungen wie erhöhtem Pulsschlag, verändertem Blutdruck, Wechsel der Gesichtsfarbe, Zittern usw. begleitet. Entsprechend bewirken sie auch Veränderungen des Verhaltens, die im Gesichtsausdruck, der Art der verbalen Äußerung und der Gestik manifest werden. Dabei ist die Tendenz beobachtbar, daß die Wahrscheinlichkeit, die rationale Kontrolle über Aktivitäten einzubüßen, um so größer ist, je stärker die Gefühle sind.
Über solche bloße Beschreibungen von Gefühl hinaus bemühen sich verschiedene Forschungsrichtungen mit neurophysiologischem, behavioristischem bis hin zu einem spekulativ philosophischen Ansatz, die eigentlichen Ursachen der Gefühle, ihr Zustandekommen in konkreten Situationen des Erlebens, ihre Entwicklung und ihre Funktionen aufzudecken. In der modernen Forschung ist eine Tendenz zu diesbezüglichen Erklärungen mit Hilfe des Modells kybernetischer → Rückkoppelungsmechanismen zu verzeichnen. Gefühle werden in diesem Sinne als Regulative verstanden, speziell als Regler von Wahrnehmungen, Kontaktaufnahmen und Antrieben. Für den erzieherischen Bereich sind bei der unübersehbar großen Bedeutung des emotionalen Aspekts für das menschliche Verhalten folgende Anregungen und Fakten bedenkenswert:

1. Ausschlaggebend für die Entwicklung der Gefühle scheint vor allem die enge und kontinuierliche Mutter-Kind-Beziehung während der ersten Lebensjahre des Menschen zu sein (→ Hospitalismus).
2. Gefühle spielen eine nicht zu unterschätzende Rolle bei dem Aufbau des Selbstwertgefühls und des Selbstbewußtseins, bei der Gewinnung und Erhaltung der → Ich-Identität.
3. Gefühle sind die unabdingbare Voraussetzung für die Kontaktnahme mit der Umwelt, wobei der gefühlsmäßig erfaßte individuelle Bedeutungsgehalt des Begegnenden über das nachfolgende Engagement entscheidet.
4. Gefühle sind Gradmesser der emotionalen Atmosphäre, sie können Regulative bei Konflikten sein. Das eigentliche Problem in der erzieherischen Praxis besteht darin, Konflikte zur Bearbeitung zuzulassen und die Fähigkeit zu trainieren, aktuelle Gefühle situationsangemessen ausdrücken zu können.
5. Aus den vorangegangenen Punkten ergibt sich die Notwendigkeit, in der

Schule eine Integration affektiver und kognitiver Lernziele durch problemorientiertes Lernen und durch Bearbeitung der emotionalen Sphäre herzustellen und auf diese Weise den Abbau eines überzogenen Leistungsprinzips und des – Kommunikation blockierenden – Rivalitätsprinzips einzuleiten. Eine positive Beeinflussung der emotionalen Atmosphäre gewährleisten ferner die Einübung und taktvolle Beherrschung von → Feedback-Regeln, Einbezug von → Gruppenarbeit und von Entfaltungsmöglichkeiten für kreative Eigeninitiative, die Praxis des sozialintegrativen → Erziehungsstils, das → Spiel in all seinen Formen, regelmäßige informelle Tests als Stimmungsbarometer usw.

Casriel 1975; Cofer 1979; Fuchs-Levy/Greulich-Janssen 1991; Harnisch 1984; Heitger/Schirlbauer 1992; Oerter/Weber 1975; Schumann/Stimmer 1987

→ Gemüt K

Gegenkonditionierung

bedeutet den Versuch, durch → Konditionierung neuen Verhaltens unerwünschtes früher konditioniertes Verhalten zu löschen und damit eine Verhaltensänderung herbeizuführen.

Beispiel: Ein Kind hat sich angewöhnt, durch Schreien und Zornausbrüche die Aufmerksamkeit der Eltern auf sich zu ziehen. Dieses unerwünschte Verhalten kann nun dadurch gelöscht werden, daß es durch Ignorieren (= Nichtbeachtung) übergangen wird und gleichzeitig ruhiges Verhalten durch Zuwendung verstärkt und damit aufgebaut wid (= Gegenkonditionierung).

→ Verhaltensmodifikation → Verhaltenstherapie K

Gegenübertragung → Psychoanalyse → Übertragung

Gehirn

Das Gehirn ist die zentrale Steuerungsinstanz des menschlichen Organismus und insbesondere das Organ der geistigen Funktionen des Menschen wie → Bewußtsein, → Denken, Informationsverarbeitung und → Gedächtnis. Die → Evolution des Geistes war die maßgebliche Ursache für die Entwicklung des Menschen.

Nach der **Neuronentheorie** besteht das ganze Nervensystem aus Nervenzellen (Neuronen), die über Synapsen (Kontakt-, Umschaltstellen) miteinander verbunden sind. Das Gehirn des Menschen weist drei Hauptbereiche auf:

- Vom **Stammhirn** aus werden die automatischen Lebensfunktionen wie Atmung, Blutkreislauf und angeborene instinktive Reaktionen gesteuert.
- Das **Kleinhirn** ist für das körperliche Gleichgewicht und das Zusammenwirken von Muskeln bei Bewegungen zuständig.
- Das **Großhirn** – der nach Masse und Leistung gewichtigste Teil des Gehirns – hat die Aufgabe der Informationsverarbeitung; er ist Träger von Bewußtsein, Denkvermögen und Gedächtnis. Die zwei halbkugelartigen Teile des Großhirns (Hemisphären) steuern kreuzweise die Funktionen der beiden Körperhälften; so ist z. B. die linke Gehirnhemisphäre für die rechte Körperhälfte zuständig. Ferner sind in den Hemisphären verschiedene Fähigkeiten und Funktionen lokalisiert:
  - Die linke Großhirnhemisphäre steht für Zahl, Wort, Fakten, Analyse, Taktik, Logik, das Detail und das Schema; sie arbeitet digital.

- Die rechte Großhirnhemisphäre ist zuständig für Bilder, Meinungen, Synthese, Strategie, Intuition, Vision, ganzheitliche Auffassung; sie arbeitet analog.

Hemisphärendominanz (= Vorrang der rechten oder linken Großhirnhälfte) entscheidet über die **Lateralität** (= Seitigkeit im Sinn des bevorzugten Gebrauchs von Organen und Gliedmaßen, am häufigsten diskutiert im Zusammenhang mit Rechts- oder Linkshändigkeit).

Carrier/Mittelstraß 1989; Eccles 1990 (2x); Eccles/Robinson 1991; Pöppel 1989; Popper/Eccles 1991; Springer/Deutsch 1991

→ Denken → Elektro-Enzephalogramm → Enzephalitis → Gedächtnis → Gedächtnishemmungen → Gedächtnisstörungen K

Gehirnentzündung → Enzephalitis

Gehörlosenpädagogik → Sonderpädagogik

Gehorsam

bedeutet ein aufmerksames Hinhören auf einen Anspruch und die bewußte und nach kritischer Prüfung folgeleistende Antwort auf diesen Anspruch. Gehorsam in diesem Sinne ist eine Fähigkeit, die eingeübt werden muß und deshalb eine Aufgabe im erzieherischen Feld darstellt, um so mehr als Autoritäten, auch die Autorität des Erziehers, ihre Legitimation im Gehorsam der Bezugspartner als Folge von Anerkennung finden. Da Gehorsam eine Fähigkeit ist, die Entwicklung und schließlich selbstverantwortliche Reife voraussetzt, sind im Erziehungsprozeß Situationen unvermeidbar, in denen der Erzieher dem jungen Menschen ein Folgeleisten zur Abwendung existentieller Gefahr (z. B. Einhalten von Straßenverkehrsregeln) oder zur bestmöglichen Förderung seiner personalen Entfaltung (z. B. Durchstehen ungeliebter Lernprozesse) abverlangen muß. Um allerdings den pädagogischen Bezug und die Anerkennung seiner Autorität nicht zu belasten, sollte der Erzieher in solchen Fällen den Folgeleistenden über seine Motive und Absichten nicht im Unklaren lassen.

Das Verständnis des Gehorsams wird pervertiert, wenn ein Folgeleisten mit physischer oder psychischer Gewalt oder durch Liebesentzug erzwungen wird.

→ Autorität → Erziehungsstile K

Geisteswissenschaftliche Pädagogik

verbunden mit den Namen von W. Dilthey, H. Nohl, Th. Litt, E. Weniger, E. Spranger und W. Flitner u. a., wurde Ende des 19. Jahrhunderts und in der ersten Hälfte des 20. Jahrhunderts mit nachhaltiger Wirkung auf die Praxis entwickelt. Sie versucht – im Unterschied zur → empirischen Erziehungswissenschaft – die Erziehungswirklichkeit vorrangig mit den Methoden der → Hermeneutik zu erfassen. Nach Dilthey ist der Gegenstand der Geisteswissenschaften „der Mensch, die Gesellschaft und die Geschichte". Gegenstand der geisteswissenschaftlichen Pädagogik ist demnach die Entwicklung menschlichen Handelns im erzieherischen Kontext, das durch Sinnverstehen zu erschließen ist. Die im hermeneutisch-historischen Vorgehen für die erzieherische Praxis abgeleiteten, überzeitlich gültigen Handlungsempfehlungen brachten der geisteswissenschaftlichen Pädagogik nicht zu Unrecht den Vorwurf des Traditionalismus ein. Heutige Positionen der geisteswissenschaftlichen Pädagogik haben die als notwendiges Korrektiv wirkende Methodologie der empirischen Erziehungswissenschaft längst in ihr Wissenschaftsverständnis miteinbezogen. K

Geistigbehindertenpädagogik → Sonderpädagogik

Gemeinschaftsschule

bezeichnet im Unterschied zu den Bekenntnis- oder Konfessionsschulen die heutigentags im öffentlichen Schulwesen übliche Praxis, Schüler mit unterschiedlicher Religion gemeinsam zu unterrichten, ausgenommen im Religionsunterricht. K

Gemischtes Programm → Programmierte Instruktion

Gemüt

wird einerseits als umfassende Bezeichnung für alle emotionalen Erlebnisweisen des Menschen verstanden, andererseits als Inbegriff vertiefter und/oder relativ überdauernder Gefühlsstimmungen und Werthaltungen als personaler Grundhaltung.

→ Gefühl K

Gen → Genom/Genommutation

Genauigkeits-Speed-Test → Power-Test

Generalisierung

bezeichnet den Vorgang der Verallgemeinerung von Aussagen, die in der Regel auf einer geringen Anzahl gleichlautender Erfahrungen beruhen. Bei den Lerntheoretikern bedeutet Generalisierung (Generalisation) die Tatsache, daß → Reaktionen, die sich auf bestimmte → Reize hin als erfolgreich erwiesen haben, auch auf ähnliche Reize hin vorrangig auftreten (Reaktionsgeneralisierung). Ein Schüler wird in diesem Sinne z. B. eine Mathematikaufgabe, die einer erfolgreich bewältigten ähnelt, mit derselben Lösungsstrategie angehen wie jene.

Von Reizgeneralisierung ist die Rede, wenn der Reiz selbst auf ähnliche Reize ausgeweitet wird, z. B. die mit Angst verbundene Begegnung mit einer Spinne auch angstbesetzte Reaktionen vor ähnlichen Krabbeltieren auslöst. K

Generationskonflikt

bezeichnet formal den Vorgang der Auseinandersetzung zwischen der heranwachsenden jugendlichen Generation und der Erwachsenengeneration. Der viel zitierte Ausspruch von Sokrates „Die Jugend ist unhöflich, sie achtet die Autorität nicht, sie schwätzt anstatt zu arbeiten“ spricht stellvertretend für unzählige ähnliche historische Zeugnisse dafür, daß der Generationskonflikt eine Erscheinungsform menschlichen Zusammenlebens ist, die auf nachweisbaren Gesetzmäßigkeiten beruht.

Als Gründe des offensichtlich verschärften Generationskonflikts in der heutigen Gesellschaft werden genannt:

1. Vom entwicklungspsychologischen Standpunkt aus stellt sich der Generationskonflikt als notwendiges Ablösungs- und Trennungsritual von der elterlichen Autorität dar, welches in der Regel mit der → Pubertät beginnt.
2. Die mit der hochindustrialisierten Gesellschaft verbundene Auflösung der überschaubaren und durchschaubaren Einheit Familie und die Abkoppelung des beruflichen Bereiches vom Familienbereich brachte einen Schwund an Verständnis der Generationen füreinander mit sich, welches an das Miterleben des jeweils anderen gebunden ist.
3. Das neue → Autoritäts- und Gesellschaftsverständnis der jugendlichen Generation, das vor allem Sachkompetenz und → Emanzipation gegenüber Amtsautorität und kritikloser Anpassung fordert, muß zwangsläufig auf den Widerspruch der älteren Generation stoßen.
4. Die Phase der Abhängigkeit und eingeschränkter Rechte ist für die heranwachsende Generation mit der steigenden Ausweitung der Lernphasen immer länger geworden bei gleichzeitiger Beschleunigung der sexuellen Reifung.

Adick/Reiling 1979; Weber 1986

→ Peer-group K

Genese

bezeichnet allgemein den Vorgang des Werdens, der Entwicklung oder Entstehung, z. B. eines Individuums oder auch einer Situation oder einer Verhaltensweise.

Von **multifaktorieller Genese** wird gesprochen, wenn verschiedene Faktoren verursachend und bestimmend an einer Entwicklung Anteil haben. So ist z. B. die Entwicklung von Verhaltensstörungen in der Regel auf das kombinierte Auftreten ungünstiger Einflüsse zurückzuführen, etwa auf das Zusammentreffen beengter Wohnverhältnisse mit großer Geschwisterzahl und autoritärem Erziehungsstil der Eltern. K

Genetik

bezeichnet die Wissenschaft von der Vererbung physischer und psychischer Merkmale. Die klassische Genetik wurde 1865 von dem Augustinermönch G. Mendel begründet, der grundlegende Vererbungsgesetze durch Kreuzungsversuche mit Pflanzen entdeckte. Ihre entscheidende Wende im Forschungsansatz erfuhr die Genetik durch die Entdeckung der → Desoxyribonucleinsäure 1934 (molekulare Genetik), wodurch in den Mittelpunkt der Forschung die Frage rückte, wie die Entwicklung von Merkmalen durch die biochemische Zusammensetzung der → Chromosomen beeinflußt bzw. festgelegt wird.

Bresch/Hausmann 1972; Connor/Ferguson-Smith 1988; Gottschalk 1989; Günther 1991; Hagemann 1991; Knippers 1990; Kollmann 1984; Suzuki 1991

→ Humangenetik K

Genetische Methode

Der Schüler soll einen Sachzusammenhang durch Nachvollzug seiner Entstehung selbständig bzw. mit Hilfe geringfügiger Anleitung durch den Lehrer und gegebenenfalls in Kooperation mit anderen Schülern erschließen.

→ Entdeckendes Lernen → Entdecken-lassende Unterrichtsformen K

Genfer Schule

bezeichnet eine vor allem von E. Claparede und J. Piaget bestimmte psychologische Forschungsrichtung auf dem Gebiet der Entwicklungspsychologie. Die insbesonders von Piaget mit Hilfe seiner → Klinischen Methode gewonnenen Erkenntnisse z. B. zur Entwicklung der Intelligenz wirkten sich nachhaltig auf die Entwicklungspsychologie aus. Vgl. → Denken und → Intelligenz! K

Genitale Phase

Die genitale Phase ist nach S. Freuds Auffassung nach der → oralen, → analen, ödipalen (phallischen → Ödipuskomplex) und der → Latenzphase die letzte Stufe der psychischen Entwicklung des Menschen. Sie beginnt mit der → Pubertät und ist durch das stark sexuell gefärbte Interesse am anderen Geschlecht gekennzeichnet. K

Genom/Genommutation

Genom bezeichnet die Gesamtheit aller Gene (Erbfaktoren) eines Organismus. Durch Genommutation wird die normale Chromosomenzahl eines Individuums (46) entweder durch eine Überzahl (→ Trisomie) oder durch eine Minderzahl (Monosomie) der → Chromosomen verändert.

→ Klinefelter-Syndrom → Mongolismus → Turner-Syndrom K

Genotyp (Genotypus)

Der Begriff Genotyp ist eine hypothetische Bezeichnung für die Gesamtheit aller erbmäßig verankerten Anlagen in einem Lebewesen. Nach der → Zwillingsforschung wird angenommen, daß der Genotyp bei eineiigen Zwillingen identisch und bei zweieiigen Zwillingen wie bei den sonstigen Geschwistern zur Hälfte identisch ist. Der Genotyp ist zu unterscheiden vom → Phänotyp (ein durch Erbanlagen und Umwelteinflüsse geprägter Organismus). In der Literatur wird, wie z. B. bei Rohracher, mitunter der Begriff Persönlichkeit dem Phänotypischen zugeordnet. O

Geriatrie

bezeichnet den Gegenstandsbereich der Altersmedizin (Synonym).

Gerichtspsychologie → Forensische Psychologie

Germinalstadium → pränatal

Gerontologie

ist die Wissenschaft vom Altern. Sie etablierte sich als Zweig der Psychologie erst seit Beginn des 20. Jahrhunderts aufgrund der stetig steigenden durchschnittlichen Lebenserwartung des Menschen. Die Gerontologie als empirische Wissenschaft untersucht die biologischen, individual- und sozialpsychologischen Veränderungen, denen der alternde Mensch ausgesetzt ist. K

Oswald 1991; Platt 1983–1990; Thürkow 1981

Gesamthochschule → Hochschule

Gesamtnote → Leistungsbewertung → Leistung

Gesamtschule

Der Begriff kennzeichnet allgemein die Zusammenfassung verschiedener Schularten und Schulformen in einem Schulkomplex. Dem Aufbau entsprechend wird nach der ‚ingetrierten Gesamtschule' und der ‚kooperativen Gesamtschule' – auch ‚additive Gesamtschule' genannt – unterschieden. Als ‚integrierte Gesamtschulen' bezeichnet man Schulen, die mindestens die Klassen 5 bis 10 der drei bisher organisatorisch und inhaltlich voneinander getrennten Formen des allgemeinbildenden Schulwesens – Hauptschule, Realschule und Gymnasium – in einem nach Kern- und Kursfächern gegliederten Unterricht zusammenführen (→ Kern- und Kursunterricht). ‚Kooperative Gesamtschulen' fügen bisher voneinander getrennte Schulformen und Schularten räumlich in einer lockeren Schulorganisation zusammen und geben die Möglichkeit zur Kooperation zwischen Schülern, Lehrern, Eltern und Schulleitern. Sie bemühen sich um größtmögliche Durchlässigkeit und haben, um den Schülern den Wechsel von einem Schulzweig zu einem anderen zu erleichtern, Förderstufen eingerichtet. OK

Borchers 1990; Fend 1982; Haft 1989; Krecker u. a. 1986

Gesamtunterricht

Der Gesamtunterricht ist ein sich auf → Konzentration gründender, ungefächerter Unterricht, bei dem Stoffteile verschiedener Sachgebiete zu unterrichtlichen Einheiten vereinigt werden. Didaktisch gesehen, versucht er, Kind und Umwelt in Beziehung zu setzen. Von der psychologischen Seite her ist der Gesamtunterricht der Versuch, Eindruck und Ausdruck des Kindes zu einer Einheit werden zu lassen. Der Gesamtunterricht als Anfangsunterricht setzt voraus, daß der Schulanfänger seine eigene Person und seine Umwelt noch als eine Einheit betrachtet. Berthold Otto und Johannes Kretschmann gehen von einem freien Gesamtunterricht aus, in dem das Kind auch im freien Gespräch aufgrund der von ihm gestellten Fragen als Ausgangspunkt unter der Führung eines Lehrers Erkenntnisse gewinnt und Einblick in Kultur, Natur usw. vermittelt bekommt.
Durch den Gesamtunterricht wird ein Verweilen in einem bestimmten Lebenskreis bewirkt. Maßgebend sind hierbei nicht die Fachstoffe, sondern die Themen, die Sacheinheiten. Jedoch hat jeder Gesamtunterricht ein Leitfach, von dem aus bestimmt wird, inwieweit Stoffe anderer Fächer einzubeziehen sind. So wäre z. B. das Leitfach zum Thema „Landkreisreform" die Sozialkunde, wobei Stoffbereiche der Erdkunde, der Geschichte, der Betriebswirtschaftslehre, des Deutschen miteinbezogen werden müßten.

Muthig 1978; Prögel Praxis 165/1991

→ Unterricht → Unterrichtsformen O

Geschichte der Erziehung/Pädagogik

betreibt die wissenschaftliche Erforschung der Bildung und Erziehung im historischen Wandel als Teil eines bestimmten Lebens- und Weltverständnisses. Die Erziehungswirklichkeit wird also eingebunden in die wissenschaftliche, weltanschauliche, kulturelle, soziale, wirtschaftliche und politische Entwicklung untersucht. Die Geschichte der Pädagogik dient dem Verständnis vergangener und der

Erklärung gegenwärtiger Erziehungswirklichkeit, der Überwindung unbefragt übernommener Traditionalismen und dem Entwurf zukünftiger Erziehungsmodelle in der Kontinuität und in der Auseinandersetzung mit der Vergangenheit. Notwendig sind dabei pädagogische Ideengeschichte **und** Geschichte der Erziehungswirklichkeit, die Geschichte bedeutender Pädagogen mit ihren theoretischen Entwürfen **und** die Geschichte der einer bestimmten Erziehung ausgesetzten Kinder.

Blankertz 1982; Driesch/Esterhues 1964 und 1967; Fischer/Löwisch 1989; Reble 1989; Scheuerl 1985; Tenorth 1988; Weimer 1992; Winkel 1987

→ Erziehungswissenschaft → Pädagogik K

Geschicklichkeit

bezeichnet das erreichte (geringe, ausreichende, mittelmäßige, hohe) Ausmaß einer körperlichen oder geistigen Fähigkeit, eine Aufgabe zu bewältigen.

→ Skill K

Geschlechterrolle/Geschlechterstereotyp

bezeichnet die Gesamtheit typischer geschlechtsspezifischer Verhaltensweisen von Mann und Frau, die sie aufgrund ihrer unterschiedlichen psycho-sexuellen Entwicklung erworben haben und verwirklichen.

Die überkommenen stereotypen Vorstellungen (→ Stereotyp) vom geschlechtsangemessenen Verhalten sorgen während des Sozialisationsprozesses in Kindheit und Jugendalter grundlegend dafür, daß bei Mädchen und Jungen durch die Verstärkung unterschiedlicher Interessenrichtungen auch unterschiedliche Verhaltensweisen begünstigt werden. Während z. B. Mädchen eher in Richtung von Anpassung, Anschmiegsamkeit, Abhängigkeit, also aggressionsgebremst erzogen werden, „zielt das Aggressionstraining der Jungen auf soziale Durchsetzung" (Schmidtchen 1978). Wie Schmidtchen weiter ausführt, „interessieren sich Männer – mit Auswirkungen auf ihre Erziehungspraxis (d. V.) – mehr für Technik, Sport und Naturwissenschaften, Frauen mehr für den gesamten häuslichen Bereich, wozu auch die Liebe zu Pflanzen gehört, ferner für Mode, die Selbstpräsentation, für Kinder, gesundheitliche und medizinische Fragen. Frauen werden auf Einfühlung, Interesse für andere Menschen, auch im pädagogischen Sinne, trainiert und für alle musischen Dinge: Bücherlektüre, kulturelles Leben, Musik und Tanz eingeschlossen.

Die religiöse Sozialisation ist bei Frauen wesentlich ausgeprägter." Aus der geschlechtsspezifischen Sozialisation folgt zwingend, daß sich auch die Statuspositionen von Mann und Frau in unserer Gesellschaft unterscheiden. Entsprechende Untersuchungen lassen einen Statusneid der Frauen erkennen. Nach Schmidtchen bedeutet „Abhängigkeit in einer Gesellschaft, die Autonomie predigt, Streß für das Persönlichkeitssystem." Dem Gesagten gegenüber dürfen nicht die Tendenzen übersehen werden, die gerade in der heutigen Zeit in bezug auf die Emanzipation der Frau erkennbar sind. Die total veränderte Einstellung von jungen Frauen und Männern zum beruflichen und politischen Engagement der Frau oder gegenüber dem praktizierten sexuellen Verhalten wie vorehelicher Verkehr, Empfängnisverhütung und Schwangerschaftsunterbrechung möge hier nur als Beispiel stehen. K

Gesellschaft

Im Zusammenhang mit dem erzieherischen → Feld bezeichnet Gesellschaft den mittelbar und unmittelbar wirkenden Bezugsrahmen des Individuums, innerhalb dessen sich die Prozesse der → Sozialisation, → Enkulturation und → Personalisation des Einzelnen in Wechselwirkung mit den Gegebenheiten und Anforderungen der Gesellschaft ereignen. Als Merkmale der Gesellschaft in diesem Sinne gelten das örtliche, meist institutionell organisierte Zusammenleben von Menschen, die arbeitsteilige Struktur dieser sozialen Großgebilde und eine Mindestübereinstimmung bezüglich gemeinsamer kultureller Werte wie Sprache, Normen, Spielregeln des alltäglichen Zusammenseins usw.

Die Art und Weise der Integration des Einzelnen in die Gesellschaft durch Anpassung und kritische Auseinandersetzung und die Veränderung bestehender Gesellschaftsverhältnisse durch den Abbau von Fremdbestimmungen stellen das zentrale Problem der Erziehung schlechthin dar. K

Brinkmann 1980; Durkheim 1984; Erikson 1984; Fritsch/Kozdon 1990; Horkheimer 1981; Luhmann 1992; Nikles/Weiß 1975; Parsons 1975; Popper 1980 (2x); Rösel 1972

Gespräch

Die Lautartikulation, das Aneinanderreihen von Gesprochenem in sinnvoller Form führt zur Urform der Sprache. Die Formgebung, die Strukturierung des Sprechens und die überlegte, gezielte Wortwahl, die Verwendung und Gliederung von Sätzen ergibt die für den Menschen so bedeutende Kommunikationsform des Gesprächs, das auch im Unterricht eine wesentliche Rolle spielt. Das Gespräch dient der Gedankenübermittlung, der geistigen Auseinandersetzung, der Vermittlung von Information und ist für die menschliche Bildung konstitutiv. Es legt den Grund für sachliche, selbständige Meinungsäußerung und kann als Mittel zur Eingliederung in die Gemeinschaft und soziale Organisation verstanden werden.

Im Gegensatz zum freien Gespräch steht das gebundene, sich an bestimmte Aussagen oder Betrachtungen anschließende Gespräch. Es erfordert Interesse, Selbstdisziplin und Verständnis dem anderen gegenüber, sachliche Einschätzung der Probleme, die Kunst des Zuhören-Könnens, den Mut, die eigene Überzeugung darzulegen, die Fähigkeit, das Wichtige vom Unwichtigen zu trennen, die richtigen Worte im Verlauf des Gespräches zu wählen und logisch denken zu können.

Ethik, Technik und Methodik des Gesprächs werden durch den Gesprächsführer und die Gesprächspartner bestimmt. Das Niveau des Gesprächs resultiert aus Vorbildung, Begabung, Kenntissen, Erkenntnissen, Urteilsfähigkeit, rhetorischer Begabung, Beruf, Erfahrung und Alter des Adressatenkreises. Sobald der Gesprächskreis zahlenmäßig zu groß ist und sich mehr als dreißig Teilnehmer zusammenfinden, ist das auf Nähe, Kontakt und persönlichen Bezug aufgebaute Gespräch nicht mehr möglich. Der Gesprächsführer wird abgelöst vom Redner oder Vortragenden. In Theorie und Praxis wurden eine Anzahl von Schemata entwikkelt, die für das Gespräch angewendet werden können. E. Müller stellt z. B. folgende fünf Gesprächsstufen auf: Auslösung, Entfaltung, Ordnung, Klärung und Entscheidung. Für jede Gesprächsart lassen sich gesprächsformspezifische Ordnungs- und Stufungsformen aufstellen.

Die üblichen Gesprächsformen faßt Franz Pöggeler (1964) wie folgt zusammen:

„I. Informations- und Lehrformen des Gesprächs:

a) Das gewöhnliche Lehrgespräch

b) Das Erfahrungsgespräch
c) Das Erkundungsgespräch (u. U. Interview)
d) Das Wiederholungs- oder Erinnerungsgespräch
e) Die Sachverständigenbefragung
f) Die Aussprache oder das Kommentargespräch
g) Das Erkenntnis- und Bekenntnisgespräch

II. Kampfformen des Gesprächs:
a) Das freie Streitgespräch
b) Die Diskussion
c) Die Debatte
d) Die Disputation

III. Spielformen des Gesprächs:
a) Das Stegreifgespräch
b) Das Rollengespräch
c) Das Quiz
d) Das Puppenspiel

IV. Sozialformen des Gesprächs:
a) Das Zwiegespräch
b) Das Gruppengespräch
c) Das Rundgespräch
d) Das Podiumsgespräch
e) Das Publikumsgespräch"

Heckmann 1981; Maeck 1990; Panzenböck 1979; Ritz-Fröhlich 1982; Stierle/Warning 1984; Thiele 1981, 1983

→ Debatte → Diskussion → Gruppe → Planspiel → Referat → Rollenspiel → Vortrag

OK

Gesprächsführung, partnerzentrierte

Die partnerzentrierte Gesprächsführung verfolgt die Absicht, einem Menschen in einer problemhaltigen Situation durch eine entsprechende Gesprächshaltung die Möglichkeit anzubieten, sich aussprechen zu können und dabei sich selbst in seiner besonderen Situation evtl. besser erkennen und annehmen zu können. Der in erster Linie zuhörende Gesprächspartner leistet also **Hilfe zur Selbsthilfe in einer partnerschaftlichen Begegnung.** Dies schließt Verhaltensweisen aus, die den das Gespräch Suchenden in Abhängigkeit vom Gesprächsführer bringen. Ebenso blockieren Ratschläge oder Identifikationen mit dem Problem des Gesprächspartners (→ Übertragung) den Prozeß der Selbstwahrnehmung und Selbsterkenntnis.

Demgegenüber sind für die partnerzentrierte Gesprächsführung v. a. folgende Verhaltensweisen förderlich:

1. Aktives Zuhören, womit ein voll aufmerksames, dem Gesprächspartner zugewandtes Zuhören gemeint ist, das dem Sprechenden (auch durch Gestik und Mimik) anzeigt, daß er verstanden und angenommen wird.
2. Einfühlung (→ Empathie) in die Situation des Sprechenden und Verbalisieren (= in Worten ausdrücken) der wahrgenommenen Gefühle des Sprechenden.
3. Akzeptieren des Sprechenden in seiner Situation ohne Vorbehalte, d. h. ohne zu werten oder gar zu moralisieren.

4. Paraphrasieren der Aussagen des Sprechenden, worunter die sinngemäße Wiederholung des Gehörten zu verstehen ist. Das Paraphrasieren hilft Wahrnehmungsfehler zu beseitigen und es hält evtl. den Berichtenden an, seine Aussagen und damit seine Selbstwahrnehmung zu präzisieren.
5. Grundsätzlich positive Wertschätzung des Gesprächspartners und Echtheit jeder Verhaltensweise, die der Gesprächsführer in das Gespräch einbringt.

Funkkolleg Beratung in der Erziehung 1975 f.; Gordon 1989 (2x); Mucchielli o. J.; Rogers 1991; Schwäbisch/Siems 1977; Weber 1991; vgl. auch Literatur bei Gesprächstherapie!

→ Gespräch → Gesprächstherapie K

Gesprächskreis

Als → Aktionsform in der Kindergartenpraxis und im schulischen Unterricht kommt er dem Mitteilungsbedürfnis der Kinder entgegen und fördert durch die sozusagen nebenbei erfolgende Einübung in Gesprächsregeln die Sprachhandlungs- und Kommunikationsfähigkeit der Kinder. Wenn der Gesprächskreis nicht zu einem Forum für Geschwätzigkeit und Selbstdarstellung entarten soll, sind im aktuellen Vollzug Gesprächsregeln zu entwickeln wie aufmerksames Zuhören, auf die Gesprächsbereitschaft anderer achten, taktvolles Nachfragen, am Thema bleiben, den anderen zugewandt sprechen. Die Hochform des Gesprächskreises ist erreicht, wenn zunehmend Elemente der → Metakommunikation miteinbezogen werden, vor allem die Reflexion über die Beziehungsebene des Gesprächs. K

Gesprächs-(psycho-)therapie

bezeichnet die von C. Rogers 1942 erstmals vorgestellte Therapieform, die sich für die Bearbeitung der psychischen Probleme der Klienten vor allem der **partnerzentrierten → Gesprächsführung** bedient. Synonyme Bezeichnungen sind klienten- oder personenzentrierte Gesprächspsychotherapie und nichtdirektive Psychotherapie. Erklärtes Ziel der Gesprächstherapie ist es, den an einer Nichtübereinstimmung von Erfahrung und Selbst leidenden Menschen (mit der Folge von z. B. Unsicherheit, Kontaktstörungen, Ängsten, psychosomatischen Beschwerden) zur Selbstexploration und Selbsthilfe in einer von → Empathie und positiver Zuwendung und Echtheit getragenen Gesprächsatmosphäre anzuleiten.
Bei besonders gehemmten Klienten, vor allem Kindern können Spielsituationen (z. B. Sceno-test (→ Projektionstest), Kasperltheater, → Rollenspiele, Zeichnen und Malen) zur Gesprächsbereitschaft verhelfen. K

Biermann-Ratjen u. a. 1991; Bommert 1987; Finke/Teusch 1991; Höder 1992; Minsel 1979; Rogers 1978; Swildens 1991; Tausch/Tausch 1990; vgl. auch Literatur bei Gesprächsführung, partnerzentrierte!

Gestaltgesetze

erklären nach Ansicht der → Gestaltpsychologie, weshalb und unter welchen Umständen Phänomene der Wirklichkeit als (gute) Gestalt bzw. als Ganzheit wahrgenommen werden.
Das **Prägnanzgesetz** hält die Tatsache fest, daß sich jede psychologische Organisiertheit auf einen Zustand hin bewegt, der sich durch Prägnanz, d. h. durch einfache und klare Strukturiertheit, auszeichnet. Das Ziel ist die „gute Gestalt", deren Merkmale u. a. eben Einfachheit, Regelmäßigkeit, Stabilität und Klarheit

sind. Diesem Prägnanzgesetz dienen eine Reihe von **Hilfsgesetzen** (Auswahl): Das **Gesetz der Nähe** besagt, daß Wahrnehmungselemente dann am ehesten zu einer Gestalt zusammengefaßt werden, wenn sie sich räumlich und/oder zeitlich nahe sind.
Nach dem **Gesetz der Ähnlichkeit/Gleichheit** werden ähnliche/gleiche Wahrnehmungselemente eher als zusammengehörig erlebt als unähnliche/ungleiche.
Das **Gesetz von Figur und Grund** erklärt die Wahrnehmung von Figuren (= Gestalten) vor einem diffusen Hintergrund (z. B. Sternbilder am Sternhimmel); vgl. → Figur-Grund-Wahrnehmung!
Nach dem **Gesetz der Geschlossenheit** werden fehlende Teile einer im Ansatz erkennbaren Figur in der Vorstellung zur „guten" Gestalt ergänzt.
Das **Gesetz der guten Fortsetzung** sorgt dafür, z. B. in einer komplizierten technischen Zeichnung eine Linie bis an ihr Ende verfolgen zu können.
Nach dem **Gesetz der gemeinsamen Bewegung** schließen sich solche Wahrnehmungselemente zu Gestalten zusammen, die sich auf gleiche oder ähnliche Weise bewegen bzw. die überhaupt im Gegensatz zum ruhenden Umfeld in Bewegung sind.
Nach dem **Gesetz der Erfahrung** werden vorzugsweise solche Wahrnehmungselemente zu Gestalten ergänzt, die in der Vergangenheit bereits oft wahrgenommen wurden.
Das **Gesetz der Transposition** erklärt die Übertragung einer Beziehungsgestalt (= Gesetzmäßigkeit einer Beziehung zwischen Vergleichsgegenständen) auf neue Sachverhalte bzw. Situationen. K

Gestaltpsychologie

Während die verschiedenen Richtungen der atomistischen Psychologie (z. B. Assoziationspsychologie und Neo-Behaviorismus) psychische Vorgänge aus ihren isoliert betrachteten Elementen zu erklären versuchen, geht die Gestaltpsychologie davon aus, daß das Ganze mehr sei als die Summe seiner Teile. Das Einzelne bzw. das Element erhält Erklärung und Bedeutung von seinem Ort im Funktionszusammenhang des Ganzen.
Als Begründer der Gestaltpsychologie wird Christian von Ehrenfels (1859–1932) gesehen, der die Gestaltqualitäten der **Übersummativität** (das Ganze ist mehr als die Summe seiner Teile) und der **Transponierbarkeit** formulierte. Transponierbarkeit bedeutet, daß eine Gestalt auch bei Veränderungen im Detail erhalten bleibt, wenn ihre Struktur, d. h. die Gesetzmäßigkeit ihres Aufbaus und ihr Funktionszusammenhang erhalten bleibt. Ehrenfels verdeutlicht diese beiden Gestaltqualitäten am Beispiel der Melodie, die als bestimmte Gestalt nicht lediglich Summe von Tönen sei (= Übersummativität) und die auch als diese Melodie erhalten bleibe, wenn Instrumente, Tonart, Arrangement usw. verändert werden (= Transponierbarkeit + Invarianzcharakter).
In der Folgezeit bildeten sich zwei Schulen der Gestaltpsychologie heraus. Die **Ganzheitspsychologie der Leipziger Schule** wurde von F. Krueger, F. Sander, H. Volkelt und A. Wellek getragen, die **Gestalttheorie der Berliner Schule** wurde seit 1910 von M. Wertheimer, W. Köhler, K. Koffka und W. Metzger entwickelt: Beide Schulen betonen Ganzheit und Ordnung im Verhalten und Erleben und in der zugeordneten Umwelt. Nach Auffassung der Gestalttheorie unterliegen Wahrnehmung, Denken, Verhalten, Erleben der **Tendenz zur Strukturierung, d. h. der Ten-**

denz zum Aufbau von „guten Gestalten“. Der Gestaltprozeß wird als „schöpferische Synthese“ beschrieben, die am → **Prägnanzgesetz** und an weiteren untergeordneten Gesetzen zur Strukturierung von Gestalten orientiert ist. Z. B. wird im Denkprozeß eine „unvollständige“ bzw. „defekte“ Struktur in eine „ausgeglichene“, „spannungsfreie“, d. h. in eine „gute Gestalt“ übergeführt. Wie v. a. M. Wertheimer nachgewiesen hat, zieht diese Tendenz des Organismus zur Strukturierung gelegentlich um der erwünschten „guten Gestalt“ willen auch Wahrnehmungstäuschungen nach sich. (Vgl. z. B: → autokinetisches Phänomen oder die Tatsache, daß ein und dieselbe Gerade kürzer oder länger erscheint, je nachdem, in welche Gestalt sie eingefügt ist = geometrisch-optische Täuschung.)

Ertel u. a. 1975; Köhler 1971; Koffka 1936; Krueger 1953; Metzger 1986; Walter 1985; Wertheimer 1991

→ Analytische Psychologie → Gestaltgesetze K

Gestalttherapie

wird eine neue Form der Psychotherapie genannt, die von F. S. Perls (1893–1970) in Amerika (Esslen-Institut) seit 1964 entwickelt wurde. Nach Stella Resnick (1975) sind die Hauptziele der Gestalttherapie:
„Sie will dem einzelnen helfen, a) seiner selbst bewußter und b) selbstverantwortlicher zu werden.“
Da nach der Auffassung der Schule von F. S. Perls „das Ganze die Teile bestimmt“, geht es in den gestalttherapeutischen Trainingsseminaren vor allem darum, dieses Ganze soweit wie möglich bewußt und verfügbar zu machen. Dies bedeutet die Betonung des bei den meisten Menschen verkümmerten oder doch zumindest vernachlässigten emotionalen Bereichs gegenüber einseitig kognitiv ausgerichteter Weltbewältigung. Es wird streng darauf geachtet – z. B. im Gegensatz zur psychoanalytischen Therapie (→ Psychoanalyse) –, das Wahrnehmungsvermögen in der Hier- und Jetzt-Situation zu schulen und auch die Auseinandersetzung in intra- und interpersonalen Konflikten sofort in der gegebenen Situation zu suchen. Neben der kritischen Reflexion von Situationen und Prozessen bedient sich die Gestalttherapie nonverbaler Übungen zur Verdeutlichung von Gefühlen und Vorgängen und zur Schulung ganzheitlichen (also auch Körpersprache einbeziehenden) Verhaltens.

Dinslage 1990; Fagan/Shepherd 1970; Perls 1988, 1989 (2x), 1990, 1991 (3x); Polster/Polster 1990; Resnick 1975; Stevens 1990; Wyss 1973; Zinker 1981

→ Gestaltpsychologie → Gruppendynamik → Trainingsmethoden, gruppendynamische K

Gestaltwandel

Nach W. Zeller werden als 1. und 2. Gestaltwandel die Streckungsphasen in der körperlichen Entwicklung des Menschen bezeichnet, die im 6./7. Lebensjahr und während der Vorpubertät und Pubertät deutliche Proportionsverschiebungen zwischen Kopf, Rumpf und Gliedmaßen bewirken. K

Gesundheitserziehung

beginnt im Sinne eines Erziehungs- und → Unterrichtsprinzips und in Kooperation von Eltern, Lehrern, Ärzten möglichst früh in Familie, Kindergarten und Schule. Sie ereignet sich als **systematische Aufklärung und als Anleitung zu gesund-**

heitsgerechtem Verhalten. Anstelle der früher notwendigen Erziehung zur Hygiene sind heute aktuelle Aufgaben der Gesundheitserziehung z. B. Ernährungsfehler, Umweltbelastungen, Suchtgefährdung, Sicherheitserziehung, Integration Behinderter.

Gesundheitserziehung hat nur nachhaltige Effekte zu verzeichnen, wenn es ihr gelingt, Verhalten über Einsicht und selbstverantwortete Lernprozesse zu beeinflussen, gegebenenfalls zu verändern. Dabei ist Prävention (primäre als Vorsorge, sekundäre als Maßnahmen der Früherkennung, tertiäre als Rückfallvorbeugung) erfolgversprechender als Therapie. Fachlich gesehen ist Gesundheitserziehung in der Grundschule im Sachunterricht, in den Sekundarstufen in den Fächern Biologie und Sport verankert; besondere Gelegenheiten zur Gesundheitserziehung sind bei Schullandheimaufenthalten, Wanderfahrten, Skilager u. a. gegeben, die fachliche Verankerung darf aber keinesfalls als Alibi für die Vernachlässigung der Gesundheitserziehung als Unterrichtsprinzip herhalten, dem alle Lehrer und Erzieher verpflichtet sind.

Speziell in der Schule vollzieht sich Gesundheitserziehung durch **Reflexion und Herstellung gesundheitsgerechter Lernbedingungen.** In erweiternder Anlehnung an einen Vorschlag von Brunnhuber (in „schulreport" 3/1980) sind die folgenden Fragen immer wieder zu bedenken:

- Ist für ausreichende Lüftung des Klassenzimmers gesorgt?
- Wird eine Arbeitstemperatur von 18–20° C eingehalten?
- Sind Sinnesbeeinträchtigungen und Behinderungen von Kindern erkannt?
- Passen Sitz- und Tischhöhe zur Körpergröße der Schüler? Arbeitet der Lehrer mit den Schülern an einer richtigen Sitz- und Schreibhaltung?
- Entspricht die Sitzordnung der Arbeitsökonomie und der gelegentlichen Ausrichtung auf Tafel und Lehrer?
- Sind hinreichend Bewegungsübungen eingeplant?
- Sorgt der Lehrer für eine entspannte, angstfreie Atmosphäre?
- Wenden Lehrer und Schüler genügend Zeit auf für die Arbeit an Lernmotivation, Lernstil, Lerngewohnheiten usw.?
- Kann der Lehrer von den Schülern in Bezug auf gesundheitsgerechtes Verhalten als Vorbild erlebt werden?
- Trägt der Lehrer der Psychohygiene der Schüler und seiner eigenen Rechnung, z. B. durch Entspannungs- und Konzentrationsübungen, Bearbeitung sozialer Konflikte usw.?

Praxisempfehlungen enthält z. B. die „Reihe Gesundheitserziehung und Schule" der Bundeszentrale für gesundheitliche Aufklärung.

Materialien stellen ferner zur Verfügung die Bundesvereinigung für Gesundheitserziehung und die Landesvereinigungen für Gesundheitserziehung auf Länderebene.

Bundeszentrale f. gesundheitliche Aufklärung; Laaser/Sassen 1987; Landesinstitut f. Erziehung u. Unterricht 1989 (2x); Landesinstitut Schleswig-Holstein f. Praxis u. Theorie d. Schule 1987; Rothenfluh 1989

→ Schulhygiene K

Gewalt in der Schule

Als Teilbereich der Gesellschaft steht die Schule auch in der Entwicklung von Gewaltbereitschaft und -anwendung nicht hinter der Gewaltpraxis der Gesellschaft zurück. Allenthalben beklagen die Praktiker nicht nur eine Zunahme von Gewalthandlungen an den Schulen, sondern auch eine zunehmende Brutalisierung.

Als **Hauptursachen** lassen sich aufgrund von Untersuchungen, Praxisberichten und Interviews mit Kindern und Jugendlichen die folgenden benennen:

- Gewalttätige Struktur der Gesellschaft, welche die Zerstörung der natürlichen Lebensgrundlagen bedingt und keine verbindlichen Wertsysteme erkennen läßt
- Ungebrochener Trend zur Technisierung und Bürokratisierung mit menschen- und lebensfeindlichen Effekten
- Wachsende Kluft zwischen Arm und Reich
- Konsumzwang, Konkurrenzneid, Arbeitslosigkeit
- Dauerberieselung mit Gewalt-, Action- und Horrorszenarios in den Massenmedien
- Mißverständnisse, die aus der Ausländer- und Asylantenproblematik resultieren (Minderheitenkomplex, Außenseiterfunktion)
- Desolate Situation vieler Familien mit mangelnder Vorbildfunktion und fehlender emotionaler Zuwendung (frühzeitige Trennungstraumen, Kommunikations- und Kontaktdefizite, „mütter- und väterlose" Gesellschaft)
- Image-Jagd in den Peer groups
- Langeweile (Einschränkung des kindlichen und jugendlichen Bewegungsraumes, anonyme Wohnsilos, Konsumorientierung in der Freizeitgestaltung)
- Die Schule als verlängerter Arm der Erwachsenendominanz, mit gefühlskalter Betonarchitektur und Vernachlässigung ganzheitlichen und vor allem sozialen Lernens

Als kurz- und mittelfristige **Maßnahmen zur Überwindung der Gewaltbereitschaft** und im Sinne der Vorbeugung bieten sich z. B. an:

- Gruppendynamisch kontrollierte Gruppenarbeit
- Helfersystem
- Gemeinsam erarbeitete und überwachte Umgangsregeln und Rituale
- Gegenseitige Achtung der „Reviere"
- Modellverhalten des Lehrers, z. B. reversibles, kultiviertes Sprachverhalten, vorbildliche persönliche Konfliktlösungsstrategien
- Wertediskussion (→ Werterziehung)
- Thematisieren aktueller Gewalthandlungen
- Die Schüler zur Gesprächsfähigkeit erziehen
- Eindeutige Stellungnahme des Lehrers zu Gewalttaten
- Konfliktlösungsstrategien vereinbaren
- Aktive Freizeitgestaltung
- „Ämter" (Funktionen) in und für die Klasse zuteilen, auch den „Gewalttätigen", da sie sich auf diese Weise anders darstellen können
- Wohnlich gestaltete Klassenzimmer, für welche die Schüler verantwortlich sind
- Gesprächsfördernde Sitzordnung
- Rollenspiele zu aktuellen Konfliktsituationen
- Gemeinsame Aktivitäten, z. B. musizieren, spielen, feiern
- Eigener Raum für die Schüler für Pausen, Freistunden, Freizeit
- Erste-Hilfe-Kurs mit anschließendem Rotkreuzdienst
- Arbeit an einem pädagogischen Minimalkonsens zwischen Eltern und Lehrern
- Öffnung der Schule für die Schulsozialarbeit

K

Schwind/Baumann 1990; vgl. auch bei → Aggression!

Gewissen und Gewissensbildung

Das Gewissen kann als die jedem einzelnen Menschen eigene Art beschrieben werden, seine Verhaltensweisen kritisch beurteilend und wertend an Normen, Werten, moralischen Vorstellungen zu messen, die von seiner Bezugsgesellschaft gesetzt und allgemein geachtet werden und die er für sich selbst als gültig anerkennt. Die als Orientierungsrahmen gültigen Normen eignet sich der Mensch durch Lernprozesse im Zusammenhang mit seiner → Sozialisation an. Eine Rolle spielen hierbei gleicherweise → Konditionierungen von Vermeidungsverhalten in bezug auf sozial unerwünschte Verhaltensweisen, das → Modell-Lernen und Erfahrungen über Einsicht. Emotionale Befindlichkeiten wie Angst, Scham, Schuld signalisieren den Konflikt mit den normativen Systemen.
Die Aufgabe der Gewissensbildung ist es, dem jungen Menschen den Aufbau eines normativen Systems zu ermöglichen, dabei aber nicht einseitig den Weg der bloßen Anpassung zu beschreiten oder gar zu manipuliern, sondern die eigenständige und eigenverantwortete kritische Konfrontation mit den überkommenen normativen Systemen zuzulassen.
Nur auf diese Weise hat eine Sensibilisierung des Gewissens als einer echt urteilenden Instanz eine Chance.

Blühdorn 1976; Engelmayer u. a. 1970; Gründel 1990; Kerstiens 1987; Kürzdörfer 1978, 1982; Kuhn 1954; Müller 1984; Zulliger 1953 (1989, Tb.)

→ Ich – Es – Über-Ich K

Gewöhnung/Gewohnheiten

erfolgt lernpsychologisch gesehen durch oftmals wiederholte Übung von Reiz-Reaktions-Verbindungen (behavioristische → Lerntheorie). Sie zielt durch → Konditionierung, unter Umständen auch durch → Drill auf die Bildung automatisch funktionierender Verhaltensabläufe (= Gewohnheiten) in allen Verhaltensbereichen (vgl. Sprach-, Denk-, Handlungs-, Bewegungsgewohnheiten). Gewöhnung trägt zur Entlastung bei Routinehandlungen zugunsten eines von Einsicht und Kreativität geleiteten Handelns bei; sie verleiht Verhaltenssicherheit, deren Umkippen in ein der Realität nicht mehr angemessenes Verhalten durch kritische (Selbst-)Überprüfung verhindert werden muß.
Vgl. auch Gewöhnung im Zusammenhang mit Suchtmitteln (→ Drogen- und Drogenmißbrauch → Sucht)!

→ Automatisierung → Erziehungsmittel → Konditionierung K

Gleichheit

bedeutet allgemein Übereinstimmung mehrerer Dinge oder Lebewesen in allen wesentlichen Merkmalen, im Unterschied zur Identität, die völlige Übereinstimmung einer Sache oder eines Individuums mit sich selbst unterstellt.
In diesem Sinne ist auch Artikel 3 des Grundgesetzes zu verstehen, der die Gleichheit aller Menschen vor dem Gesetz und die Gleichberechtigung von Mann und Frau festschreibt. Allerdings hat sich bislang nicht nur die Hoffnung auf eine klassenlose Gesellschaft als Utopie erwiesen, sondern weithin auch die konsequente Einlösung des Grundgesetzartikels. Somit bleibt Gleichheit – ohnehin meist um den Preis eines partiellen Verzichts auf persönliche → Freiheit – permanentes Lernziel der erzieherischen und gesellschaftlichen Realität.

→ Chancengleichheit K

Gleichwertige Tests → Paralleltestmethode

Globalisation

stellt ein Verfahren der Theoriebildung dar, das bei der Curriculumentwicklung von der anfänglichen Entscheidung für die Erstellung eines → Curriculums bis zur endgültigen → Evaluation und zur → Operationalisierung alle für den Curriculumprozeß notwendigen Aspekte berücksichtigt und erfaßt. O

Globalziel → Lernziel

Glockseeschule → Freie Schulen

Goethe-Institut

Der volle Name des „Goethe-Instituts zur Pflege der deutschen Sprache im Ausland und zur Förderung der internationalen kulturellen Zusammenarbeit e. V." beinhaltet die Hauptaufgaben des Instituts:

- Organisation und Durchführung von Deutschkursen für Ausländer im In- und Ausland
- Entwicklung spezieller Methoden und Unterrichtsmedien für den Deutschunterricht für Ausländer
- Organisation von Veranstaltungen im Ausland, die repräsentativ Einblick geben in das deutsche Kulturleben der Vergangenheit und Gegenwart.

Ursprünglich 1932 durch private Initiative zum Zweck einer zweimonatigen Intensivschulung ausländischer Studenten in der deutschen Sprache entstanden, 1952 neu gegründet, verfügt das Institut heute über erhebliche staatliche Fördermittel. Hauptsitz des Instituts ist München. K

Graduiertenstudium/-förderung

bezeichnet weiterführende bzw. vertiefende Hochschulstudiengänge für Studenten, die bereits einen Hochschulabschluß vorweisen können.
Im Rahmen der **Graduiertenförderung** erhalten Studenten mit überdurchschnittlichem Hochschulabschluß Stipendien von meist privaten → Fördereinrichtungen zur Sicherung des wissenschaftlichen und künstlerischen Nachwuchses.
→ Graduierung K

Graduierung

In angelsächsischen Ländern weist die Graduierung nach Abschluß eines wissenschaftlichen Studiums auf den Erwerb einer akademischen Würde hin. In der Bundesrepublik Deutschland schließen die Studiengänge an den → Fachhochschulen mit einer Graduierung ab. Studenten einer Fachhochschule haben nach bestandenem Examen die Berechtigung, ihre Graduierung durch das Wort „graduiert", abgekürzt grad., in ihrer Titelbezeichnung zum Ausdruck zu bringen.
Beispiel: graduierter Betriebswirt = Betriebswirt grad. O

Graphologie/Graphometrie

Die **Graphologie** (wörtlich: die Lehre von der Handschrift) ist ein in seinen Ergebnissen mit Unsicherheiten und auch mit Fehltreffern belastetes diagnostisches

Verfahren, mit dem aus der Handschrift eines Menschen Schlüsse auf seine Charaktereigenschaften gezogen werden.
Demgegenüber leistet die wissenschaftlichen Ansprüchen genügende **Graphometrie** mit ihren Meßmethoden aufklärende Arbeit vor allem in der → Forensischen Psychologie (z. B. bei Erpressungen oder Unterschriftenfälschungen). K

Avé-Lallemant 1970 und 1987; Bernard 1990; Cobbaert 1992; Engelke 1988; Gramm 1973; Klages 1968 und 1986; Müller/Enskat 1987; Santoy 1990

Greifraum → Fernraum

Greifreflex

auch Palmareflex genannt, tritt beim Säugling während der ersten beiden Lebensmonate auf. Er bezeichnet den Vorgang, daß der Säugling Gegenstände, die mit seiner Handfläche in Berührung kommen, sofort so fest umklammert, daß er daran hochgehoben werden kann. Mit der zunehmenden willkürlichen Beherrschung der Gliedmaßen verschwindet der Greifreflex spätestens im 4. Lebensmonat, andernfalls liegt ein krankhafter Befund vor, dem mit eingehenden Untersuchungen nachgegangen werden muß. K

Grimasse/Grimassieren

Eine Grimasse als verzerrter Gesichtsausdruck (→ Mimik) kann das Ergebnis eines aktuellen psychischen oder physischen Ereignisses sein (z. B. Ausdruck von Ekel oder beim Zitronenessen) oder als mittlerweile verselbständigter Tick auftreten, der seinerseits auf Schädigung des Zentralnervensystems oder auf psychische Störungen zurückzuführen ist. K

Grobziel → Lernziel

Größenkonstanz → Konstanz

Größenwahn

bezeichnet die übersteigerte Geltungssucht, in der ein Individuum seine Bedeutung und seine Fähigkeiten – fest von sich überzeugt – maßlos überschätzt. K

Großgruppe

Es kann nicht eindeutig festgelegt werden, ab welcher Mitgliederzahl von einer Großgruppe zu sprechen ist. Entscheidend für die Abgrenzung zur Kleingruppe ist auch nicht die Anzahl der Mitglieder, sondern die Intensität ihrer → Interaktion und Bindung untereinander. Eine Großgruppe ist in ihrem Bestand also nicht so sehr durch die persönliche Kontaktnahme ihrer einzelnen Mitglieder gesichert, sondern durch gemeinsame Ziele und Aufgaben (z. B. Berufsverbände, große militärische Formationen, evtl. auch Schulklassen, wenn die Integration zur Kleingruppe nicht gelingt) oder durch eine gemeinsame Weltanschauung oder → Ideologie (z. B. religiöse Gemeinschaften, Parteien) oder im weitesten Sinne durch eine gemeinsame kulturelle Tradition (z. B. Volk, Nation). Großgruppen sind wegen des Mangels unmittelbar und jederzeit korrektiv wirkender Organe eher als Kleingruppen in Gefahr, zur → Masse oder → Menge zu entarten (vgl. die Verbindung von nationalsozialistischer Ideologie und Nationalismus zum Rassismus).

Kreeger (Hrsg.) 1977

→ Bezugsgruppe → Gruppe → Gruppenarbeit → Soziodynamische Grundformel K

Großgruppenunterricht

wird als → Sozialform des Unterrichts relativ selten praktiziert. Großgruppenunterricht liegt z. B. vor, wenn zwei Parallelklassen im selben Fach oder fächerübergreifend in der Eingangsphase des Unterrichts zur Informationsausgabe mittels eines Unterrichtsfilms zusammengefaßt werden. In der nachfolgenden Phase der Informationsverarbeitung können interessenorientiert klassenübergreifende Kleingruppen gebildet werden, die von den anwesenden Lehrern in Form des → Team teaching betreut werden. In einer abschließenden Plenumsphase werden die Arbeitsergebnisse der Kleingruppen vorgestellt.
Großgruppenunterricht sieht organisatorisch die Kooperation der beteiligten Lehrer und im Stundenplan die Parallelschaltung zweier Klassen für eine Doppelstunde vor; andernfalls kann der notwendige Organisationsaufwand nicht bewältigt werden.
Von seinen **spezifischen Funktionen** her dient der Großgruppenunterricht
- der klassenübergreifenden Kontaktpflege,
- der Ökonomie des Unterrichts, vor allem bei technisch aufwendiger Informationsausgabe,
- Themen, die ergiebige Arbeitsschwerpunkte enthalten und aus verschiedener fachlicher Sicht beleuchtet werden können.

→ Gruppenarbeit K

Grundgesamtheit → Statistik

Grundkurs → Kollegstufe

Grundprogramm

Es nimmt die Fachgebiete auf, die dem raschen Wandel der Zeit nicht unterliegen. Nachdem in einer beachtlichen Anzahl von Fächern – vor allem im technischen und wirtschaftswissenschaftlichen Bereich – keine Stabilität des Stoffes gegeben ist, entwickelt man Grundprogramme, die das festgelegte, hinreichend bewiesene, unveränderliche, zum Teil historisch gewordene Wissen vermitteln. Diese Grundprogramme, mitunter auch Basisprogramme genannt, werden jeweils mit den entsprechenden wechselnden Stoffbereichen und Aufgabenmaterialien kombiniert.

→ Kriterienprogrammierung → Phaseneinheiten → Programmierte Instruktion O

Grundschule

Die Grundschule – auch Primarbereich (→ Primarstufe) genannt – ist ein Teil der → Volksschule und bildet die Basis der → Hauptschule und des weiterführenden Schulwesens. Sie schließt an die → Elementarerziehung an und umfaßt im allgemeinen die ersten vier Jahrgangsstufen. Die Grundschule hat wesentliche erzieherische Aufgaben. Sie hat das Kind in Gemeinschaft und → Gesellschaft mit kindgerechten Methoden einzuführen. Die schulischen Angebote sind der Erfahrungswelt und Lernveranlagung der Kinder anzupassen. Durch Hinführen zu entdeckendem Lernen, zur gemeinschaftlichen Arbeit und durch langsame Gewöhnung an die Anforderungen der Schule ist eine gemeinsame → Ausgangslage anzustreben.

Bartnitzky/Christiani 1981; Christiani/Bartnitzky (Einzeltitel); Deppe-Wolfinger u.a. 1990; Haarmann 1992; Lichtenstein-Rother/Röbe 1991, Maras 1988; Öffnung des Unterrichts in der Grundschule (ab 1991); Olechowski/Wolf 1990; Rost 1979–1983; Scheel 1978; Seidl/Hüffner 1970; Silberer 1976; Siller 1983; Wittenbruch 1989 (2×)

→ Einheitsschule → Grundschulpädagogik OK

Grundschulpädagogik

befaßt sich als Teilbereich der → Schulpädagogik mit den Bedingungen des Lehrens und Lernens in der → Grundschule. Sie ist im engeren Sinne die Berufswissenschaft der Grundschullehrer, welche das Studium der Didaktik der → Primarstufe und eines Unterrichtsfaches absolvieren müssen.
Besonderes Augenmerk wendet die Grundschulpädagogik in ihrer Forschung dem kindgerechten Übergang des Kindes aus dem → Elementarbereich in die Schule (vgl. hierzu → Modellkindergarten), der Entwicklung von Methoden des spielerischen Lernens und der Entwicklung von Neugierverhalten und Lernmotivation zu. Von den Lerninhalten her gesehen hat die Grundschule eine grundlegende Bildung und die Einübung in die Kulturtechniken Lesen, Schreiben und Rechnen zu vermitteln; dazu kommen soziales Lernen und die Förderung von Kreativität und Emotionalität des Kindes. Mit dem → Heimat- und Sachkundeunterricht und dem Prinzip des → Gesamtunterrichts richtet die Grundschulpädagogik das Lernen des Kindes auf das unmittelbar erfahrbare Umfeld aus.

Ortner/Ortner 1990; Renner 1990; vgl. auch Literatur bei Grundschule!

→ Elementarerziehung → Erstleseunterricht → Lehrerausbildung → Sonderpädagogische Diagnose- und Förderklassen K

Gruppe

Eine Gruppe ist ein „hochorganisiertes soziales Gebilde“ (Battegay 1967). Sie ist durch folgende Merkmale gekennzeichnet:

1. Dem gruppendynamischen Ansatz folgend wird Gruppe als Kleingruppe verstanden, deren Mitglieder sich persönlich (face to face) kennen und die jederzeit miteinander Kontakt aufnehmen können.
2. Die Gruppenmitglieder fühlen sich gemeinsamen Wertvorstellungen verpflichtet und sie verfolgen gemeinsame Ziele.
3. Gruppennormen, ein bestimmter Gruppenkodex und bestimmte Methoden der Arbeitsleistung und des Umgangs sorgen dafür, daß der Bestand der Gruppe gesichert bleibt, solange sie der Verfolgung ihrer Zwecke dienlich ist, und daß → Interaktion und → Kommunikation innerhalb der Gruppe funktionieren können.
4. Die wechselseitige Angewiesenheit der Gruppenmitglieder aufeinander wird dadurch deutlich, daß die → Rollen innerhalb der Gruppe je nach Aufgabenstellung verteilt sind und somit jedes Gruppenmitglied eine bestimmte Funktion im Gruppenverband ausübt. Diese aus dem Rollenkonflikt erwachsenen Funktionen sind stabil, solange sie im positiven Sinne gruppenbezogen sind und die Erwartungen der Gruppe nicht enttäuschen.

5. Jede Gruppe bedarf einer Reihe von Korrektivfunktionen, die im Idealfalle im Sinne der Selbststeuerung der Gruppe wechselweise von jedem Gruppenmitglied wahrgenommen werden und die situationsabhängig regelnd eingreifen, wenn das verfolgte Gruppenziel oder Belange der Gruppe oder eines einzelnen Gruppenmitgliedes vernachlässigt werden.

Gegenüber diesem Verständnis der Gruppe ist es zweckmäßig, folgende spezielle Bedeutungen der Gruppe abzugrenzen, ohne daß sie die beschriebene Bestimmung der Gruppe ausschließen müssen:

1. Als → **Primärgruppe** gilt die Familie, die durch dauernden physischen Kontakt ihrer Mitglieder gekennzeichnet ist und innerhalb welcher die entscheidenden Sozialisationsprozesse und Prägungen des Menschen stattfinden.
2. → **Sekundärgruppen** werden alle Gruppen genannt, in denen sich außerhalb der Familie Menschen zusammenschließen (z. B. Schulklasse, Verein, Spielgruppe).
3. Die → **Bezugsgruppe** weist bestimmte Merkmale, Normen, Ziele auf, mit denen sich eine Anzahl von Menschen (Lehrer, Offiziere, Skinheads usw.) identifiziert.
4. → Großgruppe
5. Formelle und informelle Gruppe

Battegay 1973–1979; Bion 1991; Buchinger 1975; Büttner/Trescher 1987; Floren 1983; Leber u. a. 1985; Mills 1974; Rice 1973; Sader 1991; Schwäbisch/Siems 1977; vgl. auch Literatur bei Gruppendynamik und Trainingsmethoden, gruppendynamische!

→ Soziodynamische Grundformel → Gruppe, formelle und informelle → Gruppenarbeit → Gruppenatmosphäre → Gruppenbildung → Rollenfunktionen in der Gruppe

K

Gruppe, formelle und informelle

Die formelle Gruppe ist institutionell, manchmal auch gesetzlich geregelt, sie dient einem genau definierten Zweck und ist straff organisiert. Formelle Gruppen sind demzufolge z. B. Schulklassen, betriebliche Arbeitsteams, militärische Gruppen usw. Dem Einzelnen bleibt für eine Entscheidung für oder wider eine Gruppenmitgliedschaft kaum oder überhaupt kein Spielraum. Die informelle Gruppe gründet dagegen auf freiwilliger Mitgliedschaft. Als Motive des Zusammenschlusses dominieren persönliche Interessen, emotionale Neigungen und das Bedürfnis nach → Kommunikation. Informelle Gruppen begegnen uns in Spielgruppen, Freundeskreisen, „Banden", Vereinen usw.

Sie reichen in der Regel in die formellen Gruppen hinein bzw. bestehen innerhalb derselben, wo sie im Aufeinanderprallen der meist sehr unterschiedlichen Kommunikationsstrukturen und -stile manche Konflikte heraufbeschwören und im Extremfall sogar eine formelle Gruppe in ihrer Funktion lahmlegen können.

→ Gruppe, → Gruppenbildung, → Feedback, → Feedbackregeln, → Soziodynamische Grundformel

K

Gruppe, typische Verhaltensweisen in der

In jeder → Gruppe werden typische Verhaltensweisen (patterns) ausgespielt, die in dieser oder in anderen Gruppen erworben wurden. Als typische Verhaltensstile gelten nach Bion (1991):

1. Kampf (fight)

2. Flucht (flight)
   Kampf und Flucht treten meistens gemeinsam, oft sogar in ein und derselben Person gekoppelt auf.
3. Abhängigkeit (dependence) und Gegenabhängigkeit (counterdependence) im Sinne von Auflehnung. Die Lösung von diesen kommunikationsstörenden Verhaltensstilen gelingt durch die Anerkennung einer kritisch reflektierten gegenseitigen Abhängigkeit im Sinne des wechselseitigen aufeinander Angewiesenseins (interdependence).
4. Die Tendenz zur Paarbildung (pairing) bzw. zur Bildung von → Cliquen.

Wenn die beschriebenen Verhaltensweisen nicht in den konkreten Situationen ihres Auftretens mit der Absicht ihrer Überwindung bearbeitet werden, können sie die Qualität von Dressaten bekommen, d. h. als Eigenschaft der betreffenden Person verfestigt werden. K

Gruppenarbeit

exakt **Kleingruppenarbeit,** sieht zeitlich befristet die Auflösung des Klassenverbandes in Untergruppen vor, die klar beschriebene Teilaufgaben zum Gesamtthema einer Unterrichtseinheit themengleich oder themenverschieden, selbsttätig und kooperativ bewältigen sollen. Der Lehrer hat während der Kleingruppenarbeit vorwiegend beratende Funktion. Die ideale Gruppengröße liegt zwischen 4 und 6 Schülern.

Die **Funktionen der Kleingruppenarbeit** sind
- Einübung in entdeckendes und problemlösendes Lernen,
- selbsttätiger Umgang der Schüler mit dem Unterrichtsgegenstand, dem Arbeitsmaterial und den Arbeitstechniken,
- Arbeitsteilung,
- Einübung in fairen Wettbewerb,
- das Lernziel „Kooperation", vor allem durch die einzuhaltende Balance zwischen den Ansprüchen der Sache, der Gruppe und des einzelnen Schülers,
- Förderung der Kommunikationsfähigkeit und der Fähigkeit zur → Metakommunikation,
- Steigerung der „sozialen Handlungskompetenz.

Verlauf der Kleingruppenarbeit:
- Problembeschreibung und exakte Formulierung der Arbeitsschwerpunkte je nach Aufgabentyp im Klassenunterricht, schriftlich festgehalten an der Tafel, auf der Overheadprojektor-Folie, im Arbeitsblatt. Je mehr Erläuterungen nachträglich nötig sind, um so schlechter war der Arbeitsauftrag formuliert.
- Kleingruppenarbeit an den vereinbarten Arbeitsschwerpunkten einschließlich der Ergebnisformulierung.
- Ergebnisberichte der Kleingruppe im Plenum in sachangemessener Form: mündlich, schriftliche Zusammenfassung an der Tafel, auf der Folie, Flipchard.

Aspekte der Kleingruppenbildung:
Gruppenbildung:
- frei nach Zuneigung, Aufgabe, Interessen,
- vom Lehrer bestimmt nach gruppendynamischen Gesichtspunkten, nach Leistung (gleich oder differenziert, Helfersystem), nach fachlichen Kenntnissen.
- Auf Wechsel bei der Gruppenzusammensetzung achten, um Rollenfixierungen vorzubeugen.

- Abgesehen von Wiederholungs- und Übungsphasen sind bezüglich der Leistungsfähigkeit heterogene Gruppen den homogenen vorzuziehen.

Vorteile der Kleingruppenarbeit:
- In der Regel sind Qualität der geleisteten Arbeit und der Lernzuwachs der Schüler (Behaltwert und Arbeitstechniken) höher zu veranschlagen als bei anderen Sozialformen.
- Kleingruppenarbeit knüpft an die Stärken der einzelnen Schüler an.
- Kleingruppenarbeit fordert Schüleraktivität und Kooperationsbereitschaft.
- Kleingruppenarbeit schafft die Voraussetzungen für produktive und kreative Problemlösungen (mehr Köpfe – mehr Ideen!).
- Positive Rückwirkungen der Kleingruppenarbeit auf die Einzelarbeit der Schüler wurden mehrfach nachgewiesen, v. a. für leistungsschwächere Schüler (Modell-Lernen, Beobachtungslernen).
- Kleingruppenarbeit bewirkt größere emotionale und soziale Arbeitszufriedenheit der Schüler.
- Kleingruppenarbeit sorgt für die Erhöhung des Sprachanteils des einzelnen Schülers im Unterricht.
- Kleingruppenarbeit fördert den kritischen Umgang mit Lerninhalten, Meinungen, Vorurteilen.
- Kleingruppenarbeit ist ein Übungsfeld für soziales Lernen: zuhören, sich durchsetzen, nachgeben, Kompromisse schließen, argumentieren, Konflikte fair austragen.
- Kleingruppenarbeit hilft die Angstschwelle zu überwinden, vor dem Plenum der Klasse zu sprechen.
- Kleingruppenarbeit vermindert lenkende Lehrermaßnahmen zugunsten der Beratertätigkeit des Lehrers.

Nachteile der Kleingruppenarbeit:
- Bei Vernachlässigung der gruppendynamischen Dimension besteht die Gefahr autoritärer Fehlentwicklung der Kleingruppe durch die Dominanz einzelner Schüler bzw. die Gefahr eines ineffektiven Dauerrollenkampfes.
- Die Disziplinprobleme können zunehmen, wenn keine gemeinsam vereinbarten Umgangsregeln eingeübt werden.
- Möglich sind schnelle Entmutigung der Schüler bei Überforderung und Leerlaufhandlungen bei Unterforderung.
- Hinsichtlich der Vorbereitung, Organisation und der Unterrichtszeit ist die Kleingruppenarbeit meistens aufwendiger als andere Sozialformen.

Mißerfolge bei der Kleingruppenarbeit rühren meistens her von
- ungünstiger Gruppengröße, v. a. wenn mehr als 6 Gruppenmitglieder zusammenarbeiten sollen,
- unklarer Arbeitsanweisung,
- schwer verständlichem Arbeitsmaterial,
- unzureichend eingeübten Arbeitstechniken,
- Mängeln im Sozialverhalten.

Schrittweise Hinführung zum Kleingruppenunterricht:
Von der Partnerarbeit über themengleiche kurz- und langphasige Kleingruppenarbeit zu themenverschiedener Kleingruppenarbeit, und zwar mit jeweils zunehmen-

der Anforderung an Sachverstand, methodische Kenntnisse, Entwurf von Arbeitsplänen, Arbeitsteilung und gruppendynamische Fähigkeiten.

Gasser/Singer 1977; Gruppenarbeit: themenzentriert 1987; Klafki u.a. 1981; Sander/Esser 1988; Schütz 1989; Seidenspinner 1990

→ Gruppenerziehung → Gruppenpädagogik → Sozialformen des Unterrichts K

Gruppenatmosphäre

bezeichnet die emotionale Befindlichkeit der Gruppenmitglieder in bezug auf die Interaktions- und Kommunikationsformen innerhalb der → Gruppe. Sie wird von einer sehr großen Zahl von Faktoren beeinflußt, wie dem biographischen und soziokulturellen Hintergrund des einzelnen Gruppenmitgliedes, der Zahl der Gruppenmitglieder, der Sitzordnung, dem in der Gruppe vorherrschenden Führungsstil, der sozialen Stellung in der Gruppe, von dem Grad wechselseitiger Anerkennung oder Abneigung in der Gruppe usw. (→ Gruppenbildung).
Als Möglichkeiten einer positiven Beeinflussung der Gruppenatmosphäre bieten sich an:

1. Test der augenblicklichen Gruppenatmosphäre z.B. durch → Brainstorming, durch Metapherfragen, durch Atmosphäretests im Koordinatensystem.
2. Gruppenatmosphäre wird faßbar, wenn sie artikuliert wird, also durch die jeweiligen Sprecher oder als Ergebnis eines Tests (vgl. 1.).
3. Gruppenatmosphäre wird faßbar durch die Art der Gruppensprache (höflich, sachlich, distanziert, aggressiv, verletzend usw.).
4. Die Gruppenatmosphäre ist über die veränderbaren Größen in der Gruppenstruktur konkret beeinflußbar, z.B. durch Reflexion der Ergebnisse der Punkte 1. bis 3., durch eine Veränderung der Sitzordnung, durch Pausen, wenn sich Ermüdungserscheinungen negativ auf die Gruppe auszuwirken beginnen, durch entsprechende Motivation (ein schlecht vorbereiteter Unterricht hat meist auch eine schlechte Gruppenatmosphäre zur Folge) usw.
5. Es wirkt sich nachgewiesenermaßen positiv auf die Gruppenatmosphäre aus, wenn der Selbstregulierung der Gruppe auf der rationalen und emotionalen Ebene eine echte Chance gegeben wird.
6. Entscheidend für die Gruppenatmosphäre ist die bewußte Arbeit der Gruppenmitglieder an ihrer Grundeinstellung zueinander, die im positiven Sinne durch Anerkennung, Offenheit, Echtheit und emotionale Wärme gekennzeichnet sein sollte.

→ Feedback → Feedback-Regeln K

Gruppenbezogene Konkurrenzmessung

→ Vergleichende Bezugsmessung → Schulstreß

Gruppenbildung, Phasen der

Jede Gruppe durchläuft bei ihrer Entstehung und während der Dauer ihres Bestandes verschiedene Phasen, deren Aufeinanderfolge gesetzmäßig feststeht:

1. Die Anfangssituation der Gruppenbildung zeigt sich als **Orientierungsphase,** die z.B. durch Anonymität, emotionale Sperren, Vertrauensvorbehalt gekennzeichnet ist.
2. Eine erste Ablösesituation aus der Unsicherheit ergibt sich mit der **Sicherheits-**

phase, in der das Suchen nach Stabilität, Offenheit, Vertrauen, Sympathie im Vordergrund steht.
3. Die erste Stabilisierungssituation führt in die **Vertrautheitsphase** hinein, in der Offenheit, Kooperation, Vertrauen wahrgenommen und praktiziert werden.
4. Eine neue Ablösung, diesmal aus der Sicherheit des Vertrautseins, ergibt sich mit der Wahrnehmung, z. B. von Dominanz, Aggression, Angst, Unsicherheit in der Gruppe, wodurch eine **Unsicherheits- und Konfliktphase** signalisiert wird.
5. Durch Lösung der wahrgenommenen Konflikte wird eine neue Stabilisierung verfolgt, deren Ziel die Wiederherstellung der **Vertrautheitsphase** auf einer neuen Ebene ist. Für den weiteren Fortbestand der Gruppe ist der ständige Wechsel von 4) und 5) bedeutsam. Das Fehlen von Konfliktphasen läßt blokkierte Wahrnehmung intra- und interpersoneller Konflikte um einer vorgetäuschten Gruppenharmonie willen vermuten, die ebenso wie ein Verharren in Konflikten ohne Suchen nach Bearbeitungsmöglichkeiten die Auflösung der Gruppe nach sich zieht. K

Gruppendynamik

bedeutet das **Kräftespiel in → Gruppen,** d. h. die Gesamtheit oder je nach Aspekt auch nur einen Teil all der zwischenmenschlichen Vorgänge, die sich ergeben, wenn Menschen in einer Gruppensituation zusammenleben. Der Begriff Gruppendynamik ist aber vor allem als Bezeichnung für die **wissenschaftliche Reflexion und Theorie über das Kräftespiel in Gruppen** geläufig. Brocher (1967) definiert Gruppendynamik in diesem Sinne als „Lehre von der Gesetzlichkeit vorbewußter und unbewußter Prozesse in Gruppen". Aufgabe dieser von K. Lewin (z. B. 1953, 1963) begründeten Forschungsrichtung der Sozialpsychologie ist Forschung v. a. bezüglich der Entstehung, Entstehungsursachen, Verlaufsformen und Funktion von Gruppen und im Hinblick auf Möglichkeiten gezielter Einflußnahme auf Veränderungen von Gruppenstrukturen.
Schließlich bezeichnet Gruppendynamik noch bestimmte **Trainingspraktiken,** also die gezielte Anwendung gruppendynamischer Methoden in Gruppen verschiedener Größe und Zusammensetzung.

Ammon 1976; Antons 1976; Däumling u. a. 1974; Freudenreich 1986; Hofstätter 1976; Köck 1985; Köck/Rohner 1975; Krenz 1990; Küchler 1979; Kutter 1981; Luft 1991; Vopel/Kirsten 1988; Zeitschrift Gruppendynamik seit 1970; vgl. auch Literatur bei Gruppe und Trainingsmethoden, gruppendynamische!

→ Trainingsmethoden, gruppendynamische K

Gruppenegoismus

bezeichnet die in Gruppen gegebene Tendenz, ihre Ziele gegenüber einzelnen Personen außerhalb der → Gruppe (z. B. Klasse – Lehrer, Kollegium – Chef) oder gegenüber anderen Gruppen (z. B. Arbeitgeber – Arbeitnehmer und umgekehrt, Verband – Institution) oder gar der Gesamtgesellschaft gegenüber (z. B. extremistische Gruppen, Hippies) mit Absolutheitsanspruch und ohne Kompromißbereitschaft zu verfolgen. Es ist Aufgabe einer jeden Gruppe, durch eigene funktionierende Korrektivorgane dem Gruppenegoismus dort Grenzen zu setzen, wo er sich zum Nachteil oder Schaden gruppenexterner Personen oder anderer Gruppen auswirken könnte. K

Gruppenerfahrung

bedeutet für den einzelnen Menschen zum einen die im Verlauf seines Sozialisationsprozesses gegebene Notwendigkeit, in konkreten Situationen das Zusammenleben von Menschen in Gruppen zu erfahren und sich in gruppenadäquate Verhaltensweisen einzuüben. Zum anderen besagt Gruppenerfahrung die aufgrund der beschriebenen Lernprozesse erworbene Fähigkeit, sich in Gruppen integrieren und in → Kooperation erfolgreich handeln zu können. Die Kompetenz der Gruppenerfahrung kann durch gruppendynamische → Trainingsmethoden erheblich erweitert werden.

→ action research → Gruppe → Gruppendynamik K

Gruppenerziehung

steht im Dienst des → sozialen Lernens. Durch die notwendige Regulierung des Sozialverhaltens im Umgang mit anderen Kindern in Gruppen werden insbesonders Kommunikations-, Kontakt- und Kooperationsfähigkeit geschult, das Repertoire angemessenen Sozialverhaltens erweitert sowie die Chance eines realistischen Abgleichs von Selbst- und Fremdwahrnehmung eröffnet.
Neben natürlichen Formen der Gruppenerziehung (z. B. Spielgruppen) und privaten Initiativen der Gruppenerziehung ist hier vor allem auf die Einrichtungen der Kinderkrippe bzw. Krabbelstube (Säuglinge bis dreijährige Kinder), des → Kindergartens (drei- bis sechsjährige), des → Kinderhorts (Schulkinder) und der Jugendgruppen hinzuweisen. In allen Formen der Gruppenerziehung hat sich unter dem Gesichtspunkt des sozialen Lernens die altersgemischte Gruppe der altersgleichen Gruppe gegenüber als vorteilhafter erwiesen.

→ Gruppenpädagogik K

Gruppenführer → Soziodynamische Grundformel

Gruppenjargon

oder Gruppensprache bezeichnet die einer bestimmten → Gruppe eigene Art, verbal miteinander umzugehen. Der Gruppenjargon einer bestimmten Gruppe (Wissenschaftler, Manager, Halbstarke) ist für Nichtmitglieder u. U. nicht ohne weiteres zugänglich. K

Gruppenkohäsion

bezeichnet nach L. Festinger und seiner Schule das zusammengefaßte Ergebnis all jener Kräfte, das ein Gruppenmitglied letztlich dazu veranlaßt, in einer bestimmten Gruppe zu bleiben. Der innere Zusammenhalt einer → Gruppe wird u. a. von folgenden Kohäsionsfaktoren bestimmt:

1. Räumliche Nähe,
2. die Attraktivität der → Interaktion, welche die grundsätzliche Möglichkeit jederzeitiger Kontaktaufnahme voraussetzt,
3. individuelle Motivationen für die Gruppenmitgliedschaft (Nutzen, Anerkennung),
4. innere Übereinstimmungen, bezogen auf Einstellungen, Werte, Normen, Ziele, Persönlichkeitseigenschaften.
5. Gegensätze nach der Theorie der komplementären Bedürfnisse.

Je fester die Gruppenkohäsion ist, desto belastbarer ist auch die → Konformität der Gruppenmitglieder, d. h. ihre Bereitschaft, trotz → Sanktionen für nicht konformes Verhalten in der Gruppe zu bleiben.

→ Kohäsion → Lokomotion K

Gruppenleistungen

Nach P. R. Hofstätter werden folgende Gruppenleistungen unterschieden:

1. Leistungen der Kräfte-Addition bzw. „vom Typ des Hebens und Tragens": Die möglichen Einzelleistungen der Gruppenmitglieder werden gebündelt, um eine die Kraft Einzelner übersteigende Aufgabe zu bewältigen oder die Einzelleistungen ergänzen sich im Sinne des arbeitsteiligen Verfahrens.
2. Leistungen des Fehlerausgleichs bzw. „vom Typ des Suchens": Die Durchschnittswerte von Gruppen bei Aufgaben des Schätzens oder Abwägens liegen statistisch näher bei den richtigen Ergebnissen als die Meinungen und Lösungen der einzelnen Gruppenmitglieder, da Extrempositionen sich ausgleichen und mehrere Positionen auch eine größere Anzahl von Aspekten des Problems sehen.
3. Leistungen „vom Typ des Bestimmens": Entscheidungen zu treffen, die für die Gesamtgruppe verbindlich sind, gehört zu den wichtigsten, aber auch schwierigsten Aufgaben der → Gruppe. Gruppenentscheidungen sollen eben nicht autoritär von dominierenden Gruppenmitgliedern oder durch Majoritäten mittels Abstimmung getroffen werden, sondern aufgrund sorgfältigen und geduldigen Abwägens aller vorgebrachten Argumente.

Die beschriebenen Gruppenleistungen können nur zustandekommen, wenn die Gruppe als solche funktioniert, d. h. wenn die Gruppenmitglieder sich gegenseitig in ihrer Leistungsfähigkeit und als Person anerkennen, die Regeln der → Kommunikation und → Kooperation beherrscht und befolgt werden und eine grundsätzlich repressionsfreie Atmosphäre in der Gruppe gegeben ist. K

Gruppenmoral

bezeichnet die Gesamtheit der Einstellungen der einzelnen Gruppenmitglieder gegenüber der jeweils aktuellen → Gruppe, ihrem normativen System, ihren Zielen, der Art der Rollenverteilung. Je nach der Intensität der Bindung der Einzelnen an die Gruppe und ihrer davon beeinflußten Selbstbeherrschung und -kontrolle spricht man von einer hohen oder niedrigen Gruppenmoral. Da jede Gruppe ihre spezifische Gruppenmoral entwickelt, kann ein und dasselbe Individuum in verschiedenen Gruppen durchaus eine unterschiedliche Gruppenmoral praktizieren (vgl. die Gruppenmoral eines Jugendlichen in der Familie, in der Schule, am Arbeitsplatz, in einer Rockerbande). Die Verletzung der Gruppenmoral wird mit → Sanktionen bis zum Ausschluß aus der Gruppe geahndet.

→ Gruppennorm K

Gruppennorm

Gruppennormen sind formulierte und ungeschriebene übereinstimmende Vorstellungen der Gruppenmitglieder darüber, wie man in der → Gruppe handeln, fühlen und sein Gefühl ausdrücken sollte, also Regeln des sozialen Verhaltens im Sinne von Verhaltenserwartungen (z. B. Bräuche, Gewohnheiten, Spielregeln des Umgangs, Sitten, Klassengesetze).

Die → Position der einzelnen Gruppenmitglieder wird nicht zuletzt dadurch bestimmt, inwieweit sie die Gruppennormen erfüllen. Besonders hohe Anforderungen werden in dieser Hinsicht an den Gruppenführer gestellt. Veränderungen von Gruppennormen, die um der flexiblen Weiterentwicklung der Gruppe willen gelegentlich notwendig sind, bedürfen der Zustimmung aller Gruppenmitglieder. Abweichungen von den Gruppennormen werden mit → Sanktionen belegt, z. B. Entzug einer bestimmten Funktion, Versagung von Zuwendung oder sozialer Anerkennung, Ausschluß aus der Gruppe.

→ Gruppenmoral K

Gruppenpädagogik

Gegenstand der Gruppenpädagogik ist die Theorie und Praxis der Erziehung in der → Gruppe, der Erziehung durch die Gruppe im Sinne eines Erziehungsmittels und der Erziehung zur Gruppenfähigkeit. Die Gruppenpädagogik gewinnt ihre Erkenntnisse und Handlungsstrategien vor allem aus den Forschungsergebnissen und Theorien der → Sozialpsychologie und der → Gruppendynamik, die sie auf ihre Praktizierbarkeit im erzieherischen → Feld, konkret für das soziale Lernen zu befragen hat. Spezielle Anliegen der Gruppenpädagogik sind z. B. Vermittlung von → Gruppenerfahrung, Verwirklichung des sozialintegrativen → Erziehungsstils, Einübung in praktiziertes demokratisches Handeln. Gruppenpädagogik setzt grundsätzlich die Gleichberechtigung der Gruppenmitglieder voraus, auf die Realisierbarkeit der Selbststeuerung, Eigeninitiative und Eigenverantwortung von Gruppen bauend.
Ihr erstes Betätigungsfeld fand die Gruppenpädagogik in der Sozialarbeit, und hier wieder vor allem in der Jugendarbeit, wo das Prinzip der freiwilligen Gruppenzugehörigkeit von der Eigenart der Gruppen her gewahrt ist. Elne wirkungsvolle Entfaltung der Gruppenpädagogik in Zwangsgruppen wie z. B. Schulklassen oder Arbeitsteams setzt die Veränderung des überkommenen autoritären → Kommunikationsstils und die Überwindung der ebenso autoritären hierarchischen Strukturen im Zusammenleben von Menschen voraus.

Erl 1980; Sjoelund 1981; vgl. auch Literatur bei Gruppe, Gruppendynamik und Trainingsmethoden, gruppendynamische!

→ Gruppenerziehung K

Gruppentest

erfaßt mehrere Testpersonen gleichzeitig. Er wird vor allem aus Gründen der Arbeitsökonomie, z. B. bei Schulfähigkeitstests (→ Schulfähigkeit) und → Schulleistungstests, aber auch im Rahmen von Einstellungsverfahren in Betrieben eingesetzt.

→ Test K

Gruppen(psycho)therapie

ist eine Sammelbezeichnung für psychotherapeutische Methoden, die im Unterschied zur Individualtherapie in Therapiegruppen mit durchschnittlich 5–12 Patienten angewendet werden. Die Therapiegruppe wird von einem Psychotherapeuten betreut und besteht über längere Zeit, die Sitzungen werden in regelmäßigen Abständen anberaumt.

Die Gruppentherapie nutzt das Kräftespiel in → Gruppen (→ Gruppendynamik), um vor allem Probleme psychologischer Isolierung und sozialer Unangepaßtheit zu bearbeiten. Neben analytischen Gruppen finden heutzutage Encountergruppen, Psychodrama bzw. Soziodrama (J. L. Moreno), bei Kindern vor allem die Gruppenspieltherapie verstärkt Beachtung.

Ammon 1976; Battegay 1973–1979; Bion 1991; Franke 1978; Gessmann 1984–1989; Ginott 1979; Heigl-Evers 1971, 1978; Knoll 1977; Kutter 1985; Lutz 1976; Moreno 1988; Preuss 1972; Richter 1974; Shaffer/Golinsky 1977; Slavson 1972, 1988; Yalom 1989

Vgl. zur Abgrenzung → Trainingsmethoden, gruppendynamische K

Gruppenunterricht → Gruppenarbeit

Guided Discovery Learning → Discovery Learning

Gutachten

Psychologische Gutachten, die eine Person (bestimmte Fähigkeiten, Begabungen, Eigenschaften, Beeinträchtigungen) oder eine Situation (Arbeitsplatz, Verkehr, soziales oder Lern-Umfeld) in erklärender, beurteilender oder beratender Funktion beschreiben sollen, müssen sich wissenschaftlich abgesicherter Diagnoseverfahren bedienen (→ Anamnese, → Beobachtung, → Psychodiagnostik, → Test). Die in schulischen Zusammenhängen übliche Kurzform des Gutachtens enthält eine exakte Beschreibung des Anlasses und der durchgeführten Untersuchungen mit ihren Ergebnissen sowie eine interpretierende Stellungnahme.

Schulische Anlässe für Gutachten sind z. B.

- zweifelhafte → Schulfähigkeit bei der Einschulung eines Kindes,
- die periodische → Schülerbeurteilung im → Schülerbogen,
- → Wortgutachten beim Übertritt eines Schülers in eine weiterführende Schule,
- Verhaltensauffälligkeiten von Schülern, vor allem im Zusammenhang mit einer Überweisung an den → Schulpsychologen,
- die Kooperation mit → Erziehungsberatungsstellen, dem Jugendamt, dem Jugendgericht,
- und Zeugnisbemerkungen (→ Zeugnis). K

Berufsverband Deutscher Psychologen 1986; Boerner 1991; Kemmler 1974

Gymnasium

Die Aufnahme ins Gymnasium erfolgt grundsätzlich nach dem vierten oder fünften Schuljahr aufgrund eines festgelegten Notendurchschnitts und eines Übertrittsgutachtens (→ Gutachten). Es umfaßt neun Jahrgangsstufen (Jahrgangsstufe 5 mit 13) und schließt in allen Ausbildungsrichtungen mit dem → Abitur ab, das zum Studium aller an den Hochschulen vertretenen Fachrichtungen berechtigt (Allgemeine Hochschulreife). Das Gymnasium vermittelt eine vertiefte allgemeine Bildung, die für ein Hochschulstudium vorausgesetzt wird, ebenso zusätzliche Voraussetzungen für eine berufliche Ausbildung außerhalb der Hochschule.

1. **Humanistisches Gymnasium**
   Es befaßt sich mit allgemeinen, geisteswissenschaftlichen, naturwissenschaftlichen, musischen Bereichen und betont antike Sprachen und die damit verbundenen Kulturbereiche.
   Die Fremdsprachenfolge ist: Latein (5. Klasse), Englisch (7. Klasse), Grie-

chisch (9. Klasse). In den meisten Schulen ist es möglich, anstatt Griechisch Französisch zu wählen und in das Neusprachliche Gymnasium überzuwechseln.

2. **Neusprachliches Gymnasium (früher Realgymnasium)**
Besondere Berücksichtigung finden in dieser Form des Gymnasiums, das sich nach drei folgenden Typen unterscheidet, die modernen Fremdsprachen:

2.1 Typ E (Englisch) – Sprachenfolge: Englisch (5. Klasse), Latein (7. Klasse), Französisch (9. Klasse).

2.2 Typ F (Französisch) – Sprachenfolge: Französisch (5. Klasse), Englisch oder Latein (7. Klasse), Latein oder Englisch (9. KLasse; die nicht in der 7. Klasse gewählte Sprache).

2.3 Typ L (Latein) – Sprachenfolge: Latein (5. Klasse), Englisch (7. Klasse), Französisch (9. Klasse).

3. **Mathematisch-naturwissenschaftliches Gymnasium (früher Oberrealschule).**
Der Schwerpunkt in diesem Gymnasialzweig liegt auf der Mathematik und den Naturwissenschaften. Die Fremdsprachenfolge ist: Englisch (5. Klasse), Französisch oder Latein (7. Klasse). Zu Beginn der 9. Klasse kann in mehreren Schulen dieser Form eine dritte Fremdsprache gewählt werden. Ein Wechsel in das Neusprachliche Gymnasium ist möglich.

4. **Musisches Gymnasium (früher Deutsches Gymnasium)**
Neben Deutsch bilden die Fächer Musik und Kunsterziehung Schwerpunkte, die auch im Abitur geprüft werden. Das Musische Gymnasium besteht in der neunjährigen Form aufbauend auf die 4. Klasse der Grundschule und in der siebenjährigen Form aufbauend auf die 6. Klasse der Hauptschule. Fremdsprachenfolge in der neunjährigen Form: Latein (5. Klasse), Englisch (7. Klasse) – in der siebenjährigen Form: Englisch (7. Klasse), Latein (8. Klasse).

5. **Wirtschaftswissenschaftliches Gymnasium (früher Wirtschaftsgymnasium)**
Es bezieht schwerpunktmäßig wirtschaftswissenschaftliche Fachbereiche neben den allgemeinen mathematischen, naturwissenschaftlichen Fächern mit ein.
Die Fremdsprachenfolge ist: Englisch (5. Klasse), Französisch (7. Klasse), eine weitere Fremdsprache kann in einer höheren Klasse dazu gewählt werden.
Eine siebenjährige Form ist möglich.

6. **Sozialwissenschaftliches Gymnasium**
Diese Form des Gymnasiums ist für Mädchen gedacht und befaßt sich in besonderem Maße mit Soziallehre, Erziehungslehre und Fragen des modernen Haushalts.
Die Fremdsprachenfolge ist:
Englisch (5. Klasse), Latein oder Französisch (7. Klasse).

7. **Gymnasium für Behinderte und Kranke,** sofern an den Einrichtungen überwiegend Behinderte und Kranke unterrichtet werden. Vgl. → Schule für Behinderte und Kranke!

8. Schulversuch → **Europäisches Gymnasium**

Vgl. bezüglich der Oberstufe des Gymnasiums → Kollegstufe!

Fördergemeinschaft f. Schulen in freier Trägerschaft 1980; Göbel/Kramer 1989; Mittelstrass 1986, Stark 1990 (2×); Zimmermann 1985

→ Abendgymnasium → Bayernkolleg → Berufliches Gymnasium → Kolleg → Lehrerausbildung

OK

Habitus
bezeichnet das gesamte Erscheinungsbild, die Haltung einschließlich besonderer Ausprägungsformen eines Lebewesens.
→ Haltung K

Hackordnung → Rangordnung, soziale

Häufigkeitsverteilung → Statistik

Halbierungsmethode
Bei der Halbierungsmethode bzw. Halbierungs-Reliabilität wird einer Gruppe von Versuchspersonen ein in zwei gleichwertige Hälften geteilter Test einmal zur Bearbeitung vorgelegt. Das Testergebnis wird für jede Testhälfte gesondert ermittelt, wobei die Resultate der beiden Hälften zur Feststellung der → Reliabilität in wechselseitige Beziehung gesetzt werden.
→ Test-Parallelform → Reliabilitätskoeffizient O

Halluzinogene → Drogen- und Drogenmißbrauch → Haschisch

Halo-Effekt
Der Halo-Effekt, gelegentlich auch Hof-Effekt genannt, bezeichnet den Vorgang, daß sich eine Person bei der Beurteilung von Persönlichkeitsmerkmalen einer anderen Person von einem vagen Gesamteindruck, von der vermittelten Kenntnis einzelner Verhaltensweisen oder von Ergebnissen eigener Teilbeobachtungen beeinflussen läßt. Diese unzulässigen Übertragungen stellen eine Fehlerquelle dar, die bei bestimmten subjektiv gefärbten diagnostischen Verfahren einkalkuliert werden muß. Um Halo-Effekte besonders grober Art handelt es sich z. B., wenn ein Erzieher sein Urteil über die intellektuellen Fähigkeiten eines Schülers von dessen unordentlicher Heftführung beeinflussen läßt oder wenn gar Ableitungen der Art „wer lügt, der stiehlt auch" vorgenommen werden. K

Haltung (pädagogische)
beinhaltet die Gesamtheit an → Einstellungen, Wertorientierungen und Handlungsbereitschaften eines Menschen und seine Ausdrucks- und Handlungsmöglichkeiten.
In erzieherischen Berufen kommen in besonderer Weise pädagogische, soziale und kommunikative Grundüberzeugungen, Zielvorstellungen und Handlungskompetenzen zum Tragen, und zwar in höherem Maße durch Vorbild- bzw. Modellwirkung als durch direkte erzieherische Einflußnahme. Haltung wird durch einen lang andauernden Sozialisations- und Lernprozeß vor allem über Erfahren und Erleben gewonnen; ebenso ist sie nur durch nachhaltige Erfahrungen und Erlebnisse veränderbar. Theoretisch begründeten Einsichten kommt dabei bestenfalls eine Auslöse- oder Korrektivfunktion zu.
→ Habitus K

Hamburger Abkommen

von 1964 (mit nachfolgenden Ergänzungen) regelt im Sinne der Vereinheitlichung und gegenseitigen Anerkennung von Bildungsgängen in den verschiedenen Bundesländern das allgemeinbildende Schulwesen in der Bundesrepublik Deutschland. So wurden z. B. verbindliche Bezeichnungen der Schularten, die Vollzeitschulpflicht mit 9 Jahren und die Schuljahrdauer vom 1. August bis 31. Juli festgelegt. Vor neuen Herausforderungen steht die Kulturhoheit der Länder mit der europäischen Einigung.

→ Europäische Bildungsprogramme K

Hamburger Strukturmodell der Didaktik

stellt eine Weiterentwicklung des → Unterrichts- und lehrtheoretischen Strukturmodells der Berliner Schule durch W. Schulz (1980) dar. Schulz will den alltäglichen Unterricht in seinem gesamtgesellschaftlichen Zusammenhang mit der durchgehenden Zielsetzung der → Emanzipation verwirklicht sehen. Unterricht darf sich nicht sozusagen abgehoben von der Wirklichkeit als → pädagogische Provinz mit Lerninhalten beschäftigen; er muß vielmehr allen Beteiligten die Möglichkeit einräumen, sich einerseits der gesamtgesellschaftlichen Bedingtheit des Unterrichts bewußt zu werden, andererseits Unterricht als Mittel der Gesellschaftsveränderung zu begreifen und zu nutzen. Es ist gewiß nichts einzuwenden, wenn Schulz in Anlehnung an die → Kommunikative Didaktik im Unterricht „Kompetenz, Autonomie und Solidarität der Lernenden fördern, also die Subjektivität entfalten" will, mit seinen jeden unterrichtlichen Vorgang betreffenden diesbezüglichen Forderungen überschätzt er aber nicht nur die fachlichen Möglichkeiten, sondern auch die Handlungsmöglichkeiten von Lehrern und Schülern. Die in Wechselwirkung den Unterricht beeinflussenden Faktoren verdeutlicht Schulz durch das nachfolgende Schaubild:

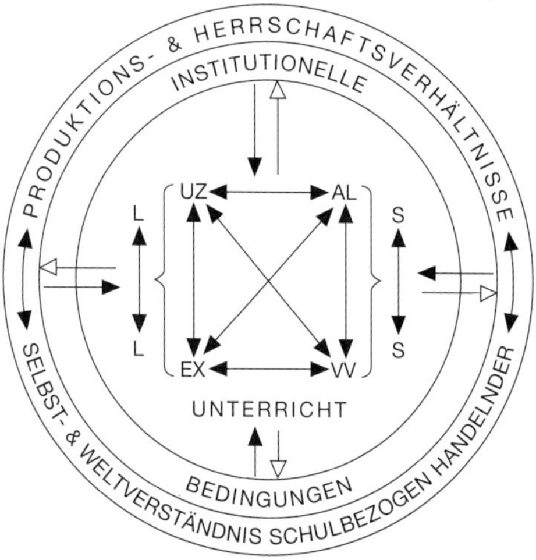

L = Lehrer als Partner
S = Schüler unterrichtsbezogener Planung
UZ = Unterrichtsziele: Intentionen und Themen
AL = Ausgangslage der Lernenden und Lehrenden
VV = Vermittlungsvariablen wie Methoden, Medien, schulorganisatorische Hilfen
EK = Erfolgskontrolle: Selbstkontrolle der Schüler und Lehrer

Schulz 1980

→ Strukturmodelle der Didaktik K

Handeln/Handlung

Nach Danto (1977) bedeutet Handeln **„verursachen,** daß etwas geschieht", im Unterschied etwa zu bloßem Tun oder zu Vorgängen wie Niesen oder Gähnen, Einschlafen oder Stolpern. Ähnlich definiert Wright (1977): „Handeln heißt, **intentional** eine Veränderung in der Welt bewirken oder verhindern."
Mit Blick auf pädagogische Situationen formuliert Aebli (1990/5): „Handlungen sind zielgerichtete, in ihrem inneren Aufbau verstandene (und damit verantwortete/Köck) Vollzüge, die ein faßbares Ergebnis erzeugen."
In einer Handlung sind also Wahrnehmen, Denken, Tätigsein und Verantworten in einem allseitigen Wechselwirkungsprozeß miteinander verschränkt.
Nach Habermas (1988) dient Handeln allgemein „der **Bewältigung von Situationen"**; ausgehend von
① der Deutung einer vorgefundenen Situation
② vor dem Hintergrund der eigenen Lebenswelt (die den sichernden, vorinterpretierten Rahmen für den Zusammenhang der objektiven, sozialen und subjektiven Welt abgibt)
③ wird ein Handlungsplan entworfen und ausgeführt,
④ um ein definiertes Ziel zu erreichen.

Zielgerichtetheit bzw. Zwecktätigkeit ist jedem Handeln eigen; der Handelnde erreicht seinen Zweck durch die Auswahl erfolgversprechender Mittel. Für ausschließlich erfolgsorientiertes Handeln in nicht-sozialen Handlungssituationen reicht auch die Befolgung technischer Regeln aus (z. B. zur Reparatur eines Automotors). In sozialen Handlungssituationen entscheidet aber über die Qualität des Handelns die Art, auf welche die Einzelhandlungen der Beteiligten koordiniert werden:

- Wenn in sozialen Handlungssituationen ein Handeln am Erfolg orientiert wird, ergibt sich **strategisches Handeln,** in dem Einfluß auf die Entscheidung des Gegenspielers ausgeübt werden soll; was zählt, ist die eigene Deutung der Situation und das daraus abgeleitete Handlungsziel, nicht die Art des Umgangs miteinander.
- **Kommunikatives Handeln** liegt dagegen vor, wenn ein **kooperativer Deutungsprozeß** vorgenommen wird. Die **Handlung wird an der Verständigung orientiert,** d. h., wechselseitige Geltungsansprüche werden intersubjektiv anerkannt, die Handlungspläne der Beteiligten werden durch verständigungsorientierte Benutzung der Sprache koordiniert (im Gegensatz zur wechselseitigen Beeinflussung beim strategischen Handeln).

Für das Gelingen kommunikativen Handelns müssen allerdings einige **Voraussetzungen** erfüllt sein:
① Der Sprecher beansprucht **Wahrheit** für Aussagen oder Existenzbehauptungen,
② **Richtigkeit** für legitim geregelte Handlungen und deren normativen Kontext
③ und **Wahrhaftigkeit** für die Kundgabe subjektiver Erlebnisse." (Habermas 1984, S. 589)

Konsequenterweise darf „in Zusammenhängen kommunikativen Handelns als zurechnungsfähig nur gelten, wer als Angehöriger einer Kommunikationsgemeinschaft sein Handeln an intersubjektiv anerkannten Geltungsansprüchen orientieren kann" (Habermas 1988, S. 34). K

Aebli 1990; Beckermann 1986; Habermas 1984, 1988; Lenk 1977–1984; Loubser 1981; Miebach 1991; Volpert 1980; vgl. auch Literatur bei Handlungsorientierter Unterricht, Kritische Theorie und Kritischer Rationalismus!

Handelsschule

Die Handelsschule ist eine → berufsvorbereitende Schule und befähigt ihre Schüler in erster Linie zur Übernahme kaufmännischer Berufe. Sie ist zwei- oder dreijährig, schließt im allgemeinen an die Hauptschule an und führt zum ‚Mittleren Bildungsabschluß'.

In Bayern wurden die ehemaligen dreijährigen Handelsschulen in drei- bzw. vierjährige → Wirtschaftsschulen umgewandelt. Neben den Handelsschulen bestehen in mehreren Bundesländern die Höheren Handelsschulen, die gezielt auf die Tätigkeiten im Wirtschaftsleben vorbereiten und z. T. die Möglichkeit zum Erwerb höherer Qualifikationen anbieten. (→ Fachhochschulreife). O

Handlungsforschung

sieht die unmittelbare Verbindung von Forschung und Praxis vor. Dies bedeutet:

1. Der Forschungsgegenstand wird unter dem Gesichtspunkt gesellschaftlicher Bedeutsamkeit aus der aktuellen sozialen Wirklichkeit gewonnen.
2. Wissenschaftler und (betroffene) Praktiker arbeiten beim Erkenntnisprozeß unmittelbar zusammen.
3. Der methodische Forschungsansatz ist nicht experimentell mit unveränderbaren Versuchsbedingungen angelegt, sondern seinerseits für Veränderungen je nach dem Forschungsverlauf im aktuellen Praxisfeld offen.
   Hier setzt die Kritik an der Handlungsforschung an, da ihre Ergebnisse strenggenommen nur für die jeweils untersuchte Situation von Bedeutung sein können.
4. Handlungsforschung zielt über den Erkenntnisgewinn hinaus auf dessen sofortige Umsetzung in die Praxis, was allein schon dadurch erreicht wird, daß die im betroffenen Praxisfeld Lebenden und Arbeitenden am Forschungs- und Erkenntnisprozeß beteiligt sind.

Um Handlungsforschung im erziehungswissenschaftlichen Bereich – im Einzelfall mehr oder weniger konsequent durchgeführt – handelt es sich z. B.

- bei den Versuchen, offene Curriculua (→ Curriculum) mit den im Praxisfeld Schule lebenden Schülern und Lehrern zu entwerfen.
- teilweise auch bei dem Vorgehen der sog. Streetworker (= Sozialarbeiter, die vor allem mit gefährdeten, meist in „Banden" organisierten Kindern und Jugendlichen Kontakt in ihrer gewohnten Umgebung – und nicht im Freizeitheim – suchen).
- bei der projektorientierten Lehrerausbildung z. B. in Bremen,
- bei manchen wissenschaftlichen Begleituntersuchungen an Gesamtschulen u. a. m.

Huschke-Rhein 1991; Klafki 1982

→ action research K

Handlungskompetenz

bezeichnet die Fähigkeit, absichtsvoll, d. h. begründet und verantwortet, ein Ziel – in der Regel produktorientiert – verfolgen zu können. Es gilt, Situationen der Lebenswirklichkeit nach Grundsätzen der Vernunft und Methodik erfolgreich zu bewältigen. Als Ziel schulischen Unterrichts wird Handlungskompetenz seit Beginn des 20. Jahrhunderts von Dewey mit seinem „learning by doing" (= Lernen

durch Handeln, Erfahrungslernen) und von der Reformpädagogik, insbesonders von der Arbeitsschulbewegung (G. Kerschensteiner) verfolgt. Übernommen von der → Kritischen Theorie der Frankfurter Schule, insbesonders von J. Habermas wird in der heutigen pädagogischen Diskussion als Kernstück der Handlungskompetenz die „kommunikative Kompetenz“ diskutiert, welche die Voraussetzung für die Entwicklung des „handlungsfähigen Subjekts“ (W. Schulz) darstellt.
Die Konsequenz besteht in der Forderung eines Unterrichts, der den ganzen Menschen als handelnden fordert und fördert und nicht nur seinen Kopf.

→ Handeln/Handlung → Handlungsorientierter Unterricht K

Handlungsorientierter Unterricht

Entscheidend für den handlungsorientierten Unterricht ist nicht der Besitz von Wissen und Können, sondern **wie die Schüler ihr Wissen und Können erwerben und verwenden.**
Im handlungsorientierten Unterricht lernt der Schüler, Aufgaben und Situationen der für ihn erfahrbaren und bedeutungsvollen Wirklichkeit selbsttätig zu erkennen, zu deuten und zielorientiert zu bewältigen sowie für seine Handlungsergebnisse die Verantwortung zu übernehmen. In sozialen Handlungssituationen lernt er darüber hinaus seine Handlungspläne mit denen der anderen Beteiligten zu koordinieren.
Ziel des handlungsorientierten Unterrichts ist Lebenstüchtigkeit im Sinne ergebnis- und verständigungsorientierten sowie verantwortlichen Handelns in und an der Wirklichkeit.
Das Praxiskonzept des handlungsorientierten Unterrichts steht und fällt mit der Einhaltung folgender Grundsätze:

- Handlungsorientierter Unterricht ist ein **Unterrichtskonzept,** nicht bloß Unterrichtsprinzip.
- **Durch Selbsttätigkeit zur Selbständigkeit.** Handlungskompetenz wird nur durch Handeln erworben, nicht durch Reden über Handeln. Das uralte Unterrichtsprinzip Selbsttätigkeit bzw. des „learning by doing“ (von Dewey bis Bruner) lehrt, daß nur einsichtiges, selbst eingeleitetes und selbstverantwortetes Lernen an für den Schüler bedeutungsvollen Aufgaben nachhaltige Wirkung für den Lernenden besitzt. Allerdings birgt die Selbsttätigkeit der Schüler auch in sich, daß der Unterricht einen anderen als den vom Lehrer geplanten Verlauf nimmt. Aber auch für den Handelnden selbst gilt: Je mehr er selbst denkt und verantwortlich handelt, um so riskanter lebt er, da seine Handlungsergebnisse grundsätzlich der Kritik ausgesetzt sind.
- **Verantwortetes Handeln erfordert die Freiheit der Planung und Mitgestaltung des Unterrichts durch die Schüler.**
  Die Merkmale Verantwortung, freie Selbsttätigkeit und Mitgestaltung weisen den handlungsorientierten Unterricht als eine **Spielart des offenen Unterrichts** aus. Handlungsorientierung nimmt in dem Ausmaß zu, als der Lehrer das Handeln und die Verantwortung dafür den Schülern überläßt; umgekehrt nimmt sie mit dem Ausmaß seines Eingreifens ab und wandelt sich in Tun, Nachvollzug, Wegnahme von Verantwortung, eben in lehrerzentrierten Unterricht.
- **Handlungsorientierter Unterricht begünstigt ganzheitliches Lernen** (wahrnehmen, denken, fühlen, handeln als dialektische Einheit) **in realen Handlungszusammenhängen.** Damit setzt er sich von einseitiger Verkopfung und bloßem

„Maulbrauchen“ (Pestalozzi) als unnatürlicher Lernformen ab. Gleichzeitig wendet er sich **gegen die Wirklichkeitsentfremdung** (Kritische Theorie), indem er die unmittelbare Auseinandersetzung mit der Wirklichkeit an die Stelle der Wirklichkeit aus zweiter Hand setzt. **Handlungsorientierter Unterricht gelingt nur dort, wo der Lerninhalt zur Sache des Schülers wird.**

- **Handlungsorientierter Unterricht zielt auf sinnvolle, einsichtige und selbstverantwortete Handlungsergebnisse,** wozu aufgrund des ganzheitlichen Verständnisses von Lernen ausdrücklich **auch Vollzug und Ergebnis künstlerischen Gestaltens** (vgl. z. B. produktionsorientierter Deutschunterricht), **sozialen Handelns und verantworteter Kommunikation** zählen. Zum Handeln **an** einer Sache kommt das Handeln **miteinander** und das Handeln **füreinander** als Programm.
- **Handlungsorientierter Unterricht ist zielorientierter Unterricht,** der das Handeln an dem allgemeinen Verlaufsmuster Wahrnehmung der Situation, Zielorientierung, Bereitstellung der Mittel ausrichtet. Dabei sind aufeinanderfolgende eindeutige und sinnvolle Handlungseinheiten als Grobentwurf vorauszuplanen (vgl. Lernzieltheorie!).
- **Handlungsorientierter Unterricht nimmt Anleihen für die Unterrichtsstrategie von den Handlungstheorien,** die menschliches Lernen vor allem unter folgenden Gesichtspunkten untersuchen:
  ① Ziel des Handelns (individueller oder kollektiver Art)
  ② Bedingungen, unter denen sich das Handeln vollzieht, z. B. die zur Verfügung stehenden Mittel und Informationen, die Widerstände
  ③ Die Bewertung von angestrebten Zielen und von aufzuwendenden Mitteln und ihre vergleichende Gegenüberstellung (Arbeits- bzw. Lernökonomie).

Daß derartige Strategien nicht nur allgemein ergebnisorientiert, sondern sogar existenzsichernd durchgeführt werden können, wird seit langem in den Managementetagen der Wirtschaft vorexerziert, wo durch sog. Szenarios mögliche Entwicklungen der Wirklichkeit durchgespielt und entscheidungsreif vorbereitet werden.

- **Handlungsorientierter Unterricht in sozialen Situationen versteht sich als Übungsfeld für die Schüler,** in dem sie die Verlaufsformen und Folgewirkungen der verschiedenen Typen des Handelns (ergebnisorientiertes Handeln, strategisches Handeln, kommunikatives Handeln) erfahren können und eine verständigungsorientierte Koordinierung ihrer Handlungspläne einüben können.
- Handlungsorientierter Unterricht ist am leichtesten in **Situationen** zu verwirklichen, **die das Handeln zwingend herausfordern,** z. B.
  Werkstatt,
  Exkursion,
  Labor,
  Schulspiel und Theater,
  Projekte,
  Ausstellung,
  Spiel usw.

Tips zum Einstieg in den handlungsorientierten Unterricht:

- Nicht alle lehrplanmäßig vorgeschriebenen Lerninhalte eignen sich für eine Vermittlung über den handlungsorientierten Unterricht.
- Tätigkeiten sollten mit den Begriffen belegt werden, die sie exakt treffen, also

z. B. Nachvollzug, Mitdenken, Zuhören, Problemlösen, Erleben, Handeln nach Vorschrift usw.

- Mit überschaubaren handlungsorientierten Elementen innerhalb einer Unterrichtsstunde können für das Handeln nötige Fähigkeiten nach und nach eingeübt werden, z. B. Erfassen einer Problemsituation, präzise Beschreibung eines Problems, aufmerksames Registrieren abweichender Meinungen, Formulierung des Handlungszieles, Entwurf und Erprobung eines Handlungsplanes, Formulierung und Präsentation eines Handlungsergebnisses, Einübung in verständigungsorientiertes Aushandeln gemeinsamer Handlungspläne, kritische Reflexion des Handlungsverlaufs.
- Die Schüler „fordern statt verwöhnen" (v. Cube 1988). Handlungsorientierter Unterricht ist anspruchsvoll, anstrengend und zeitaufwendig.
- Natürliche Aktivitäten der Schüler unterstützen, wo immer dies möglich ist!
- Funktionslust erzeugen! Das Interesse an der Übernahme von Aufgaben ist eine wesentliche Voraussetzung für das Handeln.
- Neugiertrieb einsetzen und Forscherhaltung aufbauen, z. B. durch problemorientierte Stundenthemen.
- Faire Konkurrenz einüben!
- Handeln durch spielerische Elemente im Unterricht fördern! K

Becker 1991; Gudjons 1989; Meyer 1987; Pätzold 1991

Handschrift → Graphologie/Graphometrie

Handwerkerfachschulen → Fachschulen

haptisch

bedeutet „den Tastsinn betreffend".
Haptik bezeichnet in der Psychologie die Lehre vom Tastsinn. K

Hard Rock

als Spielart des Rock'n'Roll eine seit ca. 1970 bei Jugendlichen beliebte Musikrichtung, seit 1975 auch Heavy Metal genannt, zielt auf die Auslösung aggressiver Stimmungen und übersteigerter, zum Teil ekstatischer Aktionen. Von den Heavy Metal-Gruppen werden Protest, gelegentlich Gewalt auf der Bühne ausgelebt sowie in manchen Auftritten versteckte oder offene okkulte Botschaften vermittelt. Als geistiger Wegbereiter gilt Aleister Crowley, 1875 in England geboren, 1947 rauschgiftsüchtig und geistig umnachtet gestorben. Er predigte schwarze Magie, Satanismus, sexuelle Perversitäten und Drogenkonsum. Die Musik betrachtete er dabei als geeignetes Transportmittel.
Die Dreieinigkeit von Sex, Drogen, Rock'n'Roll wurde als Botschaft von vielen seiner Nachfolger aufgegriffen. Die Black Metal-Gruppen zeigen auf Plattenhüllen und bei ihren Auftritten

- okkulte und satanische Zeichen, z. B. Pentagramme (= fünfzackiger Stern als Zeichen für Luzifer und Hexerei), die gehörnte Ziege für den Teufel als Gegenbild zum Lamm Gottes, das auf den Kopf gestellte christliche Kreuz, das satanische S (ϟ), das Tau-Kreuz (T), den satanischen Gruß (abgespreizter Zeigefinger und kleiner Finger);

– vermitteln unter Überlistung des bewußten Wahrnehmens „Satans-Botschaften“, die durch Rückwärtsspielen der Platten hörbar werden (Methode des „backward masking“);
– zelebrieren kultische Rituale ähnlich schwarzen Messen und sexuelle Perversionen mit Horrorszenarios
– und fordern oft zum Drogenkonsum auf.

Der Musikindustrie dienen solche Image-Vorgaben bei Heavy Metal und den Ablegern Black/Death/Speed Metal zur Erhöhung des Absatzes. K

Hardware

bezeichnet im Bereich der technischen → Medien die Medienträger, also die Geräte und Lehranlagen wie Dia-, Overhead-, Filmprojektor, Fernseh- und Rundfunkgerät, Plattenspieler und Tonbandgerät, Experimentiergerät, Sprachlaboranlagen, Simulatoren und Lehrmaschinen.

→ Software K

Haschisch

eine Droge der Gruppe Halluzinogene (= Drogen, die Sinnestäuschungen provozieren), wird aus dem Harz des indischen Hanf (Cannabis indica) gewonnen. Der Hauptwirkstoff ist das Tetrahydrocannabinol (THC). Es wird als Joint oder in der Pfeife geraucht oder seltener in Getränken oder in Gebäck konsumiert. Die psychologischen Wirkungen reichen von (vermeintlicher) gesteigerter Sinneswahrnehmung und Hochgefühl bis zu Apathie oder erhöhter Gereiztheit. Gelegentlich treten stundenlange Panikanfälle, depressive Verstimmungen, paranoide und Depersonalitätsphänomene und bei langem Konsum chronische Psychosen auf. Haschisch führt im allgemeinen nicht zu körperlicher Abhängigkeit, als Fluchtdroge vor der Wirklichkeit erweist es sich aber vor allem für Jugendliche oft auch als Einstiegsdroge. Exzessiver und/oder langfristiger Haschischkonsum zieht die nachstehenden, erwiesenen, zum Teil irreversiblen Folgewirkungen nach sich:
– Schädigungen des Erbguts und des Immunsystems sind nicht auszuschließen.
– Zeitweilige Impotenz und Unfruchtbarkeit sind nachgewiesen.
– Die krebserzeugende Wirkung von Cannabisrauch ist wesentlich stärker als die von Zigarettenrauch.
– Irreversible Zerstörungen können in jenen Gehirnpartien auftreten, die für das Kurzzeitgedächtnis und für die Aufmerksamkeit verantwortlich sind.
– Die Reaktionsgeschwindigkeit wird beeinträchtigt und damit z. B. auch die Fahrtüchtigkeit.

Bundeszentrale f. gesundheitliche Aufklärung 1989; Täschner 1986, 1987; vgl. auch Literatur bei Drogen u. Drogenmißbrauch!

→ Drogen- und Drogenmißbrauch → Heroin → Kokain → Marihuana → Sucht K

Hauptschule

Die Hauptschule umfaßt die Klassen 5 bis 9 (in den Stadtstaaten ist der Hauptschulbeginn auch mit dem 7. Schuljahr möglich) und ist für alle, die keine andere weiterführende Schule besuchen, Pflichtschule. Die 5. und 6. Klasse der Hauptschule sind in einigen Ländern der Bundesrepublik Deutschland zur → Orientierungsstufe ausgebaut.

Das Abschlußzeugnis der Hauptschule ist Eingangsvoraussetzung für mehr als 420 Ausbildungsberufe. In einigen Ländern wurden Differenzierungsformen in den Bildungsangeboten und Abschlüssen der Hauptschule entwickelt, die zu einem → „Qualifizierenden Hauptschulabschluß" führen und somit weitere Bildungsmöglichkeiten und neue Wege der Durchlässigkeit bis hin zur Hochschulreife eröffnen sollen.
In einigen Ländern der Bundesrepublik Deutschland wird den Hauptschülern ein 10. Schuljahr angeboten.
Zu den vorrangigen **Aufgaben** der Hauptschule zählen eine grundlegende Allgemeinbildung, die Vermittlung praxisbezogenen Wissens und Könnens, gezielte Hilfen zur Berufsfindung und die Einübung in die notwendigen Voraussetzungen für eine qualifizierte berufliche Bildung. Sie spricht vor allem Schüler an, deren Stärke im anschaulich-konkreten Denken und im praktischen Umgang mit den Dingen liegt. Die im → Hamburger Abkommen (1964) beabsichtigte Aufwertung der Hauptschule zu einer praxisorientierten weiterführenden Schule neben der → Realschule und dem → Gymnasium wurde von der Öffentlichkeit nicht angenommen. Obwohl die Hauptschule bundesweit von einem Drittel aller Schüler besucht wird, wird sie oft als sog. „Restschule" diskriminiert. Besonderheiten der Hauptschule sind das Klassleiterprinzip, → Arbeitslehreunterricht ab der 7. Klasse, → Betriebserkundungen, → Betriebspraktika, → Erziehungskunde ab der 8. Klasse und weiterführende Bildungsgänge. Gegenwärtig erreichen etwa ein Drittel der Hauptschüler die Fachoberschulreife.
Es spricht für das spezifische Profil der Hauptschule, daß im gewerblich-technischen und im Handwerksbereich nach wie vor Hauptschüler bevorzugt in ein Ausbildungsverhältnis übernommen werden.

Birnstengel 1989; Ipfling/Lorenz 1988, 1991; Rösner 1989; Schindehütte 1989

→ Lehrerausbildung K

Hausaufgabe

- Die Hausaufgabe ist ein vom Lehrer erteilter Auftrag.
- Sie steht mit dem augenblicklich behandelten unterrichtlichen Lernziel und Lerninhalt in Zusammenhang.
- Der Schüler bearbeitet sie in der unterrichtsfreien Zeit, und zwar ohne Fremdhilfe durch Lehrer oder Eltern, von kooperativen Formen der Hausaufgabe einmal abgesehen.

Die einschlägigen **schulrechtlichen Bestimmungen** statten die Hausaufgabenpraxis mit einem Rechtsrahmen aus, der die sinnvolle Gestaltung von Hausaufgaben durchaus unterstützt.
So sollen Hausaufgaben
- die Festigung des in der Schule Gelernten (Kenntnisse, Fähigkeiten, Techniken) sicherstellen,
- die Schüler zu selbständiger Arbeit anregen,
- die Schüler an Eigenverantwortung für ihr Lernen gewöhnen
- sowie in realistische Zeiteinteilung und in sog. Arbeitstugenden (z. B. Regelmäßigkeit, saubere Gestaltung, Ausdauer) einüben,
- den Kontakt zwischen Elternhaus und Schule im Hinblick auf Lernfortschritte und Lernverhalten der Schüler kontinuierlich aufrechterhalten.

Die genannten Ziele können nur verfolgt werden, wenn sie nicht durch äußere Umstände in Frage gestellt werden. Die Schulordnungen schreiben deshalb folgende Rahmenbedingungen vor:

- Die Hausaufgaben müssen ausreichend erläutert werden.
- Ihre Menge muß so beschaffen sein, daß sie von einem durchschnittlichen Schüler in der Grundschule in höchstens einer Stunde, von Schülern der fünften bis zehnten Jahrgangsstufe in höchstens zwei Stunden und von Schülern der elften bis dreizehnten Jahrgangsstufe in höchstens drei Stunden bewältigt werden kann; dabei sind der Zeitaufwand für Schulwege und für Nachmittagsunterricht zu berücksichtigen.
- Den Schülern muß genügend Zeit für Erholung, Spiel und persönliche Interessen bleiben.
- Die Hausaufgaben sind vom Lehrer zu überprüfen.
- Die Lehrer müssen sich bezüglich ihrer Hausaufgabenforderungen abstimmen, z. B. durch Eintragung ins Klassenbuch oder einen Übersichtsplan an der Pinn-Wand).
- Die Schüler der Jahrgangsstufen 5 bis 10 führen ein Hausaufgabenheft.
- Sonntage, Feiertage und die Ferien sind von Hausaufgaben freizuhalten.

Für die Kooperation mit den Eltern können folgende Empfehlungen für die Hausaufgabenpraxis nützlich sein:

- Das Mittagessen wird grundsätzlich nicht durch belastende Schul- und Berufsgespräche gestört.
- **Nach** dem Mittagessen entwerfen Eltern und Schüler oder der Schüler allein einen **Hausaufgaben- und Freizeitplan,** am besten schriftlich in Stichworten:
  - Fach, Umfang, Reihenfolge der Hausaufgaben, geschätzte Lernzeit
  - Abklärung evtl. aus der Schule mitgeschleppter Verständnisschwierigkeiten
  - Einplanung von Nachmittagsunterricht, Übungszeiten für Musizieren
  - Evtl. Belohnung vereinbaren
  - Festlegung der Erholungs- und Freizeitphasen.
- **Beginn der Hausaufgabenarbeit** festlegen: Vor 15 Uhr zu beginnen, ist bei den meisten Kindern wegen des Ermüdungstiefpunkts unökonomisch.
- **Lernplatz** völlig freiräumen und die Bücher, Hefte, Geräte bereitlegen, die bei der Hausaufgabe benötigt werden. Ablenkende Spielsachen, Abenteuerbücher und dergleichen wegräumen.
- **Für die Einzelaufgaben feste Zeiteinheiten vorgeben.**
- **Für Ruhe sorgen:** Kein Fernseher, kein Radio, keine herumtobenden Geschwister, keine geschäftig hantierende Mutter usw. Wichtig für die Konzentration!
- Eltern sollten anstelle direkter Mithilfe ihre Kinder **in den Gebrauch der möglichen Quellen und Hilfsmittel einweisen,** z. B. Schulhefte, Schulbücher, Nachschlagewerke, Atlanten usw.
- Nach Abschluß der Arbeit die **Leistung anerkennen,** evtl. belohnen; Fehler sofort berichtigen!
- **Und wenn es einmal gar nicht klappt:** Das Problem möglichst genau schriftlich für die Vorlage beim Lehrer fixieren!

K

Becker/Kohler 1988; Eigler/Krumm 1972; Feiks/Rothermel 1981; Geissler/Schneider 1982; Köck 1991 (Zsfg. ab S. 287); Kohler 1991; Petersen 1990; Schmidt 1984; Speichert 1987

Haushaltslehre

auch Hauswirtschaftslehre genannt, beinhaltet als Unterrichtsfach Ernährungslehre, Lebensmittelchemie, Haushaltsführung unter ökonomischen und ökologischen Gesichtspunkten, familienpflegerische Tätigkeiten und Kindererziehung und Arbeitstechniken im Haushalt. K

Haushalts- und Ernährungswissenschaft → Ökotrophologie

Hausunterricht für kranke Kinder → Schule für Kranke

Hauswirtschaftslehre → Haushaltslehre

Hawthorne-Effekt

Das Phänomen, wonach das Verhalten einer Person allein durch die Teilnahme an einem → Experiment maßgebend beeinflußt wird, bezeichnet man als Hawthorne-Effekt. Versuchspersonen können durch ein Experiment, an dem sie teilzunehmen haben, aus einem Gefühl ihrer Wichtigkeit heraus besonders stark motiviert oder aus einem Gefühl der Angst vor Bewertung und Leistungsvergleich verunsichert werden. Durch die Situation des Experiments ergeben sich Änderungen im Status und Selbstkonzept der Versuchsperson, welche die experimentellen Ergebnisse beeinflussen. O

„Hear and say“ method → Hör- und Sprechmethode

Hearing → Anhörkreis

Heavy Metal → Hard Rock

Heilpädagoge(-in)

wird eine Fachkraft genannt, die in entsprechenden Einrichtungen (z. B. → Schulkindergarten, Behindertenwerkstätten), seltener in privater Praxis geistig Behinderte, psychisch Kranke und Verhaltensauffällige pädagogisch und therapeutisch betreut. Die Ausbildung erfolgt nach abgeschlossenem Studium zum Erzieher oder Sozialpädagogen in zwei Jahren an → Fachakademien für Heilpädagogik oder über ein vierjähriges Fachhochschulstudium. K

Heilpädagoge (-in) im Sonderschuldienst (HPS)

früher heilpädagogische Unterrichtshilfe (HPU) genannt, betreut unter der Verantwortung eines Sonderschullehrers an Sonderschulen (→ Schulen für Behinderte und Kranke) und an → Schulvorbereitenden Einrichtungen behinderte, von Behinderung bedrohte sowie der Erziehungshilfe bedürftige (= schwererziehbare) Kinder.

Für die Tätigkeit kommen in Frage → Erzieher und Sozialpädagogen, die durch einen zweijährigen berufsbegleitenden Fortbildungskurs mit ihren Aufgaben vertraut gemacht werden sowie → Heilpädagogen mit Vollzeitausbildung. In speziellen Einrichtungen finden auch → Logopäden (für Hörgeschädigte und Sprachbehinderte), Beschäftigungstherapeuten (für Körperbehinderte und Geistigbehinderte) und Heilerziehungspfleger (für Schwerst- und Mehrfachbehinderte) Verwendung. K

Heilpädagogik → Sonderpädagogik

Heilpädagogische Unterrichtshilfe → Heilpädagoge im Sonderschuldienst

Heimat- (und Sach-)kunde (HSK)
ist in den ersten beiden Jahrgängen der → Grundschule z. B. in Bayern zusammen mit Deutsch, Mathematik, Musik- und Bewegungserziehung und Kunsterziehung Teil des grundlegenden Unterrichts, der erst ab der 3. Jahrgangsstufe fachlich und nach Zeiteinheiten zunehmend differenziert wird. Anknüpfend an die spielerische Weltbegegnung der Kinder orientiert sich die Unterrichtsplanung an der Belastbarkeit und an der erfahrbaren Lebenswelt der Kinder. Ganzheitlicher Unterricht steht im Vordergrund, d. h. die fachlichen Inhalte werden mit Hilfe des Integrationsfaches HSK miteinander verbunden, soweit dies sinnvoll ist. Der Unterricht greift in HSK Erfahrungen und Erlebnisse der Kinder im heimatlichen Umfeld auf und geht von situativen Anlässen aus. Zu den Lernzielen Heimatverbundenheit und umfeldbezogene Sozialisation tritt dabei gleichgewichtig die Befähigung der Kinder zur kritischen Auseinandersetzung mit belastenden und zerstörenden Einflüssen in der Umwelt und die Einübung in umweltgerechtes verantwortliches Handeln.

→ Grundschule → Grundschulpädagogik K

Heimberufsschule
Schule und Heim bilden in Form der Heimberufsschule eine Einheit. Sowohl die schulische als auch die berufliche Ausbildung der Schüler erfolgt in der Heimberufsschule.

→ Heime → Schule O

Heime
Es sind verschiedene Arten von Heimen, die von Staat, Kommunen, kirchlichen und anderen Institutionen getragen werden können, zu unterscheiden:

- Säuglings- und Kleinstkinderheime, in denen Kinder unter drei Jahren aufgenommen werden,
- Kinderheime, die Kinder bis zur Beendigung der Volksschulpflicht beherbergen,
- Heime für schulentlassene Minderjährige in Form von Heimen für Erziehungshilfe und Jugendwohnheimen,
- Sonderheime, z. B. Heime für Lernbehinderte, Heilpädagogische Heime oder auch Berufsförderungsheime,
- Erholungsheime,
- Schülerheime.

Alle Heime, ausgenommen die Erholungs- und Jugendwohnheime sind in Erziehungsgruppen zu gliedern. Heimen für schulpflichtige Kinder ist eine Heimschule anzugliedern, wenn die dort untergebrachten Kinder für den Bereich öffentlicher Schulen nicht geeignet sind.
Unter Schülerheimen werden die mit öffentlichen Schulen verbundenen Heime verstanden. Schule und Heim unterstehen einer gemeinsamen Leitung.
Die Aufsicht über die Schülerheime obliegt bei der Verbindung mit Volks-, Sondervolks-, Berufs- und Sonderberufsschulen den entsprechenden Organen nach

§§ 78 und 79 des → Jugendwohlfahrtsgesetzes, ansonsten der staatlichen Schulaufsicht. Die Aufsichtsorgane haben u. a. darauf zu achten, daß in den Heimen keine Spezialbehandlung der Schüler nach den Besitzverhältnissen der Eltern stattfindet.

Amsler 1980; Bäuerle/Markmann 1976; Becker/Stadler 1972; Birtsch/Maelicke 1986; Flosdorf 1987; Forschungsgruppe Jugendhilfe 1992; Günder 1989; Kok 1980; Kupffer 1989; Müller-Schöll/Priepke 1982; Schrader 1991

→ Erziehungsheim → Ganztagsschule → Landschulheim → Schullandheim OK

Heimkinder → Hospitalismus

Heimlicher Lehrplan

umfaßt die inoffizielle Seite der Schule, den Lebens- und Erfahrungsbereich des nicht institutionell Geregelten, also des nicht durch Lehrplan, Schul- und Hausordnung eindeutig Definierten. Zum heimlichen Lehrplan gehören also z. B. das weite Feld des sozialen Lernens, Nebeneffekte von Unterricht und Leistungsbeurteilung, Anpassung der Schüler an die Lehrererwartungen bis hin zum Verhaltensratespiel und zur Untertanenroutine, Verhaltensrituale, die Einschätzung von Fach und Lehrer durch die Schüler, Gegenstrategien der Schüler gegen den lehrerzentrierten Unterricht wie Zeitverzögerung, Scheininteresse, Provokationen.
Der Unterricht entwickelt sich umso mehr zum Schauplatz tragikomischer Ringkämpfe zwischen Lehrern und Schülern, je weniger die Lehrer schon bei ihrer didaktischen Analyse und ihrer Unterrichtsvorbereitung die Realität des heimlichen Lehrplans akzeptieren und berücksichtigen.

Zinnecker 1975

→ Lehrplan K

Heimschule → Heime

Helfer-Syndrom

bezeichnet zwanghafte Vorstellungen von Erziehen und Helfen mit verschiedenen Wurzeln:

- Im Über-Unter-Ordnungsmodell wird die Verantwortlichkeit des Erziehers für den zu Erziehenden unerfüllbar übersteigert.
- Die Orientierung an einem unrealistischen Gleichgewichtsmodell der Harmonie menschlicher Beziehungen führt dazu, daß das Lernen mit Hilfe konfliktträchtiger Auseinandersetzung behindert wird bzw. Konflikte beschönigt werden.
- Die Selbstaufgabe und Aufopferung des Erziehers/Helfers durch andauernde Geber-Haltung mündet früher oder später in Leere, Erschöpfung, Enttäuschung. Der Mangel an Fähigkeit beim Erzieher/Helfer, angemessen nehmen zu können, führt letztlich wieder zu Entmündigung des zu Erziehenden. K

Enzmann/Kleiber 1989; Schmidbauer 1992; vgl. auch Literatur bei Burnout-Syndrom!

Helfersystem

bezeichnet die organisierte Hilfestellung gleichaltriger bzw. nicht wesentlich älterer Schüler gegenüber ihren Mitschülern bei der Bewältigung ihrer Lernprozesse. Das Helfersystem hat eine lange Tradition, in einklassigen bzw. weniggegliederten

Schulen war es zur Freisetzung des Lehrers für die notwendigerweise geforderte äußere → Differenzierung nach Jahrgangsgruppen zwingend geboten.
Im nach Jahrgangsklassen gegliederten Schulwesen von heute bedeutet die Entlastung des Lehrers nach wie vor einen wesentlichen Vorteil des Helfersystems, allerdings mit der Akzentverschiebung möglicher Intensivierung individuell betreuter Lernprozesse. Dazu gesellen sich aber jetzt noch die bewußt genutzten Vorteile des Helfersystems, die sich aus der Abwendung vom lehrerzentrierten Unterricht und der Zuwendung zum gruppenorientierten Unterricht für das soziale Lernen ergeben. Helfersystem versteht sich im gruppenorientierten Unterricht nicht als ein festgeschriebenes System verteilter Rollen, das für den einen ständige Überlegenheit, für den anderen aber frustrierende Unterlegenheit bedeutet. Das Helfersystem regelt sich vielmehr nach der je nach Lerngebieten anderen Kompetenzverteilung im Sinne der wechselnden Führerschaft. Die Akzeptanz der wechselnden Rollen in Lernprozessen setzt allerdings geduldiges Einüben voraus. Ein auf diese Weise funktionierendes Helfersystem festigt den Binnenkontakt der Gruppe. Aufgaben der Helfer sind Anleitung und Besprechung der Verständnisschwierigkeiten, nicht aber durch die Lösung der eigentlichen Lernprobleme dem Fragenden die Arbeit abzunehmen.
Der beschriebenen Art des Helfersystems ähnlich ist das an Hochschulen übliche Tutorensystem. Pädagogische Assistenten als Hilfskräfte des Lehrers leisten ebenfalls Hilfestellung bei Lernvorgängen, aufgrund ihrer generellen alters- und wissensmäßigen Überlegenheit unterscheiden sich ihre Einsatzmöglichkeiten jedoch erheblich von denen des Schülerhelfersystems.

→ Tutor K

Helligkeitskonstanz → Konstanz

Hemisphären-(dominanz) → Gehirn

Hemmung

bezeichnet allgemein im psychologischen Sprachgebrauch den Vorgang, daß eine bestimmte Aktivität des Organismus durch eine andere vorausgehende, nachfolgende oder überlagernde Aktivität oder durch ein situatives Ereignis unterbunden bzw. mehr oder weniger beeinträchtigt wird.

→ Gedächtnishemmungen K

Heranwachsende

sind nach § 1 Absatz 2 des → Jugendgerichtsgesetzes Personen, die 18 Jahre, aber noch nicht 21 Jahre alt sind. Für diese Altersgruppe wird bei der Beurteilung einer Straftat zwar das für Erwachsene geltende Strafgesetzbuch angewendet, aber unter besonderer Berücksichtigung des Entwicklungsstandes zwischen Jugendlichem und Erwachsenem. K

Here and now problems

sind Fragestellungen von hohem Aktualitätsgrad. Als Auswahlkriterien für Probleme, die im Mittelpunkt organisierter Lernprozesse in der Schule oder im Kindergarten stehen, gelten Verwertbarkeit und Brauchbarkeit, Aktualität und Bezug zu den Interessen der Kinder. Die Problemorientierung wird bei der Themenformulierung am besten durch Fragesätze, durch impulsartige Feststellungen oder durch die Formulierung von Vorhaben zum Ausdruck gebracht.

Ausgewählte Here and now problems für den Vor- und Grundschulbereich:

1. Fernsehen:
   - Angst beim Fernsehen
   - Streit um das Programm
   - Warum darf ich den Abendfilm nicht sehen?
2. Familie und Freunde:
   - Was mache ich in der Freizeit, wenn mir langweilig ist?
   - Warum und wie streiten wir in unserer Familie?
   - Ich gehe nur zu Bett, wenn... (Zu-Bett-Geh-Rituale)
   - Ich schreibe einen Brief an meine Freundin/meinen Freund.
3. Natur:
   - Wie holt der Specht die Larve aus dem Baum heraus?
   - Schade, unser Schneemann schmilzt!
   - Warum kann es immer wieder regnen?
   - Ich lege ein eigenes Gartenbeet an!
   - Warum gingen manche Bohnen nicht auf?
4. Technik:
   - Wie funktioniert das Licht am Fahrrad?
   - Wie flicke ich einen defekten Fahrradschlauch?
   - Wie funktionieren die Bremsen am Fahrrad?
   - Telefonieren – reden durch den Draht?
   - Warum wird der Griff der Bratpfanne nicht heiß?
   - Warum finden wir heute am Fenster Wassertröpfchen?
   - Wir bereiten für unseren Wandertag eine Regatta mit Papierschiffchen vor (Materialanalyse Papier)
   - Wir basteln eine Laterne für den Lichterzug (lichtdurchlässig, -undurchlässig)
   - Wie gehe ich richtig mit elektrischen Geräten um?
   - Wie kommt das Wasser bis zum Wasserhahn in unserem Klassenzimmer?
5. Umgang mit Tieren:
   - Angst vor dem Hund?
   - Wie bringe ich meinem Hund das Gehorchen bei?
   - Mein Meerschweinchen ist krank.
   - Auch Haustiere brauchen Pflege!
6. Schule und Schulklasse:
   - Warum können sich H. und P. nicht leiden?
   - Wie gestalten wir unser Zusammenleben in der Klasse?
   - Wie kann ich meinem Klassenkameraden beim Lernen helfen?
   - Ordnung auch in der Pause – warum das?

usw. K

Hermeneutik

bezeichnet im engeren Sinne das wissenschaftliche Verfahren zur Erklärung und zum Verstehen von Texten, Abläufen und Gesamtzusammenhängen. Ihre Methoden sind die Textauslegung und die Analyse und Reflexion über historisch-gesellschaftliche Situationen.

Das hermeneutische Verfahren, das in der Pädagogik vor allem innerhalb der geisteswissenschaftlichen Richtung Anwendung fand, zeigt sich also als Verstehen im Sinne der „Interpretation des subjektiv Wahrgenommenen und von Texten" (Röhrs 1968), z. B. von Tagebüchern, ideologischen und normativen Aussagen, bis hin zum Infragestellen des Interpretationsaktes selbst. Schleiermachers Bestimmung der Hermeneutik als „philosophische Sachkritik" und „philologische Auslegungskunst" weitete W. Dilthey durch die verstehende Interpretation der erzieherischen Grunderscheinungen aus. Dilthey und Max Weber, die namhaftesten Vertreter des hermeneutischen Verfahrens, gehen davon aus, daß menschliches Erleben auf einem Motivationszusammenhang beruht, nicht nur auf einem Kausalzusammenhang (= Ursache-Wirkungs-Verhältnis). Das menschliche Erleben darf also nicht nur von außen beobachtet und beurteilt werden, sondern muß im „geistigen Nachvollzug" auch von innen her gesehen werden (= nachfühlendes Verstehen bzw. „erlebnismäßige" Identifikation).
W. Stegmüller (1969) schließt dieser sinngemäß wiedergegebenen Darstellung folgende grundsätzliche Kritik an: Das hermeneutische Verfahren ist hypothetisch und bedarf der empirischen Nachprüfung. Als Verifikationsverfahren (= Beweisverfahren für die Richtigkeit einer Aussage) ist es ungeeignet, weil es wegen seiner Abhängigkeit von der subjektiven Erfahrung und deren Verallgemeinerung zu unsicher ist. Es kann bestenfalls als „ein heuristisches (= der Auffindung dienendes) Verfahren zur Gewinnung, aber nicht zur Verifikation von Hypothesen" dienen.
H. Röhrs betont als **Gefahren des hermeneutischen Verfahrens**

1. theoretische Spekulation bei Verlust des Praxisbezugs,
2. Beschränkung in der Forschung auf historische Quellen und damit Realitätsferne,
3. den Irrtum, vom Verstehen einzelner Aspekte das Ganze erschließen zu können,
4. mangelnde Objektivierbarkeit hermeneutisch gewonnener Aussagen, die entscheidend vom inhaltlichen Vorverständnis und vom Selbstverständnis des Interpretierenden bestimmt werden.

Birus 1982; Buck 1981; Combe/Helsper 1991; Gadamer/Boehm 1976; Grondin 1991; Ineichen 1991; Mollenhauer/Rittelmeyer 1977; Seiffert 1992

→ Forschungsmethoden, pädagogische OK

Heroin

gehört mit Opium, Morphium, Kodein und den synthetischen Morphiumersatzmitteln wie Methadon zur Gruppe der Opiate. Opium wird geraucht, die anderen Rauschmittel werden injiziert oder gegessen, Heroin wird injiziert, seltener geschnupft („sniff"). Heroin führt wie alle Opiate in kurzer Zeit zu extrem starker psychischer und physischer Abhängigkeit. Die unmittelbare Wirkung ist in der Regel beruhigend, schmerzlindernd, angsteinschränkend, nach mehreren Injektionen euphorisierend.
Die körperlichen Folgen sind Magen- und Darmstörungen, Herzschwäche, Herz-Kreislauf-Störungen, zunehmender körperlicher Verfall; die jährliche Todesrate ist in der Bundesrepublik Deutschland drastisch angestiegen (1992 über 2000).
Als geistig-seelische und soziale Folgen treten auf: Einschränkung von Leistungs- und Konzentrationsfähigkeit, gesteigerte Aggressivität und Egozentrik, Verminderung der Intelligenz, Wahnideen, nachlassende Arbeitsfähigkeit, Vernachlässi-

gung sozialer Bindungen, Abdriften in die Beschaffungskriminalität. Verursacht durch mehrfach verwendetes Spritzbesteck ist die Übertragungsgefahr von → Aids und anderen Krankheiten unter den → Fixern besonders groß. Die Rückfallquote ist bei Heroinsüchtigen selbst bei intensiven therapeutischen Anstrengungen relativ hoch. Nur der eigene Wille des Süchtigen zum Ausstieg verspricht überhaupt Erfolg.

Noller/Reinicke 1987; Stosberg 1985; vgl. auch Literatur bei Drogen und Drogenmißbrauch!

→ Drogen- und Drogenmißbrauch → Haschisch → Kokain → Marihuana → Sucht K

heterogen

bedeutet ungleichartig, aus verschiedenen oder verschiedenartigen Komponenten zusammengesetzt. Eine Gruppe von Personen z. B., die auf Grund ihrer Vorbildung sehr unterschiedliche Kenntnisse nachweisen, aus verschiedenen sozialen Schichten kommen und gegensätzliche Meinungen haben, kann als heterogen bezeichnet werden.

→ homogen O

Heterosexualität

ist das auf das andere Geschlecht gerichtete geschlechtliche Verlangen.

→ Homosexualität K

heuristisch

werden Verfahren genannt, von denen im Sinne von Arbeitshypothesen angenommen wird, daß sie zur Lösung eines schwierigen Problems geeignet sind. **Heuristik** bedeutet in der Übersetzung aus dem Griechischen Erfindungskunst, im weiteren Sinne aber auch die methodische Anleitung zum möglichen (Er-)Finden von Neuem oder zum Lösen schwieriger Probleme, z. B. durch → Versuch-Irrtum-Verfahren oder durch formallogische Ableitung. K

High School

wörtlich übersetzt Hochschule, bezeichnet (im Unterschied zum deutschen Bildungssystem) in den USA die auf die 6. oder 8. Jahrgangsstufe der Elementary School aufbauende weiterführende Schule, die es in sechs- oder vierjähriger Form gibt. K

Hirnstrombild → Elektroenzephalogramm

Hirntrauma

bezeichnet die Verletzung, Schädigung des → Gehirns. Frühkindliche Hirntraumata sind z. B. auf Schädigungen während der Schwangerschaft durch Stoffwechselstörungen oder durch toxische Einflüsse, auf Verletzungen beim Geburtsvorgang, zeitweisen Atemstillstand bei der Geburt, auf Infektionen im Säuglingsalter (vgl. v. a. → Enzephalitis), auf Verletzungen des Gehirns durch Unfall oder Mißhandlung zurückzuführen. Die Folgen reichen von leichten Beeinträchtigungen der körperlichen und/oder seelischen Funktionen bis zu schweren motorischen und intellektuellen Störungen sowie Verhaltensstörungen. K

HIV

(Abk. für engl. **H**uman **I**mmune Deficiency **V**irus) bezeichnet humane Immunschwächeviren, die Störungen der körperlichen Abwehrkräfte hervorrufen und bis zum Zusammenbruch des zellulären Abwehrsystems führen können.
In vielen Fällen veranlassen sie Erkrankungen mit tödlichem Ausgang.
Auf den maßgeblichen die Immunschwächekrankheit → AIDS auslösenden Erreger wurde man erstmals im Sommer 1981 aufmerksam. Es dauerte zwei Jahre, bis das Virus entdeckt wurde. 1986 erhielt es nach Vereinbarung der Internationalen Kommission für die Virus-Taxonomie die Bezeichnung HIV (Human Immune Deficiency Virus).

Ermann/Waldvogel 1992; Franke 1990; Mölling 1988; vgl. auch Literatur bei AIDS und AIDS-Phobie!

→ AIDS-Phobie

OK

Hochbegabte

werden Kinder mit beschleunigter Entwicklung der intellektuellen, künstlerischen oder psychomotorischen Fähigkeiten genannt. Ihr IQ (Intelligenzquotient) liegt über 130 Punkten. Ihre emotionale und ihre Persönlichkeitsentwicklung verläuft meistens alterstypisch. Hochbegabte Kinder sind im regulären Schulbetrieb ständig unterfordert, woraus Langeweile und psychische Störungen (Aggressionen, Verweigerung, Tagträumerei) resultieren. Die Unterforderung ist meistens gleichzeitig mit sozialer Isolierung verbunden. Auch Lehrer reagieren u. U. aggressiv auf Hochbegabte, die ihr gewohntes Unterrichtskonzept völlig durcheinanderbringen können. Im öffentlichen Schulwesen besteht die Gefahr, daß Hochbegabte auf das sog. Normalmaß gedrückt werden, ein Verstoß gegen die Chancengerechtigkeit, die jeweils angemessene optimale Förderung bedeutet.
Beratung bieten an die Deutsche Gesellschaft für das hochbegabte Kind e. V., Jungmannstraße 12, 22605 Hamburg und die Christophorus-Schule über das Jugenddorfwerk Deutschland, Georg-Westermann-Allee 76, 38104 Braunschweig.

Literatur siehe bei → Hochbegabtenförderung!

→ Hochbegabtenförderung

K

Hochbegabtenförderung

Als hochbegabt wird ein Kind bezeichnet, das einen Intelligenzquotienten (→ Intelligenztest) von über 130 Punkten hat, damit einen deutlichen vor allem kognitiven Entwicklungsvorsprung vor Kindern des gleichen Alters aufweist und breit gefächert hohe Leistungen in der Schule bringt.
Gegen die besondere Förderung hochbegabter Kinder wird eingewendet, daß sie gegen das Prinzip der Gleichberechtigung im Bildungssystem verstoße. Versteht man unter Chancengerechtigkeit (→ Chancengleichheit) allerdings die Verpflichtung zur bestmöglichen Förderung der Kinder und Jugendlichen entsprechend ihren Anlagen und Leistungen, erscheint die Förderung Hochbegabter ebenso berechtigt, ja geboten wie jene minder oder durchschnittlich Begabter. Der herkömmliche Unterricht löst diese Verpflichtung vor allem durch die äußere Differenzierung in verschiedene Schularten mit unterschiedlich anspruchsvollem Anforderungsprofil und durch die Möglichkeiten der inneren → Differenzierung ein.
Darüber hinaus nehmen sich besondere → Fördereinrichtungen der Hochbegab-

ten an. Nach dem Bayerischen Begabtenförderungsgesetz z. B. werden unter Berücksichtigung bestimmter Einkommensgrenzen Stipendien in voller Höhe als Zuschuß für ein Studium gewährt, wenn die Allgemeine Hochschulreife oder die Fachhochschulreife mit einem ausgezeichneten Notendurchschnitt erworben wurde und eine gesonderte Prüfung vor einem Ministerialbeauftragten wenigstens mit der Note 2 bestanden wurde. Wegen der laufenden Anpassung einzelner Bedingungen und der Höhe der Stipendien sind zur exakten und aktuellen Information die entsprechenden Gesetze, ergänzenden Bestimmungen und Statute der jeweiligen Fördereinrichtungen einzusehen.

Mehlhorn/Urban 1990; Urban 1982; Wieczerkowski/Wagner 1981

→ Begabtenförderung → Bundesausbildungsförderungsgesetz → Fördereinrichtungen → Hochbegabte K

Hochschuldidaktik

Aufgabe der Hochschuldidaktik im weiteren Sinne ist es, sich mit quantitativen und qualitativen Aspekten des Hochschulbereiches zu befassen, ein rationales Verhältnis zwischen Lehre, Forschung und Studium anzustreben, die Lehr- und Lernakte, Bildungsinhalte in historischer Sicht und gegenwärtiger Entwicklung, Lehrverfahren, Lehrformen, Lehrorganisation und Lehrtechnologie unter lernziel- und adressatengerechter Sicht zu berücksichtigen. Das weite Feld einer Hochschuldidaktik wird von vielen → Faktoren wie Student, Lehrender, der jeweiligen Hochschulorganisation, der Struktur des Faches, der Art der Wissensvermittlung wie z. B. Vorlesung, Seminar, Arbeitsgruppe, Kurs, Zulassungs- und Prüfungsarbeiten, Medien, Theorie-Praxis-Bezug während des Studiums, Berufszielorientierung bestimmt. Diese Faktoren werden von dem sich stets wandelnden gesellschaftlichen Spannungsfeld, der Sozialisation, Ideologisierung, wirtschaftlichen und politischen Prozessen beeinflußt und können Entscheidungsregulative bei der Erarbeitung von Hochschulcurricula dartsellen.
Für die einzelnen Fächer entwickeln die Hochschulen und entsprechende Arbeitskreise → Fachdidaktiken als eigene Disziplinen.
L. Huber (1970) sieht in seiner Hochschuldidaktik folgende sechs Arbeitsansätze:
- Unterrichtstechnologischer Ansatz –
- Sozialpsychologischer Ansatz –
- Curricularer Ansatz –
- Wissenschaftstheoretischer Ansatz –
- Berufspraxis-Ansatz –
- Sozialisationstheoretischer Ansatz –

H. v. Hentig prägte den Begriff der Wissenschaftsdidaktik, in der er vor allem die Notwendigkeit der Vermittlung zwischen Wissenschaft und Gesellschaft und die erkenntnistheoretische Selbstreflexion der Wissenschaft betont.

Berendt 1979; Blickpunkt Hochschuldidaktik (Reihe); Zillober 1984

→ Curriculum → Didaktik → Hochschule → Lernziel O

Hochschule

Der erfolgreiche Abschluß eines studienbezogenen Bildungsganges, das → Abitur, verleiht die Berechtigung zum Studium aller Studiengänge im Hochschulbe-

reich. Die fachgebundene Hochschulreife oder Fakultätsreife berechtigt zur Aufnahme eines Studiums in bestimmten Fachbereichen. Zu den Aufgaben der Hochschulen gehört im wesentlichen die Vorbereitung auf Tätigkeiten, die die Anwendung wissenschaftlicher Erkenntnisse und Methoden oder die Fähigkeit zu künstlerischer Gestaltung erforderlich machen.
Neben die Lehre tritt gleichgewichtig die Forschung. Wegen seiner besonderen Rechtsstruktur ist der Hochschulbereich weniger durch Gesetze und Verordnungen festgelegt und gebunden als der übrige Schulbereich. Die Hochschulen zeichnet vielmehr die Autonomie von Forschung und Lehre und der Grundsatz der akademischen Selbstverwaltung aus.
In der Bundesrepublik Deutschland werden öffentliche, kirchliche und private Hochschulen unterschieden.
Besondere akademische Abschlüsse an Hochschulen sind Diplom, Magister, Promotion und Habilitation.
Trotz des starken Ausbaus des Hochschulbereichs seit etwa 1965 leiden die meisten Hochschulen an z. T. erheblichen Überbelegungen mit Studenten. Die Folge waren → Numerus clausus und der immer wiederkehrende Ruf nach Regelstudienzeiten.
Den gesetzlichen Rahmen für die Hochschulen bildet das **Hochschulrahmengesetz** (HRG) von 1976, novelliert 1985, das allerdings bei der Umsetzung in die Praxis wegen der Kulturhoheit der Länder unterschiedlichen Auslegungen ausgesetzt ist. Es enthält Vorschläge zur Organisation und Verwaltung der Hochschulen und zur Gestaltung von Studium, Forschung und Lehre.
Gegenwärtig werden die einzelnen Studiengänge in folgenden Hochschulformen durchgeführt:

– Wissenschaftliche Hochschulen –

Hier ist das Verhältnis von Studium und Berufsvorbereitung unterschiedlich. Eine Berufsentscheidung erfolgt häufig erst nach Abschluß des Studiums, ausgenommen z. B. in den klassischen Fakultäten wie Medizin und Theologie.

– Pädagogische Hochschulen –

Die Ausbildung zum Beruf des Grund- und Hauptschullehrers wird in verschiedenen Bundesländern an wissenschaftlichen Hochschulen durchgeführt. In Bayern z. B. wurden die „Pädagogischen Hochschulen“ als „Erziehungswissenschaftliche Fachbereiche“ in die Universitäten eingegliedert.

– Hochschulen mit direktem Berufsbezug –

Sie setzen das Abitur nicht in jedem Falle voraus. Hierzu zählen Kunst- und Musikhochschulen.

– Spezialhochschulen der Bundeswehr und der Verwaltung –

Sie heben sich vom übrigen Hochschulwesen besonders dadurch ab, daß der Zugang zu ihnen nur über den Beruf erfolgen kann und ihre Studiengänge berufsbezogen sind.

– Fachhochschulen –

Die → Fachhochschulen sind auf bestimmte Berufsbereiche ausgerichtet. Eingangsvoraussetzung ist die → Fachhochschulreife bzw. die allgemeine Hochschulreife.

– Gesamthochschulen –
Sie sind den Reformabsichten entsprechend angelegt und sollen ein System abgestufter und aufeinander bezogener Studiengänge allgemein wissenschaftlicher und berufsorientierter Art nachweisen und die Forschung berücksichtigen.

Deutscher Hochschulführer 1990; Eggers 1987; Führ 1989; Gorholt/Seitel 1988; Goldschmidt 1984; Harder/Leifert 1991; Hochschulplanung (Einzeltitel); Müller 1990; Seidenspinner 1991; Teichler 1990; Universitäten u. Hochschulen im Wandel 1987 u. 1989; Webler/Otto 1991

→ Bund-Länder-Kommission → Fernuniversität → Kontaktstudium → Lehrerausbildung → Weiterbildung OK

Hochschulreife/Hochschulzugangsberechtigung → Abitur

Höhere Fachschule/Höhere Wirtschaftsfachschule → übergeführt in die Fachhochschule

Höhlengleichnis
Platon versucht mit dem Höhlengleichnis, in seinem Werk „Politeia“ (Der Staat) enthalten, den Vorgang der Bildung und Erziehung zu erläutern. Sokrates vergleicht im Dialog mit Glaukon das Individuum am Beginn seiner Bildung mit Menschen, die in einer unterirdischen Höhle hausen. Sie sind von Kindheit an so gefesselt, daß sie ihren Blick nur zur Rückwand der Höhle richten können. Auf dieser sehen sie die Schatten von Menschen und Gegenständen, die hinter ihrem Rücken am Eingang der Höhle erscheinen und durch das Licht des Feuers, das sich wiederum hinter diesen befindet, auf der Höhlenwand abgebildet werden. Solange die in der Höhle befindlichen Menschen nicht entfesselt werden und schrittweise die Stufen der Erkenntnis bis ins Licht geführt werden – ein schmerzhafter Vorgang für die an Dämmerung und Schatten gewöhnten Augen –, werden sie die Schatten an der Höhlenwand für die volle Realität halten. Der Aufstieg ins LIcht hat langsam zu erfolgen, um den Augen Zeit zu lassen, sich den jeweils veränderten Lichtverhältnissen durch Gewöhnung anpassen zu können. Endlich zur Erkenntnis des Lichts, des Guten, gelangt, dürfen die dorthin Geführten aber nicht im erreichten Zustand verharren, sondern sie sind vielmehr verpflichtet, ihre Erkenntnisse denen zugute kommen zu lassen, die den Weg der Bildung nicht oder noch nicht zu gehen in der Lage sind. Folgerichtig vertritt Sokrates die Meinung, daß gerade die in ihrer Bildung am weitesten fortgeschrittenen Philosophen selbst gegen ihre Neigung angehalten werden müßten, sich um die Belange des Staates zu kümmern. K

Hörspiel, selbst gestaltetes
Aus Zeitgründen wird es meist freiwilligen Arbeitsgruppen des Faches „Schulspiel“ vorbehalten bleiben, Hörspiele für einen größeren Zuhörerkreis auf Tonband selbst zu produzieren. Da sich bei solchem künstlerischen Gestalten zur Sprechtechnik noch die besonderen Schwierigkeiten des Verfassens eines Drehbuches und das Gestalten nach dramaturgischen Regeln gesellen, kommen für diese Arbeitsgruppen nur Schüler in Frage, die aufgrund ihres Interesses entsprechend motiviert sind, das erforderliche Engagement aufzubringen. Am Beginn der gemeinsamen Arbeit wird das Nachgestalten von Hörspielen, Sketches, von Ausschnitten aus dem klassischen und modernen Repertoire des Schauspiels nach

den Wünschen der Schüler im Vordergrund stehen. W. Klose (1968) empfiehlt für die Anfangsphase der Gestaltung von Hörspielen durch Schüler folgende Regeln, die einer Überforderung entgegensteuern:

„1. Wenige, eindeutig typisierte Personen
2. Einbahnige Handlung
3. Eindeutig realistischer oder eindeutig phantastischer Stoff, noch keine Mischung zwischen realer und irrealer Welt
4. Einfache Blenden durch chronologischen Zeitablauf (keine Rückblenden) und sparsamen, durch Geräusche gut markierten Ortswechsel
5. Einfache Dialoge mit nur zwei Personen, erste Versuche mit dem Monolog (Figur eines Erzählers)"

Erst nach der mühevollen Aneignung des notwendigen dramaturgischen und sprechtechnischen Rüstzeugs anhand von Vorbildern und im Nachgestalten werden die Arbeitsgruppen in der Lage sein, ihren Hörern Eigenproduktionen anzubieten, die ihnen entmutigende Kritik ersparen. Trotz des enormen Aufwandes kann sich der Lehrende aber des Effektes sicher sein, daß er die sprachgestaltende Kreativität und die Sprechtechnik seiner Schüler auf keine andere Art so zu fördern imstande ist wie durch die eigene Produktion von Sprachwerken. K

Hör- und Sprechmethode

Diese Methode kann im → Frontal- und Gruppenunterricht mit und ohne Medien und im Einzelunterricht im Sprachlabor eingesetzt werden. Der Unterricht gliedert sich im allgemeinen vor allem bei der Erlernung von Fremdsprachen in kurze Vorsprechphasen durch den Lehrenden oder eine auf Band aufgenommene Stimme und in eine Nachsprechphase durch den Lernenden. Besonders häufig wird die Hör- und Sprechmethode im Sprachlaborunterricht des fremdsprachlichen Anfangsunterrichts angewendet, um den Schüler mit dem Sprechen, der Sprachmelodie und einfachen Sprachstrukturen vertraut zu machen. Meistens sind diese Programme zur vertieften Übung in vier Phasen angelegt.

→ Phaseneinheiten → Programmierte Instruktion O

Hof-Effekt → Halo-Effekt

Homöostase

Im medizinischen Sprachgebrauch bezeichnet Homöostase das Gleichgewicht aller Organfunktionen, das durch körpereigene Mechanismen erhalten bzw. bei Abweichungen wiederhergestellt wird (z. B. Körpertemperatur, Blutdruck, Pulsschlag).

Die Kybernetik verwendet den Begriff Homöostase allgemein als Bezeichnung für die Funktionen, die für den Ausgleich zwischen Ist- und Sollwerten in einem → Regelkreissystem sorgen (vgl. z. B. die Funktion des Thermostaten).

In der Psychologie bedeutet Homöostase in übertragenem Sinne sowohl den psychischen Gleichgewichtszustand bei gewohnten Verhaltensanforderungen als auch das durch ständige Anpassungsveränderungen immer wieder neu zu gewinnende und veränderten Anforderungen genügende psychische Gleichgewicht.

→ Kybernetische Pädagogik K

Homoerotik
bezeichnet die Liebesbeziehung zwischen gleichgeschlechtlichen Partnern, bei der sexuelle Praktiken keine oder zumindest eine untergeordnete Bedeutung haben.
→ Heterosexualität → Homosexualität K

homogen
Als homogen wird Gleichartiges oder zumindest Ähnliches bezeichnet. Eine homogene Gruppe ergibt sich z. B. dann, wenn ihre Mitglieder in etwa den gleichen Wissensstand, gleiche Lerngeschwindigkeit, sehr ähnliche Fähigkeiten und gleiches Intelligenzniveau besitzen. Werden Klassen aufgrund solcher oder ähnlicher Merkmale gebildet, die ein einheitliches Klassenniveau und bei den Schülern einheitliche Leistungsergebnisse anstreben, so spricht man von **homogener Leistungsdifferenzierung.**
→ heterogen O

Homosexualität
Unter Homosexualität versteht man gleichgeschlechtliche Liebe unter Einschluß sexueller Praktiken. Die sexuelle Zuneigung zwischen Personen weiblichen Geschlechts wird außerdem als lesbisch bezeichnet. Strafbar sind heute noch sexuelle Praktiken zwischen Männern über 18 Jahren und männlichen Jugendlichen unter 18 Jahren bzw. Knaben (= Päderastie).
→ Heterosexualität → Homoerotik K

HORIZON → Europäische Bildungsprogramme

Horizontaler Transer → Transfer

Hormone
sind körpereigene Wirkstoffe, die in endokrinen Drüsen (Drüsen mit innerer Sekretion) oder in bestimmten Zellsystemen gebildet werden. „Hormone regulieren das Gleichgewicht der verschiedensten Organsysteme und erfüllen, global charakterisiert, vorwiegend folgende Aufgaben:
1. Regulation des Stoffwechsels (z. B. Kohlehydratstoffwechsel durch Insulin).
2. Morphogenese, d. h. Wachstum und Reifung.
3. Erregung und Dämpfung des VNS (vegetatives Nervensystem) und ZNS (Zentralnervensystem).
4. Regulation des inneren Milieus im Hinblick auf eine Umweltanpassung (synergistisch zum Nervensystem)."
   (W. Janke, in **Lexikon der Psychologie,** Band 2, S. 97, Freiburg-Basel-Wien 1971)

Die verschiedenen Hormonsysteme wirken entweder gegeneinander (antagonistisch) oder einander ergänzend (synergistisch) oder sich gegenseitig regulierend (Regelkreis). Über- oder Unterproduktion von Hormonen führt zu krankhaften Veränderungen des Organismus. K

Horrortrip

bezeichnet die in Zusammenhang mit Drogenkonsum gelegentlich auftretenden extremen Angst- und Panikzustände.

→ Drogen- und Drogenmißbrauch → Haschisch → Heroin K

Horrorvideos

zählen zur sog. harten Videoware (z. B. Action-, Kriegs-, Krimi-, Eastern-, Western-, Pornovideos), die mit betonter Verbindung von Kriminalität und Sexualität (sex and crime) und (zum Teil irrealen) Schreckensszenarios und Grausamkeiten aufwartet.

Videofilme führen zu noch längerer Verweildauer der Kinder und Jugendlichen vor dem Fernseher, wobei nach Untersuchungen ca. ein Drittel der Jugendlichen über 15 Jahren keinen Einschränkungen durch die Eltern bei der Auswahl unterliegen. Befragungen von Schülern legen aber die Annahme nahe, daß alle Kinder und Jugendlichen auch ohne Erlaubnis der Erziehungsberechtigten an alle Arten von Videos, also auch Horror- und Pornovideos, herankommen.

Auswirkungen

- Abdriften in eine Traumwelt, die auch nicht durch Kommunikation aufgearbeitet wird;
- Verstärkung herkömmlicher geschlechtsspezifischer Rollenfixierung durch herabsetzende Darstellung der Frau;
- langfristig anhaltende Angstzustände;
- der Angstabwehr dienende Immunisierungsversuche der Kinder und Jugendlichen;
- gelegentliches Umspringen der Bildschirmerlebnisse in konkrete Handlungsbereitschaft, von Lehrern vor allem am Montag nach den Videowochenenden beobachtbar.
- Kriminelle Handlungsbereitschaft ist als direkte Folge bisher zwar nicht beweisbar, zweifellos aber bewirken harte Videos bei Dauerkonsum eine Desensibilisierung, d. h. sie machen Gewalttätigkeiten gegenüber gleichgültiger (vgl. z. B. die gestiegene Gewaltanwendung unter Kindern und Jugendlichen, ohne besonderen Anlaß prügelnde Cliquen, jährliche Sachschäden in den Schulen in Höhe von mehreren Millionen Mark, Vandalismen in öffentlichen Verkehrsmitteln, an Automaten, Telefonzellen, Straßenverkehrszeichen)

Büttner/Meyer 1990

→ Gewalt in der Schule → Medienerziehung K

Hort → Kinderhort

Hospitalismus

Der Begriff Hospitalismus dient als Sammelbezeichnung für körperliche und psychische Folgeschäden nach längerem oder dauerndem Aufenthalt von Kleinkindern und Kindern in Krankenhäusern und Heimen bzw. bei Vernachlässigung der Kinder in der Familie. Ursache des Hospitalismus ist der Mangel bzw. zeitweilige Entzug der körperlichen und emotionalen Zuwendung von seiten der primären → Bezugsperson. Bei Kleinkindern kann bereits eine dreimonatige Trennung von der gewohnten Bezugsperson zu irreversiblen (= nicht umkehrbaren) Schädigun-

gen führen. Der Hospitalismus wird in mannigfachen Erscheinungsformen beschrieben:
Als allgemein verlangsamt verlaufende Entwicklung bzw. als nicht mehr aufholbarer Entwicklungsrückstand z. B. im Intelligenzbereich, als herabgesetztes Interesse an der Umwelt, als erhöhte Tendenz zu aggressiven Verhaltensweisen, als verminderte Fähigkeit zu tiefer emotionaler Zuneigung, als meist gering ausgebildete Fähigkeit zu sozialer → Distanz.
Vom Hospitalismus betroffene Kinder neigen oft auch zu einer erhöhten Anfälligkeit für Infektionen, zum Nägelbeißen, Kopfschaukeln und anderen Leerlaufhandlungen.
Die einzige Möglichkeit einer wenigstens teilweise erfolgreichen Therapie besteht darin, dem geschädigten Kind eine ständige Bezugsperson zu verschaffen, die es mit nur wenigen teilen muß (Pflege- oder Adoptivfamilie, Kinderdorffamilie u. ä.)

Robertson 1974; Troschke 1974

→ Deprivation, soziale → Rooming in K

Hospitation
bezeichnet das Zuhören bei Vorlesungen, Unterricht usw., das passive Teilnehmen an vorbereiteten Veranstaltungen, das Orientieren und Kennenlernen von Sozialabläufen in Bildungsinstitutionen, politischen und anderen Gremien. Ein **Hospitant** ist z. B. Gasthörer an einer Hochschule oder Zuhörer in einer Schulklasse, um Einblick in die Unterrichtspraxis und das wirkliche Schulleben zu erhalten. O

HPS → Heilpädagoge(in) im Sonderschuldienst

HPU → Heilpädagogische Unterrichtshilfe

Human engineering
wörtlich übersetzt mit „menschliche Technik", erforscht und beeinflußt aufgrund ihrer Ergebnisse die Verbindung Mensch-Arbeitsplatz, Mensch-Maschine. Ausgehend von den physischen, psychischen und sozialen Bedürfnissen des Menschen bemüht sich das „human engineering" um effektive Arbeitsleistung bei gleichzeitig optimaler Arbeitsatmosphäre, zuträglicher Belastung und größtmöglicher Sicherheit.
→ Arbeitspsychologie → Betriebspsychologie → Industrial engineering K

Humangenetik
ist die Lehre von der Vererbung beim Menschen. Neben der Erforschung erblich bedingter Unterschiede zwischen einzelnen Menschen und Menschengruppen beschäftigen die Humangenetik die Anteile von Erbfaktoren an der Entwicklung des Menschen überhaupt und an fehlerhaften Entwicklungsabläufen im besonderen. Forschungsschwerpunkte der Humangenetik heute sind z. B. die Verbesserung von Methoden zur Bestimmung von → Chromosomenaberrationen, die vor -und nachgeburtliche Beeinflussung von Erbkrankheiten und Auswahl des Erbgutes. Mit dem zuletzt genannten Beispiel ist der Grenzbereich zur Ethik angesprochen, in den die Humangenetik aufgrund ihrer Aufgabenstellungen oftmals gerät.
Literaturhinweise bei → Genetik
→ Zwillingsforschung K

Humanismus

von lateinisch „humanus“ = menschlich, den Menschen betreffend, aber auch gebildet, bezeichnet eine Geisteshaltung und ein Lebens- und Weltverständnis von der Antike bis in die Jetztzeit, das in den geistesgeschichtlichen Epochen des Humanismus (14.–16. Jh.) und des Neuhumanismus (18./19. Jh.) kulminierte. Der Begriff selbst wurde nachweislich erst 1808 von dem bayerischen Pädagogen F. J. Niethammer geprägt.
Die durch den Untergang des oströmischen Reiches (Fall von Konstantinopel 1453) nach Italien geflüchteten Gelehrten brachten die mittlerweile dort in Vergessenheit geratene griechische Literatur und Philosophie von Neuem zur Geltung. Die antike Kultur wurde zur Quelle vollendeter Bildung und zum überzeitlichen Ursprung der geistigen Profankultur. Die griechische und römische Literatur wurde nicht nur aus historischem oder philologischem Interesse gelesen, sondern weil sie Beispiele vorbildlichen Handelns lieferte. Das oberste Bildungsziel im Zeitalter des Humanismus war die **autonome, allseitig gebildete Persönlichkeit.** Aber nicht umfangreiches Wissen allein, sondern erst die Verwirklichung des Guten im Handeln führt den Menschen zu seiner Vollendung. Nach der anfänglich noch gesuchten Verbindung zum kirchlich vermittelten Christentum wandten sich die Vertreter des Humanismus mehr und mehr gegen die Vorherrschaft der Kirche im öffentlichen und individuellen Leben.
Zu den bedeutendsten Vertretern des Humanismus zählen Dante, Petrarca, Boccaccio (Italien), Erasmus von Rotterdam, U. v. Hutten, Melanchthon, Zwingli (deutschsprachiger Raum), J. L. Vives (Spanien) und Th. Morus (England).
In der Zeit des **Neuhumanismus** (seit etwa 1750), vertreten durch J. M. Gesner, F. A. Wolf, J. W. von Goethe, Fr. Schiller, J. J. Winckelmann u. a., im Bildungsbereich vor allem durch die beiden erstgenannten und W. von Humboldt, wurden die Bildungsideale des Humanismus wieder aufgegriffen. Ihren bildungsbezogenen Höhepunkt erreichte die Wiedergeburt des Humanismus in Preußen durch die Schulreform von Süvern und Humboldt (Pestalozzis Gedanken in den Volksschulen, ästhetisch individualistische Bildung im neuhumanistischen Gymnasium, Gründung der Universität Berlin) und im Königreich Bayern durch das „Allgemeine Normativ der Errichtung der öffentlichen Unterrichtsanstalten“, 1808 verfaßt von Fr. J. Niethammer. K

Böhme 1986; Oppermann 1977

Humanistische Psychologie

ist eine Richtung der Psychologie, von A. H. Maslow initiiert, 1962 mit der „American Association of Humanistic Psychology“ erstmals institutionalisiert. Nach Maslow sollte sie als „dritte Kraft“ in der Psychologie gegen die Einseitigkeiten der → Psychoanalyse und des → Behaviorismus antreten. Ein tragfähiges wissenschaftliches Fundament erhielt die Humanistische Psychologie durch die psychotherapeutische Arbeit von C. R. Rogers (vgl. v. a. → Gesprächspsychotherapie und → Gesprächsführung, partnerzentrierte), durch die → Gestaltpsychologie und den → Symbolischen Interaktionismus, die Kommunikationstheorie (vgl. v. a. → Kommunikation und → Kommunikationstheoretische Didaktik) und die → Gruppendynamik als Forschungsdisziplin und Trainingspraxis (→ Trainingsmethoden, gruppendynamische).
Ziel der Humanistischen Psychologie ist die sinnhafte und ganzheitliche Selbstver-

wirklichung des Menschen, wobei das besondere Augenmerk der Entfaltung der schöpferischen Kräfte des Menschen und seiner Befähigung zur Selbststeuerung gilt.

Hochgräfe 1988; Karmann 1987; Kollbrunner 1989; Lumma (Serie); Quitmann 1985; Revenstorf 1983; vgl. auch Literatur bei Gesprächs-(psycho-)therapie und Gesprächsführung, partnerzentrierte!

→ Gestalttherapie K

Humanistisches Gymnasium → Gymnasium → Humanismus

Human-Relations-Training (HRT)

Hauptanliegen des HRT ist die Verbesserung zwischenmenschlicher Beziehungen Das HRT bearbeitet also vorrangig Probleme, die sich aus der Rollenverteilung, mit Autoritäten, aus Kommunikations- und Delegationsschwierigkeiten ergeben. In der Regel arbeiten mehrere Gruppen parallel mit einem Trainer-Team. Ein Zeitplan bestimmt die Folge von Intergruppenveranstaltungen, Kleingruppen-, Arbeitsgruppen- und Plenumsarbeit. Dazu kommt gelegentlich eine Institutionsveranstaltung, an der neben den Trainingsgruppen und dem Trainerteam auch das gesamte Hilfspersonal teilnimmt.
Besondere Gruppen sind für Situations- und Prozeßanalysen sowie für Anwendungsprozesse zuständig. Die Trainer haben überwiegend beratende Funktionen; die praktizierte Zurückhaltung läßt sie meist zu Projektionsflächen v. a. für Autoritätsphantasien werden.

→ Trainingsmethoden, gruppendynamische K

Hygiene/Hygieneerziehung → Gesundheitserziehung

Hypakusie/Hypokinese

Das Präfix „hyp“ oder „hypo“ bedeutet herabgesetzt, vermindert, z. B. **Hypakusie** = vermindertes Hörvermögen, Schwerhörigkeit; **Hypokinese** = herabgesetzte Bewegungsfähigkeit. K

Hyperaktivität

bezeichnet zwanghaft überschießenden Bewegungsdrang. Hyperaktive Kinder, auch als „Zappelphilipp“ oder **Hypermotoriker** etikettiert, zeigen sich meist als leicht reizbar, schnell ablenkbar, in Konzentration und sozialen Kontakten gestört, sprunghaft und allzeit umtriebig. In der Schule werden sie meistens als Belastung des Sozialverbandes Klasse empfunden. Leistungsversagen stellt sich als Folge des Mangels an Konzentration und geordneten Lernstrategien ein.
Von der auffälligeren motorischen Hyperaktivität ist die sensorische Hyperaktivität zu unterscheiden, mit der das Kind auf unwesentliche und nicht zum augenblicklichen Sachverhalt zählende Anreize reagiert. Hyperaktivität kann in Verbindung mit emotionaler Labilität anlagebedingt sein, meistens aber dürfte sie auf Hirnschädigungen oder extreme Fehlerziehung zurückzuführen sein.
Hyperaktivität kann nur bedingt aufgefangen werden durch konsesequent geduldiges und ausgeglichenes Erzieherverhalten, durch feste Tageseinteilung, kontrolliertes Abreagieren des Bewegungsdranges, nur in besonderen Belastungssituationen durch Beruhigungsmittel. Bei Fällen einer Verursachung durch Stoff-

wechselstörungen versprechen ganz genau abgestimmte Diätprogramme (phosphatreduzierte Kost) Besserung.

Bauer 1986; Grissemann 1991; Neukäfer/Goetze 1978; Schulz 1989; Steinhausen 1982; Taylor 1986; Wender 1991

→ Dissoziation → erethisch → Minimale cerebrale Dysfunktion → Motorik → Perseveration

Hyperakusie/Hyperkinese

Das Präfix „hyper" bedeutet (krankhaft) erhöht, vermehrt, übersteigert, z. B. **Hyperakusie** = erhöhtes Hörvermögen, Feinhörigkeit; **Hyperkinese** = übersteigerter Bewegungsdrang. K

Hyperkinetisches Syndrom → Hyperaktivität

Hypermotorik → Hyperaktivität → Motorik

Hypertrophie

bezeichnet das außergewöhnliche Größenwachstum von Muskeln und Organen ohne krankhafte Zellvermehrung. Ursache der Hypertrophie ist andauernde bzw. langzeitige Überbeanspruchung (vgl. Bodybuilding, Wachstum der Gebärmutter bei der Schwangerschaft). K

Hypochondrie → Phobie

Hypothalamus-Theorie

Die Motivationspsychologie kennt mehrere Gefühlstheorien, die versuchen, die Entstehung von Gefühlen zu erklären und Gefühlserlebnisse auf körperliche Geschehen zurückzuführen. Eine der bekannten Theorien ist die von Cannon-Bard entwickelte Hypothalamus-Theorie.

Der Hypothalamus ist ein Unterabschnitt des Zwischenhirns, der die oberste Instanz des autonomen (selbständigen) → vegetativen Nervensystems darstellt. Von hier aus werden der Wasserhaushalt, das Wärmegleichgewicht, die Herzschlagfolge, die Nahrungsaufnahme und Stoffwechselvorgänge reguliert.

Die Hypothalamus-Theorie geht davon aus, daß in den Zentren des Hypothalamus mehrere Verhaltensmuster gespeichert sind. Das Wirksamwerden dieser Verhaltensmuster wird durch hemmende Einflüsse der Hirnrinde gebremst oder ganz verhindert.

Wird ein entsprechend intensiver Reiz zur Hirnrinde weitergegeben, so kommt es zu einer Verringerung, zu einem Nachlassen, vielleicht sogar zu einer Aufhebung der durch das Zwischenhirn veranlaßten Hemmung. Hierdurch kann bewirkt werden, daß

1. das durch einen Reiz hervorgerufene Gefühl in der Peripherie des Körpers zum Ausdruck kommt, z. B. durch ein Stirnrunzeln, ein Lächeln, einen Wutausbruch;
2. der Hirnrinde eine Information über diesen Impuls gegeben wird, wodurch das entsprechende Gefühl wahrgenommen wird. Das bedeutet, daß Gefühle zeitweise durch die Großhirnrinde zurückgehalten werden und erst dann zum Durchbruch kommen und in Erscheinung treten, wenn das Hindernis durch Reize übersprungen oder vorübergehend beseitigt wird.

Aus nachfolgendem Schema, das die vier vom Hypothalamus gesteuerten Komponenten nach Seller (S. 11, 1978) zeigt, ist die zentrale Stellung des Hypothalamus bei der Auslösung emotionaler Verhaltensweisen zu ersehen: O

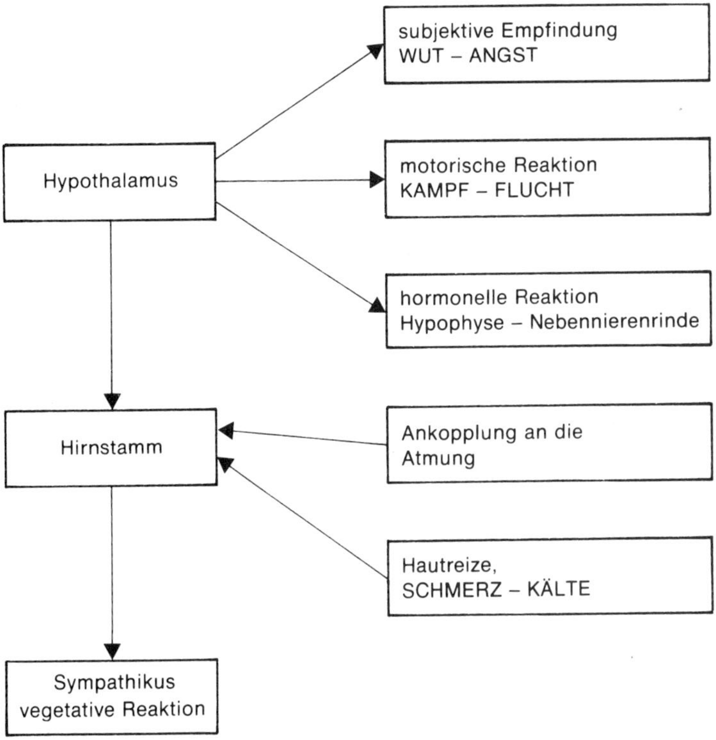

Seller 1978

Hypothese

wird allgemein eine unbewiesene Annahme oder Unterstellung genannt. Im wissenschaftlichen Sprachgebrauch dient eine Hypothese der vorläufigen Erklärung eines Sachverhalts oder einer Voraussage (sog. Wenn-Dann-Aussagen), die durch exakte Untersuchungen und Beweisverfahren zu bestätigen (→ Verifikation) oder zu verwerfen ist (Falsifikation).
Im schulischen Unterricht bezeichnet die Stufe der Hypothesenformulierung (→ Artikulationsformen des Unterrichts) einen im Sinne der Denkerziehung und der Wissenschaftspropädeutik (→ Propädeutik) bedeutsamen Schritt im Ablauf einer Unterrichtsstunde, vornehmlich in naturwissenschaftlichen Fächern. K

Hypothesen- oder Erwartungstheorie

Nach der Hypothesen- oder Erwartungstheorie (z. B. J. S. Bruner) werden in jede soziale → Wahrnehmung vorgeformte Erwartungen und hypothetische Annahmen über beobachtbare und beschreibbare Gegenstände und das Verhalten eines Einzelnen oder einer Gruppe hineingenommen, womit bei der Beurteilung des Wahrgenommenen eine mehr oder minder weittragende Verfälschung derselben verbunden ist. Diese Erkenntnis wurde vor allem in den Bereichen der Psychopathologie und Kriminologie weitergeführt zur Beschreibung des **Labeling Approach.** Danach wird normabweichendes Verhalten von der Umwelt mit einem Etikett (Label) belegt. So wird z. B. oftmals ein wegen seiner Kleidung als Rocker etikettierter Jugendlicher u. a. unter dem Druck der ihm entgegengebrachten Verhaltenserwartungen dazu gedrängt, sein Verhalten dem vorgeprägten Verhaltensmuster des Rockers anzugleichen.

→ Kausalattribuierungstheorie → Pygmalion-Effekt K

Hypothetisches Konstrukt

Als hypothetisches Konstrukt wird ein angenommener, vermuteter Zustand oder Vorgang bezeichnet, der selbst nicht unmittelbar beobachtet werden kann, sondern hinsichtlich der Richtigkeit oder Falschheit der Annahme lediglich aus seinen Wirkungen und Folgen erschlossen werden kann. K

Hysterie

Die Bezeichnung Hysterie wurde noch bis ins 19. Jahrhundert als Krankheitsbegriff verwendet. Im Altertum von dem griechischen Arzt Hippokrates geprägt, bezog sich Hysterie in erster Linie auf Störungen, deren Ursachen in der Gebärmutter (= hystera) vermutet wurden. Die Annahme, daß nur das weibliche Geschlecht für Hysterie anfällig sei, ist fallengelassen worden.
Im heutigen medizinischen, pädagogischen und psychologischen Sprachgebrauch bezeichnet Hysterie körperlich-psychische Erkrankungen, die auf einen bestimmten Zweck hin – nämlich Bedürfnisbefriedigung und Zuwendung – ausgerichtet sind und deren Symptome durchwegs demonstrativen Charakter zeigen. Der Hysterische selbst nimmt seine Krankheit als solche ernst. Er erkennt meistens nicht ihren demonstrativen Charakter. Auffällige Verhaltensweisen hysterischer Personen sind z. B. planlose Aktivität, häufige Erregbarkeit, Affektausbrüche, Sprunghaftigkeit, die Neigung zu Szenen mit Jammern, Weinen und Schreien. „Sie suchen, ganz im Gegensatz zur zwangsneurotischen Persönlichkeit, ständig nach neuen Reizen, Erlebnissen und Abenteuern. Sie wollen das Gefühl der Unverbindlichkeit und Freiheit haben und streben daher nach Freiheit bis zur Willkür" (Brandt 1968). Neben diesen psychischen Verhaltensweisen treten bei Hysterie auch körperliche Symptome auf, wie z. B. Lähmungen, Krämpfe oder Sinnesstörungen.
Laut → Psychoanalyse sind verdrängte → Konflikte u. a. Anlaß zu hysterischen Symptomen und führen zur Hysterie bzw. zur Psychoneurose.

Fenichel 1989; Freud/Breuer 1990; Kloë 1979

→ Neurose → Zwangsneurose OK

Ich

Das Ich als einheitliches, einmaliges und unverwechselbares Ganzes wird bewußt erlebt in Abgrenzung gegenüber dem Nicht-Ich, das in anderen Menschen, in

Objekten, in Situationen und Ereignissen begegnet. Es ist die verantwortliche Instanz im Menschen für Wahrnehmung, Denken und Handeln.

Blank/Blank 1991; Döbert u. a. 1994; Vetter-Tesch 1981; vgl. auch Literatur bei Ich-Identität und Identität!

→ Ich – Es – Über-Ich → Ich-Identität → Identität K

Ich-Botschaften

steuern Informationen zur Beziehungsebene der → Kommunikation bei, insofern der Sprecher unverstellt Auskunft darüber gibt, welche Gefühle bei ihm bestimmte Aktionen oder Äußerungen der Gesprächspartner bzw. eine aktuelle Situation auslösen. Eine Ich-Botschaft formuliert z. B. Zorn, Ärger, Langeweile, Enttäuschung usw., statt sie hinter der Maske der Gelassenheit zu verstecken und damit die Kommunikationspartner im Unklaren über die tatsächliche Gefühlslage zu lassen. Ich-Botschaften dürfen aber gerade im erzieherischen Bereich nicht dazu mißbraucht werden, sich ohne Rücksicht auf die Belastbarkeit der Betroffenen abzureagieren oder gar Schuldgefühle aufzubauen.

→ Feedback → Feedback-Regeln K

Ich – Es – Über-Ich

Nach S. Freud kommt dem **Ich** in der Person die Steuerungsfunktion zwischen dem Über-Ich und dem Es und den Ansprüchen der Außenwelt zu. Er beschreibt das Ich als Träger des Realitätsprinzips, der Realitätsorientierung und -anpassung. In dieser Funktion bedient es sich einer Reihe erworbener → Abwehrmechanismen und Mechanismen der aktiven Auseinandersetzung mit der begegnenden Umwelt und mit dem im Es verkörperten Lustprinzip. Da das Ich seinerseits in wechselseitiger Abhängigkeit zu Über-Ich, Es und Außenwelt steht, ist es eine vordringliche Erziehungsaufgabe, den Aufbau der Ich-Stärke zu unterstützen.

Das **Über-Ich** verkörpert das Prinzip der Hemmung von Triebbefriedigung. Es verdankt seine Entstehung allen → Identifikationen des Individuums zusammengenommen, d. h. den Versagungen, → Frustrationen, Verboten, die es v. a. in der Kindheit erfahren und als Normenkatalog übernommen hat. Das Über-Ich kann nicht mit dem → Gewissen gleichgesetzt werden, vielmehr ist die Bildung des Gewissens eine Funktion des Über-Ich neben der Bildung von Idealen, Wertvorstellungen und der Befähigung zur Selbstbeobachtung.

Das **Es** repräsentiert das Prinzip der Triebbefriedigung, das Lustprinzip, das in einem ständigen Widerstreit mit dem im Ich verankerten Realitätsprinzip liegt. Im Es agieren die vererbten Triebe ebenso wie die Verdrängungen, und zwar unbewußt.

Drews/Brecht 1981; Freud 1990; Göppert 1968; Guettler 1971; Hartmann 1972; Kutter/Roskamp 1974; vgl. auch Literatur bei Ich und Psychoanalyse!

→ Ich → Psychoanalyse K

Ich-Identität

bezeichnet das Verständnis und die bewußte Bejahung seiner selbst in der gegebenen kulturellen und sozialen Bezogenheit. Seine Ich-Identität zu behaupten, ist die lebenslange Aufgabe eines jeden Menschen. Als besonders hervorstechende krisenhafte Phase der Ich-Findung können das Innewerden des Ich-Seins im

2. Lebensjahr und der bewußte Aufbau des Ich-Bewußtseins in der Vorpubertät und in der → Pubertät bezeichnet werden. Verpflichtung des Erziehers ist es, dem Kind bzw. Jugendlichen den nötigen repressionsfreien Spielraum für die Entfaltung seiner Ich-Identität zu lassen.
Seit Erving Goffman, einem amerikanischen Soziologen, wird präzisierend zwischen sozialer und persönlicher Identität unterschieden. Die **soziale Identität** bezeichnet Verhaltenskategorien und -muster, die wir uns und anderen in bestimmten Interaktionssituationen zuschreiben, und die in diesen Situationen von den Beteiligten auch als gültig anerkannt werden. So wird z. B. vom Lehrer, Richter, Finanzbeamten, Offizier in seinem Berufsfeld die Erfüllung bestimmter Verhaltensmuster erwartet. Das Ausmaß der sozialen Identität wird also von der Übereinstimmung eigener und fremder Verhaltenszuschreibungen in einer sozialen Situation bestimmt.
Demgegenüber bezeichnet die **persönliche Identität** unsere Einmaligkeit und Unverwechselbarkeit, die wir in die verschiedenen Interaktionen einbringen und die wir auch nicht ohne weiteres um sozialer Anpassung willen aufzugeben bereit sind. Dieses Aufeinandertreffen von sozialer und persönlicher Identität führt zu einem ständigen **„Handel um Identität“** (McCall und Simmons), der in der Regel in Kompromissen von Bildern der Interaktionspartner von sich selbst und den anderen, von gegenseitigen Erwartungen und Verhaltungszuschreibungen usw. endet (≙ Identitätsbalance). Das unversöhnliche Aufeinanderprallen von sozialer und persönlicher Identität zieht dagegen zwangsläufig **Identitätskrisen** nach sich.

Büttner/Reinert 1991; Döbert/Nunner-Winkler 1975; Döbert u. a. 1975; Dubiel 1973; Erikson 1975, 1976; Fend 1991; Filbert 1986; Goffman 1991; Krappmann 1988; Mead 1973; McCall/Simmons 1974; Neubauer 1976; Rumpf 1986; Schreiner/Köhler 1985; Schweitzer 1985; Siebert 1985; Stross 1991; Wellendorf 1973

→ Ich → Ich-Stärke → Identität K

Ich-Stärke

bezeichnet das Ausmaß an Selbstbewußtsein und Selbstsicherheit, mit dem sich ein Individuum in den Aufbau seiner → Ich-Identität einbringt bzw. einbringen kann. Merkmale einer ausgeprägten Ich-Stärke sind z. B. Aktivität, Kreativität, Entschlußfähigkeit, Sicherheit, Ausgeglichenheit, Toleranz. K

Ideal

bezeichnet ein Ziel, eine Idee, einen Wert von individuell oder kollektiv höchstem Anspruch. Wegen ihrer meist absolut gesetzten, auf Vollkommenheit abzielenden Gehalte stellen Ideale grundsätzlich eine Überforderung des einzelnen Menschen dar. Ideale sind deshalb realistischerweise als handlungsleitende und -regulierende Höchstanforderung zu sehen, die den Einzelnen auf dem Weg zu vollkommenem Handeln halten, und zwar in dem Bewußtsein, die Vollkommenheit des Ideals selbst nie erreichen zu können. Nur so kann Resignation in der Orientierung an Idealen auf Dauer vermieden werden.

→ Idol → Leitbild → Vorbild K

idealtypisch

werden z. B. menschliche Verhaltensweisen oder Eigenschaften genannt, die in das normativ gesetzte, gelegentlich auch durch Vorurteile geprägte oder empirisch erhobene Gesamtbild (Idealtypus) etwa einer bestimmten Berufsgruppe oder sozialen Gruppe passen (der typische Lehrer, die typische Ehefrau usw.). Idealtypische Vorstellungen bergen die Gefahr pauschalen Wertens und Einordnens in sich, sie dienen aber auch als Anhaltspunkte zur Feststellung von Abweichungen vom Idealtypus. K

Ideation

bezeichnet den Vorgang und das Ergebnis des Fragens nach dem letzten Sinn des Lebens, nach ideeller Orientierung und nach dem Transzendenten (d. h. nach dem, was jenseits sinnlicher Erfahrung liegt). Vor allem der pubertierende Jugendliche ist bei seiner Suche nach ureigenen Standpunkten der Ideation im Sinne des nachdenkenden, planenden, organisierenden Entwurfs einer Lebensleitlinie aufgeschlossen.

→ Jugendalter → Pubertät K

Ideenkonzentration → Konzentration

Identifikation

Im Identifikationsprozeß übernimmt eine Person Verhaltensweisen, Eigenschaften oder Normen einer anderen Person oder einer Gruppe. Durch die Identifikation werden insbesondere Versagungen und Frustrationen (unerfüllbare Wünsche und Bedürfnisse) kompensiert. So identifizieren sich z. B. Schüler durch Übernahme bestimmter Führungseigenschaften oder anderer Eigenarten mit ihrem Lehrer, wenn ihnen aufgrund ihres sozialen → Status in der Klasse und ihrer persönlichen Eigenarten eine Entfaltung ihres Dominanzverhaltens durch den Lehrer versagt bleibt. Ziel der Identifikation ist in erster Linie Verminderung von Angst. In existentiellen Angstzuständen kann es bis zu einer Identifikation mit dem Aggressor kommen (Kapo im KZ, der unmenschliche Vorgesetzte, der seinerseits ständig von einem Vorgesetzten gedemütigt wird).

Nach Freud bestimmen alle Identifikationen zusammengenommen das Über-Ich (→ Ich-Es-Über-Ich).

Von relativ beständigen, die Persönlichkeit verändernden Identifikationen sind die zeitlich begrenzten Identifikationen v. a. bei Kindern und Jugendlichen mit → Idolen (Sportler, Film- oder Popstars) zu unterscheiden. Diesen kurzfristigen Identifikationen kommt in der Regel keine große Bedeutung für die Persönlichkeitsentwicklung zu, für die gegenwärtige Kommunikation in der Gruppe können sie aber durchaus wichtig sein.

→ Identität → Ich-Identität K

Identifikationsfigur

wird eine meist über Medien vermittelte oder nur in der Vorstellung existierende, seltener auch wirkliche Figur genannt, mit der sich ein Individuum in Erscheinung und Verhalten identifiziert. Nicht selten wird die Identifikationsfigur im Verlauf des Identifikationsprozesses mit Eigenschaften ausgestattet, die das ursprüngliche Vorbild überhaupt nicht besitzt.

→ Identifikation → Idol → Vorbild K

Identität

bezeichnet die völlige Übereinstimmung eines Individuums oder einer Sache mit sich selbst. In Bezug auf die Identität des Menschen (synonym auch → Ich-Identität) spricht die Psychologie von einem dynamischen Selbstkonzept, das lebenslang in Entwicklung begriffen ist, im Wechselspiel mit dem sozialen Umfeld kontinuierlich Veränderungen und in Form von Identitätskrisen (z. B. → midlife-crisis, → Arbeitslosigkeit, Ehekrise) einschneidenden Gefährdungen ausgesetzt ist. Die Selbstbewertung des Menschen fällt umso günstiger aus – mit vielfältigen Folgen für das aktive Verhalten –, je geringer die Differenz zwischen Realbild und Idealbild sowie zwischen Selbst- und Fremdeinschätzung ist.

Literatur vgl. bei Ich-Identität!

→ Ich → Ich-Identität → Identifikation K

Ideologie

Allgemein bezeichnen Ideologien Einstellungen, Überzeugungen und Normensysteme, deren Verfechter ihnen weltanschauliche Bedeutung mit dem Anspruch sozialer und politischer Veränderung zumessen, z. B. Kommunismus, Sozialismus, Liberalismus, Nationalsozialismus. Oftmals dienen Ideologien mißbräuchlich mit dem Hinweis auf die absolute Gültigkeit ihrer normativen Aussagen der Verschleierung veränderungsbedürftiger gesellschaftlicher Zustände und der Erhaltung bestehender Macht- und Herrschaftsverhältnisse.

In abwertendem Sinne wird mit Ideologie eine wirklichkeitsfremde Theorie oder auch der Versuch bezeichnet, einmal erworbene Grundsätze und Zielvorstellungen als (scheinbar) in sich schlüssiges normatives System zu formulieren und an ihnen – evtl. um den Preis der Selbsttäuschung – konsequent festzuhalten, auch wenn sie sich als nicht realisierbar erweisen sollten.

In abwertendem Sinne verwendete den Ideologiebegriff bereits **Francis Bacon** (1561–1626), der unter „Idola" Vorurteile verstand, die einerseits durch die Eigenart menschlicher Wahrnehmung und Erkenntnisgewinnung, andererseits durch unreflektierte Tradition, Irrtümer usw. bedingt seien. In der Zeit der **Aufklärung** wurde Ideologie wörtlich als Lehre von den Ideen, Gedanken und Erforschung derselben mit exakten wissenschaftlichen Methoden verstanden.

Eine bis heute wirkende Wende im Ideologieverständnis brachte **Karl Marx** (1818–1883). Er bezeichnet Ideologie als „falsches Bewußtsein", in dem die eigentliche Wirklichkeit des Seins in ihrer Totalität durch die vordergründige Erscheinung des Seins verdeckt bzw. verkürzt und verfälscht wird. Ursache einer solchen verengenden Sichtweite ist die jeweilige gesellschaftliche Bedingtheit des Individuums, die sich aus den herrschenden Verhältnissen ergibt.

Nach **Karl Mannheim** (1893–1947), dem Begründer der Soziologie des Wissens, ist Ideologie wertneutral als Selbstauslegung der jeweiligen Gesellschaft zu verstehen. Ideologische Aussagen entziehen sich dem wissenschaftlichen Zugriff, da sie als Wertentscheidungen, Glaubenssätze, usw. nicht beweisbar sind. → Ideologiekritik kann bei diesem Ideologieverständnis konsequenterweise nur dort ansetzen, wo ideologische Aussagen ihren Bereich verlassen, d. h. sich auf Sachverhalte beziehen, die der wissenschaftlichen Forschung zugänglich sind.

Nach **W. Hofmann** (1969) soll „Ideologie" verstanden werden als „gesellschaftliche Rechtfertigungslehre. Ideologische Urteile wollen soziale Gegebenheiten absichern, legitimieren, aufwerten. Sie sind von konservierender Natur." (Seite 54) „Ideologie behauptet, sie beweist nicht. Ideologie tritt affirmativ auf. Wissenschaft ist methodisierter Zweifel. Ideologie rechtfertigt, Wissenschaft deutet. Wo Ideologien herrschen, wird Wissenschaftlichkeit zum gesellschaftlichen Oppositionsprinzip." (Seite 59)

Barion 1974; Catalfamo 1984; Kerner 1982; Kudera 1987; Projekt Ideologie-Theorie 1986; Ritsert 1977

→ Ideologiekritik K

Ideologiekritik

Das Anliegen der Ideologiekritik besteht in der Aufgabe, → Ideologien aller Art permanent in Frage zu stellen, auch und gerade in der Form der Selbstkritik der Ideologien. Ihren Maßstab bezieht jede Ideologiekritik aus den tatsächlich gegebenen gesellschaftlichen und politischen Verhältnissen, an denen die normativen Aussagen und Zielvorstellungen einer Ideologie in Richtung konstruktiver und realisierbarer, also nicht utopischer Veränderungen nach den Regeln der Logik zu verifizieren bzw. zu falsifizieren sind.

Nach K. Marx kann die Aufgabe der Ideologiekritik nicht allein die bloße Aufdeckung „falschen Bewußtseins" sein, sie strebt darüber hinaus die entsprechende Veränderung der Wirklichkeit an. W. Hofmann (1969) beschreibt für das Aufdecken von ideologischen Fehlern zwei Schritte:

„(1) die Wahrheitsprobe: ‚Den Fehler einer Aussage zu erschließen ist Aufgabe der immanenten Kritik.' Die immanente Kritik prüft:

1. den Inhalt der Aussage an der Wirklichkeit;
2. die Entstehungsgeschichte des Fehlurteils.

Dabei können folgende ‚Fehler' aufgedeckt werden:

1. Deutungen werden als Tatsachen ausgegeben.
2. Den Tatsachen werden Werte als inhärente Eigenschaften beigemessen.
3. Der Begriff verselbständigt sich gegenüber der Sache.
4. Man geht von falschen Voraussetzungen aus.
5. Zirkelschlüsse: Unbewiesene Voraussetzungen gehen in den Beweis mit ein.
6. Fehlschlüsse.
7. Aussagen werden als der ‚Natur der Sache' entsprechend erklärt. Unerwünschtes wird durch Werturteile (‚böse') als ‚falsch' denunziert.

(2) Die soziologische Kritik prüft folgende Punkte:

1. Welche Interessen stehen hinter der ideologischen Aussage?
2. Besteht zwischen den Aussagen und dem Verhalten der Ideologieträger eine Diskrepanz?
3. Widersprechen die ideologischen Aussagen einander?
4. Welche offenen und verborgenen Konsequenzen hat eine Aussage?"

Heuß 1975; Lenk 1984; Neumann 1977; Ritsert 1975; Schmid 1972

→ Erkenntnisleitendes Interesse K

Idiolalie

bezeichnet die bei Kleinkindern und Geistigbehinderten beobachtbare selbst erfundene Eigensprache, die in ihrem Bedeutungsgehalt bestenfalls teilweise nur von den unmittelbaren Bezugspersonen verstanden werden kann. K

Idiosynkrasie

bezeichnet die physische Überempfindlichkeit des Menschen gegen bestimmte Umweltreize (z. B. Sonneneinstrahlung, Gerüche, Umweltgifte) und Stoffe (z. B. Nahrungsmittel) und die extreme psychische, scheinbar unbegründete Abneigung gegenüber bestimmten Personen, Tieren, Situationen, Meinungen usw. K

Idiotie

bezeichnet den stärksten Grad von Schwachsinn. Das Verhalten des Idioten entspricht bestenfalls dem eines zweijährigen Kindes, sein Intelligenzquotient liegt höchstens bei 25 Punkten. Er ist unfähig zu sprechen und Gesprochenes zu verstehen und sich selbsttätig seine Existenz zu erhalten. In den meisten Fällen ist Anstaltsunterbringung zu empfehlen.
Hauptursachen der Idiotie sind → Chromosomenaberrationen und Stoffwechselstörungen; letztere können bei Früherkennung krankheitsmindernd oder -vorbeugend beeinflußt werden.

→ Debilität → Demenz → Imbezillität → Oligophrenie K

Idol

Im Sinne der ursprünglichen griechischen Bedeutung „Trugbild" bezeichnet ein Idol – tatsächlich existent oder vorgestellt – eine Person, einen Gegenstand oder einen Zustand, die bzw. der konsequenter Nachahmung und Verehrung subjektiv und gefühlsmäßig für wert erachtet wird. In diesem Verständis eines Idols als Ersatz für Ideale, die in rationaler Ableitung oder weltanschaulicher Überzeugung gründen, agieren z. B. Stars der Film-, Schlager- und Showbranche – wobei nicht die Personen, sondern deren → Image im Vordergrund stehen – oder auch ein bestimmter, meist durch hohen Konsum gekennzeichneter Lebensstil. Jugendliche neigen während einer kurzen Zeit ihrer Entwicklung, vor allem im Zusammenhang mit der Ablösung von der Familie, dazu, sich Idole zu schaffen. Die Verehrung der Idole kann gelegentlich fanatische Züge annehmen. Sie reicht dann von originalgetreuer Nachahmung des Idols in Kleidung, Gang, Sprechweise über Bilderwände des Idols bis zur Gründung von Clubs, die sich ihrem Idol gleichsam kultisch verschreiben. K

Casper 1981

Illusionsspiel → Spiel

Image

ist ein vor allem in der Werbung geläufiger Begriff, der das Vorstellungsbild von einer Person, Gruppe oder Sache sozusagen im Sinne des jeweiligen „Marktwertes" bezeichnet. Das Image ist in seiner Aussage über den zugehörigen Träger vordergründig, über seinen wirklichen Wert bzw. über die eigene Persönlichkeit eines Menschen sagt es nichts oder wenig aus. Das Image wendet sich vor allem an → Emotionen. Nicht selten wird das Image z. B. eines Konsumgegenstandes oder einer auf die öffentliche Meinung angewiesenen Person nach den Prinzipien der Werbung manipuliert, d. h. den Vorstellungen oder Wunschbildern der Adressaten entsprechend aufgebaut bzw. von Konkurrenten zerstört.
Das Image, das Personen oder Gruppen von sich selbst bilden (Selbst-Image) und

anderen zuschreiben (Fremd-Image), erleichtert den Vorgang der sozialen Einordnung, begünstigt aber auch vordergründige und vorurteilsbeladene Bewertungen von Personen, Gruppen oder Sachen (→ Stigmatisierungseffekt).

→ Prestige → Profilneurose K

Imagination, imaginär

bezeichnet die Fähigkeit anschaulicher Vorstellung. Die altersgemäße Förderung objektunabhängiger Vorstellungen ist besonders wichtig im Zusammenhang mit der Begriffsbildung und Denkerziehung (→ Denken).

Das Adjektiv **imaginär** wird in der eher abwertenden Bedeutung von „eingebildet, nicht wirklich, nur in der Vorstellung vorhanden" verwendet. K

Imbezillität

bezeichnet die Formen mittelgradigen Schwachsinns zwischen → Debilität und → Idiotie. Imbezillität kann vererbt oder während der ersten Lebensjahre z.B. durch Gehirnentzündung erworben sein. Der Intelligenzquotient eines Imbezillen liegt zwischen 25 und 50 Punkten, die Intelligenzentwicklung entspricht also der eines zwei- bis siebenjährigen Kindes. Imbezille sind in der Regel nicht fähig, die → Kulturtechniken zu erlernen und ihr Leben selbständig zu gestalten. Unter Aufsicht (z.B. in beschützenden Werkstätten) sind manche unter ihnen durchaus in der Lage, einfache, mechanische Tätigkeiten auszuführen.

→ Demenz → Intelligenztest → Oligophrenie K

Imitation → Modell-Lernen

Immanente Wiederholung → Rekapitulation

Immatrikulation

bezeichnet die aufgrund der Eingangsvoraussetzungen (→ Abitur) erfolgte Einschreibung in das amtliche Verzeichnis (Matrikel) einer → Hochschule. Wegen der Überbelegung mancher Studiengänge unterliegt heute die Immatrikulation in solchen Fällen dem → Numerus clausus K

Imperativ (kategorischer)

heißt in der Sprachwissenschaft die Befehlsform.

Im philosophischen Sprachgebrauch wird darunter ein allgemeingültiges und verpflichtendes Gebot oder Gesetz verstanden. Im Unterschied zum bedingt gültigen hypothetischen Imperativ (→ Hypothese) fordert der **kategorische Imperativ** eine unbedingte Ausrichtung des Handelns, die I. Kant u.a. folgendermaßen formuliert: „Handle so, daß die Maxime deines Handelns (= persönlicher Handlungsgrundsatz, d. Verf.) jederzeit zugleich als Prinzip einer allgemeinen Gesetzgebung gelten könne." N. Hartmann knüpft an die Absolutsetzung des kategorischen Imperativs seine Kritik, daß der Mensch durch den Verzicht auf noch so kleine Eigentümlichkeiten seines Verhaltens letztlich seine Einmaligkeit aufs Spiel setze, da er in der Eigenart des kategorisch erwarteten Verhaltens jederzeit durch einen anderen ersetzt werden könne. K

Imperativplanung

Bei der Curriculumerstellung werden im Rahmen der Imperativplanung → Lernziele erarbeitet und festgelegt, die für die gesamte Adressatengruppe verpflichtend sind.

→ Indikativplanung O

Implementation

bedeutet die Anwendung, Verwirklichung und praktische Umsetzung von Theorien und Handlungskonzepten.
Der Begriff wird häufig im Bereich der Curriculumtheorie verwendet und bezeichnet dort die Umsetzbarkeit eines → Curriculums in die Praxis unter Berücksichtigung der jeweils in den Lehr- und Lernprozeß mit einzubeziehenden technischen Möglichkeiten. O

Implikation

wörtlich aus dem Lateinischen übersetzt „Einbezogensein, Verflechtung" beschreibt logische Beziehungen, bei denen ein Sachverhalt einen anderen einschließt (z. B. der Begriff Mutter impliziert den Begriff Kind, der Begriff Lehrer den Begriff Schüler) bzw. sog. logische „wenn ... dann"-Beziehungen, bei denen ein Sachverhalt sich zwingend aus einem anderen ergibt. K

Implizite Persönlichkeitstheorie

besagt nach J. S. Bruner, daß Menschen bei der Beurteilung des Verhaltens anderer auf wissenschaftlich nicht gesicherte und oft mit Vorurteilen bestückte Erklärungshilfen zurückgreifen bzw. wissenschaftlich gesicherte Teilstücke zur Erklärung menschlichen Verhaltens unzulässig miteinander oder mit der sog. Alltagserfahrung verbinden oder gar auf Verhalten beziehen, das mit diesen Teilstücken nicht erklärbar ist. K

Imponiergehabe

beschreibt bei Tieren ein Kraft und Überlegenheit ausdrückendes Verhalten des Männchens, mit dem es ein Weibchen gewinnen oder einen Rivalen abschrecken möchte; diese Mechanismen bestimmen auch den Kampf um die Rangordnung. Unter den Menschen wird Imponiergehabe aus denselben Gründen über Mimik, Gestik, Kleidung, Sprache, Hoheitsabzeichen (Titel, Vorzimmer) bis hin zu geheimnisumwitterter Unzugänglichkeit aufgeboten, meistens als Teilstück von → Ritualen. Die Wirkung von Imponiergehabe hängt letztlich davon ab, in welchem Ausmaß sich die Betroffenen von dem „aufgeblasenen" Verhalten beeindrucken lassen, das ja intuitiv bzw. mangels echter Autoritätsmerkmale kultiviert wird. K

Impotenz

bedeutet beim Mann sowohl Zeugungsunfähigkeit (Sterilität) als auch Unfähigkeit zum Geschlechtsverkehr und zum Orgasmus. Vor einer Behandlung der Impotenz ist abzuklären, ob körperliche oder seelische Ursachen vorliegen. Den Hauptanteil an der Entstehung von Potenzstörungen bis hin zur Impotenz haben eine sexualfeindliche Erziehung, demütigende (vor allem erste) Sexualkontakte und streßbedingte Erschöpfung bzw. Fixierung auf berufliche Selbstverwirklichung.

Bähren/Altwein 1988; Lang/Thüroff 1992; Langer/Hartmann 1992; Wagenknecht 1988

→ Frigidität K

Impression → Eindruck

Impuls

bedeutet allgemein Antrieb. In Lernprozessen kann der Impuls als ein Auslösefaktor von verschieden großer Intensität und Tragweite bezeichnet werden.

Der **Impuls im weiteren Sinne** ist als Anregung, Anstoß für einen überschaubaren Lern- und Denkprozeß anzusehen, als Handreichung von seiten des Lehrers, eines Mitschülers oder des Lerngegenstandes selbst, die den Schüler dazu veranlassen soll, einen Lerngegenstand oder eine Situation zum Objekt seines Interesses zu erklären und in **produktiver Selbsttätigkeit** zu bewältigen. Die direkte → Frage führt den Schüler bei seiner Antwortsuche in der Regel auf eine eingleisige Denkspur; trotzdem aber kann zwischen Impuls und Frage nicht eindeutig unterschieden werden, wenn die Frage echtem produktivem Denken Raum läßt. Der sorgfältig formulierte Impuls zieht aber in jedem Fall eine größere Sprechbereitschaft bei den Schülern nach sich, ja bei entsprechend konsequenter Schulung eine größere Sprachgewandtheit bzw. eine größere Variabilität im Ausdruck. Ebenso wird der Denkfreiheit mehr Spielraum gelassen, da der Impuls mehrere Lösungsmöglichkeiten zuläßt und eine jeweils individuell selbst zu bestimmende geistige Arbeitstechnik und ein quantitativ wie qualitativ durchaus verschiedenes Ergebnis fordert.

Der **Impuls im engeren Sinne** zeichnet sich dadurch aus, daß er an entscheidender Stelle eines methodischen Gesamtkonzepts in bewußt lernzielorientiertem Einsatz einen erzieherischen oder unterrichtlichen Prozeß in seiner ganzen Komplexität auszulösen und zu tragen vermag. Die Voraussetzung hierfür ist in der Regel ein fruchtbarer und tragfähiger dialogischer Bezug zwischen Lehrendem und Lernendem und die Formulierung des Impulses als Ergebnis einer kritischen didaktischen Analyse. Die durchdachte Formulierung verleiht dem Impuls zugleich eine klare und durchschaubare Zielgerichtetheit, die den Lernenden zur selbsttätigen Bewältigung des Problems ermuntert. Die Intention eines solchen Impulses ist erst erfüllt, wenn der im Lernenden angesprochene Lösungswille das gesteckte Ziel tatsächlich erreicht hat.

Im erzieherischen Bereich kann von einem solchen Impuls im engeren Sinne nur gesprochen werden, wenn er – sich an die im anderen verankerte Autorität und Freiheit wendend – diesen zu einer entscheidenden Handlung oder Verhaltensweise anregt. Für den Erzieher stellt sich mit dieser Definition des Impulses die schwierige Aufgabe, den Lernenden gezielt auf ein selbständiges Vernehmen der Impulse seiner vielschichtigen Lebenssphäre einzuschulen und ihn zur rechten Zeit auch in dieses freiheitliche Vernehmen des Impulses zu entlassen.

Dem Impuls sind kaum Grenzen gesetzt. So kann ein Wort, ein Satz, eine Geste Impuls-Charakter besitzen. Erwähnt seien aber auch die vielfältigen Möglichkeiten eines stummen Impulses oder die Impulshaftigkeit einer besonderen Situation, des Vorbildlichen, eines Lernprogramms, der Massenmedien, eines größeren die

Klasse oder einen einzelnen Schüler betreffenden Vorhabens oder aktueller Ereignisse. K

Köck 1972; Salzmann 1977

Impulsivität → Kognitive Stile

Impulsunterricht, Impuls – Unterrichtsform

1. Kurzbeschreibung/Funktionen

Bei der Impuls-Unterrichtsform wird der Schüler **durch die im → Impuls präsentierte Kernproblematik des Unterrichtsthemas** veranlaßt, sich in einem **weiteren Denkfeld** als beim Frage-Antwort-Unterricht assoziierend, in seinem Wissen orientierend und Lösungen suchend mit dem Lerninhalt auseinanderzusetzen. Je nach Intensität und Tragweite des Impulses kann der ausgelöste Lernprozeß fünf Minuten (z. B. Eindrücke sammeln) bis zu einer Unterrichtsstunde (z. B. Lösungssuche im Versuch-Irrtum-Verfahren oder Fallbeschreibung) andauern.

In der Regel löst der Lehrer den Lernprozeß der Schüler durch den Impuls aus, sorgt im weiteren Verlauf des Unterrichts aber lediglich dafür, daß die Schüler nicht aus dem abgesteckten und vereinbarten Lernfeld laufen.

Meistens herrscht hohe Interaktion der Schüler untereinander, Einzelarbeit ist aber je nach Aufgabenstellung ebenso möglich.

2. Hauptsächliche Anwendungsbereiche

- Bei allen Lerninhalten, für welche die Schüler über ausreichend Vorkenntnisse verfügen, um die Kernprobleme erschließen und bearbeiten zu können,
- bei Lerninhalten, die für die Schüler selbst von hoher Aktualität sind und sie neugierig machen,
- bei Lerninhalten, die provozieren, zum Widerspruch reizen, Meinungsvielfalt erwarten lassen.

3. Hinweise und Tips

- Mögliche Vielfalt der Impulse nutzen:
  - Ein Wort, Ein Satz, Ein Kurztext } meistens provozierend formuliert
  - Eine als Impuls wirkende Frage
  - Stummer Impuls: Bild, Bildgeschichte, Graphik, Karikatur, Dia, Filmausschnitt
- Impulse sorgfältig aufbereiten:
  - Fachlich einwandfrei präsentieren!
  - Sprachlich präzis!
  - So knapp wie möglich!
  - Das Kernproblem muß für den Schüler durchschaubar sein!
  - Psychologisch angemessen!
  - Technik des Impulsunterrichts einüben: Das präsentierte Problem wirken lassen (Denkpause), Impuls nicht zerreden, Meinungen sammeln, ordnen, Arbeitsaufgaben ableiten, weiteren Lernweg beschließen.

Köck 1972

→ Unterrichtsformen K

incident method → Fallstudie

Indikativplanung

Im Gegensatz zur → Imperativplanung werden durch die Indikativplanung curricu-lare → Lernziele erarbeitet, die nicht unbedingt und nicht von allen der Adressatengruppe angehörenden Schülern erreicht werden müssen, jedoch erreicht werden können.

→ Additum → Curriculum O

Individualisierung

des Unterrichts bzw. von Lernprozessen bedeutet streng genommen die exakt adressatenbezogene Aufbereitung eines Lernvorganges für den einzelnen Schüler, d. h. die totale → Differenzierung des Lernangebots auf den Einzelschüler hin. Solche Individualisierung wird durch einen Hauslehrer, im → Nachhilfeunterricht und im Hausunterricht für kranke Kinder (→ Schule für Kranke) praktiziert.

Literatur siehe bei Differenzierung!

→ Individualpädagogik K

Individualismus

ordnet im Unterschied zum → Kollektivismus Gemeinschaft, Gesellschaft und Staat in der Position von Dienstfunktionen der allseitigen Entfaltung und Verwirklichung des → Individuums unter. Der pädagogische Individualismus vertritt mit seiner vorrangigen Förderung des Einzelnen die Auffassung, daß eine Gemeinschaft voll entfaltete Individuen voraussetze. K

Bohnen 1975; Dumont 1990

Individualität

etwas unscharf auch synonym für → Persönlichkeit, bezeichnet die unverwechselbare Einzigartigkeit, Eigenart des Menschen aufgrund einer je besonderen Kombination von Verhaltensmustern und Merkmalen. Sie steht für die personale Identität des Menschen (→ Ich-Identität), mit der er sich der Vergleichbarkeit mit anderen Menschen eines bestimmten sozialen Systems (soziale Identität) entzieht.
Die Herausbildung der Individualität im Rückbezug auf die antiken Bildungsideale wurde zu einem erklärten Ziel des → Humanismus und der von ihm beeinflußten Bildung.
Mit den Leitzielen der Mündigkeit, der Selbstverwirklichung und der → Emanzipation hat die Entfaltung der Individualität auch in der modernen pädagogischen Diskussion ihren festen Platz, allerdings mit unterschiedlicher Interpretation je nach theoretischer Ausgangsposition (vgl. z. B. Rollentheorie, Kommunikationstheorie, pädagogischer Kollektivismus).

Eysenck/Eysenck 1987; Frank 1988; Schmude 1991

→ Individualpädagogik → Individuum K

Individualpädagogik

Gegenstand der Individualpädagogik ist der Mensch in seiner Einmaligkeit. Um Einseitigkeiten im pädagogischen Engagement zu begegnen und um dem jungen Menschen Hilfestellung bei seiner vollen Entfaltung als unverwechselbares Einzelwesen **und** als Sozialwesen zu garantieren, bedarf die Individualpädagogik der unverzichtbaren Wechselbeziehung zur → Sozialpädagogik. Die spezielle Aufgabe der Individualpädagogik besteht innerhalb dieser Wechselbeziehung darin, mit pädagogischen Maßnahmen an der Einmaligkeit eines jeden Menschen anzusetzen, seinen Anlagen durch entsprechende Lernangebote zur Entfaltung zu verhelfen und ihm die echte Chance zu eröffnen, selbständig und mündig als einzelner im Sinne konstruktiv kritischer Auseinandersetzung den Umweltgegebenheiten begegnen zu können. Die logische Konsequenz dieser Aufgabenstellung ist eine → Differenzierung der Lernangebote und Methoden und die Einübung vor allem in problemlösendes, kreatives Lernen als Möglichkeit aktiver und selbstbewußter Umweltbewältigung.

→ Individualisierung → Individualität → Individuum K

Individualpsychologie

1. Synonym für → Differenzielle Psychologie
2. Individualpsychologie bezeichnet die von A. Adler (1870–1937) geschaffene Richtung der → Tiefenpsychologie und Psychotherapie. Adler behauptete als Hauptantrieb des menschlichen Verhaltens das Streben des Menschen nach Macht und Geltung und seine daraus jeweils resultierende Position und Anerkennung im Zusammenleben mit anderen Menschen. Erlebnisse der Unterlegenheit, der Minderwertigkeit führen zu Minderwertigkeitsgefühlen, die sich in → Minderwertigkeitskomplexen krankhaft verdichten können. Der Mensch reagiert in solchen Situationen durch Überkompensation (z. B. Größenwahn, Überheblichkeit) oder durch Flucht in die Krankheit. Die psychotherapeutische Behandlung setzt bei der Aufklärung der krankmachenden Ursachen an und versucht das aus dem Gleichgewicht geratene, die Realität verkennende Selbstwertgefühl des Patienten durch Ermutigung und durch konfliktbezogene Trainingspraktiken wiederherzustellen. K

Ackerknecht 1982; Adler, Alexandra 1990; Adler 1987 und 1988, 1989, 1991; Bleidick 1985; Bruder-Bezzel 1991; Dreikurs 1990; Louis 1975, 1985; Schmidt 1989

Individuation

Nach C. G. Jung bezeichnet Individuation den Reifungs- und Differenzierungsprozeß der Person, dessen erklärtes oberstes Ziel Selbstverwirklichung und Ich-Findung ist im Gegensatz etwa zur Ich-Aufgabe im Kollektiv oder in dauerndem unreflektierten Anpassungsverhalten.

Die verfehlte Ich-Findung führt zwangsläufig in die → Neurose, die nur durch die Verwirklichung des Ich überwunden werden kann.

Jung 1981, 1991; Simon 1984; Stierlin 1989; Stork 1991; Winkler 1989

→ Analytische Psychologie → Individualpädagogik → Individualpsychologie K

Individuum

bezeichnet den Menschen als einzelne, einzigartige Person mit unverwechselbaren Merkmalen. Aus dieser Beschreibung ist für die Erziehung ein Auftrag im Sinne der → Individualpädagogik abzuleiten, der sich gegen ihr einseitiges Verständnis als bloße Sozialisationshilfe wendet.

Andererseits wird das Individuum nur zur Persönlichkeit im Dialog mit anderen Individuen. → Individuation und → Sozialisation stellen also keine Gegensätze dar, sondern sind als wechselseitig sich bedingende Vorgänge zur vollen Selbstverwirklichung des Menschen zu verstehen.

Floren 1983; Frank 1986; March/Simon 1977; Medawar 1969; Rösel 1972; Schaff 1970

→ Individualismus → Individualität K

Indizierung

bezeichnet nach dem Gesetz über die Verbreitung jugendgefährdender Schriften die Aufnahme solcher Schriften und Ton- und Bildträger in die dafür vorgesehene Liste der Bundesprüfstelle für jugendgefährdende Schriften. Die Bundesprüfstelle wird auf Antrag tätig, in offenkundigen Fällen sittlicher Gefährdung kann eine vorläufige Anordnung dem aufwendigen Prüfverfahren vorangehen.
Eine Indizierung bedeutet, daß das indizierte Produkt Kindern und Jugendlichen nicht zugänglich sein darf, über den Versandhandel nicht vertrieben und nicht in gewerbliche Leihbüchereien eingestellt werden darf, und daß für das Produkt nicht öffentlich geworben werden darf. K

Indoktrination

beschreibt alle Formen der offenen und versteckten, beabsichtigten und unbeabsichtigten Beeinflussung eines Menschen in Meinungsbildung, Denken und Handeln, der sich dieser nicht oder nur mit kritischem Bewußtsein und opponierenden Willensakten entziehen kann. Zur Durchsetzung von staatstragenden Ideologien (z. B. Nationalsozialismus, Kommunismus) oder Weltbildern von Sekten (→ Jugendreligionen) bedient sich die Indoktrination nicht nur der Meinungsbeeinflussung (Propaganda) bis hin zur Demagogie, sondern auch eines ausgeklügelten Systems von Belohnungen und Bestrafungen, bis hin zur Gehirnwäsche als psychischer Folterung.
Das demokratische Gesellschaftsverständnis schließt Indoktrination aus und beschreibt sie als Widerspruch zum → Bildungsbegriff, der wesentlich in der Freiheit des Menschen gründet. Trotzdem eröffnet sich auch hier der Indoktrination z. B. mit festgeschriebenen Lehrplänen und routinemäßigen Unterrichtsverläufen – gestützt z. B. auf die Lerntheorien des → Behaviorismus – ein weites Betätigungsfeld, wenn der Lehrer ihre möglichen Auswirkungen nicht schon bei der Unterrichtsplanung unterläuft und die Schüler nicht altersgemäß zum Erkennen der Indoktrination und zum Widerstand gegen sie befähigt.

Rosina 1989

→ Konditionierung → Manipulation → Suggestopädie K

Indolenz

bezeichnet allgemein Unempfindlichkeit, Gleichgültigkeit gegenüber Reizen aller Art, z. B. gegenüber Schmerz, Werten, Meinungen. In bezug auf die Annahme bzw. Ablehnung vorgetragener Meinungen kam die **Kommunikationsforschung** zu dem Ergebnis, daß die Indolenz (= Ablehnung) gegenüber solchen Meinungen am stärksten ist, die mit besonderem Nachdruck vertreten werden und den Angesprochenen stark engagieren. K

Dröge u. a. 1973

Induktion

Als wissenschaftliche Methode schließt sie vom bekannten Einzelfall oder von mehreren Einzelfällen auf das Allgemeine bzw. ein generelles Gesetz. Dieser Weg des logischen Schließens führt zur Festlegung von Regeln und Gesetzmäßigkeiten. Er stellt eine Umkehrung der Deduktion (→ deduktive Methode) dar.

Carnap 1959; Christoffer 1989; Essler 1970; Stegmüller 1986

→ Induktive Unterrichtsmethode OK

Induktive Unterrichtsmethode

Durch die induktive Unterrichtsmethode wird die Wahrnehmungswelt des Schülers verarbeitet. Sie ist ein Verfahren, das Einzelerfahrungen durch weitere Elemente, durch negative und positive Beispiele vermehrt, um eine Grundeinsicht zu vermitteln. Besonders bei Kindern und Jugendlichen ist das induktive Verfahren, das zugleich den Weg des → entwickelnden Unterrichts darstellt, vorzuziehen, da es von Erfahrung und dem jeweiligen Einzelfall ausgeht und zur Regel, Definition oder anderen Gesetzmäßigkeiten führt. In der Übungsphase wird die → Induktion wiederum durch die Deduktion ergänzt, wenn der Beweis für die Richtigkeit der gefundenen Regel durch Übungsaufgaben angetreten wird. O

Sonntag 1991

Industrial Engineering

Alle Faktoren, einschließlich des menschlichen Faktors, die bei der Produktion und Verteilung von Erzeugnissen und Leistungen beteiligt sind, werden nach ingenieurmäßigen Gesichtspunkten betrachtet. Industrial Engineering befaßt sich mit Teilbereichen der angewandten Psychologie, insbesondere mit der Gestaltung von Maschinen und Arbeitsplätzen im Sinne des Systems Mensch-Maschine und untersucht die psychologische Wirkung der maschinellen Arbeit auf den Menschen. Auch Fragen über die zu erbringende Arbeitsmenge und die optimale Arbeitszeit sind Forschungsbereiche des Industrial Engineering.

REFA-AKIE... 1985

→ Arbeitspsychologie → Betriebspsychologie → Human engineering O

Industriepädagogik → Betriebspädagogik (syn.)

infantil

bedeutet kindlich, frühkindlich. Das Wort wird meist in Verbindung mit retardierter Entwicklung (→ Retardation) oder abwertend im Zusammenhang mit Verhaltensweisen verwendet, die einem Kind oder Kleinkind entsprechen. K

Inferenzstatistik → Statistik

Informatik

ist die Wissenschaft von den elektronischen Datenverarbeitungsanlagen und ihren Anwendungsbereichen.

→ Computer im Unterricht → Informationstechnische Bildung K

Information

Allgemein bedeutet Information Nachricht, Mitteilung. In der → Informationstheorie und → Kybernetik wird unter Information jede Art von Zeichen verstanden, die als Nachricht aufgefaßt werden kann, eine Einengung des Verständnisses von Information auf sprachliche Information wird also ausdrücklich vermieden. Informationen und ihre Weitergabe stellen das Grundproblem jeder → Kommunikation dar.

Im Vordergrund der Forschung im Bereich der Informationstheorie stehen:
1. die Problematik der → Kodierung und Dekodierung von Informationen,
2. die quantitative Bestimmung verschiedener Arten des Informationsflusses, womit die Menge der Information gemeint ist, die auf einem Informationskanal in einer bestimmten Zeit (bit/sec.) übertragen werden kann,
3. die Bestimmung der durch individuelle Unterschiede gekennzeichneten **Informationskapazität** der Sinnesorgane, die z. B. die mögliche Leistung des Informationsflusses nach oben begrenzt,
4. der allgemeine Verlauf der **Informationsübertragung** von einem Sender mit Hilfe vereinbarter Signale zu einem Empfänger und die störenden Einflüsse bei diesem Vorgang.

Durch das Ausmaß der Teilhabe am **Informationsfluß** werden Zugehörigkeit, Position und Machtausübung in sozialen Systemen mußgeblich mitbestimmt. K

Bönnhoff 1985; Kraak 1991; Völz 1991

Informationelle Akkommodation → Akkommodation, informationelle

Informationelle Approximation → Approximation

Informations- und Orientierungslehrgang

Er hat die Aufgabe, z. B. über letzte Forschungsergebnisse, Gesetzgebung, Prüfungsordnungen, Curricula, neue Schularten, Schulstufen (Orientierungs-, Kollegstufe) oder Fächer zu informieren. Hierzu zählen auch Zusammenkünfte mit Repräsentanten aus Wirtschaft, Technik und Verwaltung; Betriebs- und Werkserkundungen, die der Information und fachlichen Orientierung dienen.

→ Lehrerfortbildung → Lehrerweiterbildung O

Informationspsychologie

ist eine spezielle Forschungsrichtung der → Psychologie und ein Ableger der → Kybernetik. Nach H. Frank geht die Informationspsychologie von der Annahme aus, daß psychologische Prozesse vor allem Nachrichtenverarbeitungsprozesse sind, und das Nervensystem ein komplexes Nachrichtenverarbeitungsnetz. K

Informationstechnische Bildung

Die Machtverteilung im Informationszeitalter ist maßgeblich von der Fähigkeit des Zugriffs auf und der Verarbeitung von Informationen bestimmt. Kenntnis und Beherrschung der Computertechnik entscheiden somit über die Teilhabe am Informationsfluß oder über den Ausschluß von demselben. Das „Rahmenkonzept für die informationstechnische Bildung in Schule und Ausbildung" der Bund-Länder-Kommission für Bildungsplanung und Forschungsförderung von 1984 betont als

Zielsetzungen die Vermittlung der notwendigen Kenntnisse und Fertigkeiten und die Befähigung zum kritischen Umgang mit Computertechnik.
Dazu sieht das Konzept drei Stufen der informationstechnischen Bildung vor:
1. Alle Schüler der Sekundarstufe I sollen eine **informationstechnische Grundbildung** erhalten, die in erster Linie im Sinne eines fächerübergreifenden Unterrichtsprinzips angestrebt wird.
2. Eine vertiefende informationstechnische Bildung erfolgt in Form des **Faches Informatik** in der Sekundarstufe II als Wahl- oder Wahlpflichtfach. Gegenstand des Unterrichts sind vor allem Problemanalysen und -bewältigung durch computergeeignete → Algorithmen und mit Hilfe des → Computers.
3. Für Schüler der Berufsschulen steht der praxis- und berufsbezogene Einsatz des Computers im Vordergrund, das Fach Informatik ist nur im Zusammenhang mit EDV-Berufen vorgesehen.

Ackermann 1992; Apel 1989; Buhse 1987 und 1988; Czycholl 1987; Donckel 1988; Hameyer 1990; Kolping-Bildungswerk Bayern 1990; Liessel/Lippert 1990; Rauner/Ruth 1989

→ Computer im Unterricht → Informatik → Information → Informationstheorie K

Informationstheorie

Die Informationstheorie umfaßt die mathematische Theorie der Informationsübertragung und -verarbeitung. Demgegenüber bezieht sich die **Informationswissenschaft** auf die Anwendung der Erkenntnisse der Informationstheorie z. B. auf die Psychologie, Soziologie, Didaktik.
Im Bereich der Didaktik ist die Informationstheorie u. a. eine enge Verbindung zur → Kybernetik eingegangen, womit die theoretische Grundlage der → Programmierten Instruktion über Lehrcomputer gelegt wurde. Die Forschung der Informationsdidaktik ist v. a. durch zwei Schwerpunkte gekennzeichnet:
1. durch die Erforschung des Informationsflusses und der Informationsverarbeitung bei Lernprozessen und die Ermittlung kleinster, von subjektiven Einflüssen relativ unabhängiger Lernschritte (z. B. bei den Dualsystemen von Lehrmaschinen und Computern die Reduktion auf kleinste Informationsmengen, sog. „Bits", z. B. nur mit ja/nein zu beantworten) und
2. durch die Schaffung einer weitgehenden Automatisierung der Lernprozesse, die „auf der Antizipation möglicher Verhaltensweisen des Lernenden, deren automatischer Erfassung, der Programmierung der jeweiligen Optimalstrategien im Regler und der Automatisierung der entsprechenden Steuerung" (F. v. Cube) beruht.

Cube 1982; Escarpit 1976; Frank 1969; Longo 1975; Mittenecker/Raab 1973; Rényi 1983; Shannon/Weaver 1976; Topsoe 1974; Weltner 1970; Wiener 1968; Young 1975

→ Information K

Informationsträger

Als Informationsträger kommen im weiteren Sinne **alle Mittler** in Frage, die Informationen in einer für die → Bezugsperson verständlichen Weise weitergeben können. Im didaktischen Sinne werden Mittler aller Art erst dann brauchbare Informationsträger, wenn ihnen als → Medien bestimmte lernprozeßunterstützende Funktionen zukommen. Im allgemeinen wird in diesem Zusammenhang von **personalen Medien** (z. B. Lehrer, Vortragender, Diskussionsleiter, Betriebsangestellter, der mit Schülern eine → Betriebserkundung durchführt) und von **nichtper-**

sonalen Medien (z. B. das Lehrprogramm im Sprachlabor, die Folie auf dem Tageslichtprojektor, das Videobild über das Fernsehgerät) gesprochen.

→ Information → Informationstheorie O

Informationsziel

Im Kommunikationsprozeß wird keine → Information um ihrer selbst willen gegeben. Die Wahrscheinlichkeit, daß eine Information den Adressaten in der gewünschten Weise erreicht, ist um so größer, je eindeutiger die Absicht der Informationsgabe signalisiert wird. Umgekehrt wächst die Wahrscheinlichkeit von Mißverständnissen mit der Verschleierung der Zielangabe von Informationen. Erst Tonfall und Mimik des Sprechers verschaffen dem Adressaten Klarheit darüber, ob ihm eine Information Freude, Ärger oder Verunsicherung bereiten soll. Auch → Lernprozesse jeglicher Art verlaufen um so effektiver, je unmißverständlicher die → Lernziele beschrieben sind, auf die hin → Lerninhalte (Informationen) erst ihre Legitimation erhalten.

→ Kommunikation → Operationalisierung K

Informell

Als Gegenzug zu → formell bedeutet informell zunächst formlos, zwanglos. In der → Sozialpsychologie wird informell als Bezeichnung für lose, lockere und schwer greifbare soziale Beziehungen verwendet.

→ Gruppe, formelle und informelle O

Informeller Test → Test

Informierender Unterrichtseinstieg → Advance organizer

Ingenieurschule → Fachhochschule

Inhärenz

bezeichnet das Enthaltensein bzw. die Zusammengehörigkeit von Eigenschaften und Merkmalen in bzw. mit einer Person, Sache, Situation. So ist z. B. die Summe von 180° aus den Dreieckswinkeln als wesentliches Bestimmungsmerkmal dem Dreieck inhärent oder die Wechselwirkung von Lehren und Lernen dem Unterricht. K

Inhaltsanalyse

bezeichnet nach Mollenhauer/Rittelmeyer (1977) als Methode erziehungswissenschaftlicher Forschung „die Analyse von Kommunikations-Inhalten" im weitesten Sinne, umfaßt also sowohl verbale als auch nonverbale Äußerungen.

„Zwar sind verbale Einheiten wie z. B. Zeitungstexte, Propagandareden, psychotherapeutische Interviews, Schulbücher, Liedertexte etc. typische Gegenstände der Inhaltsanalyse, aber es sind mit derartigen Verfahren z. B. auch antike griechische Vasenmalereien, Melodien, Gebärden, Filme und Intonationsmerkmale der Sprache untersucht worden."

Mollenhauer/Rittelmeyer stellen „zwei Prototypen der Inhaltsanalyse" vor:

1. **„Modelle der inhaltsanalytischen Auswertung einzelner Text- und Bildelemente“:**
Bei diesem Vorgehen werden bestimmte Elemente des Gesamtmaterials „nach der Häufigkeit, Seltenheit, Intensität oder nach Korrelationen einzelner Wörter, Themen, Motive etc.“ analysiert. Für die Untersuchung sind verbindliche Regeln festgelegt, die einen evtl. Nachvollzug ermöglichen.
2. **„Modelle, in denen das Material in seinem Gesamtzusammenhang** auf Argumentationsfiguren, logische Strukturen, linguistische Muster, rhetorische Strategien..., konsistente und variierende Urteilsmuster, gesamtkommunikative Taktiken, semantische Grundmuster usw. hin untersucht wird“ (= Diskurs-Modelle der Inhaltsanalyse nach Krippendorff 1969).

Bos/Tarnai 1989; Früh 1991; Klingemann 1984; Langridge 1992; Mayring 1990; Merten 1983

→ Beobachtung → Diskurs → Hermeneutik → Interaktion, soziale (dort v. a. Interaktionsanalyse) → Kategoriensystem → Metakommunikation K

Inkohärenz

bezeichnet das Auseinanderfallen bzw. ungeordnete Durcheinander von Einzelteilen eines ansonsten geordneten Ganzen, z. B. den aufgrund von Cliquenbildung und/oder Intrigantentum mangelnden Zusammenhalt einer Gruppe oder die das systematische Denken behindernde Gedankenverwirrung bzw. sprunghafte Konzentration.

→ Kohärenz K

Inkompatibilität → Kompatibilität

Inkompetenz → Kompetenz

Inkontinenz

beschreibt die mehr oder minder beeinträchtigte Fähigkeit, die Harn- und Stuhlentleerung willkürlich zu steuern.

Kontinenz, d. h. das willkürliche Zurückhaltenkönnen von Harn und Stuhl, ist i. d. R. bereits ein Aufnahmekriterium in Einrichtungen des Vorschulbereichs. Erhebliche psychische und soziale Probleme ergeben sich für inkontinente Schulkinder. Der Lehrer rät in solchen Fällen zur Kontaktaufnahme mit Ärzten, Beratungsstellen und evtl. Therapeuten.

→ Enuresis, Enkopresis K

Inkubation

In der Medizin bezeichnet Inkubation den Vorgang der Einnistung von Krankheitserregern im Körper. In der Kommunikationstheorie wird der Begriff in übertragener Weise für den Prozeß verwendet, in dem die empfangenen Signale in Verbindung mit gespeicherten Informationen zu eindeutig faßbaren Gedanken werden, die dann für den Fortgang der → Kommunikation wieder in bestimmte → Signale bzw. Symbole (z. B. Wörter) verschlüsselt (→ Enkodierung) werden können.

→ Latenzphase → Latenzzeit K

Innere Differenzierung → Differenzierung → Flexible Differenzierung

Innovation

Unter schulischer Innovation sind Neuerungen zu verstehen, die den Unterrichtsverlauf, das Unterrichtsgeschehen und schulische Strukturen aller Art beeinflussen, verändern, verbessern oder an gesellschaftliche, kulturelle, für die Schule technisch wertvolle Entwicklungen anpassen. Innovationen im schulischen Bereich ergeben sich z. B. durch curriculare Entwicklungen, Einbeziehung neuer technischer Medien wie → Computer, → Videorecorder usw., durch neue Formen der → Leistungsmessung und Leistungskontrolle oder durch schulorganisatorische Umstrukturierungen wie Einführung der Kollegstufe, Orientierungsstufe usw. Werden Innovationen größeren Umfanges durch gezielte, systematische, kontrollierte und planvolle Maßnahmen in einem Schulsystem mit der Absicht der Veränderung, Anpassung oder Erneuerung eingeführt, so spricht man von einer → Schulreform. Innovation im Rahmen der Lehrplanentwicklung in Form von Curriculum-Revision wird auch als → didaktische Innovation oder → Curriculum-Innovation bezeichnet. Hierbei geht es neben der Findung der → Lernziele auch darum, die Planung und die Ausführung sich ergebender Veränderungen nach beispielhaft vorgegebenen Wegen und Strategien in sich aneinanderreihenden Schritten darzustellen.
Bei der Einführung von Innovationen im Schulbereich ist stets zu überprüfen, inwieweit Lehr- und Lernqualität erhöht werden können und ob der → Adressat berücksichtigt ist, dem sie dienen sollen. OK

Mitter/Weishaupt 1977

Innovationslehrgang

Er macht mit Neuerungen, → Innovationen, im jeweiligen Amtsbereich und dessen Umfeld bekannt. Lehrer werden z. B. mit dem Strukturwandel und Veränderungen, die für das Schulwesen von Bedeutung sind, mit Medientechnik und neuen Fachgebieten vertraut gemacht und zur Anwendung der neugewonnenen Erkenntnisse im Bereich der Unterrichtsorganisation motiviert.

→ Lehrerfortbildung → Lehrerweiterbildung O

Inokulationseffekt

Inokulation bedeutet Impfung und Einimpfung. Im pädagogischen und psychologischen Bereich bezeichnet man mit **Inokulation** eine besonders eindringliche oder sehr wirksame Erst- oder Anfangsinformation über einen Gegenstand, eine Person oder ein Problem. Der **Inokulationseffekt** bezieht sich auf die Auswirkungen, die eine solche Anfangsinformation auf eine Person hat und auf die Widerstandsfähigkeit, die in derselben Person gegen anders lautende Argumente gelegt worden ist. Wenn z. B. eine Person durch eine gezielte vielleicht auch werbepsychologisch gut gestaltete Anfangsinformation überzeugt wird, daß Tee der Gesundheit zuträglicher sei als Kaffee, so kann sich bei ihr ein Inokulationseffekt dahin ergeben, daß sie alle anderen Versuche, die sie zum Kaffeetrinken überreden wollen, ablehnt oder ihnen längere Zeit widersteht. Die Dauer des Widerstehens und Ablehnens bis zu einer evtl. Einstellungsänderung stellt die **Inokulationswirksamkeit** dar.

→ Kommunikation O

Input

Die Begriffe „Input“, Eingabe, und „Output“, Ausgabe, sind eng miteinander verbunden. Sie werden auch, vor allem im Bereich der Wirtschaft, mit Einsatz (z. B. Güter und Dienstleistungen, die im Produktionsprozeß aufgewendet wurden) und Ausstoß (z. B. Ergebnis der Produktion, Fertigwaren) übersetzt. In der Datenverarbeitung stellen die dem Computer eingegebenen Zahlen bzw. Programme den Input und die computererrechneten Ergebnisse oder Analysen den Output dar. Die Curriculumtheorie spricht vom Input und meint die Eingangsvoraussetzungen der Lernenden, die Leistungen der Lehrenden, die verwendeten → Lehr-, Lern- und Arbeitsmittel und andere für den Lehr- und Lernprozeß notwendige Faktoren. Erst durch die Rückmeldung der Ergebnisse kann der Input überprüft werden und gewinnt seine Gültigkeit.

→ Curriculum → Lernziel O

Input-Output-Prozeß Modell

legt besonderen Wert auf den Verlauf von Lernprozessen und nicht auf die unmittelbare Aufwand-Produkt-Koppelung, d. h. daß die Eingangsinformationen, wie z. B. aufbereitete Unterrichtsstoffe, mögliche Leistungen der Schüler und Lehrer, verwendete Lehr- und Hilfsmittel u. a. nicht direkt in das Resultat eingehen, sondern stufenweise immer wieder überprüft und sog. Validierungen (→ Validität) und retroaktive (zurückgreifende, rückwirkende) → Evaluationen eingeplant werden. In den Ablauf dieses Prozesses werden bis zur endgültigen Überprüfung der angestrebten Lernziele, des Outputs bzw. der Ausgangsinformationen mehrere Tests sinnvoll eingefügt.
Ein Input-Output-Prozeß Modell im Unterricht liegt z. B. vor, wenn der in einer Schulaufgabe nachzuweisende Output eines längeren Lernprozesses in den vorangegangenen Unterrichtseinheiten durch regelmäßige → Lernerfolgskontrollen vorbereitet wird.

→ Curriculum OK

Inspiration

wird die Eingebung, der plötzliche Einfall, die schöpferische Idee genannt, die insbesonders bei künstlerischem und geistigem Schaffen „überfallartig“, nicht als Ergebnis willentlichen Handelns auftritt. K

Instinkt

Als Instinkt werden angeborene artspezifische Reaktions- und Verhaltensweisen bzw. biologische Bedürfnisse, Triebe bezeichnet, die unmittelbar selektiv (auswählend) und zielgerichtet auf bestimmte → Reize ansprechen. Der Instinkt dient vor allem der Selbst- und Arterhaltung. Unter dem Einfluß der → Verhaltensforschung ist es heute strittig, ob er angeboren oder gelernt ist. Die Erforschung des Instinktverhaltens bei Tieren ist u. a. Gegenstand der → Ethologie. K

Claessens 1970; Heusser 1976; Korbes 1989; Tinbergen 1972

Institut für Film und Bild in Wissenschaft und Unterricht → FWU

Institut für Praxis und Theorie der Schule → IPTS

Institution

bedeutet dem lateinischen Ursprung zufolge (öffentliche) Einrichtung, aber auch Unterricht. Übertragen meint Institution die verbindliche Übereinstimmung in Fragen des menschlichen Zusammenlebens, die als verläßlicher Ordnungsrahmen Verhaltenssicherheit garantieren soll.
Durkheim definierte die Soziologie als die Wissenschaft von den Institutionen, die das sog. Selbstverständliche wie z. B. Sitten, Gebräuche, → Konventionen, → Tabus, Verhaltenscodices, hierarchisch organisierte Bürokratien und → Rituale zu untersuchen hat, die ihre Geltung und Verbindlichkeit gegebenenfalls mit → Sanktionen einlösen. In der Weiterentwicklung des Begriffsverständnisses geriet die Institution zum Inbegriff organisierter sozialer Handlungen, die den Entfaltungsrahmen für den einzelnen abgeben, die Befriedigung von Grundbedürfnissen sicherstellen sollen und von der Notwendigkeit ursprünglicher Alltagsbewältigung entlasten sollen.
Die Institution als staatliche, kirchliche oder private Einrichtung mit einem bestimmten Auftrag wie z. B. die Schule oder die Familie verfügt zur Durchsetzung der organisierten sozialen Handlungen über einen abgesteckten äußeren Rahmen, materielle Mittel, → Normen und Personal.
Ein Erziehungssystem ist nach Mollenhauer (1976) „als die Institutionalisierung von Handlungsmustern für den Umgang mit der jüngeren Generation nach Maßgabe der als typisch definierten Situationen" zu verstehen.
Die Kritik an Institutionen und Institutionalisierungsmechanismen setzt an bei der diesen eben auch innewohnenden Herrschafts- und Gewalttendenz, bei der Gefahr der Entfremdung für den einzelnen in der Auseinandersetzung mit Institutionen bzw. in der Anpassung an sie und bei der Verselbständigungstendenz von Institutionalisierungsinstanzen. Jugendliche setzen sich gegen die tatsächliche oder vermeintliche Vergewaltigung durch Institutionen und ihre realitätsfernen Verkrustungen durch Protesthaltung und die Entwicklung spezieller → Subkulturen zur Wehr, wobei diese sich allerdings ihrerseits wieder zur Institution verdichten können. K

Durkheim 1984; Helle 1982; Institutionelle Praxis 1984; Lau 1978; Luhmann 1986; Schülein 1987; Weigand 1988

Instruktion

bedeutet Anleitung, Anweisung, Vorschrift, aber auch Lehre und → Unterricht. K

Instruktionspsychologie → Unterrichtspsychologie

Instrumentalisierung des Lehrberufs

Mit diesem Begriff wird zum Ausdruck gebracht, daß dem Lehrenden der von ihm durchzunehmende Stoff und sein Lehrverhalten bis ins Detail, z. B. durch bis in die einzelnen Bereiche hineingreifende curriculare Feinstziele vorgeschrieben werden.
→ Curriculum → Lehrerrolle O

Instrumenteller Lernzielbereich → Psychomotorischer Lernzielbereich

Integrated teaching / Integriertes Lernsystem → Lernsystem

Integration

bedeutet allgemein Vereinigung, Verbindung, Wiederherstellen eines Ganzen, einer Einheit, Eingliederung in ein übergeordnetes Ganzes.
Eine spezielle Bedeutung verleiht die **Entwicklungspsychologie** der Integration, die – synonym mit Zentralisation – hier den Vorgang der Vernetzung und im weiteren der zentralen Steuerung von differenziert erworbenen Fähigkeiten beschreibt (vgl. → Differenzierung, Punkt 2.).
In der **Pädagogik** ist aufgrund offensichtlich gegebener Notwendigkeiten seit längerem die Rede von
- Integration angesichts des weltanschaulichen Pluralismus in demokratischen Gesellschaften,
- Integration von Allgemeinbildung und Spezialbildung, von Bildung und Ausbildung,
- Integration von Wahrnehmung, Denken, Fühlen, Handeln im Sinne ganzheitlicher Wirklichkeitsbegegnung,
- Integration von Randgruppen wie Behinderten und Ausländern in den Bildungsbereich,
- Integration der unterschiedlich akzentuierenden → Strukturmodelle der Didaktik.

Die **soziale Integration** bezeichnet die Verbindung einzelner Personen oder Gruppen oder deren Aktivitäten zu einer Einheit bzw. zu einem Ganzen neuer, evtl. höherer Ordnung. Die soziale Integration meint sowohl den Vorgang dieser Verbindung als auch deren Endprodukt. Sie ist eine Grundbedingung für die Funktionstüchtigkeit der Einzelperson als soziales Wesen. Als solches muß der Mensch verschiedene soziale → Rollen in sich vereinbaren (integrieren) können, → Normen sozialer Gebilde zum Zweck einer Mindestübereinstimmung übernehmen (= normative Integration), zu → Kommunikation und → Kooperation in → Gruppen, und als Gruppenmitglied wieder in größeren sozialen Verbänden, fähig sein (= kommunikative und funktionelle Integration) und zur Anpassung an den kulturellen Bestand seiner Bezugsgesellschaft bereit sein (= kulturelle Integration).
Es wäre jedoch eine verhängnisvolle Fehldeutung, soziale Integration mit unkritischer Anpassung oder gar Gleichschaltung zu verwechseln. Sie ermöglicht vielmehr ein funktionsfähiges gegliedertes Ganzes (z. B. Gruppe, Gesellschaft, Staat) bei aller Verschiedenartigkeit der „Teile". K

Bleidick 1988; Dumke 1991; Haeberlin 1989; Pallasch/Mutzeck 1991; Sander/Raidt 1991; Schöler 1990

Integration des Bildungsvorganges

Mitunter wird auch von der Integration des Bildungsablaufes gesprochen. Gemeint ist ein Bildungssystem, das die Forderungen der → Chancengleichheit und Chancengerechtigkeit erfüllt. Die Integration des Bildungsvorganges wendet sich gegen ein nur vertikal aufgebautes Schulwesen, das in Säulen nebeneinander besteht, sie tritt für ein absolut durchlässiges in erster Linie horizontales Bildungssystem ein.

→ Einheitsschule → Gesamtschule → Integration O

Integrierte Gesamtschule → Gesamtschule

Intellektualismus / Intellekt

betont in pädagogischen Zusammenhängen bevorzugt Verstandesbildung und Wissensvermittlung. Mit der Überbetonung des **Intellekts** (= Einsicht, Verstand, kritisches Erkenntnisvermögen) steht der Intellektualismus im Widerspruch zur heute in der Bildungsdiskussion einmütig geforderten ganzheitlichen Bildung des Menschen, die gleichberechtigt neben die Bildung des Verstandes die Bildung von Gemüt, Wille, Sozialverhalten, Kreativität u. a. stellt.
Die Gegenposition zum Intellektualismus nimmt der **Voluntarismus** (von lat. voluntas = Wille) ein, vertreten u. a. von Augustinus, Duns Scotus, Schopenhauer und Nietzsche, wonach Hauptantrieb des menschlichen Lebens und Grundprinzip des Seins der Wille ist, nicht der Verstand. K

Intelligenz

(von lat. intellegere = wahrnehmen, erkennen, einsehen, verstehen) Für den Intelligenzbegriff liegen je nach Forschungsansatz divergierende Definitionen vor. So ist nach **Terman** (1921) die **„Intelligenz die Fähigkeit, in abstrakten Begriffen denken zu können."** **Wechsler** (1944) definierte **„Intelligenz als das Aggregat oder die globale Fähigkeit des Menschen, zielbewußt zu handeln, rational zu denken und erfolgreich mit seiner Umwelt umzugehen".** Einigkeit besteht heute in der psychologischen Forschung über die Annahme, daß es sich bei der Intelligenz um die **Bedingungsfaktoren für bestimmte Leistungen** handelt, problematisch aber ist die Beantwortung der Frage, welches denn typische Intelligenzleistungen sind.
In der Intelligenzforschung dominiert heute die → Faktorenanalyse, deren Ziel eben die Definition der die Intelligenz kennzeichnenden grundlegenden Fähigkeiten ist. Spearman (1927) nahm in seiner Zwei-Faktoren-Theorie einen allen geistigen Leistungen zugrundeliegenden allgemeinen Faktor g an und einen jeweils spezifischen Faktor s für die verschiedenen geistigen Leistungen. Guilford (1967) geht in seinem dreidimensionalen System der Intelligenzstruktur von 120 Faktoren aus. **Thurstone** (1938) definierte als grundlegende intellektuelle Fähigkeiten (= **Primärfähigkeiten**) folgende: **Verbales Verständnis, Wortflüssigkeit, numerisches Denken, räumliches Denken, assoziatives Gedächtnis, Wahrnehmungsgeschwindigkeit und allgemeines Denken.** Meili beschrieb seit 1946 als Primärfähigkeiten Komplexität, Plastizität, Globalisation und Fluency.
Für **J. Piaget** ist die Intelligenz die höchste und beweglichste Form der Anpassung des menschlichen Organismus an die Umwelt, und zwar durch die ständige Veränderung der kognitiven Schemata durch → Assimilation (Angleichung der Umwelt an die bestehenden kognitiven Schemata, solange sie ausreichen) und → Akkommodation (Anpassung der kognitiven Schemata an die Umwelt, wenn sie zu deren Bewältigung nicht mehr ausreichen) mit dem Ziel, das zwischen Umwelt und kognitiven Schemata gestörte Gleichgewicht (= **Äquilibration**) auf immer höheren und vollkommeneren Stufen wieder herzustellen.
Die Entwicklung der Intelligenz durchläuft nach Piaget fünf Stufen: Sensumotorische Intelligenz (bis etwa 20 Monate), symbolisch-vorbegriffliches Stadium (3./4. Lebensjahr), anschauliches Stadium (4.–7. Lebensjahr), Stadium der konkreten Denkoperationen (7.–11. Lebensjahr), Stadium der logisch formalen Operationen (ab 11. Lebensjahr).

Wie Längsschnittuntersuchungen nachgewiesen haben, ist die Entwicklung der Intelligenz nicht nur anlage-, sondern auch umweltbedingt.

Eysenck 1980, 1984; Freeman 1985; Guilford 1967; Guilford/Hoepfner 1974; Kail/Pellegrino 1989; Piaget 1975, 1984, 1987, 1992; Piaget/Inhelder 1980; Quitzow 1990; Roth 1980; Snyderman/Rothman 1988; Wechsler 1974; Wewetzer 1984

→ Denken

K

Intelligenzentwicklung → Denken → Intelligenz

Intelligenzquotient (IQ) → Intelligenztest

Intelligenztest

Intelligenztests messen die Unterschiede, die im Bereich der menschlichen → Intelligenz zwischen verschiedenen Individuen gleichen Alters bestehen, wobei die meisten Intelligenztests auf eine Prüfung der **allgemeinen Intelligenz** abzielen.
Als Maßeinheit dient der **Intelligenzquotient** (IQ), mit dessen Hilfe die Abweichung der gemessenen Intelligenz von einem Durchschnittswert nach oben oder unten ermittelt wird. Nach einem Vorschlag von W. Stern (1920) wird der IQ nach der Formel **Intelligenzalter** (in Monaten): Lebensalter (in Monaten) × 100 errechnet. Wenn also z. B. ein sechsjähriger Proband durch entsprechende Aufgabenlösungen das Intelligenzalter eines Siebenjährigen nachweist, ergibt sich für ihn folgende IQ-Berechnung: $\frac{84}{72} \times 100 = 116$.
Da 100 Punkte als ungefährer Durchschnittswert gelten, besagt das Ergebnis, daß der Proband überdurchschnittliche Leistungen erbracht hat.
Als Extremwerte kennzeichnen 140 Punkte und mehr die Genialität, 50 Punkte und weniger den Schwachsinn.
Moderne Intelligenztests basieren meist auf **Testbatterien.** Bei diesen Verfahren wird die quantitative Aussage z. B. über die allgemeine Intelligenz oder über die Eignung für eine bestimmte schulische Ausbildung oder für einen bestimmten Beruf auf das Gesamtergebnis gestützt, das verschiedene Tests zu untergeordneten Fähigkeiten ergeben. Die Ergebnisse solcher Testbatterien können graphisch in **Testprofilen** (psychologisches Profil) festgehalten werden, die in übersichtlicher Form die Beziehungen der Einzelergebnisse untereinander und zum Gesamtergebnis darstellen.
Die fehlerfreie Auswertung von Intelligenztests erfordert in der Regel den Psychologen als Fachmann. In der pädagogischen Diagnostik sind Intelligenztests als wertvolle Hilfsmittel zu werten, sie müssen aber für sichere diagnostische Aussagen unbedingt durch langfristige Beobachtungen, Anamnesen usw. ergänzt werden.

K

Eberwein 1991; Eysenck 1992; Gould 1983; Guilford/Hoepfner 1974; Titze/Tewes 1987; Wechsler 1944, 1974; Weise 1975; Wewetzer 1984

Intention

bezeichnet eine Absicht. Sie gibt die kognitive und die emotionale Zielrichtung an, die der Lehrer im → Unterricht auf Grund seiner didaktischen, pädagogischen Vorstellungen anstrebt.

→ Intentionalität → Erziehung

O

Intentionale Bildung

Sie stellt eine gezielte, geplante, systematisch ausgerichtete Vermittlung von Lehr- und Lernstoffen mit Hilfe entsprechender Medien dar. Merkmale der intentionalen Bildung sind Absicht, Planmäßigkeit, Auswahl und die Anwendung von Regeln und Gesetzen. Im Gegensatz hierzu steht die → funktionale Bildung.

→ Bildung → Erziehung O

Intentionalität

bezeichnet die Tatsache des Sich-Richtens-auf-etwas und die Lehre von der Zielgerichtetheit psychischer Verhaltensweisen und des Erkennens und Handelns in bezug auf wirkliche oder ideale Ziele.

→ Intention → Einstellung → Unterricht O

Interaktion, soziale

bezeichnet die umfassende, also nicht nur auf sprachlicher → Kommunikation beruhende Wechselbeziehung zwischen zwei oder mehreren Personen mit verhaltensbeeinflussender Wirkung. Um soziale Interaktion handelt es sich also, wenn zwei oder mehrere Personen ein Gespräch miteinander führen, aber ebenso wenn z. B. ein Lehrer seine Schüler durch Gesten und Mimik zur Mitarbeit auffordert.
Das für diesen Zusammenhang besonders bedeutsame interpretative → Paradigma besagt, daß soziale Interaktionen maßgeblich von der subjektiven Sicht des Bedeutungszusammenhanges bestimmt werden, also davon z. B., welche Erfahrungen die Interaktionspartner teilen, welche Erwartungen sie ineinander setzen, wie sie die gemeinsame Situation der Interaktion (z. B. Lernvorgang) beurteilen, welche Rolle sie dabei für sich selbst in Anspruch nehmen und den anderen zugestehen, welche Bedeutung sie dem Kommunikationsgegenstand beimessen usw.
Mit Hilfe der **Interaktionsanalyse** (syn. Interaktionprozeßanalyse) wird versucht, Aufschluß über Details der Kommunikation zu erhalten, die verhaltensbeeinflussende Wirkung besitzen und damit soziale Interaktion auslösen. Um die oftmals verfälschenden Elemente freier Beobachtung möglichst auszuschalten, wurden von verschiedenen Forschern **Kategoriensysteme** (syn. Kategorienschemata) entworfen, die einen repräsentativen Teilbereich der Interaktion, meistens das verbale Verhalten der Beteiligten, durch vorgegebene → Items (= hier präzis formulierte Beobachtungsaufgaben) zu erfassen versuchen. Nach Medley und Mitzel ist ein Beobachtungsitem dann brauchbar, wenn es folgenden Anforderungen gerecht wird:

1. Es soll in der Gegenwart (Präsens) formuliert sein.
2. Es soll positiv formuliert sein.
3. Es soll in der Einzahl (Singular) formuliert sein.

Die Aussage „Lehrer trug wichtige Informationen nicht vor" verstößt gegen alle drei Konstruktionsregeln, während die Formulierung „Lehrer trägt wichtige Information vor" alle drei erfüllt.
Die Handhabung von Kategoriensystemen bereitet dem Anfänger wegen der Zeittakte und der meist großen Anzahl von Items Schwierigkeiten, die am ehesten durch schrittweises Einüben in Itemgruppen (z. B. direkte Lehreraktivitäten oder indirekte Lehreraktivitäten usw.) überwunden werden können. Das Kategorien-

system OScAR (Observation Schedule and Record) von Medley und Mitzel enthält z. B. 70 Items.
Demgegenüber sind die im folgenden wiedergegebenen Kategoriensysteme von R. L. Ober und von N. A. Flanders überschaubarer.

Das reziproke Kategoriensystem von R. L. Ober (In: Graumann/Hofer 1991[17])

Lehrer-Kategorien		Schüler-Kategorien
1	trägt zur „Erwärmung" der Klassenatmosphäre bei	11
2	akzeptiert	12
3	erweitert die Beiträge eines anderen	13
4	fordert heraus, provoziert	14
5	gibt Antwort	15
6	legt nahe, bringt in Gang	16
7	steuert, ordnet an	17
8	korrigiert	18
9	trägt zur „Abkühlung" der Klassenatmosphäre bei	19
10	Schweigen oder Durcheinander	20

Das Interaktionsanalyse-System von N. A. Flanders (In: Hanke/Mandl/Prell)
Kategorien zur Interaktionsanalyse:

(1) Akzeptiert Gefühle: akzeptiert und klärt die Gefühlshaltung der Schüler, ohne zu drohen. Die Gefühle können positiv oder negativ sein. Das Voraussagen von oder Sich-Erinnern an Gefühlshaltungen ist eingeschlossen.
(2) Lobt oder ermutigt: lobt den Schüler für seine Handlungsweise oder sein Verhalten oder ermutigt ihn; Scherze zur Verminderung der Spannung, jedoch nicht auf Kosten eines anderen, Kopfnicken und Äußerungen wie „Hm" oder „weiter" sind eingeschlossen.
(3) Geht auf Gedanken (Ideen) von Schülern ein: klärt und entwickelt Anregungen von Schülern; wenn der Lehrer mehr eigene Ideen verwendet, benutzt man Kategorie 5.
(4) Stellt Fragen: stellt Fragen nach Inhalt und Verfahren, die die Schüler beantworten sollen.
(5) Trägt vor (doziert): nennt Tatsachen oder Meinungen über Inhalte und Verfahren; äußert seine eigenen Gedanken, stellt rhetorische Fragen.
(6) Gibt Anweisungen: befiehlt, ordnet an, steuert den Unterricht und erwartet, daß die Schüler Folge leisten.
(7) Kritisiert oder rechtfertigt Maßnahmen: will mit seinen Äußerungen das Verhalten des Schülers in seinem Sinne verändern, schreit einen Schüler an, gibt die Gründe für sein Verhalten an, extreme Selbstdarstellung.

---

(8) Schüler antwortet: Schüler antworten dem Lehrer: Lehrer initiiert den Kontakt oder bittet um Schüleräußerung.
(9) Schüler spricht freiwillig (aus eigener Initiative): Schüler sprechen auf eigenen Wunsch hin. Wenn der Lehrer nur aufruft, um die Reihenfolge der Sprecher festzulegen, muß der Beobachter entscheiden, ob der Schüler etwas sagen wollte. Wenn ja, wird diese Kategorie verwendet.

(10) Schweigen oder Durcheinander: Pausen, kurze Perioden der Ruhe und Perioden des Durcheinanders, in denen der Beobachter nichts verstehen kann.

Biermann 1985; Brunner/Huber 1989; Graumann/Hofer 1991; Grell 1990; Gudjons 1990; Hargreaves 1976; Holodynski 1992; Kanter/Masendorf 1979; Krempel 1987; Lüttge 1978; Müller 1985; Offman 1986; Piontkowski 1988; Trolldenier 1985; Vopel 1989, 1989–1991, 1991; Watzlawick/Weakland 1980; vgl. auch Literatur bei Kommunikation!

→ Symbolischer Interaktionismus → Verbal Interaction Category System K

Interaktionismus, symbolischer → Symbolischer Interaktionismus

Interdependenz

ist die Bezeichnung für eine gegenseitige Abhängigkeit. Sie wird nicht nur im Zusammenhang mit wirtschaftlichen und politischen Gegebenheiten (z. B. zwischen Preisen oder Gütern; Abhängigkeit der Politik eines Landes von anderen), sondern auch im Erziehungsbereich und der Schulpolitik verwendet (z. B. Interdependenz zwischen → Interaktion und → Kommunikation; gegenseitige Abhängigkeit der Bundesländer in Entscheidungen der Schulpolitik).
Dependenz beschreibt demgegenüber eine einseitige Abhängigkeit. OK

Interdisziplinarität

beschreibt die Kooperation verschiedener Wissenschaftsbereiche (= Disziplinen). Für die Pädagogik bedeutet dies – um ihrer an der Erziehungswirklichkeit zu messenden Existenzberechtigung willen – eine Zusammenarbeit mit Psychologie, Soziologie, Biologie, Philosophie, Theologie, Rechts-, Wirtschafts- und Rechtswissenschaft u. a.
Interdisziplinarität ist als Gegenbewegung zur fachlichen Spezialisierung zu sehen, die ihr Dasein der Wissensexplosion auf allen Gebieten und dem ebenfalls spezialisierten Methodeninstrumentarium mit jeweils möglichst exakter Überprüfbarkeit verdankt. Fachsprachen besiegeln meist das Verständnis elitären Expertentums in den Einzeldisziplinen. Gerade die universitäre Ausbildung setzt heute mit der fachlichen Spezialisierung auf die Aspekte Präzision, Effektivität, Funktionalität und Ökonomie.
Interdisziplinarität anerkennt die Verwurzelung der Einzeldisziplinen im gesellschaftlichen Kontext, deren Abhängigkeit von → erkenntnisleitenden Interessen und deren Verantwortung über den unmittelbaren Erkenntnisbereich hinaus. K

Gräfrath 1991; Hübenthal 1991; Kocka 1987; Universität Innsbruck 1990

Interesse

meint allgemein Anteilnahme, Aufmerksamkeit, Neigung. Im kommerziellen Bereich bedeutet sein Interesse wahren: einen bestimmten Nutzen zu verfolgen.
Einem Interesse liegt also in jedem Fall eine erwartungsvolle → Einstellung zugrunde, aus der heraus ein → Individuum einem bestimmen Detail seiner Umwelt bevorzugt seine Aufmerksamkeit widmet.
Das Interesse zeigt sich als besondere Form der Person – Gegenstands – Auseinandersetzung mit kognitiven, emotionalen und Wert-Aspekten.
Der Erziehung stellt sich die Aufgabe, offenkundige Interessen zu fördern, darüber

hinaus aber in umfassender Weise neue Interessensrichtungen durch entsprechende Umwelt- und Lernangebote anzubahnen.
Intersubjektive oder interpersonale **Interessen-Konflikte** entstehen, wenn die Interessen verschiedener Personen oder Gruppen einander widersprechen, intrasubjektive oder intrapersonale Interessen-Konflikte ergeben sich, wenn sich verschiedene Interessen ein- und derselben Person nicht vereinbaren lassen.

Habermas 1975; Prenzel 1988; Schiefele/Krapp 1990; Thorndike 1970

→ Erkenntnisleitendes Interesse → Rolle, soziale K

Interessendifferenzierung

Die Interessendifferenzierung, neben der Leistungsdifferenzierung eine Form der äußeren Differenzierung, verfolgt durch die Anknüpfung an den Neigungen und Begabungen der Lernenden das Ziel, einerseits zur Persönlichkeitsentfaltung und andererseits zu der von der Gesellschaft geforderten Spezialistenausbildung beizutragen. Im schulischen Unterricht werden zwei Formen der Interessendifferenzierung verwirklicht: Die **Differenzierung durch Fächerwahl** sieht eine für alle Schüler eines Jahrgangs verbindliche Grundausbildung in Pflichtfächern und Wahlpflichtfächern vor und eine spezialisierte Ausbildung durch Wahlfächer, Arbeitsgemeinschaften, Interessengruppen usw. Die **Differenzierung durch Themenwahl** innerhalb der Fächer setzt die Auflösung der Klassenverbände voraus, so daß die Schüler sich je Fach einem Themenkreis zuordnen können, der aus einer Liste in Frage kommender Themen zu wählen ist.

Literatur siehe bei Differenzierung!

→ Differenzierung → Flexible Differenzierung K

Interferenz

bedeutet in der Physik Überlagerung von zwei Wellenbewegungen (z. B. Lichtquellen, Schallwellen); im psychologischen Sprachgebrauch die Überlagerung von zwei Lernvorgängen (→ Gedächtnishemmung).
Interferenzneigung, eine Persönlichkeitsvariable, besagt, daß ein Individuum Umweltanforderungen, die es mit seinen gewohnten Erfahrungen nicht sofort bewältigen kann, beunruhigt und mit meist erheblichen Anpassungsschwierigkeiten begegnet. K

Interkulturelle Erziehung

bzw. multikulturelle Erziehung betont die kulturelle Eigenständigkeit von Ausländerpopulationen und setzt sich damit in Widerspruch zur → Integration der Ausländer in die aufnehmende Bevölkerung im Sinne totaler Angleichung. Sie erwartet sich Bereicherung und Entwicklungschancen für die eigene Kultur durch die offene und vorurteilslose Wechselbeziehung verschiedener Kulturen. Bedingung dafür ist allerdings Toleranz bei allen an diesem Prozeß beteiligten Bevölkerungsgruppen. Im Bildungsbereich fordert interkulturelle Erziehung vor allem die Pflege der Muttersprachen der Ausländergruppen und konsequenterweise zweisprachige Erziehung und Bildung. K

Arnold 1991; Bauer u.a. 1984; Borrelli 1991; Borrelli/Hoff 1988; Ehrke 1989; Karsten u.a. 1991; Niekrawitz 1990; Sayler 1987; Thomas 1988; Zimmer o.J.

Intermittierende Beobachtung / Intermittenz

Der Begriff **Intermittenz** wird für jede Art von Unterbrechung oder Form des zeitweiligen Aussetzens von Erscheinungen, z. B. Reizdarbietungen, Verhaltensweisen oder Tätigkeiten verwendet. Somit stellt die intermittierende Beobachtung eine nicht kontinuierliche Beobachtung dar, die entweder systematisch-rhythmisch in bestimmten Zeitabständen oder unsystematisch-spontan erfolgen kann. O

Literatur siehe bei Beobachtung!

Internalisation, Internalisierung

bezeichnet die Verinnerlichung von Werten, Normen und Verhaltensmustern einer Bezugsgruppe bzw. der Bezugsgesellschaft im Verlauf des → Sozialisationsprozesses. Verinnerlichen bedeutet hierbei nicht nur ein Akzeptieren als Annehmen und sich Anpassen, sondern es beinhaltet auch die Bereitschaft zum Vollzug des Übernommenen.

Internalisation ist notwendig, wenn ein Individuum überhaupt eine Chance haben soll, den Rollenerwartungen seiner Gesellschaft gerecht werden zu können. Mit der Internalisation ist aber auch der pädagogische Auftrag gegeben, ein kritisches Hinterfragen zuzulassen und zu einem solchen zu befähigen. Kritiklose Internalisation würde die Festschreibung und den Stillstand des Bestehenden ohne die Möglichkeit evtl. wünschenswerter Veränderung bedeuten. K

Internat

heißt eine Einrichtung, in der Kinder und Jugendliche ganztägig getrennt von der Familie leben. Ihre Schulbildung bzw. Ausbildung erhalten sie in schulischen Institutionen, die ins Internat integriert sind oder vom Internat aus aufgesucht werden.

Träger von Internaten sind in der Mehrzahl die Kirchen und → Alternative Schulen (z. B. → Landschulheim, → Waldorfschule).

Ilgner/Voith 1986

→ Isolierung (2.) K

Internationale Kinder- und Jugendbibliothek

untergebracht in Schloß Blutenburg in 81247 München, auf Initiative von Jella Lepmann 1948 in Zusammenarbeit mit der UNESCO gegründet und in der Folgezeit durch die Rockefeller Foundation, die Bundesrepublik Deutschland, den Freistaat Bayern, die Landeshauptstadt München, Verleger und Einzelpersönlichkeiten gefördert, besitzt derzeit ca. 530 000 Titel der internationalen Kinder- und Jugendliteratur. Neben umfassender Sammeltätigkeit pflegt die Bibliothek vor allem die Vermittlungsarbeit zwischen Buch und Kind durch die Studienbibliothek und die Ausleihe für Kinder und Jugendliche, durch Seminare und Workshops für Lehrer und Fachleute auf nationaler und internationaler Ebene, durch Kurse für Kinder, durch Ausstellungen und Publikationen zur internationalen Kinder- und Jugendliteratur, durch Beratung von Autoren, Illustratoren, Verlegern, Übersetzern, Publizisten, Film-, Fernseh- und Theatermachern, Wissenschaftlern und durch Zusammenarbeit mit Institutionen der kulturellen Jugendbildung im In- und Ausland. Auskünfte werden kostenlos erteilt. K

Internationaler Jugendaustausch → Schüleraustausch

Interne Validität

Interne → Validität wird den Inhalten eines → Curriculums und den sich auf das Curriculumziel beziehenden Curriculumkomponenten zugesprochen, die sich auf Grund einer Prüfung (z. B. Testlauf) als gültig erwiesen haben. O

Interpersonell

bezeichnet die Beziehung einer Person zu ihren Mitmenschen. O

Interpretationstest → Projektionstest

Interrollenkonflikt

Eine Person, die mehreren bzw. verschiedenen → Bezugsgruppen angehört und damit unterschiedlichen Verhaltenserwartungen ausgesetzt ist, gerät u. U. in einen innerpsychischen Konflikt, der als Interrollenkonflikt bezeichnet wird.
→ Intrarollenkonflikt → Lehrerrolle → Rolle O

Intervallskala → Skalierung

Intervenierende Variable

ist eine veränderbare Größe, die bei einer Reiz-Reaktions-Folge bzw. in einem Verhaltensablauf eine mehr oder minder steuernde Rolle spielt. Die intervenierende Variable ist ein Konstrukt (→ hypothetisches Konstrukt), das durch Abstraktion operational definiert ist, dessen tatsächliche Wirkung aber nicht eindeutig vorherbestimmt werden kann (vgl. z. B. Ablenkungen bzw. Störungen bei einem Lernprozeß).
→ Variable K

Intervention, soziale

Im völkerrechtlichen Sinne bedeutet Intervention die Einmischung eines Staates oder einer internationalen Organisation durch diplomatische Vermittlung oder durch militärische oder wirtschaftliche → Sanktionen in die innenpolitische Auseinandersetzung eines anderen Staates bzw. in die politischen, militärischen oder wirtschaftlichen Auseinandersetzungen zweier oder mehrerer anderer Staaten.
Die soziale Intervention stellt die entsprechende Übertragung des Begriffes auf soziale Kleingebilde wie Kleingruppen, Klassen, Arbeitsteams usw. dar. Vor allem der Erzieher ist von seinem pädagogischen Auftrag her zu sozialen Interventionen legitimiert, es ist aber ebenso seiner pädagogischen Verantwortung anheimgestellt, seine Interventionen auf das notwendige Mindestmaß zu beschränken, wenn sein Engagement nicht in Gängelung umschlagen soll. Eine spezielle Bedeutung kommt der sozialen Intervention bei gruppendynamischen → Trainingsmethoden und bei psychotherapeutischen Maßnahmen zu. Sie bezeichnet hier das weiterführende, klärende Eingreifen und Denkanstöße des Trainers bzw. Psychotherapeuten. K

Interview

heißt die Befragung von Personen mit dem Zweck, Informationen zu einem vorgegebenen Thema zu erhalten. Interviews werden als Methode, z. B. bei der → Anamnese, der → Erziehungsberatung und in anderen Beratungssituationen und zur Aufdeckung von Einstellungen und Meinungen (politisches Interview, Markt- und Meinungsforschung) verwendet.

Je nach Interviewziel und -situation wird zwischen folgenden Hauptformen des Interviews unterschieden:

1. Beim **standardisierten Interview** sind die Fragen bis ins Detail vorgegeben. Die schriftliche Form des standardisierten Interviews kennt entweder Fragen, die nur ein Ja oder Nein erfordern, oder solche Fragestellungen, wo unter mehreren Fragen oder Feststellungen die zutreffende anzukreuzen ist. Schließlich sind noch Fragen mit freier Antwort möglich.
2. Im **halbstandardisierten Interview** kann der Befragende in entsprechenden Situationen vom Wortlaut der Fragestellung abweichen, dieselbe erklären oder das Fragefeld durch Zusatzfragen ausweiten. Ein vorgegebenes Fragegerüst liegt allerdings auch hier vor.
3. Dagegen stehen beim **Tiefeninterview** lediglich Ziel und Thema fest, der Verlauf bleibt offen.

Bei der Auswertung von Interviewdaten sind allemal verhaltens- und ergebnisbeeinflussende Faktoren auf seiten beider Interviewpartner mit zu berücksichtigen wie z. B. Vorurteile, Wahrnehmungsfähigkeit, Stimmung, Beherrschung der Interviewmethode. K

Anger 1969; Gutjahr 1985; Lutz 1978; Reinecke 1991

Intoleranz → Toleranz

Intonation

bezeichnet in der Sprachwissenschaft die Veränderung von Tonhöhe und -stärke beim Sprechen. Eine der jeweiligen Situation und der Absicht des Gesprochenen möglichst angemessene Intonation trägt mit dazu bei, Mißverständnisse bei Mitteilungen zu vermeiden. Besonderes Gewicht erhält die Intonation z. B. bei den → Einwortsätzen von Kleinkindern, die mit ein- und demselben Wort je nach Betonung verschiedene Absichten verbinden. K

intrapersonal, intrapersonell

beschreibt Vorgänge, die innerhalb ein- und derselben Person ablaufen bzw. Zustände, die nur sie betreffen. K

Intraprozessual

Im Gegensatz zu → extraprozessualen Komponenten des Unterrichts sind intraprozessuale z. B. die → Spontaneität, Motiviertheit, Ermüdungsgrad des Schülers oder andere individualpsychologische → Determinanten. O

Intrarollenkonflikt

Er liegt vor, wenn eine Person z. B. zwei gegensätzlichen Verhaltenserwartungen innerhalb ein- und derselben Rolle gerecht werden soll.

So kann der Lehrer im Unterricht in einen Intrarollenkonflikt zwischen Curriculum und Leistungsforderung einerseits und die für die Kinder notwendige erzieherische Fürsorge und Betreuung andererseits gebracht werden.

→ Dissonanz, kognitive, → Lehrerrolle → Rolle OK

Intrinsische Motivation

bezeichnet den Lernantrieb aus Neugier (→ Neugierverhalten) bzw. aus → Interesse an der Sache selbst, im Unterschied zu einem Lernen z. B. aus Angst oder aufgrund der Hoffnung auf Belohnung und Anerkennung (= extrinsische Motivation).

Literatur siehe bei Leistungsmotivation, Lernmotivation, Motivation!

→ Motivation K

Introjektion

Der Vorgang, Gebote, Verbote oder Wertvorstellungen anderer zu übernehmen oder sich zu eigen zu machen, wird als Introjektion bezeichnet. Sie reicht bis zum Vorgang der → Identifikation und wird mit dieser meist sinngleich verwendet. O

Introspektion

bezeichnet den Vorgang der Selbstbeobachtung bzw. der Erlebnisbeobachtung. Gegenstand der Aufmerksamkeit ist also das eigene Verhalten. Es wird die Introspektion, die gleichzeitig mit einem aktuellen Ereignis erfolgt, unterschieden von der Introspektion, die unmittelbar nach Ablauf eines Ereignisses vorgenommen wird. Aussagen aufgrund der Introspektion sind subjektiv und schwer überprüfbar. Deshalb wird der Introspektion als Methode der psychologischen Forschung geringeres Gewicht beigemessen als der objektiveren Methode der Verhaltens- bzw. Fremdbeobachtung.

Die Untersuchungen von Nisbett und Wilson (1977) und vieler anderer nach ihnen legen sogar den pessimistischen Schluß nahe, daß der Mensch die wirklichen Beweggründe seines Handelns schon deshalb nicht erkennen kann, weil sie in einer Schicht seines Geistes zusammengesetzt werden, zu der sein Bewußtsein überhaupt nicht vordringen kann. Der psychoanalytischen Therapie hat diese Sichtweise der Entstehung von Motiven des menschlichen Handelns den schwerwiegenden Vorwurf eingetragen, daß in ihrer Praxis das Festhalten des Patienten an anerkannten Theorien bzw. seine Sympathie für bestimmte Deutungsversuche des Therapeuten mit angeblichen Ergebnissen der Introspektion verwechselt werde. K

→ Beobachtung

Introversion

Nach C. G. Jung kennzeichnet Introversion den Verhaltenstyp, der sein Interesse überwiegend auf die eigenen psychischen, also intrapersonalen Vorgänge richtet. Der Introvertierte zeigt sich vorsichtig bis mißtrauisch bei Kontaktnahmen mit der Umwelt, nachgiebig bei Konflikten, nachdenklich. Im Gegensatz dazu ist der extravertierte Verhaltenstyp (→ Extraversion) überwiegend nach außen orientiert, umweltbezogen, aktions- und kontaktfreudig.

Eysenck formulierte eine Persönlichkeitsdimension, wonach jeder Mensch entsprechend seinen Aktionen und Reaktionen generell entweder zur Extraversion oder zur Introversion neigt. K

Eysenck 1970

Intuition

bedeutet den Vorgang, bei welchem Wirklichkeit ohne detaillierte Beobachtung und ohne Zwischenschalten kritisch abwägenden Reflektierens mehr ahnend und gleichsam schlagartig in ihrer wesentlichen Aussage erfaßt wird. Solche „Eingebungen" können für ein Individuum bei Kontaktnahmen mit anderen Individuen oder in existentiell kritischen Situationen durchaus wertvoll und bedeutsam sein. Die Subjektivität ihrer Aussagen schließt aber auch die Gefahr von Fehldeutungen und ein vorschnelles Werten aufgrund von Vorurteilen mit ein. K

Invarianz

bedeutet wörtlich Unveränderlichkeit. In der Entwicklungspsychologie z. B. kennzeichnet die Fähigkeit des Invarianzerlebnisses bei Kindern den Übergang vom anschaulichen Denken zu konkreten Denkoperationen.
Nach J. Piaget ist die Wirklichkeit nicht schlicht gegeben, sondern muß im Laufe der Wahrnehmungs- und Denkentwicklung erst konstruiert werden.
Im Alter von sieben Jahren sind Kinder meistens fähig, die Invarianz eines Gegenstandes festzuhalten, wenn er in Form, Lage oder in seiner Beziehung zu anderen Gegenständen verändert wird. J. Piaget wies in zahlreichen Experimenten nach, daß dagegen jüngere Kinder dazu nicht fähig sind. Wenn z. B. eine Kugel aus Knetmasse vor den Augen der Kinder zu einer Walze verformt wird, behaupten sie, daß die Knetmasse zugenommen habe. Dasselbe Ergebnis bringen Umfüllversuche mit einer bestimmten Menge von Holzperlen oder von Flüssigkeiten aus Gläsern mit größerem Durchmesser in solche mit kleinerem Durchmesser.

→ Konstanz K

Inzest

bezeichnet den Geschlechtsverkehr zwischen Blutsverwandten, also zwischen Geschwistern oder zwischen Eltern und Kindern. Er wird strafrechtlich verfolgt (§ 173 StGB).
In der kindlichen Entwicklung sind die nach S. Freud durchaus normalen inzestuösen Wünsche der Kinder durch die Identifizierung mit dem gleichgeschlechtlichen Elternteil aufzulösen.

→ Ödipuskomplex K

IOP-Modell → Input-Output-Prozeß Modell

Ipsismus → Masturbation (syn.)

IPTS (Institut für Praxis und Theorie der Schule)

Die zweite und dritte Phase der → Lehrerbildung ist nicht bundeseinheitlich geregelt. In manchen Ländern wie z. B. in Schleswig-Holstein übernimmt ein staatliches Institut, hier das ‚Landesinstitut Schleswig-Holstein für Praxis und Theorie

der Schule', sowohl den → Vorbereitungsdienst als auch die → Lehrerfort- und Lehrerweiterbildung.
Das IPTS gliedert sich in die Institutsverwaltung, in die Seminare zur Berufseinführung und regionalen Lehrerfortbildung, in die Zentralstelle für Physik, die Zentralstelle für technologische Pädagogik und die Zentralstelle für Information und Arbeitsplanung.

→ Staatsinstitut für Schulpädagogik und Bildungsplanung O

IQ → Intelligenztest

Irreversibilität

heißt Nichtumkehrbarkeit. Mit irreversiblen Lehreräußerungen und Erzieherverhalten sind nicht geeignete, geringschätzige Äußerungsformen gemeint, die ein Lehrender oder Erziehender als vermeintlich Überlegener Kindern und Jugendlichen gegenüber ausspricht. Verwenden Schüler ihren Lehrern oder Kinder ihren Eltern gegenüber dieselben Äußerungen und Ausdrücke wieder, so werden sie als unhöflich, unverschämt oder gegen den Anstand verstoßend bezeichnet und nicht selten bestraft. Irreversibilität ist oft eng verknüpft mit Taktlosigkeit und Geringschätzung.

→ Reversibilität O

Irrtum

wird eine mit subjektiver Gewißheit verbundene Vorstellung oder Meinung genannt, die den tatsächlichen Gegebenheiten oder Vorgängen nicht entspricht (= materialer Irrtum) oder den Gesetzen der Logik widerspricht (= formaler Irrtum).
Ursachen von Irrtümern sind vor allem Wahrnehmungsstörungen, Gedächtnis- und Konzentrationsstörungen, Vorurteile, übereilte Verallgemeinerungen u. a.

→ Versuch – Irrtum – Lernen K

ISB → Staatsinstitut für Schulpädagogik und Bildungsplanung

Isolierung, Isolation

1. In der Psychologie bezeichnet Isolierung einen → Abwehrmechanismus. Wenn ein Individuum sich nicht in der Lage sieht, einer komplexen Anforderung zu begegnen, wird ein Teilproblem aus der schwierigen Gesamtproblematik herausgelöst (isoliert) und zum Gegenstand ausschließlicher Beschäftigung. Ein Lehrer mit Kommunikationsschwierigkeiten z. B. würde sich selbst existentiell infragestellen, wenn er sich seine evtl. erheblichen Defizite auf diesem Gebiet eingestünde. Deshalb wird er eher dazu neigen, als Ursache seiner Schwierigkeiten die für ihn unverständliche Gruppensprache der Jugendlichen oder die fehlende Zeit für persönliche Kontakte zu beklagen, und zwar losgelöst von dem viel komplexeren Problem seiner mangelnden Kommunikationsfähigkeit.
2. In der Pädagogik wird von Isolierung gesprochen, wenn Kinder oder Jugendliche in Absonderung von ihrer gegebenen Umwelt gezielten pädagogischen Maßnahmen ausgesetzt werden. Gemeint sind → „pädagogische Provinzen" im weitesten Sinne, wie z. B. Internate zur Unterbringung und gezielten Förderung in

schulischer oder beruflicher Ausbildung befindlicher Kinder oder Jugendlicher, von milieugeschädigten, gefährdeten, straffällig gewordenen oder behinderten Kindern oder Jugendlichen. Die Gefahr der Realitätsentfremdung bei dieser Art Isolierung im pädagogischen Bereich mit den möglichen Folgen der Resignation und → Aggression legt den besonderen erzieherischen Auftrag nahe, jede verantwortbare Öffnung zur umgebenden Realität in der Internatserziehung, im Jugendstrafvollzug usw. zu suchen.

Lauth/Viebahn 1987

→ Internat K

Istwert → Regelkreis

Item

Der Begriff ‚Item' bezieht sich auf klar gestellte Einzelaufgaben im Rahmen von Abhandlungen, Experimenten, Prüfungs- und Testverfahren. Bei der → Programmierten Instruktion werden einzelne Programmschritte als items bezeichnet. Foltz (1965) faßt die von R. F. Gilbert vorgeschlagenen items wie folgt zusammen:

1.	lead-in items:	einführende Programmschritte (PSch)
2.	augmenting items:	zusätzliche PSch
3.	interlocking items:	ineinandergreifende PSch
4.	rote review items:	gedächtnisprüfende PSch
5.	restated review items:	neu gestellte Wiederholungsschritte
6.	delayed review items:	aufgeschobene Wiederholungsschritte
7.	fading items:	schwindende PSch
8.	generalizing items:	verallgemeinernde PSch
9.	specifying items:	spezifizierende PSch
10.	dovetailing items:	auseinanderhaltende PSch

Durch die **Itemanalyse** werden die einzelnen Items person- und zielbezogen auf ihre Brauchbarkeit hin überprüft und gegebenenfalls aus dem Programm oder Test herausgenommen bzw. modifiziert.

→ Test OK

Itembank

bezeichnet eine Sammelstelle für Testaufgaben (= → Items), die z. B. je nach Bedarf vom Lehrer für die Zusammenstellung informeller Tests auf herkömmliche Weise oder über ein Datensichtgerät (= Monitor) abgerufen werden können.

→ Test K

Iteration

bedeutet allgemein Wiederholung. Im psychologischen Sprachgebrauch sind damit zwanghafte Wiederholungen von Bewegungen, Lauten, Wörtern und Sätzen gemeint, wie sie z. B. bei emotional vernachlässigten Kleinkindern (→ Deprivation, → Hospitalismus), schweren psychischen Störungen (vgl. → Autismus) und verschiedenen Geisteskrankheiten vorkommen. K

ITG

ist die Abkürzung für **i**nformations**t**echnische **G**rundbildung. Vgl. → Informationstechnische Bildung.
K

Jahrgangsklasse → Schulklasse

Jahrgangsstufensprecher → Schülervertretung

Jenaplan

Der Jenaplan geht auf P. Petersen (1884–1952) zurück, der damit eine Form schulischen Lernens vorschlug, welche die offenkundigen Nachteile der traditionellen, einseitig auf Wissensvermittlung ausgerichteten und hohe Sitzenbleiberzahlen aufweisenden Schule überwinden sollte. Die wichtigsten Vorschläge des Jenaplans sind:

1. Auflösung der Jahrgangsklassen in Stammgruppen mit je drei Tischgruppen, die drei Jahrgänge umfassen (Untergruppe: 1.–3. Schuljahr; Mittelgruppe: 4.–6. Schuljahr; Obergruppe: 7.–8. Schuljahr; Jugendlichengruppe: 9.–10. Schuljahr). Petersen wollte mit dieser Organisation die natürliche Dynamik der altersgemischten Gruppe für Erziehung und Lernen in der Schule ausnutzen, ein Vorteil, der im Vorschulbereich (Kindergarten usw.) längst bekannt ist und genutzt wird.
2. Der nach Fächern geordnete Stundenplan wird von einem Wochenarbeitsplan abgelöst, der den inhaltlichen Rahmen für ein stark gruppenbezogenes Lernen absteckt.
3. Statt der Zeugnisse werden Berichte über die bewältigten Lernvorgänge unter Einbezug der Schülermitbeurteilung erstellt.
4. Gespräch, handwerkliche Arbeit, Spiel und Feier bekommen einen zentralen Stellenwert im Unterricht.
5. Die Klassenzimmergestaltung nimmt Anleihen bei Pestalozzis Forderung einer Wohnstubenatmosphäre mit beweglichem Mobiliar, gestalteten Wänden, Wohnecken und Haustieren.

K

Petersen 1927, 1990; Rutt 1983

Johari-Fenster

Das Johari-Fenster (Johari window) ist nach Joe Luft und Harry Ingham benannt. Es dient dazu, den Stand und mögliche sowie wünschenswerte Veränderungen der Selbst- und Fremdwahrnehmung in einer Gruppe graphisch zu veranschaulichen.

	mir selbst bekannt	mir selbst unbekannt
anderen bekannt	A Bereich der freien Aktivität	B Bereich des blinden Flecks
anderen unbekannt	C Bereich des Vermeidens oder Verbergens	D Bereich der unbekannten Aktivität

Im Verlauf eines Gruppenprozesses ist durch eine zunehmende Atmosphäre des Vertrauens, durch offene Informationen über die eigene Person und durch → Feedback die Chance gegeben, A auf Kosten der anderen drei Bereiche auszuweiten, während dagegen zu Beginn des Gruppenprozesses der Bereich A zwangsläufig den geringsten Spielraum hat. K

Luft 1991

Joint → Haschisch

Jugend für Europa → Europäische Bildungsprogramme

Jugendalter

kennzeichnet den Entwicklungsabschnitt zwischen der Kindheit und dem Erwachsenenalter. Während des Jugendalters vollziehen sich starke Veränderungen im Körperlichen (→ Pubertät), die Intelligenzentwicklung stabilisiert sich, Werthaltungen und neue Verhaltensformen werden aufgebaut. Bei letzteren spielen vor allem die kritische Auseinandersetzung mit der → Primärgruppe und die schrittweise für Ich-Findung und Autonomie nötige Ablösung von ihr eine entscheidende Rolle. Ebenso kritisch steht der Jugendliche seiner bisher bestimmenden Sekundärgruppe Schule gegenüber. Er neigt nun dazu, sein Verhalten an Gleichaltrigen, aber auch an → Idolen zu orientieren. Auch die Bildung von Subkulturen (z. B. Skinheads, Punks, Rocker) als Protest gegen meist nicht klar definierte Erscheinungsformen der herrschenden Gesellschaft liegt im Jugendalter nahe. Die Notwendigkeit, sich neu orientieren zu müssen, führt beim Jugendlichen oft zu widersprüchlichen Verhaltensweisen, aber auch zu kompromißlosem Beharren auf Standpunkten, die er für richtig hält.
Besondere Probleme des Jugendalters stellen dar

1. die Phänomene der → Akzeleration und der → Retardation,
2. in Schule und Beruf an den Leistungsnormen der Erwachsenen gemessen zu werden bei gleichzeitig eingeschränktem Freiheitsspielraum, geringerer Erfahrung und geringerem Leistungsvermögen,
3. in der Zeit höchster sexueller Potenz zur Enthaltsamkeit bzw. zu starker Einschränkung der sexuellen Aktivität angehalten zu sein. K

Ausubel 1979; Baacke 1985, 1987; Blos 1989; Hornstein 1990; Muuss 1982; Schurian 1989; Steinhausen 1990; Wit/Veer 1982; vgl. auch Literatur bei Entwicklungspsychologie!

Jugendamt

hat auf Kreisebene die Aufgaben der Jugendhilfe zu erfüllen. Nach dem Prinzip der Zweigliedrigkeit besteht es aus einer Verwaltung für die täglich anfallende Arbeit und dem Jugendhilfeausschuß, dessen Aufgaben Anregung, Planung und Förderung im Rahmen der Jugendhilfe sind.
Das Jugendamt wird auf Antrag oder von Amts wegen tätig.
Zu seinen Aufgaben gehören nach → Kinder- und Jugendhilfegesetz die Förderung von Kindern in Tageseinrichtungen, die Mitwirkung bei der Hilfe zur Erziehung (→ Erziehungsheim) und bei Jugendgerichtsverfahren (→ Jugendgerichtsgesetz), Überwachung des Kinder- und Jugendschutzes und Angebote der → Jugendarbeit. Im Verhältnis zu den freien Trägern der Jugendhilfe gilt der Grundsatz der → Subsidiarität.

Als übergeordnete Behörden sind in den Ländern der Bundesrepublik Deutschland das Landesjugendamt und die oberste Landesjugendbehörde eingerichtet. K

Jugendarbeit

umfaßt alle außerhalb von Familie, Schule und Berufsausbildung angebotenen pädagogisch orientierten Maßnahmen für Jugendliche. Unter dem Prinzip der Freiwilligkeit der Teilnahme reichen die Angebote von Bildung und Beratung über sozialpädagogisch geleitete Ausbildungsgänge und Konfliktbearbeitung in Alltagssituationen bis zur Freizeitgestaltung.
Je nach Träger (freie oder öffentliche) unterscheidet sich die Praxis der Jugendarbeit durch ihre weltanschauliche oder ideologische Grundlegung und die daraus abgeleiteten pädagogischen Zielsetzungen. K

Beuttler 1990; Brenner 1991; Hafeneger 1992; Hillmeier 1988; Laschka 1991; Müller 1986; Praxishandbuch für die Jugendarbeit 1989; Schilling 1982, 1985; Zelewske 1991

Jugendarbeitslosigkeit → Arbeitslosigkeit

Jugendarbeitsschutzgesetz → Arbeitsschutz für Kinder und Jugendliche

Jugendarrest

kann vom Jugendgericht als Folge einer Straftat eines Jugendlichen angeordnet werden. Der Freiheitsentzug dauert mindestens eine Woche, höchstens vier Wochen, beschränkt auf die Freizeit des Jugendlichen, da weder Ausbildung noch Arbeit des Jugendlichen beeinträchtigt werden dürfen. K

Jugendbewegung

Die Jugendbewegung verstand sich als Protestbewegung gegen die autoritäre Gesellschaftsordnung des ausklingenden 19. Jahrhunderts. Sie betonte die Autonomie des Individuums in der Gemeinschaft (vgl. Wandervogel seit 1901, Fest der Freideutschen Jugend auf dem Hohen Meißner, 1913). Teilweise von überzogenen romantischen Vorstellungen und Schwärmerei geprägt, zeigte sich die Jugendbewegung den Ereignissen des 1. Weltkrieges, der Unsicherheit der Weimarer Republik und der Ideologie wie der politischen Praxis des Nationalsozialismus nicht gewachsen. K

Blüher 1976; Borinski/Milch 1982; Jantzen 1972; Jovy 1983; Kindt 1963–1975; Knoll 1988; Lütkens 1985; Rosenbusch 1973

Jugendforum

heißt die 1978 gegründete Interessenvertretung der Jugendlichen im Bereich der Europäischen Gemeinschaft, welche die Berücksichtigung der Bedürfnisse der Jugendlichen bei politischen Entscheidungen und die Mitwirkung der Jugendlichen bei der Entscheidungsfindung selbst sicherstellen will.
Das Jugendforum wird als internationale Vereinigung belgischen Rechts aus dem Haushalt der Europäischen Gemeinschaft finanziert.
Mitglied können sein
- nationale Jugendräte der Mitgliedsstaaten und
- internationale Nichtregierungs-Jugendorganisationen, sofern sie in mindestens sieben Mitgliedsstaaten offiziell vertreten sind. K

Jugendfreizeitstätten

von Kommunen oder freien Trägern unterhalten, bezeichnen Freizeiteinrichtungen im Rahmen der Jugendhilfe, in denen Kinder und Jugendliche außerhalb von Familie, Schule und Berufsausbildung gemeinsamen Interessen nachgehen, ihre Freizeit gestalten und sich – mit fremder Hilfe oder selbst organisiert – in speziellen Kursen ihrer Wahl weiterbilden können.

→ Jugendarbeit K

Jugendfürsorge → Kinder- und Jugendhilfegesetz

Jugendgefährdende Schriften

sich nach dem Gesetz über die Verbreitung jugendgefährdender Schriften solche Schriften, durch deren Inhalt eine sittliche Gefährdung von Kindern oder Jugendlichen anzunehmen ist. Vom Gesetz in gleicher Weise betroffen sind Ton- und Bildträger. Als sittlich gefährdend werden Darstellungen eingestuft, die gegen die Werte des Grundgesetzes, gegen die Menschenwürde und daraus ableitbares soziales Verhalten verstoßen. Ein solcher Verstoß liegt z. B. vor bei verherrlichender Darstellung besonders grausamer Gewalttaten (vgl. → Horrorvideos) und Kriegsereignissen, beim Aufruf zum Rassenhaß und bei pornographischen Darstellungen (v. a. in sex and crime-Version).

Literatur siehe bei Jugendschutz!

→ Indizierung K

Jugendgerichtsgesetz, Jugendgerichtshilfe

Das Jugendgerichtsgesetz regelt die strafrechtliche Verantwortlichkeit der verschiedenen Altersstufen und die möglichen Rechtsfolgen:

Alter	Strafverantwortung	Rechtsfolgen
bis 14 Jahre: **Kind**	Nicht strafrechtlich verantwortlich, aber Bestrafung der Eltern wegen Vernachlässigung der Aufsichtspflicht möglich.	Einschaltung des Vormundschaftsgerichtes und des Jugendamtes möglich.
14–18 Jahre: **Jugendlicher**	Strafrechtlich verantwortlich, wenn eine dem Alter entsprechende geistige Einsicht vorliegt. Auch Jugendliche können demnach strafrechtlich zur Verantwortung gezogen werden.	Nach Regelung des Jugendgerichtsgesetzes: **Erziehungsmaßregeln:** Rauch-, Trinkverbot, Teilnahme am Verkehrsunterricht, Arbeit im Krankenhaus oder beim Roten Kreuz, Anordnung eines Erziehungsbeistandes oder einer Fürsorgeerziehung. **Zuchtmittel:** Verwarnung, Verpflichtung zur Schadenswiedergutmachung, zur Entschuldigung beim Geschädigten, zur Zahlung einer Geldsumme an eine gemeinnützige Vereinigung, Freizeitarrest oder Kurzarrest (bis zu 6 Tage) oder Dauerarrest (höchstens 4 Wochen).

Alter	Strafverantwortung	Rechtsfolgen
		Jugendstrafe: Verurteilung zu ungewisser Dauer (6 Monate bis 4 Jahre), falls „schädliche Neigungen" vorliegen. Verurteilung zu einer Strafe zwischen 6 Monaten und 10 Jahren bei besonders schweren Verbrechen.
18–21 Jahre: **Heranwachsender**	Voll strafrechtlich verantwortlich. Nur dann Anwendung des Jugendstrafrechts, wenn sittliche und geistige Entwicklungskräfte wie bei einem Jugendlichen vorliegen.	Bei bestimmten Voraussetzungen Anwendung des Jugendstrafrechts, sonst normales Strafrecht.
ab 21 Jahre: **Erwachsener**	Voll strafrechtlich verantwortlich	Normales Strafrecht.

Die nach wie vor gültige Übersicht ist aus Heft 6/1978 der *Zeitlupe* entnommen, herausgegeben von der Bundeszentrale für politische Bildung.
Verfahren vor dem Jugendgericht sind nicht öffentlich, um → Stigmatisierungseffekten vorzubeugen und die psychische Belastung des Jugendlichen nicht unnötig zu vergrößern. Mit der **Jugendgerichtshilfe** unterstützt das → Jugendamt das Jugendgericht, indem es ihm Einsicht in die besondere Lebenssituation und die Entwicklung des straffälligen Jugendlichen vermittelt und Vorschläge für erzieherische Maßnahmen unterbreitet.

Eisenberg 1991; Nothacker 1985; Ulrich 1982; Wild 1989; Wolf 1985

→ Jugendkriminalität → Jugendstrafvollzug K

Jugendhilfe → Kinder- und Jugendhilfegesetz

Jugendkriminalität

bezeichnet das gegen das Strafrecht verstoßende Verhalten Jugendlicher. Bei der Erforschung der **Ursachen** der Jugendkriminalität stößt man neben der gelegentlichen Aufdeckung anlagebedingter Ursachen (z. B. → Chromosomenaberration, Hirnschädigungen verschiedener Ausmaße) in den meisten Fällen auf Ursachen, die aus der Umwelt bzw. der → Sozialisation der Kinder und Jugendlichen zu erklären sind. Der Weg in die Kriminalität führt beim Jugendlichen meistens über → Verhaltensstörungen und → Verwahrlosung. Gegensteuernde Maßnahmen (z. B. → Diskurs, Bearbeitung durch → Rollenspiele, therapeutische Maßnahmen) versprechen in diesem Vorfeld der Kriminalität noch am ehesten Erfolg. In der Reihe der die Jugendkriminalität verursachenden Sozialisationsfaktoren stehen die → Massenmedien, der Konsumzwang, mangelnde Wertorientierung (→ Werte) und der Isolierungseffekt der fortschreitenden Verstädterung obenan. Neuerdings gesellen sich dazu noch der Trend zu Massenschulen, der permanente Leistungsdruck und die Jugendarbeitslosigkeit. Die Experten stellen übereinstimmend eine Verlagerung in der Kinder- und Jugendkriminalität von Diebstahlsdelikten zu Raub-, Körperverletzungs- und Zerstörungskriminalität fest. Eine beängstigende Position nehmen mit ansteigender Tendenz Rauschgiftdelikte ein.

Im Jahr 1990 betrug in der BRD der Anteil der tatverdächtigen

	in %	in Zahlen
Kinder (bis 14)	4,3	62500
Jugendlichen (14–18)	9,8	141244
Heranwachsenden (18–21)	10,4	149823
Erwachsenen (über 21)	75,4	1084356

Bei dieser Gesamtstatistik ist zu beachten, daß es in einzelnen Deliktbereichen erhebliche Abweichungen vom Durchschnittswert geben kann. So sind z. B. beim Fahrraddiebstahl die Kinder mit über 30% vertreten, beim Ladendiebstahl die Jugendlichen mit ca. 20%.
Eigentumsdelikte stellen bei ca. 10% der einschlägig straffälligen Kinder und Jugendlichen die Einstiegskriminalität in schwerere Straftaten dar. Die Betroffenen selbst nennen als häufige Motive für Eigentumsdelikte
- Mutproben, womit meist Minderwertigkeitsgefühle kompensiert werden,
- Mangel an festen Beziehungen und Anerkennung,
- Langeweile (Wohlstandsklau),
- Gruppenzwang,
- Konsumzwang.

Bei der Gewalt- und Rauschgiftkriminalität kommt noch der Konsum von Alkohol und Drogen als gewichtige Ursache hinzu.

Bäuerle 1989; Haferkamp 1975; Hezel 1991; Kaiser 1977; Katholische Sozialethische Arbeitsstelle 1986; Kerscher 1985; Moser 1987; Schneider 1986

→ Jugendgerichtsgesetz → Jugendstrafvollzug K

Jugendliche

sind Personen, die 14, aber noch nicht 18 Jahre alt sind.
Sie zählen mit den → Kindern zu den Minderjährigen. Sie sind rechtsfähig, d. h. Träger von Rechten und Pflichten, aber wegen der in den meisten Fällen notwendigen Einwilligung des gesetzlichen Vertreters nur beschränkt geschäftsfähig. Über ihr Taschengeld bzw. zur freien Verfügung überlassene finanzielle Mittel können sie ohne Zustimmung verfügen.
Im Unterschied zu Kindern sind sie schuldfähig (→ Jugendgerichtsgesetz). Mit Vollendung des 16. Lebensjahres können Jugendliche mit bestimmten Auflagen laut Ehegesetz heiraten, ebenso nach BGB ein Testament errichten.

→ Jugendrecht K

Jugendrecht

Die Zeitschrift *‚Zeitlupe'* herausgegeben von der Bundeszentrale für politische Bildung, Berliner Freiheit 7, 53111 Bonn, veröffentlichte folgende Übersicht über die Rechtsstellung der Kinder und Jugendlichen in der Bundesrepublik Deutschland: K

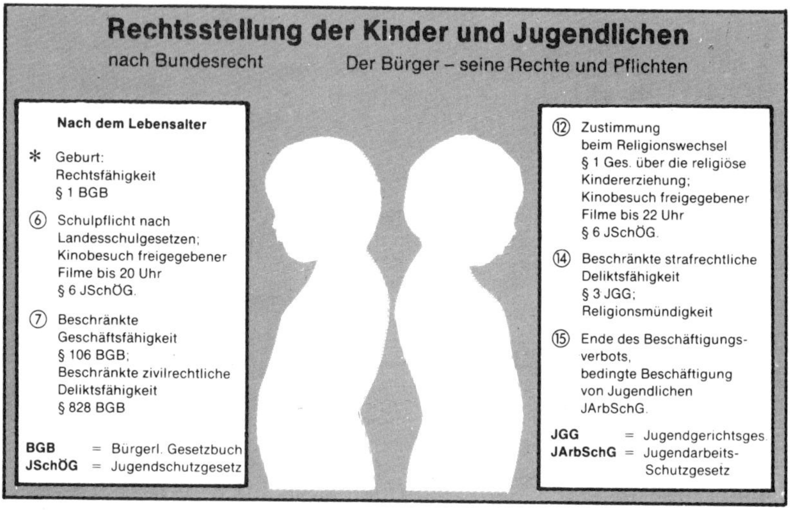

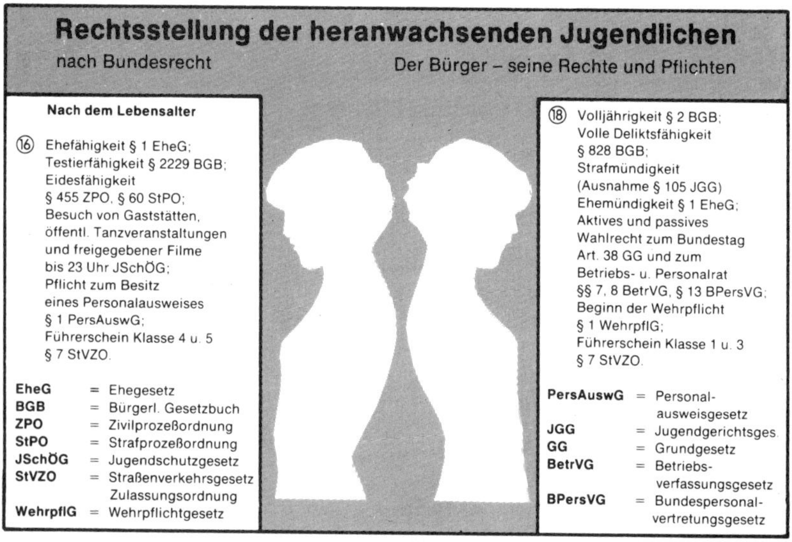

Bohle/Themel 1990; Handbuch des gesamten Jugendrechts; Jugendrecht 1991; Münder 1985; Stauner/Schelter 1987; vgl. auch Literatur bei Jugendgerichtsgesetz und Kinder- und Jugendhilfegesetz!

Jugendreligionen, Jugendsekten

entwickelten sich seit Anfang der 70er Jahre des 20. Jahrhunderts. In den meisten Fällen stellen sie eine Verbindung indischer Meditationstechniken mit westlichem Psychotraining dar, vertreten eine ausschließlich gültige Heilslehre und erweisen sich als sehr geschäftstüchtig („Kein Guru ohne Giro"; H. Löffelmann). Sie bieten sich als alternative Lebensform zur Gegenwartspraxis der großen Kirchen an.

1. Gemeinsame Merkmale und Auswirkungen der Jugendsekten:
Sie betreiben ihre Abgrenzung von anderen weltanschaulichen Positionen mit Absolutheitsanspruch. Ihr ideologischer Totalitarismus fordert den kritiklosen und totalen Einsatz ihrer Mitglieder für die neue Lehre als einziger Heilsbringerin.
Durch das Erlebnis von Geborgenheit und Anerkennung zentrieren sie ihre Mitglieder auf die Gruppe der Insider bei gleichzeitiger, oftmals feindseliger Abgrenzung gegenüber der bisherigen Umwelt. Die Kommunikation mit bisherigen Bezugspersonen wird wegen der Ausschaltung von Fremdeinflüssen unterbunden.
Die Abhängigkeit von der Sektengruppe wird durch den systematischen Aufbau von Schuldgefühlen bei Normabweichungen und durch ein ausgeklügeltes Sanktionsregister gesichert.
Die Jugendsekten arbeiten streng führerzentriert.
Sie unterziehen ihre Mitglieder mit Hilfe psychologischer Techniken einer Persönlichkeitsveränderung, die sich bei Sekteneinsteigern z. B. durch plötzlichen und unbeirrbaren Wechsel von Ansichten, Einstellungen, Wertvorstellungen und Lebensgewohnheiten, sowie durch abrupte Abwendung von bisherigen Sozialkontakten äußert.

2. Ein lückenloser **Überblick** über die heutzutage agierenden Jugendsekten ist selbst gründlichen Kennern der Szene nicht möglich, da im Gegenzug zur öffentlichen Aufklärung über Jugendsekten ständig Filialgründungen und Tarnorganisationen entstehen. Um dem wachsamer gewordenen Auge des Gesetzes zu entgehen, rekrutieren sie ihre Mitglieder zunehmend verdeckt, z. B. über Nachhilfeorganisationen, Jugendverbände und Ferienlager.

Als einflußreichste Jugendsekten gelten
Kinder Gottes/Familie der Liebe (David Mose Berg),
Vereinigungskirche Deutschland (San Myung MUN oder MOON),
Internationale Gesellschaft für KRSNA – Bewußtsein (ISKCON),
Transzendentale Meditation (Maharishi Mahesh Yogi),
Divine Light Mission/Divine United Organisation (MAHARAJ JI),
EAP/Club of Life/ADK (Lyndon Hermyle LAROUCHE),
Rajneesh – Bewegung (BHAGWAN Shree Rajneesh),
→ Scientology-Kirche (Lafayette, Ron HUBBARD)
(Zur ausführlichen Information vgl. z. B. Schneider, K. H.: Jugendsekten I und II, in: Honal (Hrsg.): Handwörterbuch der Schulleitung. Landsberg 1985).

3. Da bei von einer Sekte erfaßten Jugendlichen selbst die Einflußnahme der Eltern in den meisten Fällen wirkungslos bleibt, sind die **pädagogischen Maßnahmen der Schule auf Vorbeugung über Aufklärung** beschränkt.

- Information über die Praktiken von Jugendsekten aufgrund aktueller Ereignisse und Fallbeispiele (Tagespresse)
- Vermittlung eines verläßlichen Wertekodex, der dem Jugendlichen einen sicheren Orientierungsrahmen anbietet
- Besinnung der Kirchen auf Glaubensverkündigung anstelle des Ausweichens auf allgemein ethische Lebensbewältigung.
- Arbeit an der Gruppenatmosphäre der Schulklasse, die eine Suche nach Ersatz vorenthaltener Anerkennung und Geborgenheit überflüssig macht

- Angebot der Gesprächsbereitschaft vor allem gegenüber labilen, leicht beeinflußbaren und evtl. durch Mangel an Sozialkontakten benachteiligten Schülern
- Sensibilisierung der Eltern für die Gefährdung ihrer Kinder durch die Jugendsekten, für ihre Praktiken und Kontaktnahmen (Elternabend, Elternbriefe usw.) K

Haack 1988–1991; Keden 1989; Obst 1991; Scheffler 1989

Jugendschutz

versteht sich nach dem neu gefaßten Gesetz zum Schutz der Jugend in der Öffentlichkeit aus dem Jahre 1985 als Sammelbegriff für rechtliche und pädagogische Maßnahmen gegenüber Gefährdungen, denen Jugendliche im gegebenen Gesellschaftssystem ausgesetzt sind. Er ist Teil der Jugendhilfe (→ Kinder- und Jugendhilfegesetz).
Es werden beim Jugendschutz unterschieden

1. präventive (vorbeugende) Maßnahmen, also eine Pädagogik des Bewahrens im Sinne des Abschirmens der Jugendlichen gegen gefährdende Einflüsse (vgl. vor allem die Jugendschutzgesetze, das Jugendarbeitsschutzgesetz und das Gesetz über die Verbreitung jugendgefährdender Schriften);
2. pädagogische Maßnahmen, welche die schrittweise und altersgemäße Einübung in die gesellschaftliche Realität durch kritische Auseinandersetzung zum Ziel haben;
3. Schutz durch strafrechtliche Bestimmungen wie z. B. zum Problembereich der Mißhandlung und des sexuellen Mißbrauchs von Kindern und Jugendlichen.

Besonders aktuelle Aufgaben sind mit der Entwicklung des Medienmarkts und der Drogenszene gegeben.

Cosson 1985; Gernert 1985; Jordan/Münder 1987; Scholz 1985

→ Arbeitsschutz für Kinder und Jugendliche → Jugendgefährdende Schriften K

Jugendsekten → Jugendreligionen, Jugendsekten

Jugendstrafe, Jugendstrafvollzug

stellt eine strafrechtliche Sonderbehandlung jugendlicher oder heranwachsender Rechtsbrecher dar. Jugendlicher nach dem Gesetz ist, wer zur Zeit der Tat 14, aber noch nicht 18 Jahre alt ist. Heranwachsender, wer zur Zeit der Tat 18, aber noch nicht 21 Jahre ist.
Die Jugendstrafe, die aus Freiheitsentzug in einer Jugendstrafanstalt besteht, wird grundsätzlich nur bei Vorliegen schädlicher Neigungen und bei schwerer Schuld verhängt. Sie soll so bemessen sein, daß erforderliche erzieherische Einwirkungen möglich sind.
Das Mindestmaß der Jugendstrafe beträgt 6 Monate, das Höchstmaß ist mit 5 Jahren angesetzt. Begeht ein Jugendlicher ein Verbrechen, für das entsprechend der Schwere der Tat nach dem allgemeinen Strafrecht eine Höchststrafe von mehr als zehn Jahren verhängt werden müßte, so beträgt das Höchstmaß seines Freiheitsentzuges 10 Jahre.
Eine Jugendstrafe von unbestimmter Dauer kann vom Richter verhängt werden, „wenn wegen der schädlichen Neigungen des Jugendlichen, die in der Tat hervorgetreten sind, eine Jugendstrafe von höchstens vier Jahren geboten ist und sich nicht voraussehen läßt, welche Zeit erforderlich ist, um den Jugendlichen durch

den Strafvollzug zu einem rechtschaffenden Lebenswandel zu erziehen." (Jugendgerichtsgesetz § 19)
Der Jugendstrafvollzug, der die Resozialisierung des Täters versucht, leistet wesentliche erzieherische Hilfen durch
- Berufsausbildung (während der Strafzeit), um eine Eingliederung in das Berufs- und Gesellschaftsleben nach der Entlassung zu erleichtern,
- psychologische und soziale Betreuung in der Jugendstrafanstalt, neuerdings insbesondere bei Alkohol- und Drogenabhängigkeit,
- Individualisierung der Strafzeit,
- Betreuung nach der Entlassung,
- Abbauen und Abhalten gesellschaftlicher Vorurteile.

Nach dem JGG können Verfehlungen Jugendlicher auch durch Erziehungsmaßregeln oder Zuchtmittel geahndet werden.
Erziehungsmaßregeln sind die Erteilung von Weisungen in Form von Geboten oder Verboten zur Regelung der Lebensführung (z. B. eine Arbeitsstelle anzunehmen, keine alkoholischen Getränke zu sich zu nehmen), die Anordnung der Erziehungsbeistandschaft oder Fürsorgeerziehung. Zuchtmittel sollen dem Jugendlichen, der eine Straftat beging, eindringlich bewußt werden lassen, daß er für das von ihm begangene Unrecht voll einzustehen hat. Sie sollen an das Ehrgefühl eines im Grunde gutartigen Jugendlichen oder Heranwachsenden appellieren. Nach § 13 JGG sind Zuchtmittel die Verwarnung, die Auferlegung besonderer Pflichten (z. B. Widergutmachung eines veranlaßten Schadens oder Zahlung eines Geldbetrages an eine Hilfsorganisation), der → Jugendarrest in Form des Freizeitarrests, eines Kurzarrests von höchstens 6 Tagen oder eines Dauerarrestes von mindestens einer Woche und höchstens 4 Wochen.

Albrecht/Schüler-Springorum 1983; Böhm 1985; Dünkel/Meyer 1985–1991; Eisenberg 1991; Maelicke 1988; Nickolai 1985; Reindl 1991; Resch 1991; Weber 1990; vgl. auch Literatur bei Jugendgerichtsgesetz!

→ Jugendgerichtsgesetz → Jugendkriminalität → Kinder- und Jugendhilfegesetz → Verwahrlosung OK

Jugendwohlfahrtsgesetz → Kinder- und Jugendhilfegesetz

Kanalisierung

Der in der neueren Entwicklungspsychologie gebräuchliche Begriff beschreibt den Prozeß stetig fortschreitender Verfestigung bestimmter Verhaltensweisen des Menschen, die aufgrund intra- und interpersoneller Einflüsse unter alternativen Verhaltensweisen ausgewählt werden. Sie haben die Tendenz, im weiteren Verlauf der Kanalisierung zu erstarren, während die nicht gewählten Verhaltensweisen nicht oder nur spärlich entwickelt werden. Eine Kanalisierung liegt beispielsweise vor, wenn im Rahmen des Sozialisationsprozesses in einer bestimmten Lebensgemeinschaft übliche Tischsitten oder Umgangsformen gelernt und verfestigt werden, während andere Möglichkeiten des Verhaltens bei Tisch oder im täglichen Umgang, die in anderen Kulturkreisen durchaus üblich sein können, überhaupt nicht gesehen werden und damit auch gar keine Chance haben, gelernt zu werden. Ähnlich verhält es sich mit dem Erlernen der Muttersprache oder mit der Berufswahl. K

Kapazität

bedeutet Aufnahmefähigkeit, Fassungsvermögen.
Die Speicherkapazität des Gedächtnisses bezeichnet z. B. diejenige Informationsmenge, die das Gedächtnis maximal behalten kann.
→ Information (Informationskapazität) K

Kardinal-Tugenden

werden grundlegende Tugenden genannt, auf die alle weiteren Tugenden zurückgeführt werden können. Seit Platon (427–347 v. Chr.) gelten als Kardinaltugenden:
- Mäßigkeit bzw. Besonnenheit
- Tapferkeit
- Gerechtigkeit
- Weisheit bzw. Klugheit

Der Katalog wurde z. B. durch die christliche Lehre um Glaube, Hoffnung und Liebe ergänzt. K

Karikatur im Unterricht

Karikatur (von ital. caricare = beladen, überladen) ist die übertreibende, meistens komische Darstellung hervorstechender Eigenarten und/oder Handlungen von Personen. Der Blick des Betrachters soll mit dem Mittel der (bloßstellenden) Überzeichnung auf eine wesentliche Aussage, Handlung usw. gelenkt werden. Karikaturen weisen meistens gesellschaftskritische Tendenzen auf, ihr bevorzugter Bereich ist die Politik.
Beim Einsatz der **Karikatur im Unterricht** ist zu achten
- auf Schülergemäßheit (die Karikatur muß von Inhalt, Form, Symbolgehalt her der Interpretationsfähigkeit der Schüler zugänglich sein);
- auf Sachgemäßheit (die Karikatur muß den Lerninhalt in seinem wesentlichen Gehalt erschließen).

Karikaturen im Unterricht eignen sich insbesonders,
- die Schüler zur Meinungsbildung und Stellungnahme zu provozieren,
- sie durch Neugier zu motivieren,
- sie vor allem auf Konflikte, Zwänge, Widersprüche, Ungerechtigkeiten aufmerksam zu machen,
- ihr kritisches Bewußtsein zu wecken
- und ihre Kreativität bei Problemlösungen zu fördern. K

Fritz 1980; Heinisch 1988; Langemeyer 1984; Niemetz 1986; Sangs o. J.

Kaspar Hauser-Syndrom → Deprivation, soziale → Wolfskinder

Kassettenrekorder im Unterricht → Tonband im Unterricht

Katamnese

heißt in der medizinischen Fachsprache der Abschlußbericht einer Krankengeschichte.
Im psychologischen Sprachgebrauch wird unter Katamnese der Bericht über die Langzeitwirkung einer psychotherapeutischen Behandlung bzw. eines gruppen-

dynamischen Trainings aufgrund von Daten der Fremd- und Selbstbeobachtung verstanden.

→ Anamnese → Beobachtung K

Kategoriale Bildung

Eine Kategorie ist eine Grundaussage, eine Klasse von grundlegenden Einsichten. Der Zweck von Kategorien kann in der ordnenden Gliederung der Realität gesehen werden. Das Ziel der kategorialen Bildung ist es, dafür zu sorgen, daß die Realität mit den ihr immanenten Gesetzmäßigkeiten und die rationale, emotionale und pragmatische Antwort des Menschen auf sie sich in steigendem Maße entsprechen können. Diese stehen dabei nicht in einem einseitigen Kausalitätsverhältnis (= Ursache-Wirkungs-Verhältnis) zueinander, sondern sie erschließen sich gegenseitig in einem fortlaufenden Wechselwirkungsverhältnis.

Ebert 1986; Klafki 1964

→ Elementare, das K

Kategoriale Didaktik

Die kategoriale Didaktik zielt primär nicht auf lernzielorientierte Curricula und Fragen des Lehrplanes ab, sondern versucht im Rahmen der allgemeinen → Didaktik ein Instrumentarium von Struktureinsichten didaktischen Denkens und Handelns zu finden und dadurch etwas über den Gesamtzusammenhang der den Unterricht beeinflussenden Faktoren und Dimensionen auszusagen. Als Beispiel sei das siebendimensionale Modell von Erich Dauenhauer angeführt, das den Lern- und Bildungsakt unter folgenden sieben Kategorien sieht:

„1. Die erziehungswissenschaftlich-inhaltliche Fragerichtung.
2. Die erziehungswissenschaftlich-wissenschaftstheoretische Fragerichtung (Bildungskategoriallehre).
3. Die erziehungspraktische Fragerichtung
4. Die nachbar- und fachwissenschaftliche Fragerichtung.
5. Die Fragerichtung von den ‚Mächten‘ her.
6. Die stoffkategoriale Fragerichtung.
7. Die Fragerichtung vom Schüler (Selbst) her.“

Dauenhauer 1970

→ Curriculum → Fachdidaktik → Kategoriale Bildung O

Kategorie

1. Umgangssprachlich bezeichnet Kategorie eine Klasse, Gruppe von Gegenständen oder Personen zum Zweck pauschaler Ein- und Zuordnung (z. B. eine bestimmte Kategorie von Lehrern oder Politikern).
2. In der Philosophie werden **Erkenntniskategorien** als grundlegende Aussage- und Begriffsformen (von denen alle anderen Begriffe abgeleitet werden können) und **Seinskategorien** als Grundformen des Seins der Erkenntnisgegenstände unterschieden. Es ist die Aufgabe der Erkenntnistheorie, näherhin der Kategorialanalyse, das Verhältnis dieser beiden Kategorienarten zu untersuchen, d. h. z. B. welche Grundbegriffe die Erscheinungsformen des Seins überhaupt treffend erfassen.

   In der Geschichte der Philosophie wurden in der Zahl wechselnde Kategorien-

kataloge entwickelt, mit denen die Wirklichkeit vollständig beschreibbar sein sollte. Descartes z. B. kam mit den drei Kategorien Substanz, Zustand, Relation aus.
Kant formulierte zwölf Kategorien im Sinne reiner Verstandesbegriffe, mit deren Hilfe erst aus Wahrnehmungen Erkenntnisse werden können. In neuerer Zeit herrscht die Meinung vor, daß jedes Wissensgebiet über spezielle Kategorien verfügt, und Kategorien mit dem wissenschaftlichen Fortschritt auch einem Bedeutungswandel unterliegen. K

Bärthlein 1990; Simet 1991

Kategoriensystem (-schema)

Im Rahmen der systematischen Verhaltensbeobachtung stellt das Kategoriensystem eine Registrierung von Verhaltensweisen dar. Die Beobachtung wird auf einen bestimmten Aspekt oder Ausschnitt des Verhaltens begrenzt und gerichtet. Für diese Verhaltensausschnitte werden Verhaltenseinheiten so festgelegt, daß jede beobachtete Einheit nur unter einer einzigen Kategorie gesehen und eingeordnet werden kann.
Beispiele von Kategoriensystemen siehe unter → Interaktion, soziale.
→ Beobachtung O

Kategorischer Imperativ → Imperativ

Katharsishypothese

unterstellt die „reinigende" (griech.), befreiende Wirkung emotionalen Abreagierens bei → Konflikten und inneren Spannungen, z. B. in Form der ungeschminkten Äußerung der beeinträchtigenden Gefühle, des Sichaustobens (auch als Zuschauer bei Fußballspielen und Boxveranstaltungen; Hooligan-Phänomen), des Hinausschreiens von Wut und Zorn.
Manche Aggressionsforscher erwarten sich eine Katharsiswirkung auch vom Betrachten von Gewaltszenen in Film und Fernsehen, weil dabei aufgestaute Energie des Betrachters durch Identifikation mit den Medienhelden und durch Miterleben abgebaut würde.
Die entgegengesetzte Meinung vertreten jene Aggressionsforscher, die → Aggressionen als Lerneffekt (v. a. über das Lernen vom Modell) sehen. K

Zumkley 1978; vgl. auch Literatur bei Aggression!

Kaufmännisches Schulwesen → Berufliches Schulwesen

Kausalattribuierungstheorie

Die Kausalattribuierungstheorie beschreibt den Vorgang der Ursachenzuschreibung. Diese entspringt dem menschlichen Bedürfnis nach Erklärung und Verstehen, d. h. für alles Geschehende, Situationen und Verhaltensweisen zugrundeliegende Ursachen aufzudecken bzw. vorzugeben. Die Motivationsforschung gewann z. B. die Erkenntnis, daß mißerfolgsängstliche Schüler ihre Flucht vor der Aufgabe bzw. ihr Versagen eher mangelndem eigenen Können zuschreiben. Erfolgsgewohnte Schüler machen für einen Mißerfolg dagegen eher zufällige Umstände, wie Leichtsinn, Zeitmangel, Pech usw., verantwortlich.

Nach B. Weiner und anderen (1971) sind es vor allem vier Faktoren, auf die Erfolg und Mißerfolg der Schüler von diesen selbst und den Lehrern zurückgeführt werden: Fähigkeit, Aufgabenschwierigkeit, Anstrengung und Zufall. Dazu gesellen sich tatsächlich bei der ursächlichen Einschätzung des Leistungsverhaltens der Schüler noch weitere Gegebenheiten wie Milieuzugehörigkeit, äußeres Erscheinungsbild usw.
Für die schulische Praxis ist neben der Aufdeckung unbewußter und unreflektierter Ursachenzuschreibungen die Erkenntnis bedeutsam, daß das Erwartungsverhalten der Schüler an die eigene Leistung in hohem Maße von der Art der Kausalattribuierungen der Lehrer abhängig ist (vgl. hierzu auch → Sich selbst erfüllende Prophezeiung).

Heckhausen 1974; Herkner 1980

→ Hypothesen- oder Erwartungstheorie → Milieu → Pygmalion-Effekt K

KByte (Kilo-Byte) → Bit

Kernfach → Kern- und Kursunterricht

Kernfamilie

Im Gegensatz zur Sippe, Großfamilie oder Mehrgenerationenfamilie stellt die Kernfamilie eine Zwei-Generationen-Familie dar, die aus den Eltern und deren Kindern besteht.

→ Familie → Familienerziehung O

Kern- und Kursunterricht

Der Kern- und Kursunterricht soll durch die stoffliche Differenzierung die Auflösung der starren Jahrgangsklassen bewirken und soweit wie möglich die Begabung der einzelnen Schüler berücksichtigen.
Der Kernunterricht bezieht sich auf Fächer (Kernfächer), die für alle Schüler aufgrund des → Curriculums über eine oder mehrere Jahrgangsklassen hinweg verbindlich festgelegt sind. Nach Plänen der Gesamtschule umfaßt der Kernunterricht z. B. Gesellschaftslehre, Erdkunde, Geschichte, Sozialkunde, Deutsch, fächerübergreifenden naturwissenschaftlichen Unterricht. Gruppenbildung bzw. → Individualisierung sind als innere → Differenzierung des Unterrichts hier möglich.
Der Kursunterricht stellt einen differenzierten Unterricht in Bereichen dar, die nicht durch den Kernunterricht abgedeckt sind. Er kann in den Formen des wahlfreien Unterrichts, des Wahlpflichtunterrichts oder des → Fachleistungsunterrichts, der im allgemeinen nach Niveau oder Eignung der Schüler gegliedert wird, auftreten.
Die also an sich leistungsheterogen (= nach Leistung gemischt) geführten Klassen eines Schülerjahrgangs werden nur in den differenziert zu unterrichtenden Fächern in homogene (= nach Leistung gleiche) Fachleistungskurse aufgelöst. In diesen getrennt unterrichteten Fachleistungskursen wird ein für alle Lerngruppen verbindliches Fundamentum vermittelt, das von den Spitzengruppen durch ein nach Anforderungen gestaffeltes → Additum überschritten wird. Durch Liftkurse soll das Überwechseln in die Lerngruppe mit den nächsthöheren Anforderungen ermöglicht werden.

Bezüglich der Nachteile des Kern- und Kursunterrichts als einer Form der äußeren Differenzierung siehe → Differenzierung! OK

Literatur vgl. bei Differenzierung!

Kilo-Byte → Bit

Kind

ist nach dem Gesetz eine Person, die das 14. Lebensjahr noch nicht vollendet hat. Zur Rechtsstellung vgl. den Überblick unter → Jugendrecht!
Unter dem Gesichtspunkt der Entwicklung des Kindes werden unterschieden:
- Neugeborenes (von der Geburt bis zum 10. Lebenstag)
- Säugling (1. Lebensjahr)
- Kleinstkind (2. Lebensjahr)
- Kleinkind (2. bis 6. Lebensjahr)
- Schulkind (7. bis 14. Lebensjahr)

Säuglings- und Kleinstkindalter stellen die für die Gesamtentwicklung bedeutsame → sensible Phase der Bindung an ständige Bezugspersonen dar (vgl. → Deprivation, soziale; → Hospitalismus). Die Kindheit ist aber insgesamt aufgrund der Reifungsprozesse sowie ausgeprägter Lernfähigkeit und -bereitschaft der bedeutendste Entwicklungsabschnitt des Menschen (vgl. z. B. bei → Intelligenz!). K

Kinderdorf

bezeichnet im Rahmen der „Hilfe zur Erziehung" (→ Erziehungsheim) eine Form des Zusammenlebens psychisch und/oder sozial geschädigter oder gefährdeter Kinder und Jugendlicher mit einer festen Bezugsperson (meist Kinderdorfmutter) in familienähnlichen Gruppen. Die Kinderdorfidee hat (zusammen mit der Erziehung in Pflegefamilien) mit ihrer Orientierung an der Familienerziehung und den damit verbundenen nachweisbaren positiven Effekten die Unterbringung von Kindern und Jugendlichen in → Heimen stark zurückgedrängt.
Das erste Kinderdorf wurde 1946 mit dem Namen Pestalozzi-Kinderdorf in Trogen bei St. Gallen (Schweiz) gegründet. Entscheidenden Aufschwung erlebte die Kinderdorfidee seit 1949 mit den von H. Gmeiner geschaffenen SOS-Kinderdörfern, von denen mittlerweile international über 100 eingerichtet wurden. K

Kinderfernsehen, Kinderfunk

bezeichnen besondere, in pädagogischer Absicht gestaltete Sendungen des Fernsehens bzw. des Hörfunks für Kinder, z. B. Märchenerzählungen und -spiele, Bilderbuchgeschichten, Comicserien, Wettbewerbsspiele und Quizsendungen, Nachrichten für Kinder, „Sachgeschichten" zur kindergeeigneten Erschließung der Wirklichkeit u. a. m. K

Kinderfernsehen I–III 1988–1991; Schmidbauer 1987; Schmidbauer/Löhr 1988, 1991

Kindergarten

Im Kindergarten werden drei- bis sechsjährige Kinder in altersgemischten Gruppen zu gemeinsamer Erziehung zusammengefaßt. Die Forderung einer familienergänzenden Erziehung von Kleinkindern geht bis auf A. Comenius (1592–1670) zurück, ihre Realisierung auf breiter Basis gelang aber erst Fr. Fröbel (1782–1852), der den ersten Kindergarten 1840 unter diesem Namen gründete, und M. Montes-

sori (1870–1952). Beide sahen den Kindergarten bereits unter dem Aspekt einer gezielten Förderung der Kinder, wofür sie eigene Spiel- und Lernmaterialien entwickelten.
Die moderne Konzeption des Kindergartens beruht auf empirisch gesicherten Aussagen der Entwicklungs- und Lernpsychologie, die auf die besonders hohe Lernkapazität der Kinder im Elementarbereich, auf die in diesem Alter beschleunigte Entwicklung ihrer Intelligenz und die grundlegenden Lerndispositionen hinweisen. Den äußeren Anstoß für die Neuorientierung des erzieherischen Konzepts des Kindergartens gab die bildungspolitische Diskussion über die Benachteiligung der Kinder unterprivilegierter Schichten bei der Einschulung und in ihrem weiteren schulischen Bildungsgang.
Das **didaktische Konzept** des modernen Kindergartens wird also vor allem durch kompensatorische Maßnahmen zur Behebung von Verhaltens- und Lerndefiziten der Kinder und durch eine gezielte Vorbereitung auf den Übergang zur Grundschule bestimmt. In beiden Fällen wird auf eine allseitige, die ganze Persönlichkeit des Kindes erfassende Förderung Wert gelegt.
In seinem **methodischen Konzept** unterscheidet sich der Kindergarten deutlich vom schulischen Lernen, indem die gezielten Förderungsmaßnahmen vor allem über das → Modell-Lernen und die vielfältigen Formen spielerischen Lernens ohne Leistungszwang an die Kinder herangetragen werden.

Bauer u. a. 1991; Bayerisches Kindergartengesetz 1990[11]; Bayer. Staatsministerium f. Unterricht und Kultus 1990; Colberg-Schrader/Krug 1986; Grossmann 1987; Heinsohn/Knieper 1975; Huppertz 1986, 1992; Reihe Deutsches Jugendinstitut; Röhrs 1976; Schmitt-Wenkebach 1976; Schüttler-Janikulla 1985; Zeissner 1991; vgl. auch Literatur bei Elementarerziehung!

→ Eingangsstufe → Elementarbereich → Elementarerziehung → Vorschule K

Kinderhort

Wie → Kindergarten und Kinderkrippe ist der Kinderhort eine besondere Art von Kindertagesstätte. In ihm werden Kinder untergebracht, die tagsüber nicht durchgehend in ihrer Familie versorgt werden können. Während der Kindergarten in der Regel drei- bis sechsjährige Kinder aufnimmt, besuchen den Kinderhort Schulkinder außerhalb der Unterrichtszeiten und/oder in Freistunden. In der Kinderkrippe bzw. Krabbelstube werden Säuglinge und Kinder bis drei Jahre versorgt. In allen genannten Kindertagesstätten betreut pädagogisches Fachpersonal (Sozialpädagogen, Erzieher, Kinderpfleger) die Kinder. Träger sind in den meisten Fällen die Kommunen oder freie Träger. K

Becker u. a. 1979; Stauch 1983

Kinderkriminalität → Delinquenz → Jugendkriminalität

Kinderkrippe → Kinderhort

Kinderladen

Der Begriff Kinderladen geht auf die Initiative von Elternvereinigungen zurück, die in Berlin in den sechziger Jahren leerstehende Ladenlokale für die Gruppenbetreuung ihrer Kinder mieteten. Kinderläden setzten sich bewußt in Widerspruch zu den herkömmlichen → Kindergärten, an denen sie die Überfüllung der Gruppen ebenso wie das weltanschauliche und methodische Konzept kritisierten. Die Betreuung der Kinder nahmen die Eltern selbst oder Betreuer wahr, die mit den erzieherischen Vorstellungen der Eltern übereinstimmten. Das **Erziehungskonzept** der Kinderläden wurde von den Eltern selbst in Diskussionen festgelegt. Es verfolgte eine repressionsfreie Erziehung, deren Ziele die Selbstregulierung und → Emanzipation der Gruppe und des einzelnen Gruppenmitgliedes und meist auch der Aufbau einer Gruppensolidarität in marxistisch-leninistischem Sinne waren. Den Kindern wurde auf dem Wege zu diesen Zielen die Gelegenheit geboten, ihre durch konventionelle gesellschaftliche Normen aufgebauten Aggressionen ungehindert auszuleben und ihre Bedürfnisse, auch die sexuellen, zu befriedigen. Ein Widerspruch im Erziehungskonzept der Kinderläden ergab sich aus ihrer Verpflichtung zur → antiautoritären Erziehung und aus ihrem Erziehungsziel, in höchstem Maße disziplinierte gesellschaftsverändernde Verhaltensweisen bei den Kindern grundzulegen. K

Werder 1974; vgl. auch bei → Antiautoritäre Erziehung!

Kinderliteratur → Bilderbuch

Kinderpfleger(-in)

wird in → Berufsfachschulen für (Hauswirtschaft und) Kinderpflege in zwei Jahren Vollzeitunterricht und einem Praktikumsjahr mit den Schwerpunkten Sozialpädagogik und Hauswirtschaft ausgebildet. Tätigkeitsfelder sind z. B. → Kindergärten (zur Unterstützung der → Erzieherin), → Heime, Kliniken und ambulante Dienste. K

Kinderpornographie → Pornographie

Kinderspielplatz

Für die Anlage von Kinderspielplätzen – ob allgemein zugänglich oder innerhalb bestimmter Einrichtungen wie z. B. → Kindergärten gelegen – wurden seit etwa Mitte der 60er Jahre neue Maßstäbe entwickelt. Ausgehend vom Bewegungs- und Tätigkeitsbedürfnis der Kinder und anknüpfend an ihre eigenen Vorstellungen von Spielplätzen setzt sich heute in zunehmendem Maße der Trend zu „Bolzplätzen", die genügend Platz vor allem für Ballspiele bieten, und zu Abenteuerspielplätzen durch. Auf letzteren werden den Kindern Baumaterial (meistens Balken und Bretter) und Werkzeug zur kreativen Eigengestaltung und fortwährenden Um- und Neugestaltung ihres Spielplatzes nach ihren aktuellen Spielideen angeboten. Die – fachlich als Erzieher oder Sozialpädagoge ausgebildete – Aufsichtsperson sollte sich ausschließlich auf die gefragte Beratung und die Verhinderung gefährlicher Situationen beschränken.
Für die kleineren Kinder bis ca. sechs Jahre haben nach wie vor Spielplätze mit einer gewissen Vorstrukturierung (Sandkasten, Schaukel, Kletterturm u. a.) ihre Berechtigung, aber auch hier sollte das Angebot zur Selbstgestaltung der Anlage durch die Kinder zumindest gleichgewichtig neben dem Fertigangebot stehen. Es sei hier nur die Möglichkeit erwähnt, z. B. graue Betonwände, Bretterzäune, Säulen und Masten von den Kindern bemalen zu lassen. K

Bayerisches Kindergartengesetz 1990; Stark 1990 (2×)

Kinder- und Jugendhilfegesetz

Es löste das Reichsjugendwohlfahrtsgesetz von 1922 ab und ist seit dem 1. 1. 1991 in allen Ländern der Bundesrepublik Deutschland in Kraft. Von Ausnahmefällen junger Volljähriger (18–27 Jahre) abgesehen, gilt es für Kinder und Jugendliche, also bis zum 18. Lebensjahr.

Jugendhilfe ist der Oberbegriff für Leistungen der → Jugendarbeit, der Jugendsozialarbeit, des Kinder- und → Jugendschutzes, der Förderung der Erziehung in der Familie und in Pflegefamilien, der Förderung von Kindern in Tageseinrichtungen und der Hilfen zur Erziehung (→ Erziehungsheim). Die „lebensweltorientierte" Kinder- und Jugendhilfe ist im wesentlichen folgenden Grundsätzen verpflichtet:

- „Erziehen statt strafen", z. B. durch Täter-Opfer-Ausgleich, der auf Auseinandersetzung, Versöhnung und Wiedergutmachung baut, oder soziales Lernen durch Einrichtung von Wohngruppen
- Anknüpfen an der Entwicklung und den Interessen der Kinder und Jugendlichen
- Mitbestimmung und Mitgestaltung durch Kinder und Jugendliche
- Leitziele sind Selbstbestimmung, gesellschaftliche Mitverantwortung und soziales Engagement
- Alle Maßnahmen der Kinder- und Jugendhilfe sind – dem → Erziehungsrecht der Eltern entsprechend – darauf ausgerichtet, die Kinder und Jugendlichen im Familienverband zu unterstützen und zu fördern, abgesehen von gravierenden Fällen der → Verwahrlosung.
- Verbesserung der Angebote der Jugendarbeit und der Jugendsozialarbeit.

Die Kinder- und Jugendhilfe wird nach dem Grundsatz der → Subsidiarität von öffentlichen (→ Jugendamt) und freien Trägern wahrgenommen.

An den Kosten der Kinder- und Jugendhilfe haben sich die Eltern bzw. die unter die Hilfsmaßnahmen fallenden jungen Volljährigen in zumutbarem Rahmen zu beteiligen. K

Damm 1981; Giesecke 1983; Jordan 1988; Kinder- und Jugendhilfegesetz 1992; Krug u.a. 1991; Mollenhauer NA 1987; Münder 1991; Praxis der Kinder- und Jugendhilfe 1992; vgl. auch Literatur bei Sozialarbeit!

Kinder- und Jugendlichenpsychotherapie

faßt die speziellen psychologischen und psychotherapeutischen Hilfen für psychisch geschädigte Kinder und Jugendliche zusammen. Wegen der Verflechtung der Entwicklung des Kindes und Jugendlichen mit dem unmittelbaren sozialen Umfeld, in der Regel der Familie, ist die Mithilfe der Bezugspersonen bei den therapeutischen Maßnahmen unbedingt notwendig, in vielen Fällen müssen Bezugspersonen als (Mit-)Verursacher der psychischen Störungen bzw. Verhaltensauffälligkeiten von Kindern und Jugendlichen in die Therapie mit einbezogen werden. Je nach Alter und damit je nach Reflexions- und Ausdrucksvermögen der Kinder und Jugendlichen kommen als Therapieformen z. B. in Betracht Spieltherapie (→ Psychotherapie), → Gesprächs-(psycho-)therapie, → Verhaltenstherapie (vgl. auch → Verhaltensmodifikation) und → Familientherapie. K

Ackerknecht 1982

Kindesmißhandlung

wird nach Strafgesetzbuch die körperliche und/oder seelische Gewalt gegenüber Kindern und Jugendlichen genannt; sie ist als Mißhandlung Schutzbefohlener

strafbar. In das Begriffsverständnis einbezogen sind auch sexuelle Vergehen gegen Kinder und Jugendliche sowie Vernachlässigung und → Verwahrlosung. 1990 wurden in der Bundesrepublik Deutschland allein 12700 Fälle sexuellen Kindesmißbrauchs angezeigt, Experten rechnen aber mit einer zehnmal höheren Dunkelziffer.
Die Mißhandlungsfolgen reichen von blauen Flecken und Verbrennungen über Knochenbrüche und Schädelverletzungen bis zu inneren Verletzungen und Verhungern, ganz abgesehen vom sexuellen Mißbrauch. Ca. 600 bis 1000 Kinder sterben jährlich in der Bundesrepublik Deutschland an den Folgen der Mißhandlung.
Bedauerlicherweise scheuen viele Menschen, die Kenntnis von Kindesmißhandlungen haben, davor zurück, diese bei Polizei oder → Jugendamt zur Anzeige zu bringen und damit das Kind aus seiner bedrohlichen Situation befreien zu helfen. Hilfen im Vorfeld der staatlichen Instanzen bieten – auf Wunsch auch anonym – den betroffenen Eltern und Kindern, aber auch Mitwissern, die Beratungsstellen des Deutschen Kinderschutzbundes mit derzeit 400 Zweigstellen, das Kinder- und Jugendsorgetelefon und – zumindest als Adressenvermittler – die Telefonseelsorge an. K

Deegener 1991; Engfer 1986; Haesler 1985; Kath.-sozialethische Arbeitsstelle... 1991; Olbing 1989

Kindheit → Kind

Kinesiologie

vom griechischen Wortstamm für „Bewegung", ist die Lehre von der Bewegung des menschlichen Körpers. In der praktischen Form der Educational Kinesiology strebt sie durch gezielte Übungen (Brain-Gym = Gehirngymnastik) ganzheitliches Lernen an.
Durch einseitige Lernvorgänge vernachlässigte oder blockierte Gehirnpartien sollen auf diese Weise zugänglich werden, die Möglichkeiten beider Gehirnhälften aktiviert werden. Die auf bestimmte Tätigkeiten und Befindlichkeiten durch lange Beobachtung abgestellten Übungen nehmen Anleihen bei der Gymnastik, der Akkupressur, der Zonenreflexmassage und dem Stretching. K

Dennison/Dennison 1992 (2×)

Kippbild → Figur – Grund – Wahrnehmung

Klasse, soziale

Die Bezeichnung soziale Klasse wird zur Grobgliederung vergangener oder gegenwärtiger Gesellschaften nach Merkmalsgruppen verwendet. Eine soziale Klasse stellen z. B. jene Mitglieder einer Gesellschaft dar, die über den größten Anteil an Bildungsmöglichkeit, beruflichem Aufstieg, Prestige, ökonomischen Mitteln, Macht usw. verfügen. Die konträre soziale Klasse faßt jene Mitglieder einer Gesellschaft zusammen, die keinen oder nur geringen Anteil an den Statusmerkmalen der herrschenden Schicht haben. Das moderne Verständnis der sozialen Klasse wurde entscheidend von K. Marx geprägt. Allerdings führen bei Marx nicht empirisch feststellbare Merkmalsgruppen zu einer Einteilung in soziale Klassen, sondern die ungleiche Verteilung der ökonomischen Mittel und die ebenso ungleiche Verfügung über sie schaffen zwei sich widerstreitende soziale Klassen. K

Dahrendorf 1957; Eder 1973; Giddens 1973, deutsch 1982; Lawton 1968; Pulantzas 1973

Klassenarbeit → **Schulaufgabe**

Klassenelternversammlungen
sind mindestens einmal im Schuljahr für die Erziehungsberechtigten der Schüler einer Klasse an allen Schulen durchzuführen. Ihre Aufgabe ist es, die Erziehungsberechtigten mit Anforderungen, Erziehungs- und Unterrichtszielen der jeweiligen Schulart vertraut zu machen und die Kooperation zwischen Erziehungsberechtigten und Schule zu fördern. Wegen der Kursbildung in der → Kollegstufe der Gymnasien sind die Jahrgangsstufen 12 und 13 von der Verpflichtung zu Klassenelternversammlungen nicht erfaßt.

→ Elternsprechstunde → Elternsprechtag → Elternversammlung → Schule → Schulordnung K

Klassenfrequenz, synonym für Klassenstärke

Klassenlehrer (-leiter)
wird der Lehrer genannt, der in besonderer pädagogischer und organisatorischer Verantwortung für eine bestimmte Schulklasse zuständig ist. Um seinen Aufgaben gerecht werden zu können, muß der Klassenlehrer (-leiter) mit ausreichender Stundenzahl pro Woche, wünschenswert mit wenigstens einer Unterrichtsstunde je Tag in „seiner" Klasse vertreten sein.
Er ist maßgeblich – in Absprache mit den übrigen Lehrern – für die Entwicklung der Klassengemeinschaft und des Kommunikationsstils in der Klasse verantwortlich. Er führt aufgrund sorgfältiger Beobachtung Aufzeichnungen über die Gruppenstruktur und -entwicklung der Klasse und über das Verhalten der einzelnen Schüler, auf deren Grundlage er als Berater der erste Ansprechpartner der Schüler bei Lernschwierigkeiten, Konflikten, Verhaltensauffälligkeiten usw. ist.
In Kooperation mit seinen Kollegen obliegt ihm die Koordinierung von Terminen der schriftlichen Leistungserhebung und der verkraftbaren Menge an Hausaufgaben. In Konflikten zwischen der Klasse oder einzelnen Schülern und Fachlehrern ist er neben oder mit dem Klassensprecher als erster zur Vermittlung aufgerufen. Den Kontakt zu den Erziehungsberechtigten hält er nicht nur über die vorgeschriebenen → Elternabende, → Elternsprechtage und → Elternsprechstunden, sondern nötigenfalls (z. B. Leistungsabfall des Schülers, gravierende Disziplinverstöße und Verhaltensauffälligkeiten) auch über schriftliche und mündliche Kontaktnahme, in seltenen Fällen auch über Hausbesuche.
Zu seinen organisatorischen Aufgaben zählen v. a. die Aufzeichnungen über Schulversäumnisse, die Führung der Schülerakten und die Abfassung der Zeugnisse nach Vorgabe der Fachlehrer. Die Zeugnisbemerkungen entwirft er in Kooperation mit seinen Kollegen. Der Klassenlehrer (-leiter) trägt ferner – wiederum in Absprache mit seinen Kollegen – die Verantwortung für die Verwirklichung verbindlich vorgegebener fächerübergreifender Erziehungs- und Unterrichtsanliegen (→ Fächerübergreifender Unterricht) und für die Durchführung außerunterrichtlicher und außerschulischer Veranstaltungen (→ Lernorte außerhalb der Schule, → Schullandheim, → Schulleben). K

Stritzke 1985

Klassensprecher → Schülervertretung

Klassenunterricht

erfaßt durch entsprechende organisatorische und methodische Maßnahmen alle Schüler einer Klasse gleichzeitig und auf dieselbe Weise. Der Begriff wird auch synonym für die → Sozialform → Frontalunterricht verwendet. K

Klassifikation, Klassifizierung

bezeichnet sowohl den Vorgang als auch das Ergebnis ordnender Gliederung der Realität nach bestimmten Merkmalen bzw. Merkmalsgruppen. Ein Lehrer kann als Mitglied seines Berufsstandes z. B. nach den Merkmalen Beamtenstatus, erzieherischer Auftrag, Art der Lehrtätigkeit, Schulstufe und dgl. klassifiziert werden. Allerdings wird aus diesem Beispiel die Problematik deutlich, die mit Klassifikationen von Personen im Unterschied zur nichtmenschlichen Wirklichkeit verbunden ist. Einmal abgesehen von damit möglicherweise festgeschriebenen zu hohen gesellschaftlichen Erwartungen und Vorurteilen, verstellen Klassifikationen von Personen oder Personengruppen den Zugang zur persönlichen Eigenart und Einmaligkeit eines Menschen. K

Dahlberg 1986; Sodeur 1974

Klassifikation von Lernzielen → Lernziele → Taxonomie

Klaustrophobie → Phobie

Klausurarbeit

ist eine Prüfungsarbeit unter Aufsicht innerhalb eines festgesetzten Zeitraumes. Die Bezeichnung wird in der Regel für Abschlußprüfungen im Schulbereich und für Prüfungsarbeiten an Hochschulen verwendet. K

Klecksbilder → Projektionstests

Kleingruppe → Gruppe

Kleptomanie → Manie

Klientenzentrierte Psychotherapie → Gesprächsführung, partnerzentrierte → Gesprächs-(psycho-)therapie

Klimakterium → Wechseljahre

Klinefelter-Syndrom

bezeichnet eine → Trisomie der Geschlechts-Chromosomen in der Form XXY. Der → Phänotyp ist männlich, durch eine Unterfunktion der Keimdrüsen gekennzeichnet. Diese zieht eine Beeinträchtigung der Spermiogenese (Entwicklung der männlichen Samenzellen) bis zur Sterilität (Unfruchtbarkeit), eine mangelhafte Entwicklung bzw. die Verkümmerung der sekundären Geschlechtsmerkmale und geistige → Retardation nach sich.

Bandmann 1984; Koch/Heuhäuser 1978; Murken 1973

→ Chromosomen K

Klinische Methode

Diese Methode zur Untersuchung eines psychologischen Sachverhalts geht auf J. Piaget zurück. Er kennzeichnet mit der klinischen Methode die gründliche Analyse eines einzigen oder nur weniger Fälle in ganz bestimmten Situationen. Durch gezieltes Arrangement der experimentellen Situation und durch ebenso gezielte Fragen an den Probanden versucht er beispielsweise Aufschluß für die Analyse der abgelaufenen Denkoperationen bei dem Probanden zu erhalten. Piagets klinische Methode ist von seiten der klassischen experimentellen Psychologie nicht unumstritten; er mißt allerdings den mit ihrer Hilfe erzielten Aussagen größere Gültigkeit zu als den sehr aufwendigen und oft oberflächlich durchgeführten massenstatistischen Untersuchungen.
Als klinische Methoden im Rahmen der Didaktik werden → Fallstudie, → Planspiel und → Rollenspiel bezeichnet. K

Klinische Pädagogik

Gegenstand der klinischen Pädagogik ist das pädagogische Feld der → Spieltherapie, der Beschäftigungstherapie, therapeutische Maßnahmen bei → Schulversagen, in der Freizeitpädagogik und → Jugendarbeit, und die Unterrichtserteilung im Krankenhaus.

→ Pädagogik → Sozialpädagogik → Schulen für Behinderte und Kranke → Schule für Kranke K

Klinische Psychologie

Die Klinische Psychologie ist eine Disziplin der angewandten Psychologie. Sie bezieht Erkenntnisse der Forschung aus allen Bereichen der Psychologie und ihrer Nachbarwissenschaften auf die Praxis, speziell auf Maßnahmen der Diagnose und Therapie von psychischen Störungen in Krankenhäusern, Heimen, Beratungsstellen u. ä. Einrichtungen.

Baumann 1979–1984; Baumann 1990/1991; Hörmann/Körner 1991; Pongratz 1977; Reisman 1976; Rey 1981; Schraml 1975/1976, 1978; Sieland/Siebert 1979

→ Klinische Methode K

KMK → Ständige Konferenz der Kultusminister

Kodierung

bzw. Enkodierung bezeichnet den Vorgang der Umsetzung einer → Information in ein Zeichen bzw. Signal nach einem bestimmten Schlüssel (= **Kode**).
Die Rückübersetzung der Information aus dem Signal wird **Dekodierung** genannt. Kodierung ereignet sich beim Sprechen, Morsen oder bei Rechnern, welch letztere z. B. mit dem Binärkode (zwei Zeichen: 0 und 1) auskommen. Das Hauptanliegen der Informationsforschung auf diesem Gebiet ist es, den mit jeder Kodierung verbundenen Informationsverlust auf seine Ursachen zu untersuchen und auf ein Mindestmaß einzuschränken. K

Koedukation

bezeichnet die gemeinsame Erziehung von Knaben und Mädchen in Heimen und in vorschulischen (z. B. → Kindergarten) und außerschulischen (z. B. Jugendgruppen) Einrichtungen. Die gemeinsame Unterrichtung von Knaben und Mädchen in Schulen wird im Unterschied zur Koedukation exakt **Koinstruktion** genannt. K

Faulstich-Wieland 1991; Hoffmann 1990; Sachverständigenkommission 1986; Stalmann 1991

Körperbehindertenpädagogik → Sonderpädagogik

Körperorientierte Psychotherapien

gehen wie die → Gestalttherapie von der Körper-Geist-Seele-Einheit des Menschen aus, beziehen aber in die therapeutische Arbeit ausdrücklich körperliche Krankheitssymptome und Verspannungen als Anknüpfungspunkte mit ein. Als Vater diesbezüglicher Therapieformen gilt W. Reich (1897–1957), moderne Varianten liegen vor z. B. mit der Neo-Reichianischen Analyse, der Bioenergetik, der Core-Therapie, der Biodynamischen Psychologie, der Therapie des direkten Körperkontakts.

Die den Menschen ganzheitlich bestimmende Bioenergie wird oft durch Fehlentwicklungen in der frühen Kindheit blockiert – meist durch Anpassung an die Bedürfnisse und Wünsche der Erwachsenen –, was sich auch in körperlichen Symptomen niederschlägt. Zur üblichen psychologischen → Anamnese tritt deshalb eine ausführliche, die Therapie auch weiterhin begleitende Körperdiagnostik. Die therapeutischen Methoden reichen von Sensibilisierung der Selbstwahrnehmung über Atemtechniken und Übungen für die Muskulatur bis zu massageähnlichen Techniken.

Lowen 1988 (2×), 1992; Reich 1989, 1990

→ Psychotherapie K

Körpersprache

ist die zusammenfassende Bezeichnung für nichtverbale Ausdrucksformen, die Mitteilungscharakter besitzen. Sie ereignet sich z. B. durch Körperhaltung, Körperkontakt und Blickkontakt, durch Gestik und Mimik, durch das Verhalten im Raum und die räumliche Stellung zu den Kommunikationspartnern (Zuwenden, Abwenden, Nähe, Distanz), durch Signale der Zugehörigkeit zu einer bestimmten Gruppe (Abzeichen, Kleidung, äußeres Erscheinungsbild wie z. B. bei den Skinheads).
Körpersprache wird

- **sprachbegleitend** zur Verstärkung, Veranschaulichung, Relativierung der gesprochenen Rede eingesetzt und
- **selbständig** als Ersatz der Sprache oder unabhängig von der Sprache wie z. B. bei den Demutsgebärden.

Eine Sonderform der sprachersetzenden Körpersprache ist die **Gebärdensprache** der Taubstummen, die sich durch teils natürliche, teils künstlich geschaffene Bewegungen des Mundes und der Hände ausdrücken.

Es ist eine lebenslange Aufgabe für jeden Menschen, insbesonders aber für den Lehrer im Rahmen des Modell-Lernens, an der Übereinstimmung seiner verbalen und nonverbalen Ausdrucksmittel zu arbeiten. K

Argyle 1978; Heidemann 1989; Lowen 1992; Rosenbusch/Schober 1986; Schober 1989

Kognition

bedeutet Kenntnis, → Erkenntnis. Sie befaßt sich mit Funktionen und Erkenntnisvorgängen, die zur → Wahrnehmung, zum Begreifen eines Objektes oder zum Wissen über dieses beitragen, wie z. B. Hören, Sehen, Vorstellen, → Denken, → Lernen.

Logisch werden von der Kognition Leistungen des Willens und des Gefühls unterschieden, die in der Praxis der Erkenntnisgewinnung allerdings untrennbar und stark beeinflussend mit den kognitiven Leistungen verbunden sind.

Nach J. Piaget (1975, 1984[8]) werden folgende Entwicklungsphasen der Kognition unterschieden:

- Phase der sensumotorischen → Intelligenz (bis 2 Jahre)
- Phase des vorbegrifflichen, symbolischen Denkens (2 bis 4 Jahre)
- Phase des anschaulichen Denkens (4 bis 7 Jahre)
- Phase der konkreten → Operationen (7 bis 11 Jahre)
- Phase der formalen Operationen

Anderson 1988; Gadenne/Oswald 1991; Kaufmann-Hayoz 1991; Montada 1983; Münch 1992; Singer 1990

→ Affektivität → Gefühl → Kognitiver Lernzielbereich → Sensumotorik K

Kognitive Dissonanz → Dissonanz, kognitive

Kognitive Stile

bezeichnen relativ stabile Verhaltensweisen bei der Informationsaufnahme und -verarbeitung. Für (schulisches) Lernen sind vor allem bedeutsam die kognitiven Stile

- Feldabhängigkeit (Abhängigkeit vom Lernarrangement und den beteiligten Bezugspersonen),
- Feldunabhängigkeit (relativ selbständiger und selbstbewußter, von äußeren Bedingungen unabhängiger Umgang mit Lerninhalten),
- Impulsivität (spontanes, von plötzlichen und rasch wechselnden Einfällen geleitetes, auch ungeduldiges Lernverhalten).
- Reflexivität (überlegtes, umsichtiges, von logischen Operationen bestimmtes und ausdauerndes Lernverhalten).

Die kognitiven Stile bestimmen in je individueller Mischung, also mit schwerpunktmäßig verschieden ausgeprägten Anteilen das Lernverhalten eines Menschen. Korrekturen z. B. durch Trainingsangebote erweisen sich angesichts der schulischen Lernerwartungen vor allem bei extrem ausgeprägter Feldabhängigkeit und Impulsivität als notwendig. K

Kognitiver Lernzielbereich

Er umfaßt Lernziele aus dem Bereich des Wahrnehmens, Erinnerungsvermögens, Gedächtnisses und Denkens. Durch sie werden primär intellektuelle Funktionen angesprochen. Alle → Lernziele haben eine kognitive Dimension (→ Taxonomie).

Beispiele zu kognitiven Lernzielen: Wissen von Fakten, Regeln, Gesetzen, didaktischen Abläufen;
Fähigkeit zur Synthese, Analyse, Interpretation, Herstellung und zum Erkennen von Zusammenhängen und Grenzbereichen und zum Reflektieren über Vorstellungen und Problembereiche. O

Kohärenz

bedeutet den Zusammenhalt von einzelnen Elementen in einem sie verbindenden Ganzen.

→ Gestaltgesetze → Gruppenkohäsion K

Kohäsion

und → Lokomotion sind Grundaufgaben der Führung. Die Kohäsion zielt darauf ab, die Zusammengehörigkeit und den Bestand einer Gruppe herbeizuführen und aufrecht zu erhalten. Sie soll in einem ausgewogenen Verhältnis zur Lokomotion stehen. Lehrer oder Führungskräfte werden als kohäsiv bezeichnet, wenn sie über soziale Sensibilität (→ social sensibility) verfügen.

→ Gruppenkohäsion → Sensibilität O

Koinstruktion → Koedukation

Kokain

ist ein chemischer Extrakt, der durch Kneten der Blätter des Kokastrauches (Hauptanbaugebiete in Peru und Bolivien) in Verbindung mit Wasser und Kalk hergestellt wird. Es wird geschnupft, gekaut (vor allem von den südamerikanischen Indianern zur Überwindung des Hungergefühls) und als Tee getrunken. Kokain hat eine stark aufputschende Wirkung. Die euphorischen Gefühle schlagen nach relativ kurzer Wirkungsdauer in abgespannte, mißmutige, angstbesetzte Zustände um. Langfristiger Konsum hat Wahnvorstellungen, Schlaflosigkeit und körperlichen Verfall zur Folge sowie psychische Abhängigkeit.

Literatur vgl. bei Drogen- und Drogenmißbrauch!

→ Drogen- und Drogenmißbrauch → Haschisch → Heroin → Marihuana → Sucht K

Kolleg

Das Kolleg ist eine Bildungsinstitution zur Erlangung der allgemeinen Hochschulreife für Erwachsene mit → mittlerem Bildungsabschluß und abgeschlossener Berufsausbildung oder einer Berufstätigkeit von mindestens 3 Jahren bzw. mit Fachschulreife. Die Ausbildung erfolgt im Vollzeitunterricht und dauert 2½ Jahre (5 Semester). Ein Beruf kann nebenher nicht ausgeübt werden.

→ Bayernkolleg O

Kollegstufe

Bei der Kollegstufe handelt es sich um eine Neugestaltung der gymnasialen Oberstufe der Klassen 11 bis 13. Die Jahrgangsklassen werden in ein System halbjährlicher, themenbestimmter Grund- und Leistungsklassen umgewandelt. Der Schüler bleibt an einen Pflichtbereich zentraler Fächer gebunden. Von den Fächern

Deutsch, Fremdsprachen, Mathematik müssen wenigstens zwei bis zum Abitur durchgehend mit Grundkursen belegt sein. Daneben bleibt für den Schüler die Möglichkeit von Wahlbereichen (Leistungskurse).
Das → Abitur als Abschlußprüfung mit Zugangsberechtigung zur → Hochschule bleibt erhalten. In Verbindung mit der Aufgliederung in Grund- und Leistungskurse wird auch die Leistungsbeurteilung anders gestaltet. Sie beruht ab der 12. Jahrgangsstufe auf einem Punktesystem, von dem aus eine Umsetzung in Noten erfolgt. Damit strebt man eine gerechtere Beurteilung an.
Durch die Einführung der Kollegstufe soll im Rahmen der Leistungskurse eine fachliche Vertiefung ermöglicht werden, um eine Verbesserung der allgemeinen Studierfähigkeit zu erreichen. Die Grundkurse dienen im Gegensatz zu den Leistungskursen der Breitenorientierung in bestimmten Wissensbereichen. Durch Differenzierung und Spezialisierung sollen die individuellen Neigungen und Fähigkeiten der Schüler stärker berücksichtigt und besser angesprochen werden.
Der Lehrer der Kollegstufe wird vor allem für die Unterrichtserteilung im Leistungskurs in geringerem Maße auf den Lehrervortrag zurückgreifen können. Die Schüler müssen durch unterschiedliche und wechselnde Lehr- und Lernmethoden aktiviert, zur Selbsttätigkeit angeregt und mit neuen Arbeitsverfahren vertraut gemacht werden.
Um einheitliche Wege im Unterricht und in den Prüfungsanforderungen annähernd zu garantieren, wurden für die einzelnen Fächer Normenbücher entwickelt, die von den Lehrkräften zu berücksichtigen sind. OK

Institut für Schulpädagogik und Bildungsplanung, Einzeltitel

Kollektiv, Kollektivverhalten

Der Begriff Kollektiv ist vor allem in der kommunistischen Gesellschaftslehre geläufig. Er bezeichnet Gruppen, deren Mitglieder auf der Grundlage gleicher ideologischer Anschauungen miteinander zum Wohle des Kollektivs und der Gesamtgesellschaft gleichberechtigt ihrer individuellen Leistungsfähigkeit entsprechend arbeiten. Ein förderliches Kollektivverhalten in diesem Sinne bedeutet freiwillige Einschränkung individueller Freiheit zugunsten der gemeinsamen Ziele des Kollektivs. Letztlich wird die Entsprechung der individuellen und der gesellschaftlichen Interessen erstrebt. Als Merkmale eines richtigen Kollektivverhaltens gelten z. B. Kameradschaftlichkeit, Hilfsbereitschaft, Solidarität. Der Weg zu diesem angestrebten Kollektivverhalten führt über die **Kollektiverziehung,** die vor allem von A. S. Makarenko programmatisch formuliert wurde.
In der Praxis bedeutet die Zugehörigkeit zu einem Kollektiv und die damit verbundene tatsächliche oder versprochene Existenzsicherung die Bereitschaft des Einzelnen zu Disziplin und Unterordnung unter die Führung (Partei) bei gleichzeitigem Verzicht auf Kritik am übergeordneten System und Aufgabe freiheitlicher, selbstverantworteter Entfaltung.

→ Kollektivismus K

Kollektivismus

geht vom Vorrang der Gemeinschaft bzw. der Gesamtgesellschaft vor dem einzelnen aus, der sich nur eingebunden in dieselbe entfalten könne.

→ Individualismus K

Kollektivstrafe
bezeichnet die Form der Strafe, durch die anstelle – meist nicht eindeutig identifizierbarer – einzelner alle im Umfeld eines Delikts greifbaren Personen bestraft werden, also z. B. anstelle einzelner Schüler die ganze Klasse. Da die Kollektivstrafe auf die Prüfung individueller Schuld und die nur dadurch gerechtfertigte Ableitung angemessener Straßmaßnahmen verzichtet, ist sie unzulässig und auch durch die Schulgesetze untersagt.

→ Strafe K

Kollektives Unbewußtes → Archetyp

Kolloquium
wird eine Prüfung in Gesprächsform genannt, aber auch ein wissenschaftliches Fachgespräch. K

Kommunale Schulen
Sie gehören wie die → staatlichen Schulen zu den → öffentlichen Schulen. Träger kommunaler Schulen sind Gemeinden, Landkreise, Bezirke oder Zweckverbände. Die kommunale Körperschaft ist Dienstherr des Personals und verantwortlich für den gesamten Aufwand des Unterhalts und Betriebs der Schule, die Einrichtung und Ausstattung, den Personalaufwand.
Vom Staat werden grundsätzlich entsprechend der Schulart Zuschüsse gegeben für Lehrpersonal, Gastschüler, Beschaffung von → Lehr- und → Lernmitteln und für Baumaßnahmen.
Die erlassenen → Schulordnungen gelten für kommunale Schulen in gleicher Weise wie für staatliche Schulen.

→ Ergänzungsschule → Ersatzschule → Privatschule → Schule O

Kommune
Der Begriff Kommune wird im geschichtlichen Sprachgebrauch für eine Gemeinde mit eigenem Verwaltungsapparat, für den mittelalterlichen italienischen Stadtstaat mit republikanischer Verfassung und für den 1871 gewählten Pariser Gemeinderat verwendet, der zur Zeit des Aufstandes der Arbeiterschaft und Nationalgarde gegen die konservative Nationalversammlung in Versailles im Amte war. In der russischen pädagogischen Literatur ist der Begriff unter der Bedeutung des Zusammenlebens mehrerer Personen zur Erreichung eines Zweckes oder eines gesteckten Zieles zu finden. Die Kommune soll nach dem russischen Schulreformer Blonskij neben der Fabrik, neben der Industriearbeit Aufgaben der Schule übernehmen und in gemeinschaftlicher Erziehung größeren Wert auf die Erkenntnisbildung legen als auf das funktionsmäßige Beherrschen vieler technischer Handgriffe. „Blonskij setzt voraus, daß die guten Naturanlagen des Kindes mit dem Bewußtsein des klassenlosen Menschen übereinstimmen und daß sich in der Kommune und in der Fabrik die Anlagen des Kindes zur kommunistischen Lebenshaltung und Bewußtseinshaltung entwickeln“ (Kaiser 1974). In der Pädagogik der westlichen Welt versteht man unter Kommune sowohl eine freie Lebens- und Wohngemeinschaft antibürgerlich und sozialistisch eingestellter junger Menschen als auch eine zweckgebundene Wohn- und Lebensgemeinschaft mehrerer

Einzelpersonen und/oder Ehepaare mit und ohne Kinder zur leichteren Bewältigung des Lebens. Die letztgenannte Form der Kommune ist nur selten ideologisch (→ Ideologie) geprägt. O

Schülein 1978

Kommunikation

bezeichnet den Austausch von → Informationen zwischen zwei oder mehreren Personen, wobei die Mitteilung sprachlich (verbal) oder/und nichtsprachlich (nonverbal, vgl. → Körpersprache, → Mimik) erfolgen kann. Für das Verständnis des nachfolgenden Kommunikationsmodells ist die Erkenntnis bedeutsam, daß Kommunikation niemals ein einfaches Ursache-Wirkungsverhältnis darstellt, sondern daß sie sich in Wechselwirkung zwischen den Kommunikationspartnern im Sinne des → Regelkreissystems ereignet. Der tatsächliche Verlauf einer Kommunikation wird also durch die Aktionen und → Feedbacks aller Beteiligten bestimmt.

Watzlawick, Beavin, Jackson formulierten bezüglich der Kommunikation fünf pragmatische Axiome:

1. Es gibt keine Situation, in der sich der Mensch der Kommunikation entziehen könnte. Auch Schweigen oder die erklärte Unlust zur Kommunikation sind Signale mit Aussage und Absicht.
2. Jede Kommunikation hat eine Inhalts- und eine Beziehungsstruktur, welch letztere bestimmend für die Kommunikation ist. Die inhaltlich simple Aussage „Wo haben Sie denn die Krawatte gekauft?“ kann je nach Grundeinstellung des Sprechers gegenüber dem Angesprochenen, je nach Tonlage, Betonung und Mimik eine sehr verschiedene Beziehung zwischen den Kommunikationspartnern signalisieren.

Kommunikationsmodell:

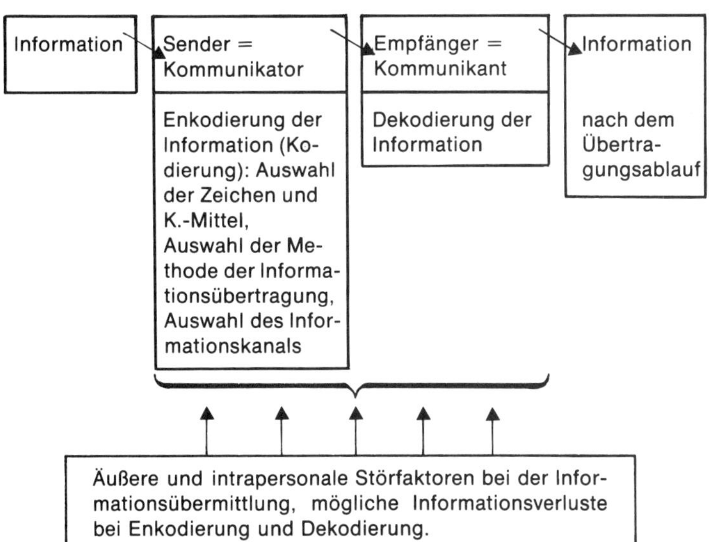

3. „Die Natur einer Beziehung ist durch die Interpunktion der Kommunikationsabläufe seitens der Partner bedingt", also dadurch, welche Details der Kommunikation z. B. sich streitende Eheleute als für ihre jeweilige Reaktion entscheidend wahrnehmen.
4. Es sind digitale und analoge Vorgänge bei Kommunikationen zu unterscheiden. Digitale Kommunikation (engl. digit = Dezimalstelle, Ziffer) ermöglicht aufgrund ihrer „komplexen und vielseitigen logischen Syntax" die exakte Übermittlung von Informationen, die analoge Kommunikation steuert bezüglich der Beziehung der Kommunikationspartner die Bedeutung z. B. durch Mimik, Gestik, Tonfall bei. Im konkreten Kommunikationsprozeß vollzieht sich eine dauernde Übersetzung der digitalen Kommunikation in die analoge und umgekehrt mit allen damit verbundenen Nachteilen des Informationsverlustes und der Fehldeutung der Beziehungen.
5. „Zwischenmenschliche Kommunikationsabläufe sind entweder symmetrisch oder komplementär, je nachdem, ob die Beziehung zwischen den Partnern auf Gleichheit oder Unterschiedlichkeit beruht." Die symmetrische Form der Kommunikation birgt die Tendenz zur → Eskalation z. B. einer Meinungsverschiedenheit in sich, während die komplementäre Form der Kommunikation aufgrund der unterschiedlichen Positionen der Kommunikationspartner auf Über- und Unterordnung beruht (z. B. Eltern – Kind, Lehrer – Schüler), die Gefahr mit einschließend, daß der Übergeordnete immer dominanter, der Untergeordnete immer unterwürfiger wird.

Argyle 1978; Baacke 1980; Cicourel 1975; Clausen/Eckert 1990; Dröge u. a. 1973; Föld/Semrau 1984; Göppner 1984; Graumann 1972; Habermas 1984, 1988; Honneth/Joas 1986; Köck 1985 (NA); Langenmeyer 1984; Martens 1979; Matthiesen 1985; Meggle 1981; Merten 1977; Merten/Teipen 1991; Mollenhauer 1982; Mucchielli 1974; Reimann 1974; Schäfer/Schaller 1971; Shannon/Weaver 1949; Stecker 1987; Steinert 1973; Steinmetz 1987; Ungeheuer 1972; Watzlawick u. a. 1990; Wiener 1968

→ Interaktion → Kommunikative Didaktik → Massenmedien → Metakommunikation K

Kommunikationstechnologie

Jede → Kommunikation (= Mitteilung, bei Jaspers z. B. das verstehende Miteinander von Mensch zu Mensch) ist auf allgemein verständliche und verbindliche Zeichen angewiesen, mit deren Hilfe sich Menschen Informationen geben können. Solche Zeichen sind z. B. die Sprache, Gesten, Mimik, Symbole wie Verkehrszeichen usw. Die Kommunikationstechnologie umfaßt sämtliche technische Möglichkeiten, also Medien, die als Träger einer Information kommunikationsstiftend wirken können, das Telefon also ebenso wie ein Bild oder das Fernsehen. Um die Erforschung der Art des Informationsflusses in einer Kommunikation und seiner Regelung und um allgemeinverbindliche Zeichensetzungen bemühen sich vor allem die → Informationstheorie und die → Kybernetik. K

Penland 1974; Schuster 1986; Ständige Arbeitsgemeinschaft für Medienfragen ... 1988

Kommunikationsstörungen

sind aus verwirklichter → Kommunikation nicht auszuschließen. Sie können bestenfalls aufgedeckt und einer Bearbeitung zugeführt werden, aber nicht ein für allemal beseitigt werden.
Hauptursachen für Kommunikationsstörungen sind die folgenden:

- Die Beziehung zwischen den Kommunikationspartnern ist belastet.
- Ein Kommunikationspartner ist durch somatische Erkrankungen (z. B. Hirnschädigungen verschiedener Art) oder durch psychische Erkrankungen in seiner Kommunikationsfähigkeit beeinträchtigt.
- Es liegt eine entwicklungsbedingte Kommunikationshemmung aufgrund reizarmer Umwelt und/oder mangelnder Zuwendung vor (z. B. mit den hinlänglich bekannten Folgen eines geringeren situationsabhängigen Sprachschatzes = restringierter Code).
- Die Kommunikationspartner verstehen die Sprache (allgemeiner: Signale oder Zeichen) des Gegenüber nicht oder wollen sie nicht verstehen (z. B. Fachsprache, Juristen- oder Verwaltungsdeutsch, Sprachschatz von Subkulturen Jugendlicher, Dialekt).
- Der Transport der Informationen ist beeinträchtigt (z. B. durch Fremdgeräusche, durch selektive Wahrnehmung, durch Emotionen, also allgemein durch Informationsverluste, – auch absichtlich veranlaßte).
- Als Ursache vieler Kommunikationsstörungen sehen die Kommunikationswissenschaftler heutzutage die fortschreitende Differenzierung des Lebensganzen in Spezialbereiche mit Spezialaufgaben. Trotz enorm angestiegener Informationsflut geht der Blick für das Ganze verloren, ganz zu schweigen vom einfühlenden Verstehen von Gesamtzusammenhängen.
- Kommunikation wird zunehmend über Massenmedien und Computer konsumiert statt praktiziert.

Erschwerend für die Kommunikation im Sinne des Gemeinsamerfahrens von Informationen und des Verstandenwissens wirkt sich ferner ihre **Beeinflussung durch Einstellung, Normen, Erwartungen, Erfahrungen, Herkunft der Kommunikationspartner** aus, und nicht zuletzt das Ausmaß an Sensibilität der Kommunizierenden, Mitteilungen überhaupt und dann möglichst unverfälscht wahrzunehmen.

Lotzmann 1989; vgl. auch Literatur bei Kommunikation!

→ Kommunikative Kompetenz K

Kommunikationstheoretische Didaktik

Die kommunikationstheoretische Didaktik geht in ihrer Forschung schwerpunktmäßig die sozialen unterrichtlichen Interaktionen in ihrer → Interdependenz zum Inhalts- und Methodenproblem an. Sie bedient sich hierbei vor allem der Erkenntnisse und Forschungsmethoden der → Kommunikationstheorie und der Rollentheorie (→ Rolle).

Popp 1976; Schäfer/Schaller 1976[3]

→ Didaktik → Kommunikation → Kommunikative Didaktik → Strukturmodelle der Didaktik K

Kommunikationstheorie

formuliert wissenschaftlich fundierte Aussagen über den Vorgang gelungener und mißlungener → Kommunikation und deren Bedingungen. Sie untersucht z. B. Arten, Funktionen und Axiome der Kommunikation, die Veranschaulichung der komplexen Kommunikationsvorgänge durch Kommunikationsmodelle und -netze sowie die Beschreibung der Ursachen und Verläufe von → Kommunikationsstörungen.

Im Rahmen der **Kommunikationstherapie** wird versucht, Kommunikationsstörungen in adressaten- und situationsangemessene Kommunikation überzuführen (vgl. hierzu v. a. → Gesprächs-(psycho-)therapie und → Trainingsmethoden, gruppendynamische!). K

Ramsenthaler 1982; Watzlawick u. a. 1990; vgl. auch Literatur bei Kommunikation!

Kommunikationstraining

ist eine zusammenfassende Bezeichnung für gruppendynamische → Trainingsmethoden, deren Zielsetzung schwerpunktmäßig in Bearbeitung und Verbesserung zwischenmenschlicher Beziehungen besteht. Kommunikationstrainings werden von authorisierten Institutionen in der Regel für bestimmte Adressatengruppen angeboten (z. B. Lehrer, Schulräte, Ärzte, Theologen, Paare), um deren spezielle Kommunikationsprobleme (z. B. Autorität, Beratung, Konfliktregelung, Sexualität) auf gemeinsamem Erfahrungshintergrund der Gruppenmitglieder einer intensiven Bearbeitung zuführen zu können. Die Langzeitwirkung derartig adressatenspezifisch angelegter Kommunikationstrainings scheint außerordentlich groß zu sein, wie eine Erhebung des Autors an der Akademie für Lehrerfortbildung in Dillingen (Bayern) erkennen läßt. K

Anneken 1977; Fittkau u. a. 1989 (NA); Köck 1975, 1985 (NA); Mandel u. a. 1989 und 1976; Speck 1991

Kommunikative Didaktik

versteht Unterricht als „kommunikatives Handeln mit lernbezogener Zielorientierung" (Mollenhauer). Die Kommunikative Didaktik ist durch Anleihen bei der → Kritischen Theorie der Frankfurter Schule, der → Kommunikationstheorie, der Handlungstheorie (→ Handlungsorientierter Unterricht) und der Theorie des → Symbolischen Interaktionismus geprägt.

In Anlehnung an Popp (1976) kann das Verständnis der Kommunikativen Didaktik durch folgende Aussagen beschrieben werden:

1. „Aufgabe der Didaktik ist Analyse und Planung von Lernprozessen, wobei die Bedingungen und Gesetzmäßigkeiten von Lernprozessen als ‚Wahrheiten auf Widerruf zu behandeln sind' ".
2. „Didaktik ist als realistisch-kritische Disziplin nicht so sehr aus auf die Festschreibung von Ergebnissen, sondern auf ihre weitere Untersuchung und Korrektur im Bewußtsein der Geschichtlichkeit und der notwendigen Pluralität der Perspektiven." Die kommunikative Didaktik tritt nicht mit dem Anspruch auf ausschließliche Gültigkeit auf, sondern als offenes System.
3. Unterricht als Ergebnis didaktischer Analyse und Planung zielt auf die „zunehmende Partizipation" und den „Aufbau kritisch praktischer Handlungsfähigkeit" der Lernenden in einem stets sich verändernden Umfeld.
4. Da „Interaktionen im didaktischen Feld durch Tradition und Organisationsstrukturen weitgehend verfestigt und ritualisiert sind", hat die Didaktik dafür Sorge zu tragen, daß diese Verfestigungen aufgedeckt und in alternative, unter Umständen eher lernprozeßfördernde Handlungsspielräume erweitert werden.
5. Die „ideologiekritische Reflexion" als Aufgabe der Didaktik ergibt sich aus dem „Grundsatz der kooperativen Wahrheitssuche in einem offenen System, wie er durch die Komplexität, die Geschichtlichkeit und die situative Bedingtheit des Gegenstands der Didaktik gegeben ist".

6. Didaktik dient der Sensibilisierung der Lehrenden für ihre erzieherischen Aufgaben, die entgegen jeder aspekthaften Blickverengung darin bestehen, den Schülern eine Einheit von Lernen und Handeln zu garantieren. Für das Unterrichtsgeschehen sind die Absichten und Handlungen aller Beteiligten maßgeblich. Daraus ergibt sich für die Forschung im pädagogischen Feld, daß sie zwangsläufig als Handlungsforschung erfolgt.
7. „Interaktionsprozesse im didaktischen Feld sollen mit Hilfe der Didaktik so analysiert und strukturiert werden, daß die Einführung in die gesellschaftliche Wirklichkeit als kritische Auseinandersetzung in einem kooperativen Lernprozeß ermöglicht wird, in den auch die Lehrenden als Lernende einbezogen bleiben. ‚Didaktik als Aufklärung' (Halbfas) schließt Selbstaufklärung und entsprechende Lernprozesse mit ein." Kommunikative Didaktik versucht, das übliche Lehrer-Schüler-Gefälle im Sinne eines Abbaus komplementärer Beziehungen zugunsten symmetrischer Beziehungen zu überwinden.
8. Unterricht ist als umfassendes Interaktionsfeld mit vielfältigen Verflechtungen mit dem innerschulischen und außerschulischen Umfeld zu sehen und nicht als pädagogische Provinz zum Zweck des Informationsumsatzes. Für die Unterrichtsvorbereitung ergibt sich hieraus die Forderung, die Planung der Inhaltsvermittlung in ihrer Interdependenz mit den dabei wirkenden Interaktionsformen vorzunehmen. Informationsübermittlung im Unterricht erfolgt nicht um ihrer selbst willen, sondern zu dem Zweck, soziales Lernen, Ich-Findung und verantwortungsbewußtes Handeln in der und für die Gesellschaft zu ermöglichen.
9. „Der Widerspruch und gleichzeitige Bedingungszusammenhang von Lehre und Fremdbestimmung einerseits und von Kooperation und diskursiver Auseinandersetzung andererseits ist nicht aufzulösen." Darin besteht die „pädagogische Paradoxie" (Mollenhauer), die als Dauerauftrag dazu aufruft, sie über Metakommunikation bzw. Diskurs situations-, rollen- und funktionsangemessen zu verringern. Das pädagogische Ziel liegt hier in erster Linie im Vollzug des Prozesses, der immer nur Teilerfolge bringen wird.
10. „Didaktik als Handlungswissenschaft hat die Aufgabe, über notwendige Veränderungen der Kommunikationsstrukturen aufzuklären und an ihrer Verwirklichung im Sinne emanzipatorischer Zielsetzung konkret zu arbeiten. Gleichzeitig muß sie, ohne diesen Anspruch aufzugeben, die Lernfähigkeit und die Innovationstoleranz des sozialen Systems realistisch ermitteln, gegebene Spielräume handelnd vermessen und durch Praxis sukzessiv erweitern. Didaktisches Handeln könnte dadurch Modellcharakter bekommen für die intendierte kritisch-praktische Handlungsfähigkeit der Heranwachsenden."

Für die unterrichtliche Praxis fordert die Kommunikative Didaktik z. B.:
- Ständige Arbeit an einer Mindestübereinstimmung im kommunikativen Handeln, z. B. durch Verständigung über die praktizierte Alltagssprache und durch Vereinbarung und Übung von Verfahren zur Regelung der Beziehungen,
- Abbau des Zwanges zum Lernen durch Teilhabe der Schüler, wo immer dies entwicklungsentsprechend im Planungsbereich und im Unterricht selbst möglich ist.
- Bei jeder Gelegenheit sind die Schüler von der Reaktion zur Aktion zu bringen (→ Handlungsorientierter Unterricht)
- Unterricht ist auch der Ort für den angemessenen Umgang mit den eigenen

Gefühlen und den Gefühlen der anderen, sowie mit Selbst- und Fremdwahrnehmung.
- Kommunikative Didaktik thematisiert die gruppendynamische Komponente schulisch gestalteter Lernprozesse.
- Kommunikative Didaktik setzt mit Nachdruck auf den Einsatz aktivitäts- und kooperationsfördernder Maßnahmen.
- Wann immer möglich, ist im Unterricht eine Brücke zu schlagen zwischen schulischer und außerschulischer Wirklichkeit. K

Jourdan 1976, 1989; Masschelein 1991; Schaller 1987; Schneider 1982; Winkel 1986; vgl. auch Literatur bei Kommunikation und Kommunikationstheoretische Didaktik!

Kommunikative Kompetenz

ist zugleich Voraussetzung und lebenslanges Lernziel des vor allem von J. Habermas beschriebenen Idealkonstrukts eines kommunikativen Handelns. Dieses liegt vor, wenn in gemeinsamen Lebenssituationen ein kooperativer Deutungsprozeß vorgenommen wird.

Die Handlung wird an der Verständigung orientiert, d. h., wechselseitige Geltungsansprüche werden intersubjektiv anerkannt, die Handlungspläne der Beteiligten werden durch verständigungsorientierte Benutzung der Sprache koordiniert (im Gegensatz zur wechselseitigen Beeinflussung beim strategischen Handeln).

Für das Gelingen kommunikativen Handelns müssen allerdings einige **Voraussetzungen** erfüllt sein:

1. Der Sprecher beansprucht **Wahrheit** für Aussagen oder Existenzbehauptungen,
2. **Richtigkeit** für legitim geregelte Handlungen und deren normativen Kontext
3. und **Wahrhaftigkeit** für die Kundgabe subjektiver Erlebnisse. (Habermas 1984, S. 589)

Konsequenterweise darf „in Zusammenhängen kommunikativen Handelns als zurechnungsfähig nur gelten, wer als Angehöriger einer Kommunikationsgemeinschaft sein Handeln an intersubjektiv anerkannten Geltungsansprüchen orientieren kann“ (Habermas 1988, S. 34).

Es liegt auf der Hand, daß ein derart idealisiertes Verständnis der kommunikativen Kompetenz bestenfalls als Maßstab für konkrete pädagogische Situationen verwendet werden kann, nicht als unmittelbare Handlungsanweisung, deren Ergebnisse angesichts der vielfältigen, z. T. unberechenbaren Beeinflussungsfaktoren in der pädagogischen Wirklichkeit zwangsläufig frustrieren müssen.

Dröse 1982; Ingendahl 1992; vgl. auch Literatur bei Kommunikation und Kommunikative Didaktik!

→ Handlungsorientierter Unterricht → Kompetenz K

Kommunikativer Kontext → Kontext

Kompaktstudium → Kontaktstudium

Kompatibilität

Der in der Medientechnik gebräuchliche Begriff besagt die Vereinbarkeit verschiedener technischer Systeme (Computer) oder Apparaturen. In Ermangelung firmenübergreifender und international genormter Bandbreiten z. B. im Bereich der → Videotechnik ist es nicht möglich, alle Sorten von Videobändern in jedem beliebigen → Videorecorder zu verwenden, d. h. sie sind u. U. nicht kompatibel. Bei der Einrichtung von Videoanlagen ist deshalb darauf zu achten, daß alle installierten Geräte die gleiche Bandbreite aufweisen. → Software auf inkompatiblen (nicht vereinbaren) Bandbreiten muß mit Hilfe eines passenden Gerätes auf die Bandbreite überspielt werden, die für das Wiedergabegerät zutrifft. K

Kompendium

bezeichnet ein auf wesentliche Aussagen beschränktes Lehrbuch, das die Darstellung und Diskussion unterschiedlicher wissenschaftlicher Ansichten oder Forschungen zu einem Problem in den Hintergrund stellt bzw. überhaupt vermeidet. Kompendien verstehen sich oft – z. B. im Bereich von Erziehung und Unterricht – als kurzgefaßte, manchmal auch regelhafte Praxisanleitungen. K

Kompensation

Als Kompensation wird jeglicher Ausgleich verstanden, der individuelle Schwächen oder Defekte zu verdecken versucht. Nach A. Adler stellt sie das Streben nach Ersatzbefriedigung als Ausgleich von Minderwertigkeitsgefühlen dar. Unkontrollierte Kompensation kann zur Entwicklung von → Neurosen führen.

→ Individualpsychologie OK

Kompensatorische Erziehung

bemüht sich um gezielte pädagogische Maßnahmen, die geeignet sind, Entwicklungsdefizite, die vor allem durch eine bestimmte Schichtenzugehörigkeit und mangelnde erzieherische Forderung verursacht sind, im Vorschul- und im Schulalter ausgleichen zu helfen. Mit der kompensatorischen Erziehung stellt sich die Frage nach der → Norm, an der Normabweichungen gemessen werden. Es erscheint zunehmend fragwürdig, das Maß an den Leistungen und Erwartungen der sogenannten Mittelschicht zu gewinnen.

Müller 1975

→ Chancengleichheit → Differenzierung K

Kompetenz

bezeichnet **umgangssprachlich** eine durch tatsächlichen Vollzug nachgewiesene Fähigkeit, wobei das Ausmaß dieser Fähigkeit für die Bewertung der Kompetenz maßgeblich ist. In diesem Sinne spricht man z. B. von umfassender oder geringer sprachlicher Kompetenz oder gar von Inkompetenz (= nicht hinreichend entwikkelte Fähigkeit). Kompetenz in der Bedeutung von Zuständigkeit kennzeichnet Bereiche, → Reviere – oft mit Machtmitteln versehen –, deren Inhaber idealerweise auch mit den zugehörigen Fähigkeiten ausgestattet sein sollten.

Ein differenzierteres Verständnis von Kompetenz wurde von der **Linguistik** (Chomsky) und der **Sozialphilosophie** (Habermas) entwickelt. Danach wird zwischen Kompetenz als zugrundeliegendem kognitivem Regelsystem und Performanz als tatsächlicher Handlung (z. B. Sprechen) in konkreten Situationen unterschieden.

Die Kompetenz ihrerseits wird in drei Erscheinungsformen beschrieben:

- Kompetenz als grundsätzliche Veranlagung, überhaupt bestimmte Fähigkeiten ausbilden zu können;

- Kompetenz als mögliche Idealentfaltung des vernunftbegabten Menschen, die der Einzelne nie erreichen kann;
- Kompetenz als besondere Vorgabe an Fähigkeiten eines bestimmten Individuums.

Dem Menschen als vernunftbegabtem Subjekt kommt während seiner Entwicklung – in Abhängigkeit von den jeweils erreichten Entwicklungsstufen – insbesonders die Aufgabe zu, Kompetenz in dreifacher Richtung zu entfalten: operative Kompetenz (von Piaget im Bereich der → Intelligenzentwicklung untersucht), moralische Kompetenz (von Kohlberg beschrieben) und → kommunikative Kompetenz (v. a. von Habermas verfochten). Lernprozesse, vor allem schulisch organisiertes Lernen, setzen als Vermittlungsinstanzen zwischen Kompetenz und Performanz an, und zwar im Sinne eines Wechselwirkungsvorganges.
Das nicht nur humoristisch gemeinte (und nach seinem Entdecker benannte) **Peter-Prinzip** beschreibt das offensichtlich nicht selten anzutreffende Dilemma, daß – vornehmlich in gesellschaftlichen Gruppierungen mit hierarchischer Beförderungsautomatik – ein Individuum solange in seiner Zuständigkeit höher steigt, bis es die Stufe seiner – dann zu spät offenkundigen – Inkompetenz erreicht hat. K

Vgl. Literatur bei Kommunikative Kompetenz!

Kompetenz, soziale → Soziales Lernen

Komplementarität

bezeichnet den Tatbestand der gegenseitigen Ergänzung in einer dinglichen oder personalen Beziehung. So wird z. B. in der → Didaktik Komplementarität der drei Lernzielarten (kognitive, affektive, instrumentelle Lernziele) bei der Unterrichtsplanung und -durchführung gefordert. K

Komplex

1. Im allgemeinen psychologischen Sprachgebrauch werden Verhaltensweisen als komplex bezeichnet, die nicht schlicht als Reiz-Reaktions-Folgen beschrieben werden können, sondern die von vielen, meist nicht gänzlich erschließbaren Faktoren bestimmt werden.
2. In der → Psychoanalyse werden unter Komplexen meist stark affektbeladene Gedanken oder Vorstellungen verstanden, die das Individuum als unerlaubt, d. h. nicht normentsprechend oder peinlich verdrängt, d. h. in das Unbewußte abschiebt. Komplexe lösen nicht selten → Neurosen, Zwangs- oder Fehlhandlungen aus.

→ Minderwertigkeitskomplex → Ödipuskomplex K

Komplexkapazität

bezeichnet die mehr oder minder große Anzahl von sich bedingenden und wechselseitig miteinander in Beziehung stehenden Faktoren, die alle zusammengenommen z. B. eine Situation, ein Phänomen oder eine Verhaltensweise bestimmen. So ist z. B. die Komplexkapazität der zu beobachtenden Verhaltensweisen bei einer Unterrichtsanalyse derartig hoch, daß die einzelnen verhaltensbestimmenden Faktoren nur aspektweise oder nacheinander mit Hilfe einer filmischen Dokumentation erschlossen und bearbeitet werden können. K

Konditionierung

Der Begriff Konditionierung, fester Bestandteil der modernen Lernpsychologie, geht auf experimentelle Arbeiten J. P. Pawlows (**klassische** Konditionierung) zurück. Im Tierversuch unterschied Pawlow zwischen primären und sekundären Reizen. Der primäre Reiz = unkonditionierter, unbedingter Reiz (z. B. Futter) löst einen unkonditionierten Reflex aus (z. B. Speichelfluß beim Hund). Der sekundäre Reiz (z. B. ein oftmals mit der Futtergabe gekoppelter Glockenton) löst als konditionierter (= bedingter) Reiz für sich allein denselben Effekt aus, der jetzt aber konditionierter Reflex genannt wird, da er sich nicht auf den „natürlichen" Reiz (Futter) hin einstellt.
Beim **operanten** Konditionieren Skinners, das bei der → Programmierten Instruktion eine wesentliche Rolle spielt, kommt es v. a. auf eine regelmäßige oder in genau festgelegten Abständen wiederkehrende Verstärkung eines Lernverhaltens an, also auf die Bekräftigung der Reaktion in einem Frage-Antwort-Prozeß. Den Begriff operante Konditionierung rechtfertigt Skinner mit dem Argument, daß Verhalten gleichsam auf die Umwelt „einwirke", um Bekräftigung hervorzurufen. Das Lernverhalten verstärkend wirkt also nicht die Reaktion auf einen Reiz, sondern die mit der Reaktion verbundene angenehme Wirkung (Lob, Erfolg). Entsprechend führt eine unangenehme Wirkung (Strafe, Mißerfolg) auf eine Verhaltensweise zur Vermeidung oder Löschung des Verhaltens.

Hamm 1987; Liebermann 1974; Wyrwicka 1972

→ Verhaltensmodifikation → Verstärkung K

Konfabulationen

Nach Duden sind Konfabulationen „auf Erinnerungstäuschung beruhende Berichte erfundener Erlebnisse". Im medizinischen Sprachgebrauch bezeichnen Konfabulationen „Störungen bei der Einordnung von Erlebnissen im Gedächtnisfeld"; ferner Zeitgitterstörungen, womit die gestörte „Fähigkeit gemeint ist, die erlebten Ereignisse in zeitlich richtiger Folge zu ordnen und zu reproduzieren". Auch „zufällige Einfälle ohne Bezug zum jeweiligen Gedankengang", die „oft zur Ausfüllung intellektueller Lücken bei beginnendem hirnorganischem Abbau" auftreten, werden so genannt. Alle hirnorganischen Krankheiten (wie sie z. B. mit Alkoholismus, Paralyse, Arteriosklerose verbunden sind) sind von Konfabulationen begleitet (Pschyrembel 1986).
Im Vorfeld hirnorganischer Störungen bezeichnen Konfabulationen aber auch auf Überlastung oder routinierte Oberflächlichkeit zurückgehende Ungenauigkeiten, die zusammen u. U. ein völlig realitätsfernes Bild von einem Menschen oder einer Situation geben können. So wird im erzieherischen Bereich z. B. der Verhaltenskomplex zerstörerischer Aggressivität einem Kind „angedichtet", das zwar in eine entsprechende Situation verwickelt war, aber vielleicht als passiver Zuschauer. Im Fall einer ungerechten Strafe wäre zu prüfen, ob die Reaktion des Erziehers nicht das Ergebnis von Konfabulationen ist.
In systematischen Beobachtungen sind Konfabulationen besonders folgenschwer, da die Beobachtungsergebnisse u. a. Ansatzpunkte für gezielte erzieherische Maßnahmen liefern sollen.
Konfabulationen kann begegnet werden durch eine exakte Überprüfung von Beobachtungsdaten auf ihre Zuverlässigkeit. Im einzelnen sind
– Fakten von Mutmaßungen eindeutig zu trennen,

- Fakten durch Gegenkontrolle und Stellungnahme des Betroffenen abzusichern, nicht gesicherte Fakten fallen zu lassen,
- gezielte Beobachtungen nur durchzuführen, wenn auch genügend Zeit und Aufmerksamkeit zur Verfügung steht, Konfabulationen also nicht mutwillig Vorschub geleistet wird,
- Beobachtungsergebnisse sofort aufzuzeichnen, um Erinnerungslücken und davon ausgehende Verfälschungen auszuschalten. K

Konflikt

Als Konflikt wird die spannungsgeladene Auseinandersetzung zwischen sich widerstreitenden Motiven, Einstellungen, Interessen bezeichnet. Ein Konflikt kann sowohl intrapersonal aufgrund des gleichzeitigen Aufeinandertreffens z. B. zweier oder mehrerer subjektiv gleich bedeutsamer Motive in ein und derselben Person ausgetragen werden als auch interpersonal zwischen zwei oder mehreren Personen, Gruppen, Institutionen usw. (= sozialer Konflikt).
Kognitive Konflikte, die durch widersprüchliche Informationen, durch noch nicht in den Wissenbestand eingepaßte Informationen oder das bisherige Wissen verunsichernde Informationen hervorgerufen werden, sind eine grundlegende Voraussetzung des Lernens, da sie über die Verunsicherung Neugier auslösen und das Bestreben, durch Bearbeitung der konfliktbeladenen Situation wieder in einen entspannten Zustand zurückzufinden.
Bei den **sozialen Konflikten** handelt es sich meist um folgende drei Konflikt-Typen:

1. **Ein zu knappes Gut** reicht nicht für die Befriedigung der Bedürfnisse aller an ihm Interessierten aus. Beispiel: Ein Kind unter Geschwistern bekommt ein Spielauto, sein Bruder möchte genau dasselbe Auto auch haben. Als mögliche Lösung des Konflikts bieten sich (ohne Wertung) an:
   a) Güterreduzierung (keiner erhält das Auto)
   b) Gütervermehrung (jeder bekommt ein Auto)
   c) Anleitung zur → Kooperation
2. In einem **Zielkonflikt** stoßen sich widersprechende Motive, Interessen usw. aufeinander.
   Beispiel: In einer Gruppe bilden sich zwei Lager, die unterschiedliche Themen bearbeiten möchten. Konflikte dieser Art führen zu folgenden „Lösungsmöglichkeiten“:
   a) Teilung der Gruppe in Untergruppen
   b) Kompromiß
   c) Kreative Synthese (es werden z. B. beide Themen arbeitsteilig angegangen und die Ergebnisse für ein übergeordnetes gemeinsames Ziel eingebracht)
   d) → Repression, Kampf, Zwang
3. Beim **Identitätskonflikt** kann die konstruktive Konfliktbewältigung nur in einem fortwährenden Infragestellen und Inbezugsetzen von sozialer und persönlicher Identität bestehen (vgl. hierzu → Ich-Identität).

Jeder Konflikt kann also in die Destruktion oder Unterdrückung führen, er kann auch unproduktiv in → Leerlaufhandlungen oder einem unentschiedenen Verhalten enden, er kann aber auch in jedem Fall konstruktiv bearbeitet werden.
Konflikte sind ein bedeutsamer Steuerungsfaktor für intrapersonale und soziale Lernprozesse, ja sie erweisen sich als notwendige Voraussetzung für jegliche Art

von Veränderung. Ebenso können sie z. B. für eine Gruppe als Auseinandersetzung mit einer Fremdgruppe auch stabilisierend und die → Gruppenkohäsion vertiefend wirken.
Für die **Bewältigung sozialer Konflikte** schlägt Gordon die in der Praxis hinreichend bewährten Schritte vor:
- Exakte Beschreibung des vorliegenden Konflikts unter Einbezug der Gefühlskomponente
- Sammlung aller den Beteiligten gegenwärtigen Möglichkeiten der Konfliktlösung
- Bewertung der Lösungsvorschläge
- Entscheidung aufgrund von Argumenten, nicht etwa durch Abstimmung, für die Konfliktlösung, die im Augenblick die beste zu sein scheint
- Vereinbarungen (evtl. sogar ein Vertrag) über die praktische Umsetzung der gefundenen Entscheidung
- Bewertung der Ergebnisse der Konfliktlösung

Achtnich 1983; Becker 1989; Berkel 1990; Breloer 1985; Bühl 1976; Ceh 1988; Charlton 1980; Cloer 1982 (2×); Dieckmann 1989; Friedrich 1975; Glasl 1990; Goffman 1975; Gordon 1989 (2×), Köck 1985 (NA); Lumma 1982; Neubauer 1988; Rapaport 1976, 1990; Rüttinger 1980

→ Dissonanz, kognitive → Konflikterziehung K

Konflikterziehung

Das Ziel der Konflikterziehung kann nicht die Fähigkeit zur Konfliktvermeidung in jedem Fall und um jeden Preis sein, etwa in der Form ständiger Anpassung oder eines Fluchtverhaltens. Ihr Ziel ist vielmehr die Fähigkeit, gegebene Konflikte zulassen und human mit ihnen umgehen zu können. Dieses Ziel ist ohne Training nicht zu erreichen, wobei mit Training sowohl die Bearbeitung aktueller, die Beteiligten also tatsächlich betreffender Konflikte gemeint ist als auch eine systematische Einübung z. B. von Erziehern in den Umgang mit Konflikten mit Hilfe spezieller Trainingsmethoden. Gerade Erziehern muß klar sein, daß weder der autoritäre noch der extrem verstandene antiautoritäre → Erziehungsstil eine geeignete Voraussetzung zur Bearbeitung von Konflikten in repressionsfreier Atmosphäre darstellen.
Eine besondere Aufgabe ist der Konflikterziehung im Rahmen der beschriebenen allgemeinen Zielsetzung mit dem Aufbau einer angemessenen **Konflikttoleranz** aufgetragen. Es lohnt sich nicht, jeden Konflikt zu bearbeiten, es ist auch nicht jeder Konflikt lösbar, und es ist nicht möglich, Konflikte grundsätzlich zu vermeiden. Dieser Realität des Konflikts zunächst mit abwartendem Ertragen zu begegnen, ist Sache der Konflikttoleranz. Sie soll sowohl eine vorschnelle Verdrängung von Konflikten verhindern, die zu → Neurosen führt, als auch der Anwendung repressiver Maßnahmen (vor allem gegen sogenannte Sündenböcke) vorbeugen.

Deutsch 1976; vgl. auch Literatur bei Konflikt!

→ Konflikt → Metakommunikation K

Konfliktforschung

beschäftigt sich mit Entstehung und Ablauf von Konflikten auf allen gesellschaftlichen Ebenen, also zwischen Einzelpersonen ebenso wie zwischen Staaten. Die Beschreibung von Konfliktursachen und von Gesetzmäßigkeiten der Konfliktentwicklung bietet Ansatzpunkte für den Entwurf von Strategien zur Konfliktintervention und zur Konfliktlösung.

Berkel 1984; Kempf/Aschenbach 1981; Weede 1986

→ Konflikt → Konflikterziehung K

Konflikttoleranz → Konflikterziehung

Konformität

bezeichnet die Übereinstimmung von Einstellungen und Verhaltensweisen mit den Erwartungen und Normen einer Bezugsgruppe bzw. der Gesellschaft (= soziale Angepaßtheit). Die Bereitschaft eines Individuums zur Konformität ist z. B. abhängig von konkreten Erfahrungen persönlichen Nutzens (Bedürfnisbefriedigung, Schutz vor Gefahren), von der Dichte der → Gruppenkohäsion, von → Verstärkungen (Anerkennung) auf gezeigtes konformes Verhalten hin. Der Einzelne ist allerdings auch einem **Konformitätsdruck** von seiten der Bezugsgruppe bzw. der Gesellschaft ausgesetzt, durch den Konformität sozusagen als Preis für die Aufnahme in die Gruppe und für die ihm zuerkannte Anerkennung gefordert wird. Seine Grenze findet konformes Verhalten dort, wo es in Überangepaßtheit, Botmäßigkeit, Autoritätsgläubigkeit umzuschlagen droht.

Peukert 1975; Wiswede 1976

→ Konvention K

Kongruenz

bedeutet allgemein Übereinstimmung, in der interpersonellen Kongruenz-Theorie von Secord und Backman (1972, 1976) die Übereinstimmung zwischen der Selbstauffassung eines Individuums, seiner Interpretation seines Verhaltens und seiner Meinung über die Fremdeinschätzung der beiden erstgenannten Vorgänge. K

Konkretismus

bezeichnet das vor allem dem kindlichen → Denken eigene Verharren beim Gegenständlichen und Anschaulichen. K

Konkurrenz

bedeutet Wettbewerb, z. B. im Ringen um Anerkennung, Geltung, Prestige, Position, Noten, Studienplatz. Konkurrenz wird dort zu einer bedrohlichen Belastung sozialer Beziehungen, wo sie nicht der notwendigen Auslese unter Leistungsgesichtspunkten dient, sondern vom Rivalitätsprinzip unter Anwendung sachfremder und inhumaner Methoden diktiert wird.

Ein oft nicht gerade humanes, auf alle Fälle aber in der Streßsituation überforderndes Ausleseverfahren liegt mit der **Konkurrenzauslese** vor, in der unter mehreren Bewerbern die für eine bestimmte Tätigkeit geeignetsten durch → Tests, → Planspiele, → Beobachtungen ermittelt werden. K

Konnotation

Jedes Wort besitzt einen rein begrifflichen Wortinhalt, eine Grundbedeutung (→ Denotation). In Verbindung mit jedem Wort ergeben sich bei seiner Verwendung in einem entsprechenden Zusammenhang oder durch einen Sprachbenutzer

(Redner, Vortragender) unterschiedliche Vorstellungen, Empfindungen, Assoziationen, Gefühle oder Bewertungen. Diese bei der Verwendung eines Wortes auftretenden Nebenbedeutungen, Stimmungswerte oder assoziativen Vorstellungen werden als Konnotation bezeichnet.

→ Kontext → Kontextmaterial → Semantisches Differential O

konsistentes Verhaltensmuster → Verhalten

Konsonanz, kognitive → Dissonanz, kognitive

Konstanz

bedeutet allgemein Stetigkeit und Unveränderlichkeit. Beim wiederholten Testen derselben Person mit gleichen → Tests bezeichnet Konstanz das Gleichbleiben der Ergebnisse. Im Bereich der Wahrnehmung beschreibt Konstanz die Fähigkeit, Gegenstände oder Gegebenheiten bei veränderten Bezugsgrößen als unverändert wahrzunehmen, z. B. bei verändertem Blickwinkel (Formkonstanz), unterschiedlichem Abstand (Größenkonstanz), verschiedener Farbe (Farbkonstanz), unterschiedlichen Lichtverhältnissen (Helligkeitskonstanz).

→ Invarianz K

Konstellation

bedeutet allgemein das Zusammentreffen oder die Gruppierung von verschiedenen Faktoren zu einem funktionalen Ganzen eigener Art.

→ Reiz K

Konstitution

bezeichnet die Gesamtheit der relativ stabilen körperlichen und geistig-seelischen Merkmale des Erscheinungsbildes eines Menschen. Nach dem Körperbau wird zwischen einem leptosomen (schlankwüchsigen) und einem pyknischen (rundlichen) Typ unterschieden. In der bekannten Typologie von Kretschmer wurde als weiterer noch der athletische Typ geführt.
Bezüglich der Zuordnung von Verhaltensweisen zu den Körpertypen sind nach dem heutigen Stand der Forschung bestenfalls Tendenzaussagen zulässig. K

Konstrukt → Hypothetisches Konstrukt (syn.) → Intervenierende Variable

Konstruktive Didaktik

Nach Hiller, dem maßgeblichen Vertreter der Konstruktiven Didaktik, ist die Didaktik „die Theorie einer kritischen Rekonstruktion gesellschaftlicher Wirklichkeit durch Unterricht" (1973, Seite 197). Hiller geht davon aus, daß die z. B. in Lehrplänen niedergelegten Auffassungen von der Realität das Ergebnis eines jeweils bestimmten soziokulturellen Bedingungszusammenhanges sind. Mit Lehrplänen und Unterricht wird also in der Regel eine Objektivität der Sachverhalte vorgetäuscht, die ihnen gar nicht zukommt. Die Konsequenz muß **Offenheit in der Themenabfolge** (d. h. Verzicht auf verbindliche Lehrpläne) und **Offenheit in der Art der Vermittlung bzw. Erarbeitung** (d. h. Verzicht auf sog. allgemeinverbindliche Verlaufsformen des Unterrichts) sein. Es ist mit eine Aufgabe des Unterrichts, den Schülern seine eigene Bedingtheit bewußt zu machen und sie zunehmend zu einem kritischen Zugriff auf die Wirklichkeit zu befähigen, anstatt sie unbefragt in ihrer Vordergründigkeit und verzerrt durch Vermittlungsvorgänge zu übernehmen.

Hiller 1973

→ Strukturmodelle der Didaktik K

Konstruktive Synthese → Synthese

Konsumerziehung → Fächerübergreifender Unterricht → Verbrauchererziehung

Kontaktfähigkeit

bezeichnet die Fähigkeit und Bereitschaft eines Individuums zu körperlicher und psychischer Berührung. Sie wird im Säuglings- und Kleinkindalter durch Befriedigung des Kontaktbedürfnisses, also durch Hautkontakt und sonstige Vermittlung von Geborgenheit grundgelegt. Das Säuglings- und Kleinkindalter stellen in dieser Beziehung eine → kritische Phase dar, d. h. Versäumnisse können später kaum mehr ausgeglichen werden. Die Folgeerscheinungen nichtbefriedigter Kontaktbedürfnisse können von allgemeinen Kontaktschwierigkeiten über Berührungsangst bis zu Liebesunfähigkeit reichen.

Kirchhoff/Pietrowicz 1961

→ Hospitalismus → Kontaktkapazität K

Kontaktkapazität

Der Lehrer besitzt die → Fähigkeit, seine Aufmerksamkeit auf eine größere oder geringere Anzahl von Schülern, Kontaktpartnern, zu richten. Sie ist bei den einzelnen unterschiedlich ausgeprägt. Lehrende mit sehr hoher Kontaktkapazität sind fähig, alle Schüler einer Klasse zu überblicken, zu erfassen und in den Ablauf des Geschehens einzubeziehen.

→ Kontaktfähigkeit → Distribution O

Kontaktstudium

Das Kontaktstudium wendet sich als → Fort- oder → Weiterbildung vorwiegend an ehemalige Absolventen von Hochschulen und gleichwertigen Bildungsinstitutionen. Es umfaßt grundsätzlich **Kontaktlehrgänge,** das **Kompaktstudium** und das **Teilzeitstudium.** Die beiden letzteren untergliedern sich einerseits in das Blockform- oder Phasenstudium und das Fernstudium. Kontaktstudien werden von Hochschulen, Einrichtungen des → Quartärbereiches und auch von Instituten, die sich mit → Lehrerfort- und → Lehrerweiterbildung befassen, angeboten. Unter den Aspekten Zeit und Organisation ergeben sich für das Kontaktstudium folgende Möglichkeiten:

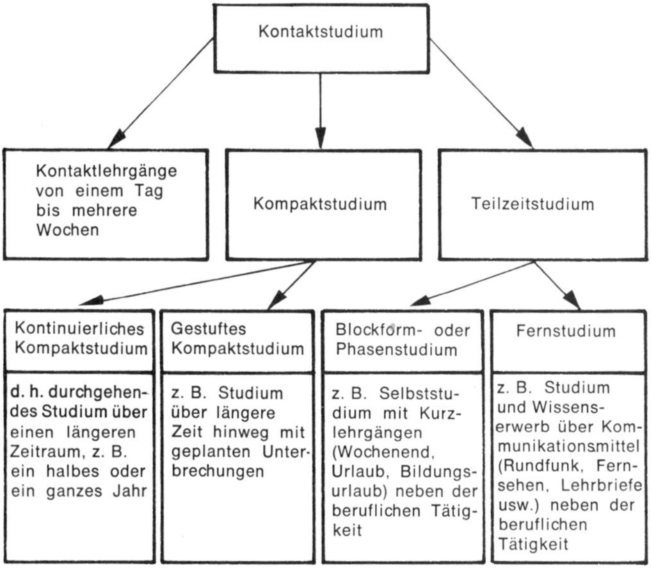

Kontentvalidität → Content validity → Validität

Kontext

Der Begriff Kontext bezieht sich sowohl auf die ein Wort, einen Ausdruck, eine Phrase oder Wendung umgebenden Worte, die eine Sinnverdeutlichung oder ein Sinnverständnis ermöglichen, als auch auf den Gesamtzusammenhang einer schriftlichen bzw. auch mündlichen Darstellung oder Abhandlung. Als Kontext wird somit der Zusammenhang verstanden, in dem sich ein Wort, ein Abschnitt, ein Kapitel in bezug auf die vorausgehenden und nachfolgenden Textteile befinden. Die echte, richtige und zutreffende Inhaltsaussage eines Wortes, einer Wendung oder eines längeren eingefügten Textes läßt sich nur aus dem Kontext bzw. der Textzusammengehörigkeit erkennen. So wird z. B., wie aus den folgenden Sätzen zu ersehen ist, das Wort „Zug" in seinem Sinn erst durch die Wörter in seiner Umgebung klar erkennbar: Als er zum Bahnhof kam, war der **Zug** schon abgefahren. Er gehörte dem zweiten **Zug** der dritten Kompanie an. Peter leerte den Krug in einem **Zug.** Sie bereiteten ihr Vorhaben **Zug** um **Zug** vor. Nachdem sie gestern zwei Stunden auf dem Balkon im **Zug** gesessen war, hat sie heute eine starke Erkältung.

Brendel (1977, S. 20) unterscheidet folgende sieben Kontextformen:

„– den **personalen Kontext** (Er betrifft die Personen, die Menschen, die Sprecher, Schreiber, Hörer und Leser. Deren Einstellung, Absicht, Erwartung, Alter, Abstammung, Erfahrungen u. a. wirken auf ihren Gebrauch von Sprache.);
– den **sachlichen Kontext** (Er betrifft die Sachverhalte, Wissensbereiche, Arbeitsfelder usw., über die mit mehr oder weniger Sachkompetenz gesprochen und geschrieben wird. Zu beachten ist, daß sich hinter sachlicher Darstellung

[dem Denotat] auch Meinung, Zuneigung, Ablehnung, Verführung [das Konnotat] verbergen kann!);
- den **normativen Kontext** (Er betrifft die Tatsache, daß für viele Handlungen, Verhaltensweisen, Wertungen gewisse Regeln und ‚Normen' gelten, die auch im entsprechenden Sprachgebrauch ihren Niederschlag finden.);
- den **sozialen Kontext** (Er betrifft die Tatsache, daß wir als soziale Wesen auf die Gemeinschaft angewiesen sind, in Gruppen leben, für und mit anderen denken, arbeiten, feiern, sprechen usw.);
- den **situativen Kontext** (Er betrifft die Umstände, die Gegebenheiten, die Gelegenheiten örtlicher, zeitlicher, personeller, gesellschaftlicher, gewollter oder zufälliger Art, unter und in denen wir sprachlich handeln.);
- den **kommunikativen Kontext** (Er bezieht sich auf die konkrete Verständigung, die Fähigkeit, Sprache zum Zwecke der Verständigung sach-, ziel- und leseradäquat einsetzen zu können.);
- den **sprachlichen Kontext** (Er betrifft den Gebrauch der Sprache als solche und im einzelnen, das Sprachvermögen [= Sprachkompetenz] und die Sprachverwendung [= Sprachperformanz] derer, die sprachlich handeln und sich verständigen)."

Brendel u. a. 1977; Leisinger 1971; Sowinski 1980; 1991

→ Denotation → Konnotation → Kontextmaterial O

Kontextmaterial

Entsprechendes zu einer audiovisuellen Darbietung im Verbund angefertigtes Medienmaterial als begleitendes, ergänzendes, schriftliches Studien- bzw. Arbeitsmaterial oder zusätzliche Lehrprogramme auch optischer und akustischer Art werden als Kontextmaterial bezeichnet. Begleitprogramme als integrierende Bestandteile von → Unterrichtseinheiten oder in der Verwendung im Verbund mit anderen Medien stellen sog. **Kontextprogramme** dar.

→ Medienverbundsystem → Kontext O

Kontiguität

In der Kontiguitätstheorie von Guthrie bedeutet Kontiguität, daß zwei verschiedene Reize, Erfahrungen, emotionale Befindlichkeiten, Erlebnisinhalte, die in räumlicher und/oder zeitlicher Nähe bzw. gleichzeitig auftreten, miteinander gekoppelt erinnert werden, wenn einer bzw. eine davon wieder begegnet. Für Lernprozesse ergibt sich daraus die Erkenntnis, daß Neues leichter gelernt und behalten wird, wenn es an bereits vollzogene Lernprozesse angekoppelt wird. K

Kontinenz → Inkontinenz

Kontingenz

bedeutet in der Philosophie Zufälligkeit im Gegensatz zur Notwendigkeit, z. B. die Nichtnotwendigkeit alles Endlichen. Im psychologischen Sprachgebrauch bezeichnet Kontingenz im Rahmen des **Kontingenzmanagement** Art und Ausmaß eines vereinbarten Verstärkungsmechanismus zur Verhaltensbeeinflussung.

Bubner 1985

→ Konditionierung → Verhaltensmodifikation → Verstärkung K

Kontinuitätstheorie

Kontinuitätstheorien behaupten die stetige schrittweise Entwicklung (= Evolution) von tierischer zu menschlicher Existenz, z. B. in bezug auf Intelligenz oder Kommunikationsfähigkeit. Demgegenüber nehmen die Diskontinuitätstheorien an, daß bei aller stammesgeschichtlicher Gemeinsamkeit z. B. die sprachliche Kommunikationsfähigkeit des Menschen nicht im Sinne einer fortlaufenden Entwicklungsreihe erklärt werden kann, sondern das einmalige und komplexe Ergebnis des Zusammentreffens einer Vielfalt von Faktoren darstellt, deren Eigenart und Wechselbeziehung noch nicht endgültig aufgeklärt sind. K

Kontrazeption, synonym zu Empfängnisverhütung

Kontrolle, soziale

Unter sozialer Kontrolle versteht man Maßnahmen der Prüfung und Überwachung gegenüber einzelnen von seiten ihrer Primär- und Sekundärgruppen, um normentsprechendes Verhalten zu garantieren bzw. normabweichendes Verhalten mit → Sanktionen zu belegen. Als Sanktion im Sinne der sozialen Kontrolle ist z. B. die als Disziplinierungsmittel in der Schule verbotene physische Gewalt unter Schülern selbst durchaus geläufig. Soziale Kontrolle wird aber auch durch – oftmals mit List und Manipulation erzielte – Mehrheitsentscheidungen, durch Ironie, durch Lächerlichmachen, durch Vorenthaltung von Informationen oder gar durch Isolierung als Ausschluß aus einer Gruppe ausgeübt. Um negativen Auswüchsen der sozialen Kontrolle begegnen zu können, ist die permanent gegebene Gelegenheit zu korrigierender Reflexion etwa im Sinne der → Metakommunikation unverzichtbar. Die Ausübung sozialer Kontrolle in positiver und negativer Form erfolgt in erster Linie durch folgende Gruppen, Verwaltungsapparate, Institutionen und Medien aller Art des jeweiligen Gesellschaftssystems:

1. Familie
2. Schule und andere Bildungsinstitutionen
3. Vereine und Klubs, z. B. Trachtenverein, Schachklub
4. Behörden, in erster Linie durch Gesetze, Verordnungen, Erlasse und Anweisungen
5. Kirchen
6. Politische Parteien
7. Gewerkschaften
8. Fernsehen, Rundfunk, Presse und andere Organe, z. B. durch Werbung, Aufklärung, Information OK

Kontrollgruppe

Die Kontrollgruppe wird bei → Experimenten parallel zur Versuchsgruppe eingerichtet. Die Mitglieder der Kontrollgruppe werden nach denselben Gesichtspunkten wie die der Versuchsgruppe ausgewählt, sie sind lediglich nicht den speziellen experimentellen Bedingungen ausgesetzt. Die Aussage des Experiments ist nur dann von Bedeutung, wenn sich ein deutlicher Unterschied zwischen den beiden Gruppen in der → Variable ergibt, die Gegenstand des Experiments war. K

Kontrollprogramm

Es wird in Zusammenhang mit Validierungs- und → Evaluationsprozessen als zusammenfassendes Testprogramm eingesetzt und stellt fest, ob der dargebotene Stoff in der vorgesehenen und erhofften Weise verarbeitet wurde. Außerdem dient es z. B. auch der Überprüfung notwendiger Kenntnisse vor Antritt qualifizierter Stellen in der Wirtschaft oder beim Eintritt in bestimmte Kurse, die Fachwissen voraussetzen.

→ Kriterienprogrammierung → Programmierte Instruktion O

Konvention

bedeutet eine sozial selbstverständliche Vereinbarung bezüglich allgemein üblicher Verhaltensweisen innerhalb einer Gruppe bzw. in einer bestimmten Gesellschaft. Die konventionelle Haltung wird als förmlich, hergebracht, den Bräuchen entsprechend, bewahrend beschrieben. Gerade das Konventionelle, das die alltäglichen → Interaktionen zwischen Individuen Bestimmende bedarf des gelegentlichen Hinterfragens und in dessen Gefolge evtl. auch der Veränderung, wenn es nicht unreflektiert aus dem Bewahren in Erstarrung im Vordergründigen und Formalen umschlagen soll.

→ Konformität K

Konvergentes Denken → Denken

Konvergenzprinzip (-theorie) → Konvergenzverhalten

Konvergenzverhalten

In der Medizin bezeichnet das Konvergenzverhalten die Tatsache, daß sich die Sehachsen der Augen überschneiden, wodurch das Schielen verursacht wird. Im psychologischen Sprachgebrauch kommt dem Konvergenzverhalten vor allem in der **Konvergenztheorie** von W. Stern (1950^2) Bedeutung zu. Dort bezeichnet es das Zusammenspiel von Anlage und Umwelt bei der Entwicklung des Menschen. In der Sozialpsychologie bezeichnet Konvergenz den Vorgang, bei dem durch gesteigerte → Kommunikation die Meinungsunterschiede zwischen Gruppenmitgliedern weniger werden, im Extremfall sogar ganz verschwinden. Dem hartnäckigen Abweichler droht Ausschluß oder Nichtbeachtung, es sei denn, es gelänge ihm mit anderen Gruppenmitgliedern zusammen, durch Polarisation wiederum Konvergenz für die abweichende Meinung zu schaffen.

→ Anlage → Begabung K

Konzentration

Zunächst bedeutet Konzentration eine Bündelung von Kräften, z. B. als Konzentration militärischer Verbände, oder in der Chemie eine Zusammenballung von Molekülen in einer Lösung.

In der Psychologie bezeichnet Konzentration die hohe, gebündelte → Aufmerksamkeit, die in ihrem Bestand allerdings sehr gefährdet ist, da sie von individuellen → Variablen wie Interesse, Ermüdung, Motivation und von äußeren Gegebenheiten wie Ruhe, Stoffmenge, zur Verfügung stehender Zeit, Hilfsmittel sehr abhängig ist.

Im pädagogischen und didaktischen Bereich stellt die Konzentration einmal das Verbinden von Vorstellungsinhalten und das Kombinieren von Vorstellungen dar zur Erleichterung der Auffassung und zur Sicherung des Behaltens und zum anderen die Gruppierung des Unterrichts um einzelne Fächer oder Stoffgebiete mit dem Ziel, diese nach einheitlichen Gesichtspunkten zu durchdringen und zu ordnen. Der Konzentrationsgedanke im didaktischen Sinne wurde von Herbart angebahnt und von seinen Nachfolgern Ziller und Rein unter der Betonung der Gesinnungsstoffe weiter ausgebaut. Die Absicht ist eine innere Verbindung der auseinanderstrebenden Fächer.
Im allgemeinen werden zwei Arten der Konzentration unterschieden:
1. Äußere Konzentration
2. Innere Konzentration
Die äußere Konzentration gliedert sich in die Stoffkonzentration, z. B. gleichzeitiges Lehren aufeinander beziehbarer Stoffe in verschiedenen Fächern, und die Personalkonzentration, z. B. ein Lehrer erteilt alle Unterrichtsfächer in einer Klasse. Anstelle des Begriffes „Innere Konzentration" tritt häufig „Ideenkonzentration". Durch diese Art der Konzentration soll eine innere Gleichartigkeit der Denkrichtung erzeugt werden. Die Ideenkonzentration bezweckt vor allem die Erhaltung der Werte, die eine Gemeinschaft für ihren Bestand benötigt. In diesem Sinne findet sich z. B. im Mittelalter das scholastische, im Dritten Reich das nationale und heute das demokratische Bildungsideal.

Barchmann 1991; Beyer 1991; Endres 1988; Janssen 1991; Juna 1980; Knehr/Krüger 1989; Krämer/Walter 1990; Levey 1991; Portmann/Schneider 1990; Rapp 1982; Steinhausen 1982; Werneck/Ullmann 1988; Wester 1990

→ Entwickelnde Unterrichtsform → Gesamtunterricht → Konzentrische Kreise OK

Konzentrische Kreise (in der Didaktik)

Wird der Stoff eines Unterrichtsfaches dem Schwierigkeitsgrad entsprechend gestuft, auf Jahrgangsstufen adressatenbezogen orientiert und innerhalb der Schulzeit mehrfach auf unterschiedlichem Niveau mit anderen Schwerpunkten durchlaufen, um ihn den Schülern verständlich und begreiflich zu machen, so ergeben sich konzentrische Kreise der Stoffvermittlung. Der Stoff wird auf jeder Stufe erweitert und kann sich in Form fachinterner oder fachintegraler Stoffzentrierung wiederholen. Die konzentrischen Kreise schaffen ein vertieftes, zeitliches Nacheinander in der Stoffdarbietung und verteilen Schwierigkeiten gemäß dem Schüleralter auf verschiedene Jahre. Durch die Stoffaufnahme im „neuen" Kreis auf der nächsten Stufe ist der Zwang zur konzentrierten Wiederholung gegeben. Es ist eine Anknüpfung zu finden. Dadurch bildet sich jeweils ein Wiederholungsbogen, der die Einprägung sichert z. B. K – K1, K1 – K2, wie er aus dem Diagramm zu ersehen ist.

Konzentrische Kreise im Stoffbereich eines Faches

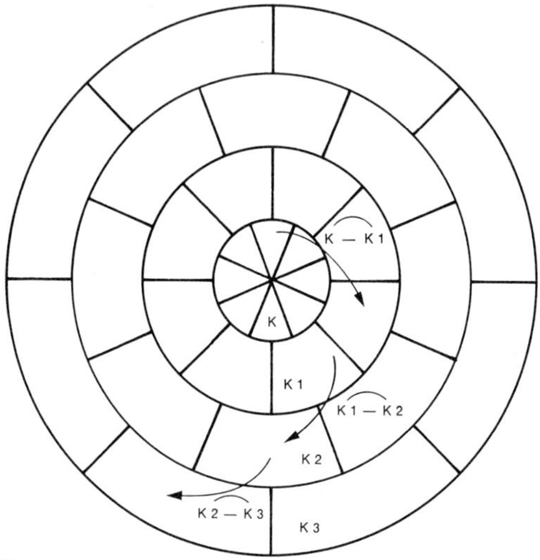

→ Konzentration O

Kooperation

bedeutet wörtlich übersetzt Zusammenarbeit. Die Kooperation ist ein unverzichtbarer grundlegender gruppendynamischer Vorgang, in dem meist arbeitsteilig organisierte, aber aufeinander bezogene und als gleichwertig und gleichberechtigt anerkannte Aktivitäten auf ein gemeinsames Ziel hin gebündelt werden. Kooperation muß darüber hinaus die größtmögliche Rücksichtnahme auf die individuellen Bedürfnisse der an ihr Beteiligten praktizieren. Als Grundbedingungen echter Kooperation sind weiterhin zu beachten:

1. Jeder einzelne muß das Gesamtproblem verstehen.
2. Jeder Beteiligte muß über die Kenntnis und Beherrschung der Methoden verfügen, mit denen er zur Lösung des Problems beitragen kann.
3. Jeder einzelne muß sich der potentiellen Beiträge der anderen Gruppenmitglieder bewußt sein und ihnen Raum lassen, sich darzustellen.
4. Jedes Gruppenmitglied muß darum bemüht sein, die sach-, personen- und gruppenbezogenen Probleme der anderen Gruppenmitglieder zu erkennen, um diesen zu helfen, ihren höchstmöglichen Beitrag leisten und sich auch emotional in der Kooperation wohlfühlen zu können.

Gruppendynamisch kultivierte Kooperation ist gerade in einer Zeit fortschreitender Spezialisierung und Differenzierung von Berufen und Wissenschaftszweigen und angesichts der Pluralität weltanschaulicher und gesellschaftlicher Grundkonzepte eine Notwendigkeit für ein sinnerfülltes humanes Zusammen- und Überleben der Menschen.

Boettcher 1972; Gasser/Singer 1977; Keller/Liedtke 1987; Schönberger 1984, 1987; Vopel/Kirsten 1988; Weber 1986

→ Gruppenleistung K

Kooperative Gesamtschule → Gesamtschule

Kooptation

bezeichnet eine Ergänzungswahl, bei der ein neues Mitglied in eine Gruppe durch jene aufgenommen wird, die der Gruppe bereits angehören. Dabei hat der Neuling bestimmte Auflagen zu erfüllen, z. B. Mutproben zu leisten bei der Aufnahme in eine Rockergang, sich bestimmten Ritualien zu beugen beim Habilitationsverfahren, Bedingungen wie gesellschaftlicher Rang, Adel, Alter, Finanzkraft usw. zu genügen bei der Aufnahme in bestimmte Vereine, Verbindungen oder Clubs. K

Koranschulen

heute als Folge der Wanderungsbewegung von Menschen islamischen Glaubens verstärkt auch außerhalb des unmittelbaren Einflußbereiches des Islam eingerichtet, vermitteln die religiösen, kulturellen und das alltägliche Leben bestimmenden Grundsätze des Koran, des Glaubensbuches der Muslime.

→ Interkulturelle Erziehung K

Korrelation

bezeichnet die Wechselbeziehung bzw. den Zusammenhang von statistischen Meßwerten und zwar unter dem besonderen Gesichtspunkt, aus einer ermittelten Meßreihe Schlußfolgerungen für einen mit ihr gekoppelten Bereich ziehen zu können. So ist z. B. von Interesse die mögliche Korrelation zwischen Schichtzugehörigkeit und Schulleistung oder zwischen Intelligenz und Schulleistung oder zwischen bestimmten sozioökonomischen Verhältnissen und normabweichenden Verhaltensweisen. Der **Korrelationskoeffizient** ist der durch Messungen ermittelte, in Zahlen ausgedrückte Wert, der einen Schluß auf den Grad der Wechselbeziehung zweier oder mehrerer Merkmale oder Merkmalsgruppen zuläßt.
Ist der Korrelationskoeffizient −1,0 ($r = -1{,}0$), so ist die Korrelation eng, aber gegenläufig, bei $r = +1{,}0$ ist die Korrelation eng und gleichsinnig, bei $r = 0$ ist keinerlei Korrelation gegeben. Das Ausmaß des Zusammenhangs wird deutlicher, wenn es durch Multiplikation des Korrelationskoeffizienten mit sich selbst ohne Berücksichtigung des Kommas in Prozent ausgedrückt wird. Ein Korrelationskoeffizient von $r = +0{,}7$ würde in Prozenten ausgedrückt also eine Entsprechung von 49% bedeuten, bei 51% der untersuchten Fakten wäre der gefragte Zusammenhang nicht nachweisbar.
Es muß bedacht werden, daß die Berechnung von Korrelationen lediglich eine statistische Meßmethode darstellt, über die Ursachen der Zusammenhänge sagt sie nichts aus. K

Hofstätter/Wendt 1974

Krabbelstube → Kinderhort

Krankenpädagogik → Schule für Kranke → Schulen für Behinderte und Kranke → Sonderpädagogik

Kreativität

Der Begriff Kreativität, der allgemein schöpferisches Handeln, Denken und Verhalten kennzeichnet, fand ursprünglich im künstlerischen Bereich Verwendung und wurde im Laufe der Zeit auf → Leistung, Leistungsformen, Leistungsbedingungen ausgedehnt und wird auch in der Abfolge der → Lernzielstufen verwendet.
Nach Drevdahl (1985) ist die Kreativität „die Fähigkeit des Menschen, Ideen, Produkte, Begriffe und Kompositionen (sowie neue Beziehungen, Arbeits-, Lern-, Lösungsstrategien; d. V.) zu entwickeln, die in wesentlichen Merkmalen neu sind und dem Schöpfer vorher unbekannt waren".
Kreativität stellt keine eigenständige kognitive Funktion dar; sie ist eng mit emotionalen und auf → Motivation beruhenden Faktoren verknüpft. Im Sinne schöpferischer Produktivität ist im Rahmen der Kreativität die Fähigkeit und Aufgeschlossenheit zur → Innovation erkenntlich, was auf die → Interdependenz bestimmter gesellschaftlich geprägter Lebensformen und ihrer Bedingungen mit der Kreativität hinweist. Fähigkeit und Bereitschaft, mit Begriffen, Definitionen oder Elementen zu spielen, Offenheit für Erfahrungen und neue Aspekte sowie Abweichungen von herkömmlichen Denkschemata können als Grundgegebenheiten einer konstruktiven Kreativität angesehen werden.
Als Merkmale der Kreativität werden besonders hervorgehoben: Bereitschaft zur Flexibilität, Aufgeschlossenheit gegenüber neuen Ideen in allen Bereichen des Lebens (Originalität), gute und gezielte Wortwahl, Ausdrucks- und Gedankenflüssigkeit, → Spontaneität, Fähigkeit zur Gliederung von Gedanken, zur Formulierung von Definitionen und zur Lösung von Problemen.
Zur Lösung von Problemen und für den Ablauf kreativer Prozesse wurden Stufen als Hilfsmittel entwickelt. So kommt z. B. Guilford in Anlehnung an informationstheoretische Konzepte zu folgenden Phasen: → Information → Intuition – → Evaluation – → Elaboration.
Methoden des **Kreativitätstrainings** sind im → Unterricht z. B. in Form des → Brainstorming, der → synektischen Methode und schülerorientierter, → entdekkenlassender → Unterrichtsformen verwendbar. K

Cropley 1982; Dinter 1985; Dörig 1982; Fenek 1989; Franke 1980; Fudickar 1985; Gumbrecht 1988; Huhn 1990; Preiser 1986; Weiser 1989; Wester 1990; Winnicott 1989

Kreissituation

wird eine → Sozialform des Unterrichts genannt, bei welcher der Lehrer und alle Schüler einer Klasse in Kreis- oder Hufeisenform einander zugewandt sitzen. Die Kreissituation ist die notwendige Voraussetzung für alle Arten des → Gesprächs, in denen verbalen und nonverbalen Signalen eben gleichgroße Bedeutung zukommt.
In der Regel wird in der Kreissituation
- ein vom Lehrer vorgegebenes oder von der Klasse formuliertes Thema
- nach bekannten und eingeübten Gesprächsregeln,
- von einem Gesprächsleiter gelenkt, oder ohne Lenkung vom Gesprächskreis selbst reguliert
- von gleichberechtigten Gesprächsteilnehmern bearbeitet (Musterfall der symmetrischen → Kommunikation).

Funktionen und bevorzugte Einsatzbereiche der Kreissituation:
- Einübung in aufgaben- und situationsangemessene Formen der Kommunikation
- Chance der Einübung in die Fähigkeit der → Metakommunikation
- V. a. geeignet für die Formulierung, Vertretung und Erweiterung persönlicher Meinungen aufgrund des Austausches begründeter Argumente
- Bearbeitung sozialer → Konflikte und von → Kommunikationsstörungen
- Übungsfeld zur Überwindung sprachlicher und emotionaler Barrieren
- Bewußte Pflege nonverbaler Kommunikation
- Einübung in die Selbstregulierung eines Gesprächskreises

Nachteile der Kreissituation können sein
- mögliches Abgleiten in einen „Plauderkreis",
- Verfestigung hierarchischer Strukturen, wenn die vereinbarten Gesprächsregeln symmetrischer Kommunikation nicht beachtet werden,
- Angst einzelner Schüler, sich im großen Gesprächskreis zu äußern,
- Gruppen- und Meinungsdruck, wenn das gruppendynamische Geschehen nicht reflektiert wird. K

Kriminalität bei Schülern → Jugendkriminalität

Kriminalpsychagogik

Adolf Martin Däumling (1951) prägte den Begriff vom „sozialpsychagogischen Strafvollzug". Er sieht die → Psychagogik als eine „seelische Lebenshilfe", die sich ergebende Aufgaben zwischen → Psychotherapie und → Pädagogik wahrnimmt. Ziele der Kriminalpsychagogik sind die Betreuung von Straffälligen, „individuelle Lebenshilfe", „Menschenführung in der Gemeinschaft" sowie „Förderung der Persönlichkeitsreife".
Sie baut hierbei vor allem auf Einzel- und Gruppengespräche im Sinne der partnerzentrierten → Gesprächsführung, die der retrospektiven Problemverarbeitung, der situativen Konfliktbewältigung und antizipierend der Meisterung konkreter Lebensgegebenheiten dienen. K

Kriminalpsychologie → Forensische Psychologie

Kriterienorientierter Test → Lernzielorientierter Test

Kriterienprogrammierung

Die Kriterienprogrammierung ermöglicht die Feststellung des jeweiligen Kenntnisstandes eines vorprogrammierten Fachstoffes. In Form eines Phasenprogrammes wird herausgefunden, welche Kenntnisse beim einzelnen über einen abgegrenzten Fachstoff vorliegen. Werden keine Kenntnisse festgestellt, so wird dem Adressaten ein Lernprogramm, bei unklaren Kenntnissen ein Übungsprogramm und bei Stoffbeherrschung ein Kontrollprogramm oder programmierter Schlußtest vorgelegt. Nachfolgendes Schema veranschaulicht die Phasen der Kriterienprogrammierung:

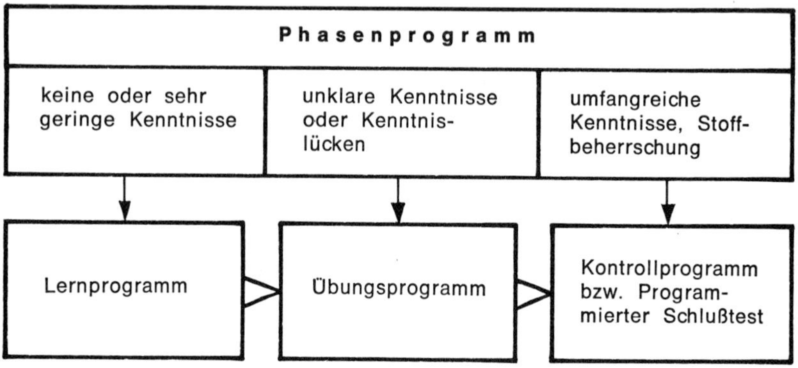

→ Phaseneinheiten → Programmierte Instruktion O

Kritik

bedeutet von seinem griechischen Ursprung her Sichtung, Trennung, Urteil.
Destruktive (= zerstörende, bösartige) Formen der Kritik treten im umgangssprachlichen Verständnis als Urteile und Tadel, auch als Verriß in Form von Theater- oder Literaturkritiken auf. Demgegenüber versteht sich konstruktive (aufbauende) Kritik immer als eine an wissenschaftlichen oder künstlerischen Maßstäben und Methoden orientierte Prüfung und Erörterung eines vorgegebenen Sachverhalts. Umgekehrt ist konsequenterweise jedes wissenschaftliche Vorgehen auch kritisch.
Vom Kritiker im positiven Sinne wird der Kritikaster als kleinlicher Kritiker, Nörgler unterschieden. K

Weisinger 1991

Kritische Theorie

Die kritische Theorie wird von der Frankfurter Schule vertreten, hier vor allem von Th. Adorno, J. Habermas, M. Horkheimer, H. Marcuse. Sie setzt eine totale Gesamtsicht der → Gesellschaft in ihrem gegenwärtigen Zustand und in ihrem zukünftigen Entwurf voraus, innerhalb derer jegliche Wissenschaft als integrierter Teil des Gesellschaftssystems aufzufassen ist und nicht wie die empirische Forschung sozusagen von außen über Gesellschaft als ihren Gegenstand befindet. Die vor allem mit Hilfe der hermeneutischen (= verstehenden) Methode in gesellschaftskritischer Diskussion entworfenen Idealvorstellungen von Gesellschaft dienen als Kriterien, an denen die reale Gesellschaft gemessen und in bezug auf ihre notwendige Veränderung beschrieben wird. Der kritischen Theorie geht es folgerichtig um permanente → Ideologiekritik des Bestehenden, um Bewußtmachen der Diskrepanz zwischen der Realität und bereits entworfenen Idealvorstellungen wie z. B. den Menschenrechten oder von ihr selbst entwickelten Idealvorstellungen, um Bewußtmachen der bestehenden Herrschaftsverhältnisse mitsamt ihren → erkenntnisleitenden Interessen und der daraus resultierenden Abhängigkeiten.
Als ihre erklärten Ziele sieht die kritische Theorie die → Emanzipation des Individuums und der Gesellschaft „... zur Selbstbestimmungsfähigkeit, zur Kritikfähig-

keit, zur freien Wahl individueller Möglichkeiten, zur Anerkennung jedes anderen Menschen als gleichberechtigte Person ..." (Klafki 1971) K

Adorno 1973, 1973–1986; Dubiel 1988; Erd 1989; Gmünder 1985; Habermas/Luhmann 1974; Horkheimer 1974, 1985–1991, 1992; Horkheimer/Adorno 1991; Kraushaar 1988; Küsters 1980; Marcuse 1976, 1978–1987; Paffrath 1987; Rath 1982; Röhrich 1987; Theunissen 1981

Kritischer Rationalismus

1. Wissenschaftstheoretischer Ansatz:
Nach K. R. Popper können Theorien grundsätzlich nicht als wahr oder wahrscheinlich gelten. Möglich sind lediglich Theorien mit hohem empirischen Gehalt, d. h. mit hohem über die Erfahrung nachprüfbaren Voraussagewert, die durch vorbehaltlose Kritik der Falsifikation (→ Verifikation) ausgesetzt werden bzw. durch Theorien mit höherem empirischen Gehalt ersetzt werden. Der Erkenntnisfortschritt vollzieht sich also über Kritik des vorläufig Gültigen und durch Konstruktion von Theorien mit voraussichtlich höherem empirischen Gehalt.

2. Gesellschaftliche Position des Kritischen Rationalismus:
Im Zuge der Auseinandersetzung mit der Frankfurter Schule (→ Kritische Theorie) war Popper zu unrecht unter Positivismusverdacht geraten (der philosophische Ansatz des Positivismus stützt seine Forschung ausschließlich auf nachprüfbare und zweifelsfrei empirisch gewonnene Fakten, während Popper den Erkenntnisfortschritt in Abhängigkeit von ungewöhnlichen, noch ungesicherten Denkentwürfen sieht, die vor der Wirklichkeit einer kritischen Überprüfung unterzogen werden).
Mit der Bezeichnung „geschlossene Gesellschaft" beschreibt Popper die Idee einer Gesellschaftsordnung, die als absolut wahr und historisch stabil gesetzt wird, und in welcher Kritik nicht zugelassen ist. Als Beispiele hierfür nennt er die Gesellschaftsentwürfe von Platon, Hegel und Marx.
Demgegenüber ist die offene Gesellschaft der Erkenntnis verpflichtet, daß auch jede gesellschaftliche Idee grundsätzlich zeitlich begrenzt gültig ist. Wie jede Theorie und Hypothese muß sich auch jede gesellschaftliche Idee der Möglichkeit ihrer Widerlegung stellen (Prinzip der Falsifikation). Popper wendet sich mit seiner Vorstellung der offenen Gesellschaft gegen die Methode des Historizismus zur Begründung geschlossener Gesellschaften, sei es als Folge des Verfalls wie z. B. bei Platons überzeitlich gültigen Ideen oder im Gefolge der Fortschrittsidee wie z. B. beim Marxismus.

3. Auswirkungen auf die Pädagogik:
Abgesehen vom Einfluß der Gesellschaftstheorie Poppers auf die Erziehungswissenschaft erhofft man sich vor allem von der Übertragung seines wissenschaftstheoretischen Ansatzes in die Erziehungswissenschaft deren Begründung als Erfahrungswissenschaft im strengen Sinne und damit eine Aufwertung ihrer Wissenschaftlichkeit. K

Obermeier 1980; Popper 1980, 1984 (2×), 1987, 1988; Schmidt 1982; Sievering 1989

Kultur

(von lat. cultura = Bearbeitung, Pflege, Lebensweise) bedeutet in Philosophie und Soziologie in allgemeinster Formulierung den vom Menschen geschaffenen Teil der Welt im Unterschied zur Natur. Näherhin wird unter Kultur die „Gesamtheit der geistigen und künstlerischen Lebensäußerungen einer Gemeinschaft, eines Vol-

kes" (Duden), und zwar als Einstellungen, Handlungen und Produkte verstanden oder „die Summe der Selbstverständlichkeiten in einem Gesellschaftssystem" (Hofstätter). Von Bedeutung für das moderne Kulturverständnis ist es, daß es sowohl **Objektivationen menschlicher Tätigkeit** wie Sprache, Brauchtum, Mode, Arbeitsformen, Wirtschaftsformen, Technik, Kunst, Religion und Bildungswesen als auch **subjektive Lebensgestaltung** in Form des Ich-Verständnisses, persönlicher Ausdrucksformen, der Art der Weltdeutung, der Verständigung mit anderen usw. umfaßt. Selbst ein Infragestellen der tradierten Kultur z. B. durch alternative Lebensformen oder Erscheinungsformen des Jugendprotests sind als kulturelle Lebensäußerungen aufzufassen, da sie statt vorschnell beklagten Kulturzerfall zu produzieren eher zur Weiterentwicklung der Kultur beitragen.
Kultur stellt sich im internationalen Vergleich logischerweise verschieden dar. Sie wird nicht nur sichergestellt durch bewahrende, sondern auch durch verändernde und Neues schaffende Aktivitäten, wobei ein besonderer Stellenwert der (schulisch organisierten) Bildung zukommt (→ Enkulturation).
Da die gemeinhin als technische Seite der alltäglichen Daseinsgestaltung definierte Zivilisation in ihren Produkten und im (welterhaltenden oder -zerstörenden) Gebrauch durch den Menschen ein Teil der Kultur ist, ist auch eine Unterscheidung zwischen Kultur und Zivilisation bestenfalls für ideologisch geleitete Polemik brauchbar.

Ammon/Eberhard 1988; Assmann/Harth 1991; Geyer 1985; Litt 1965; Löwisch 1989; Malinowski 1975; Mannheim 1980; Oelkers/Schulz 1984; Rothe 1983; Soeffner 1988

→ Subkultur K

Kulturanthropologie

Die Kulturanthropologie, die neben der physischen Anthropologie (Studium der biologischen Evolution und Erforschung der menschlichen Rasse), der Archäologie (Altertumskunde, Erforschung vorgeschichtlicher Kulturen), → Linguistik u. a. ein Teilgebiet der → Anthropologie darstellt, wird in die → **Ethnologie** und **Ethnographie** (Beschreibung von Einzelkulturen), mitunter auch in die Ethnologie und **Sozialanthropologie** (kulturvergleichende Disziplin unter besonderer Berücksichtigung sozialer Strukturen) untergliedert. Sie befaßt sich mit Kulturformen, gleichen und ähnlichen Entwicklungen in verschiedenen Kulturen und versucht Gründe und Ursachen zu erforschen, die den Menschen veranlaßten, Kulturgüter und Kulturwerte zu entwickeln. Jede durch den Menschen geschaffene Kulturform bedeutet für die Kulturanthropologie zunächst eine einmalige kulturelle Einheit, deren Funktion sie in bezug auf die Gesamtkultur untersucht. Aus den Ergebnissen lassen sich entsprechende Wertungen ableiten. OK

Harris 1988; Marschall 1990; Ohe 1987; Rothacker 1969; Stagl 1981; Vivelo 1988

Kulturkritik → Reformpädagogik

Kulturtechniken

sind nach herkömmlichem Verständnis Lesen, Schreiben und Rechnen. Die erweiterte Bedeutung bezieht alle Fähigkeiten mit ein, die für eine selbständige Lebensgestaltung in der modernen Gesellschaft notwendig sind. Insbesonders der Umgang mit Informationen mit Hilfe des → Computers muß auch im Bildungsbereich als selbstverständlich zu vermittelnde Kulturtechnik angesiedelt werden, wenn die

Gesellschaft nicht in ein Zweiklassensystem auseinanderfallen soll, in dem die Informationsbearbeiter die Informationskonsumenten manipulieren.

→ Kultur K

Kultusministerkonferenz (KMK) → Ständige Konferenz der Kultusminister

Kunsthochschule

dient als Sammelbezeichnung für die staatlichen Hochschulen für bildende Künste, Akademien der bildenden Künste und Kunstakademien. Sie führen in das theoretische Grundwissen und in die Fertigkeiten künstlerischer Berufe wie Malerei, Bildhauerei, Design, Graphik, Architektur ein und sind teilweise auch für die Ausbildung von Kunsterziehern für das Lehramt an Schulen zuständig. Der Besuch der Kunsthochschulen setzt die Allgemeine Hochschulreife voraus (und/oder eine Aufnahmeprüfung), er schließt mit der Diplomierung oder Graduierung ab. K

Konferenz der Präsidenten u. Rektoren der westdeutschen Kunsthochschulen 1987

Kursunterricht → Kern- und Kursunterricht

Kurzzeitgedächtnis → Gedächtnis

Kybernetik

ein Begriff, der in der heute üblichen Bedeutung zuerst 1947 von dem Mathematiker Norbert Wiener gebraucht wurde, wird häufig mit „allgemeine Steuerungslehre" oder mit „Kunst des Steuerns" erklärt. Sie befaßt sich mit Steuerungs-, Regelungs- und Kontrollproblemen in biologischen, pädagogischen, psychologischen, soziologischen, technischen, wirtschaftlichen und anderen Systemen. Lew Pawlowitsch Teplow definiert die Kybernetik als die Wissenschaft, „die Zielstrebigkeit und automatische Steuerung (Automatismus) in Natur und Technik mit Hilfe von Mathematik und Experiment untersucht".

Unter Automat versteht Teplow ein Gesamtsystem, das sich aus untereinander verbundenen Teilsystemen aufbaut, die einander steuern, wobei sich unter diesen Teilsystemen zumindest eines befindet, das eine automatische Steuerung besitzt. Ein Automat in diesem kybernetischen Sinne ergäbe sich z. B., wenn das System Auto von dem System Mensch gesteuert wird.

Nach F. v. Cube (1982[4]) versteht man „unter Kybernetik im engeren Sinne die Wissenschaft und Technik von den informationsverarbeitenden Maschinen, wie programmgesteuerte Rechenautomaten, lernende Automaten, Übersetzungsmaschinen, Lehrmaschinen usw.;

unter Kybernetik im weiteren Sinne versteht man die mathematische und konstruktive Behandlung allgemeiner struktureller Beziehungen, Funktionen und Systeme, die verschiedenen Wirklichkeitsbereichen gemeinsam sind."

Helmar Frank (1969[2]) definiert folgendermaßen: „Die Kybernetik ist die kalkülisierende (= an mathematischen Regeln und Methoden orientierte / der Verf.) Theorie und konstruierende Technik der Nachrichten, der Nachrichtenverarbeitung und der Nachrichtenverarbeitungssysteme." Ihr Ziel ist die „Objektivierung geistiger Arbeit".

Zur Veranschaulichung des kybernetischen Modells führt H. Frank folgendes Beispiel aus:

„Der Kapitän (1. Funktion) gibt das Ziel an, dem das Schiff zusteuern soll; der Lotse (griech. Κυβερνήτης) (2. Funktion) nimmt den vom Kapitän vorgegebenen Sollwert auf und entwirft unter Berücksichtigung der empirischen Bedingungen, also Zustand und Position des Schiffes sowie Wetterlage, Wassertiefe usw., das Programm, mit dem das Ziel erreicht werden kann; der Steuermann (3. Funktion) setzt das Programm in die Praxis um, indem er den Befehlen des Lotsen die entsprechenden Steuerstellungen zuordnet; das so gesteuerte Antriebssystem schließlich (4. Funktion), die Ruderer, der Wind oder die Kraftmaschine, verändert die empirischen Bedingungen durch die Ortsveränderung – diese Veränderungen werden als ‚Nachrichten' vom Lotsen aufgenommen (= Rückmeldung) und wirken modifizierend auf das Steuerprogramm ein. Dieses Modell eines → Regelkreises, das sich zwischen den Funktionen 2 bis 4 darstellt, ist, sofern man es als System auffaßt, ein selbstregulierendes und selbstorganisierendes mit weitreichenden Übertragungsmöglichkeiten. Es ist realisiert in lebenden Organismen, in Maschinen und in biologischen Vergesellschaftungsformen." (Hier zitiert nach Blankertz 1986, Seite 54)

Ashby 1974; Flechtner 1984; Wiener 1968

→ Kybernetische Didaktik → Kybernetische Pädagogik OK

Kybernetische Didaktik

Felix von Cube (1982[4]), ein namhafter Vertreter der kybernetischen Didaktik, beschreibt diese Disziplin folgendermaßen: „Didaktik als **Wissenschaft** untersucht, wie die Lernprozesse eines Lernsystems zu initiieren und zu steuern sind, um vorgegebene Lernziele in optimaler Weise zu erreichen. Unter Didaktik verstehen wir die Wissenschaft von den prinzipiellen Eingriffsmöglichkeiten und Konstruktionsmöglichkeiten im Bereich menschlichen Lernens."

Bezüglich der Wissenschaftlichkeit der → Didaktik stellt von Cube fest:

„Entweder man beläßt – wie bei der hermeneutischen Auffassung von Didaktik, bei der ja tatsächlich Ziele aufgestellt werden – der Didaktik eine normative Funktion, dann verzichtet man auf ihre Wissenschaftlichkeit, oder man schränkt die Didaktik auf ein wissenschaftliches Aussagensystem ein, dann muß man auf eine normensetzende Funktion verzichten." (Seite 9 und 185)

Didaktik im Sinne der Kybernetik ist also die Theorie der gezielten Eingriffe in Lernprozesse, wobei Lernen als „Informationsverdichtung" bzw. „Informationsabbau" zu verstehen ist. Dies bedeutet, daß dem Lernenden in einem Lernvorgang immer bisher unbekannte Informationen begegnen. Wenn diese Informationen mit ihrem Neuigkeitsgehalt abgebaut sind, kann der Lernprozeß als erfolgreich beendet betrachtet werden.

Der Lernprozeß selbst ist nach der kybernetischen Didaktik als → Regelkreis anzusehen und dementsprechend auch für unterrichtliche Zwecke zu planen.

Entscheidende Entwicklungsanstöße verdankt der kybernetischen Didaktik die → Programmierte Instruktion. (Vgl. hierzu auch die Stichworte → ALZUDI und → COGENDI.)

→ Informationstheorie → Kybernetik → Kybernetische Pädagogik → Regelkreis → Strukturmodelle der Didaktik K

Kybernetische Lehrmaschinen

verbinden die Möglichkeiten des → Computers (= elektronische Rechenanlage), die vor allem in hoher Speicherkapazität für Informationen und schneller Bearbeitung von Eingaben bestehen, mit den Anforderungen von Lehr- und Lernprozessen. Moderne kybernetische Lehrmaschinen (= Personalcomputer) bestehen aus einer Geräteeinheit, bei der ein Datensichtgerät (Monitor) und eine elektronische Schreibmaschine mit einem Computer verbunden sind. Der Lernende kann sozusagen über Schreibmaschine (Abruf von Programmen, Eingabe von Antworten) und Monitor (Darbietung des Programms, Kontrolle der Eingabe, Bewertung der Antwort) mit dem Computer in ein Zwiegespräch eintreten. Nach Felix von Cube (1982^4) weisen kybernetische Lehrmaschinen neben den üblichen Vorzügen der Programmierten Instruktion mindestens fünf spezielle Vorteile auf:

1. „Die kybernetische Lehrmaschine gibt dem Adressaten ständig Auskunft über seine Fehlerquote: sie kann frühere und augenblickliche Leistungen des Adressaten miteinander vergleichen und unter Umständen auch das Verhältnis zum Klassendurchschnitt angeben.
2. Kybernetische Lehrmaschinen können mit einem Pseudozufallsgenerator arbeiten", der die Schüler mit unterschiedlichen Fragen zum selben Thema bei gleicher oder wenn gewünscht auch verschiedener Aufgabenschwierigkeit bedienen kann, – bei Prüfungen zur Vermeidung des Abschreibens ohne Mehrarbeit für den Lehrer.
3. „Moderne Rechenanlagen können Hunderte von Schülern in verschiedenen Programmen gleichzeitig unterrichten."
4. Als besonders vorteilhaft erweisen sich kybernetische Maschinen für Prüfungen. Hier können die Antworten im → „multiple-choice"-Verfahren oder in Form von Lückentests unmittelbar in die Maschine eingegeben werden. Da der Vergleich mit den richtigen Antworten praktisch keine Zeit benötigt, liegt das Prüfungsergebnis sofort nach erfolgter Prüfung vor.
5. Durch die Möglichkeit, sämtliche Informationseingaben des Adressaten zu speichern und zu verarbeiten, kann die Maschine jeweils eine optimale Programmdarbietung errechnen; d. h. kybernetische Lehrmaschinen sind (der Möglichkeit nach) volladaptiv" (= dem Lernweg des Lernenden voll angepaßt, der Verf.).
6. Den fünf Punkten von Cubes kann mittlerweile als empirischer Befund hinzugefügt werden, daß der Umgang mit dem Personalcomputer nicht nur spielerisch mit der Informationstechnik vertraut macht, sondern auch Berührungsängste speziell mit der Mathematik abbauen hilft.

→ Kybernetik → Kybernetische Didaktik → Kybernetische Pädagogik K

Kybernetische Pädagogik

In der kybernetischen Pädagogik finden mathematische Methoden mit letzter Konsequenz Eingang in die Pädagogik. Ihr erklärtes Ziel ist „die Objektivierung pädagogischer Arbeit, d. h. deren Übertragung an technisch erzeugte Systeme (z. B. Lehrautomaten)". Den eine eigene wissenschaftliche Disziplin, nämlich die kybernetische Pädagogik legitimierenden Schnittpunkt zwischen Pädagogik und Kybernetik sieht H. Frank (1969) dort, wo ein Teilbereich der Pädagogik die drei Kriterien der Kybernetik erfüllt:

„Es muß in ihm ein
1. Informationeller Gegenstand mit einer
2. kalkülisierenden (= mit mathematischen Regeln arbeitenden) Methode erforscht werden, und dies
3. mit dem Ziel einer Objektivation." (Band 1, Seite 42)

Als bevorzugtes pädagogisches Forschungsfeld erweist sich diesen Kriterien entsprechend der Bereich des Lehrens und Lernens. „Die kybernetische Pädagogik ist in drei Stufen wachsender Komplexität gegliedert. Auf der ersten Stufe werden die sechs Komponenten (Dimensionen) des Unterrichts getrennt analysiert, auf der zweiten Stufe wird ihre wechselseitige Abhängigkeit und auf der dritten Stufe die Abhängigkeit von der soziokulturellen Umwelt und die Rückwirkung auf diese zum Gegenstand kybernetischer Forschung. Die sechs kybernetisch-pädagogischen Disziplinen erster Stufe sind:
1. die Theorie der Lehrstoffe, 2. die Theorie der → Medien (insbesondere der Lehrautomaten einschließlich des rechnergestützten Unterrichts), 3. die Psychostrukturtheorie (Informationspsychologie; Psychostrukturmodell), 4. die (erst im Programm existierende) Soziostrukturtheorie, 5. die Theorie der Lehrzielpräzisierung und 6. die Lehralgorithmentheorie. Durch die → Informationstheorie kann man quantitative Aussagen über den Lehrstoff machen und mit der Lernfähigkeit in Verbindung bringen. Die abstrakte Automatentheorie bildet die kybernetische Basis der Medien- und Lehralgorithmentheorie.

Die Disziplinen zweiter Stufe werden als „didaktische Disziplinen" bezeichnet. Insgesamt sind 62 solcher Disziplinen kombinatorisch möglich. Sie betrachten jeweils gewisse andere der sechs genannten Dimensionen als vorgegebene „Bedingungsfelder" und fragen, welche didaktischen Entscheidungen in den restlichen Dimensionen („Entscheidungsfelder") noch damit verträglich sind. Beispielsweise sucht die Didaktik der → Programmierten Instruktion nach Lehralgorithmen (Entscheidungsfeld!), welche einen gegebenen Lehrstoff mit einem gegebenen Medium einer psychologisch gekennzeichneten Gruppe von Lernenden während einer statistisch voraussehbaren soziokulturellen Zusatzbeeinflussung gemäß einem gegebenen Zielkriterium (5 Bedingungsfelder!) zu vermitteln gestatten.

Zu den weitgehend programmatischen kybernetisch-pädagogischen Disziplinen dritter Stufe gehört u. a. die Bildungsökonomie, die pädagogische Organisatorik, die (zu mathematisierende) Pädagogikgeschichte und Bildungsgeographie und – darauf aufbauend – die pädagogische Zukunftsforschung.

Die kybernetische Pädagogik hat eigene Methoden für die → Programmierte Instruktion entwickelt, die sich auf die Informationspsychologie stützen und den Einsatz von Rechnern für die Erzeugung von Lehralgorithmen anstreben (Frank 1971).

Adam 1978

→ Kybernetik → Kybernetische Didaktik K

Labeling approach

wörtlich aus dem Englischen „Etikettierungsannäherung", vgl. → Hypothesen- und Erwartungstheorie → Stigmatisierungseffekt K

Rüther 1975

Labilität

bedeutet allgemein leichte Beeinflußbarkeit, d. h. daß der Labile Triebforderungen und Beeinflussungen geringen oder gar keinen Widerstand entgegensetzt und geforderte Veränderungen in seinem Verhalten ohne kritische Reflexion vollzieht. K

Laborexperiment

In der psychologischen und soziologischen Forschung dient es der Untersuchung menschlichen Verhaltens unter genau beschriebenen Versuchsbedingungen. Im Unterschied zur Feldstudie (→ Feld) werden um der eindeutigen Feststellung von Wechselbeziehungen und um der möglichst unbeeinträchtigten Wiederholbarkeit des Experiments willen störende Einflüsse ausgeblendet. Aus diesem Grunde sind Laborergebnisse auf die Lebenswirklichkeit auch nur bedingt übertragbar, eben mit der Einschränkung ihrer wirklichkeitsverkürzenden Versuchsbedingungen. Als Tendenzaussagen besitzen sie aber zweifellos Erkenntniswert.

→ Experiment K

Längsschnittuntersuchung

Der Zweck von Längsschnittuntersuchungen ist die Untersuchung des Entwicklungsverlaufs bestimmter körperlicher oder/und psychischer Ausprägungen und Fähigkeiten über längere Zeit.

Längsschnittuntersuchungen verfolgen v. a. zwei Aspekte:

1. Sie untersuchen die Veränderung bzw. Konstanz von Fähigkeiten oder Verhaltensweisen oder sog. Persönlichkeitseigenschaften. Hier wird z. B. gefragt, ob und gegebenenfalls auf welche Weise (individuell verschieden oder Durchschnittskurve, Tempo, usw.) sich die → Intelligenz der Individuen einer → Versuchsgruppe – ausgedrückt in IQ – entwickelt.
2. Ferner fragen Längsschnittuntersuchungen nach der langzeitlichen Einflußnahme bestimmter soziokultureller und sozioökonomischer Umstände auf die Entwicklung von Menschen. In welcher Weise z. B. beeinflußt die Schichtzugehörigkeit eines Individuums seine Schulleistung und damit weiter seine Berufschancen? Oder welchen Einfluß übt ein bestimmter → Erziehungsstil auf die Gesamtentwicklung eines Individuums oder auf seine Intelligenzentwicklung oder auf das Auftreten bestimmter normabweichender Verhaltensweisen aus? Oder welche langzeitlichen Wirkungen ergeben sich aus mangelnder emotionaler Zuwendung im Säuglings- und Kleinkindalter?

→ Querschnittuntersuchung K

Laissez-faire → Erziehungsstile → Unterrichtsstil

Laktation

bezeichnet je nach Zusammenhang den biologischen Vorgang der Absonderung von Milch aus der Brustdrüse, den Vorgang des Stillens und die Stillzeit. K

Lallen → Sprachentwicklung

Lalopathie → Sprachbehinderung (syn.)

Lalophobie → Logophobie

Landerziehungsheim → Landschulheim

Landeseltern (-schul-)beirat → Elternbeirat

Landesjugendamt → Jugendamt

Landschulheim

Landerziehungsheime bzw. Landschulheime sind im Gegensatz zu → Schullandheimen, in denen Schüler mit ihren Lehrern nur kurzfristig verweilen, eigenständige Schulen oder Schulsysteme außerhalb größerer Städte, die Schüler ganzjährig oder für ihre ganze Schulzeit aufnehmen. In den meisten Landschulheimen können staatlich anerkannte Berechtigungen wie z. B. ein → Mittlerer Bildungsabschluß oder das → Abitur erworben werden. Landschulheime können von privaten, kommunalen oder staatlichen Trägern unterhalten werden.

Dietrich 1967

→ Alternative Schulen O

Landwirtschaftliche Schulen

An das → Berufsgrundschuljahr schließt sich die landwirtschaftliche Berufsschule im dualen System mit einer landwirtschaftlichen Lehre an. Der darauf aufbauende Besuch einer Fachschule für Landwirtschaft endet mit dem Abschluß „staatlich geprüfter Landwirt". Über die → Fachschulreife und den dadurch ermöglichten Besuch bestimmter Bildungseinrichtungen (vgl. bei → Fachschulreife, in Baden-Württemberg zusätzlich Landwirtschaftliches Gymnasium → Berufliches Gymnasium) kann die fachgebundene Hochschulreife (→ Abitur) oder die → Fachhochschulreife oder die Allgemeine Hochschulreife (→ Abitur) erreicht werden. Eigene landwirtschaftliche Hochschulen gibt es z. B. in Freising-Weihenstephan (Bayern) und in Stuttgart-Hohenheim.

→ Berufsschule → Berufliches Schulwesen K

Landwirtschaftliches Gymnasium → Berufliches Gymnasium
→ Landwirtschaftliche Schulen

Langzeitgedächtnis → Gedächtnis

Latent

bedeutet je nach Zusammenhang verborgen, der Anlage nach möglich, unentwikkelt. So kann z. B. mit der Aussage „latent vorhandene Fähigkeiten" die grundsätzliche → Disposition zu einer bestimmten Fähigkeit gemeint sein, in anderem Zusammenhang aber die lediglich nicht hinreichende Entwicklung dieser Fähigkeit.
K

Latenzphase (-periode)

reicht nach S. Freud etwa vom 6. bis zum 12. Lebensjahr. Die Kinder zeigen in diesem Alter keine sexuellen Interessen bzw. bearbeiten dieselben nach Freuds Auffassung innerhalb der Familie (→ Ödipuskomplex).
Von der Latenzperiode oder Latenzphase ist die → Latenzzeit zu unterscheiden. K

Latenzzeit

wird gleichbedeutend mit Inkubationszeit verwendet. Sie beschreibt den zeitlichen Abstand, der zwischen der Ansteckung mit einer Krankheit und ihrem Ausbruch liegt. K

Lateraler Transfer → Transfer

Lateralität → Gehirn

Lautiermethode → Leselernmethoden

Law of effect → Effektgesetz

Learning by doing

bedeutet Lernen durch Handeln. Vgl. → Handlungsorientierter Unterricht → Selbsttätigkeit! K

Leasing

Der Begriff ist von dem englischen Wort ‚to lease' (vermieten, überlassen) abgeleitet und stellt eine besondere Art der Vermietung oder Verpachtung von Investitionsgütern, in seltenen Fällen auch von Konsumgütern durch eigens dafür zuständige Leasing-Gesellschaften dar.
Im Bildungsbereich wird vom Leasing mitunter in bezug auf Schulbauten und teure technische Einrichtungen Gebrauch gemacht. Im Falle eines Schulbaues übernimmt die Leasing-Gesellschaft auf Grund der Wünsche des späteren Mieters Planung und Bau. Der Mieter kann nach Ablauf der mit der Gesellschaft festgelegten Mietzeit das Mietobjekt zurückgeben, einen neuen Mietvertrag über dieses oder ein moderneres Objekt abschließen oder die Mietsache käuflich erwerben. Im allgemeinen erhöht Leasing die Liquidität des Mietenden. Es setzt jedoch eine gute Rentabilität des Mietobjekts voraus. Häufig wird dieses Verfahren bei der Anschaffung rasch durch die technische Entwicklung veralternder Maschinen und Computer angewendet. OK

Apel/Berninghaus 1992; Kramer 1992; Westphalen 1992

Lebenshilfe

Im Bereich der → Erwachsenenbildung versteht man unter Lebenshilfe Maßnahmen

1. zur Bewältigung konkreter psychischer Krisen,
2. zur Vervollständigung des Allgemeinwissens oder speziellen fachlichen Wissens und Könnens (→ Fortbildung),
3. zum Erwerb neuer Befähigungen (bestimmte schulische Abschlüsse, Lehrbefähigungen, Umschulung; → Weiterbildung).

In der → Sonderpädagogik fallen unter Lebenshilfe alle Maßnahmen von der Früherfassung über die gezielte Förderung bis zur lebenslangen Betreuung behinderter Menschen.
Schließlich steht die Bezeichnung noch für die Bundesvereinigung Lebenshilfe für geistig Behinderte e. V. K

Lebenslanges Lernen → Life-long-learning

Lebenslaufanalyse

Unter Lebenslaufanalyse versteht man die von Fachleuten vorgenommene psychologische Untersuchung und Beschreibung des bisherigen Lebenslaufs eines Menschen. Während hierbei die → Psychoanalyse vor allem Wert legt auf die individuelle Analyse, aus der wichtige Daten für die Therapie gewonnen werden, dient die Lebenslaufanalyse in der Entwicklungspsychologie der Ermittlung allgemeingültiger Erkenntnisse über die Entwicklung des Menschen.
Auch im Schulalltag trägt die Lebenslaufanalyse anhand von Aufzeichnungen im → Schülerbogen, von Gesprächen mit dem betroffenen Schüler, den Erziehungsberechtigten und Freunden u. U. zum besseren Verständnis des aktuellen Verhaltens des Schülers und zur Prognose möglicher Entwicklungstendenzen bei. Die Lebenslaufanalyse hat ihren sinnvollen Platz vor allem in Entscheidungsprozessen im Rahmen der → Berufswahl, aber auch in der → Forensischen Psychologie.

Langenmayr/Schubert 1987; Voges 1986

→ Anamnese K

Lebensnähe

wird im Sinne eines → Unterrichtsprinzips und als Gegengewicht zum einseitig theoretischen (Buch-)Unterricht und zur Abkoppelung des Unterrichts von der umgebenden Lebenswirklichkeit seit Pestalozzi gefordert, seit der → Reformpädagogik vor allem in den → Alternativen Schulen auch praktiziert. In den Regelschulen ist das Unterrichtsprinzip Lebensnähe ebenso wie die verwandten Unterrichtsprinzipien Brauchbarkeit, Aktualität, Wirklichkeitsnähe, Praxisnähe, Handlungsbezug eher auf das persönliche Engagement des Lehrers verwiesen als durch die Lehrpläne begünstigt. Versuche mit dem → Projektunterricht und mit der → Nachbarschaftsschule, mit → Betriebspraktika, → Erkundungsgängen und intensiver → Elternarbeit sind konsequente Annäherungen an das Unterrichtsprinzip Lebensnähe. K

Lebenswelt

bezeichnet den aufgrund aller bisherigen Erlebnisse und Lernvorgänge tatsächlich gegebenen und möglichen Erfahrungs- und Aktivitätsrahmen eines Menschen oder einer Gruppe, eingebettet in die soziale und institutionelle Umwelt und von dieser mitbestimmt.
In Auseinandersetzung mit einseitiger Wissensorientierung, Technisierung und Bürokratisierung der Gesellschaft, insbesonders des Bildungswesens, wird mit dem Lebensweltbegriff die unmittelbar erfahrbare (erzieherische) Alltagswelt wieder aufgewertet. Die Lebenswelt wird als Fundament wissenschaftlicher Erkenntnis gesehen (z. B. Husserl), dieser also vorgeordnet.
In neuerer Zeit bestimmt die pädagogische Diskussion vor allem der Ansatz von J. Habermas, für den die Lebenswelten die gegebene Einbettung für kommunikatives Handeln sind. Da in der Lebenswirklichkeit und damit auch in der Erziehungswirklichkeit verschiedene Lebenswelten der Beteiligten (z. B. Lehrer, Schüler) aufeinandertreffen, ist Aufklärung und bewußtes Verfügen über diese Lebenswelten angeraten, um ihre wechselseitig sich behindernden Auswirkungen zu verringern. K

Baacke in Popp 1976; Gethmann 1987; Husserl o.J.; Matthiesen 1985; Schütz/Luckmann 1979 u. 1983; Ströker 1979; Thiersch 1992; Welter 1986

Leerlaufreaktion (-handlung)

kann als Handlung beschrieben werden, die keinen sinnvollen Zusammenhang mit gegebenen → Reizen oder Anforderungen aufweist. Sie ergibt sich, wenn für aufgestaute Kräfte eines Individuums keine angemessenen Aufgaben vorhanden sind, in die diese Kräfte investiert werden könnten. Ein Schüler z. B., der durch Über- oder Unterforderung keine Gelegenheit hat, ein Lernziel im Rahmen seiner Fähigkeiten und seiner allgemeinen Belastbarkeit zu erreichen, reagiert seine ungenutzten Kräfte in Aktivitäten ab, die mit der gestellten Aufgabe nichts zu tun haben, u. a. in Leerlaufreaktionen (Grimassieren, Schattenboxen usw.) K

Legasthenie

bezeichnet den Sachverhalt der Lese- und Rechtschreib-Schwäche. Sie gilt als partielle → Lernstörung. Die betroffenen Schüler weisen in der Regel einen durchschnittlichen oder guten Intelligenzquotienten auf, ebenso gut oder durchschnittlich fallen ihre meisten Schulleistungen aus. Sie haben lediglich Schwierigkeiten, Texte sinnerfassend und flüssig zu lesen und Wörter grammatikalisch richtig zu schreiben. Typische Lese- und Schreibfehler sind z. B. wortentstellende Buchstaben- und Silbenvertauschungen, Hinzufügungen, Weglassungen. Bezüglich der Ursachen der Legasthenie liegen bis heute noch keine endgültig gesicherten Aussagen vor. Herkömmlich, aber nicht bewiesen ist die Annahme, daß sie durch Hirnschädigungen bzw. durch hirnorganische Reifeverzögerung verursacht sei. Neuere Untersuchungen neigen dazu, die Ursache in den heute üblichen Lese- und Schreiblernmethoden zu sehen. Sie stützen sich dabei auf die Feststellung, daß Legastheniker – von Ausnahmen abgesehen – keine anderen Fehler machen als andere Schüler; sie unterlaufen ihnen lediglich häufiger, was auf Überforderung (z. B. eben durch eine falsche Methode) hindeuten könnte.
Eine Fehlerhäufung ist auch festzustellen bei hoher Mißerfolgsängstlichkeit und Furcht vor Bestrafung, Flüchtigkeitsfehler sind oft auf mangelnde Konzentration und/oder hohe Ablenkbarkeit zurückzuführen.
Zu den unsicheren Aussagen der Ursachenforschung gesellen sich noch die besonderen Schwierigkeiten einer verläßlichen Frühdiagnose, die in der Lage sein müßte, die Gesamtpersönlichkeit der Testperson zu erfassen.
Nach dem bisherigen Stand der Forschung sind unterschiedliche Ursachen für die einheitliche Symptomatik der Legasthenie wahrscheinlich. Verhältnismäßig gesicherte Aussagen sind zu den Sekundärfolgen der Legasthenie möglich:
Hier fallen vor allem auf:

- Gedächtnisspeicherschwäche, v. a. bei selten vorkommenden Wörtern und für Sätze und Bedeutungen; die weitere Folge ist ein geringerer Wortschatz;
- sprachliche Entwicklungsverzögerung;
- durch besonders große Mißerfolgshäufigkeit allgemein herabgesetzte Lernmotivation und Aufmerksamkeit; Konzentrationsschwäche;
- Verhaltensstörungen aufgrund permanenter Mißerfolge und/oder → Sanktionen.

Eine Therapie muß jedenfalls auf differenzierter Diagnose aufbauen. Erfolge werden z. B. von einem systematischen Rechtschreibtraining mit Karteikastensystem berichtet.

Boerner 1988; Dummer 1977; Kowarik 1977; Malmquist/Valtin 1974; Naegele/Valtin 1989; Schenk-Danzinger 1979, 1984

→ Dyskalkulie K

Legitimation in der Erziehung

wirft die Frage nach der Berechtigung von → Bildungszielen, der Verfahren zu ihrer Gewinnung und der erzieherischen Akte selbst auf. In weltanschaulich oder ideologisch eindeutig bestimmten Gesellschaften werden Bildungsziele und die Gestaltung von Erziehungsvorgängen in deduktiver Ableitung aus nicht hinterfragbaren übergeordneten Wertvorgaben normativ gesetzt (= normative Legitimation).

In einer pluralistischen Gesellschaft, die auf den im praktischen → Diskurs zu erzielenden Konsens angewiesen ist, sind die **Legitimationsprobleme** in der Erziehung allgemeingültig nicht mit letzter Konsequenz lösbar (= diskursive bzw. konsenstheoretische Legitimation).

Ein pragmatischer Lösungsansatz besteht in der normativen Anbindung von Bildungszielen an das Grundgesetz und die Länderverfassungen, während ihre Umsetzung in der Erziehungspraxis an zweckrationalen Gesichtspunkten orientiert wird, z. B. an der empirisch nachweisbaren Zweckmäßigkeit eines im Erziehungsvorgang angestrebten Verhaltens oder an der Einhaltung eines für einen bestimmten Vorgang vorgesehenen Verfahrens (= Verfahrenslegitimation).

Vor Legitimationsprobleme wird der Erzieher schnell im Erziehungsalltag gestellt, wenn erzieherische Handlungen offensichtlich unbegründet zu sein scheinen bzw. von den Betroffenen nicht eingesehen, evtl. auch nicht akzeptiert werden. K

Lehralgorithmus → Lernalgorithmus

Lehramt

→ Lehrerausbildung → Lehrerbildung → Mindeststudiendauer

Lehramtsprüfung → Lehrprobe

Lehrbuch → Schulbuch

Lehrbüro → Bürowirtschaftliche Zentren

Lehrdarstellung

Im Gegensatz zur → Lehrskizze bietet die Lehrdarstellung eine gründliche und ausführliche Betrachtung aller den Unterricht beeinflussenden Faktoren. Sie ist demnach vor allem in der Phase der Lehrerausbildung sinnvoll. Die schriftliche Ausarbeitung sollte sich befassen mit

1. Aussagen zur Zielgruppe, z. B. Knaben, Mädchen, Alter, Entwicklungsstand, Bildungsgefälle, Gruppenstruktur, Leistungsstand und Erfahrungsbereich der Schüler;
2. Arbeitsbedingungen, z. B. Ausstattung der Schule, kollegiale Arbeitsformen der Lehrer, Kenntnisse und beherrschte Fähigkeiten der Schüler;
3. Didaktische Analyse:
   - Sachanalyse
   - → Didaktische Reduktion
   - Lernzielformulierungen (→ Lernziel → Operationalisierung);
4. Methodische Entscheidungen mit Kurzbegründungen;
5. Unterrichtsmedien mit Begründung der Auswahl;

6. Unterrichtsablauf: Übersichtliche Zuordnung von Lernzielen, Lerninhalten, Unterrichtsmethoden und Unterrichtsmedien, orientiert am erwarteten Lernprozeß der Schüler;
7. Quellennachweis;
8. Arbeitsblätter und Tafelbild als Anlage.

Köck 1991

→ Didaktische Analyse → Lehrdisposition → Lehrskizze → Unterricht → Unterrichtsplanung K

Lehrdisposition (-gliederung, -planung)

Die Lehrdisposition gibt es als
- Kurzdisposition,
- Schemadisposition,
- Netzplandisposition.

Die **Kurzdisposition** bietet als schriftliche Unterrichtsvorbereitung nur eine an den → Lernzielen und am Lernprozeß der Schüler orientierte Gliederung der Lerninhalte mit stichwortartigen Notizen zu den geplanten Unterrichtsmethoden und -medien. Das Kernwissen wird stichwortartig, graphisch, schematisch oder als Tafelbild festgehalten.
Die Kurzdisposition dient als ökonomisch gestaltete Erinnerungshilfe für den erfahrenen Praktiker.
Die **Schemadisposition** beinhaltet auf meist vervielfältigt bereitliegenden Formblättern im DIN A 4-Format Fach, Thema, Klasse, Zahl der Schüler, Ort und Tag der Durchführung in der Kopfleiste. Lernziele, Lerninhalte, Unterrichtsmethoden und -medien, Zeitplanung, Angaben zur Lernerfolgskontrolle und zu den Hausaufgaben sind in Spalten übersichtlich gegliedert und einander zugeordnet erfaßt. Die Ausführlichkeit der Darstellung bemißt sich bei allen Formen der Lehrskizze danach, daß ein Fachmann in der Lage ist, die Vorbereitung ohne Einbußen nachzuvollziehen. In der Regel dürften ein bis zwei DIN A 4-Formblätter ausreichen, nicht gerechnet Arbeitsblätter, Folien u. dgl.
Durch die **Netzplandisposition,** z. B. in Form eines verzweigten → Flußdiagramms, werden – meist arbeitsteilig – nebeneinander laufende Schüleraktivitäten unter ökonomischer Ausschöpfung der zur Verfügung stehenden Lernzeit koordiniert. Leerlauf einzelner Lerngruppen wird auf diese Weise vermieden. Die Netzplandisposition ist z. B. bei schülerkooperierenden → Unterrichtsformen, in → Planspielen oder → Projekten angezeigt.

Köck 1991

→ Lehrdarstellung → Lehrskizze → Netzplantechnik → Unterricht → Unterrichtsplanung K

Lehreinheit → Lehrsequenz → Einheit

Lehren

dient als Organisationshilfe für Lernprozesse (→ Lernen) der Vermittlung von Wissen und Fähigkeiten. Lehren und Lernen sind in wechselseitiger Abhängigkeit aufeinander angewiesen. In systematisch methodisierter und institutionalisierter Form sind sie die wesentlichen Bestimmungsmerkmale von → Unterricht.

→ Lehrer → Lehrsequenz → Lehr-Lern-Forschung → Lernpsychologie K

Lehrer

ist die allgemeine Berufsbezeichnung für Personen, die → Unterricht erteilen. Je nach Adressatengruppe (z. B. Kinder, Erwachsene) und Bildungseinrichtung (z. B. Grundschule, → Hauptschule, → Realschule, → Gymnasium, → Hochschule, → Erwachsenenbildung) stehen den Lehrern spezifische Berufsbezeichnungen zu (z. B. Grundschullehrer, Gymnasiallehrer, Hochschullehrer).

Die hauptsächlichen Aufgabengebiete des Lehrers sind

- kompetente Vertretung seiner Fachwissenschaft,
- Didaktik und Organisation von Lernprozessen,
- fachmännische Auswahl von Unterrichtsmethoden und Unterrichtsmedien,
- erzieherische Einflußnahme,
- beratende Tätigkeit,
- Tätigkeit als Beurteiler und Gutachter,
- Verwaltungsdienst,
- Vermittlung zwischen Schule und Elternhaus sowie außerschulischen Institutionen (vgl. näherhin erläutert in Köck 1992).

Die aus den Aufgaben sich ergebende Rollenüberlastung, die Eingliederung des Lehrers in ein hierarchisch gegliedertes Schulsystem und sein Standort im permanenten Interesse der Öffentlichkeit führen zwangsläufig zu Rollenkonflikten (→ Rolle, soziale), für deren Bearbeitung der Lehrer während seiner Ausbildung in der Regel zu wenig vorbereitet wird. Nicht selten ist eine Folge das heutigentags vieldiskutierte → Burnout-Syndrom.

Bäuerle 1989; Bölling 1983; Döring 1989; Hannappel 1984; Köck 1992; Lehrer – Schüler – Unterricht 1991; Schneider 1982; Terhart 1991

→ Lehren → Lehrerausbildung → Lehrerbild von Schülern → Lehrerbildung → Lehrerpersönlichkeit → Lehrerrolle → Lehrertypen → Lehrerverhalten K

Lehrerausbildung

Die Lehrerausbildung, die im Rahmen der → Lehrerbildung die 1. Phase darstellt, erfolgt entsprechend der Regelung der einzelnen Bundesländer entweder an Universitäten, Pädagogischen Hochschulen oder anderen staatlichen hochschulähnlichen Einrichtungen meist noch schulartbezogen, d. h. für Grund- und Hauptschulen, Realschulen, Gymnasien, Berufliche Schulen (Berufsbildende Schulen), Sonderschulen. Nach dem Grundkonzept der neuen Lehrerbildung wird die Ausbildung für alle Lehrämter an wissenschaftlichen Hochschulen stufenbezogen durchgeführt. Es ergeben sich dadurch folgende Lehrämter mit stufenbezogenem Schwerpunkt:

- Lehramt mit Schwerpunkt in der Primarstufe
- Lehramt mit Schwerpunkt in der Sekundarstufe I
- Lehramt mit Schwerpunkt in der Sekundarstufe II

Die Studiengänge umfassen grundsätzlich Fachwissenschaften und Erziehungswissenschaft und sind nach einer bestimmten → Mindeststudiendauer abzuschließen. Das erziehungswissenschaftliche Studium beinhaltet gesellschaftswissenschaftliche Studien. Die Fachwissenschaften werden durch die jeweilig dazugehörigen Fachdidaktiken ergänzt. In den Ablauf dieser Ausbildung werden fachorientierte Praktika einbezogen. Die Studiendauer richtet sich im allgemeinen nach dem angestrebten Lehramt. Alle Studiengänge werden mit einer ersten Staatsprüfung abgeschlossen. In bestimmten Fächerverbindungen soll die Möglichkeit

gegeben werden, durch eine fachliche, geprüfte Zusatzleistung ein Diplom zu erwerben, das den Einsatz in Wirtschaft, Verwaltung oder Technik ermöglicht. → Erweiterungsstudien sind sowohl stufenimmanent als auch stufenübergreifend möglich, d. h. ein Lehrer, der für die Sekundarstufe I stufenimmanent ausgebildet ist, kann die Lehrbefähigung für ein weiteres Fach in der Sekundarstufe I erwerben oder er kann ein bereits abgeschlossenes Studienfach durch zusätzliche Studien erweitern und durch eine ergänzende Prüfung in diesem Fach auch die Lehrbefähigung für die Sekundarstufe II erwerben. Erweiterungsstudien können im Anschluß an die erfolgte Ausbildung durch Anhängen einiger Semester an der Universität oder später nach Bestehen der 2. Phase der → Lehrerbildung im Rahmen der → Lehrerweiterbildung durchgeführt werden.
Nachfolgende Übersicht stellt die stufenbezogene Lehrerausbildung modellhaft dar:

1. Phase der Lehrerbildung/Lehrerausbildung

<table>
<tr><th>Stufenbezogene Lehrämter</th><th>Jahrgangsstufen</th><th colspan="3">Schulartbezogene Lehrämter</th><th colspan="2">Studien, die alle Lehrämter betreffen</th><th>Studienfächer</th><th>Erweiterungsstudien</th></tr>
<tr><td>Primarstufe</td><td>1 bis 4</td><td>Grundschullehrer</td><td rowspan="2">Sonderschullehrer</td><td></td><td rowspan="3">Erziehungswissenschaften einschließlich gesellschaftswissenschaftlicher Studien</td><td rowspan="3">Fachdidaktik / fachbezogene Praktika</td><td>Didaktik der Primarstufe
Studium eines Studienfaches, z. B. Deutsch</td><td>z. B. Qualifizierung in einem weiteren Studienfach</td></tr>
<tr><td>Sekundarstufe I</td><td>5 bis 10</td><td>Hauptschullehrer
Realschullehrer</td><td rowspan="2">Gymnasiallehrer / Berufsschullehrer</td><td>Studium von zwei Studienfächern, z. B. Mathematik und Physik</td><td>z. B. Qualifizierung in einem weiteren Studienfach, Studium der Primarstufendidaktik oder vertieftes Studium eines der bereits abgeschlossenen Studienfächer</td></tr>
<tr><td>Sekundarstufe II</td><td>11 bis 13</td><td></td><td></td><td>Studium eines vertieften Studienfaches
Studium eines Studienfaches
z. B. Chemie als vertieftes Studienfach (d. h. Lehrbefähigung bis zur 13. Jahrgangsstufe); Biologie als Studienfach</td><td>z. B. vertieftes Studium des zweiten Studienfaches oder Studium eines weiteren Faches</td></tr>
</table>

Für die schulartbezogenen Lehrämter gelten zum Teil abweichende Studienanforderungen. So ist z. B. für das Lehramt an Berufsschulen neben dem erziehungswissenschaftlichen das Studium eines Unterrichtsfaches und das vertiefte Studium einer beruflichen Fachrichtung vorzuweisen. Der Sonderschullehrer studiert Erziehungswissenschaft, eine sonderpädagogische Fachrichtung und wahlweise die Didaktik der Grundschule oder die Didaktiken einer Fächergruppe der Hauptschule einschließlich der fachwissenschaftlichen Grundlagen.
Von Bedeutung ist, daß die drei stufenbezogenen Lehrämter nicht hermetisch voneinander abgeschlossen sind, sondern jeweils mit einem Schwerpunkt stufen-

bezogen (stufenimmanent) und darüber hinaus auch stufenübergreifend angelegt sind. OK

Bäuerle 1991; Bluml/Böck 1988; Böttcher 1984

Lehrerbild von Schülern

Lehrer treten selten mit ihren Schülern in einen Meinungsaustausch über die Auswirkungen ihres Lehrerverhaltens ein. Deshalb vollzieht sich die Meinungsbildung der Schüler über ihre Lehrer vorzugsweise in der → Peer-group mit der Tendenz zu vorurteilsbeladenen Verallgemeinerungen aufgrund besonders auffälliger Verhaltensmerkmale. Mit zunehmendem Alter versuchen die Schüler, die Alltagssituation des Lehrers differenzierend zu würdigen, allerdings oftmals geleitet von verfestigten positiven oder negativen Schlüsselerlebnissen. Die Schwarzweiß-Malerei im Urteil der Schüler kann nur durch wechselseitiges → Feedback zwischen Lehrer und Schülern überwunden werden. In Untersuchungen des Autors ergaben sich als Maßstab für die Einschätzung der Lehrer durch die Schüler folgende Verhaltensmuster der Lehrer (vgl. Köck 1992[2]):

Positive Lehrereinschätzung	Negative Lehrereinschätzung
– ist für persönliche Probleme der Schüler ansprechbar – hat Freude am Unterricht – vermittelt spürbares Verantwortungsgefühl – engagiert sich – abwechslungsreicher Unterricht läßt auf gründliche Vorbereitung schließen – schriftliche Arbeiten der Schüler werden korrigiert und mit sinnvollen Anmerkungen versehen	– Am Schüler uninteressierter Jobber – ausschließlich an der Sache orientiert – „verarscht“ die Schüler durch mangelhafte oder fehlende Vorbereitung – „schüttelt den Unterricht routiniert aus dem Ärmel“ – bevorzugt überwiegend Frontalunterricht

Eine meist wohlwollende bis bedauernde Einschätzung durch die Schüler erfahren **Referendare,** deren „Idealismus noch spürbar ist“, die – „wohl der Überprüfung wegen – einfallsreiche Unterrichtsstunden vorbereiten“, aber letztlich „dem gleichen Anpassungsdruck wie wir Schüler“ ausgesetzt sind. Aufschlußreich und eine Fundgrube für Metakommunikation ist ferner die **Veränderung der Schülerurteile über Lehrer im Laufe ihrer Schulzeit,** wobei der Schnittpunkt von eher positiven Urteilen über Lehrer zu eher negativen etwa bei der 5. Jahrgangsklasse zu liegen scheint. K

Lehrerbildung

Die Lehrerbildung umfaßt folgende drei Phasen:
1. Phase: → Lehrerausbildung an Universitäten und Hochschulen
2. Phase: → Referendarzeit bzw. Vorbereitungsdienst
3. Phase: → Lehrerfort- und → Lehrerweiterbildung O

Lehrerfortbildung

Lehrerfort- und Lehrerweiterbildung haben ihren festen Standort im Rahmen der → Lehrerbildung als deren 3. Phase gefunden. Ihr Standort kann wie folgt verdeutlicht werden:

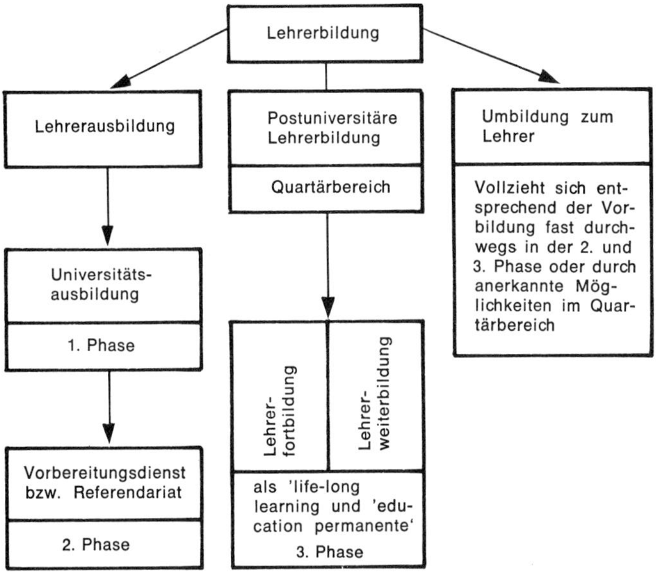

Die organisierte dritte Phase der Lehrerbildung nach Studium und Vorbereitungsdienst soll den Lehrer in regelmäßigen Abständen fortbilden und den Kontakt mit der Wissenschaft aufrechterhalten. Ihre Inhalte, die in ihren Schwerpunkten durch wissenschaftliche, wirtschaftliche, technische, gesellschaftliche und politische Entwicklungen mitbestimmt werden, befassen sich nicht nur mit den jeweiligen Fachwissenschaften, deren Fachdidaktiken und Erziehungswissenschaften, sondern auch mit unterrichtstechnologischen Erkenntnissen, schulstrukturellen und curricularen Veränderungen, mit soziologischen und psychologischen Aspekten. Lehrerfortbildung zielt im Gegensatz zur → Lehrerweiterbildung stets nur auf die Höherbildung in den Fächern, in denen eine Lehrbefähigung erworben wurde, und auf die Anpassung der beruflichen Tüchtigkeit an die veränderten Bedingungen des jeweiligen Arbeitsbereiches ab. – In einer flexiblen Lehrerfort- und Lehrerweiterbildung ist es notwendig, zeit- und systemgerechte Prioritäten zu setzen. Aus der Vielzahl der verschiedenen Lehrgangsformen sind als die wesentlichsten folgende zu nennen:
- → Informations- und Orientierungslehrgänge
- → Auffrischungslehrgänge
- → Rückgliederungslehrgänge
- → Innovationslehrgänge
- → Spezialisierungslehrgänge

Planung und Durchführung von Lehrerfort- und Lehrerweiterbildung werden von staatlichen Institutionen in der Trägerschaft der Kultusministerien, von freien Trägern (z. B. Lehrerverbänden, Kirchen) und kommunalen Trägern wahrgenommen. Institute für Lehrerfort- und Weiterbildung sind z. B. Akademie für Lehrerfortbildung Dillingen (Bayern); Schulpraktisches Institut der Freien Hansestadt Bremen; Institut für Lehrerfortbildung (Hamburg); Hessisches Institut für Lehrerfort-

bildung; Landesinstitut für schulpädagogische Bildung Nordrhein-Westfalen; Staatliches Institut für Lehrerfort- und -weiterbildung des Landes Rheinland-Pfalz; Staatliches Institut für Lehrerfortbildung (STIL-Saarland); Landesinstitut Schleswig-Holstein für Praxis und Theorie der Schule (→ IPTS); → Deutsches Institut für Fernstudien.
In neuerer Zeit bieten zunehmend auch wissenschaftliche Hochschulen Fortbildungsmaßnahmen in Form von → Kontaktstudiengängen an. Neben der zentralen Lehrerfortbildung gewinnt die dezentrale Form der Lehrerfortbildung auf regionaler Ebene und als schulinterne Lehrerfortbildung an Bedeutung, die einerseits auf den Multiplikationseffekt der zentralen Fortbildung setzen kann, andererseits adressatengerechter an den aktuellen Problemen vor Ort arbeiten kann. OK

Böhmer 1983; Eder/Khinast 1984; Fischer 1986; Greber 1991; Klippert 1983; Niedersächsisches Landesinstitut f. Lehrerfortbildung 1990; Schönig 1990; Wenzel u. a. 1990

Lehrerfrage → Frage im Unterricht → Entwickelnde Unterrichtsform

Lehrerpersönlichkeit

Obwohl schon → Persönlichkeit allgemein über einige formale Bestimmungsmerkmale hinaus nicht eindeutig beschreibbar ist, zählt der Lehrer zu jenen im öffentlichen Interesse stehenden Berufsgruppen, denen hartnäckig ein spezifisches Persönlichkeitsprofil abverlangt wird. Die pädagogische Literatur entzieht sich weitgehend einer inhaltlichen Aussage zur Lehrerpersönlichkeit, so z. B. Spandl (1985): „Lehrerpersönlichkeit ist das Insgesamt der relativ überdauernden, manifestierten und aktualisierten Merkmale und Verhaltenszüge des Lehrers, wie sie sich im Lehrerverhalten widerspiegeln."
Bei aller Zeit- und Gesellschaftsabhängigkeit des Bildes von der Lehrerpersönlichkeit scheint es dennoch relativ zeitüberdauernde Merkmale (früher Tugendkataloge genannt) zu geben, die dem Lehrer in der Erwartung der Öffentlichkeit, insbesonders der Schüler zugeteilt werden. Eine in jüngster Zeit vom Autor durchgeführte Befragung von Realschülern bestätigte Merkmalsuntersuchungen der Lehrerpersönlichkeit aus früheren Jahren mit folgender Rangfolge:
- Gerechtigkeit
- Gute Laune, Spaß, Humor
- Verständnis, Konsequenz, Strenge
- gut vorbereitete, abwechslungsreiche Stoffvermittlung
- Offenheit für Schülerprobleme
- keine Angst verursachen
- v. a. Mädchen legen viel Wert auf die äußere Erscheinung.

Bemerkenswert an dieser Rangliste ist der hohe Stellenwert sog. menschlicher Qualitäten, wenngleich die Fachkompetenz mit zunehmendem Alter der Schüler höher bewertet wird; es vollzieht sich ein Wechsel der Schüler von der Personen- zur Sachorientierung. Für die Selbstwahrnehmung des Lehrers und für seine Arbeit an seinem Selbstverständnis mag die Kenntnis jener Merkmale der Lehrerpersönlichkeit hilfreich sein, die das Verhältnis zu den Schülern nach deren Aussage erheblich belasten:
- Ironie, Sarkasmus, Zynismus, Spott
- Nörgelei, Ungeduld
- Mangel an Hilfsbereitschaft
- Unsicherheit, Ängstlichkeit

- leichte Erregbarkeit
- Eintönigkeit in der Unterrichtsgestaltung
- Starrheit in Meinungspositionen
- Unberechenbarkeit

Dieterich 1983; Drescher/Hurych 1980; Köck 1992

→ Lehrer → Lehrerausbildung → Lehrerbild von Schülern → Lehrerrolle → Lehrertypen → Persönlichkeit K

Lehrerrolle

Der Lehrer befindet sich in der gegenwärtigen pluralistischen und dynamischen Gesellschaft in einem stets seine Grenzen verändernden Spannungsfeld, das durch viele Gruppen- und Einzelinteressen, durch Verwaltungsvorschriften, Bürokratie, Technologie und Medien, Ideologien, fachwissenschaftliche und für seinen Beruf spezifisch wesentliche gesellschaftliche Innovationen und festgeschriebene Curricula beeinflußt wird.
Aus der nachfolgenden Übersicht über Bezugsgruppen des Lehrers, die mit je spezifischen Erwartungen an ihn herantreten, ergibt sich eine **Rollendiffusion** und eine **Rollenüberlastung,** die für die eigene Rolleninterpretation des Lehrers erhebliche Probleme aufwirft:

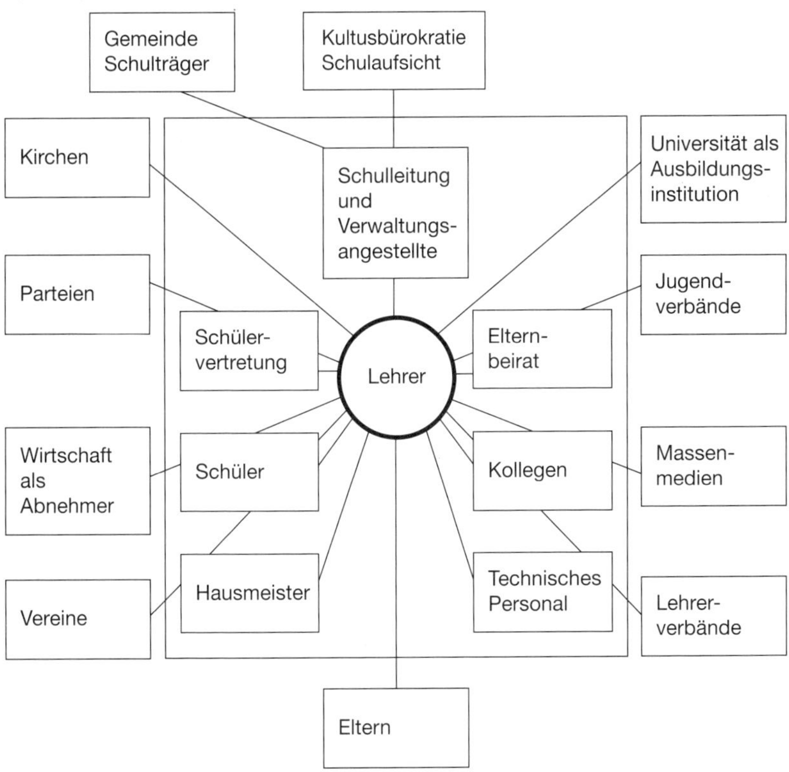

Zu den vorprogrammierten → Interrollenkonflikten stellt Günter Hartfiel (in Wulf 1974) als Soziologe fest:
„Empirische Untersuchungen über ihre Gesellschaftsbilder, Herkunftsprägungen, sozialen Selbstinterpretationen und Rollendefinitionen haben die Lehrer weitgehend als Gefangene ihrer herrschaftsstrukturell vorgegebenen Verhältnisse erwiesen. Im Schnittpunkt organisierter sozialer Interessen stehend, scheitern die Lehrer der sogenannten ‚pluralistischen Gesellschaft' in der Regel gegenüber dem Problem, die Forderungen von Parteien, Wirtschafts- und Berufsverbänden, Ehrenorganisationen, Kirchen, vor- und nachgelagerten Bildungseinrichtungen, aber auch der (untereinander höchst uneinigen) wissenschaftlichen Theorien sowie der Schulbürokraten und der Vorgesetztenhierarchie in ihrem pädagogischen Handeln ‚vor Ort' zu versöhnen."
Die immer stärker werdende Bürokratisierung, teilweise autokratische Verhaltensweisen von Behörden und die Freiheitseinengung durch ein Netz von Reglementierungen bringen den Lehrer, der hierdurch immer weniger auf die sozialen Wünsche und subjektiven Bedürfnisse des Schülers eingehen und kaum das erzieherische Moment berücksichtigen kann, in einen → Intrarollenkonflikt.
Tagtäglich erlebt er sich durch gegensätzliche Funktionen gefordert, z. B.
- als Wissensvermittler und Erzieher,
- dem Lehrplan und der Selbstentfaltung der Schüler verpflichtet,
- zu Auslese und bestmöglicher individueller Förderung aufgerufen,
- als Identifikationsfigur und Kontrolleur,
- als Partner und Disziplinverwalter,
- als Berater und Benoter,
- als „Unterrichtsstratege" und „Sozialingenieur" usw.

Um sich vor der Gefahr zu schützen, zum meinungslosen, fachwissenschaftlichen Lehrtechniker zu werden, müssen sich der Lehrerstand und der einzelne Lehrer eine durch die Erziehungswissenschaften unterstützte Selbstrolle geben, die den Schüler in den Mittelpunkt aller erzieherischen und unterrichtlichen Bestrebungen stellt. Durch die Festigung seiner Selbstrolle hat er kritischen Abstand gegenüber nicht vertretbaren Rollenzumutungen zu gewinnen und schulische Sozialisationsprozesse vor unpädagogischen Verfremdungen zu bewahren.

Beiner 1982; Ermert 1986; Nave-Herz u. a. 1975; Köck 1992; vgl. auch die Literatur bei → Lehrerverhalten!

→ Lehrer → Lehrerpersönlichkeit → Rolle → Rollenflexibilität → Rollenfunktionen in der Gruppe

OK

Lehrer-Schüler-Interaktion → Pädagogischer Bezug → Erziehungsstile

Lehrertypen

Die eher spekulativen Typologien zum Erscheinungsbild des Lehrers sind von der empirisch arbeitenden Erziehungsstilforschung (→ Erziehungsstile) abgelöst worden. Trotzdem kursieren immer noch Lehrertypologien, die bei aller Unschärfe und Verfestigung von Vorurteilen offensichtlich dem Bedürfnis der Bezugsgruppen, aber auch der Lehrer selbst, nach einer Grobeinteilung entgegenkommen. Dabei scheinen diese Typologien zeitüberdauernd relativ stabil zu sein, wie eine Einteilung von Vowinkel aus dem Jahr 1923 zeigt:

1. Typus der Indifferenz (gleichgültig, Unterrichtsingenieur, Jobber im negativen Sinn)

2. Typus der Autorität (exakt, konsequent, gut vorbereitet, aber nicht emotionsbestimmt)
3. Typus der Individualität (kultiviert persönliche Merkmale und Tics, auf der Suche nach gleicher Wellenlänge)
4. Typus der Persönlichkeit (ausgeglichen, humorvoll, gerecht, didaktisch und pädagogisch gleichermaßen kompetent)

R. Winkel beschrieb in einem Praxisbericht 1983/84 die folgenden heute dominierenden Lehrertypen:

- den „etwas hilflos-hektischen **Freiheitslehrer**", der nichts von Hentigs Forderung hält, für das Aufstellen und Einhalten von „Revieren, Regeln und Ritualen" zu sorgen,
- den vor allem an Ruhe, Normen und zielsicherem Unterricht orientierten **Ordnungslehrer,**
- den **Anspruchslehrer,** der sich in erster Linie der zu vermittelnden Sache verpflichtet fühlt,
- den **Kumpellehrer,** der vor den Systemzwängen in distanzlose Nähe flüchtet,
- und den nachahmenswerten **Antinomielehrer,** „der Widersprüche und Spannungen zu integrieren vermag".

Weniger differenzierend, aber damit auch ungenauer fiel Caselmanns Beschreibung 1964 aus, als er den logotropen (eher wissenschaftsorientierten) Lehrer dem paidotropen (eher schülerorientierten) Lehrer gegenüberstellte.

Typologische Verhaltensformen von Lehrern im Rahmen der Erziehungsstilforschung legten Tausch/Tausch 1971 vor, z. B. im Koordinatensystem der emotionalen und der Lenkungsdimension:

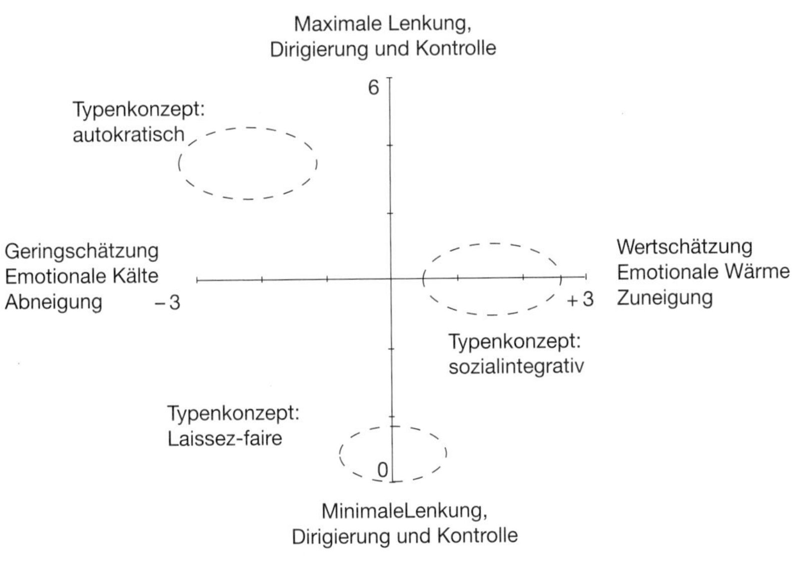

→ Autorität → Lehrer → Lehrerpersönlichkeit → Lehrerrolle → Lehrerverhalten K

Lehrerverhalten

In neuerer Zeit wird in Abkehr von Merkmalsbeschreibungen versucht, das Lehrerverhalten, das sich beeinflussend auf das Verhalten der Lernenden auswirkt, nach **Dimensionen** einzuschätzen.

Von R. und A.-M. Tausch (1979[9]) und anderen werden beim gegenwärtigen Forschungsstand als Dimensionen angeführt:

1. **Emotionale Dimension,** die durch untergeordnete Gegensatzpaare deutlicher beschrieben wird:
   - Wertschätzung/Wärme/Zuneigung gegenüber Geringschätzung/Kälte/Abneigung
   - Verständnis gegenüber Verständnislosigkeit
   - soziale → Reversibilität gegenüber sozialer Irreversibilität
   - Ermutigung gegenüber Entmutigung
   - ruhiges Verhalten gegenüber erregtem Verhalten
   - Optimismus gegenüber Pessimismus
   - Freundlichkeit gegenüber Unfreundlichkeit
   - Höflichkeit gegenüber Unhöflichkeit
2. **Lenkungsdimensionen**
   - Maximale Lenkung/Dirigierung/Kontrolle gegenüber minimaler Lenkung/Dirigierung/Kontrolle
   - Förderung der Selbständigkeit der Schüler gegenüber Förderung der Unselbständigkeit der Schüler
3. Dimension der **Verständlichkeit bei der Wissensvermittlung**
   - Einfachheit gegenüber Kompliziertheit
   - Ordnung/Gliederung gegenüber Ungegliedertheit/Zusammenhanglosigkeit
   - Kürze/Prägnanz gegenüber Weitschweifigkeit
   - zusätzliche Anregung (z. B. witzig) gegenüber keiner zusätzlichen Anregung (z. B. humorlos)
4. **Echtheit gegenüber Unechtheit** des Lehrerverhaltens, womit die Glaubwürdigkeit des verbalen und nonverbalen Verhaltens des Lehrers erfaßt werden soll.
5. **Engagierte Aktivität gegenüber desinteressierter Passivität,** welch letztere z. B. durch gelangweiltes Verhalten oder Übersehen von Arbeitsleistungen der Schüler gezeigt wird.
6. **Haltung des Lernens gegenüber der Haltung des Lehrens,** woran erkennbar ist, ob sich der Lehrer als ständig Mit- und Weiterlernender oder aber als der überlegene, alles wissende Macher begreift.

Döring 1989; Grell 1990; Kluge/Meyer-Suek 1980; Köck 1992; Neber 1979; siehe auch → Lehrerrolle!

→ Lehrer → Lehrerpersönlichkeit → Lehrerrolle → Lehrertypen K

Lehrervortrag – Schülervortrag

Durch einen Vortrag werden Informationen an den Zuhörer
- zusammenhängend,
- in adressatengerechter Form
- und in zumutbarer Zeitspanne übermittelt.

Lehrer- und Schülervortrag verfolgen zusätzlich den Zweck, die Zuhörer zum Lernen zu veranlassen.

Als Vortrag im Unterricht gelten sowohl der ausgefeilte Kurzvortrag als auch etwas unscharf abgegrenzt mehr oder minder freie Formen des Vortrags wie längere Erläuterungen, Erzählungen, Schilderungen, Rezitationen, Berichte z. B. über einen Arbeitsvorgang oder über den Verlauf einer Gruppenarbeit und deren Ergebnis u. a. m.
Mit dem **Schülervortrag** ist im Rahmen der Aktionsformen nicht der Übungsvortrag im Deutschunterricht gemeint, sondern die entsprechende Lehr-Aktivität, die der Schüler anstelle des Lehrers oder eines anderen Mediums in einer bestimmten Phase des Unterrichts übernimmt. Ein Schülervortrag dieser Art bedarf der genauen Absprache zwischen Lehrer und Schüler über seinen didaktischen Ort sowie einer gründlichen Einweisung des Schülers in Thema, Methode und Medien.
Für die **Gestaltung von Lehrer- und Schülervortrag** gelten gleichermaßen die folgenden **Grundsätze,** die auch zur Unterrichtsanalyse im Seminarverband oder in der Selbstüberprüfung (z. B. mit Hilfe eines Kassettenrecorders) herangezogen werden können:

- Lehrer- und Schülervortrag müssen **einfach, verständlich** (auf die Adressatengruppe zugeschnitten), **anschaulich** und bei alledem **sachlich richtig** sein. Unvermeidbare Fachausdrücke werden erläutert.
- Sie weisen deutlich erkennbar eine **übersichtliche Gliederung** auf, die bei längeren Vorträgen evtl. durch stichpunktartige Teilzusammenfassungen oder durch graphische Darstellung von Zusammenhängen schriftlich (Tafel, Overheadprojektor) unterstrichen werden kann.
- Lehrer- und Schülervortrag sind **auf das Wesentliche beschränkt.** Kürze und Prägnanz schließen aus, in Details zu schwelgen.
- Der Anregung der Aufmerksamkeit dienen z. B.
  - Blickkontakt,
  - humorvolle Einschübe,
  - modulationsreiche Sprechtechnik (Tonfall, Tempowechsel, Lautstärke),
  - kontrollierte Gestik und Mimik,
  - sensible Verarbeitung der Feedbacks aus der Klasse (gähnen, träumen, kritzeln, aufmerksam zuhören, angespannter Gesichtsausdruck usw.).
- Die **Lehrererzählung,** deren Wirkung vom Gelingen einer Spannungskurve und der Emotionalisierung der Zuhörer über möglichst viele Sinne abhängt, fordert vom Erzähler zusätzlich
  - Personalisierung,
  - Lokalisierung und
  - Dramatisierung,

aber innerhalb der Grenzen sachlicher Richtigkeit und Glaubwürdigkeit.

→ Vortrag K

Lehrerweiterbildung

Die Lehrerweiterbildung ist im Rahmen der → Lehrerbildung als Teil der dritten Phase (→ Lehrerfort- und Lehrerweiterbildung) zu sehen. Sie befaßt sich grundsätzlich mit Maßnahmen, die den Erwerb zusätzlicher Qualifikationen anstreben in Form der Ausweitung einer Lehrbefähigung oder des Erwerbs eines weiteren Lehramtes durch Absolvieren und Bestehen eines → Erweiterungsstudiums. Auch Studien, mit denen nach Erhalt der Lehrbefähigung akademische Grade erworben werden, zählen zur → Weiterbildung. Auf Grund der von der → Lehrerfortbildung unterschiedlichen Zielsetzung kommen für die Lehrerweiterbildung in erster Linie über längere Zeit durchzuführende Lehrgänge bzw. Kontaktstudien in Frage.

Döring 1988, 1990

→ Kontaktstudium OK

Lehrformen → Unterrichtsformen

Lehrgestalt → Unterrichtsformen

Lehr-Lern-Forschung

Umfassender als Unterrichtsforschung bezieht sich die Lehr-Lern-Forschung auf Lehr-Lern-Situationen aller Art, ob sie sich bewußt geplant z. B. als schulischer oder außerschulischer Unterricht ergeben oder eher nebenbei z. B. in Spielsituationen oder beim Lernen über Nachahmung.
Die Lehr-Lern-Forschung knüpft an die empirisch-experimentelle Forschungstradition z. B. von Lay (1862–1926), Meumann (1862–1915), Petersen (1884–1952) und Winnefeld an. Einflüsse von Seiten der Psychologie, insbesonders der behavioristischen und kognitiven → Lerntheorien haben die Forschungsrichtung der Lehr-Lern-Forschung maßgeblich bestimmt. Gegenstände der neueren Lehr-Lern-Forschung sind z. B.

- Instruktion als systematisch organisierte und kontrollierte Vermittlung von Wissen, Kenntnissen und Fähigkeiten,
- die Einflüsse der Interaktion zwischen Lehrenden und Lernenden auf die Lehr-Lern-Prozesse,
- die institutionelle Einbettung von Lehr-Lern-Situationen und
- das Phänomen des sog. → heimlichen Lehrplans (vgl. näherhin Terhart 86)

In der Forschungspraxis erfolgte eine Abwendung von den produktorientierten experimentellen Methoden mit ihrem als wirklichkeitsfremd und simplifizierend kritisierten Laborcharakter (→ Laborexperiment). Statt dessen bestimmen die Forschung heute eher prozeßorientierte Methoden wie die Feld- und Handlungsforschung, alle Arten der Beobachtung, insbesonders die teilnehmende Beobachtung, Methoden der Interaktions- und Unterrichtsanalyse, interpretative Forschungsmethoden unter Einschluß von Selbstreflexion und verhaltensändernden Trainingspraktiken. K

Strittmatter 1990; Terhart 1989; Treiber/Weinert 1982; Wicher 1989, 1991

Lehrling → Auszubildende(r)

Lehrmaschinen → Kybernetische Lehrmaschinen

Lehrmittel

Die Begriffe Arbeits-, Lehr-, Lern- und Unterrichtsmittel werden mitunter synonym verwendet, aber auch nach bestimmten Kriterien auseinandergehalten. Sie können Informationsträger zwischen Lehrendem und Lernendem sein oder der Selbstbildung dienen. Die Grenzen zwischen den Begriffen sind fließend. So wie → Lehrsequenzen grundsätzlich Lernsequenzen nach sich ziehen und jede Lernsequenz bereits in der Phase der Lehrsequenz ihren Anfang nimmt, so sind z. B.

auch Lehrmittel von Lernmitteln nicht klar und deutlich zu trennen (ein Atlas oder ein Bild kann je nach Einsatz im Unterricht beides sein). Der Begriff Lernmittel wird durch Gesetze und Verordnungen zur → Lernmittelfreiheit meistens dahingehend ausgelegt, daß er sich mit Schulbüchern, schulbuchzugehörigen und -ersetzenden Arbeitsbögen, Arbeitsheften und Arbeitsmitteln befaßt und somit den Begriff Arbeitsmittel mit einbezieht oder zumindest eng an sich bindet. In Anlehnung an diese Festlegung sei zwischen Lehr- und Lernmittel unterschieden:

1. **Lehrmittel** sind vorwiegend für die Hand des Lehrers gedacht, dienen der Veranschaulichung durch den Lehrer und werden als Hilfsmittel in den Lehrprozeß eingefügt, um das Vorgetragene und Dargestellte zu verdeutlichen und zu erklären. Solche Lehrmittel sind z. B. Abbildungen, Dias, Landkarten, Modelle, Gesteins- und Tiersammlungen, Zeitschriften, Filme, Fernsehsendungen. Es handelt sich in erster Linie um Informationen akustischer oder visueller Art, die der Lehrer vor der Klasse einsetzt, um eine Lernhilfe zu geben und zum Lernen anzuregen.
2. **Lernmittel** sind alle Gegenstände, die überwiegend vom Lernenden selbst verwendet werden, um sich in Eigenarbeit, durch Übung oder Wiederholung Kenntnisse anzueignen. Der Schüler arbeitet mit dem Lernmittel oder er verändert bzw. bearbeitet es. Bietet ein Lernmittel die Möglichkeit zur Veränderung oder Bearbeitung, so wird es auch als **Arbeitsmittel** (z. B. Experimentier- und Arbeitskästen, Knetmasse) bezeichnet. Vom Lernenden benützte Lernmittel sind z. B. Bücher, Lernprogramme, Nachschlagewerke, Fernbriefe im Rahmen eines Studiums im → Medienverbundsystem.
   Lern- bzw. Arbeitsmittel sind gekennzeichnet durch Individualisierung, Selbstkontrolle, Planmäßigkeit und Anreizcharakter.

Der Begriff der **Unterrichtsmittel** wird häufig für alle in einem Unterrichtsablauf eingesetzten Lehr- und Lernmittel verwendet.

→ Unterrichtsmedium O

Lehrobjektivierung → Objektivierung des Unterrichts

Lehrplan

Der Begriff → Curriculum hat die Bezeichnungen Lehrplan, Rahmenlehrplan, Richtlinien bisher nicht verdrängen können. Der Lehrplan hat als Ordnungsmittel der Schule die Aufgabe, Lehrstoffe in Auswahl und Abfolge nach leitenden Interessen der gesellschaftlichen Entwicklung und unter dem Gesichtspunkt der Angemessenheit für die Schüler zielorientiert und jahrgangsweise aufzubereiten. Insofern sollte der Lehrplan ein Kompromißergebnis zwischen den Interessen der Gesellschaft und den durch die Pädagogik vertretenen Bedürfnissen der Schüler darstellen. Er bietet einen ausführlichen Katalog von verbindlichen Lehrstoffen, evtl. ergänzt durch methodische und mediale Empfehlungen.

Lehrpläne werden von den jeweils zuständigen Ministerien erlassen und bilden Machtinstrumente. Sie beinhalten nicht nur bildungs- und schulpolitische Ideen, sondern sind auch beeinflußt von → Ideologien, Interessenverbänden und anderen Gruppen der Gesellschaft und damit ständiger Veränderung ausgesetzt. Die amtlich erschienenen Lehrpläne können als → Rahmenpläne oder → Stoffverteilungspläne konzipiert sein oder als eine Mischform aus beiden. Die **Lehrplankonstruktion** wird von der zugrundeliegenden **Lehrplantheorie** geleitet:

- Dem **normativen Ansatz,** nach dem Lehrpläne aus unbestrittenen Bildungsidealen abgeleitet werden, waren ehemals weltanschaulich eindeutig definierte Gesellschaftssysteme verpflichtet, die ihre Nachfolger bis in die Jetztzeit immer wieder in ideologisch fundierten totalitären Staaten fanden.
- Mit Wenigers Lehrplantheorie war der beschriebene **Kompromiß im Lehrplan zwischen den gesellschaftlichen Interessen und den Interessen der Kinder** gefordert, der Kompromiß zwischen gesellschaftserhaltender Tradition und Zukunftsorientierung.
- Die → **Curriculumtheorie** schließlich baut auf die wissenschaftlich begründete Lehrplankonstruktion, indem sie aufgrund der Analyse von Alltagssituationen von der Beschreibung gegenwärtig und zukünftig nötiger Bildungsqualifikationen ausgeht, die Konstruktionskriterien offenlegt und ihre gesamte Arbeit einer kritischen → Evaluation unterzieht.

Neueste Lehrplankonzepte wie z. B. der bayerische Lehrplan streben einen Gesamtentwurf an, in dem das exakt beschriebene Schulartprofil, das jeweilige Fach mit seinen Besonderheiten (= Fachprofil), die Erfordernisse der Gesellschaft (z. T. normative, z. T. curriculare Erhebungsansätze) und die Interessen und Lernmöglichkeiten der Schüler zusammengeführt werden sollen. Als leitendes Unterrichtskonzept gilt in diesem Lehrplanentwurf der → handlungsorientierte Unterricht, ausgerichtet nach den didaktischen Schwerpunkten Wissen, Können und Anwenden, produktives Denken und Gestalten, Wertorientierung. Der konkrete Unterricht ist nach diesem Ansatz immer auch in seiner Passung an das Schulartprofil und an das lernprozeß- und handlungsorientierte Unterrichtskonzept zu rechtfertigen und nicht nur vom einzelnen Lerninhalt, also von fachlichen Gesichtspunkten her. K

Aselmeier 1990; Dörpfeld 1962; Dolch 1965; Haenisch 1982; Künzli 1986; Robinsohn 1975; Weniger 1965; Westphalen 1985

Lehrprobe

wird eine benotete Unterrichtsstunde genannt, die Referendare gegen Ende der zweiten Phase der → Lehrerbildung, also in der Referendarzeit bzw. im Vorbereitungsdienst halten müssen. Da die im Zeugnis der 2. Lehramtsprüfung hoch bewerteten Lehrproben einerseits in der Regel mit einem Aufwand erstellt werden, der in der alltäglichen Schulwirklichkeit nicht durchgehalten werden kann, andererseits von vielen unberechenbaren Einflüssen am Prüfungstag bestimmte Einzelleistungen darstellen, ist ihr Aussagewert über das tatsächliche Lehrgeschick umstritten. Die Gesamtnote der 2. Lehramtsprüfung wird aus den Noten in den Lehrproben, in den schriftlichen und mündlichen Prüfungen, der Note für die schriftliche Hausarbeit und der Note der dienstlichen Beurteilung nach einem festgesetzten Schlüssel gebildet. Der Anteil der Lehrproben an der Gesamtnote beträgt für die meisten Lehrämter ca. 40%. K

Lehrprogramm → Programmierte Instruktion

Lehrrahmen → Unterrichtsformen

Lehrsequenz

Lehr- und Lernsequenz sind eng miteinander verbunden und stellen durch den Lehrer gegebene Stoff- und Lehreinheiten und durch den Schüler aufzunehmende und zu verarbeitende Lerneinheiten dar. Beide erwachsen auseinander, sind nicht identisch und gegeneinander verschoben, z. B.

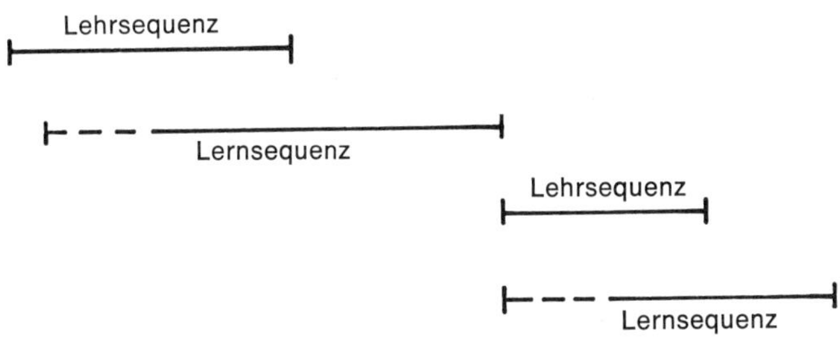

→ Lernschritt

O

Lehrskizze

oder Unterrichtsskizze wird die vor allem unter ökonomischen Gesichtspunkten angefertigte schriftliche Kurzvorbereitung für den Unterrichtsalltag genannt. Der Lehrer benutzt dabei in der Regel von ihm selbst entworfene Formblätter – meistens auf DIN A 4 in Spalten gegliedert –, die er für seine speziellen fachlichen, didaktischen und methodischen Bedürfnisse am geeignetsten hält. Die Ausführlichkeit seiner Aufzeichnungen bemißt sich danach, daß er selbst ohne neue Einarbeitung jederzeit in der Lage ist, die Unterrichtsstunde anhand der Lehrskizze zu wiederholen, und daß ein Fachmann in der Lage ist, sie nachzuvollziehen. Für die meisten Unterrichtsstunden dürften ein bis zwei Blätter für die didaktische Kurzanalyse und die Verlaufsplanung ausreichen. Zur Ökonomisierung der Planungsarbeit trägt es bei, wenn sich der Lehrer ein Verzeichnis von Abkürzungen und Zeichen für Lernschritte, Vorgänge, Relationen usw. entwirft, die in Unterrichtsvorbereitungen immer wieder auftauchen. Die Lernziele, das Ergebnis der Sachanalyse, methodische Maßnahmen und ausgewählte Medien werden gleich in die Verlaufsplanung eingearbeitet.
Wie auch immer angeordnet, muß die Lehrskizze Angaben zu folgenden didaktischen und methodischen Entscheidungen enthalten (hier im 4-Spalten-Modell):

Thema: ______________________________

Fundort im Lehrplan:

Artikulationsschema	Lernziele und Lerninhalt	Methoden	Medien/Material	Zeiteinteilung
1. Motivation 2. Problemformulierung	• Feinziele bzw. Unterrichtsschritte • Der Lerninhalt wird nach sachlogischen Gesichtspunkten in Stichworten, Skizzen usw. entfaltet. • Arbeitsanweisungen, tragende Impuse, Kernaussagen, Merktexte, Zusammenfassungen werden wörtlich notiert. • Wichtig ist die übersichtliche parallele Anordnung der jeweils zusammengehörenden Planungselemente; also besser ein Blatt mehr verwenden als die Übersichtlichkeit aufs Spiel setzen!	In der Regel sind hier bei jedem Arbeitsschritt aufzuführen: • Sozialform (SF) • Aktionsform (AF) (Art des Denkens und Handelns) • Unterrichtsform (URF) • Aufgabentypen Auf die widerspruchsfreie Wechselwirkung der Methodenentscheidungen untereinander und mit den anderen Planungselementen achten!	Genaue Angabe von • Gerät (Hardware) • Medienangebot (Software) • Fundort (Lehrmittelzimmer, Katalognummer, eigene Materialsammlung . . .)	Geschätzte Unterrichtszeit, evtl. im Vergleich mit der tatsächlich verbrauchten Unterrichtszeit; diese Spalte kann mit zunehmender Routine in realistischer Zeiteinteilung entfallen.

Nach jedem Planungsschritt Platz lassen für Anmerkungen aufgrund der Unterrichtsanalyse für mögliche Verlaufsvarianten, neu entdeckte Medien usw.!

Ökonomische Formen der Lehrskizze sind auch mit der Unterrichtsvorbereitung in Form eines → Tafelbildes, in Form von Foliensätzen (→ Arbeitstransparente → Overhead projector) und Overlayfolien (→ Transparenttechnik) oder in Form von → Flußdiagrammen gegeben.

Köck 1991

→ Didaktischer Planungsfilter → Lehrdarstellung → Lehrdisposition → Unterricht → Unterrichtsplanung K

Lehrstoff → Lerninhalt

Lehrstufen → Artikulationsschemata des Unterrichts → Formalstufen

Lehrsystem

bezeichnet in der → kybernetischen Pädagogik in der Bedeutung von Nachrichtenverarbeitungssystem die Informationsquellen Lehrer, Unterrichtsmaterial, Medien, die auf die Schüler als → Lernsystem (wieder allgemein verstanden als Nachrichtenverarbeitungssystem) einwirken.

→ Kybernetik → Kybernetische Didaktik → Regelkreis K

Lehr- und lernzielbezogene Ergebnismessung

Als Bemessungsrichtwerte dienen die zu erreichenden Lernziele. Der Schüler hat seine Arbeit geleistet und ein Teilziel im Ablauf seines Kenntniserwerbs erreicht, wenn er den ihm dargebotenen Stoff gelernt, verarbeitet hat und diesen transferieren bzw. reproduzieren kann. Bei der Benotung, dem Messen seiner Leistung, spielt es dabei keine Rolle, ob andere Schüler und wie viele von ihnen das Unterrichtsziel auch erreicht haben. Eine Gaußsche Kurve oder einen vorher errechneten Prozentsatz, nach dem die Anzahl der guten und schlechten Noten festgelegt ist, darf es in diesem Fall nicht geben.
Grundsätzlich sind so viele Arbeiten mit guten Noten zu bewerten wie gute Lernergebnisse vorhanden sind.
→ Lernerfolgskontrolle → Lernzielstufen → Personenbezogene Erfolgsmessung → Schulleistungsmessung → Schulstreß → Vergleichende Bezugsmessung O

Lehrverfahren → Unterrichtsmethode

Lehrziel → Lernziel

Leipziger Schule → Gestaltpsychologie

Leistung

bezeichnet allgemein das meßbare und beurteilbare Ausmaß der Erreichung eines bestimmten Zieles unter bestimmten Voraussetzungen. Im technischen Bereich kann Leistung auf die Formel gebracht werden: Leistung = $\frac{\text{Arbeit}}{\text{Zeit}}$. Leistung wird also hier als Arbeit in Abhängigkeit von der verbrauchten Zeit gemessen. Soziologisch betrachtet besteht Leistung in der Erfüllung gesellschaftlich gesetzter Normen als Voraussetzung für Berechtigungen, Rangplätze u. ä. Im unterrichtlichen Bereich muß in die Beurteilung der Leistung eingehen, unter welchen Bedingungen vorgegebene Lernziele vom Schüler erreicht wurden. Solche Bedingungen sind Anforderungsniveau der Lernziele, Anstrengung des Schülers, zur Verfügung stehende Zeit, Materialien, Medien, Aufwand und Hilfen durch den Lehrer, Methoden, Art der Lernzielkontrollen. Darüber hinaus ist bei der Beurteilung von Schülerleistungen grundsätzlich zwischen subjektiv und objektiv möglicher Leistung zu unterscheiden.
Ohne Berücksichtigung speziell pädagogischer Gesichtspunkte sieht Heckhausen (1980) die Schulleistung mit folgenden Merkmalen ausgestattet:
- Leistung führt zu einem Ergebnis.
- Das Ergebnis ist an Gütemaßstäben meßbar.
- Die zur Leistung nötige Handlung muß gelingen oder mißlingen können, d. h. auf einem mittleren Schwierigkeitsgrad angesiedelt sein.
- Für die Bewertung der Leistung ist ein Vergleichsmaßstab nötig.
- „Die Handlung muß vom Handelnden selbst gewollt und das Ergebnis von ihm selbst zustande gebracht worden sein."

Um die Schulleistung von ihrem Verständnis vorgegebener Produkterwartungen mit gleichzeitiger Zuteilung von Rangplätzen in der Lerngemeinschaft zu einem **pädagogischen Leistungsverständnis** weiterzuentwickeln, muß Leistung grundsätzlich als individuell aufgebrachte Anstrengung des Schülers in Lernsituationen definiert werden. Dies bedeutet im einzelnen:

Pädagogisches Leistungsverständnis
- setzt bei den individuellen Möglichkeiten des Schülers an;
- würdigt die individuelle Anstrengung mindestens so wie das Leistungsergebnis;
- berücksichtigt die lern- und entwicklungspsychologischen Gegebenheiten;
- betrachtet die Lern- und Leistungsbereitschaft des Schülers immer gleichzeitig als Voraussetzung und Ziel schulischer Leistungserziehung;
- ist ganzheitlich;
- achtet auf sinnvolle Lernsituationen;
- schließt gemeinschaftlich erbrachte Leistungen ein;
- akzeptiert Gefühle als Mitbedingung von Leistung;
- stellt sich den Herausforderungen, die mit dem → Leistungsversagen von Schülern aufgegeben sind.

K

Babilon/Kittler 1990; Feiks/Schmidt 1981; Kluge/Schmidtko 1980; Husén 1980; Janssen u. a. 1991; Kognitive Prozesse u. geistige Leistung 1990; Köck 1991; Schröder 1990; Thomas 1988

Leistungsangst

bezeichnet die grundsätzliche Neigung eines Individuums, in allen (also auch außerschulischen) Situationen, die Leistung abverlangen, insbesonders in Prüfungssituationen, mißerfolgsängstlich zu reagieren, d. h. dem Mißerfolg durch Flucht vor der Aufgabe auszuweichen bzw. die Ursache eines erlittenen Mißerfolgs in eigenen mangelnden Fähigkeiten zu suchen. Diese Einstellung gegenüber Leistung fordernden Situationen wird in den meisten Fällen im Vorschulalter aufgrund erzieherischer Fehlhaltungen erworben.

Heckhausen 1965; Herrmann 1974; Kluge/Kornblum 1980; Krohne 1975, 1985; Loddenkemper/Schier 1979; Oestreich 1980; Rost 1991; Seipp 1990

→ Lernmotivation → Motivation → Schulangst

K

Leistungsantrieb → Leistungsmotivation → Motivation

Leistungsbewertung/Leistungsbeurteilung

stützt sich auf schriftliche, mündliche und praktische Prüfverfahren der → Leistungsmessung, deren Ergebnisse zu einem Gütemaßstab in Beziehung gesetzt werden. In Worten oder Noten verdichtet werden Aussagen über die Qualität von Lernleistungen formuliert.

Leistungsbewertungen in Noten können als nicht differenzierende Superzeichen zu Lernleistungen in letzter Konsequenz **weder objektiv noch gerecht sein:**

- Die Bewertungsqualitäten der Lehrer sind erfahrungsbezogen, nicht von allgemein gültigen Kriterien abgeleitet.
- Die Bewertungsmaßstäbe variieren nicht nur von Lehrer zu Lehrer, sondern auch von Fach zu Fach.
- Auch Leistungsbewertungen hängen – wie der gesamte Unterricht – einerseits von der beruflichen Grundeinstellung, andererseits von Augenblicksstimmungen des Lehrers ab, von seiner Neigung zu intuitiver Urteilsbildung, seiner Erwartungshaltung, seiner Tendenz, Halo-Effekten und Etikettierungen nachzugeben, nach Maßgabe des Mildeeffekts oder der Tendenz zu mittleren Noten zu zensieren u. a. m.

- Je nach Prüfverfahren können Noten sehr unterschiedlich zu ein und derselben Leistung ausfallen.
- Leistungsbewertungen beeinträchtigen u. U. die Leistung des Schülers als solche, da er in angst- und streßbeladenen Ausnahmesituationen arbeiten muß.

Wegen ihrer möglichen Folgelasten sind Leistungsmessungen mit dem Zweck der Bewertung und Beurteilung **angstbesetzt und streßauslösend.** Je nach Einschätzung der Prüfungssituation empfinden die Schüler den durch sie ausgelösten **Streß** als Herausforderung oder als Bedrohung oder als Schädigung. Während sie auf die Herausforderung mit Neugier und Arbeitsbereitschaft reagieren und eine Schädigung (z. B. durch Noten oder durch herabsetzende Worte des Lehrers) mit Entmutigung und Resignation beantworten, begegnen die meisten von ihnen einer Bedrohung mit **Angst.** Entgegen weitverbreiteter Meinung wirkt sich die Angst nur sehr selten motivierend auf das Leistungsverhalten aus. Das Gefühl der Hilflosigkeit, Fluchttendenzen und Mißerfolgserwartung sowie allgemeine Unruhe und körperliche Symptome wie starkes Herzklopfen, beschleunigter Puls, Schweißausbruch, Magen- und Darmbeschwerden usw. bewirken eher Abnahme der Fähigkeit zur Informationsverarbeitung, Denkblockaden, oberflächliche Konzentration, Zweifel an der eigenen Leistungsfähigkeit bis hin zur Lähmung der Leistungsfähigkeit.

Die pädagogische Konsequenz kann nicht im vergeblichen Versuch der Beseitigung der Leistungsangst bestehen, sondern lediglich in der Bereitstellung von Leistungssituationen, in denen die Angst derart bewältigt werden kann, daß sie sich nicht leistungshemmend oder -behindernd auswirkt.

Qualität und Aussagewert der Leistungsbewertung hängen maßgeblich vom zugrundeliegenden **Bezugssystem** ab:

- Im **normorientierten Prüfverfahren über standardisierte Tests** erfolgen Durchführung, Auswertung und Interpretation der Leistungsmessung nach klaren Vorschriften unter angegebenen Bedingungen (z. B. zentrale Abschlußprüfungen).
- Im **klassenorientierten Prüfverfahren** ist das Bezugssystem der Leistungsmessung die durchschnittliche Leistung der Klasse, nach der Schüler der Gauß'schen Glockenkurve (sog. Normalverteilung) entsprechend auf der Notenskala verteilt werden.
- Im **lernziel- oder kriteriumorientierten Prüfverfahren über informelle Tests** ist das Bezugssystem der Leistungsmessung ein gesetztes, den Schülern bekanntes Lernziel. In diesem Prüfverfahren ist die Bewertung der Unterrichtseffektivität zumindest ebenso bedeutsam wie die der Schülerleistungen.
- Im **individualdiagnostischen oder schülerorientierten Prüfverfahren** ist das Bezugssystem der Leistungsmessung die individuelle Leistung des Schülers. Die Rahmenbedingungen seines Lernens werden dabei ebenso berücksichtigt wie die differenzierende Unterscheidung von Grundkenntnissen und anwendungsbezogenen Leistungen sowie sein individueller Lernfortschritt.

Entsprechend der KMK-Vereinbarung vom 28. 10. 1964 werden durch Schüler in Unterrichtsfächern erbrachte Leistungen nach folgenden Notenstufen bewertet: 1 = sehr gut, 2 = gut, 3 = befriedigend, 4 = ausreichend, 5 = mangelhaft, 6 = ungenügend.

Einzelbewertungen in schriftlichen Arbeiten und in mündlichen und praktischen Leistungen sind für die Gesamtbeurteilung in einem Fache in einer Gesamtnote auszudrücken. Hierbei ist der Umfang und Wert der jeweiligen Einzelleistungen zu berücksichtigen, wobei die Leistungsentwicklung des Lernenden beachtet werden muß und den zuletzt erzielten Leistungen größeres Gewicht beizumessen ist.

Athanasiadis 1974; Heller 1984; Köck 1991; Rheinberg 1979; Weiss 1989

→ Leistung → Prüfung → Schülerbeurteilung → Schulleistungsmessung K

Leistungsdifferenzierung

als Form äußerer → Differenzierung tritt als → Setting (= fachspezifische Differenzierung) und Streaming (= fächerübergreifende Differenzierung) auf. Das kennzeichnende Auswahlkriterium bei der Leistungsdifferenzierung für die Gruppenzugehörigkeit der Schüler ist einzig und allein die nachgewiesene Leistung. K

Leistungsdruck

Überhöhte Leistungsforderungen, die den Adressaten überfordern, führen zum Leistungsdruck. Dort, wo → Bildung, → Lernziel, Lernergebnis und → Lernerfolg im Rahmen einer bildungsökonomischen Bedarfsplanung lediglich als Faktoren eines Produktionsprozesses in einem institutionalisierten Schulwesen gesehen werden, stellt dieses – wie Hartmut von Hentig es ausdrückt – „die große Abrichtung des Kindes durch das eingebaute Curriculum der totalen Anstalt Schule“ dar, die sich als eine „Unmenschlichkeit der Gegenwart“ zeigt und zur → Frustration des Kindes und zur bedrückenden Prüfungsangst führt. Die Schule entwickelt sich damit zur → Leistungsschule im negativen und abwertenden Sinne. Es erfolgt die Abwendung und Abkehr von den erzieherischen Aufgaben, die als primäre Faktoren im Bildungsgeschehen vorhanden sein müssen. Die Schule wird damit zur intellektualisierten Bildungsinstitution, die dem Kinde unangemessene → Motivationen zumutet und es weiterhin in einen Leistungsdruck zwängt, wenn sie nicht den Weg zum Erzieherischen zurückfindet. O

Leistungskontrolle

Die Überprüfung und Kontrolle von durchgenommenen Stoffen und durch ein → Curriculum festgelegten Lernzielen erfolgt durch mündliche und schriftliche Prüfungsformen sowie durch praktische Prüfungen.
Mündliche Feststellungsformen sind z. B. Schülerreferate; Beteiligung an Unterrichtsgesprächen und Streitgesprächen; → Fallstudien, → Planspiele und → Rollenspiele; Berichte.
Schriftliche Kontrollformen sind z. B. → Multiple-choice-tests, → True-false-tests, programmierte Aufgaben (→ Programmierte Instruktion), Wiedergaben in Form von Beschreibungen und Darstellungen; Interpretationen, Stegreifaufgaben oder → Schulaufgaben.

→ Kontrolle, soziale → Lernerfolgskontrolle O

Leistungskurs → Kollegstufe

Leistungskurve

Die Leistungs- oder Lernkurve ist eine graphische Darstellung der Beziehung zwischen Aufnahmefähigkeit zusätzlichen Wissens und dem zeitlichen Ablauf des Lernprozesses. Leistungskurven sind individuell verschieden und abhängig von einer Anzahl unterschiedlicher Faktoren und sie variieren bereits in ihrem anfänglichen Verlauf. Bei Lernenden, die für das Begreifen eines neuen Fachgebietes langsamer und intensiver arbeiten müssen, bis entsprechende positive Lernfortschritte zu verzeichnen sind, sieht die Leistungskurve (Darstellung 1) anders aus als bei denen, die das Neue sofort aufnehmen und Lernfortschritte erzielen (Darstellung 2). Jeder der beiden wird sich jedoch seiner sog. momentanen Bestleistung nähern.

Leistungskurven 1 und 2

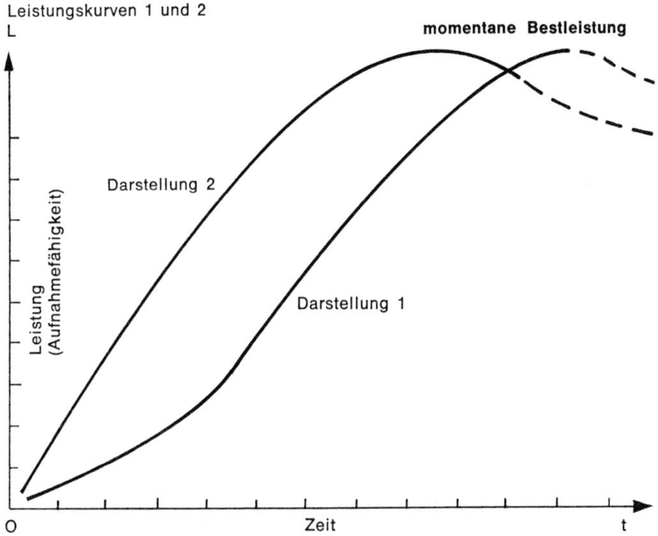

Bei gleichartiger Kräftebeanspruchung kann die individuell zu erreichende Leistungsfähigkeit für eine entsprechende Zeit konstant gehalten werden, geht aber dann bei ständiger erhöhter Kräftenutzung und eintretender Ermüdung mehr oder weniger rasch zurück. Die Leistungskurve wird schneller zurückgehen, wenn dasselbe Lernverfahren zum selben Lerngegenstand über den gesamten Lernzeitraum beibehalten wird.

Es ist daher notwendig, wenn die Leistungskurve nicht stetig abfallen soll, den Lerngegenstand und das Lernverfahren häufiger zu ändern. Der ablaufende intensive Lernprozeß, in den gezielte Übungsphasen einzuplanen sind, darf über keine zu lange Zeit angesetzt werden. Während einer Lernpause werden Ermüdungserscheinungen abgebaut.

Die nachfolgenden Leistungskurven zeigen, bezogen auf dieselbe Person, die Unterschiedlichkeit bei wechselndem Lerngegenstand bzw. Lernverfahren (L 1), bei gleichbleibendem Lerngegenstand bzw. Lernverfahren (L 2) und bei gezieltem Einbau von Übungsphasen und Lernpausen bei wechselndem Lernverfahren (L 3).

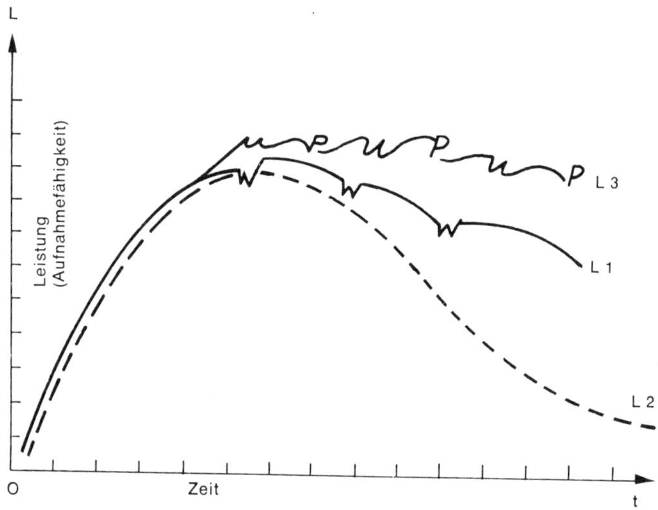

→ Leistung → Lernen O

Leistungsmessung
Abgrenzungen und Zusammenhänge

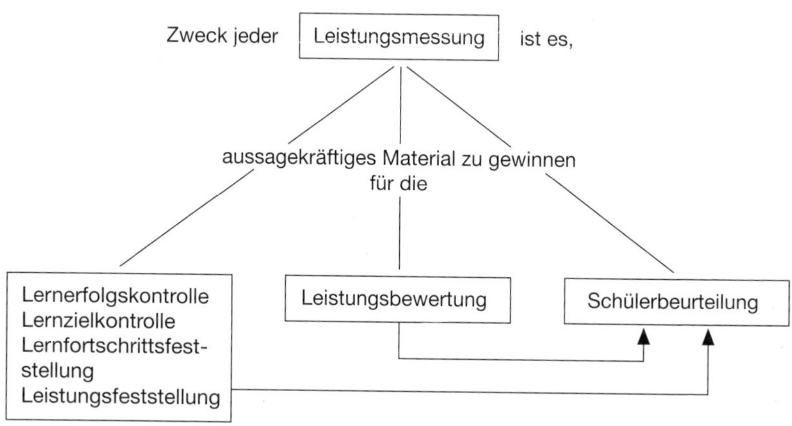

Der Begriff **Leistungsmessung** faßt sämtliche Maßnahmen zusammen, die geeignet erscheinen, **über Prozeß und Ergebnis einer Lernleistung Erkenntnisse zu gewinnen.** Das Begriffsverständnis greift also viel zu kurz, wenn es lediglich auf Maßstäbe eingeschränkt wird, die ein Leistungsprodukt mit Noten zu beurteilen versuchen.

Der komplexe Bedingungszusammenhang bei Leistungsmessungen zwischen

Schüler, Lehrer, Lehrplan, inner- und außerschulischen Lernbedingungen gibt zumindest folgendes zu bedenken:

- Das Verhalten der Schüler bei Leistungsmessungen und die Ergebnisse von Leistungsmessungen werden von einem Bedingungsgefüge bestimmt, in dem die Schüler selbst bestenfalls die zweite Geige spielen.
- Verlauf und Ergebnis von Leistungsmessungen vermitteln nicht nur Aussagen über Leistungsstand und -verhalten der Schüler, sondern auch über die Rahmenbedingungen des schulischen und außerschulischen Lernens sowie über die unterrichtliche Leistung des Lehrers.
- Leistungsmessungen verzerren die Wirklichkeit, wenn sie lediglich im Blick auf die Beziehung Lerninhalt-Schüler entworfen werden.

Die je nach Prüfverfahren (vgl. unter → Leistungsbewertung) unterschiedlich gewichteten Leistungsmessungen erfüllen die folgenden **Funktionen:**

- **Gesellschaftlich bedingte Funktionen:**
  - Leistungsmessungen sind maßgeblich daran beteiligt, **Berechtigungen** auszustellen, z. B. für den Aufstieg in die nächsthöhere Klasse, den Übertritt an weiterführende Schulen, für eine Lehrstelle, einen Studienplatz, eine Anstellung.
  - Leistungsmessungen wirken damit am **Auslesevorgang** mit, durch den in der Regel endgültig über wesentliche Weichenstellungen der zukünftigen Lebensführung der Schüler entschieden wird. Die Vorhersage zukünftigen Lernerfolgs und d. h. auch die Ableitung von Schul- und Berufslaufbahnempfehlungen ausschließlich auf Leistungsmessungen zu stützen, bedeutet den Schüler mit Hilfe eines einzigen, zumindest teilweise fragwürdigen Diagnoseinstruments vorzeitig zu etikettieren.
  - Leistungsmessungen tragen dazu bei, den Schülern einen bestimmten **Rangplatz in der Klassengemeinschaft** zu verschaffen.
  - Leistungsmessungen tragen zur **Sozialisierung** insofern bei, als die Schüler in das wettbewerbs- und konkurrenzorientierte Arbeits- und Leistungsverhalten der gegebenen Gesellschaft eingeübt werden.
- **Didaktische Funktionen**
  - Leistungsmessungen **informieren** Schüler, Lehrer und Eltern über den Leistungsstand und evtl. Lernschwierigkeiten der Schüler.
  - Leistungsmessungen können sich bei hinreichenden Leistungserfolgen **motivierend** auf weitere Lernanstrengungen auswirken. Bei gehäuften Mißerfolgen münden sie allerdings in einen Teufelskreis des Leistungsversagens ein.
  - Leistungsmessungen besitzen eine – leider oft vernachlässigte oder einseitig ausgelegte – **Rückmeldefunktion** für Lehrer, Schüler und Eltern.

    Der Lehrer erhält Aufschluß z. B. über die Qualität seiner Unterrichtsplanung, über nötige weitere Planungsschritte, über seinen Lehrstil, über Angemessenheit und Fehler seiner Aufgabenstellungen, über Übungsdefizite u. a. m.

    Die Schüler können Erfahrungen sammeln über die Angemessenheit ihres Lern- und Arbeitsstils, über konkrete Kenntnislücken und Verständnisschwierigkeiten, und zwar mit dem ausdrücklichen Auftrag, ihre Lern- und Leistungsprobleme exakt aufzudecken und einer wirkungsvollen Bearbeitung zuzuführen, d. h. in der Regel dem Lehrer zur Kenntnis zu bringen.
  - Als unmittelbare Folge aus dem bisher Gesagten ergibt sich für den Lehrer die **Pflicht zur Beratung der Schüler** aufgrund ihrer Leistungsergebnisse und der damit zusammenhängenden diagnostizierten Fakten.

- Grundsätzlich abzulehnen – wenn auch hartnäckig praktiziert – sind Leistungsmessungen zum Zweck der Disziplinierung einer Klasse.

Literatur vgl. bei → Leistungsbewertung!

→ Leistung → Leistungsbewertung → Leistungsbeurteilung K

Leistungsmotivation

nennt Heckhausen kurz ein „Selbstbekräftigungssystem". Ausführlicher beschreibt er das **Leistungsmotiv** als „das Bestreben, die eigene Tüchtigkeit in allen jenen Tätigkeiten zu steigern oder möglichst hoch zu halten, in denen man einen Gütemaßstab für verbindlich hält und deren Ausführung deshalb gelingen oder mißlingen kann" (1965, S. 604).

Die bisher gesammelten Erfahrungen eines Schülers in Lernsituationen, und hier wiederum insbesonders über Erfolg und Mißerfolg, entscheiden darüber, ob seine Leistungsmotivation der Tendenz nach eher **erfolgs- oder mißerfolgsorientiert ist.** Dabei führt der **erfolgsorientierte Schüler** nach der → Kausalattribuierung seine Leistungen meistens auf seine Begabung und das Ausmaß seiner Anstrengung zurück. („Mathe mach' ich mit links!" u. ä.) Der **mißerfolgsängstliche Schüler** dagegen schreibt seine Leistungen eher mangelnder Begabung und zu hoher Aufgabenschwierigkeit zu („Das schaff' ich nie!" „Der Lehrer X verlangt einfach zuviel!").

Niemand, also auch kein Schüler, stellt angesichts schlechter Leistungen seine Ansicht über sich selbst gerne in Frage, und sei sie noch so realitätsfern.

In der Folge neigt der mißerfolgsängstliche Schüler dazu, Leistungssituationen zu vermeiden, indem er ihnen tatsächlich z. B. durch Schwänzen oder Flucht in Krankheiten ausweicht oder indem er sie verdrängt, durch andere Tätigkeiten überlagert usw.

Die gesammelten Erfahrungen über Erfolg und Mißerfolg stellen also einen wesentlichen Regulierungsfaktor des **Anspruchsniveaus** dar, das die individuell von Mensch zu Mensch unterschiedlichen Erwartungen an das eigene Leistungsvermögen und an das Leistungsvermögen anderer bezeichnet. Das Anspruchsniveau ist ferner abhängig von

- der Bewertung der Leistungsbereiche (Lernleistung, wiederum verschieden von Fach zu Fach; Freizeitverhalten; Sozialverhalten u. a.),
- und den Normen, welche
  - durch die Vergleichsgruppe Klasse (soziales Bezugssystem),
  - durch selbst- oder fremdgesteckte Ziele (kriteriales Bezugssystem, z. B. Berufsfußballer, Abitur)
  - und durch das selbst erlebte Leistungsvermögen (individuelles Bezugssystem) gesetzt werden.

In der Regel ist das Anspruchsniveau, das über andere verhängt wird, höher als das eigene, das aus Erfahrung mit Mißerfolgen realistischer eingestellt ist. Insbesonders Eltern treten oftmals an ihre Kinder mit einem Anspruchsniveau heran, das diesen nicht angemessen ist. In den Kindern verfolgen sie Ziele und Wunschträume, die für sie selbst unerreichbar blieben, oder sie wollen sich schlicht in ihren Kindern reproduziert erleben.

Bei der Behandlung unangemessener Anspruchsniveaus ist es selten mit der kognitiven Aufarbeitung falsch gesetzter Ziele, Fremdbestimmung durch die Eltern oder veränderungsbedürftiger Arbeitsmethoden getan. Die oft notwendige

Arbeit am Selbstkonzept des Schülers ist aber meistens Sache des Therapeuten und nicht mehr des Lehrers.
Schnell überfordert oder entmutigt sieht sich der Lehrer auch, wenn er früher oder später die Eltern in die Beratung einbeziehen muß. Diese werden um so heftiger mit Abwehr reagieren, je mehr sie als Mitverursacher eines unangemessenen Anspruchsniveaus in Frage kommen.
Auf die **Entwicklung der Leistungsmotivation** wirken sich günstig aus eine möglichst früh einsetzende Erziehung zur Selbständigkeit, damit verbunden Zutrauen der Eltern zur Leistungsfähigkeit ihrer Kinder, die Anbindung der Leistung an die eigene Anstrengung, die Entwicklung eines realistischen Anspruchsniveaus und Leistungsplanung im größeren Rahmen, um einzelne Fehlleistungen abfangen zu können. → Verstärkungen im Zusammenhang mit der Entwicklung der Leistungsmotivation sollten von der (Fremd-) Verstärkung in Form von Lob, Anerkennung, Belohnung zur Eigenverstärkung führen, die vor allem am Erfolgserlebnis orientiert ist.

Literatur vgl. bei → Lernmotivation und → Motivation!

→ Extrinsische Motivation → Intrinsische Motivation → Motivation K

Leistungsschule

Die → Schule ist als Institution, die für das Erziehungs-, Bildungs- und Unterrichtsgeschehen verantwortlich ist, engstens mit dem jeweiligen Kultur- und Gesellschaftssystem verflochten. In jeder Art von Leistungsgesellschaft hat sie Leistung zu fordern, um den Lernenden, den jungen Staatsbürger, für seine späteren Aufgaben fachlich zu qualifizieren. Für die einzelnen Schularten, Schulformen und Schulstufen werden daher → curriculare Stoffpläne entwickelt, die durch → Lernziele für die allgemeinen und beruflichen Fächer die zu erreichenden → Leistungen angeben. Der Leistungserfolg wird durch differenzierte Prüfungsformen ermittelt. Obgleich die Schule von gesellschaftlichen Entwicklungen und politischen Zielsetzungen abhängig ist, darf sie nicht zum Tummelplatz politischer Parteien, zum Ort klassenkämpferischer Konflikte oder zum Spielfeld von → Ideologien werden. Sie ist kein Experimentierfeld gesellschaftlicher Konfliktaustragungen, sondern hat als Bildungsinstitution neutrale, sachliche, bildungspolitische, fachwissenschaftliche und erzieherische Aufgaben zu erfüllen. Nur so kann sie echte Leistungsschule werden und bleiben. Die Erziehung und → Motivation zur Leistung gehört mit zu den Aufgaben der Schule. Als wesentliche Motivation in der gegenwärtigen Gesellschaft ist das Wettbewerbs- und Leistungsstreben, von dem die Schule mit beeinflußt ist, anzusehen. Diese Schule mit ihren Leistungsanforderungen tritt damit in Gegensatz zu all den Bestrebungen, nach denen sich Kinder und Jugendliche nach ihren Bedürfnissen selbst entfalten und wachsen sollen und die die Schularbeit und den → Lernerfolg dem zufälligen Erlebnis der Schüler überlassen.
Der Begriff Leistungsschule wird allerdings auch im negativen, abwertenden Sinne für Schulen verwendet, die ihre Schüler überfordern, zuviel und zu hohe Leistungen verlangen und die Lehrstoffe zu stark intellektualisieren. O

Literatur vgl. bei → Leistung!

Leistungsstörungen → Leistungsdruck → Lernstörungen-Leistungsstörungen

Leistungstest

Genau umschriebene motorische, sensorische oder intellektuelle → Fertigkeiten werden durch Leistungstests gemessen. Sie können auf unterschiedlich gesetzte Maßstäbe (kriterienbezogen) oder auf letztlich zu erreichende → Normen (normenbezogen) hin angelegt sein.

→ Fähigkeitstest → Lernzielorientierter Test → Test O

Leistungsversagen

beschreibt den Sachverhalt, daß eine Person den Anforderungen einer konkreten Leistungssituation nicht gewachsen ist. → Lernstörungen als eine mögliche Folge ergeben sich erst aus dem gehäuften Auftreten des Leistungsversagens.

Die größte Aussicht auf Behebung des Leistungsversagens und seiner Verfestigung in Form von Leistungsstörungen gewährleistet ein möglichst frühzeitiges Eingreifen in den nachfolgend dargestellten **Teufelskreis des Leistungsversagens:**

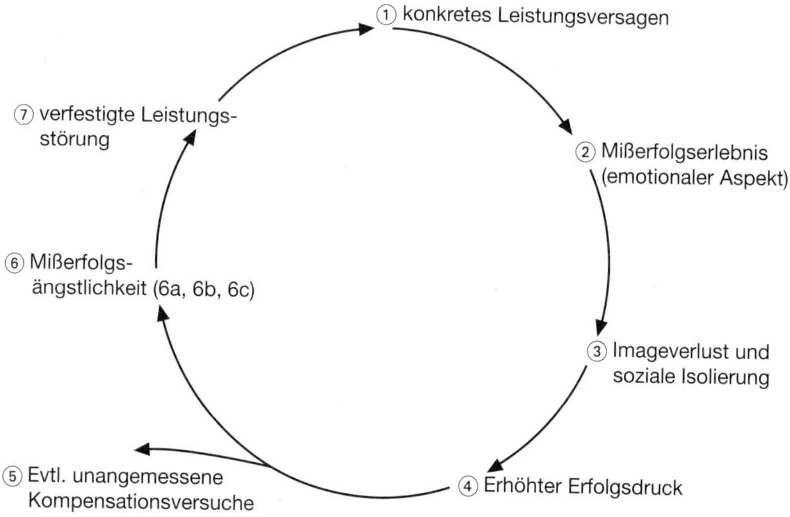

① Ein konkretes Leistungsversagen zieht

② ein Mißerfolgserlebnis nach sich, das – selten erfahren – meist folgenlos bleibt. Gehäuftes Leistungsversagen aber birgt die Tendenz der Verallgemeinerung im individuellen Erleben in sich; das Versagen im Vergleich zur individuell gesetzten Norm weitet sich zum **Minderwertigkeitserlebnis** aus. Dieses wiederum mündet durch Bekräftigung des Versagens im sozialen Urteil nicht selten in **Minderwertigkeitskomplexe.**

③ Imageverlust bei den Mitschülern und Lehrern und in Extremfällen soziale Isolierung erhöhen

④ den Erfolgsdruck. Im Schulalltag spielen hier evtl. geäußerte negative Erwartungen des Lehrers („Na, ob du das wohl schaffst!"), der Eltern und der

Mitschüler eine ebenso unheilvolle Rolle wie elterliche Drohungen oder Strafen.

⑤ An dieser Stelle steigen viele Leistungsversager bereits in unerwünschte Verhaltensauffälligkeiten aus, durch die sie letztlich auf ihre Hilflosigkeit in bestimmten Leistungssituationen aufmerksam machen wollen.

⑥ Die mittlerweile erreichte Mißerfolgsängstlichkeit treibt die betroffenen Schüler in drei typische Reaktionen:

6a) Sie **setzen weitere Aufgaben unerreichbar hoch an,** womit sie sich nicht nur selbst betrügen, sondern gleichzeitig ein Alibi für weiteres Versagen verschaffen.

6b) Sie nehmen Zuflucht zu **selbstgewählter Unterforderung,** um dem Mißerfolg von vorneherein auszuweichen. Da sie mit dieser Strategie unter ihrem wirklichen Niveau bleiben, werden sie zum Leistungsschwachen abgestempelt, ohne es zu sein (Tiefstapler).

6c) Die dritte Reaktionsmöglichkeit ist **Flucht vor der Leistung,** begleitet von Äußerungen wie z. B. „Ich bin ja dumm", „Das kann ich ja doch nicht", „Das lerne ich nie".

⑦ Wenn nicht spätestens jetzt die bisher erworbene Mißerfolgsängstlichkeit abgebaut wird, mündet sie in eine verfestigte Leistungsstörung, die aufgrund der enttäuschten bis bedrohlichen Reaktionen aus der Umwelt meistens noch andere Verhaltensauffälligkeiten wie Tagträumen, Bockigkeit, Aggressivität usw. nach sich zieht. Für den betroffenen Schüler kann es sogar unter Umständen eine bequeme Lösung für sein Leistungsdilemma sein, als der Dumme zu gelten. Das soziale Überleben sichern sich so manche leistungsschwache Schüler, indem sie den Klassentrottel oder den Kasperl spielen (Kompensationshandlungen).

Arbeitsgruppe Schulforschung 1980; vgl. auch bei → Lernstörungen – Leistungsstörungen!

→ Differenzierung → Leistung → Lernstörungen → Schulversagen K

Leistungsverweigerung

liegt vor, wenn z. B. ein Schüler eine abverlangte Leistung nicht bringen **will,** etwa indem er Hausaufgaben nicht anfertigt, im Unterricht seine Mitarbeit versagt oder die Bearbeitung einer Schulaufgabe verweigert. Die vorgesehenen Ordnungsmaßnahmen wie z. B. → Nacharbeit oder logische Konsequenzen wie die Benotung mit „ungenügend" sind erst vertretbar, wenn versucht wurde, die Ursachen für die Leistungsverweigerung aufzudecken und im Gespräch mit dem Schüler zu beseitigen. Gerade hinter kollektiven Leistungsverweigerungen verbergen sich oft nicht ausgetragene Konflikte mit dem Lehrer, Überforderung, Abwehr vermeintlicher oder tatsächlicher ungerechter Behandlung u. a. m.

Beim sog. **Schülerstreik** oder **Unterrichtsboykott** handelt es sich um organisiertes unentschuldigtes Fernbleiben der Schüler vom Unterricht. Er stellt einen Verstoß des Schülers gegen seine Pflicht dar, am Unterricht und an den übrigen Veranstaltungen der Schule teilzunehmen. Das auf der Tarifautonomie beruhende, durch Artikel 9 Abs. 3 GG garantierte Streikrecht der Arbeitnehmer ist auf das Schulverhältnis nicht anwendbar. Evtl. nötige Disziplinarmaßnahmen gegen „streikende" Schüler dürfen nicht kollektiv verhängt werden, sondern betreffen jeden „streikenden" Schüler als einzelnen. Grundsätzlich sollte auch hier zuerst Ursachenforschung betrieben werden. K

Leitbild

Beim Jugendlichen ist ein Leitbild der Entwurf eines persönlichen Verhaltenskonzepts aufgrund bestimmter konkreter Lebenserwartungen (in bezug auf Familie, Beruf, Image, Status), aufgrund von Wertvorstellungen, von erlebten oder abstrakten → Vorbildern (z. B. Vater, Mutter, Lehrer, Religionsstifter), auch aufgrund nicht oder nur teilweise realisierbarer → Ideale. Es kommt entscheidend darauf an, daß die beschriebene Art der Leitbildsuche zu einer Zielsetzung in Leitbildern weiterentwickelt wird, die im konkret Realisierbaren zwischen den Anforderungen zur Daseinsbewältigung und Idealen vermittelt.

Busch 1989

→ Idol K

Leitziel → Lernziel

Leptosomer Körperbautyp → Konstitution

Lernalgorithmus

wird ein vom Lernenden beherrschter und selbsttätig anzuwendender → Algorithmus genannt, worunter wiederum ein „allgemeines eindeutiges Verfahren zur automatischen Lösung von Aufgaben eines bestimmten Problemkreises" zu verstehen ist (Lexikon der Kybernetik, 1964, Seite 6).

G. Meyer (1966) führt z. B. folgenden Lernalgorithmus zur → induktiven Unterrichtsmethode an:

„1. Untersuche Einzelfälle, die einzelnen konkreten Erscheinungen, und analysiere sie!
2. Suche die einzelnen Beziehungen, die Einflußfaktoren auf!
3. Beobachte zunächst qualitativ und weitergehend quantitativ die Einzelbeziehungen!
4. Stelle die Einzelbeziehungen zusammen (vielfach in tabellarischer Anordnung!)
5. Fasse zusammen (Synthese) und verallgemeinere die Einzelbeziehungen zu einem Gesetz, einer Regel, einem Formelausdruck (induktiver Schluß)!
6. Überprüfe an Beispielen, durch Experimente, in der Praxis das Gefundene." (Seite 99)

Die perfekte Beherrschung möglichst vieler Lernalgorithmen setzt den Lernenden frei für die kreative Bewältigung von Lernproblemen.

Demgegenüber bezeichnet **Lehralgorithmus** einen solchen Algorithmus, den der Lehrende bzw. ein Programm zur Vermittlung von Lerninhalten verwendet. Es ist die erklärte Absicht der → kybernetischen Didaktik, jeweils jene Lehr- und Lernalgorithmen ausfindig zu machen, welche eine störungsfreie und die individuell schnellste Informationsverarbeitung in einem Lernprozeß garantieren. K

Lernarten

werden unterschieden

1. nach den **inhaltlich bestimmten Fähigkeitsbereichen,** auf die sich Lernen bezieht, z. B.
   - → soziales Lernen
   - verbales Lernen

- kognitives Lernen
- Wahrnehmungslernen (→ Wahrnehmung)

2. nach **Eigenart des Ablaufs,** z. B.
   - → Modell-Lernen, Nachahmungslernen, Beobachtungslernen (allgemein → Beobachtung)
   - spielerisches Lernen (→ Lernen, spielerisches)
   - → Versuch-Irrtum-Lernen
   - Lernen über Einsicht, Problemlösung (→ Einsicht)
   - Gewohnheitsbildung, extrem Dressur (→ Gewöhnung)
   - Lernen durch → Konditionierung
   - Lernen durch → Verstärkung
   - Lernen durch Superzeichenbildung (→ Superzeichen)
   - Regel-Lernen (→ Regeln)
   - Lernen durch Handeln (→ Learning by doing, → Handlungsorientierter Unterricht)
   - entdeckendes Lernen
   - lebenslanges Lernen (→ Life-long learning)

→ Lernen K

Lernbehindertenpädagogik → Sonderpädagogik

Lerneinheit → Lehrsequenz

Lernen
Die moderne Lernpsychologie definiert Lernen als relativ überdauernde Veränderung von Einstellungen und Verhaltensweisen aufgrund von Erfahrungen.
Veränderung ereignet sich u. a. durch Neuerwerb und Vergessen, durch angemessene oder unangemessene Anpassung, fortschreitend oder durch sog. Aha-Erlebnisse. Der mit dem Begriff **Erfahrung** angesprochene Faktor aktiver Auseinandersetzung mit dem Begegnenden hebt den Lernbegriff deutlich ab

1. von Reifungsvorgängen und
2. von Veränderungen des Verhaltens aufgrund von physischen, medikamentösen und hormonalen Einflüssen
3. sowie von Veränderungen des Verhaltens durch kurzfristige Stimmungs- und Motivationsschwankungen.

Als auf Verhaltensänderung zielende Verarbeitung von Informationen, Erlebnissen, Situationen im weitesten Sinne bezieht sich Lernen auch auf alle Verhaltensbereiche, also über die – verkürzende und einseitig gewichtete – kognitive Struktur des Individuums hinaus auf dessen Emotionen, Affekte, Motive, Sozialverhalten, Wertorientierung, Handlungskategorien. Bei allem Lernen wird letztlich unterstellt, daß sich die Veränderung als Zugewinn ereignet, der ein möglichst zweckmäßiges Verhalten in der Lebenswirklichkeit begünstigt.
Die → **Lerntheorien** versuchen diese allgemeine Beschreibung von Zweck, Prozeß und Wirkung des Lernens vor dem Hintergrund eines bestimmten Menschenbildes, unterschiedlicher Annahmen über den Lernprozeß und mit je eigenen Forschungsmethoden zu konkretisieren.
Der **Lernvorgang** wird allgemein mit folgenden vier Schritten beschrieben:

- Vorbereitung
- Aneignung
- Speicherung
- Erinnerung,

oder in der Sprache der Informationspsychologie
1. Input (= Eingabe) von Informationen
2. Dekodierung (= Entschlüsselung, z. B. der sprachlichen Signale)
3. Speicherung
4. Verarbeitung zu verändertem Verhalten und gegebenenfalls Output (= Ausgabe).

Im Bereich des organisierten Lernens (= Unterricht) ist es die Aufgabe des Lehrers, mit Hilfe der → didaktischen Reduktion solche Lernsituationen zu schaffen, in denen der Schüler zu einer Verbesserung seiner Kenntnisse und Fähigkeiten und damit zu einer Ausweitung seiner Handlungskompetenz angehalten wird.

Bloom 1976; Cube 1982; Eigler/Straka 1978; Eigler u. a. 1979; Gagné 1980 (NA); Grzesik 1976; Haendler/Rauschenberger 1987; Klausmeier/Ripple 1973–1975; Köck 1992; Kraker-Knilli/Rülcker 1986; Lernen 1984; Reulecke 1977; Rogers 1988; Roth 1980; Skowronek 1975; Velthaus 1992; Vester 1978; vgl. auch bei → Lerntheorien!

→ Lehren → Lernarten → Lernmotivation → Lernstörungen K

Lernen am Modell → Modell-Lernen

Lernen durch Handeln → Learning by doing → Handlungsorientierter Unterricht

Lernen durch Versuch und Irrtum → Versuch-Irrtum-Lernen

Lernen, einprägendes → Einprägendes Lernen → Übung

Lernen, soziales → soziales Lernen

Lernen, spielerisches

bezeichnet allgemein die ungeplante Wirklichkeitsbegegnung und Schulung von Fähigkeiten des Menschen, insbesonders des Kindes im → Spiel, wobei sich der Lerneffekt sozusagen nebenbei einstellt. Didaktisches Spielmaterial (→ didaktisches Material im Kindergarten) und → Lernspiele verknüpfen Merkmale des Spiels wie Spaß, Dynamik und Aktivität, Spannung, Gegenwärtigkeit, Wetteifer bei teilweiser Aufgabe des wesentlichen Spielmerkmals Zweckfreiheit mit einem bestimmten Lernzweck. In der Schule findet sich spielerisches Lernen gelegentlich in kreativ gestalteten Übungsphasen, seltener und durch methodische Vorgaben meist stark eingeschränkt z. B. in Dialogspielen (vor allem im Fremdsprachenunterricht), in → Rollenspielen und → Planspielen. K

Illig u. a. 1989

Lernen lehren und lernen

Angesichts der beständig wachsenden Menge an Informationen auf allen Wissensgebieten wird in der Pädagogik seit langem gefordert, dem Lernen des Lernens einen bedeutenderen Stellenwert einzuräumen als der Kenntnis- und Wissensansammlung auf Vorrat, die nicht nur zwangsläufig immer hinter dem aktuellen

Stand zurückbleiben muß, sondern auch einen hohen Vergessensanteil aufweist. Im Sinne einer in den Unterricht integrierten Lernberatung steht das Lernen **lehren** in adressaten- und situationsabhängiger Wechselwirkung mit dem Lernen **lernen.**

Lernen lehren und lernen ereignet sich als → Unterrichtsprinzip, als systematisch angelegtes Programm jedes einzelnen Lehrers mit Rücksicht auf die Besonderheiten seiner Unterrichtsfächer und als spezieller Kurs von Fachleuten (Schulpsychologen, Schulberater). Abstimmung zwischen den Lehrern und Kooperation mit den Eltern entscheiden maßgeblich mit über den Erfolg einschlägiger Maßnahmen. Lernen lehren und lernen muß grundsätzlich über die Lernanleitung hinausführen zur Lernselbstkontrolle des Schülers.

Im einzelnen geht es dabei z. B. um

- die kritische Untersuchung des eigenen Lernprozesses und die Aufarbeitung von unökonomischem Lernverhalten;
- die Aufklärung über Gesetzmäßigkeiten und individuelle Besonderheiten des Lernens (→ Biorhythmen);
- die Arbeit am Lernstil und an Lerngewohnheiten;
- den situationsabhängigen Einsatz verschiedener → Lernarten;
- die Einübung in Arbeits- und Lerntechniken, z. B. Benutzung von Nachschlagewerken, Texterschließungsmethoden (vgl. z. B. → SQ3R-Methode);
- die Lernablaufgestaltung und den Entwurf individueller Lernpläne, z. B. beim Üben und bei Hausaufgaben;
- die systematische Arbeit an der → Lernmotivation;
- Gedächtnistraining und Einführung in die → Mnemotechnik;
- Konzentrations- und Entspannungsübungen;
- Strukturierungsübungen und Superzeichenbildung (→ Superzeichen).

Ceh 1985; Dahmer 1991; Endres 1991; Hagmüller 1985; Keller 1988, 1991; Kugemann 1989; Schräder-Naef 1988, 1991; Vopel/Alex 1992

→ Einprägendes Lernen → Hausaufgabe (Hinweise!) → Lernen → Übung K

Lernen über Einsicht → Einsicht

Lernerfolg

Der durch Lernprozesse erreichte Leistungszuwachs wird als Lernerfolg bezeichnet. Er wird durch empirische Erfolgskriterien im Rahmen einer → Leistungsmessung bzw. → Schulleistungsmessung ermittelt. O

Lernerfolgskontrolle

synonym: Lernzielkontrolle, Lernkontrolle, Lernfortschrittsfeststellung, Leistungsfeststellung, bezieht sich in erster Linie nicht auf die Überprüfung und Kontrolle eines Lernergebnisses, und sie ist überhaupt nicht mit Leistungsmessung und Benotung gleichzusetzen. Sie versucht vielmehr mit Hilfe fach-, alters- und lernprozeßspezifischer Verfahrensweisen festzustellen, inwieweit das durch einen Lernprozeß beabsichtigte Endverhalten eines Lernenden mit dem gesteckten → Lernziel übereinstimmt. In den Überprüfungsvorgang ist deshalb auch die kritische Wertung der Bedingungsfaktoren des aktuellen Lernprozesses mit eingeschlossen. So könnte die Verfehlung eines Lernzieles durch den Lernenden z. B. durch individuelle Überforderung bzw. Unterforderung, durch eine dem Lern-

gegenstand oder dem Schüler nicht angemessene Methode oder durch ein unklar formuliertes Lernziel verursacht sein.
Die diagnostische Funktion von Lernerfolgskontrollen setzt an drei Stellen des Lehr-/Lernprozesses an:

- Sie dient **unterrichtsvorbereitend** der Ermittlung der Lernvoraussetzungen und der daraus abzuleitenden unterrichtlichen Maßnahmen.
- Sie steuert **unterrichtsbegleitend** – dem jeweiligen Stand von Lernverhalten und Lernergebnis folgend – die nötigen Veränderungen unterrichtlicher Maßnahmen.
- Die liefert **unterrichtsabschließend** eine Tatsachenbeschreibung zum Lernstand des Schülers am Ende einer Unterrichtseinheit bzw. Unterrichtsstunde.

Lernerfolgskontrollen sind an dem formulierten Anspruchsniveau der im vorangegangenen Lernprozeß verfolgten Lernziele und an den ebenfalls festgesetzten → Lernzielstufen zu orientieren. Sie können mit Hilfe schriftlicher und mündlicher Aufgabenstellung und praktischer Übungs- und Arbeitsformen durchgeführt werden. Für Lernerfolgskontrollen eignen sich z. B. → Diskussionen, → Gruppenarbeit, Vertiefungs- oder → Wiederholungsprogramme, → Fallstudien, → Planspiele, Tests (→ Leistungstests) oder Arbeit an einem → Projekt. Als **Kurzformen** am Ende einer Unterrichtsstunde kommen z. B. in Frage: Verbalisieren einer graphischen Darstellung, Vervollständigung eines Schaubildes, Lückentext, Versuchsbeschreibung in Stichworten, Anpassungsübungen (Grammatik), Kurzzusammenfassungen, Kurzdiktat, Beschriftung einer Karte, Quiz, Ausfüllen eines Arbeitsbogens oder von Vordrucken (z. B. Scheck) u. v. a. m.
Im Sinne curricularer Planung von Lernprozessen sollte jede Unterrichtsstunde mit einer Lernerfolgskontrolle enden, die wegen ihres wichtigen Rückmeldeeffekts nicht in die Hausaufgabe abgeschoben werden darf.

→ Leistungsbewertung → Leistungsmessung K

Lernferien

sind zuerst in Österreich entstanden als Vorbereitungskurs auf → Nachprüfungen zum Klassenerhalt unter Leitung älterer Schüler, auf Berghütten und andernorts während der Schulferien abgehalten. Freizeitangebote und intensive Lernphasen wechseln einander ab.
Das Konzept ist ausgeweitet denkbar unter thematischen Schwerpunkten wie z. B. fächerübergreifender Umwelterkundung, während der Schulzeit im Rahmen von Schullandheimaufenthalten bereits praktiziert. K

Lernhilfen

Dem Schüler werden durch die Schule und das Elternhaus zahlreiche Lernhilfen in Form psychischer Unterstützung, Ermunterung, Ermutigung, direkter Aufgabenhilfe durch sachliche Hinweise, → Medien aller Art und durch Lehr- und Lernprogramme gegeben (vgl. → Programmierte Instruktion). Hinweise, die an beim Schüler bereits vorhandene Kenntnisse anknüpfen, werden als **thematische Lernhilfen** bezeichnet. Sie schließen die Verwendung von Analogien und Gegensätzen ein.
Hinweise dagegen, die sich auf neue Sachzusammenhänge bzw. auf unbekannte Techniken, Methoden, Strategien der Erarbeitung beziehen, bezeichnet man als **formale Lernhilfen.** Hierzu gehören z. B. vorangehende Definitionen, teilweise Angaben zu gefragten Begriffen, Beispiele zum richtigen Methodengebrauch.

Lernhilfen sollten so bemessen sein, daß sie den Schüler im Lernfeld halten, aber nicht um seine eigene Lernanstrengung und Lernleistung bringen.
→ Formales Lernprogramm → Lernen lehren und lernen OK

Lerninhalt
Lerninhalte geben das wieder, was allgemein mit Lehrstoff, Unterrichtsstoff bezeichnet wird, z. B. ein Projekt im Erdkundeunterricht, grammatische Strukturen zu einer Englischlektion, ein Thema aus Astrophysik usw. Sie sind nicht isoliert zu betrachten, sondern stehen in engem Zusammenhang mit vorgegebenen Lernzielen. Lerninhalte stellen Bildungsinhalte dar, mit deren Hilfe gewünschte Lernziele erreicht werden können. Der Begriff Lerninhalt gehört neben → Lernziel, → Unterrichtsverfahren, → Lernzielkontrolle mit zu den Kategorien eines → Curriculums. O

Lernkartei → Einprägendes Lernen

Lernkontrolle → Lernerfolgskontrolle

Lernkurve → Leistungskurve

Lernmittel → Lehrmittel

Lernmittelfreiheit
Grundsätzlich besteht die Lernmittelfreiheit in Deutschland seit der Weimarer Verfassung von 1919. In der Bundesrepublik Deutschland werden den entsprechenden Gesetzen und Verordnungen gemäß Schülern öffentlicher Schulen, in denen sie Schulgeldfreiheit genießen, auch die von den Schulbehörden zugelassenen Schulbücher sowie schulbuchzugehörige oder schulbuchersetzende Lern- und Arbeitsmittel vom Schulträger im allgemeinen kostenfrei zur Verfügung gestellt. Diese Vergünstigung wird als Lernmittelfreiheit bezeichnet. Soweit vom Staat anerkannte Privatschulen Lernmittelfreiheit gewähren, können sie von diesem für die dadurch entstehenden Aufwendungen Zuschüsse erhalten.
→ Lehrmittel O

Lernmotivation
bezeichnet die grundsätzliche Bereitschaft eines Menschen, sich aufgaben- und ergebnisorientiert mit der begegnenden Umwelt auseinanderzusetzen.
Das eigentliche Lernmotiv ist die **Neugier** (→ Neugierverhalten). Daneben wird die Lernmotivation aber auch noch durch weitere in der Übersicht genannte Motivgruppen – je nach Lernsituation und gegebenen Anregungsbedingungen – beeinflußt:

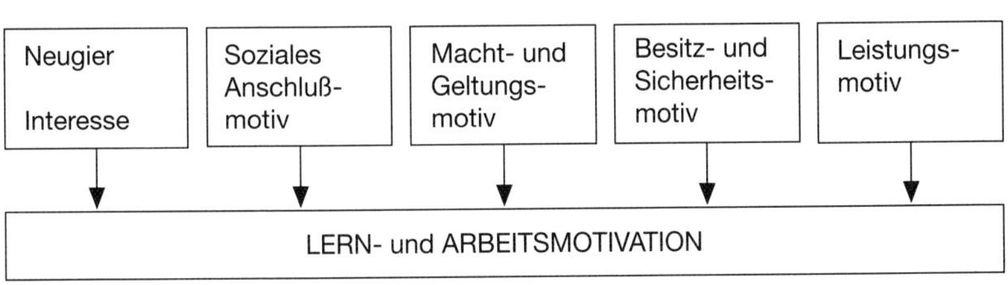

Je öfter und je nachhaltiger Lernvorgänge mit Mißerfolg enden und in der Folge in eine negative Selbstbekräftigung einmünden, umso mehr gewinnt das Sicherheitsmotiv mit der Furcht vor Strafe und Imageverlust die Oberhand, womit die Lernorientierung an der Sache und an der Aufgabe in den Hintergrund tritt. Arbeit an der Lernmotivation der Schüler bedeutet also in erster Linie, Erfolgserlebnisse in Lernprozessen in einem Ausmaß zu ermöglichen, daß die Schüler in realistischer Einschätzung ihrer Fähigkeiten Eigenverantwortung für ihr Lernverhalten übernehmen können, und dadurch gleichzeitig zunehmende Unabhängigkeit von Fremdbekräftigung erreichen.

Heckhausen 1965, 1974, 1980; Meister 1982; Rheinberg 1979; Schiefele 1978; Weinert/Kluwe 1984

→ Leistungsmotivation → Motivation K

Lernorganisation

im Rahmen der Unterrichtsgestaltung vgl. → Lehrdarstellung, → Lehrdisposition, → Lehrskizze, → Sozialformen des Unterrichts, → Unterrichtsformen.
Bei der Entwicklung von → Lehrplänen bzw. → Curricula zielt die **Lernorganisationsentscheidung** auf altersgerechte Stoffverteilung und auf die Erarbeitung angemessener methodischer und medialer Vorschläge für die Umsetzung der → Lernziele und → Lerninhalte im Unterricht. K

Lernökonomie, Lehrökonomie

wird vom Verhältnis zwischen Aufwand und Nutzeffekt bei Lehr- und Lernprozessen bestimmt. Der Gesamtaufwand für Lehr- und Lernprozesse setzt sich nach Reinhardt (1974) aus folgenden Faktoren zusammen:
Kräfteaufwand (physischer und psychischer Kräfteeinsatz beim Lehrenden und beim Lernenden)
+ Zeitaufwand (Lehrzeit und Lernzeit)
+ Mittelaufwand (Lehr- und Lernmittel, Finanz- und Sachmittel).
Dabei ist zusätzlich zu beachten, daß nicht ein und dieselbe ökonomische Gestaltung von Lernprozessen für alle Mitglieder einer Lerngruppe in gleicher Weise gültig ist, da jeweils die spezifischen individuellen Begabungen und Vorerfahrungen mit einzuplanen sind. Je größer also z. B. die Begabung und/oder die Leistungsmotivation des einzelnen Schülers für ein bestimmtes Lernfeld ist, desto geringer wird von vorneherein der Lernaufwand für die Bewältigung einer Aufgabe in eben diesem Lernfeld zu veranschlagen sein. Umgekehrt stellt es eine andauernde Belastung für die Lernökonomie dar, wenn z. B. ein Schüler eine Schulform durchläuft, deren spezifische Anforderungen nicht seinen Anlagen und/oder Neigungen entsprechen.
H. Frank (1969, Band 1, Seite 372) beschränkt die Definition der Lernökonomie allein auf den Zeitfaktor, wenn er sagt: „Lernen ist nur ökonomisch, wenn der Zeitaufwand Te für das Lernen kleiner ist als der Zeitgewinn Tg, den derjenige, der sich zum Lernen entschließt, im Laufe der späteren Anwendungen gegenüber demjenigen zu erwarten hat, der nicht lernt, sondern im Notfalle die Sachverhalte und Verfahren zeitraubend nachschlägt, erfragt oder einem Fachmann überläßt..."
Bei Lernschwierigkeiten aufgrund vermuteter unzureichender Lernökonomie schlägt Reinhardt vor, folgende Gesichtspunkte abzufragen (Seite 95–98):

- Lernaufwand
- Lernzeitpunkt
- Lernorganisation
- Lernkonzentration
- Lernverteilung
- Lernvertiefung
- Lernhandeln
- Lernhilfen
- Lernwechsel
- Lernpausen

→ Exemplarisches Lehren und Lernen → Unterrichtsökonomie K

Lernort

tritt als Ortsbeschreibung für jede Art organisierter Wirklichkeitsbegegnung auf, deren meist vordringliches, zumindest aber beiläufiges Ziel das → Lernen ist. Insofern beschreiben Lernorte

1. alle anerkannten öffentlichen Bildungseinrichtungen;
2. Plätze und Situationen, die durch Originalbegegnung mit der Wirklichkeit zum Lernen anregen, wie dies z. B. bei der → Erkundung oder in der → Museumspädagogik, im → Schulgarten oder beim → Betriebspraktikum der Fall ist;
3. von der Schule organisierte außerunterrichtliche und außerschulische Veranstaltungen im Rahmen des → Schullebens;
4. den individuellen Arbeitsplatz des Schülers; vor allem zu Hause, der nach lernfördernden Grundsätzen gestaltet sein sollte (vgl. hierzu → Lernen lehren und lernen, → Hausaufgabe). K

Lernpotenz

bezeichnet sowohl das vermutete bzw. das aufgrund von Tests für wahrscheinlich erachtete Lernvermögen, man könnte sagen Kraftreserven des Lernens, die durch entsprechende Methoden geweckt und verfügbar gemacht werden müssen, als auch die bereits verfügbaren und jederzeit aktualisierbaren Kräfte des Lernens.
Es gehört zum didaktischen Auftrag des Lehrenden, sich über die Lernpotenz seiner Schüler Klarheit zu verschaffen und durch → Differenzierung der Lernangebote einer Über- bzw. Unterforderung der gegebenen Lernpotenz entgegenzuwirken. K

Lernprogramm → Programmierte Instruktion

Lernprozeß

Jeder Lernprozeß stellt ein → Lernen dar, das in seinen Ablauf Erkennen, Entwikkeln, Festhalten einbezieht und Verhaltensänderungen verursacht, die nicht allein durch angeborene Merkmale erklärt werden können. Der reine Wissenserwerb wird durch einen Erkenntnisprozeß ergänzt.
Bei Kindern und Lernenden vor allem im Bereich der Schule, in der es sich grundsätzlich um organisierte und institutionalisierte Lernprozesse handelt, die durch → Lernziele festgelegt sind, werden Lernprozesse unter Annahme bestimmter Normen solange gesteuert, bis die lernenden Personen auf Grund entspre-

chender Hilfen (→ Lernhilfen) in der Lage sind, selbständige, begründete Urteile entwickeln und eigene Entscheidungen treffen zu können.
Friedrich Schlieper (1956) unterscheidet zwei Arten von Lernprozessen:
1. den vorwiegend motorischen Lernprozeß, der auf den Erwerb von körperlichen Fertigkeiten und Verhaltensweisen gerichtet ist und
2. den vorwiegend geistigen Lernprozeß, der dem Erwerb von Wissen und Erkenntnissen dient.

Als dritte wesentliche Art der Lernprozesse wird in der modernen Pädagogik der soziale Lernprozeß herausgestellt, der auf die Einübung sozialer Verhaltensweisen abzielt.
Der natürliche geistige Lernprozeß vollzieht sich bei Schlieper in der Regel in den drei Phasen der Problemfindung, dem Lern- und dem Übungsstadium. Das Stadium der Problemfindung befaßt sich mit der Vorbereitung des Lernprozesses und initiiert das Lernenwollen, das Lernstadium dient dem Kennen- und Verstehenlernen und führt zum Verstehen. Das Gestaltungs- und Übungsstadium hat die Aufgabe, das Gelernte zu sichern und soll das Können bewirken.
Der Verlauf des Lernprozesses wird von Schlieper für den Schüler wie folgt dargestellt:
Durch → Neugierverhalten und Fragen gelangt der Schüler zum Suchen. Durch Wahrnehmen, Anschauen, Untersuchen kommt er zum Kennen der Sache. Vergleichen, Beziehen, Denken bewirken das Verstehen. Sammeln, Ordnen, Darstellen bzw. Betätigen, Anwenden, Üben führen zum Können.

→ Lehr-Lern-Forschung → Lernprozeßorientierte Didaktik → Lerntheorien → Unterricht O

Lernprozeßorientierte Didaktik

Während in der gegenstandsorientierten → Didaktik die Theorie der Bildungsinhalte und Fragen der → Methodik im Zentrum der Überlegungen standen, liegt neuerdings der Akzent mehr auf der Erforschung der psychischen Vorgänge beim Lernprozeß und auf der Erhellung der Bedingungen des Informationsumsatzes. Didaktik als die Wissenschaft vom → Lernen und Lehren hat somit die Aufgabe, Lernen in optimaler Weise zu organisieren, indem
- die → Lernziele (Fähigkeiten, Kenntnisse, Fertigkeiten) durch umfassende Kooperation von Fachleuten präzise definiert werden,
- die den Lernzielen zugeordneten Lerninhalte in logischer Abfolge beschrieben und differenziert werden,
- die den Lernzielen und Lerninhalten adäquaten Unterrichtsverfahren nach lernpsychologischen und sachlogischen Gesichtspunkten bestimmt und
- geeignete Maßnahmen zur Erfolgssicherung und Erfolgskontrolle getroffen werden.

→ Curriculum → Strukturmodelle der Didaktik → Unterrichts- und lehrtheoretisches Strukturmodell der Didaktik K

Lernpsychologie

Die **Lernpsychologie** wird heutigentags als Forschungsbereich der Pädagogischen Psychologie gesehen. Seit den Untersuchungen von H. Ebbinghaus „Über das Gedächtnis" (Leipzig 1885) weitete die Lernpsychologie in den mehr als 100 Jahren ihrer Entwicklungsgeschichte ihre Forschungsfelder erheblich aus.

Ihre **methodische Leitfrage** galt dabei immer dem Verhältnis der subjektiven Lernvoraussetzungen der Schüler zum objektiven Anspruch des Lerngegenstandes: Nach welchen Gesetzmäßigkeiten vollzieht sich die Auseinandersetzung eines Lernenden mit einem Lerngegenstand? Das Forschungsinteresse gilt also z. B. der Motivation (Heckhausen; Schiefele), den Lernarten (Gagné), der Entwicklung von Lernstilen (Piaget), der Erfolgskontrolle (Ingenkamp), dem Lehrer-Schüler-Verhältnis (A. M. und R. Tausch).
Als **empirische Wissenschaft** baut die Lernpsychologie vor allem auf **Experimente,** was bedeutet, daß ihre Ergebnisse selten direkt, eher mit Einschränkungen auf die vielschichtige und situationsabhängige Erziehungswirklichkeit zu übertragen sind.

Angermeier u. a. 1991; Correll 1983; Ennenbach 1970; Foppa 1975; Haseloff/Jorswieck 1971; Hilgard/Bower 1983; Köck 1973; Roth 1967; Seebauer 1987; Skinner 1971; Thorndike 1932

→ Lernen → Lerntheorien K

Lernschritt

Im Ablauf eines Lernprozesses, durch den ein gesetztes → Lernziel erreicht werden soll, ist eine Anzahl von Lernschritten einzufügen, die aus Information, Problemstellung, Reaktion, Rückmeldung bestehen, und die das Begreifen, Erkennen und Behalten erleichtern sollen. Durch systematisch geplante, aneinander anknüpfende Schritte in Form von zielgerichteten Fragen, Antworten, Übungs- und Anwendungsbeispielen soll der Schüler zu positiven Lernreaktionen veranlaßt werden, die ihn dem Lernziel bewußt näherbringen. In Lehr- und Lernprogrammen werden Unterrichtsstoffe in kleinste aufeinander aufbauende Lernschritte (Steps) aufgegliedert und geordnet. Die geistige Leistung beim Übergang von einer Frage zur anderen, von einem Programmschritt zum anderen, wird als Lernschritt, häufig als programmierter Lernschritt bezeichnet.

→ Phaseneinheiten → Lernen O

Lernsequenz → Lehrsequenz

Lernsituation

bezeichnet den aktuell gegebenen Anlaß, zum Handeln herausfordernde Wirklichkeit durch Zugewinn von Kenntnissen oder Fähigkeiten bzw. durch neuartige Kombination derselben zu bewältigen. Lernsituationen entstehen zufällig, aus Notwendigkeit oder absichtlich organisiert in alltäglichen Lebenssituationen ebenso wie im schulischen Unterricht.
Es gehört zu den vordringlichen Aufgaben des Lehrers, für die Schüler Lernsituationen zu schaffen, die zwingend Lernanstrengungen herausfordern. Je mehr sich dabei die Schüler selbst die Sache, das Lernproblem und die damit verbundene Verunsicherung zur Aufgabe machen, desto höher ist der selbstgesteuerte Anteil am Lernprozeß (vgl. hierzu → Intrinsische Motivation).

→ Lernen → Situation, erzieherische K

Lernspiel

versucht als Mittel organisierten → Lernens in und außerhalb der Schule Merkmale des → Spiels mit bestimmten Lernabsichten zu verbinden. In der speziellen

Form von → Rollenspielen und → Planspielen können Lernspiele durchaus in der Phase der Problembearbeitung verwendet werden, meistens aber werden sie in Übungs- und Anwendungsphasen eingesetzt, z. B. als Dialogspiel im Fremdsprachenunterricht, als Quiz oder Rätsel zur Erfolgssicherung, als Knobelaufgabe zur Schulung des logischen Denkens, oftmals auch in Anlehnung an aktuelle Spielformen des Fernsehens mit Wettbewerbscharakter versehen.

→ Didaktisches Material im Kindergarten → Lernen, spielerisches K

Lernstörungen – Leistungsstörungen

werden als „Erwartungsabweichungen" oder als „normabweichende Fehl- oder Minderleistungen", als partielles (z. B. → Legasthenie) oder totales Versagen bei schulischen Lernanforderungen definiert. Diese Definition wirft die entscheidende Frage auf, was als → Norm bzw. als Soll-Wert im → Regelkreissystem des Lehrens und Lernens gilt und wer nach welchen Kriterien diese Normen, Soll-Werte, Erwartungen bestimmt und formuliert.

Lernstörungen werden meist von Folgeerscheinungen begleitet, welche die gesamte Persönlichkeit des Betroffenen erfassen, z. B. von → Ängsten, → Verhaltensstörungen, von Resignation aufgrund andauernder → Frustration z. B. durch Dauerüberforderung bzw. Unterforderung oder enttäuschte Erfolgserwartungen (nicht korrigierte Hausaufgaben, Aufsätze ohne Leser usw.). Weitere Folgen sind Mißerfolgsängstlichkeit oder soziale Isolierung.

Lernstörungen ergeben sich nach K. Aschersleben aufgrund von:

1. **Begabungsstörungen:** *totale* (Intelligenzniveau reicht nicht für die gewählte Schulart aus, Schwierigkeiten mit abstrakten Denkvorgängen, gestörte Wahrnehmung) und *partielle* (Legasthenie, Ausfälle in einzelnen Lernbereichen);
2. **Entwicklungsstörungen:** Defizite in der emotionalen, motorischen, neuro-physiologischen Entwicklung, Schulunreife, Pubertätskrisen;
3. **sonstigen Persönlichkeitsstörungen** wie mangelnde Leistungsmotivation, Angst, Konzentrationsschwäche;
4. **Umweltstörungen** wie Milieuschädigung, elterliche Fehlerziehung, unangemessene soziale Ansprüche der Gesellschaft, schulbedingte Störungen (Vorurteile des Lehrers, mangelnder Kontakt zu Mitschülern, zu große Lerngruppen, lernhemmende Räumlichkeiten, Streß und Gedächtnishemmungen begünstigende Lernbedingungen, didaktische und methodische Fehlentscheidungen des Lehrers);
5. **somatogenen Störungen** wie Hyperaktivität, Zerebralschädigung, Unfallfolgen, Schwerhörigkeit, hormonelle Störungen.

Zu diesen Verursachern kommt meist als erschwerender Faktor eine wechselseitige komplexe Bedingtheit hinzu. Die nach Einzelfähigkeiten differenzierende Diagnose, die sich von globalen IQ-Tests absetzt, kann nur im Team (Pädagogen, Psychologen, Mediziner, Erziehungsberater) unter realistischer Einschätzung der jeweiligen fachlichen Kompetenzen verantwortlich geleistet werden.

Die Therapie darf sich je nach diagnostischem Material nicht auf schulorganisatorische Maßnahmen wie Schulart- oder Klassenwechsel, Sonderförderung, → Differenzierung, Sitzenbleiben beschränken. Es muß vielmehr ein individueller Therapieplan entworfen werden, der die Gesamtpersönlichkeit erfaßt, wozu z. B. auch individuelle Beratung, genau auf die Defizite abgestellte Förderprogramme, Arbeit am Selbstwertgefühl des Betroffenen und therapeutische Behandlung durch

Fachpersonal zählen. Vgl. ausführlicher zu den Ursachen und Bearbeitungsmöglichkeiten in Köck 1991, Seite 307 f.!

Betz/Breuninger 1987; Cruickshank/Hallahan 1979; Hallahan/Cruickshank 1979; Hess 1989; Jeske 1987; Köck 1983; Lorenz 1990; Ortner/Ortner 1991; Schenk-Danzinger 1976; Tiedemann 1978; Zielinski 1980

→ Leistung → Leistungsversagen → Schulangst K

Lernsystem

Es verbindet traditionelle Methoden der Stoffvermittlung mit planmäßig in den Lernablauf eingegliederten Programmen unter Verwendung entsprechend geeigneter Medien (→ Medienverbundsystem).
Diese auch als „integriertes Lernsystem" bezeichnete Arbeitsform läßt sich leicht und gezielt in bestehende Ausbildungssysteme einfügen, motiviert den Lernenden zur aktiven Mitarbeit und erhält das Lerninteresse länger als enge, verbale, sich über zu lange Zeit hinziehende Schritt-für-Schritt-Programme.
Im Rahmen kybernetischer Betrachtungsweise, z. B. im kybernetischen Lernmodell ist unter Lernsystem der Lernende zu verstehen. Das Lernsystem Schüler nimmt auf, verarbeitet, lernt und ändert sein Verhalten entsprechend dem Einfluß des → Lehrsystems und der Rückkoppelungseffekte. O

Lerntechnologie → Bildungstechnologie

Lerntheoretische Didaktik → Unterrichts- und lehrtheoretisches Strukturmodell der Didaktik

Lerntheorien

Als Lerntheorien werden die Erklärungsversuche verschiedener psychologischer Schulen für Entstehung, Bedingungen und Verlaufsformen des → Lernens und für förderliche und hemmende Einflüsse bei Lernprozessen bezeichnet. Sie sind je nach der zugrundeliegenden wissenschaftlichen Richtung spekulativ, phänomenologisch oder empirisch orientiert.

Hauptrichtungen:

1. Für die am → Behaviorismus orientierten Lerntheoretiker (Reiz-Reaktions-Theoretiker) gelten nur solche Aussagen über Lernvorgänge, die aufgrund objektivierter → Beobachtung gewonnen sind, und die deshalb auch überprüfbar und meßbar sind. Intrasubjektive Lernprozesse treten in der Forschung zugunsten umweltbedingter Lernprozesse als nicht eindeutig faßbar zurück.
   Die trotz mancher Einseitigkeit im Ansatz bedeutsamsten Erkenntnisse sind folgenden Forschern zu verdanken:
   - I. P. Pawlow: Lernen durch → Konditionierung und → Verstärkung,
   - E. R. Guthrie: → Kontiguitätsgesetz,
   - E. L. Thorndike: Erfolgsgesetz (→ Effektgesetz), → Versuch-Irrtum-Lernen, Übungsübertragung und → Generalisation und weitere untergeordnete Lerngesetze,
   - C. L. Hull: Theorie des mechanischen Einprägens zum Zweck des Aufbaus einer Hierarchie zielbezogener Gewohnheiten (→ Gewöhnung).
   - E. C. Tolman: Obwohl dem Behaviorismus verhaftet, löste sich Tolman mit seiner Zeichenlernen-Theorie oder Erwartungstheorie teilweise von den

Reiz-Reaktions-Theoretikern. Seiner Meinung nach ist das menschliche Verhalten immer zielgerichtet, zweckorientiert und durch die Art und Weise des Werkzeug- und Methodengebrauchs zur Erreichung des Zieles auch kognitiv. Dem Prinzip des kleinsten Aufwandes folgend orientiert sich der Organismus auf dem Weg zu einem bestimmten Ziel an einem beherrschten Verhaltensplan, indem er Beziehungen zwischen Zeichen und Bezeichnetem wie in einer kognitiven Landkarte lesen kann, bzw. von Erwartungen oder Hypothesen vorangetrieben wird. Tolman erteilt also der Verstärkungstheorie der Reiz-Reaktions-Theoretiker eine Absage.
- B. F. Skinner stellte mit der operanten → Konditionierung gerade wieder die → Verstärkung in den Mittelpunkt seiner lerntheoretischen Überlegungen, womit er zum anerkannt bedeutendsten Theoretiker der → programmierten Instruktion wurde.

2. Die kognitiven Lerntheoretiker (M. Wertheimer, W. Köhler, W. Koffka, K. Dunkker, W. Metzger, J. Piaget, Ausubel, Bruner u. a.) berufen sich vor allem auf die Organisationsgesetze der → Gestaltpsychologie und die → Feldtheorie K. Lewins (vgl. auch → Gestaltgesetze!). Als entscheidende Vorgänge des Lernens beschreiben sie die bewußten Prozesse wie Einsicht, Verstehen, Erfassen der Situation, Aufdecken und Inanspruchnahme von Beziehungen zwischen Lernstrategien, Denken, Problemlösungen.
3. Am Beginn erfolgversprechender Forschungen stehen die mathematischen Lerntheorien, die v. a. mit der Methode der Wahrscheinlichkeitsrechnung den Verlauf von Lernprozessen ermitteln wollen, und die Informationspsychologie, die Lernen und Verhalten unter dem Gesichtspunkt der Informationsverarbeitung mit Methoden und Modellen der → Kybernetik (→ Kybernetische Pädagogik) betrachtet. K

Bandura 1979; Bower/Hilgard 1983 und 1984; Bruner 1971; Fichtner 1977; Köck 1973 und 1992; Ruprecht 1974; Skowronek 1975; Zeier 1988

Lernübertragung → Transfer

Lernwerkstatt

bezeichnet in der Lehrerausbildung und -fortbildung, aber auch im schulischen Unterricht die anregend gestaltete Lernumwelt, die im Unterschied zum lehrerzentrierten Unterricht zu eigenverantwortetem und handlungsorientiertem Lernen anhält. Lehrer sollen in der Lernwerkstatt Formen des → offenen Unterrichts in der Schülerrolle selbst praktizieren und durch Erfahrungsaustausch lernen, bevor sie als Initiatoren solchen Unterrichts auftreten. In der Raumgestaltung nimmt die Lernwerkstatt Anleihen bei der Kindergartenpädagogik, entsprechenden Modellen der → Reformpädagogik wie z. B. der → Montessori-Pädagogik oder der → Freinet-Pädagogik, die schon eine Aufgliederung der Schulräume in „Ateliers“, Spiel- und Lernecken kannten.
Eine Lernwerkstatt enthält heute z. B. (vgl. Schönknecht, G. in Pädagogische Welt 1/1993)

- eine Druckerei, Schreibmaschinen und/oder Computer mit Schreib- und Zeichenprogrammen;
- eine Leseecke;
- Werkbänke mit Werkzeugen;
- Materialien zum Beobachten, Erkunden, Experimentieren;

- Dokumentation der „Lernspuren“ von Gruppen, die in der Lernwerkstatt gearbeitet haben, in Archiven und/oder den jeweiligen Bereichen zugeordnet;
- Regale mit Sachbüchern, Übungs-, Experimentier- und Arbeitskarteien (selten gekaufte, meist selbsterstellte Karteien);
- Pin-Wände und Ausstellungsflächen;
- eine Sammlung reformpädagogischer Literatur und aktueller pädagogischer, reformorientierter Zeitschriften und Publikationen;
- eine Tee-/Kaffee-Ecke. K

Grundschule 6/1992, Thema Lernwerkstatt; vgl. auch Literatur bei → Offener Unterricht!

Lernzeit (-planung)

wird als Begriff verwendet

1. zur Bestimmung lerngünstiger und -ungünstiger Zeitspannen in Abhängigkeit vom → Biorhythmus der Leistungsbereitschaft;
2. zur Beschreibung der maximalen Lerndauer und der Lerngeschwindigkeit einzelner Schüler, woraus gegebenenfalls Maßnahmen der → Individualisierung und der → Differenzierung abzuleiten sind;
3. als Bezeichnung für in Zeiteinheiten exakt fixierte Ablaufplanung des Unterrichts (→ Timing).
4. Im Sinne von Unterrichtszeit ist für eine realistische Unterrichtsplanung die Unterscheidung von (stundenplanmäßig) vorgesehener (= nominaler), tatsächlich nutzbarer (z. B. durch den Wechsel des Klassenraums gekürzter) und schließlich genutzter Lernzeit sinnvoll. K

Lernziel

1. Ein Lernziel beschreibt einen angestrebten Lernfortschritt bzw. eine angestrebte Kompetenzerweiterung des Schülers (z. B. Zuwachs an Kenntnissen, Übung von Fähigkeiten), der bzw. die

- möglichst eindeutig beschrieben ist,
- durch eigene oder nachvollziehende oder mitvollziehende Auseinandersetzung mit der begegnenden Welt erworben wird
- und in der Regel im handelnden Vollzug überprüfbar ist.

2. Jedes Lernziel besitzt eine

- inhaltsbezogene (materiale) Komponente: Was soll gelernt werden?
- und eine verhaltensbezogene (formale) Komponente: Wie soll mit dem Gelernten umgegangen werden?

3. Die Güte einer Lernzielformulierung wird durch die Eindeutigkeit der geäußerten Verhaltenserwartung bestimmt. **Sinnvolle** Eindeutigkeit (gegenüber sinnloser Atomisierung komplexer Verhaltensweisen in vereinzelte Verhaltensbruchstücke) verhilft nicht nur dem Lehrer zu präziser, lernzielorientierter, sachlogischer und schülergemäßer Planung, sondern informiert auch den Schüler exakt darüber, welche Operationen im folgenden Lernprozeß von ihm erwartet werden.

Beispiel

Verhaltenskomponente	Inhaltskomponente
Die sicher beherrschte Fertigkeit,	quadratische Gleichungen zu lösen
schließt nicht	bereits mit ein
die Fertigkeit,	quadratische Gleichungen abzuleiten.

4. Der Streit in der schulpädagogischen Szene, ob die Bezeichnung „Lehrziele“ oder „Lernziele“ vorzuziehen sei, erscheint müßig angesichts der Tatsache, daß die beiden Bezeichnungen die zwei Seiten ein- und derselben Medaille beschreiben. Aus der Sicht des Lehrers wird die erklärte Absicht einer Unterrichtseinheit zum **Lehrziel,** das ihn zur Organisation einer optimalen Lernsituation für die Schüler verpflichtet. Die Schüler machen sich das Lehrziel des Lehrers als **Lernziel** zu eigen, wenn sie das Lernangebot des Lehrers annehmen und das angestrebte, im Handeln nachweisbare und überprüfbare Verhalten durch Lernakte verwirklichen. Die Unterrichtsplanung des Lehrers hofft also letztlich auf die Einlösung seiner Lehrziele durch die Lernziele der Schüler.
Lernziele werden in Literatur und → Lehrplänen meistens den → kognitiven, → affektiven und → psychomotorischen Lernzielbereichen bzw. Lernzieldimensionen zugeordnet. Eine weitere Unterscheidung nach dem Abstraktionsgrad kommt in der sog. **Lernzielpyramide** (→ Curriculum) zum Ausdruck. Zusätzlich zu den dort genannten verschiedenen Lernzielarten sind noch die folgenden Bezeichnungen in der Literatur zu finden:
Fächergruppenspezifische Lernziele beziehen sich auf eine Fächergruppe, z. B. die musische oder naturwissenschaftliche Fächergruppe.
Beispiele: „Wertung von Kunstwerken“ als Lernziel der Fächergruppen musische Bildung und Sprachen; „Fähigkeit zur Auswertung von Statistiken“ als Lernziel der Fächergruppen Wirtschaftswissenschaften und Naturwissenschaften.
Fachspezifische Lernziele, auch als fachliche Lernziele bezeichnet, sind vom Inhalt her bestimmte Ziele, die sich auf ein Fach beziehen.
Beispiele: Erlernen von Kürzeln in der Stenographie; Schreiben von Kadenzen in der Musik;
Neben den fachlich-inhaltlichen Zielen bestehen die fachlich-prozessualen Ziele → Prozeßziele.
Fachspezifisches allgemeines Lernziel
Es kann in einem Fach bei verschiedenen Themen, Unterrichtsgegenständen usw. angestrebt werden.
Beispiele: Quelleninterpretation im Geographieunterricht; Auffinden von Synonymen im Englischunterricht.

Bloom 1976; Keck 1975; Köck 1991; Krathwohl u. a. 1978; Meyer 1991; Peterßen 1978; Westphalen 1980

→ Curriculum → Operationalisierung K

Lernzieldimension → Lernziel

Lernzielfindung

Im Rahmen jeder Curriculumerstellung und Lernzieldiskussion sind Entscheidungen in bezug auf die angestrebten notwendigen → Lernziele und deren gegenseitige Abhängigkeiten zu finden. Ein Curriculummodell wird grundsätzlich am Verfahren der legitimierten Lernzielfindung gemessen. Nach Westphalen schälen sich bei der Curriculumforschung drei zentrale Fragen heraus:
„– Wie finde und legitimiere ich fachbezogene Lernziele?
– Wie finde und legitimiere ich allgemeine, fachübergreifende, gesellschaftliche Lernziele?
– Wie verknüpfe ich beide?“

Grundsätzlich ist die Lernzielfindung von vielen Faktoren und Kriterien abhängig, wie z. B. von den Mitgliedern der jeweiligen Curriculumkommission, Stoffinhalt und Stoffstruktur des Faches, Adressatenkreis, Bildungsinstitution, Ideologie, Staatsgefüge und Verfahrensweisen.

→ Curriculum O

Lernzielhierarchie → Curriculum (Lernzielpyramide)

Lernzielkontrolle → Lernerfolgskontrolle

Lernzielorientierter Test

Zur → Leistungskontrolle in der Schule und zur möglichst objektiven Erfassung von Intelligenzleistungen werden immer häufiger lernziel- bzw. kriterienorientierte Tests eingesetzt. Sie werden an den im → Curriculum vorgesehenen → Lernzielen ausgerichtet unter Berücksichtigung der entsprechenden → Taxonomie.

Klauer 1986; Wendeler 1981

→ Kontrollprogramm → Leistung → Lernerfolgskontrolle → Lernzielstufen → Test OK

Lernzielorientierung

In jedem Unterrichtsablauf werden Ziele angestrebt. Auf Grund von → Lehrplänen oder → Curricula haben sich die Lehrkräfte an ihnen zu orientieren. Durch die Curriculumentwicklung wird der lernzielorientierte Unterricht stärker betont. Der Unterricht wird dadurch eher versachlicht und für den Lernenden objektiver und gerechter gestaltet.

Die Lernzielorientierung des Curriculums soll dem Lehrer die Unterrichtsplanung erleichtern und auch zu einer Objektivierung der → Leistungskontrolle führen.

→ Leistung → Lernerfolgskontrolle → Lernziel → Unterricht O

Lernzielstufen

bezeichnen das jeweilige Anspruchsniveau an die Lernleistung der Lernenden in bezug auf exakt operationalisierte → Lernziele.

Die Normenbücher unterscheiden die Lernzielstufen (mit wachsender Anforderung) Wissen, Anwenden, Urteilen. Die heute noch weithin praktizierten Lernzielstufen nach der Formulierung von H. Roth werden im folgenden ausführlich vorgestellt. Die Beispiele aus dem Unterrichtsfach Ethik entstammen teilweise durchgeführten Leistungsmessungen, welche Teilnehmer an einem vom Autor geleiteten Fortbildungslehrgang zur Diskussion stellten.

1. Lernzielstufe: Reproduktion von Gelerntem

Auf dieser Lernzielstufe kann die bloße gedächtnismäßige Wiedergabe von Daten, Namen, Begriffen, Sachzusammenhängen, zusammenfassend von Informationen im weitesten Sinne erwartet werden. Dem entsprechen Sach- und Wissensfragen.

Beispiele:

a) Nennen Sie das einzige Gesetz der formalen Ethik! (Name, Wortlaut)
   Erwartete Antwort: Kategorischer Imperativ: „Handle so, daß die Maxime deines Willens jederzeit zugleich als Prinzip einer allgemeinen Gesetzgebung gelten könne.“

b) Frage mit Mehrfachwahlantworten: Die Einflüsse der Vergangenheit werden nach S. Freud repräsentiert durch das
   ◯ Es
   ◯ Ich
   ◯ Über-Ich
   Erwartete Antwort: Ankreuzen von ⊗ Über-Ich

2. Lernzielstufe: Reorganisation des Gelernten

Hier wird die selbständige Anordnung und Gliederung von Gelerntem auf eine entsprechende Zielfrage hin erwartet.
Beispiel: Stellen Sie die Zusammenhänge zwischen Umwelteinflüssen und Kriminalität im Detail in einer Graphik dar und begründen Sie die einzelnen Beziehungen in ihrer Graphik!

3. Lernzielstufe: Transfer

Transfer erfordert die Anwendung und Übertragung prinzipieller Erkenntnisse aus einem Lernvorgang auf Sachverhalte, die von denselben Erkenntnissen her erschlossen werden können. (Es ist oft schwierig, Reorganisation und Transfer auseinanderzuhalten, da sich die erwarteten Leistungen zweifellos überschneiden.)
Beispiel: Freud mißt der Sprachfähigkeit des Menschen im Rahmen des psychischen Apparates besondere Bedeutung zu. Läßt sich seine Aussage in Richtung auf einen Freiheitsraum des Menschen in diesem Bereich interpretieren? – Begründung!

4. Lernzielstufe: Problemlösendes Denken

Es ist eine selbständige schöpferische Leistung zu erbringen, indem in vorgegebenen problemhaltigen Sachverhalten das Problem erkannt und formuliert wird und mit Hilfe selbst arrangierter Strategien und Methoden gelöst wird.
Beispiele:

a) Erörtern Sie (+ und –) an **einem** der folgenden Werte die Behauptung, daß die Verabsolutierung **eines** Wertes als höchstem über allen anderen Werten mit der Verhaltensfolge, ihn immer und unbedingt anzustreben, zu einer Wert-Tyrannei und zu Inhumanität führt.
   – Gerechtigkeit – Wahrheit – Leistung
b) Weshalb läßt sich diese Behauptung auf Werte wie Liebe, Humanität (Mitmenschlichkeit) faktisch kaum anwenden?

5. Lernzielstufe: Problemfindendes Denken

Diese den Lernzielstufen Roths vom Autor hinzugefügte Lernzielstufe beschreibt im Unterschied zur vorausgehenden den Vorgang, Probleme in der Umwelt ohne vermittelndes Arrangement (z. B. des Lehrers) selbständig auffinden und bearbeiten zu können.
Beispiel: Aus einem abgegrenzten Teil einer Tageszeitung oder aus der gemeinsam betrachteten – auf Videoband gespeicherten – Tagesschau vom Vortage sind durch die Schüler ein ethisch relevanter Sachzusammenhang herauszufinden, auf seine Problemhaltigkeit hin zu erörtern und Lösungsmöglichkeiten anzudeuten und zu begründen.
Der hohe Anspruch an die Leistung der Schüler wird diese Lernzielstufe kaum im Rahmen von Lernerfolgskontrollen oder Leistungsmessungen Verwendung finden lassen. Sie stellen aber den idealen Einstieg z. B. für Projekte dar.

→ Lernerfolgskontrolle K

Lernzielzeitleiste → Pilotfach

Lernzuwachs

Durch → Leistungsmessung und Lernkontrolle in Form verschiedener Testverfahren ist es möglich, den vom Lernenden gemachten Zugewinn an Wissen und Fertigkeiten, den er innerhalb einer bestimmten Zeitspanne erreicht hat, festzustellen. Der Lernzuwachs kann z. B. im Rahmen von Testprogrammen, gemessen am Vortest und den unmittelbar der Programmarbeit folgenden Nachtests oder an der nach mehreren Unterrichtsstunden folgenden gezielten Schularbeit untersucht werden.
Die Ermittlung der Effekte eines Programms oder Unterrichts läßt sich auf die Probleme reduzieren, mit deren Hilfe festgestellt werden kann, was der Lernende nach Benutzung des Programms oder nach Abschluß der → Unterrichtseinheit im Hinblick auf die Beherrschung von Verhaltensformen und Verhaltenstendenzen leistet, im Vergleich zu dem, was er ohne das Programm oder ohne die vorherige unterrichtliche Unterweisung an → Leistung erbracht hätte.

→ Kriterienprogrammierung → Lernen → Lernerfolg → Lernerfolgskontrolle → Unterricht O

Lesbisch → Homosexualität

Leselernmethoden → Erstleseunterricht

Lese- und Rechtschreibschwäche → Legasthenie

Lexem

Der Begriff Lexem kann sich auf eine Wortschatzeinheit in einem Wörterbuch beziehen. Im System der Sprache stellt es ein morphologisch (ein in einem Zusammenhang zugeordnetes) festgelegtes Sprachzeichen dar. Die Bedeutung des Lexems ist durch den **semantischen** (inhaltsbestimmenden) Wortkern zu erkennen. So besteht z. B. das Wort Heizung aus dem Lexem „Heiz" und dem **Morphem** (kleinste bedeutungstragende Einheit einer Sprache z. B. ein Buchstabe oder eine Silbe) „ung"; „heizen" aus dem Lexem „heiz" und dem Morphem „en".

→ Linguistik → Phonem O

Libido

S. Freud bezeichnet mit Libido die „Energie der Sexualtriebe", die in der → oralen, → analen, phallischen und → genitalen Phase in jeweils verschiedenen Erscheinungsformen auftritt. Die Libido ist primär die treibende Kraft für Lustgewinn, sie gilt darüber hinaus aber als allgemein aufbauende Kraft im Dienst der Daseinserhaltung und der Befriedigung auch nicht unmittelbar sexueller Bedürfnisse. Hemmungen und Störungen der Libido können zu neurotischen Verhaltensweisen führen. K

Freud 1978; Jung 1981, 1991; Nagera 1991

Life event (-Forschung)

bedeutet aus dem Englischen übersetzt Lebensereignis. Die Life event-Forschung geht von der – naheliegenden – Annahme der psychosozialen Beeinflussung von Krankheitsentstehungen aus. Durch eine Häufung sog. üblicher Lebensereignisse wie z. B. Arbeitslosigkeit, Stellenwechsel, Heirat, Tod nahestehender Menschen oder ein besonders einschneidendes oder überraschendes Lebensereignis soll die Wahrscheinlichkeit zunehmen, daß sich als Folge eine Krankheit einstellt, insbesonders dann, wenn die dafür notwendige Anpassungsleistung nicht mehr aufgebracht werden kann. Für die Messung dieser Zusammenhänge wurden Selbstbeurteilungsbögen (als erster die Schedule of recent experience = Liste neuer Erlebnisse, von Holmes und Rahe) entworfen, die häufig auftretende lebensverändernde Ereignisse auflisten, teilweise auch gewichten, um den Aufwand an Wiederanpassungsleistung zu ermitteln. Als schwer kalkulierbar erweisen sich bei dieser statistischen Koppelung von Lebensereignissen und Folgekrankheiten die individuell unterschiedliche Belastbarkeit der Menschen und ihr jeweils besonderes Disponiertsein durch das Umfeld und die augenblickliche Lebenssituation. K

Life-long learning

Auf Grund der sich rasch ändernden Gegebenheiten und Strukturen in der Gesellschaft und der stets wachsenden Kompliziertheit und eintretenden Wandlungen und Neuerungen in Wirtschaft, Technik und Verwaltung reicht eine Schul- und Berufsausbildung in Kindheit und Jugend nicht mehr für das ganze Leben aus. Der Erwachsene ist den sich erweiternden und verändernden Anforderungen des Lebens nur dann gewachsen, wenn er sein ganzes Leben hinzulernt und zur Einsicht in die Notwendigkeit des life-long learning, des ‚lebenslangen Lernens' gelangt.

→ Erwachsenenbildung → Fortbildung → Weiterbildung O

Liftkurs

(von engl. to lift = in die Höhe heben, weiterbringen) bezeichnet eine Form des differenzierenden Unterrichts (→ Differenzierung), vornehmlich an → Gesamtschulen, durch den die Schüler mit Hilfe gezielter Zusatzangebote den Anschluß an leistungshöhere Lerngruppen gewinnen sollen.

→ Fördermaßnahmen K

Lineares Programm → Programmierte Instruktion

LINGUA → Europäische Bildungsprogramme

Linguistik

Als moderne Richtung der Sprachwissenschaft untersucht die Linguistik Sprech- und Sprachvorgänge und die beim Sprechen entstehenden Gebilde z. B. in Form von Wörtern und Sätzen. Sie befaßt sich mit allen gesprochenen Sprachen und Sprachgruppen, mit deren Entwicklung und Aufbau, und hat die Aufgabe, Sprachen wissenschaftlich zu betrachten, zu beschreiben, zu analysieren, zu klassifizieren und mit anderen Sprachen oder Sprachgruppen in Vergleich zu setzen.

Bünting 1990; Chomsky 1975, 1977; Garvin 1970; Jazayery u. a. 1978; Kühlwein/Raasch 1990; Linke u. a. 1991; Nickel 1985; Ulrich 1987

→ Lexem → Phonem OK

Linkshändigkeit

bezeichnet den bevorzugten Gebrauch der linken Hand. Sie ist auf die Dominanz der rechten Hirnhälfte zurückzuführen. Bei Rechtshändern dominiert im Gegensatz dazu die linke Hirnhälfte. In den meisten Fällen ist Linkshändigkeit vererbt, selten ist sie erworben, z. B. durch Hirnhautentzündung. Eine zwangsweise Rechtsdressur von Linkshändern kann zu schweren psychischen Schäden (z. B. Stottern, allgemeine Unsicherheit, → Legasthenie) führen.

Gramm 1977; Olsson/Rett 1989; Schenk-Danzinger 1979; Zuckrigl 1991

→ Gehirn K

Lispeln → Sigmatismus

Listening-Comprehension Practice

Diese Unterweisungsform erstreckt sich auf ‚Hör-Verstehensübungen', die in erster Linie beim Lernen von Sprachen und mitunter beim Unterrichten von Behindertengruppen angewendet werden. Die Aufnahme der Sprache, bzw. des Lehrstoffes erfolgt nur durch das Ohr. Der Schüler hört zu und versucht zu verstehen, was er hört. Der Versuch einer Übersetzung z. B. aus der Fremdsprache in die Muttersprache wird daher vermieden. Es sind andere Möglichkeiten anzuwenden, um nachzuprüfen, ob das Gesprochene verstanden wurde, z. B. durch Erklärung von Begriffen, Zusammenhängen oder Beantwortung von Fragen in der jeweiligen Sprache. Als Antwortform zu den gestellten Fragen wird, wenn diese schriftlich zu bestätigen sind, durchwegs die Multiple-Choice-Answer (→ Multiple-Choice-System), die Mehrfachwahlantwort verwendet. Zu Hör-Verstehensübungen gehören z. B.: Situationsdialog, Erzählung, Geschichte, Quiz, Frage-Antwortspiel.

→ Phaseneinheiten → Programmierte Instruktion → Sprachlabor O

Lob und Tadel

sind verbale und nonverbale → Erziehungsmittel, die auf soziale Anerkennung bzw. auf deren Entzug bauen. Die Häufigkeit ihrer Verwendung hängt von der Erfolgsgewohnheit bzw. Mißerfolgsängstlichkeit des betroffenen Kindes/Schülers ab. Inflationärer Gebrauch von Lob und Tadel bleibt wirkungslos. Generell wirkt sich Lob eher verstärkend auf erwünschtes Verhalten aus als Tadel, vor allem wenn es in unmittelbarem Zusammenhang damit gegeben wurde. Tadel erweist sich dann als völlig sinnlos, meist sogar als schädigend für das Selbstwertgefühl des Betroffenen und dessen Beziehung zum Tadelnden, wenn er auf Merkmale oder Verhaltensweisen zielt, die zu ändern der Getadelte nicht fähig ist. Zugunsten zunehmender Selbststeuerung und Eigenverantwortung der Kinder und Jugendlichen sollten Lob und Tadel als Fremdverstärker nach und nach abgebaut werden.

→ Verstärkung K

Löschung → Extinktion

Logik

bezeichnet sowohl die Fähigkeit, schlußfolgernd aufgrund vorliegender Aussagen denken zu können als auch die Lehre/Wissenschaft von Vorgängen, Gesetzen und Methoden folgerichtigen Erkennens und Denkens. Logik als Wissenschaft zielt also nicht auf die Erkenntnisinhalte ab, sondern auf die formale Exaktheit des Erkenntnisvorganges.

Bucher 1987; Bühler 1992; Kutschera/Breitkopf 1985; Menne 1986; Piaget/Inhelder 1980

→ Wissenschaftstheorie K

Logische Analyse → Analyse

LOGO

ist eine problemorientierte → Programmiersprache, die sich für den Einstieg in das Programmieren vor allem für Jugendliche empfiehlt. In LOGO können Prozeduren (Unterprogramme) und Funktionen bestimmt werden, die in anderen Prozeduren verwendet werden können. Die sog. Turtle-Graphik (turtle = Schildkröte) hilft bei geometrischer Veranschaulichung weiter und regt zum spielerischen Erlernen der Grundprinzipien des Programmierens an. K

Logopädie

bezeichnet die Theorie und Praxis der Erfassung, Vorbeugung und Behandlung von Sprach-, Stimm- und Hörstörungen, die den Menschen in seiner Kommunikationsfähigkeit beeinträchtigen (z. B. → Stottern, Stammeln, Lispeln). Sie steht in enger Zusammenarbeit z. B. mit der Sonder- und Heilpädagogik, der Psychologie, der Medizin und den Sprachwissenschaften.
Die Ausbildung zum Logopäden erfolgt an Lehranstalten für Logopäden, die Universitätskliniken angegliedert sind, oder in Berufsfachschulen für Logopädie.

Aschenbrenner 1975; Aschmoneit/Böckmann 1976; Becker/Sovak 1975; Böhme 1980; Clauss 1981; Franke 1991; Gundermann 1981; Schwarz 1985; Trübswetter 1973; Wulff 1983; Wurst 1973

→ Agrammatismus → Aphasie → Stottern K

Logophobie

bedeutet Sprechangst, insbesonders Angst sich zu versprechen, als allgemein oder nur in bestimmten Situationen (z. B. bei Prüfungen, vor fremden Menschen oder vor größerem Publikum) auftretende psychische Hemmung. Sie kann u. a. eine Ursache des → Stotterns und des → Mutismus sein. K

Logotherapie

bezeichnet das von V. E. Frankl – vor allem in Ablehnung der → Psychoanalyse – geschaffene psychotherapeutische Verfahren, das dem Klienten dazu verhelfen soll, Ich-Bewußtsein, Annahme seiner selbst und eigenverantwortete Sinnsuche für sein Dasein zu entwickeln. K

Doering 1981; Fabry 1985; Frankl 1989, 1990, 1991 (2x)

Logotrop

bedeutet der Wissenschaft zugewandt. Es wird z. B. vom logotropen Selbstverständnis oder von einem logotropen Lehrerbild gesprochen. Der Gegensatz zu logotrop ist → paidotrop.

→ Lehrertypen O

Lokomotion

und → Kohäsion beruhen auf den beiden Verhaltensmustern → action flexibility und → social sensibility und sind Grundaufgaben der Gruppenführung. Die Lokomotion sieht in diesem Bereich ihre Aufgabe darin, das vorgegebene Ziel mit der Gruppe zu erreichen und beschreibt den sachlichen und innovatorischen Aspekt der Führung.
In der Entwicklungs- und Persönlichkeitspsychologie bedeutet Lokomotion Fortbewegung. Für das Kleinkind ist sie als Eroberung des Umweltraumes von großer Bedeutung (Oerter 1982[2]). Auch jede Veränderung und jeder Wechsel einer Person von einem Lebensraum in einen anderen, von einer Region in eine andere wird als Lokomotion verstanden (Roth 1981[6]).
Im allgemeinen findet Lokomotion innerhalb der Umwelt einer Person als reale Lokomotion in Form körperlicher, psychischer, intellektueller, sozialer Zu- oder Abwendungen statt (Correll 1976). K. Lewin kennt neben den realen auch imaginäre Lokomotionen mit Zwischenstufen. So handelt es sich bei der Anmeldung eines Reiseinteressenten zu einer Studienreise, die er auch durchführt, um eine reale Lokomotion, bei einem, der nur von einer Reise schwärmt und träumt, um eine imaginäre Lokomotion, bei jemandem, der den Plan zum Verreisen faßte und Vorbereitungen getroffen hat, um eine Stufe, die zwischen realer und imaginärer Lokomotion liegt. O

LSD

Abkürzung für Lysergsäurediäthylamid, ist eine synthetisch herstellbare Droge der Halluzinogene-Gruppe. Es wird als Lösung auf Tabletten, in Kapseln oder auf anderen Trägern geschluckt. Die Einnahme führt zu psychischer Abhängigkeit. Die Wirkung ist von der Situation und der psychischen Ausgangslage abhängig und reicht von Wahrnehmungsstörungen über Halluzinationen bis zu extremer nervlicher Erregung. Risikounterschätzende Selbstgefährdung und → Horror-Trips (Angstpsychosen) zählen zu den akuten Folgen, Wahnvorstellungen, Rauschzustände ohne erneute Einnahme (Echo-Effekt), verzerrte Realitätswahrnehmung und → Psychosen zu den Langzeitfolgen.

→ Drogen- und Drogenmißbrauch → Haschisch → Heroin → Kokain → Marihuana → Sucht K

Lückentext

ist eine Form der Ergebnissicherung, bei der in einen fortlaufenden Text ausgelassene Wörter einzusetzen sind. Die fehlenden Wörter können entweder aufgrund des vorausgegangenen Unterrichts aus dem Textzusammenhang logisch erschlossen werden oder aus einer gegebenen Menge von Wörtern zugeordnet werden, wobei eine anspruchsvollere Variante mehr Wörter (einschließlich Falschnennungen) anbietet als verwertet werden können. Lückentexte sind nur sinnvoll, wenn sie zum Denken anregen, d. h. gleichzeitig den Rateeffekt oder gar routinemäßige Einsetzarbeit vermeiden.

→ Lernerfolgskontrolle K

Lüge

wird eine bewußt falsche Aussage genannt, die aus Angst, Furcht vor Bestrafung, Scham, dem Wunsch bewußter Irreführung und Schädigung anderer, aber gelegentlich auch aus Rücksichtnahme resultiert. Für die Reaktion auf Lügen von Kindern ist es bedeutsam, ob die Kinder von ihrem Entwicklungsstand her bereits eindeutig zwischen Wirklichkeit und Phantasieprodukten unterscheiden können, und welche Motive sie zur Lüge als Mittel der Wirklichkeitsbewältigung greifen lassen, der sie sich anders offenbar nicht gewachsen fühlen. Der sog. notorische Lügner läßt auf Störungen in der Persönlichkeitsentwicklung meist aufgrund von Fehlerziehung (z. B. übermäßige Strenge) schließen, der an krankhafter Lügensucht (Pseudologie) Leidende lebt in einer durch erfundene Erlebnisse verzerrten Halbwirklichkeit, die er selbst für wahr hält. K

Ekmann 1992

Lustprinzip → Ich-Es-Über-Ich → Libido → Perversion → Psychoanalyse

Lyzeum

ist die nur noch selten gebrauchte Bezeichnung für eine höhere Lehranstalt für Mädchen.

→ Frauenbildung K

M. A. → Magister Artium

Macht

ist an → Position oder Status in einer → Gruppe gebunden. Die Tragweite der Macht wird vor allem durch die Ausprägung der Abhängigkeit der Gruppenmitglieder vom Machtträger und von der Wirksamkeit der Machtmittel (Strafen und Belohnungen) bestimmt, die der Machtträger zur Durchsetzung seines Willens und zur Erhaltung der Macht zur Verfügung hat. Macht und → Autorität sollten sich decken. Machtausübung erscheint umso problematischer, je weniger sie von echter Autorität getragen bzw. legitimiert ist, und je weniger sie permanenter Kontrolle ausgesetzt ist. Unkontrollierte oder gar außer Kontrolle geratene Macht wirkt sich unter Einsatz von Zwangsmitteln nicht nur im Sinne von Unterdrückung aus, sondern in der Regel auch persönlichkeitsverändernd auf den Machtträger selbst.

Arendt 1990; Bach 1989; Bracher 1991; Galbraith 1989; Kipnis 1990; Luhmann 1988; Schneider 1978; Weizsäcker 1978

→ Imponiergehabe K

Mädchenhaus

erstmals in der Bundesrepublik Deutschland 1983 in Hamburg eingerichtet, bietet Mädchen zwischen 12 und 18 Jahren in akuten Notsituationen vorübergehend Zuflucht vor Gewalt, Mißhandlung und sexuellem Mißbrauch in der Familie. Die sozialpädagogisch geschulten Betreuerinnen sehen ihre Aufgabe in Beratung, Unterstützung und vor allem Hilfe zur Selbsthilfe. Gespräche mit den Eltern und Kontakte zu den Jugendbehörden und zum Vormundschaftsgericht (wegen evtl.

Entzugs des elterlichen Sorgerechts) bereiten auf die Zeit nach dem Aufenthalt im Mädchenhaus vor.

Nitschke/Voss 1990

→ Frauenhaus K

Mäeutik

Die auf Sokrates zurückgehende Kunst, durch geschicktes und gezieltes Fragen die im Lernenden schlummernden, ihm aber vielleicht unbewußten, richtigen Antworten, Erkenntnisse hervorzuholen bzw. diese durch Zusatzfragen zu entwikkeln, bezeichnet man als Mäeutik, als geistige „Hebammenkunst". Die sokratische Unterrichtsstrategie versucht den Schüler durch ein altersgerecht aufbereitetes und in sich abgestimmtes **Fragensystem** zu Erfolgserlebnissen zu führen. Sie entspricht in ihren Zielen und im Verlauf der → entwickelnden Unterrichtsform, hat ihren Platz aber auch im Rahmen des → entdeckenden Lernens. OK

Märchen

wurden ursprünglich zur Unterhaltung Erwachsener mündlich überliefert. 1812–1815 legten im deutschsprachigen Raum die Brüder W. und J. Grimm ihre zweibändige Sammlung von „Kinder- und Hausmärchen" vor, deren schriftliche Fassung der Aufzeichnungszeit entsprechend von der Romantik beeinflußt ist.
Märchen sind phantasievoll ausgeschmückte Erzählungen mit animistischen und magischen Elementen, vermenschlichten Tieren und Gegenständen, eine Welt unbegrenzter Möglichkeiten und – nach dem Erfahren von Prüfungen und Grausamkeit – abschließender Gerechtigkeit. Ihre Handlung führt linear und von einem „Helden" getragen auf ein Ziel hin.
Kindern bieten die Märchen die Begegnung mit → Archetypen, Möglichkeiten der Personifizierung und des Phantasietrainings sowie der Bearbeitung typischer Konfliktfälle. Die oft formelhafte Struktur der Märchen (mit immer wiederholten gleichen Erzählpassagen und Reimen) hält die Kinder zur Nachgestaltung an; für ältere Schüler kommt die literarische und volkskundliche Analyse dazu, da Märchen letztlich nur im Kontext ihres Entstehungsumfeldes voll verständlich sind. K

Beit 1983 u. 1986; Bettelheim 1990; Dinges u. a. 1985; Karlinger 1985, 1988; Kast 1989; Laiblin 1991; Ranke 1977–1990 f.

Magersucht → Pubertätsmagersucht → Sucht

Magisches Denken → Denken

Magister Artium (M. A.)

wörtlich aus dem Lateinischen übersetzt Meister, Lehrer der Künste, wird als berufsqualifizierender akademischer Grad verliehen. Er erfordert in der Pädagogik das Studium des Hauptfaches Erziehungswissenschaft/Pädagogik und zweier Nebenfächer. Ursprünglich 1960 zur Entlastung der → Promotion eingeführt, steht der M. A. heute in Konkurrenz zum gleichwertigen, aber – gemessen an seiner Akzeptanz – offensichtlich attraktiveren Grad des → Diplompädagogen. K

Makrobiotik

versteht sich als eine Art praktischer Lebensphilosophie, die einen in jeder Hinsicht möglichst natürlichen Lebensstil empfiehlt. Dazu zählt z. B. der biologisch dynamische, naturbelassene (= Vermeidung chemischer Mittel wie Kunstdünger, chemischer Schädlingsbekämpfungsmittel) Anbau von Getreide- und Gemüsearten, überwiegend vegetarische, an Zellulose reiche Ernährung und ein ausgeglichener meditativer und kommunikativer Lebensstil. K

Clausnitzer 1986; Kushi/Jack 1987

Makroökonomie

betrachtet gesamtwirtschaftliche Größen (z. B. Geldwertprobleme wie Aufwertung oder Abwertung), die sich auf die Volkswirtschaft als Ganzes beziehen.

Blümle/Patzig 1990; Klatt 1989

→ Mikroökonomie OK

Makroprojektion

bezeichnet einen Vorgang der → Medientechnik, bei dem Demonstrationsmaterial (z. B. Folien, Karten, Texte, Präparate, Meßskalen, aber auch Lebendmaterial) über eine Fernsehkamera für alle Mitglieder einer Lerngruppe gleichzeitig sichtbar auf den Bildschirm eines Fernsehgerätes übertragen wird. Um eine ruhige Bildführung zu erreichen, wird die Fernsehkamera an einem allseitig verstellbaren Kurbelstativ befestigt. Sie ist ferner mit einem Makroobjekt auszurüsten. Die vergrößernde Projektion von Ausschnitten aus dem Demonstrationsmaterial wird mit Hilfe der Zoom-Einrichtung bewerkstelligt.
Um den Bereich der **Mikroprojektion** einbeziehen zu können, ist lediglich das Objektiv der Fernsehkamera gegen ein Mikroskop auszutauschen. Auf diese Weise werden Mikropräparate wiederum für alle Mitglieder einer Lerngruppe gleichzeitig zugänglich. Das zeitraubende und die Betrachtung des Objekts nur kurze Zeit ermöglichende Vorbeigehen der Lernenden am Mikroskop entfällt.
Sowohl bei der Makro- als auch bei der Mikroprojektion ist gleichzeitig mit der Übertragung auf das Fernsehgerät eine Aufzeichnung auf Videoband möglich, was den wiederholten Einsatz des Materials vereinfacht.

→ Videowagen K

Manie

Die Manie ist als psychische Krankheit den endogenen → Psychosen einzugliedern. Ihre Ursachen sind weder körperlicher Natur noch lassen sie sich durch traumatische Erlebnisse oder Konflikte erklären. Da sich bei den Patienten neben einer Anzahl von psychischen Symptomen beachtliche Störungen in ihrem Sozialkontakt und Verhalten zu den Mitmenschen zeigen, ist die Manie auch als ein Ergebnis sozialer Faktoren zu betrachten. Sie wird gekennzeichnet durch ein gesteigertes Lebensgefühl, ein plötzliches Hochgefühl, unnatürlich gehobene Stimmung und im Gegensatz zur → Depression durch eine Antriebssteigerung, die das Selbstgefühl erhöht und leicht zur Selbstüberschätzung führt.
Auch affektive und motorische Überregbarkeit, gesteigerte Betriebsamkeit und allgemeine Enthemmung sind Kennzeichen einer Manie.
Nicht selten auftretende Formen der Manie sind Ideenflucht, unrealistisches

Verhalten und unkontrolliertes Nachgeben. Als Beispiel sei die **Kleptomanie** angeführt, die einen intensiven, überwältigenden, unkontrollierbaren Drang zum Stehlen darstellt. Mit der Manie befassen sich → Psychiatrie und → Sozialpsychiatrie. OK

Bräutigam 1985; Kasper 1988; Larsson 1989; Remschmidt 1988

Manipulation

Von den vielen Bedeutungen des Begriffs Manipulation sind hier vor allem zwei interessant:

1. Manipulation ist als Informationsverfälschung zu verstehen, indem wirklichkeitserklärende Informationen gefälscht, übertrieben, weggelassen oder unter einem besonderen Gesichtspunkt gefiltert werden. Durch die computerunterstützte Informationstechnik, welche die Bevölkerung in technisch versierte Informationsverarbeiter und bloße Abnehmer teilt, sind Manipulationsmöglichkeiten durch Informationsstreuung und damit mißbräuchliche Machtausübung wie nie zuvor geschaffen.
2. Manipulation bezeichnet die gezielte Steuerung eines Menschen sowohl zum Zweck des Lernens als auch zum Zweck politischer (Propaganda), ideologischer (→ Indoktrination) oder konsumorientierter (Werbung) Beeinflussung. In der allgemeinen Bedeutung von Verhaltensbeeinflussung ist → Erziehung immer auch Manipulation. Als besonders problematisch beschreibt die sog. → Antipädagogik eine Erziehung, die sich als nicht hinterfragte und herrschaftssichernde Manipulation zugunsten der Bedürfnisse der Erwachsenengeneration ereignet. Einer am Kind orientierten Erziehung kommt also der Auftrag zu, Manipulation und deren Mechanismen in allen Lebensbereichen, einschließlich des Erziehungsvorgangs selbst, bewußt zu machen.

→ Lerntheorien → Suggestopädie K

Marathon-Training

Im Marathon-Training werden 12 bis 24 Teilnehmer einer konzentrierten → Gruppenerfahrung über eine Zeitspanne von 24 Stunden und länger bei wenig Schlaf ausgesetzt.
Verbale und nonverbale Übungen, die vom Trainer stark strukturierend angeboten und demonstriert werden, wechseln sich ab. Als Schwerpunkt des Trainings wird der ungetarnte Umgang mit → Konflikten, → Aggressionen und Intimität geübt, was bei den Teilnehmern die Bereitschaft zu → Spontaneität, → Empathie und Gefühlsoffenheit voraussetzt oder als Übungsziel vorsieht.

→ Trainingsmethoden, gruppendynamische K

Marginality-Kind

z. B. das Ausländerkind, nimmt durch Rasse, Abstammung oder Nationalität eine Zwischenstellung zwischen zwei Kulturen ein, wobei zwischen rassischen (z. B. Halbblut) und kulturellen (z. B. Gastarbeiter) Mischungen zu unterscheiden ist.
Die nicht eindeutige Verwurzelung im Umfeld und die in Abwehr des Fremden oft mißtrauisch bis feindselig reagierende Umgebung begünstigen beim Marginality-Kind eine Entwicklung, die es gehemmt, mißtrauisch, distanziert, isoliert, gelegentlich auch aggressiv erscheinen lassen. K

Marihuana

ist ein Gemisch aus den Blättern und den blühenden Spitzen des indischen Hanf. Es wurde ursprünglich therapeutisch verwendet wegen seiner milden Wirkung bei Asthma, wegen seiner schmerzdämpfenden Wirkung und zur Förderung der Schlafbereitschaft. Der in Marihuana und Haschisch vorhandene Hauptwirkstoff Tetrahydrocannabinol (THC) wird in den USA als Mittel gegen den Brechreiz im Gefolge von Anti-Krebs-Mitteln gegeben. In der Wirkung ist Marihuana je nach Aufbereitung fünf- bis zehnmal schwächer als Haschisch; allerdings bleibt eine einzige Dosis bis zu 30 Tagen im Körper gespeichert, die Halbwertzeit beim Abbau beträgt sieben Tage.

Nahas u. a. 1976; vgl. bei → Drogen und Drogenmißbrauch!

→ Drogen- und Drogenmißbrauch → Haschisch → Heroin → Kokain → LSD → Sucht

K

Marxistische Pädagogik

beruft sich in ihren verschiedenen Ausformungen auf die Gesellschafts- und Geschichtstheorie von K. Marx (1818–1883), dessen für die Pädagogik entscheidende Feststellung die von der Selbstentfremdung des Menschen in der Industriegesellschaft ist, die durch den Übergang zur Informationsgesellschaft eher noch zugenommen hat.

Die als Fundament staatstragender Ideologien vor allem in kommunistischen Systemen beschworene Lehre von K. Marx wurde ihrerseits mehr oder weniger verfremdet, z. B. durch den Leninismus oder Maoismus.

Akademie der Pädagogischen Wissenschaften der UdSSR 1973; Emden 1982; Makarenko 1988

→ Entfremdung

K

Masochismus

bezeichnet sexuelles Lustgefühl, das empfunden wird, wenn sich jemand selbst Schmerz bereitet oder durch einen Sexualpartner Schmerz zufügen läßt, z. B. durch Schlagen, Fesseln, Quälen. Der Begriff wird im übertragenen Sinne auch als Bezeichnung seelischer Quälereien verwendet.

Reik 1983; Wurmser 1992

→ Perversion → Sadismus

O

Masse

Nach Battegay (1973–1979) ist die Masse „eine niedrig organisierte Anhäufung ... von Menschen“, die durch folgende Merkmale gekennzeichnet ist:

1. „Unbestimmte bzw. große Zahl von Menschen“,
2. nur zeitweise und nicht stabile Verbundenheit,
3. gefühlsmäßige und triebhafte Gleichschaltung der Mitglieder,
4. ebenso gefühlsmäßig und triebhaft begründete Übereinstimmung im Handeln,
5. totale → Identifikation der Mitglieder der Masse mit einem Führer oder einem Geschehen (z. B. Fußballspiel),
6. „keine Differenz in einzelne Funktionen mit Ausnahme derjenigen des Führers und der Geführten“.

Canetti 1991; Hofstätter 1976; LeBon 1982; Mitscherlich 1975; Ortega y Gasset 1989; Pross/Buss 1984

→ Gruppe → Menge

K

Massenmedien

oder **Massenkommunikationsmittel** sind v. a. dadurch gekennzeichnet, daß sie in der Lage sind, relativ gleichzeitig einer großen Anzahl von Empfängern gleiche Informationen zu übermitteln und zwar meistens in Form der Einwegkommunikation. Sie dienen der Information, Unterhaltung, Bildung, Werbung, Entlastung, als Kommunikationsersatz zum Freizeitverbrauch, aber auch als Anregung zur Kommunikation, der Meinungsbeeinflussung, der Kritik und Kontrolle des öffentlichen, vor allem politischen Lebens.

Zu den Massenmedien zählen z. B. Presse, Rundfunk, Fernsehen, Film und Schallplatte, in neuerer Zeit die sog. → Neuen Medien wie Bildschirm- und Videotext, Kabel- und Satellitenfernsehen und Speichermedien wie Compact discs, Videokassetten und Bildplatten.

„Die Massenmedien unterscheiden sich in dreifacher Hinsicht:

1. durch ihre Technologie und ihr technisches System;
2. durch die daraus folgende Art der → Kommunikation (Lesen, Hören, Sehen, Hören und Sehen);
3. durch ihre raumzeitliche Präsenz (die Zeitung ist zu jeder beliebigen Zeit, aber nicht an jedem beliebigen Ort greifbar; das Fernsehen muß nach einem zeitlich gebundenen Programm innerhalb eines bestimmten Raumes empfangen werden usw.)

Daraus folgt: Der Kommunikator wird seine Aussage immer im Hinblick auf das Medium gestalten, dessen er sich bedienen will; der Kommunikand begegnet jedem Medium in einer spezifischen Erwartungshaltung." (Zielinski 1971)

Hauptsächliche Wirkungen der Massenmedien sind Information, Sensation, Illusion, Vermittlung von Wirklichkeit (diese gleichzeitig erweiternd und verkürzend sowie manipulierend) und Wirklichkeitsersatz. Als integrierter Bestandteil der Wirklichkeit haben die Massenmedien zu einer untrennbaren Verbindung von Primärerfahrung und medialer Erfahrung geführt.

In die Unterrichtsgestaltung sollten Massenmedien einbezogen werden, und zwar nicht nur aus medienerzieherischen Motiven, sondern auch als Informationsträger, als welche sie in Aktualität und Aufbereitung in der Regel dem herkömmlich gestalteten Unterricht überlegen sind.

Boeckmann 1990; Davison u. a. 1976; Hofmann 1976; Holzer 1973; Huter 1981; Köck 1975, 1977, 1991; Maletzke 1988; McQuail 1973; Schulte 1992; Silbermann 1982

→ Medien → Unterrichtsmedien K

Mastery Learning

bedeutet dem Sinn nach übersetzt zielerreichendes Lernen. Es ist eine durch die amerikanische Instruktionspsychologie (B. S. Bloom) entwickelte Vorstellung, das Lehrerverhalten und die Lernorganisation so zu überdenken und zu gestalten, daß etwa 80% bis 90% der Schüler die jeweiligen Lehrziele erreichen. Da die → Ausgangslagen bei Schülern einer neugebildeten Gruppe immer sehr unterschiedlich sind, läßt sich ein durch Lehrziele angestrebtes Kenntnisniveau kaum oder gar nicht erreichen, wenn nicht ein höheres Maß an → Differenzierung und → Individualisierung vor allem in bezug auf die Dauer der Lernzeit und die → Vermittlungsvariablen in der Schule angeboten wird. Durch die Anwendung der Methode des „Mastery Learning", das eine → personenbezogene Erfolgsmessung und eine

→ lehr- und lernzielbezogene Ergebnismessung berücksichtigt, verspricht man sich „Lernerfolge für alle" und eine größere Chancengerechtigkeit.

Bloom 1971; Eigler/Straka 1978

→ Chancengleichheit → Eingangskönnen → Eingangsverhalten → Leistung → Schulstreß OK

Masturbation

Die noch häufig verwendete, veraltete und nicht richtig interpretierte Bezeichnung → Onanie wird synonym zur Masturbation verwendet. Der Begriff Masturbation bedeutet geschlechtliche Selbstbefriedigung. Sie tritt bereits als unbewußte Triebhandlung im Kindesalter auf. Während der → Vorpubertät und → Pubertät ist sie bei fast allen Jungen und auch bei einer großen Zahl der Mädchen zu finden und als ein normales Durchgangsstadium in der Entwicklung des Menschen anzusehen. J. H. Schultz, der Begründer des Autogenen Trainings, behauptet sogar: „Kinder und Jugendliche normaler Art onanieren ausnahmslos, so daß man das wirkliche Fehlen solcher Betätigung in diesen Jahren als ein ernstes Krankheitszeichen ansehen kann" (Schultz 1952). Auf Grund von Forschungsergebnissen steht jedenfalls fest, daß die Masturbation ebenso wenig schädlich ist wie der normale Geschlechtsverkehr. Kinder und Jugendliche, die masturbieren, dürfen deswegen nicht bestraft werden, und die Masturbation sollte ihnen gegenüber von Eltern und Erwachsenen nicht als Laster gebrandmarkt werden. In diesem Zusammenhang führen Verbote und Strafen beim Kind und Pubertierenden zu verhängnisvollen Schuldgefühlen und ziehen verheerende psychische und physische Folgen nach sich. Dem in der Vorpubertät und Pubertätszeit verunsicherten Jugendlichen sollte durch eine Versachlichung dieses Problems, durch entsprechende Aufklärung und Anleitung geholfen werden, den Geschlechtstrieb allmählich zu beherrschen, um ihn schließlich seiner Persönlichkeit einzuordnen. O

Bloch 1989

Materiale Bildung → Formale Bildung

Mathematisch-naturwissenschaftliches Gymnasium → Gymnasium

Matriarchat

Die matriarchalische Gesellschaftsform gründet sich auf die mutterrechtliche Familie, in der die Kinder als zur Familie der Mutter gehörend betrachtet werden. Der nächste Verwandte der Kinder ist der Bruder der Mutter, der auch von diesen beerbt wird. An der Spitze der **Mutterrechtsfamilie** steht die älteste Familienmutter. Diese Form der Familienorganisation wird aus der Zeit der Promiskuität im Sinne der Ehelosigkeit hergeleitet und ist grundsätzlich nicht mit der Gynäkokratie (Frauenherrschaft) verknüpft. OK

Bachofen 1975; Göttner-Abendroth 1989; Matriarchat und Patriarchat 1988; Wagner-Hasel 1992; Wesel 1980

Matura

ist die in Österreich und in der Schweiz gebräuchliche Bezeichnung für die Reifeprüfung, mit der die Hochschulreife erlangt wird.

→ Abitur K

Maxime
bedeutet höchster oder leitender Grundsatz, subjektiv verbindliche Lebensregel. K

MByte (Megabyte) → Bit

MCD → Minimale cerebrale Dysfunktion

Medien
Im weitesten Sinne bezeichnet ein Medium jegliche Quelle der Informationsübermittlung, womit über die Intensität der Absicht bei der Informationsausgabe und ihrer Verwertung durch den Adressaten noch nichts ausgesagt ist. Medien dieser Art sind z. B. → Massenmedien wie Presse, Rundfunk, Fernsehen, Film, aber auch → Unterrichtsmedien sowie Jugendpresse, → Comics, Theater und Straßentheater, Museen und Ausstellungen, Spielzeug und Videospiele u. v. a. m. Medien wirken nicht nur kommunikationsstiftend, sie sind vielmehr wesentlicher Bestandteil jeder Kommunikation. Sie dienen der Informationsbeschaffung und damit der Daseinsbewältigung, ermöglichen aber auch grenzenlose → Manipulation. Nach Ansicht des radikalen Konstruktivismus „konstruieren die Medien Entwürfe von Wirklichkeiten" (S. J. Schmidt), letztlich mit dem Zweck sich selbst erfüllender Erwartungen.

Ashauer 1980; Baacke u. a. 1989; Barthelmes/Sander 1990; Deutsches Jugendinstitut 1988; Köck 1975, 1977, 1991; Merten u. a. 1992; Michel/Spengler 1987

→ Audio-visuelle Medien → Mediendidaktik → Medienerziehung → Medienforschung → Medienpädagogik K

Medienauswahl, Kriterien der
Bei der Auswahl eines Medienangebotes für einen Lernprozeß muß überprüft werden, ob und inwieweit es den nachfolgenden Kriterien entspricht:

K

Köck 1977, 1978, 1991

Mediendidaktik

kann – neben der Medienerziehung und der Medientechnik – als Teildisziplin der Medienpädagogik und als Sonderform der Allgemeinen Didaktik definiert werden. Sie ist zu verstehen als Wissenschaft vom Lernen und Lehren unter dem Aspekt der Organisation von Lernprozessen mit Hilfe von Unterrichtsmedien auf der Grundlage lernpsychologischer Erkenntnisse. Die jeweilige Erfolgskontrolle dient als Korrektiv und als Beurteilungsmaßstab für die Feststellung der didaktischen Wertigkeit der verwendeten Medien.
Die Mediendidaktik entwickelt Kriterien für Herstellung, Verwendung, Analyse und Beurteilung von Unterrichtsmedien.
Sie erforscht Unterrichtsmedien als Zeichen- und Informationssysteme in bezug auf ihre Wirkungen und Möglichkeiten. Sie entwickelt Arrangements zur optimalen Unterrichtsgestaltung und Strategien der Einübung in kritische Mediendistanz. K

Dichanz 1974; Döring/Ziep 1989; Hagemann/Tulodziecki 1978; Köck 1977, 1991

Medienerziehung

erhält ihre Zielbestimmung von der → Medienpädagogik. Als Hauptziel wird in der Literatur meist der „kritische Rezipient“ genannt. Vordringliche Aufgabe der Medienerziehung ist also die systematische Einübung des Medienkonsumenten in den kritischen Umgang mit dem Medienangebot.
Dies bedeutet im einzelnen Kenntnis, wenn möglich Beherrschung der Technik, Emanzipation als Befreiung aus dem anonymen Medienzwang und Selbstbestimmung durch kritische Distanz.
Wenn die Medienerziehung eine echte Chance haben soll, muß sie im Sinne eines kontinuierlichen Erziehungsvorganges im frühpädagogischen Bereich einsetzen. Ein → Curriculum der Medienerziehung ist längst überfällig.
Den nachhaltigsten Erfolg scheinen im Rahmen der Medienerziehung die aktive Medienarbeit, Einübung in ganzheitliche Wirklichkeitswahrnehmung, Bevorzugung der unvermittelten Wirklichkeit vor der vermittelten Wirklichkeit und ein glaubwürdiges Vorbild von Eltern und Erziehern zu zeitigen (detaillierte Vorschläge vgl. z. B. Köck 1991!)

Deutsches Jugendinstitut 1990; Fröhlich 1982; Hölterschinken 1991; Köck 1991; Kultusministerium des Landes Schleswig-Holstein 1985; Landesinstitut f. Erziehung u. Unterricht 1986; Merkert 1992; Staatliche Landesbildstelle Südbayern 1990; Tulodziecki 1992

→ Fächerübergreifender Unterricht → Medien → Mediendidaktik K

Medienforschung

orientiert sich heute meistens am medienspezifischen Ablauf von Kommunikationsprozessen, also z. B. an folgenden Fragen:
Was leistet ein bestimmtes Medium für einen bestimmten Kommunikationsablauf? Welche Auswirkungen hat es auf diesen?
Welches → erkenntnisleitende Interesse steht hinter einem bestimmten Medienangebot?
Welche psychologischen Konsequenzen ergeben sich aus einer → Kommunikation über und mit technischen Medien? usw.

Duchkowitsch 1984; Prokop 1985/1986; Schenk 1987; Schulte 1992; Schulz 1987; Tulodziecki 1981

→ Mediendidaktik, → Medienerziehung → Medienpädagogik K

Medienfrustration
ergibt sich aus der nicht reflektierenden lethargischen Konsumhaltung ebenso wie aus einem Kapitulieren vor medialen Angeboten. Beide Haltungen werden hervorgerufen durch den Anschein des Perfektionismus von Medien im Sinne manipulierenden Besserwissens und durch die Anonymität der Aussage, welche wohl am augenfälligsten den → Massenmedien zu eigen sind. K

Medieninnovation
Medieninnovationen bezeichnen Neuerungen auf dem Markt der → Hardware und auf dem Gebiet des gezielten Medieneinsatzes im öffentlichen wie im privaten, im schulischen wie im außerschulischen Bereich. K

Medienklassifikation → Unterrichtsmedien

Medienkunde
Gegenstand der Medienkunde ist die systematische Einführung in die Handhabung technischer → Medien, darüber hinaus aber auch der Blick hinter die Kulissen der Produktion von Medienangeboten und die Anleitung zur eigenen Gestaltung von → Software. Die desillusionierende Wirkung des Blicks hinter die Kulissen z. B. eines Fernsehstudios und der produktive Umgang mit Medien (z. B. Fotografie, → schulinternes Fernsehen) leisten einen wesentlichen Beitrag im Rahmen der → Medienerziehung.

Haberhausen 1989; Hickethier 1980

→ Mediendidaktik → Medienpädagogik K

Medienpädagogik
„im engeren Sinne bezeichnet ... die Theorie der Erziehung, die den Menschen zur sachgerechten Teilnahme an der öffentlichen medialen Kommunikation befähigen soll."
Ihre Aufgabenbereiche sind nach Ludwig Kerstiens (1971):

1. Aufarbeitung und Auswertung der „Ergebnisse der Kommunikations- und Medienwissenschaft einerseits und der soziologischen, psychologischen und erziehungswissenschaftlichen, v. a. lerntheoretischen Aussagen über menschliche Kommunikation andererseits".
2. Untersuchung, „unter welchen Bedingungen und in welcher Auswahl das Medienangebot angenommen wird, wie es erlebt wird, wie es auf die Entwicklung des Menschen wirkt und welche Verhaltensänderungen es im kindlichen Leben veranlaßt. Ebenso ist der Erfolg medienpädagogischer Maßnahmen zu prüfen. Bei den Forschungen hat sich gezeigt, daß die Wirkungen und erzieherischen Erfolge nur unvollkommen beschreibbar sind, da sie von zuviel Variablen abhängig und in größere Wirkungskomplexe verwoben sind."
3. Zielbestimmung für die → Medienerziehung
4. Entwicklung einer Didaktik und Methodik des medienkundlichen Unterrichts
5. Die Medienpädagogik muß „die besonderen Probleme reflektieren, die sich aus den medienspezifischen Interpretationsstrukturen und Erlebnisweisen ergeben. Aus diesem Grunde wird es auch weiterhin eine Theorie der Film- und Fernseherziehung geben, obwohl die Entwicklung in diesen zunächst selbständigen Arbeitsfeldern zur integrierenden Medienpädagogik geführt hat.

6. Einen besonderen Beitrag leistet die Medienpädagogik für die Planung kinder- und jugendgeeigneter Produktionen sowie ihrer eigenen Unterrichtsmittel. Deren eigentliche Gestaltung überschreitet jedoch ihre Möglichkeiten."

Der dargelegte funktionale Ansatz in der Medienpädagogik hat zur Überwindung des normativen (bewahrenden und einseitig präventiven) Ansatzes beigetragen und stellt m. E. eine unverzichtbare Grundlage des emanzipatorischen Ansatzes dar, der Aufklärung über die wirklichkeitsgestaltende Leistung der Medien und kritische Distanz gegenüber den Medien anstrebt.

Hagemann u. a. 1979; Hiegemann/Swoboda 1991; Hüther u. a. 1990; Issing 1988; Kommer 1990; Schill 1991; Stotz 1986; Sturm 1979; Unterrichtsvorschläge zur Medienpädagogik, Reihe

→ Kommunikation → Medien → Medienforschung K

Mediensteckbrief

heißt die exakte Beschreibung eines Medienträgers bzw. der → Hardware; er verbindet medienkundliche und mediendidaktische Aspekte. Im einzelnen enthält er eine Definition, eine technische Kurzbeschreibung, wesentliche Merkmale (etwa in Abgrenzung von verwandter Hardware oder im Vergleich mit anderen Medienträgern), Einsatzmöglichkeiten beim Informationsumsatz, lernorganisatorische Voraussetzungen, Vor- und Nachteile der Verwendung, praxisrelevante empirische Befunde zur Verwendung. K

Medientaxonomie → Taxonomie der Medien

Medientechnik

umfaßt das gesamte technische Wissen, das in der Praxis von Sendung und Empfang von Informationen über technische Mittler (auditive, visuelle und auditivvisuelle) eingesetzt wird, und zwar sowohl bezüglich der Geräte und ihrer Bedienung) (z. B. Kamera, Regiepult, Videorecorder, Technik der Informationsübertragung) als auch bezüglich der erzielbaren technischen Effekte.

→ Mediendidaktik, → Medienkunde K

Medienverbundsystem

ist die integrative Kombination verschiedener → Unterrichtsmedien und Verfahrensweisen nach didaktischen Prinzipien zur Bewältigung lernzielorientierter Lernprozesse. Der Einsatz verschiedener Medien in einem Lernprozeß ermöglicht die von lernpsychologischen Erkenntnissen und von der jeweiligen Fachdidaktik bestimmte und nachweisbar optimale Zuordnung von Medien zu Teilschritten des Lernproblems. Im Medienverbundsystem ist das didaktische Konzept – durch Testläufe überprüft und revidiert – vorgegeben, wobei in konsequenter Verwirklichung der Lehrobjektivierung einem Medium evtl. auch im Wechsel mit einem anderen, die Leitfunktion des Lernprozesses übertragen wird.

Der Lehrer übernimmt Aufgaben der Lernberatung, der Hilfeleistung und der → Lernerfolgskontrolle, wenn nötig Vermittlertätigkeit zwischen den Schülern und den einzelnen Medien.

Lernen im Medienverbund ist zwar durchaus schulintern organisierbar, wird aber meistens von öffentlichen Rundfunkanstalten, Fortbildungsinstituten und Hochschulen mit einem Leitmedium (z. B. Radio, Fernsehen, Kassetten- und Videomaterial) getragen, vgl. z. B. → Funk-Kolleg, → Tele-Kolleg, → Fernuniversität in der Bundesrepublik Deutschland, → Open University in Großbritannien, Fernseh-Polytechnikum in Polen, Radio-Télévision-Scolaire in Frankreich u. a.

Organisationsstruktur im Medienverbundsystem:

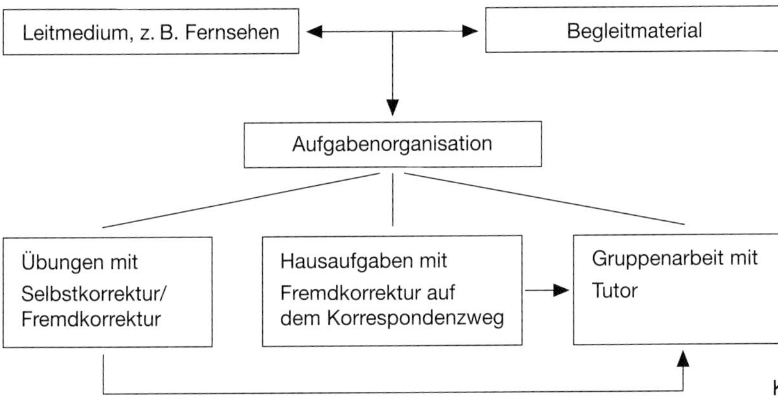

K

Medienzentren

In Medienzentren sind → Unterrichtsmedien fächerorientiert oder fächerübergreifend zusammengefaßt. Ein fächerorientiertes Medienzentrum ist z. B. das → Sprachlabor oder der Physik- und Chemiesaal mit seinen Experimentiergeräten. Von fächerübergreifenden Medienzentren ist zu sprechen, wenn in einem oder besser mehreren Räumen alle für einen mediengesteuerten Lernprozeß nötigen und gängigen technischen Mittler konzentriert sind. Bei dieser Anordnung der Medien besteht jederzeit die Möglichkeit, daß etwa Parallelklassen gemeinsam einen Film, eine Diaserie oder eine Fernsehsendung sehen, wobei sich gelegentlich vielleicht auch → Team teaching und lerngruppenübergreifender Erfahrungsaustausch anschließen können. Eine Steigerung in der Organisation ist möglich, wenn solche Medienzentren in Räumen mit variabler Größe und um eine Zentrale als Steuerungsraum gruppiert sind, eine Lösung, die sich meist nur bei Schulneubauten verwirklichen läßt. Der Vorteil einer solchen Anordnung liegt in dem möglichen schnellen Wechsel der Lerngruppen von Medium zu Medium, wenn nicht alle im selben Raum installiert sind (zweifellos die bessere, aber sehr aufwendige Lösung), und in der Möglichkeit, die Steuerungselemente aller Medien in einem Zentralraum unterzubringen, von dem aus jeder der umliegenden Medienräume mit jedem medialen Angebot versorgt werden kann.

→ Studioraum K

Medikamentensucht (-mißbrauch)

Medikamente zählen zu den legalen Drogen. Hohes Suchtpotential mit körperlicher und seelischer Abhängigkeit und entsprechenden Schäden bei exzessivem Gebrauch besitzen vor allem **Schmerzmittel** (Downers), die zunächst angst- und spannungslösenden **Beruhigungsmittel** (Tranquilizer), **Schlafmittel** (Barbiturate) und **Aufputschmittel bzw. Muntermacher** (Amphetamine, auch Weckamine ge-

nannt). Letztere z. B. ziehen bei Mißbrauch Appetitlosigkeit, Herzrasen, Zittern, Schlaflosigkeit, Verfolgungswahn nach sich. Alle genannten Medikamente weisen bei Mißbrauch Folgewirkungen in Form von Organschäden, Kreislaufbeschwerden, Verminderung des Reaktionsvermögens und der Denkfähigkeit, gelegentlich von → Depressionen auf.
Bei den Medikamentensüchtigen ist die Zahl der Mädchen und Frauen doppelt so hoch wie die der Jungen und Männer. Ca. 12% der Schüler nehmen Medikamente vor Klassenarbeiten, ca. 35% gehen damit wenigstens gelegentlich gegen Lern- und Schulschwierigkeiten, Schulangst und vermeintliche Gedächtnisdefizite an, ohne allerdings mit dieser Symptombehandlung an die möglichen, oft genug auch eingebildeten Ursachen heranzukommen. Vor dem Griff zum Medikament ist neben der Aufklärung über die Wirkungen auf die gründliche ärztliche Diagnose und auf Entspannungs- und Konzentrationsübungen zu setzen, bei schwerwiegenden Ursachen auf psychotherapeutische Behandlung.

Füller u. a. 1990; Poser u. a. 1985; Schrappe 1983

→ Drogen- und Drogenmißbrauch → Sucht K

Mediothek

Die Mediothek enthält sämtliche Medienangebote einer Bildungseinrichtung, katalogisiert und jederzeit abrufbereit. Die Mediothek umfaßt also alle gedruckten und nicht gedruckten Medien einer Schule, d. h. → Schülerbücherei, Lehrerbücherei, näherhin nach Unterrichtsfächern geordnete Sachbücher, Atlanten, Zeitschriften, Zeitungen, Dias, Folien, Filme, Experimentier- und Bausätze, Spiele usw. In angeschlossenen Studio- oder Regieräumen bieten Medienträger aller Art die Möglichkeit der vorbereitenden Sichtung einer gelagerten oder auch ausgeliehenen → Software, des Mitschnitts von Rundfunk- und Fernsehsendungen, der eigenen Produktion von Software und der Übertragung von Software in die Klassenzimmer. Alle Medien stehen während der Unterrichtszeit den Lehrenden und Lernenden als Arbeitsmittel zur Verfügung. Zum bloßen Vermittlungseffekt tritt bei diesem Konzept der Mediothek der medienerzieherische Aspekt des selbständigen sachgerechten und themengerechten Umgangs der Lernenden mit Informationen und Informationsträgern. Moderne Mediotheken haben also die Funktion von Informations- und Wissenszentren, von Materialzentren, von Lesezentren und Freizeitzentren. Die bereits geplante medientechnische Zukunft legt es nahe, bei finanziell und technisch derart aufwendigen Systemen die Verbindung von Schule zu Schule zu suchen, um v. a. bei der Anlage der Software-Lager für technische Medien ökonomisch zu verfahren. Darüber hinaus kann in manchen Fällen sogar eine Kombination von Schulbibliothek und öffentlicher Bibliothek sinnvoll sein (Fernleihsystem).

Heckmann 1980

→ Audiothek → Diathek → Foliothek → Lehrmittel → Videothek K

Meditation

Die wörtliche Übersetzung des lateinischen meditatio ist Nachdenken; Vorbereitung, Vorübung.
In der therapeutischen und religiösen Praxis umfaßt die Meditation Vorgänge unterschiedlicher Qualität, z. B. das intensive und ungeteilte Betrachten eines

wirklichen oder vorgestellten Gegenstandes; das Nachsinnen über einen Gedanken, eine Lehrmeinung; das Sich-Versenken in religiöse Gehalte; das Schauen des Person gewordenen Göttlichen; die totale Konzentration auf sich selbst, welche alle Einflüsse von außen ausschaltet. Neben der christlichen Form der Meditation (vor allem in Exerzitien) werden heute bei uns in zunehmendem Maße auch fernöstliche Meditationspraktiken ausgeübt (z. B. solche des Zen-Buddhismus und Yoga).
Meditationstechniken sollten bereits im Vorschulbereich, spätestens aber ab der Grundschule vermittelt werden, da gerade Kinder dieses Alters noch ganzheitlich leben und lernen. Meistens wird eine geduldige Hinführung zur Meditation durch Schulung der Sinne (intensiv sehen, hören, schmecken, riechen, tasten, sich bewegen) und der Gefühlswahrnehmung nötig sein. Kreative Kräfte im Meditieren setzt z. B. das Malen nach Musik frei. Der auf Besinnung zielende Zweck der Meditation kann in der Schule nur erreicht werden, wenn der Lehrer die Meditationstechniken auch für sich selbst nutzt und keinesfalls als Manipulationsinstrumente mißbraucht.

Boden 1978; Das große Buch der Entspannungs- u. Meditationsmethoden 1991; Huth/Huth 1990; Müller-Bardorff 1990; Naranjo/Ornstein 1988; Rozman 1991

→ Bildmeditation → Schreibmeditation → Textmeditation K

Megabyte → Bit

Mehrfachbehindertenpädagogik → Sonderpädagogik

Mehrfachwahlfrage → multiple choice system → Programmierte Instruktion

Mehrwortsatz → Zweiwortsatz

Meinungsforschung

befaßt sich mit den Entstehungsbedingungen und der Verteilung der öffentlichen Meinung in verschiedenen Bevölkerungsgruppen. Sie bedient sich dabei der Demoskopie (= Meinungsumfrage) und statistischer Methoden (→ Statistik). Bevorzugte Forschungsgebiete sind die Sozialforschung (z. B. Freizeitverhalten, Folgen der Arbeitslosigkeit), die Marktforschung (Verbraucherverhalten), die Wahlforschung (politisches Verhalten) und die Medienforschung (z. B. Mediengewohnheiten, → Einschaltquoten). K

Osgood 1957

Melancholiker → Temperament

Menarche

bezeichnet den Zeitpunkt der ersten Regelblutung beim pubertierenden Mädchen. Sie ereignet sich in unserem Kulturkreis durchschnittlich zwischen dem 11. und 13. Lebensjahr. K

Menge

Nach Battegay (1973–1979) ist eine Menge „eine unorganisierte und zufällige Anhäufung ... von Menschen“, die durch folgende Merkmale gekennzeichnet ist:

1. „Unbestimmte bzw. große Anzahl von Menschen“,
2. „weder gefühlsmäßige noch intellektuelle Verbindung“,
3. „Nebeneinander“ von Individuen,
4. als Gemeinsamkeit kommt „höchstens etwa ein äußerer Wahrnehmungsgegenstand“ in Frage.

→ Gruppe, → Masse K

Mengenlehre

befaßt sich als Teildisziplin der Mathematik mit Mengen und mit Operationen mit Mengen, als Hinführung zur Mathematik in der Grundschule vor allem der Veranschaulichung und dem handelnden Lernen verpflichtet. K

Menopause

bezeichnet sowohl das Aufhören der Regelblutungen der Frau in den Wechseljahren (Klimakterium) als auch den Zeitpunkt der letzten Regelblutung. Sie tritt im allgemeinen zwischen dem 48. und 52. Lebensjahr ein, aufgrund verminderter Östrogenerzeugung oft von behandlungsbedürftigen Beschwerden begleitet.

→ Menstruation K

Menstruation

auch Menses, Regel, Periode genannt, ist die monatliche Regelblutung der Frau, die sich im Durchschnitt alle 28 Tage ereignet. Wenn keine Eieinnistung stattgefunden hat, wird die Gebärmutterschleimhaut abgestoßen. Die Menstruation endet mit der → Menopause. K

Mentalität

bedeutet Geisteshaltung, Grundeinstellung eines Menschen oder einer Gruppe. K

Mentor

wird ein Betreuer in Ausbildungssituationen, vor allem von Lehramtsstudenten in Praktika und von Referendaren an den Seminarschulen, aber zunehmend auch von Fachhochschulstudenten während ihrer Praxissemester genannt.

Von einem Mentor spricht man aber auch, wenn sich die Betreuung lediglich auf Ermutigung, gegebenenfalls auf finanzielle Hilfe beschränkt, wie z. B. bei der privaten Förderung von Künstlern. K

Meritokratie

bezeichnet die gesellschaftliche Vorherrschaft einer Gruppe von Personen, die sich durch besondere Leistungen und Verdienste für die Gesellschaft ausgezeichnet hat. O

Merkmal

Merkmale beschreiben konkrete, objektiv beobachtbare Verhaltensweisen und Zuständlichkeiten

→ Merkmalsystem O

Merkmalsystem

Im Rahmen der systematischen Verhaltensbeobachtung stellen das Merkmalsystem und das → Kategoriensystem Ansätze zur Verhaltensregistrierung dar. Beim Merkmalsystem werden mehrere besondere Verhaltensäußerungen oder -merkmale, die sich während eines begrenzten Beobachtungsablaufes ergeben können, im voraus aufgestellt. Die wirklich auftretenden Merkmale des später ablaufenden Beobachtungsabschnittes werden in ihrer Art und Häufigkeit festgestellt und mit den vorher gedachten und geplanten verglichen und in Beziehung gesetzt.

→ Beobachtung → Merkmal O

Merkmalszuschreibung

Nach K. Mollenhauer (1982) ist die Erziehungswirklichkeit als „System von definierten Situationen" zu bezeichnen mit dem Zweck, sich selbst möglichst unverändert immer wieder zu produzieren. Es ist also die Aufgabe der Erziehungswirklichkeit, die nachwachsende Generation mit Hilfe von überkommenen und genau definierten Verhaltensweisen in erzieherischen → Situationen zur Übereinstimmung mit eben dieser Erziehungswirklichkeit zu bringen. Das Mittel hierzu ist die Merkmalszuschreibung, mit der dem Kind oder Jugendlichen durch Lob/Anerkennung oder Tadel/Ablehnung angezeigt wird, daß es (er, sie) Merkmale der Übereinstimmung (brav, unauffällig, angepaßt) bzw. der Nichtübereinstimmung (auffällig, unangepaßt) besitzt. K

Messung

Messen ist nach Campbell die Zuordnung von Zahlen zu Gegenständen oder Ereignissen nach bestimmten Regeln. Auch für die psychologische Messung gelten u. a. die Kriterien der → Reliabilität (Zuverlässigkeit), → Validität (Gültigkeit) und Objektivität. K

Blalock 1974; Campbell 1957; Cicourel 1975; Koolwijk/Wieken-Mayser 1974–1987

Metakommunikation

bezeichnet die → Kommunikation über die Kommunikation, also den Vorgang gemeinsamen Reflektierens zweier oder mehrerer Individuen über Verlauf, Eigenart, Schwierigkeiten der Kommunikation zwischen ihnen. Die Kommunikation selbst wird zum Lerngegenstand. Metakommunikation setzt einen gewissen Grad an Sensitivität (= Gespür, Feinfühligkeit) voraus, der durch gruppendynamische → Trainingsmethoden gesteigert werden kann. Als spezielle Methoden der Metakommunikation haben sich bewährt:

1. → Stimmungsbarometer oder Atmosphäretests, worunter informelle Tests zur Feststellung der augenblicklichen emotionalen Befindlichkeit kommunizierender Individuen zu verstehen sind.
2. Gelegenheit zum → Feedback in eigenen „Ventilstunden", besser aber als integrierter Bestandteil der Kommunikation selbst. Die schrittweise Einübung der Beteiligten in die → Feedbackregeln ist für eine erfolgreiche Anwendung dieser „Technik" unverzichtbar.
3. → Rollenspiele, die Beziehungen und Kommunikationsstrukturen in einer Gruppe bewußt und transparent machen können.
4. → Prozeß- und → Situationsanalysen, die neben einer allgemeinen Reflexion

über Kommunikationsprozesse auch gezielt bestimmte Fragen bearbeiten können,
z. B.

- Erleben wir uns (die Schüler, die Kollegen) als Rivalen?
- Sind wir darauf aus, beim Lehrer Punkte zu sammeln?
- Fühle ich mich unsicher, unterdrückt, gehemmt? Warum?
- Muß ich mich verstellen, wenn ich das Klassenzimmer/das Lehrerzimmer betrete?
- Welche Kommunikationsmuster herrschen in unserer Gruppe vor? K

Metapher

ist ein bildhafter Ausdruck mit übertragener Bedeutung, der durch einen Vergleich zustande kommt. Der Metapher bedienen sich z. B. Metapherfragen zur Situationsanalyse in einer Lerngruppe: „Lehrer sind wie...; unsere Gruppe erscheint mir wie..." usw. K

Metasprache

ist eine Sprache zweiter Ordnung, in der beschreibend, analysierend, erklärend, urteilend über Sprache erster Ordnung, die Alltagssprache, gesprochen wird. K

Metatheorie

wörtlich Theorie über Theorien, ist als beschreibende und kritische Instanz gegenüber gegenstandsbezogenen Theorien wie z. B. der Erziehungswissenschaft zu verstehen. Ihr Hauptaugenmerk gilt im Sinne angewandter → Logik und der → Wissenschaftstheorie dem gegenstands- und methodengetreuen Zustandekommen von Theorien und davon abhängend der Überprüfung von Gültigkeit und Geltungsbereich von Theorien. K

Brezinka 1978

Metaunterricht

als besondere Form der → Metakommunikation bezeichnet das gemeinsame reflektierende Gespräch der Lehrenden und Lernenden über Zielsetzungen, Inhalte, Methoden und Normen des erlebten Unterrichts und des Schulbetriebes überhaupt. Bei der Verwirklichung des Metaunterrichts muß das berechtigte Interesse der Lernenden berücksichtigt werden, daß hier Reflexion nicht um ihrer selbst willen, sondern mit der Möglichkeit der Veränderung von Schulwirklichkeit betrieben wird.

→ Schülerorientierter Unterricht K

Methadon

ist ein rein synthetisches Arzneimittel (L-Polamidon), das als Ersatzstoff für → Heroin verwendet wird. Von Methadon-Programmen für Heroinabhängige verspricht man sich eine Eindämmung der diesbezüglichen Beschaffungskriminalität, die soziale Stabilisierung der Abhängigen und eine Verringerung der gesundheitlichen Risiken. Psychotherapeutische Begleitprogramme sollen die auch mit Methadon gegebene Abhängigkeit schrittweise abbauen. Die Methadon-Programme sind umstritten, da die Abhängigkeit medikamentös erhalten bleibt, die mit Methadon Versorgten oft zusätzlich Drogen konsumieren, der Ausstieg aus der Drogenszene mit diesen Programmen selten gelingt und mit Methadon nur ein weiterer Suchtstoff in den illegalen Markt eindringt.

Bossong/Stöver 1992; Bülow 1991; Fröhlich/Bensch 1991; Schumacher 1989

→ Drogen K

Methode

bezeichnet in der wissenschaftlichen Forschung und Theoriebildung und im praktischen Handeln ein planmäßiges und geregeltes Verfahren zur Verfolgung eines bestimmten Zieles. Die **Methodenlehre oder Methodologie** erarbeitet Grundsätze für die Entwicklung neuer Methoden, untersucht die vorhandenen Methoden unter dem Gesichtspunkt ihrer Angemessenheit für einen Sachverhalt, einen Forschungsgegenstand, einen Erkenntnisweg und überprüft ihre konsequente Anwendung.

Coleridge 1980; Langeveld/Danner 1981; Menne 1984; Mollenhauer/Rittelmeyer 1977

→ Methodik → Unterrichtsmethoden K

Methode der Komplexanwendung → Sprachlabor

Methode der Partialanwendung → Sprachlabor

Methode der Reformbewegung → Fremdsprachenmethodik

Methode der unmittelbaren Verknüpfung → Fremdsprachenunterricht

Methodenkonzeptionen des Unterrichts

werden grundsätzliche methodische Entscheidungen genannt, die eine ganze Unterrichtsstunde oder einen Lehrgang bestimmen. Die Berliner Schule (→ Unterrichts- und lehrtheoretisches Strukturmodell der Didaktik) unterscheidet vier Arten von Methodenkonzeptionen des Unterrichts:

„1. **Ganzheitlich-analytische Verfahren** gehen von einem (oft diffusen) Gesamteindruck aus, von einem Filmerlebnis z. B. oder von einer Exkursion der Klasse, um ihn in seinen Aspekten zu klären und so zu einem präzisierten und differenzierten Gesamtbild zu verhelfen.

2. **Elementenhaft-synthetische Verfahren** bauen aus Wissenselementen Wissenszusammenhänge auf, wie eine umstrittene Leselernmethode aus Buchstaben Worte und schließlich Sätze zusammenfügen läßt.

3. **Projektverfahren** gehen... von Zielsetzungen aus, die auf Schülerinitiative zurückgehen oder jedenfalls nicht allein auf Lehrerinitiative, und suchen sie in gemeinsamer Arbeit zu planen, arbeitsteilig zu lösen und dann der Kritik zu unterwerfen. Als Projektziel wird in der Regel nur ein „Werk" anerkannt, die Objektivierung des Lernfortschritts in einer Theateraufführung z. B., in einer Ausstellung, in einem selbstgebauten Fahrradschuppen, einer Reiseplanung, dem renovierten Klassenraum.

4. Ein **fachgruppenspezifisches Verfahren** mit Konzeptionscharakter ist etwa die Direkte Methode im Unterricht der neueren Fremdsprachen" (= Methode der Einsprachigkeit). K

Heimann/Otto/Schulz 1975

Methodenpluralismus → Pluralismus

Methodik

bezeichnet

1. eine für den Gesamtablauf eines Vorganges strikt festgelegte und in der Regel hinreichend bewährte Verfahrensweise, eine mehr oder weniger ritualisierte Methodenkombination.
2. In Überschneidung mit der Methodologie (→ Methode) wird die Methodik auch als Bezeichnung für die Lehre von den Methoden der Wissenschaften verwendet, allerdings in beschreibender Funktion, nicht mit dem methodenkritischen Auftrag der Methodologie.
3. Am häufigsten taucht der Begriff Methodik oder Unterrichtsmethodik im Sinne einer Teildisziplin der Erziehungswissenschaft als Sammelbegriff für alle Arten von → Unterrichtsmethoden auf. K

Methodologie → Methode

Micro counseling

ist eine Form des → Micro teaching, bei der vor allem kommunikative → Skills trainiert werden, die den Lehrer als Beobachter und Berater fordern. K

Micro teaching

ist ein durch Videoaufzeichnungen gestütztes gruppenunterrichtliches Trainingsverfahren in überschaubaren Kleinstschritten, das vor allem in der Lehrerausbildung und -fortbildung praktiziert wird. Es übt in zweckmäßige, schülergerechte Unterrichtserteilung ein und dient der Überprüfung lehrer- und schülereigener Verhaltensweisen während des unterrichtlichen Geschehens. Es befaßt sich mit Lehr- und Lernsituationen, die auf Videoband aufgezeichnet werden und je nach durchzuführender Aufgabe und vorgegebenem Ziel fünf bis höchstens 20 Minuten dauern können. Die jeweils betroffene Schülergruppe sollte entsprechend der Länge und dem Zweck der Lehr- und Lerneinheit nicht weniger als vier und nicht mehr als 10 Schüler umfassen.
Der komplexe Unterricht wird also zeitlich, nach Anzahl der beteiligten Personen und im Hinblick auf einen speziellen Trainingsaspekt reduziert.
Das micro teaching traininert nicht nur einfache ‚teaching skills', Unterrichtstechniken, einzelne Handlungstechniken und die Verbesserung einzelner Verhaltensweisen in Kleinstgruppen durch Nachahmen von Teilbereichen in stark verkürzten Unterrichtseinheiten. Es schließt an diese Phasen vielmehr Lehr- und Lerneinheiten an, die der Beobachtung sich aneinanderreihender, zusammengehörender Lehrerverhaltensweisen unter Einbeziehung der durch die Curricula geforderten Zielvorstellungen dienen.
In der letzten Phase des eine längere Einheit umfassenden micro teachings sind unter Berücksichtigung curricularer Gegebenheiten genaue Überlegungen anzustellen über:

- die Zusammensetzung des Adressatenkreises,
- die vorgesehenen Lernziele,
- die Stoffinhalte, die für das Erreichen der Lernziele von Bedeutung sind,

- Methoden, die anzuwenden sind, um das Lernziel zu erreichen, unter Überprüfung eines schüler- und stoffgerechten Medienverbunds,
- Möglichkeiten der Evaluation in Verbindung mit Vertiefung und Messung des Lehr- und Lernerfolgs mit objektivierten Verfahren.
- Möglichkeiten der Mitbestimmung der Schüler,
- Chancen der → Metakommunikation.

Nach der Videobandaufzeichnung eines Erstversuchs diskutiert und beurteilt die Trainingsgruppe nach vorher aufgestellten Kriterien die Verhaltensweisen des Lehrenden, der als Gruppenmitglied mit seinem eigenen Lehrverhalten konfrontiert wird. Die Gruppe kann in der Diskussion Alternativen entwickeln oder auch für einen Zweitversuch plädieren, der mit dem ersten in Vergleich gesetzt wird. Die Einübung in → Feedback-Regeln und in Verfahren der → Supervision sind hierfür von Vorteil.

Richtig angewendetes micro teaching kann ein hervorragendes Instrument sein zur Selbstbeobachtung und Selbstbeurteilung des Lehrers, zum besseren Kennenlernen der Schüler und zur erfolgreicheren und gezielteren Stoffvermittlung und zur Verbesserung unterrichtlicher Interaktion. OK

Olivero/Brunner 1973

Midlife crisis

wörtlich aus dem Englischen übersetzt Krise in der Lebensmitte, bezeichnet den von Zweifeln und depressiven Gefühlszuständen beherrschten Wendepunkt im Leben eines Menschen, meistens zwischen dem 40. und 50. Lebensjahr, in dem eine Bilanz über das bisherige Leben gezogen wird, evtl. eine Neuorientierung der Werte vorgenommen wird, und in der Auseinandersetzung mit dem Sterben ein Plan für die verbleibende Lebenszeit entworfen wird.

→ Burnout-Syndrom K

Migration

heißt wörtlich Wanderung. Die **Migrationstheorie** von F. Ratzel (†1904) beschäftigt sich mit dem Nachweis der Wanderung von Kulturen oder einzelnen Kulturelementen zwischen den Völkern. Gerade die heutigentags hohe Mobilität zwischen Völkern und Bevölkerungsgruppen bringt zwangsläufig bedeutungsvolle Veränderungen im jeweiligen kulturellen Bestand (z. B. Brauchtum) mit sich. K

Barwig/Mieth 1987; Bender-Szymanski/Hesse 1987; Schock 1990; Segal 1992; Treibel 1990; Tumat 1986; Zeitschrift „Migration" 1987 f.

Mikroelektronik

befaßt sich als relativ junger Teilbereich der Elektronik mit der Konstruktion hochverdichteter integrierter elektronischer Schaltungen auf möglichst kleinem Platz, sog. Mikroprozessoren. Der **Mikroprozessor** ist demzufolge ein hochintegrierter Schaltkreis in einem Mikrocomputer (→ Computer), der mit einer flexiblen Programmierung und taktgesteuert arbeitet. Er kann steuern und regeln, rechnen und vergleichen, Meßsignale auswerten und verarbeiten, logische Entscheidungen fällen, Daten sammeln und verarbeiten, Ein- und Ausgabeeinrichtungen aussteuern. Er bedient sich dabei ausschließlich des Binärcodes 0 und 1 (→ Binärsystem, → Bit). K

Bindmann 1992; Dittmann/Gröger 1985, 1988; Paul 1985

Mikrofiche

Texte, Daten, Dokumente, Bilder usw. werden nicht nur in kleinster Form auf Mikrofilmen in Rollen gespeichert, sondern auch auf Filmblättern, die eine beachtlich umfangreiche Anzahl von verkleinerten Daten neben- und untereinander aufnehmen können. Solche Filmbänder werden als **Fiches** oder **Mikrofiches** bezeichnet. So werden z. B. besonders für Archive und Großbüchereien sog. COM-Kataloge (Computer-output microfilm) in postkartengroßen Fiches erstellt, die 50 000 und mehr Titel oder Hinweise beinhalten. O

Mikrofiche-Betrachtungsgerät

Es dient dazu, auf Mikrofilmen, Mikrostrips oder Mikrochips (zerschnittene Filme bzw. Filmschnitte) und auf Fiches oder → Mikrofiches festgehaltene Texte, Übersichten, Gliederungen, Dokumente oder Bilder, die stark verkleinert und auf verhältnismäßig kleinem Raum untergebracht sind, rasch und sicher aufzufinden und lesen zu können.
Mikrofiche-Geräte werden z. B. eingesetzt im Bereich der Fahndung, im Bibliothekswesen, bei Banken, in Apotheken usw.
Neben einfachen Betrachtungsgeräten ermöglichen die für besondere Zwecke erstellten Mikrofiche-Geräte das Ablichten, das Duplizieren und auch die umgehende Anfertigung von Reproduktionen der aus dem Mikrofilm oder Mikrofiche heraus abgelichteten Unterlagen oder Dokumente. O

Mikroökonomie

untersucht Zusammenhänge von Größen (z. B. Anzahl der Beschäftigten, Betriebsmittel, Produktwerbung), die sich auf die einzelnen Unternehmungen, Betriebe und Haushalte beziehen.

Böventer 1991; Fehl/Oberender 1990; Linde 1988

→ Makroökonomie OK

Mikroprojektion → Makroprojektion

Mikroprozessor → Mikroelektronik

Mikrozensus → Zensus

Mildeeffekt

beschreibt die mögliche Tendenz des Erziehers/Lehrers, einer eindeutigen, vielleicht extremen Aussage auszuweichen. Dahinter steckt die verständliche Sorge, den Beobachteten durch eindeutige negative Aussagen in ihrer weiteren Entwicklung nicht zu schaden und nicht den Ärger der Betroffenen oder deren Erziehungsberechtigten auf sich zu ziehen. Ergebnisse des Mildeeffekts zeigen sich oft in Form von Schülerbogen- oder Zeugnisbemerkungen, die aus nichtssagenden oder vieldeutigen Gemeinplätzen bestehen. Aber auch mancher „Lagebericht" bei Elternabenden oder an Elternsprechtagen vermittelt austauschbare Durchschnittsbilder, deren Nutzen mehr als fraglich ist.
Sicherlich reicht der zerstörende Effekt vorschneller, auf Vermutungen, Interpretationen und zu wenig Fakten gestützter Urteile meistens weiter als die Unterlassungen, die aus dem Mildeeffekt resultieren. Gelegentlich können aber auch diese Unterlassungen Fehlentwicklungen mitverursachen oder begünstigen, da sie z. B.

Erziehungsberechtigte über das tatsächliche Verhalten ihrer Kinder hinwegtäuschen und die Einleitung förderlicher erzieherischer Maßnahmen verzögern. In den meisten Fällen erweist es sich als hilfreich, gegenüber den Erziehungsberechtigten zunächst die Fakten einer systematischen Beobachtung für sich selbst sprechen zu lassen und ihnen auf diese Weise die Möglichkeit zu geben, evtl. unangenehme Schlußfolgerungen selbst zu ziehen. K

Milgram-Experiment

benannt nach Stanley Milgram, wurde Anfang der 60er Jahre des 20. Jahrhunderts mit über 1000 Versuchspersonen durchgeführt und mit ähnlichem Ergebnis oftmals wiederholt. Es gab aufsehenerregenden Aufschluß über den Zusammenhang von → Autorität und → Gehorsam. In dem Experiment wurde die – angeblich über das Los ermittelte – Versuchsperson, welche die Stelle des „Lehrers" einnehmen mußte, von einem Professor als Autorität veranlaßt, einen – in das Experiment eingeweihten – „Schüler" für Fehlleistungen mit Stromschlägen auf ansteigender Volt-Skala zu bestrafen. Die Stromschläge wurden in Wirklichkeit selbstverständlich nicht verabreicht, der „an den Strom angeschlossene" Schüler beantwortete sie aber je nach Stärke mit Zusammenzucken bis angstvollem Schreien. Varianten des Experiments bestanden darin, daß der „Lehrer" (= Versuchsperson) den in einem anderen Raum befindlichen „Schüler" weder sah noch hörte, nur hörte, sah und hörte, im selben Raum neben dem „Opfer" saß oder es gar berühren mußte. Eine weitere Variante ergab sich dadurch, daß die Autorität einmal ein Professor, ein andermal ein inkompetenter Gehilfe oder zwei sich um das Bestrafungsausmaß streitende Professoren waren. Je nach Arrangement befolgten die Versuchspersonen die Anweisungen der Autorität unterschiedlich weit; beim „Schüler" außer Hör- und Sichtweite und „intakter" Autorität z. B. gingen 65% der „Lehrer" bis ans (lebensbedrohliche) Ende der Skala, angesichts eines inkompetenten anweisenden Gehilfen waren es immerhin noch 20%. Fast alle Versuchspersonen erreichten das Ende der Skala, wenn ein anderer die Stromschläge nach ihren Anweisungen gab. Und all dies, obwohl die Versuchspersonen jederzeit ohne irgendeine Sanktion das Experiment hätten verlassen können.

Milgram 1974, dt. 1982

→ Autorität K

Milieu

Als Milieu gilt der Teil der Umwelt eines Individuums, der auf dessen Entwicklung, Verhalten, Lebensführung unmittelbar und mittelbar Einfluß nimmt.

Die **Milieutheorie** vertritt im Gegensatz zur Vererbungstheorie den Standpunkt, daß die Umweltgegebenheiten ausschließlich oder zumindest überwiegend über Lernprozesse die Entwicklung des Menschen bestimmen.

Unter pädagogischer Sicht werden fünf Arten des Milieus unterschieden:

1. Reales Milieu: Es ist die jeweilige, sich stets ändernde Umgebung, die sich durch Ortswechsel des einzelnen ergibt. Es ist immer vorhanden, z. B. Landschaft, Schulzimmer.
2. Geistiges Milieu: Es ist im Kulturstand der Familie begründet und dehnt sich auf die im Laufe der Zeit in dieses Milieu einbezogenen kulturellen Objekte und Einrichtungen aus, z. B. Lexika, Bücher, Schule, Museen.

3. Persönliches Milieu:	Hierfür ist die Abstammung ausschlaggebend, z. B. Kind aus Künstlerfamilie, Fabriksiedlung, Beruf der Eltern.
4. Soziales Milieu:	Es umfaßt den gesamten Sozialraum, die umgebende Gemeinschaft des einzelnen in seinen Verhaltensarten, z. B. Leben in der Familie, in der Gruppe, in der Land- oder Stadtschule.
5. Wirtschaftliches Milieu:	Es nimmt bezug auf die Lebensmöglichkeit aufgrund materieller Mittel und deren Einsatz für das Leben und kann schichtenbezogen sein, z. B. Mittelstandskinder, Beamtenkinder.

Grathoff 1989; Klein u. a. 1990

→ Präformationstheorie → Tabula-rasa-Theorie OK

Milieusoziogramm

bezeichnet ein von O. Engelmayer (1972[6]) konzipiertes Hilfsmittel zur Erfassung und Analyse von Umweltfaktoren, die sich nachweislich belastend auf Leistung und Verhalten der Schüler auswirken. Für die Datenerhebung bei den einzelnen Schülern schlägt Engelmayer folgenden Merkmalskatalog vor:

„1. Gestörte Familie
Defektformen: a) Verwaisung (vater-, mutterlos); b) uneheliches Kind; c) ‚Scheidungswaise'
Ersatzformen: d) Stief- und Adoptionsverhältnis; e) Großelternerziehung; f) Pflegekind; g) Heimerziehung
Auflösungsformen (Beurteilung nach Schätzung: unauffällig – erkennbare Mängel – ausgesprochen ungünstig): h) unordentliche Familie; loser Zusammenhalt, ‚Onkelehe'; i) unharmonische Ehe; k) Entfamilisierung eines Elternteiles

2. Abnorme Familienstruktur: a) Einkindfamilie; b) Großfamilie (mit mehr als vier Kindern)

Geschwisterposition:

1	2	3	4	5	6	7	8
m	w	m	m				

zu lesen: 3. Kind (m) unter 4 Kindern (3 Jungen, 1 Mädchen)

3. Berufs- bzw. Arbeitsverhältnisse der Eltern: a) Vater arbeitslos oder dauernd arbeitsunfähig; b) ganztägige Berufstätigkeit der Mutter
4. Abnorme Wirtschaftslage (nach Schätzurteilen: unauffällig – erkennbare Schwierigkeiten – betont ungünstig): a) Armutssituation; b) Wohnarmut (Wohnenge: Zahl der Personen zur Zahl der Räume; Wohnhygiene, Barackenwohnung, Kellerwohnung); c) Mitsorge und Mitverdienen der Kinder
5. Abnormes Erziehungsmilieu (nach Schätzung: unauffällig – erkennbare Mängel – betont ungünstig): a) Überbehütung, Verwöhnung; b) verhärtende Erziehung, Strafpraxis! c) ungemäße Erziehung, autoritäre Forderungspädagogik; d) Erziehungswirrwarr (inkonsequente Erziehung: ‚Wechselbad'); e) Erziehungsunfähigkeit, Schulfeindlichkeit; f) anregungslose Umwelt, Sich-Überlassensein
6. Pflegestand, Vernachlässigung (nach Schätzung: unauffällig – erkennbare

Mängel – betont ungünstig): a) Körper-, Kleiderunsauberkeit; b) allgemeine Versorgung (Kleider – Ernährung u. a.); c) Versorgung mit Schulbedarf.“
Die Zusammenstellung der Einzelergebnisse ergibt „die soziographische Karte der Klasse“, z. B. folgende:

Die soziographische Karte der Klasse (SK 1)

Klasse 4–8 in O. Klaßlehrer

BIQ = $\frac{31}{33}$ = 0,94

Schülerzahl: 33 (Mädchen 18, Jungen 15)

Mittlere Häufung der Symptome (MH):

Wann aufgenommen? 15. Mai 1954

MH = $\frac{88}{31}$ = 2,8

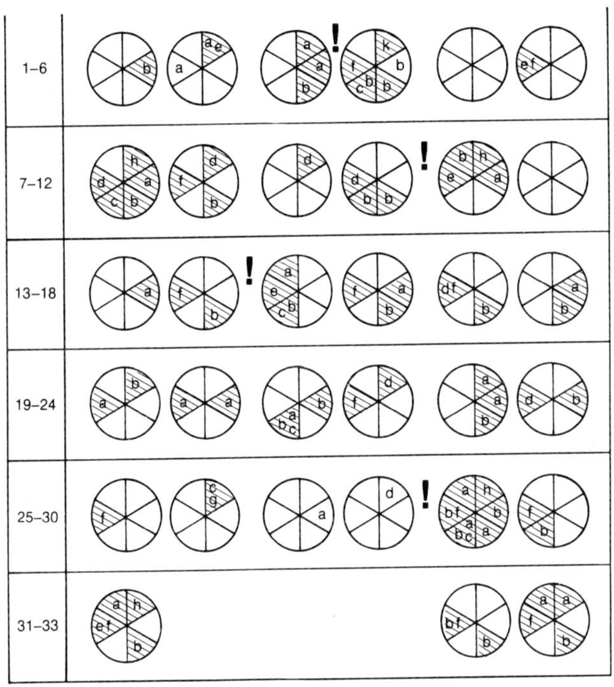

SCHLÜSSEL

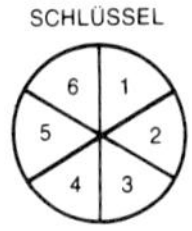

Die Zahlen in den 6 Sektoren beziehen sich auf die 6 Merkmalsgruppen des Stichwortkatalogs

Sozialer Status der Eltern (nach der Berufszugehörigkeit)		
Sozial-schicht	Zahl der Schüler	%
0_1	–	–
0_2	–	–
o. Mi	6	18
u. Mi	16	49
U	11	33
	33	100

Das Ausrufezeichen bedeutet Auffälligkeit unter erschwerenden Umständen

Durch Anordnung der Einzelergebnisse auf konzentrischen Kreisen kann die Milieuerhebung mit evtl. Ergebnissen aus einem → Soziogramm kombiniert werden. K

Milieutheorie → Milieu

Milieutherapie

zielt mit Hilfe pschotherapeutischer Verfahren darauf, daß der Patient seine Abhängigkeit von Gegebenheiten seines → Milieus verändernd beeinflußt. Gelegentlich werden andere im Milieu befindliche Personen in die Therapie mit einbezogen, vgl. z. B. → Familientherapie. K

Cumming/Cumming 1979; Heim 1985

Mimicry – Memorization Practice

Diese Form des Lernens befaßt sich mit dem Einprägen von Unterrichtsstoffen durch Nachsprechen in Lehrprogrammen (→ Programmierte Instruktion), die durchwegs für das → Sprachlabor erstellt sind. In der Anzahl der Wiederholungen, der Phaseneinheiten und in seinem Aufbau ist das Programm auf das jeweilige Schüleralter abzustellen. Außerdem ist zu beachten, ob Lehrstoffe aufbereitet werden, die bekannt sind, die in ein → Begleitprogramm gefaßt als Ergänzung zum normal ablaufenden Unterricht dienen oder ob es sich um vollkommen neue Lehrstoffe handelt. Die Sätze sind grundsätzlich kurz zu halten und in der Fremdsprache in geeignete Sprechtakte aufzugliedern. Längere Sätze fremdsprachlicher Texte werden nach der Mimicry-Memorization Practice in sinnvollen Abschnitten von sog. ‚wachsender Länge' im Rahmen des Programms dargestellt. Einfaches Beispiel: Yesterday we went to the beach but then it began to rain. 1. Schritt – Aufgliederung vom Satzende her: It began to rain. 2. Schritt: Then it began to rain. 3. Schritt: But then it began to rain. 4. Schritt: We went to the beach but then it began to rain. 5. Schritt: Yesterday we went to the beach but then it began to rain.

→ Phaseneinheiten O

Mimik

von griechisch Schauspieler, bezeichnet die Gesamtheit aller Ausdrucksmöglichkeiten, das Minenspiel des Gesichts. Sie ist Hauptträger der nonverbalen → Kommunikation.

→ Körpersprache K

Mimikry

bezeichnet bei wehrlosen bzw. unterlegenen Tieren die Tarnung durch Farbe oder Zeichnung bzw. die Nachahmung bedrohender Verhaltensweisen, um lebensgefährdende Tierarten abzuschrecken.

Beim Menschen wird das Sein durch den Schein aufgewertet, sei es durch Statussymbole (z. B. Orden), sei es durch hoheitliches Verhalten. K

Minderjährige

sind → Kinder und → Jugendliche bis zur Vollendung des 18. Lebensjahres. Zur Rechtsstellung vgl. unter → Jugendrecht. K

Minderwertigkeitskomplex

Ein Minderwertigkeitskomplex ergibt sich als fixierter tatsächlicher oder eingebildeter Tatbestand aus einem andauernden, bedrohlichen, durch die Vernunft nicht mehr kontrollierbaren Minderwertigkeits**gefühl.** Dieses läßt eigene Minderwertigkeit im Vergleich zu einer bestimmten → Norm erleben, z. B. aufgrund von Behinderung, normabweichenden Verhaltensweisen, vermeintlichen Schönheitsdefiziten, Imagekrisen, Unzufriedenheit mit einer bestimmten Position oder auch mit der eigenen Persönlichkeitsausformung.
Minderwertigkeitsgefühle werden nicht selten kompensiert durch übersteigertes Geltungsstreben, Überheblichkeit, Machtstreben und Vernichtungswünsche.
In der Schule sind Minderwertigkeitskomplexe oft durch gehäufte Mißerfolge verursacht, die zu resignierender Mißerfolgsängstlichkeit bei den betroffenen Kindern führen können. Auch Ironie, Herabsetzung, dauernde Nichtbeachtung, ein übertriebenes Ausspielen des Autoritätsgefälles leisten der Entwicklung von Minderwertigkeitskomplexen Vorschub.

→ Aversiver Stimulus → Komplex K

Mindeststudiendauer (Mindeststudienzeit)

Sie ist die Zeitdauer, die aufgrund empirischer Untersuchungen in bezug auf zu studierende abgegrenzte wissenschaftliche Fachbereiche als Mindestzeit festgelegt wird, während der ein fachwissenschaftlicher Studiengang an einer Universität, Hochschule oder anderen entsprechenden Ausbildungsinstitution abgeschlossen werden kann. In der Lehrerbildung ist die Mindeststudiendauer in engster Verbindung mit einer stufenbezogenen Ausbildung, dem ‚Studium eines Faches' und dem ‚vertieften Studium eines Faches' zu sehen. Das ‚Studium eines Faches' vermittelt die Befähigung zur Unterrichtserteilung bis zur Sekundarstufe I, das ‚vertiefte Studium eines Faches' berechtigt zur Unterrichtserteilung in der Sekundarstufe II, da es ein weitreichenderes und vertieftes Fachwissen für das 1. Staatsexamen verlangt. Die ‚Mindeststudiendauer' ist aufgrund der zu bewältigenden stofflichen Inhalte unterschiedlich anzusetzen. In mehreren Bundesländern hat man sich deswegen für sog. ‚abgestufte Mindeststudienzeiten' im Rahmen einer differenzierten → Lehrerbildung ausgesprochen. So werden für die Lehrämter der → Primarstufe und Sekundarstufe I ‚Mindeststudienzeiten' von 6 Semestern, für das Lehramt der Sekundarstufe II und die erweiterten Lehrämter der Primarstufe und Sekundarstufe I von 8 Semestern und für das erweiterte Lehramt der Sekundarstufe II von 10 Semestern vorgesehen.

→ Lehrerausbildung O

Mini courses

sind Trainingskurse in der → Lehrerfortbildung, bei denen im → Medienverbundsystem Lehrerhandbuch, Schülerhandbuch, Lehr- und Modellfilme mit dem → Micro teaching verbunden werden, um im zwei- bis dreiwöchigen Training lehr- und lernbezogene Fähigkeiten und Interaktionen zwischen Lehrern und Schülern zu erwerben bzw. zu verbessern. K

Borg u. a. 1970

Minimale cerebrale Dysfunktion (MCD)
bezeichnet eine nicht eindeutig lokalisierbare leichte Schädigung des Gehirns, die bei einem Geburtstrauma infolge von Sauerstoffmangel entstehen kann. Als Folgewirkungen treten häufig Störungen in der Wahrnehmung und in der Feinmotorik, Konzentrationsschwäche, Verhaltensstörungen und Teilleistungsstörungen wie → Legasthenie oder → Rechenschwäche auf. K

Bauer 1986; Esser/Schmidt 1987; Friedrich 1980

Missio (canonica)
wörtlich aus dem Lateinischen übersetzt Sendung (nach kirchlichem Recht), bezeichnet die Erteilung der Lehrerlaubnis für den katholischen Religionsunterricht und für die theologische Ausbildung durch einen Bischof. Sie kann verweigert bzw. entzogen werden, wenn der Betreffende durch öffentlich geäußerte Meinung oder durch seinen Lebenswandel in Widerspruch zur Lehrmeinung der Kirche gerät. K

Mitbestimmung
Mitglieder eines demokratischen, sozialen Systems erörtern die Ziele ihres Handelns, Wege und Mittel, mit denen sie die von ihnen gesetzten Ziele erreichen könnten. Mitbestimmung bezeichnet nach Franz Wellendorf „den Inbegriff aller Handlungen, durch die die Mitglieder eines sozialen Systems Einfluß auf die Ziele ihres Handelns und die Bedingungen ihrer Realisierung nehmen". Im Bereich der Schule bestehen Möglichkeiten der Mitbestimmung z. B. durch den → Elternbeirat, → die Schülermitverantwortung und das → Schulforum. O

Mittelbarer Schluß → Schluß

Mittelpunktschulen
wurden seit den 60er Jahren des 20. Jahrhunderts im Rahmen eines euphorisch betriebenen Schulentwicklungsplans an zentralen Orten durch Zusammenlegung sog. Zwergschulen und mehrklassig geführter Jahrgangsstufen vor allem der Grundschule und der Hauptschule eingerichtet. Sie ließen die Dorfschulen als heimatnächste Bildungseinrichtung verschwinden zugunsten eines – nicht immer eingelösten – differenzierenden Bildungsangebotes für den einzelnen Schüler und um den Preis einer gigantischen täglichen Schülerbeförderung. Auch die Einbuße der Vorteile des Lernens, vor allem des sozialen Lernens in der altersgemischten Lerngruppe der Zwergschule wird heute vielfach beklagt. Bezüglich der Zusammenfassung verschiedener Schularten zu Schulzentren vgl. → Berufliches Schulzentrum! K

Mittelschicht, soziale → Schicht, soziale

Mittlere Reife → Mittlerer Bildungsabschluß

Mittlerer Bildungsabschluß
Ein mittlerer Bildungsabschluß kann im allgemeinbildenden Schulwesen und im berufsbezogenen Bildungswesen erworben werden und bietet die Möglichkeit zum Besuch einer auf der 10. Klasse aufbauenden weiterführenden Schule oder

der Oberstufe des Gymnasiums. Mittlerer Bildungsabschluß steht als umfassender Ausdruck anstelle von Begriffen wie mittlerer Schulabschluß, Wirtschaftsschulabschluß, Realschulabschluß, sog. Mittlere Reife, Oberstufenreife, → Fachschulreife. Mittlere Bildungsabschlüsse im allgemeinbildenden Schulwesen werden z. B. erworben an Realschulen und Gymnasien. Die sog. Oberstufenreife beinhaltet die sog. Mittlere Reife und zusätzlich eine zweite Fremdsprache, womit sie zum direkten Eintritt in die 11. Klasse eines Gymnasiums berechtigt. Im berufsbezogenen Bildungswesen können Mittlere Bildungsabschlüsse z. B. erreicht werden an Berufsfachschulen, Abendrealschulen, Berufsaufbauschulen, wobei die → Fachschulreifeprüfung wiederum die sog. Mittlere Reife voll einschließt und den direkten Zugang zu → Berufsoberschulen, → Kollegs, → Fach- und → Berufsakademien und zur 2. Klasse (12. Jahrgangsstufe) der → Fachoberschule ermöglicht. O

Mixed abilities

der Begriff wird für Klassen, Lern-, Arbeits-, Seminargruppen usw. verwendet, die sich aus Personen mit sich überschneidenden oder nicht zusammenstimmenden oder nicht miteinander harmonisierenden Begabungsspektren zusammensetzen, die nicht gleichen Umwelteinflüssen ausgesetzt sind, unterschiedliche Leistungsbereitschaft, Anpassungsfähigkeit und Talente aufweisen.

→ Ability → Ability grouping → Begabung O

Mneme

bezeichnet nach R. Semon Gedächtnis und Erinnerung und bezieht sich sowohl auf erworbene Eigenschaften und Fähigkeiten als auch auf die durch → Engramme vererbten.

→ Mnemotechnik O

Mnemotechnik

wörtlich übersetzt Gedächtniskunst, empfiehlt assoziative Merkstützen in Form von Symbolen, Bildern, Merkversen, „Eselsbrücken", Regeln, sog. → Superzeichen, dem Lerntyp entsprechende, meist visuelle Merkhilfen, Beispiele, Übung fixierender → Aufmerksamkeit, Reorganisation von Lerninhalten und entspannte Atmosphäre. Ziel ist das dauerhafte Einprägen schwer merkbarer Sachverhalte und deren zuverlässiger Abruf aus dem Gedächtnis.

Z. B. Folge der Adverbien im Englischen: Art und Weise, Grund, Ort, Zeit-Merkkombination AGOZ.

Müller-Freienfels 1941; vgl. auch bei → Gedächtnis u. → Lernen lehren und lernen!

→ Engramm → Mneme K

Mobilität, soziale

Es werden zwei Formen sozialer Mobilität unterschieden:

1. Die **vertikale soziale Mobilität** bezieht sich auf den Auf- bzw. Abstieg innerhalb einer Generation bzw. über mehrere Generationen, und zwar im Hinblick auf schichtspezifische Berufsgruppen. Sie wird wesentlich beeinflußt von der Schichtzugehörigkeit, den ökonomischen Möglichkeiten, den Bildungschancen.
2. Die **horizontale soziale Mobilität** bezeichnet den Berufswechsel ohne nennens-

werte Veränderung der benötigten Fähigkeiten, wie er z. B. bei ungelernten Arbeitern sehr häufig ist.
In der modernen hochindustrialisierten Gesellschaft dürfte die horizontale soziale Mobilität auch bei Fachkräften häufiger nötig werden, da bestimmte Berufe in kürzester Zeit überflüssig werden können bzw. in weit geringerem Maße als bisher gefragt sein können. K

Kaelble 1983; Schüren 1989

Modalität

beschreibt die Art und Weise des Seins, eines Vorganges, des Denkens. Kategorien der Modalität sind Möglichkeit, Wirklichkeit, Notwendigkeit. K

Modell

Der Begriff Modell wird in verwirrend unterschiedlicher Bedeutung verwendet: So sprechen wir von einem Fotomodell, einem Modellkleid, einem Modellflugzeug, vom Modell des Malers und einem Modell als Vorbild.
Das Modellflugzeug trifft den Sachverhalt des **ikonischen** (Ikon = Bild, Abbild) **Modells,** welches Wirklichkeit (meist maßstabsgerecht) kopiert.
Das **Analogiemodell** dient zur Erklärung eines gänzlich oder teilweise unerforschten Gegenstandsbereichs durch die Gesetzmäßigkeiten eines erforschten Gegenstandsbereichs, wobei gleiche Aufbaugesetze unterstellt werden.
Verbale und graphische Modelle werden zur Darstellung oder Veranschaulichung von Erkenntniszusammenhängen und Theorien verwendet. Im graphischen Modell kommt es im Unterschied zum ikonischen Modell nicht auf objekttreue Darstellung an, sondern auf die Herausarbeitung wesentlicher Strukturen und Zusammenhänge (vgl. Kommunikationsmodell bei → Kommunikation).
Beim **Gedankenmodell bzw. theoretischen oder mathematischen Modell** handelt es sich um Theorien, von denen man weiß, daß sie die Verhältnisse in der Wirklichkeit nicht voll treffen, also auch nur für annähernde, vorläufige Erklärungen brauchbar sind bzw. im Fall der mathematischen Modelle einen vereinfachten (weil formelhaften) Umgang mit der Wirklichkeit gestatten. K

Potthoff 1981; Prestel 1986; Seel 1991; Stachowiak 1973, 1980; Stegmüller 1983; Troitsch 1990

Modellkindergarten → Vorschule

Modell-Lernen

Beim Lernen am Modell ahmt der Lernende aufgrund der Beobachtung eines Vorbildes Verhaltensweisen desselben bewußt oder unbewußt nach (Imitation) und macht sie sich zu eigen. Die Auswirkungen des Modell-Lernens dürfen gerade im schulischen Bereich nicht unterschätzt werden. Der Verhaltensaufbau über das Modell-Lernen orientiert sich gleicherweise an Verhaltensweisen der Eltern, der Mitschüler und des Lehrenden wie an symbolischen Vorbildern (Vorbilder aus Lektüre, Film, Fernsehen). Im Rollenspiel lassen Kinder erkennen, welche Modelle sie gerade in besonderer Weise anziehen. Da Nachahmung (Imitation) nicht angeboren ist, sondern erlernt wird, können das Nachahmungsverhalten und damit das Modell-Lernen auch durch direkte (Belohnung) oder stellvertretende (eine andere beobachtbare Person wird für bestimmte Verhaltensweisen belohnt) → Verstärkung gefördert werden. K

Bandura 1976

Modellversuch → Pilotprojekt

Moderation
Der Begriff der Moderation bedeutet ursprünglich Mäßigung und wird heute im Sinne der Gesprächsführung und verbalen Überleitung von Gesprächssequenzen zu Darbietungssequenzen wie Film, Vortrag usw. verwendet. Vor allem im Bereich von Rundfunk und Fernsehen taucht der Ausdruck häufig auf, wobei man hier unter Moderation versteht, eine Sendung mit entsprechend passenden einleitenden, verbindenden, den Ablauf der Sendung ergänzenden und erklärenden Worten zu versehen.
→ Moderator O

Moderator
Im Unterhaltungs- und Bildungsbereich wird derjenige, der in einer Veranstaltung oder in einer Sendung über Rundfunk und Fernsehen vorgegebene Infromationen oder geplante Programmabläufe darbietet, erläutert bzw. interpretiert, als Moderator bezeichnet.
→ Moderation O

Modifikation
bedeutet Abwandlung, Abänderung, Umstellung und Einschränkung. Sie bezieht sich speziell auf die durch äußere Faktoren bedingte nichterbliche Änderung bei Lebewesen und Pflanzen. O

Modul → Baukastensystem → Modultraining

Modultraining
Es bietet in der → Erwachsenenbildung und in der organisierten → Weiter- und → Fortbildung, insbesondere im beruflichen Bereich einzelne aufeinander aufbauende Lehrgänge und Kurse an, die Zwischenabschlüsse ermöglichen und mit ihrem Abschlußlehrgang zu einem Zertifikat führen. Die häufig in Form eines gestuften Kompaktstudiums angebotenen Einzellehrgänge werden als Module bezeichnet und sind grundsätzlich miteinander kombinierbar im Rahmen eines geplanten → Baukastensystems.
→ Kontaktstudium O

Monogamie
bezeichnet die religiös verankerte und/oder rechtlich gesicherte Einehe. Im Gegensatz dazu bedeutet **Polygamie** die Lebensform der Vielehe, die auch heute noch gelegentlich in extrem patriarchalisch (= vaterrechtlich) organisierten Gesellschaften vor allem in der Form der Vielweiberei (= **Polygynie**) praktiziert wird. **Polyandrie** heißt wörtlich übersetzt Vielmännerei, in eheähnlicher Form in einigen wenigen extrem matriarchalisch (= mutterrechtlich) organisierten Gesellschaften, v. a. Naturvölkern, vollzogen. K

Mongolismus

auch Down-Syndrom nach M. Langdon-Down genannt, stellt eine → Trisomie des autosomen Chromosoms 21 dar. Normalerweise besitzt der Mensch 22 Autosomenpaare und 2 Geschlechtschromosomen (XX oder XY). Mongolismus tritt gehäuft bei Kindern älterer Mütter aufgrund der Überalterung der Eizellen auf. Das äußere Erscheinungsbild des Mongoloiden ist durch breites Gesicht, schräg gestellte Augen und schmale Lidspalten, stumpfe Finger, einen meist offenen Mund und verstärkten Speichelfluß gekennzeichnet. Die geistige Entwicklung bleibt etwa auf der Stufe eines siebenjährigen Kindes stehen. Mongoloide sind meist sehr anhänglich. Durch frühzeitig eingeleitete sonderpädagogische Maßnahmen können sie durchaus im Bereich lebenspraktischer Tätigkeiten mit Erfolg gefördert werden.
In der Bundesrepublik Deutschland kann das Down-Syndrom in der 10. Schwangerschaftswoche durch Untersuchung der Plazentar-Zotten, in der 16. Woche durch Fruchtwasserpunktion festgestellt werden. In Versuchen in England konnte die Bestimmung auf das 8-Zellen-Stadium vorgezogen werden.

Dmitriev 1990; Koch/Cruz 1975; Rett 1983; Schmid 1976; Wolff 1964; Wunderlich 1977

→ Chromosomen → Genommutation K

Monolog

Unter Monolog ist im allgemeinen ein von einer Person geführtes längeres Selbstgespräch zu verstehen. Unterschieden werden vier Monologarten:
- der Gebärden- oder innere Monolog
- der Gedanken- oder reflektierende Monolog
- der epische oder erzählende bzw. beschreibende Monolog
- der Konfliktmonolog.

→ Dialogische Unterrichtsform → Monologischer Unterricht O

Monologischer Unterricht

Die monologische → Unterrichtsform kann lehrer-, schüler- oder mediengeleitet sein. Steuerung, Aktivität, Methode und Stoffvermittlung liegen damit vorwiegend entweder beim Lehrenden (Vorlesung), beim Lernenden (Schülervortrag) oder beim Medium (Lehrprogramm im Sprachlabor).

→ Darbietende Unterrichtsform → Monolog → Unterricht O

Montessori-Pädagogik

entwickelt von M. Montessori (1870–1952), ist von folgenden Grundansichten getragen:
1. Im Mittelpunkt der Pädagogik steht das Kind als Mensch.
2. Die Freiheit des Kindes ist uneingeschränkt zu achten.
3. Erziehung ist „Hilfe für die menschliche Person, ihre Unabhängigkeit zu erobern", den jeweils besonderen soziokulturellen Bedingungen der verschiedenen Entwicklungsphasen angepaßt, aber im Respekt vor den spontanen Äußerungen des Kindes und im Hinblick auf den Stellenwert des Menschen im Gesamten des Universums. Daraus ergibt sich die Aufbereitung geeigneter Lernsituationen als Angebot, Freiheit zu realisieren und Selbständigkeit zu entwickeln. Das Kind lernt an der Umwelt, nicht durch den Lehrer. Der Lehrer

muß sich also zurücknehmen können, vor allem darf er die konzentrierte Arbeit eines Kindes an einem selbstgewählten Gegenstand auf keinen Fall unterbrechen. Disziplinierung ergibt sich durch den Arbeitsvorgang selbst, nicht durch den vom Lehrer gegebenen Befehls- und Ordnungsrahmen.

4. Der „Unterricht" im Kinderhaus (= Kindergarten) und in der Grundschule, für dessen Erteilung das Montessori-Diplom Voraussetzung ist, baut – den sensiblen Phasen des Kindes entsprechend – auf vorbereitete und jederzeit zugängliche → didaktische Materialien, die nach Interesse des Kindes frei ausgewählt und zeitlich unbegrenzt bearbeitet werden können. Dies bedeutet die Aufgabe des starren Stundenplans. Die Einzelmaterialien stehen im Zusammenhang mit dem vorbereiteten Gesamtmaterial, enthalten eine klar abgegrenzte, verständliche Aufgabenstellung, sind reale Objekte, an denen die Kinder vom konkreten Operieren zum Begriff gelangen können, und weisen über den Vollzug eine sozusagen eingebaute Ergebniskontrolle auf. Der Lehrer ist in seiner Aktivität auf die Vorbereitung der Lernumgebung und auf individuelle, dem Entwicklungsstand des Kindes entsprechende Lenkung beschränkt. Ruhe- und Spielzonen ergänzen das Lernangebot.

   Wegen des sozialen Lernens und des jederzeit möglichen Wechsels zwischen den Bildungsniveaus sind Jahrgangsklassen durch altersgemischte Gruppen aus drei Jahrgängen zu ersetzen, Vorschul- und Schulbereich räumlich zusammenzuführen.

   Im Vorschul- und Grundschulbereich hat die Montessori-Pädagogik einen festen Platz gefunden, seltener in weiterführenden Schulen; ermutigende Versuche liegen mit der gemeinsamen Erziehung behinderter und nicht behinderter Kinder vor (vgl. z. B. „Aktion Sonnenschein", die von Th. Hellbrügge initiierte Montessori-Schule in München).

Böhm 1989; Esser/Wilde 1989; Fuchs/Harth-Peter 1990; Heiland 1991; Hellbrügge 1984; Holtstiege 1991; Montessori 1988 (2x), 1989, 1991, 1992

→ Alternative Schulen → Freiarbeit K

Moral

von lateinisch moralis = sittlich, umfaßt jene → Werte und → Normen, die in einem bestimmten Gesellschaftssystem als allgemein verbindlich und damit auch als verläßlich eingehalten gelten. Letztlich geht es um den gesellschafts-, schicht- und zeitabhängig der Veränderung ausgesetzten Ausgleich zwischen Grundbedürfnissen (wie Nahrungs- und Geschlechtstrieb) und Sozialwerten (wie Achtung der Freiheit des anderen, Gerechtigkeit, Wahrhaftigkeit). Die moralischen Grundsätze werden von der herrschenden Gesellschaftsform, überlieferten Wertvorstellungen und der Religion maßgeblich bestimmt.

Die **moralische Entwicklung** vollzieht sich als Entwicklung des moralischen Denkens nach der heutzutage auf diesem Gebiet einflußreichsten Theorie von Kohlberg (1974) in der Erreichung von drei Urteilsebenen, die jeweils wieder in zwei Entwicklungsstufen unterteilt sind:

1. **Vorkonventionelle Ebene:** Die Folgen des Handelns sind maßgeblich für moralische Urteile.
   - Orientierung an Strafe und Gehorsam
   - Orientierung an der Gegenseitigkeit des Handelns

2. **Konventionelle Ebene:** Soziale Erwartungen steuern das moralische Urteil.
   - Orientierung an interpersoneller Eintracht
   - Orientierung an Gesetz und legaler Autorität
3. **Nachkonventionelle Ebene bzw. Prinzipienebene:** Konsens und Veränderbarkeit werden bestimmend für moralische Urteile.
   - Orientierung an sozialen Verträgen und individuellen Rechten
   - Orientierung an universellen ethischen Prinzipien

Die **Ethik** (aus dem Griechischen: Sittenlehre) geht über den Minimalkonsens der Moral in Bezug auf einzuhaltende sittliche Normen hinaus, insofern sie unabhängig von der Alltagssituation danach fragt, was der Mensch tun soll, um eine Lebenssituation nach optimalen Werten zu gestalten. Ethik hilft bei der Entwicklung des Wertbewußtseins und der Fähigkeit, sicher urteilend richtig zu handeln, Moral vermittelt das unbedingt verpflichtende Alltagskorsett sittlichen Handelns. K

Harman 1981; Kohlberg 1985; Lind/Raschert 1987; Oser u.a. 1986, 1992; Piaget 1986; Schmidtchen 1992; Schörner 1989; Schreiner 1983; Weiler 1992

Moralische Erziehung → Moral → Werte

Moro-Klammerreflex

heißt ein Primitivreflex beim Säugling, der bei plötzlichen lauten Geräuschen und starken Erschütterungen klammerartige Bewegungen mit Armen und Beinen ausführt.

→ Darwinsche Reflexe → Palma-Reflex K

Morphem → Lexem

Morphin, Morphium

zählt zu den Opiaten. Es ist mit 10–12% der Hauptanteil des → Opiums. Es wirkt vor allem schmerzlindernd und angstreduzierend. Physische und psychische Abhängigkeit ziehen beim Absetzen massive Entzugserscheinungen nach sich. Langandauernder Konsum bedeutet körperlichen Verfall und Zerstörung der sozialen Bindungen.

Literatur vgl. bei → Drogen und Drogenmißbrauch!

→ Drogen- und Drogenmißbrauch → Sucht K

Motiv

bedeutet im pädagogischen Zusammenhang Beweggrund, Antriebselement, Leitgedanke für ein Wollen oder Handeln.

Nach Schiefele sind Motive Handlungsabsichten, die verantwortet werden können und müssen.

Heckhausen bezeichnet sie als „überdauernde Voreingenommenheiten kognitiver Prozesse“, in denen „wiederkehrende Anliegen in Grundsituationen des Menschen“ vorläufig formuliert sind (1974). Motive sind also erlernte → Dispositionen; da sie nur aus dem Handlungsvollzug sozusagen im nachhinein erschlossen werden können, gelten sie als → hypothetische Konstrukte.

Den motivbegründenden → Bedürfnissen entsprechend wird auch zwischen primären (angeborenen) Motiven und sekundären (erworbenen, erlernten) Motiven unterschieden.

→ Leistungsmotivation → Lernmotivation → Motivation K

Motivation
bezeichnet die Gesamtheit aller das Verhalten in einer konkreten Lebenssituation aktivierenden und steuernden → Motive, die freilich in Wechselwirkung mit äußeren Reizen, personengebundenen Gegebenheiten, Wahrnehmungsfähigkeit usw. stehen. Den Stellenwert der Motivation im menschlichen Handeln erklärt z. B. Heckhausen folgendermaßen:

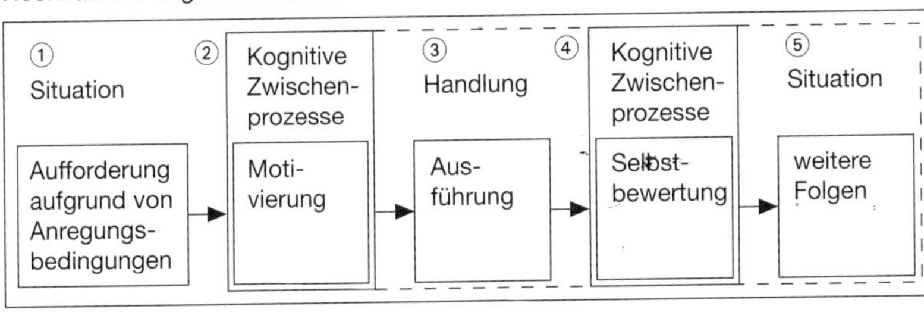

Dieses Prozeßmodell der Motivation unterscheidet sich von anderen Modellen dieser Art vor allem dadurch, daß der Handlungsablauf nach der Auslösung nicht unveränderbar vorprogrammiert ist, sondern durch zwei kognitive Zwischenprozesse maßgeblich gesteuert wird.
Im **Vorgang der Motivierung** ② wird zunächst aufgrund der aktuellen Anregungsbedingungen abwägend entschieden, ob die Handlung überhaupt ausgeführt werden soll. Ferner werden in der Motivierung durch ziel- und verantwortungsorientierte Überlegungen die weiteren Handlungsschritte wenigstens überschlägig vorweggenommen. Wäre dies nicht so, entfiele die persönliche Verantwortung sowohl für Mißerfolge in Lernprozessen wie für kriminelle Handlungen. Entscheidender Einfluß für weitere ähnliche Handlungssituationen und die dafür nötige Motivierung geht von den kognitiven Zwischenprozessen der Selbstbewertung aus ④.
Die **Selbstbewertung** wird nach Heckhausen aufgrund eines allgemein verbindlichen Gütestandards für entsprechende Tätigkeiten und aufgrund des persönlichen Anspruchsniveaus vorgenommen. Dazu kommt die Prüfung der Eigenverantwortlichkeit für das Handlungsergebnis, ob es also überwiegend zurückzuführen ist auf
- eigene Fähigkeit oder Unfähigkeit,
- eigene Anstrengung oder Mangel an Anstrengung,
- äußere Umstände wie Pech, Glück, Müdigkeit, Organisation des Lernprozesses,
- Höhe der Anforderungen.

Aus der jeweiligen Kombination und Gewichtung der genannten Ursachen ergibt sich die **Ursachenzuschreibung** (= Kausalattribuierung) für ein Handlungsergebnis, die ihrerseits wiederum über Art und Ausmaß der Selbstbekräftigung befindet.
Im pädagogischen Kontext ist es bedeutsam, eine Entwicklung von der heteronomen (fremdgesteuerten) zur autonomen (selbstgesteuerten) Motivation sowie von der → extrinsischen (personen- und belohnungsorientierten) zur → intrinsischen (sachorientierten) Motivation zu begünstigen.

Atkinson 1975; Diel 1989; Halisch/Kuhl 1987; Heckhausen 1989; Holzkamp/Osterkamp 1981, 1990; Maskus 1986; Schiefele 1978; Schmalt 1986; Weiner 1976, 1988; vgl. auch bei → Leistungsmotivation, → Lernmotivation, → Motivation!

→ Extrinsische Motivation → Intrinsische Motivation K

Motivationsstörungen

Hauptursachen für die Entstehung von Motivationsstörungen sind
- Fehlentwicklung beim Aufbau von Motivationen überhaupt;
- die Entwicklung eines unrealistischen Anspruchsniveaus;
- insbesonders ein ungünstiges Verhältnis von Erfolg und Mißerfolg bei Lernprozessen;
- anregungsarme Lernsituationen;
- mangelnder Anreiz der Handlungsfolgen.

Über den Lern- und Leistungsbereich hinaus nennt W.J. Schraml (1972, S. 304–306) als **Ursachen für Störungen im Einstellungsbereich der Motivationen** folgende:

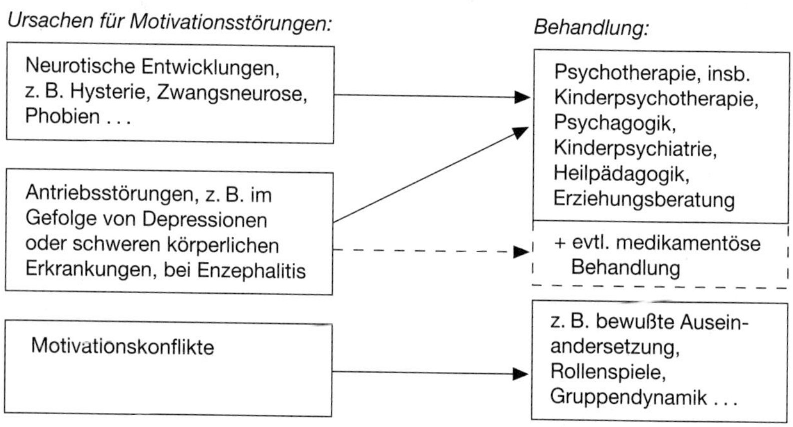

Zur Vermeidung bzw. Behebung von Motivationsstörungen können folgende Empfehlungen nützlich sein:
- Aufbau und Unterstützung der → intrinsischen Motivation
  - Frühe Bekräftigung der kindlichen Aktivitäten
  - Stärkung der Eigeninitiative
  - Leistungsansprüche an der oberen Grenze des Anspruchsniveaus ansiedeln
  - Zutrauen und affektive Zuwendung in Leistungssituationen
  - Umfassende, zukunftsbezogene Motivationen helfen über vereinzelte Mißerfolge hinweg.
- Emotionale und soziale Bedingungen der Lern- und Leistungsbereitschaft berücksichtigen!
  - Anteilnahme an der Leistung
  - Angstfreie Atmosphäre in Leistungssituationen
  - Leistungsanforderungen in Kooperation mit anderen
  - Berücksichtigung des soziokulturellen Hintergrundes
- Motivationsfördernde Unterrichtsgestaltung
  (vgl. detaillierte Hinweise in Köck 1992/2)

K

Motivinitiierung

Sie stellt den Versuch dar, einen oder mehrere Schüler bzw. Mitmenschen in eine bestimmte Richtung zu motivieren.

→ Motivation O

Motopädagogik

bedeutet Bewegungserziehung, durch welche grob- und feinmotorische Fähigkeiten gefördert und entsprechende Fehlentwicklungen durch rhythmische, gymnastische, musikalisch-sprachliche Übungen und Bewegungsspiele korrigiert werden.

Kiphard 1990 (2x)

→ Eurhythmie → Motorik K

Motorik

ist eine umfassende Bezeichnung für alle Formen von Bewegungsabläufen des menschlichen Körpers und befaßt sich mit Ursachen, Entwicklungen, Folgen, Notwendigkeiten und Gesetzmäßigkeiten von Bewegungsverhalten und mit der Lehre von Bewegungsfunktionen.
Geläufig ist die Unterscheidung von **Grobmotorik** (gesamtkörperliche Bewegungen und Bewegungskoordinationen, Bewegung der Gliedmaßen) und **Feinmotorik** (Fingergeschicklichkeit, → Mimik).
Die motorische Entwicklung des menschlichen Körpers steht in engem Zusammenhang mit Funktionen wie z. B. der Sprache, dem Denken und Fühlen. Sie läßt sich durch entsprechende erzieherische Maßnahmen fördernd beeinflussen und ist für die gesamte Entwicklung des Kindes von beachtlicher Bedeutung. Bereits die Psychologie des Kleinkindes erachtet es als wichtig, die Motorik des Säuglings nicht unnötig und unnatürlich einzuengen. So hemmt z. B. zu enge Kleidung den Säugling in seinen Aktionsbedürfnissen und gibt Anlaß zu psychischen Störungen, die sich nach neopsychoanalytischer Auffassung bis zum Erscheinungsbild der zwangsneurotischen Persönlichkeit entwickeln können, wobei eine angeborene Hypermotorik oder → Hyperaktivität als besonders gefährdend angesehen wird.
Die **Hypermotorik** ist als Überfunktion der Motorik zu betrachten, die sich in übermäßig häufig wiederkehrenden Bewegungsabläufen äußert.
Durch Bewegung, durch motorisch-expansive Möglichkeiten gewinnt das Kind Eigenwert-, Eigenmacht- und Selbsteinschätzungsgefühle und gelangt zu größerer Selbständigkeit.
„Je mehr expansive Motorik hier gebremst wird (enge Wohnverhältnisse, restriktive Erziehung), um so mehr Aggressionspotential staut sich im seelischen Erlebnisbereich auf. Triebaffekte wie Wut, Haß, Zerstörungslust und Sadismus gehen zu einem großen Teil zu Lasten eines fehlenden Ventils normalen körperlich-motorischen Aggressionsspielraumes." (Elhardt, S. 81, 1978[6])
Bei der Motorik ergeben sich stets enge Beziehungen und Wechselwirkungen zwischen Entwicklungen im Bewegungs- und Reaktionsverhalten einerseits und der Wahrnehmung, der Intelligenz und dem Denken, dem emotional-motivationalen und dem sozialen Verhalten andererseits. Aus der nachfolgenden Übersicht, in der die Entwicklung der ersten zehn Lebensjahre berücksichtigt wird, sind diese ersichtlich:

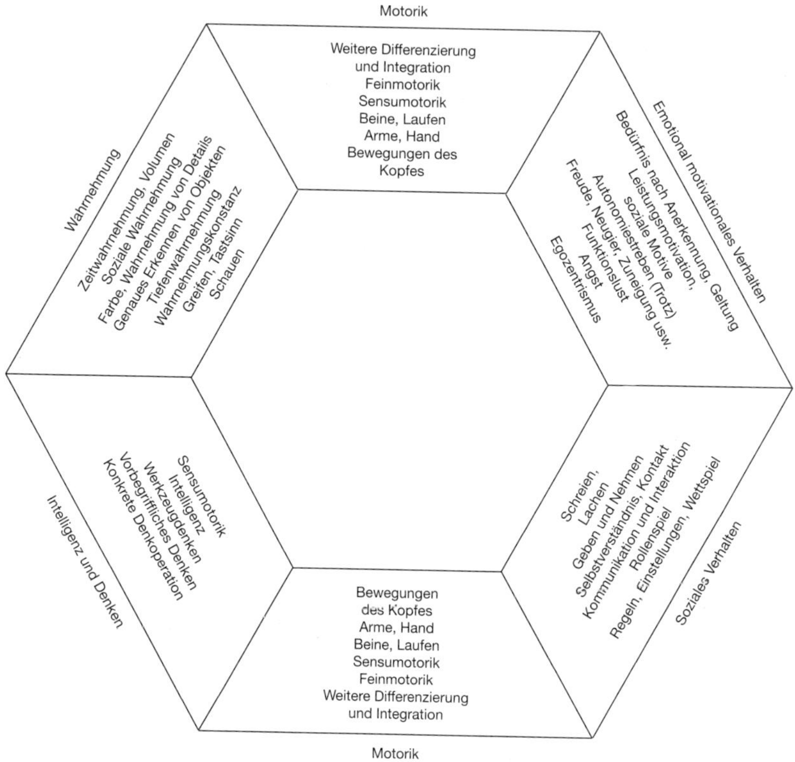

(Novak/Finster/Heidenreich/Keller, Seite 79, 1977)

Im Rahmen des Lehrens und Lernens ist es von größter Bedeutung, die sich ergebenden und notwendigen motorischen Wechselwirkungen beim einzelnen Schüler zu erkennen und zu verdeutlichen. Sogenannte motorische Typen lernen, erfassen und begreifen über Selbsterfahrung, Eigenbewegung und Bewegungssimulation rascher und leichter. Das bedeutet, daß z. B. ein Schüler, der für Fremdsprachen anscheinend nicht begabt ist und Texte in einer Fremdsprache kaum oder nur sehr mühevoll aufnimmt, diese hören, lesen, sprechen und schreiben muß. Durch die unterschiedlichen Arbeitsformen zum Erwerb ein und desselben Stoffes ergeben sich motorische Wechselwirkungen, die das Erlernen und Behalten beim Schüler erleichtern und sichern.
OK

Aschmoneit 1974; Eggert 1992; Eggert/Kiphard 1980; Holle 1988; Schilling/Kiphard/Müller (Reihe); Willimczik/Grosser 1981; Zaporozec 1990

Mündliche Prüfung → Prüfung → Power-Test → Schulaufgabe

Münzverstärkungssystem
wird ein System positiver → Verstärkung genannt, in welchem die eigentliche meist aufwendige Belohnung (z. B. ein Zoobesuch, eine Bergtour) durch eine vereinbarte Menge kleinerer Leistungen erreicht wird. Die erwarteten Leistungen werden jeweils mit Wertmarken (engl. = tokens) verstärkt.
Die Anwendung eines Münzverstärkungssystems kann bei schwerwiegenden unerwünschten Verhaltensabweichungen oder bei Unzugänglichkeit für die üblichen sozialen Verstärker (Zuwendung, Lob, Anerkennung) kurzfristig durchaus erwogen werden. Es sollte aber die Rückkehr zu den sozialen Verstärkern so schnell wie nach den vorliegenden Umständen möglich im Auge behalten werden.
Auf alle Fälle kann ein Münzverstärkungssystem nur zum Erfolg führen, wenn in einem Verhaltensvertrag
- die erwarteten Verhaltensweisen unmißverständlich geklärt sind,
- die Vergabe der Wertmarken eindeutig geregelt ist,
- das Umtauschverhältnis der Wertmarken in die eigentliche größere Belohnung festgelegt ist und
- eine unparteiische Schiedsstelle eingerichtet ist.

Entsprechende Versuche lassen auch Möglichkeiten des Einsatzes von Münzverstärkungssystemen über Selbstregulierung und Regulierung durch Gleichaltrige erkennen.

Literatur siehe bei → Verhaltensmodifikation!

→ Verhaltensmodifikation K

Multifaktorielle Genese → Genese

Multikulturelle Erziehung → Interkulturelle Erziehung (syn.)

Multimediasystem → Medienverbundsystem

Multiple choice system
Es findet v. a. bei der → Programmierten Instruktion und bei → Lernerfolgskontrollen Anwendung, wo im „Mehrfachwahlsystem" der Lernende unter mehreren zu einem Problem vorgegebenen Antworten die richtige auszuwählen hat. Die Auswahl kann in Form eines Ankreuzens der richtigen Antwort (durch Computer auswertbar) erfolgen, sie kann aber auch in der Entscheidung für einen von mehreren vorgeschlagenen Lösungswegen für die Bewältigung eines komplexeren mathematischen Problems oder eines beliebigen anderen Denkprozesses bestehen.

Beispiel: Einfache Mehrfachwahlantwort-Aufgabe
Nachts wird es bei uns dunkel. Warum?
Suche die richtige Erklärung und kreuze sie an!
1. Nachts sendet die Sonne keine Strahlen aus.
2. Wir sind nachts auf der Schattenseite der Erdkugel.
3. Nachts kommt die Finsternis.
4. Die Strahlen der Sonne breiten sich nach allen Richtungen aus.
5. Dicke Wolken schieben sich vor die Sonne.

Beispiel: Komplexe Mehrfachwahlantwort-Aufgabe
Prüfe folgende Aussagen!
1. Die Sonne sendet Lichtstrahlen aus.
2. An Regentagen strahlt die Sonne weniger Licht aus.
3. Auch in der Nacht sendet die Sonne Strahlen aus.

Welche Aussage(n) stimmt (stimmen)?
a) alle
b) 1. und 2.
c) 1. und 3.
d) 2. und 3.
e) nur 1.

→ wash ahead → wash back

K

Multiple Diskrimination → Diskriminationslernen

Multiple group system

Das multiple Gruppensystem oder Mehrfach-Gruppensystem läßt mehrere Gruppen nebeneinander mit unterschiedlichen Themen in einem Fach oder in verschiedenen Fächern arbeiten. Der Begriff taucht häufig bei der Sprachlaborarbeit auf. Im → Sprachlabor wird die Flexibilität der Lernprozesse dadurch erhöht, daß für zwei oder drei im Sprachlabor arbeitende Gruppen entsprechende gruppenorientierte Programme vom Lehrerpult aus übertragen werden können.

→ Differenzierung

O

Multiplikator

Im Bildungsbereich ist unter Multiplikator eine Person zu verstehen, die in Studium und Schulung angeeignetes Wissen bewußt und geplant an vorgesehene, bestimmte Zielgruppen weitergibt. Die multiplikative Wirkung hängt vom Multiplikator, vom Schwierigkeitsgrad des Stoffes, von Qualität und Größe der Adressatengruppen und von Ort und Zeit der Stoffweitergabe ab. Im Rahmen der → Lehrerfortbildung werden Multiplikatoren nicht nur fort-, sondern auch ausgebildet, um entsprechende Adressatengruppen in neuen Stoffbereichen und schulischen Innovationen gezielt unterweisen zu können. So werden z. B. qualifizierte Lehrkräfte zu Multiplikatoren für die → regionale Lehrerfortbildung zur Durchführung von Unterweisungstagen von Kollegen, die in der Kollegstufe und der Orientierungsstufe unterrichten, ausgebildet (Fortbildungsreferenten). In die Gruppe der Multiplikatoren sind auch z. B. einzureihen: Direktoren, Ministerialbeauftragte, Schulräte, Seminarleiter, Seminarlehrer, Betreuungslehrer, Rektoren, die bei Regierungen beschäftigten Beamten, die für das Schulwesen zuständig sind und sog. → Quartarstufenlehrer.

O

Museumspädagogik

faßt alle Maßnahmen zusammen, mit denen Kinder und Jugendliche an das in Museen verwahrte Kulturgut herangeführt werden können, z. B. didaktisch und methodisch aufbereitete Führungen durch Ausstellungen für Schüler, Selbsterkundungsmaterial nach thematischen Schwerpunkten, kreativitätsfördernde Workshops in dafür vorgesehenen Räumen des Museums. Leitende Grundsätze der Museumspädagogik sind originäre Begegnung, Anschaulichkeit und kreative Selbsttätigkeit. Das zum Teil noch unscharfe Profil der Disziplin Museumspädagogik und der Mangel an ausgebildeten Museumspädagogen bedingen derzeit eine von herkömmlichen schulischen Lehrmethoden beeinflußte Kulturbegegnung, bei der das kreative Element allzuoft zu kurz kommt. K

Deymann/Liebelt 1983; Fast 1991; Schmeer-Sturm u. a. 1990; Weschenfelder/Zacharias 1991

Musikschulen

bieten in kommunaler oder privater Trägerschaft gegen Gebühren Einzel- und Gruppenunterricht in Instrumental- und Vokalmusik an. An die Grundstufe mit musikalischer Früherziehung für 6–9jährige schließen die Unterstufe (9–13jährige), Mittelstufe (13–17jährige) und Oberstufe (ab 17 Jahren aufwärts) an. Die Lehrer an Musikschulen sind in der Regel diplomiert oder staatlich geprüft aufgrund eines mindestens sechssemestrigen Studiums an einer Musikakademie oder Musikhochschule. K

Wucher 1973–1976; Wucher u. a. 1979

Musiktherapie

bezweckt im Rahmen einer psychotherapeutischen Behandlung Entspannung, Steigerung der Selbstwahrnehmung, Entfaltung von Kreativität, Ausdruck von Gefühlen, gemeinsames Erleben und zwar durch Zuhören, Bewegen und Tanzen und aktives Musizieren.

Brückner u. a. 1991; Decker-Voigt 1983; Harrer 1982; Lecourt 1979; Praxis der Musiktherapie (Reihe); Strobel/Huppmann 1991

→ Psychotherapie K

Musische Erziehung

versucht dem Anspruch einer allseitigen Erziehung gerecht zu werden, indem sie im schulischen und außerschulischen Bereich mit Musik- und Bewegungsübungen, Spiel und Tanz, Musik- und Kunsterziehung den kreativen, spielerischen und gefühlsbezogenen Fähigkeiten des Menschen zur Entfaltung verhilft.
Musische Erziehung in der Schule hat dort die größte Chance, wo sie im Sinne eines → Unterrichtsprinzips allgegenwärtig ist und nicht nur in Fächern abgehandelt wird. K

Maiwald 1991

Musisches Gymnasium → Gymnasium

Mutation → Evolution

Mutismus

bezeichnet die Sprechverweigerung von Kindern. Der Mutismus kann total sein oder nur in bestimmten Situationen (z. B. im Kindergarten oder in der Schule) oder bestimmten Personen gegenüber auftreten. Er wird meist verursacht
- durch falschen, evtl. beängstigenden Umgang,
- durch andauernde Überforderung,
- durch → Neurosen, z. B. Verhaltensstörungen,
- durch → Sprachbehinderungen,
- durch → Logophobie. K

Hartmann 1991

Mutter-Kind-Einrichtungen → Vater-/Mutter-Kind-Einrichtungen

Mutterrecht → Matriarchat

Nachahmungslernen → Modell-Lernen

Nacharbeit

früher Nachsitzen genannt, kann als Erziehungsmaßnahme unter Aufsicht eines Lehrers einem Schüler abverlangt werden, wenn sich dieser nicht hinreichend im Unterricht beteiligt bzw. mit dem Unterricht zusammenhängende → Hausaufgaben nicht erledigt. Die Schule versucht ihren verfassungsmäßigen Bildungsauftrag einzulösen, indem sie durch eigens angesetzte Lernzeit den Schüler zur Erfüllung seiner Pflichten anhält. Als Nacharbeit wird gelegentlich auch die Verpflichtung zur häuslichen Aufgabenbearbeitung bezeichnet, womit dem Schüler die Gelegenheit gegeben wird, versäumte Hausaufgaben nachzuholen bzw. mangelnde Mitarbeit im Unterricht auszugleichen.
Nacharbeit darf nicht im Sinne eines Etikettenschwindels als Ersatz für die mittlerweile in den Schulordnungen untersagte Strafaufgabe verwendet werden. K

Nachbarschaftsschule

ist als Begriff die nicht wörtliche Eindeutschung der englisch-amerikanischen Community Education-Reformbewegung. Das Konzept Nachbarschaftsschule fordert die Verbindung von Schule und Gemeinde/Umfeld durch gemeinsame Aktivitäten und schulisches Lernen als Teilhabe am lokalen und regionalen Tagesgeschehen. Die Trennung zwischen Schule und außerschulischem Leben wird aufgehoben, indem einerseits Schüler so oft wie möglich Lernorte außerhalb der Schule aufsuchen, andererseits die Schule zum Gemeindezentrum für jeden Bürger gleich welchen Alters wird, generationsübergreifendes Lernen mit eingeschlossen und geöffnet für Clubs, Workshops, Projekte, Unterhaltung u. a. K

Nachhilfe (-unterricht)

ist Privatunterricht für einen Schüler oder eine Schülergruppe, in der Regel gegen Entgelt erteilt. Er bezieht sich auf ein eng umgrenztes Sachgebiet und dauert nur solange, bis die akuten Lernmängel behoben sind.
Sinnvoller Nachhilfeunterricht kann nur auf einer sorgfältigen Diagnose der Lerndefizite aufgebaut werden. Die altersgemäß auszuwählenden → Fördermaßnahmen müssen als Hilfe zur Selbsthilfe organisiert sein und permanenter → Evaluation unterzogen werden. Eine bloße Kopie des Schulunterrichts oder phantasielose Übungsreihen verfehlen die Intentionen des Nachhilfeunterrichts. K

Behr 1990; Vries 1987

Nachprüfung

kann ein Schüler in Anspruch nehmen, der aufgrund seiner Leistungen die Erlaubnis zum Vorrücken in die nächsthöhere Klasse nicht erhalten hat. Nachprüfungen finden in der Regel zu Beginn des folgenden Schuljahres statt, um dem Schüler die Gelgenheit zu geben, seine Leistungsdefizite während der Ferien zu besei-

tigen. Die zum Teil voneinander abweichenden näheren Bestimmungen für die Nachprüfungen in den einzelnen Schularten enthalten die → Schulordnungen.
→ Lernferien K

Nachrichtentechnik

befaßt sich als Spezialgebiet der Elektrotechnik mit der Nachrichtenübertragung mit Hilfe technischer Einrichtungen.

Dietrich/Endres 1986; Goerth 1982; Häberle u. a. 1991

→ Informationspsychologie → Informationstheorie → Kommunikationswissenschaft → Kybernetische Pädagogik K

Nachsitzen → Arrest → Nacharbeit

Nägelbeißen

oft als Nachfolgehandlung des Daumenlutschens praktiziert, ist eine → Verhaltensauffälligkeit, die als Notsignal auf eine tiefer liegende → Verhaltensstörung hinweist. Die gegen die eigene Person gerichtete → Aggression kann aus mangelnder Zärtlichkeit, überzogener Sauberkeits- und Ordnungserziehung, eingeschränktem Bewegungsdrang und Leistungsüberforderung resultieren. In den meisten Fällen liegt eine gestörte Eltern-Kind-Beziehung zugrunde. K

Narzißmus

bedeutet allgemein die Hinwendung zur eigenen Person, Selbstliebe. In diesem allgemeinen Sinn ist das Verhalten eines jeden Menschen von einem gewissen Ausmaß an Narzißmus bestimmt.
Seine Unterdrückung speziell während der kindlichen Entwicklung kann zu einer gestörten Ich-Identität führen.
Nach S. Freud ist das hauptsächliche Kennzeichen des Narzißmus der Vorgang, daß der eigene Körper bzw. das Selbst zum Liebesobjekt wird, d. h. daß die → Libido statt auf Umweltobjekte auf das Ich bezogen wird. Krankhaft übersteigerter Narzißmus kann zur Ursache narzißtischer → Neurosen (z. B. Schizophrenie) werden.

Battegay 1989, 1991; Caruso 1976; Chessick 1977; Federn 1952, dt. 1989; Henseler 1990; Johnson 1988; Kernberg 1975, dt. 1983; Kohut 1973; Oraison 1976; Psychoanalytisches Seminar Zürich 1983

→ Autoerotik K

Nativismus

bezeichnet die Theorie, daß alles Verhalten bzw. bestimmte Fähigkeiten (z. B. Wahrnehmungsfunktionen) des Menschen vererbt sind. K

Naturwissenschaftlicher Unterricht

ist die zusammenfassende Bezeichnung für den Unterricht in den Fächern Physik, Chemie, Biologie und Astronomie. Neben der Vermittlung wesentlicher Kenntnisse für das Verständnis und die Bewältigung der Wirklichkeit geht es um die Einübung der Schüler in methodisch geleitetes naturwissenschaftliches Denken, vor allem mit Hilfe des → Experiments und der → Beobachtung als Unterrichtsmethoden. K

Necking
aus dem Englischen wörtlich übersetzt Schmuserei, Abknutscherei, beschreibt Praktiken des Liebesspiels, bei denen die Geschlechtsorgane nicht berührt werden und auch kein Geschlechtsverkehr stattfindet.
→ Petting K

Negative Erziehung
wird als Bezeichnung für jene pädagogischen Konzepte verwendet, die Erziehung nicht als direkte erzieherische Einflußnahme auf das Kind bzw. den Jugendlichen verstehen, sondern als anregende Gestaltung der Umwelt des jungen Menschen. Hinweise für eine angemessene Umweltgestaltung gewinnt der Erzieher aus der aufmerksamen Beobachtung der Entwicklung, der Bedürfnisse und der Fähigkeiten der Kinder bzw. Jugendlichen. Diese Bedeutung kommt dem Begriff bereits bei Rousseau zu, der ihn erstmals verwendete. Da die beschriebene Umweltgestaltung sehr wohl eine positive Grundeinstellung zum Erziehungsgeschehen und umsichtig planendes Engagement beim Erzieher voraussetzt, ist der Begriff negative Erziehung seiner Wortbedeutung nach irreführend. K

Negativer Transfer → Transfer

Netzplandisposition → Lehrdisposition → Netzplantechnik

Netzplantechnik (NPT)
wurde in den USA zunächst für militärische Zwecke entwickelt und im Laufe der Zeit auf Wirtschaft, Verwaltung und auch Schule übertragen. Die Netzplantechnik bietet ein Verfahren zur Terminplanung und Terminüberwachung. Ihre wichtigsten Methoden sind die Critical Path Method (CPM) und die Program Evaluation and Review Technique (PERT).
Die **Netzplandisposition,** die eine Art der → Lehrdisposition darstellt, ist nach Grundsätzen der NPT aufgebaut. Sie fordert vom Lehrer die Zeiteinteilung einer Lektion, einen exakt geplanten gut vorbereiteten Unterricht und genaue Überlegungen über den Einsatz von → Unterrichtsmethoden und → Unterrichtsmedien. Der Einsatz der Netzplandisposition ist dann zweckmäßig, wenn Tätigkeiten von mehreren Personen parallellaufend durchgeführt werden und in einem Ziel, das eine oder mehrere Lösungen bringen kann, enden sollen. Dies trifft vor allem dann zu, wenn Unterrichtsmethoden wie z. B. → Gruppenunterricht, → Teamteaching, → Fallstudie, → Planspiel zur Anwendung gelangen. Die Aktualisierung wird an einem sehr einfachen Beispiel dargestellt. In der Abschlußklasse einer → Hauptschule ist von den Schülern eine Bewerbung anzufertigen. Aus der Klasse mit 20 Schülern werden in der 1. Phase vier Gruppen mit je fünf Schülern gebildet. Die Gruppen eins und zwei erhalten z. B. die Aufgabe, zwei entsprechende Stellenangebote aus mitgebrachten Zeitungen herauszusuchen und zu analysieren, die Gruppen drei und vier befassen sich zwischenzeitlich mit Form und allgemeinem Inhalt des Briefes. Nach dieser Phase tragen die konkurrierenden Gruppen ihre Ergebnisse vor. Nach dem ersten Teilergebnis erhalten die vier konkurrierenden Gruppen den Auftrag, auf Grund der bisherigen Auswertungen und Resultate je einen Brief, der alle besprochenen Kriterien berücksichtigt, anzufertigen. Nach Fertigstellung wird dieser zur Diskussion, Kritik oder Verbesserung vorgelegt.

Diese einfache Art einer Netzplandisposition läßt sich schematisch wie folgt darstellen:

Netzplandisposition

Ablaufzeit: 90 Min.

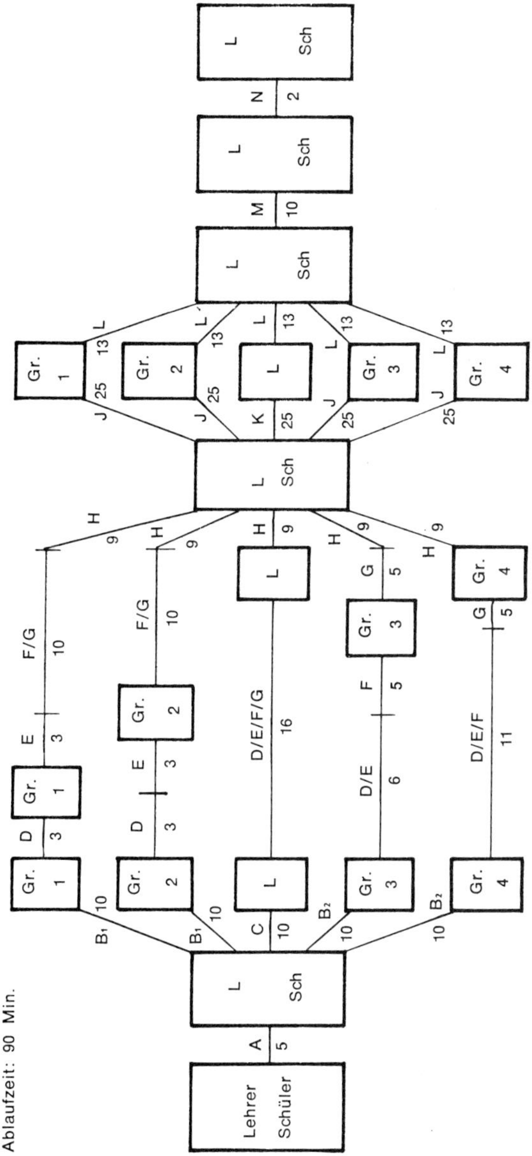

A — H: 40 Min.
J — L: 38 Min.
M — N: 12 Min.

Erklärung zum Ablauf:

A: Einführung in den Ablauf der → Unterrichtseinheit und Verteilung der Arbeitsunterlagen

B1: Die Gruppen 1 und 2 suchen entsprechende Stellenangebote aus und formulieren ihre Begründung – konkurrierende Gruppen

B2: Die Gruppen 3 und 4 stellen Form und allgemeinen Inhalt einer Bewerbung zusammen – konkurrierende Gruppen

C: 1. Lehrer hilft und kontrolliert
2. Bereitstellung notwendiger Medien
3. Lehrer überprüft Zeitablauf

D/E/F/G: Vortrag, Begründung durch Gruppen; Punktartige Aufgliederung

H: Gemeinsame Diskussion der Ergebnisse; Vergleich, Festhalten des Wesentlichen; Aufgabenstellung für weitere Gruppenarbeit

J: Anfertigen einer Bewerbung je Gruppe auf Grund des bisher Erarbeiteten

K: Unterstützung der Gruppen durch den Lehrer

L: Vorlesen der Briefe, Vergleich, Auswahl, Diskussion usw.

M: Zusammenfassung – Besprechung des ausgewählten Briefes, evtl. Verbesserungen usw.

N: Hausaufgabe

Der Ablauf entspricht den drei Phasen eines Netzplanes:

1. Strukturanalyse: das Aufstellen eines Netzplanes, aus dem das Zuammenspiel der einzelnen Vorgänge graphisch ersichtlich wird
2. Zeitanalyse: Einfügen der einzelnen Tätigkeiten in vorgesehene Zeiteinheiten und spätester Endtermin, der mit Beendigung der Unterrichtseinheit zusammenfällt.
3. Kontrolle: Sie hat darauf zu achten, daß zeitliche Ist- und Sollzeiten ohne Beeinträchtigung der gewünschten Qualität möglichst übereinstimmen. Kontrolle und Beratung im Unterrichtsprozeß werden grundsätzlich vom Lehrer übernommen.

Groh/Gutsch 1982; Heigenhauser 1976; Holzschuh 1990; Schwarze 1983, 1989

→ Gruppenarbeit → Lernen → Unterricht OK

Neue Medien

hat sich als Sammelbezeichnung für neue bzw. weiterentwickelte Informationstechnologien eingebürgert, im weiteren Sinne auch für elektronisch gesteuerte Mittler beim Zugriff auf die Wirklichkeit wie z. B. Geldautomaten (mit Scheckkarte und eingetippter Geheimnummer zu bedienen), Kreditkarten, Chipkarten (z. B. zum Telefonieren).

Den Alltag verändernde und damit auch für die Pädagogik relevante Informationstechnologien sind

- die perfektionierten und mittlerweile kostengünstigen **Speichermedien** wie z. B. → Videorecorder, Videokassetten und Bildplatten (vgl. auch → Videospiele, → Horrorvideo);
- die Varianten der **Telekommunikation** wie z. B. Telex und Teletext (Fernschreibsysteme), Telefax (Fernkopien über das Telefonnetz), vor allem aber → Bildschirmtext (Btx) mit öffentlichen und privaten → Datenbanken;

- → Videotext;
- das die Programmauswahl enorm steigernde **Kabel- und Satellitenfernsehen** mit kontrovers diskutierten Programmangeboten von Privatsendern;
- der **Personal Computer (PC),** vgl. → Computer im Unterricht, → Informationstechnische Bildung und → Kybernetische Lehrmaschinen!;
- die für pädagogische Überlegungen weniger bedeutsamen perfektionierten **auditiven Medien** wie z. B. Compact Disc (CD) und das Radio-Data-System, das einen gewählten Sender selbsttätig nachreguliert.

Baacke 1990; Bolz 1990; Brepohl 1989; Fröhlingsdorf 1986; Greenfield 1987; Herzog/Carl 1989; Heyse/Wichterich 1988; Hochwald 1983; Hüther/Terlinden 1986; Ingenkamp 1984; Oberliesen/Stiebeling 1988; Ortner 1991; Ratzke 1984; Rolff/Zimmermann 1985

→ Medien → Videographie K

Neugierverhalten

Neugier ist das primäre → Motiv des → Lernens. Der zugrundeliegende Trieb zur Untersuchung und Erforschung des sich stetig ausweitenden Umfeldes kann durch anregungsreiche bzw. -arme Arrangements dieses Umfeldes und durch gezielte Ermunterung bzw. Einschränkung gefördert bzw. gebremst, schlimmstenfalls blockiert werden. Neugierverhalten als Lernmotiv entwickelt sich zum größten Teil bereits im Vorschulbereich, und zwar im wesentlichen durch spielerisches Lernen (→ Lernen, spielerisches, → Spiel). Es ist das tragende Motiv der → intrinsischen Motivation. Auf die Dauer ist es für die weitere Entwickung des Neugierverhaltens problematisch, wenn allzu viele schulische Lernprozesse lediglich → extrinsisch motiviert sind, d. h. eben nicht an der natürlichen Neugier der Schüler anknüpfen.

→ Leistungsmotivation → Lernmotivation → Motivation K

Neuhumanismus → Humanismus

Neurasthenie

wörtlich übersetzt Nervenschwäche, beschreibt Erschöpfungsreaktionen nach physischer und psychischer Überanstrengung. Ein Krankheitsbild ergibt sich erst, wenn ein generell oder zeitweise leicht erregbarer, labiler Mensch belastenden, unlustbetonten Ereignissen ausgesetzt ist. Krankheitsauslösend wirken sich im einzelnen längerer Schlafentzug, Alkohol-, Drogen- und Medikamentenmißbrauch, depressive Zustände, aber auch **unmotivierte, als sinnlos betrachtete Leistungsanforderungen** aus. Vor allem letztere erklären neurasthenische Symptome bei Schulkindern.

Als psychosomatische Folgen sind beobachtbar Herzbeschwerden, Schwindel und Gefühl der Abgespanntheit, Neigung zum Schwitzen, Schlafstörungen, Zittern, Angst, Verdauungs- und Potenzstörungen. Die Therapie darf keinesfalls auf die symptombezogenen Tranquilizer (→ Medikamentensucht) beschränkt bleiben, sondern muß Ursachenklärung, Veränderung der Lebensverhältnisse, evtl. psychotherapeutische Maßnahmen mit einschließen.

→ Neuropathie K

Neuropathie

heißt wörtlich übersetzt Nervenleiden. Das Erscheinungsbild ist durch **vegetative** (das vegetative Nervensystem ist dem willentlichen Zugriff entzogen, also autonom, und regelt die grundlegenden Lebensfunktionen wie Atmung, Verdauung, Stoffwechsel usw.) und **endokrine** (Drüsen mit innerer Sekretion von Hormonen) **Störungen** bestimmt, die dazu führen, daß selbst geringfügige äußere Anlässe körperliche und seelische Fehlleistungen auslösen. Die Symptome sind die gleichen wie bei der → Neurathenie. Da Neuropathie nicht durch krankhafte physiologische oder Organbefunde erklärt werden kann, ist psychotherapeutische Behandlung angemessen. K

Neuropathologie

bezeichnet Forschung und Lehre der Nervenkrankheiten. O

Neuropsychologie

ist eine Forschungsrichtung der Psychologie, welche die Zusammenhänge und Wechselwirkungen zwischen psychischen und den sie tragenden biologischen Vorgängen untersucht. Die Neuropsychologie interessieren z. B. im Bereich der Emotionen oder des Lernens die damit verbundenen auslösenden, hemmenden und erhaltenden biologischen Prozesse und ihre Ortung im Organismus. K

Beaumont 1987; Guttmann 1982; Remschmidt/Schmidt 1981

Neurose

ist eine Funktionsstörung im Erleben und Verhalten eines Menschen, unter Umständen verbunden mit körperlichen Symptomen wie Gleichgewichtsstörungen, Ekelgefühlen, Berührungsempfindlichkeit. Sie hat keine organischen Ursachen, sie entsteht vielmehr durch stark affektgeladene Konflikte mit der Umwelt bzw. durch intrapersonale Konflikte wie gehemmte oder gestörte Triebbefriedigung oder Angst als dem Hauptmerkmal der Neurose. S. Freud führte die Neurosen in einem ersten Ansatz generell auf Sexualkonflikte zurück, später auf traumatische Erlebnisse in der Kindheit. In seiner letzten Klassifikation unterschied er zwischen Übertragungs-Neurosen (Hysterie, Zwangs-Neurosen) und narzißtischen Neurosen (Schizophrenie, Depression).
Heute wird üblicherweise unterschieden zwischen
- Angstneurosen (→ Angst),
- depressiver Neurose (→ Depression),
- Konversionsneurose (die psychische Störung wird von körperlichen Symptomen begleitet und deshalb gelegentlich falsch diagnostiziert),
- Zwangsneurose (vor allem → Phobien und zwanghafte Antriebe zu bestimmten, oft ritualisierten Handlungen),
- Charakterneurose (Veränderung des Gesamtverhaltens aufgrund emotionaler Dauerspannung),
- gelegentlich noch Begehrungsneurose, auch traumatische-, Unfall- oder Rentenneurose genannt (es wird z. B. nach einem Unfall beharrlich um eine Rente gefochten, obwohl keine objektivierbaren Schäden nachweisbar sind).

Pawlow erzeugte um 1900 erstmals experimentelle Neurosen, indem er gefangene Tiere gleichzeitig zwei unvereinbaren starken Reizen aussetzte, z. B. zu fressen bzw. das Fressen wegen möglicher schmerzhafter Bestrafung zu vermeiden. Die Folge waren neurotische Reaktionen, v. a. Angst, bei den Versuchstieren, die sich auch ohne die spezielle Reizsituation allein in der bekannten Umgebung immer wieder einstellten. Solche experimentelle Neurosen erwiesen sich gegen → Extinktion (= Auslöschung) als sehr widerstandsfähig, letztlich nur durch → Verhaltenstherapie aufhebbar. Die Verhaltenstherapie ist auch in der → klinischen Psychologie heute die gebräuchlichste und erfolgversprechendste Behandlungsmethode bei Neurosen. K

Battegay 1988; Dührssen 1988; Eysenck 1980; Frankl 1987; Horney 1973; Janov 1988; Leonhard 1981, 1991; Lieberz 1990; Mester/Tölle 1981; Nunberg 1975; Richter 1969; Rudolf 1987;

Neurotische Depression → Depression

Neusprachlicher Unterricht

umfaßt in der Bundesrepublik Deutschland den Unterricht in den Sprachen Englisch, Französisch, Italienisch, Spanisch, Niederländisch und Russisch. Wesentliche Grundsätze des neusprachlichen Unterrichts sind heute der Erwerb umgangssprachlicher Kompetenz, Landeskunde und Einsprachigkeit (→ Fremdsprachenmethodik) im Unterricht selbst. K

Neusprachliches Gymnasium → Gymnasium

New Age

(neues Zeitalter, „Wendezeit", Wassermann-Zeitalter) verspricht die Abkehr vom mechanistischen Weltbild. Die Menschheit steht vor einer neuen Evolutionsstufe, an der sie zugrundegehen, aber auch zu höherem Bewußtsein umgewandelt werden kann.

New Age baut auf die Verbindung von Mystik, religiösen und esoterischen Überlieferungen einerseits und Naturwissenschaft andererseits. Die Welt als Ganzheit bedeutet die Absage gegenüber jedem Reduktionismus. Der Weg des Menschen in diesem neuen Zeitalter ist ein meditativ-mystischer Weg. Als brillianter Vordenker auf christlicher Grundlage wird von den Vertretern des New Age Teilhard de Chardin („Der Mensch im Kosmos") vereinnahmt. Die heutige Esoterikszene im Zeichen von New Age ist von vielen Scharlatanen bevölkert, ihr Angebot reicht von Körpertherapie bis zu Meditationstechniken. Reinkarnationsvorstellungen und nicht ungefährliche Reinkarnationstherapien werden zur Kompensation des verlorenen christlichen Auferstehungsglaubens aufgeboten. Zerrbilder mittelalterlicher Mystiker, östlicher und indianischer Religionen, der Kult mit parapsychologischen Phänomenen, Berichte über Wunder- und Geistheiler, Erfahrungsberichte aus dem Zustand nach dem klinischen Tod und das sog. „channeling" (überirdische Diktate künstlerischer Produkte, z. B. musikalischer Kompositionen) verwischen die Konturen des ernstzunehmenden Anliegens der New Age-Bewegung. K

Capra 1992; Bischofberger/Eggenberger 1988; Bürkle 1989; Gruber 1988; Hummel 1989

Nichtdirektive Gesprächsführung (– Psychotherapie) → Gesprächsführung, partnerzentrierte → Gesprächs- (psycho-) therapie

Niveaugruppierung → Setting

Niveaukurs → Setting

Niveautest → Power-Test

Nominale Lern- bzw. Unterrichtszeit → Lernzeit

Nominalskala → Skalierung

Nonverbale Kommunikation → Körpersprache → Kommunikation → Mimik

Norm

ist eine Regel im Sinne einer Vorschrift bzw. eine Verhaltenserwartung einer → Gruppe oder der → Gesellschaft zum Nutzen der Gruppe oder der Gesellschaft. Normen gewährleisten den Bestand und das geregelte Funktionieren sozialer Gebilde. Sie erleichtern konkret z. B. Entscheidungsfindungsprozesse und das Verhalten in Handlungssituationen. Üblicherweise wird zwischen **statistischen Normen** (aufgrund der Übereinkunft der Mehrzahl der Individuen eines sozialen Gebildes anerkannt), **Idealnormen** (z. B. durch Religionsstifter oder → Ideologien gesetzt und trotz möglichen Scheiterns auf alle Fälle erstrebenswert) und **persönlichen bzw. funktionalen Normen** (Verhaltenserwartungen eines Individuums an sich selbst, orientiert am Nutzen für die eigenen Bedürfnisse und Ziele) unterschieden.

Positive und negative → Sanktionen sorgen für die Einhaltung der Normen. Allerdings sollten diese Sanktionen ihrerseits hinterfragbar und gegebenenfalls auch veränderbar sein, wenn sie der aktuellen Situation nicht mehr angemessen oder nicht begründbar sind.

Vgl. auch Normen bei der → Leistungsbewertung! K

Korff 1985; Twelsiek 1989; Weinberger 1981; vgl. auch bei → Delinquenz und → Devianz!

Normabweichendes Verhalten → Devianz → Verhalten

Normalverteilung → Gaußsche Glockenkurve

Normative Didaktik

Die normative Didaktik leitet alle Erziehungs- und Bildungsziele durch Deduktion von weltanschaulichen oder ideologischen Vorgaben ab. Einem ideologiekritischen Ansatz (→ Ideologiekritik) kann sie folgerichtig keinen Platz einräumen.

→ Didaktik → Strukturmodelle der Didaktik K

Normativer Kontext → Kontext

Note → Leistungsbewertung → Leistung

NOW → Europäische Bildungsprogramme

NPT → Netzplantechnik

Null-Transfer → Transfer

Numerus Clausus
stellt eine Zulassungsbeschränkung zur Hochschule dar. Stehen für ein Fach nicht genügend Studienplätze zur Verfügung, wird die Zulassung an bestimmte Voraussetzungen geknüpft, wie z. B. an einen bestimmten Notendurchschnitt, Testergebnisse und Wartezeiten. Studienplätze in den sog. harten Numerus Clausus-Fächern werden über die Zentralstelle für die Vergabe von Studienplätzen in Dortmund (ZVS) vergeben.
→ Abitur → Gymnasium → Hochschule K

Oberrealschule → Gymnasium

Oberschicht → Schicht, soziale

Oberstes Bildungsziel → Bildungsziel → Lernziel

Oberstufe, gymnasiale → Kollegstufe

Oberstufenreife → Mittlerer Bildungsabschluß

Objekt
bezeichnet allgemein eine Sache, einen Gegenstand und – meist in abwertender Bedeutung – eine Person, über die verfügt wird. Im Sprachgebrauch der Philosophie stellt das Objekt den unabhängig vom Bewußtsein existierenden Wahrnehmungs- und Erkenntnisgegenstand dar. Das Ich als **Subjekt** greift wahrnehmend, erkennend und handelnd nach dem realen oder idealen Gegenstand als Objekt. K

Objektivierung des Unterrichts
bedeutet das Bemühen, einen einseitig oder überwiegend lehrerzentrierten Unterricht abzubauen zugunsten vielfältiger, evtl. auch kontroverser Informationsübermittlung vor allem über → Medien. Die Vielfalt der Informationsquellen ermöglicht erst eine Freisetzung der Schüler zu selbstgesteuerten produktiven und kreativen Lernphasen. Für den Einsatz von Medien im Sinne der Objektivierung des Unterrichts sprechen folgende Leistungen:
1. Sie haben für sich gegenüber dem Lehrer die Chance der **größeren Kompetenz** in der Aufbereitung von Lerninhalten.
2. Sie garantieren die **Aktualität der Lerninhalte,** wenn wir davon ausgehen, daß veraltete Medienangebote grundsätzlich nicht in einem Unterricht von heute verantwortet werden können.
3. Es können durch sie **gestalterische und methodische Möglichkeiten** ausgeschöpft werden, die der einzelne Lehrer aus Zeit- und Materialmangel nicht aufbieten kann.
4. Sie ermöglichen die **Unabhängigkeit des Lernenden** im unmittelbaren Informationsprozeß vom Lehrer.
5. Sie konfrontieren **jeden einzelnen Schüler einer Lerngruppe** zur gleichen Zeit und mit derselben Intensität mit einem Lerninhalt.
6. Mediengesteuerter Unterricht kann eine → Individualisierung des Lernens auf ökonomische Weise, verbunden mit optimalen Lehrstrategien, garantieren.

Es ist allerdings zu bedenken, daß einer totalen Objektivierung von Lernprozessen unüberwindbare Grenzen gesetzt sind, denn selbst bei einer Life-Dokumentation des Fernsehens entscheiden der Kamerablickwinkel und die Regie über die „Sichtweise" des Geschehens. Ihre pädagogische Grenze erfährt die Lehrobjektivierung als mediengesteuerte Individualisierung von Lernprozessen in der Gefahr der kommunikativen Isolierung des Schülers, der durch ausgewogene Angebote von Sozialphasen des Lernens zu begegnen ist.

→ Unterrichtsmedien K

Objektivität

kennzeichnet das Bemühen, ausschließlich am gegebenen Sachverhalt selbst orientiert und d. h. vor allem unter Ausschluß subjektiver Einflüsse zu forschen und Aussagen zu formulieren. Gegenüber dieser herkömmlichen idealistischen Beschreibung bescheiden sich Mollenhauer/Rittelmeyer (1977) mit der Feststellung:

„Die Objektivierung ermöglicht anderen den gedanklichen oder materiellen Nachvollzug behaupteter Sachverhalte..." (Seite 117).

„Insofern wissenschaftliche Beobachtungsverfahren aufgrund explizierter (= ausdrücklich genannter; Köck) Verfahrensregeln eindeutig reproduziert (= nachvollzogen, wiederholt; Köck) werden können, nennen wir sie objektiv" (Seite 118).

Neben dieser Durchführungs-Objektivität werden die Auswertungs-Objektivität (die auswertenden Personen verfälschen die Ergebnisse nicht durch falsche Handhabung des Auswertungsinstrumentariums, Beobachtungsfehler usw.) und die Interpretations-Objektivität (Vermeidung von Interpretationsfehlern z. B. aufgrund von Vorurteilen, persönlicher Interessenlage des Interpreten usw.) unterschieden. K

Hartmann/Jourdan 1987; Leute 1990; Osterloh 1991; Panz 1988

Objektpermanenz

bedeutet die in der Phase der senso-motorischen Intelligenzentwicklung (bis etwa 20 Monate) vom Kleinkind aufgebrachte Leistung, einen Gegenstand auch dann noch als existent zu betrachten, wenn er aus dem unmittelbaren Blickfeld entschwunden ist.

→ Invarianz → Konstanz K

Objektpsychologie → Human engineering

Objektwahl

bezeichnet nach S. Freud die durch frühkindliche Liebeszuwendungen und -ablehnungen grundgelegte bevorzugte Wahl von Liebes-„Objekten" in späteren Lebensjahren. Als Maßstab dienen für den Anlehnungstyp die unmittelbaren Bezugspersonen (in der Regel die Eltern) während der frühkindlichen Entwicklung (gesucht wird die mütterliche Frau bzw. der beschützende, starke Mann), für die narzißtische Objektwahl die eigene Person (gesucht wird die Person, die einem selbst ähnlich ist). K

Obstruktion

bedeutet allgemein den Vorgang, einen Geschehensablauf zu behindern bzw. Widerstand gegen seine Fortführung zu leisten. Obstruktion als Verzögerungstaktik ist z. B. bei parlamentarischen Auseinandersetzungen üblich, wobei in der Regel eine Minderheit den Versuch unternimmt, die Meinung der Mehrheit zu unterlaufen oder zu spalten. K

Oddity-Problem

Als Oddity-Problem wird ein Test bezeichnet, bei dem aus drei Reizen, wie z. B. Wörtern, Zahlen, Figuren der Reiz herauszufinden ist, der mit den beiden anderen nicht im Zusammenhang steht oder nicht übereinstimmt. Es ist jeweils das Ungerade bzw. Unpassende (odd = ungerade, unpassend, seltsam) von drei vorgegebenen Größen herauszunehmen, z. B. bei der Feststellung von Primzahlen sind gegeben: 3, 9, 11 – herauszunehmen ist 9, bei der Überprüfung des Partizips der Vergangenheit sind gegeben: gesehen, gewunken, gehört – herauszunehmen ist gewunken. O

Odenwaldschule → Alternative Schulen → Landschulheim

Ödipuskomplex

bezeichnet nach S. Freud die besondere Art der Beziehung des Kindes, genauer des Jungen, zu seinen Eltern in der phallischen bzw. ödipalen Entwicklungsphase (etwa zwischen dem 3. und 6. Lebensjahr). Der Junge rivalisiert mit dem Vater um die Gunst seiner Mutter, bis er sich schließlich in Bewältigung des Ödipuskomplexes mit dem Vater identifiziert. Ebenso rivalisiert das Mädchen (Elektrakomplex) mit der Mutter um die Gunst des Vaters bis zur → Identifikation mit der Mutter.
Die Emotionen, die in dieser Phase nach Freud eine Rolle spielen, reichen von Eifersucht und allgemeiner Feindseligkeit bis zu Beseitigungswünschen und speziell beim Jungen gelegentlich auch zu Kastrationsphantasien. K

Bischof 1989; Stork 1987

Öffentliche Schulen

sind nichtrechtsfähige öffentliche Anstalten, die vom Staat oder einer kommunalen Körperschaft (Gemeinde, Landkreis, Bezirk, Zweckverband) getragen werden. Organisatorisch sind öffentliche Schulen als Behörden anzusehen, als nichtrechtsfähige Anstalten sind sie aber stets unselbständige Glieder der Schulverwaltung, ungeachtet der zunehmenden Mitwirkung von Schülern und Eltern im öffentlichen Schulwesen.
→ Alternative Schulen → Kommunale Schulen → Privatschulen → Schule → Staatliche Schule K

Ökologie

ist die Wissenschaft von den „Wechselwirkungen zwischen Organismen und ihrer Umwelt" (E. Häckel schon 1886).
Die heutige ökologische Diskussion ist bestimmt von
- der Forderung des Schutzes der Menschen durch den Schutz der Natur vor Schadstoffen,

- der noch längst nicht hinreichend akzeptierten Einsicht in umsichtigen Umgang mit den begrenzten natürlichen Vorräten,
- der gesicherten Erkenntnis von den grenzüberschreitenden Folgen der Atomindustrie,
- der Erkenntnis der Natur als eines Regelkreissystems und eines vernetzten Systems, aus dem nicht ohne Schaden für das Ganze einzelne Glieder etwa unter dem Gesichtspunkt der Wirtschaft herausgenommen werden können,
- und dem zunehmenden Widerspruch zwischen Natur und Technik.

Bick 1984; Hauff/Schmid 1992; Heinrich/Hergt 1990; Jenchen 1992; Meyers Lexikonredaktion 1987; Müller 1991; Odum 1983; Schubert 1991; Tischler 1984; Trepl 1987; Walletschek/Graw 1991

→ Umwelterziehung K

Ökologische Pädagogik → Umwelterziehung

Ökologische Psychologie

interessiert sich schwerpunktmäßig für die Wechselwirkung zwischen dem Erleben und Verhalten des Menschen und der umgebenden sozial-räumlichen Lebenswelt.

Kruse u. a. 1990

→ Ökologie → Umwelterziehung K

Ökonomie

bezeichnet je nach Zusammenhang die Wirtschaft, zweckrationales Wirtschaften oder die Wissenschaft von der Wirtschaft. K

Hauff/Schmid 1992; May 1990, 1991

Ökonomie des Lehrens und Lernens, des Unterrichts → Lernökonomie → Unterrichtsökonomie

Ökotrophologie

bedeutet Haushalts- und Ernährungswissenschaft. Ein wissenschaftliches Studium in diesem Bereich kann an Universitäten und Technischen Universitäten oder → Hochschulen absolviert werden, dauert mindestens acht Semester und setzt für den Diplomabschluß (Diplomökotrophologe) ein Berufspraktikum von sechs Monaten und für die Staatsprüfung des Höheren Lehramtes zwölf Monate Berufspraktikum voraus. Im Grundstudium werden Vorlesungen, Übungen und Praktika z. B. in Mathematik, Statistik, Physik, Chemie, Biologie, Ernährungswissenschaft, Hygiene, Soziologie, Volkswirtschaftslehre und Wirtschaftslehre des Haushalts angeboten. Im Hauptstudium erfolgt eine Schwerpunktbildung in Ernährungs- oder Haushaltswissenschaften. An → Fachhochschulen wird in acht Semestern, einschließlich zweier Praxissemester, der graduierte Ingenieur für Haushalts- und Ernährungstechnik ausgebildet. In der Fachhochschule ist im Hauptstudium Schwerpunktbildung möglich, wobei im Mittelpunkt das jeweilig Fachspezifische wie z. B. Ernährungslehre, Technologie der Nahrungsmittelverarbeitung oder Technik im Haushalt und hauswirtschaftliche Betriebs- und Arbeitslehre zu finden ist.
Außerhalb des Lehrerberufes mit achtsemestriger wissenschaftlicher Hochschulausbildung kann der Ökotrophologe in der Forschung, im Gesundheitswesen, in

einschlägigen Zweigen der Industrie und Verwaltung, in Marktforschung, Verbänden, Handel und Großhaushalten tätig werden. O

Offener Unterricht

bezeichnet Unterrichtskonzepte, die ganz oder teilweise wesentliche Elemente des Lernprozesses wie z. B. Zielbestimmung, Methodenwahl, Ergebnisformulierung und Ergebnissicherung der Eigensteuerung und Eigenverantwortung der Schüler überlassen. Das Ausmaß der Öffnung ist abhängig von den mittlerweile erreichten Fähigkeiten der Schüler, ihre eigenen Lernprozesse selbst zu entwerfen und zu steuern. Ziel des offenen Unterrichts ist die Bewältigung von Lebenssituationen durch selbstbestimmtes Handeln (Erwerb praxisorientierter Handlungskompetenz). Offener Unterricht hebt sich aber selbst auf, wenn er die Schüler überfordert, also wenn er gegen das Unterrichtsprinzip der Schülerorientierung verstößt.

Durch praktische Erprobung ermittelte Voraussetzungen für die Verwirklichung des offenen Unterrichts:

- **Die für den offenen Unterricht nötigen Verhaltensweisen und Arbeitstechniken müssen im Rahmen eher direktiven Unterrichts eingeübt werden,** andernfalls gerät er für Schüler und Lehrer zur frustrierenden Überforderung.
  Zu üben ist z. B. Material beschaffen, Informationen auswerten, Arbeitsstrategien festlegen, Konflikte ökonomisch und konstruktiv zugleich bearbeiten, Ergebnisse übersichtlich gestalten u. a.
- Erfolgversprechend ist ein **fließender Übergang vom eher direktiven Unterricht zum offenen Unterricht** mit ansteigenden Anforderungen, z. B.
  - Elemente des offenen Unterrichts unter Anleitung des Lehrers im Rahmen einer direktiven Gesamtplanung,
  - Elemente offenen Unterrichts in Eigenverantwortung der Schüler, aber vom Lehrer kontrolliert,
  - Elemente offenen Unterrichts in Eigenverantwortung der Schüler und von den Schülern auch selbst (mit und ohne Anleitung des Lehrers) reflektiert,
  - **Einübung der Schüler in Entscheidungskompetenz** durch schrittweise erweiterten Vollzug folgender Aktivitäten:
    Informationen aufmerksam aufnehmen und verarbeiten (ordnen, gliedern, zusammenfassen),
    Anhörungsrecht ausüben (Äußerung anmelden, Äußerung „griffig“ aufbereiten),
    Mitspracherecht verwirklichen (in Strategien erfolgversprechender Auseinandersetzung und Verhandlung einüben),
    Einspruchsrecht üben (Standpunkte exakt abklären, eigene Kompetenz nicht überschreiten),
    Mitentscheidung durchsetzen (geschickt argumentieren, in Kooperation und Kompromißfindung einüben, eigene Standpunkte vertreten lernen, ohne andere Standpunkte zu mißachten),
    Alleinentscheidung vollziehen als Summe aller vorher erworbenen Fähigkeiten.
  - Gestaltung einer Unterrichtsstunde nach den Prinzipien des offenen Unterrichts durch den Lehrer,
  - Kooperative Gestaltung einer Unterrichtsstunde nach den Prinzipien des offenen Unterrichts durch Lehrer und Schüler,

- Ausweitung des offenen Unterrichts auf Doppelstunden, die Erarbeitung von Wochenplänen usw.

- **Sehr unruhige, disziplinlose, leicht zerstreute Klassen zuerst „disziplinieren"**, d. h. durch verstärkten Einbezug gruppendynamischer Lernziele in den Unterricht zu selbstverantwortetem Arbeits- und Sozialverhalten führen.
- **Stundenplantechnische Voraussetzungen** für die zeitintensiven Arbeitsphasen des offenen Unterrichts durch Einplanung von Doppelstunden schaffen.
- **Notwendige räumliche Veränderungen:**
  - gruppen- und diskussionsorientierte Sitzordnung,
  - Arbeitsecken bzw. -tische mit frei zugänglichem Material, z. B. Lesebereich, Experimentierbereich). Gestaltung der Klassenzimmer als Lebens-, Lern- und Arbeitsraum,
  - „Wände" für die Arbeitsergebnisse.
- Offener Unterricht wird erheblich erleichtert durch **kooperative Unterrichtsplanung** mit Kollegen und durch Formen des Team teaching. Mindestens aber ist wegen der sichtbaren Veränderungen im Klassenzimmer um Verständnis bei den Kollegen zu werben.
- Gelegentlich ist mit **besorgten Eltern** zu rechnen, die – ganz dem traditionellen Lernbegriff und ihren eigenen Unterrichtserfahrungen verhaftet – danach fragen, wann denn da etwas gelernt werde.
- **Der Lehrer muß dazu bereit sein, sich von überkommenen Vorstellungen der Lehrer-Schüler-Interaktion zu lösen,** die durch Alibis wie Stoffmenge, Stundenplanmängel, Disziplinierbarkeit der Klassen beharrlich aufrecht erhalten werden. Seine Aufgaben sind im offenen Unterricht v. a.
  - Material und Medien in geeigneten Lernsituationen bereitzustellen,
  - Hilfestellung in „verfahrenen" Situationen zu geben,
  - als Beobachter und Berater zur Verfügung zu stehen,
  - in schwierigen Lernphasen zu ermutigen.

  Offener Unterricht verlangt zweifellos vom Lehrer umfassende Kompetenz im behandelten Sachgebiet, höhere Flexibilität im Eingehen auf Lernwege der Schüler und einen im Vergleich zum direktiven Unterricht höheren Vorbereitungsaufwand.
- Mit Geduld ist einer in unseren eigenen Praxisversuchen immer wieder erlebten **Ablehnung des offenen Unterrichts durch die Schüler höherer Schülerjahrgänge** zu begegnen. Ihre Gründe:
  - Aufgrund ihrer gesamten bisherigen und mittlerweile auch gewohnten schulischen Sozialisation trauen sie den „demokratischen" Angeboten nicht.
  - Manche Schüler befürchten schlicht, im offenen Unterricht größere Anstrengungen auf sich nehmen zu müssen.
  - Relativ viele Schüler reagierten mit der besorgten Frage, ob denn das im offenen Untericht Erarbeitete auch prüfungsrelevantes Wissen sei.

Aspektbetonte Verwirklichung des offenen Unterrichts streben z. B. die folgenden Unterrichtskonzepte an:

→ Entdeckendes Lernen, → Entdeckenlassende Unterrichtsformen, → Erfahrungsbezogener Unterricht, → Freiarbeit, → Handlungsorientierter Unterricht, → Problemlösender Unterricht, → Projektunterricht, → Schülerorientierter Unterricht.

K

Eliade 1975; Garlich 1990; Hagstedt 1992; Längsfeld 1989; Ramseger 1985; Wallrabenstein 1991

Offener Vortrag → Vortrag

Okkultismus

bezeichnet

1. die Lehre von übersinnlichen Kräften und Sachverhalten (paranormale Erscheinungen), die mit wissenschaftlichen Methoden nicht erklärt werden können, wie z. B. übersinnliche Wahrnehmungen (Telepathie, Hellsehen), seelisch oder gedanklich verursachte Fernbewegungen (Psychokinese, Telekinese), Präkognition (Voraussagen), Materialisationen (Verkörperlichung Verstorbener mit Hilfe eines Mediums), Levitationen (Abheben von Personen und Gegenständen vom Boden), Spuk und Geistererscheinungen.
2. Okkultismus wird als Sammelbegriff verwendet für sog. Geheimwissenschaften, also für alles, was im Verborgenen geschieht wie weiße und schwarze Magie, Hexerei, Satanskult und schwarze Messen, Wahrsagerei, Spiritismus, Geisterbeschwörung.

Pädagogische Konsequenzen

- Der Lehrer muß **aus sicherer Kenntnis argumentieren.** Ein inkompetenter oder voreingenommener Gesprächspartner wird von den Schülern erst gar nicht gefragt.
- **Nötig ist taktvolle Aufklärung,** die den verunsicherten Jugendlichen nicht der Lächerlichkeit preisgibt und die in Frage gestellte okkulte Praktik nicht lediglich als Unsinn etikettiert, sondern mit Argumenten beschreibt und erklärt. Der Jugendliche braucht gesicherte Informationen für die eigene Meinungsbildung.
- Bei Themen, die in die aktuelle Lebensgestaltung der Jugendlichen hineinreichen, kommt der Lehrer um eine **persönliche Stellungnahme** nicht herum. Er muß z. B. mit Fragen wie den folgenden rechnen, auf die mit ja oder nein zu antworten, den Jugendlichen nicht genügt:
  Was halten Sie von Geistern? Glauben Sie an die Hölle?
  Gibt es Ihrer Meinung nach Hexen?
  Bei solchen Fragen auf den Religionslehrer zu verweisen, hieße das Vertrauen des Jugendlichen zu enttäuschen und sie evtl. zu veranlassen, weiteres Fragen einzustellen.
- **Echte Fallbeispiele** führen die Jugendlichen noch am ehesten zu der Einsicht, wie gefährlich sich Okkultpraktiken auf ihre Lebensgestaltung auswirken können, z. B.:
  Entfernung aus der Lebenswirklichkeit,
  Fremdbestimmung durch Geister oder schlicht durch Scharlatane und Betrüger,
  Teufelskreis der sich selbst erfüllenden Prophezeiung,
  lebenshemmende Angstzustände.
- Zu okkulten Aktivitäten kommen die Jugendlichen nicht von sich aus; es gilt also, das **Gespräch mit den „Anführern" zu suchen,** die möglicherweise in der Rollendynamik der Klasse/Gruppe/Clique überhaupt über einen bevorzugten Zugang zu den Mitläufern verfügen.
- Die Arbeit an okkulten Phänomenen darf sich **nicht mit der Aufklärung begnügen.** Sie muß sich vielmehr in konstruktiver Sicht mit den übergreifenden Themen Sterben und Tod, Lebensangst, Zukunftsangst und dem Erfahrungsraum

des gelebten christlichen Glaubens beschäftigen, und zwar nicht nur im Religionsunterricht.

- Nur dann, wenn der aufklärende Zugang zu einem betroffenen Jugendlichen nicht mehr möglich ist bzw. wenn eine ernsthafte Gefährdung von Mitschülern zu befürchten ist, muß der Lehrer **die Eltern und die Schulleitung verständigen;** außerdem wird er die Kontaktaufnahme zu einer **Beratungsstelle** empfehlen.

Bender 1986; Helsper 1991; Kyber 1990; Mischo 1991; Müller 1989; Prokop/Wimmer 1987; Vohland 1992

→ Hard Rock

K

olfaktorisch

von lateinisch olfacere = riechen, bedeutet den Riechnerv, das Riechen betreffend.

K

Oligarchie

bezeichnet allgemein die Herrschaft einer kleinen Gruppe aufgrund bestimmter Privilegien. Während sich die Oligarchie im Bereich der Politik auf adelige Herkunft und/oder geschickte Handhabung des vorgegebenen politischen Machtinstrumentariums und der Produktionsmittel stützt, durch welche die Mehrheit der Beherrschten in Abhängigkeit gehalten wird, bedient sich die Oligarchie z. B. im Bereich der Wissenschaft jeweils eigener Fachsprachen, die dem Laien den Zugang verwehren und ihn in ehrfurchtsvolle Wissenschaftsgläubigkeit drängen. K

Oligophrenie

bezeichnet die vererbte oder im frühen Kindesalter erworbene geistige Behinderung, früher Schwachsinn genannt. In der vererbten Form ist die Oligophrenie häufiger bei Jungen als bei Mädchen feststellbar, da die Schädigung an das X-Chromosom gebunden ist. Bei Mädchen kann aufgrund der zwei X-Chromosomen (XX) ein Ausgleich gelingen, bei Jungen mit XY nicht. Oligophrenie ist rezessiv (verdeckt, nicht in Erscheinung tretend) vererbbar.

K

Omega-Typ → Soziodynamische Grundformel

Onanie

Der Begriff Onanie geht auf die biblische Gestalt Onan (Altes Testament 1. Mos: 38.1–11) zurück und wird fälschlicherweise mit Selbstbefriedigung wiedergegeben. Onan, ein Sohn Judas, entzog sich der ihm vom Gesetz vorgeschriebenen Pflicht, der Frau seines toten Bruders einen Erben zu zeugen, durch Unterbrechung des Zeugungsvorganges. Für dieses Vergehen soll er von Gott mit einem vorzeitigen Tod bestraft worden sein.

O

→ Masturbation

Onomatolalie

bezeichnet den krankhaften Zwang, bestimmte Wörter, Sätze, Redewendungen ständig zu wiederholen.

K

Ontogenese
bezeichnet die Entwicklung des Einzelwesens von der befruchteten Eizelle bis zur Geschlechtsreife. Im Unterschied dazu bezieht sich die Phylogenese auf die Entwicklungsgeschichte einer Art von Lebewesen. Nach E. Haeckels biogenetischem Grundgesetz stellt die Ontogenese eine geraffte Wiederholung der Phylogenese dar, was für die Gültigkeit der Abstammungslehre (Deszendenztheorie) Ch. Darwins spricht. Darwin stellte nämlich die Hypothese auf, daß sich der Mensch und alle Tier- und Pflanzenarten aus primitiveren Organismen entwickelt haben. K

Condrau/Hicklin 1977; Promp 1990; Rensch 1991

Onychophagie → Nägelbeißen (synonym)

Open education → Offener Unterricht

Open University
Als offene, für alle zugängliche Universität will die 1969 erstmals in Großbritannien gegründete, mittlerweile weltweit verbreitete Open University all denen eine Chance zur Durchführung eines Studiums im → Medienverbundsystem über Fernsehen, Funk und Printmedien anbieten, die keine Möglichkeit hatten bzw. haben, über das herkömmliche Bildungssystem akademische Grade zu erwerben.
Abgesehen von den universitären Fernstudien in Deutschland, die das → Abitur verlangen, kennt die Open University keine Zulassungsvoraussetzungen. Je nach Bildungsbedingungen sind die Gründe für die Einrichtung einer Open University in jedem Land andere: Während in Europa und Amerika das → Life-long learning im Vordergrund steht, dient die Open University z. B. in Australien der Überwindung enormer Entfernungen, in Japan der Bewältigung des Massenandrangs von Studenten, in Afrika dem ökonomischen Einsatz der wenigen Hochschullehrer.
→ Erwachsenenbildung → Fernuniversität → Funkkolleg → Teleberuf → Telekolleg K

Operante Konditionierung → Konditionierung

Operation
bezeichnet im psychologischen und pädagogischen Sprachgebrauch eine Handlung oder Leistung, ebenso das Handlungsergebnis. Je nach Situation wird unterschieden zwischen konkreten, unmittelbar beobachtbaren Operationen und Denkoperationen (= verinnerlichte Handlungen) wie z. B. ordnen, Beziehungen herstellen, abstrahieren, verallgemeinern, klassifizieren, Superzeichen bilden.
Von Meßoperationen, die sich auf die quantitative Erfassung einer gegebenen Situation bzw. einer Veränderung einzelner → Variablen beziehen, ist z. B. die Rede in der empirischen Sozial- und Unterrichtsforschung, aber auch im Zusammenhang mit der → Lernerfolgskontrolle in operationalisierten Lernprozessen.
→ Denken → Handlungsforschung → Handlungskompetenz → Test K

Operationale Definition
ist eine Begriffsbestimmung, die durch die Beschreibung und Erläuterung eines (vermuteten) Vorganges bzw. eines Handlungsvollzugs einschließlich der Entste-

hungsbedingungen geleistet wird. Sie ist z. B. nötig zur Erläuterung sog. → hypothetischer Konstrukte wie des Lernens, aber auch bei der präzisen Formulierung von → Lernzielen als sinnvollen Handlungseinheiten für den Unterricht. K

Operationalisiertes Lernziel, Operationalisierung

Ein → Lernziel ist operationalisierbar (= in konkreten Handlungen beschreibbar und überprüfbar), wenn die Lernzielformulierung einen hohen Grad an Eindeutigkeit und Präzision nachweist und möglichst keine Alternativen im Verständnis zuläßt. Das bedeutet, daß Leit- und Richtziele nicht, Grobziele fast immer und Feinziele stets operationalisierbar sind. Operationalisierbare Grobziele sind z. B. „Fähigkeit zur Berechnung der Flächen von Drei- und Vierecken" oder „Beherrschung der richtigen Anwendung des Present-Perfect im Gegensatz zum Preterite". Zu den präzisierten Lernzielen sind die entsprechenden Meßoperationen, wie z. B. Testverfahren, Lösung von Aufgaben in Arbeitsgruppen, Fallstudie u. a., anzubieten. Ein operationalisiertes Lernziel kann zunächst auf hypothetischer Grundlage mit dem Ziel empirischer → Evaluation oder allgemein als realisierbar erachtetes verbindliches Lernziel erstellt werden. Es bezeichnet jedoch auch ein bereits konkret überprüftes Lernziel. Für die Testkonstruktion ist eine exakte Definition von Lernzielen unerläßlich, da operationalisierte Feinziele grundsätzlich mit Testitems identisch sind.

Bei der Operationalisierung von Lernzielen sind nach R. F. Mager (1977) (soweit nach der Art der Lernziele möglich und zulässig) folgende drei **Kriterien** zu beachten:

1. Die erwarteten Handlungen der Lernenden müssen exakt, d. h. eindeutig und konkret beschrieben werden, so daß die Lernenden ohne zusätzliche Erläuterungen sicher wissen, was sie zu tun haben.
2. Es müssen im einzelnen die Bedingungen und Mittel genannt sein, unter denen bzw. mit deren Hilfe die Lernenden arbeiten sollen.
3. Es muß der Beurteilungsmaßstab genannt sein, mit welchem festgestellt wird, ob der Lernende das Lernziel erreicht hat oder nicht.

Beispiel für ein operationalisiertes Feinziel:

Der Schüler soll unter Zuhilfenahme der physikalischen Karte im Atlas drei Gründe feststellen, warum die Schiffahrt vor der Regulierung des Oberrheins Behinderungen ausgesetzt war.

Geikowski 1988; Köck 1991

→ Curriculum → Curriculumtheorie OK

Operations research

bedeutet allgemein Verfahrensforschung, im engeren Sinne Unternehmensforschung. Als wissenschaftlicher Disziplin ist operations research vor allem an der Ermittlung und Untersuchung von Verfahren gelegen, welche Leitung, Kooperation, Arbeitseffektivität und Lebensqualität in Betrieben, Verwaltungen, Schulen, also in komplexen sozialen Systemen zu optimieren, geeignet sind. K

Bachem/Schrader 1989; Dinkelbach 1992; Domschke/Drexl 1991; Eiselt 1987; Gal 1991; Zimmermann 1987

Operatives Denken → Denken, in psychologischer Sicht → Operation

Opiate → Drogen- und Drogenmißbrauch

Opium

Das braunrote Opium besteht aus dem eingetrockneten Milchsaft der unreifen Fruchtkapsel des Schlafmohns, hauptsächlich angebaut im Vorderen Orient und in Ländern Südasiens. Es enthält ca. 25 verschiedene Wirkstoffe, deren wichtigstes mit 10–12% das → Morphin ist. Es wird in den Heimatländern des Opiums bei meist kontrolliertem Konsum geraucht. Das halbsynthetisch aus Morphin hergestellte → Heroin zieht schwere körperliche Abhängigkeit nach sich.

Kreutel 1988

→ Drogen → Haschisch → Heroin → Kokain → Marihuana → Medikamentenmißbrauch → Methadon → Prävention → Sucht K

Opportunismus

von lateinisch opportunus = günstig, bequem, kennzeichnet die jederzeitige grundsatzlose Anpassungsbereitschaft eines Menschen an die gegebene Situation um persönlicher Vorteile willen bzw. unter Ausnutzung des Weges mit dem geringsten Energieeinsatz. K

Optische Täuschungen

sind spezielle Wahrnehmungstäuschungen, die sich in bestimmten Situationen aus der Funktionsweise des Auges (umstritten), aus Schätzfehlern und/oder aus Erwartungen im Zusammenhang mit den → Gestaltgesetzen ergeben. So erscheint z. B. der Vollmond in Horizontnähe größer als in weiterer Entfernung davon, oder eine aufgestellte Leiter wirkt größer als eine umgelegte.
Geometrisch-optische Täuschungen sind z. B. die Oppel-Täuschung (eine unterteilte Strecke erscheint länger als eine gleich lange nicht unterteilte), die Hering-Täuschung (s. u.), die Müller-Lyer-Täuschung (s. u.), die Poggendorf-Täuschung, die Sander-Täuschung.

Heringsche Parallelentäuschung

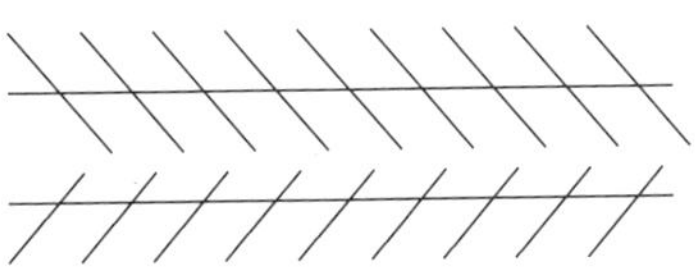

Müller-Lyersche Täuschung

(Die beiden Linien sind gleich lang)

→ Wahrnehmung K

Orale Phase

Nach S. Freuds Auffassung ist die orale Phase die erste Entwicklungsphase des Kindes. Sie umfaßt das erste Lebensjahr. In der oralen Phase werden Lustgewinn und Erfahrung vor allem über die Mundregion erzielt (Saugen, alle greifbaren Gegenstände werden in den Mund gesteckt = „sehen", erfahren mit dem Mund). Etwa vom sechsten Lebensmonat an baut das Kind seine Beziehung zu seiner ständigen Bezugsperson, in der Regel der Mutter, auf. Ein längerer Entzug dieser Bezugsperson nach der Fixierung auf sie führt zu irreversiblen (= nicht umkehrbaren) psychischen Schäden (→ Hospitalismus). K

Oralraum → Fernraum

Ordinalskala → Skalierung

Ordnungsmaßnahmen

werden in Schulgesetzen bzw. -ordnungen Maßnahmen genannt, die nach Ausschöpfung weniger drastischer Erziehungsmittel sozusagen als letzter Rettungsanker den Bildungs- und Erziehungsauftrag sicherstellen und Personen und Sachen schützen sollen. Ihr Einsatz unterliegt dem Grundsatz der Verhältnismäßigkeit. Selbst wenn die einschlägigen Gesetze betonen, daß Ordnungsmaßnahmen nicht als Sühne- oder Vergeltungsstrafen verhängt werden dürfen, sondern als Erziehungsmaßnahmen auf Verhaltensänderung abzielen, deutet ihr Gebrauch dennoch auf ein Versagen der pädagogischen Interaktion hin.
Ordnungsmaßnahmen sind z. B. nach dem Bayerischen Gesetz für Erziehung und Unterricht (Art. 63):

1. der schriftliche Verweis durch den Lehrer,
2. der verschärfte Verweis durch den Schulleiter,
3. die Versetzung in eine Parallelklasse der gleichen Schule durch den Schulleiter,
4. der Ausschluß vom Unterricht für drei bis sechs Unterrichtstage, bei Berufsschulen mit Teilzeitunterricht für höchstens zwei Unterrichtstage, durch den Schulleiter,
5. der Ausschluß vom Unterricht für zwei bis vier Wochen (in Jahrgangsstufe 9 und höher bei Vollzeitunterricht) durch die Lehrerkonferenz,
6. bei Pflichtschulen die Zuweisung an eine andere Schule der gleichen Schulart auf Vorschlag der Lehrerkonferenz durch die Schulaufsichtsbehörde,
7. die Androhung der Entlassung von der Schule durch die Lehrerkonferenz,
8. die Entlassung von der Schule durch die Lehrerkonferenz (Art. 64),
9. der Ausschluß von allen Schulen einer oder mehrerer Schularten durch das zuständige Staatsministerium (Art. 65).

K

Organisation

Unter Organisation ist ein zweckmäßiges, auf bestimmte Vorgänge und Ziele gerichtetes, entsprechend sozialstrategisch aufgebautes (entweder hierarchisch-vertikales oder genossenschaftlich-horizontales) soziales Gebilde zu verstehen, das durch die sich aus den jeweiligen gesellschaftsbestimmenden Strukturen ergebenden Ordnungsprinzipien reguliert wird. Im allgemeinen Sprachgebrauch werden unter Organisation sowohl Vorgänge und Abläufe des Ordnens, Zusammenfügens und Schematisierens als auch Ergebnisse, entstehende und fertige Strukturen, Gebilde und Schemata verstanden. Formen und Systeme der Organisation sind z. B. Parteien, Gewerkschaften, Institutionen aller Art einschließlich der Erziehungsorganisationen wie → Schulen und Fernlehrinstitute und die Bürokratie.

Büschges 1983; Frese 1991, 1992; Hoffmeister 1990; Niederberger 1984; Pohl 1981

→ Schule → Unterrichtsorganisation

OK

Organisationslaboratorium

Zweck des Organisationslaboratoriums als einer Form gruppendynamischer → Trainingsmethoden ist es, „... Lernsituationen bereitzustellen, in denen die Teilnehmer lernen, die soziale Kompetenz ihres durch System- und Organisationsfaktoren bedingten Verhaltens zu erhöhen. Dabei geht es um eine Abstimmung zwischen den Rollenanforderungen der sozialen Systeme einerseits und je individuellen Möglichkeiten der Rollenausübung andererseits." K

Däumling 1974

Organisationspsychologie

untersucht die Wechselwirkungen zwischen – vor allem durch materielle Vorgaben, Arbeitsverteilung, Kommunikationsstruktur, hierarchische Ordnung und Verteilung der Machtmittel bestimmten – sozialen Organisationen bzw. Systemen als relativ stabilen Ganzheiten (Institutionen, Betrieben) und den einzelnen Menschen mit ihren je spezifischen Merkmalen, Verhaltensweisen, Fähigkeiten usw. Als angewandte Disziplin der Psychologie strebt die Organisationspsychologie über die Zustandsbeschreibung gegebener Organisationen hinaus, indem sie experimentell z. B. in → Organisationslaboratorien und → Szenarios Organisationsstrukturen erarbeitet, in denen unter Berücksichtigung gegenwärtiger und zukünftiger Erfordernisse die bestmögliche Wechselwirkung zwischen dem Zweck der Organisation und den Fähigkeiten und Bedürfnissen der in der Organisation Arbeitenden herstellbar wird.

March/Simon 1977; Schuler 1991

→ Struktur → System, soziales K

Organneurose = Konversionsneurose → Neurose

Orientierung

beschreibt den Vorgang, in welchem ein Individuum sich vor allem ungewohnten bzw. neuen Situationen oder Anforderungen der Umwelt gegenüber zurechtzufinden versucht, d. h. das Begegnende in Beziehung setzt zu seinen Erfahrungen, Fähigkeiten, Kenntnissen, Einstellungen usw.

Orientierungsreaktionen, nach Pawlow auch Orientierungsreflexe genannt, bezeichnen sensitive, motorische und vegetative Reaktionen eines Individuums als Folge einer plötzlich auftretenden neuen Reizsituation. Da die **Orientierungsreaktion** mit erhöhter Aufmerksamkeit (Neugier) und Handlungsbereitschaft gekoppelt ist, gilt sie als Voraussetzung für Lernprozesse. Das wiederholte Auftreten derselben Reizsituation (z. B. im Unterricht methodische Monotonie) führt zu einem Absinken und schließlich zum Erlöschen (→ Extinktion) der Orientierungsreaktion. Die → Gruppendynamik spricht von einer **Orientierung nach einer Mitte,** womit die aktive Ausrichtung der Gruppenmitglieder nach den Gemeinsamkeiten der Gruppe (Wertvorstellungen, Normen, Ziele, Aktivitäten) gemeint ist.

Diese Orientierung nach einer Mitte ist unerläßlich für den Bestand einer Gruppe. K

Orientierungsphase → Orientierungsstufe

Orientierungsreaktion → Orientierung

Orientierungsstufe

Dem Unterricht in der Mittelstufe soll im 5. und 6. Schuljahr eine Orientierungs- und Beobachtungszeit vorausgehen. Auf Grund der in der Orientierungsstufe über das Kind gesammelten Erfahrungen werden schulische Weiterführungsmöglichkeiten vorgeschlagen. Die Eltern erhalten in Form eines pädagogisch-psychologischen Gutachtens eine Empfehlung, die eine Entscheidung über den künftigen Bildungsweg erleichtern soll und Hinweise gibt, wie der einzelne Schüler den ihm gemäßen Weg finden kann.
Während der zweijährigen Orientierungszeit sollen Begabungen und Neigungen gezielt entwickelt und gefördert werden. Lehrer verschiedener Schulformen sollen in der Orientierungsstufe besonders eng zusammenarbeiten. Der Deutsche Bildungsrat legt nahe, in der Orientierungsstufe auf eine äußere Differenzierung grundsätzlich zu verzichten. Das bedeutet, daß die Organisation der Orientierungsstufe und die curricularen Angebote einheitlich und schulformunabhängig sein müßten. Der Bund und die Länder Berlin, Bremen, Hamburg, Hessen, Niedersachsen, Nordrhein-Westfalen vertreten die Auffassung, daß die Orientierungsstufe schulformunabhängig gestaltet werden müsse. Die Länder Baden-Württemberg, Bayern, Rheinland-Pfalz, Saarland und Schleswig-Holstein hingegen behielten sich durch ein besonderes Votum vor, daß die Orientierungsstufe organisatorisch auch den verschiedenen Schulformen wie Hauptschule, Gymnasium und sechsjähriger Realschule zugeordnet werden kann. Anstatt einer modernen Fremdsprache soll in diesen Ländern weiterhin die Möglichkeit gegeben sein, auch Latein als erste Fremdsprache anzubieten. Bei evtl. Differenzierungen ist darauf zu achten, daß ein Wechsel zwischen den Kursen möglich ist.
Die Einführung der Orientierungsphase bedeutet eine für die Schüler vorteilhafte → Individualisierung und vermeidet den Zwang zu einer vorzeitigen Festlegung auf bestimmte Bildungsgänge. OK

Jürgens 1989, 1991; Retter u. a. 1985

Output → Input

Overachiever, overachievement → Underachiever, underachievement

Overhead projector

kann als Arbeitsprojektor in allen Schulfächern eingesetzt werden. Er stellt keinen Ersatz für die Tafel dar, sondern ergänzt sie. Mit ihm können aufgrund seiner starken Lichtquelle auch in hell erleuchteten Räumen bedruckte oder beschriebene Klarsichtfolien, Spezialtransparente mit vorgedruckter Einteilung (z. B. Noten-, Schreiblinien, Millimetereinteilung), Overlays (übereinanderliegende Folien zur schrittweisen Darstellung von Entwicklungs- und Arbeitsverläufen) und transparentes Anschauungsmaterial sowie durchsichtige Arbeitsgeräte wie Lineal, Winkelmesser, Geo-Dreieck projiziert werden. Die Schrift, das Bild wird über den Lehrenden hinweg oder an ihm vorbei an die Rückwand oder eine besondere Projektionswand geworfen, so daß sich der Lehrer nicht von der Klasse abzuwenden braucht.
Andere Bezeichnungen für den overhead projector sind: Prokischreiber, Tageslichtprojektor, Hellraumprojektor, Tageslichtschreiber, Schreibprojektor usw.
Die Abbildung verdeutlicht die Funktionsweise des Tageslichtprojektors:

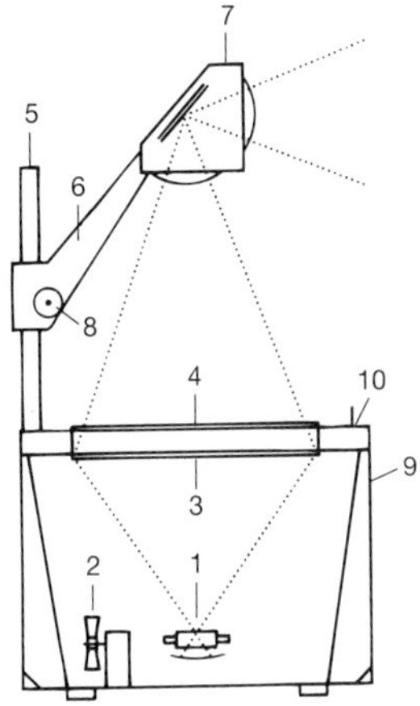

1. Lichtquelle
2. Kühlgebläse
3. Fresnel-Linse
4. Arbeitsfläche
5. Objektivführungssäule
6. Objektivarm
7. Objektiv mit Umlenkspiegel
8. Rändelschraube zur Scharfeinstellung
9. Schalter
10. Führungsstifte zur Transparentfixierung

Allendorf/Wiese o. J.; Hilmer 1978; Ketzer/Krankenhagen 1974; Will 1990; Witte 1974, 1975; Zielke 1991

→ Unterrichtsmedien → Transparenttechnik K

Overlay → Transparenttechnik → Overhead projector

Overlearning-Effekt → Plateaubildung

Overprotection → Überbehütung

Pädagogie

Der Begriff Pädagogie, der sich in der Erziehungswissenschaft bis heute nicht allgemein durchsetzen konnte, bezeichnet nach J. Göttler die Praxis der Erziehung im Sinne intentionaler erzieherischer Maßnahmen und Prozesse in Abhebung von der → Pädagogik als der Theorie der Erziehung. K

Pädagogik

(von griechisch παιδαγωγἕιν = Kinder erziehen) ist der Wortbedeutung nach die Wissenschaft von der Erziehung und Bildung in allen dafür geeigneten Bereichen der Gesellschaft, wie z. B. in der Familie, im Kindergarten, in der Schule, in der beruflichen Ausbildung, in Fort- und Weiterbildung. In der einschlägigen Literatur wird heute gelegentlich zwischen Pädagogik und → Erziehungswissenschaft unterschieden, wobei allerdings m. E. eine eindeutige Abgrenzung nur aufgrund von Vereinbarung oder willkürlicher Setzung möglich ist. Die Bevorzugung der Bezeichnung Erziehungswissenschaft gegenüber Pädagogik will vor allem die Orientierung an empirischer Forschung und gleichzeitig damit die Absetzung von spekulativen Methoden früherer Pädagogik auch in der Namensgebung betonen.
W. Brezinka versucht die verschiedenen Aufgabengebiete der Pädagogik voneinander abzugrenzen, indem er zwischen Erziehungswissenschaft, Philosophie der Erziehung und praktischer Pädagogik unterscheidet.
Die **Erziehungslehre** ist ausdrücklich als Sammlung praktisch erprobter Erziehungsregeln, als unmittelbare Handreichung für die erzieherische Praxis aufzufas-

sen. Sehr verschiedene Auffassungen in der wissenschaftlichen Diskussion über die Aufgabenbestimmungen der Pädagogik lassen deutlich erkennen, daß die zeitweise vertretene ausschließliche Geltung empirisch nachweisbarer und gesicherter Ergebnisse den spezifischen Anforderungen im pädagogischen Bereich offensichtlich nicht gerecht werden kann. Dementsprechend reichen die Aufgabenbeschreibungen von eindeutiger Beschränkung auf den technischen Aspekt von Lernprozessen bis hin zu philosophisch orientierter Sinnermittlung.
Bis zur Aufklärung als geschichtlicher Epoche (Ende des 17. Jahrhunderts bis Ende des 18. Jahrhunderts) waren wissenschaftliche pädagogische Reflexionen eingebunden in die Philosophie, Politik und Theologie. Erste Ansätze einer eigenständigen wissenschaftlichen Pädagogik versuchten J. Fr. Herbart (1776–1841, Allgemeine Pädagogik 1806) und F. E. D. Schleiermacher (1768–1834, pädagogische Vorlesungen 1813–1826, später zusammengefaßt als „Erziehungslehre").
Üblicherweise wird Pädagogik in **Allgemeine Pädagogik, Geschichte der Pädagogik, Vergleichende Pädagogik** und die Disziplinen der **Speziellen Pädagogik** eingeteilt. Letztere gliedern sich in Frühpädagogik (→ Elementarerziehung), → Schulpädagogik, Heil- und → Sonderpädagogik, → Sozialpädagogik, → Arbeits- und → Berufspädagogik, → Wirtschafts-, Industrie- und → Betriebspädagogik, Freizeitpädagogik (→ Freizeiterziehung), → Andragogik.
Das Spektrum der unterschiedlichen Sichtweisen der Wissenschaftsbestimmung von Pädagogik sollen die folgenden zwei ausgewählten Ansichten verdeutlichen: F. v. Cube (1982, Seite 183) reduziert die Pädagogik als Wissenschaft kompromißlos auf den Lernbereich, wenn er sagt: „Der Gegenstandsbereich, um den es sich in den Disziplinen Pädagogik, Erziehungswissenschaft und Didaktik handelt, läßt sich... folgendermaßen gliedern:
Lernziele (mit wissenschaftlichen Methoden nicht zu ermitteln; Köck), Lernorganisation (≙ Verfahrensoptimierung; Köck), Lernsystem (≙ der grundsätzlich veränderbare Mensch; Köck), Lernkontrolle (≙ Untersuchung des jeweiligen Kenntnis- und Leistungsstandes des Lernenden; Köck)."
Von dem Verständnis der Erziehung als „kommunikativem Handeln" (K. Mollenhauer, 1982) ausgehend, bestimmt in ganz anderer Weise der → Symbolische Interaktionismus die Aufgaben der Pädagogik.
Die im → Rollenhandeln im → pädagogischen Feld miteinander umgehenden Individuen sind in ihrer vielfältigen Wechselbeziehung und in ihrer Bedingtheit durch Gesellschaft und Tradition Gegenstand pädagogischer Forschung.
Von unverzichtbarer Bedeutung sind für die Pädagogik die Kontakte zu ihren Nachbarwissenschaften, v. a. zur Soziologie (Pädagogische Soziologie: Theorie der → Sozialisation, → Gruppenpädagogik, → Gruppendynamik), → Psychologie (→ Pädagogische Psychologie mit den Schwerpunkten Lernpsychologie, → Motivationsforschung), Biologie (v. a. → Genetik und vergleichende → Verhaltensforschung), → Informationstheorie und Kybernetik (→ Kybernetische Pädagogik), Medizin, Philosophie, Theologie, Geschichts-, Rechts-, Wirtschafts- und Politikwissenschaft.

Akademie für Päd. Wiss. der UdSSR 1973; Benner 1991; Bernfeld 1973; Beyer u. a. 1984–1987; Braun 1992; Brezinka 1978; Brinkmann/Renner 1982; Cube 1977; Driesch/Esterhues 1967; Flitner 1974; Funkkolleg 1970; Garin 1964; Giesecke 1977, 1990; Gross 1982; Herbart 1971; Jaspers 1992; Kant o. J.; Karg 1987; Kluge 1983; König 1975–1978; Lassahn 1983, 1991; Matthes 1992; Mollenhauer 1982; Novak 1978, 1981; Oelkers/Tenorth 1987; Paffrath 1987; Petersen/Reinert 1992; Robinsohn 1973; Rössner 1985, 1990, 1991, 1992; Roth 1991, Wulf 1983

Die wechselseitigen Zusammenhänge versucht die nachfolgende Übersicht darzustellen:

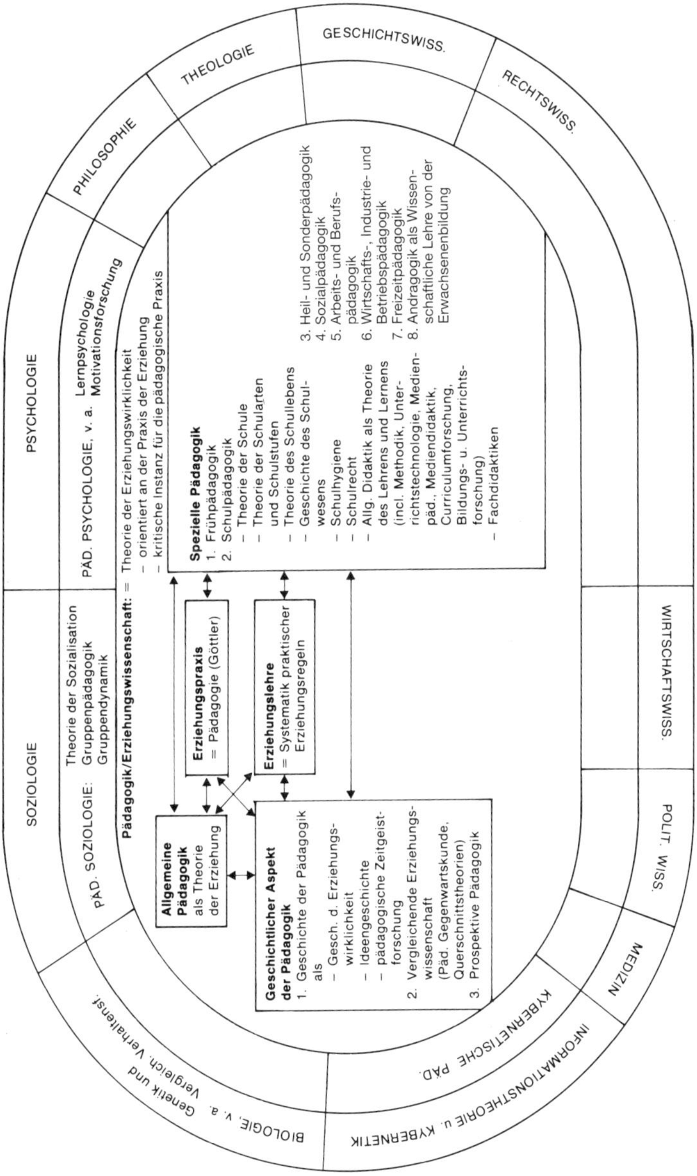

K

Pädagogik vom Kinde aus → Reformpädagogik

Pädagogikum

heißt die Prüfung, die Lehramtsstudenten während ihres Universitätsstudiums neben den fachlichen Prüfungen über erziehungswissenschaftlich relevantes Grundwissen ablegen müssen. K

Pädagogische Anthropologie → Anthropologie, pädagogische

Pädagogische Atmosphäre → Atmosphäre, pädagogische

Pädagogische Diagnostik → Psychodiagnostik → Test

Pädagogische Feldforschung

ist die an der unmittelbaren Erfahrung orientierte Forschung in der konkreten Erziehungswirklichkeit, wobei sich der Forscher selbst in dieser Erziehungswirklichkeit (= pädagogisches Feld) befindet.

→ Feld, Feldforschung K

Pädagogische Freiheit → Freiheit → Pädagogischer Freiraum

Pädagogische Hochschule → Hochschule

Pädagogische Provinz

Die Bezeichnung geht auf J. W. v. Goethe zurück, der seine Vorstellungen der idealen Erziehung in seinem Roman „Wilhelm Meisters Wanderjahre" (1821, erweitert 1829) niederlegte.

In Goethes Roman ist die pädagogische Provinz eine Landschaft, in der Kinder und Jugendliche in Gemeinschaft fernab von hemmenden oder schädlichen Umwelteinflüssen – allerdings auch realitätsfern und ohne die Möglichkeit der schrittweisen Einübung in die Realitätsbewältigung erzogen werden, und zwar in Ehrfurcht vor Gott, vor den Mitmenschen, vor der Erde, dem Leiden und dem Tod und vor sich selbst.

Bezüglich der heutigen Verwendung der Bezeichnung vgl. → Isolierung (2.). K

Hohmann 1976

Pädagogische Psychologie

ist eine Disziplin der → Angewandten Psychologie. Nach Smith/Hudgins erforscht sie „das Verhalten von Kindern, Jugendlichen und Erwachsenen in den Erziehungssituationen" (1971).

Ihr Anliegen ist die Erforschung der Erziehungswirklichkeit von der psychologischen Seite her (A. Fischer) und mit psychologischen Methoden, und die Anwendung der gewonnenen Erkenntnisse in der erzieherischen Praxis, vor allem im Bereich des Lernens und Lehrens, in der pädagogisch-psychologischen Diagnostik und in der → sonderpädagogischen Praxis. Im einzelnen untersucht sie z. B. die psychologischen Auswirkungen bestimmter → Erziehungsstile, bestimmter Methoden des Erziehens und Lehrens (z. B. Motivationsforschung), bestimmter Unterrichtsfächer, Bildungsinhalte, Lernziele auf die Schüler. Sie beschäftigt sich ferner mit Problemen der Informationsverarbeitung auf den verschiedenen Alters-

stufen, mit der Eigenart erzieherischer Kommunikationsprozesse, mit den Rückwirkungen von Institutionen (z. B. Schule) auf Lehrer und Schüler.
Die Pädagogische Psychologie verbinden wechselseitige Bezüge vor allem mit der → Allgemeinen und → Differentiellen Psychologie, der → Sozial-, → Entwicklungs- und → Lernpsychologie und neuerdings mit der → Informationspsychologie. K

Correll 1978; Dewey 1974; Dietrich 1984; Edelstein/Hopf 1973; Fittkau 1983; Funkkolleg 1991; Furth 1973; Gage/Berliner 1986; Heinelt 1983; Heller/Nickel 1978–1980; Klausmeier/Ripple 1973–1975; Metzger 1976; Piaget 1975; Rollett 1987; Schenk-Danzinger 1976; Schröder 1991; Smith/Hudgins 1971; Tausch 1979; Weidenmann 1986

Pädagogische Retentionsstörungen → Retention

Pädagogische Soziologie

Der besondere Forschungsgegenstand der Pädagogischen Soziologie ist der Mensch im sozialen Verbund und als sozial Handelnder in jeglicher Art erzieherischer Situation, immer betrachtet im Wechselwirkungszusammenhang mit der sich ständig ändernden Gesamtgesellschaft.
In neueren Veröffentlichungen wird die Pädagogische Soziologie gelegentlich auch Soziologie der Erziehung genannt. Da sich Erziehung immer in einem sozialen Bezugsrahmen ereignet, besteht eine unverzichtbare Wechselbeziehung zwischen Pädagogik und Soziologie, wobei es als müßiger Streit anzusehen ist, welche der beiden Wissenschaften den Vorrang hat. Die Forschung der Pädagogischen Soziologie interessiert sich vor allem für jene Bereiche der Erziehungswirklichkeit, die der besonderen Einflußnahme durch Erwartungen und Normen der Gesellschaft, von Institutionen oder Gruppen (z. B. Klasse, Interessengruppe, Familie) ausgesetzt sind. Ferner gehört es zu ihrer Aufgabe, soziologische Forschungsergebnisse, z. B. der → Gruppendynamik, in erzieherischen Situationen anzuwenden und auf ihre Bewährung in der Praxis hin zu prüfen. K

Brinkmann 1986; Eggers/Steinbacher 1979

Pädagogischer Assistent

Der Pädagogische Assistent, der grundsätzlich dem im → Bildungsgesamtplan berücksichtigten → Schulassistenten entspricht, soll den Grund- und Hauptschullehrer in seinen schulischen Aufgaben unterstützen. Maßgebend für die Tätigkeit des Pädagogischen Assistenten, der zunächst in Bayern ausgebildet wird, ist § 1 der ‚Verordnung über den Vorbereitungsdienst der Pädagogischen Assistenten an Volksschulen‘ vom 29. August 1972 (Bayer. Gesetz- und Verordnungsblatt, S. 410): „Der Pädagogische Assistent soll den Lehrer an Volksschulen (Grund- und Hauptschulen) bei der Vorbereitung und Durchführung des Unterrichts unterstützen (Organisation, Hilfsmittel-Medieneinsatz, lernfördernde Maßnahmen) und durch die Arbeit mit Schülergruppen (Einprägen, Üben, Anwenden) zur Sicherung des Unterrichtserfolges beitragen. Ferner soll er besondere Aufgaben der Betreuung von Schülern und Schülergruppen wahrnehmen und bei Schulveranstaltungen und Verwaltungstätigkeiten mitwirken.“
Auf Grund dieser Verordnung kann der Pädagogische Assistent in folgenden vier Aufgabenbereichen tätig werden:
- Hilfeleistung gegenüber Lehrer und Schülern während der unterrichtlichen Tätigkeit des Lehrers
- Mithilfe beim übenden Unterricht in der Gruppe

– Assistenz in überfachlichen Arbeitsbereichen
– Mitarbeit in der Schulverwaltung

Die dreijährige Ausbildung erfolgt am Staatsinstitut für die Ausbildung Pädagogischer Assistenten. Die Einstufung in der Laufbahn des gehobenen Dienstes sieht A9 (Eingangsamt) und A10 (Beförderung zum Pädagogischen Oberassistenten) vor. Es sind zwei Staatsprüfungen abzulegen.

Die Aufgabenbereiche des im Bildungsgesamtplan dargestellten Schulassistenten decken sich im allgemeinen mit denen des Pädagogischen Assistenten.

Der Bildungsgesamtplan sieht drei weitere Bereiche für den Schulassistenten vor:
– Aufgaben in der Verwaltung
– Aufgaben der technischen Hilfeleistung
– Aufgaben der pädagogischen Assistenz

Nach dem Bildungsgesamtplan sind auch Bildungsgänge denkbar, die nur einen der genannten Bereiche berücksichtigen oder schwerpunktmäßig behandeln.

Im Gegensatz zum in Bayern ausgebildeten Pädagogischen Assistenten wird der Schulassistent im Primar-, Sekundarbereich I und II einschließlich der Sonderschulen eingesetzt.

Schulassistenten und Pädagogische Assistenten werden nicht zur selbständigen Klassenführung oder zum selbständigen Unterricht herangezogen. OK

Pädagogischer Austauschdienst (PAD)

1952 gegründet und der → Ständigen Konferenz der Kultusminister unterstellt, vermittelt deutsche Lehrer und Pädagogische Assistenten für den Deutschunterricht im Ausland, organisiert Fortbildungsmaßnahmen für deutschsprechende ausländische Lehrer und Deutschkurse für ausländische Schüler und betreut Gruppenreisen ausländischer Schüler in der Bundesrepublik Deutschland. Er ist beim Sekretariat der Kultusministerkonferenz (KMK) in Bonn angesiedelt. K

Pädagogischer Bezug

bezeichnet das besondere Verhältnis zwischen Erzieher und zu Erziehendem. Er ist inhaltlich je nach der zugrundeliegenden pädagogischen Theorie bestimmt, z. B. als → dialogischer Bezug, als → Lebenshilfe zu seinsgemäßer Selbstverwirklichung, neuerdings vor allem als kommunikativer Prozeß unter dem Aspekt einer emanzipatorischen Pädagogik.

Der von H. Nohl (1879–1960) geprägte Begriff wurde als Ableger der geisteswissenschaftlichen Pädagogik und beladen mit Mißvertändnissen (Überforderung des Lehrers, zu starke Personenbindung, Anbiederung, Vernachlässigung der Klasse als Gruppe, Erotisierung der Lehrer-Schüler-Beziehung) im pädagogischen Sprachgebrauch lange Zeit vermieden.

Nohl meinte mit dem pädagogischen Bezug „die innere Verbundenheit des Zöglings mit dem Erzieher". Näherhin beschrieb er diese Verbundenheit als sorgende Zuwendung, aber auch als Forderung gegenüber dem Kind mit dem Ziel seiner Selbstentfaltung; er betonte ferner die für diese Aufgabe notwendige Autorität und Verantwortung des Erziehers und als tragendes Fundament das Vertrauen zwischen Erzieher und Kind.

In moderner Interpretation bedeutet dies z. B.
– vorurteilslose Annahme und Achtung des Schülers als Person,
– Offenheit, Verständnis, Verläßlichkeit und aufmerksame Zuwendung des Lehrers,

- Wahrnehmung und Berücksichtigung der Gefühle der an der pädagogischen Interaktion Beteiligten,
- auf Anerkennung beruhende → Autorität des Lehrers anstelle von Machtausübung,
- → pädagogischen Takt,
- Achtung der Gruppendynamik der Klasse,
- Spielraum für den „Handel um Identität“ (→ Ich-Identität),
- die Bereitschaft des Lehrers, sich als kritisch hinterfragbares „Modell“ in die pädagogische Begegnung einzubringen,
- den Schülern Entwicklungshilfen von der Personenorientierung zur Sachorientierung zu geben.

(Vgl. ausführlicher in Köck 1992, Seite 193 f.) K

Kluge 1973; Lee 1989

Pädagogischer Freiraum

bezeichnet einerseits den notwendigen und verantworteten Ermessenspielraum des Lehrers bei Entscheidungen und Handlungen in pädagogischen Situationen (→ Freiheit, dort vor allem Pädagogische Freiheit), andererseits Situationen im Schulalltag, die – von der Priorität des Lernzwecks entlastet – eher durch erzieherische Interaktionen bestimmt sind. In der zweiten Bedeutung soll er die Aufgabe des Lehrers unterstreichen, daß Unterricht immer → **erziehender** Unterricht ist, in dem bei Bedarf und geplant Platz sein muß für das Gespräch, die Beratung, die Konfliktbearbeitung, soziales Lernen, das Spiel u. a. m. Der Pädagogische Freiraum wird durchaus gelegentlich in eigenen Aktionen, z. B. in sog. Ventilstunden, in der Besprechung aktueller Probleme, in der Aufarbeitung von Konflikten im Rollenspiel u. a. verwirklicht, in der Regel aber kommt er als → Unterrichtsprinzip in den Unterricht integriert zum Tragen, z. B. durch kontinuierliche Arbeit an Lernstil und Umgangsformen, durch Einübung in Gesprächsregeln, durch den Aufbau eines Helfersystems usw. K

Buer 1990; vgl. auch bei → Freiheit (dort pädagogische Freiheit)!

Pädagogischer Takt

beschreibt eine wünschenswerte Verhaltensdeterminante des Erziehers. Sie bedeutet zunächst Sensibilität (= Feinfühligkeit, „Fingerspitzengefühl“) für das Geschehen in erzieherischen Situationen und die Fähigkeit, dieses Geschehen in seiner Bedeutung und Tragweite realistisch einzuschätzen. Pädagogischer Takt beruht ferner auf → Empathie (= Einfühlungsvermögen) in Erlebnisweisen und das akutelle Verhalten von Kindern und Jugendlichen, was wiederum fundierte pädagogische und psychologische Kenntnisse voraussetzt.
Pädagogischer Takt verwirklicht sich schließlich noch in einer abwartenden Haltung des Erziehers, die der Freiheit und Selbsttätigkeit des Kindes und Jugendlichen Raum gibt. Da es eine Grundvoraussetzung des pädagogischen Takts ist, das Kind und den Jugendlichen als Persönlichkeit voll ernst zu nehmen, sind Verletzungen der menschlichen Würde etwa aus falsch verstandener Überlegenheit (z. B. durch Ironie, Lächerlichmachen, Bloßstellen usw.) unvereinbar mit dem Rollenverständnis des Erziehers.

Muth 1982

→ Diskretion, pädagogische K

Pädagogisches Feld

wird ein durch erzieherische und/oder unterrichtliche Absichten und Maßnahmen im weitesten Sinne gekennzeichneter Bereich genannt mit all den Faktoren, die in irgendeiner Weise auf die im Feld handelnden Personen Einfluß nehmen.
K. Mollenhauer (1982[4]) definiert das pädagogische Feld als „Sinnzusammenhang aus den Handlungen aller im Feld Interagierenden". Die im pädagogischen Feld Handelnden bestimmen ihre Wechselbeziehung vor allem

1. aufgrund ihrer jeweils ureigenen „Lebenswelten", die sie ins Feld mitbringen,
2. aufgrund der eingeübten „Situationsdefinitionen", die das Verhalten in gewisser Weise vorprogrammieren,
3. aufgrund ihrer wechselseitigen Erwartungen,
4. aufgrund ihrer Fähigkeiten zur → Kommunikation und → Metakommunikation (= → Diskurs) und
5. aufgrund der gemeinsam zu bewältigenden aktuellen (Lern-)Situation.

Das pädagogische Feld in der Übersicht:

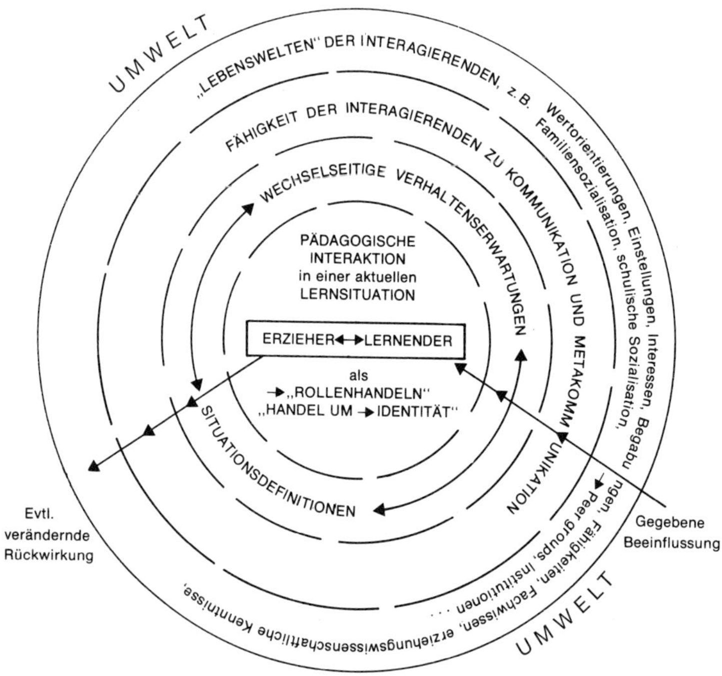

K

Päderastie → Homosexualität

Pädoaudiologie

vermittelt als Lehre von den Hörfunktionen und Hörstörungen des Kindes die wissenschaftlich gesicherten Informationen, die als Grundlage für die Aufdeckung beeinträchtigten Hörvermögens von Kindern mit Hilfe der **Pädoaudiometrie** (Meßverfahren) dienen. Diagnose, Beratung und Förderungsanleitung erfolgen in **pädoaudiologischen Beratungsstellen,** die im Rahmen der → Früherkennung in frühpädagogischen Zentren bzw. an Sonderschulen für Gehörlose und Schwerhörige eingerichtet sind.

K

Pädophilie

ist die sexuelle Zuneigung Erwachsener zu Kindern oder Jugendlichen beiderlei Geschlechts.

K

paidotrop → Lehrertypen

Palma-Reflex

Der Palma-Reflex zählt zu den sog. → Darwinschen Reflexen. Wenn man die Handinnenfläche eines Säuglings berührt, schließt sich die Hand und zwar so fest, daß der Säugling sich frei hängend an den Fingern eines Erwachsenen oder an einer Stange mehrere Minuten lang halten kann. Der in der früheren Stammesgeschichte des Menschen vielleicht einmal nützliche Palma-Reflex verliert sich ab dem 3. Lebensmonat.

→ Moro-Klammerreflex

K

Paneluntersuchung

Von Paneluntersuchung (englisch panel = Feld) wird gesprochen, wenn eine Gruppe von Versuchspersonen, z. B. eine Schulklasse, nach empirischem Vorgehen (d. h. in regelmäßigen Zeitintervallen nach einem gleichbleibenden Untersuchungsmuster mit gleichen Erhebungsinstrumenten) untersucht, befragt, beobachtet oder getestet wird. Hierbei sollen Verhaltensänderungen desselben Adressatenkreises ermittelt werden. Zeigen sich Änderungen im Reaktionsverhalten, die sich durch die regelmäßig wiederholten Untersuchungen selbst ergeben, so spricht man vom **Panel-Effekt.**

O

Panphobie → Phopie

Pansexualismus

ist eine kritische Bezeichnung für die Frühform der → Psychoanalyse S. Freuds, die grundsätzlich die Ursachen für jedes menschliche Verhalten in sexuellen Triebkräften sah.

O

Pantomime, Pantomimik

Pantomime bedeutet Ausdruck nur durch Gebärden, also unter Verzicht auf Sprache und Mienenspiel. Im vorschulischen und schulischen Bereich eignet sie sich hervorragend als Spielform zur gestischen Ausdrucksschulung und zur Sensibilisierung der Beobachtungsfunktionen der Zuschauer. Pantomimik wird als Bezeichnung für die Kunst der Pantomime verwendet.

K

Hamblin 1992; Kramer 1985; Marceau 1989; Meffert 1983; Müller 1988; Soubeyran 1984

Paradigma

heißt Musterbeispiel, mit dessen Hilfe z. B. ein komplexer Sachverhalt oder Vorgang erklärt wird. Ein Paradigma steht also immer stellvertretend für ein anderes. So ist z. B. das Kommunikationsmodell Sender – Kanal – Empfänger eines von vielen Paradigmen für die menschliche → Kommunikation. K

Paragraphie

bezeichnet eine spezielle Schreibstörung, bei der Buchstaben, Silben oder Wörter vertauscht werden. (Die Vorsilbe „para-" in der Bedeutung „von der Norm abweichend, fehlerhaft" findet sich auch in → Parakusie, → Paralexie, → Parapsychologie.)

→ Agraphie → Aphasie → Parapraxen K

Parakusie

bedeutet Hörstörung aufgrund organischer Beeinträchtigung. K

Paralalie

bezeichnet eine spezielle Sprachstörung, bei der – oft wegen eines zu hohen Sprechtempos – Wörter verwechselt werden. Gelegentlich wird der Begriff auch synonym für Dyslalie bzw. Stammeln verwendet.

→ Aphasie → Parapraxen → Stammeln K

Paralexie

bezeichnet eine spezielle Form der Lesestörung, bei der die zu lesenden Buchstaben, Silben und Wörter mit anderen vertauscht werden.

→ Aphasie → Dyslexie → Legasthenie K

Paralleltestmethode

Entsprechend der → Test-Parallelform werden, um die → Reliabilität (Zuverlässigkeit) einer Messung zu überprüfen, einer Gruppe von Versuchspersonen zeitlich verschoben zwei streng vergleichbare Tests zur Bearbeitung gegeben. Die Ergebnisse werden verglichen und in Beziehung gesetzt.

→ Reliabilitätskoeffizient O

Paralogie

bedeutet Denkstörung, die sich in unlogischer bzw. am Gesprächsgegenstand vorbeigehender Argumentation äußert. Als Ursachen kommen Konzentrationsstörungen, Gehirnschädigungen und Geisteskrankheiten in Frage. K

Parameter

Eine charakteristische Konstante (gleichbleibende Größe), die zur Unterscheidung einzelner Funktionen in einer Gruppe gewählt wurde, ist ein Parameter. Als Kennwert z. B. in Form eines Mittelwertes oder einer Streuung bezieht er sich auf die Häufigkeitsverteilung der Beobachtungswerte in der → Population. O

Paramimie

bezeichnet die Nichtübereinstimmung zwischen einem mimischen Ausdruck (→ Mimik) und dem zugrundeliegenden Gefühl. Gerade die oftmals von professionellen Erziehern erwartete gleichbleibende Gelassenheit im ganzkörperlichen Ausdruck bei entgegengesetzter Gefühlslage kann auf lange Sicht zu schwerwiegenden psychosomatischen Störungen führen. Durch Echtheit im Ausdruck und durch sog. → Ich-Botschaften kann der Erzieher einer solchen Entwicklung vorbeugen. K

Paranoia

bezeichnet die allmähliche Entwicklung von Wahnvorstellungen bei ansonsten aufrechterhaltener Denkfähigkeit bzw. Wahnvorstellungen aufgrund einer gegebenen Geisteskrankheit. Solche Wahnvorstellungen sind z. B. Größenwahn, Verfolgungswahn, religiöser Wahn, Eifersuchtswahn. In der weiteren Krankheitsentwicklung kann es zu aggressiven Durchsetzungsschüben des Wahns kommen, dem gegenüber die Patienten selbst völlig uneinsichtig sind. K

Schanda 1987

Paraphasie → Parapraxen

Paraphrasieren → Gesprächsführung, partnerzentrierte

Parapraxen (Parapraxie)

(= Fehlhandlungen) und Paraphasien (= Versprecher) bezeichnen zunächst lediglich den Tatbestand von Handlungsweisen, die einer vorgegebenen Situation nicht angemessen sind. Solche unpassenden Verhaltensweisen – umgangssprachlich oft als Freudsche Fehlleistungen bezeichnet – beschrieb S. Freud 1904 in seinem Buch „Zur Psychopathologie des Alltagslebens“. Freud vermutete hinter solchen Fehlleistungen Wünsche und Triebe, die – ins Unbewußte abgedrängt – von dort das Alltagshandeln sabotieren. Die dauernde Unterdrückung unbewußter Motive führe letztlich in die → Neurose.
Die akademische Psychologie erklärt Parapraxen und Paraphasien weniger spektakulär als Folgen mangelhafter Aufmerksamkeit bzw. überzogener Vorsicht, als Überschneidung verschieden stark ausgeprägter Aufmerksamkeitsspuren (bei z. B. gleichzeitigen Wahrnehmungseindrücken vor dem Fernsehapparat und einer nebenbei laufenden Unterhaltung), als Folge sich wechselseitig beeinflussender routinierter Handlungsmuster.

→ Unbewußte, das K

Parapsychologie

untersucht paranormale Phänomene mit anerkannten Methoden der Wissenschaft, insbesondere Phänomene der außersinnlichen Wahrnehmung wie z. B. Telepathie und Psychokinese, religiöse Wunder, Magie, Hellsehen und Präkognition, deren Existenz heutzutage selbst von Vertretern der Naturwissenschaften nicht mehr in Frage gestellt werden.

Aubeck 1989; Bender 1980; Haack 1987; Rogo 1976

→ Okkultismus K

Part-method (P-method) → T-Methode

Partizipation

bedeutet Teilhabe, Teilnahme, in der Unterrichtstheorie vor allem diskutiert als altersgemäße Teilhabe der Schüler an didaktischen und methodischen Entscheidungen für ihren Unterricht, wodurch ein Lerninhalt erst voll und ganz zu „ihrer Sache" wird. K

Partnerarbeit

bringt jeweils zwei Schüler – in der Regel die Banknachbarn – für kurze Zeit zu einer Arbeitsgemeinschaft zusammen. Sie bearbeiten – der Ökonomie wegen meist nach präziser Arbeitsanweisung – überschaubare Aufgaben vor allem der Materialsuche und -auswertung sowie der wechselseitigen Kontrolle (Hausaufgaben, Übungsarbeiten). Im Rahmen des → Helfersystems entfaltet die Partnerarbeit einen speziellen Aspekt ihrer Sozialisationsfunktion.

Vorteile der Partnerarbeit:
- Erweiterung des Wahrnehmungs- und Denkfeldes sowie größere geistige Beweglichkeit durch Meinungsaustausch,
- Einübung ins Argumentieren, Nachgeben, in die Fähigkeit, Kompromisse zu schließen, aber auch auf seiner begründeten Meinung zu beharren,
- Übernahme von Eigenverantwortung für eigene Lernprozesse und deren Ergebnisse, gelegentlich auch im Wettbewerb,
- größere Mobilität,
- schnell und ohne großen Aufwand zu organisieren.

Mögliche Nachteile
- Tendenz zum Dominanzverhalten eines Partners bei leistungsungleichen Schülern.
- Meistens können aus Zeitgründen nicht alle Ergebnisse der Partnerarbeit im Plenum angemessen gewürdigt werden.
- Die Einübung in Arbeitsdisziplin und in die nötigen sozialen Fähigkeiten kostet Zeit, die aber um einer sinnvollen Partnerarbeit willen aufgebracht werden muß.

Schell 1972

→ Sozialformen des Unterrichts K

Partnerschaftstraining

Schwerpunkte dieser Form gruppendynamischer Trainingsmethoden sind Intimität und → Aggression.

Das Partnerschaftstraining wird je nach Zielsetzung für (Ehe-)Paare, einzelne oder gemischt für (Ehe-)Paare und einzelne als Gruppentraining meistens in 5-Tage-Kursen durchgeführt.

Zur Bearbeitung bieten sich nach Däumling u. a. (1974) vor allem an

1. Kommunikationsformen,
2. Umgang mit neuen oder ungewohnten partnerschaftlichen Situationen bei gleichzeitiger Beobachtung und nachfolgendem → Feedback durch die Gruppe,
3. Bearbeitung früherer oder noch andauernder Partnererfahrungen,
4. Bezug zur Gruppe.

Die genannten Autoren erachten es als wichtig, den Paaren in verkraftbaren Kleinschritten Erfolgserlebnisse zu verschaffen, um ein Verharren in der Resignation oder einen Rückfall in sie auszuschließen. Selbstverständlich kann eine evtl. Trennung nicht ausgeschlossen werden, immerhin aber besteht die Chance, sie fair zu vollziehen.

→ Trainingsmethoden, gruppendynamische K

Passivität

bedeutet Antriebsarmut, Untätigkeit, Teilnahmslosigkeit. Bei lang anhaltender Passivität einzelner Schüler oder ganzer Klassen ist vor der Überlegung passivitätsauflösender Maßnahmen zu diagnostizieren, ob sie ein Begleitprodukt übermäßiger physischer und/oder psychischer Belastung oder das Ergebnis einer bewußten Verhaltensstrategie ist.
Passivität kann sich als Folge von Überfütterung mit Informationen, Überforderung der Verarbeitungs- und Konzentrationsfähigkeit, Übermüdung, Langeweile durch routiniert oder einfallslos geplanten Unterrichtsverlauf, aber auch als bewußt eingesetzte Konfliktstrategie ergeben.
Bei einzelnen Schülern ist ferner nach einer Verursachung durch aktuelle bedrükkende schulische oder außerschulische Ereignisse, depressive Gefühlszustände und organische Schäden zu fragen. K

Passung → Angemessenheit

Pathogenese

bezeichnet die Entstehung und Entwicklung einer Krankheit, und zwar unter Berücksichtigung aller Einflußfaktoren. K

Pathologie

ist die Lehre von den Krankheiten. Man unterscheidet grundsätzlich die allgemeine Pathologie, die Krankheitsursachen erforscht und die Wirkung der Krankheiten auf den Körper untersucht, von der speziellen Pathologie, die sich mit einzelnen Krankheiten befaßt, und der experimentellen Pathologie, die den Tierversuch zur Klärung pathologischer Fragen heranzieht. O

Remmele 1984

Patriarchat

bedeutet die **Vaterherrschaft,** der eine Eheform zugrunde liegt, bei der das **Vaterrecht** im Vordergrund steht, und der Mann als Oberhaupt der Familie vorsteht. Die ausgeprägteste Form des Patriarchats ist die **patriarchalische Großfamilie,** bei der mehrere Generationen unter der Führung des Familienältesten zusammengefaßt werden. Die Berechnung und Festlegung der Abstammung der Kinder erfolgt beim Vaterrecht im Gegensatz zum → Mutterrecht in väterlicher Linie. – Im kirchlichen Bereich bezeichnet das Patriarchat die Würde und den Amtsbereich eines „kirchlichen Patriarchen".

Bornemann 1991; Brehmer 1991; Lerner 1991

→ Matriarchat OK

Pattern

sind in **Lernprozessen** Lernmuster oder Lernstrukturen, die beispielhaft zur Erleichterung des Lernfortschritts vorgegeben werden (vgl. → Pattern drill).
In den **Sozialwissenschaften** bedeuten Pattern festgeschriebene, evtl. sogar ritualisierte Verhaltens-, Denk- und Handlungsmuster, die in erster Linie der Verhaltensstabilisierung und der Verhaltenssicherung dienen.

→ Rituale K

Pattern drill

Ein Beispiel wird als Lernmuster oder Lernsatz gegeben, der in zahlreichen gleichen und ähnlichen Zusammenhängen als Grundstruktur durch umfangreiches Üben einzuschleifen ist. Schwierige grammatikalische Strukturen werden z. B. durch Programme im → Sprachlabor in den entsprechenden → Phaseneinheiten eingeübt, in Buchprogrammen werden Muster vorgegeben, die in einer Anzahl von Transferübungen nachzuvollziehen sind.

→ Programmierte Instruktion → Lernzielstufen O

PC (Personal computer, Abk.) → Computer im Unterricht

Peer-group

Peer-groups sind → Gruppen Jugendlicher etwa gleichen Alters. In dem Zwiespalt zwischen einer an der Erwachsenenwelt gemessenen hohen Leistungsanforderung in Schule und Berufsausbildung und Abhängigkeit und eingeschränkter Freiheit als eben noch nicht Erwachsene bilden sie zur Überwindung ihrer Orientierungsprobleme solche Peer-groups, in denen sie eigene Formen des Zusammenlebens und der Realitätsbewältigung (Subkulturen) ausformen und praktizieren. Bei diesem Vorgang der Normenbildung kann es auch zu Widersprüchen mit den Normen und Erwartungen der übergeordneten Bezugsgesellschaft kommen.
Mit unterschiedlicher altersbedingter Schwerpunktsetzung kommen der Peer-group folgende **Hauptaufgaben** zu (vgl. z. B. Fend 1981, S. 194 f.):

- **Sozialisationsaufgabe**
  - In der Peer-group können **neue Verhaltensweisen erprobt werden,** ohne der Beobachtung, Überprüfung und evtl. Bestrafung von seiten der Erwachsenen ausgesetzt zu sein. Der Aufbau einer gefestigten **Ich-Identität** ist nur möglich, wenn der „Handel um Identität" mit dem Zugeständnis eines Freiraums für Verhaltensexperimente stattfinden kann.
    In diesem Freiraum sind auch die sog. **Mutproben** anzusiedeln, mit denen die Mitgliedschaft in einer Peer-group erworben wird, Status und Prestige untermauert werden und der „Handel um Identität" bis an seine Grenzen ausgereizt werden soll.
  - Die Peer-group ermöglicht den **Vergleich mit anderen,** die nicht wie die Erwachsenen durch Privilegien hoffnungslos statusüberlegen sind. Dieser Vergleich bietet Hilfe bei der Entdeckung der eigenen Möglichkeiten und der eigenen Position in der jeweiligen Gruppe (Kasperl, Führer, Kraftprotz, graue Eminenz, Mitläufer).
  - In der Gruppe der Altersgleichen werden die **wechselseitigen Verhaltenserwartungen und -wirkungen** erfahren, die im Umgang mit Erwachsenen immer unter pädagogischen Gesichtspunkten verzerrt werden.

- Die Peer-group ist das maßgebliche **Beobachtungsfeld für Verhaltensweisen,** die **im institutionellen Rahmen der Schule** erwartet werden. Gleichzeitig mit der Einübung in übliches Schülerverhalten wird in der Peer-group ausgehandelt, welche dieser üblichen Verhaltensweisen Anerkennung oder Ablehnung in der Gruppe nach sich ziehen (z. B. Provokateur, Spicker, Streber, Petzer).
- Die alltägliche Problem- und Konfliktbewältigung in der Peer-group zwingt zur **Wertorientierung,** wenn der einzelne nicht zum Spielball von wechselnden Fremdinteressen werden will.
- Die Peer-group erleichtert den **Übergang vom Sozialisationsfeld der Familie in die außerfamiliären Sozialisationsbereiche** wie Schule, Beruf, Freizeitbereich und Verbände.

– **Die Peer-group hat die Aufgabe, Schutz zu bieten.**
Als Solidargemeinschaft bietet sie dort Rückhalt, wo der einzelne geringe Erfolgsaussichten bei Auseinandersetzungen hat, z. B.
- gegenüber willkürlicher Behandlung durch den Lehrer,
- bei Überforderung durch Leistungsansprüche,
- angesichts tatsächlich oder vermeintlich sinnloser Anordnungen und belastender institutioneller Rahmenbedingungen,
- bei Angriffen durch einzelne Mitschüler, Cliquen, Fremdgruppen. Der einzelne erhofft in der Peer-group Sicherheit und Verläßlichkeit. Mangelnde Unterstützung wird als Verrat empfunden und in Gruppen mit großer Gruppendichte mit zum Teil harten Strafen belegt (Entzug von Anerkennung und Privilegien bis hin zum Ausschluß).
Schutz im Sinn von Deckung und Untertauchen bietet die Peer-group gelegentlich dann, wenn direkte solidarische Aktionen gegenüber Bedrohungen gleich welcher Art keinen Erfolg zeitigen und die gemeinsame Unlust in störende oder gar zerstörende Handlungen umschlägt (z. B. demonstrative Passivität im Unterricht, gezielte Störung des Unterrichts, ständige Provokationen, Vandalismen).

– **Die Peer-group leistet Ausgleich (Kompensation) im emotionalen und sozialen Bereich.** Sie bietet ein Erlebnisfeld für Emotionen und Beziehungen, auf die weder die Familie noch die Schule ausreichend eingeht. In dieser Funktion gewinnt die Peer-group um so mehr an Bedeutung als Anerkennung in anderen Bezugsgruppen versagt bleibt. Anlaß zur Sorge ist gegeben, wenn aus diesem Grund der entwicklungsbedingte Ablösungsvorgang von den bisher dominierenden Bezugsgruppen in einen Bruch oder gar in unversöhnliche Konfrontation umkippt. Die Peer-group erhält damit einen Einfluß auf den einzelnen, der ihn u. U. – vor allem unter ideologischem Druck – in Unfreiheit im Sinne totaler Abhängigkeit geraten läßt (z. B. Sekten, Drogenszene, Banden). Schulische Alltagserfahrung und Befragung Jugendlicher bestätigen jedenfalls in beängstigender Weise den Verdacht, daß die Schüler dem System Schule mit Distanz gegenüberstehen und nur zum geringeren Teil zukunftsträchtige Befähigungen von ihr erwarten.
K

Penisneid

bezeichnet das Erlebnis von Mädchen, das sie kurzfristig während ihrer Entwicklung haben können. In übertragener Bedeutung meint Penisneid das Gefühl der

Zurücksetzung von Frauen aufgrund der höheren gesellschaftlichen Bewertung von Männern. K

perinatal (perinatale Medizin)

bedeutet nahe dem Geburtszeitpunkt. In der heutigen Medizin wird damit der Zeitraum des letzten Schwangerschaftsmonats und der ersten zwei Lebenswochen des Säuglings bezeichnet. 1975 wurde als Folge relativ hoher Säuglingssterblichkeit in der Bundesrepublik Deutschland erstmals die sog. Perinatal-Studie veröffentlicht. Neben einer Bestandsaufnahme legte die Studie vor allem Wert auf die Eingrenzung von Risikofaktoren um den Geburtszeitpunkt und auf die Erarbeitung von Entscheidungshilfen für die Überweisung von Risikoschwangeren in Schwerpunktabteilungen der Kliniken.
Mittlerweile haben sich als bevorzugte Interessengebiete der perinatalen Medizin die vorgeburtliche Diagnose mittels Fetoskopie und Blutentnahme bei Verdacht auf Erbkrankheiten und Stoffwechselstörungen sowie die psychologisch optimale Gestaltung des Mutter-Kind-Aufenthaltes im Krankenhaus entwickelt. K

Dudenhausen 1991

Periodenunterricht → Epochalunterricht

peristatisch = umweltbedingt

peristostabil

bedeutet umweltunabhängig, von der Umwelt nur schwer oder gar nicht beeinflußbar. O

Permeabilität

heißt Durchlässigkeit, z. B. von Membranen (= dünne Scheidewände). Neuerdings wird der Begriff auch als Bezeichnung für die Durchlässigkeit zwischen verschiedenen Schulformen verwendet. Damit ist das Ausmaß an Möglichkeiten gemeint, die einem Schüler für den Wechsel in eine andere Schulform zur Verfügung stehen, z. B. von der Volksschule zum Gymnasium oder von der Realschule ins Gymnasium. Die Idee der Gesamtschule verfolgt u. a. als Ziel, eine möglichst hohe Permeabilität zu erreichen, also die Fixierung auf einige wenige Übertrittsverfahren zu überwinden. K

Permissivität

von englisch permit = dulden, zulassen, gewähren lassen, gestattet als → Erziehungs- und Unterrichtsstil des Lehrers den Schülern größtmögliche Entscheidungsfreiheit bei lockerer Verhaltenskontrolle.

→ Lehrerpersönlichkeit → Lehrerrolle → Lehrertypen K

Perseveration

bezeichnet die eingeschränkte Fähigkeit, sich mühelos von einer geistigen Tätigkeit auf eine andere umzustellen und in der Folge davon das unwillkürliche hartnäckige Erinnern bestimmter Erlebnisinhalte und das stereotype Beharren auf bestimmten Handlungsvollzügen. Sie ist oft bei Menschen mit schweren psychischen Störungen oder hirnorganischen Schädigungen zu beobachten, aber auch als Folge besonders emotional geladener Erlebnisse oder auch als vorübergehend bevorzugte Art des Lernens bei Kindern (Herunterleiern von Abzählreimen, Versen usw.).

→ Rigidität K

persönliches Unbewußtes → Archetyp

Persönlichkeit

G. W. Allport stellte 1937 fünfzig unterschiedliche Definitionen über Persönlichkeit zusammen. Er selbst schlug folgende Beschreibung vor: „Persönlichkeit ist die dynamische Ordnung derjenigen psychophysischen Systeme im → Individuum, die seine einzigartigen Anpassungen an seine Umwelt bestimmen" (zit. nach *Lexikon der Psychologie.* Freiburg 1971, Band 2, Seite 748/9).
Guilford machte für die Bestimmung der Persönlichkeit folgende Eigenschaften aus:
- Motivationseigenschaften wie Bedürfnisse, Interessen, Einstellungen;
- Fähigkeitseigenschaften;
- Handlungsstileigenschaften wie z. B. Temperament;
- Zustandseigenschaften wie z. B. Physiologie, Morphologie.

Gegenstand der Persönlichkeitsforschung als einer Disziplin der Differentiellen → Psychologie ist der individuelle Aspekt des Erlebens und Verhaltens des Menschen. Persönlichkeit verwirklicht sich im Prozeß der → Personalisation. Der Vielfalt der Definitionen entspricht eine ebenso große Vielfalt von Persönlichkeitstheorien und methodischen Ansätzen in der Forschung, z. B. die Eigenschaftstheorie, der behavioristische Ansatz in der Persönlichkeitsforschung, die an der Motivationspsychologie oder an der Sozialpsychologie orientierte Persönlichkeitsauffassung u. v. a.

Cattell 1978; Lüscher 1990; Parsons 1981; Pervin 1987; Revenstorf 1982; Rogers 1991; Scharmann 1966; Schröder 1991; Seve 1986; Thomae 1981

→ Lehrerpersönlichkeit → Person K

Persönlichkeitspsychologie

erforscht das individuelle Erleben und Verhalten des Menschen. Sie bedient sich dabei empirischer Methoden, die sich im wesentlichen auf → Beobachtung, → Messung, → Tests, → Experimente, → Statistik und damit auf quantitativ faßbare Daten beschränken.
Die Forschung bestimmen vor allem die → Querschnittuntersuchung, die → Längsschnittuntersuchung und die → Faktorenanalyse.

Crisand 1990; Herrmann/Lantermann 1985; Roth 1981; Sader 1980; Schmidt 1985; Waszkewitz 1987

→ Differentielle Psychologie → Psychologie K

Persönlichkeitstests

versuchen bei der Beurteilung einer Person die einseitige Sichtweise z. B. von → Intelligenztests oder → Leistungstests zu überwinden, indem sie emotionales und soziales Verhalten, Interessen, Kreativität in die Untersuchung mit einbeziehen. Vorsicht ist bei Persönlichkeitstests angebracht, die Sekten ihren Interessenten anbieten; sie suggerieren immer Persönlichkeitsdefizite, die angeblich nur mit Hilfe der Sekte behoben werden können und somit dem Kundenfang dienen.

Wehner/Durchholz 1980

→ Psychodiagnostik → Test K

Person

Die inhaltliche Bestimmung von Person wurde Jahrhunderte hindurch von Theologie und Philosophie geleistet, weshalb der Begriff in der modernen empirisch orientierten Pädagogik und Psychologie zögernd Verwendung findet. Person ist durch zwei wechselseitig sich bedingende Aspekte gekennzeichnet:

1. Person bedeutet Subjektivität als → Individuum, dessen Wesensmerkmale philosophisch interpretiert unteilbare Einheit, Einmaligkeit und vernunftbegabte Handlungsfähigkeit sind, und Subjektivität als in sich selbst gründende und mit Selbstbewußtsein ausgestattete → Persönlichkeit.
2. Person verwirklicht sich aber letztlich in der → Interaktion mit Umwelt und Mitwelt. Sie ist geschichtlich und in Wechselbeziehung zur Gesellschaft geworden und bestimmt, Zeit und Gesellschaft ihrerseits mitgestaltend und verändernd, ständig Konflikten, auch dem Scheitern ausgesetzt auf dem Weg zu mündiger, ihren sozialen Bezügen verantwortlicher Selbstbestimmung. K

Beck 1991; Brandstätter u. a. 1978; Fletcher 1975; Frank 1986; Lersch 1970

Personalakten

sind eine Sammlung von Urkunden und aktenmäßig festgehaltenen Vorgängen, die sich auf die persönlichen und dienstlichen Verhältnisse des Beamten (Lehrers) innerhalb seines durch das Beamtenverhältnis begründeten Rechts- und Pflichtenkreises beziehen. Dienstlich relevante private Daten gehören zu den Personalakten; über ihre Aufnahme entscheidet der Dienstvorgesetzte. Die Personalakten werden i. d. R. bei der Ernennungsbehörde geführt. Sachlich ungerechtfertigte Feststellungen dürfen nicht in die Personalakten aufgenommen werden, gegebenenfalls sind sie zu entfernen bzw. mit einem entsprechenden Richtigstellungsvermerk zu versehen. Jedem Beamten (Lehrer) bzw. seinem bevollmächtigten Vertreter steht auf Antrag die Einsichtnahme in seine vollständigen Personalakten zu. K

Geulen 1991; Lopacki 1986

Personal computer → Computer im Unterricht → Informationstechnische Bildung → Kybernetische Lehrmaschinen → Neue Medien

Personale Pädagogik

bestimmt das pädagogische Verhältnis vom Verständnis des Menschen als → Person her. Einmaligkeit, Vernunftbegabtheit, Angelegtsein auf Freiheit und Verantwortung und Angewiesenheit des Menschen auf ein → dialogisches Verhältnis zu anderen Personen, in theologischer Interpretation auch zu Gott, geben gleichzeitig die Ziele und die Maßstäbe für die erzieherische Begegnung ab.
Mit dieser am christlichen Menschenbild orientierten Vorgabe bezog die Personale Pädagogik nach dem Ende des 2. Weltkrieges Gegenposition gegenüber dem völkisch-kollektiven, führerorientierten Pädagogikverständnis des Nationalsozialismus.

Erziehung ist als Hilfestellung bei der wesensgemäßen Selbstverwirklichung des Menschen als Person, als → Personalisation zu sehen, die sich allerdings nicht in egozentrischer bzw. subjektivistischer Daseinsgestaltung erschöpft, sondern der anthropologischen Grundbestimmung der Person entsprechend die Verantwortung für sich selbst, die Mitmenschen und die Welt mit einschließt.

Buber 1984, 1986; Dilger 1983; Heitger 1983; Stippel 1957

→ Pädagogik K

Personaler Kontext → Kontext

Personalisation

bezeichnet jene Lernprozesse, die dem Menschen sein Personsein im Sinne unverwechselbarer Einmaligkeit (→ Person) in Entwicklung und Bestand ermöglichen. Sie vollzieht sich in Wechselwirkung mit der → Sozialisation. Sie erreicht ihr eigentliches Ziel des Personseins erst, wenn sie über bloße Anpassung und Fremdbestimmung hinaus zur Selbstbestimmung im Sinne kritischer Distanz, eigener Entscheidungsfähigkeit und Verantwortlichkeit für Um- und Mitwelt führt. K

Luyten 1979; Ortner 1990

Personenbezogene Erfolgsmessung

orientiert sich am persönlichen Lernfortschritt des einzelnen Schülers. Nicht der Klassendurchschnitt entscheidet, sondern die Lernergebnisse und Lernerfolge des einzelnen in Form seines Lernzugewinns sind Maßstab einer personenbezogenen Erfolgsmessung.

→ Lehr- und lernzielbezogene Ergebnismessung → Lernerfolgskontrolle → Lernzielstufen → Schulleistungsmessung → Schulstreß O

Perversion

Perversionen sind Fehlverhaltensweisen des Gefühls- und Trieblebens, insbesondere im Bereich der Sexualität. Über die Entstehung von Perversionen kennt die Wissenschaft bis heute nur Arbeitshypothesen, beruhend auf der:

1. **psychosozialen Ursachentheorie,** nach der Perversionen in erster Linie das Ergebnis verfehlter → Sozialisation sind. Die psychoanalytische Sexualtheorie vermutet in jedem Menschen „perverse Partialtriebe". Diese kommen aber nur beim Sexuell-Abnormalen wie z. B. beim Voyeur oder Exhibitionisten zum Vorschein. Die Gründe für dieses Verhalten sind nach Freud in frühkindlichen Erfahrungen zu suchen.
2. **biologischen Ursachentheorie,** nach der Perversionen wie die → Homosexualität auf frühzeitig auftretende hormonale Abweichungen zurückzuführen sind.
3. → **Konvergenztheorie,** nach der Perversionen durch erworbene und angeborene Erlebnis- und Verhaltensweisen in Verbindung mit besonderen auf den Menschen einwirkenden, das Sexualleben dominant bestimmenden Faktoren entstehen können. In den Kindheits- und Jugendjahren treten häufig sexuelle Abartigkeiten auf, ohne daß diese auf Dauer zur Perversität werden. Manche der früher als pervers bezeichneten Verhaltensweisen sind in unserer gegenwärtigen Gesellschaftsform Bestandteil des sogenannten normalen Sexualverhaltens geworden.

Perversionen liegen dann vor, wenn sexuelle Befriedigung durch eine der vielen Formen abweichenden Sexualverhaltens erzielt wird, wie z. B. → Sadismus, → Masochismus, → Sodomie, → Exhibitionismus, → Voyeurtum, → Fetischismus, → Transvestitismus. OK

Chasseguet-Smirgel 1989; Khan 1989; Morgenthaler 1987

Perzeption → Apperzeption

Peter-Prinzip → Kompetenz

PETRA → Europäische Bildungsprogramme

Petting
ist die umfassende Bezeichnung für alle Praktiken des Liebesspiels. Der Geschlechtsverkehr ist beim Petting ausgeklammert. Es wird heutzutage vor allem von Jugendlichen als Form vorehelicher Sexualbeziehungen praktiziert.
→ Necking K

Pfadfinder
bezeichnet eine Kinder- und Jugendorganisation, die 1907 von Baden-Powell in England gegründet wurde. Heute stellt sie weltweit verbreitet die größte Kinder- und Jugendorganisation überhaupt dar. Ihr Gründer – der → Reformpädagogik ebenso verpflichtet wie dem Christentum als gelebter Religion – baute seine Idee der Kinder- und Jugendbildung auf die vier Grundsätze der Charakterbildung, der Entfaltung manueller Fähigkeiten, der Gesundheitserziehung und der durch Hilfsbereitschaft gekennzeichneten tätigen Nächstenliebe.
Die Kinder- und Jugendgruppen sind nach Alter in Wölflinge (8–11 Jahre), Pfadfinder (12–15 Jahre) und Rover (ab 16 Jahre) gegliedert. Die Dachorganisation des Bundes Deutscher Pfadfinder gehört dem Deutschen Jugendring an. K

Eicheler 1990; Gerr 1983

Pflegeeltern
betreuen in ihrer Familie Kinder oder Jugendliche, deren leibliche Eltern sie nicht sind und mit denen sie in der Regel auch nicht verwandt sind. Für die Aufnahme des Kindes bzw. Jugendlichen ist die Pflegeerlaubnis des zuständigen Jugendamtes nötig. In einem Pflegevertrag sind die Höhe des Pflegegeldes und die Kooperation zwischen Jugendamt und Pflegeeltern geregelt. Den Pflegeeltern obliegt die Betreuung und Erziehung des Kindes/Jugendlichen, die elterliche Sorge steht ihnen aber nicht zu. Das Vormundschaftsgericht kann den Pflegeeltern die elterliche Sorge auf Antrag der leiblichen Eltern übertragen, ebenso den Verbleib des Kindes/Jugendlichen in der Pflegefamilie gegen den Willen der leiblichen Eltern anordnen, wenn das körperliche, geistige oder seelische Wohl des Kindes/Jugendlichen durch die Herausnahme aus der Pflegefamilie nachweislich gefährdet wird. K

Heitkamp 1989; Jochimsen/Trabandt 1989; Pflegekinder 1986; Schädler 1990; Schreiner 1991

Pflichtfächer (synonym für Kernfächer) → Kern- und Kursunterricht

Phänomenologie

bezeichnet die Erkenntnislehre und Methode, die von den Sachverhalten in ihrer tatsächlichen Erscheinungsform und von den Ereignissen, Erfahrungen und Vorgängen im Bewußtsein ausgeht (Phänomene = Erscheinungsformen).
Diese sind für das → Individuum unmittelbar erlebbar und deutbar. Sie bestimmen das Verhalten und die Verhaltensänderungen des Individuums wesentlich mit.
Phänomenologisches Vorgehen zielt also über das tatsächlich Beobachtbare hinaus auf das Wesentliche eines Ereignisses oder einer Erfahrung. Die Phänomene sollen als Ganze von sich selbst her erschlossen werden und nicht wie beim hermeneutischen Verfahren (→ Hermeneutik) durch Vorgänge des Interpretierens und Verstehens.
Aloys Fischer führte die phänomenologische Methode mit seiner „deskriptiven (= beschreibenden) Pädagogik" in die erziehungswissenschaftliche Forschung ein. K

Herzog 1992; Husserl 1952 f., 1982; Jamme/Pöggeler 1989; Koch 1992; Orth 1991; Plöger 1987; Röhrs 1968; Schmitz 1980; Sokolowski 1976; Strasser 1964; Ströker/Jannsen 1989

Phänotyp (Phänotypus)

umfaßt alle tatsächlichen Erscheinungsformen eines Lebewesens, das gesamte Erscheinungsbild, das durch Erbanlagen und Umwelteinflüsse geprägt ist.
→ Genotyp K

phallische Phase → Ödipuskomplex

Phantasie

bedeutet allgemein Vorstellung, Vorstellungskraft, auch Einfallsreichtum als → Assoziation und Kombination von Vorstellungen, in diesem Sinne eine wesentliche Antriebskraft produktiven und kreativen Denkens und Handelns. Von Phantasien spricht man jedoch auch bei Tag- und Nachtträumen und bei Halluzinationen (= Sinnestäuschungen).
Wunsch- und Angstphantasien werden mit Regelmäßigkeit als Projektionen in → Gruppen entwickelt. Beispiel: Ein Gruppenmitglied (in der Klasse, im Lehrerkollegium usw.), das oftmals schlechte Erfahrungen mit Vorgesetzten sammeln mußte, projiziert diese schlechten Erfahrungen als Angstphantasie in jeder neuen Gruppe, der es angehört, auf solche Gruppenmitglieder, die aufgrund ihrer Funktionen Autorität ausüben oder den Anspruch auf Autorität erheben. Das durch die Angstphantasie bestimmte, der wirklichen Situation aber nicht angemessene Verhalten der Gruppenmitglieder kann in einem Teufelskreis im Sinne einer sich selbst erfüllenden Prophezeiung genau das erwartete und befürchtete Verhalten im Partner auslösen, wenn nicht Methoden der → Metakommunikation für eine rechtzeitige Klärung des Sachverhalts sorgen. K

Duncker u. a. 1990; Fucke 1981; Lahrmann 1973; Richter/Merkel 1974; Schöpf 1981; Winnicott 1989

Phasen → Entwicklungsstufen → Entwicklungsabschnitte

Phaseneinheiten

Im Rahmen der Unterrichtsprogrammierung werden Tonbandprogramme für Sprachlabors (SL) in Phasen aufbereitet, die als Lernprogramme grundsätzlich in Drei- oder Vierphaseneinheiten erstellt werden.

Dreiphaseneinheit:

Lehrer (Vorsprechen) 1. Phase	Schüler (Nachsprechen) 2. Phase	Lehrer (Wiederholung) 3. Phase

Vierphaseneinheit:

Aufgabe (Lehrer)	Antwort (Schüler)	Richtige Antwort (Lehrer)	Wiederholung der richtigen Antwort (Schüler)

Dreiphasen- und Vierphaseneinheiten werden im Fremdsprachenunterricht entsprechend der Altersgruppe für Nachsprechübungen, Einschleifübungen von → Pattern drills und Intonationsübungen verwendet. Vierphaseneinheiten dienen vor allem → Transfer- und Umwandlungsübungen. Der Schüler kann seine Antwort überprüfen und durch nochmaligen Bandablauf nicht richtige Antworten verbessern.

→ Self-evaluation → Programmierte Instruktion O

Phasenprogramm → Phaseneinheiten → Kriterienprogrammierung

Philanthropismus

nach seiner Herkunft aus dem Griechischen mit „Haltung der Menschenliebe" übersetzt, kennzeichnet eine pädagogische Richtung, die ihre Blütezeit in den letzten 30 Jahren des 18. Jahrhunderts erlebte. Der Aufklärung verpflichtet und unmittelbar an J. J. Rousseau anknüpfend (der „Emile" erschien 1762) forderten die Philanthropen (z. B. J. H. Campe 1746–1818, Chr. G. Salzmann 1744–1811, E. Chr. Trapp 1745–1818, Fr. Gedike 1754–1803, J. Chr. Fr. Guts Muths 1759–1839) eine ganzheitliche, naturgemäße, der kindlichen und jugendlichen Entwicklung angepaßte und auf die Vernunft bauende, aber gleichzeitig auf berufliche Brauchbarkeit zielende Erziehungs- und Unterrichtsmethode. Diese praktizierten sie auch in den Philanthropinum genannten Erziehungsanstalten, deren erste 1774 von J. B. Basedow in Dessau gegründet wurde. K

Philosophie

wörtlich aus dem Griechischen übersetzt die „Liebe zur Weisheit", fragte – nach einem Bericht Ciceros – bis zu Pythagoras (ca. 580–500 v. Chr.) nach der „Natur der Dinge". Bis zum Ende des 19. Jahrhunderts war der bevorzugte Erkenntnisgegenstand der Philosophie die Wahrheit. Nach heutiger Auffassung ist Philosophie nicht als eigener Gegenstandsbereich aufzufassen wie etwa eine beliebige Wissenschaft, sondern als eine besondere Art des Umgangs mit der Welt, als eine eigene Art der Erfahrung; nach Wittgenstein ist „der Zweck der Philosophie die logische Klärung der Gedanken". Nach M. Müller (1964) ist Philosophie „transzendentale und ontologische Erfahrung und Ausarbeitung dieser Erfahrung". Die transzendentale Erfahrung bezieht sich auf die Bedingungen der Möglichkeit

dieser Erfahrung selbst, die ontologische Erfahrung auf das Sein als solches und die Ordnungs-, Begriffs- und Wesensbestimmungen des Seienden.
Philosophie fragt nach dem Sinn des Ganzen des Seins und damit auch des menschlichen Seins, nach dem Ursprung und den Gesetzen des Denkens und Handelns, in unserem speziellen Zusammenhang des erzieherischen Denkens und Handelns (Philosophie der Erziehung). Philosophie beschäftigt sich mit den Möglichkeiten und den dabei geltenden Gesetzen, die Welt zu erklären, geleitet sowohl von einem erkenntnisorientierten als auch von einem handlungsorientierten (Ethik, Politik) Interesse. K

Lübbe 1978; Kambartel 1968; Müller 1964

Phlegmatiker → Temperament

Phobie

stellt eine Neuroseform dar, bei der sich beim jeweils Betroffenen unangebrachte Ängste bei bestimmten Gelegenheiten, in gewissen Situationen und vor Objekten feststellen lassen. Solche Ängste sind z. B.:

- Angst auf der Straße, die Platzangst (Agoraphobie)
- Angst in geschlossenen Räumen, Verkehrsmitteln (Klaustrophobie)
- Angst vor Erröten (Erythrophobie)
- Angst vor Krebserkrankung (Cancrophobie)
- Angst vor Geschlechtskrankheiten (Syphilitophobie)
- allgemein ängstliche Stimmungslage (Panphobie)

Die ängstliche Beobachtung des eigenen Gesundheitszustandes und die Einbildung der Feststellung gewisser Krankheitsanzeichen an sich selbst wird als Hypochondrie bezeichnet.
Alle diese Ängste werden durch seelische Konflikte oder → Konditionierungen veranlaßt.
Die Therapie setzt vor allem auf → Desensibilisierung, → Verhaltensmodifikation, → Verhaltenstherapie und Selbstsicherheitstraining.

Butollo/Höfling 1984

→ Hysterie → Neurose → Zwangsneurose K

Phonem

bezeichnet das kleinste lautliche Wortunterscheidungszeichen, das ein Wort in ein anderes verändern und in derselben Stellung einen Bedeutungsunterschied hervorrufen kann, z. B. p in **P**ein im Unterschied zu b in **B**ein, k im Gegensatz zu g in E**ck**e – E**gg**e, **T**isch – **F**isch. Von Phonemen wird auch dann gesprochen, wenn Laute in verschiedenen Längen, Stärken und Tonhöhen im selben Kontext vorkommen und zur Unterscheidung von Wörtern dienen, z. B. R**u**hm – R**u**m, Fl**a**me – Fl**a**mme, B**a**hn – B**a**nn.

→ Linguistik → Lexem O

Phonotypie

Sie stellt ein Medienverbundsystem dar, das die Möglichkeit bietet, auf Grund maschineller variabler Tonübertragung gegebene Texte und Diktate über Schreibmaschine oder andere schreibtechnische Geräte auf Papier oder anderes Material zu übertragen. Der Phonotypieunterricht löst den traditionellen Maschinenschreib- und Kurzschriftunterricht ab. Die Phonotypieanlage in der Schule besteht im allgemeinen aus

1. einem **Schülerarbeitsplatz** mit elektrischer Schreibmaschine, einem entsprechenden Kassettenrekorder oder Diktiergerät mit Kopfhörern, Fußtaste mit Vor- und Rücklauf, Lautstärkenregler, Programmwähler u. a.
2. einer **Steueranlage**, die vom Lehrenden bedient wird. Von hier aus wird der Übungsstoff auf die Schülerarbeitsplätze übertragen und kopiert.

In die Ausstattung können entsprechende Rückruf- und Kontrollanlagen bzw. Kontrollmonitore eingebaut werden. Die Arbeit im Phonotypieraum erfolgt entweder in Form des Einzel- oder Vielhörens.
Beim **Einzelhören** hat der Schüler die Möglichkeit, die Geräte auf seine individuelle Arbeitsgeschwindigkeit einzustellen und die auf ihnen befindlichen Unterrichtseinheiten und Übungsstoffe selbsttätig bis zum Begreifen und Erkennen durch Betätigung der Vor- und Rücklauftaste zu wiederholen. Bei der Methode des **Vielhörens** wird das Programm von außen gesteuert. Der Programmablauf kann vom Schüler nicht gestoppt oder wiederholt werden. Jedoch bietet sich auch hier noch eine Differenzierung durch eine Schalterverstellung am Schülerarbeitsplatz auf eine niedrigere Geschwindigkeitsstufe. Bei der Steuerung vom Lehrertisch aus können beim Vielhören auch mehrere Programme parallel für verschiedene Gruppen auf die Schülerarbeitsplätze mit unterschiedlichen Geschwindigkeitsstufen eingespielt werden.

→ Programmierte Instruktion O

Phylogenese → Ontogenese

Physiognomie

bezeichnet den Ausdruck des gesamten Erscheinungsbildes eines Menschen. Insbesonders von den Gesichtszügen wurden und werden Rückschlüsse auf augenblickliche psychische Befindlichkeiten, aber auch auf stabilere Eigenschaften, „Charakterzüge" u. a. m. gezogen. Dabei ist wegen der Gefahr von Vorurteilen Vorsicht geboten, da ein und dieselbe Physiognomie Ausdruck unterschiedlicher Gefühlszustände sein kann, nicht selten auch als Maske den tatsächlichen Gefühlszustand verbirgt, und schließlich jeder Ausdruck zumindest teilweise von der Interpretation des Betrachters mitbestimmt wird.

Glas 1984 und 1990

→ Ausdruckspsychologie → Konstitution K

Physiologie

wörtlich aus dem Griechischen übertragen „die Lehre von der Natur", beschäftigt sich als Wissenschaft mit den Funktionen des menschlichen Organismus, und zwar mit Hilfe naturwissenschaftlicher Methoden. Der Mensch als Leib-Seele-Einheit bedingt die enge, auf Wechselseitigkeit beruhende Zusammenarbeit zwischen Physiologie und Psychologie. K

Firbas 1991; Gebert 1987; Schmidt/Thews 1990

Pilotfach

wird dasjenige Unterrichtsfach aus einer Fächergruppe genannt, das in besonderem Maße die Voraussetzungen für die Einführung eines allgemeinen oder fächergruppen-spezifischen Lernzieles mitbringt. Es handelt sich dabei meistens um instrumentelle Lernziele, also z. B. um Fertigkeiten wie Erstellen und Vortragen eines Referates (Pilotfach Deutsch), Quelleninterpretation (Pilotfächer Geschichte, Ethik), Umgang mit Statistiken (Pilotfächer je nach Schulart Wirtschaft, Erdkunde u. a.).
Die für die jeweiligen Lernziele zuständigen Pilotfächer sind aus einer Zeitleiste zu ersehen. Durch Orientierung an der Zeitleiste kann sich also jeder Lehrer Klarheit darüber verschaffen, in welchem Schülerjahrgang und zu welchem Zeitpunkt ein dort vermerktes Lernziel durch ein bestimmtes Pilotfach angestrebt wird und von da an als bearbeitet bei den Schülern vorausgesetzt werden kann. Die Verteilung der systematischen Einübung in Fähigkeiten und Fertigkeiten auf jeweils besonders geeignete Pilotfächer bringt eine Entlastung für die einzelnen Unterrichtsfächer mit sich. Die Koordinierung der Pilotfächer in einer Zeitleiste soll unterrichtliche Fehlplanungen in bezug auf vorausgesetzte Fähigkeiten der Schüler vermeiden helfen. K

Pilotprojekt

Der Begriff Pilotprojekt, zu dem Pilot Project, Pilotstudie, Pilot Study als Synonyme verwendet werden, bedeutet einen Modellversuch. Im Bereich des Schulwesens werden Pilotprojekte z. B. als Schulversuche für neu zu errichtende Schulformen oder schulische Umstrukturierungen für eine gewisse Zeitdauer durchgeführt, um die Notwendigkeit, Zweckmäßigkeit und Effizienz für eine zukünftige allgemeine Einführung überprüfen zu können. Der Modellversuch stellt Voruntersuchungen an, um Probleme zu erkennen, die für maßgebende Entscheidungen z. B. über eine Weiterführung, Ablehnung oder Bejahung eines Projekts von größter Bedeutung sein können. O

Pilotstudie → Pilotprojekt → Experiment

PL 1

ist die Abkürzung für **P**rogramming **L**anguage **1**. PL 1 lehnt sich an die problem- bzw. verfahrensorientierten → Programmiersprachen → ALGOL, → COBOL, FORTRAN an und ist für die Programmierung sowohl von Aufgaben, Abläufen und Problemen in Wirtschaft und Verwaltung als auch in Technik und Wissenschaft geeignet. O

Planspiel

Das Planspiel stellt einen Simulationsprozeß mit einer Anzahl sich aneinanderreihender und ineinandergreifender Entscheidungen dar. Es wird auf Grund der ständigen Entscheidungsforderungen im Gegensatz zur → Fallstudie, die mehr oder weniger einphasig und statisch ist, als ein dynamisch ablaufender Prozeß betrachtet. Jedes Planspiel hat Modellcharakter, ist wirklichkeitsbezogen, baut auf vorher Gelerntem auf, ist in Spielperioden gegliedert, die mit Reflexionsphasen abwechseln, und muß innerhalb einer dem planbaren Ablauf entsprechenden Zeit zu einem Ergebnis führen. Konflikt- oder Problemsimulationen mit offener Lösung werden als **offene Planspiele** bezeichnet, solche dagegen, bei denen das Ziel gegeben und die notwendigen Entscheidungen auf dieses Ziel hin zu treffen sind, werden **geschlossene Planspiele** genannt. Ein Planspiel kann im Unterricht nur dann erfolgversprechend eingesetzt werden, wenn der Schüler für das zu bearbeitende Problem das notwendige Wissen und persönliche Erfahrungen mitbringt, das Ablaufmodell für ihn überschaubar und verständlich ist, und der Lehrer die Planspielmethode beherrscht, die Gruppenergebnisse auch tatsächlich auswertet und in bezug zur Praxis, zur Wirklichkeit bringt. Insbesonders setzt das Planspiel bei den Schülern die Beherrschung bestimmter Arbeitstechniken voraus, wie z. B. Diskussion, Statement, Debatte, Formen der Kooperation und Feedbacktechniken. Wie beim → Rollenspiel übernehmen die Teilnehmer im Planspiel in ihren Gruppen (Aktionsgruppen) Rollen, mit denen sie sich identifizieren. Dem Thema entsprechend umfaßt jede Aktionsgruppe drei bis fünf Teilnehmer. Die Betreuung der Gruppen während des Spielablaufes, der in zeitlich festgelegte Perioden gegliedert ist, die mit Reflexionsphasen abwechseln, übernimmt der Lehrer als Spielleiter.

Das für die Schüler modellhaft aufbereitete Problem muß auf wesentliche Strukturen und Merkmale reduziert werden. Das angestrebte Ziel ist durch entsprechende Aspekte und Hinweise so vorzuzeichnen, daß die eigene Entscheidungs- und Handlungsfreiheit nicht zu stark eingeschränkt wird und das Ziel auf mehreren Wegen mit unterschiedlichen Ergebnissen erreicht werden kann. Für die Entwicklung des Schülers hat diese Methode z. B. folgende Vorzüge: Erleben der Konsequenzen seines Handelns und seiner Entscheidungen, das vorhandene Wissen wird im größeren Zusammenhang gesehen und erprobt, die → Simulation bringt ihn an die Lebenswirklichkeit heran, Förderung von Entscheidungsprozessen, Erziehung zur Kommunikationsfähigkeit, Überlegungen zur Informationsbeschaffung, Bewußtwerden von Kenntnislücken und Möglichkeit der Anwendung gelernter Stoffe.

Das Planspiel, das zunächst bei der strategischen, militärischen Ausbildung, im Bereich der Wirtschaft und in der Erwachsenenbildung als Trainings- und Lehrmethode eingesetzt wurde, hat mittlerweile auch Eingang in die Schulen, vor allem in die beruflichen Schulen, gefunden. Geeignet erscheint die Planspielmethode in Fächern wie: Arbeitslehre, Sozialkunde, Volkswirtschaftslehre, Betriebswirtschaftslehre, Rechnungswesen, Arbeitswissenschaften, Psychologie, Ethik u. a.

Als Themen kommen beispielsweise in Frage:

- Besiedelungsplan, Flurbereinigung, Naherholungsraum, Altstadtsanierung, Alpenerschließungsplan u. a. in Geographie,
- soziale und ethische Problemsituationen wie Jugendarbeitslosigkeit, Altenversorgung, sexuelle Freizügigkeit und Ehe in Sozialkunde, Ethik und Religionslehre,
- aktuelle Problemsituationen der Schüler wie Konflikte untereinander, mit Lehrern oder Eltern.

(Vgl. unter dem Gesichtspunkt einer Themensammlung Tiemann, 1969).

Wichtig ist, daß jede Phase des Planspiels und schließlich das Planspiel als Ganzes in Untergruppen und/oder im Plenum reflektiert werden.

Als Leitfragen bieten sich z. B. an:

- Was war unser Ziel, inwieweit haben wir es erreicht? Welche konkreten Ergebnisse liegen vor?

- Wer in unserer Gruppe hat zur Zielverwirklichung beigetragen, wer hat dominiert, wer blockiert usw.? (Konkrete Beispiele!)
- Welchen Weg sind wir in der Bewältigung des Problems gegangen?
- Welche Gruppen haben unsere eigene Arbeit fördernd bzw. hemmend beeinflußt? (Konkrete Beispiele!)
- Welchen Lerngewinn in bezug auf Realitätsbewältigung stellen wir fest?
- Welche gesellschaftlich relevanten Aktivitäten ergeben sich evtl. aus unserer Arbeit? OK

Jurkuhn 1992; Manthey 1990; Schmidt 1988; Vagt 1983

Plateaubildung

bezeichnet den scheinbaren Stillstand nach intensiven Lern- und Übungsphasen, der einige Zeit keinen Fortschritt erkennen läßt. Die Sicherung der bereits erworbenen Fähigkeiten bis zur Geläufigkeit und ihre vielfache Verknüpfung (z. B. beim Erlernen der Sprache oder eines Instruments) setzen durch Automatisierungsvorgänge Kräfte frei für einen neuen Lernschub. Wenn das Plateau der jeweils höchstmöglichen Leistung erreicht ist, führt weiteres Üben zum sog. Overlearning-Effekt (= Überlern-Effekt), der in Überdruß, Motivationsverlust und Abwehrmechanismen gegenüber dem Lernstoff umschlagen kann, wenn das Maß der nützlichen Wiederholung überschritten wird (vgl. → Überlernen in seiner positiven Bedeutung!). K

Platzangst → Phobie

Pluralismus

bezeichnet das tatsächliche Nebeneinander nicht voneinander ableitbarer Weltanschauungen, ethischer Systeme, gesellschaftlicher Konzepte. Die **pluralistische Gesellschaft** ist demzufolge durch Gruppen mit verschiedenen Grundüberzeugungen und Interessen gekennzeichnet, die miteinander rivalisieren und konkurrieren, gelegentlich sich auch bekämpfen. Da gemeinsam den Grundprinzipien freiheitlicher Demokratie verpflichtet, stellt sich ihnen – gegenüber einseitiger Verhärtung – die Aufgabe, sich selbst ständig in Frage zu stellen (→ Ideologiekritik), gegenseitig zu korrigieren und aufgeschlossen, für Diskussion jederzeit offen und die Freiheit anderer Standpunkte tolerierend miteinander zu kooperieren.
Unter **Methodenpluralismus** versteht man das gleichwertige Nebeneinander verschiedener Methoden zur Erschließung bzw. Bearbeitung wissenschaftlicher Fragestellungen. K

Böhr/Fuchs 1982; Spinner 1974

Polaritätsprofil

Durch ein Polaritätsprofil, das nach der Technik der quantitativen Analyse arbeitet, kann die unterschiedliche Bedeutung von Begriffen bei verschiedenen Personen oder Personengruppen mit Hilfe einer → Ratingskala erfaßt werden. So könnte bei der Feststellung, ob ein Personenkreis mit dem Aufenthalt an einem bestimmten Ort zufrieden war, das Merkmal „Aufenthalt" in der Ratingskala folgendermaßen abgestuft zu beurteilen sein: sehr gut – gut – befriedigend – ausreichend – mangelhaft – schlecht – sehr schlecht. Die die Gegensätzlichkeit ausdrückenden Adjektivpaare stehen zu den jeweiligen Begriffen in emotionaler Beziehung. Die für einen Begriff auf mehreren Skalen gewählten Merkmale ergeben ein Polaritätsprofil, das meist graphisch dargestellt wird. In der Sozialforschung spürt man mit der Erstellung von Polaritätsprofilen vor allem den Ausprägungen von Einstellungen und Voreingenommenheiten nach. OK

Poltern

ist eine → Sprachbehinderung, bei welcher insbesondere der Redefluß durch überstürztes Sprechen mit der Folge von Wortauslassungen und -umstellungen, Verschlucken von Wörtern und Silben sowie Wortfindeschwierigkeiten beeinträchtigt ist. Die Therapie setzt bei der Verzögerung des Sprechablaufs, redeangepaßter Atmung und Konzentrationsübungen an. K

Biesalski 1985–1991; Scholz/Eckert 1978

Polyandrie → Monogamie

Polygamie → Monogamie

Polygynie → Monogamie

Polytechnische Bildung

aus dem Griechischen wörtlich übersetzt „auf viele bzw. mehrere Fertigkeiten, Künste, Gewerbe bezogene Bildung", meint spezielle Bildungsanstrengungen zur Vorbereitung auf die Arbeitswelt, in den Ländern der Bundesrepublik Deutschland durch unterschiedliche Ausformungen des Faches → Arbeitslehre verfolgt. K

Declering/Feig 1982; Lackmann/Wascher 1991; Schmidt 1973

Popularisierung

stellt den Versuch dar, wissenschaftliche Erkenntnisse allgemein verständlich, aber ohne verfälschende Vereinfachung im Sinne des Verlustes oder der Verkürzung wesentlicher Fakten darzustellen. Durch Popularisierung sollen also wissenschaftliche Erkenntnisse dem interessierten Laien ohne Forderung der Beherrschung von Fachsprachen aufgeschlossen werden. Dem Prinzip der Popularisierung folgen in unterschiedlicher Qualität z. B. die für Kinder und Jugendliche konzipierten Sachbücher. K

Population

Der Begriff Population wird in zwei Bedeutungen verwendet:
1. Als Population gilt die Gesamtheit aller Individuen, die in einem genau umgrenzten Wohnbezirk zu einer bestimmten Zeit leben, in der eine wissenschaftliche Untersuchung durchgeführt wird.
2. Population bezeichnet jene Gruppe von Individuen, die zu einer repräsentativen → Stichprobe z. B. bei Befragungen oder Experimenten herangezogen werden. K

Pornographie

ist die einseitige Darstellung genital-sexueller Akte in Wort und Bild unter Einschluß sexueller → Perversionen mit der Absicht sexueller Stimulierung. Nach § 184 StGB wird zwischen einfacher und harter Pornographie unterschieden.

Harte Pornographie beinhaltet Gewalt in Verbindung mit Sexualität, sexuellen Mißbrauch von Kindern und sexuellen Umgang von Menschen mit Tieren (→ Sodomie). Die Weitergabe pornographischer Erzeugnisse an Kinder und Jugendliche und die Werbung für sie bei diesem Personenkreis sind strafbar.
Kinderpornographie ist seit 1992 bzgl. Herstellung, Vertrieb und Besitz strafbar. K

Lautmann/Schetsche 1990; Pornographie 1989; Rick/Treudl 1989; Selg 1986

Position, soziale

Eine soziale Position ist eine Stelle in einem sozialen Gebilde, z. B. in der Familie (Position des Vater, der Mutter, des Kindes) oder in der Schulklasse (Position des Lehrers, des Schülers, des Klassensprechers), allgemein eine Stelle in einer → Gruppe (z. B. Gruppensprecher, Protokollführer, Kassenwart). Die soziale Position bzw. die mehr oder minder komplexe **Positionsstruktur**, ist durch Verhaltenserwartungen zum Nutzen der Gruppenmitglieder und des gemeinsamen Zieles der Gruppe definiert (= Beschreibung der sozialen → Rolle, die ein Gruppenmitglied in einer bestimmten sozialen Position spielt). Werden diese Verhaltenserwartungen nicht oder schlecht erfüllt, zieht dies → Sanktionen für den Inhaber der sozialen Position nach sich, die im Extremfall in ihrem Entzug bestehen können, um das Funktionieren des sozialen Gebildes aufrechtzuerhalten. Da jeder Mensch in verschiedenen sozialen Gebilden bestimmte Rollen zu übernehmen hat, nimmt er auch eine Vielzahl von sozialen Positionen ein, deren Anforderungen er durch sein Rollenverhalten gerecht werden muß.

→ Statussymbol K

Positionsstruktur → Position, soziale

Positiver Transfer → Transfer

Positivismus (-streit)

als Richtung der Philosophie und Wissenschaft geht seiner lateinischen Herkunftsbedeutung entsprechend und in seiner von A. Comte (1798–1857) grundgelegten Form ausschließlich vom Gegebenen, Tatsächlichen aus, das mit den Methoden der Naturwissenschaften streng empirisch zu beschreiben und zu erschließen ist. Metaphysische Fragestellungen sind sinnlos, weil empirisch nicht beantwortbar.
Positivismusstreit wird – bzgl. der Bezeichnung in falscher Rezeption des Kritischen Rationalismus – eine Auseinandersetzung zwischen den führenden Vertretern der Kritischen Theorie (Th. W. Adorno, J. Habermas) und des Kritischen Rationalismus (K. R. Popper, H. Albert) genannt, die 1961 auf einer Tagung der Deutschen Gesellschaft für Soziologie begann und nachhaltige Wirkungen im Wissenschaftsbetrieb nach sich zog.

Adorno 1989; Büttemeyer/Möller 1979; Comte 1979; Ettelt 1979; Kon 1968; Tolman 1992

→ Kritische Theorie → Kritischer Rationalismus K

postnatal

bedeutet nachgeburtlich, die Zeit nach der Geburt betreffend.

→ perinatal → pränatal K

Postulat

Forderungen, Prinzipien, provisorische Annahmen oder Voraussetzungen von Systemen, die nicht oder noch nicht bewiesen, wissenschaftlich begründet und bestätigt werden können, jedoch auf Grund von tatsächlichen Gegebenheiten, aus systematischen oder praktischen Erwägungen heraus glaubhaft gemacht werden müssen und von denen entsprechende Schlußfolgerungen und Argumente abhängen, werden als Postulate bezeichnet. So sind z. B. Kants „Postulate der praktischen Vernunft": Freiheit des Willens, Unsterblichkeit der Seele, Gott. O

Potenz

vom lateinischen potentia = Macht, Vermögen, Kraft, Wirksamkeit, bezeichnet im deutschen Sprachgebrauch zusätzlich allgemein Fähigkeit, Leistungsvermögen, Möglichkeit.
Neben speziellen Bedeutungen in der Mathematik und der Homöopathie ist Potenz in der Alltagssprache vor allem geläufig als Bezeichnung für die Fähigkeit des Mannes zum Geschlechtsverkehr und zur Zeugung, seltener für die Empfängnisfähigkeit der Frau.

→ Impotenz K

Power-Test

vom englischen power = Kraft, Stärke, Fähigkeit, gibt sowohl in der pädagogischen und psychologischen Forschung als auch im Anwendungsbereich der → Schulleistungsmessung (vgl. auch → Leistungsmessung!) je nach Konstruktionsart Aufschluß über die Leistungskomponenten, auf die der Test abzielt.
Ein **Nur-Power-Test bzw. Niveautest**, bei dem Zeitbegrenzung keine Rolle für das Arbeitsergebnis spielt, mißt ausschließlich die Qualität (Güte) einer Leistung.
Ein **Speed-Power-Test** (speed = Geschwindigkeit) erfaßt Leistungsgüte und Leistungsgeschwindigkeit dergestalt, daß jeder Teilnehmer am Test in der zugemessenen Zeitspanne so viele Aufgaben richtig bearbeiten kann wie er auch ohne Zeitbeschränkung bearbeiten würde.
Der **Bearbeitungs-Speed-Test** zielt auf die Leistungsgeschwindigkeit. Er ist so konstruiert, daß die Testteilnehmer an sehr vielen leichten Aufgaben unterschiedlich weit kommen, keiner aber alle Aufgaben in der zugemessenen Zeit lösen kann.
Der **Genauigkeits-Speed-Test** bietet für alle Teilnehmer gleich viele lösbare Aufgaben an, die allerdings mit Zeitbegrenzung bearbeitet werden müssen. Die damit verbundene Einbuße an Genauigkeit in der Bearbeitung führt zu Fehlleistungen, die ohne Zeitbeschränkung vermeidbar wären.
Bei der Erstellung von → Schulaufgaben für die → Leistungsmessung wäre zu prüfen, ob sie auch die Leistungskomponenten messen, die gefragt sind bzw. ob die Schulaufgabe dem Idealtyp des Speed-Power-Tests entspricht. K

Prädestination

bezeichnet allgemein die vorab feststehende Eignung eines Menschen zu einer bestimmten Lebensverwirklichung aufgrund von Anlagen und ausgeprägten Fähigkeiten.
Im theologischen Sprachgebrauch bedeutet Prädestination die Vorherbestimmung des Menschen durch Gott zur Seligkeit oder zur Verdammnis (letzteres: Prädamnation). K

Prädisposition

bedeutet die anlagemäßig gegebene Richtung der Entwicklung eines Menschen, der Ausbildung bestimmter Verhaltensweisen, Fähigkeiten, Einstellungen usw., im medizinischen Sprachgebrauch auch die Empfänglichkeit für bestimmte Krankheiten.

→ Disposition K

Präformationstheorie

Die Präformationstheorie behauptet, daß das Lebewesen im Ei bzw. im Samen vollständig vorgeformt enthalten ist. Alle weitere Entwicklung wäre nach dieser Theorie bloßem Größenwachstum gleichzusetzen. In dieser Form wird die Präformationstheorie heute von niemandem mehr vertreten, als Lehre von der genetischen Vorherbestimmtheit und schicksalhaften Festgelegtheit des Menschen spielt sie aber im Anlage-Umwelt-Streit nach wie vor eine bedeutende Rolle.

→ Tabula-rasa-Theorie → Milieu K

Prägenitale Phase

ist nach S. Freud die zusammenfassende Bezeichnung für die Aufeinanderfolge von → oraler Phase, → analer Phase und phallischer bzw. ödipaler (→ Ödipuskomplex) Phase. K

Prägnanzgesetz

wird das wichtigste Gesetz der Gestalttheorie (→ Gestaltpsychologie) genannt, mit dessen Hilfe die Tendenz des Organismus erklärt wird, einen begegnenden Reizkomplex zu einer „guten Gestalt“, also in einen klar strukturierten Reizzusammenhang umzuformen.

Bei der Suche nach Prägnanz (= Klarheit, Genauigkeit, Bedeutsamkeit) orientiert sich der Organismus an den Ordnungseigenschaften: Klare Gliederung, Regelmäßigkeit, Einfachheit, Sinnhaftigkeit, Vollständigkeit. Wo diese – auch teilweise – nicht gegeben sind, neigt der Organismus dazu, sie durch Verbesserungen des Reizzusammenhangs – gelegentlich sogar um den Preis von Wahrnehmungstäuschungen und Denkfehlern – zu schaffen.

Literaturhinweise bei → Gestaltpsychologie → Gestaltgesetze K

Hüppe 1984

Prägung

bezeichnet die irreversible (= nicht umkehrbare) Beeinflussung der Handlungsrichtung während bestimmter sensibler, relativ kurzer Phasen der Entwicklung. Experimentelle Befunde zum Prägungsvorgang lieferte bisher vor allem die → Ethologie (= vergleichende Verhaltensforschung = Tierpsychologie), und zwar zur Objektprägung (Nachfolgereaktionen und Sexualverhalten) und zur motorischen Prägung (Prägung auf den Gesang artfremder Eltern). Besonders bekannt geworden sind die Prägungsversuche von K. Lorenz, der frisch geschlüpfte Graugansküken durch seine dauernde Anwesenheit nach ihrer Geburt auf sich als „Muttertier“ prägte. K

Prämisse → Schluß

pränatal

bedeutet vorgeburtlich. Die gesamte pränatale Entwicklung des Menschen wird in drei Stadien eingeteilt:

1. Das Germinalstadium (= Keimstadium) umfaßt die Zeit von der Befruchtung der Eizelle bis etwa 14 Tage danach.
2. Das Embryonalstadium (Embryo = das ungeborene Lebewesen mit noch nicht abgeschlossener Organentwicklung) reicht von der 2. Woche nach der Befruchtung bis zur 9. Woche.
3. Das Fötalstadium (Fötus = das ungeborene Lebewesen mit abgeschlossener Organentwicklung) beginnt in der 9. Woche nach der Befruchtung und endet mit der Geburt.

Arz de Falco 1991; Murken 1987; Reif 1990

→ perinatal → postnatal K

Prävention

vom lateinischen prävenire = zuvorkommen, bezeichnet alle Maßnahmen, die geeignet erscheinen, unerwünschten Entwicklungen in allen Lebensbereichen (politischen, wirtschaftlichen, pädagogischen u. a.) vorzubeugen. Für die Erziehung erweisen sich als besonders vordringliche Aufgabengebiete der Prävention im ausgehenden 20. Jahrhundert z. B. der destruktive Umgang mit → Aggressionen und die Drogenszene.
Je nach Zeitpunkt des Eingreifens spricht man von **primärer Prävention** (im Vorfeld der unerwünschten Entwicklung z. B. durch Arbeit an grundlegenden Einstellungen, gesundheitsbewußtem Verhalten), **sekundärer Prävention** (Früherkennung und frühzeitiges Abfangen unerwünschter Entwicklungen vor allem durch Aufklärungsarbeit und Therapie) und **tertiärer Prävention** (Verhinderung bzw. Milderung von Nachfolgeschäden einer bereits eingetretenen unerwünschten Entwicklung).

Allhoff 1992; Gerlicher 1980; Kury 1982; Lippmann 1990

→ Drogen → Gesundheitserziehung → Jugendschutz K

Pragmatik

bedeutet Sachbezogenheit, Orientierung auf das Nützliche. Zur Verwendung in der Sprachwissenschaft vgl. → Semiotik! K

Stachowiak 1986–1993

pragmatisch

wird als Adjektiv in der Bedeutung sachlich, nützlich, praktisch, zweckdienlich und anwendungsbezogen verwendet. O

Pragmatismus

bezeichnet seit C. S. Peirce (amerikanischer Philosoph, 1838–1914) eine Richtung der Philosophie und des wissenschaftlichen Denkens, nach der sich die Bedeutung eines Begriffes aus seinen praktischen Folgen ergibt. Der Wert des Denkens liegt in seiner Handlungsorientierung, seinem Praxisbezug, denn der Mensch ist wesentlich durch Handeln bestimmt.
J. Dewey (1859–1952) führte den Pragmatismus in die Pädagogik ein, indem er in

der Erziehung den Primat des Handelns und der Erfahrung betonte. Die Identitätsbildung (→ Ich-Identität) vollzieht sich nach Dewey über Erfahrung und Interaktion. Das von Dewey initiierte „learning by doing" (Lernen durch Handeln) und die zusammen mit W. H. Kilpatrick (1871–1965) formulierte Theorie des Projektunterrichts übten auf die Unterrichtskonzepte der → Reformpädagogik ebenso nachhaltigen Einfluß aus wie auf das handlungsorientierte Unterrichtskonzept der 80er Jahre des 20. Jahrhunderts.

Joas 1992; Kreutz 1988; Peirce 1991 (2x); Ramsenthaler 1982

→ Handlungsorientierter Unterricht → Projektunterricht K

Praktische Prüfung → Prüfung → Schulaufgabe

Praktische Schulpädagogik → Schulpädagogik

Praxisanleitung → Supervision

Praxisbegleitung → Supervision

Praxisberatung → Supervision

Praxisschock

wird die mehr oder weniger frustrierende Erfahrung z. B. von Junglehrern bzw. Referendaren genannt, nach der Ausbildungsphase der Wirklichkeit der Praxis nicht hinreichend gewachsen zu sein. Seine Ursachen hat der Praxisschock vornehmlich in folgenden Vorgängen:

1. Die **überwiegend theoretische** – und meist auch noch einseitig fachlich orientierte – **Ausbildung** vernachlässigt die schrittweise Einübung in die pädagogischen und didaktischen Erfordernisse im Praxisfeld Schule selbst und in entsprechenden Trainingsseminaren. Die **studienbegleitenden Praktika** – bei einigen Lehramtsausbildungsgängen überhaupt nicht vorhanden – müßten zur Behebung der Praxisdefizite erheblich ausgeweitet werden, so daß die noch in der Ausbildung zu leistende Umsetzung der Theorie in die Praxis möglich wäre. Für die seltene Durchführung von **Verhaltenstrainings** während der Ausbildung sind nicht nur fehlende Bereitschaft und mangelhaftes Können bei den Ausbildern verantwortlich zu machen, sondern auch das nach wie vor zahlenmäßig ungünstige Verhältnis von Lehrenden zu Lernenden. Verhaltenstrainings können sinnvoll nur mit Kleingruppen durchgeführt werden.
2. Die **konservierte Erinnerung** der Referendare an ihre eigene Schulzeit birgt die Tendenz in sich, Verhaltensweisen von Lehrern als Modelle zu nehmen, die aber weder den veränderten Verhältnissen noch den persönlichen Möglichkeiten Rechnung tragen können.
3. Teilweise auf den ersten Punkt weist eine bei den Referendaren feststellbare **Diskrepanz zwischen ihren erzieherischen Idealvorstellungen und der Erziehungswirklichkeit** zurück, zwischen welchen ausgleichend zu vermitteln sie mangels Kompetenz noch nicht in der Lage sind.
4. Die unbefangene Begegnung mit der Praxis wird sehr erschwert durch die **Erwartungshaltungen** von seiten der Schüler, der Eltern, der Vorgesetzten, die vom ersten Praxistag an voll auf den Referendaren lasten und die den **Prü-**

fungsdruck, der von der zweiten Staatsprüfung (z. B. von den Lehramts- oder Assessorenprüfungen) vorauswirkend ausgeht, mitverantworten. K

Arbeitsgruppe Aumeister 1976; Sievering 1982

Précis → Summary

Prestige

bedeutet Geltung bzw. das soziale Ansehen, das einem Individuum aufgrund seiner sozialen → Position und nach Kriterien wie Abstammung, Lebensführung, Einkommen, besondere Leistungen, Titel, Stellung in einer Autoritätshierarchie usw. zuerkannt wird. Prestige und Prestigeverlust üben gewichtige Rückwirkungen auf die Selbsteinschätzung und das Verhalten des Betroffenen aus.

Gerner 1981; Veblen 1989; Wegener 1988

→ Image → Profilneurose K

Primäre Triebe

sind angeboren im Unterschied zu sekundären bzw. erworbenen Trieben. Als primäre Triebe gelten z. B. der Nahrungs-, Arterhaltungs- und Brutpflegetrieb. K

Primärfähigkeiten

sind nach Thurstone folgende Grundfähigkeiten der → Intelligenz:
1. Sprachverständnis
2. Sprachflüssigkeit
3. Raumerfassung
4. Schlußfolgerndes Denken
5. Wahrnehmungsgeschwindigkeit
6. Zahlenverständnis
7. Gedächtnis, v. a. Kurzzeitgedächtnis

Zur Überprüfung der Primärfähigkeiten entwickelte Thurstone zwischen 1948 und 1953 die Testbatterien PMA (primary mental abilities) für die Altersgruppen 5–7, 7–11 und 11–17. K

Primärgruppe

ist eine meist kleine → Gruppe, in der sich die einzelnen Gruppenmitglieder von Angesicht zu Angesicht kennen, sich gemeinsamen Zielen verpflichtet fühlen, regelmäßigen Kontakt miteinander pflegen, gefühlsmäßig stark miteinander verbunden und bereit zur → Solidarität sind. Solche Primärgruppen sind z. B. Familien, Spielgruppen, Banden, Clubs. K

Primärtherapie

verkürzend auch Urschrei-Therapie genannt, geht auf den amerikanischen Psychoanalytiker A. Janov zurück. In Anlehnung an S. Freud erklärt er neurotische Symptome als Folge der Verdrängung unerträglicher Erlebnisse und Erfahrungen in der frühen Kindheit, die nur durch ungehemmte Gefühlsausbrüche ausgelebt und damit abgebaut werden können.

Janov 1985, 1988 (2×), 1990, 1991

→ Psychotherapie K

Primarbereich → Primarstufe

Primarstufe

Die Primarstufe umfaßt grundsätzlich das erste bis vierte Schuljahr und entspricht der → Grundschule.
Vom → Elementarbereich, der vorschulischen Erziehung, werden gleitende Übergänge zum Primarbereich geschaffen, in dem eine allmähliche Hinführung zu den systematischen Formen des schulischen Arbeitens erfolgt und anschließend in die Sekundarstufe I ohne Schwierigkeiten überführen soll. Das Studium zum Lehramt mit Schwerpunkt in der Primarstufe und einer Mindeststudiendauer von sechs Semestern erfolgt an wissenschaftlichen Hochschulen bzw. Universitäten. Es umfaßt im allgemeinen das Studium der Didaktik der Primarstufe und das Studium eines Faches.
Das Lehramt der Primarstufe kann stufenübergreifend durch ein zusätzliches Fach erweitert werden.

Renner 1982; Wittenbruch/Möller 1992

→ Grundschule → Grundschulpädagogik → Lehrerausbildung OK

Privatschule

Privatschulen ergänzen das öffentliche Schulwesen. Ihre Träger sind z. B. Kirchen, Religionsgemeinschaften, Schulvereine (z. B. → Waldorfschulen), Vereine, Firmen, Stiftungen, Privatpersonen. Private Schulen sind entweder → Ersatzschulen (entsprechen den bestehenden oder vorgesehenen öffentlichen Pflichtschulen und bedürfen der staatlichen Genehmigung) oder → Ergänzungsschulen (unterliegen nur der Anzeigepflicht bei der staatlichen Aufsichtsbehörde). Für die Schulträger von Privatschulen sind keine bestimmten Rechtsformen vorgeschrieben. Sie müssen jedoch ebenso wie die öffentlichen Schulen Bezeichnungen führen, aus denen der Schulträger, die Schulart und in besonderen Fällen auch Schulform, Schulzweig oder Ausbildungsrichtung ersichtlich sind. Die verwendeten Bezeichnungen müssen Verwechslungen mit öffentlichen Schulen ausschließen.
Schulleiter, Lehrer, Einrichtungen und Lehrpläne müssen dem Standard des öffentlichen Schulwesens entsprechen, andernfalls kann der Betrieb der Privatschule bzw. die Tätigkeit eines Lehrers untersagt werden.
Private Volksschulen dürfen nur zugelassen werden, „wenn die Unterrichtsverwaltung ein besonderes pädagogisches Interesse anerkennt oder, auf Antrag von Erziehungsberechtigten, wenn sie als Gemeinschaftsschule, als Bekenntnis- oder Weltanschauungsschule errichtet werden soll und eine öffentliche Volksschule dieser Art in der Gemeinde nicht besteht (Art. 7 Abs. 5 GG; Art. 134 Abs. 3 BV)".
Grundsätzlich haben Privatschulen ebenso wie kommunale Schulen den gesamten Aufwand für den Unterhalt und Betrieb der Schule zu tragen. Jedoch können vom Staat entsprechend der gesetzlichen Bestimmungen Zuschüsse gegeben werden für Baumaßnahmen, Kosten des Sachaufwandes, Personalkosten.

Frowein 1979; Lemper 1989

→ Alternative Schulen → Schule → Schulordnung OK

Privatunterricht

bezeichnet den in der Regel befristeten individuellen Unterricht für eine Person oder eine kleine Gruppe gegen Entgelt, wie er z. B. beim → Nachhilfeunterricht oder Instrumentalunterricht gegeben ist.
Privatunterricht als Ersatz des Schulunterrichts bedarf der Genehmigung durch die Schulaufsichtsbehörde, die nur bei triftigen Gründen und einwandfrei nachgewiesener Befähigung des Privatlehrers erteilt werden darf. K

Proaktive Hemmung → Gedächtnishemmungen

Probehandeln → Denken, in psychologischer Sicht

Problem

stellt eine neuartige, mit dem bisherigen Wissen und Können nicht auf Anhieb zu bewältigende Aufgabe oder Situation dar. Das Problembewußtsein signalisiert ein nicht hinreichendes Wissen, einen nur teilweise erfaßten Erkenntnisgegenstand, eine kognitive → Dissonanz, einen ungelösten Konflikt.
→ Denken, in psychologischer Sicht → Problemlösen → Problemlösender Unterricht
K

Problemanalyse → Validität

Problemlösen

bezeichnet den Vorgang, durch Denkarbeit Hindernisse zu überwinden, die einen psychischen Spannungszustand im Menschen verursacht haben. Die Voraussetzung für Problemlösungen z. B. im Unterricht ist also zunächst die Wahrnehmung eines Hindernisses bzw. das Staunen über Phänomene und Zusammenhänge, die mit dem bisherigen Wissen und Können nicht auf Anhieb durchschaut werden können.
Daucher hat bereits 1963 darauf hingewiesen, daß die Problemlösung in drei Schritten erfolgt:

1. **Materialanalyse:** Welche Fakten liegen vor, welche sind mir bekannt, welche unbekannt?
2. **Konfliktanalyse:** Worin besteht die Schwierigkeit, wo sind die Zusammenhänge für mich nicht durchschaubar?
3. **Zielanalyse:** Was genau ist gesucht?

Hilfreiche Denkmittel bei der Problemlösung sind Erinnerungs- und Erfahrungsdaten, Übertragung ähnlicher Kenntnisse (= → Transfer) auf den vorliegenden problematischen Sachverhalt und entdeckendes Vorgehen, evtl. auch kreativ-spielerischer Umgang mit dem Problem.
Beim Problemlösen als **Lernzielstufe** hat der Schüler selbständige Leistungen zu bringen, indem er in vorgegebenen Sachverhalten oder Situationen das Problem erkennt und definiert sowie durch eigenes Arrangement seiner Kenntnisse und Fähigkeiten löst. Seine besondere Leistung liegt hier im Erkennen und Bearbeiten von Beziehungen, Zusammenhängen und Strukturen der gegebenen Fakten und von (kreativen) Kombinationsmöglichkeiten.

Beispiele
- Aus einem gegebenen Fallbeispiel das Kernproblem erschließen und Lösungsmöglichkeiten mit Begründung entwickeln. Z. B. wie könnte die Entscheidung eines Mannes (einer Frau) aussehen, der (die) in Kanada eine hochbezahlte Stelle für ein Jahr bekommen könnte, aber seine (ihre) Familie nicht mitnehmen kann?
- Erörterung als Aufsatzform
- Geometrische Aufgaben, die nur durch Grenzüberschreitung oder durch bisher nicht geübte Kombination von Verfahrensweisen lösbar sind.

Brander u. a. 1989; Bugdahl 1991; Dörner 1987; Franke 1980; Funke 1986; Mayer 1979; Neber 1987; Sell 1991

→ Denken, in psychologischer Sicht → Intelligenz → Problemlösender Unterricht K

Problemlösender Unterricht

Ziel: Der Schüler soll zu selbständigem Denken und Handeln im Umgang mit Alltagsproblemen geführt werden. Von einem Problem ist hier die Rede, wenn eine Situation eine Aufgabe enthält, die durch Routinehandeln nicht gelöst werden kann. Zu **unterscheiden** ist der problemlösende Unterricht vom
- Problemunterricht,
- problemorientierten Unterricht und vom
- problembehandelnden Unterricht, bei denen die Problembegegnung im Vordergrund steht und nicht die Problemlösung.

Allgemeiner Verlauf der Problembearbeitung:
- Auffinden bzw. Präsentation des Problems,
- Erkennen des Problems,
- Exakte Beschreibung bzw. Definition des Problems,
- Entschluß zur Bearbeitung des Problems (u. a. abhängig von Kenntnissen und Fähigkeiten),
- Phase der eigentlichen Problemlösung,
- Sicherung und Veröffentlichung der Ergebnisse,
- Prüfung der Gültigkeit, Brauchbarkeit, Anwendbarkeit der gefundenen Problemlösung.

Fach- und gegenstandsbezogene **Problemlösungsstrategien** sind flexibel zu gebrauchen, um nicht durch ihre Entfremdung zu Routinehandlungen die für Problembearbeitungen nötige → Kreativität zu unterlaufen. K

Lange 1982–1987; Scholz 1980; Tümmers 1980

Problemlösendes Denken→ → Denken, in psychologischer Sicht → Lernzielstufen

Problemorientierter Unterricht → here and now problems

Produktion

Die Herstellung und Bereitstellung von Gütern für den Konsum wird als Produktion bezeichnet. Dabei ist der Begriff Güter sowohl materiell (Waren, Sachgüter) als auch immateriell (Dienstleistungen, Informationen, Energie) zu verstehen. Somit beinhaltet der Begriff Produktion im weiteren Sinne auch die in Wissenschaft und Kunst erbrachten geistigen Leistungen. O

Produktionsschule

Hierunter sind Schulformen zu verstehen, die bereits den Schüler in einen wirtschaftlichen Produktionsprozeß eingliedern und Schulinstitutionen, die eigene Produktionsbereiche durch Arbeit ihrer Schüler aufrechterhalten. Die Vorläufer der Produktionsschulen nach dem Entwurf z. B. des russischen Pädagogen P. P. Blonskij (1884–1941) und von P. Oestreich (1878–1959) in Deutschland waren die Industrieschulen Ende des 18. Jahrhunderts.

→ Alternative Schulen → Produktivität → Waldorfschule, freie OK

Produktive Synthese → Synthese

Produktives Denken

fordert gegenüber der nach- und mitvollziehenden Aufnahme und Einordnung von Informationen (wie beim rezeptiven Denken) die **originelle Eigenleistung des Lernenden in der Informationsbeschaffung und -verarbeitung.** Schlicht übersetzt bedeutet Produktivität Ergiebigkeit und Schaffenskraft. Beide Aspekte, die auf das **Ergebnis** bezogene quantitative wie qualitative Ergiebigkeit und die auf den **Prozeß** bezogene Schaffenskraft, sind für die Gestaltung von Lernprozessen bedeutsam.

In produktiven Denkprozessen werden z. B. folgende **Leistungen** erwartet:

- Bekanntes soll unter neuen Gesichtspunkten geordnet werden.
- Ein Gegenstand oder eine Situation ist zu analysieren.
- Erworbenes Wissen und angeeignete Fähigkeiten werden auf die Lösung von Problemaufgaben angewendet.
- Ein Gegenstand soll hergestellt werden.
- Eigene Erfahrungen sind für die Bearbeitung alltäglicher Lebenssituationen zu befragen und auszuwerten.
- Aus Einzelerkenntnissen werden Gesetzmäßigkeiten abgeleitet.
- Ein vorgegebener Sachverhalt wird durch Abwägen von Argumenten kritisch gewürdigt.
- Zusammenhänge werden aufgebaut und auf ihre Struktur hin untersucht.
- Eigenes Verhalten wird in Frage gestellt, z. B. durch Arbeit an Vorurteilen, Wahrnehmungsfehlern, Kommunikationsdefiziten.

Wertheimer 1964

→ Denken → Problem → Problemlösen K

Produktivität

Der Begriff der Produktivität, der im Sprachgebrauch der Wirtschaft die volkswirtschaftliche Ergiebigkeit und die gesamtwirtschaftlichen Erfolgskategorien umfaßt, wurde bildungstheoretisch übernommen. Im Bereich des Lehrens und Lernens strebt die Produktivität das Optimum, die bestmögliche Leistung an, gemessen an Stofftiefe, Stoffbreite, gesetzten Lernzielen und zeitlich vorgesehenen Lernerträgen.

Der Lernende muß bei Erschließung der **Stofftiefe** zur eigenen geistigen Erfahrung, zum Verstehen von Zusammenhängen, zum → Problemlösen geführt werden und zu Erkenntnissen und Können gelangen.

Die **Stoffbreite** sollte soweit wie möglich beachtet werden, ist jedoch nicht von

primärer Bedeutung. Eine umfangreiche, abgerundete, nicht stufenweise aufgebaute Stoffdarbietung, die keine Rücksicht auf die beim Schüler vorhandene Erfahrung nimmt und diesen überfordert, ist unproduktiv. Lernökonomisch ist allein der den Lernenden zum Nachdenken, zum aktiven Mitarbeiten fordernde Unterricht. Friedrich Copéc prägte den Begriff der Produktivität des Unvollkommenen, den Reinhardt als Optimalfall wie folgt beschreibt: „Der Optimalfall produktiver Unvollkommenheit eines Lernstoffes ist dann gegeben, wenn der Stoff nicht nur für irgendwelche Lernhandlungen größtmögliche Gelegenheit bietet, sondern wenn der Stoff nach Maßgabe des verfügbaren Lernpotentials didaktisch jene Arbeiten offen läßt, also fordert, die unter allen an diesem Gegenstand möglichen Lernhandlungen die für den Lernenden ertragreichsten sind." (Reinhardt 1970)
Beim Ablauf eines → Lernprozesses, der gezielte → Leistung anstrebt, ist es von großer Bedeutung, sinnvolle Pausen einzuplanen, damit durch den Verbrauch physischer und psychischer Energie kein zu hoher Leistungsverlust eintritt und die → Leistungskurve stetig nach unten tendiert.
Optimal angelegte Pausen stellen produktive Pausen dar und sind ökonomisch für den weiteren Lernverlauf.
Produktivität wird im pädagogischen Bereich mitunter auch mit → Kreativität gleichgesetzt und produktives → Denken synonym zu schöpferischem Denken verwendet, das sich mit dem Auffinden neuer und origineller Problemlösungen befaßt.
→ Problem → Problemlösen OK

Pro Familia
aus dem Lateinischen übersetzt „für die Familie", ist die in der Öffentlichkeit gebräuchliche Kurzbezeichnung für die Deutsche Gesellschaft für Sexualberatung und Familienplanung e. V. Die konfessionell und politisch neutrale Gesellschaft mit Hauptsitz in Frankfurt a. M. unterhält flächendeckend in der gesamten Bundesrepublik Deutschland Beratungsstellen, die vor allem im Zusammenhang mit der Entscheidung über einen Schwangerschaftsabbruch aufgesucht werden können. K

Professionalisierung
(von lateinisch professio = öffentliche Angabe, Beruf, Bekenntnis) zielt in jedem Beruf darauf ab, den einzelnen für die jeweilig notwendigen und zu beherrschenden Techniken und Wissenschaften und für die durch den Arbeitsplatz, die Berufsrichtung oder das Berufsbild geforderten Tätigkeiten und Ablaufprozesse im höchstmöglichen Maße fachlich zu befähigen. Die Tendenz einer Professionalisierung beeinflußt auch die → Lehrerrolle, die sich in einem stetigen, dem jeweiligen Gesellschaftsgefüge anpassenden Wandlungsprozeß befindet. Der Lehrerberuf wird bei aller Einbindung in gesellschaftliche Zwänge und damit verbundener Statusunsicherheit immer stärker durch Fachwissenschaft, Fachdidaktik und → Schulpädagogik als seine Berufswissenschaft bestimmt. Politisierung und Bürokratisierung des Lehrberufs beeinträchtigen nicht unerheblich die für eine Professionalisierung notwendige Autonomie des Lehrers als eines Experten der Erziehung und des Unterrichts. Eine formale Kurzbeschreibung des professionalisier-

ten Lehrerberufs gibt der Strukturplan für das Bildungswesen mit seiner Aufgabenbeschreibung: Lehren, Erziehen, Beurteilen, Beraten, Innovieren. K

Alisch u. a. 1990; Pestalozzi-Fröbel-Verband 1988

Professionelle Sozialisation

bezeichnet den Vorgang der Aneignung von Einstellungen, Wertüberzeugungen, Kenntnissen und Fähigkeiten, welche die Verhaltensweisen in einem bestimmten Berufsfeld mitbestimmen. Das Ergebnis der professionellen Sozialisation tritt nach außen hin z. B. als der „typische" Lehrer, Manager, Offizier, Finanzbeamte usw. in Erscheinung. Wie bei jeder anderen Art von Sozialisation scheinen bei diesem Prozeß vor allem das Lernen am Modell und die Nachahmung tradierter Berufsbilder im Vordergrund zu stehen. K

Profilneurose

bezeichnet die u. U. bis zu krankhafter Angst gesteigerte Mutmaßung oder Befürchtung, in bestimmten Lebensbereichen (z. B. im Beruf, Verein) oder generell zu wenig zu gelten. Mit dieser Befürchtung verbunden sind gesteigerte, oft hektische und aufdringliche Anstrengungen, das vermeintliche Geltungsdefizit durch Leistung und/oder „Auffallen um jeden Preis" abzubauen.

→ Image → Prestige K

Prognose

bezeichnet die auf gegebene Fakten gestützte Voraussage eines mutmaßlichen Entwicklungsverlaufs. Eine Prognose ist um so zuverlässiger, je sorgfältiger und umfassender die gegebenen Ausgangsdaten erhoben wurden und der Ist-Zustand beschrieben wurde (Diagnose) und je genauer die Bedingungen der zukünftigen Entwicklung bekannt sind. K

Programmiersprachen

werden erst in neuerer Zeit im Rahmen der → Informationstechnischen Bildung und des Faches → Informatik im schulischen Unterricht berücksichtigt. Sie stellen in Form von Rechenvorschriften künstliche Sprachen dar, mit deren Hilfe bestimmte Aufgaben über elektronische Datenverarbeitungssysteme erledigt werden können.

Die Programmiersprachen werden unterteilt in maschinenorientierte und problem- oder verfahrensorientierte Sprachen.

Für den Lehr- und Unterrichtsbetrieb sind die problem- oder verfahrensorientierten Sprachen von Bedeutung. Mit ihnen werden z. B. Formulierungen für mathematische, technisch-wissenschaftliche oder wirtschaftliche Bereiche vorgenommen.

Solche Sprachen sind z. B.:

→ ALGOL (**Algo**rithmic **L**anguage)

→ APT (**A**utomatic **P**rogramming for **T**ools)

→ COBOL (**C**ommon **B**usiness **O**riented **L**anguage)

→ EXAPT

– FORTRAN (**For**mula and **Tran**slation)

→ PL 1 (**P**rogramming **L**anguage **1**)
→ LOGO
BASIC (**B**eginners **A**ll purpose **S**ymbolic **I**nstruction **C**ode)
COMAL (**C**ommon **A**lgorithmic **L**anguage)
PASCAL (nach dem französischen Mathematiker B. Pascal – 1623–1662 – benannt). K

Bucher/Maurer 1984; Fehr 1989; Ghezzi/Jazayeri 1989; Loeckx u. a. 1986; Schneider 1991

Programmierte Instruktion

oder „Programmierter Unterricht ist jene Form des intentional gesteuerten Lehrens und Lernens, die durch den Einsatz von Lernprogrammen in der Individualphase des Lernens individualisierten Unterricht realisiert und mit der integrativen Institutionalisierung der Sozialphase des Lernens einen Begegnungsunterricht neuer Art notwendig macht" (Zielinski, J., in: Heinrichs, H.: *Lexikon der audiovisuellen Bildungsmittel*, München 1971, S. 233). Bei der Programmierten Instruktion wird der Lerngegenstand dem Lernenden über eine solch große Anzahl von kleinen und kleinsten Lernschritten angeboten, daß er ihn selbständig, nötigenfalls mit Hilfe von Zusatzinformationen und/oder über Wiederholungs- und Übungsschleifen bewältigen kann. Durch sofortige Verstärkung seiner Leistung nach jedem Teilschritt des Lernprozesses hat der Lernende eine dauernde Kontrolle über seine Lernfortschritte.
Grundsätzlich werden lineare und verzweigende Programme unterschieden, wobei ein Teil der linearen Programme methodisch direktiv abläuft, während alle anderen wegangepaßt (= wegadaptiv) konstruiert sind, d. h. sich auf die Fähigkeiten und Schwierigkeiten des Lernenden durch alternative Problemlösungswege (Umweg-Programm) einstellen.

Lineare Programme, auch als direkte oder direkt fortlaufende Programme bezeichnet, (von B. F. Skinner eingeführt) sind in minuziös aufeinander bezogenen → Lernschritten so aufgebaut, daß der Lernende das gesamte Programm direkt ohne Umwege und Schleifen durcharbeiten muß und jeweils nur eine Antwort möglich ist. Durch den unmittelbaren Vergleich mit der richtigen Antwort im Rahmen der → Phaseneinheiten lernt der Schüler in kleinen Schritten und wird langsam zum nächst schwierigeren Schritt geführt. Durch den dosierten Informationszuwachs und dadurch, daß → Lernhilfen, Hinweise und Stimuli in das lineare Programm eingebaut sind, die den Lernenden direkt zur richtigen Antwort führen sollen, wird die Gefahr des Versagens auf ein Minimum beschränkt.

Beispiel (abgedruckt in „Schule und wir"):

28	Antwort zu 28: 29
Ladung des Atoms Atome enthalten elektrisch geladene Elementarteilchen (Protonen und Elektronen) und neutrale Elementarteilchen (Neutronen). Die Ladungen von Protonen und Elektronen sind gleich stark, sie haben nur verschiedene Vorzeichen. Dadurch heben sie sich gegenseitig auf. Wenn man ein Proton und ein Elektron zusammenfaßt, erhält man ein elektrisch neutrales Teilchen. **Atome sind ungeladen, sie sind neutral.** Frage: Was vermutest du nach dieser Aussage über die Zahl der in einem Atom vorhandenen Elektronen und Protonen?	In einem Atom sind gleich viele Protonen und Elektronen. Wenn deine Vermutung mit der richtigen Antwort übereinstimmt, hast du sehr gut mitgearbeitet. In einem Atom muß jeder positiven Ladung eine negative Ladung gegenüberstehen, denn nur so kann das Atom neutral sein. Die Neutronen beeinflussen die Ladung eines Atoms nicht, denn Neutronen haben keine elektrische Ladung. Aufgabe: Ein Atomkern besteht aus 5 Protonen und 5 Neutronen. Wähle eine der folgenden Antworten aus: 5 Elektronen umkreisen den Kern. → Seite 32 10 Elektronen umkreisen den Kern. → Seite 30 Ich kann die Frage nicht beantworten. → Seite 30

Wenn die Antwort richtig war, darf der Schüler zwei Seiten überspringen; antwortet er falsch oder gar nicht, findet er Hilfe auf Seite 30.

Verzweigte Programme (branching system), auch Umweg-, Schleifen- oder Sprungprogramme genannt, werden vor allem von Norman Crowder und S. L. Pressey vertreten und sind nicht in kleinste Teile, sondern in größere Einheiten gegliedert. Sie gehen von der unterschiedlichen Vorbildung und Begabung der Lernenden aus. In einem verzweigten Programm antwortet der Schüler durch Auswahl einer der ihm vorgelegten verschiedenen, sorgfältig ausgesuchten Fragen, von denen jeweils nur eine richtig ist und die übrigen typische Fehler beinhalten, die in dem vorgegebenen Zusammenhang häufig auftreten. Wird die „Mehrfachwahlfrage" (→ multiple choice system) richtig beantwortet, so wird man zum nächsten Abschnitt des Programms geleitet. Ist die Frage nicht richtig beantwortet oder nicht sogleich verstanden worden, so wird der Lernende im Programm durch eine Reihe von Wiederholungsschritten, durch nebengeschaltete Zweige, durch Schleifen (loops) zurückverwiesen, die ihm einen erneuten Einstieg in das Programm mit Zusatzerläuterungen ermöglichen.

Beispiel (aus „Schule und wir"):

108

Berechne den Term:
3 · (15 − 5 · 2) − 6 + 4

Löse die Aufgabe schriftlich, obwohl sie nicht schwer ist!

Ist Dein Ergebnis 5, so gehe zur Seite 109
Ist Dein Ergebnis 13, so gehe zur Seite 110
Ist Dein Ergebnis 50, so gehe zur Seite 111
Ist Dein Ergebnis 58, so gehe zur Seite 112

Hast Du ein anderes Ergebnis, so gehe zur Seite 113.

Der Form nach werden Buchprogramme, Lehrmaschinen, Lehrautomaten und computergesteuerte Programme unterschieden. Eine Liste aller amtlich zugelassenen Lernprogramme ist bei den zuständigen Kultusministerien erhältlich.

Cube 1976; Frank 1969

→ ALZUDI → COGENDI → Computerunterstützter Unterricht → Kriterienprogrammierung → Kybernetische Lehrmaschinen → Lernhilfen → multiple choice system → Phaseneinheiten → Programmierte Instruktion → Sprachlabor K

Programmierter Unterricht → Programmierte Instruktion

Projekt

bedeutet allgemein Plan, Entwurf, Vorhaben. C. R. Richards gebrauchte bereits zu Beginn des 20. Jahrhunderts den Begriff Projekt für den Werkunterricht und für solche Aufgaben im Rahmen der Werkstattpraxis, die sich die Schüler selbst stellten und nach einem von ihnen entwickelten Plan ausführten. Von Dewey und Kilpatrick wurde der Projektbegriff erweitert. So differenzierte z. B. Kilpatrick zwischen Gestaltungsprojekt, Lernprojekt, Problemprojekt und Vergnügungsprojekt. Anstelle des Wortes Projekt wird häufig das Synonym → Vorhaben verwendet.

Literatur vgl. → Projektunterricht!

→ Gesamtunterricht OK

Projektion

Im Vorgang der Projektion, einem → Abwehrmechanismus, verlagert ein Individuum seine vor allem negativen Gefühle und peinlichen Eigenheiten in ein anderes Individuum, um sie – sozusagen als dessen Äußerung – dort bekämpfen zu können. Es ist z. B. nicht selten, daß ein Lehrer, der den angemessenen Umgang mit Autorität nicht beherrscht, diesen Mangel in seinen Vorgesetzten projiziert und damit von vornherein die Entwicklung einer partnerschaftlichen beratenden Beziehung von sich aus blockiert. Die lauteren Motive des Gesprächspartners werden durch die Projektion verdeckt und haben somit auch keine Chance, zum Tragen zu kommen.

→ Abwehrmechanismen K

Projektionstests, projektive Tests

werden diagnostische Verfahren genannt, bei denen die Testpersonen mehrdeutige Bilder oder Situationen interpretieren oder unvollständige Bilder, Geschichten, Sätze ergänzen. Mit diesem Vorgehen, das freilich den strengen Anforderungen der empirischen Forschung nicht entsprechen kann, hofft man Rückschlüsse auf grundlegende Einstellungen und Motive ziehen zu können. Diese werden nach Ansicht der Verteidiger der projektiven Verfahren über → Projektionen durch die Testperson in die Deutung des offenen Materials eingebracht. Außerdem kann auch die Art der Reaktion selbst auf das vorgelegte Material gewürdigt werden.
→ Validität, → Reliabilität und Objektivität der projektiven Verfahren sind sehr umstritten. Es ist unübersehbar, daß sie eine hohe Anfälligkeit für Störgrößen besitzen, wie z. B. Einstellung und Kenntnis der Testperson gegenüber bzw. vom Test, unmittelbar dem Test vorhergehende Erlebnisse, die Interaktion zwischen Testleiter und Versuchspersonen u. v. a. m. Es ist nach dem heutigen Stand der diesbezüglichen Forschung wohl nur vertretbar, projektive Verfahren ergänzend zu anderen diagnostischen Verfahren wie → Beobachtung und standardisierte Befragung einzusetzen.
Bekannte projektive Verfahren sind neben vielen anderen z. B. das von H. Rorschach (10 durch Klecksographie entstandene Bildtafeln sind zu deuten, veröffentlicht 1922) und der Thematische Apperzeptions-Test (TAT, Morgan und Murray 1935 und Murray 1943: Zu 30 Bildtafeln sind – meist in Auswahl – Phantasiegeschichten zu erzählen).
Von der → Tiefenpsychologie beeinflußt ist der Sceno-Test für Kinder (G. v. Staabs 1939), die im Bauen mit dem Spielmaterial Aussagen über ihre meist familiären Konflikte machen. K

Knehr 1982; Staabs 1988

Projektmethode → Projekt → Projektunterricht → Vorhaben → Fallstudie

Projektstudium

Das projektorientierte Studium gewinnt an den Hochschulen vor allem in den Erziehungs- und Gesellschaftswissenschaften an Bedeutung. Es verfolgt fachdidaktische, interdisziplinäre Ausbildung, d. h. die Aufhebung der Trennung zwischen den Fachbereichen je nach Problemstellung, betont problembezogenes Arbeiten und berücksichtigt forschendes Lernen. Von Bedeutung für das Projektstudium sind außerdem die kooperative Planung, Durchführung und Reflexion der einzelnen → Projekte und der Theorie-Praxisbezug als Ausgangspunkt für Erkenntnisprozesse. So kann z. B. ein projektorientiertes Studium im Rahmen der → Lehrerausbildung bestehen aus:

„– dem Projektplenum, in dem die übergreifenden Fragestellungen erarbeitet werden, die organisatorische und inhaltliche Struktur des Projekts festgelegt und die Ergebnisse der einzelnen Projekt-Arbeitsvorhaben (AV) gesammelt und in die übergreifenden Fragestellungen einbezogen werden;
– den Arbeitsvorhaben (AV), in denen Teilprobleme aus dem Projekt-Themenkomplex erarbeitet werden,
– den Praktika (Ausbildungssektor, Unterrichtspraktika), die in der Regel in der zweiten Hälfte der Laufzeit eines Projektes liegen, vom Projekt inhaltlich und

organisatorisch betreut werden und jeweils 5 bis 6 Wochen dauern." (Kaiser 1974)

Neef/Hamann 1983; Reichard 1981

→ Fallstudie → Projekt → Projektunterricht → Vorhaben OK

Projekttag → Fachtage → Projekt → Projektunterricht → Projektwoche

Projektunterricht, projektorientierter Unterricht

Nach Kilpatrik ist Projektunterricht „planvolles Handeln, aus ganzem Herzen, das in einer sozialen Umgebung stattfindet" (1935).
Die Projektmethode, die als Schöpfung der Reformpädagogik bis zu Beginn des 20. Jahrhunderts zurückreicht und in Amerika zunächst in der Landwirtschaft und Berufsarbeit ihre Anwendung fand, drang mit ihren Vorstellungen auch in den Unterrichtsbereich ein. Als Unterrichtsform verfolgt sie, die Lernenden in größere unterrichtliche Vorhaben, in die Bearbeitung fächerübergreifender Themen wie z. B. „Ursachen und Folgen der Umweltverschmutzung", „Unser Landkreis" usw. aktiv mit einzubeziehen. Die Schüler sind im Rahmen solcher Themenbereiche von der Planung an voll am Unterrichtsgeschehen beteiligt. Sie sind so selbständig und frei wie möglich in die das → Projekt betreffende schulische und außerschulische Arbeit in den ihnen entsprechenden Rollen einzusetzen. Damit erfolgt ein Abwenden vom lehrergeleiteten Unterricht. Die Isolierung von schulischem und außerschulischem Lernen und die Trennung der Fächer wird aufgehoben bzw. bedeutend reduziert, der Lerneffekt nachweislich gesteigert.
G. Otto (1974) nennt **sieben Kriterien für den Projektunterricht:**

1. Bedürfnisbezogenheit: Die Interessen und Bedürfnisse der Schüler bestimmen die Auswahl des Projektthemas.
2. Situationsbezogenheit: Das Projekt bezieht sich auf eine tatsächliche, für die Schüler erfahrbare und aktuelle Situation.
3. Interdisziplinarität: Die komplexe Struktur der Projektthemen erfordert die überfachliche bzw. von verschiedenen fachlichen Aspekten ausgehende Bearbeitung, d. h. auch das Zusammenwirken der betroffenen Fachkollegen unter den Lehrern.
4. Selbstorganisation des Lehr-Lern-Prozesses durch die Schüler einschließlich der Beurteilung des Verlaufs und des Ergebnisses.
5. Produktorientierung: Das Projekt zielt auf ein „Werk" ab, z. B. eine Theateraufführung, eine Ausstellung, einen Nothilfsdienst, einen Bastelraum.
6. Kollektive Realisierung: Alle Mitglieder einer Lerngruppe tragen verantwortlich durch Bearbeitung bestimmter zugeteilter bzw. übernommener Aufgaben zum Gelingen des Projekts bei.
7. Gesellschaftliche Relevanz: Damit soll die Bedeutsamkeit des Projekts durch Orientierung an aktuellen Ereignissen unterstrichen werden. Außerdem sollte ein Projekt nicht um seiner selbst willen durchgeführt werden, sondern Nutzen für andere abwerfen.

Bastian/Gudjons 1988, 1990; Classen 1980; Frey 1980; Hänsel 1991; Hänsel/Müller 1988; Huth 1988, 1989; Jürs 1990; Platte 1990; Redaktion „betrifft: erziehung" 1978; Schweingruber 1984

→ Fallstudie → Gesamtunterricht → Projekt → Schülerorientierter Unterricht → Unterricht → Unterrichtsform OK

Projektwoche

strebt die Bündelung der isoliert nebeneinander stehenden Einzelstunden mit Lehrgangscharakter zum didaktisch begründeten Gesamtzusammenhang an. Sie orientiert sich in Planung und Ausführung an den Kriterien des → Projektunterrichts.

Projektwochen verfolgen die folgenden **Ziele:**

- Fächerübergreifender Unterricht
- Lernziel „soziales Lernen“
- Vom vorfabrizierten Unterricht zum eigenverantworteten Lernen
- Ganzheitliches, handlungsorientiertes Lernen, in dem die Schüler ihre veränderte Lernrolle erleben
- Vermittlung zwischen schulischer und außerschulischer Wirklichkeit.

Bezüglich der Organisationsform kann die Projektwoche die Auflösung des Stundenplans oder seine Beibehaltung bedeuten, in jedem Fall steht sie aber unter einem mit den Schülern vereinbarten Gesamtthema, das für die einzelnen Jahrgangsstufen bzw. Klassen im Sinne arbeitsteiligen Vorgehens in Einzelthemen untergliedert wird. Verlauf und Ergebnis der Projektwoche sind maßgeblich von der Kooperation der beteiligten Lehrer und einer sorgfältigen Planung nach den Grundsätzen der → Netzplantechnik abhängig.

Als Brücke zur außerschulischen Wirklichkeit sieht die Projektwoche sowohl die Einladung von Experten aus der außerschulischen Wirklichkeit vor als auch das Aufsuchen außerschulischer → Lernorte. Die Arbeit der Projektwoche muß – schon um des Erfolgserlebnisses der Schüler wegen – in die Veröffentlichung des Projektergebnisses münden, und zwar in der Schule selbst (z. B. Schaukasten, Ausstellung, Aufführung) und/oder in der Öffentlichkeit (z. B. Veröffentlichung in der Presse, Tag der offenen Tür).

Als Ausbruch aus dem Stundenplan und dem routinierten Stundenverlauf sind Projektwochen durchaus an manchen Schulen etabliert, gleichzeitig geraten sie als isolierte Sonderform des Unterrichts aber oft zu bloßen Spiel- und Spaßwochen, mit denen die eigentlichen Intentionen der Projektwoche verfehlt werden. Projektwochen wirken sich nur langfristig auf das Lernverhalten der Schüler aus, wenn sie als eine Möglichkeit auf dem Weg zu einem grundsätzlich handlungsorientierten und projektorientierten Unterricht gesehen werden. Um die üblichen Einwände gegen Projektwochen zu unterlaufen, sollte im Netzplan ausdrücklich der Lehrplanbezug vermerkt werden. Chaos und halbfertigte Ergebnisse werden vermieden, wenn man sich nicht mit einem zu gewaltig angelegten Thema übernimmt, exakte Detailplanung der Einzelabläufe betreibt und dabei ausreichend Zeit für die freie Arbeitsentfaltung der Schüler vorsieht.

Duncker/Götz 1988; Klippert 1989; Koch 1990

→ Fachtage → Freiarbeit K

Promotion

vom lateinischen promotio = Förderung, Beförderung, bezeichnet die Verleihung des wissenschaftlichen Grades „Doktor“ und das Verfahren zum Erwerb des Doktortitels. In der Regel sind hierfür u. a. eine schriftliche wissenschaftliche Abhandlung, die Dissertation (= Erörterung) und ein anspruchsvolles Prüfungsverfahren vorgesehen. Der Doktorgrad kann aber auch ehrenhalber von einem Fachbereich einer Universität verliehen werden aufgrund außergewöhnlicher wissenschaftlicher oder künstlerischer Leistungen. K

Prompts
sind innerhalb von Programmschritten in einem Lernprogramm → Lernhilfen, um den Schülern den Weg zu den vorgesehenen Antworten zu erleichtern.

→ Programmierte Instruktion O

Propädeutik
war bei den Griechen und Römern der Unterricht in den → septem artes liberales: Grammatik, Rhetorik, Dialektik, Geometrie, Astronomie, Arithmetik, Musik, und zwar als Vorbereitung auf das politisch geforderte Leben des freien Bürgers, in christlicher Zeit als Vorbereitung auf das Studium der Theologie.
Propädeutik bereitet heute durch Einführung in Vor- und Grundkenntnisse auf allgemeine Lebensabläufe und wissenschaftliche Studien vor. So stellt z. B. die philosophische Propädeutik eine Unterweisung dar, die in das philosophische Denken einführt. Propädeutische Aufgaben der Schule können sein: Hinführen zur Lebenswirklichkeit, Bekanntmachen mit dem Berufsleben und dessen Anforderungen, Befähigung zum wissenschaftlichen Studium. Angesichts der uneinheitlichen Eingangsvoraussetzungen der Studienanfänger praktizieren auch die wissenschaftlichen Hochschulen mehr und mehr Propädeutik zur Vermittlung von Studientechniken und zur Integration in den Wissenschaftsbetrieb einer Hochschule. K

Propaganda → Indoktrination

Proportionalskala → Skalierung

Prostitution
der lateinischen Grundbedeutung nach jemanden (oder sich) preisgeben, herabwürdigen, insbesonders zur Unzucht, benennt heute nach dem StGB die „Vornahme sexueller Handlungen zu Erwerbszwecken an oder vor wechselnden Partnern gegen Entgelt". Während Prostitution durch eine volljährige Person nicht strafbar ist, stellt § 180 StGB unter Strafe
- eine gewerbsmäßig betriebene Einrichtung zur Ausübung der Prostitution,
- Personen im Zusammenhang mit der Prostitution in Abhängigkeit zu halten,
- einer Person unter 18 Jahren zur Ausübung der Prostitution Unterkunft zu gewähren,
- eine Person unter 21 Jahren zur Prostitution anzuhalten,
- eine Person ohne Rücksicht auf das Alter durch Drohung, Gewaltanwendung, List zur Prostitution zu zwingen,
- eine Person mit Hilfe der Prostitution auszubeuten (Zuhälterei).

Nach **Kinder- und Jugendlichenprostitution** entwickelt sich gegenwärtig eine steigende Nachfrage (mit hoher Dunkelziffer), die wegen des Strafrisikos im Inland vor allem über den Sextourismus in Ländern der Dritten Welt befriedigt wird. Eine Aufgabe, die mit erzieherischen Maßnahmen allein nicht zu bewältigen ist, stellt sich mit der Kinder- und Jugendlichenprostitution als Geldbeschaffungsmaßnahme im Zusammenhang mit dem → Drogenmißbrauch.

Meerwein 1990

→ Pornographie K

Prozeßanalyse

In der → Gruppendynamik kommt der Prozeßanalyse die Aufgabe zu, Entwicklung und Verlauf von Gruppenprozessen und deren Ursachen festzustellen. Die Ergebnisse der Prozeßanalyse bilden eine der tatsächlichen Situation der Gruppe entsprechende Grundlage für evtl. notwendige Konsequenzen, die für den weiteren Gruppenprozeß zu ziehen sind.
Als Methoden der Prozeßanalyse bieten sich beispielsweise an: → Feedbacksituationen, informelle → Tests zur Erfassung der Gruppenatmosphäre, sog. → Stimmungsbarometer, → Metapherübungen (z. B. „der Lehrer behandelt uns heute wie..."). In allgemeiner Weise bedeutet Prozeßanalyse das Zurückgehen eines eingeschlagenen Weges, um z. B. zu dem kritischen Punkt bei einer nichtbewältigten Hausaufgabe oder zu dem in der Beziehungsstruktur liegenden Auslöser eines Streits usw. zu gelangen, d. h. also über Symptome oder Fakten zurück zu den eigentlichen Ursachen vorzustoßen. K

Prozeßziel

Es bezieht sich in der Formulierung als psychomotorisches Lernziel (→ psychomotorischer Lernzielbereich) auf die Anwendung und Beherrschung von Verfahren, die in den jeweiligen Fächern zur Lösung von Aufgaben entwickelt und lehrbar gemacht worden sind, wie z. B.: wiegen, prüfen, messen; sammeln, aufbereiten und auswerten von Material; beobachten, beschreiben, experimentieren.
Die Prozeßziele, auch als Verfahrens- oder Funktionsziele bekannt, sind fachspezifisch ausgerichtet, jedoch nicht eng an bestimmte Unterrichtsgegenstände und Unterrichtsinhalte gebunden.
→ Lernziel

O

Prüfung

(vom lateinischen probare = prüfen, untersuchen, beurteilen, als tüchtig anerkennen, gelten lassen) bezeichnet im Schulbereich einen Leistungsnachweis mit diagnostischer, prognostischer oder selektiver Funktion. Die Wertigkeit dieser Funktionen ist in der pädagogischen Literatur heftig umstritten. Speziell lebens- und berufsentscheidende Abschlußprüfungen werden als Initiationsrituale (= Aufnahmerituale in den Kreis der in irgendeiner Weise privilegierten Erwachsenengeneration, Berufsgruppe, Experten usw.) interpretiert, die derart konfliktbeladen und leistungshemmend erlebt werden können, daß die tatsächliche Leistungsfähigkeit gar nicht zum Tragen kommen kann.
Der Form nach werden schriftliche, mündliche und praktische Prüfungen unterschieden (vgl. bei → Schulaufgabe; die üblichen Notenstufen vgl. bei → Leistungsbewertung).
Um die aussagenverzerrenden Effekte von Prüfungen zu mildern, sollten vorhandene **Prüfungsängste** (→ Angst → Furcht) aufgedeckt und bearbeitet werden und die Prüfungsbedingungen von den räumlichen und zeitlichen Voraussetzungen über die Vorbereitung der Schüler auf Prüfungssituationen und die Durchführung der Prüfungen selbst bis zur Art der Aufgabenstellung und der Rückgabe der Prüfungsarbeiten angstfrei und human gestaltet werden.
Vgl. detaillierte Vorschläge z. B. in Köck 1991, Seite 333 f.!).
→ Power-Test

K

PSI-Phänomene

werden parapsychologische Erscheinungen (→ Parapsychologie) genannt wie z. B. außersinnliche Wahrnehmungen (Hellsehen, Präkognition) und außersinnliche Bewegungserscheinungen (→ Psychokinese). K

Psychagogik

ist eine der → Psychotherapie verwandte Form der Behandlung vor allem von Kindern und Jugendlichen mit Verhaltens- oder Lernstörungen und in psychischen Krisensituationen. Wie bei der Psychotherapie muß meistens die unmittelbare Umwelt des zu Behandelnden als verhaltensbedingender und -auslösender Faktor in die Therapie mit einbezogen werden.
Spezielle Therapieformen der Psychagogik sind das Gespräch, die Spieltherapie, Entspannungs- und Konzentrationsübungen. K

Meves 1990; Neumann/Schirmer 1964

Psychiatrie

ist die Wissenschaft von den psychischen Krankheiten und den Geisteskrankheiten. Die Kinder- und Jugendpsychiatrie bezieht in Forschung und Praxis insbesonders die Wechselwirkung zwischen dem Patienten und seiner Entwicklung sowie seinem sozialen Umfeld mit ein.
In der Therapie kommen je nach Krankheitsbild als Behandlungsformen in Frage
- die medikamentöse Behandlung durch Psychopharmaka, insbesonders durch Neuroleptika und Antidepressiva,
- hirnchirurgische Eingriffe,
- → Psychotherapie und Soziotherapie (Einübung in alltägliche Fähigkeiten und selbständige Lebensführung)
- oder Kombinationen der genannten Behandlungsformen.

Neben der üblichen Anstaltsunterbringung sind familien- und gemeindenahe Versorgung sowie selbständige Lebensführung in Wohngruppen und allein in der Erprobung. K

Battegay 1992; Bauer u. a. 1976; Freedman 1984–1991; Kisker u. a. 1986–1989; Psychiatrie für Anfänger 1986

Psychische Krankheiten

bzw. seelische Krankheiten werden in undifferenzierter Zusammenfassung alle Normabweichungen im menschlichen Erleben und Verhalten genannt. Auf Vorschlag der Weltgesundheitsorganisation werden unterschieden
1. exogene psychische Krankheiten, deren Verursachung durch körperliche Funktionsdefizite nachgewiesen werden kann;
2. endogene → Psychosen, die vor allem erblich bedingt zu sein scheinen;
3. psychogene Erkrankungen, die auf Umwelteinflüsse, Fehlentwicklungen und traumatische Erlebnisse zurückzuführen sind;
4. → Oligophrenien. K

Psychoanalyse

wurde von ihrem Begründer S. Freud als wissenschaftliche Disziplin mit folgenden drei Aufgabenfeldern beschrieben: Sie ist

„1. eine Nachforschungsmethode, welche darauf abzielt, die unbewußte Bedeutung der Worte, der Handlungen, der Bildvorstellungen deutlich zu machen;
2. eine psychotherapeutische Methode, die auf dieser Forschung gründet und sich spezifischer Interventionsmittel bedient, wie der Deutung der geheimen Wünsche und der Widerstände, die ihrer freien Äußerung entgegengebracht werden;
3. ein System von psychologischen und psychopathologischen Theorien, das auf den von der Deutungsmethode und von der Therapie der Patienten gelieferten Daten aufbaut."

(Vgl. L. Ancona, *Lexikon der Psychologie,* Band 3, Seite 12/13, Freiburg–Basel–Wien 1972.)

In der Psychoanalyse als psychotherapeutischer Methode geht es um das Bewußtmachen verdrängter Erlebnisinhalte, und zwar mit Hilfe des **freien Assoziierens** des Patienten und des **Deutens** von Äußerungen und von Trauminhalten durch den Therapeuten. Wichtig für den erfolgreichen Verlauf der Therapie ist es, daß der Vorgang der **Übertragung** gelingt, in dem sich Gefühle gegenüber Schlüsselfiguren in der frühen Kindheit (Vater, Mutter) und damit verbundene frühe Beziehungsstörungen auf den Therapeuten richten und auf diese Weise bearbeitet werden können. Bei diesem Prozeß besteht fortwährend die Gefahr der Gegenübertragung, wenn der Therapeut die Gefühlsäußerungen des Patienten auf sich selbst bezogen interpretiert. Die Therapie gilt als abgeschlossen, wenn die Übertragung im Sinne des Bewußtmachens der verdrängten Erlebnisinhalte aufgelöst werden kann.

Aus der orthodoxen Schule S. Freuds entwickelten sich immer wieder in Kritik oder teilweisem Widerspruch neue psychoanalytische Schulen, so z. B. die → Individualpsychologie A. Adlers, die → Analytische Psychologie von C. G. Jung, die Schulen von W. Reich, E. Fromm (Neopsychoanalyse) und die vor allem auf Paar-, Familien- und Gruppentherapie zielende Richtung von H. E. Richter.

Ammon 1973; Dahmer 1989; Dreikurs 1990; Freud 1978, 1990; Füchtner 1979; Grünbaum 1990; Heigl-Evers 1978; Meng 1973 (2×); Mertens 1990–1991, 1992; Nagera 1991; Richter 1969, 1970; Salzberger-Wittenberg 1973; Thomä/Kächele 1985 und 1988
vgl. auch die Literaturhinweise bei → Übertragung!

→ Abwehrmechanismen → Ich – Es – Über-Ich → Tiefenpsychologie → Übertragung

K

Psychodiagnostik

faßt als Sammelbegriff alle Methoden zusammen, die der Feststellung psychologischer Merkmale einer Person dienen. Das Erhebungsfeld umfaßt das menschliche Individuum in allen denkbaren Situationen und Zuständen. Zum Diagnosebereich gehört also die Feststellung des Intelligenzquotienten oder die umfassendere psychologische Untersuchung in der Erziehungs- und Berufsberatung ebenso wie die Untersuchung bei normabweichenden Verhaltensweisen (z. B. neurotische oder psychosomatische Erkrankungen, kriminelles Verhalten).

Das methodische Repertoire umfaßt sämtliche standardisierten psychologischen Tests (z. B. Leistungstests, Neigungs- und Interessentests), aber auch Anamneseschemata, → Projektionstests und andere Persönlichkeitstests, Verhaltensbeobachtung (→ Beobachtung) und Exploration. Der Aussagewert der Psychodiagnostik steigt mit der Anzahl und der Objektivität der verwendeten Verfahren.

Brickenkamp 1975, 1983; Gerards 1991; Ingenkamp 1988, 1989; Klauer 1978; Kleber 1991; Meili 1978; Psychologische Diagnostik 1992; Schwarz 1983

→ Intelligenztest K

Psychodrama

von J. L. Moreno (1890–1974) aus den Rollen- und Stegreifspielen der Kinder entwickelt, wird in der Regel im Rahmen einer → Gruppentherapie eingesetzt. Für den Betroffenen problematische Erlebnisse, Konflikte und Bedürfnisse werden mit Hilfe des Therapeuten und der anderen Gruppenmitglieder nach einer gründlichen Erinnerungsphase durchgespielt und anschließend reflektiert. Das → Rollenspiel soll vor allem verzerrte Wahrnehmung und verdrängte Emotionen bewußt machen und ein sanktionsfreies Experimentieren mit neuen Verhaltensweisen ermöglichen. Spezielle Techniken des Psychodrama sind z. B.

- das Doppeln (Therapeut oder Gruppenmitglied steht hinter dem Problemträger und spricht einfühlend in der Ich-Form für ihn),
- das Spiegeln (ein Gruppenmitglied oder der Therapeut ahmt den Problemträger möglichst genau nach),
- der Rollentausch (der Problemträger spielt eine andere Rolle der Handlungsszene),
- das Aktionssoziogramm (die Gruppenmitglieder verteilen sich im Raum nach den Kriterien Sympathie und Antipathie),
- der innere Monolog (Gedanken vor sich hinsprechen) u. a.

In der Reflexionsphase spielen eine besondere Rolle → Feedback und → Feedbackregeln.

Anzieu 1984; Leutz 1986; Vorwerg/Alberg 1991; Yablonski 1992

→ Gruppendynamik → Trainingsmethoden, gruppendynamische K

Psychoendokrinologie

ist die Lehre von der Wirkung endokriner Drüsen mit ihren Hormonen auf das psychosoziale Verhalten des Menschen.

→ Endokrinologie K

Psychogenese

bedeutet Entstehung und Entwicklung des Verhaltens und Erlebens des menschlichen Individuums. Sie ist somit Forschungsgegenstand der Entwicklungspsychologie. K

Psychogramm

ist als das Ergebnis der Psychographie (wörtlich = Seelenbeschreibung) die überschaubare, evtl. mit Hilfe graphischer Veranschaulichung (z. B. im Koordinatensystem) aufbereitete Darstellung aller psychologischen Daten einer Person, die durch → Anamnese, → Tests, → Beobachtungen gewonnen wurden. K

Psychohygiene

ist die Wissenschaft von der Erhaltung der seelischen Gesundheit. Sie gilt als Teilbereich der → Angewandten Psychologie, näherhin der → Klinischen Psychologie.

Zu ihren Aufgaben zählt z. B.

- die Erforschung von Lebensumständen, die sich begünstigend auf die Entstehung psychischer oder psychosomatischer Krankheiten auswirken können,
- die Früherkennung von individuellen Fehlentwicklungen im Kontext des jeweiligen Umfeldes,
- Aufklärungsarbeit über Gefährdungen der psychosomatischen Gesundheit,
- präventive Maßnahmen in speziellen Gefährdungssituationen, z. B. angesichts der Alkohol- und Drogenszene, aber auch alltäglicher familiärer oder beruflicher Belastungen.

Vgl. z. B. den Umgang mit dem → Burnout-Syndrom oder der → Midlife-Crisis!

Meierhofer 1989

→ Psychiatrie → Psychologie K

Psychokinese

beschreibt den Sachverhalt der physikalisch nicht erklärbaren Beeinflussung eines Objekts oder eines Ereignisses mit seelischen Kräften.

Bender 1989

→ Parapsychologie K

Psycholinguistik

stellt als Wissenschaft eine Verbindung der Psychologie und der Sprachwissenschaft dar. Sie erforscht die psychischen Vorgänge beim Erwerb und Gebrauch der Sprache sowie die Wechselwirkungen von Verhalten, Sprache und kommunikativer Situation, z. B. bei schulischer Unterweisung, in einer Wahlveranstaltung, in Verkaufsgesprächen usw.

Hörmann 1987; Wode 1988

→ Linguistik → Psychologie K

Psychologie

aus dem Griechischen „Wissenschaft, Lehre von der Seele“, ist nach Drever/Fröhlich (1974) „... die Wissenschaft vom Verhalten und Erleben des Menschen unter Berücksichtigung der Entwicklung, Konstanz und Veränderung von Verhaltens- und Erlebnisweisen sowie der mitmenschlichen (sozialen) Umgebung und den relativ überdauernden und veränderlichen Gegebenheiten (ökonomische, politische, kulturelle Faktoren) der Lebenswelt“. Die moderne Psychologie versteht sich als empirische Wissenschaft. In den meisten Veröffentlichungen wird die Psychologie heute in folgende Teilbereiche eingeteilt:

1.

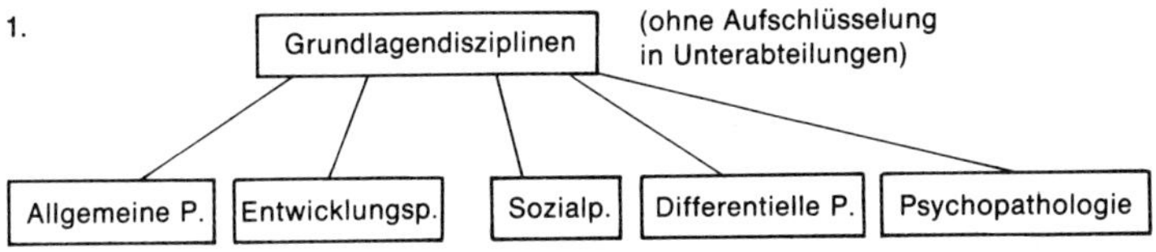

2.

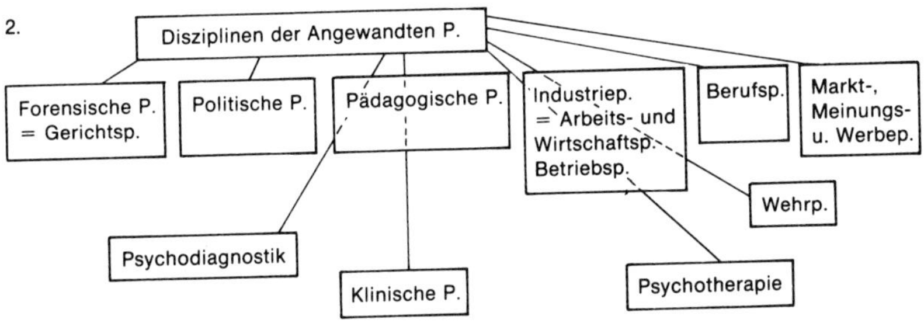

Die psychologische Forschung bedient sich vor allem folgender **Methoden:**
→ Beobachtung, → Exploration, → Anamnese, → Lebenslaufanalyse, → Experiment, → Test, Messung, statistische Methoden zur Ermittlung der → Signifikanz, Modellbildung und → Simulation. K

Asanger/Wenninger 1992; Berryman/Hargreaves 1991; Bondy 1990; Carus 1990; Die Psychologie; Dörner/Selg 1985; Grigat 1975; Grundriß der Psychologie 1989; Handbuch der Psychologie 1970 f.; Hilgard u. a. 1983; Krech/Crutchfield 1985; Laucken/Schick 1985; Methoden der Psychologie; Neuhaus/Adolphs 1975; Novak u. a. 1978; Psychologische Praxis; Rohracher 1988; Selg 1975; Selg/Bauer 1976; Spada 1990; Toman 1973; Weiss 1991/1992

Psychologische Didaktik

wird eine Unterrichtstheorie genannt, die sich vor allem auf Ergebnisse der Lernpsychologie beruft wie z. B. die an den Arbeiten von J. Piaget orientierte Didaktik von H. Aebli. Mit seinem operativen, lernprozeßbezogenen Unterrichtsverständnis beeinflußte Aebli maßgeblich die Konzepte des → handlungsorientierten Unterrichts. K

Aebli 1976

Psychometrie

ist die zusammenfassende Bezeichnung für alle Meßmethoden zur quantitativen (= in Zahlen ausdrückbaren) Erfassung von Verhalten. Das Hauptgebiet der Psychometrie ist nach wie vor die Intelligenzmessung (→ Intelligenztest). K

Psychomotorische Tests

prüfen Wahrnehmungs-Handlungskoordinationen, wie z. B. die Auge-Hand-Koordination.
→ Motorik K

Psychomotorischer Lernzielbereich

Psychomotorische Lernziele beziehen sich auf beeinflußbare, steuerbare und durch Bewegungsabläufe des menschlichen Körpers veranlaßte Fertigkeiten eines Schülers. Solche Lernziele werden z. B. wie folgt formuliert:
- Fähigkeit, 120 Silben pro Minute in Kurzschrift fehlerfrei niederzuschreiben und anschließend formgerecht und grammatikalisch richtig in Maschinenschrift zu übertragen
- Fähigkeit, im Brustschwimmen 100 m in korrekter Schwimmhaltung zu schwimmen.

Huber u. a. 1990; Kiphard 1989; Regel/Wieland 1984, 1988

→ Curriculum → Lernziel → Taxonomie OK

Psychopath (-ie)

Die Bezeichnung Psychopath, gelegentlich synonym auch Soziopath, wird heute in zunehmendem Maße auf eine Verhaltensstörung eingeschränkt verwendet, die durch extrem normabweichende Verhaltensweisen in den sozialen Beziehungen gekennzeichnet ist. Geistesstörungen sind nach dieser Auffassung ausdrücklich ausgenommen (→ Psychosen). Für die Entwicklung der Psychopathie werden sowohl vererbte Anlagen als auch eine gefühlskalte und inkonsequente Erziehung, das Fehlen einer ständigen Bezugsperson, vor allem aber das Modell eines Psychopathen in der Familie (z. B. Vater) verantwortlich gemacht. Der Psychopath fällt auf durch den Ausfall von Angstempfindung, von Reue und Schuldbewußtsein, von Verantwortungsbewußtsein und Zuneigung, ferner durch rücksichtslose und übersteigert egozentrische Lust- bzw. Bedürfnisbefriedigung und durch die Neigung zum „Blender", der um eigener Vorteile willen jegliches erwünschte Verhalten vorzutäuschen bereit ist. Da der Psychopath von der Richtigkeit seiner Verhaltensweisen überzeugt ist, versprechen herkömmliche Therapieformen zur Verhaltensänderung kaum Erfolg. Am ehesten ist eine Verhaltensmodifikation noch durch langfristige Gruppentherapie zu erwarten. K

Brandt 1968; Burchard 1980–1987; Lempp 1981; Martin 1976; Rattner 1981; Sass 1987; Scharfetter 1991; Zulliger 1977

Psychopathologie

wörtlich aus dem Griechischen übersetzt „Wissenschaft von der kranken Seele", ist eine Disziplin der → Angewandten Psychologie und Grundlagenwissenschaft der → Psychiatrie. Sie untersucht die Entstehung, die Erscheinungsformen und den Verlauf psychischer Krankheiten als Normabweichungen des menschlichen Erlebens und Verhaltens.

Literatur vgl. → Psychopath (-ie)

→ Psychosen K

Psychopharmaka

sind Arzneimittel, die über das zentrale und vegetative Nervensystem das Erleben und Verhalten eines Menschen für eine bestimmte Wirkungsdauer anregend (Stimulanzien) oder beruhigend (Tranquillanzien) beeinflussen. Sog. leistungssteigernde Psychopharmaka im Zusammenhang mit Lernprozessen sind abzulehnen, da sie keinerlei Einfluß auf die tatsächlichen Ursachen eines bestimmten Lernverhaltens haben (z. B. Überforderung, uninteressante Stoffdarbietung, mangelnde Begabung). Bei Übermüdung z. B. sind Ruhepausen angemessen, keine Stimulanzien. K

Dietzel u. a. 1992; Ellinger-Weber/Kruse 1989; Herz u. a. 1990

psychophysisch → Psychosomatik

Psychoprophylaxe

umfaßt neben allgemeinen Maßnahmen der → Psychohygiene vor allem die Arbeit an der Vorbereitung für psychisch besonders belastende Situationen wie z. B. Prüfungen oder streßbeladene Leistungssituationen und Operationen. K

Psychosen

sind schwere psychische Erkrankungen, Geistes- und Nervenkrankheiten, die durch den Zerfall der → Persönlichkeit als bewußt erlebter Einheit und durch den Verlust des Realitätsbezuges gekennzeichnet sind. Sie führen meistens zur Anstaltsverwahrung, da die Betroffenen zu einer selbständigen Lebensführung nicht fähig sind und in manchen Fällen gemeingefährlich werden können.

Übliche Klassifizierung der Psychosen:

1. Zu den endogenen Psychosen werden die Schizophrenie, manisch-depressive und einige paranoide Krankheitsbilder gezählt, deren Verursachung weitgehend ungeklärt ist.
2. Exogene Psychosen sind durch Hirnschädigungen, Infektionen oder Stoffwechselstörungen verursacht.
3. Psychogene Psychosen werden auf außergewöhnlich große psychische Belastungen zurückgeführt.

Lorr unterscheidet bei den Psychosen Störungen des Denkens, des Gemüts und des Verhaltens, die in unterschiedlichen Kombinationen auftreten. Er beschreibt zwölf psychotische → Syndrome, die verschieden gekoppelt in Erscheinung treten *(Lexikon der Psychologie,* Band 3, Freiburg 1972: Seite 91): Erregungszustand, aggressive Streitsucht, Verfolgungswahn, Größenwahn, Wahrnehmungsstörungen, phobischer Zwang (→ Phobie), ängstliche Verstimmung, funktionale Schwäche, Verlangsamung, Desorientierung, motorische Störungen, Auffassungsstörung.

Als kombinierte Hauptsyndrome führt Lorr folgende Erscheinungsformen von Psychosen an:

- Schizophrene Zerrüttung (psychomotorische Verlangsamung und Apathie, Desorientierung und motorische Störungen, geringere Auffassungsstörungen),
- paranoider Prozeß (Verfolgungswahn, Wahrnehmungsstörungen, Größenwahn, fixe Ideen),
- aggressive Paranoia (aggressive Streitsucht, Verfolgungswahn),
- psychotische Depression (ängstliche Verstimmung, funktionale Schwäche, Zwangs- u. phobische Symptome),
- ungestörte Hyperaktivität (Erregungszustände, Auffassungs- und motorische Störungen, gelegentlich Größenwahn).

Becker 1991; Janzarik 1988; Kanner 1973; Laing 1987; Lempp 1973, 1990

→ Psychiatrie → Psychopathologie K

Psychosexuelle Entwicklung

Die traditionelle psychoanalytische Entwicklungslehre sieht die gesamte psychische Entwicklung in engem Zusammenhang mit der sexuellen Entwicklung eines Menschen. Ihrer Auffassung nach werden von jedem Menschen mehrere voneinander unterschiedene Entwicklungsphasen durchlaufen, in denen eine bestimmte Körperregion mit sexueller Erregung verbunden ist. Gemeint sind die → anale, die → orale und die ödipale (→ Ödipuskomplex) Phase. Fehlentwicklungen während dieser Phasen können Anlaß zu späteren Persönlichkeitsstörungen sein. OK

Brocher 1971; Mertens 1991

Psychosomatik

ist die Wissenschaft von der Leib-Seele-Einheit und den medizinisch-psychologischen Untersuchungs- und Behandlungsweisen für solche Erkrankungen, die primär auf psychisches Erleben wie z. B. andauernde Angstzustände, Disstreß (→ Streß), Konflikte, berufliche Überforderung u. a. zurückzuführen sind. Häufig auftretende Krankheitssymptome sind in diesem Zusammenhang z. B. nervöse Herzbeschwerden, Asthma, Magen- und Darmbeschwerden, Allergien und Kopfschmerzen. Die Erkenntnisse der Psychosomatik sind heute als wesentliche Grundlagen bei der Behandlung von → Neurosen, → Phobien, → Psychosen u. a. anerkannt. K

Alexander 1985; Hau 1989; Höck/Vorwerg 1988; Steinhausen 1981; Uexküll 1986

psychosozial

bezeichnet die wechselseitige Bedingtheit psychischer Vorgänge wie z. B. des Lernens und sozialer Gegebenheiten wie z. B. der Sprache, des sozialen Umfeldes, der ökonomischen Situation. K

Psychostrukturmodell

heißt nach H. Frank „jedes nachrichtentechnisch realisierte physikalische und jedes für einen Rechner programmierbare mathematische Modell psychischen Geschehens“. Die Konstruktion von Lernmaschinen z. B. macht sich das Psychostrukturmodell der Informationsverarbeitung des Menschen zunutze. K

Riedel 1967

Psychoterror

ist die zusammenfassende Bezeichnung für psychologische Strategien der Bedrohung und Verunsicherung, mit denen ein Mensch oder eine Gruppe eingeschüchtert und handlungsunfähig bzw. gefügig gemacht werden soll. Zu Maßnahmen des Psychoterrors zählen z. B. Gesprächsverweigerung, krankhafte Eifersucht, Drohung mit Selbstmord und Liebesentzug zwischen Partnern ebenso wie Ironie, Sarkasmus, Disziplinierung mit Hilfe der Notengebung im Lehrer-Schüler-Verhältnis. K

Psychotherapie

ist eine Disziplin der Angewandten → Psychologie. Sie gilt als zusammenfassende Bezeichnung für die Theorie und Praxis der Behandlung neurotischer (→ Neurose) und psychosomatischer Störungen.

Einteilung der Psychotherapieformen nach ihrem theoretischen Ansatz:

1. Die **tiefenpsychologische Psychotherapie** strebt die volle Persönlichkeitsentfaltung an, indem sie schwerpunktmäßig vor allem Fehlentwicklungen während der frühkindlichen Entwicklung aufzudecken und zu bearbeiten versucht; vgl. z. B. → Psychoanalyse, → Individualpsychologie, → Analytische Psychologie, → Primärtherapie, → Transaktionsanalyse.
2. Die **humanistische Psychotherapie** nimmt sich als Ziel ebenfalls die Persönlichkeitsentfaltung vor, setzt in der Therapie aber auf die Bearbeitung des gegenwärtigen Erlebens; vgl. z. B. → Logotherapie, → Gesprächspsychotherapie, → Gestalttherapie, → körperorientierte Psychotherapien, → Psychodrama, gruppendynamsiche → Trainingsmethoden.
3. Die **lern- und kommunikationstheoretische Psychotherapie** behandelt die psychischen Störungen problemorientiert und mit Hilfe exakt auf das vorliegende Problem abgestimmter Techniken; vgl. z. B. → Verhaltenstherapie, Kommunikationstherapie (→ Kommunikationstheorie), → rational-emotive Therapie, → Biofeedback.

Nach **Organisationsform** werden Einzel-, Partner-, Gruppen-, Familien- und Milieutherapie unterschieden.
Je nach theoretischem Ansatz kommen **Methoden** in Frage von der Hypnose und Suggestion über Entspannungs-, Körper- und Beschäftigungstechniken bis zu speziellen medizinischen Techniken wie z. B. Elektroschocktherapie, Pharmakotherapie (Einsatz von → Psychopharmaka) und die selten ausgeführte operative Technik der Lobotomie (Durchtrennung von Nervensträngen im Gehirn). K

Asperger/Wurst 1982; Biermann 1976–1992, 1988; Condrau 1974; Corsini/Wenninger 1987; Dührssen 1989; Frankl 1989; Freud 1988; Gesellschaft f. wiss. Gesprächstherapie 1975; Haley 1987; Heigl- Evers 1978; Kluge/Pick 1986; Kraiker/Burkhard 1988; Lumma 1988; Male 1983; Minsel 1979; Möller 1981; Preuss 1972; Reinelt/Datler 1984; Remschmidt 1984; Revenstorf 1983–1988; Riemann 1991; Rotthaus 1990; Schmidtchen/Baumgärtl 1980; Schultz-Hencke 1982; Spiel 1976; Toman/Egg 1985, 1988 Zeig 1991

Psychotische Depression → Depression

PU (Programmierter Unterricht) → Programmierte Instruktion

Pubertät

bezeichnet den Abschnitt in der Entwicklung des Menschen von der Geschlechtsreife (= erste → Menstruation beim Mädchen, erste Ejakulation beim Jungen) bis etwa zum 16. Lebensjahr. Bei Mädchen kann sie bis zu zwei Jahre früher zum Abschluß kommen. Die Pubertät ist bei Beginn durch verstärkte → Introversion der Jugendlichen gekennzeichnet, die später in eine Extraversion vor allem gegenüber Einflüssen von Gleichaltrigen umschlägt. Voraussetzung der Eigenorientierung des Pubertierenden ist die oft zu belastenden Konflikten führende Ablösung von den bisher dominierenden Einflüssen von seiten der Familie und der Schule. Das körperliche Erscheinungsbild ist durch den sog. puberalen Wachstumsschub, ein auffallendes Längenwachstum, gekennzeichnet. Als besonders starke und schwer zu behandelnde Krise tritt bei manchen Pubertierenden gelegentlich → Pubertätsmagersucht als Folge einer Fehleinstellung zur sexuellen Reifung auf.

Bockemühl 1991; Ell 1975; Meinert 1985; Mitschka 1987

→ Adoleszenz → Akzeleration → Jugendalter → Retardation K

Pubertätsmagersucht

wird ein psychisch bedingtes Krankheitsbild genannt, das vor allem bei Mädchen (Verhältnis Mädchen – Jungen 30:1) während der Pubertät beobachtet werden kann. Die betroffenen Mädchen lehnen unbewußt ihre sexuelle Reifung ab. Sie treten extreme Abmagerungskuren an, neigen oftmals zum Erbrechen, klagen über Völlegefühl und Magenschmerzen und empfinden Ekel vor bestimmten Nahrungsmitteln. Chronische Verstopfungen und das Ausbleiben der Monatsblutungen können sich als weitere Folgen einstellen. Rastloser Bewegungsdrang wird in fortgeschrittenem Stadium der Krankheit von Apathie abgelöst. Die mehrmonatige Therapie muß im Krankenhaus eingeleitet werden, da die Nahrungsverweigerung anfangs meist durch Zwangsernährung im Dauerschlaf unterlaufen werden muß. Die begleitenden psychotherapeutischen Maßnahmen führen erfreulicherweise heute meistens zur Überwindung der Krankheitsursachen. K

Thomae 1961

Public Relations (PR)

wörtlich aus dem Englischen übersetzt „Verhältnis zur Öffentlichkeit, Vertrauenswerbung, Öffentlichkeitsarbeit", bezeichnet alle Maßnahmen der Öffentlichkeitsarbeit einer Einzelperson, einer Gruppe, eines Unternehmens, einer Institution, einer Partei oder der Regierung eines Staates, die der Imagepflege (z. B. durch Herausstellen besonderer Leistungen oder gemeinnütziger Aktivitäten) dienen.
→ Image → Prestige → Profilneurose K

Punkte-System

bezeichnet

1. die in den Jahrgangsstufen 12 und 13 der → Kollegstufe der → Gymnasien vorgesehene Form der Leistungsbewertung neben den Noten, die zu einer objektiveren und differenzierteren Gewinnung der Gesamtnoten beiträgt.
2. Bei herkömmlichen → Prüfungen sorgt das Punkte-System für die Zuordnung von Punkten zu bestimmten Teilleistungen, in der Anzahl nach Anforderungsgrad verschieden. Die Gesamtzahl der erreichten Punkte wird nach einem – den Schülern offengelegten – Schlüssel auf die Ziffernnoten 1 bis 6 verteilt. K

Pygmalion-Effekt

ist die von Rosenthal und Jacobsen (1971) geprägte Bezeichnung für den Sachverhalt, daß eine ursprünglich aufgrund der gegebenen Verhältnisse unberechtigte Erwartungshaltung (z. B. des Lehrers gegenüber dem Schüler) Situationen schafft bzw. Ereignisse ermöglicht, die schließlich die Bestätigung der Erwartungshaltung zur Folge haben. (Der Name Pygmalion geht auf eine Geschichte des römischen Dichters Ovid zurück, wonach sich ein König von Kypros dieses Namens in die Statue einer Jungfrau verliebte, die er selbst geschaffen hatte. Nachdem die Göttin Aphrodite auf sein Bitten hin die Statue zum Leben erweckt hatte, heiratete er sie.)
Rosenthal und Jacobsen informierten in ihrer Untersuchung die beteiligten Lehrer, daß 20% namentlich bezeichnete Schüler von allen Schülern der 1.–6. Jahrgangsstufe einer bestimmten Schule aufgrund entsprechender Tests in nächster Zeit besonders auffällige Intelligenzfortschritte erwarten ließen. In Wirklichkeit

waren diese 20% rein zufällig ausgewählt worden. Die Untersuchung ergab einen teilweise bedeutsamen Anstieg des Intelligenzquotienten, vor allem in der ersten und zweiten Jahrgangsstufe. Nach zahlreichen – zum Teil veränderten – Wiederholungen der Untersuchung durch andere Forscher kann heute festgehalten werden, daß die Erwartungshaltung des Lehrers zwar das Verhalten von Schülern im Sinne der beschriebenen Wechselwirkung beeinflussen kann, jedoch nicht als alleiniger Auslöser im Sinne eines Ursache-Wirkungs-Zusammenhangs gesehen werden darf.

Brophy/Good 1976 – engl. 1974

→ Hypothesen- oder Erwartungstheorie → Kausalattribuierungstheorie → Sich selbst erfüllende Prophezeiung K

pyknischer Körperbautyp → Konstitution

Quabi → Qualifizierter beruflicher Bildungsabschluß

Quadrivium → Septem artes liberales

Quaestives Lernen

eine von H. Zöpfl und O. Meißner in die Didaktik eingeführte Bezeichnung, beschreibt die Lernhaltung aufmerksamer und kritisch hinterfragender Neugier (lateinisch quaestio = Frage). Diese Lernhaltung ist unverzichtbare Voraussetzung für einen produktiven Umgang mit Welt.
Sie kann sowohl im Sinne eines → Unterrichtsprinzips als im Unterricht ständig geübte Haltung als auch schwerpunktmäßig in bestimmten Unterrichtssequenzen (→ Lehrsequenz) gefördert werden. In besonderem Maße wird quaestives Lernen im → problemlösenden Unterricht verwirklicht (vgl. auch → Problemlösen).
P. Köck beschreibt den Vorgang des quaestiven Lernens in Ausweitung der → Lernzielstufen H. Roths als problemfindendes Denken.

→ Neugierverhalten K

Quali → Qualifizierender Hauptschulabschluß → Hauptschule

Qualifikation

bezeichnet einerseits die Befähigung, Eignung, den erworbenen Befähigungsnachweis einer Person für ein bestimmtes Tätigkeitsfeld, andererseits die mit einem bestimmten Tätigkeitsfeld verbundenen Leistungsanforderungen.
In der → Curriculumkonstruktion wird Qualifikation gleichbedeutend mit → Lernziel (= genau beschriebene Befähigung nach einem bestimmten Lernprozeß) verwendet. Dabei hat sich zumindest in der Theorie (→ Curriculumtheorie) im Vergleich zum überkommenen stofforientierten Lehrplan insofern ein Wandel vollzogen, als neben den kognitiven Qualifikationen affektive, soziale und instrumentelle Qualifikationen stärker betont werden.
In der auf den Arbeitsmarkt bezogenen **Qualifikationsforschung** wird noch zwischen funktionalen Qualifikationen in vorgegebenen Strukturen und innovativen Qualifikationen zur Weiterentwicklung der gegebenen Arbeitsverhältnisse unter-

schieden. Zur Ermittlung der gegenwärtig und zukünftig nötigen Qualifikationen stützt sich die Qualifikationsforschung auf Analysen
- der Berufsstruktur,
- von etablierten Leistungsgruppen in bestimmten Berufsfeldern,
- der tatsächlichen Anforderungen des Arbeitsmarktes,
- der Flexibilität (Arbeitsplätze mit Arbeitnehmern mit unterschiedlichen Qualifikationen zu besetzen bzw. die Arbeitnehmer auf die Tauglichkeit für alternative Tätigkeitsfelder zu prüfen) und
- des Arbeitsmarktes mit seinem tatsächlichen Arbeitskräftebedarf. K

Braczyk 1991; Dedering/Schimming 1984; vgl. auch Literatur bei → Curriculum und → Curriculumkonstruktion!

Qualifizierender Hauptschulabschluß

In einigen Ländern der Bundesrepublik wird die → Hauptschule in entsprechende schülergerechte Schwerpunktkurse A und B gegliedert. Schüler, die im anspruchsvolleren Kurs A sich im 9. Schuljahr in den Fächern Deutsch, Mathematik, Englisch oder Physik/Chemie bewährt haben, können den auch bereits von der Wirtschaft anerkannten „qualifizierenden Hauptschulabschluß" erwerben. Dieser qualifiziert sie für weiterführende berufsbezogene Bildungswege wie:
- → Berufsaufbauschule mit dem Abschluß der → Fachschulreife
- → Berufsfachschule mit Abschluß der Fachschulreife
- → Berufsschule mit → Telekolleg
- 10. Klasse der → Realschule bei einem Notendurchschnitt bis zu 2,0
- 10. Klasse der → Wirtschaftsschule bei einem Notendurchschnitt bis zu 2,0.

Ohne qualifizierenden Abschluß kann jeder nach dem 9. Schuljahr der Hauptschule eintreten in:
- die Berufsschule
- die Berufsfachschule ohne Fachschulreife O

Qualifizierter beruflicher Bildungsabschluß (Quabi)

unterstreicht die eigenständige und gleichwertige Aufgabe des allgemeinbildenden und des beruflichen Schulwesens. Er ist dem Realschulabschluß, dem Wirtschaftsschulabschluß und der Oberstufenreife des Gmynasiums (vgl. → Mittlerer Bildungsabschluß) gleichgestellt.
Die schulischen und beruflichen Möglichkeiten mit dem Quabi zeigt die nachfolgende, aus „Schule und wir" übernommene Übersicht:

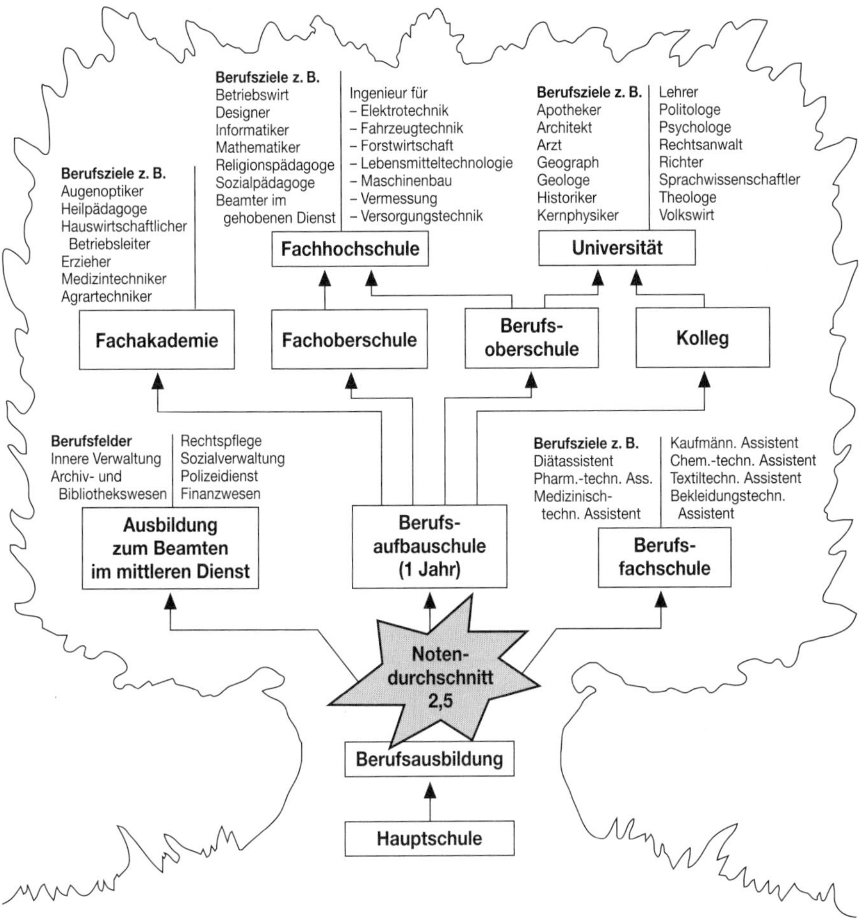

→ Berufliches Schulwesen → Hauptschule → Qualifizierender Hauptschulabschluß
K

Qualitativer Forschungsansatz

bevorzugt bei der Informationsgewinnung vor allem die teilnehmende → Beobachtung, bei welcher sich der Forscher (aktiv oder passiv) im Beobachtungsfeld selbst aufhält. Erzieher und Lehrer sind im Forschungsfeld ihrer Gruppen oder Klassen in der Regel auf den qualitativen Forschungsansatz angewiesen, da sie – am Geschehen selbst aktiv beteiligt – z. B. für eine systematische Verhaltensbeobachtung nicht freigesetzt werden können.
Der **quantitative Forschungsansatz** ist durch Tatsachenbeschreibung und Messung bestimmt; er bedient sich der Methoden der systematischen Verhaltensbeob-

achtung, des → Experiments, des → Tests und der → Statistik. Quantitativ gewonnene Daten müssen den naturwissenschaftlichen Gütekriterien der → Validität, → Reliabilität und → Objektivität genügen.

Garz/Kraimer 1991; Hopf/Weingarten 1984; Huschke-Rhein 1991; Jüttemann 1989

→ Action research → Feldforschung → Handlungsforschung K

Quantifizierung

bedeutet Messung als Zuordnung von Zahlen zu Merkmalen bzw. Eigenschaften nach bestimmten Regeln, wobei Qualitäten in Quantitäten (durch Zahlen erfaßbare Größen) umgewandelt werden müssen.

→ Psychometrie K

Quantitativer Forschungsansatz → Qualitativer Forschungsansatz

Quartärbereich

Der „Quartäre Bereich" hat im Bildungssystem an Bedeutung gewonnen und umfaßt die gesamte „Höherbildung", die → Weiterbildung im weiteren Sinne, die gesamte → Erwachsenenbildung im sog. nachschulischen Bereich.
Folgende Übersicht versucht den Quartärbereich ins Bildungssystem einzugliedern:

1		2		3	4
Elementarbereich	Primarstufenbereich	Sekundarstufenbereich		Tertiärbereich	Quartärbereich
		Sekundarstufe I	Sekundarstufe II		
↓	↓	↓	↓	↓	↓
z. B. Vorschulerziehung Kindergarten . .	bis 4. Jahrgangsstufe	bis 10. Jahrgangsstufe, z. B. Hauptschule, Realschule, Wirtschaftsschule . . .	11. bis 13. Jahrgangsstufe, z. B. Oberstufe d. Gymnasien, berufliches Schulwesen	z. B. Hochschulen, Fachhochschulen und gleichwertige Bildungsinstitutionen	z. B. Volksbildungswerke, Bildungszentren, Telekolleg u. Teleberuf

O

Quartarstufenlehrer

Die Bezeichnung des Quartarstufenlehrers wird mitunter anstelle des → Fortbildungsreferenten, der im Rahmen der zweiten und dritten Phase der Lehrerbildung eingesetzt wird und die Probleme der → Lehrerbildung kennt, verwendet. Er erteilt neben seiner hauptamtlichen Tätigkeit in Studienseminaren und in der Lehrerfort- und Lehrerweiterbildung weiterhin eigenen Unterricht an einer Schule, um mit der Praxis verbunden zu bleiben. O

Querschnittuntersuchung

Gegenstand der Querschnittuntersuchung ist die Erforschung des Einflusses festgelegter und genau beschriebener Variablen (= veränderbarer Größen) auf mehrere Individuen zu einer bestimmten Zeit. Eine Querschnittuntersuchung problematisiert z. B. die Wirkung einer bestimmten Lehrmethode auf Schüler gleichen Alters, aber unterschiedlicher sozialer Herkunft. Oder es werden Querschnittuntersuchungen von der → Werbepsychologie zur Ermittlung des Verbraucherverhaltens durchgeführt.

→ Längsschnittuntersuchung K

Querulant

ist die Bezeichnung sowohl für einen Menschen, der oft nörgelt bzw. sich bei geringfügigen Anlässen beschwert als auch für einen Menschen, der von der krankhaft übertriebenen Meinung getrieben ist, sich gegen (vermeintliches bzw. von ihm selbst aufgebauschtes) Unrecht wehren zu müssen und der dabei ohne Rücksicht auf das Recht anderer und die gegebene Situation starrköpfig auf seiner Meinung beharrt. Querulanten haben meistens ein gestörtes Rechtsempfinden bzw. ein gestörtes Unrechtsbewußtsein und neigen deshalb dazu, bei ihren Aktivitäten das Augenmaß für ein sinnvolles Anlaß-Aufwand-Verhältnis zu verlieren. K

Rahmenlehrplan, Rahmenrichtlinien

Er steckt einen stofflichen Rahmen ab und bietet Auswahlthemen an. Auf Grund des Rahmenplanes läßt sich ein → Stoffverteilungsplan erstellen. Ist der Rahmenlehrplan bereits bis in die Einzelthemen hinein detailliert, so schließt er meist eine präzise Stoffverteilung mit ein und macht Stoffverteilungspläne überflüssig.

→ Curriculum → Lehrplan O

Randgruppe

In den meisten Gesellschaftssystemen können Gruppen festgestellt werden, die auf Grund bestimmter Merkmale wie z. B. ihrer Minderheitenposition, ihrer Rasse oder Hautfarbe, ihrer Religion eine Außenseiterrolle spielen. Sie werden von der jeweiligen gewachsenen Gesellschaftsstruktur nur langsam oder gar nicht integriert und können als benachteiligte Gruppen am „Rande der Gesellschaft" stehen, mit der sie zusammenleben. Solche Gruppen sind z. B. Farbige in den USA, Gastarbeiter in der Bundesrepublik Deutschland, asiatische Flüchtlinge in Europa, aber auch Strafentlassene oder Obdachlose.
Je mehr sich die Mitglieder von Randgruppen durch die Entwicklung eigener Verhaltenscodices zusammenschließen, umso stärker wird die Tendenz zu ihrer Ausgrenzung durch die Bezugsgesellschaft (→ Stigmatisierungseffekt).

→ Gruppe → Gruppenbildung OK

Rangordnung, soziale

Jede → Gruppe weist eine soziale Rangordnung auf, die in der Phase der → Gruppenbildung unter den Gruppenmitgliedern erstmals festgesetzt wurde, später nur noch geringfügigen Veränderungen unterworfen ist.
Die soziale Rangordnung ist durch die sozialen → Positionen der Gruppenmitglie-

der bestimmt, sie beschreibt also den rangmäßig gestuften Ort, der einem Individuum in einer Gruppe zuerkannt wird – mitsamt den daran geknüpften Leistungserwartungen und Machtbefugnissen. Während in einer an freiheitlicher Partnerschaft orientierten Gruppe die soziale Rangordnung der jederzeitigen Korrektur durch die Gruppenmitglieder überantwortet ist, sind die auf Amtsautorität (→ Autorität) gegründeten sozialen Rangordnungen durch Titel und institutionell gesicherte Positionen festgeschrieben, was dann zwangsläufig zu Konflikten führt, wenn der Inhaber einer bestimmten Position den Verhaltenserwartungen der übrigen Gruppenmitglieder nicht mehr gerecht wird. Die sich selbst regulierende soziale Rangordnung wird auf diese Weise oftmals zu einer von oben nach unten durchstrukturierten Hackordnung (erstmals bei Hühnern untersucht, die sich gegebenenfalls streng nach Rangordnung vom Futterplatz weghacken), die sich zur Aufrechterhaltung der einmal erreichten Positionen u. U. der Mittel der Befehlshierarchie, des Zwanges und der Unterdrückung bedienen muß. K

Ranschburg-Hemmung → Gedächtnishemmungen

Ratingskala

Unter Ratingskala versteht man eine Schätzskala zur Selbst- und Fremdbeurteilung. Die einzuschätzenden Merkmale sind in mehreren Stufen entweder mit Worten beschrieben oder durch Zahlen gekennzeichnet (z. B. Art der verbalen Äußerungen des Lehrers X in einer bestimmten Zeiteinheit:

autoritär oder	1	2	3	4	5	sozialintegrativ
stark lenkend	1	2	3	4	5	der Selbsttätigkeit der Schüler Raum gebend

Eine Ratingskala ist um so zuverlässiger, je mehr in ihrer Anwendung geschulte Beobachter (z. B. bei Beurteilung des Lernverhaltens von Schülern, der Unterrichtsatmosphäre, des → Erziehungsstils des Lehrers usw.) gleiche bzw. nur geringfügig voneinander abweichende Wertungen geben.

Langer/Schulz von Thun 1974

→ Polaritätsprofil K

Rational-emotive Therapie

wird der von A. Ellis seit den 50er Jahren des 20. Jahrhunderts entwickelte psychotherapeutische Ansatz genannt, der von der Annahme ausgeht, daß unangemessenes Verhalten oft das Ergebnis gewohnheitsmäßiger Interpretationen gegenwärtiger Situationen aufgrund frühkindlicher Ereignisse ist. Die Therapie zielt darauf ab, die der tatsächlichen Situation unangemessene, unlogische und selbstbehindernde Denkweise der Patienten zusammen mit eventuellen unrealistischen Zielsetzungen umzustrukturieren. Wenn die neurotischen Symptome und die Bedingungen, unter denen sie auftreten, präzis beschrieben sind, können die Fehlschlüsse, die irrigen Denkprozesse („beliefs") aufgedeckt werden, welche von den Bedingungen zu den Symptomen führen. Der für die Therapie entscheidende

Schritt ist der Dialog zwischen Therapeut und Patient, welcher die Fehlschlüsse bewußt macht, unlogische Bauteile entlarvt und in situationsangemessene Interpretation einübt. Den Dialog unterstützende Techniken werden vor allem aus der → Verhaltenstherapie entlehnt, indem der Patient zuerst in der Vorstellung, dann in der Wirklichkeit den angstbesetzten Situationen ausgesetzt wird, um sie mit seinen neuen kognitiven Strategien anzugehen.

Ellis 1982, 1990; Ellis/Grieger 1979; Lotz/Diekstra 1991; Schelp 1990

→ Psychotherapie K

Rationalisierung

gelegententlich auch Intellektualisierung genannt, bezeichnet im psychologischen Sprachgebrauch den Vorgang, der tatsächlichen Erklärung für eine peinliche oder frustrierende Situation oder ein Versagen auszuweichen, indem zwar plausible, der konkreten Situation aber nicht angemessene Erklärungen durch Theoretisieren über den Sachverhalt gesucht werden. So wehrt z. B. eine Mutter den ursächlichen Zusammenhang zwischen ihrem → Erziehungsstil und einer Verhaltensstörung ihres Kindes als für sie belastend ab, indem sie die allgemeinen entwicklungsbehindernden Einflüsse der Gesellschaft auf die junge Generation als eigentliche Ursache beschwört, d. h. ihr im Unbewußten gründendes Verhalten mit Vernunftgründen rechtfertigt.

→ Abwehrmechanismen K

Rationalismus

(vom lateinischen ratio = je nach Sachverhalt: Rechnung, Beziehung, Erwägung, Denken, Vernunft, Beweisführung, wissenschaftliche Lehre u. a.) bezeichnet philosophische Richtungen, die das (vernünftige) Denken als alleinige Erkenntnisgrundlage betrachten. Die diesbezüglichen – der Aufklärung verpflichteten – philosophischen Richtungen der Neuzeit wie z. B. der historische Materialismus, der → Positivismus, der → Pragmatismus und der Marxismus gehen in der Überzeugung von der unbegrenzten menschlichen Erkenntnisfähigkeit davon aus, daß es nur vorläufig ungelöste, nicht aber grundsätzlich unlösbare Probleme gibt.

→ Kritischer Rationalismus K

Rationalität (-sprinzip)

bedeutet die mit den Gesetzen der → Logik überprüfbare Vernünftigkeit einer Aussage, einer Handlung, eines Sachverhalts.

Nach psychoanalytischer Auffassung (→ Psychoanalyse, → Ich-Es-Über-Ich) kommt es dem Ich mit seiner realitätsbezogenen Steuerungsfunktion zwischen der Triebwelt des Es und der Normenwelt des Über-Ich zu, – durch erzieherische Hilfestellung in zunehmendem Maße befähigt – im Sinne des **Realitätsprinzips** zu fungieren. K

Scheffczyk 1989; Schnädelbach 1984

Rauchen (in der Schule)

ist nach § 9 des Gesetzes zum Schutze der Jugend in der Öffentlichkeit Kindern und Jugendlichen unter 16 Jahren in der Öffentlichkeit nicht gestattet. Gemäß § 31 Jugendarbeitsschutzgesetz darf ein Arbeitgeber bei ihm beschäftigten Jugend-

lichen unter 16 Jahren keine Tabakwaren geben. Da der Privatbereich vom Gesetz nicht erfaßt wird, und sich der rauchende Jugendliche selbst ohnehin nicht strafbar macht, sondern die für ihn verantwortlichen Erwachsenen (Veranstalter, Gewerbetreibender, Arbeitgeber), bleibt das Gesetz im großen und ganzen wirkungslos.
Wegen der hinreichend nachgewiesenen Gesundheitsschädlichkeit des Rauchens – auch des Passivrauchens – gerade für den jugendlichen Organismus und wegen der Vorbildfunktion der Schule muß die Einrichtung von Raucherzimmern und -ecken für Jugendliche über 16 Jahren im Schulbereich und das Rauchen von Lehrern in Gegenwart der Schüler als zumindest problematisch bezeichnet werden. K

Rauschgift, Rauschmittel → Drogen- und Drogenmißbrauch

Reaktanztheorie

beschreibt im psychologischen Sprachgebrauch das als Abwehrmechanismus dienende Widerstandsverhalten eines Menschen, dessen selbstbestimmende Handlungsfähigkeit durch Fremdbestimmung mehr als nötig und/oder auf Dauer eingeschränkt wird.
Schüler reagieren z. B. auf Aufgabenstellungen, die sie nicht als für sie bedeutsam erkennen können, durch (geistige) Flucht aus dem Lernfeld, durch lustlose und fehlerhafte Ausführung oder durch aktiven oder passiven Widerstand. K

Reaktion

In der Verhaltens- und Lernpsychologie wird Reaktion (Synonym response [engl.] = Antwort) als übergeordneter zusammenfassender Begriff für jegliches antwortende Verhalten eines Individuums auf einen → Reiz (= Stimulus) verwendet. Im Unterschied zu den angeborenen und unwillkürlichen → Reflexen (z. B. Saugreflex, Lidreflex) werden Reaktionen im engeren Sinne gelernt, z. B. wenn Säuglinge das Lächeln der Mutter erwidern oder wenn ein Verkehrsteilnehmer sich mit verkehrsgerechtem Verhalten auf Ampeln einstellt. Für die Art des Ablaufs von Lernprozessen ist die **Reaktionszeit** bedeutsam, d. h. die Zeit, die zwischen Reiz und Reaktion verstreicht. Da sie von einer komplexen Vielfalt von Faktoren abhängt, wie z. B. von der Stimmungslage, dem Neuigkeitsgrad des Reizes, der Art des Reizes (optisch, akustisch, kombiniert), dem körperlichen Zustand des Betroffenen usw. kann sie in ein und derselben Reizsituation bei mehreren Individuen (z. B. Schüler in einer bestimmten Lernsituation) sehr unterschiedlich ausfallen.
→ Konditionierung → Lerntheorie K

Reaktive Depression → Depression

Reaktiver Verstand

Der nicht willentlich kontrollierbare Verstand, der zeitweise – z. B. in existentiell bedrohlichen Situationen – Befehlsgewalt über Denken und Handeln des Menschen ausübt, wird als reaktiv bezeichnet.
→ Analytischer Verstand → Eknoia → Vernunft O

Reaktives Lernen
bewirkt als bloßes Antworten auf Lernreize eine Änderung des Verhaltens durch Nach- oder Mitvollzug eines Lehr-Lern-Prozesses unter Fremdsteuerung. Spontane oder selbstgesteuerte Lernprozesse sind hierbei nicht gefragt.
→ Lernen → Lerntheorien → Reaktion K

Realangst → Angst

Realdefinition
Während die Nominaldefinition (lat. nomen = Name, Bezeichnung) eine exakte Erklärung für die Bezeichnung einer Sache zu geben versucht, zielt die Realdefinition (lat. realis = wirklich, tatsächlich) auf die Bestimmung des Wirklichkeitsgehaltes einer Sache ab.
→ Definition K

Realgymnasium → Gymnasium

Realisierung
bedeutet umgangssprachlich Verwirklichung. In der Philosophie bezeichnet Realisierung den Vorgang, sich aufgrund von Erfahrung oder Denken der → Realität eines Tatbestandes bewußt zu werden und zwar in offensichtlich zutreffender Weise. K

Realismus
bezeichnet umgangssprachlich eine an der offensichtlich gegebenen und erfahrbaren Wirklichkeit orientierte Haltung, die ohne idealistische oder spekulative Anwandlungen Handlungen nach ihrem Nutzen bewertet.
Als philosphische Richtung nimmt der Realismus eine unabhängig vom erkennenden Subjekt bestehende Wirklichkeit an. Umstritten ist die Frage, wie weit und auf welche Weise diese Wirklichkeit im Erkenntnisakt erfaßt werden kann.
Holz/Sandkühler 1984; Wiener Studien zur Wissenschaftstheorie 1988
→ Realisierung → Realität K

Realität
(vom lateinischen res = Sache, Ding) bedeutet Dinghaftigkeit, Gegebenheit, deren wir uns durch den Vorgang der → Realisierung als notwendig oder möglich bewußt werden.
→ Realismus K

Realitätsprinzip → Ich – Es – Über-Ich

Realschulabschluß → Mittlerer Bildungsabschluß

Realschule
(früher Mittelschule) ist eine eigenständige vier- oder sechsjährige Schulform, in die Schüler nach der 6. und 7. Klasse der Hauptschule oder des Gymnasiums oder bei der sechsjährigen Form nach der Grundschule übertreten können.

Neben den sog. allgemeinbildenden Pflichtfächern, zu denen eine Fremdsprache zählt, bietet die Realschule in den Klassen 8 bis 10 den individuellen Neigungen der Schüler entsprechend folgende drei auf Berufsrichtungen bezogene Wahlpflichtfächergruppen an, ohne daß der Schüler vorzeitig beruflich festgelegt wird:
Gruppe I: mathematisch-naturwissenschaftlich – technisch
– besondere Betonung wird in diesem Zug auf Mathematk, Physik und Technisches Zeichen gelegt
Gruppe II: wirtschaftswissenschaftlich
– Schwerpunkte in dieser Wahlpflichtfächergruppe sind Wirtschafts- und Rechtslehre, Rechnungswesen (früher Buchführung und Wirtschaftsrechnen); Kurzschrift, Maschinenschreiben und Mathematik
Gruppe III: musisch-gestaltend, hauswirtschaftlich, sozial
– in diesem Zug wählt der Schüler zwei der nachstehenden Fächer: Kunsterziehung, Werken, Technisches Zeichnen, Musik, Textiles Gestalten, Haushalts- und Wirtschaftskunde (früher Hauswirtschaft), Sozialarbeit, Sport.
Neben den Pflicht- und Wahlpflichtfächern werden den Schülern aller Wahlpflichtgruppen auch Wahlfächer wie z. B. Französisch oder Instrumentalmusik angeboten.
Der Realschulabschluß nach der 10. Klasse (→ Mittlerer Bildungsabschluß) eröffnet den Absolventen die Möglichkeit des Besuchs anderer weiterführender Schulen entweder in direktem Anschluß oder über eine Berufsausbildung.
Nach bestandener Prüfung kann unmittelbar besucht werden: → Fachoberschule, → Gymnasium (Übergangsklasse, Anschlußklasse, unmittelbarer Übertritt – die Art des Übertritts ist abhängig von den jeweiligen Noten), → Berufsfachschule. Über eine Berufsausbildung kann nach bestandenem Realschulabschluß besucht werden: → Berufsoberschule, → Fachakademie, → Kolleg, → Abendgymnasium.
Schüler, die auf Grund einer Behinderung in einer allgemeinen Realschule nicht unterrichtet werden können, haben die Möglichkeit, eine → weiterführende Sonderschule zu besuchen. Solche bestehen z. B. für Blinde, Sehbehinderte, Gehörlose, Schwerhörige, Körperbehinderte.
Die Realschule ist keine Pflichtschule, es kann aber an ihr die Schulpflicht erfüllt werden. Ihr besonderer eigenständiger Stellenwert zwischen → Hauptschule und → Gymnasium ergibt sich aus der gleichwertigen Betonung von allgemeinbildender und differenziert berufsvorbereitender Bildung. OK

Buchinger 1983; Derbolav 1979, 1971; Hablitzel 1989; Hegelheimer 1980; Keim 1991; Maskus 1966; Wollenweber 1979; Zeiselmeier u. a. 1988

Rechenschwäche

(syn. Dyskalkulie) bezeichnet den Sachverhalt auffallender Schwierigkeiten von in der Regel normal begabten Kindern mit mathematischen Aufgaben. Sie zählt also wie die → Legasthenie zu den Teilleistungsstörungen. Etwa sechs Prozent der Grundschüler sollen von der Rechenschwäche betroffen sein. Herkömmlich wird als Verursacher eine → Minimale cerebrale Dysfunktion (MCD) angenommen. Nach neueren Untersuchungen soll die wichtigste Ursache eine Störung der visuellen Anschauung sein, die es den Kindern erschwert, Vorstellungsbilder zu erzeugen und mit ihnen umzugehen; sie können z. B. eigene Handlungen, die sie nicht sehen, nicht beschreiben. K

Boerner u. a. 1988; Milz 1991

Reduktion, didaktische → Didaktische Reduktion

Redundanz

Die Redundanztheorie befaßt sich mit den Problemen, die sich bezüglich der Anzahl von Informationen ergeben, die notwendig ist, um das Verstehen einer Mitteilung, einer Nachricht zu sichern. Die Redundanz (= Überinformation, Zusatzinformation, Weitschweifigkeit) stellt die über die mindeste zum Verstehen einer Mitteilung notwendige Informationsmenge hinausgehenden zusätzlichen Informationen dar, die evtl. zu einem besseren Verstehen führen, aber auch unnötig sein können.
Als kleinste Informationseinheit wird in der Redundanztheorie das → Bit zugrunde gelegt. Die in Zahlen ausgedrückte Redundanz gibt an, wieviel einer Information hätte eingespart werden können oder überflüssig war in bezug auf die kleinste Informationseinheit Bit. In der Schule hat der Lehrer auf Grund der Schwierigkeit des zu vermittelnden Stoffes und der Begabung der zu Unterweisenden herauszufinden, wie hoch die Redundanz sein darf, um den Schüler nicht zu langweilen oder zu unterfordern und wie hoch sie sein muß, um ein Verstehen und Sichern des Gelehrten und eine Kontrolle des jeweiligen Sachverhaltes durch den Lernenden zu garantieren.
Einfaches Beispiel zur Redundanz bei der Angabe eines Datums:
27. 10. 79: kleinste Informationseinheit „Bit"
27. 10. 1979: Redundanz: .19...
Samstag, 27. 10. 1979: Redundanz: Samstag ...19...
Samstag, 27. Oktober 1979; Redundanz: Samstag...
Umwandlung 10. in Oktober ..19...
Rolf Oerter setzt den Redundanzbegriff in enge Beziehung zu den Denkvorgängen (→ Denken, in psychologischer Sicht), indem er feststellt, daß Denken um so produktiver eingestuft werden könne, je weniger redundante Züge es zu Beginn der Problemlösungsphase besitze, und ein Denkprozeß um so unproduktiver und mechanischer ablaufe, je redundanter er sei. O

Redundanztheorie

Felix von Cube entwickelte im Rahmen der Informationspsychologie und → kybernetischen Pädagogik die Redundanztheorie des Lernens, welche die dem Lernenden und der Lernsituation optimal angepaßte → Redundanz als maßgebliches Mittel der Informationsverarbeitung thematisiert. K

Referat

Der Begriff des Referats wird häufig in den oberen Jahrgangsstufen der Schule (Schülerreferat, höchstens 15 Minuten), im Tertiär- und → Quartärbereich (z. B. Vorlesung als Langform des Referats) verwendet. Es vermittelt Informationen und/oder Argumente nach den Kriterien der Sachlichkeit, der Objektivität, der Zuverlässigkeit und der Verständlichkeit. Veranschaulichungsmittel, Teilzusammenfassungen, graphische Darstellungen von → Relationen, Bezug auf nachprüfbare Quellen unterstreichen die objektiv informierende Aufgabe des Referats.
Geläufige Formen des Referates sind nach Zeitdauer das Grundsatzreferat (höchstens 60 Minuten) und das Kurzreferat (5–10 Minuten), nach Zweck Einleitungsreferat, Koreferat, Schlußreferat und die Referatsreihe. Kurz- und Einleitungsreferate

dienen grundsätzlich zum Anregen eines Gesprächs oder der Information, die zur Diskussion hinleitet. Koreferate können gegenteilige Thesen vertreten oder eine Ergänzung zu einem Referat sein, sie dürfen keinesfalls zum Hauptreferat werden. Die Referatsreihe befaßt sich mit einem Themenbereich und seinen Grenzgebieten und läuft zeitlich gedrängt z. B. an einem Vormittag, Abend oder an einem Tage zusammenhängend ab, während sich eine Vortragsreihe über mehrere Wochen und Monate hinziehen kann.
Die Begriffe Referat und Vortrag sollten nicht synonym verwendet werden. Das Referat stellt im allgemeinen eine Kurzform des Vortrages dar.

Geikowski 1986; Ludwig 1990; Witte 1985

→ Vortrag → Statement OK

Referendar

wird ein Anwärter auf die höhere Beamtenlaufbahn z. B. als Lehrer (Studienreferendar), Richter (Rechtsreferendar), nach dem ersten Staatsexamen genannt.

→ Vorbereitungsdienst K

Referendarausbildung → Vorbereitungsdienst

Referenzgruppe → Bezugsgruppe

Reflex

Der Reflex ist die unwillkürliche nach fest verankerten Gesetzmäßigkeiten ablaufende → Reaktion des Organismus auf bestimmte Arten von → Reizen (Lidreflex, Saugreflex, Moro-Klammer-Reflex, sekretorische Reaktionen von Drüsen usw.).
Der Auslöseweg eines Reflexes verläuft in der automatisch funktionierenden Bahn eines Reflexbogens, d. h. der eintreffende Reiz wird am Beginn des Reflexbogens in eine Nervenerregung umgesetzt, die über das Reflexzentrum als Schaltstelle zu dem Organ bzw. Muskel geleitet wird, der reagieren muß.
Viele der im Säuglingsalter beobachtbaren Reflexe werden im Laufe der Entwicklung durch Lernprozesse überformt und verlieren an Bedeutung. K

Pawlow 1927

Reflexbogen → Reflex

Reflexion

bedeutet kritisch prüfendes Nachdenken über einen Sachverhalt aufgrund von Erfahrungen (Sinneswahrnehmungen und Vorstellungen) nach den Regeln der → Logik. Für die Entwicklung der Denkfähigkeit ist es bedeutsam, daß die anschauungsgebundene Reflexion weiterentwickelt wird zur logisch formalen Reflexion, in der mit Zeichen, Symbolen und Begriffen unabhängig von Veranschaulichungen operiert werden kann (vgl. hierzu die Entwicklungsstufen der Intelligenz unter → Intelligenz!) K

Reflexivität → Kognitive Stile

Reform (im Bildungswesen)

(von lat. reformare = umgestalten, verwandeln, verbessern, wörtlich: zurückformen) ein im politischen Sprachgebrauch inflationär entwerteter und mißbrauchter Begriff für jeglichen noch so simplen Anstoß zu irgendeiner Neuerung, besagt in der Pädagogik eigentlich Rückbesinnung auf zeitübergreifende Intentionen und Verpflichtungen des pädagogischen Verhältnisses, die durch zeitgebundene handlungsleitende Interessen verfehlt werden bzw. durch Fehlinterpretation falsch weiterentwickelt wurden.

Reformen dieser grundlegenden Art haben es – gleichsam als schlechtes Gewissen des bestehenden Bildungssystems – schwer, gegenüber dem etablierten System an Boden zu gewinnen. Nicht selten bleibt nur der Rückzug in die → pädagogische Provinz z. B. in Form der → Alternativen Schulen.

Flitner 1992

→ Reformpädagogik K

Reformpädagogik

meint in der Geschichte der Pädagogik als zusammenfassende Bezeichnung alle auf Veränderung des Überkommenen ausgerichteten Maßnahmen, Pläne, Ideen, Theorien in Bezug auf Erziehung und Unterricht, die vor allem in der Zeit von ca. 1900 bis 1930 die internationale pädagogische Diskussion und Praxis beherrschten und die mit ihren wesentlichen Ansätzen bis heute nachwirken.

Die Wurzeln der reformpädagogischen Bewegung waren vielgestaltig: Die Kulturkritik setzte sich mit der festgefahrenen bürgerlichen Kultur und Bildung des ausklingenden 19. Jahrhunderts auseinander, die → Jugendbewegung verstand sich als Protest gegen die bestehende autoritäre Gesellschaftsordnung, in der schulischen Praxis wurde der Ruf nach Abkehr von den rigiden → Formalstufen aus der Schule Herbarts immer lauter.

Auf literarischem Gebiet lösten den reformerischen Aufbruch aus Ellen Key (1900) und Maria Montessori mit verschiedenen Schriften. In Theorie und Praxis wurden Unterricht und Erziehung „vom Kinde aus“ proklamiert. An der natürlichen Entwicklung des Kindes orientiert, wurde dem spielerischen, kreativen, selbstgesteuerten und ganzheitlichen Lernen – v. a. unter Einbezug der musischen Fächer – besondere Bedeutung beigemessen. Für die Lehrer wurden pädagogische → Freiheit und Eigenverantwortung gefordert, die Schule sollte als Lernort entwickelt werden, in dem Leben in Verbindung zur außerschulischen Wirklichkeit möglich ist.

In der Praxis schlug sich die Reformpädagogik in unterschiedlicher Schwerpunktsetzung nieder, z. B. in der Arbeitsschulbewegung (J. Dewey, G. Kerschensteiner, A. Ferrière, P. Blonski), in der Kunsterziehungsbewegung (A. Lichtwark, C. Götze, F. Gansberg, M. Luserke, W. Neubert, H. Wolgast u. a.), in den → Landerziehungsheimen (H. Lietz, G. Wyneken), in den freien → Waldorfschulen (R. Steiner), im → Dalton-Plan (H. Parkhurst), im → Jena-Plan (P. Petersen), im Winnetka-Plan, in der Idee des → Projektunterrichts, in der Refom des Kindergartenbereichs (M. Montessori) und der Heimerziehung (A. S. Makarenko, E. J. Flanagan) und schließlich in der Einheitsschulbewegung, die → Koedukation und Abschaffung ständischer Privilegien in der Schule forderte.

Viele Ansätze der Reformpädagogik werden heutigentags durch die – an sich uralte – Idee des → schülerorientierten und handlungsorientierten Unterrichts, aber auch durch weiterreichende Extrempositionen wie z. B. der → Antipädagogik wieder aufgegriffen.

Beckers/Richter 1979; Flitner/Kudritzki 1986, 1982 (Quellen); Oelkers 1989; Röhrs 1982, 1986, 1991 (2x); Scheibe 1976

→ Alternative Schulen → Reform K

Refresher course → Auffrischungslehrgang

Regelgröße → Regelkreis

Regelkreis (des Lehrens und Lernens)

Der Begriff des Regelkreises stammt aus dem Sprachschatz der → kybernetischen Pädagogik, nach deren Konzept „die Erziehung ein zielansteuernder Prozeß in einem offenen System ist, d. h. also ein Regelungsprozeß (→ Kybernetik)" (F. v. Cube, in: Heinrichs, H.: *Lexikon der audiovisuellen Bildungsmittel.* München 1971, Seite 179).

Allgemein bekannt ist die selbststeuernde Wirkung eines Regelkreises z. B. beim Thermostaten eines Kühlschranks oder einer Raumheizung. Auf den Lernprozeß übertragen, besteht die Funktion des Regelkreises in der ständigen Überwachung und Angleichung der **Soll-Werte** und der **Ist-Werte.** Die Soll-Werte werden von der jeweiligen Gesellschaft gesetzt bzw. konkreter z. B. von den Teams der Lehrplangestaltung. Die Soll-Werte würden im zuletzt genannten Fall die → Lernziele und → Lerninhalte eines Lehrplans bzw. eines → Curriculums bezeichnen. Der Lehrer tritt nun als **Regler** auf, indem er unter Berücksichtigung der lernpsychologischen und sozio-kulturellen Voraussetzungen seiner Lerngruppe und der ihm zur Verfügung stehenden methodischen Möglichkeiten die für den aktuellen Lernprozeß optimale Strategie ermittelt. Das ebenfalls vom Lehrer für den konkreten Unterrichtsvollzug definierte → Lernziel (= **Stellgröße** = Feinziel), das für den Lernenden klar erkennbar und erreichbar sein muß, wird nunmehr den **Stellgliedern,** d. h. den lernprozeßsteuernden → Medien überantwortet. Die **Regelgrößen** bezeichnen die den Steuerungsvorgang und Lernprozeß abschließenden Verhaltensänderungen, die in ihrer Endform zusätzlich von mehr oder weniger stark eingreifenden **Störgrößen** geformt werden. Unter den **Meßfühlern** sind schließlich Maßnahmen der Effizienzkontrolle zu verstehen, wie Beobachten, Messen, Diagnostizieren des Verhaltens, die die **Ist-Werte** jeweils neu feststellen, bevor ein Vergleich mit dem ursprünglich gesetzten Soll-Wert vorgenommen und entsprechend dem Ergebnis dieses Vergleichs ein wiederholender, aufbauender oder ein anderer Lernprozeß eingeleitet werden kann.

→ Computerunterstützter Unterricht K

Regellernen → Regeln

Regeln

(von lat. regula = Maßstab, Richtschnur) sorgen auf der Grundlage allgemein anerkannter sittlicher Grundprinzipien, Werte und/oder Normen als verbindliche Handlungsanweisungen für die verläßliche Interaktion in einem sozialen System. Sie garantieren als Mindestmaß an Gemeinsamkeit den Ordnungsrahmen, innerhalb dessen sich die Mitglieder eines sozialen Systems – vor willkürlichen Aktio-

nen einzelner durch entsprechende Sanktionen geschützt – sicher fühlen können. Durch ihre Entlastungsfunktion setzen sie Kräfte frei, die andernfalls zur Regelung des alltäglichen Umgangs miteinander unökonomisch verschlissen würden.
Die Annahme und Befolgung von Regeln werden erleichtert, wenn
- das Zusammenleben durch wenige, sinnvolle und damit bewußt bejahte Regeln bestimmt ist,
- die Regeln der kommunikativen Situation angepaßt sind
- und grundsätzlich bei hinreichender Notwendigkeit veränderbar sind.

Regeln werden früher oder später zum Anlaß sozialer Konflikte,
- wenn sie unverständlich oder sinnlos sind
- und wenn sie zum Zweck der Machtausübung mißbraucht werden. K

Regelschule

trifft als Bezeichnung auf alle anerkannten Bildungseinrichtungen des öffentlichen Schulwesens zu, ausgenommen Versuchs- und Modellschulen.

→ Schule, Schulwesen K

Regelstudienzeit

bezeichnet die Studiendauer, innerhalb welcher ein durch die Studien- und Prüfungsordnung definierter berufsqualifizierender Abschluß „in der Regel" erreicht werden kann. Die zum Teil erheblichen Überlastungen der Hochschulen und die zunehmende Zahl von Langzeitstudenten bringen die Regelstudienzeit immer wieder in die hochschulpolitische Diskussion ein, z. B. bei Einhaltung mit der sog. „Freischußregelung" als Nichtanrechnung einer verfehlten Abschlußprüfung innerhalb der Regelstudienzeit, oder bei Überschreitung mit Kürzung/Streichung von finanziellen Mitteln nach dem → Bundesausbildungsförderungsgesetz oder mit der Erhebung von Studiengebühren. K

Regionale Lehrerfortbildung

Sie wird von Schulämtern, Regierungen, Ministerialbeauftragten in Zusammenarbeit und Koordinierung mit der zentralen → Lehrerfortbildung durchgeführt. Sie hat ihre Berechtigung vor allem dann, wenn Innovationen (Neuerungen) im Schulwesen rasch und unverzüglich an die Lehrkräfte herangebracht werden müssen. Die für die regionale Fortbildung notwendigen qualifizierten → Multiplikatoren werden in den Instituten der zentralen Lehrerfortbildung ausgebildet. Vor allem im beruflichen Schulwesen muß Lehrerfortbildung regional erfolgen, um in Zusammenarbeit mit geeigneten Firmen den für den Lehrer wesentlichen Praxisbezug zu erhalten. O

Regler

Als Begriff der Regeltechnik bezeichnet Regler eine Vorrichtung, die eine kritische → Variable innerhalb eines Systems in den vorgeplanten Grenzen hält.

→ Feedback → Regelkreis O

Regression

bezeichnet ein Zurückschreiten zu früheren, meist frühkindlichen Verhaltensweisen. Sie kann ein einzelnes Individuum oder Gruppen betreffen. In Ergänzung der umgangssprachlichen Verwendung des Begriffes, wo er meist mit zerstörerischen Aktivitäten, Vandalismen, Blödeleien usw. verbunden wird, können der Regression durchaus auch positive Funktionen zugeschrieben werden:

1. In der Individual- und Gruppenpsychotherapie kommt der Regression therapeutische Funktion zu als Zurückschreiten in der Entwicklung bis zu dem Punkt, wo z. B. eine Verhaltensstörung oder eine → Neurose erworben wurde. Nach der Klärung der Ursachen kann u. U. durch erneute Progression (= Vorwärtsschreiten) ein verändertes Verhalten aufgebaut werden.
2. Erholungsfunktion der Regression: Sie ist um so häufiger und nötiger, je größer der alltägliche Streß, je höher die beruflichen Anforderungen an Disziplin usw. sind.
3. Im schulischen Bereich sind oft Regressionstendenzen zu beobachten, die auf mangelnder Forderung, auf Disziplinlosigkeit, auf permanenter Mißachtung der affektiven Bedürfnisse der Schüler, aber auch auf Vater-Lehrer-Analogien beruhen können. In solchen Fällen sind Regressionen unmittelbare Aufforderungen zur Veränderung von Lehrmethoden, der Unterrichtsatmosphäre oder zu gemeinsam mit den Eltern zu überlegenden Maßnahmen.

Balint 1991

→ Abwehrmechanismen K

Reha-Berater, Rehabilitationsberater → Rehabilitation

Rehabilitand

ist eine Person, der die Wiedereingliederung ins gesellschaftliche und insbesondere ins berufliche Leben ermöglicht werden soll.

→ Rehabilitation O

Rehabilitation, Rehabilitierung

ist die zusammenfassende Bezeichnung für alle medizinischen, psychologischen, heilpädagogischen, juristischen und materiellen Maßnahmen, die der gesundheitlichen Wiederherstellung Kranker oder Unfallgeschädigter und ihrer beruflichen Wiederverwendung, die ferner der Förderung körperlich oder geistig Behinderter oder der sozialen Wiedereingliederung straffällig Gewordener dienen. Ziel all dieser Maßnahmen ist letztlich die größtmögliche Unabhängigkeit des Betreuten von fremder Hilfe im Sinne einer selbständigen Lebensführung.

Von großer Bedeutung ist die berufliche Rehabilitation, die den Zweck hat, allen aus irgendwelchen Gründen nicht mehr voll leistungsfähigen Menschen die Möglichkeit zu geben, sich wieder in das Arbeitsgeschehen einzugliedern.

So erfolgt eine berufliche Rehabilitation z. B. bei Körperbehinderten, bei Gehör- und Sprachgeschädigten, bei Blinden und Sehschwachen und auch bei Krankheiten der inneren Organe, bei seelischen Krankheiten u. a.

Der → Rehabilitand kann sich durch Rehabilitationsberater (Reha-Berater) bei den Arbeitsämtern über die Wege und Möglichkeiten der beruflichen Rehabilitation, über die für ihn zweckmäßigsten Formen der → Umschulung aufklären lassen. OK

Becker o. J.; Eggert o. J.; Koch u. a. 1988; Martikke 1978; Muhlum/Oppl 1991; Rehabilitation und Prävention; Schindele o. J.; Suhrweier 1990; Wiedl 1985

Reifeprüfung → Abitur

Reifezeit → Pubertät

Reifung

bezeichnet den genetisch (= durch Erbfaktoren) gesteuerten Anteil der vor- und nachgeburtlichen Entwicklung eines Organismus. Der Einfluß von Umweltfaktoren auf organische Reifungsprozesse ist gering, bei einigen bestimmten Reifungsprozessen (z. B. des Sprachzentrums) beschränkt er sich darauf, Reizangebote zu liefern. Bei anderen Reifungsvorgängen können Umwelteinflüsse eine Beschleunigung verursachen (z. B. bei der Geschlechtsreifung), ohne jedoch in deren Steuerung durch Erbfaktoren eingreifen zu können. Erzieherische Maßnahmen, Lernangebote, Üben sind dort eher schädlich als nützlich, wo die organische Reifung noch nicht weit genug vorangeschritten ist (z. B. Reinlichkeitserziehung nicht vor dem 2. Lebensjahr, da die Nervenbahnen zu den Schließmuskeln noch nicht hinreichend entwickelt sind).
Nach Rutter nimmt die Entwicklung unter dem Gesichtspunkt der Reifung durchschnittlich folgenden Verlauf:

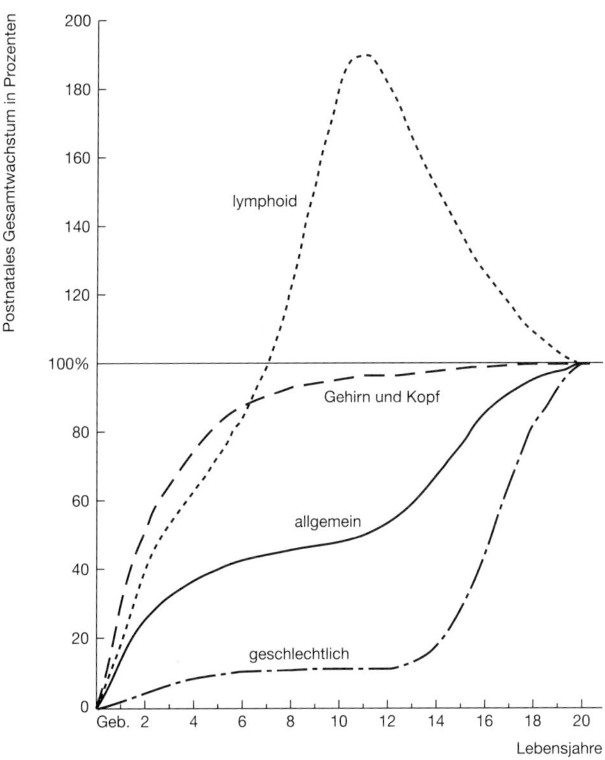

K

Bornemann 1981; Lempp 1987; Winnicott 1990

Reinforcement → Verstärkung

Reinlichkeitserziehung → Enuresis, Enkopresis → Inkontinenz

Reiz

Ein Reiz ist ein äußeres oder inneres Ereignis, das über die Rezeptoren (Informationsempfänger und -umwandler) in eine für das menschliche Nervensystem bedeutsame Erregung umgewandelt wird. Jeder Reiz muß also zunächst einmal einen Rezeptor in Aktivität versetzen, d. h. in Stärke und Qualität innerhalb bestimmter → Reizschwellen liegen. Oftmals löst erst eine größere Anzahl gleicher Reize (Reizsummation) oder das Zusammentreffen verschiedener Reize (Reizkonstellation) auf eine ganz bestimmte Weise (Reizkonfiguration) die Aktivität eines Rezeptors aus. Umgekehrt führt eine allzu oftmalige Wiederholung gleicher Reize gelegentlich zu Reizabnutzung bzw. Reizgewöhnung.
In jeglicher Art von Lernprozessen sind also die Lernangebote im Sinne komplexer Reizkombinationen in Schwierigkeit und Interessantheit so aufzubereiten, daß sie den Lernenden innerhalb der erwähnten Reizschwellen treffen. K

Reiz-Intensitäts-Modell → Stimulus intensity model → Reizschwelle

Reizkonfiguration → Reiz

Reizkonstellation → Reiz

Reiz-Reaktions-Theoretiker → Lerntheorie

Reizschwelle

Damit ein → Reiz überhaupt von den → Sinnesrezeptoren wahrgenommen wird, muß er nach Stärke (Intensität) und Eigenart (Qualität) innerhalb der Wahrnehmungsmöglichkeiten der Sinnesrezeptoren liegen (= absolute Reizschwelle) bzw. sich soweit von einer vorhergehenden Reizsituation abheben, daß der Unterschied wahrgenommen werden kann (= Unterschiedsschwelle). Die Reizschwelle kann auch durch allzu gehäuft auftretende gleichartige Reize oder die Aufnahmekapazität überfordernde verschiedenartige Reize überschritten werden (→ Reizüberflutung).
→ Reaktion K

Reizsummation → Reiz

Reizüberflutung

ergibt sich als psychologischer Sachverhalt aus einem Überangebot von Reizen oder Informationen, das die Aufnahme- und Verarbeitungskapazität des Reiz- oder Informationsempfängers übersteigt. Dieser vor allem die → Massenmedien kennzeichnende Effekt wird u. a. als Erklärung mannigfacher Aufnahmeschwierigkeiten, herabgesetzter und stark fluktuierender Aufmerksamkeit und oberflächlicher Verarbeitung bei Lernprozessen herangezogen. Gegenüber dem Faktum der Reizüberflutung sieht die → Medienerziehung ihre Aufgabe darin, den Reizempfänger zu kritischer Auswahl unter den angebotenen Reizen und zu gelegentlicher eigengesteuerter Reizabschirmung zu befähigen.

Eine spezielle Bedeutung kommt der Reizüberflutung in der → Verhaltenstherapie zu, wo sie bei der Behandlung von → Phobien eingesetzt wird: Der Patient wird mit den angstauslösenden Reizen derart überschwemmt, bis er seine Angst als unbegründet erleben und als der Situation unangemessen aufgeben kann. K

Rekapitulation

bedeutet → Wiederholung und Zusammenfassung. Man unterscheidet die Rekapitulation als die **Zusammenfassende Wiederholung** von Vorgetragenem, Gesagtem und Erlebtem, das bereits längere Zeit zurückliegen kann, in einer anders gruppierten oder kombinierten Form von der **Einfachen Wiederholung** (Repetition), bei der ein gelehrter und gelernter Stoff auch in seiner Gliederung und Abfolge unverändert bleibt, und der **Immanenten Wiederholung,** bei der gelernte und geübte Stoffe wiederkehren wie z. B. im Rahmen der → Konzentrischen Kreise.

Kretzenbacher 1990

→ Rekapitulationstheorie O

Rekapitulationstheorie

Die Rekapitulationstheorie oder das Gesetz der Wiederholung (Wiederholungsgesetz) besagt, daß der Mensch bereits vor seiner Geburt einen Entwicklungsverlauf, der eine kurze, gedrängte Wiederholung der gesamten Stammesgeschichte des Lebewesens sei, und in seiner sich anschließenden Kindheit und Jugendzeit die bisher bekannten Kulturstufen durchlaufe (Atavismustheorie). Diese Theorie wird vor allem im **Biogenetischen Grundgesetz** Haeckels zum Ausdruck gebracht, nach dem sich in der Entwicklung des Einzelnen (→ Ontogenese) die Entwicklung der Art (Phylogenese) wiederhole.

→ Rekapitulation O

Relation

bedeutet Beziehung, Verhältnis zwischen Seiendem gleich welcher Art, wobei vor allem die wechselseitig verändernde Einflußnahme aufeinander interessiert. Relationen schaffen in der Regel qualitativ veränderte Wirklichkeit. K

Essler/Martinez 1987, 1991; vgl. auch die Literatur bei → Logik!

Relaxation = Entspannung → Entspannungstechniken

Relegation

wird im Sinne einer → Ordnungsmaßnahme die zwangsweise Entlassung eines Schülers/Studenten aus der Schule/Hochschule genannt. Sie kann in der Schule nur mit mindestens zwei Drittel der Stimmen der anwesenden stimmberechtigten Mitglieder der Lehrerkonferenz, von denen aber wiederum mindestens zwei Drittel anwesend sein müssen, ausgesprochen werden. Die Mitwirkung des Elternbeirats ist auf Antrag des volljährigen Schülers bzw. der Erziehungsberechtigten in Form einer Stellungnahme vorgesehen. Je nach Fall ist auch ein Gutachten des Schularztes und/oder des Schulpsychologen einzuholen. Der entlassene Schüler kann an einer anderen Schule aufgenommen werden, an der früher besuchten Schule frühestens ein halbes Jahr nach seiner Entlassung. Weitere Einzelheiten enthalten die → Schulordnungen. K

Relevanz

heißt Bedeutsamkeit, Wichtigkeit. In der wissenschaftlichen Forschung ist die Relevanz einer Fragestellung für die gesellschaftlichen Belange allgemein oder für ein speziell formuliertes und in seiner Brauchbarkeit anerkanntes Forschungsziel ein wesentliches Kriterium neben → Objektivität, → Validität und → Reliabilität. Forschung um ihrer selbst willen ohne erkennbaren Bezug zu gesellschaftlichen Notwendigkeiten wird unter dem Kriterium der Relevanz problematisch. K

Iseler/Perrez 1976; Schütz 1981

Reliabilität

bedeutet Verläßlichkeit bzw. Zuverlässigkeit. Reliabilität ist eines der wichtigsten Gütekriterien für Meßmethoden und bezeichnet den statistisch ermittelbaren Genauigkeitsgrad eines Maßes oder Tests. Ein → Test z. B. kann dann als zuverlässig, als reliabel, angesehen werden, wenn er das zu bestimmende Merkmal so genau mißt, daß sich bei einer Wiederholung der Testung unter gleichen Voraussetzungen an denselben Gegenständen oder demselben Personenkreis das gleiche Resultat ergibt. Die Reliabilität kann durch ihren Genauigkeitsgrad zu einer Konsistenz (kurzfristige Zuverlässigkeit) oder Stabilität (langfristige Zuverlässigkeit) führen. Als methodische Verfahren zur Überprüfung der Zuverlässigkeit von Tests werden z. B. die → Testwiederholungsmethode, die → Paralleltestmethode oder die → Halbierungsmethode angewandt.

→ Leistungsbewertung → Reliabilitätskoeffizient O

Reliabilitätskoeffizient

ist das Maß der Genauigkeit bzw. Zuverlässigkeit. Er vergleicht und untersucht zwei gleiche oder gleichartige Messungen bzw. Tests.

→ Reliabilität → Test-Parallelform O

Rentabilität

ist das Verhältnis von erzieltem Reingewinn (Ertrag) zu eingesetztem Kapital. Im Bereich der Betriebswirtschaftslehre werden mehrere spezielle Arten der Rentabilität unterschieden. O

Reorganisation → Lernzielstufen

Repetition → Rekapitulation

Repräsentanz → Validität

Repräsentativität

Repräsentativ sind solche Ergebnisse, Gegenstände oder Gruppen, die für alle anderen Personen oder Sachverhalte der Bereiche, in denen Untersuchungen angestellt wurden, stellvertretend stehen. Von **Repräsentativ-Erhebung** wird gesprochen, wenn eine Untersuchung an einer für eine gesamte → Population repräsentativen → Stichprobe durchgeführt wird. O

Repression
wird allgemein mit Abwehr, Hemmung, Unterdrückung übersetzt. Im heutigen Sprachgebrauch bedeutet Repression vor allem den Auslöser von → Frustrationen als versagte Trieb- oder Motivbefriedigungen, im weitesten Sinne Ursache der Beschränkung individueller Freiheit. Gegenüber den manipulierenden Tendenzen einer autoritären Erziehung und von gesellschaftlichen Gegebenheiten, die auf vorbehaltlose Anpassung zielen, fordert die kritische Pädagogik eine repressionsfreie Erziehung, deren Leitziel → Emanzipation ist. K

Lauer 1975; vgl. Literatur bei → Gewalt!

Reproduktion → Lernzielstufen

Reproduktive Hemmung → Gedächtnishemmungen

Reproduktive Synthese → Synthese

Resignation
als meist relativ stabiles Gefühl der Vergeblichkeit allen Bemühens, der Entsagung und des Sichfügens in das (vermeintlich) Unabwendbare kann aus der Erkenntnis tatsächlicher Überforderung durch selbst- oder fremdgesetzte Aufgaben oder aus zu geringen Erfolgserlebnissen bei gleichzeitig hohem Kraftaufwand resultieren. In der pädagogischen Interaktion scheinen jene Lehrer und Erzieher am ehesten anfällig für die Resignation zu sein, die mit ihren idealistischen Zielvorstellungen zu weit entfernt von der Erziehungswirklichkeit ansetzen und die sich in Fehleinschätzung ihrer eigenen Kräfte und Fähigkeiten bei der erzieherischen „Hilfestellung" (Helfersyndrom) überfordern.
Eine besondere erzieherische Aufgabe ist mit der Resignation der Schüler vor mißerfolgsträchtigen Lernanforderungen, vor langweilig-routiniertem Lernbetrieb, vor dem Kommunikationsmonopol der Lehrer u. a. m. gegeben.
→ Burnout-Syndrom K

Resistenz
bedeutet allgemein Widerstand, im besonderen ererbte Widerstandsfähigkeit z. B. gegen Infektionen. K

Resozialisierung
bezeichnet den Prozeß und das Ergebnis der Wiedereingliederung vor allem straffällig Gewordener in die Gesellschaft.

Opp 1979; Wolf 1983

→ Rehabilitation K

Response → Reaktion → Constructed response

Ressentiment
bezeichnet eine vor allem emotional begründete, meist tiefgreifende Abneigung gegenüber Dingen, Situationen oder Personen, die durch ein Wiedererinnern oder Wiedererleben bis zu Haßgefühlen verstärkt werden kann. Da Ressentiments, die

gerade das erzieherische Verhältnis oft genug belasten, zwar durch tatsächliche Begebenheiten veranlaßt sein können, ihre Ausgestaltung aber durch irrationale Aspekte wie z. B. → Vorurteile, → Minderwertigkeitskomplexe oder Neid erfahren, ist ihnen nur durch konsequente → Metakommunikation und Einübung in realitätsgerechte Selbst- und Fremdwahrnehmung beizukommen, in einzelnen Fällen durch psychotherapeutische Maßnahmen. K

Ressourcen

sind Hilfsmittel oder Reserven. In der Curriculumsprache bezieht sich der Begriff auf Informationsquellen und Entscheidungsdeterminanten im Curriculumprozeß.
→ Curriculum O

Restriktion

bedeutet im allgemeinen Sprachgebrauch Einschränkung und Beschränkung. Restriktionen, die von Eltern und Erziehern vor allem dem Kleinkind oder Kind unbedacht oder aus Bequemlichkeit der Erziehenden auferlegt werden, führen zu seelischen Fehlentwicklungen und zu Verhaltensstörungen. Solche Restriktionen sind z. B. vorzeitige Einschränkung des kindlichen Spieltriebes, Beschränkung der Freiheit des Kindes durch übertriebenes, rigoroses Ordnungs- und Reinlichkeitsverhalten der Mutter oder das absolute Verbot, bei Arbeiten im Hause oder im Garten mitzuhelfen. O

Retardierung, Retardation

(von lateinisch retardare = verzögern, hemmen, hindern) bezeichnet in der Entwicklungspsychologie den verspäteten Beginn bzw. die Verzögerung eines Entwicklungsablaufs. Eine synchrone oder universelle Retardierung liegt vor, wenn alle Teilbereiche der Entwicklung betroffen sind, von einer asynchronen oder partiellen Retardierung ist zu sprechen, wenn nur ein bestimmter Teilbereich, z. B. die Entwicklung der Intelligenzleistungen, betroffen ist. Die Retardierung kann ferner über einen längeren Entwicklungsabschnitt als ein etwa immer gleichgroßer Abstand gegenüber der Altersnorm auftreten (= gleichbleibende Retardierung), der Abstand kann sich aber auch ständig vergrößern (= progressive Retardierung), was auf organische Störungen oder auf extrem ungünstige Umweltverhältnisse schließen läßt.
Die Entwicklungshemmung kann endogen, durch früher erworbene organische Schäden oder durch ungünstiges Milieu (ohne Anregungsgehalt) verursacht sein. Der ärztlichen Behandlung bedürfen die folgenden, besonders schwerwiegenden Formen der Retardierung:
- Kryptorchismus (die Hoden bleiben in der Bauchhöhle oder im Leistenkanal zurück)
- Hypogonodal – stigmatisierter Entwicklungstyp (die Pubertätsentwicklung kommt nicht voran)
- Hypopituitär – stigmatisierter Entwicklungstyp (Fettwuchs, keine Genitalentwicklung).

→ Akzeleration K

Retention

(von lateinisch retentio = das Zurückhalten) beschreibt das Ausmaß von Gedächtnisleistungen in bezug auf Behalten und Wiedererinnern gespeicherter Informationen.
Unter **pädagogischen Retentionsstörungen** werden Verstöße gegen Grundsätze verstanden, die sich in Lernprozessen förderlich auf Behalten und Wiedererinnern auswirken (vgl. z. B. Lernarrangements, die → Gedächtnishemmungen auslösen!).
Der Begriff Retention wird aber auch für das beharrliche Nachwirken vor allem negativ empfundener Erlebnisse verwendet und für eine übermäßige Zurückhaltung in kommunikativen und personalen Begegnungen.
→ Behaltwert → Gedächtnis K

Retestmethode → Testwiederholungsmethode

Retroaktive Hemmung → Gedächtnishemmung

Reversibilität

bedeutet allgemein Umkehrbarkeit. Reinhard und Anne-Marie Tausch (1979) führten im pädagogischen Bereich den Begriff als soziale Reversibilität bei der inhaltlichen Bestimmung des sozialintegrativen → Erziehungsstils ein. Hier meint Reversibilität das durch → pädagogischen Takt gekennzeichnete vor allem verbale Verhalten des Lehrers gegenüber seinen Schülern, das diese ebenso (= umkehrbar) ihrem Lehrer gegenüber zeigen können.
Bei J. Piaget (1972, 1984) bezeichnet Reversibilität auf der Entwicklungsstufe der konkreten Denkoperationen (ab 7. Lebensjahr) neben Komposition, Assoziativität und Identität ein Merkmal des operatorischen Denkens. Reversibilität besagt hier, daß es für jede beliebige → Operation eine entgegengesetzte gibt, die diese wieder aufhebt, z. B. 2 + 6 = 8 und 8 − 6 = 2 oder alle Jungen + alle Mädchen = alle Kinder und alle Kinder − alle Mädchen = alle Jungen. Ebenso kennzeichnet z. B. Reversibilität Operationen des Multiplizierens und Dividierens. K

Reviere

bezeichnen räumliche, soziale und psychische Abgrenzungen von Gruppen oder einzelnen voneinander. Sie schützen die personale Identität des Individuums, seine vertretbaren, meist mühsam erworbenen Nischen im gesellschaftlichen System und die besondere gruppendynamische Struktur von Gruppen wie z. B. Schulklassen, Cliquen, Lehrerkollegien.

1. Am leichtesten erkennbar sind ausdrücklich gekennzeichnete **räumliche Reviere** wie das Lehrerzimmer, das Klassenzimmer, die Sitzordnung in Schulklassen und im Lehrerkollegium. Reviere mit Hoheitsabzeichen wie z. B. mit Titeln, Funktionsbezeichnungen, Sprechzeiten und Besuchergruppe (A–K) vernagelte Türen flößen Respekt ein und lösen wie Schlüsselreize Verhaltensrituale aus.
2. Die Gefahr der Grenzüberschreitung oder gar Mißachtung ist größer bei **Revieren, die soziale oder psychische Abgrenzungen darstellen** und damit schwerer zu orten sind. Gemeint sind Reviere der Intimsphäre, der Führungs- und Fachkompetenz, der Verantwortung für Personen oder Sachen, der Gruppenstruktur der Klasse oder informeller Gruppen, des außerschulischen Bereichs von Lehrern und Schülern.

Reviere – hier im Sinne von Positionen – werden im Rollenkampf erworben und durch positionsgemäßes Rollenhandeln oder Machtmittel gehalten. K

Rezeption

bedeutet im Rahmen eines Lernprozesses die (vorläufig) nicht hinterfragte Aufnahme von Informationen. K

Rezeptivität, rezeptives Denken

bezeichnet die mehr oder minder ausgeprägte Fähigkeit der Aufnahme von Informationen aufgrund bloßer Wahrnehmung. Die nach wie vor am häufigsten in schulischen Lernprozessen angebotenen Unterrichtsformen der Darbietung (z. B. Vortrag) und der Entwicklung (Frage-Antwort-Unterricht) fordern rezeptives Denken, d. h. möglichst lückenlose und fehlerfreie Aufnahme von Informationen, die in der vermittelten Form abrufbar gespeichert werden sollen. Einerseits hat die Bevorzugung des rezeptiven Denkens in der Schule mit Recht die Kritik der Pädagogik auf sich gezogen, andererseits kommt ihm aber durchaus angesichts einer ständig wachsenden Informationsflut und der Perfektionierung der Massenkommunikationsmittel ein bedeutender Stellenwert im schulischen Lernen zu. Allerdings müßte dann das rezeptive Denken über die bloße Aufnahme von Fakten, Daten, Wissen hinaus erweitert werden, und zwar im Sinne eines sicheren, auswählenden Zugriffs auf Informationen einschließlich der bewußten Einordnung der neuen Informationen in den bereits vorhandenen Informationsbestand. K

Rezeptor → Sinnesrezeptor

Rhetorik

bedeutet aus dem Griechischen übersetzt Redekunst. Im Altertum wurde sie u. a. in der Jugendbildung als Vorbereitung auf das politisch aktive Leben gelehrt, im Mittelalter galt sie im Rahmen der → septem artes liberales als fest etabliertes Unterrichtsfach. Heute bezeichnet Rhetorik sowohl die Wissenschaft von der adressatengerecht und nach bestimmten Regeln gestalteten Rede als auch die individuelle Redegewandtheit. K

Bausch/Grosse 1985; Brauner 1987; Ebeling 1989; Kopperschmidt 1990, 1991; Lemmermann 1988

Rhythmik, Rhythmus → Biorhythmus → Eurhythmie → Musische Erziehung

Richtziel → Curriculum

Rigidität

(von lateinisch rigidus = starr, steif, fest) bezeichnet im psychologischen Sprachgebrauch das hartnäckige Festhalten an Verhaltensweisen, Einstellungen und Gewohnheiten, selbst wenn die aktuelle Situation eine Änderung zwingend nahelegt. Dieses Beharren kann einerseits in der generellen Unfähigkeit gründen, Verhaltensweisen der Situation entsprechend flexibel zu ändern oder zu wechseln (→ Perseveration), in anderen Fällen ist sie auf die totale oder teilweise Unfähigkeit zurückzuführen, gewohnte Abläufe in → Wahrnehmung und → Denken zu verändern. K

Risikofaktor

Risiko ergibt sich aus der unvollständigen Vorhersagbarkeit von Ereignissen oder Ereignisalternativen. Es steht in engem Zusammenhang mit der Ungewißheit und kann sich aus einer inneren oder äußeren Gefahr ergeben. Risiken können entstehen aus Umwelteinflüssen heraus, wie z. B. durch Überforderung in der Schule oder am Arbeitsplatz oder auch durch körperliche Fehleinschätzung wie z. B. durch Drogengenuß oder übertriebenen Sport. Der Veranlasser, der Faktor, der etwas erzeugt, etwas „macht" (lat. facere) und ein evtl. den Menschen gefährdendes Risiko einleitet, wird als Risikofaktor bezeichnet.
Schaefer (1978) unterscheidet folgende fünf Bereiche von Risikofaktoren:
1. Faktoren, die als physiologische oder biochemische Körperwerte gemessen werden können, wie z. B. Übergewicht oder erhöhter Blutdruck.
2. Faktoren, die im Verhalten der Menschen liegen, wie z. B. Fehlernährung, Bewegungsarmut oder falsches Freizeitverhalten.
3. Faktoren, die in der Lebensgeschichte der Menschen liegen, wie z. B. → Deprivation, Familienkonflikte oder Verlust wesentlicher Bezugspersonen.
4. Faktoren, die in der sozialen Umwelt liegen, wie z. B. Beruf, finanzielle Gefährdung oder unzumutbare Wohnverhältnisse.
5. Faktoren der emotionalen Spannung zwischen Menschen und Umwelt, wie z. B. → Frustration, → Angst oder Haß.

Schaefer 1978; Teichmann/Meyer-Probst/Roether 1991

→ Faktor → Streß O

Rituale

(von lat. ritus = heiliger Brauch, Sitte) bezeichnen
1. in der Verhaltensforschung nach K. Lorenz „zeremonielle Akte, deren festgelegter Ablauf Signalwirkung im sozialen Verkehr artgleicher Tiere besitzt".
2. Im sakralen Bereich stehen sie für schriftlich festgehaltene Handlungsabläufe z. B. bei Sakramenten oder beim Gottesdienst.
3. In der Soziologie, deren Meinung für unseren Zusammenhang vor allem von Bedeutung ist, bezeichnen Rituale meist ungeschriebene, gesellschaftlich überlieferte und standardisierte Handlungabläufe in kommunikativen Situationen mit dem Zweck der Verhaltensstabilisierung.
   Beispiele sind Begrüßungsrituale, Prüfungsrituale, Kleidungsrituale bei besonderen Anlässen, Zeremonien bei Empfängen oder in Clubs, Demutsrituale als Antwort auf das Imponiergehabe von vorgesetzten Personen oder institutionellen Teilstücken (Lehrplan), aber auch Übersprungshandlungen wie z. B. zwanghaft wiederkehrende Verlegenheitsgesten.

Rituale sind nicht an sich abzulehnen, sondern nur als unbegründete bzw. unbegründbare und unreflektierte Selbstläufer. Abgekoppelt von früher selbstverständlich und allgemein anerkannten Konventionen und Tabus, zweifelsfreien Grundwerten und -überzeugungen und ohne Anbindung an einen verbindlichen z. B. weltanschaulichen Hintergrund unterliegen sie der Gefahr, ihren Sinn einzubüßen und mißachtet zu werden. Nur eine Steigerung der Machtmittel vermag dann ihre Geltung aufrechtzuerhalten. Es kann also geradezu als Maßstab für die berechtigte Beibehaltung eines Rituals gelten, ob und in welchem Außmaß es ohne den Einsatz von Machtmitteln existiert. K

Goffman 1971; Knuf/Schmitz 1980; Paul 1989; Soeffner 1992

Rivalität

bedeutet Wettstreit, Wetteifer, in dem ein Individuum oder eine Gruppe seine bzw. ihre Leistungsanstrengungen an denen anderer orientiert in der Absicht, diese zu überbieten und damit ein höheres soziales Ansehen zu erreichen. Rivalität kann potentielle Kräfte zur Erzielung individueller, auch für die Allgemeinheit nützlicher Leistungen und Höchstleistungen freisetzen, in ungehemmter und ungesteuerter Form stellt sie aber eine Gefahr für → Kooperation und → Kommunikation dar. In extremer Weise ausgespielt, mündet Rivalität in Feindseligkeit mit der Tendenz, dem Gegenspieler zur Steigerung des eigenen Ansehens Schaden zuzufügen.
In der heutigen Schulsituation ist oftmals eine verhängnisvolle Kombination von Rivalität und Leistungsdruck beobachtbar. K

Robinson-Spielplatz, synonym Abenteuerspielplatz → Kinderspielplatz

Role-making → Rolle, soziale

Role-taking → Rolle, soziale

Rolle, dysfunktionale → Rollenfunktionen in der Gruppe

Rolle, soziale

Für den Schulalltag bedeutsame Aussagen der Rollentheorie:

- **Soziale Rollen** sind (z. B. nach Dahrendorf 1974) Bündel von Verhaltensvorschriften, die von der Gesellschaft gesetzt und verbindlich sind.
  Ein Verstoß gegen sie zieht Sanktionen (= Bestrafung, Entzug von Privilegien, Ausschluß) nach sich, ihre Einhaltung Gratifikationen (= Belohnungen, Zuteilung von Privilegien und Anerkennung).
  Die Bestimmung z. B. der Lehrerrolle oder der Schülerrolle ergibt sich nur teilweise aus den Erwartungen der unmittelbar Betroffenen und des weiteren gesellschaftlichen Umfeldes, etwa aufgrund einer detaillierten Beschreibung des Aufgabenfeldes. Zu den Erwartungen an eine soziale Rolle, die in Erfahrungen gründen, gesellen sich schwerer faßbare Bestimmungsgrößen wie ideologische Einflüsse, Verhaltenstrends des herrschenden gesellschaftlichen Systems und Vorurteile.
- So werden Lehrer- und Schülerrolle nicht nur seit eh und je von überlieferten, z. T. kuriosen Vorstellungen zu diesen Rollen beeinflußt, sondern auch von → Vorurteilen, die oftmals durch eigene Schülererfahrungen eher festgeschrieben denn überwunden wurden. Insbesonders der Lehrerrolle gegenüber können sich Vorurteile zu → Stereotypen (= weit verbreitete und relativ feststehende Vorstellungsbilder, die weitgehend auf Vorurteilen beruhen) und sogar zu Feindbildern auswachsen.
  Der Lehrer als Pauker mit erhobenem Zeigefinger, als verschrobener Pseudogelehrter, als Rechthaber, als hoffnungslos wirklichkeitsfremder Menschenfreund usw. bevölkert nicht nur mehr oder minder erheiternd die einschlägigen schriftstellerischen Erinnerungen an vergangene Schulzeiten, sondern belastet auch die pädagogische Gegenwart. Dabei genügt für die Verwendung eines Stereotyps meistens schon die Beobachtung eines einzigen Merkmals, von dem aus dann vorschnell auf eine ganze Merkmalsgruppe geschlossen wird (der sog. Halo-Effekt).

- Nach Hofstätter wächst „die Konformität (= soziale Angepaßtheit; Köck) des Verhaltens mit dessen Öffentlichkeitscharakter“, d. h. umgekehrt, der „Freizügigkeitsspielraum“ wird enger.
  Ein Rollenträger wird offensichtlich in der Erfüllung seiner Aufgaben um so strengeren Maßstäben unterworfen, je mehr er in öffentlichem Interesse handelt und je gründlicher die Verhaltenskontrolle ausfällt.
- Für die Reflexion und für die evtl. Verbesserung des Rollenhandelns mag es von Nutzen sein, einige Bestimmungsmerkmale an die Hand zu bekommen, die eine Beschreibung sozialer Rollen erleichtern.
  Die Übersicht lehnt sich an Ausführungen von Linton und Parsons an, die bezüglich der sozialen Rolle drei Bestimmungsebenen unterscheiden:

Rollen

1. Zugewiesene Rollen (Sohn, Tochter . . .)	1. Erworbene Rollen (loyaler Untergebener, Krimineller . . .)
2. Spezifische Rollen (z. B. Computerspezialist)	2. Diffuse Rollen (z. B. Mutter mit ihren vielfältigen Pflichten)
3. Emotional neutrale Rollen	3. Emotional gefärbte Rollen

  Beispiele:
  - Mutterrolle: zugewiesen, diffus, emotional gefärbt
  - Lehrerrolle/Schülerrolle: erworben, spezifisch, emotional gefärbt
  - Ministerialbeamter: erworben, spezifisch, emotional neutral
- Jeder Mensch ist Inhaber verschiedener sozialer Positionen, an die jeweils bestimmte Verhaltenserwartungen von seiten der Gesellschaft geknüpft sind. Ihre Erfüllung im Rollenhandeln dient der Erhaltung der Funktionstüchtigkeit sozialer Gebilde. Alle Rollen zusammen machen seinen **individuellen Rollensatz** aus (role set, als Begriff 1967 von R. Merton eingeführt).
  So gehören z. B. zum Rollensatz des Schülers die Rollen als Schüler, Sohn/Tochter, Freund/Freundin, Mitglied einer Peer-group, die bereits aufgrund ihrer verschiedenen Aufgaben schnell miteinander in Konflikt geraten können. Erschwerend kommt hinzu, daß grundsätzlich gesellschaftliche Erwartungen und persönliche Bedürfnisse bei den einzelnen Rollen oftmals nicht in Übereinstimmung zu bringen sind. Die Institution Schule verlangt z. B. von Schülern ein Ausmaß an Anpassung und Unterordnung, das insbesonders ab der Entwicklungsphase der Vorpubertät zwangsläufig zu Konflikten mit dem Freiheits- und Selbständigkeitsstreben der Schüler führen muß. Die Konsequenz ist ein ständiger anstrengender Balanceakt im „Handel um Identität“ und der Aufbau einer angemessenen → Ambiguitätstoleranz. Letztere erleben wir als das (vorläufige) Aushalten von Unentschiedenheit oder von Konflikten, bis z. B. durch zusätzliche Informationen eine eher begründete Entscheidung möglich ist.
- Auf dem Weg zur → Ich-Identität und → Persönlichkeit sind im Umgang mit sozialen Rollen noch folgende Vorgänge von Bedeutung, denen insbesonders in der Schule als ausdrücklichem Übungsfeld für soziales Lernen Möglichkeiten des experimentierenden Durchspielens eingeräumt werden müssen:

- Das **role-taking** (Mead) fordert im Prozeß der Sozialisation die Übernahme vorgeformter sozialer Rollen, vor allem über Nachahmung (Modell-Lernen) und Identifikation. Hier ist der Lehrer als Vorbild, nicht als Redner gefragt.
- Im **role-making** ist der einzelne zur Erprobung und Realisierung eigenentworfener Rollen aufgerufen, wozu er nicht nur Freiraum, sondern auch Ermunterung braucht.
- **Rollendistanz** meint die der fraglosen Anpassung entgegenwirkende Fähigkeit zu kritischer Interpretation und Reflexion von Normen und Rollen. Rollendistanz ist insofern die notwendige Voraussetzung für jegliche Veränderung des Zusammenlebens von Menschen und damit erklärtes Lernziel der Schule.

Coburn-Staege 1973; Dahrendorf 1977; Dreitzel u. a. 1978; Goffman 1973; Kickhöfer 1981; Schneider 1970; Wiswede 1977

→ Lehrerrolle K

Rollendiffusion

Ist eine soziale → Rolle nicht klar abgegrenzt und nicht umfeldgerecht definierbar, so spricht man von Rollendiffusion. Dies ist z. B. der Fall bei der → Lehrerrolle.

→ Rolle, soziale O

Rollendistanz → Rolle, soziale

Rollenflexibilität

bedeutet die bewegliche, der jeweiligen Situation angemessene Ausübung einer → Rolle. Die stets angepaßte, strikte Erfüllung der an eine Rolle geknüpften Verhaltenserwartungen der Umwelt gewährleistet für den Rolleninhaber in der Regel ein unangefochtenes Leben mit seiner Rolle und in der damit verbundenen sozialen → Position. Die unflexibel (= unbeweglich) ausgeübte Rolle neigt zur Erstarrung (der typische Lehrer, der Bürokrat). Rollenflexibilität fragt demgegenüber nach dem Sinn einer bestimmten Rolle und der an sie geknüpften Verhaltensweisen in der konkreten Situation. Solche Reflexion der Rolle kann gelegentlich zu Rollenkonflikten und in deren Gefolge auch zu negativen → Sanktionen führen, deren Akzeptanz letztlich der individuellen Entscheidung des Betroffenen überlassen bleiben muß.

→ Rolle, soziale K

Rollenfunktion in der Gruppe

Die Rollen in einer Gruppe müssen nicht nur verteilt sein, sondern immer wieder neu bewußt gemacht und aktiviert werden. Dabei ist grundsätzlich festzuhalten, daß Rollenträger jederzeit wechseln können und daß ein und dasselbe Gruppenmitglied durchaus mehrere Rollen übernehmen kann. T. Brocher (1967) unterscheidet drei Hauptgruppen von Rollen:

1. Die **Aufgabenrollen** sind für die Auswahl und Durchführung einer Gruppenarbeit erforderlich. Solche Aufgabenrollen sind nach Brocher Initiative und Aktivität, Informationssuche, Meinungserkundung, Informationen geben, Meinung geben, Ausarbeiten, Koordinieren, Zusammenfassen, Ermutigung, Grenzen wahren, Regeln bilden, Folge leisten, Ausdruck der Gruppengefühle.
2. Die **Aufgaben- und Erhaltungsrollen** haben dafür zu sorgen, daß das Interesse und Engagement der Gruppenmitglieder für ein gemeinsames Ziel trotz aller Schwierigkeiten als gruppenfördernd gegenwärtig bleiben und durch die Aus-

sicht auf die Bewältigung des Zieles aufrechterhalten werden. Als Aufgaben- und Erhaltungsrollen nennt Brocher das Auswerten, Diagnostizieren, Übereinstimmung prüfen, Vermitteln, Spannung vermindern.

3. In jeder Gruppe gibt es schließlich **dysfunktionale Rollen,** die gruppenstörend wirken, im Extremfall sogar zur Auflösung der Gruppe führen können. Diese Rollen äußern sich in destruktiv aggressivem Verhalten, im Blockieren, indem die Gruppe lediglich als Forum für Selbstdarstellung benützt wird, im Rivalisieren, in der egoistischen Suche nach Sympathie, in Spezialplädoyers, in Clownerie, im dauernden Beachtung suchen und im Sichzurückziehen.

→ Gruppe → Rolle, soziale K

Rollenhandeln

Ein zentraler Begriff des → symbolischen Interaktionismus, bezeichnet „alles Handeln in einem sozialen Kontext, in dem die Handelnden bestimmte → Positionen einnehmen und mit Hilfe gegenseitiger Verhaltenserwartungen interagieren." (Mollenhauer 1982[4], S. 56) „Erziehung sind danach diejenigen Prozesse zu nennen, in denen die Grundqualifikationen des Rollenhandelns erworben, erlernt werden." K

Rollenkonflikt → Rolle, soziale

Rollenprädisposition

bezeichnet die erhöhte Wahrscheinlichkeit, daß auf Grund entsprechender physischer, psychischer oder sozioökonomischer Merkmale und Faktoren bestimmte Rollen übernommen werden.

→ Rolle, soziale O

Rollenspiel

als soziales Rollenspiel im Unterricht bezeichnet das spielerische Sich-Hineinversetzen, das Sich-Hineinfühlen und -Hineindenken in die Situation eines anderen und das dementsprechende Handeln im zugehörigen sozialen Umfeld. Das Rollenspiel stellt eine Methode des sozialen Lernens dar, versucht Lebenssituationen, tägliche Wirklichkeit im Berufsgeschehen vorempfinden, vorerleben oder nachvollziehen zu lassen.

Es zielt auf den Inneneffekt (Emotionen, Empfindungen, Handlungsmotive) beim Spieler, nicht auf den Außeneffekt beim Zuschauer wie etwa das szenische Spiel oder der Sketch.

Die **zentralen Funktionen** des Rollenspiels im Unterricht sind also

- Lebenssituationen, und zwar selbst erlebte, literarisch verarbeitete, dokumentarisch vermittelte u. a., hier und jetzt wieder mit Leben zu füllen, dem tatsächlichen Erleben zugänglich zu machen,
- damit gleichzeitig bei allen Schülern eine gemeinsame Erfahrungsgrundlage zu schaffen, die nicht nur den Intellekt, sondern auch die Emotionen anspricht,
- unterschiedliche Verhaltensweisen zu ein und derselben Situation bewußt zu machen und auf ihre jeweiligen Motive hin zu hinterfragen
- und durch das ganzheitliche Erleben und Reflektieren von Erfahrungen in konkreten simulierten Situationen möglicherweise eine Verhaltensänderung anzubahnen.

Folgende **Arten des Rollenspiels** werden unterschieden:
- Gebundenes, gelenktes Rollenspiel (Nachspielen nach Vorlage oder Spielplan)
- Gelenktes Rollenspiel mit offenem Ende (Weiterspielen einer gegebenen sozialen Situation mit offenem Ende)
- Freies Rollenspiel (spontanes Spiel; vorgegeben ist lediglich die Rahmensituation oder das Rahmenthema).

Jedes Rollenspiel führt von der Vorbereitungsphase über die Spielphase zur Auswertungsphase, welch letztere durch Meinungsaustausch, Aussprache, Analyse, Entwurf von Alternativen gekennzeichnet ist.

Seinen **didaktischen Ort** kann das Rollenspiel nahezu in jeder Phase des Unterrichts finden.
- in der Eröffnungsphase vor allem als Motivationshilfe und zur Bereitstellung eines gemeinsamen Erfahrungshintergrundes,
- in der Erarbeitungsphase z. B. als Mittel zur Beschaffung von Informationen oder zur Überwindung unproduktiver oder festgefahrener Positionen,
- in der Phase der Vertiefung als eine der erfolgversprechendsten Methoden zur Einübung in Verhaltensweisen.

Wie jede Methode muß auch die Technik des Rollenspiels eingeübt werden. Für diese Einübungsphase muß der Lehrer um so mehr Geduld aufbringen, je älter seine Schüler sind, denen nicht zuletzt die Schule über Jahre hinweg die Fähigkeit zur spontanen spielerischen Auseinandersetzung mit Ernstsituationen der Umwelt ausgetrieben hat. In den meisten Fällen muß wohl sogar den Lehrern selbst eine Einübung in entsprechenden Fortbildungslehrgängen angeraten werden.

Auf welcher Jahrgangsstufe auch immer in das Rollenspiel eingeführt wird, am Anfang sollte jedenfalls eine Überforderung der Schüler durch zu komplexe Situationen oder zu schwierige Rollen vermieden werden, da die Hemmung, sich spontan in einer Rolle darzustellen, eher zu Verkrampfungen und zu Fluchttendenzen gegenüber der Methode führt.

Es empfiehlt sich deshalb, mit einfachen Aufgaben zu beginnen, z. B. mit der pantomimischen oder auch verbalen Darstellung typischer Rollen, die von den Beobachtern zu erraten sind. Für die ersten Mehr-Personen-Rollenspiele wird der Lehrer den Akteuren Personen, Ort und wichtige Umstände der Handlung beschreiben. In diesem Zusammenhang ist es wichtig, keinen Schüler in eine bestimmte Rolle zu zwingen. Es können immerhin gelegentlich hinter einer Weigerung unangenehme Erfahrungen verborgen sein, die ein Schüler mit einer bestimmten Rolle verknüpft und die ihm die Distanz verwehren, die er im Spiel der Rolle gegenüber aufrechterhalten muß. Wenn die Schüler an die Methode gewöhnt sind, kann ihnen auch die Vorbereitung des Rollenspiels, also Situations- und Personenbeschreibung, Auswahl der Akteure usw. übertragen werden. Da sich der Zweck des Rollenspiels nicht in der Gestaltung erschöpft, sondern durch die spielerische Auseinandersetzung mit Lebenssituationen, deren Hintergründe und Motive transparent gemacht sein sollen, sind die Zuschauer mit gezielten Beobachtungsaufträgen zum Thema, nicht zur Art des Spieles, auszustatten.

Der Lehrer sollte grundsätzlich nur in das Rollenspiel eingreifen, wenn es sich offensichtlich vom gestellten Thema entfernt bzw. wenn einzelne Akteure ihre Rolle verfehlen.

K

Büttner 1982; Finke u. a. 1986; Kluckhuhn 1978; Kochan 1976; Kramer 1985; Ments 1991; Sader 1986; Schön 1982; Schmidt 1988; Schützenberger 1976; Seidl/Pohl-Mayerhöfer 1976; Stuckenhoff 1978; Warm 1981

Rooming in

(engl.) bedeutet, daß nach der Geburt des Kindes Mutter und Kind im selben Zimmer im Krankenhaus untergebracht werden. Beim Krankenhausaufenthalt eines Kindes erwartet man sich von der dauernden, in die Betreuung eingebundenen Anwesenheit eines Elternteiles förderliche Auswirkungen auf den Krankheitsverlauf und gleichzeitig die Vermeidung psychischer Schäden aufgrund von Trennungsängsten.

→ Deprivation, soziale → Hospitalismus K

Rorschach-Test → Projektionstests

Rückgliederungslehrgang

Lehrkräfte, die längere Zeit ihren Beruf aus irgendwelchen Gründen nicht mehr ausübten oder mehrere Jahre als Auslandslehrer tätig waren, werden durch gezielte Fortbildungslehrgänge auf die Wiederaufnahme des Unterrichts und den in der Zwischenzeit eingetretenen Wandel in der Schulwirklichkeit vorbereitet.

→ Lehrerfortbildung → Lehrerweiterbildung O

Rückkopplung → Feedback

Rückmeldung → Feedback

Rückwirkende Hemmung, synonym retroaktive Hemmung
→ Gedächtnishemmungen

Rumpelstilzchen-Effekt

Die negative Reaktion einer Person oder Gruppe, deren Meinung, Anschauung, Pläne, Arbeiten, wie z. B. Forschungsergebnisse vorzeitig andere erfahren, erkannt oder festgestellt haben, wird als Rumpelstilzchen-Effekt bezeichnet. Er äußert sich in Zorn, Ärger, Trotz und Abneigung dem gegenüber, der das Geheimnis lüftete, die Idee hinterschaute oder einen vorgefaßten, geheimgehaltenen Plan eines anderen auf Grund seiner in Erfahrung gebrachten Kenntnisse verhinderte. Der Rumpelstilzchen-Effekt beschreibt aber auch das bewußte Zurückhalten oder Verbergen von Informationen über die eigene Person um eines (vermeintlichen) Vorteils willen oder um die Verfügung (Macht) anderer über die eigene Person durch Informationsmangel einzuschränken. OK

Sachkunde → Heimat- und Sachkunde

Sachlicher Kontext → Kontext

Sachunterricht

setzte sich als Bezeichnung für die schon in der → Grundschule wissenschaftsorientierte, aber dem Denken des Kindes angepaßte Vermittlung von Lerninhalten durch. Er wandte sich im Gefolge der Curriculumreform in den 70er Jahren des 20. Jahrhunderts gegen die gelegentlich allzu sehr vereinfachende und damit die Wirklichkeit verzerrende Praxis des überkommenen Heimatkundeunterrichts. Mit dem Sachunterricht und seinem Anspruch der Wissenschaftlichkeit wiederum verbundene Übertreibungen und die Entwicklung einer – keineswegs kindgemäßen – kognitiven Einseitigkeit des Unterrichts versucht man seit den 80er Jahren in Konzepten des → Heimat- und Sachkundeunterrichts aufzufangen. K

Bäuml-Rossnagel 1990; Bunk 1990; Einsiedler/Rabenstein 1985; Fahn 1988; Klein 1988; Sachunterricht 1989/1991; Schreier/Köhler; Soostmeyer 1992; Wagner

Sadismus

Er stellt eine Form sexueller → Perversion dar. Sexuelle Befriedigung oder Erregung wird dann erreicht, wenn dem Partner Schmerz zugefügt wird. Als sadistisch werden auch alle Verhaltensweisen bezeichnet, die einem absichtlichen oder deutlich aggressiven Impuls zugeschrieben werden können, wie z. B. Quälen, Schlagen, Fesseln, Erniedrigen oder herabsetzende Bemerkungen.
→ Masochismus O

Säugling → Kind

Sanguiniker → Temperament

Sanktion

Als Sanktionen werden Maßnahmen der Billigung (Zuwendung, Lob, Belohnungen aller Art = positive Sanktionen) bzw. der Mißbilligung von Verhaltensweisen (Spott, Ironie, Lächerlichmachen, Tadel, Strafen aller Art = negative Sanktionen) bezeichnet.
Sie verfolgen den Zweck, für die Erfüllung der an bestimmte soziale → Positionen geknüpften Verhaltenserwartungen zu sorgen, die eingeübten Verhaltensmuster stabil zu halten und unerwünschte Verhaltensweisen abzubauen. Sanktionen sind also letztlich als verhaltenskorrigierende Maßnahmen zur Aufrechterhaltung der stabilen Funktionstüchtigkeit sozialer Gebilde zu verstehen. Sie bedürfen von Fall zu Fall einer sorgfältigen Überprüfung auf Berechtigung und Angemessenheit, um der Gefahr ihrer willkürlichen Anwendung zu begegnen. K

Sauberkeitserziehung → Enuresis, Enkopresis → Inkontinenz

Sceno-Test → Projektionstests

Schätzskala → Ratingskala

Scham(-gefühl)

stellt sich als unangenehmes, bedrängendes, gelegentlich das Verhalten kurzfristig blockierendes Gefühl ein, wenn der Betroffene meint, durch sein Verhalten gegen geltende → Normen (Intimbereich, Umgangsregeln, Leistungserwartungen) verstoßen zu haben. Schamgefühl kann durch körperliche Begleiterscheinungen wie Erröten, Schwitzen, kopflose Hektik auch für die Mitmenschen offenkundig werden. Schamgefühl ist anerzogen und in verschiedenen Kulturen durchaus unterschiedlich ausgeprägt. K

Schaukasten → Schulausstellung

Schemata, kognitive

J. Piaget bezeichnet mit kognitiven Schemata Ordnungsstrukturen der Intelligenz, welche die Aufnahme und Einordnung von Umwelteindrücken und Erfahrungen in den Bestand des Wissens ermöglichen. Kognitive Schemata dienen z. B. der Klassifizierung, der Zuordnung von Begriffen zu Gegenständen, von Reaktionen zu Reizen. Mit Hilfe der Vorgänge der → Assimilation und → Akkommodation werden kognitive Schemata aufgebaut. Ein Beispiel ist das Wauwau-Schema des Kleinkindes, mit dem es zunächst alle vierbeinigen Lebewesen erfaßt (= Prozeß der Assimilation: Die Umwelt wird einem vorhandenen kognitiven Schema eingepaßt). Erst die schrittweise Erkenntnis der Unterschiede bei den Vierbeinern führt zu einer Differenzierung als Anpassung des kognitiven Schemas an die Umwelt (= Prozeß der Akkomodation). K

Schicht, soziale

Die Zugehörigkeit zu einer bestimmten sozialen Schicht ist abhängig von Kriterien wie dem sozioökonomischen Status, den ausgeübten sozialen → Positionen und dem damit verbundenen → Prestige, den Bildungschancen und Leistungsnachweisen, der Ausstattung mit Machtbefugnissen und dem Menschenbild des herrschenden Gesellschaftssystems.
Die leider immer noch gängige, stark vergröbernde Einteilung in drei soziale Schichten und damit verbunden die Beschreibung schichtspezifischer Verhaltensweisen spricht von einer Ober-, Mittel- und Unterschicht. G. Hartfiel schlägt eine differenziertere Einteilung vor (1981): Oberschicht (Großunternehmer, Finanziers, Spitzenpolitiker) 1%; obere Mittelschicht (leitende Angestellte und Beamte, Professoren, freie Berufe) 8%; mittlere Mittelschicht (Lehrer, Ingenieure, Kaufleute) 15%; untere Mittelschicht (untere Angestellte und Beamte, mittlere Gewerbetreibende, Werkmeister) 30%; obere Unterschicht (Industriearbeiter, Kleinhändler, Handwerksgesellen) 28%; untere Unterschicht (ungelernte Arbeiter) 17%; sozial „Verachtete" (Handlanger, Gelegenheitsarbeiter) 4%. Schichtabhängiges Sozialverhalten, insbesonders schichtabhängiger → Erziehungsstil und die damit zusammenhängenden Bildungschancen scheinen einen maßgeblichen Einfluß auf die Festschreibung der Schichtzugehörigkeit und damit der sozialen Ungleichheit auszuüben.

Bernstein 1980; Hartfiel 1981; Krämer 1983; Niepold 1981; Oevermann 1972

→ Chancengleichheit → Mobilität K

schichtspezifisch → Schicht, soziale

Schizophrenie

wird im allgemeinen Sprachgebrauch mit Bewußtseins- und Persönlichkeitsspaltung wiedergegeben, womit aber nur **ein** Grundphänomen der Schizophrenie beschrieben ist. Sie bezeichnet eine Gruppe endogener → Psychosen, also von Geisteskrankheiten, die besonders in einem Zerfall und einer Spaltung der emotionalen und intellektuellen Kräfte eines Menschen gesehen werden können. Die sich ergebende Persönlichkeitsspaltung kann sich in einer Reihe von Symptomen zeigen, wie z. B. Unfähigkeit, Vorstellungen und Phantasien von Wirklichkeit zu unterscheiden, Verlust der Kontaktfähigkeit, → Ambivalenz, Ich-Entfremdung (die eigene Person wird als fremd erlebt), Störungen des logischen Denkens, → Autis-

mus, Wahnideen (z. B. Verfolgungs- und Größenwahn), Halluzinationen, motorische Symptome wie Starrezustand, Bewegungssturm, ständiges Grimassenschneiden u. a.
Entsprechend der jeweils vorherrschenden Symptome läßt sich die Schizophrenie gliedern in: Einfache Schizophrenie (Primärsymptome wie Denkstörungen oder Verlust der Kontaktfähigkeit), Paranoia (Wahnideen, Halluzinationen), Hebephrenie (nicht berechenbares Verhalten), Katatonie (motorische Symptome, Krampfzustände der Muskulatur).
Die Entstehung der Schizophrenie ist noch nicht endgültig geklärt, als wahrscheinlich wird ein Zusammenspiel genetischer, biochemischer, traumatischer und psychosozialer Faktoren angenommen. K

Bender 1988; Brenner/Böker 1992; Eggers 1990; Olbrich 1990; Schönbeck/Platz 1990; Sechehaye 1992; Straube/Hahlweg 1990; Wyss 1990

Schlafstörungen

treten in Form eines zu flachen oder unterbrochenen Schlafes (= Durchschlafstörungen) und als Einschlafstörungen auf. Die normale Schlafdauer von Schulkindern nimmt von ca. 12 Stunden bei Sechsjährigen auf ca. 8 bis 9 Stunden bei Sechzehnjährigen ab.
Ursachen von Schlafstörungen bei Schulkindern, deren Folgen sich in der Schule als Übermüdung, mangelnde Konzentrationsfähigkeit, Nervosität u. a. m. zeigen, sind neben psychosomatischen Erkrankungen nachweislich immer öfter eine in die Schlafzeit hineinwirkende ungebremste Reizüberflutung, vor allem unverarbeitete und/oder emotional belastende Angebote der Massenmedien (v. a. Fernsehen und Video). K

Anschütz 1986; Böhmig 1982; Friebel/Friedrich 1989

Schleifenprogramm → Programmierte Instruktion

Schließende Statistik

Im Gegensatz zur → beschreibenden Statistik stellt die schließende oder schlußfolgernde Statistik gewisse Ansprüche an das Urteilsvermögen und die zu verwendenden mathematischen Methoden. Sie befaßt sich mit Ableitungen von Schlüssen über die Grundgesamtheit bzw. statistische Masse aus den Daten der → Stichproben und verallgemeinert Aussagen über Kennwerte von Stichproben auf die → Parameter der → Population.

→ Statistik O

Schlüsselreiz

Als Schlüsselreize werden in der Verhaltensforschung → Reize bezeichnet, durch die über einen → angeborenen Auslösemechanismus (AAM) ein Instinktverhalten ausgelöst wird, z. B. das Anschleichen an eine Beute, Angriff, Flucht, Paarung. K

Schlußfolgernde Statistik → Schließende Statistik → Statistik

Schluß(-regeln)

Im Alltag wird meistens ein Schluß aus mehreren Urteilen gefolgert. Dabei geht es nicht um die Wahrheit der Aussage, sondern nur um ihre formale Struktur, was die folgenden überzeichnenden Beispiele von H. Frank (1969) und W. Stegmüller (1983) verdeutlichen können.
H. Frank führt folgende drei Formen des Schlusses an:

1. **Conversio simplex** (= einfache Umkehrung):
   Als Formel: SeM → MeS (wobei e ≙ kein... ist)
   Beispiel: „Kein Pädagoge ist ein Mensch mit logischem Denkvermögen"; folglich: „Kein Mensch mit logischem Denkvermögen ist ein Pädagoge" (1969, Band 1, Seite 208).
2. **Conversio per accidens** (= Umkehrung mit Einschränkung):
   Als Formel: SaM → MiS (wobei a ≙ Alle... sind, i ≙ manche... sind)
   Beispiel: „Alle Hexen sind Frauen";
   folglich: „Manche Frauen sind Hexen" (Band 1, Seite 209).
3. **Syllogismus** (Einfacher Schluß meint den aus drei Urteilen bestehenden Schluß vom Allgemeinen auf das Besondere, d. h. aus zwei Prämissen (= hier Vordersätzen) wird eine Konklusion (= Schlußsatz) gefolgert.
   Beispiel:
   1. Prämisse (Obersatz): Alle Erzieher sind Praktiker.
   2. Prämisse (Untersatz): Alle Lehrer sind Erzieher.

   Konklusion: Alle Lehrer sind Praktiker.

Neben dieser Form des **kategorischen Schlusses** (theoretisch grundgelegt durch Aristoteles) gibt es noch den **hypothetischen Schluß** (von den Stoikern entwikkelt), der wiederum als konditionaler (= bedingungsweise geltend) Schluß oder als disjunktiver (= einander ausschließend) Schluß gebräuchlich ist.
Im **konditionalen Schluß** besteht die erste Prämisse aus einem Bedingungssatz, als **Formel:** Wenn p, dann q; hier aber p; also q.
Beispiel: Wenn der Prüfling 50 Punkte erreicht, dann erhält er die Note 2.
Der Prüfling hat 50 Punkte erreicht.
Der Prüfling erhält die Note 2.
Im disjunktiven Schluß besteht die erste Prämisse aus einem Entweder-oder-Satz, als **Formel:** Entweder p oder q; hier nicht p; also q.
Beispiel: Entweder bist du jetzt brav oder du gehst ins Bett.
Du bist nicht brav, also gehst du ins Bett.
Von einer **Schlußkette** spricht man, wenn der Schluß aus mehr als zwei Prämissen gewonnen wird. K

Schöpferisches Denken → Kreativität → Produktivität

Schreibmeditation

Die Schreibmeditation stellt eine Möglichkeit dar, nonverbal zu vorgegebenen Begriffen Aussagen zu machen, wobei sich allerdings die Assoziationen im Verlauf der Übung nicht nur auf diese Begriffe, sondern auch antwortend und weiterführend auf die mittlerweile dargestellten Aussagen beziehen können.
Hinweise zur Durchführung:
- Jeweils 4–6 Schüler gruppieren sich um einen weißen Karton in Plakatgröße.
- Auf dem Karton können **ein** Begriff oder Symbol oder auch mehrere Begriffe oder Symbole, die in Beziehung zueinander stehen, vorgegeben sein. Z. B.:

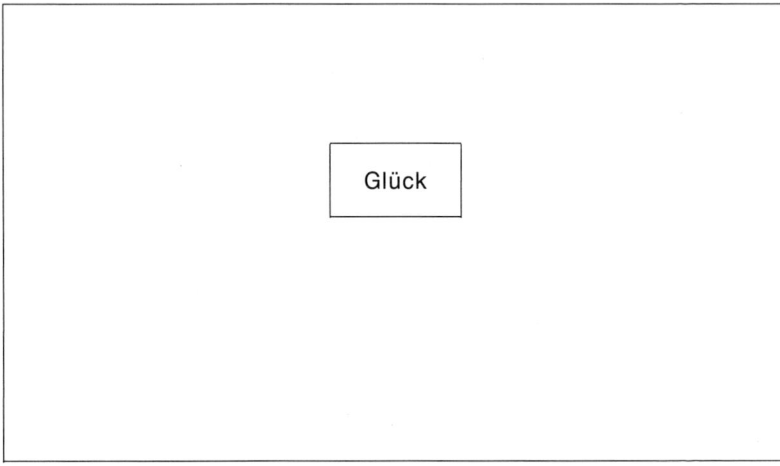

oder

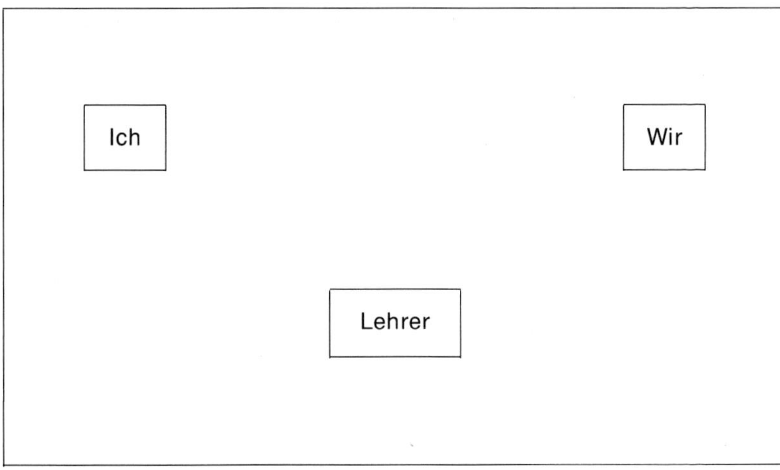

- Jeder Schüler der Gruppe kann jederzeit, also ohne Einhaltung einer Reihenfolge, Eintragungen auf der Arbeitsfläche machen.
- Für diese Eintragungen kommen Wörter, Sätze, Pfeile, Symbole usw. in Frage.
- Jeder Schüler der Gruppe sollte eine andere Farbe (am besten Filzschreiber) benützen.
- Die Schreibmeditation spricht durch den Einbezug von Antworten auf bereits Geäußertes meist für sich selbst, so daß sich nicht immer eine auswertende Diskussion, hier selbstverständlich in der Kleingruppe, anschließen muß.

→ Bildmeditation → Meditation K

Schülerausschuß → Schülervertretung

Schüleraustausch

dient als Austausch von einzelnen Schülern oder Schulklassen auf internationaler Ebene der Völkerverständigung durch unmittelbare Erfahrung, der Vertiefung der Fremdsprachenkenntnisse und vor allem im europäischen Bereich der Vorbereitung der Mobilität, die der europäische Binnenmarkt erfordert. Kontaktadresse für den Schüleraustausch ist vor allem der → Pädagogische Austauschdienst.
Neben der staatlichen Förderung des Schüleraustausches existieren eine Reihe privater Initiativen für den **Internationalen Jugendaustausch** (z. B. LIONS-International), die durch den Austausch einzelner Jugendlicher oder durch die Organisation internationaler Ferienlager, zum Teil mit ausdrücklichem Einbezug behinderter Jugendlicher, Völkerverständigung und soziales Lernen praktizieren.

Bräuer 1991; Gross u. a. 1990; Thomas 1988; vgl. auch bei → Interkulturelle Erziehung!

→ Europäische Bildungsprogramme (dort vor allem Jugend für Europa, LINGUA, PETRA) → Interkulturelle Erziehung → Schulpartnerschaft K

Schülerbeförderung → Schulwegkostenfreiheit

Schülerbegabtenförderung → Begabtenförderung → Begabtenprüfung → Bundesausbildungsförderungsgesetz

Schülerbeurteilung

bezieht sich als wertende Stellungnahme eines oder mehrerer Beurteiler auf Verhaltensweisen, Kenntnisse, Fähigkeiten und Fertigkeiten von Schülern. In die Schülerbeurteilung gehen sowohl die Ergebnisse subjektiver langfristiger Beobachtungen als auch einzelne hervorstechende Ereignisse (z. B. auffälliges Verhalten eines Schülers in einer einmaligen Situation), Ergebnisse von → Leistungsbewertungen und → Lernerfolgskontrollen ein. Zweck der Schülerbeurteilung ist vor allem die Auslese von Schülern in bezug auf die geeignete schulische bzw. berufliche Laufbahn.
Sie schlägt sich in Zeugnisbemerkungen (→ Zeugnis), Übertrittsgutachten, → Schülerbogeneinträgen und Beratungsgesprächen nieder.
Die Problematik der Schülerbeurteilung liegt im Mangel an objektiven Beurteilungskriterien und damit in der relativen Gültigkeit ihrer Aussagen sowie in mannigfachen Fehlerquellen beim Beobachtungsvorgang.
Einer Objektivierung der Schülerbeurteilung kommen standardisierte → Tests, geeichte → Ratingskalen und langfristige Beobachtungen durch mehrere Beurteiler entgegen.

Hanke 1980; Ingenkamp 1978; Köck 1990, 1991; Schwarzer/Schwarzer 1979; Ulich/Mertens 1979

→ Gutachten → Schulleistungsmessung → Wortgutachten K

Schülerbogen

ist Bestandteil der Schülerakte und enthält
- persönliche Daten des Schülers und seiner Erziehungsberechtigten,
- bisherige Schullaufbahn mit Angabe aller besuchten Schulen,
- Auflistung besonderer pädagogischer Fördermaßnahmen,

- zusammenfassende Schülerbeurteilungen,
- gegen den Schüler verhängte → Ordnungsmaßnahmen,
- Beobachtungen und Empfehlungen zur → Schullaufbahnberatung.

Von besonderer Bedeutung sind wesentliche Feststellungen, Beobachtungen und Empfehlungen, die sich auf den Bildungsweg des Schülers beziehen. In diesem Sinne zusammenfassende Schülerbeurteilungen sind zu erstellen

- in den Jahrgangsstufen 4 und 6 für den Übertritt an weiterführende Schulen (Gymnasium, Realschule),
- in der Jahrgangsstufe 8 der Hauptschule für die Berufsfindung
- und wenn das Vorrücken in die nächsthöhere Jahrgangsstufe versagt wird.

Der Schülerbogen steht den Erziehungsberechtigten und volljährigen Schülern zur Einsicht offen. Sie können mit der Einsicht einen Dritten beauftragen, der seine Vollmacht der Schule nachzuweisen hat. Die Anfertigung von Auszügen, Abschriften oder Kopien ist zulässig. Da die im Schülerbogen enthaltenen Schülerbeurteilungen für die schulische und berufliche Laufbahn des Schülers sowie in seltenen Fällen in Gerichtsverfahren von großer Bedeutung sein können, sind nur Fakten aufzunehmen, die auch eindeutig belegt werden können.

→ Gutachten → Schülerbeurteilung K

Schülerbücherei

wird eine schulinterne Einrichtung genannt, bei der die Schüler Sachbücher und Unterhaltungsliteratur für ihre Freizeit entleihen können. Eine intensive, auch in den Unterrichtsbetrieb einbezogene Nutzung der Schülerbücherei ist mit ihrer Eingliederung in die → Mediothek und in Form von Klassenbüchereien gegeben. K

Schülerheim → Heime → Internat

Schülerkooperierender Unterricht → Entdeckender Unterricht → Unterrichtsformen

Schülerlotse

wird ein Schüler genannt, der aufgrund einer speziellen Ausbildung in Kooperation mit dem Elternbeirat, der Gemeinde (als Schulträger) und der Polizei seinen Mitschülern hilft, besonders verkehrsreiche Straßen in der Nähe der Schule sicher zu überqueren. Die Tätigkeit als Schülerlotse sollte als Leistung für die Schulgemeinschaft im Zeugnis erwähnt werden. K

Schülermitverantwortung

Die Aufgaben und Möglichkeiten der Schülermitverantwortung sind in den Schulgesetzen und Schulordnungen geregelt.

Schülermitverantwortung (SMV) bedeutet zunächst die vom Entwicklungsstand des Schülers abhängige und rechtlich geregelte Mitgestaltung des gesamten Schullebens. Erst in zweiter Linie bezeichnet sie die offiziellen Organe der Schülervertretung. Erste Formen der Schülermitverantwortung wurden um die Jahrhundertwende in manchen Klosterschulen praktiziert. In der Zeit der Reformpädagogik, während der Weimarer Republik und nach 1945 war die Schülermitverantwortung vor allem auf Charakterbildung sowie auf Erziehung zur Demokratie und

Gemeinschaft hin konzipiert. Die ab. ca. 1960 einsetzende Kritik an der Schülermitverantwortung stellte sie als „demokratisches Feigenblatt" heraus und suchte nach anderen – z. T. wiederum wirklichkeitsfremden – Möglichkeiten der Verwirklichung. So befand z. B. das Schülerkollektiv Buxtehude über die freie Bearbeitung von Unterrichtsinhalten.

1. Im Rahmen der **allgemeinen Schülermitverantwortung** stehen dem einzelnen Schüler laut Erklärung der Kultusministerkonferenz vom 23. 5. 1973 die in der Übersicht wiedergegebenen Rechte zu (vgl. Köck 1991):

Der Schüler hat

Informationsrechte (alters- und interessengemäß)	Beteiligungsrechte (alters- und interessengemäß)	Beschwerderecht (altersunabhängig)	Recht auf Meinungsfreiheit (altersunabhängig)
– über die Unterrichtsplanung, auch über Auswahl, Stufung, Verteilung des Lehrstoffes – über die Bewertungsmaßstäbe – bezüglich der Erläuterung von Beurteilungen und Bewertungen – über Schullaufbahnen, Abschlüsse, pädagogische Hilfen	– an der Unterrichtsplanung, z. B. Auswahl, Reihenfolge, Schwerpunkte der Lerninhalte – an der methodischen Gestaltung des Unterrichts – Kurswahl (wo möglich) – Wahl beratender Lehrer als Tutoren (Vorschlagsrechte)	bei ungerechter Behandlung gleich welcher Art. Vorschlag für den **Beschwerdeweg:** – Mitbeteiligter – Klassensprecher – Schülersprecher – Verbindungslehrer – Schulleiter – Schulforum – Elternbeirat – Aufsichtsbeschwerde – Verwaltungsgericht	Art. 5 Abs. 1 und 2 GG **Grenzen der Meinungsfreiheit** – durch Vorschriften der allgemeinen Gesetze – durch die Bestimmungen zum Schutze der Jugend (z. B. Weitergabe jugendgefährdender Schriften) – durch das Recht der persönlichen Ehre (§§ 185, 186, 187 StGB) – durch Einschränkungen des Schulverhältnisses bezüglich Zeitpunkt, Umfang, Thema **Das Versammlungsrecht des Schülers** (aufgrund Art. 8 Abs. 1 GG) und sein **Demonstrationsrecht** (abgeleitet aus Art. 5 Abs. 1 GG) bleiben auf den außerschulischen Bereich beschränkt.

Eingrenzung der Rechte des Schülers:
1. durch die Rechte der am Schulleben beteiligten Mitschüler, Eltern, Lehrer,
2. durch schulspezifische Bestimmungen wie z. B. Lehrpläne, Schulordnungen

Pädagogischer Auftrag der Befähigung zur Wahrnehmung der Rechte durch den Schüler

2. **Schülermitverantwortung über Schülervertretungen** kann sich auf die folgenden Rechte stützen:

a) Mitgestaltungsrecht
Die Schüler haben das Recht, Kurse und Schulveranstaltungen mitzugestalten sowie Anregungen zum Unterricht im Rahmen der Lehrpläne zu geben. Die SMV kann z. B. auch Vorschläge zur Einrichtung von Grund- und Leistungskursen in der Kollegstufe des Gymnasiums äußern.

b) Mitwirkungsrecht
Die Meinung der Schülervertretung ist aufgrund dieses Rechtes in vielen Fragen des Schullebens zu hören. Ein von dieser Meinung abweichender Beschluß z. B. des Schulleiters ist zu begründen.
Das Mitwirkungsrecht übt der Schülerausschuß **direkt** (z. B. bei Aufstellung und Durchführung der Hausordnung oder bei der Planung von Wanderungen und Fahrten) oder **indirekt** über das **Schulforum** (in Fällen besonders komplexer oder grundsätzlicher Art) aus.

c) Anhörungs- und Vorschlagsrecht
Schülervertreter können im Rahmen ihrer Gremien oder direkt gegenüber Lehrern, Schulleitern, Elternbeirat Meinungen und Vorschläge vortragen, die entsprechend zu würdigen sind, z. B. in Bezug auf
- Gestaltung von Kursen,
- Durchführung von Schulveranstaltungen,
- die Gestaltung des Unterrichts im Rahmen der Lehrpläne,
- Ausstattung der Bücherei,
- Planung von Schullandheimaufenthalten, Skilager, Wanderungen usw.
- Maßnahmen zur Unfallverhütung,
- Gründung einer Schülerzeitung.

d) Informationsrecht
Die Schülervertretungen haben einen Anspruch darauf, über alle die Schüler betreffenden Schulangelegenheiten unterrichtet zu werden. Nur ausreichend informiert können sie ihre Rechte und Aufgaben wahrnehmen.

e) Vermittlungsrecht
Wenn ein Schüler sich ungerecht behandelt fühlt, setzen sich die Schülervertretungen auf seinen Antrag hin mit geeigneten Vermittlungsmaßnahmen für ihn ein, z. B. durch Gespräche mit Lehrern oder dem Schulleiter.

f) Beschwerderecht
Die Schülervertretungen können Beschwerden, z. B. bei Informationsverweigerung oder der Beschneidung anderer Rechte gegenüber dem Schulleiter, den betroffenen Lehrern und im Schulforum vorbringen.

g) Mitteilungsrecht
Dieses Recht schlägt sich vor allem in der Herausgabe einer Schülerzeitung unter Mithilfe eines beratenden Lehrers nieder. Es dient der Verwirklichung des Rechts auf freie Meinungsäußerung.

3. Aufgabenbereiche der Schülervertretungen im Rahmen der Schülermitverantwortung (vgl. z. B. Amberg/Schiedermair 1974, S. 335–339)

Gemeinschaftsaufgaben

z. B.

- Einrichtung besonderer kultureller, sportlicher, musischer, der politischen Bildung dienender Arbeitsgruppen (Filmclub, Laienspielgruppe, Schachgruppe, Elektronikbastelkurs, Jazzband . . .)
- Übernahme schulischer Sozialaufgaben (Tutorentätigkeit für jüngere Schüler oder Ausländerkinder, Hilfeleistung für körperbehinderte Mitschüler . . .)
- Planung und Gestaltung von Schulfeiern, Theater-, Konzert- und Museumsbesuchen, von Schulfahrten und Wanderungen, Tauschaktionen, Wettbewerbsveranstaltungen verschiedener Art, Schulmeisterschaften, Theateraufführungen
- Mitwirken beim Aufbau der Schülerbücherei

Ordnungsaufgaben

z. B.

- Aufsicht bei Veranstaltungen der SMV (Mindestalter 16 Jahre)
- Beteiligung an Ordnungsaufgaben bei Schulsportfesten, bei Schullandheimaufenthalten und Skikursen
- Sorge für Ordnung und Sauberkeit im Klassenzimmer, im Schulgebäude, im Schulhof
- Aufsicht während einer kurzzeitigen Abwesenheit des Lehrers im Klassenzimmer mit Unterstützung des im Nachbarraum unterrichtenden Lehrers

Informations- und Konfliktschlichtungsaufgaben

z. B.

- Regelmäßige Information der Mitschüler über die Tätigkeiten der SMV
- Anlage eines Archivs über die Tätigkeiten der SMV
- Ausübung des Beschwerderechts in Fällen, die von allgemeiner Bedeutung sind (z. B. unterschiedliche Benotungspraxis von Lehrern in Parallelklassen)
- Vermittlung in Konfliktfällen zwischen Schülern und Schulinstanzen (auf Antrag und bei Minderjährigen mit Zustimmung der Erziehungsberechtigten)
- Meinungsbildende Teilnahme der Schülervertreter an Sitzungen der Lehrerkonferenz und des Elternbeirats (nur möglich mit deren Zustimmung und bei Themen außerhalb der Verschwiegenheitspflicht)

Für die Wahrnehmung aller genannten Aufgaben gelten die bereits unter Punkt 1 aufgeführten Einschränkungen.

- Anzeigepflicht beim Schulleiter
- **Genehmigung durch den Schulleiter:**
- als Voraussetzung des Unfallschutzes
- zur Garantie der schulischen Aufsicht
- zur Bereitstellung von Räumen

K

Bayer. Staatsministerium f. Unterricht und Kultus 1977; Wiater/Lohrenz 1980; vgl. auch bei → Demokratisierung i. d. Schule!

Schülerorientierter Unterricht

Mit der Forderung eines schülerorientierten Unterrichts wird heutigentags Gedankengut wieder aufgegriffen und weiterentwickelt, das aus der Geschichte der Pädagogik längst bekannt ist. Es sei auswahlweise nur an J. H. Pestalozzi, Fr. Fröbel, M. Montessori, E. Key und an die → Reformpädagogik erinnert. Im Spannungsfeld → Unterricht, das durch die Determinanten Gesellschaft, Fachwissenschaften, Schüler bestimmt ist, verfolgt der schülerorientierte Unterricht die Absicht, unterrichtliche Entscheidungen in erster Linie – und wann immer bei den gegebenen schulischen Verhältnissen möglich – am Lernenden auszurichten.
Dies bedeutet im einzelnen – immer mit der Einschränkung jeweiliger Realisierbarkeit:

- Orientierung der unterrichtlichen Planung an Bedürfnissen, Interessen, Erwartungen der Schüler
- Einbezug der Schüler in die inhaltliche und methodische Planung des Unterrichts
- Anknüpfung an die Erfahrungswelt und die Eingangskenntnisse der Schüler
- Auswahl von Lernzielen und Lerninhalten unter dem Gesichtspunkt der für die Schüler einsichtigen Brauchbarkeit (= Problemorientierung)
- Vermittlung von Erfahrungen über Lernverhalten, Lerntyp, Lernwege usw.
- Thematisierung gruppendynamischer Gegebenheiten in der Lerngruppe
- → Metakommunikation und → Metaunterricht
- Bevorzugter Einsatz der entdecken-lassenden Unterrichtsformen und von Spielformen des Unterrichts
- Objektivierung des Unterrichts durch Medieneinsatz
- Verwirklichung von Differenzierung und Individualisierung im Unterricht
- Schaffung und Nutzung pädagogischer Freiräume

Einsiedler/Härle 1979; Köck 1991; Rogers 1991; Wagner 1982

→ Feedbackregeln → Gruppendynamik K

Schülerpopulation

ist – bezogen auf eine Schule, Schulart, Schulform, einen Bezirk oder ein Land – die jeweils in diesem Bereich zu einem gegebenen Zeitpunkt der Beobachtung befindliche Gesamtzahl der in Frage kommenden Schüler.

→ Population O

Schülerselbstmord, Schülerselbsttötung

beschreibt die absichtliche Vernichtung des eigenen Lebens. Selten handelt es sich dabei um kühl abwägende Bilanzselbstmorde, meistens vielmehr um stark affektbeladene Kurzschlußhandlungen, oft als Hilferuf verstanden und nicht endgültig gemeint.
Insgesamt werden pro Jahr in der Bundesrepublik Deutschland ca. 14 000 Suizide verübt, davon treffen ca. 1500 auf die Altersgruppe der 15- bis 25jährigen, mehr als 100 auf die Altersgruppe der 5- bis 15jährigen. Die Selbstmord**versuche** liegen bei ca. 10 000/Jahr bei Kindern und Jugendlichen, allerdings ist die Dunkelziffer sehr hoch. Einen Selbstmord versuchen fünfmal mehr Jungen als Mädchen. Die Gründe für Schülerselbstmorde sind traumatische Erlebnisse (auch aus der frühen Kindheit nachwirkend), ein starres, überforderndes Gewissen, gestörtes Selbstwertgefühl und Selbstzweifel, Liebeskummer, Überforderung, Wertdefizite und

sinnentleertes Leben, Familienkonflikte und zerrüttete Familien, Anpassungs- und Kontaktschwierigkeiten. Schulschwierigkeiten und Schulstreß werden manchmal als letzter Anstoß genannt; im Umfeld spielen auch Psychopharmaka eine verhängnisvolle Rolle.
Im Umgang mit Selbstmordgefährdeten wird heute unterschieden zwischen
- primärer Prophylaxe (lebensbejahende Atmosphäre, Selbstmord als Unterrichtsthema),
- sekundärer Prophylaxe oder Krisenintervention (Erkennen von Selbstmordtendenzen, Beratung, Betreuung),
- tertiärer Prophylaxe oder Postvention (Betreuung nach Selbstmordversuchen).

Vorsicht ist geboten, wenn das **präsuizidale Syndrom** (Ringel 1953, 1985[4]) vorzuliegen scheint:
- Vierfache Einengung (situativ, innerpsychisch, zwischenmenschlich, Selbstwertgefühl)
- Aufgestaute Aggression, die gegen die eigene Person gerichtet wird und zwar in Form von Drepessionen oder psychosomatischen Erkrankungen
- Flucht in die Phantasiewelt, vor allem in Todesphantasien. K

Biener 1984; Durkheim 1983; Faust 1984; Jochmus/Förster 1983; Lindner-Braun 1990; Ringel 1985, 1987

Schülersprecher → Schülervertretung

Schülerstreik → Leistungsverweigerung

Schülervertretung

Einrichtungen der Schülervertretung, die Aufgaben der → Schülermitverantwortung (SMV) wahrnehmen, sind:
- die Klassensprecher oder Jahrgangsstufensprecher und ihre Stellvertreter
- die Klassensprecherversammlung
- die Schülersprecher
- der Schülerausschuß.

Als Schülervertretung für seine Klasse obliegen dem **Klassensprecher** die Aufgaben der SMV für seine Mitschüler, die er zur Mitarbeit in der Schülermitverantwortung anregen soll. **Jahrgangsstufensprecher** werden anstelle von Klassensprechern gewählt, wenn Schüler nicht in Klassen zusammengefaßt sind, z. B. in → Gesamtschulen. Auf Antrag der Jahrgangsstufensprecher und ihrer Stellvertreter können **Kurssprecher** hinzugewählt werden, um die besonderen Kursinteressen in den entsprechenden Bereichen zu vertreten.
Die **Klassensprecherversammlung** einer Schule setzt sich aus den Klassensprechern und ihren Stellvertretern zusammen. Sie befaßt sich mit Fragen und Aufgaben, die über den Klassenverband hinausreichen und für die gesamte Schülerschaft von Interesse sind. Außerdem wählt sie den **Schülerausschuß** und berät ihn.
Aus der Mitte der Klassensprecherversammlung werden drei Schülersprecher (erster, zweiter, dritter Schülersprecher) gewählt, die aus verschiedenen Klassen und mindestens aus zwei Jahrgangsstufen sein müssen.
Die drei Schülersprecher bilden den Schülerausschuß, der ausführendes Organ der **Klassensprecherversammlung** ist. Der Schülerausschuß befaßt sich mit Auf-

gaben der SMV, die über Klassen- und Jahrgangsstufeninteressen hinausgehen und von besonderer Bedeutung sind.
Klassensprecherversammlung und Schülerausschuß können sich jeweils eine Geschäftsordnung geben. O

Schülervortrag → Lehrervortrag

Schülerwettbewerbe

dienen – von staatlichen Stellen ausgeschrieben oder von privaten Initiativen getragen – vor allem dazu,
- Kenntnisse und Fähigkeiten der Schüler zu erweitern und zu vertiefen,
- ihr Problembewußtsein für aktuelle Themen zu steigern
- und Schüler mit speziellen Begabungen und Interessen zu fördern.

Bei der Auswahl von Schülerwettbewerben aus dem gelegentlich ausufernden Angebot sollte darauf geachtet werden, daß sie den Unterrichtsalltag ergänzen, und nicht die Schülerwettbewerbe sich zur Überforderung der Schüler und zur Verdrängung unterrichtlicher Aufgaben auswachsen.

Nach der Vereinbarung der Kultusministerkonferenz vom 14. 9. 1984 erstreckt sich die gesamtstaatliche Förderung und Unterstützung auf folgende Wettbewerbe:

- Schülerwettbewerb Deutsche Geschichte um den Preis des Bundespräsidenten
- Europäischer Wettbewerb
- Schülerwettbewerb zur politischen Bildung
- Bundeswettbewerb Fremdsprachen
- Bundeswettbewerb Mathematik
- Wettbewerb „Jugend forscht"
- Bundeswettbewerb Informatik
- Auswahl zur Internationalen Mathematik-Olympiade
- Auswahl zur Internationalen Physik-Olympiade
- Auswahl zur Internationalen Chemie-Olympiade
- Bundeswettbewerb „Jugend musiziert"
- Bundeswettbewerb der Schulen JUGEND TRAINIERT FÜR OLYMPIA
- Bundesjugendspiele
- Vorlese-Wettbewerb des deutschen Buchhandels K

Schülerzeitung

1) Rechtsgrundlage, Definition und Aufgaben der Schülerzeitung:
Die Schülerzeitung ist eine Einrichtung der Schule im Rahmen der → Schülermitverantwortung. Sie ist kein Organ der Schülervertretung. M. Heger führt dazu in Anlehnung an die Erklärung der KMK vom 23. Mai 1973 in *Schulreport,* Heft 1, Donauwörth 1978, erläuternd aus: „Nach *allgemeinem* Sprachgebrauch sind Schülerzeitungen periodisch (wenn auch nicht immer regelmäßig) erscheinende Druckschriften, die von Schülern einer Schule gestaltet werden, sich in erster Linie an die Schüler derselben Schule richten und dazu bestimmt sind, innerhalb der Schulanlage verteilt oder vertrieben zu werden.
Unter dem Dach dieser allgemeinen Definition haben sich im Schulrecht der insoweit souveränen Länder (Art. 30, 70 GG) zwei wesensmäßig verschiedene Formen von Schülerzeitungen herausgebildet:

- Schülerzeitungen, die von den Schüler-Redakteuren selbständig, d.h. außerhalb der Verantwortung der Schule, herausgegeben werden;
- Schülerzeitungen, die als schulische Veranstaltung unter Mitwirkung und Mitverantwortung der Schule herausgegeben werden."

Die außerschulische Pressearbeit der Schüler wird von den Schulordnungen nur insoweit eingeschränkt, als dadurch nicht die Verwirklichung der Aufgabe der Schule gefährdet werden darf und außerschulische Druckerzeugnisse in der Schule grundsätzlich nicht verteilt oder vertrieben werden dürfen.

Auch die Schülerzeitung, die als „Einrichtung der Schule" bezeichnet wird, baut auf den Grundrechten der freien Meinungsäußerung und der Pressefreiheit auf (Art.1 GG, Art.110 Abs.1 und Art.111 Bayerische Verfassung) unter Berücksichtigung der „Vorschriften der allgemeinen Gesetze" (Art.5 Abs.2 GG). Da die Schülerzeitung in diesem engeren Sinne nur innerhalb der Schule vertrieben werden darf, ist sie z.B. in Bayern **„nicht als Druckwerk im Sinne des §6 Abs.1 des Bayerischen Pressegesetzes anzusehen."**

Vor dem Hintergrund der genannten gesetzlichen Bestimmungen gilt für die Schülerzeitung als „Einrichtung der Schule" folgendes:

- Die Schüler sollen durch die Gestaltung einer Schülerzeitung die Gelegenheit haben, journalistische und organisatorische Fähigkeiten zu entfalten und zu üben.
- Die Schülerzeitung hat durchaus den Auftrag, meinungsbildend zu wirken.
- Sie soll auf alle Jahrgänge einer Schule ausgerichtet sein.
- **Für Inhalt und Gestaltung trägt der Schulleiter die Verantwortung.** Damit soll immer wieder beobachteten Tendenzen der Enttabuisierung und Sexualisierung und des Terrors gegenüber Lehrern vorgebeugt werden.
- Die Redaktion der Schülerzeitung ist durch die Schule zu unterstützen (Raum, Bürobedarf, Portokosten, Schreibmaschine, Beschaffung von Informationen, Einsicht in allgemein zugängliche Texte).

2) Abgrenzung der Schülerzeitung gegenüber anderen Publikationen. Von Schülerzeitungen zu unterscheiden sind

- reine „Schulzeitungen", die von einzelnen Schulen für Beteiligte und Interessierte (Lehrer, Eltern, Schüler, ehemalige Schüler) herausgegeben werden, wobei die Schule die alleinige redaktionelle Verantwortung trägt, Schülermitverantwortung also nicht stattfindet;
- „jugendeigene Zeitungen", die von Jugendlichen ohne Mitwirkung einer Schule in alleiniger presse-, straf- und zivilrechtlicher Verantwortung herausgegeben werden;
- „Jugendzeitschriften", die von Erwachsenen für Jugendliche außerhalb schulischer Verantwortung herausgegeben werden;
- Flugblätter, die sich in der Regel nur mit einem einzigen Thema befassen und sich mit einer Ausgabe erschöpfen.

3) **Mögliche Themenbereiche für die Schülerzeitung (Auswahl)**

- Der Lebensraum Schule (Schulgebäude, Schulgesetze, Hausordnung, Entwicklung der Schule, Stundenplanerstellung, Fächerangebot, Lebenslauf von Lehrern, Beobachtung des Schulwegs usw.)
- Schulveranstaltungen (Besichtigungen, Skikurse, Klassenfahrten, Theaterbesuche, Sportveranstaltungen, Wettbewerbe, Aktionstage)
- SMV (Klassen-, Schülersprecher, Berichte von Klassensprecherversammlungen, Verbindungslehrer)

- Freizeit (Schüleraustausch, Jugendprobleme, Berufswahl)
- Meinungen und Leserbriefe zum Schulgeschehen
- Schulforum und Elternbeirat
- Örtliche Veranstaltungen (Kino, Theater, Sport)
- Außerschulische Probleme
- Unterhaltungsteil

Mögliche Textarten: Nachricht, Reportage, Interview, Kommentar, Glosse

4) Die **Finanzierung der Schülerzeitung** erfolgt aus dem Verkaufserlös, aus Anzeigenwerbung und aus Zuwendungen Dritter, z. B. des Elternbeirats. Die Arbeitsgruppe Schülerzeitung verwaltet ihre Finanzen selbst. Evtl. Überschuß aus dem Verkauf wird in die weitere Arbeit der Arbeitsgruppe investiert. Weiterer Überschuß kann nach Abstimmung der Arbeitsgruppe an die verantwortlichen Bearbeiter der einzelnen Beiträge verteilt werden. Bei Auflösung der Arbeitsgruppe entscheidet der Schulleiter über die weitere Verwendung vorhandenen Geldes im Rahmen der Schülermitverantwortung.

5) **Schülerzeitung und Zensur**

Der für die Schülerzeitung letztlich verantwortliche Schulleiter gerät schnell zwischen alle denkbaren Stühle, wenn sich ein Lehrer durch eine Glosse beleidigt fühlt, Eltern wegen allzu freizügiger Artikel im Namen der Sexualaufklärung Beschwerde führen, vorgesetzte Dienststellen oder gar außerschulische Institutionen ihr Befremden wegen einer Meinungsäußerung zu öffentlichen Belangen oder Verlautbarungen der schulischen Hierarchie erkennen lassen und schließlich der Redaktionsstab der Schülerzeitung auf Einwendungen des Schulleiters hin mit Einstellung der Arbeit droht.
Schulleiter und beratender Lehrer ersparen sich Ärger und unliebsame zensierende Entscheidungen, wenn sie mit dem Redaktionsstab der Schülerzeitung bereits zu Beginn seiner Arbeit den rechtlichen Rahmen abstecken, an den sie gemeinsam gebunden sind. Neben den Grenzen, die hier durch Grundgesetz und Verfassung sowie das Bürgerliche Gesetzbuch gesetzt sind, sollten vor allem die § 185 StGB (Beleidigung), § 186 StGB (üble Nachrede) und § 187 StGB (Verleumdung) erläutert werden. Für den Fall umstrittener Zensur oder gar eines Vertriebsverbots durch den Schulleiter empfiehlt die Kultusministerkonferenz vom 23. 5. 1973 zur Entlastung des Schulleiters, ein Gremium aus Lehrern, Eltern und Schülern zu hören. Auch das Schulforum kann eine Empfehlung aussprechen. Die letzte Entscheidung aber bleibt dem Schulleiter nicht erspart. K

Schülerzentrierter – kooperierender Unterricht → Entdeckender Unterricht → Unterrichtsformen

Schulangst

ist ein durch neurotische Symptome (z. B. Sprechverweigerung, psychisch bedingtes Unwohlsein, Schlafstörungen, Konzentrations- und Leistungsstörungen, depressive Stimmungslagen, gelegentlich auch durch Einnässen) gekennzeichnetes Verhalten, das vorwiegend in schulischen Situationen auftritt.
Sie kann ihre Ursache in Trennungsangst des Kindes von der Familie, insbesonders der Mutter, oder von einem bestimmten Lehrer haben, aber auch in überforderndem Prestigedenken der Eltern und in Gegebenheiten der Schule, die vom

Kind als bedrohlich empfunden werden (z. B. Überforderung mit nachfolgendem Mißerfolgserlebnis, andauernder → Streß).
Winkler unterscheidet zehn spezifische Schülerängste (in *Rowohlts Enzyklopädie* 1989, Seite 62):
- die Schullaufbahnangst: Angst vor schlechten Zensuren, dem Sitzenbleiben, dem „dropping out" und dem Schulversagen;
- die Lern- und Leistungsangst: Angst, etwas nicht (genügend) lernen oder leisten zu können, nicht zu begreifen, überfordert zu sein, in Prüfungen zu versagen;
- die Stigmatisierungsangst: Angst, vor dem Lehrer und/oder den Mitschülern bloßgestellt zu werden, sich lächerlich zu machen, Prestige zu verlieren, als „dumm", „faul" oder „schlecht" zu gelten;
- die Trennungsangst: Angst, allein zu sein, sich (zum Beispiel von zu Hause) trennen zu müssen, auf gewohnte Hilfen, Personen und Zusprüche verzichten zu müssen oder einen bedrohlichen Verlust zu erleiden;
- die Strafangst: Angst vor Liebesentzug, Tadel, Strafen, Repressalien, Ungerechtigkeiten;
- die Personenangst: Angst vor bestimmten Menschen, Gruppen oder Cliquen;
- die Konfliktangst: Angst vor bestimmten einander widerstrebenden Anforderungen (etwa sich auflehnen zu wollen, aber sich ducken zu müssen);
- die Institutionsangst: Angst vor der Schule als Institution, in der hierarchische, anonymisierende oder sonstwie ungeliebte Strukturen walten (können);
- die Zukunftsangst: Angst vor dem Leben, der drohenden Arbeitslosigkeit, dem ökologischen Kollaps, der atomaren Katastrophe;
- die neurotische Angst: Angst vor der Angst, die „zwanghaft" auf einen zukommt und phobische Zustände hervorruft sowie Ängste, die sich psychosomatisch, depressiv, wahn- oder zwanghaft äußern.

Kluge/Kornblum 1980; Persy 1990; Schwarzer 1980; Walter 1981

→ Angst → Neurose K

Schularrest → Arrest

Schulart
bezeichnet als Sammelbegriff Schulen mit gleichen Bildungszielen und gleichem Bildungsgang. So stellen z. B. die → Gymnasien eine eigene Schulart dar.

→ Schule, Schulwesen O

Schulassistent → Pädagogischer Assistent

Schulaufgabe
Schriftliche, zu benotende Aufgaben in der Schule dienen der → Leistungskontrolle, der → Leistungsmessung und → Leistungsbewertung der Schüler. Sie sollen in angemessenen Zeitabständen in den Unterricht eingeplant werden und einen Nachweis über den jeweiligen Leistungsstand der Lernenden erbringen. Die Anzahl der zu schreibenden Arbeiten in den verschiedenen Fächern für die einzelnen Schularten wird im allgemeinen vom zuständigen Ministerium festgelegt.
Schulaufgaben sind in möglichst gleichen Abständen über das ganze Schuljahr zu verteilen und spätestens eine Woche vorher anzukündigen. Während einer Woche

sollen nicht mehr als zwei Schulaufgaben und an einem Tage darf nur eine Schulaufgabe abgehalten werden.
Schriftliche Leistungen neben den Schulaufgaben sind die Stegreifaufgaben, Kurzarbeiten, der Hausaufsatz im Fach Deutsch und Facharbeiten.
Die nicht angekündigten **Stegreifaufgaben bzw. Extemporalien** werden wie mündliche Leistungen gewertet und beziehen sich in ihren Fragestellungen grundsätzlich auf den Lehrstoff der vorangegangenen Unterrichtsstunde und auf Grundlagenkenntnisse. Die angekündigten Kurzarbeiten können die Lerninhalte der sechs vorangegangenen Unterrichtsstunden einbeziehen.
Praktische Leistungsnachweise werden vor allem in Fächern wie Musik, Werken, Kunsterziehung, Chemie, Physik usw. gefordert. Im Sport tritt die praktische Leistung anstelle der schriftlichen.
Mündliche Leistungsnachweise ergeben sich aus der vom Lehrer beobachteten Mitarbeit des Schülers im Unterricht oder aufgrund einer Befragung zum Lerninhalt der vorangegangenen Unterrichtsstunde.
Bei Zwischen- und Abschlußprüfungen handelt es sich um besonders umfangreiche Formen der Leistungskontrolle. Sie überprüfen das Ziel einer schulischen Ausbildung und verleihen nach Bestehen zumeist besondere Berechtigungen.
Periodisch in den Unterrichtsbetrieb eingefügte schriftliche Arbeiten stellen jeweils Zäsuren dar, die Anlaß zum Überdenken, Ordnen, Zusammenfassen, Wiederholen und Vergleichen der durchgenommenen Stoffbereiche geben. Schulaufgaben oder Probearbeiten, Stegreifaufgaben oder Kurzarbeiten dürfen nicht allein gelerntes Wissen prüfen und nur auf das auswendig Gelernte abstellen, sondern auf das Verständnis, das Können und die erkannten Zusammenhänge, die Erkenntnisse, die den Sinn des Lernens ausmachen. Die Prüfungsfragen sollten nicht auf ein isoliertes Lehrgut abzielen, sondern auf den Zusammenhang, in den es hineingehört. Außerdem sind sie klar und eindeutig zu stellen und übersichtlich zu gliedern.
Umfang und Schwierigkeitsgrad schriftlicher Arbeiten dürfen nicht überhöht sein und sind dem Schülerdurchschnitt anzupassen. Den Schülern ist auch in bezug auf durchzuführende schriftliche Schularbeiten zu zeigen, wie man arbeitet, notiert, aufteilt, Stichworte festhält, vor dem Schreiben überlegt, Beispiele sucht, gliedert, Zusammenhänge herstellt und Gedanken verbindet. Nach der Korrektur jeder Schulaufgabe oder Stegreifaufgabe ist eine eingehende Besprechung vorzunehmen, die dem Schüler z. B. klarlegt, warum ihm Fehler angerechnet wurden, warum er eine andere Begründung hätte geben müssen u. a. m.

→ Hausaufgabe → Power-Test → Prüfung OK

Schulaufsicht

faßt als Sammelbegriff die staatlichen Institutionen zusammen, welche die in Artikel 7 Abs. 1 Grundgesetz verankerte Aufsicht des Staates über das gesamte Schulwesen wahrzunehmen haben. Es werden unterschieden die **untere Schulbehörde** (Schulämter), die **mittlere Schulbehörde** (Oberschulämter, Schulabteilungen der Regierungsbezirke), die **oberste Schulbehörde** (Kultusministerium). Die Schulaufsicht bezieht sich auf die Fachaufsicht (z. B. Bildungswege, Lehrpläne, Genehmigung von Lehrmitteln und Zulassung von Schulbüchern, Prüfungswesen), die Dienstaufsicht (Schulverwaltung, pädagogisches Personal) und die allgemeine Staatsaufsicht (Sachaufwandsträger).

Begrenzungen erwachsen der Schulaufsicht durch das → Erziehungsrecht der Eltern, das Selbstverwaltungsrecht der Gemeinden, die Privatschulfreiheit und durch das Mitwirkungsrecht der Religionsgemeinschaften und weltanschaulichen Gemeinschaften in Fragen der religiösen Erziehung. K

Schulausstellung

wird eine Kleinausstellung genannt, die entweder professionell gestaltet als Wanderausstellung die Schüler mit einem aktuellen Thema konfrontiert und zu eigener weiterer Überlegung und Arbeit anregt oder in Eigenaktivität von den Schülern selbst für die eigene Klasse, die eigene Schule, in Ausleihe auch für andere Schulen oder in Kooperation mit anderen Schulen konzipiert wird. Bei der **selbst gestalteten Schulausstellung** sollten die folgenden Fragen vor Beginn der eigentlichen Arbeit gestellt werden:

- Welche Absichten verfolgt die Ausstellung? Wie ist sie fachlich oder fächerübergreifend in den Lehrplan eingebunden?
- Trifft die Ausstellung die Interessen der Zielgruppe? Welche Hemmnisse sind gegebenenfalls zu überwinden?
- Können die evtl. nötigen Fachlehrer für fächerübergreifende Kooperation gewonnen werden?
- Welche Materialien stehen für die Präsentation zur Verfügung? Wie können sie nötigenfalls beschafft oder selbst hergestellt werden?
- Welche Form der Präsentation muß gewählt werden? Wie können die Besucher ohne Überforderung oder Langeweile durch die Ausstellung geführt werden? Sind Gelegenheiten für Eigenaktivität der Besucher nötig und möglich?
- Welcher räumliche und situative Rahmen ist für die Ausstellung nötig bzw. kann mit vertretbarem Aufwand geschaffen werden?
- Ist die Finanzierung der Ausstellung gesichert?
- Steht die Arbeitszeit an der Ausstellung in einem vertretbaren Verhältnis zum Effekt und ist sie mit dem laufenden Unterrichtsbetrieb vereinbar?

Die Gestaltung der Ausstellung selbst verläuft nur effektiv und ohne frustrierende Arbeitsphasen für einzelne Schüler, wenn die gesamte Arbeit des Sammelns von Ausstellungsobjekten, des Archivierens und der Beschriftung, der Anfertigung von Ausstellungsgegenständen, des Aufbaus, der Werbung und der Betreuung der fertigen Ausstellung arbeitsteilig in einem → Netzplan festgelegt wird. Selbst die kleinste Form der Schulausstellung in der Form der Gestaltung einer Informationswand oder eines Schaukastens hält die Schüler dazu an, sich mit einem Thema ihres Interesses in kreativem Handeln auseinanderzusetzen, die Aufbereitung des Themas in Eigenverantwortung bis zum Ergebnis durchzuhalten und eine für sie wichtige Information in adressatengerechter Präsentation an ihre Mitschüler weiterzugeben. K

Schulbeirat

An jeder öffentlichen → Berufsschule ist ein Berufsschulbeirat einzurichten. Kommunale Schulträger, die mehrere Berufsschulen unterhalten, haben einen gemeinsamen für alle diese Berufsschulen zuständigen Schulbeirat zu bilden.

Dem Schulbeirat gehören an: ein Vertreter des Schulaufwandträgers, der den Vorsitz führt, sechs Elternvertreter einschließlich mindestens eines Elternvertreters einer angegliederten → Berufsaufbauschule, je ein Vertreter der beteiligten

Religionsgemeinschaften und der Berufsberatung, zwei hauptamtliche Lehrer, sechs Schülervertreter und der Leiter der Schule.
An landwirtschaftlichen Berufsschulen erweitert sich der Schulbeirat um zwei Vertreter landwirtschaftlicher Berufsorganisationen und einen Vertreter des zuständigen Landwirtschaftsamtes. An den übrigen Berufsschulen sind für den Schulbeirat außerdem zu berücksichtigen:
je drei Vertreter der beteiligten Arbeitgeber und Arbeitnehmer und ein Vertreter der Gesellenausschüsse nach der Handwerksordnung.
Die Aufgaben des Schulbeirates, die sich nicht auf Schulaufsicht und Schulleitung erstrecken, sind:
- die Förderung der Beziehungen zwischen Berufsschule, Erziehungsberechtigten, Ausbildungsbetrieb und Wirtschaft,
- die Förderung aller Maßnahmen, die dem Wohle der Schule und der Schüler dienen

→ Elternbeirat

O

Schulberater → Staatlicher Schulberater

Schulberatung

Die Beratung in der Schule und durch die Schule ist ein Teil der Erziehungsaufgabe. Sie soll dem Schüler behilflich sein, seine Anlagen zu erkennen, seine Fähigkeiten zu nutzen und die vorhandenen Bildungsangebote seiner Begabung und seinen Vorstellungen entsprechend wahrzunehmen. Klare, deutliche, umfangreiche Beratung ist Aufgabe jeder Schule und eines jeden Lehrers. Um den Anforderungen der Beratung bei der Vielfalt der Bildungswege und der zunehmenden Differenzierung in allen Bildungsbereichen gerecht werden zu können, ist es notwendig, an den Schulen → Beratungslehrer zu bestellen.

Heller 1975/1976; Heller/Nickel 1982; Honal 1983f.; Schmitz 1991

→ Berufsberatung → Berufsbildungsberatung → Erziehungsberatung → Schuljugendberater → Schullaufbahnberatung → Staatlicher Schulberater → Verbindungslehrer

OK

Schulbibliotheken

heute oftmals in umfassende → Mediotheken integriert, bieten Lehrern und Schülern Nachschlagewerke, Fach- und Unterhaltungsliteratur, Zeitungen und Zeitschriften an. Die Aufgabenbeschreibung der Schulbibliotheken reicht von Überwindung der Schwellenangst gegenüber öffentlichen Bibliotheken über Heranführung an Literatur und Leseerziehung bis zur Einübung von Kollegiaten in Gymnasien in wissenschaftliches Arbeiten mit Literatur.
Sofern die räumlichen und organisatorischen Voraussetzungen es zulassen, sollte eine Kooperation, wo möglich der gemeinsame Betrieb von öffentlichen Bibliotheken und Schulbibliotheken angestrebt werden; Ökonomie der Beschaffung und Nutzung legen dies nahe.
Mögliche Bereiche der Zusammenarbeit:
- Neuerwerbungslisten
- Einführung in die Bibliotheksbenutzung
- Veranstaltungen (Buchausstellungen, Autorenbegegnungen)

- Ausleihe von Blockbeständen zu bestimmten Themen
- Buchvorstellungsstunden
- Lehrerfortbildung (in begrenztem Umfang)
- Vermittlung zentraler Dienste
- Beschaffung
- Formalerschließung
- ausleihfertige Bearbeitung
- Reorganisation von Altbeständen
- Beratung bei Neuplanungen bzw. Erweiterungsmaßnahmen
- Sacherschließung

Schulbibliotheken sollten vor Unterrichtsbeginn, während der Unterrichtszeit und eine angemessene Zeitspanne nach Unterrichtsende zugänglich sein, bei Bedarf auch nachmittags und abends. K

Beratungsstelle u. Kommission d. Deutschen Bibliotheksinstituts 1990; Hohlfeld 1982; Landesinstitut f. Erz. u. Unterricht Stuttgart 1987; Seume 1985

Schulbuch

zählt zu den im schulischen Unterricht und/oder bei Hausaufgaben benötigten Lernmitteln (→ Lehrmittel). Gemäß Gesetz über die Lernmittelfreiheit darf es nur beschafft und im Unterricht verwendet werden, wenn es von der → Schulaufsicht in einem vorgeschriebenen Genehmigungsverfahren zugelassen wurde.

Das als **Lern- und Arbeitsmittel konzipierte Schulbuch** enthält übersichtlich gegliedert und problemhaltig gestaltet knappe Erläuterungen (Definitionen, Darstellung von Zusammenhängen, logische Stoffentwicklung), Quellentexte, informatives Bildmaterial, Zeitungsausschnitte, Graphiken, Karten, die in Verbindung mit sorgfältig formulierten, altersangemessenen → Arbeitsaufträgen den Schüler zur kritischen Auseinandersetzung anregen sollen, nicht lediglich zu einem rezeptiven Nachvollzug.

Derart aufbereitet kann das Schulbuch eingesetzt werden als

- Arbeitsmittel zur Vorbereitung,
- Motivationshilfe zum Einstieg in einen Lernprozeß,
- Informationsquelle in jeder Phase des Unterrichts und bei jeder → Sozialform,
- Strukturierungshilfe für den gesamten Unterrichtsablauf oder einen Teil desselben,
- Nachschlagewerk,
- Wiederholungs- und Übungsmaterial,
- Vorbereitungs- und Arbeitshilfe bei Lernerfolgskontrollen.

Das vor allem im Hochschulbereich gebräuchliche **Lehrbuch** soll durch systematischen Aufbau, betonte Sachlichkeit und in durchgängig darbietender Form einen fachlichen Zusammenhang umfassend im Selbststudium zugänglich machen. K

Schulcomputer

kommt zum Einsatz

- in der Verwaltung der Schule,
- in der → Beratung, vor allem in der informationsträchtigen → Schullaufbahnberatung
- und im Unterricht.

Im Unterricht ist er
- Unterrichtsgegenstand im Informatikunterricht und in der informationstechnischen Grundbildung,
- Trainer in Übungsprogrammen,
- Hilfsmittel z. B. für Berechnungen, Simulationen, Herstellung von Graphiken, Demonstration von Methoden u. a.

Eder/Hofer 1987

→ Computer im Unterricht → Informationstechnische Bildung K

Schule, Schulwesen

Im allgemeinen Sprachgebrauch wird der Begriff Schule mit folgenden Bedeutungen verwendet:
1. Schulen, die eine Richtung vertreten in Kunst, Wissenschaft und Forschung (z. B. Schule Albrecht Dürers oder S. Freuds)
2. Das Schul- und Bildungswesen unter Aufsicht des Staates, z. B. staatliches → Gymnasium, kirchliche → Realschule, private → Wirtschaftsschule als → Ersatzschule;
3. Schul- und Bildungseinrichtungen, bei denen es sich nicht um Schulen im schulrechtlichen Sinne handelt, z. B. Tanzschule, Fahrschule, Segelschule.

Die Schule im Bildungswesen stellt durch Institutionen geschaffene Interaktionsverhältnisse von Lehrenden und Lernenden dar zum Zwecke der Erziehung und der Durchführung von Lehr- und Lernmaßnahmen. Sie ist unter Berücksichtigung der Adressaten bestrebt, die allgemeinen und berufsbildenden Unterrichtsstoffe, die stets durch die jeweilige Gesellschaftsstruktur mit beeinflußt sind, in planmäßig organisiertem Unterricht zu verwirklichen. Von besonderer Bedeutung sind für jede Gesellschaft die Schulen, die unter staatlicher Aufsicht stehen. Sie haben den verfassungsmäßigen Auftrag der Unterrichtung und Erziehung der Schüler zu erfüllen.

Die Schule in einem demokratischen Staatsgebilde, die unter den Aspekten der → Pädagogik, → Psychologie, → Soziologie, Ökonomie, Organisation und des Rechts zu sehen ist, hat insbesonders die Aufgaben
- der Sozialisation der Schüler (≙ dem Reproduktionsanspruch der Gesellschaft),
- der Personalisation der Schüler (Entdeckung ihrer besonderen Anlagen und Förderung ihrer unverwechselbaren Einmaligkeit),
- der Qualifikation der Schüler (als Voraussetzung zur erfolgreichen Bewältigung der Wirklichkeit),
- der Selektion der Schüler (im Sinne optimaler Entfaltung ihrer Anlagen).

Das gegenwärtige Schulsystem in der Bundesrepublik Deutschland verdeutlicht mit wesentlichen Gegebenheiten die folgende Abbildung. Durch die Kulturhoheit der Länder bedingte Abweichungen und zusätzliche Bildungswege sind in der Abbildung der Übersichtlichkeit wegen nicht berücksichtigt.

Gesamtübersicht über das Bildungswesen in der Bundesrepublik Deutschland

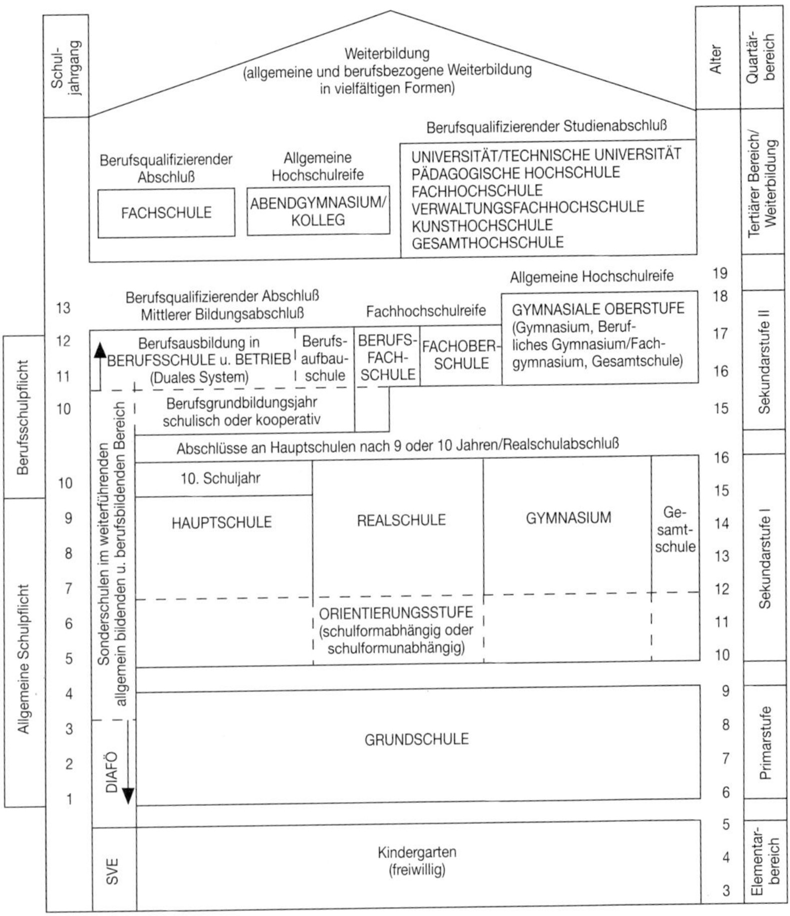

(SVE = → Schulvorbereitende Einrichtung
DIAFÖ = → Diagnose- und Förderklassen)

Bei der Errichtung von Schulen unterscheidet man je nach Schulträger → öffentliche Schulen und → Privatschulen. Öffentliche Schulen sind → staatliche und → kommunale Schulen. Privatschulen sind entweder Ersatz- oder → Ergänzungsschulen.

Arbeitsgruppe Bildungsbericht... 1992; Bohnsack/Nipkow 1991; Czerwenka 1990; Hentig 1983; Meiser 1983

→ Hausaufgabe → Schulangst → Schulaufgabe → Schulberater → Schulfähigkeit → Schullaufbahnberatung → Schulordnung → Schulpflicht → Schulstreß → Schulversagen → Unterricht

K

Schule für Kranke

wird längerfristig kranken Schülern aller Schularten angeboten, um
- sie von der Fixierung auf die Krankheit abzulenken und damit den Heilungsprozeß zu unterstützen,
- ihren Anschluß an die Regelschule zu erhalten
- und Isolation sowie psychosoziale Störungen der Schüler vermeiden zu helfen.

Der Unterricht wird in den Kliniken in eigenen Klassenzimmern oder auf den Stationen bzw. zu Hause (= Hausunterricht für kranke Schüler) erteilt.
Erste Ansätze für Krankenhausunterricht sind seit Anfang des 19. Jahrhunderts an den Orthopädischen Kliniken nachweisbar, die erste Schulgründung nur für kranke Kinder aus dem Grundschulbereich erfolgte in München 1898. Ende 1990 besuchten z. B. in Bayern – nach der Institutionalisierung dieses Schultyps seit dem Schuljahr 1989/90 – bereits 1800 Schüler 26 Schulen für Kranke.
Der Unterricht für kranke Schüler ist von folgenden Grundsätzen geleitet:
- Der Unterricht ist nach Zeit, Dauer, Methoden auf die therapeutischen Maßnahmen und die räumlichen Gegebenheiten im Krankenhaus oder zu Hause abzustimmen. Die ärztlichen Anordnungen haben Vorrang, was als Konsequenz flexible Unterrichtsgestaltung bedeutet.
- Die Lehrer müssen die Bereitschaft zur (nachgiebigen) Kooperation mit den Eltern und mit dem Krankenhausteam (Arzt, Psychologe, Pflegepersonal) aufbringen.
- Der nach dem Prinzip der → Individualisierung (im Sinn von Einzelunterweisung) erteilte Unterricht erlaubt und fordert die exakte Einstellung auf die psychische und physische Situation des Schülers und auf seine Lerngewohnheiten.
- Der Unterricht für Kranke ist nicht als Nachhilfeunterricht zur Vermeidung von Wissenslücken in bestimmten Fächern zu verstehen, sondern als ganzheitliche Förderung, die gerade in der Situation der kranken Kinder spielerische, künstlerische, emotionale Elemente mit einschließt.
- Die Kooperation des Krankenlehrers mit den Lehrern der Stammklasse des Schülers ist schon deshalb nötig, um die unterrichtsrelevanten Lerninhalte in Erfahrung zu bringen; ideal ist die Unterweisung der kranken Kinder durch ihre gewohnten Lehrer.
- Der Unterricht für kranke Kinder ist ein – hohe Sensibilität erfordernder – Balanceakt zwischen (schonender) Überbehütung und Überforderung.
- Auskünfte über die Antragstellung auf Unterricht für kranke Kinder, die mögliche Dauer, Standorte und die rechtlichen Bestimmungen erteilen die zuständigen Staatlichen Schulämter bzw. bei weiterführenden Schulen die Schulleitungen.

K

Schulen für Behinderte und Kranke (Sonderschulen)

sind als Pflichtschulen für Schüler bestimmt, die in ihrer Entwicklung oder in ihrem Lernen mindestens zeitweilig so beeinträchtigt sind, daß sie in den üblicherweise vorgesehenen Schularten (z. B. → Grundschule, → Hauptschule, → Berufsschule) nicht oder nicht ausreichend gefördert werden können. Sie sind durch Unterricht und Erziehung auf die jeweilige Behinderung abgestimmt. Dementsprechend gibt es Schulen für Blinde, Sehbehinderte, Gehörlose, Schwerhörige, Sprachbehinderte, Körperbehinderte, Geistigbehinderte, Lernbehinderte und zur

Erziehungshilfe (früher Schwererziehbare). Diese Schulen werden als → Sondervolksschulen, als Berufsschulen für Behinderte und Kranke (→ Sonderberufsschulen) und als sonstige weiterführende Schulen geführt; letztere (z. B. Realschule für Behinderte und Kranke), wenn in ihnen überwiegend Behinderte und Kranke unterrichtet werden. Stellt sich bei Sonderschülern die Fähigkeit ein, am Unterricht der entsprechenden Regelschule teilzunehmen, können sie auch an die ihnen gemäßen Schulen überwiesen werden. Sonderschulpflichtige können von der Schulpflicht befreit werden, wenn für sie keine schulmäßige Bildung mehr Aussicht auf Erfolg verspricht. Um Abschlüsse vergleichbarer Regelschulen zu ermöglichen, kann – ausgenommen die Sondervolksschule – der Unterricht über mehr Jahrgangsstufen als in der Regelschule verteilt werden.

→ Diagnose- und Förderklassen → Schule für Kranke → Schulvorbereitende Einrichtungen → Sonderpädagogik K

Schulentwicklungsplan → Bildungsplanung

Schulfähigkeit

als Bereitschaft und Fähigkeit des Kindes, die speziellen Anforderungen einer Schulart, hier in erster Linie der → Grundschule oder der Sonderschule, erfüllen zu können, wird ermittelt

1. durch eine medizinische → Anamnese, evtl. auch durch eine Untersuchung durch den Schularzt (= körperliche Schulfähigkeit; der sechsjährige Schulanfänger sollte z. B. eine Durchschnittsgröße von 118 cm ± 11 cm aufweisen und den ersten → Gestaltwandel hinter sich haben),
2. durch eine Befragung der Eltern zur sozialen Eingliederungsfähigkeit des Kindes, gelegentlich durch Tests ergänzt (= soziale Schulfähigkeit),
3. durch eine Untersuchung der kognitiven und motorischen Fähigkeiten des Kindes mit Hilfe von Schulfähigkeitstests, die sich vor allem auf die Entwicklung der Gliederungsfähigkeit, der Mengenauffassung, der Sprachbeherrschung und der Gedächtnisleistung beziehen (= kognitive und motorische Schulfähigkeit).

Nach heutiger Auffassung wird die Schulfähigkeit bestimmt
- durch Anlagen und Reifung,
- Lernchancen im Vorschulalter
- und durch die Anforderungen der Schule als Ort des Lehrens und Lernens.

Die Gültigkeit und Zuverlässigkeit der Schulfähigkeitstests und darüberhinaus der gesamten heute üblichen Schulfähigkeitsuntersuchung ist in der Literatur umstritten. Die Streuung verschiedener Schulfähigkeitstests beim Nachweis der Schulfähigkeit reicht von ca. 45% bis 70%. Die kognitive Einseitigkeit vieler Tests überwindet der seit 1986 gebräuchliche Kieler Schulfähigkeitstest, der ganzheitlich angelegt ist und den Kindern Spielsituationen anbietet. Als zuverlässiger für die Ermittlung der Schulfähigkeit erweist sich die Betreuung der Kinder im → Kindergarten bzw. – wenn angezeigt – in → Schulvorbereitenden Einrichtungen, die langfristigen diagnostischen Verfahren Raum gibt und die Möglichkeit zur vielfältig differenzierenden Förderung der Kinder im Hinblick auf ihre Schulfähigkeit bietet.

Beim Einschulungstermin für die Grundschule nicht schulfähige Kinder werden wegen der gezielten Förderung sinnvollerweise im → Schulkindergarten oder in → Diagnose- und Förderklassen untergebracht.

Hagenbusch 1985; Krapp/Mandl 1977; Nauck 1990; Nickel 1976

→ Eingangsstufe → Modellkindergarten K

Schulfamilie → Schulgemeinde

Schulfernsehen

bezeichnet die Bildungsprogramme, die von den öffentlichen Fernsehanstalten für den schulischen Unterricht konzipiert und ausgestrahlt werden. Von ihrer didaktischen Funktion her kann eine Schulfernsehsendung als Bereicherung, als Ergänzung oder als eigentlicher Träger einer Lerneinheit geplant sein. Im → Medienverbundsystem, das auch im Schulunterricht zunehmend an Bedeutung gewinnt, übernimmt das Schulfernsehen meist die → Leitfunktion. Gegenüber dem Schulfilm hat das Schulfernsehen – die Charakteristika des Massenmediums Fernsehen nützend – vor allem den Vorteil größerer Aktualität. Außerdem besteht bei entsprechender Aufgeschlossenheit der Sendeanstalt die Möglichkeit, die pädagogische und didaktische Relevanz der Sendungen gemäß den neuesten lerntheoretischen Erkenntnissen und einer aktuellen strukturellen Analyse des Lerngegenstandes durch Einbezug von Fachleuten in der Produktionsphase zu gewährleisten.
Die von festen Sendezeiten unabhängige jederzeitige Verfügbarkeit von Schulfernsehsendungen und die damit verbundene mögliche Individualisierung der Lernprozesse wurden durch die Einführung von → Videorecordern in die Schulen angebahnt.

Köck 1977; Schludermann 1981; Tulodziecki/Zimmermann 1976

→ Fernsehen/Fernseherziehung → Medien → Telekolleg → Unterrichtsmedien K

Schulforum

Das Schulforum, in dem sich drei von der Lehrerkonferenz gewählte Lehrer, zwei weitere gewählte Mitglieder des → Elternbeirats und der → Schülerausschuß befinden, bildet ein Organ der Mitwirkung in der Schule und wird vom Leiter der jeweiligen Schule als Vorsitzendem ohne Stimmrecht in regelmäßigen Abständen einberufen, mindestens jedoch einmal in jedem Schulhalbjahr. Das Schulforum hat die Aufgabe, Fragen zu besprechen, die Schüler, Eltern, Lehrer gemeinsam angehen und Empfehlungen hierzu auszusprechen.
Gelegenheit zu vorherigen Stellungnahmen ist dem Schulforum in folgenden Fällen zu geben:

- zu wesentlichen Fragen der Schulorganisation, soweit nicht eine Mitwirkung der Erziehungsberechtigten oder des Elternbeirats vorgeschrieben ist,
- zu Fragen der Schulwegsicherung und der Unfallverhütung in Schulen,
- zu Baumaßnahmen im Bereich der Schule,
- zum Erlaß von Verhaltensregeln für den geordneten Ablauf des äußeren Schulbetriebs,
- zur Festlegung der Pausenordnung und Pausenverpflegung.

An Grundschulen ist kein Schulforum vorgesehen, an Berufsschulen tritt an seine Stelle der Berufsschulbeirat (→ Schulbeirat).

→ Schülermitverantwortung OK

Schulfunk

Im Schulfunk werden von den öffentlichen Rundfunkanstalten Sendungen angeboten, die für den schulischen Unterricht konzipiert sind. Wie bei den → Schulfernsehsendungen kann die didaktische Funktion einer Schulfunksendung darin bestehen, den Unterricht zu bereichern, zu ergänzen oder einen Lernprozeß einzuleiten (→ Motivation) bzw. als Leitmedium im Medienverbundsystem (Videomaterial, Diaserie, schriftliches Begleitmaterial) zu steuern. Der vermehrte Einbezug visueller und audiovisueller → Unterrichtsmedien bietet die Chance, den Schulfunk seiner spezifischen Leistungsfähigkeit entsprechend für Informationsübermittlungen vorzubehalten, welche in erster Linie die auditive (= über das Gehör erfolgende) Aufnahmefähigkeit beanspruchen bzw. im Sinne einer geplanten Hörerziehung schulen sollen. In der Gestaltung arbeitet der Schulfunk je nach der didaktischen Absicht einer Sendung mit allen Mitteln des Massenmediums Hörfunk (Reportage, Hörspielszene, Diskussion, Interview usw.), neuerdings mehren sich die Lernangebote über den Schulfunk, die gesicherten lerntheoretischen Erkenntnissen folgend in Lernschritten aufgebaut sind, durch Aktivitätswechsel einer einseitigen reproduktiven Konsumhaltung des Lernenden vorbeugen, Raum für eigene Lösungsversuche des Lernenden lassen usw.
Begleithefte geben dem Lehrer Aufschluß über die didaktische und methodische Konzeption einer Sendung. Dem Lehrenden fällt es darüber hinaus gerade beim Schulfunk leicht, durch Mitschnitt und evtl. durch Veränderung (Kürzung, Ergänzung) auf Tonband eine Sendung seinem eigenen didaktischen und methodischen Konzept einzupassen und sie adressatenspezifisch zu gestalten. K

Holstein 1979; Köck 1977

Schulgarten

wird ein Gemüse-, Obst- und Ziergarten auf dem Schulgelände genannt, in dem die Schüler unterrichtsbegleitend und zum Ausgleich der ansonsten überwiegend kognitiv orientierten Schulleistung an praktische Gartenarbeit herangeführt werden. Gelegentlich ist der Schulgarten, der zum Zweck ganzheitlicher Bildung vor allem von → Alternativen Schulen propagiert wird, mit einem Schulteich und/oder mit einem Schulwald verbunden. Unter dem Gesichtspunkt der → Umwelterziehung gehören zur schulischen Gartenarbeit auch Boden- und Wasseruntersuchungen, Experimente mit verschiedenen Methoden der Düngung und Schädlingsbekämpfung u. a. m. K

Böhme 1991; Suttner 1990; Winkel 1989

Schulgemeinde

oder Schulfamilie (synonym) umfaßt Schüler, Lehrer, Eltern, evtl. Vertreter des Schulträgers und außerschulische Vereine. Zweck der Schulgemeinde ist die Verbindung von schulischem und außerschulischem Bereich durch gemeinsame Aktivitäten wie z. B.

- Organisation von Schwimmkursen,
- Schulwegsicherung (Besprechen anhand von Videoaufnahmen, Übungen vor Ort, Ausbildung von → Schülerlotsen),
- gemeinsame Wanderungen, Sportveranstaltungen u. a.,
- Schulhaus- und Pausenhofgestaltung,

– Einladung von Eltern und Experten mit interessanten Themen (Reisen, Berufe, Erste Hilfe). K

Schulgeld, Schulgeldfreiheit

Schulgeld wird in der Bundesrepublik Deutschland an öffentlichen allgemeinbildenden Schulen und an Berufsschulen nicht erhoben. Die Schulträger (Gemeinden oder Gemeindeverbände) erhalten zum Ausgleich staatliche Zuschüsse. Private Schulen können – nach Anrechnung evtl. staatlicher Zuschüsse – das Schulgeld voll oder teilweise erheben oder erlassen. K

Schulgesetzgebung

liegt in der Bundesrepublik Deutschland bei den Bundesländern. Bundeseinheitlich sind im Grundgesetz lediglich geregelt die staatliche → Schulaufsicht, das Recht auf Errichtung von → Privatschulen, die Garantie des Religionsunterrichts, das Recht der Eltern auf freie Wahl der Schulart (Art. 6 und 7 GG). Für notwendige Vereinheitlichungen unterbreitet die → Ständige Konferenz der Kultusminister Empfehlungen.

→ Schulrecht K

Schulhygiene

als Teilgebiet der Schulpädagogik befaßt sich mit folgenden Problemkreisen:

– **Schulhausbau und -ausstattung,** z. B. unter den Aspekten der Länge und Sicherheit der Schulwege, der Lärmbelästigung, der Lage zu Sportanlagen, der Lichtverhältnisse und Raumtemperatur im Schulhaus, der Farbgestaltung der Zimmer, nicht gesundheitsschädlicher Schulmöbel, ausreichender Belüftungsmöglichkeit, der Klassenzimmergröße und der Grundfläche je Kind.
– **Arbeitshygiene,** womit z. B. Probleme des Wechsels von Arbeits- und Erholungsphasen, des Unterrichtsbeginns und der Unterrichtsdauer, der Ermüdung, der Belastung durch Prüfungen und Hausaufgaben gemeint sind.
– Maßnahmen zur Erhaltung oder Wiederherstellung der **Gesundheit des Lehrers**
– **Gesundheitserziehung** als Unterrichtsprinzip
– **Medizinische Überwachung** der Schüler K

Vgl. Literatur bei → Gesundheitserziehung!

Schulinternes Fernsehen (SIF)

Während das öffentliche Fernsehen seine Sendungen überregional und an eine bestimmte Adressatengruppe einer Schulart oder Jahrgangsstufe gerichtet ausstrahlt, befaßt sich das SIF mit der Produktion und Wiedergabe eigener Fernsehaufnahmen innerhalb einer Schule bzw. in Zusammenarbeit mit benachbarten Schulen. Das SIF benötigt als technische Minimalausrüstung eine Fernsehkamera zur Bildaufnahme, einen → Videorecorder zur Speicherung des Bildmaterials und einen Monitor (Fernsehgerät) zur Kontrolle bei der Aufnahme und zur Wiedergabe des gespeicherten Bildmaterials. Einen optimalen aber ebenso kostspieligen Einsatz des SIF garantiert die feste Installation der Aufnahme- und Steuerungsapparaturen in einem → Studioraum mit jederzeit verfügbaren Übertragungsanlagen in die Räume eines → Medienzentrums oder in die einzelnen Klassenzimmer.

Den Einsatzmöglichkeiten des SIF sind in der Unterrichtspraxis kaum Grenzen gesetzt: Sie reichen von der vergrößerten Aufnahme mikroskopischer Vorgänge über den Mitschnitt phsyikalischer und chemischer Versuche bis zur Aufzeichnung von Rollenspielen, Diskussionen usw., ganz zu schweigen von dem medienkundlichen und mediendidaktischen Effekt eines sicheren und kritischen Umgangs der Schüler mit dem Medium Fernsehen. K

Schuljahr

dauert aufgrund des Hamburger Abkommens von 1964 in der Bundesrepublik Deutschland einheitlich vom 1. August bis zum 31. Juli des darauffolgenden Jahres. K

Schuljugendberater

Im Bereich der Volksschule wurde die Schuljugendberatung als staatliche Einrichtung zur Förderung des Lernens, Lehrens und Erziehens geschaffen. Für jedes Schulamt soll ein Schuljugendberater tätig sein. Er arbeitet eng zusammen mit Erziehungsberechtigten, Erziehungsberatungsstellen, Sonderschulen, kirchlichen Stellen, Jugend- und Wohlfahrtsverbänden, sonstigen Einrichtungen der Jugendpflege, Jugendfürsorge und Familienfürsorge, dem Jugendamt, dem Schularzt und dem Gesundheitsamt, der Schul- und Berufsberatung.
Schuljugendberater unterstützen Schulen bei der Erfüllung ihres Erziehungs- und Bildungsauftrages mit Methoden und Erkenntnissen der → pädagogischen Psychologie und haben insbesondere bei folgenden Aufgaben mitzuwirken:
- Schulaufnahme, z. B. Feststellung der → Schulfähigkeit
- Lenkung der Schullaufbahn, z. B. Überweisung in eine Sonderschule
- Hinführung zur Arbeitswelt, z. B. Feststellung der Berufsreife und Berufseignung
- Betreuung schwieriger Schüler, z. B. Verhaltens- und Sprachstörungen.

Sie können vom Schulamt auch zur Mitarbeit in pädagogischen und didaktischen Fragen herangezogen werden. In Fällen, für deren Ermittlungen die Polizei zuständig ist, darf der Schuljugendberater nicht eingreifen. Außerdem gehören auch psychopathologische und psychotherapeutische Behandlung nicht zu seinen Tätigkeiten.
Zur Ausbildung des Schuljugendberaters gehören Grundprobleme der schulischen Bildung und Erziehung aus der Sicht der → Allgemeinen Psychologie, → Entwicklungs- und Unterrichtspsychologie, Konfliktpsychologie und Beratungspsychologie; Einführung in die heilpädagogische Praxis; Praxis der Schuljugendberatung; Schulleistungs-, Intelligenz- und Entwicklungsdiagnostik.
→ Beratungslehrer → Schulberatung O

Schulkindergarten

Den Schulkindergarten, in einigen Bundesländern Vorklasse genannt, besuchen freiwillig schulpflichtige Kinder, die wegen mangelnder → Schulfähigkeit nicht eingeschult werden konnten bzw. nach einer Probezeit in der ersten Grundschulklasse zurückgestellt wurden. Die Ursachen der mangelnden Schulfähigkeit können in einer längeren Erkrankung des Kindes, in mangelhafter Förderung durch seine unmittelbare Umwelt, in einer verlangsamten Entwicklung oder in extremer sozialer Unangepaßtheit liegen. Ziel der Förderungsmaßnahmen im Schulkindergarten ist der Abbau der Verhaltensdefizite der Kinder, um sie auf einen bruch-

losen Übergang in die Grundschule vorzubereiten. Die Gruppenleiterinnen im Schulkindergarten bedürfen einer speziellen didaktischen und heilpädagogischen Ausbildung. Als Betreuer der höchstens 15 Kinder umfassenden Gruppen kommen Sozialpädagoginnen oder Erzieherinnen mit sonderpädagogischer Zusatzausbildung infrage.
Die Schulträger sind bei Bedarf zur Einrichtung von Schulkindergärten verpflichtet, wobei es ihnen z. B. in Bayern freigestellt ist, sie eigenständig oder innerhalb des → Kindergartens anzusiedeln; in anderen Ländern werden sie organisatorisch der Grundschule (z. B. in Nordrhein-Westfalen) eingegliedert. K

Mader 1989

Schulklasse

als übliche Organisationsform von Lerngruppen im Regelschulsystem weist die folgenden Kennzeichen auf:

- Zwangsweise Zuordnung der Schüler zu einer bestimmten Schulklasse
- Altershomogene Einteilung in Jahrgangsklassen
- Evtl. Geschlechtertrennung
- Vorgabe von Raum und Zeit
- Verordnete Organisationsformen
- Durch einen Lehrplan vorgegebene Lernziele und Lerninhalte
- Verbindliche Verordnungen (Schulgesetze, Schulordnungen, Hausordnungen)
- Offizielle Verhaltensnormen (= Rollenzuschreibungen)
- Einteilung nach Leistungsstandards (Schularten, System des Streaming, → Setting)
- Feste Ämter und Funktionen

Die Interaktionen der Schüler sind demzufolge vor allem auf Ziele und Inhalte ausgerichtet lehrerzentriert, durch Rituale und Sanktionen geregelt, leistungs- und konkurrenzbezogen und zunehmend gespielt.
Diese durch die äußere Organisationsstruktur bedingten Kennzeichen werden modifiziert, zum Teil auch unterlaufen durch Strukturmerkmale, die für informelle Gruppen charakteristisch sind (vgl. hierzu → Gruppe, → Gruppe, formelle und informelle, → Heimlicher Lehrplan!). In der Praxis stellt die Schulklasse eine Mischform aus formeller und informeller Gruppe dar, je nach Entwicklungsstand mehr zur einen oder anderen neigend.
Eine Überwindung der Schulklassen als Jahrgangsklassen wird in manchen → Alternativen Schulen praktiziert, z. B. in Montessori-Schulen (→ Montessori-Pädagogik) oder in → Jenaplan-Schulen, in denen auf die lernfördernde und soziale Komponente der altersgemischten Gruppe gesetzt wird. K

Berg 1990; Elbing 1975; Memmert 1987

Schullandheime

sind Heime und Anwesen außerhalb der Städte, die eine oder mehrere Schulklassen für eine bis vier Wochen unter Leitung ihrer Lehrer aufnehmen. Sie sind meist im Besitz kommunaler Schulträger.
Die ersten Schullandheime entstanden Anfang des 20. Jahrhunderts durch Anmietung von Bauernhäusern. Beeinflußt von der Jugendbewegung und der Reformpädagogik entwickelten sie sich zu „pädagogischen Provinzen“. 1926 wurde ein Dachverband gegründet.

Heute verfolgt das gemeinsame Leben von Lehrern und Schülern im Schullandheim für eine oder zwei Wochen vor allem folgende **Zielsetzungen:**

- Sozialerziehung einschließlich der Intensivierung des Lehrer-Schüler-Verhältnisses
- Umwelterziehung durch Erkundung vor Ort
- Handlungsorientierte Projekte, fächerübergreifend und ganzheitlich
- Freizeiterziehung
- Standorterschließung als Projekt = systematische Erkundung eines Lebensraumes unter historischen, geographischen, klimatischen, soziologischen, industriellen Gesichtspunkten
- Der Schullandheimaufenthalt selbst als Projekt (Planung, Regeln u. a.)
- Gesundheitserziehung

Die heutzutage angebrachte **ökologische Ausrichtung** von Schullandheimen beschreibt Lippert (1988) am Beispiel des Schullandheims Pfeifferhütte in Mittelfranken:
Es bietet folgende Leistungen an:

- Eine Sammlung größtenteils didaktisch aufbereiteter Materialien zu den Problembereichen Waldsterben, Gewässerschutz, Artenschutz, Abfallwirtschaft, Gartenarbeit etc.
- Beratung bei der Planung und Vorbereitung von Projektarbeiten zu Umweltthemen. Ein Labor sowie eine Fachbibliothek sind im Aufbau.
- Die Gesprächsrunde Pfeifferhütte; hier treffen sich regelmäßig ökologisch interessierte Lehrer.
- Eine zwei Hektar große parkartige Anlage mit vielen Gelegenheiten zur unmittelbaren Naturerfahrung: Teich, Trockenrasen, Bauerngarten zum Beobachten und selbständigen Arbeiten, Hügelbeet, Hochbeet, Kompostanlage, eigener Waldbestand, Spiel- und Nutzwiese, Kräutergarten, Fledermausbunker, ein wasserwirtschaftlicher Lehrpfad, Waldbegehungen mit dem Förster u. a. K

Heinemann 1984; Kasten 1981; Kochansky 1986; Kruse/Kochansky 1981; Lindemann 1984; Schmid 1990; Verband Deutscher Schullandheime 1980–1983

Schullaufbahnberatung

Jeder Lehrer sollte fähig sein, Schüler über die Möglichkeiten im Schulwesen, über die einzelnen Schularten und Schulformen aufzuklären. Eine besondere Ausbildung hierfür erfahren → Beratungslehrer, → Schuljugendberater und → staatliche Schulberater.

→ Schulberatung O

Schulleben

als Begriff stammt von Friedrich Fröbel (1782–1852), der damit in Ausweitung von Pestalozzis Wohnstubenerziehung die **notwendige Verbindung von außerschulischem Leben und Unterricht** bezeichnete. Die gleiche Forderung erhob die Reformpädagogik mit ihrer Kritik an der einseitigen Buchschule.
Heute beschreibt Schulleben **die Schule als Ort, an dem sich Leben im vollen Wortsinn entfalten kann, und zwar als Leben, mit dem sich der Schüler identifizieren kann,** das also seine Interessen und Bedürfnisse trifft und ernst nimmt.
Schulleben verwirklicht sich in der Schule als kind- und jugendgemäßem Lebensraum z. B. durch

- Lebensnähe zur außerschulischen Wirklichkeit, vor allem zum schulischen Umfeld,
- die „pädagogische Atmosphäre" (Bollnow) an der Schule,
- die praktizierten Formen von Interaktion und Kommunikation, von Kooperation und Solidarität (vgl. den → „pädagogischen Bezug" H. Nohls),
- Institutionen und Ordnungen und deren Interpretation nach Buchstaben oder Geist,
- durch und in freizeitanalogen Situationen wie Interessen- und Neigungsgruppen, Wandern, Spiel, Sport, Fest oder Feier, als Gegengewicht zu unterrichtlicher Verplanung,
- Pausen- und Raumgestaltung,
- die → Schülermitverantwortung (SMV),
- die → Schülerzeitung,
- Kooperation mit der außerschulischen Lebenswelt (Stichwort → Schulgemeinde) u. a. m.

Schule ist lediglich ein Teil der Lebenswelt des Kindes und des Jugendlichen. Sie steht bei den Schülern um so niedriger im Kurs, je weniger sie sich in die umfassende Lebenswirklichkeit einordnet und je mehr sie die Einheit von Lernen, Arbeiten und Leben verfehlt. K

Gudjons/Reinert 1980; Hintz 1984; Keck/Sandfuchs 1979; Köck 1991; Susteck 1981

Schulleistungsbeurteilung

→ Leistungsbewertung → Schülerbeurteilung → Schulleistungsmessung

Schulleistungsmessung

Sie stellt den Vorgang dar, der die Höhe und den Intensitätsgrad des → Lernerfolges ermittelt. In pädagogischen Entscheidungsprozessen dient die Schulleistungsmessung der Informationsfindung. Sie wird herangezogen zur Lenkung und Kontrolle von Abläufen (z. B. Unterricht), für Einstufungs- und Eingliederungsprozesse (Schulberatung, Schullaufbahnberatung), zur → Evaluation und → Operationalisierung (Curricula, Reformprozesse), für Entscheidungen im Berechtigungswesen und zur Diagnose von Lernschwierigkeiten.

Heller 1984; Herbig 1976

→ Leistung → Leistungsbewertung → Leistungsmessung → Schülerbeurteilung O

Schulleistungstest

Schulleistungstests sind standardisierte Meßverfahren zur Ermittlung des Standes von Kenntnissen, Fähigkeiten und Fertigkeiten von Schülern, den diese durch schulisch organisierte Lernprozesse erreicht haben sollen, und zwar in einem bestimmten Fach (besonderer Schulleistungstest) oder das gesamte auf einer bestimmten Schulstufe erwartete Leistungsvermögen betreffend (allgemeiner Schulleistungstest). Trotz der durch die Standardisierung gewährleisteten hohen Gültigkeit und Zuverlässigkeit der Schulleistungstests sollte ihr Aussagewert wegen der den → Tests allgemein zuzuschreibenden Fehlerquellen (z. B. Einmaligkeit der Testsituation, Künstlichkeit der Testsituation, mangelnde Berücksichtigung des individuellen Arbeitstempos) nicht überschätzt werden.

Beltz-Test; Birkel/Ingenkamp 1976; Rapp 1975

→ Gruppentest → Schulfähigkeit K

Schulmanagement
befaßt sich mit der zielgerichteten Leitung und Führung einer Schule oder anderer gleichartiger Bildungsinstitutionen.
Managementverfahren, die für Wirtschaftsunternehmen entwickelt wurden, können nur teilweise als Instrumente im Rahmen des Schulmanagements Anwendung finden. Sie müssen entsprechend den Besonderheiten der jeweiligen Bildungsinstitution sorgfältig angepaßt werden. Als Institution stellt die ‚Schule' in der heutigen Gesellschaft den größten ‚Dienstleistungsbetrieb' dar, der ständig grundlegenden und entscheidenden Veränderungen unterworfen ist.
Als Funktion umfaßt das Schulmanagement alle Aufgaben, die die Führung einer ‚Schule' mit sich bringt, wobei das Kind, der Jugendliche, der zu Erziehende, der Studierende bei allen Maßnahmen primär zu berücksichtigen ist. Ebenso wenig dürfen die Aufgaben des Lehrens, Erziehens, Beurteilens, Beratens und Innovierens außer acht gelassen werden.
Die Führung des Schulmanagements darf keine autoritäre Linienorganisation, sondern soll eine dem → Regelkreis ähnliche Form der Zusammenarbeit sein.
Zu den wesentlichsten Faktoren des Schulmanagements gehören: Erstellen und Festlegen von Zielen; Planung, Entscheidung und Druchführung; Organisation; Information; Rationalisierung und Technologie; Kontrollvorgänge; → Kommunikation. Darüber hinaus ist eine zweckmäßige Zusammenarbeit mit schulinternen Gruppen, mit Verbänden, Behörden, Vereinigungen usw. anzustreben und die sich stets im Wandel befindliche Bildungspolitik und das Spannungsverhältnis von Gegenwart und Zukunft zu berücksichtigen. O

Deutscher Bildungsrat 1973

Schulmotivation
Die Schulmotivation wurde nach der von Frymier entwickelten Methode JMI (Junior Motivation Index) von 1961 bis 1964 untersucht und gemessen. Frymier interessierte dabei besonders, inwieweit Lernerfolge und Schulerfolge → Verstärker für einen Lernenden darstellen und wie der Grad der Leistungsmotivation durch verschiedenartige Lehr-, Lernmittel, Verfahren und Methoden beeinflußbar ist.
→ Motivation O

Schulordnung
regelt in schulartspezifischer Anwendung von Schulgesetzen und in der Form einer Rechtsverordnung „den Schulbetrieb und die inneren Schulverhältnisse an öffentlichen Schulen" (z. B. Bayerisches Gesetz für Erziehung und Unterricht, Art. 66).
Die Schulordnung hat sich an der Länderverfassung und den Schulgesetzen auszurichten und den pädagogischen Freiraum von Schule und Lehrer zu sichern.
Der Inhalt einer Schulordnung befaßt sich im wesentlichen mit
- Aufbau der einzelnen Schularten, Ausbildungs- und Fachrichtungen,
- Aufnahme, Schulwechsel, Austritt des Schülers,
- Klassen und anderen Unterrichtsgruppen, Unterrichtsfächern, Stundentafeln, Lehrplänen, Lernmitteln, Unterrichts- und Ferienzeiten,
- der Teilnahme am Unterricht und sonstigen Schulveranstaltungen, einschließlich Befreiung, Beurlaubung, Schulversäumnisse,

- dem Vorrücken in die nächste Klasse, den Zeugnissen und den Abschlußprüfungen,
- der Stellung des Schülers in der Schule, seinen Rechten und Pflichten,
- dem Unterricht für Schüler nichtdeutscher Muttersprache,
- Schulleiter und Lehrerkonferenz,
- Einrichtungen zur Mitgestaltung des schulischen Lebens, dem → Elternbeirat und → Schulforum,
- Schule und Erziehungsberechtigten,
- Veranstaltungen und Tätigkeiten nicht zur Schule gehöriger Personen sowie Erhebungen und Umfragen in der Schule,
- Haftung, Rechtsschutz und Versicherungen. K

Schulpädagogik

Der Begriff Schulpädagogik wurde erstmals 1839 von Bartel und dann erst wieder 1922 von G. Simmel als Titel einer Veröffentlichung verwendet. Nach Simmels Auffassung war es die Aufgabe der Schulpädagogik, vor allem „die praktischen Probleme von Erziehung und Unterricht zu behandeln".
Von diesem Verständnis einer „Meisterlehre" oder „Unterrichtslehre" hat sich die Schulpädagogik mittlerweile distanziert. Sie sieht heute ihre Aufgabe in der **Theoriebildung** über Schule und Unterricht, womit „Schule in der ganzen Vielfalt ihrer Bedingungen und Erscheinungen" (W. Kramp 1973) gemeint ist. Schulpädagogik versteht sich an den wissenschaftlichen Hochschulen als grundwissenschaftliches Studienfach in der Lehrerbildung (insofern als Berufswissenschaft des Lehrers), welches theoretisch fundierte Anleitung für die schulische Praxis zu vermitteln hat. Als Disziplin der Erziehungswissenschaften befaßt sich die Schulpädagogik in Forschung und Lehre im einzelnen mit folgenden Problemfeldern schulischer Erziehung und Unterrichtung: Theorie der Schule, Theorie der Schularten und Schulstufen, Theorie des Schullebens, Geschichte des Schulwesens, Schulhygiene, Schulrecht, Allgemeine Didaktik als Theorie des Lehrens und Lernens (einschließlich Methodik, Unterrichtstechnologie, Medienpädagogik, Mediendidaktik, Curriculumforschung, Bildungs- und Unterrichtsforschung).
Die im akademischen Lehrbetrieb aufgrund des Wissenschaftlichkeitsverständnisses der Schulpädagogik vorangetriebene Theoriebildung und die damit verbundene Vernachlässigung der Praxisanleitung forderte die Entwicklung einer **Praktischen Schulpädagogik** heraus, die als angewandte Schulpädagogik bzw. als Brücke zwischen Theoriebildung und Erziehungspraxis vor allem folgenden Anforderungen genügen will:
- Verständliche Interpretation der schulpädagogischen Theorie für die Schulpraxis,
- Vermittlung einer verläßlichen Minimalausrüstung des Lehrers im Sinne aufgabenbezogener Handlungsfähigkeit für den Schulalltag,
- Sicherung relativ überdauernder Grundlagenkenntnisse für einen von Forschungsexperimenten nicht allzu sehr belasteten Schulalltag,
- Befähigung des Lehrers selbst zur kritischen und forschenden Auseinandersetzung mit seinem Berufsfeld. K

Apel 1990; Beckmann 1981; Beiträge zur Schulpädagogik u. Didaktik (Reihe); Braunschweiger Arbeiten zur Schulpädagogik (Reihe); Brinkmann 1974; Charlton u. a. 1975; Comenius o. J.; Edelstein/Hopf 1973; Einsiedler/Oblinger 1979f.; Köck 1991, 1992; Makarenko 1976; Merz 1989; Schröder 1991; Seibert u. a. 1990; Steindorf 1976; Stöcker 1984

Schulpartnerschaft

bezeichnet die grenzüberschreitenden engen Kontakte zweier Schulen des gleichen oder vergleichbaren Typs, wegen der gegenseitigen Erreichbarkeit in der Regel auf den europäischen Raum beschränkt. Sie ist als Initiative des europäischen Gedankens zu verstehen (→ Europa im Unterricht), durch welche unterrichtlich vermittelte Landeskunde durch die Begegnung von Schülern und Lehrern verschiedener Nationen der unmittelbaren Erfahrung zugänglich wird.
Schulpartnerschaften bedürfen einer sorgfältigen Vorbereitung durch die Schulleiter, delegierte Lehrer und Schüler und durch Vertreter der Schulträger. Längere Briefkontakte stehen vor den wechselseitigen zwei- bis vierwöchigen Besuchen einzelner Schulklassen im Sinne des → Schüleraustausches. Um Sprache, Land, Menschen und Lebensart möglichst intensiv kennenlernen zu können, ist die Unterbringung der Schüler in Gastfamilien wünschenswert. Teilnahme am Unterricht im Gastland und ein Rahmenprogramm für die Freizeit entlasten die Gastfamilien und sorgen für Gemeinsamkeit der Schüler.

→ Europäische Bildungsprogramme → Schüleraustausch K

Schulpflicht

So wie jedes Kind, jeder Jugendliche und Heranwachsende ein Recht auf Unterricht und Erziehung hat, so besteht für alle nach vollendetem sechsten Lebensjahr eine zwölfjährige Schulpflicht. Eingeschlossen sind hierbei auch die in der Bundesrepublik Deutschland wohnhaften oder auszubildenden Kinder von Ausländern und Staatenlosen.
Die Eltern unterliegen einer Anmeldepflicht ihrer Kinder bei der zuständigen → Grundschule.
Das Gesetz unterscheidet zwischen → Volksschulpflicht, → Berufsschulpflicht und Sonderschulpflicht. Der Schulpflichtige hat auf Grund des Schulpflichtgesetzes den Unterricht pünktlich und regelmäßig zu besuchen und an den übrigen als verbindlich erklärten schulischen Veranstaltungen teilzunehmen. Eine Befreiung vom Unterricht ist in begründeten Ausnahmefällen möglich, aber nur auf Antrag der Erziehungsberechtigten oder des bereits volljährigen Schülers.
Das Schulverhältnis des Schülers wird durch sein Ausscheiden aus der Schule in folgenden Fällen beendet:
– an den öffentlichen Pflichtschulen mit Beendigung der Schulpflicht, wobei eine Verlängerung der → Volks- und Sonderschulpflicht bis zu zwei Schuljahren möglich ist,
– bei Erreichung des Bildungsziels einer entsprechenden weiterführenden Schule, in der Regel nach Bestehen der Abschlußprüfung und Aushändigung des Abschlußzeugnisses,
– an sonstigen öffentlichen Schulen freiwillig durch Austritt oder zwangsweise, wenn die Voraussetzungen für einen weiteren Besuch der Schule nach bestehenden schulrechtlichen Bestimmungen nicht mehr gegeben sind. Erfolgt ein freiwilliger Schulaustritt durch Schüler aus einer weiterführenden Schule, die ihrer Schulpflicht noch nicht genügten, so haben sie diese an anderen für die Erfüllung der Schulpflicht vorgesehenen Schulen abzuleisten.

→ Schule, Schulwesen O

Schulpsychologe

Der Tätigkeitsbereich des Schulpsychologen ist meist in größeren Schulen, Schulzentren, in für die Beratung zusammengefaßten Schuleinheiten oder in Schulberatungsstellen zu finden. Die Aufgaben eines Schulpsychologen sind insbesonders:
- Zusammenarbeit mit anderen Beratungsdiensten, z. B. → Schuljugendberater, → Beratungslehrer,
- Beratung von Schülern und Lehrern, z. B. bei der Objektivierung von Beurteilungsverfahren unter vorwiegend psychologischen Gesichtspunkten, Analyse von Konfliktquellen im pädagogischen Feld durch → Supervision,
- Schullaufbahnberatung unter dem Aspekt der Eignung für bestimmte Bildungsgänge, z. B. durch Testverfahren,
- individualpsychologische Beratung, z. B. Beratung lern- und verhaltensgestörter Schüler auf Grund psychologischer Diagnoseverfahren sowie weiterführende Betreuung.

Der Schulpsychologe muß ein volles wissenschaftliches Studium (Diplompsychologe) der Psychologie mit Schwerpunkt der pädagogischen Psychologie absolviert haben. Erteilt er Unterricht in einem Fach, so hat er in diesem eine volle fachwissenschaftliche und didaktische Ausbildung nachzuweisen.

Theorie u. Praxis der Schulpsychologie (Reihe); Theorie und Praxis der Schulpsychologie – Arbeitshilfen (Reihe)

→ Schulberatung O

Schulrat

wird der aus dem Schuldienst zum Verwaltungsbeamten aufgestiegene Lehrer genannt, der die staatliche → Schulaufsicht in einem Schulamtsbezirk ausübt. Er hat seinen Sitz in der Regel bei der Kreisverwaltungsbehörde. Aus besoldungsrechtlichen Gründen wurde der Titel Schulrat in einigen Bundesländern in den des Schulamtsdirektors geändert. K

Schulrecht

faßt als Sammelbezeichnung sämtliche für das Schulwesen relevanten Gesetze (einschlägige Artikel des Grundgesetzes, der Länderverfassungen, Schulgesetze), Rechtsverordnungen (z. B. → Schulordnungen) und Verwaltungsvorschriften sowie schulrechtliche Entscheidungen von Bundesgerichten und die Empfehlungen des Deutschen Bildungsrates (1965–1975), der → Bund-Länder-Kommission und der → Ständigen Konferenz der Kultusminister zusammen.

Böhm 1991; Frankenberg 1984; GEW Hessen 1990; Hansch 1988; Heckel 1986; Stein/Roell 1992; Wenger 1982, 1991

→ Schulgesetzgebung K

Schulreform → Innovation

Schulreife – heute nicht mehr gebrauchter Begriff für → Schulfähigkeit

Schulsozialarbeit

entwickelte sich aufgrund der aktuellen Erfordernisse der Erziehungswirklichkeit als spezielles Aufgabengebiet der → Sozialarbeit und der → Sozialpädagogik im Schulbereich. Sie widmet sich schwerpunktmäßig schulpflichtigen Kindern und

Jugendlichen, deren Verhaltensauffälligkeiten wenigstens teilweise schulisch bedingt sind bzw. das Schulleben erheblich belasten. Ebenso versucht sie, die auffälligen und/oder gefährdeten Kinder und Jugendlichen in der Freizeit und durch Kooperation mit der Familie „aufzufangen". Die Schulsozialarbeit bietet – auf den Adressatenkreis abgestimmt – alle in der Sozialarbeit und in der Sozialpädagogik gebräuchlichen Methoden in der Betreuung der Kinder und Jugendlichen sowie ihrer Bezugspersonen in der Schule und in der Familie auf. K

Frommann 1987; Kersting 1985; Winzen u. a. 1987; Wulfers 1991

Schulspiel

ist die zusammenfassende Bezeichnung für alle Arten des darstellenden Spiels in der Schule. Zum Schulspiel zählen insofern Stegreifspiele im Fremdsprachenunterricht und die Pantomime z. B. im Deutsch- oder Religionsunterricht ebenso wie Theateraufführungen (z. B. Schauspiel, Kabarett, Sketch) und deren Vorbereitung in Schulspielgruppen. Das Schulspiel fördert neben der Ausdrucksfähigkeit insbesonders das ganzheitliche (alle Sinne einbeziehende) und soziale Lernen, als Nebeneffekt dient es einer sinnvollen Freizeitgestaltung. K

Schulsprengel

Schüler müssen ihre → Schulpflicht grundsätzlich in dem Stadtbezirk oder Wohnbezirk erfüllen, der als ihr Schulsprengel durch Gesetz oder Verordnung vorgeschrieben ist. Aus zwingenden persönlichen Gründen, z. B. wegen Krankheit, kann auf Antrag der Erziehungsberechtigten der Besuch einer nicht im zuständigen Schulsprengel liegenden Schule durch das Schulamt gestattet werden. Die → Berufsschulpflicht ist in der → Berufsschule zu erfüllen, in deren Sprengel der Beschäftigungsort des Jugendlichen liegt. Jugendliche ohne Beschäftigungsverhältnis besuchen die am Wohnort befindliche Berufsschule. Ist der Beschäftigungsort oder der Wohnort zweifelhaft, dann entscheidet die jeweilige Schulaufsichtsbehörde, welche Berufsschule zu besuchen ist. Im Einvernehmen mit den Schulträgern kann die zuständige Schulaufsichtsbehörde auch Schulsprengel bzw. → Fachsprengel für einzelne Berufe und Berufsgruppen bilden. O

Schulstrafen → Ordnungsmaßnahmen

Schulstreik

Beim Schulstreik weigern sich die Eltern – in der Regel auf Anregung des → Elternbeirats –, ihre Kinder zur Schule zu schicken, um auf diese Weise die zuständigen, aber trotz Ausschöpfung aller vorgesehenen Kontakte untätigen Behörden mit Nachdruck auf ihrer Meinung nach für ihre Kinder unzumutbare Verhältnisse aufmerksam zu machen und zum Handeln zu veranlassen (z. B. bei gehäuftem Unterrichtsausfall, unsicheren Schulwegen).

→ Leistungsverweigerung (Schülerstreik) K

Schulstreß

Die Ursachen von Überbelastungen und Überforderungen von Schülern, die zum sog. → Streß in der Schule führen, sind in der Institution Schule und im Umfeld der Schule zu finden, wie z. B. in Fehlformen häuslicher Erziehung, in streßfördernden

gesellschaftlichen Grundströmungen, in der Angst, im Konkurrenzkampf später nicht zu bestehen oder den Numerus Clausus nicht zu erreichen.
Die Schule fördert den Streß dadurch, daß das erzieherische Moment zugunsten anderer Aufgaben und Forderungen zu stark in den Hintergrund gedrängt wird.
Neben den weiteren Gründen, die den Streß in der Schule begünstigen, wie z. B. Unausgewogenheit des Fächer- und Stoffangebots, zu häufiger Fächerwechsel, Frustrationen durch ständigen Tadel, zu schwierige Hausaufgaben, konzentrierter Frontalunterricht über den Vormittag hinaus, Klassenräume mit künstlicher Klimatisierung und ungünstige Verkehrsverbindungen wird als wesentlicher Streßfaktor überhöhte Leistungsforderung mit gruppenbezogener Leistungsmessung unter Zeitdruck angesehen.
„Zwei Möglichkeiten gibt es, dieser offenbar systematischen Beeinträchtigung des Denkens zu entrinnen. Erstens, man versucht die Probleme sowohl für Schüler als auch für Berufstätige in Situationen zu betten, die mit möglichst wenig sachfremden Spannungen behaftet sind. Zweitens, man trainiert den Denkenden dahin, daß er trotz des gesteigerten Aktivierungsniveaus zu guten Denkleistungen kommt. Bekanntlich gibt es eine Reihe von Menschen, denen es glückt, gerade in solchen spannungsträchtigen Situationen Probleme zu lösen. Das sind die in unserer Gesellschaft Erfolgreichen. Sie haben einen kognitiven Stil entwickelt, der es ihnen gestattet, sich auf den kognitiven Konflikt, den das betreffende Problem ausmacht, zu konzentrieren. Emotional Stabile sind sicherlich in diesem Punkt den Labilen überlegen." (Oerter 1971)
Bei Untersuchungen im militärischen Bereich wurde festgestellt, daß Führungskräfte, die vor schwierige und unerwartete Situationen gestellt wurden, größtenteils eine ungestörte, in manchen Fällen sogar eine erhöhte intellektuelle Leistungsfähigkeit aufwiesen. Vorgänge dieser Art werden als **mobilisierender Streßeffekt** bezeichnet.
Um den Schulstreß abzubauen, ist die Entwicklung eines **pädagogischen Leistungsverständnisses** nötig (vgl. unter → Leistung!). Der VBE (Verband Bildung und Erziehung) empfahl bereits 1977, Schule humaner zu gestalten und hierbei folgendes zu berücksichtigen:
„– Förderung des pädagogischen Bezugs durch die Entwicklung der persönlichen Beziehungen zwischen Lehrer und Schüler,
– Verringerung der Klassenmeßzahlen,
– Reduzierung der durch Schülertransport entstehenden psychischen und physischen Belastung der Kinder auf ein vertretbares Maß,
– Festlegung der Stundenzahl und Pausenordnung entsprechend der kindlichen Leistungskurve der unterschiedlichen Leistungsfähigkeit in den einzelnen Altersstufen,
– Vermeidung einer Überforderung von Schülern und Lehrern im Unterricht durch richtige Auswahl der Lernziele, der Anspruchshöhe und des stofflichen Umfanges der Lehrpläne,
– Minderung von Leistungsdruck durch pädagogische sachgerechtere Verfahren der Leistungsfeststellungen,
– Vermeidung besonderer Belastungen der Schüler und auch ihrer Familien durch sorgfältig abgewogene Hausaufgaben,
– kontinuierliche Verständigung und Abstimmung zwischen Elternhaus und Schule,
– Ausbau der Beratungsangebote für Eltern und Lehrer durch Ausbau und Koor-

dination der Beratungsdienste, wie Schullaufbahnberatung, Schulpsychologischer Dienst und Berufsberatung,
- Förderung der interdisziplinären Forschung und Lehre in den Grenzbereichen von Erziehungswissenschaft, Humanbiologie und Medizin über die Belastungen der Kinder in der Schule sowie die Voraussetzungen für Leistungen und Wohlbefinden in der Schule,
- Verbesserung der Lehrerbildung durch stufenbezogene Ausbildung und Verstärkung des erziehungswissenschaftlichen Anteils am Studium,
- Möglichkeiten extracurricularer Aktivitäten in von Leistungsforderungen entbundenen Freiräumen."

Harnisch 1984; Hurrelmann 1990; Schöne 1985

→ Depression → Familienerziehung → Hausaufgabe → Leistung → Leistungsbewertung → Leistungsdruck → Leistungskontrolle → Leistungskurve → Schule → Schulangst OK

Schulstufen → Schule, Schulwesen

Schultests
sind speziell für die schulischen Bedürfnisse gestaltete Prüfverfahren, die der Diagnose und Prognose des Schülerverhaltens in Bezug auf bestimmte Fähigkeiten dienen. In der Schulberatung und in der schulpsychologischen Beratung kommen z. B. → Intelligenztests, allgemeine Schulleistungstests und -testbatterien, spezielle Fähigkeitstests (z. B. Lesen, Rechtschreiben, Rechnen) und Tests zum Sozialverhalten zum Einsatz. Bei der Einschulung erhofft man sich in Zweifelsfällen Aufschluß vom Schulfähigkeitstest (→ Schulfähigkeit).

Redaktion Deutsche Schultests... 1990

→ Leistungsbewertung → Leistungstest → Schulleistungstest → Test K

Schulträger
müssen für den Bau, den Unterhalt und die Erhaltung einer Schule aufkommen. Schulträger sind je nach Schulart die Gemeinde oder Gemeindeverbände, der Landkreis, das Land oder bei Privatschulen Schulvereine und Kirchen. K

Schultyp
bezeichnet die differenzierten Formen einer → Schulart aufgrund inhaltlich bestimmter Bildungsschwerpunkte bzw. aufgrund unterschiedlicher Merkmale der Adressaten. So unterscheidet man z. B. bei der Schulart Gymnasium die Schultypen Humanistisches Gymnasium, Neusprachliches Gymnasium, Mathematisch-naturwissenschaftliches Gymnasium u. a. oder bei der Schulart Sonderschule die nach Behinderung eingeteilten Schultypen Sonderschule für Geistigbehinderte, für Lernbehinderte, für Sehbehinderte u. a. K

Schulversäumnis
bezeichnet das entschuldigte und unentschuldigte Fernbleiben des Schülers vom Unterricht oder von sonstigen Veranstaltungen in der Verantwortung der Schule, zu deren Besuch er gemäß Schulpflichtgesetz verpflichtet ist. Begründetes Fernbleiben (z. B. Erkrankung) ist spätestens am zweiten Unterrichtstag der Schule zu

melden und bei Rückkehr des Schülers in den Unterricht schriftlich unter Angabe des Grundes zu erläutern. Bei länger andauernden Erkrankungen kann die Schule ein ärztliches Zeugnis verlangen, in bestimmten Fällen auch ein amtsärztliches Zeugnis.
Während des Fernbleibens versäumte Leistungsnachweise (Schulaufgaben) sind nachzuholen.
Unentschuldigte Schulversäumnisse können mit → Ordnungsmaßnahmen geahndet werden oder – bei Schulpflichtigen – Maßnahmen zur Durchsetzung der Schulpflicht zur Folge haben. K

Schulversagen

bezeichnet den Sachverhalt, daß ein Schüler den für sein Alter üblicherweise erwarteten schulischen Mindestanforderungen in einem, mehreren oder allen Unterrichtsfächern nicht gerecht werden kann. Als Hauptursachen kommen → Lernstörungen und Anpassungsschwierigkeiten infrage, die ihrerseits auf unangemessene didaktische und methodische Maßnahmen, auf erzieherisches Fehlverhalten, auf gruppendynamisch ungünstige Konstellationen, auf körperliche oder geistige Behinderungen, auf ungenügende Förderung oder auf lernhemmende äußere Umstände (z. B. kalte Klassenzimmeratmosphäre, beengte Wohnverhältnisse) zurückzuführen sind. Es ist wichtig, vorschnelle an Symptomen orientierte festschreibende Urteile über einen Schulversager und in ihrem Gefolge ungerechtfertigte weitreichende Entscheidungen über die schulische und berufliche Laufbahn zu vermeiden. Gefordert ist die umfassende Diagnose durch den Fachmann, um mit therapeutischen Maßnahmen an den wirklichen Ursachen des Schulversagens ansetzen zu können.
Als statistisch erfaßbarer Indikator für Schulversagen gilt immer noch das **„Sitzenbleiben“** mit evtl. Wiederholung einer Jahrgangsstufe und der Schulartwechsel von einer als höherwertig eingestuften Schulart zu einer als minderwertiger betrachteten, z. B. vom Gymnasium oder der Realschule zur Hauptschule. Am häufigsten ereignet sich Schulversagen als Sitzenbleiben in den vier Jahrgangsstufen der Grundschule. In den höheren Jahrgangsstufen der Hauptschule nimmt das Sitzenbleiben ab, während es über die Realschule zum Gymnasium einen deutlichen Anstieg aufweist, mit einem Höhepunkt in den 7.–9. Jahrgangsstufen.
Als Maßnahme bleibt das „Sitzenbleiben“ ein reiner Verwaltungsakt, sofern es nicht von umfassender Beratung begleitet ist. Sinnvoller wäre ohnehin wesentlich früher einsetzende differenzierte Förderung im Rahmen einer individuellen Diagnose des Lernverhaltens und der Lernumstände des versagenden Schülers.

Hurrelmann/Wolf 1986; Kemmler 1975, 1976; Kleber u. a. 1977; Lempp 1978; Mann 1991; Müller 1991; Tiedemann 1985; Zillmann 1981

→ Schulangst K

Schulvorbereitende Einrichtungen (SVE)

haben z. B. in Bayern die Aufgabe, körperlich oder geistig behinderte Kinder oder Kinder mit Teilleistungsstörungen im Vorschulalter derart zu fördern, daß sie mit Beginn der Schulpflicht bzw. nach einer Zurückstellung vom Schulbesuch fähig sind, dem Unterricht in der → Grundschule oder in einer speziellen Schule für Behinderte bzw. in → Diagnose- und Förderklassen zu folgen.
Schulvorbereitende Einrichtungen gibt es für Gehörlose, Schwerhörige, Sprach-

behinderte, Körperbehinderte, Geistigbehinderte sowie für Sprachauffällige und Entwicklungsverzögerte. Die Gruppenstärke beträgt mindestens 8, höchstens 14 Kinder. Die Gruppen werden in der Regel von Heilpädagogischen Unterrichtshilfen bzw. → Heilpädagoginnen im Sonderschuldienst unter der fachlichen Verantwortung eines Sonderschullehrers betreut. K

Brand u.a. 1986

Schulwegkostenfreiheit
ist in den Ländern der Bundesrepublik Deutschland unterschiedlich geregelt. In Bayern z.B. ist für die kostenfreie Beförderung des Schülers an öffentlichen und staatlich anerkannten privaten Realschulen, Gymnasien, Berufsfachschulen und Wirtschaftsschulen bis einschließlich Jahrgangsstufe 10 sowie bei Vollzeitunterricht für Schüler an Berufsschulen die kreisfreie Gemeinde bzw. der Landkreis des gewöhnlichen Aufenthaltes des Schülers zuständig, und zwar dann, wenn der Schulweg mehr als 3 km beträgt. Die Aufgabenträger erhalten vom Freistaat Bayern Zuschüsse. Bei Überschreitung der o.g. Einschränkungen werden die nachgewiesenen Gesamtkosten der Schülerbeförderung erstattet, wenn sie eine festgesetzte Familienbelastungsgrenze je Schuljahr übersteigen. K

Schulzeitung → Schülerzeitung

Schulzentrum → berufliches Schulzentrum

Schwachsinn → Oligophrenie

Schwererziehbarkeit
ist die zusammenfassende Bezeichnung für vielfältig verursachte Verhaltensstörungen von Kindern und Jugendlichen, die sich vor allem in der Ablehnung pädagogischer Einflußnahme und vorgegebener Ordnungen (Spielregeln des Zusammenlebens, Normen) und durch soziale Unangepaßtheit äußern.
Determinierende Faktoren der Schwererziehbarkeit können sein
- soziologische und pädagogische Umweltschädigungen,
- Psychopathie,
- Intelligenzdefekte,
- neurotische Erlebnisverarbeitung,
- Reifungsstörungen,
- Hirnschädigungen,
- endokrine Störungen
- und Psychosen.

Erfolgversprechende therapeutische Maßnahmen setzen eine komplexe Diagnose zur Erhebung der Ursachen einer bestimmten Verhaltensstörung und die Ausarbeitung eines spezifischen Therapieplanes voraus. Der Umgang mit Schwererziehbaren verlangt vom Erzieher vor allem ein hohes Maß an Selbstbeherrschung, Geduld und Konsequenz. Erfahrungsgemäß üben die Vorbildwirkung und der partnerschaftliche → Erziehungsstil des Erziehers den nachhaltigsten Einfluß auf eine Verhaltensänderung des Kindes oder Jugendlichen aus.
→ Deprivation → Jugendkriminalität → Verwahrlosung K

Schwerhörigenpädagogik → Pädoaudiologie → Sonderpädagogik

Schwierigkeitsindex

ist das Maß für die Schwierigkeit einer Aufgabe in einem psychologischen Test. Er wird ermittelt, indem die Anzahl der richtig antwortenden Probanden durch die Gesamtzahl der Probanden dividiert, und das Ergebnis mit 100 multipliziert wird. Bei einer Gesamtzahl von 40 Probanden und 20 richtig antwortenden Probanden ergibt sich also folgender Schwierigkeitsindex: $\frac{20 \times 100}{40} = 50$.
Ein Schwierigkeitsindex um 50 bedeutet einen mittleren Schwierigkeitsgrad, die Annäherung an 100 kennzeichnet eine leichte Aufgabe, die an 0 eine schwere Aufgabe.

→ Anspruchsniveau K

Science Fiction

bedeutet aus dem Englischen übersetzt „wissenschaftlicher Zukunftsroman". Heute werden darunter vor allem literarische, filmische und über den Videomarkt angebotene Erzeugnisse verstanden, die phantastische Abenteuer mit (Zukunfts-) Technologie verbinden. Vor allem Jugendliche schätzen die Echtheit oder hohe Wahrscheinlichkeit vortäuschenden Spezialeffekte der Science-Fiction-Software. Ausufernde Gewalt- und Zerstörungsszenen werden von Fachleuten als unter Umständen belastend für die Entwicklung von Kindern und Jugendlichen eingeschätzt. K

Barmeyer 1972; Wuckel 1986

Scientology(-Church)

wörtlich Lehre vom Wissen, von L. Ron Hubbard, einem Science Fiction- und Trivialroman-Autor, auf der Grundlage seines Buches → „Dianetik" 1954 gegründet, seit 1970 in der Bundesrepublik Deutschland operierend, verspricht die Steigerung der geistigen Freiheit und der Intelligenz und damit Glück durch Erfolg sowie „vollkommene geistige und seelische Gesundheit". Darüberhinaus bietet sie – mit den Ängsten der Menschen spielend – Lösungsvorschläge für nahezu alle aktuellen Menschheitsprobleme von der Kriminalität über Kriege bis zu Geisteskrankheiten und Drogenabhängigkeit an.
Die sog. therapeutischen Methoden der Scientology Church werden von Fachleuten unter medizinischen, moralischen und sozialen Gesichtspunkten als ernste Bedrohung der Gesellschaft bezeichnet, die Sekte insgesamt als „destruktiver Psychokult". Die kostspieligen Trainingskurse leben von einem in sich geschlossenen und damit rational schwer angreifbaren Methodenwerk, das gespickt ist mit eigenwilligen Begriffsumdeutungen, esoterischen Wortspielereien und auf Abhängigkeit zielenden Psychotechniken.
Obwohl nach wie vor das Hauptmissionsfeld der Scientology Church die Kinder und Jugendlichen sind, erschließt sie sich mit nicht zu unterschätzendem Erfolg mittlerweile alle Ebenen des gesellschaftlichen Lebens. Wegen der Einflußsteigerung und des Multiplikationseffekts gehören heute zur Hauptzielgruppe u. a. Lehrer, Ärzte und die Managementebene von Unternehmen. Mit wissenschaftlich dubiosen Intelligenz- und Persönlichkeitstests und dem Versprechen der Behebung von Lern- und Verhaltensschwierigkeiten wirbt z. B. ZIEL e. V. (Zentrum für individuelles und effektives Lernen), ein Schulungsorgan von Scientology, das mit

Titel und Aufgabenbeschreibung über seine wirklichen Zielsetzungen hinwegtäuscht. Es erschwert den Überblick für Fachleute und erst recht für potentielle Abnehmer, daß Scientology – wie auch andere Jugendsekten – die Namen ihrer Unternehmen und Organisationen ändert, wenn diese publizistisch oder durch Gerichtsverfahren öffentlich belastet sind. Aktualisierte Orientierung bietet die „Eine Findungshilfe" genannte Schrift der Elterninitiative zur Hilfe gegen seelische Abhängigkeit und religiösen Extremismus e. V. in München an.

Eine 75seitige Verfügung der Staatsanwaltschaft beim Landgericht München I (24.4. 1986, Az.: 115 Js 4298/84) führt u. a. aus (zitiert von Schneider, K. H., in: Honal, W. H. (Hrsg.): *Handbuch der Schulberatung*):

- Ideen, Ziele und Praxis (von Scientology) sind ... in vielfacher Hinsicht nicht mit der Wertordnung des Grundgesetzes vereinbar (S. 73).
- Die Scientology – Kirche ist ein riesiger multinationaler Wirtschaftskonzern (S. 13).
- Scientology... benutzt zur Abwehr innerer und äußerer Gegner der Organisation auch geheimdienstliche Methoden, operiert im Grenzbereich zur Illegalität und scheut gegebenenfalls auch nicht vor kriminellen Aktionen zurück (S. 25).
- Die Organisation benutzt... die aus dem unseriösen Geschäftsleben bekannte Preisermäßigungsstrategie: Die Preise werden von vornherein so hoch kalkuliert, daß auch nach einer Preisermäßigung eine hohe Gewinnspanne bleibt (S. 36).
- Eine beliebte Verkaufstechnik ist es, dem Interessenten vorzumachen, der Test habe ergeben, er sei ein Selbstmordkandidat (S. 40).
- Es kommen hierbei auch strafbare Nötigung und Freiheitsberaubung vor (S. 40).
- Der Einsatz des E-Meters als Lügendetektor: Angriff auf die Menschenwürde (S. 55).
- Die Erzeugung abnormer Wachbewußtseinszustände – Exteriorisation – kann auf die Dauer zur Destabilisierung der Persönlichkeit führen; sie gelten in der Psychiatrie als psychopathologisch (S. 59/62).
- Das von der Organisation ausgebeutete Personal hat gelernt, der bedrückenden Organisationsrealität dadurch zu entfliehen, daß im Auditing (spezielle Trainingsmethode, d. V.) veränderte Wachbewußtseinszustände hergestellt werden (S. 63).
- Jedenfalls dürften auch bei psychisch Robusten Realitätssinn und Kritikfähigkeit infolge der durch diese Psychotechniken gesteigerten Suggestibilität nach und nach abgebaut werden (S. 63).
- Die ausgewerteten Unterlagen begründen ... den Verdacht, daß es sich bei dem System Scientology, das über die Scientologen, denen absolute Freiheit versprochen wird, absolute Kontrolle ausübt, um eine Ideologie mit ausgeprägten totalitären Grundprinzipien handelt. Es... besteht weiterhin Verdacht, daß Ziel der Organisation die wirtschaftliche Ausbeutung hörig gewordener Kunden ist, die selbst wieder zur Kundengewinnung und Kundenausbeutung eingesetzt werden (S. 68).

Haack 1990, 1991; Herrmann 1992; Hubbard 1974

→ Jugendreligionen, Jugendsekten K

Screening

(aus dem Englischen: Durchsieben; screeningtest = Eignungstest) beschreibt den Vorgang der Grobeinteilung der Gesamtbevölkerung nach Gesichtspunkten wie Herkunft, Status, Besitz, Schulbildung, Beruf, die sich gleichsam wie soziale Siebe auswirken.

→ Selektion

K

Seelische Krankheiten → psychische Krankheiten

Segregation

(von lateinisch segregare = absondern, trennen, entfernen) bezeichnet im soziologischen Sprachgebrauch die Absonderung und Ausgrenzung von Menschen aus der Gesellschaft aufgrund bestimmter Merkmale, z. B. wegen der Religion, der Nationalität, der Rasse, wegen körperlicher Merkmale oder von der Norm abweichender Verhaltensweisen, wegen mangelnder Privilegien usw. Segregation hängt eng zusammen mit den Mechanismen der Stigmatisierung (→ Stigmatisierungseffekt).

K

Brunnert-Bestian 1989; Wagner 1986

Sehbehindertenpädagogik → Sonderpädagogik

Seitigkeit (= Lateralität) → Gehirn

Sekundäre Systeme

Im Bildungsbereich umfassen die sekundären Systeme all jene Methoden der Informationsübermittlung, die im Unterschied zur direkten Begegnung mit der Realität die indirekte Begegnung über → Medien ermöglichen. K

Sekundärgruppe

In Sekundärgruppen sind die Gruppenmitglieder zur Verfolgung bestimmter gemeinsamer Interessen miteinander verbunden (z. B. Schulklasse). Sekundärgruppen orientieren sich also zuvörderst am Zweck des Gruppenzusammenschlusses und an der Zweckdienlichkeit der einzelnen Gruppenmitglieder, nicht an emotionalen Bindungen wie die → Primärgruppe. K

Sekundarbereich/Sekundarstufe I und II

Der Sekundarbereich baut auf der → Primarstufe auf und gliedert sich in die Sekundarstufe I, die in der Regel die Bildungsgänge vom fünften bis zum zehnten Schuljahr umfaßt, und in die Sekundarstufe II, zu der alle Bildungsgänge gehören, die auf der Sekundarstufe I aufbauen. Nach oben hin wird die Sekundarstufe II durch den Tertiären Bereich begrenzt.

Die Sekundarstufe I bietet den Schülern während der beiden ersten Schuljahre in Form der → Orientierungsstufe (Orientierungsphase) durch besondere Differenzierung und Individualisierung im Bildungsangebot eine Entscheidungshilfe für ihren weiteren Schulbesuch. Auf Grund curricularer Angebote und organisatorischer Reformen ist jeder Schüler gemäß seinen Neigungen und Fähigkeiten bestmöglich zu motivieren und zu fördern. Sie vermittelt eine für alle verbindliche

gemeinsame Grundbildung und bereitet durch spezielle Stoffdifferenzierung auf die allgemeinen und beruflichen Bildungsgänge der Sekundarstufe II vor und trägt denen Rechnung, die nach Abschluß der Sekundarstufe I ins Berufsleben eintreten.
Durch den qualifizierten Abschluß nach der Sekundarstufe I (→ Mittlerer Bildungsabschluß) werden entsprechende Bildungsgänge der Sekundarstufe II eröffnet.
Qualifizierte Abschlüsse werden grundsätzlich erworben nach Abschluß:
- der 10. Klasse eines → Gymnasiums
- der → Realschule
- bestimmter Formen des 10. Schuljahres an → Hauptschulen (nicht in allen Bundesländern)
- bestimmter Formen → beruflicher Schulen meist in Verbindung mit beruflichen Ausbildungsgängen oder Abschlüssen (z. B. → Wirtschaftsschulen in Bayern, → Berufsaufbauschulen; vgl. auch → Qualifizierter beruflicher Bildungsabschluß)
- zweijähriger Berufsfachschulen im allgemeinen nach dem 11. Schuljahr. Der Besuch solcher Berufsfachschulen baut meist auf dem → qualifizierenden Abschluß des 9. Schuljahres der Hauptschule auf
- einer 10. Klasse einer kooperativen oder integrierten → Gesamtschule.

Der Übergang in die Sekundarstufe II erfolgt im allgemeinen mit dem 16. Lebensjahr. Die Bildungsgänge in ihr sind vielfach differenziert. Auch diejenigen, die als berufliche Erstausbildung unmittelbar auf dem ‚Mittleren Bildungsabschluß' aufbauen und nicht zum Hochschulbereich zählen, werden ihr zugerechnet.
Nach dem → Bildungsgesamtplan umfaßt der Sekundarbereich II all die nachfolgenden Bildungsgänge, die auf dem Sekundarbereich I aufbauen:
- Berufsqualifizierende Bildungsgänge
- Studienbezogene Bildungsgänge
- Bildungsgänge, die mit einer beruflichen Qualifikation oder Ausrichtung auch Bildungsgänge im Tertiären Bereich eröffnen
- Berufsbefähigende Bildungsgänge

Der Abschluß der Sekundarstufe II schließt die allgemeine Hochschulreife (Abitur), die fachgebundene Hochschulreife (Fachabitur, Fakultätsreife), die Fachhochschulreife und die berufsqualifizierenden Abschlüsse mit ein. Obwohl sich die Sekundarstufe II zunächst auf die Schuljahre 11 bis 13 bezieht, kann ihr Ende wegen der unterschiedlichen Dauer der Bildungsgänge altersmäßig nicht festgelegt werden.
Auch die Grenze zum Bereich der → Weiterbildung ist nicht klar zu ziehen, weil mehrere Bildungsinstitutionen der Sekundarstufe II auch Funktionen der Weiterbildung übernehmen können.
Die im Sekundarbereich unterrichtenden Lehrkräfte haben mindestens ein sechs- oder achtsemestriges Studium in ihren Fachbereichen an einer wissenschaftlichen Hochschule nachzuweisen.

Deutscher Bildungsrat 1974

→ Lehrerausbildung → Lehrerbildung → Schule, Schulwesen O

Selbstbeobachtung → Beobachtung

Selbstbeurteilung → Self-evaluation practice

Selbsterfahrungsgruppe → Trainingsmethoden, gruppendynamische (v. a. → Sensitivity-Training)

Selbstevaluation

→ Self-evaluation practice → Evaluation

Selbstmord → Schülerselbstmord

Selbsttätigkeit

beschreibt das selbst- oder mitgestaltete Lernen des Schülers, das maßgeblich der Verwirklichung des Erziehungszieles „Selbständigkeit" dient. Selbsttätigkeit ist gekennzeichnet durch Handeln, Eigeninitiative und Selbststeuerung beim Lernprozeß.
Selbständigkeit besagt die eigenverantwortliche Handlungsfähigkeit, die weder der Fremdmotivation noch der Fremdsteuerung bedarf. Selbsttätigkeit ist als Unterrichtsprinzip in der Geschichte der Pädagogik seit Comenius nachweisbar. Besondere Beachtung fand sie in der Reformpädagogik und in der Arbeitsschulbewegung (Gaudig, Kerschensteiner). In neuerer Zeit hat die Selbsttätigkeit des Schülers einen zentralen Stellenwert, z. B. in den Konzepten des „entdeckenden Lernens" (Bruner), des „schülerorientierten Unterrichts" und des „handlungsorientierten Unterrichts". Bei der Unterrichtsgestaltung ist – abhängig von der Struktur des Lerninhaltes und den lern- sowie entwicklungspsychologischen Voraussetzungen bei den Schülern – abzuwägen, welches Ausmaß an Selbsttätigkeit den Schülern zugemutet werden kann.

Handlungskonsequenzen für den Unterricht

- Der Lehrer sollte sich grundsätzlich bei der Unterrichtsplanung von der folgenden Faustregel leiten lassen: Alles, was die Schüler tun können, sie auch tun lassen!
- Lernsituationen schaffen, die Neugier beim Schüler auslösen, und die ihn ermuntern, den Lerngegenstand selbständig zu bearbeiten.
- Handelndes Lernen verhilft nicht nur am leichtesten zu Einsichten und Erkenntnissen, sondern schafft auch Ergebnisse mit hohem Behaltwert.
- Selbsttätigkeit kann sich entfalten, wenn dem Schüler Möglichkeiten des entdeckenden Lernens, des genetischen Lernens, des erfahrungsbezogenen Lernens, des problemorientierten Lernens, des Versuch-Irrtum-Lernens angeboten werden.
- Der Schüler soll über Selbsttätigkeit zu Selbständigkeit befähigt werden. Das „Lernen lernen" muß vor allem unter der Devise stehen, den Schüler von der Führung durch den Lehrer zunehmend unabhängig zu machen. (Vgl. hierzu ausführliche Tips in Köck 1991 und 1992[2]!) K

Gaudig 1969

Selbstverstärkung

Die als Handlungsmotiv wirkende Fremdverstärkung (Belohnung, Bestrafung) muß im Laufe der Entwicklung des Menschen durch die Selbstverstärkung abgelöst bzw. ergänzt werden, wenn das pädagogische Ziel der höchstmöglichen Selbstbestimmung des Menschen nicht verfehlt werden soll. Selbstverstärkung ergibt sich aus dem Erleben von Erfolg und Leistung, aus dem befriedigenden Umgang mit Anforderungen der Umwelt.

→ Extrinsische Motivation → intrinsische Motivation → Verstärkung K

Selbstwertgefühl

als die Gewißheit und das Gefühl um den eigenen Wert bestimmt maßgeblich die Sinnfindung und Lebenseinstellung des Menschen, das Ausmaß seiner Selbstbehauptung und sein Sozialverhalten. Als wesentlicher Bestandteil der → Ich-Stärke beeinflußt es die Ausgestaltung der → Ich-Identität.

Autoritäre Unterdrückung und mangelndes Vertrauen in die Leistungsfähigkeit des Kindes, auch in Form der → Überbehütung, produzieren Minderwertigkeitsgefühle, die sich schlimmstenfalls in → Minderwertigkeitskomplexen verfestigen können.

Antiautoritäres Gewährenlassen und der Mangel an Grenzerfahrungen beim Aufbau der sozialen Identität lassen oft eine Selbstüberschätzung entstehen, die ebensowenig wie Minderwertigkeitsgefühle für eine angemessene Wirklichkeitsbewältigung geeignet ist. K

Selektion

allgemein Auslese, bezeichnet die Durchsetzungsfähigkeit eines Organismus oder eines kulturellen Erzeugnisses (z. B. Sprache, Technologie) aus eigener Kraft und/oder wegen des begünstigenden Umfeldes gegenüber anderen. Je nach Ereignis wird von einer biologischen, kulturellen oder sozialen Selektion gesprochen.

Im Zusammenhang mit Bildung und Erziehung meint Selektion die Auslese von Schülern für bestimmte Bildungslaufbahnen und Beschäftigungschancen durch ein ausgefeiltes Berechtigungssystem. Selektion erfolgt aber auch bei der Auswahl von Bildungsinhalten, mit deren Festlegung entscheidend Einfluß genommen werden kann auf die gesellschaftliche und kulturelle Entwicklung. Dieser zweiten Selektionstendenz versuchen seit den 60er Jahren des 20. Jahrhunderts die → Curriculumtheorie und die → Curriculumkonstruktion entgegenzuwirken, bislang mit zweifelhaftem Erfolg, da keine von normativen Setzungen letztlich unabhängigen Entscheidungsinstanzen gefunden werden konnten.

Für eine teilweise Entschärfung der Schülerauslese sorgen mittlerweile in allen Schularten eingeführte Fördermaßnahmen, mit denen man wenigstens versucht, die ungleichen Startchancen der Schüler auszugleichen.

→ Chancengleichheit → Schule, Schulwesen (dort vor allem Aufgaben der Schule)
→ Screening K

Selektive Wahrnehmung → Wahrnehmung

Self-evaluation practice

Die Übung zur Selbstbeurteilung zielt durch konzentriertes Überdenken, Überarbeiten, Nachbereiten und Nachbesprechen auf das Entdecken der eigenen Fehler und auf eine Selbstkorrektur ab. Vor allem bei der Sprachlaborarbeit gibt die self-evaluation practice dem Lernenden Gelegenheit, seine Sprechgewohnheiten mit dem vorgegebenen Mustersatz zu vergleichen. Eine echte Selbstbeurteilung ergibt sich jedoch erst dann, wenn der Lernende genügend Zeit und Möglichkeiten hatte, das Problem zu überdenken, in der Fremdsprache mit dem Sprachmaterial in entsprechenden Phasen konfrontiert wurde und am Ende der Übung eine echte Problemlösung zu finden ist. Die Selbstbeurteilung oder Selbstevaluation, die eine Selbstbeobachtung und Selbsterkenntnis mit einschließt, ist für den → Lernerfolg von entscheidender Bedeutung, da sie stets zum Ausgangspunkt von Korrekturen und Verbesserungen werden kann.

O

self-fulfilling prophecy → Sich selbst erfüllende Prophezeiung

Semantik

Die Wissenschaft vom Sinngehalt oder der Bedeutung von Zeichen einschließlich der sprachwissenschaftlichen Wortbedeutungslehre und der logischen Analyse von Zeichen und Bedeutung wird als Semantik bezeichnet. Sie wird als Teilgebiet der → Semiotik betrachtet.

Freundlich 1988

→ Linguistik

O

Semantische Kodierung

befaßt sich mit der Umsetzung von Vorstellungen in Inhalte des sprachlichen Ausdrucks und Verstehens.

→ Semantik

O

Semantisches Differential

stellt eine Methode dar, um die konnotative Bedeutung eines Wortes oder Ausdrucks festzustellen und zu messen. Die „konnotative Bedeutung" beinhaltet die mit der Grundbedeutung eines Wortes in Zusammenhang stehenden und sich ergebenden Assoziationen, Gefühle, Vorstellungen und Wertungen.

→ Konnotation

O

Seminarschule

Seminarschulen sind ausgewählte Schulen mit qualifizierten Lehrern, einem im allgemeinen gut funktionierenden Organisationsablauf, einer den Unterrichtsanforderungen gerecht werdenden Medienausstattung in Großstädten oder im Einzugsgebiet größerer Städte, an denen Lehrer in der ‚2. Phase', im → Vorbereitungsdienst, ausgebildet werden. An den Seminarschulen erfahren die Referendare ihre schulpraktische, fachdidaktische Einführung durch Seminarlehrer. Die Studienreferendare hospitieren in erster Linie in den von ihnen studierten Fächern, orientieren sich an der Schulwirklichkeit und gestalten an der Seminarschule ihre ersten Lehrversuche. Ein zusammenhängender Unterricht ist im allgemeinen erst ab dem 2. Monat mit wenigen Stunden (6–10 Unterrichtsstunden) in den Prüfungsfächern der Studienreferendare möglich.

→ Lehrerbildung → Lehrerausbildung

O

Semiotik

ist die Theorie von den Zeichen und Zeichensystemen sprachlicher und nichtsprachlicher Art, in Metasprache formuliert. Sie bezieht in ihre Forschung alle in der Realität vorkommenden Kommunikationsbereiche (menschliche, tierische,

technische) ein. Nach heutiger Auffassung wird die Semiotik nicht mehr als Einzeldisziplin, sondern innerhalb einer umfassenden Kommunikationstheorie angesiedelt gesehen.
Seit Ch. W. Morris (1973) wird die Semiotik in drei Bereiche eingeteilt:
Die → **Semantik** befaßt sich mit der Bedeutung der Zeichen, d. h. mit ihrer Beziehung zu den Objekten, welche sie bezeichnen.
Die **Syntaktik** thematisiert „die Beziehung der Zeichen untereinander in einem Zeichensystem" (z. B. in einer bestimmten Umgangssprache).
Die **Pragmatik** schließlich untersucht den konkreten Gebrauch der Zeichen und der Zeichensysteme durch die Zeichenbenutzer, also durch Sender und Empfänger.
Als heute noch gültige Grundlage der Semiotik gilt die von Ch. S. Peirce 1867 formulierte und heutigentags vor allem von M. Bense und E. Walther (1973) weiterentwickelte „triadische (= dreifache) Beziehung" von Zeichen. Danach ist „ein Zeichen eine triadische Relation Z_R zwischen einem Interpretanten I, der ein Mittel M einem Objekt O als Zeichen Z zuordnet: $Z = Z_R$ (M, O, I)".

Als Graphik:

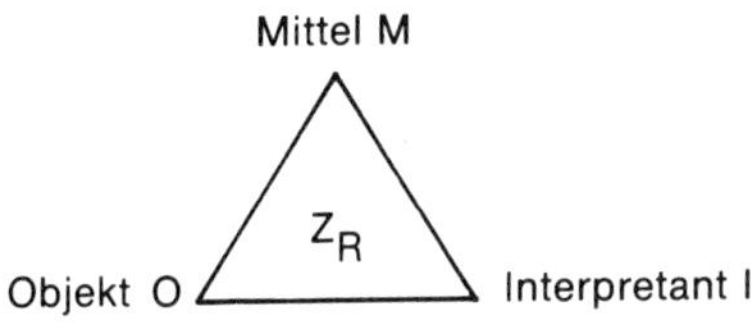

S. Maser (1971) gibt hierfür folgende Beispiele an:
„Ich" – der Interpretant I, ordne meinem „Hund" – dem Objekt O, den Namen „Pflop" – das Mittel M, als Zeichen zu. Durch die „Straßenverkehrsordnung" (I) wird dem Sachverhalt „Halt an der Kreuzung" (O) das Mittel „rotes Licht der Ampel" (M) als Zeichen zugeordnet. Im „Deutschen" (I) ordnet man einem Gegenstand dieser Art ▷ (O) die Buchstabenfolge „Dreieck" (M) als Zeichen zu.
Neben vielen anderen Entwicklungen in der Semiotik führte z. B. Ch. W. Morris durch Analyse und Beschreibung der unterschiedlichen Bedeutungsarten von Zeichen je nach dem Umfeld, in dem sie Verwendung finden, zur Verhaltenssemiotik weiter. In diesem Zusammenhang stellte er insgesamt 16 verschiedene Redeformen auf.

K

Eco 1988; Nöth 1985; Peirce 1931–1935, 1986–1992; Schober 1987; Walther 1974

Seniorenstudium

bezeichnet gemäß Hochschulrahmengesetz und den Hochschulgesetzen der Länder die wissenschaftliche Weiterbildung älterer Menschen an Hochschulen – evtl. in Verbindung mit außeruniversitären Institutionen –, meistens nach dem altersbedingten Ausscheiden aus dem Erwerbsleben, ab er auch, um berufliche Qualifikation zu erweitern oder zu aktualisieren.
Bisher vernachlässigten die Hochschulen ihre Aufgabe der Seniorenbildung, da die vorhandenen finanziellen Mittel vorrangig zugunsten der Erstausbildung und der Bewältigung von Überlasten verwendet werden.
Folgende Varianten des Seniorenstudiums werden praktiziert:
- Senioren als Gasthörer in regulären Studiengängen, gelegentlich mit zusätzlichen zielgruppenorientierten Lehrveranstaltungen

- Spezielle Lehrangebote für nachberufliche Tätigkeiten
- Spezielle Lehrangebote mit allgemeinbildender Absicht

Das Seniorenstudium ist oftmals belastet durch Diskrepanzen, die sich aus der auf Fachsystematik bezogenen Lehre der Hochschullehrer, ihrer mangelnden Erfahrung mit der Didaktik und Methodik der Erwachsenenbildung und den berufsfeld- und gesellschaftsbezogenen Erwartungen der Senioren ergeben.

Der Bundesminister für Bildung u. Wissenschaft 1990; Kohlhaas/Eierdanz 1989

→ Andragogik → Erwachsenenbildung → Gerontologie → Weiterbildung K

Sensibilisierung

Das Empfindlichmachen, das Bereitmachen und Aufschließen zur Aufnahme bestimmter – Reize oder Reizklassen wird als Sensibilisierung bezeichnet.

→ Sensibilität O

Sensibilität

bezeichnet die Empfänglichkeit, Empfindlichkeit und Aufgeschlossenheit gegenüber entsprechenden → Reizen.

→ Sensibilisierung → sensible Phase. O

Sensible Phase

Zeiträume bzw. Phasen in der Entwicklung des Menschen, in denen Erlebnisse, besondere Umwelterfahrungen oder Geschehnisse eine nachhaltige, prägende Wirkung hinterlassen, werden als kritische oder sensible Phasen angesehen.

→ Entwicklungspsychologie → Sensibilität O

Sensitivität

bezeichnet die besondere Empfindsamkeit, Feinfühligkeit vor allem gegenüber Signalen in der zwischenmenschlichen Begegnung.

→ Sensitivity-Training K

Sensitivity-Training

A. M. Däumling (1974) bezeichnet das Sensitivity-Training als „eine Methode, eigene und fremde Verhaltensweisen subtil aufeinander abzustimmen“. Diesem Ziel dienen vor allem eine gesteigerte Selbst- und Fremdwahrnehmung auf dem Boden der Gruppenerfahrung.

Schwerpunkte des Sensitivity-Trainings sind nach Däumling

1. Reifung durch Selbstkonfrontation
2. Verbesserung der Sozialwahrnehmung,
3. Fundierung der Kooperation,
4. Neubegründung von Autorität.

Das Training verläuft weitgehend unstrukturiert und überwiegend verbal. Die Trainer verhalten sich je nach individueller methodischer Vorliebe total inaktiv oder sie greifen gelegentlich interpretierend ein oder sie nehmen von vornherein aktiv am Gruppenprozeß teil.

Shaffer/Galinsky 1977

→ Trainingsmethoden, gruppendynamische K

Sensualismus

(von lateinisch sensus = Gefühl, Empfindung) führt als erkenntnistheoretische Richtung alle Erkenntnis auf Sinneswahrnehmungen zurück. Als psychologische Richtung geht der Sensualismus davon aus, daß alle psychischen Erscheinungen auf Empfindungen beruhen, die auf innere oder äußere Reize zurückgehen.
Das Gegenteil des Sensualismus ist der → Rationalismus. K

Sensumotorik, Sensomotorik

ist die Bezeichnung für Vorgänge der Verbindung von Sinneswahrnehmungen aller Art mit Bewegungsabläufen (z. B. Koordination von Sehen und Greifen). Bei J. Piaget stellt die sensumotorische Intelligenz die erste Stufe in der Entwicklung der allgemeinen → Intelligenz dar. Sie entfaltet sich in sechs Entwicklungsabschnitten bis etwa zum 20. Lebensmonat. K

Ungerer 1977; Volpert 1983

Septem artes liberales

(= die sieben freien Künste) bezeichneten in der pädagogischen Praxis des Mittelalters die sieben Disziplinen, die im Anschluß an den drei- bis vierjährigen **Elementarunterricht** und zur Vorbereitung auf das Studium der Theologie unterrichtet wurden.
Die septem artes liberales waren unterteilt in das **Trivium,** das Grammatik, Rhetorik und Dialektik (als philosophische Disziplin zur Schulung des logischen Denkens) umfaßte und in das **Quadrivium,** in welchem die höheren Disziplinen Arithmetik, Geometrie, Astronomie, Musik gelehrt wurden. Als Lehrbücher wurden römische und christliche Schriftsteller verwendet, die Unterrichtssprache war – ausgenommen der Elementarunterricht – Latein, Träger der Schulen waren zumeist Dom- und Klosterschulen, für das Quadrivium und die Theologie in zunehmendem Maße auch die seit dem 11. Jahrhundert entstehenden Universitäten. K

Sequenz → Lehrsequenz

Sequenzierung

bedeutet die Erstellung einer bestimmten Abfolge eines Lehrstoffes, wobei die Sachstruktur und die Lernstruktur gleicherweise zu beachten sind. Neue Lernziele dürfen erst gesetzt werden, wenn alle sachlichen Voraussetzungen gegeben sind, und höhere → Leistungen können erst dann gefordert werden, wenn das vorausgehende Leistungsniveau erreicht worden ist.
→ Lehrsequenz → Lernschritt K

Seriation

bezeichnet die Fähigkeit, Personen oder Gegenstände in einer Reihe nach Merkmalen wie größer-kleiner, dicker-dünner, höher-niedriger usw. zu ordnen. K

Set

bezeichnet in der → programmierten Instruktion zusammengehörende, aufeinander abgestimmte Programmeinheiten, Programm- oder Lernschritte, die vom Lernenden in einer Übungseinheit bewältigt werden können.

In der Psychologie ist gelegentlich von einem Verhaltensset die Rede, womit verschiedene Verhaltenskomponenten gemeint sind, die in Kombination das Verhalten in einer bestimmten Situation steuern. K

Setting

bedeutet als Form der Leistungsdifferenzierung die gruppenmäßige Zusammenfassung von Lernenden nach ihren verschiedenen fachspezifischen Leistungen. Dabei können die Schüler ihrer jeweiligen Leistung entsprechend von Fach zu Fach **verschiedenen** Niveaugruppen angehören. Die heute vor allem geläufigen Formen des Setting sind die Differenzierung nach **Fachleistungskursen** und die → **flexible Differenzierung.**
Im Unterschied zum Setting werden bei der Differenzierungsform des **Streaming** die Schüler nach Leistung fächerübergreifend eingeteilt. Sie sind also in allen differenzierenden Fächern in derselben Niveaugruppe. Wegen der Nichtberücksichtigung unterschiedlicher Begabungen, Leistungen und Neigungen in bezug auf die verschiedenen Fächer tritt das Streaming in der schulischen Praxis mehr und mehr zurück.

→ Differenzierung K

Sexualerziehung

Der Umgang mit Sexualität ist Teil des Sozialisationsprozesses als Übernahme und Verwirklichung der Normen, Werte und Verhaltenserwartungen der Gesellschaft.
Neben dem nach verschiedenen Gesichtspunkten bestimmbaren biologischen Geschlecht (z. B. Chromosomengeschlecht, Chromatingeschlecht, Keimdrüsengeschlecht, Hormongeschlecht, Hypothalamus-Hypophysengeschlecht, morphologisches Geschlecht) werden als ausschlaggebend für das letztendlich ausgestaltete Geschlecht die folgenden Einflüsse beschrieben:
- **Zuweisungsgeschlecht:** Das Kind wird der elterlichen Erwartung entsprechend dem männlichen oder weiblichen Geschlecht zugewiesen ohne Rücksicht auf sein biologisches Geschlecht.
- **Erziehungsgeschlecht:** Den elterlichen Wunschvorstellungen entsprechend wird das Kind rollenspezifisch als Junge oder Mädchen erzogen.
- **Ödipalgeschlecht:** Gelingt in der ödipalen Phase (zwischen dem 3. und 6. Lebensjahr) die Identifizierung mit dem gleichgeschlechtlichen Elternteil?
- **Pubertätsgeschlecht:** Bejahung des eigenen biologischen Geschlechts angesichts der Geschlechtsreifung
- **Neigungs- oder Objektgeschlecht:** Vgl. → Objektwahl!

Die Psychosexualität ist also zunächst offen und in seiner Entwicklung abhängig vom Wechselspiel des biologischen Geschlechts und der Einstellung des unmittelbaren Umfeldes und der Gesamtgesellschaft zur Sexualität.
Die Sexualerziehung der Vergangenheit trug eindeutig repressiven Charakter, der je nach der zugrundeliegenden weltanschaulichen Konzeption des Erziehers auch heute noch mehr oder minder stark vorherrscht. Dies bedeutet weitgehende Tabuisierung der Sexualität im Kindes- und Jugendalter. Besondere Probleme sind damit für den pubertierenden Jugendlichen gegeben, von dem einerseits trotz höchster sexueller Potenz Enthaltsamkeit erwartet wird, der andererseits aber als Erwachsener zu einem auch sexuell erfüllten Eheleben befähigt sein soll,

ohne die Möglichkeit einer Lernphase gehabt zu haben. Diese und andere Konsequenzen einer repressiven Sexualerziehung versucht die **moderne Sexualerziehung** zu überwinden durch grundsätzliche Bejahung kindlicher und jugendlicher Sexualität, konkret z. B. durch die Bejahung sexueller Praktiken wie → Masturbation, → Petting, vorehelichem Geschlechtsverkehr unter bestimmten Bedingungen.

Eine Entkrampfung der sexuellen Realität erhoffte man sich durch die Einführung der Sexualerziehung in den Schulen.

Die rechtlichen Grundlagen hierfür sind:

- Sexualerziehung ist primär Aufgabe der Familienerziehung nach Art. 6.2 GG, das Recht zur schulischen Sexualerziehung ergibt sich aus Art. 7.1 GG.
- Sexualerziehung ist als schulischer Auftrag ausdrücklich durch die KMK-Empfehlung vom 3. 10. 1968 formuliert und durch Richtlinien in allen Bundesländern realisiert.
- Die Berechtigung zur Durchführung des Sexualkundeunterrichts wurde durch Beschluß des Bundesverfassungsgerichts vom 21. 12. 1977 bestätigt.
- Der Lehrer ist verpflichtet, die Eltern über die Durchführung des Sexualkundeunterrichts zu informieren, ihnen geplante Medien vorzustellen und mit ihnen zu kooperieren; bezüglich der Inhalte des Sexualkundeunterrichts aber haben die Eltern kein Mitspracherecht.
- Im Sexualkundeunterricht dürfen ausschließlich nur genehmigte Medien eingesetzt werden.

Als hauptsächlich betroffene Fächer gelten

Biologie,
Erziehungskunde,
Sozialkunde,
Religionslehre und Ethik,
Deutsche Sprache,
Kunsterziehung.

Dringend zu empfehlen sind Absprachen zwischen den betroffenen Lehrern in Arbeitsgemeinschaften sowie Abstimmung und Austausch des Arbeitsmaterials.

Eine Sonderstellung in der modernen Sexualerziehung nahmen die Praktiken der antiautoritären → Kinderläden ein, die totale sexuelle Freizügigkeit bereits für Kinder im Vorschulalter forderten und provozierten, da sie die sexuelle Repression als wesentliches Machtinstrument zur Aufrechterhaltung der bestehenden Herrschaftsverhältnisse betrachteten. Sexualerziehung wurde hier also zu einem Teil der politischen Bildung.

Bornemann 1990; Eggers/Steinbacher 1976; Ehl 1989; Ewers 1977; Gebhardt 1984; Härtter 1973; Hartmann 1989; Heitger u. a. 1987; Hellbrügge 1982; Hopf 1984–1985; Kentler 1981, 1982; Knoop 1989; Seelmann 1973; Stickelmann 1990; Zitelmann/Carl 1976

→ Fächerübergreifender Unterricht → Jugendalter K

Sexueller Mißbrauch → Kindesmißhandlung → Prostitution

Sich selbst erfüllende Prophezeiung

R. K. Merton (1948) beschreibt mit dem Phänomen der sich selbst erfüllenden Prophezeiung den Vorgang, daß fixierte positive oder negative Erwartungshaltungen an sich selbst oder an andere sozusagen zwangsläufig das erwartete Verhalten nach sich ziehen. Wenn z. B. ein Schüler in seiner Erfolgserwartung bezüglich der Bewältigung einer bestimmten mathematischen Anforderung erschüttert ist, drängt ihn die damit verbundene Mißerfolgsängstlichkeit in Verhaltensweisen, die zum weiteren Versagen führen müssen. Entweder setzt der Mißerfolgsängstliche das Niveau weiterer Leistungsanforderungen an sich selbst unerreichbar hoch an, um sich ein Alibi für das sich neu einstellende Leistungsversagen zu verschaffen oder er unterfordert sich permanent, womit er den Anschluß an die Leistungsanforderungen vollends verliert oder er ergreift von vornherein die Flucht vor der geforderten Leistung, indem er versichert, daß er sie ja doch nicht erbringen könne.

→ Hypothesen- und Erwartungstheorie → Kausalattribuierungstheorie → Pygmalion-Effekt K

Siebung (soziologisch) → Screening

Sigmatismus

(von griechisch Sigma als Bezeichnung für den Buchstaben s) beschreibt die am weitesten verbreitete Form der Dyslalie, auch Lispeln genannt, die durch fehlerhafte Aussprache der Zisch-Laute (s, z, sch, x) auffällt. Sigmatismus wird durch fehlerhafte Zungenlage oder durch Biß- und Kiefermißbildungen verursacht, gelegentlich beruht er auch auf Gewöhnung. Abhilfe kann in vielen Fällen durch kieferorthopädische Regulierung und/oder durch logopädische Maßnahmen (→ Logopädie) geschaffen werden. K

Signal

Ein Signal gilt allgemein als ein Zeichen, dem durch Übereinkunft eine bestimmte Bedeutung beigemessen wird (z. B. Wörter, Ziffern, Programmiersprachen) bzw. das im Zusammenhang mit einer konkreten Situation zum Bedeutungsträger wird (z. B. Gesten, Mienenspiel). Signale dienen also immer der Übertragung von → Informationen.

→ Reiz K

Signalsystem

bezeichnet die Gesamtheit der erworbenen Verbindungen zwischen Umweltreizen (Signalen) und angeborenen Reaktionen. Dieses – Tieren und Menschen gleichermaßen eigene – sog. 1. Signalsystem wird beim Menschen durch das 2. Signalsystem ergänzt, in dem die Reaktionen durch Sprache und Denkvermögen von der unmittelbaren Reaktion auf die Ebene der reflektierten Reaktion gehoben werden. K

Signifikante Beziehung

Sie befaßt sich mit dem Zusammenhang zwischen zwei → Variablen, der entsprechend dem gewählten Signifikanzniveau bedeutsam und nicht zufällig ist. Das Signifikanzniveau gibt die jeweilige Höhe der bei der Prüfung der → Signifikanz in Kauf genommenen Irrtumswahrscheinlichkeit an. O

Signifikanz

allgemein Bedeutung, Deutlichkeit, bezeichnet in der → Statistik die Bedeutsamkeit von Unterschieden, Abweichungen und Übereinstimmungen von Testergebnissen. Die Signifikanz von Ereignissen und empirischen Ergebnissen ist umso größer, je geringer Zufälligkeit und Irrtumswahrscheinlichkeit sind. **Praktische Signifikanz** liegt vor, wenn beide nahezu ausgeschlossen sind.

Aumann 1964; Witte 1980

→ signifikante Beziehung K

Simulation

bedeutet je nach Sachverhalt Vortäuschung, Verstellung, Nachahmung. In Medizin, → Psychiatrie und → Forensischer Psychologie gilt sie als Vortäuschung von Krankheiten und Krankheitssymptomen. Im wissenschaftlich-technischen Bereich und in der Sozialforschung dient die Simulation als möglichst realitätsgetreue, modellhafte Nachahmung wirklicher Systeme und Vorgänge, die bei schrittweiser Veränderung einzelner Elemente zeitsparend und risikofrei sowie in manchen Experimenten ethisch unbedenklich untersucht werden können.

Buddensiek 1979; Gesellschaft zur Förderung des Englischunterrichts 1984; Knapp 1985; Lehmann 1977; Troitzsch 1990

→ Modell-Lernen → Simulator → Szenario K

Simulator

Simulatoren sind technische Geräte, die auf künstliche Weise die Einübung von Verhaltensweisen für Realsituationen ermöglichen. Im Verkehrsunterricht werden beispielsweise Monitore (Fernsehgeräte) verwendet, über die Verkehrsituationen mit Gefahrenmomenten abgespielt werden, auf die der Übende durch Bedienung von Hebeln und Knöpfen richtig reagieren muß. In diesem Falle liegt der Hauptakzent der Schulung auf der → Sensibilisierung der Wahrnehmung und auf der Steigerung der Reaktionsgeschwindigkeit.

Der Ausweitung der Sprachkompentenz dient das → Sprachlabor als Simulator, in dem häufige Gesprächssituationen simuliert werden.

→ Simulation K

Sinnesrezeptor

ist eine an die Sinne gebundene Aufnahme- und Transformationsfunktion, durch die ein → Reiz bzw. ein physikalisch definiertes und meßbares Ereignis in eine für das Nervensystem spezifische Erregung umgewandelt wird. K

Sinnlichkeit

bedeutet allgemein sowohl die Fähigkeit der Wahrnehmung mit den Sinnen als auch die Neigung zum trieb- und gefühlsbestimmten Sinnengenuß.

In der pädagogischen Diskussion wird immer wieder beklagt, daß vornehmlich die Schule ein Ort sei, an dem Sinnlichkeit in beiden Bedeutungen ausgesperrt sei bzw. entschieden zu kurz komme.

Zur Abhilfe wird ganzheitliches Lernen gefordert, das Erfassen der Wirklichkeit mit allen Sinnen, sowie eine Unterrichtsatmosphäre, in der die aktuellen Stimmungen und Gefühle zugelassen sind, gegebenenfalls formuliert und bearbeitet werden anstatt als angeblich irrelevant oder störend unterdrückt zu werden.

→ Anschauung K

Sinntherapie → Logotherapie (synonym)

Situation, erzieherische

In der **Sicht der Soziologie** ist die Situation „die Gesamtheit der äußeren Bedingungen des sozialen Handelns und Erlebens" (Duden). In der **Betrachtungsweise der Ethik** macht nach N. Hartmann die Gesamtheit der Situationen den Gehalt der ethischen Wirklichkeit aus. „Alle Initiative des Menschen ist situationsbedingt, zugleich aber auch situationsgestaltend... Die Situation ist Zwang zum Entscheiden überhaupt, Freiheit aber darin, wie er (der Mensch) entscheidet." (1965)
Die **erzieherische Situation** ist abhängig von der konkreten **sozialen Situation,** die sämtliche Faktoren umfaßt, welche die Befindlichkeit und Aktivität eines Individuums beeinflussen. Solche Faktoren sind im einzelnen physische, emotionale, soziale Einwirkungen, Normen, Erwartungshaltungen von Bezugspersonen, eigene Motiviertheit und Handlungsbereitschaft und eigene grundsätzliche Einstellungen und Überzeugungen. Die erzieherische Situation kann also nicht als Sonderform menschlicher Beziehung losgelöst von der sozialen Situation verstanden werden, vielmehr sind erzieherische Absichten um so mehr legitimiert, je unmittelbarer sie auf die tatsächlich gegebene soziale Situation bezogen sind. Ein besonderes Problem der erzieherischen Situation im Schulbereich besteht folglich darin, z. B. die Mitglieder einer Lerngruppe aus ihrer „from-home"-Situation (außerschulischer Bereich) abzuholen, sie an diese anknüpfend zur Bewältigung einer Lernaufgabe zu sammeln und ihnen ebenso die Gelegenheit zu schaffen, das in der Gruppe Erfahrene in ihre „back-home"-Situation zu übertragen.
Darüber hinaus ist nach K. Mollenhauer (1982) grundsätzlich davon auszugehen, daß jeder an der pädagogischen Situation Beteiligte dieselbe auf seine Weise definiert. Dieser Vorgang beinhaltet jederzeit auch die Möglichkeit, daß dabei die ursprünglich gegebene Situation umstrukturiert wird.
Beispiel: Schüler Karl wird vom Lehrer Huber zum Zweck mündlicher Leistungsmessung zu einer Befragung vor der Klasse aufgerufen, – eine alltägliche Situation zumindest an den weiterführenden Schulen. Diese Situation ist vordergründig auf alle Fälle vom Zweck der Leistungsmessung, vom abgefragten Lerninhalt und von Karls Kenntnisstand bestimmt. Verlauf und Ergebnis der Situation werden aber daneben – meistens sogar entscheidend – von der Einstellung bestimmt, mit der sich die Beteiligten in dieselbe hineinbegeben. Definiert z. B. Karl die Abfragesituation vor der Klasse als angstbesetzt, Gedächtnislücken auslösend, auf Mißerfolg programmiert? Definieren die Mitschüler dieselbe Situation als eine, die das Einsagen herausfordert oder Gelegenheit zur Schadenfreude verspricht? Definiert schließlich der Lehrer die Situation als notwendiges Übel oder als Macht- und Disziplinierungsmittel oder als Chance, gemeinsam mit dem Schüler Lernprobleme aufzudecken und Lösungen zu deren Beseitigung zu suchen?
Ferner ist die Situation auf allen Seiten durch Verhaltensweisen bestimmt, die einer solchen Situation traditionellerweise eben zukommen, wie z. B. Überlegenheit des Lehrers und Unterwürfigkeit des Schülers.
Die einzige Möglichkeit, solche – oftmals belastenden – Situationen in den Griff zu bekommen, ist der → Diskurs (vgl. auch → Metakommunikation).

Hartmann 1965

→ Pädagogisches Feld K

Situationsanalyse
ist eine vor allem bei gruppendynamischen Trainingsformen (→ Trainingsmethoden, gruppendynamische) praktizierte Methode, den augenblicklichen Zustand der sozialen und emotionalen Beziehungen in einer Gruppe bzw. einen Konflikt verbal oder nonverbal (z. B. graphisch oder durch Übungen des Abstandnehmens bzw. des Nähesuchens) auszudrücken. Die Situationsanalyse erweist sich auch z. B. in Schulklassen als brauchbares Instrument, schnell verläßliche Aussagen über die → Gruppenatmosphäre zu gewinnen. K

Situationsdefinition → Situation, erzieherische → Symbolischer Interaktionismus

Situationsthematischer adaptiver Unterricht
geht nach Kleber (1981) von der Feststellung aus, daß Unterricht „integrativer Bestandteil der konkreten Lebenssituation“ ist. Die Zusammenhänge von Lern- und Lebenssituation des Schülers mit der Systemumwelt und dem gesellschaftlichen Hintergrund versucht Kleber mit folgender Übersicht zu verdeutlichen:

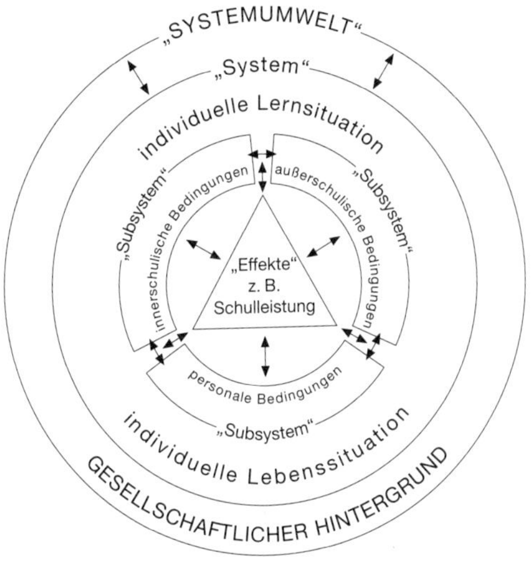

Unterricht ist in diesem Zusammenhang eine „teils offene, teils systematische Veranstaltung, die den Raum für eine kontinuierliche Erfahrungsbildung schafft“, und zwar in Rücksicht auf das Gesamtsystem und nicht davon abgekoppelt als → pädagogische Provinz.

„**Situationsthematischer adaptiver Unterricht** besteht aus:
- **Analysen der Lern- und Lebenssituation der Schüler,**
  hierauf baut er auf.
- **Intersubjektiver Kommunikation, d. h. gemeinsames „Sich-Beraten“,**
  hieraus wird das Verständnis individueller Lebenssituationen erst möglich, hierin kann **Konsens** gefunden werden und daraus sind gemeinsame Ziele und Inhalte zu bestimmen; dabei kann bei generellem Konsens über Ziele und

Handlungsweisen der Diskurs oft kurzgeschlossen werden und Bereiche relativ geschlossenen Unterrichts können bestimmt werden;
hieraus wird gemeinsames, **kooperatives Handeln** begründet.

- **Relativ geschlossenen** – und **relativ offenen Unterrichtseinheiten.**
  Offenheit muß bis zu einem gewissen Grad sichergestellt werden, damit Zielsetzungen revidiert werden können und gemeinsames Handeln aufrecht erhalten bleibt;
  intersubjektive Kommunikation ist oberstes Unterrichts- und Erziehungsziel.
- **Berücksichtigung der individuellen Lern- und Lebenssituation bei den einzelnen Handlungen des Lehrers,**
  insbesondere in bezug auf die Verteilung der Lehr- und Lernzeit
  und auf das Ausmaß der speziellen Beratung beim Lernen.
- **Strukturell didaktischen Aufbereitungen von Inhalten und deren Modifikationen in bezug auf die Beratungs- und Hilfebedürfnisse der einzelnen Schüler.**"

Kleber 1981

→ Adaptiver Unterricht → Lebenswelt → Situation, erzieherische K

Situativer Kontext → Kontext → Situation, erzieherische

Sitzenbleiben → Leistungsversagen → Schulversagen

Skalierung

(von ital. scala = Treppe, Leiter)
bezeichnet die Gesamtheit der Verfahren zur Messung bestimmter Merkmale.
Es werden unterschieden:

- Nominalskala: Bestimmte Merkmale werden mit Zahlen versehen, benannt.
- Ordinal- oder Rangskala: Die Rangordnung zwischen den Zahlen wird auf empirische Sachverhalte übertragen. Bekannt ist z. B. die nach oben offene Richter-Skala, mit der die Schwere von Erdbeben gemessen wird. Um eine Ordinalskala handelt es sich auch bei der schulischen Notenskala.
- Intervallskala: Den Abständen zwischen den Zahlen entsprechen gleich große Unterschiede beim gemessenen Sachverhalt, vgl. z. B. die Temperaturmessung in Celsius oder Intelligenztests.
- Verhältnis- oder Proportionalskala: Die Festlegung eines empirisch sinnvollen Ausgangspunkts erlaubt Verhältnisaussagen wie z. B. bei der Lautstärkemessung in Phon oder bei der Längenmessung. K

Borg/Staufenbiel 1989

Skill

wird häufig synonym zu → Geschicklichkeit verwendet. Der Begriff bedeutet aber auch Grundfertigkeiten z. B. Lesen, Schreiben, Rechnen und die Beherrschung einer Arbeitstechnik, die geeignet ist, andere Tätigkeiten in ihrer Durchführung und ihrem Ablauf zu erleichtern. So besteht auch das unterrichtsbezogene Gesamtverhalten des Lehrers aus skills, d. .h. aus Teilfertigkeiten, die je nach Aufgabenstellung in unterschiedlicher Intensität und Kombination eingesetzt werden. Solche Grund- bzw. Teilfertigkeiten z. B. des Unterrichtens, Beobachtens, Beurteilens können durch entsprechende Übungsformen geschult werden.

→ Fertigkeiten → Skill-Training OK

Skill-Training

Das 1947 erstmals von Benne, Bradford, Lipitt u. a. durchgeführte Skill-Training zielt vor allem auf die Übung sozialer Fertigkeiten in berufshomogenen Trainingsgruppen ab (z. B. Schulräte, Erzieher, Sozialarbeiter, Richter).
Jedes Gruppenmitglied weiß sich verpflichtet, den anderen Teilnehmern am Training Helfer bei der Einübung, gegebenenfalls bei der Veränderung bestimmter sozialer Verhaltensweisen zu sein. Ein Beobachter gibt Hinweise für die → Situations- und → Prozeßanalysen. Gruppenleiter und Beobachter nehmen Positionen ein, die reihum von den Gruppenmitgliedern wahrgenommen werden. Schwerpunkte des Skill-Trainings sind nach Däumling u. a. (1974)

1. Sozialverhalten (Diagnose, Einblick in die Auswirkungen bestimmter Verhaltensweisen)
2. Führungsstil
3. Schwierige Beratungssituationen
4. Ermöglichung der → Kooperation unter schwierigen Umständen.

→ Trainingsmethoden, gruppendynamische K

SMV → Schülermitverantwortung

Social Sensibility

oder soziale → Sensibilität befaßt sich mit der Erkenntnis und dem Verständnis des Verhaltens von Einzelpersonen und Gruppen in ihrer Wechselwirkung.

→ Kohäsion O

Sodomie

Ist die sexuelle Beziehung zu Tieren. Der Sexualverkehr zwischen Mensch und Tier wird auch als Zoophilie bezeichnet.

→ Perversion O

Software

ist der Sammelbegriff für jegliche Art von vorgefertigten bzw. im Unterricht entstehenden → Lehr- und Lernmitteln, insbesonders bezogen auf technische → Unterrichtsmedien, ferner für Programmbestandteile des Computers, die für den Betrieb nötig sind. Es zählen somit zur Software z. B. Folien, Schallplatten, Compact discs, Ton- und Videobänder, Filme, Diaserien, aber auch Dienst- und Anwendungsprogramme für den Computer. K

Sokratische Methode → Mäeutik

Solidarität

bezeichnet das Zusammengehörigkeitsgefühl und die Übereinstimmung von Individuen in Zielen, Normen, Handlungen, vor allem zu dem Zweck, gemeinsame Interessen wirkungsvoll vertreten zu können (z. B. Streik, moralischer Druck durch solidarische Sympathiebekundungen, Abwehr von Sanktionen). K

Richter 1974; Schicker 1985

Sollwert → Regelkreis

Sonderberufsschule

Die Sonderberufsschulen, die meist als Anstaltsberufsschulen kirchlicher, gemeinnütziger Einrichtungen, aber auch als Schulen des Staates und der Kommunen geführt werden, nehmen sich insbesondere körperlich und geistig behinderter Jugendlicher im berufsschulpflichtigen Alter an. Daneben bestehen an den Berufsschulen entsprechende Sonderschulklassen.

→ Schulen für Behinderte und Kranke O

Sonderkindergarten → Schulvorbereitende Einrichtungen (alternative Bezeichnung)

Sonderpädagogik

früher unter dem Namen Heilpädagogik geläufig, ist ein Spezialbereich der → Erziehungswissenschaft. Ihr Gegenstand ist Forschung und Lehre in Bezug auf Bildung und Erziehung von Kindern, die in ihrer Entwicklung beeinträchtigt oder behindert sind. Je nach der Eigenart der vorliegenden Beeinträchtigung oder Behinderung stehen in der Theorie und Praxis der Sonderpädagogik pädagogische, psychologische, soziologische oder medizinische Aspekte oder eine jeweils wieder unterschiedliche Kombination dieser Aspekte im Vordergrund.
Nach einer Definition des Deutschen Bildungsrates gelten „als behindert im erziehungswissenschaftlichen Sinne alle Kinder, Jugendliche und Erwachsene, die in ihrem Lernen, sozialen Fähigkeiten, in der sprachlichen Kommunikation und in den psychomotorischen Fähigkeiten soweit beeinträchtigt sind, daß ihre Teilhabe am Leben der Gesellschaft wesentlich erschwert ist. Deshalb bedürfen sie besonderer pädagogischer Förderung." (1973)
Sonderpädagogik obliegt Ursachenforschung in bezug auf Beeinträchtigungen und Behinderungen, Untersuchung der Desintegration Behinderter vor allem durch → Stigmatisierungsvorgänge und Ausgrenzung (→ Marginality-Kind, → Randgruppe), Beschreibung der damit verbundenen Lebenserschwerungen und psychosozialen Entwicklungsabweichungen sowie der Behinderung der Erziehbarkeit (vgl. das Fünf-Bereiche-Modell von Behinderung nach Heese/Solarova 1985). Als spezielle Aufgaben stellen sich der Sonderpädagogik z. B. die Entwicklung diagnostischer Verfahren für die verschiedenen Behinderungsarten, die Entwicklung und Anwendung besonderer therapeutischer Maßnahmen wie → Spiel-, Bewegungs-, → Verhaltens, → Gruppen- und Leistungstherapie, der Entwurf spezieller → Lehrpläne und die Entwicklung von → Lehr- und Lernmitteln und von → Medien, die unter Berücksichtigung der gegebenen Beeinträchtigungen und Behinderungen optimale Lernprozesse ermöglichen.
Die Praxis der Sonderpädagogik bestätigt, daß eine möglichst frühzeitige Erfassung der betroffenen Kinder und ihre gezielte sonderpädagogische Förderung (z. B. in → Schulvorbereitenden Einrichtungen oder → Diagnose- und Förderklassen) die echte Chance weitgehender, bei vielen sogar vollständiger → Rehabilitation in sich birgt. Ihren vielen Zielgruppen entsprechend gliedert sich die Sonderpädagogik in folgende Teilbereiche, denen auch jeweils eigene Sonderschultypen zugehören: Gehörlosenpädagogik, Blindenpädagogik, Geistigbehindertenpädagogik, Körperbehindertenpädagogik, Lernbehindertenpädagogik, Schwerhöri-

genpädagogik, Sehbehindertenpädagogik, Mehrfachbehindertenpädagogik, Verhaltensgestörtenpädagogik, Krankenpädagogik, Sprachbehindertenpädagogik.

Aschmoneit 1974; Bach 1989, 1985 f.; Bettelheim 1985, 1991; Bundschuh 1984; Deutscher Bildungsrat 1973; Dupuis/Kerkhoff 1992; Heese/Solarova 1985; Jantzen 1987, 1990; Kleber 1978; Kobi 1983; Solarova 1983; Speck 1991; Werner 1977

→ Schulen für Behinderte und Kranke K

Sonderpädagogische Diagnose- und Förderklassen

wurden als Schulversuch seit dem Schuljahr 1984/1985 an 15 bayerischen Schulen für Behinderte eingerichtet, mit diesen lediglich rechtlich und organisatorisch verbunden. In der Regel werden die Lerninhalte der beiden ersten Grundschuljahre auf drei Schuljahre verteilt, nach deren Besuch die Kinder in die 3. Grundschulklasse bzw. in die für sie geeignete Schule für Behinderte übertreten.
Sonderpädagogische Diagnose- und Förderklassen sind für schulpflichtige Kinder konzipiert, die wegen einer Behinderung (meistens Teilleistungsstörungen im Bereich der Wahrnehmung, der Sprechfähigkeit, der Motorik und Sensomotorik) bzw. erheblicher Verhaltensauffälligkeiten für den Unterricht in der Volksschule nicht oder noch nicht in Frage kommen und deshalb einer Schule für Behinderte zugeführt werden müßten. Eine frühe Etikettierung der Kinder (→ Stigmatisierungseffekt) soll auf diese Weise vermieden werden. Die bloße Zurückstellung der Kinder vom Besuch der 1. Grundschulklasse reicht für die Aufnahme in eine Sonderpädagogische Diagnose- und Förderklasse nicht aus; für solche Fälle kommen in der Regel → Kindergarten und → Schulkindergarten in Betracht. Ebenso werden nicht aufgenommen Blinde, Sehbehinderte, Gehörlose, Schwerhörige, Körperbehinderte mit besonderem Therapie- und Pflegebedarf sowie Geistigbehinderte, die der speziellen Förderung in einer Schule für Behinderte bedürfen.
Die Arbeit in Sondepädagogischen Diagnose- und Förderklassen ist durch folgende Merkmale gekennzeichnet:

- Die Behinderungen werden laufend durch individuelle und differenzierende Ursachenforschung diagnostiziert. Von besonderer Bedeutung sind hierbei medizinische Untersuchung, psychologische Testverfahren und systematische → Beobachtung.
- Die individuelle Förderung erfolgt in Wechselwirkung mit den jeweils aktuellen Untersuchungsergebnissen.
- Die ständig aktualisierende Arbeitsweise strebt die Entwicklung neuer Diagnoseinstrumente und Fördermaßnahmen an.
- Es ist enge Zusammenarbeit aller Mitwirkenden erforderlich: Sonderschullehrer, Eltern, Erzieherpersonal in Kindergärten, Schulkindergärten und → Schulvorbereitenden Einrichtungen, Lehrer der Grundschulen, Erziehungsberatungsstellen (→ Erziehungsberatung), → Beratungslehrer, Gesundheitsamt, medizinische Fachdienste.

→ Sonderpädagogisches Förderzentrum K

Sonderpädagogisches Förderzentrum

faßt – aufeinander abgestimmt – die folgenden Bildungseinrichtungen zusammen:

- Mobile sonderpädagogische Dienste
- → Schulvorbereitende Einrichtungen
- → Sonderpädagogische Diagnose- und Förderklassen

– Schulen für Kinder und Jugendliche mit sonderpädagogischem Förderbedarf der Jahrgangsstufen 3 bis 9, denen ein sonderpädagogisch aufbereiteter Lehrplan der Grund- und Hauptschule zugrundeliegt. K

Gers 1991

Sonderschule → Schulen für Behinderte und Kranke → Lehrerausbildung

Sondervolksschule

Sondervolksschulen fördern behinderte Kinder und Erziehungsschwierige im schulpflichtigen Alter. O

SOS-Kinderdorf → Kinderdorf

Soziabilisierung

bezeichnet die Aneignung der Fähigkeit zur notwendigen und sinnvollen Einpassung eines Menschen in die Bezugsgesellschaft. **Soziabilität** beschreibt das erreichte Ausmaß an gesellschaftlicher Einpassung, aber als Synonym auch praktizierte Geselligkeit.

→ Familie → Familienerziehung → Familientherapie → Sozialisation K

Sozialanthropologie

wird oft gleichbedeutend mit → Kulturanthropologie verwendet.

Sozialarbeit

und → Sozialpädagogik werden grundsätzlich als ein einheitliches Funktionssystem gesellschaftlicher Hilfen gesehen. Eine klare Abgrenzung der Sozialarbeit vom Begriff Sozialpädagogik konnte bisher nicht gefunden werden.

Im allgemeinen bezieht sich der Terminus Sozialpädagogik im weiteren Sinne der Sozialen Arbeit auf die Erziehung junger Menschen. Der im Bereich der Sozialen Hilfe und Sozialen Arbeit Tätige ist der an → Fachhochschulen ausgebildete Diplom-Sozialarbeiter. Seine Tätigkeitsbereiche und Arbeitsfelder finden sich in der sozialen Administration und sozialen Beratung (z. B. Altenarbeit, Sozialämter, Familienfürsorge), der Resozialisierung (z. B. Strafentlassene, Heime, Bewährungshilfe), der Rehabilitation (z. B. Lernbehinderte, Suchtabhängige, beschützende Werkstätten), der Sozialen Planung und Organisation, der Jugend- und Erwachsenenbildung, der Vorschulerziehung und Erziehung im Elementarbereich. In den beiden letztgenannten Erziehungsbereichen wird auch der Diplom-Sozialpädagoge, dessen Ausbildung ebenfalls an der Fachhochschule stattfindet, schwerpunktmäßig eingesetzt.

Bellebaum/Baum 1974; Bensch 1990; Eyferth u. a. 1987; Flamm 1980; Khella 1980–1983; Kutter 1974; Landwehr/Baron 1991; Martin 1982; Müller 1982/1984; Natorp 1975; Praxisfelder d. Sozialarbeit (Reihe); Salzberger/Wittenberg 1973; Scherpner 1979; Wendt 1985; Wolf 1977

→ Familienerziehung → Jugendstrafvollzug → Kinder- und Jugendhilfegesetz → Schulsozialarbeit OK

Soziale Abhängigkeit → Abhängigkeit, soziale

Soziale Ablehnung → Ablehnung, soziale

Soziale Anerkennung → Anerkennung, soziale

Soziale Anpassung → Anpassung, soziale

Soziale Deprivation → Deprivation, soziale

Soziale Distanz → Distanz, soziale

Soziale Integration → Integration, soziale

Soziale Interaktion → Interaktion, soziale

Soziale Intervention → Intervention, soziale

Soziale Klasse → Klasse, soziale

Soziale Kompetenz → Kompetenz → Soziales Lernen

Soziale Kontrolle → Kontrolle, soziale

Soziale Mobilität → Mobilität, soziale

Soziale Objekte → Stereotyp

Soziale Position → Position, soziale

Soziale Rangordnung → Rangordnung, soziale

Soziale Rolle → Rolle, soziale

Soziale Schicht → Schicht, soziale

Soziale Wahrnehmung

bezeichnet 1. die nachweisbare Tatsache, daß → Wahrnehmung in ihrem Ergebnis durch soziale Umweltfaktoren und durch Erfahrungen, die in Sozialkontakten erworben wurden, im Sinne einer subjektiv auswählenden Filterwirkung beeinflußt wird.

2. Der Begriff wird auch für Wahrnehmungsvorgänge verwendet, die speziell auf zwischenmenschliche Beziehungen, z. B. auf das Kräftespiel in Gruppen (→ Gruppendynamik) gerichtet sind. In dieser Bedeutung bezeichnet soziale Wahrnehmung also eine Fähigkeit, die zur notwendigen Ausstattung des Menschen als eines Sozialwesens zählt. Soziale Wahrnehmung in diesem Sinne kann trainiert werden (→ Trainingsmethoden, gruppendynamische). K

Sozialer Kontext → Kontext

Sozialer Wandel

Unter sozialem Wandel bzw. sozio-kulturellem Wandel ist die Gesamtheit aller Strukturveränderungen einer Gesellschaft zu verstehen, die innerhalb eines Zeitabschnittes erfolgten. Der Begriff sozialer Wandel beinhaltet im Gegensatz zu

Aussagen wie sozialer Fortschritt, sozialer Rückgang oder soziale Entwicklung keine Angaben über die Richtung, in der sich der Wandel vollzog. O

Soziales Lernen

bezeichnete ursprünglich die **Sozialerziehung** als Erziehung zur Gemeinschaft durch die Gemeinschaft. Heutzutage erweist sich soziales Lernen als besonders notwendig angesichts der Folgen der Auflösung überlieferter allgemein verbindlicher Normen sozialen Verhaltens. Im einzelnen wird von sozialem Lernen in folgenden Bedeutungen gesprochen:

1. **Lernvorgänge zum Erwerb sozialer Kompetenz,** die in effektivem und situationsangemessenem Umgang mit sozialen Anforderungen des Lebens besteht. Soziale Kompetenz beinhaltet z. B. folgende pädagogischen Zielsetzungen:
   - Selbstfindung und Selbstbestimmung
   - Fähigkeit zu angemessener Anpassung
   - Entwicklung der Fähigkeit zur Kommunikation und → Metakommunikation
   - Entwicklung sozialer Einstellungen
   - Steigerung der Interaktionsfähigkeit und Handlungskompetenz
   - Einübung in konkrete Rollen
   - Arbeit an der Konfliktfähigkeit
2. Soziales Lernen bedeutet **Lernen zusammen mit anderen**, z. B. Modell – Lernen, aber auch gemeinsame Bewältigung von Lernaufgaben (→ Sozialformen des Unterrichts).
3. Soziales Lernen ergibt sich als **bewußt angelegtes Übungsfeld** für den humanen Umgang miteinander und zur Einübung in Regeln des Zusammenlebens.
4. Soziales Lernen dient der **sozialen Integration** zum Zweck des Abbaus sozialer Ungleichheit (vgl. z. B. → Gesamtschule).
5. Soziales Lernen bedeutet **Einübung in politische Handlungsfähigkeit.**

Übungsfelder des sozialen Lernens liegen z. B. bei folgenden Ereignissen vor:

1. Im lebenslangen „Handel um → Identität“ werden die Spielräume des Verhaltens in einem sozialen Kontext ermittelt.
2. Im → Rollenhandeln werden Rollenerwartungen des Umfeldes mit den eigenen Möglichkeiten mehr oder minder gelungen in Übereinstimmung gebracht.
3. Arbeit an der Beziehungsebene der → Kommunikation weist Unterricht erst im vollen Sinne als "kommunikatives Handeln mit lernbezogener Zielorientierung" (Mollenhauer) aus.
4. Spezielle Lerntechniken wie z. B. Interaktionsspiele und Unterricht nach dem Konzept der → Themenzentrierten interaktionellen Methode werden geplant in den Dienst des sozialen Lernens gestellt.

Angesichts der Sozialisationsinstanzen Familie, Freizeit, Medien, Peer-group ist der Einfluß der Schule beim sozialen Lernen eher als bescheiden einzuschätzen, zumal die Schule das Konzept ganzheitlichen Lernens zugunsten der Kopflastigkeit ihrer Lernprozesse nach wie vor nur halbherzig verwirklicht.

de Fries/Häußler 1976; Feigenwinter 1982; Fend 1975 (2 ×), 1976, 1979; Fritz 1981; Fromm/Keim 1982; Fuhr 1977; Gudjohns 1978; Heimlich 1988; Hundertmarck 1982; Kanter/Langenohl 1978; Klippstein 1978; Kluge u. a. 1981; Knoll-Jokisch 1981; Kron 1980; Oelkers/Prior 1982; Patterson 1977; Prior 1976 und 1978; Schwarz 1991

→ Sozialisation → Sozialformen des Unterrichts → Sozialphasen des Lernens K

Soziales System → System, soziales

Sozialformen des Unterrichts

beschreiben das Verhalten von Lehrer und Schülern bei der Bearbeitung von Lerninhalten. Sie regeln die Beziehungsstruktur in der Klasse durch die Vorgabe des äußeren sozialen Rahmens. Sozialformen des Unterrichts sind insofern die Voraussetzung dafür, daß → Unterrichtsformen und → Aktionsformen verwirklicht werden können.

Sie sind situations- und aufgabenabhängig und damit als begründetes Produkt der → didaktischen Analyse auch grundsätzlich alle als gleichwertig einzuschätzen.

Üblicherweise werden die folgenden Sozialformen des Unterrichts unterschieden:

Frontalunterricht bzw. Klassenunterricht

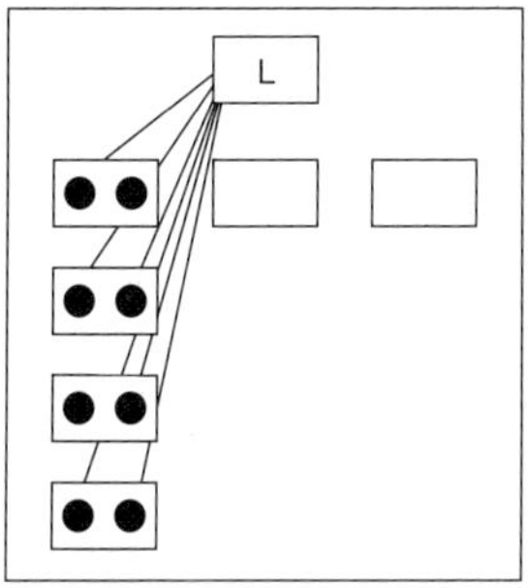

Einzelarbeit bzw. Still- oder Alleinarbeit

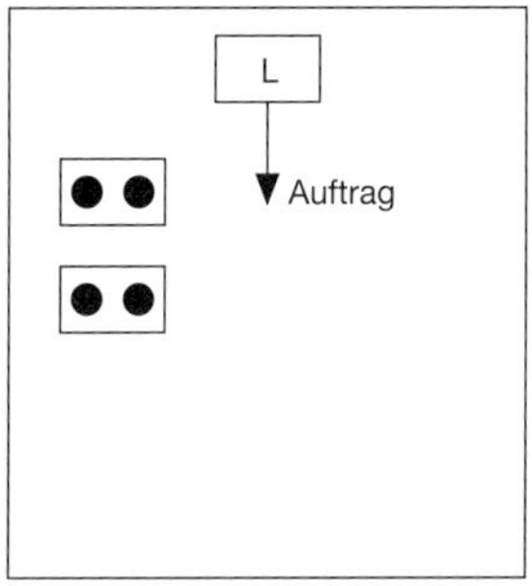

Partnerarbeit

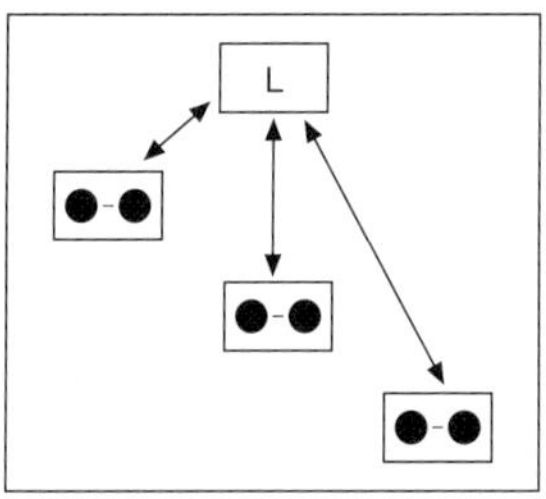

Kleingruppenarbeit bzw. Gruppenunterricht (Sitzordnung ohne Möbelrücken)

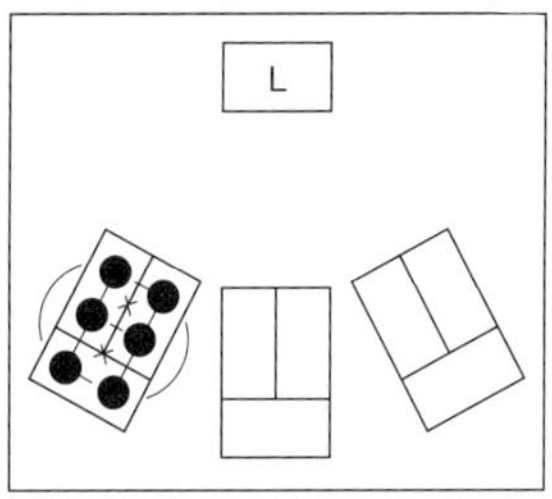

Kreissituation

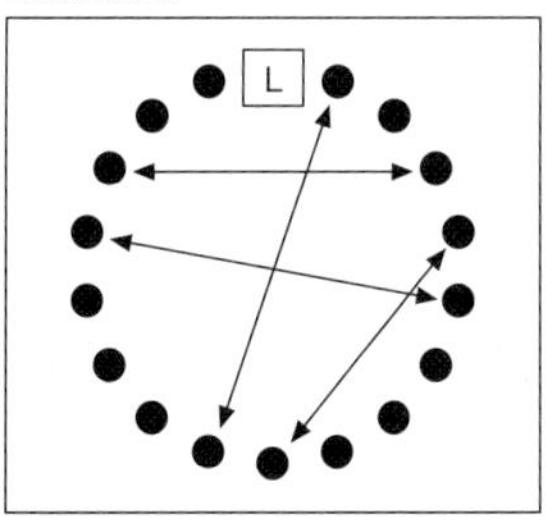

Großgruppenunterricht (evtl. in Verbindung mit Team teaching), z. B.

1. Zwei Klassen sehen einen Film.
2. Klassenübergreifende Kleingruppen
3. Vorstellung der Ergebnisse im Plenum der zwei ursprünglichen Klassen

Nach ihrem Einsatz in der Unterrichtspraxis zu urteilen, erfreuen sich die dargestellten Sozialformen sehr unterschiedlicher Wertschätzung. So bestätigt auch eine neuere Untersuchung in der Sekundarstufe I an Gymnasien, Haupt- und Gesamtschulen (Hage u. a. 1985) eine beharrliche Kontinuität der Bevorzugung bestimmter Sozialformen durch Lehrer. In den untersuchten Fächern Deutsch, Gesellschaftslehre, Naturlehre wurden **76,86% des Unterrichts in der Sozialform Frontalunterricht** mit darbietendem, demonstrierendem und Frage-Antwort-Unterricht bestritten, also lehrergeleitet, – zwangsläufig um den Preis häufiger Nebentätigkeiten und Störungen der Schüler. Der Rest des Unterrichts verteilte sich auf
- Einzelarbeit (10,24%),
- Partnerarbeit (2,88%),
- Kleingruppenarbeit (7,43%),
- Klassenkooperation (2,6%).

Die bevorzugten Unterrichtsziele lagen im intellektuellen Bereich, also beim Erwerb von Wissen und geistigen Arbeitstechniken.
Zu den einzelnen Sozialformen vgl. die entsprechenden Stichworte! K

Hage 1985; in Köck 1991

Sozial-integrativer Unterrichtsstil → Erziehungsstile

Sozialisation

ist die umfassende Bezeichnung für den Prozeß, in dessen Verlauf ein Individuum auf dem Wege wechselseitiger Beeinflussung in die umgebende Gesellschaftsordnung und in die selbstregulierte Verwirklichung der Werte, Normen und Verhaltenserwartungen der Gesellschaft hineinwächst. Wenn auch der Sozialisation in der frühen Kindheit besonders große Tragweite zukommt (= primäre Sozialisation), ist sie dennoch als lebenslanger Prozeß zu verstehen, der mit der Einübung in jede neue soziale → Rolle seine Fortsetzung findet (= sekundäre Sozialisation). Sozialisation ereignet sich durch jegliche Art von Lernen, also z. B. durch → Imitation, → Modell-Lernen, → Konditionierung, Lernen am Erfolg, durch → Versuch-Irrtum-Lernen, durch Lernen über Einsicht.

Bernstein 1980; Brinkmann u. a. 1974; Fechner-Mahn 1973; Hurrelmann 1975, 1990; Hurrelmann/Ulich 1991; Leber u. a. 1985; Matthes 1991; Neidhardt 1979; Oerter 1982; Schneewind/Lukesch 1978; Tillmann 1989; Wellendorf 1979, 1991; Wurzbacher 1977

→ Enkulturation → Personalisation → Rolle, soziale → Soziales Lernen K

Sozialpädagogik

Gegenstand der Sozialpädagogik ist das pädagogische Feld der Jugendhilfe, der Sozialarbeit und der außerschulischen und außerfamiliären Jugendarbeit (z. B. Kindergarten, Heim, Erziehungsberatung, Jugendschutz, Jugendstrafvollzug).
Als tragende Fundamente der sozialpädagogischen Theorie und Praxis erwiesen sich bis heute P. Natorps Interpretation des Gemeinschaftsbegriffs und H. Nohls → pädagogischer Bezug, der den gesellschaftlichen Aspekt der Sozialpädagogik um den der individuellen Hilfestellung ergänzte.
Nach K. Mollenhauer hat die Sozialpädagogik nicht nur familien- und schulergänzende Funktionen, sie repräsentiert vielmehr einen unverzichtbar notwendigen und eigenständigen pädagogischen Bereich in der modernen Industriegesellschaft, der zur Überwindung der speziellen erzieherischen Probleme dieser Ge-

sellschaft beizutragen versucht, nicht zuletzt durch die Weckung eines gesellschaftskritischen Bewußtseins bei der Jugend.

Baacke 1985; Giesecke 1981; Hundertmarck 1982; Khella 1980–1983; Lukas 1979; Mollenhauer 1987; Natorp 1975; Nohl 1927, 1965; Schmaus/Schörl 1986; Stauch 1983; Wolf 1977

→ Schulsozialarbeit → Sozialarbeit K

Sozialphasen des Lernens

Jeder nach lernpsychologischen Gesichtspunkten organisierte Lernprozeß ist durch einen ausgewogenen Wechsel von individuellen und sozialen Phasen des → Lernens gekennzeichnet. Während die Individualphase des Lernens unter dem Aspekt der Objektivierung der Lernprozesse dem problemlösenden und übenden Durchdringen und Bewältigen des Lerngegenstandes, meist mit Hilfe von → Unterrichtsmedien, gewidmet ist, bietet die Sozialphase des Lernens in gruppeninterner → Kommunikation die Gelegenheit, die individuellen Lernergebnisse im Sinne der → Lernerfolgskontrolle zu sichten, zu werten und zu koordinieren, individuelle Schwierigkeiten mit dem Lerngegenstand durch partnerschaftliche Hilfe zu überwinden und die Überlegungen der Lerngruppe zum weiteren Lernweg einzubringen. Welche Art der Lernphase zu verwirklichen ist, entscheidet also die Art der Aktivität, welche die Situation vom Schüler unter dem Aspekt seines optimalen Lernfortschrittes fordert. Gerade die zunehmende Organisation von Lernprozessen über Medien verlangt vom Lehrer ein waches Gespür, der Gefahr eines allzu isolierten individuellen Lernens durch rechtzeitige Einplanung von sozialen Lernphasen entgegenzuwirken und dem Gedankenaustausch über sachliche und emotionale Probleme Platz zu verschaffen. Der → Gruppendynamik ist der Nachweis zu verdanken, daß kognitive Lernanstrengungen bei Mißachtung der emotionalen und sozialen Komponenten des Lernprozesses erheblich an Effektivität einbüßen bzw. bisweilen sogar völlig abgebrochen werden. K

Sozialpsychologie

Gegenstand der Sozialpsychologie ist das Verhalten und Erleben des Menschen unter dem besonderen Aspekt seiner Abhängigkeit von der Umwelt und seiner wechselseitigen Beziehungen zur Umwelt. Die Forschung der Sozialpsychologie beherrschen heute vorrangig Probleme der → Gruppendynamik und → Kommunikation, ferner Entstehung und Veränderung von → Einstellungen und → Vorurteilen, der Prozeß der → Sozialisation und die Entstehungsbedingungen und Beeinflussungsmöglichkeiten von → Konflikten in Kleingruppen und auf internationaler Ebene (→ Friedens- und Konfliktforschung). K

Baus/Jacoby 1976; Bergius 1976; Deutsch/Krauss 1976; Friedrich/Voss 1988; Frey/Greif 1987; Frey/Irle 1984/1985; Herkner 1991; Hofer 1986; Hofstätter 1973 (2×); Irle 1975; Parsons 1981; Secord/Backman 1983; Stroebe 1990; Thomas 1990; Ulich 1983; Werbik/Kaiser 1981; Zucha 1980

Sozialstatus → Statussymbol → Position, soziale

Sozialstruktur

bezeichnet die Gesamtheit aller in einem sozialen Gebilde (Gruppe, Familie, Unternehmen, Nation) gegebenen und verwirklichten sozialen Beziehungen formeller und informeller Art, die den Umgang der einzelnen Mitglieder dieses sozialen

Gebildes miteinander und die Verhaltensweisen und Handlungen des Einzelnen gegenüber dem Ganzen des sozialen Gebildes regeln. K

Sozialtherapie → Soziotherapie

Sozialverhalten → Rolle, soziale → Soziales Lernen → Sozialisation

Sozialwissenschaftliches Gymnasium → Gymnasium

Soziodrama → Psychodrama

Soziodynamische Grundformel

Für die Beobachtung und die wünschenswerte gelegentliche Reflexion der Rollenstruktur einer → Gruppe kann die gründliche Kenntnis der soziodynamischen Grundformel von Raul Schindler eine Hilfe sein, insofern sie die Ermittlungen bezüglich der Hauptpositionen in einer Gruppe erleichtert. Die Absicht der soziodynamischen Grundformel wäre aber verfehlt, wenn sie als einziges Klassifikationsschema für die Einteilung aller → Rollen, die in Gruppen vorkommen, verwendet würde.

Soziodynamische Grundformel (Raul Schindler)

Sprecher
der Gruppe
Die Position kann
geteilt sein in:
α_1 = Beliebtester
α_2 = Tüchtigster
α_3 = Vermittler usw.

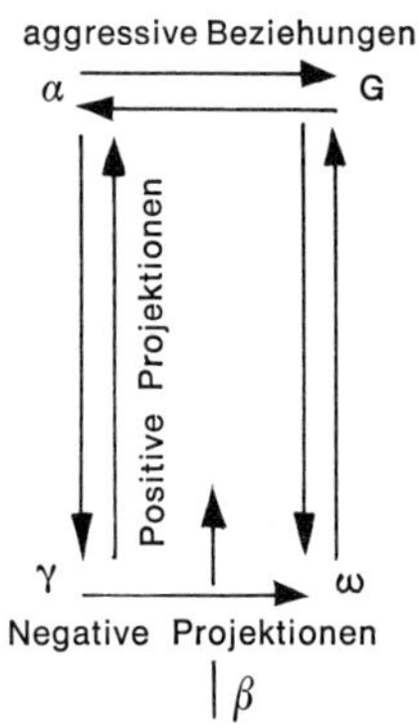

Gegner, Opponent

Mehrheit
der Gruppe, die sich in der Regel mit α identifiziert, der seinerseits aus ihrer Mitte hervorgegangen ist. Alle positiven Projektionen von γ gehen in Richtung α (Ideal), die negativen Projektionen betreffen in der Regel ω.

Der Fachmann:
Er verkörpert das Realitätsprinzip in der Gruppe. Er kann zum Konkurrenten für α werden (der beste Mathematiker in einer Schulklasse, der Schulpsychologe ...)

Angstträger
der Gruppe, die von γ mit dem Opponenten identifiziert werden, Sündenbock der Gruppe, Komikertyp, Außenseiter, der oft als ängstlicher Versager oder Querulant in Erscheinung tritt.

Alle diese Rollen sind nicht statisch, sondern dynamisch aufzufassen. Sie wechseln je nach Aufgabe, Leistung, emotionaler Bindung usw. K

Soziogenese

bezeichnet die Entstehung und Entfaltung des Sozialverhaltens und beschreibt Vorgänge und Geschehnisse, die durch gesellschaftliche Verhältnisse und durch Sozialisationsprozesse verursacht werden. Soziogenese von Krankheiten befaßt sich mit der Entstehung von Krankheiten, die durch die Umwelt, durch das Leben in der Gesellschaft ausgelöst und gefördert werden.

→ Familientherapie → psychische Krankheiten → Soziales Lernen → Sozialisation OK

Soziogramm

Das Soziogramm hält das Ergebnis eines soziometrischen Tests (→ Soziometrie) graphisch fest, in dem die Mitglieder einer Gruppe nach ihren gewünschten und nicht gewünschten Beziehungen (z. B. welchen Klassenkameraden hättest du am liebsten als Banknachbarn?) bzw. nach der Häufigkeit ihrer → Interaktionen gefragt werden. Im Soziogramm geben verschieden lange Verbindungslinien zwischen den Gruppenmitgliedern Aufschluß über ihre emotionale Nähe oder Distanz. Pfeile geben Hinweise auf die Richtung. Das Soziogramm kann als Momentaufnahme der Integrationsdichte und der Sozialbeziehungen in einer Gruppe, z. B. die Besetzung bestimmter → Positionen bewußt machen (Führer, Mitläufer, Außenseiter; Paar- oder Cliquenbildung).
Der Aussagewert des Soziogramms darf nicht überschätzt werden, da die Sozialbeziehungen bei Kindern und Jugendlichen einem raschen Wandel unterliegen. Außerdem bergen vor allem negative Wahlfragen die Tendenz der Verfestigung von Augenblicksentscheidungen in sich. Als ein Mittel neben anderen (z. B. → Feedback, → Stimmungsbarometer) leistet das Soziogramm aber für die → Situationsanalyse einer Gruppe wertvolle Dienste.

Elbing 1975; Engelmayer 1972; Höhn/Schick 1976

→ Milieusoziogramm K

Sozio-kultureller Wandel → Sozialer Wandel

Soziolinguistik → Linguistik → Sprachbarrieren

Soziologie

wörtlich übersetzt die Wissenschaft von der Gesellschaft, untersucht menschliches Zusammenleben jeder Art als „dynamisches System sozialer Beziehungen“ (Hargreaves), und zwar in seiner Einbettung in die Umweltgegebenheiten und in seiner Abhängigkeit von denselben.
Als Begründer der Soziologie als selbständiger Wissenschaft gilt A. Comte (1798–1857), der ihr den Namen gab und als ihre Aufgabe festlegte, Struktur, Funktionsweise und Entwicklung von Gesellschaften in „nichtmetaphysischer Weise“ (also positivistisch) zu untersuchen.
Für M. Weber ist Soziologie „eine Wissenschaft, welche soziales Handeln deutend verstehen und dadurch in seinem Ablauf und seinen Wirkungen ursächlich erklären will“.
Methodisch greift die Soziologie u. a. auf die für die Tatsachenanalyse geeignete Soziographie, auf die Interpretation statistischen Materials (→ Statistik) und die → Soziometrie zurück.

Vom jeweiligen Arbeitsfeld bestimmt, hat die Soziologie Spezialdisziplinen hervorgebracht. So fragt z. B. die **Soziologie der Schule** nach der formellen Organisation der Schule, nach den Zielen der Schule und ihrer Lehrer, nach der Einbettung der Schule als soziales Gebilde in das soziale Umfeld und in das Gesellschaftssystem, nach den Werten und Strukturen der Altersgruppe der Schüler, wieweit diese Werte mit den Zielvorstellungen der Lehrer übereinstimmen usw. Bezüglich der Organisationsform hat es die Soziologie der Schule im öffentlichen Schulwesen mit dem Bürokratiemodell zu tun, das hierarchische Ordnung, gesetzlich verankerte Machtstruktur und eine unverkennbare und viel beklagte Tendenz zur Formalisierung und Verrechtlichung in der Schule praktiziert. K

Biermann 1992; Dahrendorf 1977; Elias 1991; Erikson 1991; Friedrichs 1990; Habermas 1989; Kerber/Schmieder 1984, 1991; Lange 1976; Lepenies 1981; Morel 1992; Popper 1980 (2×); Wurzbacher 1992

Soziometrie

bezeichnet zusammenfassend quantitative Meßmethoden, mit deren Hilfe vor allem die emotionalen Beziehungen in einer Gruppe durch gegenseitige Wahlen nach den Kriterien der Zuneigung und Ablehnung erfaßt werden können. Die durch Tests ermittelten Daten werden im → Soziogramm graphisch dargestellt. K

Cicourel 1975; Dollase 1976; Moreno 1974, 1981

Sozioökonomie

Aufgabe der Sozioökonomie ist es, die Zusammenhänge und Wandlungsprozesse, die sich zwischen der ökonomischen Basis einer Gesellschaft und den sich darauf aufbauenden und daraus entstehenden sozialen Verhältnissen und Verhaltensweisen ergeben, zu untersuchen. O

Perridon 1992

Sozioökonomischer Status → Statussymbol → Position, soziale

Soziotherapie

befaßt sich mit Behandlungskonzepten zur Wiedererlangung sozialer Fähigkeiten. Sie widmet sich vor allem Mitgliedern benachteiligter sozialer → Schichten und von → Randgruppen (vgl. auch → Stigmatisierungseffekt!).

Die Soziotherapie, die den Patienten in die Gestaltung der Behandlung mit einzubeziehen versucht und diesem größtmögliche persönliche Freiheitsräume bietet, erfolgt grundsätzlich in Form der → Gruppentherapie. Sie fördert die → Sozialisation, gibt Anregungen zur Kontaktaufnahme, zur Lebens- und Freizeitgestaltung.

→ Kommunikation → Kommunikationstechnologie → Psychoanalyse → Psychotherapie OK

Spezialisierungslehrgang

Diese Lehrgangsform bietet die Möglichkeit zum Erwerb weiterer Qualifikationen. So kann sich z. B. ein Lehrer zusätzlich Wissen und Fähigkeiten in Bereichen aneignen, in denen er bisher nicht ausgebildet worden war. In Lehrgängen dieser Art, die in → Kontaktstudienform über längere Zeit stattfinden, spezialisiert und konzentriert sich der Lehrer auf ein Fach, auf einen Bereich, in dem er auch ein → Erweiterungsstudium absolvieren kann.

→ Lehrerausbildung → Lehrerfortbildung → Lehrerweiterbildung O

Speed-Power-Test → Power-Test

Spiel

Nach J. Huizinga (1958) ist das Spiel ein den Menschen kennzeichnendes Urphänomen von eminent kulturschaffender Bedeutung. Nicht von ungefähr kam der Schule im griechischen Kulturbereich die Bedeutung von freier Zeit, Muße, Zeit zum Spielen zu. In einer Zeit überzogener intellektualistischer Interpretation des Leistungsbegriffs bei gleichzeitigem Verlust von Kontaktfähigkeit vermag diese Auffassung von Schule ebenso zum Nachdenken anzuregen wie folgender Ausspruch von Fr. Schiller: „Der Mensch spielt nur, wo er in vollem Umfang des Wortes Mensch ist, und er ist nur da ganz Mensch, wo er spielt" (1795).
„Die **klassischen Spieltheorien** interpretieren das Spiel als Wiederholung der Phylogenese (→ Rekapitulations- oder Atavismustheorie, St. Hall, W. Wundt), als Folge überschüssiger Energie (Kraftüberschußtheorie, H. Spencer), in seiner Erholungsfunktion bei partieller Ermüdung (J. Schaller), als Ventil zur Abreaktion von Instinkten, Impulsen oder Gefühlen (Katharsistheorie, H. Carr), als Vorübung und zur Selbstausbildung unfertiger Anlagen und Instinkte (Vorübungstheorie, K. Groos)." (*Lex. der Päd.,* Bd. 4, Seite 137, Freiburg-Basel-Wien 1971)
Dem Spiel sind folgende **Merkmale** zu eigen: Zweckfreiheit (verstanden als Freiheit vom Erfolgs- oder Ergebniszwang), Freiwilligkeit, Gegenwärtigkeit, Symbolhaftigkeit (es ist nicht an die Realität gebunden), Dynamik und Aktivität, Spannung. An **Spielarten** werden unterschieden: Das **Funktionsspiel,** das von Geburt an von großer Bedeutung für die Entwicklung der Körperfunktionen (Beherrschen der Gliedmaßen) und der Sinne und für den Umgang mit Materialien ist. Die **Informations- oder Explorationsspiele** dienen der systematischen Entdeckung und Eroberung des Umfeldes in immer weiter ausgreifenden Kreisen. In den **Fiktions- oder Illusionsspielen** etwa ab der Mitte des zweiten Lebensjahres verleiht das Kind Gegenständen oder sich selbst Rollen, in denen es eigene Erlebnisse nachvollzieht und die Umwelt nachahmt. Gleichzeitig setzen die **Rezeptionsspiele** (Geschichten und Märchen hören, Bilderbuch betrachten) und die **Konstruktionsspiele** (Bauen mit Klötzen, Sand, Ton usw.) ein. Im Zusammenhang mit der → Sozialisation kommt vor allem im Alter von drei bis sechs Jahren den → **Rollenspielen** große Bedeutung zu; in ihnen verarbeitet das Kind durch Imitation und → Identifikation seine Erfahrungen mit der sozialen Umwelt. Im Kindergartenalter wendet sich das Kind ferner den **Regelspielen** zu, die seine entwickelte Fähigkeit voraussetzen, sich an fest vereinbarte Regeln zu halten und sich ihnen unterzuordnen. Alle erwähnten Spielarten bleiben in verfeinerter Form – freilich mit wechselnden Schwerpunkten – den Kindern während ihrer weiteren Entwicklung und auch den Erwachsenen erhalten.

Buddensiek, in Lenzen 1983; Chateau 1969; Daublebsky 1988; Flitner 1986; Fritz 1991; Fröbel 1982–1987; Hetzer 1982; Pausewang 1989; Scheuerl 1990, 1991; Thiesen 1991; Warns 1981; Winnicott 1989

→ Lernen, spielerisches K

Spielplatz → Kinderspielplatz

Spieltherapie

wurde zur Behandlung von Kindern mit massiven → Verhaltensauffälligkeiten, traumatischen Belastungen und neurotischen Fehlhaltungen entwickelt, da sie auf die tiefenpsychologische Analyse in der Regel nicht ansprechen.

Nach Zulliger (1991) haben Spiele „bei jüngeren Patienten den Zweck,

1. den pathogenen Konflikt aufzudecken,
2. ihn psychotherapeutisch zu bearbeiten; der Konflikt wird dramatisch, agierend abgewandelt und gelöst;
3. dem Kinde wird die Möglichkeit gegeben, an Hand der Spiele zu kultivierteren Triebbefriedigungen zu gelangen, indem man ihm in wohldosierter Folge feinere Spiele oder Spielpraktiken vorlegt. Auf gleiche Art können Triebumsetzungen in die Wege geleitet, Triebdomestizierungen in Bewegung gesetzt, Sublimierungen abgebahnt werden;
4. geben die Spiele Anhaltspunkte darüber, was am Milieu des Kindes verändert werden muß; manch ein Kind äußert nur darum neurotische Zeichen, weil es ‚milieukrank' gemacht worden ist."

Die Spieltherapie im nicht-direktiven Verfahren nach Axline (1947, 1990[7]) lehnt sich an die → Gesprächspsychotherapie von C. Rogers an. Das Verhalten des Therapeuten wird hier von folgenden grundlegenden Prinzipien geleitet:

1. Der Therapeut muß eine warme, freundschaftliche Beziehung mit dem Kind herstellen.
2. Der Therapeut akzeptiert das Kind so, wie es ist.
3. Der Therapeut baut eine personale Bindung des Gewährenlassens mit dem Gefühl auf, daß alles erlaubt ist und ungehemmt ausgedrückt werden kann.
4. Der Therapeut ist einfühlsam, um die Gefühle zu erkennen und zum Kinde zu reflektieren, so daß es Einsicht in sein Verhalten gewinnt.
5. Der Therapeut steht in tiefem Respekt vor der kindlichen Fähigkeit, seine eigenen Probleme selbst zu lösen (nachdem er sie reflektiert hat).
6. Das Kind weist den Weg in der Gesprächsthematik bzw. Therapie, der Therapeut folgt.
7. Der Therapeut versucht nicht, den therapeutischen Prozeß zu beschleunigen.
8. Der Therapeut setzt nur die Grenzen, die nötig sind, um in der Therapie die Realität der Welt zu berücksichtigen und um dem Kind die Eigenverantwortlichkeit in diesen Beziehungen vor Augen zu führen.

Wenn das Umfeld einer Verhaltensänderung des Kindes im Wege steht, sind die Eltern in die Therapie mit einzubeziehen, vorübergehend von den Alltagsarbeiten zu entlasten usw. A. Dührssen (1960, 1989) gliedert die Spieltherapie in Beschäftigungsspiele mit konstruktivem Gestalten am Material, in spielerische Gestaltung von Erlebnisinhalten und in Gemeinschaftsspiele.

Bei den Beschäftigungsspielen mit konstruktivem Gestalten am Material bietet man einerseits vorgeformtes Material an: Legosteine, Fischertechnik, Vorlagen für Laubsägearbeiten u. a. Andererseits kann man völlig amorphes Spielmaterial benutzen, das dem freien Einfall und der spontanen Initiative mehr Raum gibt: Ton, Sand, Wasser, Farben, Holz für Schnitzarbeiten, Papier-Kleistermasse zum Formen von Gegenständen usw.

Für die spielerische Gestaltung von Erlebnisinhalten eignen sich unter anderem: Psychodrama (nach Moreno), freies und rollengebundenes Kasperlespiel oder Puppenspiel, Gestalten mit dem Scenotest (nach v. Staabs), verschiedenes Spielzeug, dramatischer Ausdruck von Lesetexten und von Bildern projektiver Tests,

Formen mit vielfältigem Material (Ton, Plastilin, Zerschlagen von Glas und Keramik für Mosaikarbeiten), Zeichnen, Drucken und Malen einschließlich Fingermalen (nach Pekny), Musik-Maltherapie, unter Mitbenutzung der Wand oder mit breitflächigen Pinseln auf großen Flächen.
Beim Gemeinschaftsspiel müssen wichtige Regeln verstanden und respektiert werden. Die soziale Integration erfährt durch das Lernen und Akzeptieren von Ordnungen eine Förderung. Man kann für die Diagnose beobachten, ob sich ein Kind oder Jugendlicher in die Gemeinschaft ein-, unter- oder überordnet, aktiv mitarbeitet, die Regeln zu umgehen versucht, Vorrechte verlangt usw. Sinnvoll erscheinen u. a. Ballspiele, Bewegungsspiele, Brettspiele, Geschicklichkeitsspiele, Frage- und Antwortspiele, Rollenspiele mit und ohne wechselnde Rollen, Gesellschaftsspiele und schließlich auch leistungsmotivierende Lernspiele.

Axline 1990; Ginott 1977; Goetze 1981; Goetze/Jaede 1988; Kluge/Pick 1986

→ Gesprächsführung, partnerzentrierte → Projektionstests (dort v. a. Sceno-Test)
→ Psychotherapie
K

Spielzeug
ist zum Spielen produziertes Material, das je nach Alter des angesprochenen Kindes bestimmte Kriterien erfüllen sollte. Für jedes Spielzeug gilt die Forderung, daß es unter dem Gesichtspunkt der kindlichen Interessen brauchbar, ferner haltbar und farb- und formschön ist. Darüber hinaus verfolgt jedes Spielzeug die Absicht, das Kind seiner Entwicklung entsprechend in der Ausbildung von Fähigkeiten und Fertigkeiten und beim Erwerb von Kenntnissen zu unterstützen. Die unter dem Aspekt des spielerischen Lernens hochgespielte Unterscheidung der einschlägigen Industrie zwischen Spielzeug und **didaktischem Material** ist deshalb unberechtigt.
Jedes Spielzeug kann – einer bestimmten didaktischen Absicht folgend – zum didaktischen Material werden und es ist ein solches meistens auch ohne das Zutun des Erziehers. Nicht jedes auf dem Markt angebotene didaktische Material aber ist als Spielzeug geeignet. Vorgefertigtes **technisches Spielzeug** schränkt häufig die Phantasie und Kreativität der Kinder ein, weil der Eigenaktivität kein oder wenig Spielraum bleibt. Anregungen für die richtige Spielzeugwahl gibt z. B. *„Gutes Spielzeug". Kleines Handbuch für die richtige Wahl,* herausgegeben vom Arbeitsausschuß Gutes Spielzeug. Als **Grundsätze für die Beurteilung und Auswahl von Spielzeug** sollten beachtet werden:
- Alter der Kinder
- Anregung der Phantasie
- Vielfalt der Spielmöglichkeiten, evtl. Ergänzungsfähigkeit
- Material
- Form und Farbe
- angemessene Größe
- Anzahl und Menge
- Konstruktion und Mechanik
- Haltbarkeit
- Sicherheit
- Preis

Böth/Militzer-Schwenger 1991; Fritz 1989; Gutes Spielzeug von A–Z; Stöcklin-Meier 1987

→ Spiel
K

Spiralprinzip

Nach dem Spiralprinzip werden Kenntnisse entsprechend den Entwicklungsphasen oder Entwicklungsstufen des Menschen vermittelt. Mit zunehmender Reife eines Schülers wird z. B. dasselbe Thema bzw. derselbe Lehrstoff auf jeweils höherem Abstraktionsniveau erschlossen. So wie bei der Stoffvermittlung in → konzentrischen Kreisen soll in einem Wissensbereich auf bereits Bekanntem und früher Gelerntem aufgebaut und unter Berücksichtigung neuer Stoffinhalte in einem kontinuierlichen, sich im Schwierigkeitsgrad erhöhenden Lernprozeß fortgefahren werden. Bruners Spiralcurriculum sieht die Entwicklung des Kindes parallel zu den zu vermittelnden Kenntnissen. Obwohl ein sog. spiraliger Aufbau curricularer Lehrpläne nicht in allen Fächern möglich ist, ergeben sich durch das Spiralprinzip andere Aspekte für die Anordnung und Bestimmung von Lernzielen und Lerninhalten.

→ Curriculum → Entwicklungspsychologie → Konzentrische Kreise → Lernziel O

Spiritismus

bezeichnet den Glauben an die Möglichkeit, daß die Geister Verstorbener durch die Vermittlung eines Mediums mit den Lebenden in Verbindung treten können; die Existenz einer Geisterwelt steht hier also außer Zweifel.

Beliebte Techniken der Spiritismus- und Okkultismusszene sind Tischrücken, Gläserrücken, automatisches Schreiben, Pendeln, Tarot, Herbeirufen von Klopf- und Poltergeistern, Satanskult mit schwarzen Messen und sadomasochistischer Sexualmagie. K

Haack 1988; Müller 1989; vgl. auch bei → Okkultismus!

Split-half Methode → Halbierungsmethode

Splitterberuf

Ausbildungsberufe, in denen die Zahl der Auszubildenden bzw. Berufsschüler beachtlich zurückgegangen ist, werden als Splitterberufe bezeichnet. Die in Splitterberufen Auszubildenden werden in Fachklassen innerhalb großer → Fachsprengel zusammengefaßt. O

Spontaneität, synonym Impulsivität → Kognitive Stile

Sprachbarrieren

Durch nicht bekannte Wörter und Ausdrücke, Mangel an Wortschatz, nicht geläufige Sprache und falsche Interpretation von Sprachstrukturen bauen sich Barrieren gegenüber anderen auf. Diese durch fehlendes Sprachverständnis und Nichtverfügbarkeit an Wörtern entstehenden Behinderungen können sich auf die verschiedensten Bereiche auswirken, z. B. auf → Kommunikation, → Interaktion, Anerkennung durch Mitmenschen oder auf → kognitive Fähigkeiten und Prozesse. Auf Grund empirischer Untersuchungen hat sich gezeigt, daß durch schichtenspezifische Formen des Sprachverhaltens vor allem für die sog. Unterschichtangehörigen Sprachbarrieren zunächst zu beachtlichen Lernbarrieren werden können, und daß das sprachsymbolische Verhalten und Verständnis, das Gesellschaftsbild von Kindern, Jugendlichen und Heranwachsenden durch die sprachlich strukturierte Kultur derjenigen Sozialschicht geprägt werden, aus der sie hervorgehen.

Nach Ansicht der Soziolinguistik besteht also eine Wechselwirkung zwischen Sprechen als sozialem Handeln und den sozialen Strukturen der Gesellschaftsschichten. Nach Bernsteins (umstrittenem) Code-Konzept neigen Angehörige der Unterschicht eher zu einem restringierten (= eingeschränkten, wenig differenzierten, situationsgebundenen) Sprachcode, während Angehörige der Mittel- und Oberschicht über einen elaborierten (= differenziert ausgebauten, hochentwickelten, situationsunabhängigen) Sprachcode verfügen. Diese Feststellung ist bedeutend für den Umgang der Gesellschaftsschichten miteinander und für die Chance von Unterschichtangehörigen, sich die von Sprache und Denken der Mittel- und Oberschicht dominierte offizielle Kultur anzueignen. Sie vernachlässigt aber den unter Umständen hohen schichtinternen Reichtum des restringierten Codes an spezifischen Sprachzeichen und Funktionen. Differenzierende Weiterentwicklungen des Code-Konzepts nahmen vor allem Schütze (1975/1976) und Oevermann (1972, in Auwärter 1976, in Soeffner 1979) vor. K

Bernstein 1980; Kochan 1976; Oevermann 1972; Schütze 1975/1976; Soeffner 1979; vgl. auch bei → Schicht, soziale!

Sprachbehindertenpädagogik → Sonderpädagogik

Sprachbehinderung

setzt sich gegenwärtig in der → Sonderpädagogik als Oberbegriff für Sprachstörungen, Sprachschädigungen und Sprachbeeinträchtigungen durch.
Sprachbehinderungen bezeichnen vor allem folgende Gegebenheiten:

1. Die teilweise oder totale Unfähigkeit, Sprache zu erwerben aufgrund von Schädigungen der Sprachzentren im Zentralnervensystem bzw. wegen schwerwiegender Schädigungen der Sprechorgane oder der Muskeln und Nerven der Sprechorgane (z. B. Hasenscharte, Zungenlähmung).
2. Die teilweise oder totale Unfähigkeit, Sprache zu verwirklichen aufgrund psychisch verursachter neurotischer Zustände wie z. B. bei Angst (→ Stottern, → Stammeln, → Poltern, → Mutismus) oder bei tiefgreifenden Persönlichkeitsveränderungen. K

Clauss/Traenckner 1981; Grohnfeldt 1982, 1989, 1990; Mauer 1991; Wurst 1978; vgl. auch bei → Sonderpädagogik!

Sprachentwicklung

dient der Entwicklung der Fähigkeit, Sprache syntaktisch, semantisch und pragmatisch (Erklärungen unter → Semiotik) richtig zu gebrauchen. Der individuelle Verlauf der Sprachentwicklung hängt vom persönlichen Entwicklungstempo des Kindes ab, von seinem Geschlecht (Mädchen sprechen früher als Jungen), von seinem Intelligenzstand und von den angebotenen Umweltreizen, und grundsätzlich von intakten Hör- und Sprechorganen sowie von der Funktionsfähigkeit der speziell für die Sprache zuständigen Partien des → Gehirns.
Der Spracherwerb vollzieht sich in folgenden Entwicklungsschritten:

1. **Vorsprachliche Phase** von der Geburt bis zur Produktion erster konventioneller Sprachsymbole: Die sprachlichen Symbole werden vom Kind nicht als leere Hülsen gelernt, sondern im sozialen Handeln (mit der Mutter). Vor allem Lustgefühle werden durch fortgesetzte Wiederholung phonetischer Elemente, durch das Lallen zum Ausdruck gebracht (Lallmonologe, Echolalie vom 2.–12. Lebensmonat).

Bruner beschreibt fünf Prozesse, in denen das vorsprachliche Kind von der Mutter auf den Spracherwerb vorbereitet wird:

- Das Kind lernt den Handelnden vom Objekt der Handlung zu unterscheiden, was die Subjekt-Prädikat-Unterscheidung vorbereitet.
- Die Mutter lenkt die Aufmerksamkeit des Kindes auf Objekte und benennt sie gleichzeitig.
- Die Mutter spricht über das Objekt oder führt mit diesem Handlungen aus.
- Das Kind lernt Fragen und Aufforderungen der Mutter am Tonfall zu unterscheiden, ahmt sie nach und kann auf diese Weise seine Wünsche ausdrükken.
- Spiele zwischen Kind und Bezugsperson, z. B. das „Wo-Da-Spiel".

2. **Systematischer Sprachaufbau** im zweiten und dritten Lebensjahr:
   - → Ein-Wort-Satz
   - → Zwei-Wort-Satz
   - Mehrwortsätze (vgl. bei → Zwei-Wort-Satz)
3. **Übergang zu komplexen Satzstrukturen ab zweieinhalb Jahren:**
   Hier kommt dem Sprachvorbild entscheidende Bedeutung zu. Kleinkinder verstehen mehr als sie ausdrücken können (das Sprachverständnis ist der Sprachfähigkeit ca. drei Monate voraus) und sollte deshalb nicht durch die sog. Baby-Sprache unterfordert werden. Es empfiehlt sich eine zwar einfache, aber grammatikalisch richtige und deutlich artikulierte Sprache. Ständiges Verbessern der kindlichen Sprache kann über das Gefühl des Nichtkönnens schlimmstenfalls zur Sprechverweigerung führen.
   Bei normaler Entwicklung verfügt das Kind mit drei bis vier Jahren über die wichtigsten syntaktischen Regeln, um das 5. Lebensjahr beherrscht es Grammatik und Syntax seiner Sprache.
   Der Wortschatz wächst im Laufe der Sprachentwicklung folgendermaßen an: Ein Kind im Alter von einem Jahr verfügt nur über drei Wörter, während es mit eineinhalb Jahren bereits 40 Wörter beherrscht; vom zweiten Jahr (250 Wörter) bis zum fünften erhöht sich der Umfang in Einzelschritten (2½: 450, 3: 900, 3½: 1200, 4: 1500, 4½: 1900) auf 2100 Wörter. Vom 14. Jahr zum Erwachsenenalter erfolgt ein Sprung von 10 000 bis ca. 18 000/20 000 Wörtern. K

Grimm 1977, Grohnfeldt 1989; Szagun 1991; vgl. auch bei → Sprachbehinderung!

Sprachfehler → Sprachbehinderung

Sprachheilpädagogik → Logopädie

Sprachlabor

„Ein Sprachlabor ist eine elektronische Anlage, die aus untereinander verkabelten Geräten zur Wiedergabe und Aufnahme gesprochener Sprache besteht. Jedes Sprachlabor besteht aus einem Steuerpult (Lehrertisch) und beliebig vielen Schülerplätzen; als Norm für die Zahl der Schülerplätze gilt die Anzahl der Schüler einer Klasse bzw. eines Kurses. Vom Steuerpult aus werden programmierte Lehr- und Übungsmaterialien an die Schülerplätze überspielt und dort individuell bearbeitet. Das Sprachlabor wird vornehmlich im Fremdsprachenunterricht eingesetzt." (Heinrichs 1971) Es kann aber auch für jedes andere Unterrichtsfach bei entsprechender Programmierung des Lernstoffes eingesetzt werden.

Gemäß ihrer Verwendungsmöglichkeiten werden H-Labors (= Hör-Labors, auch „elektronische Klassenzimmer" genannt), H-S-Labors (= Hör-Sprech-Labors), H-S-A-Labors (= Hör-Sprech-Aufnahme-Labors) und H-S-A-H-Labors (= Hör-Sprech-Aufnahme-Hör-Labors) unterschieden.
Im Sprachlabor (SL) steht der mechanische Drill im Vordergrund.
Im allgemeinen dient das SL der Erlernung, Vertiefung und Wiederholung der Sprache in zwei Formen, die
„1. als Methode der Komplexanwendung und
2. als Methode der Partialanwendung"
bezeichnet werden sollen.

1. Methode der Komplexanwendung

Mit dieser Methode, die das SL rationell ausbeutet und den bisherigen Klassenunterricht rigoros ausschaltet, wurden in Sprachinstituten, in privaten und militärischen Bereichen und an Universitäten im Ausland bereits gute und rasche Erfolge erzielt. Hingewiesen sei hierbei auf das bekannte Experiment von F. Rand Morton an der Harvard University, durch das Studenten in einem einsemestrigen spanischen Kurs ein höheres Fertigkeitsniveau in der Fremdsprache erreichten, als ihre Kommilitonen, die drei bis vier Jahre nach traditionellen Methoden unterrichtet worden waren. Dr. H. Walz schreibt in einem Artikel „Zur Revolution im Unterricht moderner Sprachen" in der Zeitschrift *„Lebende Sprachen"* Nr. 6, 1962 (Seite 181) hierzu folgendes: „Morton hat in seinem Musterlehrgang für Spanisch feststellen können, daß die Ausschaltung all dieser Hindernisse (1. Das Erlernen grammatischer Regeln. 2. Das Erlernen ihrer zahlreichen Ausnahmen. 3. Die Technik der Manipulation sowohl der Regeln wie ihrer Ausnahmen. 4. Die Technik, diese Regeln [und ihre Ausnahmen] als Bestandteile komplizierter grammatischer Systeme und ihrer Technologie richtig zu plazieren. 5. Die besonders verhängnisvolle ständige, bewußte oder unbewußte Bezugnahme auf die Muttersprache, deren Struktur, grammatisches System, Phonemik usw., die allzuoft in störendem Gegensatz zur Lehrsprache stehen. 6. Die Notwendigkeit eines zuverlässigen, ständig paraten und immer wachen Gedächtnisses.) und die Verwendung systematisch und sorgfältig angesetzter Gewohnheitsfaktoren nicht nur eine gewaltige Zeitersparnis, sondern eine viel höhere Leistung erreichte.
Er entwickelte seinen Kurs in sechs Stufen, für die je nach Eignung der Studenten insgesamt zwischen 249 und 415 Stunden erforderlich wurden. Auf der ersten, 28 bis 56 Stunden dauernden Stufe, wurde das Ohr des Studenten auf spanische Phoneme hin konditioniert. Hier, wie auf allen anderen Stufen, mit Ausnahme der letzten, wurde weder gelesen noch geschrieben. Ebensowenig wurde auf den beiden ersten Stufen irgendeine Bedeutungsinterpretation der Laute oder Wörter gegeben.
Erst auf der zweiten Stufe begann die Lautwiedergabe, wobei in etwa 105 Musterstrukturgruppen Phoneme und Wortgruppen wiederholt wurden.
Morton bewies mit seinem Versuch, daß das Erlernen einer Sprache, deren Stoffbereiche in kleinen konsequenten Stufen aufgebaut sind, durch entsprechenden intensiven „Drill" zu haftenden Sprechgewohnheiten führt.

2. Methode der Partialanwendung

Diese Methode stellt nicht ein Fach für eine entsprechende Periode in den Mittelpunkt des Lerngeschehens. Sie eliminiert aus der für die jeweilige Klasse oder das jeweilige Semester vorgeschriebenen Stundentafel einen Unterrichtsgegenstand, in diesem Falle das Fach Englisch, und ordnet innerhalb des Stundenplanes die vorhandenen Unterrichtsstunden teilweise dem SL und teilweise dem orthodoxen Unterricht zu. Bei dieser Kombination sind traditioneller Unterricht und Laborunterricht exakt aufeinander abzustimmen.

„Für eine Erfolg zeitigende Arbeit bei der Methode der Partialanwendung sollte der Lehrer folgendes beachten:

1. Die Unterrichtslektionen sind genauestens vorzubereiten.
2. Der Lehrer muß wissen, was er seiner Klasse zumuten darf.
3. Der Unterricht ist so auszurichten, daß die vertiefende Übung ins Labor verlegt werden kann.
4. Es sollte möglichst kein neuer Stoff im Labor dargeboten werden.
5. Stoffbereiche, die für den Schüler neu sind, müssen eine Verbindung zum vorausgegangenen Stoff herstellen, oder dem bereits durchgenommenen ähnlich sein und dürfen nur in minutiösen Schritten weiterführen.
6. Der Lehrer hat vor Verwendung eines Programmes dieses genau nach Inhalt, Schwierigkeitsgrad und Länge zu prüfen und darauf zu achten, daß es nicht zu weit außerhalb der vorgezeichneten Stoffgebiete liegt.
7. Findet sich kein akzeptables Programm, so muß die Lehrkraft fähig sein, selbst ein Programm zu erstellen, das in den Ablauf des Unterrichts einbezogen werden kann, stofflich entspricht und zweckorientiert ist.

Beim Wechsel zwischen der Arbeit im SL und der Arbeit im Schulzimmer bahnt sich nur bei sehr guter Vorausplanung und richtigem ökonomischem Einsatz des SL ein dauernder Erfolg an." (Hanns Ott 1967)

Umfang und Niveau eines im SL verwendeten Programms sind dem Alter, dem Kenntnisstand, der Auffassungsgabe und der Konzentrationsfähigkeit der Schüler oder Studenten anzugleichen. Jede Übung hat eine systematische Sprachübung zu gewährleisten und Sprachgewohnheiten im Lernenden zu etablieren. Bei der Programmierung für das SL sollten, wie Helma Ott (1967) ausführt, „Zehn Gebote des Programmierens" befolgt werden:

1. Der Programmierer (P) muß sich auf den Lernenden einstellen.
2. Der P. muß seinen Stoff sorgfältig auswählen.
3. Der P. muß sich über das Lernziel im klaren sein.
4. Der P. muß sich über den Aufbau seines Programmes klar werden.
5. Nach Festlegung der allgemeinen Struktur muß der P. seine Übungen sehr sorgfältig ausarbeiten.
6. Der P. muß seinem Programm einen kleinen Kontrolltest anfügen.
7. Jeder P. muß sein Programm testen.
8. Der P. muß die bei der ersten Erprobung gemachten Fehler sorgfältig analysieren.
9. Jedes Programm muß sorgfältig vorgetragen werden.
10. Jedes Programm muß durch Vor- und Nachbereitung in den normalen Klassenunterricht eingegliedert werden.

Die Arten der Programmübungen, die grundsätzlich verwendet werden, sind: Aussprache- und Intonationsübungen, Analogieübungen; Umwandlungsübungen; Verbindungsübungen; Einübung idiomatischer Wendungen; Wiederholungs- und Vertiefungsübungen; Einsetz- und Übersetzungsübungen.

Freudenstein o.J.; Ott 1967 (2×); Roeske/Melezinek 1979

→ Programmierte Instruktion → Übung → Unterrichtsmethode OK

Sprachlicher Kontext → Kontext

Sprachstörungen → Sprachbehinderung

Sprechangst → Logophobie

Sprungprogramm → Programmierte Instruktion

SQ3R-Methode
In den USA wurde von F. Robinson eine 5-Punkte-Methode entwickelt, die helfen soll, Texte schneller, genauer und intensiver lesen und erfassen zu können. Die SQ3R-Methode soll bei richtiger Anwendung Vorteile mehrerer Lesearten vereinigen.
Die Buchstaben SQRRR stehen für folgende fünf verschiedene Wörter bzw. Schritte, die beim Lesen zu berücksichtigen sind:

Survey:	Durchsehen, Überschauen, Überblick gewinnen
Question:	Fragen, Erkunden
Read:	Lesen
Recite:	Anfragen, Vertiefung der Aufgabe, sich erinnern und vergegenwärtigen
Review:	Wiederholung und nochmaliges Durchsehen.

O

S-R-Theorie
Die S-R-Theorie oder das S-R-Gesetz, wobei S die Abkürzung für Stimulus und R für Response ist, befaßt sich mit regelmäßigen und wiederholbaren Beziehungen zwischen Reiz- und Reaktionsverhalten. Es wird davon ausgegangen, daß zwischen der Auslösung eines → Reizes und der sich daraus ergebenden → Reaktion gesetzmäßige, erkundbare und immer wieder auftretende Verhaltensweisen bestehen und sich somit die Reaktion R als eine Funktion des Reizes S darstellt: $R = F (S)$.
Sowohl in den USA als auch in Rußland wurden auf Grund der S-R-Theorie eine Anzahl von Tierexperimenten durchgeführt. Beckterew und Pawlow beschrieben nach den Versuchen mit Hunden den Assoziationseffekt, der besagt, daß ein Reiz im Organismus dann eine Reaktion, eine bestimmte Verhaltensweise, eine Bewegung auszulösen beginnt, wenn vorher bei entsprechend häufigen Wiederholungen der Reizeinfluß mit dieser Verhaltensweise oder Bewegung gekoppelt worden ist. Die Reiz-Reaktionstheorie ist von ihrem Prinzip her nicht der modernen Physiologie, Psychologie oder Pädagogik zu verdanken, sondern wurde bereits in der Antike durch Herophilus vorbereitet. Sie hat große Bedeutung für die → Lerntheorie.

O

Staatliche Schule
Staatliche und → kommunale Schulen sind → öffentliche Schulen. Bei staatlichen Schulen ist der Dienstherr des Lehrers der Staat selbst. Sie werden durch Rechtsverordnung des jeweils zuständigen Staatsministerium errichtet, aufgelöst, erweitert oder verkleinert.
Der Staat übernimmt Kosten für:
- Lehr- und Verwaltungspersonal

– Schulanlagen einschließlich der gesamten Ausstattung
– Schülerheime (→ Heime)
– → Lehr- und Lernmittel
– Schülerübungen und Schulveranstaltungen
– → Elternbeirat und → Berufsschulbeirat
– Schulbusse und andere notwendige Beförderungsmittel für Schüler

Für staatliche Schulen werden → Schulordnungen erlassen.

→ Ergänzungsschulen → Ersatzschule → Privatschule → Schule O

Staatlicher Schulberater

Die staatlichen Schulberater erfüllen in Bayern die Aufgaben zentraler Beratungs- und Organisationsstellen in den jeweiligen Regierungsbezirken und sind gegenwärtig den Dienststellen der Ministerialbeauftragten für die Gymnasien zugeordnet. Zu ihren besonderen Aufgaben gehören:

– Beratung in allen Fragen, die den Besuch weiterführender Schulen betreffen,
– Einzelberatung in schwierigen Fragen der Schullaufbahn,
– Fachliche Betreuung von → Beratungslehrern und → Schuljugendberatern,
– Kontaktpflege mit allen die Aus-, Fort- und Weiterbildung betreffenden Behörden,
– Auskunftserteilung an Schulen und Behörden und Mitwirkung bei Maßnahmen der Begabtenwerbung und Begabtenlenkung,
– Informationspflicht über alle sich im Schulwesen ergebenden Änderungen.

Literatur vgl. bei → Schulberatung!

→ Schulberatung → Schulpsychologe O

Staatsinstitut für Schulpädagogik und Bildungsplanung (ISB)

wurde am 1. Sept. 1971 in Bayern gegründet und ging aus dem ehemaligen Staatsinstitut für Gymnasialpädagogik (IGP), das 1966 eingerichtet worden war, hervor.

Seine Aufgaben, die sich auf alle Schularten erstrecken, sind:

– Reform der Lehrpläne: Erstellung der → Lehrpläne und deren Revision,
– pädagogische Betreuung und wissenschaftliche Begleitung von Schulversuchen,
– inhaltliche Planung der Lehrerfortbildung in Zusammenarbeit mit der Akademie für Lehrerfortbildung und dem Kultusministerium,
– Untersuchungen im Rahmen der Bildungsplanung.

→ Curriculum OK

Ständige Konferenz der Kultusminister (KMK)

Aus dem Zonenerziehungsrat und der Abteilung Kulturpolitik des Länderrates wurde 1948 die Ständige Konferenz der Kultusminister geschaffen. Sie hat als länderübergreifendes Koordinationsgremium die Aufgabe, sich mit allen Fragen und Angelegenheiten der Schul- und Kulturpolitik, soweit diese von überregionaler Bedeutung sind, zu befassen und zu versuchen, zu einer gemeinsamen Meinungs- und Willensbildung zu gelangen, gemeinsame Anliegen zu vertreten, Beschlüsse zu fassen und Empfehlungen an die einzelnen Bundesländer zu geben.

Die KMK ist organisatorisch wie folgt aufgebaut:
Das Plenum besteht aus den Kultusministern bzw. Kultussenatoren oder Unterrichtsministern der Länder. Sie fassen Beschlüsse mit Einstimmigkeit, die für die Länder Empfehlungen darstellen.
Das Plenum wählt aus seiner Mitte ein Präsidium, das aus einem Präsidenten und zwei Vizepräsidenten besteht. Darüber hinaus werden zur Vorbereitung der Entscheidungen und Beschlüsse im Plenum Ausschüsse für entsprechende Sachgebiete wie z. B. ein Hochschulausschuß oder ein Ausschuß für das Auslandsschulwesen gebildet. In die durch das Plenum genehmigten Ausschüsse entsendet jedes Land der Bundesrepublik einen Vertreter. Die Ausschüsse können sich in Unterausschüsse, Arbeitsgruppen oder Beratungsgremien untergliedern. O

Stammeln

synonym Dyslalie, bezeichnet eine fehlerhafte Lautbildung (besonders häufig von s und r), Auslassen von Lauten oder den Ersatz eines Lautes durch einen anderen. Während Stammeln in der Zeit des Spracherwerbs bis etwa zum 4. Lebensjahr als Fehlleistung toleriert werden kann, sind später, also z. B. bei entsprechender Auffälligkeit in der → Grundschule, eine eingehende Diagnose auf Hörstörungen, → Retardierung, Hirnschäden, Anomalien der Sprechwerkzeuge und gegebenenfalls eine einschlägige Therapie angezeigt. K

Standardabweichung

bezeichnet das Ausmaß an Übereinstimmung bzw. an Abweichung von Meßwerten vor allem in der → Statistik und bei → Tests, und zwar in Bezug zum arithmetischen Mittelwert. Die insgesamt vorliegende Standardabweichung wird → Streuung genannt. K

Standardisierung

bedeutet Vereinheitlichung nach Vorgaben bzw. Mustern. Im Rahmen der Testerstellung ist unter Standardisierung oder Eichung eines → Tests die Festlegung von → Normen einschließlich einer vertretbaren → Standardabweichung zu verstehen, mit deren Hilfe alle weiteren Untersuchungen auf Grund des Standardtests bewertet werden. Die später als Vergleichszahlen für die Testergebnisse dienenden Normen werden durch Testung einer repräsentativen → Stichprobe der Personen gewonnen, die als Zielgruppe dieses Tests bestimmt sind. OK

Standardmeßfehler

bezeichnet die aufgrund ausreichender Probeläufe erwartete → Streuung von Meßwerten bzw. Testergebnissen, die sich bei der Untersuchung ein und desselben Sachverhalts wegen der Ungenauigkeit der Untersuchungsinstrumente ergeben kann. Das jeweils erzielte Ergebnis ist also ein Schätzwert innerhalb einer tolerierbaren → Standardabweichung. K

Statement

bedeutet Angabe, Feststellung, Behauptung, Erklärung, Darlegung. Es ist möglichst knapp gehalten und eng auf einen vorliegenden Sachverhalt oder eine Frage bezogen.
Das **offizielle Statement** z. B. im Rahmen der Politik hat rein informativen Charak-

ter und ist deshalb von Sachlichkeit bestimmt. Davon abzuheben ist das **persönliche Statement**, das in Kurzform die persönliche Meinung darlegt. K

Statistik

ist eine methodische Wissenschaft zur zahlenmäßigen Untersuchung von Massenerscheinungen. Sie befaßt sich mit der Sammlung, Analyse und Interpretation empirischer Daten. Die statistische Methode beginnt mit der Erhebung und Verzeichnung von Massentatsachen, die geordnet, kategorisiert, in Zusammenhang gebracht, ausgearbeitet und dargestellt werden müssen. Der Hauptvorteil der Statistik liegt darin, daß sie unüberschaubare Mengen von Informationen zuverlässig zu reduzieren vermag und damit nachprüfbare und vermittelbare Daten für Entscheidungen und Prognosen vorlegt.
Häufig verwendete Grundbegriffe der Statistik:
Statistische Einheiten sind gleichartige Einzeltatsachen, die in ihrer Gesamtheit eine **statistische Masse** bilden, z. B. in Form der → Population. Der Begriff **Grundgesamtheit**, der die Gesamtheit aller tatsächlichen oder vorstellbaren Objekte einer bestimmten Masse oder Menge, die Gegenstand der Untersuchung ist, kennzeichnet, wird synonym zu statistische Masse verwendet. Diese wird als **Bestandsmasse** bezeichnet, wenn sich die Objekte, die statistischen Einheiten über einen Zeitraum erstrecken, z. B. Schulbauten, lebende Menschen. Zeitlich nacheinander sich ergebende Geschehnisse sind **Bewegungsmassen**, wie z. B. Zuwanderung von Ausländern, Geburten. Diese sind im Gegensatz zu den Bestandsmassen laufend zu erfassen. Während die → **Stichprobe** als eine entsprechende Anzahl aus der statistischen Masse bzw. Grundgesamtheit ausgewählt wird, geschieht die Auswahl bei der → **Zufallsstichprobe** in der Form, daß jedes Objekt, jede statistische Einheit der Grundgesamtheit die gleiche Chance hat, in die Stichprobe zu gelangen.
Der Zweig der Statistik, der die gesetzmäßigen Zusammenhänge untersucht, die zwischen statistischen Massen bzw. Grundgesamtheiten und Stichproben bestehen, ist die mathematische Statistik, deren Ergebnisse als Modelle zur Lösung praktischer Probleme im Rahmen angewandter Statistik dienen.
Grundsätzlich unterscheidet man die → beschreibende Statistik (deskriptive Statistik) und die schließende oder schlußfolgernde Statistik (Inferenzstatistik), welch letztere wiederum in Schätzstatistik, Teststatistik und Regressionsrechnung eingeteilt wird.
Ihre auf Messungen oder Beobachtungen beruhenden Ergebnisse, die Komplexe von Daten repräsentieren, werden häufig in übersichtlichen, gut vergleichbaren graphischen Darstellungen festgehalten.

Clauß/Ebner 1989; Graff 1989; Hartung u. a. 1989, 1990 (2×); Lehn/Wegmann 1992; Menges 1982; Schwarze 1990, 1991; Vogel 1992

→ Cluster-Analyse → Faktorenanalyse → Korrelation → Signifikanz OK

Statistische Masse → Statistik

Status, sozialer → Position, soziale → Statussymbol

Statussymbol
ist das Sinnbild, das äußere Zeichen für einen Vermögensstand oder eine gesellschaftliche Schichtenzugehörigkeit bzw. Einstufung. Auch in den modernen komplexen Gesellschaften, die durch eine Vielzahl von innergesellschaftlichen Rangordnungen oder Schichtungssystemen gekennzeichnet sind, gibt es Statussymbole, **Statusmerkmale,** die den sog. **Sozialstatus** einer Person zum Ausdruck bingen. Der gesellschaftliche Rang wird einer Person formell oder informell von der zu ihr gehörenden Gruppe und von außerhalb der Gruppe Befindlichen zuerkannt. Symbole bzw. Merkmale, die wesentlich zum Sozialstatus beitragen, sind z. B. Bildungsgrad, Berufsbezeichnung, Wohnviertel und bei einigen Personen Name und Besitz, wobei materielle Statussymbole raschen Wandlungen unterworfen sind. Für die Bezeichnung Sozialstatus wird der Begriff **sozioökonomischer Status** synonym verwendet.

Hopf 1992; Lauster 1988

→ Position, soziale → Prestige O

Stegreifaufgabe → Schulaufgabe

Stellglied
Als Instanz eines sich selbst regulierenden Systems realisiert das Stellglied den → Sollwert und führt bei Eingreifen des → Reglers die notwendigen Veränderungen im System durch.

→ Regelkreis O

Step
bedeutet einen → Lernschritt, den Weg zwischen zwei Programmeinheiten. Er bezeichnet auch die geistige Leistung, die nötig ist, um zum nächsten Programmschritt zu gelangen.

→ Programmierte Instruktion O

Stereotyp
bezeichnet etwas Feststehendes, Unveränderliches und starre, festgelegte Vorstellungen in bezug auf soziale Objekte. Unter **sozialen Objekten** oder **Einstellungsobjekten** sind Einzelpersonen (z. B. Bürgermeister), Personengruppen (z. B. Professoren, Arbeiter), Gegenstände (z. B. Flugzeug, Auto), ein Sachverhalt (z. B. Manöver, Versammlung), eine Ideologie oder Idee (z. B. Sozialismus, Freiheit) zu verstehen.
Stereotype der öffentlichen Meinung können z. B. entstehen durch Werbung, durch Gerüchte, Tatsachen oder Ereignisse. So ist in Deutschland z. B. ein weitverbreitetes Stereotyp, daß der bedeutendste Feldherr des 2. Weltkrieges auf deutscher Seite Rommel war. Andere Stereotype sind, daß Schwaben sehr sparsam und Schotten geizig sind oder daß Italiener Spaghetti und Rotwein bevorzugen und Amerikaner Whiskey und Russen Wodka trinken.

Gerner 1981; Schaff 1980

→ Repräsentativität → Rollenflexibilität O

Stichprobe

Eine Stichprobe bezeichnet die nach einem bestimmten Merkmal ermittelte repräsentative Teilmenge aus der tatsächlichen oder möglichen Gesamtmenge von Individuen, Vorgängen, Situationen usw., die alle das gleiche Merkmal aufweisen. Die Stichprobe wird entweder nach dem Zufallsprinzip oder durch bewußte Auswahl mit Hilfe unterschiedlicher spezieller Verfahren zusammengestellt. Als **Stichprobenfehler** bezeichnet man solche Fehler, die sich im Verlauf einer Untersuchung daraus ergeben, daß die Auswahl der Stichprobe nicht repräsentativ war.

Cochran 1972; Kreienbrock 1989; Leiner 1989; Menges 1959; Stenger 1980, 1986; vgl. auch bei → Statistik!

→ Statistik → Zufallsstichprobe K

Stigmatisierungseffekt

(von Stigma = Stich ≙ eingestochenes Mal) entstammt dem Sprachgebrauch der → Soziologie und → Sozialpädagogik.
Er bezeichnet dort die relative Festgelegtheit z. B. von straffällig Gewordenen in der Beurteilung der übrigen Angehörigen einer Gesellschaft, die ihnen kaum eine echte Chance vorurteilsfreier Wiedereingliederung in die Gesellschaft läßt. Der Stigmatisierungseffekt trägt damit wesentlich zum Teufelskreis wiederholter Rückfälligkeit bei.
Dem Stigmatisierungseffekt ausgesetzt sind heute neben den Straftätern auch Drogensüchtige, Homosexuelle, Prostituierte, HIV-Infizierte, Behinderte, Obdachlose, Sonderschüler u. a.
In Übertragung wirkt sich der Stigmatisierungseffekt z. B. auch bei Kindern unterprivilegierter Schichten (→ Schicht, soziale) aus, die durch die Orientierung der Schulanforderungen an der sogenannten Mittelschicht unverhältnismäßig große Schwierigkeiten haben, die Nachteile ihrer sozialen Herkunft zu überwinden.
Versuche der Entstigmatisierung bleiben in der Regel wirkungslos, wenn sie allein bei den Stigmatisierten ansetzen. Von nachhaltiger Wirkung ist die umfassende Aufklärung der Gesellschaft über die Stigmatisierungsvorgänge und die ihnen zugrundeliegenden Vorurteile und die Veränderung der Umgebung der Stigmatisierten.

Kind 1981; Wagner 1986

→ Chancengleichheit → Segregation K

Stillarbeit

beruht auf → Selbsttätigkeit des Schülers und ist denkbar als schöpferisches, reproduzierendes und motorisches Handeln und Tun. Die Begriffe → Einzelarbeit, Alleinarbeit und → Alleinunterricht werden mitunter synonym zu Stillarbeit bzw. Stillbeschäftigung verwendet. O

Stimulanzien → Drogen- und Drogenmißbrauch

Stimmungsbarometer

verfolgen den Zweck, die augenblickliche emotionale Gestimmtheit der Gruppenmitglieder und die Art der Sozialbeziehungen in der Gruppe bewußt zu machen und evtl. einem klärenden Gespräch zuzuführen.

Die Beurteilung der Stimmungslage in Gruppen (z. B. Schulklasse, Arbeitsteam) wird meistens vernachlässigt, obwohl sich ihre Dringlichkeit aus dem nachgewiesenen Zusammenhang von emotionaler Stimmung, Interaktionsfreudigkeit, Aktivitätsintensität und Produktivität in einer Gruppe eindeutig ergibt. Stimmungsbarometer halten – oft graphisch – das Ergebnis informeller Tests oder von Feedbackaustausch zur Gruppenatmosphäre fest. Als informelle Tests zur Ermittlung von Daten für das Stimmungsbarometer eignen sich u. a. Wertungen, die klaren differenzierten Fragestellungen in einem Koordinatensystem zuzuordnen sind. (z. B. wie fühle ich mich in der Arbeitsgruppe?) oder Methapherübungen (z. B. der Lehrer behandelte uns heute wie...) oder bestimmte vereinbarte Gesten oder Symbole als Zeichen guter oder schlechter Stimmung.

→ Feedback → Feedbackregeln → Situationsanalyse → Test K

Stimulus → Reiz (synonym)

Stimulus intensity model

Das Reiz-Intensitäts-Modell sieht in der Reizstärke die mögliche Quelle von → Motivation. Als Maß für die Motivstärke wird beim Lernablauf der erreichte → Lernerfolg betrachtet. Aus dem Lernerfolg versucht man die Motivstärke zu erschließen.

→ Reiz → Reizschwelle O

Stoffkonzentration → Konzentration

Stoffverteilungsplan

Er geht in seiner Aufgliederung über die allgemeinen Aufgaben des → Rahmenlehrplanes hinaus, differenziert die Einzelbereiche, gibt Hinweise und schreibt den Unterrichtsstoff bis zum einzelnen Stundenthema vor. Stoffverteilungspläne, die dem Lehrer verbindlich vorschreiben, an welchem Tag, zu welcher Stunde welches Thema mit welchen Schülern zu bearbeiten ist, stehen im Widerspruch zur pädagogischen und didaktischen Freiheit des Lehrers.

→ Lehrplan → Curriculum O

Stottern

bezeichnet eine hemmende Störung des Redeflusses, der meistens Sprechängstlichkeit und in deren Gefolge der Wunsch nach Sprechvermeidung zugrundeliegt. Bezüglich der Entstehung des Stotterns werden genetische (z. B. angeborene Sprachgestaltungsschwäche) und körperliche (z. B. Nervenschwäche, geringfügige Hirnschädigungen, verlangsamte Reifung des zentralen Nervensystems) Ursachen vermutet, für sein Fortbestehen aber auch psychische Einflüsse angenommen. Deshalb wird in der Therapie neben dem Sprechtraining und Entspannungsübungen dem Einbezug des sozialen Umfeldes in die Therapie (z. B. Eltern) große Bedeutung zugemessen.

Fiedler/Standop 1978; Scholz u. a. 1978; Wendlandt 1980

→ Logopädie K

Strafe

Nach E. Magmer und H. J. Ipfling (1973) wird unter Strafen „das Zufügen eines seelischen oder (bzw. und) körperlichen Leidens bzw. der Entzug eines Gutes verstanden".
In einer empirischen Vorstudie derselben Autoren wurden in Bestätigung anderer Untersuchungen folgende Abhängigkeiten der Strafpraxis von der sozialen Schicht der Eltern festgestellt:
1. In der unteren Schicht (Befragte mit Volksschulabschluß) wird erheblich mehr gestraft als in der oberen Schicht (Befragte mit Abitur).
2. In der unteren Schicht wird die körperliche Strafe doppelt sooft als Reaktion auf die vorgelegten Fälle angewendet wie in der oberen Schicht.
3. In der unteren Schicht wird mit der Strafe meistens keine oder eine unzureichende Begründung mitgeliefert.

Als häufig eingesetzte Mittel der Strafe nennen Schwäbisch/Siems (1977) neben der körperlichen Züchtigung

„ein schlechtes Gewissen machen,
verletzen
auslachen
anklagen
ironisieren
herabsetzen
drohen
gehässig kritisieren
triumphierend provozieren
jammern und klagen
Vorwürfe machen
ausschimpfen
ein leidendes Gesicht machen
sich zurückziehen".

Auch über die Wirksamkeit der Strafe liegen eine Anzahl von Untersuchungen vor, die zum Ausdruck bringen, daß Strafe im allgemeinen ungeeignet ist, eine Verhaltensform zur → Extinktion (zum Verlöschen) zu bringen. Strafe ist zwar ein Mittel, eine unerwünschte nicht gewollte Verhaltensform kurzfristig durch → aversive Stimuli zu unterdrücken, aber sie vermag sie nicht auf Dauer zu unterbinden oder auszulöschen. Eine Revanchepolitik darf mit der Strafe auf keinen Fall verfolgt werden. Sie bewirkt aggressives Verhalten, Abneigung, Groll, Mißtrauen, Haß, Rebellionsneigung und hätte damt ihren Zweck gewünschter Verhaltensänderung bzw. der Besserung vollständig verfehlt, da die Strafe auf Grund falschen Verhaltens des Erziehenden nicht angenommen wurde.
Strafpraktiken sind grundsätzlich mit folgenden Schwächen behaftet:
- Strafen sagen oft nichts über die Form der notwendigen Verhaltensänderung aus. Sie geben kein Vorbild oder Beispiel zum Andersmachen, d. h. es **fehlt ihnen die Richtungsangabe.**
- Strafen werden allzuoft **im Affekt** erteilt; mangelnde Überlegung birgt aber immer die Gefahr in sich, danebenzugreifen (z. B. den Hergang falsch oder unvollständig zu erfahren oder einen Unschuldigen heranzuziehen) oder beim Strafmaß zu übertreiben.
- Oftmals wird mit der Strafe ihr **thematischer Zusammenhang** nicht eindeutig genug mitgeliefert, manchmal kann er nach zu großem Abstand gar nicht mehr vermittelt werden.
- Kinder und Jugendliche, die immer wieder und evtl. immer stärker bestraft werden, erhalten falsche Verstärkungen und werden in eine **Frustrations-Aggressions-Kette** hineingedrängt, aus der sie nur schwer wieder auszugliedern sind.
- Bei häufigen und strengen Strafen ergeben sich immer **emotionale Nebenwirkungen,** die auf lange Sicht der Persönlichkeitsentwicklung des Menschen

abträglich sein können. Es entwickeln sich Umwegverhalten und Ausweichverhalten, um eine Strafe zu umgehen. Sie können z. B. zum Lügen, Schwindeln, Schuleschwänzen, zu dem bekannten „Radfahrer", im Extremfall selbst zur Kriminalität führen und hinterlassen beim einzelnen zumindest Angst, Unsicherheit und Minderwertigkeitsgefühle, wenn vom Erziehenden nicht die Möglichkeit eingeräumt wird, das bestrafte Fehlverhalten allmählich zu ändern.

Aus den Schwächen der Strafpraxis ergeben sich **Grundsätze einer pädagogisch vertretbaren Strafe:**

- Die Strafe muß das **allerletzte Erziehungsmittel** sein, die Notbremse, wenn alle anderen Erziehungsmaßnahmen versagt haben. Zu schnell und zu häufig verwendete Strafen nützen sich ab und verpuffen letztlich wirkungslos bzw. ziehen einen unerwünschten Effekt wie Aggression, Duckmäusertum u. a. nach sich.
- Wenn eine Strafe nach erzieherischem Ermessen unvermeidbar ist, hat der Bestrafte ein Recht darauf, eine **einleuchtende Begründung für die Strafe** zu bekommen. Eine ohne **Einsicht in den Begründungszusammenhang** von Fehlverhalten und Strafe hingenommene Strafe produziert das Gefühl, erzieherischer Willkür ausgeliefert zu sein.
- Aus dem Begründungszusammenhang läßt sich meistens auch der **inhaltliche Bezug der Strafe zum Fehlverhalten** ableiten. Domke (1983) sieht hier u. a. zwei Möglichkeiten:
  - Bei materiellen Schäden bietet sich die **Wiedergutmachung** an (z. B. Bezahlen einer eingeworfenen Fensterscheibe vom eigenen Taschengeld).
  - **„Die logischen Folgen eines Vergehens** sollten für den Schuldigen den Charakter des negativen Nacheffekts haben und ihn im Sinne des Vermeidungslernens zu einer Änderung des Verhaltens bewegen" (z. B. Schulschwänzen kostet Freizeit durch Nachschreiben und Nachlernen versäumter Stoffe).
- Strafen müssen **nach dem Grundsatz der Verhältnismäßigkeit der Mittel angemessen sein.**
  Spontanreaktionen des Erziehers beim Strafen verstoßen leicht gegen diesen Grundsatz, ganz abgesehen davon, daß sie **dem Kind/Jugendlichen sein Recht verweigern, zu seinem Fehlverhalten Stellung zu nehmen.** Oft ist es dann der Erzieher, der mit dem unangenehmen Gefühl zurückbleibt, sich durch vorschnelle Bestrafung ins Unrecht gesetzt zu haben.
- Alle Schulgesetze und Schulordnungen enthalten **sog. → Ordnungsmaßnahmen,** z. B. Verweis, Versetzung in die Parallelklasse, in eine andere Schule der gleichen Schulart, Ausschluß vom Unterricht, Entlassung von der Schule usw. Die Tatsache, daß diese Ordnungsmaßnahmen z. B. im Bayerischen Gesetz über das Erziehungs- und Unterrichtswesen (1982, hier Art. 63) **Erziehungsmaßnahmen** genannt werden, läßt erkennen, daß sie nicht von der Idee der Sühne und Vergeltung getragen werden. Sie sind als **letztes Erziehungsmittel** ins pädagogische Ermessen der Lehrer gestellt. Darüber hinaus sind sie als Sicherheitsmaßnahmen für den Lehrer zu verstehen, der mit seinen vorgeordneten Erziehungsmitteln am Ende angelangt ist und sozusagen mit dem Rücken zur Wand kämpft.
  Die Pädagogik ist zumindest bei der Verhängung der schweren Ordnungsmaßnahmen ohnehin an ihrer Grenze angelangt. K

Fend 1976; Köhler 1986; Netzer 1983

Strategie

Als Strategie wird das planmäßige Verfahren bezeichnet, mit dessen Hilfe Methoden ermittelt werden, die zur Bewältigung einer Aufgabe geeignet sind. Im pädagogischen Sprachgebrauch ist mit Strategie in den Wortverbindungen Lernstrategie, Lehrstrategie, Unterrichtsstrategie das Lern- oder Lehrverfahren selbst gemeint, das zur Problembewältigung eingesetzt wird. K

Stratifikationsmodelle, synonym für Schichtmodelle → Schicht, soziale

Streaming → Ability grouping → Leistungsdifferenzierung → Setting

Streetgang → Gang

Streetworker → Handlungsforschung

Streß

Im allgemeinen Sprachgebrauch bezeichnet Streß das Erlebnis der Folgen physischer und/oder psychischer belastender Situationen und Anforderungen (z. B. Kreislaufstörungen, erhöhter Blutdruck, Schweißausbrüche, Nervosität, Gereiztheit, Streß ulcera = Organschäden des oberen Verdauungstraktes). Präziser gefaßt bedeutet Streß die Störung des Gleichgewichtssystems des Organismus durch Einflüsse wie Infektion, extreme Hitze oder Kälte, permanente Überbeanspruchung (auch im Lernbereich), Konflikt, tiefgreifende Frustration oder Angst, andauernde autokratische Unterdrückung, Bindungsstörungen (= Stressoren). Der Organismus versucht durch Aufbietung aller Abwehrkräfte die Stressoren abzuwenden bzw. durch weitgehende Anpassung an sie sein Gleichgewicht wiederherzustellen. Aus biochemischer Sicht begegnet der Organismus dem erlebten Notfall durch erhöhte Ausschüttung von Adrenalin (Notfallfunktion des Streß). Steht jemand unter ständiger und/oder übermäßig starker Spannung und Beanspruchung, kommt es früher oder später zu einem seelischen, geistigen oder körperlichen Zusammenbruch, wobei bei den Betroffenen Toleranzunterschiede dem Streß gegenüber zu erkennen sind (= existenzgefährdender Disstreß).
Die von Mensch zu Mensch sehr unterschiedlichen Toleranzgrenzen werden in bezug auf ihre kognitiven und motivationalen Mechanismen vermutlich durch das Erbgut bestimmt.
Unterhalb der Existenzbedrohung angesiedelter Streß, wie er durch Sport, Spiel, berufliche Anforderungen ausgelöst und als angenehm erlebt wird (= Eustreß), wirkt sich im Sinne von Gewöhnung und Abhärtung in der Regel gesundheitsfördernd aus.
Streß als Folge eines Energiestaus kann durch vermehrte körperliche Aktivität im Sport oder ein tägliches Bewegungsprogramm, durch → Entspannungstechniken und durch gesundheitsbewußte Lebensgestaltung (Nichtrauchen, Kontrolle der Blutfette und des Blutdrucks, entsprechende Ernährungsgewohnheiten) in den Grenzen des Eustreß gehalten werden.

Berndt 1988; Biermann 1977; Correll 1974; Eiff 1976; Lindemann 1990; Nitsch 1981; Scherer 1985; Schmidt 1975; Schwarzer 1987; Selye 1988; Vester 1976; Vopel 1991; vgl. auch bei → Burnout-Syndrom!

→ Schulstreß → Stressoren K

Stressoren
sind → Reize oder → Impulse, die im menschlichen Organismus Streß-Reaktionen auslösen können. Solche sind z. B. starke Kälte, große Hitze, Föhn, Unfälle, Verletzungen, übermäßiger Lärm.
→ Streß O

Streuung
ist ein in der → Statistik gebräuchlicher Begriff, der den Sachverhalt der Abweichung z. B. von Meßwerten von einem Mittelwert bezeichnet. K

Struktur
bezeichnet allgemein den Sachverhalt eines geordneten Aufbaus und eines geordneten sinnvollen Zusammenhangs von Einzelteilen in einem Ganzen, einem System (z. B. im Erlebnis, im Atommodell, in der Ordnung eines Gemeinwesens). Bei Veränderungen im Strukturgefüge greifen Mechanismen der Selbstregulierung. K

Strukturgitteransatz → Didaktisches Strukturgitter

Strukturmodelle der Didaktik
zählen – im Unterschied zu ikonischen, verbalen, graphischen und Analogie-Modellen – **zur Sorte der theoretischen Modelle,** von denen man weiß, daß sie die Verhältnisse in der Wirklichkeit nicht voll treffen, also auch nur für annähernde, vorläufige Erklärungen brauchbar sind.
W. Popp (1970) beschreibt folgende **Merkmale von Modellen in der Didaktik,** welche einerseits die mögliche Leistung von Modellen definieren und deren Kenntnis andererseits der ausschließlichen Begünstigung eines bestimmten Strukturmodells der Didaktik entgegenwirken.
1. **Reduktion:** Modelle in der Didaktik sollen komplizierte Wirklichkeitszusammenhänge vereinfachen und veranschaulichen im Sinne „grundrißhafter Verdeutlichung". Das Wesentliche wird anschaulich und verständlich herausgearbeitet, wobei die Grenze bei der realitätsverzerrenden Simplifizierung liegt.
2. **Akzentuierung:** Modelle in der Didaktik betonen je nach Forschungsansatz einen bestimmten Aspekt eines größeren Wirklichkeitszusammenhanges, d. h. sie wählen **einen** Gesichtspunkt aus, und zwar zwangsläufig, weil die gesamte in Frage gestellte Wirklichkeit in all ihren möglichen Dimensionen gar nicht faßbar ist. So kann im Zentrum der Betrachtung z. B. die Auswahl der Bildungsinhalte, die Planbarkeit von Unterricht, der kommunikative Aspekt von Unterricht stehen.
3. **Transparenz:** 1. und 2. haben eine erhöhte Transparenz des Modells in der Didaktik zur Folge. Dies bedeutet Verfügbarkeit sowohl für die Praxis des Unterrichts als auch in übergeordneten Modellzusammenhängen. Dabei evtl. auftretende Widersprüche geben zur Korrektur Anlaß.
4. **Perspektivität** des Modells in der Didaktik bezeichnet die zugrundeliegende Fragerichtung, das erkenntnisleitende Interesse.
5. **Produktivität:** Dieses Merkmal besagt, daß Modelle in der Didaktik zu immer neuen Fragen freisetzen, eben weil sie vorläufig sind, vereinfachen, nur einen Teilaspekt der Wirklichkeit erfassen, „ein Konstrukt auf Widerruf" sind. Insofern können die verschiedenen Strukturmodelle der Didaktik auch als wechselseitige Korrektivinstanzen gesehen werden.

Übersicht über Strukturmodelle der Didaktik

Die Übersicht ist als Orientierungshilfe zu verstehen. Sie ordnet die heute hauptsächlich diskutierten Strukturmodelle der Didaktik dem jeweiligen Bestimmungsaspekt des Unterrichts zu, den diese als leitenden Gesichtspunkt bei unterrichtlichen Entscheidungen betonen. Die Bedeutung der jeweils nachgeordneten Bestimmungsaspekte des Unterrichts wird von keinem der genannten Strukturmodelle in Frage gestellt.

Bestimmungsaspekte des Unterrichts im Zusammenhang ihrer besonderen Gewichtung durch Strukturmodelle der Didaktik

Zielaspekt des Unterrichts Unterricht als Vermittlung von Qualifikationen	Inhaltsaspekt des Unterrichts Unterricht als Vermittlung tradierungswürdiger Inhalte	Vermittlungsaspekt des Unterrichts Unterricht als methodische und technische Aufbereitung von Lehr- und Lernprozessen	Beziehungsaspekt des Unterrichts Unterricht als kommunikatives Handeln bzw. als soziale Interaktion
1. **Ansätze der normativen Didaktik,** sofern es um die Setzung oberster Bildungs- und Erziehungsziele geht. 2. **Lernzieltheoretischer Ansatz,** sofern die Ermittlung von Unterrichtszielen gefragt ist. **Ziel:** „Ausstattung des Schülers zur Bewältigung von Lebenssituationen“ Robinsohn 1967	**Bildungstheoretische Didaktik,** in Annäherung an die Berliner Schule und an die Kommunikative Didaktik 1980 von Klafki zur „kritisch konstruktiven Didaktik“ weiterentwickelt **Kernaussagen:** • Verantwortung gegenüber dem zu Erziehenden als Korrektiv pädagogischen Handelns • Bildungsinhalte sind durch ihren Bildungs**gehalt** legitimiert • Primat der Didaktik vor der Methodik im Sinne einer logischen Rangfolge von Entscheidungen von den Zielen und Inhalten zu den Methoden • Unterschiede im Theorienansatz: **Materiale Bildungstheorie:** Der Inhalt als solcher bildet. **Formale Bildungstheorie:** Vorrang hat die Kräfteschulung. **Kategoriale Bildungstheorie:** Überwindung einseitig materialer oder formaler Bildung durch den Aspekt des „doppelseitig Erschließenden“ (Klafki)	1. **Lehr- und unterrichtstheoretischer Ansatz der Berliner Schule** • Pragmatisch auf Unterrichtssteuerung und -kontrolle ausgerichtet • Unterrichtsplanung unter dem Gesichtspunkt der **Interdependenz** von anthropogenen und soziokulturellen Voraussetzungen, Intention, Thematik, Methodik und Medienwahl 2. **Hamburger Modell** (Schulz 1981/3) Erweiterung von 1. unter besonderer Berücksichtigung der gesamtgesellschaftlichen Rahmenbedingungen und des Einbezugs der Schüler in die unterrichtlichen Entscheidungen. 3. **Informationstheoretischer und kybernetischer Ansatz** (v. Cube 77, 82; Frank 69; Klaus 79; Weltner 70) • Die Informationsübermittlung soll mit Hilfe mathematischer Methoden berechenbar werden. • Didaktik als Wissenschaft wird auf die Technik des Lehrens	**Theorie der kommunikativen Didaktik** (Schäfer/Schaller 76/3; Popp 76) • Erziehung und Unterricht müssen über das Wissen hinaus zur Emanzipation als kritische Selbstbestimmung, herrschaftsfreie Kooperation und verantwortungsbewußtes Handeln führen. • Unterricht muß der Tatsache Rechnung tragen, daß Kommunikation nicht nur von Inhalten bestimmt wird, sondern auch von den Beziehungen aller am Unterricht Beteiligten zueinander. **Unterrichtskonzepte:** • Erfahrungsbezogener Unterricht (Scheller 81) • Offener Unterricht • Schülerorientierter Unterricht • Handlungsorientierter Unterricht

Zielaspekt des Unterrichts Unterricht als Vermittlung von Qualifikationen	Inhaltsaspekt des Unterrichts Unterricht als Vermittlung tradierungswürdiger Inhalte	Vermittlungsaspekt des Unterrichts Unterricht als methodische und technische Aufbereitung von Lehr- und Lernprozessen	Beziehungsaspekt des Unterrichts Unterricht als kommunikatives Handeln bzw. als soziale Interaktion
	= Schnittpunkt, wo Wirklichkeit und Mensch sich wechselseitig füreinander öffnen. • **Didaktische Analyse** als Kernstück der Unterrichtsvorbereitung	und Lernens im Regelkreissystem eingeschränkt. • V. a. bedeutend für die programmierte Instruktion 4. **Systemtheoretischer Ansatz** (König/Riedel 1979 [2×], König u. a. 80): • Lernen wird verstanden als Operationen an Operationsobjekten • Ziel ist die lückenlose Konstruktion von Unterricht durch exakte Beschreibung der möglichen Relationen zwischen allen Planungselementen und daraus folgend die Ableitung von Lehralgorithmen für bestimmte Arten der Unterrichtsplanung	

→ **Strukturtheoretischer Ansatz:** Verbindung der Einzelaspekte der Unterrichtstheorie im Sinne der tatsächlich zugrundeliegenden → Struktur des Unterrichts, in gleicher Weise gültig und bedeutend, sich wechselseitig beeinflussend.

König/Riedel 1979; König u. a. 1980; in Köck 1991; Popp 1976

→ Didaktik K

Strukturplan für das Bildungswesen

wurde 1970 vom Deutschen Bildungsrat (1965–1975), einem für Planung und Koordination des Bildungswesens zuständigen Gremium von Bund und Ländern, verabschiedet. Er sah vor allem die horizontale Neuordnung des Bildungswesens (→ Gesamtschule) anstelle der vertikalen Gliederung (→ Volksschule, → Realschule, → Gymnasium) vor, wovon man sich eine Förderung der → Chancengleichheit in der Bildung versprach.

→ Bildungsgesamtplan K

Strukturtheoretischer Ansatz in der Didaktik

sieht dem Verständnis des → Strukturbegriffes folgend Unterricht samt seinen Bedingungen und seiner Einbettung in Kultur und Gesellschaft als System von Einzelaspekten, die durch sinnvolle Wechselbeziehungen miteinander verbunden sind und bei Veränderungen im System ihren Zusammenhang selbstregulierend neu gestalten. Es sind letztlich die Relationen der Einzelaspekte zueinander, die den Unterricht in seiner Qualität bestimmen, nicht die Einzelaspekte selbst oder für sich allein.

Strukturtheoretische Überlegungen in der Didaktik gehen zum einen auf den unterrichtstheoretischen Ansatz von J. Bruner, zum anderen auf den lernpsychologischen Ansatz von R. Gagné zurück.

Nach **J. Bruner** (1971) bestimmen vier Merkmale jede Unterrichtstheorie:

1. Sie hat die Faktoren zu definieren, die für die Lernbereitschaft des Schülers von Bedeutung sind, von den Bedingungen der Lernmotivation über soziokulturelle Voraussetzungen und die Lehrer-Schüler-Interaktion bis zum Ausmaß der Chance des Schülers zur Entwicklung einer forschenden Lernhaltung.
2. Die Unterrichtstheorie muß die optimalen Strukturen der einzelnen Wissensbereiche ermitteln, und zwar in Anpassung an die sich verändernden Lernvoraussetzungen und Lernfähigkeiten der Schüler. Dabei sind von vorrangiger Bedeutung die altersangemessene Form der Präsentation, die Ökonomie und die Effektivität der Präsentation. Bei allen drei Aspekten steht – in Abhängigkeit von den Lernfähigkeiten des Schülers – die handelnde Auseinandersetzung vor der bildhaften Präsentation, und diese wiederum vor der symbolischen Darstellung. Speziell die Effektivität des Lernens wird von der optimalen Wechselbeziehung zwischen den Lernvoraussetzungen und dem Grad der entwickelten Denkfähigkeit des Schülers bestimmt.
3. Die Unterrichtstheorie hat die Lernschritte zu erkunden, mit denen ein bestimmter Lerninhalt mit der nachhaltigsten Wirkung gelernt werden kann.
4. Die Unterrichtstheorie hat sich mit sinnvollen Verstärkungssystemen zu befassen, auf den Übergang von extrinsischer zu intrinsischer Verstärkung achtend.

R. Gagné (1980 NA) baut seine Auffassung von der Lern- und Unterrichtsstruktur auf einem System von acht verschiedenen, hierarchisch geordneten Lernformen auf, in dem eine höhere Lernform alle vorangehenden voraussetzt. Das Ausmaß der entwickelten Lernfähigkeiten des Schülers und die Sachstruktur des Lerngegenstandes entscheiden darüber, auf welchem Niveau oder in welcher Kombination von Lernformen der Schüler sich in die Auseinandersetzung mit dem Lernproblem begibt.

Überblick über Gagnés Lernformen:

1. Mit dem **Signallernen** als erster Lernform bei Gagné begegnen wir der klassischen Konditionierung wieder, wo es darum geht, auf einen bedingten Reiz mit einer bedingten Reaktion zu antworten. R. Freudenstein bringt für diesen Zusammenhang folgendes Beispiel:
   Während Mundverziehen oder Speichelfluß als unbedingte Reaktion auftreten, wenn wir an einer Zitrone lutschen, stellen sie sich als bedingte Reaktion bei der bloßen Vorstellung oder Erwähnung einer Zitrone ein.
2. Die Erhaltung gelernten Signalverhaltens kann nur durch Wiederholung und Verstärkung (reinforcement) garantiert werden. Dies ist die Aufgabe des **Reiz-Reaktions-Lernens,** durch welches eine eindeutige, zuverlässige Reaktion auf einen ebenfalls eindeutigen Reiz gelernt wird.
3. Mit seiner Lernform der **motorischen Kettenbildung** knüpft Gagné an das trial-and-error-learning an, indem Reiz-Reaktions-Glieder probierend und logisch schlußfolgernd in die richtige Reihenfolge zu bringen sind. Gagné schlägt vor, dabei entweder mit dem Endglied zu beginnen und rückwärts zu arbeiten oder

Hilfen einzusetzen, um Irrtümer zu vermindern. „Bekräftigung des Endgliedes und ebenfalls ein gewisses Maß an Wiederholung erscheinen notwendig."

4. Bei der **sprachlichen Kettenbildung** sind „sprachliche Glieder, einschließlich vermittelnder oder ‚Kodierungs'-Glieder, in die richtige Reihenfolge zu bringen", eine spezifisch menschliche Leistung. Gagné legt auf reinforcement und Rückkoppelungseffekt bei allen Lernformen großen Wert. So fordert er auch hier die Bestätigung richtiger Antworten und evtl. „äußere Nachhilfen, um die richtige Abfolge zu sichern", eine falsche Einübung also auszuschließen, die gerade auf dieser Stufe des noch überwiegend mechanischen Lernens nur schwer wieder abzubauen ist. Der Wiederholung ist wiederum große Aufmerksamkeit zu widmen, um die „Wirkungen von Interferenz (= Überlagerung durch anders strukturierte sprachliche Ketten) zu überwinden".
5. **Multiple Diskrimination** nennt Gagné seine nächste Lernstufe, deren Aufgabe ein vielseitiges Unterscheidungslernen ist. Die Reize, die dieses Unterscheiden fördern sollen, „sind in einer Art zu präsentieren, die ihre Unterschiedlichkeit betont. Wiederholung kann nötig sein, um die Interferenz zwischen einzelnen Verbindungen zu verringern". Wichtige Antworten sind wiederum im Sinne des reinforcement zu bestätigen. Hier kommt es also nicht nur wie auf der Stufe des Reiz-Reaktions-Lernens auf das sichere Erlernen von Reiz-Reaktions-Mustern an, sondern auf die Erhaltung ihrer Unterschiedlichkeit, auch wenn die einzelnen Reiz-Reaktions-Muster miteinander in Wechselwirkung treten.
6. Erst nach einer sicheren Beherrschung der beschriebenen Lernformen kann es sinnvoll und erfolgversprechend sein, zum systematischen **Begriffslernen** überzugehen. Gagné fühlt sich selbst auf dieser Stufe ausschließlicher Abstraktion noch den Reiz-Reaktions-Theoretikern verpflichtet, indem der empfiehlt, zur Einschulung in das Begriffslernen „eine geeignete Vielfalt von Reizen zu bieten, um die Begriffsklasse zu repräsentieren, wobei jeder Reiz mit einer gemeinsamen Reaktion verknüpft ist. Verifiziere, indem du einen neuen Reiz bietest, der ebenfalls der Klasse zugehört". Angestrebt wird letztlich die adäquate Reaktion auf eine ganze Begriffsklasse. Immer noch mißt Gagné also der Reiz-Reaktions-Verknüpfung und einer gewissen Mechanisierung durch Wiederholung und Verstärkung größten Wert bei.
7. Mit dem **Regellernen** als nächsthöherer Lernform verläßt Gagné, wenn auch zögernd, den Bereich des Reiz-Reaktions-Lernens. Er plädiert jedoch für ein möglichst irrtumsfreies und führendes Vorgehen, wenn er sagt: „Unterrichte den Lernenden über die erwartete Leistung!", was der Zielangabe entspräche. „Induziere durch sprachliche Anweisungen das Erinnern der relevanten Begriffe!" Damit ist das Bereitstellen des bereits erworbenen und für die zu formulierende Regel bedeutungsvollen Wissens und der notwendigen Techniken umschrieben. Die Ergebnissicherung meint Gagné, wenn er eine eindeutige sprachliche Formulierung der Regel fordert, die durch hinreichende Anwendung zu verifizieren ist, so daß als Auslösefaktor für ein bestimmtes Verhalten auf sie Verlaß ist.
8. Die höchste Lernform stellt nach **Gagné** das **Problemlösen** dar. Zu seiner Einübung gibt er folgende Ratschläge: „Unterrichte den Lernenden über die erwartete Leistung! Induziere das Erinnern früher erlernter Begriffe und Regeln! Gib sprachliche Hilfen, die das Denken ausrichten, aber nicht die anzueignende Regel formulieren! Verifiziere durch die Aufforderung an den Schüler, einen konkreten Fall zu ‚demonstrieren'." Die Produktivität eines solchen Pro-

blemlösens besteht bestenfalls in der Kombination von zwei oder mehreren früher erworbenen Prinzipien, wodurch eine „neue Erkenntnis" entsteht.
Es fällt auf, daß es Gagné bei all seinen Lernformen um Effektivität geht, die auf dem kürzesten Weg anzusteuern ist. K

Studienberechtigung → Abitur

Studienförderung → Bundesausbildungsförderungsgesetz → Fördereinrichtungen

Studienreferendar → Referendar

Studienseminar

dient der Ausbildung von Studienreferendaren (→ Referendar) in der 2. Phase der → Lehrerausbildung in → Seminarschulen. Vgl. hierzu → Vorbereitungsdienst! K

Studioraum

Im allgemeinen Sprachgebrauch bezeichnet das Studio den Arbeitsraum des Künstlers bzw. den Probe- und Aufnahmeraum bei der Film- und Tonträgerindustrie, bei Rundfunk und Fernsehen.
Im schulischen Bereich dient der Studioraum sowohl als zentraler Steuerungsraum für die direkte Übertragung von Medienangeboten in Klaßzimmer oder → Medienzentren als auch als Aufnahmeraum für mediale Fremd- und Eigenproduktionen und für das Kopieren, Überspielen und die verändernde Aufbereitung von → Software. Der Studioraum ist für diese vielfältigen Aufgaben mit allen heute gebräuchlichen → Medien und mit Steuerungs- und Mischpultanlagen ausgestattet. K

Studium generale

= Allgemeinstudium, wurde in der heutigen Bedeutung 1949 an den deutschen Hochschulen eingeführt. Es ist Studenten aller Fachbereiche und der Öffentlichkeit zugänglich und bietet als Gegengewicht gegen einseitige bzw. zu früh einsetzende Spezialisierung Allgemeinbildung bzw. wissenschaftliche Grundbildung durch Einführung in Basiswissen der Philosophie, der Gesellschafts- und Kulturwissenschaften an.
Von der Konzeption her wurde und wird das nicht einheitlich entwickelte Studium generale von den Hochschulen im Sinne von → Propädeutik, als verpflichtendes oder fakultatives fachstudienbegleitendes Studium generale (z. B. in Form von Ringvorlesungen) über Grundlagen und Methoden der verschiedenen Wissenschaften und als fachstudienintegriertes Studium generale im Sinne der permanenten Verdeutlichung der Verbindung der einzelnen Fachgebiete mit anderen praktiziert. Seit Anfang der 70er Jahre des 20. Jahrhunderts erfuhr das Studium generale eine Wende als grundlegende Einführung in → Kontaktstudien und ins → Seniorenstudium sowie als Antwort auf die durch Überbetonung der Naturwissenschaften und der Technologie zurückzuführende Umweltbedrohung und Einschränkung der Lebensqualität. K

Stützkurs → Förderungsmaßnahmen

Stufenausbildung

In mehreren Berufen ist eine Stufenausbildung möglich. Sie stellt eine nach zweckmäßigen, sachlichen und zeitlichen Gesichtspunkten gegliederte, aufbauende Berufsausbildung dar. Nach den einzelnen Stufen ist sowohl ein Ausbildungsabschluß als auch die Fortsetzung der Berufsausbildung in weiteren Stufen möglich. So kann z. B. nach der zweijährigen Ausbildung zur Verkäuferin bzw. zum Verkäufer durch ein weiteres Jahr Berufsausbildung und Berufsschulbesuch die Ausbildung zum Einzelhandelskaufmann angeschlossen werden. O

Stufenlehrer

ist die Bezeichnung für einen Lehrer, der nach dem Modell der horizontalen Gliederung des Schulwesens (→ Schule) für den Unterricht in der Primarstufe oder Sekundarstufe I oder Sekundarstufe II ausgebildet ist, also ohne Festlegung auf eine Schulart, z. B. die Realschule oder das Gymnasium. K

Subjekt → Objekt

Subjektivität

bedeutet den Zustand des bei sich selbst Seins einer Person und den Vorgang der Selbstverwirklichung einer Person aus dem Selbst heraus. Eine einseitige Betonung der Subjektivität birgt die Gefahr der Vernachlässigung des dialogischen, kommunikativen Aspekts in sich. K

Daniel 1981; Lübbe 1972; Ritter 1974

Subkultur

Der Gesamtbereich der Kultur einer Gesellschaft läßt sich in Teilkulturen, sog. Subkulturen gliedern. Sie bezeichnen gesellschaftliche Gruppen, die durch besondere kulturelle Merkmale gekennzeichnet sind, weitgehend gleiche oder ähnliche Lebensgewohnheiten, Lebensbedingungen, Verhaltensmuster und ihnen entsprechende → Normen entwickelt haben.
Eine Subkultur zeigt sich z. B. in Gruppen gleichaltriger Jugendlicher, die sich außerhalb von Elternhaus und Schule und oftmals in Protest gegen dieselben zu → Banden, → Gangs, → Cliquen, Clubs zusammenschließen. Das beherrschende Wir-Gefühl bringt neben dem Erlebnis von Geborgenheit und der Verwirklichung gruppenspezifischer Gewohnheiten, Verhaltensweisen und Normen gelegentlich auch die Gefahr überspitzter Gleichförmigkeit (→ Konformität) und feindseliger bis zerstörerischer Aktivitäten gegenüber der Erwachsenenwelt mit sich. Von den → Gruppennormen abweichende Verhaltensweisen werden meist mit schweren → Sanktionen (z. B. Ausschluß, Verpflichtung zu „Mutproben") verfolgt.

Cremer 1984; Schwendter 1989

→ Peer-group OK

Sublimierung

In der → Psychoanalyse bezeichnet Sublimierung den Vorgang, ursprünglich sexuelle Energien in die Bewältigung nicht-sexueller Anforderungen einzuleiten. Die Sublimierung spielt als → Abwehrmechanismus eine Rolle, weil sie für die Umwandlung sozial geringgeachteter oder abgelehnter Beweggründe in sozial geachtete Handlungsmotive sorgt. K

Subsidiarität

ist neben dem Personalitäts- und Solidaritätsprinzip ein Grundprinzip der katholischen Soziallehre (formuliert von O. von Nell-Breuning für die Sozialenzyklika Papst Pius XI. 1931) und bedeutet den Schutz gemeinnütziger Aktivitäten einzelner und gesellschaftlicher Gruppierungen (z. B. Verbände, Kirchen) vor dem kollektivistischen und zentralistischen, u. U. auch totalitären Zugriff des Staates. Nach dem Subsidiaritätsprinzip unterhalten freie Träger z. B. Kindergärten und Schulen und betreuen alte, kranke und sonstige hilfsbedürftige Menschen.
Im Vertrag zur Europäischen Union regelt das Subsidiaritätsprinzp das Verhältnis der zentralen Institutionen zu den Mitgliedsstaaten und den Regionen. K

Asam/Heck 1985; Kreft/Münder 1989; Nell-Breuning 1961; Schmitt 1980

Substitution

(von lateinisch substituere = dahinterstellen, an die Stelle setzen) bedeutet allgemein Ersetzung, Vertauschung, Stellvertretung, z. B. in der Logik eines Begriffs durch einen adäquaten anderen, in der Wirtschaft z. B. des Energieträgers Kohle durch den Energieträger Öl usw.
In der → Psychoanalyse bezeichnet Substitution den → Abwehrmechanismus, bei dem ein Affekt vom ursprünglichen bzw. eigentlich gemeinten Objekt (z. B. Zorn auf den Vorgesetzten oder einen Kollegen) auf ein Ersatzobjekt (z. B. Ehefrau und Kinder) übertragen wird (→ Verschiebung). K

Subsumptionstheorie → Advance organizer

Sucht

bezeichnet das zwanghafte, der Selbstkontrolle weitgehend oder total entzogene Verlangen nach Lustgewinn, das bei stoffgebundenen Abhängigkeiten durch Genußmittel, Medikamente und Drogen befriedigt wird. Nicht stoffgebundene Suchtformen liegen z. B. bei extremen Eßstörungen (Anorexie = Magersucht → Pubertätsmagersucht, Bulimie = Eß-Brech-Sucht, Adipositas = Fettsucht), Glücks- und Automatenspielsucht, Fernsehsucht, Arbeitssucht und Kaufsucht vor.
Die physische Abhängigkeit vom Suchtmittel ist als Reaktion des Organismus zu verstehen, den durch Gewöhnung an das Suchtmittel erreichten veränderten Gleichgewichtszustand aufrechtzuerhalten. Der Entzug des Suchtmittels führt deshalb zunächst auch zu einer schwerwiegenden Störung des Gleichgewichtszustandes (= Abstinenz-Syndrom).
Suchtfolgen sind neben vielfältigen körperlichen Krankheitssymptomen vor allem herabgesetzte Willensstärke, Aktivitätsschwund, allgemeines Desinteresse, soziale Isolierung, in schweren Fällen eine fortschreitende Zerstörung der → Persönlichkeit. In der Therapie treten neuerdings neben direkte Entwöhnungsversuche in größerem Umfang Verfahren der Gruppenpsychotherapie (→ Psychotherapie).

Bartsch/Knigge-Illner 1987 und 1988; Bundesminister f. Jugend, Familie und Gesundheit o. J.; Faust 1983; Feuerlein 1986; Geier 1986; Haseloff 1989; Heckmann; Knigge-Illner 1983; Kollehn/Weber 1986; Meyenberg/Boeije 1987; vgl. auch die Literaturangaben bei Drogen und Drogenmißbrauch!

→ Alkoholembryopathie → Drogen und Drogenmißbrauch → Toxikologie K

Sündenbock → Außenseiter → Soziodynamische Grundformel (dort der Angstträger der Gruppe)

Suggestion

bezeichnet die verbale oder nonverbale, an Emotionen anknüpfende Beeinflussung von Meinungen, Einstellungen und Verhaltensweisen einer Person, der durch die Art der Beeinflussung die Möglichkeit eines kritischen Hinterfragens ganz oder weitgehend genommen ist. Die Suggestionskraft von Werbung und Propaganda ist hinreichend bekannt (Hetero- bzw. Fremdsuggestion).
Der Suggestion bedienen sich aber auch psychotherapeutische Techniken wie die Hypnose oder das → autogene Training (Autosuggestion). Eine besondere Form der Suggestion stellt die Massensuggestion dar, die vor allem im Zusammenhang mit Demagogie von nicht zu unterschätzender Bedeutung ist. K

Baudouin 1972; Diehl/Miller 1990; Gheorghiu 1989; vgl. auch bei → Autogenes Training!

Suggestivfrage

verbindet eine Frage (z. B. im Unterricht, in einer Diskussion, vor allem in Meinungsumfragen) mit den Mitteln der → Suggestion, d. h. die Antwort wird durch die Art der Fragestellung bereits mitgeliefert bzw. aufgezwungen. K

Suggestopädie

als die Lehre vom entspannten ganzheitlichen Lernen unter dem Einfluß systematisch aufgebauter Fremd- und Selbstsuggestion (→ Suggestion) beruht auf der von dem bulgarischen Psychotherapeuten Georgi Lozanov begründeten Suggestologie. Lozanov interessierte sich dafür, wie die offenbaren und verborgenen Begabungen des Menschen ganzheitlich, beschleunigt und dennoch ohne Streß und unter Selbstkontrolle entwickelt werden könnten. Als entscheidend erkannte er dabei die gleichmäßige Aktivierung der eher für das analytisch-logische Denken zuständigen linken Gehirnhälfte und der eher für affektiv-emotionale Aktivitäten zuständigen rechten Gehirnhälfte.
Für den bislang vor allem im Fremdsprachenunterricht praktizierten suggestopädischen Unterricht gelten als oberste Prinzipien
- Einheit von Bewußtem und Unbewußtem,
- Prinzip des suggestiven Eingreifens,
- Freude und Spaß beim Lernen.

Diese Prinzipien sieht Lozanov gewährleistet bei folgendem Unterrichtsablauf:
- In der Präsentationsphase wird der Lehrstoff vom Lehrer lebendig, durch Medien unterstützt und mit der Möglichkeit von Identifikationen für die Schüler in angstfreier, entspannter Atmosphäre vorgetragen.
- Im „aktiven Konzert" lesen die Schüler den zweisprachig angebotenen Text (Vermeidung der Angst vor unbekannten Wörtern) vor romantischer Hintergrundmusik und bei dramatischer Gestaltung durch den Lehrer mit.
- Im „Passivkonzert" folgen die Schüler bei Barockmusik in entspannender Ruhehaltung dem jetzt ruhigen und betont langsamen Textvortrag des Lehrers.
- In der „Aktivierungsphase", die etwa 75% der gesamten Lernzeit in Anspruch nimmt, werden Spiele jeder Form, Lieder, Tänze, gymnastische Übungen, zeichnerische Darstellung u. a. m. eingesetzt, womit das Hauptverdienst der Suggestopädie deutlich wird, nämlich geplant ganzheitliches und freudvolles Lernen anzustreben.

Suggestopädie verlangt mit der Methode vertraute und kreative Lehrer; die auf dem Markt befindlichen Kassettenkurse versprechen mehr als sie einhalten können, die meisten sind unbrauchbar bzw. wegen methodischer Mängel sogar schädlich.

Baur 1990; Edelmann 1988; Krag 1989; Schiffler 1989

→ Superlearning K

Suizid von Schülern → Schülerselbstmord

Summary

Das ‚summary' stellt eine schriftliche Zusammenfassung eines vorgegebenen Textes, einer Geschichte, eines Geschehnisses dar. Es tritt entweder als eigenständige Arbeits- bzw. Prüfungsform auf oder ist Teil einer → Comprehension.
Durch das summary werden Erfassungsgabe, Fähigkeit der Interpretation, Verstehen des Inhalts eines Textes, Stil und Ausdrucksweise in der Sprache geprüft.
Es kann in unterschiedlichen Formen, die grundsätzlich nach denselben Prinzipien aufgebaut sind, erstellt werden. Die am häufigsten verwendete Art ist das précis, in dem der Lernende einen Text erhält, den er in eigenen Worten auf die wesentlichen Grundgedanken, ohne den Inhalt zu verändern, reduzieren muß.
Hierbei ist eine gezielte, klare, kurze, verständliche Wortwahl zu berücksichtigen.
Die Länge dieser schriftlichen Test- und Prüfungsform hängt von festgelegten Vorgaben in bezug auf die Anzahl der zu verwendenden Wörter ab. So wird ein précis z. B. auf eine Wörterzahl von 80–100 Wörtern oder auf ein Drittel des Originaltextes beschränkt. Die vorgegebenen Angaben müssen exakt eingehalten werden, da sonst Bewertungspunkte abgezogen werden. O

Summative Evaluation

Während sich die → formative Evaluation kontinuierlich auf die Zwischen- und Einzelergebnisse eines Reformprozesses bezieht, befaßt sich die summative Evaluation mit einer abschließenden Beschreibung und Bewertung, mitunter auch mit einer Zwischenbeurteilung des gesamten Reformprojektes. Summative Evaluationen fordert die Öffentlichkeit von Institutionen wie z. B. von Ministerien, um den Wert der evtl. Einführung eines Reformprojektes abschätzen zu können.

→ Evaluation O

Superierung → Superzeichen

Superlearning

als Begriff 1979 von den amerikanischen Journalistinnen Ostrander und Schroeder eingeführt, auch „sanftes Lernen" oder „entspanntes Lernen" genannt, verspricht eine enorme Steigerung der Aufnahmefähigkeit für Informationen und der Gedächtnisleistung.
Superlearning baut auf die Erfahrungswerte der → Suggestopädie, in Weiterentwicklung derselben aber vor allem auf die beruhigende Wirkung von → Entspannungstechniken, Atemtechniken und entspannender Begleitmusik. In die derart vorbereitete Lernatmosphäre werden die Lernprozesse in einem festgelegten Zeitrhythmus eingebettet. Beweise für dauerhafte Langzeitwirkungen sind die Anbieter einschlägiger Lernsysteme bisher allerdings schuldig geblieben. Auch der mit

Hilfe des Superlearning aufgenommene Lernstoff (z. B. Vokabeln) bleibt nur verfügbar, wenn er in der Praxis ständig verwendet wird.
Vorsicht ist angebracht, wenn die – ausschließlich kommerziell angebotenen – Programme des Superlearning durch Inhalt oder Techniken die Nähe zu → Jugendreligionen, → New Age oder anderen esoterischen Aktivitäten vermuten lassen. K

Ostrander/Schroeder 1990 (NA); vgl. auch bei → Suggestopädie!

Supervision

faßt als Oberbegriff die Vorgänge der Praxisanleitung, Praxisberatung und Praxisbegleitung zusammen. Als **Praxisanleitung** verfolgt die Supervision den Zweck, Studenten vor allem der pädagogischen und sozialpädagogischen Berufsfelder (Sozialarbeiter, Erzieher, Heimerzieher, Heilpädagogen, Lehrer usw.) während ihrer Ausbildung in die Erfordernisse und Aufgaben ihrer Berufspraxis durch Berufspraktika einzuführen. Supervision als **Praxisbegleitung** vermittelt Laien, die im pädagogischen oder speziell sozialpädagogischen Feld arbeiten, Unterstützung und Rat durch Fachleute.
Als **Praxisberatung** bezeichnet Supervision die Beratung des ausgebildeten Fachpersonals, z. B. die Beratung des Lehrers in seinem Unterrichtsvollzug durch den Schulrat, in neuerer Zeit aber auch Verfahren der Unternehmensberatung und des Managementtrainings.
Der Supervision in diesem Sinne liegt an einer Schwerpunktverlagerung im Beratungsvorgang vom Besserwissen zum Ergänzen und zur Beschreibung von Alternativen, von der feststellenden Kritik zur Beschreibung des tatsächlich wahrnehmbaren beruflichen Engagements und seiner Auswirkungen, zum Aufzeigen positiver Tendenzen und von gangbaren Wegen für die Weiterentwickung beruflicher Strategien. Eine Beratung verspricht am ehesten Erfolg, wenn die Erkenntnis veränderungsbedürftiger Maßnahmen und Verhaltensweisen und Veränderungsvorschläge nicht „ex cathreda“ des Beraters erfolgen, sondern wenn sie aus dem gemeinsamen Bemühen aller am Beratungsgespräch Beteiligten erwachsen.
Vor allem sollen Vorurteile, sog. blinde Flecke (→ Johari-Fenster), Lebens- und Arbeitsblockaden, ungenutzte Kräftepotentiale u. a. m. aufgedeckt werden.
Der veränderten Beratungspraxis müssen die Methoden entsprechen. Verfahren wie Situations- und Prozeßanalysen, Feedback, partnerzentrierte Gesprächsführung können hilfreich sein, Wertungen und Urteile zu vermeiden und damit die Einsicht und Veränderungsbereitschaft blockierenden Abwehrmechanismen nicht wirksam werden zu lassen.
Als Beispiel einer besonders ergiebigen Form der Praxisberatung, die auch zur Überprüfung und zum Training des Beobachterverhaltens herangezogen werden kann, ist der **Übungsverlauf des doppelten Diskussionskreises** zu empfehlen. Zur Kooperation entschlossene Lehrerkollegien und Ausbildungsseminare können davon mehr profitieren als von noch so engagiert durchgeführten, aber meistens inhaltlich überfrachteten Stunden- oder Fallbesprechungen durch einen Fachmann.

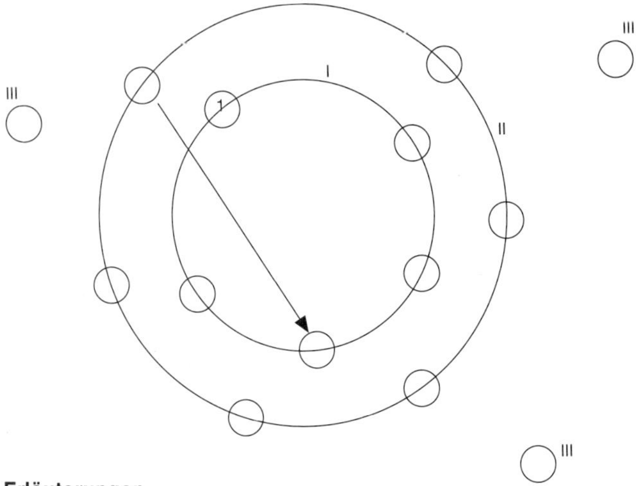

Erläuterungen

① trägt seinen durch Beobachtungen gestützten (im Idealfall durch Videoaufzeichnung belegten) **Problemfall** vor.

Der **Diskussionskreis I** bespricht den Fall.

Der **Beobachtungskreis II** verfolgt den Gesprächsverlauf von I.

Besondere Aufmerksamkeit widmet jeder Beobachter von II seinem Gegenüber von I (alter ego) und wechselt evtl. sogar den Platz mit ihm, wenn er glaubt, einen wichtigen Beitrag in den Diskussionskreis einbringen zu können.

Die **Prozeßbeobachter III** versuchen insbesonders die Beziehungsebene des Gesprächsverlaufs zu erfassen, z. B. Initiativen, Koalitionen, Blockaden, heimliche oder offene Attacken.

Die Aufarbeitung der Diskussion erfolgt in zwei Etappen:

- I und II tauschen mit ihrem speziellen Partner und im erweiterten Diskussionskreis (I + II) ihre Beobachtungen, Empfindungen und Einsichten aus.
- III geben ihr Feedback zum Gesprächsverlauf. K

Deutsche Gesellschaft für Supervision 1992; Fatzer/Eck 1990; Kersting 1991; Pallasch u. a. 1992; Pühl 1990; Scobel 1991; Zeller 1981

Superzeichen

sind Methoden, Strukturen, Gestalten, Formen, Gesetzmäßigkeiten, die entweder durch „Geflechtbildung bzw. Komplexbildung" (Frank 1969, Seite 74); d. h. also durch Gruppieren, Gliedern, Ordnen, oder durch „Klassenbildung bzw. Invariantenbildung" (Frank 1969, Seite 74) zustandekommen (→ Klassifikation).

Superzeichenbildung bzw. **Superierung** bezeichnet die „Fähigkeit, Elemente des Repertoires zu kombinieren und aus diesen Kombinationen neue Informationseinheiten (= Superzeichen; auch Informationseinheiten höherer Ordnung; Köck) zu bilden" (Cube 1982, Seite 168).

Superzeichenbildung stellt eine Form des Lernens dar neben dem Annäherungslernen (→ Akkomodation, informationelle) und dem Lernen über Speicherung (Üben, Wiederholen, Auswendiglernen).

Superzeichenbildung scheint die einzige Möglichkeit zu sein, den ständigen quantitativen Wissenszuwachs und die Aneignung immer komplexerer Fähigkeiten bewältigen zu können. Ein Superzeichen liegt z. B. vor, wenn jemand ein Buch strukturierend liest, also das Wesentliche durch Unterstreichen hervorhebt oder ein Exzerpt anfertigt. Ein Superzeichen höherer Ordnung läge vor, wenn der Leser die Kernaussagen des Buches in einer Graphik mit Über- und Unterordnungen und wechselseitigen Querverbindungen zusammenfaßt. Andererseits wird ein vorgegebenes Superzeichen wie z. B. das Verkehrsschild für kurvenreiche Straßen erst wirksam, wenn der betroffene Autofahrer es zu lesen versteht, d. h. die elementaren Zeichen kennt, die dem Superzeichen zugrundeliegen, hier gefährliche Kurve, vermindertes Tempo, Schleudergefahr, Kurventechnik usw.
An diesem Beispiel wird deutlich, daß das ganzheitliche sofortige Reagieren auf das Superzeichen selbst, das nicht mehr auf seine Auflösung in die elementaren Zeichen angewiesen ist, lebenswichtig sein kann. K

Supplantation
beschreibt den Vorgang der exakten Ermittlung lernunterstützender Bedingungen, die wegen noch nicht hinreichend beherrschter Lernfähigkeiten in einen Lernprozeß eingebaut werden müssen. Bei einem sinnvollen Einsatz von Unterrichtsmedien muß z. B. zuerst gefragt werden, welches Lernverhalten beim Schüler vorliegt, welches Lernverhalten demgegenüber die Aufgabe verlangt, und worauf aufgrund der ermittelten Differenz das Unterrichtmedium genau abzielen soll, was also zu supplantieren ist. K

Surrogat
bezeichnet in der Psychologie einen Ersatz in Form eines Ersatzobjektes oder einer Ersatzperson. Surrogate bilden sich oder werden notwendig auf Grund von → Verdrängungen oder → Verschiebungen von emotionalen Besetzungen. So bilden sich z. B. Ersatzobjekte in Träumen. Ersatzpersonen können in der Erziehung als Bezugspersonen notwendig werden, wenn z. B. die Mutter eines Kleinkindes stirbt (Surrogatmutter).
→ Psychoanalyse → Substitution → Traum O

SVE → Schulvorbereitende Einrichtungen

Syllogismus → Schluß

Symbolischer Interaktionismus
heißt die von G. H. Mead gegründete Richtung pragmatischer Sozialwissenschaft, welche die menschliche → Interaktion vor dem Hintergrund von Zeichen- und Rollentheorie zu sehen versucht. Folgende Aspekte sind für den Symbolischen Interaktionismus vor allem bedeutsam:

1. Interaktion setzt die allgemeingültige Anerkennung bestimmter Symbole (z. B. sprachlicher Zeichen) voraus, damit gemeinsame Situationen (z. B. von Lehrer und Schüler) überhaupt auf gleiche Weise definiert werden können.
   Alle Erkenntnis beruht auf der zwischenmenschlichen Vermittlung von Zeichen.
2. Für jede Situation exitieren bereits „signifikante Symbole“, d. h. durch Überein-

kunft gesicherte, bekannte und hinlänglich geübte Symbole des Verhaltens. F. Wellendorf (1979) z. B. spricht in diesem Zusammenhang sogar von einer Ritualisierung des Unterrichts. Die signifikanten Symbole sorgen für einen reibungslosen, sozusagen eingespielten Ablauf der Kommunikation, weil die Beteiligten ihr gegenseitiges Verhaltensrepertoire kennen bzw. in einer konkreten gemeinsamen Situation verstehend erschließen können.

3. → Kommunikation wird wesentlich bestimmt durch die wechselseitigen Erwartungshaltungen der Beteiligten, d. h. jeder Kommunikationspartner bringt Übereinstimmung unterstellende Wert- und Normenorientierungen, Rollenerwartungen und konkrete Vorstellungen über die Reaktionen der anderen in die Kommunikation ein, die sein Verhalten bereits bei seiner ersten Aktion beeinflussen.
4. Interaktion ist letztlich zu verstehen als intersubjektives Handeln auf der Grundlage gemeinsamer Regeln und wechselseitigen Verstehens mit dem Ziel der Erhaltung der Identitäts-Balance angesichts sich oft genug widerstreitender Situationsdefinitionen.

Auwärter u. a. 1976; Blumer 1969; Brumlik 1973; Cicourel 1974; Goffman 1971, 1973, 1975, 1991, 1992; Hargreaves 1976; Krappmann 1975; McCall/Simmons 1974; Mead 1973; Mollenhauer 1982; Piontkowski 1982; Steinert 1973

→ Institution → Rolle, soziale K

Symptom

Ein Symptom wird im allgemeinen Sprachgebrauch mit Anzeichen, Warnzeichen, Vorbote, Kennzeichen, Merkmal oder vorübergehender Eigentümlichkeit wiedergegeben. In psychologischer und medizinischer Sicht spricht man von Symptom, wenn es sich um abnorme Verhaltensweisen oder abnorme Organfunktionen bzw. Kennzeichen von Krankheiten handelt. So kann z. B. → Enuresis (Blasenentleerung ohne Kontrolle der Blasenschließmuskulatur) entweder ein Symptom für eine organische Blasenerkrankung sein oder bei Kindern in vielen Fällen ein Symptom für ein gestörtes Mutter-Kind-Verhältnis.

→ Syndrom O

Syndrom

bezeichnet allgemein das gleichzeitige, komplexe Auftreten verschiedener → Symptome. Der Begriff wird meist im Zusammenhang mit Krankheiten verwendet, die durch mehrere typische Symptome in Erscheinung treten, wie z. B. das → Klinefelter-Syndrom, das → Turner-Syndrom, das Down-Syndrom (→ Mongolismus). K

Synektische Methode

Sie versucht das Bewußtsein, das Interesse für bisher unbekannte, für neuartige, für aktuelle Probleme zu wecken. Die zugrundeliegenden Ursachen und Umstände sollen erschlossen und Einsicht in das jeweilige Problem dadurch gewonnen werden, daß das Neue, das Fremdartige erkundet, erforscht und vertraut gemacht bzw. das Bekannte und Vertraute verfremdet wird.

→ Unterichtsformen O

Synergie, Synergetik

Synergie bezeichnet in der Sozialpsychologie und Gruppendynamik die gesamte Energie (z. B. in Form von Interessen, Zielsetzungen, Fähigkeiten), die in einer Gruppe für den Zusammenhalt und die Arbeit an gemeinsamen Zielen und Aufgaben vorhanden ist. Die von dem deutschen Physiker H. Haken Anfang der 70er Jahre des 20. Jahrhunderts begründete **Synergetik** ist als die „Lehre vom Zusammenwirken" zu verstehen. Sie ist die Grundlagendisziplin der noch jungen Chaosforschung, die sich mit Ansätzen zur Lösung nichtlinearer, komplexer Probleme (z. B. System Mensch, Wirtschaft, Wetter) befaßt, die also dann einsetzt, wenn ein System nicht mehr (linear) aus den Eigenschaften seiner Elemente erklärt werden kann.

Haken 1990 (2×); Haken/Wunderlin 1991

→ Kohäsion K

Syntaktik → Semiotik

Synthese

Überall dort wo ein reales Verständnis angestrebt und vermittelt wird, sind der analytische und synthetische Weg von Bedeutung. Am vollständigsten und häufigsten treten → Analyse und Synthese im Rahmen der → Unterrichtsformen im → entwickelnden und → darstellenden Unterricht auf. Während die Analyse einen Gesamtkomplex auf seine Elemente zurückführt, schreitet die Synthese vom einzelnen durch Verknüpfung, Verbindung und Zusammenschau von Gliedern, Teilen, Einzelelementen zum Ganzen, zur Regel, zum Gesetz. Das synthetische Voranschreiten beim Lehren und Lernen im Unterricht ermöglicht ein stufenweise aufbauendes, gründliches, baukastenmäßiges Vorgehen und trägt zum klaren Begreifen und raschen Erreichen der gesetzten → Lernziele bei. Durch Synthese ergibt sich Erweiterung des Wissens, Fortschreiten im Wissen und Konstruktion neuer Geistesinhalte. Im logischen Bereich entspricht sie der → induktiven Unterrichtsmethode. Im allgemeinen werden drei Arten der Synthese unterschieden:

1. **Konstruktive Synthese:**
   Ungleichartige Elemente werden verbunden oder in Beziehung gesetzt und führen zu neuen Ergebnissen. Dies geschieht z. B. bei der Vorbereitung und Gestaltung eines Aufsatzes oder der Erstellung einer wissenschaftlichen Abhandlung.
2. **Produktive Sythese:**
   Gleichartige Elemente werden verglichen, zusammengesetzt, in anderer oder in neuer Weise verbunden. Sie tritt z. B. auf in statistischen Bereichen oder in der Buchführung, wenn Bestände in der Bilanz zusammengefaßt werden.
3. **Reproduktive Synthese:**
   Sie wird mitunter auch als Umkehrung der Analyse bezeichnet und tritt auf, wenn Elemente, welche die Analyse ergaben, zusammengesetzt werden, z. B. bei der Probe auf eine Rechenoperation.

→ Schluß O

Synthetische Leselernmethoden → Erstleseunterricht

Synthetische Methode → Synthese

Synthetisch-konstruktive Methode → Fremdsprachenmethodik

System, Systemtheorie

Systeme bestehen aus Objekten mit notwendigen Verbindungen; oder nach Allport: „Ein System … wird schlicht als ein Komplex von Elementen in Wechselbeziehungen definiert", wobei es vor allem auf jene Beziehungen ankommt, die für den Zusammenhalt des Systems notwendig oder von zentraler Bedeutung sind, die also tragende Funktionen im System besitzen.
Auch ein übergeordnetes Gesamtsystem (z. B. die Gesellschaft) mit Teilsystemen wird nach dieser Auffassung von einem dieser Teilsysteme als Leitsystem (in Anhängigkeit von der gültigen Gesellschaftstheorie) bestimmt.
Die moderne **Systemtheorie** unterscheidet zwischen interpersonellen Beziehungen und Interaktionen. Für die Beschreibung sozialer Systeme sind nicht die einzelnen Personen als Elemente von Belang, sondern die sinnvermittelten Interaktionen, womit Beziehungen zwischen Handlungen und ihren Eigenschaften gemeint sind. Soziale Systeme verfügen trotz enormer Störanfälligkeit durch die Wechselbeziehung mit der Umwelt über selbstregulierende Anpassungsmechanismen, die ihren Bestand sichern. Durch Reduktion der Komplexität unbegrenzter Möglichkeiten auf dem Wege der Selektion werden jene Beziehungen herausgearbeitet, die für eine bestimmte Situation vertretbar und sinnvoll sind, andere ausgegrenzt.
Im erziehungswissenschaftlichen Zusammenhang liegen unter dem Einfluß der behavioristischen → Lerntheorien und des kybernetischen → Regelkreismodells allzu sehr verkürzende Systemanalysen vor. Der Realität des Systems Unterricht näher kommt der kommunikationstheoretische Ansatz von Watzlawick u. a., der „Interaktion als metakommunikativ (→ Metakommunikation) vermitteltes umweltoffenes System" definiert. K

Habermas/Luhmann 1974; Huschke-Rhein 1991; Luhmann 1987, 1986–1991; Oelkers/Tenorth 1987; Rapoport 1987; Saldern 1991; Watzlawick 1990

System, soziales

Das soziale System bezeichnet das Ganze eines sozialen Gebildes, dessen Bestand durch Übereinkunft seiner Mitglieder über gemeinsame Normen, Ziele, Funktionen der einzelnen, Verhaltensmuster und Arten des Handelns relativ überdauernd gesichert ist. Bei den meisten sozialen Gebilden wie z. B. auch der Schulklasse muß beachtet werden, daß das soziale System selten geschlossen, eindeutig definierbar und kalkulierbar ist. Die meisten sozialen Gebilde sind vielmehr durch ein offenes soziales System gekennzeichnet, in dem die bestimmenden Faktoren fortwährender Veränderung ausgesetzt sind und innerhalb dessen formelle und informelle Gruppierungen gewichtige verändernde Einflüsse ausüben. Die formelle Seite des sozialen Systems Schulklasse ist z. B. durch die Allgemeine Schulordnung, vielleicht durch selbstformulierte Klassengesetze und durch verbindliche Lernziele bestimmt. Seine informelle Seite äußert sich durch Gruppierungen von Cliquen, in denen andere Verhaltensmuster gelten und andere Interessen verfolgt werden wie im formellen Gruppenverband Klasse.

→ System, Systemtheorie K

Systematische Beobachtung

Eine systematische → Beobachtung z. B. von Verhaltensweisen erfolgt im allgemeinen über eine längere Zeitspanne unter möglichst überschaubaren Bedingungen mit Hilfe systematischer Kategorien. Sie wird nach eindeutigen Beobachtungsweisen und genau vorgegebenen Fragestellungen durchgeführt. O

Literatur vgl. bei → Beobachtung!

Systematische Pädagogik → Pädagogik

Systems approach

bezeichnet eine Methode des Medienausbaus und Gerätebaus, nach dem das Gerät zunächst nur eine bestimmte Funktion erfüllt, aber zur Übernahme mehrerer Funktionen erweitert werden kann.

→ Baukastensystem O

Systemtheoretisches Strukturmodell der Didaktik → Struktur → Strukturmodelle der Didaktik → System, Systemtheorie

Systemtherapie

geht als psychotherapeutische Behandlungsmethode von der Überzeugung aus, daß das Verhalten des einzelnen nur aus dem Verhalten der mit ihm in Verbindung stehenden anderen zu verstehen ist und auch nur durch die Arbeit an den Wechselbeziehungen verändert werden kann. Vgl. → Familientherapie! K

Szenario

wird eine Methode der Zukunftsforschung genannt, mit deren Hilfe Strategie-Elemente ermittelt werden, die für die Auseinandersetzung mit möglichen zukünftigen Problemen in einem dynamischen System, also z. B. in der Industrie oder Politik, in Militär, Technologie, Management, in der Schul- und Hochschulentwicklung, in der Bildungsplanung geeignet sein könnten. Zu diesem Zweck werden alternative Ereignisreihen entworfen, die von der gegenwärtigen Situation realitätsnah in die Zukunft führen und dabei die Handlungsstrategien und Mittel deutlich werden lassen, die zur (jetzt hypothetischen) Problembewältigung nötig sind. Die Szenario-Methode hält dazu an, nicht an routinierten, aber der Wirklichkeit evtl. nicht mehr angemessenen Problemlösungen hängen zu bleiben, auf systemverändernde Einzelheiten aufmerksam zu machen, kreative Suche nach neuen Problemlösungen einzuleiten, festgefahrene Interaktionsstrukturen zu überwinden u. a. m. Sie kann z. B. belastenden Entwicklungen im Umweltbereich, in den internationalen Beziehungen, in der Bildungsplanung vorbeugen. Je nach Aufgabe zählt die Szenario-Methode zu den explorativen oder normativen oder als Mischform zu den Feedback-Methoden der → Zukunftsforschung.

Meyer-Schönherr 1992

→ Bildungsplanung → Bildungsforschung K

Szeno-Test = Sceno-Test → Projektionstests

Szientismus

Der Szientismus vertritt eine auf Wissen und Wissenschaft gegründete Haltung, schreibt alle Erkenntnisse wissenschaftlichen Methoden zu und läßt die Philosophie mehr oder weniger in der Wissenschaft aufgehen. Der Begriff wird häufig auch abwertend für die Überbetonung der Wissenschaft und übertriebene Wissenschaftlichkeit verwendet. O

T-Gruppe

= Trainingsgruppe → Trainingsmethoden, gruppendynamische

T-Methode (Teil-Methode)

Sie befaßt sich mit einer Form des Auswendiglernens, die darauf abzielt, längere Reaktions- oder Bewegungsabläufe systematisch Abschnitt für Abschnitt bis zur vollständigen Beherrschung zu lernen. Die erlernten Teile werden abschnittsweise zusammengefügt und ergeben das angestrebte Ganze, z. B. ein Gedicht. Diese Form des Lernens wird häufiger verwendet als die → G-Methode. Personen, die mit Hilfe der T-Methode lernen, werden auch als Teillerner bezeichnet.

→ Lernen O

Tabu

bezeichnet das unberührbare Etwas und das durch die jeweilige Gesellschaft Verpönte und Verbotene. Tabus sind zum großen Teil auf einen magischen Ritus zurückzuführen.

Sie spielen nicht nur im Zusammenleben primitiver Völker eine wesentliche Rolle, sondern auch in der modernen Gesellschaft in Form der sozialen Tabus, die alle im jeweiligen sozialen Umfeld nicht üblichen, von der Gruppe oder Gesellschaft als nicht ins Gesellschaftsgefüge passenden und mit direkter oder indirekter Androhung des Gruppenausschlusses verbundenen Handlungen einschließlich sprachlicher Äußerungen umfassen. O

Tabula-rasa-Theorie

Sie geht von der Überzeugung aus, daß das Kind bei seiner Geburt in keiner Weise durch Erbanlagen vorbestimmt ist. Es wird vielmehr mit einer unbeschriebenen, blanken Tafel (= tabula rasa) verglichen. Seine Entwicklung wird nach dieser Theorie ausschließlich durch Umwelteinflüsse bestimmt.

→ Milieu → Präformationstheorie K

Tadel → Lob und Tadel

Tafelbild

dient als visualisierte kognitive Organisationshilfe (→ advance organizer) bei der Erarbeitung von Lerninhalten der Information, Dokumentation, Veranschaulichung und Ergebnissicherung.

Zu Unrecht wurde es von → Arbeitsblättern und Tageslichtprojektor-Folien (→ Overhead projector) weitgehend verdrängt. Es ist nach wie vor zu bevorzugen bei variabler Stoffgestaltung unter Einbezug der Schüler, wenn also nicht etwa die

immer gleiche Wiederkehr von Inhalten und Zusammenhängen die Anfertigung einer Folie aus ökonomischen Gründen rechtfertigt.
Als **didaktischer Ort** für das Tafelbild kommt jeder Schritt des Lernprozesses in Frage, z. B.
- die Motivationsphase: impulsartige Skizze, Behauptung, Frage ...;
- die Erarbeitungsphase: schrittweise Entwicklung von Zusammenhängen, Teilergebnissen ...;
- Die Erfolgssicherungsphase: Gesamtzusammenfassung, stichwortartige Anregung für die ausführliche schriftliche oder mündliche Darstellung des behandelten Lernstoffes bzw. Lernweges ...

Nicht zu unterschätzen ist die **Modellwirkung des Lehrers** durch übersichtliche Gestaltung des Tafelbildes und lesbare Schrift.
Kriterien sinnvoller Tafelarbeit:
- Ansprechende, übersichtliche, auf das Wesentliche beschränkte Gestaltung durch Text, Bild, Symbole, optisch leicht erfaßbar, d. h.
  - Schlüsselbegriffe, → Superzeichen
  - Zusammenhänge durch Pfeile (aber keine verwirrende „Pfeilomanie“)
  - Skizzen, Schemata, evtl. auch mit Tesafilm befestigte Bilder
  - Eine Vorstrukturierung des Tafelbildes kann vor allem für Anfänger von Vorteil sein: Linien, Einrahmungen, Orientierungspunkte.
- Verwendung exakter Fachsprache
- Sprachliche und Darstellungsfehler vermeiden!
- Der Mitgestaltung durch die Schüler eine Chance geben!
- Als Kurzzusammenfassung für die einprägende Lernerfolgskontrolle brauchbar, d. h. durch Versprachlichung rückübersetzbar!
- Als Maß für die Ausführlichkeit gilt: Für den Fachmann nachvollziehbar, für den Autor aus der Erinnerung rekonstruierbar
- Als Anleitung oder Ergänzung in Wechselwirkung mit dem Schülerarbeitsbuch angelegt
- Möglichkeiten der Vernetzung innerhalb eines größeren thematischen Zusammenhangs. K

Kohler/Schuster 1989, 1991; Maras 1979; Meier 1988

Tageseinrichtungen

sind außerschulische Einrichtungen, in denen Kindern halbtags oder ganztags „Betreuung, Bildung und Erziehung“ in Absprache und Kooperation mit den Erziehungsberechtigten zuteil wird, z. B. → Kindergarten, → Schulkindergarten, → Kinderhort. K

Tagesheimschule

ist eine schulische Einrichtung, welche eine ganztägige Betreuung der Schüler anbietet. Allerdings bleiben die meisten Angebote am Nachmittag (z. B. zusätzliche Sport- und Spielstunden, Übungsstunden, Hausaufgabenbetreuung) der freiwilligen Nutzung durch die Schüler vorbehalten.
→ Ganztagsschule K

Tageslichtprojektor → Overhead projector

Tagespflege, Tagesmutter

Die Träger der Jugendhilfe (→ Kinder- und Jugendhilfegesetz) können – meist bei Erwerbstätigkeit beider Elternteile – zur Förderung der Entwicklung eines Kindes und zur Vermeidung von Trennungsschäden in den ersten drei Lebensjahren eine sog. Tagesmutter vermitteln, die das Kind halb- oder ganztags gegen Entgelt betreut.
K

Takt → Pädagogischer Takt

TAT (Thematischer Apperzeptions-Test) → Projektionstest

Taubstummensprache → Chirologie

Taxonomie der Lernziele

In der curricularen Lernzieltheorie bezeichnet der Begriff Taxonomie ein Klassifikationsschema, um Lernziele zum einen nach ihrer Zugehörigkeit zum kognitiven, affektiven und instrumentalen Lernzielbereich, zum anderen nach der Intensität des erwarteten Endverhaltens zu ordnen.
Kognitive Lernziele werden nach Komplexität, affektive Lernziele nach dem Ausmaß der Verinnerlichung und psychomotorische Lernziele nach der zunehmenden Koordination der Leistungen geordnet.

Bloom 1976; Krathwohl u.a. 1978

→ Lernziel
K

Taxonomie der Medien

bedeutet die systematische Beschreibung und Ordnung der Medien entsprechend ihrer lerneffektiven Leistung und unter dem Gesichtspunkt der Ökonomie von Lernprozessen, aber auch unter dem Aspekt ihrer Anforderungen an die Aufmerksamkeit des Schülers, an sein technisches Verständnis und seine altersspezifische Leistungsfähigkeit.

→ Lernziel
K

Teamarbeit

Die gemeinsame, nicht hierarchisch geordnete Zusammenarbeit in → Gruppen, Ausschüssen und Kommissionen zur Erreichung eines angestrebten Zieles, zur Bearbeitung eines Programms oder zur Lösung einer Aufgabe wird als Teamarbeit bezeichnet. Im schulischen Bereich tritt sie z. B. bei der Erarbeitung von Curricula und Stoffplänen auf oder bei der von mehreren Lehrern geleisteten gemeinsamen Abstimmung, Vorbereitung und Durchführung von Unterrichtsstunden und Unterrichtseinheiten.

Schneider 1991; Vopel 1992

→ Team teaching
O

Team teaching

ist eine Unterrichtsform, bei der zwei oder mehrere Lehrer eine Unterrichtsstunde oder Unterrichtseinheit gemeinsam vorbereiten, durchführen, auswerten und evtl.

im Sinne des → Regelkreises des Lehrens und Lernens weiterführen. Das Team teaching entfaltet seine Vorteile vor allem dort, wo Lerninhalte mit unterschiedlichen fachlichen Aspekten vermittelt oder → Projekte verwirklicht werden sollen, welche die sachliche Kompetenz verschiedener Fachleute erfordern.
Der Verlauf eines Unterrichts im Team teaching ist gekennzeichnet durch den Wechsel von Informationsphasen im Großgruppenunterricht, die Schüler einer Jahrgangsklasse oder mehrerer Jahrgangsklassen gleichzeitig ansprechen, und von Erarbeitungs-, Übungs- oder Anwendungsphasen in differenzierter Form (→ Differenzierung), die unter Anleitung oder beratender Betreuung der am Unterricht beteiligten Lehrer besonderen Interessenschwerpunkten bzw. der Aufarbeitung von Verständnisschwierigkeiten der Schüler entgegenkommen. Die Anknüpfung an das fachliche Interesse und auch an persongebundene Vorlieben der Schüler zeitigt beim Team teaching ohne Zwang einen von der Bearbeitung eines begrenzten Problemfeldes ausgehenden Übertragungseffekt auf andere Bereiche des Projekts oder Lerninhaltes.
Besondere Bedeutung kommt beim Team teaching den → Unterrichtsmedien zu, die aufgrund detaillierter Vorausplanung und sorgfältiger didaktischer Analyse eine weitgehende Lehrobjektivierung ermöglichen sollen.

Brinkmann 1973; vgl. auch bei → Teamarbeit!

→ Sozialformen des Unterrichts → Teamarbeit → Unterrichtsformen K

Technikerschule → Fachschule, die zum staatlich geprüften Techniker ausbildet

Technische Hochschule, Technische Universität

ist eine wissenschaftliche → Hochschule mit dem Schwerpunkt Natur- und Ingenieurwissenschaften. Das mindestens achtsemestrige Studium wird in der Regel mit der Diplomprüfung (Dipl.-Mathematiker, Dipl.-Ingenieur) abgeschlossen. K

Technische Oberschule

Schüler mit der → Fachschulreife der gewerblich-technischen Fachrichtung und Schüler mit dem → Mittleren Bildungsabschluß und einem Lehrabschluß bzw. dem Nachweis eines zweijährigen Praktikums einschlägiger Fachrichtung können über die zweijährige Technische Oberschule zur → fachgebundenen Hochschulreife gelangen. Nach Bestehen des ersten Jahres vermittelt die Technische Oberschule die → Fachhochschulreife. Durch das Ablegen einer Zusatzprüfung in einer zweiten Fremdsprache kann die fachgebundene zur → allgemeinen Hochschulreife erweitert werden.

→ Berufsoberschule → Berufliches Gymnasium O

Technischer Assistent/Technische Assistentin

Die medienorientierte Schule fordert den (an → Berufsfachschulen ausgebildeten) Technischen Assistenten als unverzichtbares Mitglied des Lehrerkollegiums. Sein Aufgabenbereich umfaßt vor allem die Wartung, die Verwaltung und den Einsatz der gesamten → Hardware und → Software einer Schule. Neben technischem Verständnis für die modernen → Medien muß vom Technischen Assistenten aber auch mediendidaktisches Können gefordert werden, da er im Auftrag der Fachlehrkräfte und in Zusammenarbeit mit ihnen Medienangebote aufzunehmen bzw.

zu produzieren bzw. aufzubereiten und in laufende Lernprozesse einzubringen hat.

→ Pädagogischer Assistent K

Technisches Gymnasium → Berufliches Gymnasium

Technokratie

Das Ziel der Technokratie, einer aus Nordamerika stammenden geistigen Bewegung, ist die Herrschaft der Technik über Politik und Wirtschaft und die Organisation der Gesellschaft nach den Gesetzen und Regeln der Technik. Im Bereich der Schulorganisation und der Unterrichtsfächer finden sich z. B. technokratische Ansätze in mechanistischen, materialistischen Auffassungen von Schulverwaltungen und von Schulfächern in der Curriculumentwicklung. Eine technokratische Arbeitslehre z. B. wird ihre Stoffbereiche schwerpunktmäßig unter dem Aspekt der Mechanismen von Technik und Wirtschaft betrachten und ihre Grundannahmen auf die Verwissenschaftlichung von Gesellschaft und Arbeit stützen. Durch Anwendung technokratischer Methoden auf das Schulische werden das Erzieherische, die Bedeutung des Seelischen und die Möglichkeiten schulischer und unterrichtlicher Differenzierungen sowie die im schulischen Bereich notwendigen Freiheitsgrade beachtlich eingeschränkt und teilweise unmöglich gemacht. O

Teen, Teenager

ist die aus dem Englischen übernommene Bezeichnung für Jugendliche zwischen 13 und 19 Jahren. K

Teilleistungsschwäche → Legasthenie → Rechenschwäche

Teillerner → T-Methode

Teilnehmende Beobachtung → Beobachtung

Teilzeitschule → Teilzeitunterricht

Teilzeitunterricht

Der Teilzeitunterricht stellt im allgemeinen und berufsbildenden Bereich die theoretische Ergänzung zu einer praktischen Ausbildung dar. Er wird stundenweise erteilt.

→ berufsbegleitende Schule → Berufsschule → Duales System O

Teleberuf

Beim Bayerischen Fernsehen wurde im Frühjahr 1968 die Programmgruppe „Berufsausbildung und Berufsfortbildung“ gegründet, der Vertreter der Arbeitgeberverbände, des Deutschen Gewerkschaftsbundes, der Deutschen Angestelltengewerkschaft, der Industrie- und Handelskammern, der Handwerkskammern, betrieblicher Ausbilder und Pädagogen beruflicher Schulen angehörten. Dieser Arbeitskreis trug dazu bei, die Sendereihe Teleberuf zu entwickeln.
Teleberuf sendet in grundsätzlich halbstündigen Fernsehlektionen:

- Wissensbereiche, die sowohl für Auszubildende in gewerblichen und kaufmännischen Berufen gleichermaßen interessant sind, und einen wesentlichen und notwendigen Einblick in Betrieb, Arbeitswelt und Volkswirtschaft vermitteln
- Produktionen mit erweitertem allgemeinen, wirtschaftlichen und technischen Grundwissen im Hinblick auf Branchenbezogenheit
- Fallbezogene Projekte zur Volks- und Betriebswirtschaftslehre
- Praxisbezogene Produktionen, die Rücksicht auf spezifische Belange kaufmännischer und gewerblicher Berufsausbildung nehmen.

Die Sendungen für Teleberuf sind in teledidaktischer Form aufbereitet, d. h. zu jeder Fernsehlektion wird schriftliches Begleitmaterial nach didaktischen Gesichtspunkten entwickelt, das den Teilnehmern zur Verfügung gestellt wird.
Ähnliche Projekte werden auch in anderen Ländern durchgeführt. So strahlt z. B. der Hessische Rundfunk ein Berufsschulfernsehprogramm seit 1969 aus. Ein dem Berufsschulfernsehen ähnliches Projekt gibt es seit 1966 in Belgien. Interessante berufskundliche Sendungen bietet eine Programmreihe der BBC unter dem Titel „Going to Work" an. Das französische Fernsehen gestaltet ein stark berufsbezogenes Programm unter dem Titel „Télé-Promotion Rurale". O

Telekinese → Psychokinese (synonym) → Parapsychologie

Telekolleg

Seit Januar 1967 besteht die Sendereihe Telekolleg in Bayern, die als kombiniertes Unterrichtssystem, in dem das Fernsehen das Leitmedium darstellt, im allgemeinen die → Fachschulreife und auch die → Fachhochschulreife vermittelt.
Das Telekolleg wendet sich an alle Bevölkerungskreise und bietet die Möglichkeit an, im → Medienverbundsystem Leistungszertifikate in Form staatlicher Zeugnisse zu erwerben.
Die durch die Sendungen vermittelten Lehrstoffe sind die der → Berufsaufbauschule und → Fachoberschule.
Das Multi-Media-System im Telekolleg umfaßt:

- Fernsehsendungen
- Schriftliches Lern- und Begleitmaterial
- Gruppenarbeit und Gedankenaustausch der Teilnehmer unter sachkundiger Betreuung

Das Lehrangebot des Telekollegs kann auch ähnlich wie das des → Teleberufs teilweise für Umschulungsmaßnahmen und für die → Weiterbildung mit herangezogen werden.
Verschiedene Länder der Bundesrepublik Deutschland und des deutschsprechenden Auslandes haben Sendereihen des Telekollegs in ihre Programme übernommen.
→ Funkkolleg O

Telematik

bezeichnet die Wissenschaft der Darstellung und Fernübertragung von Informationen mit Hilfe elektronischer Datensichtanlagen und der Nachrichtentechnik. K

teleologisch

werden Aussagen genannt, die von einem Ziel oder Zweck her bestimmt sind, im Unterschied zu Kausalaussagen, die einen Ursache-Wirkungs-Zusammenhang betreffen.

K

Telepathie

wörtlich übersetzt „das Fernfühlen", bezeichnet die Fähigkeit eines Menschen, Gedanken, Gefühle, Stimmungen und innere Zustände anderer ohne Einschaltung der Sinne und der Sprache, also außersinnlich wahrnehmen zu können (z. B. Gedankenlesen), auch über größere Distanz.

Bender 1989

→ Parapsychologie

K

Telespiele → Videospiele

Temperament

bezeichnet heute – im Unterschied zu seiner ursprünglichen Bedeutung als ausgewogene Mischung von etwas – zum einen die verschieden ausgeprägte Antriebskraft eines Menschen (z. B. ein lebhaftes Temperament), zum anderen eine Klassifikation der Menschen nach ihrer vorherrschenden Gemütsart. Auf Hippokrates geht die Einteilung in

- Sanguiniker (lebhaft, lebensbejahend, optimistisch),
- Choleriker (jähzornig, aufbrausend, leicht reizbar),
- Phlegmatiker (ruhig, schwerfällig) und
- Melancholiker (schwermütig, willens- und antriebsschwach, pessimistisch) zurück.

E. Kretschmer versuchte eine Beziehung zwischen Körperbautypen (→ Konstitution) und Temperamentstypen herzustellen, was in der Praxis der Beurteilung von Menschen zu schematischen, undifferenzierten und damit wirklichkeitsverzerrenden Ergebnissen führte. Die moderne → Typologie bevorzugt die Beschreibung von Verhaltens- bzw. Persönlichkeitsdimensionen, vgl. z. B. → Extraversion und → Introversion.

K

TEMPUS → Europäische Bildungsprogramme

Tenazität

bedeutet Beharrlichkeit, Hartnäckigkeit und Ausdauer. Durch die Tenazität wird zum Ausdruck gebracht, mit welcher Zähigkeit, Ausdauer und Kraft der Zustand der → Aufmerksamkeit erhalten oder eine einzelne Vorstellung unverändert festgehalten werden kann. Der Grad der Tenazität ist grundsätzlich vom Typ abhängig. So zeigt z. B. der motorische Typ eine geringe, der akustische eine mittlere und der visuelle eine große Tenazität.

→ Begabung → Distribution → Konzentration

O

Terminal

Ein Terminal ist ein Computer, mit dessen Hilfe von einer zentralen → Datenbank dort gespeicherte Informationen auf eine ganz bestimmte Fragestellung hin abgerufen werden können. K

Tertiärbereich → Fachhochschule → Hochschule → Quartärbereich

Test

Ein Test ist ein Meßverfahren zur Diagnose von Verhalten und zur Prognose der weiteren Verhaltensentwicklung. Durch Tests können nur Aussagen über Persönlichkeitsmerkmale gewonnen werden, die meßbar, also quantitativ erfaßbar sind, z. B. bestimmte Leistungen (Wahrnehmung, Konzentration, Motorik), Intelligenzhöhe, Interessen, Einstellung. Ein **formeller Test** muß folgende Kriterien erfüllen:

1. Standardisierung (die Testsituation ist eindeutig definiert, die einzige veränderliche Größe ist das individuelle Verhalten des Probanden)
2. Normierung (es muß ein Vergleichsmaßstab zur Qualifikation des Testergebnisses ermittelt sein)
3. Objektivität (sie ist um so größer, je mehr Untersucher bei der Auswertung des Tests zum selben Ergebnis kommen)
4. → Reliabilität (= Zuverlässigkeit, d. h. Genauigkeit der Messung)
5. → Validität (= Gültigkeit in bezug auf das gemessene Merkmal)

Im Unterschied zum formellen bzw. standardisierten Test verfolgen **informelle Tests** zwar denselben beschriebenen allgemeinen Zweck, sie erfüllen aber die genannten Kriterien nur bedingt, da sie nicht mit Hilfe wissenschaftlicher Kontrolle erstellt sind.

Brem-Gräser 1986; Brickenkamp 1975, Ergänzungsband 1983; Burdis u. a. 1982; Hiltmann 1977; Ingenkamp 1978; Lienert 1991

→ Entwicklungstest → Gruppentest → Intelligenztest → Leistungsmessung → Stimmungsbarometer K

Testbatterie → Entwicklungstest → Intelligenztest

Testkonstruktion

→ umfaßt alle Methoden und Kriterien, die beim Entwurf eines → Tests beachtet werden müssen. Je nach Art des Tests (normorientierter, standardisierter, lernzielorientierter, formeller oder informeller) sind – mit unterschiedlicher Gewichtung – die folgenden Anforderungen und Gegebenheiten von Bedeutung:

- Exakte Beschreibung der Adressatengruppe
- Festlegung von → Validität, → Reliabilität, → Objektivität und → Relevanz zur Eingrenzung des Prüfbereichs
- Durch Probeläufe und Aufgabenanalyse abgesicherte Aufgabenerstellung
- Gestaltung der äußeren Form des Tests
- Evtl. → Standardisierung des Tests
- Evtl. Entwurf eines Kontrolltests K

Literatur vgl. bei → Test!

Test-Parallelform

Hierunter sind Tests zu verstehen, die inhaltlich nicht gleich zu sein brauchen, jedoch im Schwierigkeitsgrad und in der Konstruktion zumindest gleichwertig sein müssen. Sie dienen der Messung gleicher Merkmale und können z. B. bei koordinierter → Leistungsmessung mehrerer Klassen derselben Jahrgangsstufen eingesetzt werden.

→ Leistungsbewertung → Reliabilität → Test O

Testprofil → Intelligenztest

Testprogramm

→ Kontrollprogramm → Kriterienprogrammierung → Programmierte Instruktion

Testwiederholungsmethode

Bei der Retest- oder Testwiederholungsmethode wird zur Überprüfung der → Reliabilität demselben Personenkreis – zeitlich verschoben – zweimal derselbe Test gegeben und die → Korrelation der beiden Ergebnisreihen ermittelt.

→ Reliabilitätskoeffizient → Test-Parallelform O

Textmeditation

ist eine spezielle Form der → Meditation, bei der die Schüler einen in der Regel vom Lehrer vorgetragenen Textinhalt intensiv miterleben. Die Textmeditation wird mit einer Phase der Sammlung eingeleitet, während welcher konzentrierte Ruhe eintritt und die Schüler mit geschlossenen Augen zu ruhig fließender Atmung und damit verbunden zur Entspannung finden. Beruhigende Hintergrundmusik begünstigt die Meditation.

Nach dem Hören des Textes sind die Schüler aus dem meditativen Zustand zurückzuholen, z. B. durch Anspannen von Arm- und Beinmuskulatur, kräftiges Ausstrecken, tiefes Durchatmen, Augen öffnen. Eine Aussprache über Eindrücke, Assoziationen und Erlebnisse schließt die Textmeditation ab. Vorsicht ist bei Texten geboten, die Ängste und verdrängte unangenehme Erlebnisse der Schüler aktualisieren können.

→ Bildmeditation → Schreibmeditation K

Thematische Lernhilfe → Lernhilfen

Themenzentrierte interaktionelle Methode

Die von Ruth Cohn entwickelte gruppendynamische → Trainingsmethode will ein „lebendiges Lernen in Gruppen" ermöglichen. Dazu ist es nötig, die im Modell dargestellten Interessen des Themas (Es), der einzelnen Gruppenmitglieder (Ich) und der Gruppe (Wir) unter Berücksichtigung der vielfältigen wechselseitigen Beziehungen zur Umwelt in der Balance zu halten.

Diese Balance erfordert Strukturierung durch den Gruppenleiter, im Voranschreiten des Trainings mehr und mehr durch die Gruppe selbst. Die Methode bezieht je nach Bedürfnis nonverbale Übungen, → Rollenspiele, Entspannungsübungen, Kreativitätsübungen usw. mit ein, besonderes Gewicht liegt allerdings bei der Einübung in die Feedbacktechnik (→ Feedback, → Feedback-Regeln).

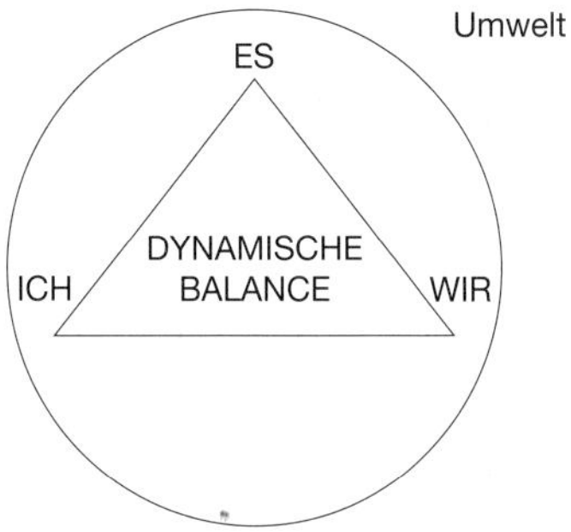

Folgende Hilfsregeln beim Training in Anlehung an R. Cohn erweisen sich als nützlich:

1. Sei dein eigener Chairman!, d. h. du allein bestimmst, wann und was du sagen willst und wann du schweigen willst.
2. Störungen haben Vorrang, d. h. unterbrich das Gespräch, wenn du nicht mehr folgen kannst, dich etwas ärgert usw.!
3. Sprich nicht per „man" oder „wir", sondern per „ich", denn du kannst dich in deinen Aussagen nur selbst vertreten.
4. Wenn du eine Frage stellst, sage, warum du fragst und was deine Frage für dich bedeutet. Sage dich selbst aus und vermeide das Interview!
5. Interpretiere und moralisiere nicht, sondern beschreibe, was du siehst und empfindest!
6. Es kann immer nur einer sprechen.
7. „Versuche, in dieser Sitzung das zu geben und zu empfangen, was du selbst geben und empfangen möchtest." K

Cohn 1991; Köck/Rohner 1975; Kroeger 1989; Langmaack 1991; Seidenspinner 1990

Theorem

ist ein beweisbarer Satz, ein Lehrsatz, „der durch endlich oftmalige Anwendung der Ableitungsregeln aus den → Axiomen gewonnen wurde" (Stegmüller 1983, Seite 35). Theoreme „beinhalten objektsprachliche Wahrheiten" (Seite 32), d. h. richtige Feststellungen in bezug auf die Sprache selbst als Untersuchungsgegenstand. K

Theorie

(im Griechischen mit der vielfältigen Bedeutung von Anschauen, Betrachtung, Untersuchung, wissenschaftliche Erkenntnis, aber auch Schauspiel, Teilnahme an einem Fest) bezeichnet die systematisierte, geordnete Verknüpfung von Erkenntnissen und gesetzmäßigen Aussagen, die durch → Induktion, Deduktion (→ deduktive Methode) oder Spekulation gewonnen wurden. Eine Theorie im Sinne empirischer Wissenschaft muß in jeder ihrer Aussagen an der Erfahrung überprüfbar und in der Beziehung ihrer Aussagen untereinander widerspruchsfrei sein. Nach neuerer Auffassung (z. B. Popper) dienen Theorien solange unbegründet der Problemlösung, als sie dieser Funktion gerecht werden können; andernfalls werden sie aufgegeben (Falsifikation). K

Dubin 1969; Körner 1966; Oelkers 1976

Theorie der Schule

befaßt sich mit der Beschreibung, Analyse, Erklärung und Kritik der gesellschaftlichen Institution Schule.

Mit diesem Arbeitsauftrag geht sie vordringlich folgenden Fragen nach:

- Welchem Zweck dient die Schule als Einrichtung der Gesellschaft?
- In welchen spezifischen Erscheinungsformen erfüllte sie ihre Aufgabe in der Vergangenheit, und wie kommt sie ihrer Aufgabe heute nach?
- Worin besteht ihre besondere Leistung und Arbeitsweise, und von welchen anthropologischen Grundannahmen leitet sie dieselben ab?
- Inwiefern werden die Ergebnisse ihrer Arbeit den aktuellen Anforderungen ihres Auftraggebers Gesellschaft tatsächlich gerecht?
- Welche Entwürfe von Schule – schon praktiziert oder als Modellvorstellung vorhanden – kommen für die Bewältigung künftiger Lebensanforderungen in Frage?

Fend 1981; in Köck 1991

→ Theorie des Unterrichts K

Theorie des Unterrichts

befaßt sich mit der Beschreibung, Analyse, Erklärung und kritischen Weiterentwicklung des → Unterrichts als eines schulisch organisierten Lernens.

Vorsicht ist dabei vor zwei theorieverfälschenden Gefahren geboten:

- Ergebnisse von Laborexperimenten dürfen nicht direkt bzw. vorschnell in Form von Handlungsempfehlungen auf die Unterrichtswirklichkeit übertragen werden.
- Unterrichtliche Zusammenhänge werden angesichts der Komplexität von Einflüssen und Wechselbeziehungen oft unzulässig auf simple Ursache-Wirkungs-Zusammenhänge reduziert mit der Folge unscharfer bzw. falscher Alltagstheorien.

Zu den inhaltlichen Hauptbereichen der Theorie des Unterrichts vgl. J. Bruners Ansicht unter → Strukturtheoretischer Ansatz der Didaktik!

Schwendenwein 1985; in Köck 1991

→ Theorie der Schule K

thetisch-definitiv

bedeutet endgültig behauptend, etwa im Sinne einer dogmatischen Aussage. K

Tick → Grimasse

Tiefenpychologie

Gegenstand der Tiefenpsychologie ist die Beschreibung unbewußter Beweggründe und Konflikte. Üblicherweise wird Tiefenpsychologie als Sammelbegriff für die Arbeiten von S. Freud, C. G. Jung, A. Adler, E. Fromm u. a. verwendet. Bedeutsame Forschungsmethoden der Tiefenpsychologie sind nach T. R. Miles

1. das therapeutische Interview einschließlich der Interpretation von Verhaltensweisen durch den Therapeuten,
2. projektive Tests, die unbewußte Wünsche und Einstellungen aufdecken sollen,

3. die Überprüfung der tieferen Bedeutung von Bemerkungen und emotionalen Äußerungen,
4. die Methode der systematischen Tonbandaufzeichnung,
5. die Übertragung klinischer Methoden auf Alltagssituationen.

Dienelt 1973; Elhardt 1978; Fetscher 1978; Frey-Rohn 1980; Jung 1981; Pflüger 1977; Pongratz 1983; Rattner 1990; Schlegel 1985; Schraml 1976; Stern 1969; Wiesenhütter 1987; Wyss 1991

→ Psychoanalyse K

Time-sampling

kann mit Zeitstichprobe oder Zeitstichproben-Technik übersetzt werden. Es stellt eine statistische Sonderform der → Stichprobe dar, die vor allem bei der Beobachtung von Kindern Bedeutung erlangte und in regelmäßigen oder entsprechend vorgesehenen Zeitabständen als systematische Verhaltensbeobachtung in erster Linie zur Erstellung von Statistiken im Rahmen der Verhaltensforschung eingesetzt wird.

→ Beobachtung → Statistik O

Timing

bezeichnet die präzis geregelte zeitliche Steuerung und Vorbereitung z. B. von Aktionen, Veranstaltungen, Konferenzen, Lernabläufen.

→ Lernzeit (-planung) K

Tokensystem → Münzverstärkungssystem (syn.)

Toleranz

(von lateinisch tolerare = ertragen, erdulden, aushalten) bezeichnet die Verhaltensweise eines Individuums, eine von der eigenen Meinung abweichende oder ihr widersprechende Meinung zu dulden, insbesondere den Andersdenkenden nicht seiner Überzeugung wegen zu diffamieren oder zu bekämpfen (formale Toleranz). Toleranz schließt jedoch die Konfrontation von Meinungen und die humane Auseinandersetzung um der Wahrheit bzw. der Realitätsverbesserung willen nicht aus (inhaltliche Toleranz, insofern der Andersdenkende im Meinungsstreit zur Problemlösung beiträgt).

Die Toleranz gelangt an ihre Grenzen angesichts von Intoleranz, offensichtlichem Unrecht und Gewalt, denen gegenüber sie zu aktiver Abwehr verpflichtet ist, wenn sie sich nicht selbst aufgeben will. K

Fetscher 1990; Mitscherlich 1974; Wolff u. a. 1969

Tonband im Unterricht

Das Tonband findet vor allem folgende unterrichtsbezogene Verwendungen:

- Zur Speicherung und Wiedergabe von Hörfunksendungen und von Hörbildern, die Lehrer oder/und Schüler selbst produziert haben,
- zur Wiedergabe von Aufzeichnungen von → Hörspielen, Musikwerken, Dokumentaraufnahmen, die von Landes- und Stadtbildstellen entliehen werden können,
- zur Kontrolle der Sprechtechnik im muttersprachlichen und im Fremdsprachenunterricht,

- als Kontrollinstrument für den formalen Ablauf und die Sicherung der inhaltlichen Ergebnisse einer Diskussionsrunde oder eines Gesprächs,
- zur Aufzeichnung von Interviews (Reporterauftrag),
- zur Kontrolle des Kommunikationsstils und
- zur Überprüfung des verbalen Schüler- und Lehrerverhaltens.

Köck 1977[2]

→ Hörspiel K

Tonbildschau

bezeichnet einen Lichtbildervortrag, bei dem der erläuternde Kommentar zu den einzelnen Bildern (Dias) und evtl. untermalende Musik von einem Tonbandgerät abgespielt werden. Die Parallelschaltung von Bild und dazugehörigem Ton erfolgt von Hand oder bei entsprechend ausgestatteten Geräten über Impulse, die auf dem Tonband gespeichert sind und über eine Verkabelung den Bilderwechsel im automatischen → Diaprojektor auslösen. K

TOTE-Einheit

ist die Abkürzung für Test-Operations-Test-Exit-Einheit. Miller, Galanter und Pribram (1970) versuchten damit den wechselseitigen und ineinandergreifenden Zusammenhang von inhaltlichen und ablaufbezogenen Bestandteilen bei der Informationsverarbeitung zu erfassen. K

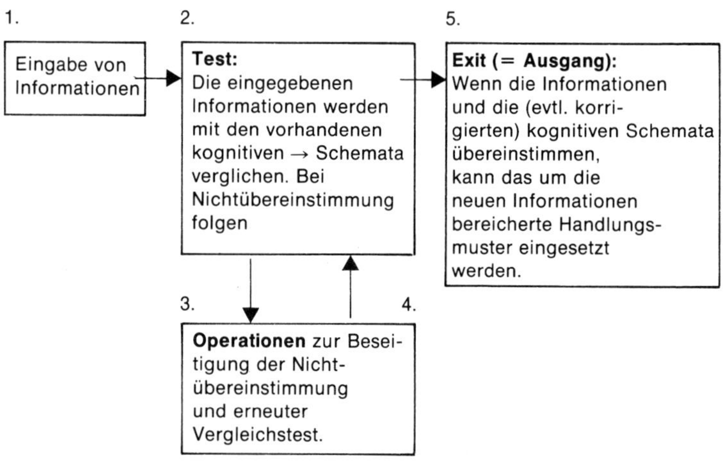

Toxikologie

Sie ist die Lehre von den Giften und ihren Wirkungen, den Vergiftungen. Toxische (giftige) Wirkungen auf den Körper haben z. B. Alkoholgenuß, Rauschgifte u. a.

→ Drogen- und Drogenmißbrauch → Sucht O

Toxikomanie = Drogen- bzw. Medikamentensucht → Drogen- und Drogenmißbrauch → Medikamentensucht

Tracking → Ability grouping → Leistungsdifferenzierung

Tradition

(vom lateinischen traditio = Übergabe, Überlieferung, Bericht) bezeichnet alle Vorgänge der Überlieferung und Übertragung, mit denen Lebensformen, Normen, Werte, Umgangsformen, Methoden der Realitätsbegegnung u. a. m. im Sinne der Kontinuität zwischen Vergangenheit, Gegenwart und Zukunft an die nachfolgende Generation weitergegeben werden. → Erziehung leistet dabei ihren speziellen Beitrag, indem sie die gegebene Gesellschaftsordnung vor dem Hintergrund ihrer geschichtlichen Entwicklung ideologiekritisch interpretiert und durch Sicherung des Bewährten Entlastung für die kreative Weiterentwicklung der Gesellschaft bewirkt. K

Trainingsmethoden, gruppendynamische

Sie haben sich durch Unterscheidungen in Details zu großer Vielfalt entwickelt. Die folgende Auflistung weist solche gruppendynamischen Trainingsmethoden auf, die sich in Ansatz und Zielsetzung trotz mancher Überschneidungen wesentlich unterscheiden.

1. Skill-Training (Training sozialer Fertigkeiten)
2. Human-Relations-Training (Training zur Verbesserung zwischenmenschlicher Beziehungen)
3. Sensitivity-Training (Selbstwahrnehmung und -erfahrung durch Gruppenerfahrung)
4. Encounter-Training (Begegnungsgruppen)
5. Marathon-Training (konzentrierte Gruppenaktivität)
6. Partnerschaftstraining (Intimität und Aggression)
7. Themenzentrierte interaktionelle Methode (Lebendiges Lernen in Gruppen)
8. Organisationslaboratorien
9. Effizienz-Training (Soziale Kompetenz in Institutionen) K

Bradford u. a. 1972; Däumling 1974; vgl. auch bei → Gruppendynamik!

Trait

ist die aus dem Englischen übernommene Bezeichnung für einen Charakter- oder Wesenszug, ein Verhaltensmerkmal oder eine Eigentümlichkeit von relativ überdauernder Stabilität. K

Tranquilizer (Tranquilanzien) → Drogen- und Drogenmißbrauch, → Medikamentensucht

Transaktionsanalyse

Der amerikanische Psychoanalytiker E. Berne (1910–1970) spricht in Anlehnung an die Dreiteilung der menschlichen Psyche von S. Freud (Über-Ich – Ich – Es) von drei den Menschen bestimmenden Ich-Zuständen: Eltern-Ich, Erwachsenen-Ich, Kind-Ich. Das Eltern-Ich tritt entweder fürsorglich (positiv, ermunternd) oder kritisch (negativ, ermahnend, bremsend) auf, das Kind-Ich antwortet entweder natürlich (spontan, unbeschwert) oder angepaßt (je nach Situation förderlich oder hinderlich). In der Durchführung (= Transaktion) einer konkreten → Interaktion schwingen neben der offenkundigen Kommunikationsebene (z. B. Erwachsenen-

Ich zu Erwachsenen-Ich als eindeutig sachliche Argumentationsebene) mehr oder weniger fördernd oder blockierend auf Sender- und Empfängerseite Elemente der beiden anderen Ich-Zustände mit, die je nach Situation die sachliche Botschaft mit einem anspornenden oder tadelnd-vorwurfsvollen, von Leistungsvertrauen oder -mißtrauen geprägten Unterton versehen.
Die Therapie geht von der Lokalisierung evtl. Defizite im Denken, Handeln oder Fühlen aus und formuliert ein positives, konkretes und realistisches Therapieziel. Als Kernsatz der Transaktionsanalyse gilt: „Ich bin in Ordnung, und Du bist auch in Ordnung."
Neurotische Entwicklungen ergeben sich in den Fällen II, III, IV der folgenden Übersicht (aus Kraiker/Burkhard 1988, Seite 103):

I Ich bin o. k., die anderen auch Gefühl: Selbstvertrauen und Zuversicht positive Weiterentwicklung	II Ich bin o. k., die anderen nicht Gefühl: Überheblichkeit oder Wut auf die anderen Extrem: Kriminalität
III Ich bin nicht o. k., die anderen auch nicht Gefühl: Sinnlosigkeit oder Verwirrung Extrem: Verrücktwerden	IV Ich bin nicht o. k., aber die anderen sind es Gefühl: Minderwertigkeits- oder Schuldgefühle Extrem: Selbstmord

In der Skript-Analyse (= Analyse des Lebensdrehbuchs) sind die lebensbestimmenden Erfahrungen und – meist elterlichen – Lebensmaximen, die sog. Antreiber (streng dich an, sei perfekt, mach es allen recht, beeil dich, gib dich stark und zeig keine Schwäche) aufzudecken und gegebenenfalls der Bearbeitung zuzuführen.
Je nach Situation und Problem kommen Methoden der → Psychoanalyse, der Humanistischen Psychotherapie (→ Humanistische Psychologie) oder der → Verhaltenstherapie in Frage.

Barnes 1979/1980, Berne 1967, 1974, 1989, 1991; Brown u.a. 1984; Harris 1975; Kottwitz/Lenhardt 1991; Wandel 1977

→ Psychotherapie K

Transfer

Wenn Lernen sinnvoll sein soll, muß das Gelernte anwendbar und übertragbar sein und das Erlernen ähnlicher, gleichartiger und auch schwierigerer – auf der vorhergehenden Lernstufe aufbauender – Verhaltensformen erleichtern. Diese Übertragung von Lernergebnissen und Erkenntniswerten von einer Situation auf eine andere bezeichnet man als Transfer. Erfolgt eine Übertragung in die Breite und auf eine Anzahl ähnlicher, jedoch anders gelagerter Situationen, so spricht man von **lateralem** oder **horizontalem Transfer.** Werden jedoch stufenweise anspruchsvollere Voraussetzungen, z. B. Begriffe, Regeln und Gesetze, benötigt, um höhere, komplexere Bereiche und Operationen erfassen zu können, so wird dies als **vertikaler Transfer** bezeichnet.

Jeder Transfer, ob lateral oder vertikal, bewirkt Verhaltensänderungen und kann positiv oder negativ sein. Wirken sich früher erworbene Verhaltensformen und Lernerfahrungen auf nachfolgende zu erbringende Leistungen erleichternd und fördernd aus, so ergibt sich ein **positiver Transfer,** z. B. das Lernen des Multiplizierens mit einem zweistelligen Multiplikator erleichtert die Durchführung mit einem vier- oder fünfstelligen. Handelt es sich um eine Beeinträchtigung der nachfolgenden Lernleistung, und wird das Lernen einer Verhaltensform durch eine vorhergehende nicht gefördert, sondern behindert, so erwächst hieraus ein **negativer Transfer.** Das Lernen lateinischer Grammatik kann z. B. das Lernen englischer Grammatik störend beeinflussen und umgekehrt. Von **Null-Transfer** spricht man, wenn sich weder eine Beeinträchtigung noch eine Erleichterung, sondern eine neutrale Auswirkung auf die nachherige Lernsituation ergibt.
Transferaufgaben im Rahmen von → Lernerfolgskontrollen erfordern die Übertragung und Anwendung von Kenntnissen und Fähigkeiten auf Sachverhalte und Situationen, die neu sind, aber mit der erworbenen Grundausrüstung lösbar sind.

Beispiele
- Lösung einer mathematischen Aufgabe, deren Lebensbezug neu ist und deren Einzelfakten anders kombiniert sind als in den bisher gelösten Aufgaben.
- Übertragung in der Fremdsprache erworbener Sprachmuster auf andere Lebenssituationen.

→ Lernzielstufen OK

Transparenttechnik

umfaßt das gesamte praxisbezogene Wissen bezüglich der Herstellung und Verwendung von Transparenten für Arbeitsprojektoren (→ Overhead projector). Transparente für Unterrichtszwecke werden durch Lehrmittelfirmen oder vom Lehrer hergestellt. Neben den Klarsichtfolien sind **Spezialtransparente** mit vorgedruckter Einteilung (z. B. Schreib-, Notenlinien, Millimetereinteilung) auf dem Markt. Als passendes Zubehör sind durchsichtige **Arbeitsgeräte** wie Lineal, Winkelmesser, Geodreieck greifbar. Eine vielseitig verwendbare Form der Transparenttechnik ist mit der **Overlay-Technik** gegeben. Von einem Overlay spricht man, wenn über ein Basistransparent weitere, evtl. auch verschiedenfarbige Transparente gelegt werden. Diese Technik eignet sich für die Darstellung der wesentlichen Etappen von Entwicklungs- oder Arbeitsverläufen in der Form fortschreitender Ergänzung. Für zusätzliche handschriftliche Einträge während des Einsatzes des Overlay-Transparents wird über das vorbereitete Transparent eine Klarsichtfolie gelegt. Um die verschiedenen Overlays gegen ein Verschieben zu sichern, empfiehlt es sich, das Basistransparent auf einen Transparentrahmen aufzubringen und die Overlays am selben Rahmen mit Klebstoff oder Klammern zu befestigen. Durch die **Abdecktechnik** werden für den Lernvorgang der Schüler gerade nicht benötigte Teile des Transparents abgedeckt bzw. abgedeckte Teile dem Lernfortgang entsprechend schrittweise freigegeben; dadurch wird die volle Konzentration der Schüler auf den aktuellen Lernschritt erhalten.
Die **Modelltechnik** ermöglicht die Veranschaulichung mathematischer, physikalischer, biologischer, chemischer und technischer Vorgänge durch transparente Modelle (Fließ- und Drehbewegungen, Regelkreissysteme, Schaltbilder, Blutkreislauf); räumliches Vorstellungsvermögen, Denken in logischen und kausalen Beziehungen und die Abstraktionsfähigkeit werden gefördert. K

Transsexualismus

bedeutet die psychische Identifikation mit dem anderen Geschlecht, das Betroffene in manchen Fällen sogar durch operative Geschlechtsumwandlung zu erlangen versuchen.
K

Transvestitismus

Transvestiten empfinden Lustgefühle, wenn sie Kleider des anderen Geschlechts tragen. Sie sind in der Regel nicht homosexuell.

→ Perversion
O

Traum

Träume unterscheiden sich in ihrer Intensität und kommen vom realistischen Traumerleben mit starkem Wirklichkeitsbewußtsein bis zum Traum in halbwachem oder wachem Zustand vor. Mitunter sind Übergänge zu ungesteuerter Phantasietätigkeit möglich. Je nach Intensitätsgrad des Traumes können Erregungszustände, erhöhter Pulsschlag, Schweißausbrüche usw. auftreten.
Die unbewußten seelischen Vorgänge und halluzinationsartigen Empfindungen und Vorstellungen während des Schlafes, die häufig durch körperliche Reize, durch Erinnerungsreste aus dem Tagesgeschehen oder durch im Wachzustand zurückgedrängte oder kontrollierte Triebregungen, Ängste, Wünsche usw., also Verdrängtes, hervorgerufen werden, sind von S. Freud zum erstenmal beschrieben worden. Die empirische psycho-physiologische Traumforschung hat mit dem EEG (→ Elektro-Enzephalogramm), das die Messung der Aktionsströme der nervösen Hirnzentren nachweist, festgestellt, daß jeder Mensch – meist drei- bis sechsmal pro Nacht – träumt. Dabei beziehen sich 50% der Träume auf Ereignisse des vorangegangenen Tages.
Durch experimentelle künstliche Verhinderung des Traumes treten seelische Störungen auf.
In der → Psychotherapie wird der Traum als wesentliches Hilfsmittel zum Erkennen unbewußter psychischer Regungen herangezogen.

Battegay/Trenkel 1987; Wendt 1990

→ Psychoanalyse
OK

Trauma, Traumatisierung

Der Begriff Trauma bezieht sich im medizinischen Bereich auf Wunden, durch äußere Gewalteinwirkung entstandene Körperverletzungen und auf die damit verbundenen Schädigungen. Bei einem schweren Unfall z. B. erleidet der Betroffene nicht selten einen Unfallschock. In der Psychologie steht die Bezeichnung Trauma für eine starke seelische Erschütterung mit nachhaltiger Wirkung wie z. B. Angst, Schreck oder Enttäuschung.
Nach Ansicht der Psychoanalyse liegen die Hauptanlässe der **Traumatisierung** in unbewußten Kindheitserlebnissen in der Familie, die in der späteren Entwicklung zu mehr oder minder schweren seelischen Störungen führen. Solche schädigenden Kindheitserlebnisse sind z. B. Triebunterdrückung, unbewußte oder auch bewußte Ablehnung durch einen Elternteil, inzestuöse Handlungen usw.
Untersuchungen der akademischen Psychologie (z. B. G. Frank 1965, J. Kagan 1973, N. Richman u. a. 1982) führten **nicht** zur Bestätigung der nach psychoanalyti-

scher Meinung überragenden Bedeutung unbewußter Kindheitserlebnisse für die Entstehung von Traumata. Bleibende Wirkung sei vielmehr immer auf das Zusammentreffen verschiedener Belastungen zurückzuführen, die außerdem meistens besonders tiefgreifend und langandauernd sind. Die Wahrscheinlichkeit einer relativ überdauernden Schädigung steigt, wenn die Einwirkungen in einer → sensiblen Phase der Entwicklung erfolgen. Aber selbst besonders nachhaltige ungünstige Entwicklungsumstände während der Kindheit scheinen später zumindest teilweise kompensierbar zu sein.

→ Psychoanalyse → Unbewußte, das K

Treffermethode

Die Treffermethode wird zur Überprüfung der Gedächtnisleistung eingesetzt. Das in Paaren angeordnete Lernmaterial (Wörter, Silben) wird in mehreren Durchgängen eingeprägt. Die Versuchsperson hat in einem weiteren, evtl. in der Reihenfolge veränderten Durchgang den jeweils zweiten Teil der Paare zum genannten ersten aus dem Gedächtnis zu ergänzen. Die Anzahl der Treffer stellt das Maß der Behaltensleistung dar.

→ Gedächtnis K

Trendanalyse

ist eine statistische Methode (→ Statistik), mit der aufgrund relativ stabiler Daten bei Untersuchungen wahrscheinliche Entwicklungen vorhergesagt werden können, z. B. als Basis für bildungspolitische Entscheidungen. K

Trennschärfe

Die Genauigkeit und das Ausmaß, nach dem ein → Test Personen, die sich durch ein bestimmtes Merkmal unterscheiden, voneinander differenziert, ergibt seine Trennschärfe. O

Trial-and-error-learning → Versuch-Irrtum-Lernen

Trieb

bezeichnet eine allgemeine, den Organismus antreibende Kraft, deren Ziel je nach Situation die Befriedigung bestimmter Bedürfnisse ist. Je nach wissenschaftlichem Ansatz wird Trieb auf physiologisch grundgelegte Kräfte beschränkt oder auf erlernte Handlungsenergien ausgedehnt. So werden z. B. nach Rohracher **Primärtriebe** (Nahrungsaufnahmetrieb, erweitert zum Selbsterhaltungstrieb, Pflege-, Flucht- und Geschlechtstrieb) und **Sekundärtriebe** (Gesellschafts-, Genuß- und Kulturtriebe) unterschieden. Bei den Sekundärtrieben wird allerdings die eingeschränkte Gültigkeit eines überzogenen Triebkonzepts angesichts der unscharfen Abgrenzung von Trieben und Motiven deutlich.

Unbefriedigte Bedürfnisse ergeben einen **Triebstau,** der nach → **Triebreduktion** verlangt bzw. bei versagtem Abbau sich in → Leerlaufhandlungen oder sog. Übersprungshandlungen (= Ersatzhandlungen ohne sinnvollen Bezug zum auslösenden Bedürfnis) entladen kann. K

Marcuse 1973

Triebreduktion

bezeichnet den Vorgang des Abbaus von Spannungen im Organismus, die mit unbefriedigten Bedürfnissen verbunden sind. Der Triebreduktion dienen unmittelbare Bedürfnisbefriedigung und Maßnahmen der → Verstärkung.

→ Motivation K

Trigger-Film

ist nach einem Tagungsbericht von O. Zuber (1978) „ein kurzer Film (z. B. 1–3 Minuten), der dazu dienen soll, eine Diskussion auszulösen und anzuregen; der Name bezieht sich auf das englische Wort ‚to trigger' für anregen, provozieren". Um seinen Zweck nicht zu verfehlen, muß ein Trigger-Film einige Kriterien erfüllen:

1. Die dargestellte Lernsituation muß im „Kenntnis- und Erfahrungsbereich des Betrachters" liegen.
2. Der Trigger-Film soll „provokativ und kontrovers" sein, also zum Widerspruch und zur Auseinandersetzung anreizen.
3. Er fordert produktive Denkleistungen (→ Problemlösen).
4. Zur Darstellung eignen sich „positive Modellfälle", offensichtliche Negativbeispiele „oder eine Gegenüberstellung von beiden Fällen".

Der Trigger-Film erweist sich als geeignetes Medium für → schüler- bzw. studentenorientierten Unterricht, in dem der Lehrende von seiner Vermittlerfunktion entlastet wird. Der Lehrende setzt den Trigger-Film im Sinne eines → Impulses ein. Die Auswertung kann unstrukturiert durch selbsttätigen Umgang der Lernenden mit dem angebotenen Material oder durch gezielte Leitfragen strukturiert erfolgen.
O. Zuber erinnert daran, daß es neben dem Trigger-Film noch andere Diskussionsanreger gibt wie z. B. „Bilder und Bilderserien (→ Bild als Unterrichtsmedium), Tonbandaufnahme (→ Tonband im Unterricht), provokative Fragen oder → Statements, → Fallstudien und → Rollenspiele, → Simulationen und Videoselbstkonfrontationen, Dokumente, die Betroffenheit hervorrufen, Multiple-Choice-Fragen (→ Multiple-Choice-System), deren Antworten Identifikation mit bestimmten Situationen erfordern". K

Trisomie

bezeichnet eine Chromosomenaberration im Sinne einer Überzahl von → Chromosomen. Sie ergibt sich durch Non-disjunction, d. h., daß zwei gleichartige Chromosomen, die bei der Teilung zu entgegengesetzten Polen wandern sollten, beieinanderbleiben.

→ Genommutation → Klinefelter-Syndrom → Mongolismus K

Trivial- und Alltagsmedien

Unter Trivial- und Alltagsmedien faßt E. Wasem (1974) neben den → Massenmedien Gestaltungsformen und Erzeugnisse des Pop, des Kitsch, der Mode und sog. Abfallmaterials, ferner sorgfältig vorbereitete Ausstellungen aller Art mit erläuterndem Begleitmaterial, Sammlungen selbstgefertigter Musikinstrumente u. a., Ausschlachträume, Spielzeug und Tauschaktionen für mannigfache, auch ausgefallene Objekte, Kunst in und an der Schule durch die Hand der Schüler usw. zusammen. K

Trivium → Septem artes liberales

Trotz

äußert sich im frühkindlichen Verhalten, gehäuft im dritten und vierten Lebensjahr (= Trotzalter), nach neueren Erkenntnissen bereits ab eineinhalb Jahren, v. a. als kurzzeitiger Wutanfall oder als bockiges Sichverschließen. Ursache des Trotzes ist das Erlebnis des Kindes, der Bewältigung eigener Vorhaben nicht gewachsen zu sein, in seinem Umwelteroberungsdrang auf die Schranken von Geboten und Verboten zu stoßen (z. B. bestimmte Schubläden zu untersuchen) und seine Aktivität durch Erwachsene beeinträchtigt zu sehen (z. B. Abbruch eines Spieles, eines Zoobesuches usw.). Das Trotzverhalten wird durch unangemessene autoritäre Reaktionen der Erwachsenen (z. B. → Strafen) verstärkt und fixiert, während notwendige Konsequenz, Ignorieren des Trotzausbruchs und Maßnahmen zur Erweiterung der kindlichen → Frustrationstoleranz zu seiner Überwindung beitragen. K

True-false-Test

ist eine Testform, die als Antwort vom Lernenden die Entscheidung „richtig" oder „falsch" fordert.

→ Test → Leistungsbewertung O

Turner-Syndrom

bezeichnet eine Chromosomenaberration der Monosomie (Minderzahl an → Chromosomen gegenüber der normalen Anzahl 46), meist in der Form XO statt XY oder XX bei den Geschlechtschromosomen. Der → Phänotyp ist weiblich, durch unreife Entwicklung und vielerlei Anomalien körperlicher und geistiger Art gekennzeichnet.

→ Genommutation K

Tutor

Frei nach B. Eckstein (in: *Deutsche Universitätszeitung,* Heft 4, 1975) ist ein Tutor eine Lehrperson, die meist mit kleinen Gruppen von Lernenden arbeitet, weder Vorlesungen hält noch Prüfungen abnimmt, sondern Hilfestellung bei Lernprozessen bietet. Da den Tutor ein deutlicher, aber nicht zu großer Informations- und Erfahrungsvorsprung vor seiner Lerngruppe kennzeichnet, umfaßt seine Stellung sowohl Aspekte des Lehrens wie des Mitlernens.

Als Tutor wird im allgemeinen bezeichnet:

1. Ein Privatlehrer, der einen einzelnen Schüler oder eine Gruppe von Schülern unterweist und evtl. auch als Lehrer und Erzieher in der Familie des Lernenden wohnt,
2. Lehrer an einer → Hochschule, die Studenten in ihrer Studienarbeit beraten und mit ihnen fachwissenschaftlich arbeiten,
3. Schüler oder Studenten, die ihr erworbenes Wissen an Mitschüler oder Kommilitonen weitervermitteln.

Vor allem im Hochschulbereich werden neuerdings Tutoren (vgl. Punkt 3) verstärkt eingesetzt. Dort kommen dem Tutor folgende Aufgaben zu:

- Hilfestellung bei der Einigung der Studentengruppe über die Art der Zusammenarbeit

- Hilfestellung zur Überwindung kognitiver Schwierigkeiten
- Anleitung zur Bearbeitung emotionaler Gegebenheiten, die den Lernfortschritt blockieren
- Angebot möglicher Arbeits- und Übungsmethoden
- Funktion als „Blitzableiter" (Eckstein), der „als Sündenbock der Gruppe aktuelles Versagen auf sich nimmt, Frustrationen auf sich ablenkt und so die Gruppe auch bei Schwierigkeiten arbeitsfähig erhält."
- Eher Moderator als Informator: „Der Tutor ist nicht da, um für die Gruppe Lösungen zu wissen, sondern um der Gruppe bei der Suche nach Lösungen zu assistieren!"
- Koordinator: Die Gruppe im Lernfeld halten, dominante Mitglieder bremsen, zurückhaltende verstärken usw.

Diese Tätigkeiten setzen beim Tutor die ständige Reflexion des eigenen Verhaltens und Einübung und gelegentliche Überprüfung der angemessenen Verhaltensweisen in Trainingsseminaren voraus (→ Trainingsmethoden, gruppendynamische).
Das an Gymnasien praktizierte Tutorensystem verfolgt die Betreuung von Unterstufenschülern durch Schüler der Mittel- und Oberstufe und zwar zu den Zwecken der Orientierung, der Integration und der Sozialisation. Schülertutoren sollten auf ihre Aufgabe vorbereitet werden und auftretende Probleme gemeinsam bearbeiten. Schulleiter und Eltern müssen mit dem Tutorenangebot einverstanden sein; in diesem Fall besteht auch Versicherungsschutz. K

Eckstein 1978; Hochschuldidaktische Materialien 1980

Tutorensystem → Helfersystem → Tutor

Typologie

Die Typologie, eine Disziplin der Differentiellen Psychologie, verfolgt als Lehre von den Typen die Absicht, die Vielfalt individueller Persönlichkeitsausprägung durch Ordnung in Gruppen übersichtlich zu machen. Die in der klassischen Typologie übliche einseitige Zuordnung von Individuen zu bestimmten Typen wird in der neueren Typenforschung durch eine dimensionale Sichtweise abgelöst, die sich vor allem der Methode der → Faktorenanalyse zur Gewinnung von Merkmalsklassen bedient.

→ Konstitution → Lehrertypen → Temperament K

Überbehütung

Häufige Ursachen der Überbehütung als einer Fehlform der Erziehung sind Kompensation von Schuldgefühlen (z. B. beim außerehelichen Kind), Projektion der Eltern (die ihrerseits verwöhnt oder aber vernachlässigt wurden), das Kind als Ersatzobjekt, Ängstlichkeit, Herrschsucht und der Zwang zur Aufopferung. Als schwerwiegende Folgen mit vielfältigen Sekundärwirkungen ergeben sich beim überbehüteten Kind mangelnde → Frustrationstoleranz, Anpassungsschwierigkeiten, Unselbständigkeit, Unfähigkeit, Konflikte zu ertragen und auszutragen und Schwierigkeiten bei der Kontaktaufnahme.
Um eine Form der Überbehütung handelt es sich auch, wenn Lehrer oder Erzieher mißerfolgsängstliche Kinder mit Aufgaben verschonen, statt durch angemessene, differenzierende Anforderungen die Mißerfolgsängstlichkeit abzubauen. K

Überfachlicher Unterricht → Fächerübergreifender Unterricht

Überflutungstherapie → Reizüberflutung

Überforderung → Leistungsdruck → Leistungsschule

Über-Ich → Ich – Es – Über-Ich

Überkompensation
bezeichnet eine aufgrund organischer Defekte bzw. körperlicher Benachteiligung und/oder von Minderwertigkeitsgefühlen erbrachte Leistung, die über das Maß des normalerweise Erwarteten hinausgeht.
Sie kann sich aber auch in überzogenem Geltungs- und Machtstreben äußern. K

Überlernen
Um Gelerntes zu erhalten und gegen Vergessensprozesse zu sichern, ist ein stetiges Überlernen, ein immerwährendes Üben, eine immanente und systematische → Wiederholung notwendig. Nach Heinrich Roth unterscheidet man das sich durch den täglichen Lebensablauf ergebende „unbewußte Überlernen" und das mit dem Zweck des längeren Behaltens „bewußte Überlernen". Schreiben, Sprechen oder Autofahren, Handlungen, die wir ständig vornehmen, werden „unbewußt überlernt". Für das „bewußte Überlernen" bereits gelernter und wiederholter Stoffbereiche eignen sich besonders die zahlreichen Möglichkeiten programmierter Unterweisung, die → Kriterienprogrammierung und verschiedene → Lernhilfen.
→ Einprägendes Lernen → Lernprozeß → Lerntheorien → Listening-comprehension practice → Plateaubildung → Programmierte Instruktion → Übung O

Überlieferung → Tradition

Übersprungshandlung → Trieb

Überstimulierung
Leistungen jeglicher Art, insbesondere auch Schulleistungen, die die Verarbeitung komplexer Regeln und Abläufe verlangen, können mit entsprechender, zunehmender Stimulierung (→ Reiz) angeregt und erhöht werden, bis sie bei der jeweiligen Person ein gleichbleibendes Maximum erreichen. Wird jedoch die Stimulierung übermäßig durchgeführt, so ergibt sich durch diese Überstimulierung ein merklicher, teilweise sogar drastischer Abfall der psychischen Leistungsfähigkeit.
Gagné 1980; Reinhardt 1970
→ Leistung → Leistungskurve → Plateaubildung → Schulstreß O

Übertragung
bezeichnet nach psychoanalytischer Auffassung die Verlagerung eines positiven oder negativen Affektbezuges in der psychoanalytischen Situation von einer Be-

zugsperson in der frühen Kindheit (v. a. in der ödipalen Phase → Ödipuskomplex) auf den Therapeuten.
Übertragung ist eine Wiederholung, eine Neuauflage einer alten Objektbeziehung. Die allgemeinen Kennzeichen von Übertragungsreaktionen sind Unangemessenheit, Intensität, Ambivalenz, Launenhaftigkeit und Zähigkeit.
Die Übertragung im streng psychoanalytischen Sinn beruht auf der besonderen Rollenverteilung zwischen Analytiker und Patient, also auf der Chance des freien, offenen Assoziierens des Patienten und der distanziert-kritischen Haltung des Analytikers.
Von **Gegenübertragung** wird gesprochen, wenn der Analytiker die auf ihn projizierten Affekte des Patienten als auf seine Person zielend aufnimmt, dadurch seine distanziert-kritische Haltung verläßt und sich in seiner Deutung des Patientenverhaltens von eben diesen Gefühlen beeinflussen läßt.
Übertragungen im weiteren Sinne spielen auch außerhalb der psychoanalytischen Situation in zwischenmenschlichen Beziehungen eine große Rolle, insofern in jede neue Begegnung Erfahrungen aus früheren Begegnungen eingebracht werden.
Zu Übertragung im Lernprozeß vgl. → Transfer!

Blomeyer 1976; Brenner 1991; Frijling-Schreuder 1976–1981; Laplanche/Pontalis 1973; Racker 1988; vgl. auch → Psychoanalyse!

→ Psychoanalyse K

Überzeugungswert – Matrix

bezeichnet in E. C. Tolmans → Lerntheorie jene erworbenen und verfügbaren Erwartungen und Werturteile, welche die Verhaltensweisen eines Individuums in jeder Situation mitbestimmen. K

Übung

Übung und Einprägen stehen in Wechselwirkung miteinander. Während aber beim Einprägen durch ständige Wiederholung Informationen, Wissen, Fakten, Kenntnisse, Einsichten und dgl. gesichert und im Gedächtnis abrufbar verankert werden sollen, zielt die Übung auf Abläufe, Methoden, Prozesse, also auf Können, Fähigkeiten, Fertigkeiten und Handlungsvollzüge. Gefragt ist letztlich Leistungssteigerung.
Besondere Übungsformen liegen mit der → Automatisierung, dem Anwenden, dem → Transfer und der Vertiefung vor.
Die Übungsfähigkeit ist individuell verschieden und abhängig von geistiger und körperlicher → Disposition, Umwelteinflüssen aller Art und der augenblicklichen psychischen Verfassung.
Hinweise für sinnvolle Übung vgl. unter → Einprägendes Lernen! K

Bönsch 1988; Eisenhut u. a. 1981; in Köck 1991

Übungskontor → Bürowirtschaftliches Zentrum

Übungsprogramm

Das Übungsprogramm wird im fortschreitenden Lernprozeß in erster Linie zur Sicherung angestrebter und erreichter → Lernziele eingesetzt. Es vertieft durch entsprechende Programme und → Pattern drills durchgenommene und besprochene Unterrichtsstoffe. Eingesetzt wird es vor allem in Fächern, in denen viel Übung erforderlich ist, wie z. B. in Fremsprachen.

→ Kriterienprogrammierung → Phaseneinheiten → Programmierte Instruktion → Sprachlabor O

Ultrakurzzeitgedächtnis → Gedächtnis

Umschulung

Der Begriff der Umschulung bezieht sich primär auf die berufliche Umschulung, er wird mitunter auch dann verwendet, wenn ein Schüler von einer Schulart in eine andere Schulart überwechselt, z. B. von der Realschule in das Gymnasium.
Die Ursachen für eine berufliche Umschulung, das Erlernen eines anderen Berufes, können sein: persönliche Berufswünsche, betriebliche Veränderungen, produktionstechnische Umstellungen, strukturelle Wandlungen in Wirtschaftszweigen; Krankheiten und Unfälle, die es verbieten, den bisherigen Beruf weiterhin auszuüben.
Die berufliche Umschulung kann in hierfür anerkannten Betrieben oder überbetrieblichen Einrichtungen, z. B. in privaten Lehranstalten oder Handwerkskammern erfolgen.
Die Dauer der Umschulung ist in der Regel kürzer als eine vergleichbare Lehrausbildung. Die Kosten des Lebensunterhalts und die Ausbildungskosten werden in allen begründeten Fällen für die Dauer der Umschulung vom Staat übernommen.

→ Lehrerfortbildung → Weiterbildung O

Umwegprogramm → Programmierte Instruktion

Umwelt

bezeichnet die Gesamtheit aller äußeren Einflüsse, denen ein Individuum vom Augenblick seiner Zeugung an in je eigener Weise und in bedingendem und veränderndem Wechselbezug ausgesetzt ist. Die Aufgabe erzieherischer Einflußnahme kann nur darin bestehen, an den tatsächlich gegebenen Kind-Umwelt-Bezug anknüpfend Hilfen anzubieten, Umwelteinflüsse und Selbstverwirklichung durch Umweltgestaltung und -veränderung angemessen in Übereinstimmung zu bringen.

Ehrlich u. a. 1975; Stave 1992; Vaskovics 1982; vgl. auch bei → Umwelterziehung!

→ Ökologie → Umwelterziehung K

Umwelterziehung

Die Empfehlung der Kultusministerkonferenz vom 17. 10. 1980 fordert die „Vermittlung von Einsichten in die komplexen Zusammenhänge unserer Umwelt“, in denen der Mensch als Verursacher und Betroffener problematischer Entwicklungen erscheint sowie als Verantwortlicher für die Folgen seiner Eingriffe.
Durch schulische Vermittlung „soll der Schüler insbesondere

- die durch Verfassung und Gesetz gegebenen Rechte und Pflichten des Bürgers kennenlernen und dadurch bereit werden, an den Aufgaben der Sorge für die Umwelt und des Umweltschutzes mitzuwirken;

- zu einer gezielten Beobachtung und Untersuchung seiner Umwelt bewegt werden;
- Einblick in ökologische Zusammenhänge gewinnen und die Wirkung von Störungen kennenlernen;
- Ursachen von Umweltbelastungen und teilweise nicht wieder rückgängig zu machenden Umweltveränderungen kennenlernen;
- die Verflechtung ökologischer, ökonomischer und gesellschaftlicher Einflüsse erkennen, die zum gegenwärtigen Zustand unserer Umwelt geführt haben;
- erkennen, daß die Erhaltung der Vielgestaltigkeit von Lebewesen und Landschaft nicht nur zur Sicherung der natürlichen Lebensgrundlagen für die gegenwärtige, sondern auch für die zukünftigen Generationen erforderlich ist;
- erkennen, daß Umweltbelastung ein internationales Problem und eine Existenzfrage für die gesamte Menschheit ist und daß Sorge für die Umwelt somit eine internationale Aufgabe darstellt, bei der den hochentwickelten Industriestaaten eine besondere Verantwortung zukommt;
- zur Einsicht gelangen, daß verantwortungsbewußtes Handeln des einzelnen und der Gesellschaft notwendig ist, um dem Menschen die Umwelt zu sichern, die er für ein gesundes und menschenwürdiges Dasein braucht;
- erkennen, daß Sorge für die Umwelt die Auseinandersetzung mit Interessengegensätzen einschließt und deshalb eine sorgfältige Abwägung von ökonomischen und ökologischen Gesichtspunkten notwendig ist."

Methodische Hinweise

Absoluten Vorrang hat die **originale Begegnung** durch Besichtigung und Arbeit „vor Ort"; mindestens aber sollte die Natur ins Klassenzimmer hereingeholt werden, wann immer dies möglich ist.

- Umwelterziehung wird am besten durch **Projektunterricht** verwirklicht, auch durch **Projekttage** (z. B. Befragungsaktion zum Umweltverhalten, Ausstellung und Experimente zum Thema Wasser) und **Jahresprojekte** (z. B. Schulgarten, Landschaftspflege, Beseitigung von Sondermüll, Aufräumarbeiten in der Natur, Pflanzaktionen, Einrichtung und Betreuung von Lehrpfaden, Biotopen und Nistkästen, Artenschutzmaßnahmen).
- Gründlich zu bedenken sind vor allem an Projekttagen, die ja u. a. auf Besucher angewiesen sind und eine hohe Fluktuation im Schulhaus mit sich bringen, wie die damit verbundenen **organisatorischen Probleme** zu lösen sind.
  Z. B.
  - Organisation parallel laufender Veranstaltungen
  - Programmheft mit Lageplan
  - Wegweiser
  - Vorbereitung der Vortragszentren
  - Spielerische Angebote für die Schüler der Unterstufe
  - Versorgung der Besucher in den Pausen usw.

Becker/Ruppert 1987; Cube/Storch 1988; Eschenhagen 1990; Eulefeld 1991; Eulefeld/Krol 1991; Gesing/Lob 1991; Handbuch d. Umwelterz.; Kleine 1991; Koch 1983; Landesinstitut f. Erz. u. Unterricht 1991; Reichen 1991 f.; Zöpfl/Wittmann 1991

→ Fächerübergreifender Unterricht → Ökologie K

Unabhängige Variable → Variable

Unbedingter Reflex → Konditionierung

Unbewußte, das

Das Unbewußte bezeichnet nach psychoanalytischer Auffassung einen Persönlichkeitsbereich, dessen Inhalte – dem Bewußtsein nicht unmittelbar zugänglich – das Erleben und Handeln eines Individuums mitbestimmen. Die im Unbewußten wirkenden Bedürfnisse, Motive, Wünsche usw. gelangen dorthin auf dem Wege der → Verdrängung oder weil sie als bestimmte, nicht auslebbare Ansprüche des Es durch die Kontrollinstanz des Ich gehindert wurden, ins Bewußtsein zu gelangen. Es ist Aufgabe des Psychotherapeuten, solche unbewußten Impulse, die bei geschwächter Kontrollinstanz, z. B. bei psychischer Erkrankung, in existentiellen Ausnahmezuständen, in → Träumen und Phantasievorstellungen in ihrer Wirkung offenkundig werden, zu interpretieren und dem Patienten zu helfen, sie in sein Bewußtsein zu heben und zu bearbeiten. Die Bearbeitung des bewußt gewordenen Unbewußten besteht darin, es auszuleben oder angemessene Ersatzbefriedigung zu schaffen oder bewußt auf seine Verwirklichung zu verzichten.

Vom Unbewußten und seinen Wirkkräften war allerdings schon lange vor Freud die Rede, so nach L. L. Whyte (1960) bei dem griechischen Arzt Galen im 2. Jahrhundert, bei Thomas von Aquin († 1274), Pascal († 1662) und Leibniz († 1716), besonders nachdrücklich bei C. G. Carus (1846), J. Fr. Herbart († 1841) und in E. v. Hartmanns († 1906) dreibändiger „Philosophie des Unbewußten" (1868).

Die akademische Psychologie stellt das Unbewußte nicht in Abrede, neigt aber neuerdings verstärkt dazu, ihm das von der Psychoanalyse zugesprochene Image verdrängter böser Wünsche und dämonischer Wirkkräfte zu nehmen und es statt dessen schlicht als einen Bereich geistiger Prozesse von sehr unterschiedlicher Bewußtheit zu beschreiben.

Die Neurophysiologie definiert das → Bewußtsein als Vorgang und Ergebnis der Informationsverarbeitung, die sich als komplexes Zusammenwirken von Großhirnrinde, Hirnstamm und von Millionen von Neuronen vollzieht. Daß die meisten Informationen im Unbewußten versickern, ergibt sich schon aus der Tatsache, daß von ca. 600 000 bit, die pro Sekunde auf das Gehirn einstürmen, lediglich 10 bis 20 bit das Bewußtsein erreichen.

Bittner 1988; Ellenberger 1973; Ferenczi 1989; Freud 1977–1987; Groddeck 1988; Jung 1987, 1988; MacIntyre 1968; Schur 1984; Weiss/Pagel 1989; Whyte 1960

→ Parapraxen → Psychoanalyse → Ich – Es – Über-Ich K

Underachiever, Underachievement

Aus dem Englischen übersetzt bedeutet Underachievement Minderleistung, Leistungsdefizit.

Der Begriff Underachiever taucht im Bereich der Schulleistungsmessung auf. Er wird für Lernende verwendet, deren Leistungen während ihrer Schul- oder Studienzeit im Vergleich mit dem von ihnen vorher abgelegten umfangreichen Intelligenztest oder Eingangstest auffallend schlechter sind.

Overachiever bringen im Vergleich zu den Ergebnissen des Intelligenztests erwartungswidrig gute Leistungen. Da Schulleistungen nicht nur auf mit dem Intelligenztest meßbaren Fähigkeiten beruhen, sondern auch auf der Lernmotivation, den Interessen und dem Ausmaß an investierten Lernaktivitäten, ist der Gebrauch der Begriffe Under- und Overachiever nicht unproblematisch. K

UNESCO

steht als Abkürzung für **U**nited **N**ations **E**ducational, **S**cientific and **C**ultural **O**rganisation (= Organisation der Vereinten Nationen für Erziehung, Wissenschaft und Kultur). Die UNESCO wurde 1945 gegründet, hat ihren Sitz in Paris und arbeitet auf den genannten Gebieten unterstützend vor allem in den Entwickungsländern. K

Unfallpsychologie

befaßt sich als angewandte Psychologie sowohl mit der Erforschung der Ursachen und Folgen von Unfällen als auch mit der Erarbeitung von Handlungsempfehlungen und Programmen zur Unfallverhütung und zur psychologischen Betreuung von Unfallverursachern und -opfern. K

UNICEF

ist die Abkürzung für **U**nited **N**ations **I**nternational **C**hildren's **E**mergency **F**und (= Internationales Kinderhilfswerk der Vereinten Nationen). Die UNICEF wurde 1946 gegründet und hat ihren Sitz in New York. Ihre Hauptaufgaben sind – vornehmlich in Entwicklungsländern – Sofortmaßnahmen für Kinder in Notsituationen, Gesundheitsvorsorge und Bildungsprogramme für Mütter. K

Unifikation

schlägt P. R. Hofstätter (1976) als Bezeichnung für Urteilstäuschungen vor, bei denen im Sinne eines Abwehrmechanismus eine unbestritten gleichsinnige Meinung in einer Gruppe zu bestimmten Problemen nach außen hin unterstellt wird. Unifikation verleiht dem einzelnen Gruppenmitglied also ein Gefühl der Sicherheit und Geborgenheit gegenüber der Gefahr der Vereinsamung mit einer abweichenden Meinung. K

Universität → Hochschule

Unterbewußte, das

Das Unterbewußte wird meist gleichbedeutend dem Vorbewußten verstanden. Es umfaßt alle Vorstellungen, Gedanken, Erfahrungen, Motive usw., die augenblicklich zur aktuellen Daseins- und Problembewältigung nicht benötigt werden und zur Entlastung des Bewußtseins unterhalb der Bewußtseinsschwelle liegen, die aber im Bedarfsfalle jederzeit ins Bewußtsein gehoben und aktiviert werden können. K

Literatur vgl. bei → Ich – Es – Über-Ich → Psychoanalyse → Unbewußte, das

Unterricht

Schulischer Unterricht ist durch die folgenden **Merkmale** gekennzeichnet:

1. **Unterricht dient der Selbstverwirklichung und Weltorientierung des Schülers.** Diesen Zielen ist das gesamte organisatorische Arrangement unterzuordnen, d. h., Lernziele, Lerninhalte, Methoden und Medien sind Mittel zum Zweck, nicht Selbstzweck.
   „Wir lehren einen Gegenstand nicht, um aus den Schülern lauter kleine wandelnde Fachbibliotheken zu machen, sondern wir lehren ihn deshalb, weil wir die Schüler dahin bringen wollen, (z. B.) selbst mathematisch zu denken, Sachverhalte mit den Augen des Historikers zu sehen und teilzunehmen am Prozeß

der Wissensgewinnung. Wissen ist in diesem Sinne kein Produkt, sondern ein Prozeß." (Bruner 1974, S. 14).

2. Unterricht ist wie die Schule insgesamt ein **Erfahrungsraum,** der Organisation und Freiheit gleichermaßen erfordert.
3. Unterricht wird vollzogen als **Kommunikation,** die von pädagogischen Absichten (Lernen und Erziehung) geleitet ist. Da Unterricht niemals auf einen lediglich abgespeicherten (und damit letztlich sinnlosen) Wissenszuwachs abzielt, sondern auf Handeln und Verhaltensänderung, ist **Unterricht immer auch Erziehung** (vgl. hierzu die Theorie des → erziehenden Unterrichts, praktiziert seit eh und je, erstmals formuliert von Günther 1796, vehement verfochten von Herbart (1890), heutigentags am konsequentesten vertreten in den Konzepten der Emanzipatorischen Pädagogik).
4. Unterricht ist durch **Regelhaftigkeit** geprägt, die durch Zeitvorgaben, Lehrplanbestimmungen, Leistungsmessungen u. a. m. gesetzt ist.
5. Unterricht ist als Sonderform des Lernens **am Verlauf eines natürlichen Lernprozesses orientiert.**
6. Unterricht erfordert als planmäßig organisierte Lernsituation einen institutionellen Rahmen und für die beschriebenen Aufgaben speziell qualifizierte (professionelle) Lehrer.

Fehlentwicklungen oder gar Zerrbilder von Unterricht können sich von der Interpretation eines jeden der genannten Bestimmungsmerkmale aus ergeben. Besonders folgenschwer aber wirken sich allem Anschein nach folgende **Mißverständnisse von Unterricht** aus:

1. Institutionalisierung und Regelhaftigkeit von Unterricht verselbständigen sich nicht selten zum Hauptzweck des Schulalltags, was zwangsläufig einen über Gebühr ritualisierten und routinierten Lehr-/Lerntrieb nach sich zieht. Als Alibi dienen i. d. R. die Lehrplananforderungen, Stundenplankorsett, Prüfungsdruck und Vorschriften aller Art.
2. Der Erfahrungsraum Schule wird oft über die gegebenen Zwänge hinaus unnötig beschnitten. Erfahrung schließt nun einmal einen Erprobungs- und Übungsspielraum für die Schüler mit ein, in dem sie sich sanktionsfrei bewegen und ihre Grenzen erleben können. Hier müssen als Alibi fehlende Räume, ungeeignetes Lernmaterial, mangelndes Sozialverhalten der Schüler und daraus resultierende Disziplinprobleme herhalten.
3. Trotz seit Pestalozzi nicht abreißender Attacken gegen das „Maulbrauchen" dominieren im schulischen Unterricht der auf Abstraktion zielende Wortgebrauch sowie Mit- und Nachvollzug von Lernvorgängen durch die Schüler. Unterricht nach den Regeln des natürlichen Lernens verfolgt demgegenüber ganzheitliches Lernen in realen Handlungszusammenhängen. „Die beste Einführung in ein Sachgebiet ist die Sache selbst." (Bruner 1974, S. 149).

Unterrichten heißt Lernsituationen bereitzustellen, manchmal auch nur zuzulassen, in denen sich der Schüler in altersentsprechendem, ganzheitlichem Lernen entfalten kann. Bruner spricht in seinem Plädoyer für entdeckendes Lernen davon, das Wissen an die Emotionen (und an die erfahrbare Lebenswelt/Köck) der Schüler anzubinden und auf diese Weise zu „personalisieren", d. h. zur Sache des Schülers zu machen. K

diskussion: unterricht; Glöckel 1990; Kalb u. a. 1990; Köck 1991, 1992; Lehrer-Schüler-Unterricht 1991; Maier/Voigt 1991; Petersen/Priesemann 1992; Schröder 1991; Schwendenwein 1985; Terhart 1991; Wiater 1991; vgl. auch bei → Schulpädagogik!

Unterricht, erfahrungsbezogener → Erfahrungsbezogener Unterricht

Unterricht, handlungsorientierter → Handlungsorientierter Unterricht

Unterricht, kommunikativer → Kommunikative Didaktik

Unterricht, offener → Offener Unterricht

Unterricht, problemlösender → Problemlösender Unterricht

Unterrichtsadaption (-adaptierung)

Sie befaßt sich mit der → Anpassung des → Unterrichts an die Besonderheiten (z. B. Alter, Geschlecht, Vorkenntnisse, Begabung) der Lernenden.

→ Adaptation O

Unterrichtsanalyse

als kritische Reflexion vollzogenen → Unterrichts beruht auf den Ergebnissen direkter Unterrichtsbeobachtungen (→ Beobachtung) oder auf der Auswertung von → Unterrichtsdokumenten. Sie bezieht sich auf folgende Aspekte unterrichtlicher Vermittlung und/oder auf die Interdependenz dieser Aspekte:

- Einbettung des Unterrichts in den Gesamtzusammenhang des → pädagogischen Feldes
- Adressatengemäße **und** wissenschaftlich einwandfreie → didaktische Reduktion des Lerninhalts
- Art der Interaktion aller Beteiligten
- Unterrichtssprache
- Angemessenheit der Unterrichtsmethoden und der Unterrichtmedien
- Arten und Effekte der ausgelösten Denk- und Lernprozesse

Die Aussagekraft der Unterrichtsanalyse – sei es zum Zweck der Unterrichtsforschung oder zum Zweck der Beratung und Beurteilung des Lehrers – ist um so größer, je objektiver die Daten erhoben wurden. Jede Wertung ist durch die Ergebnisse exakter Beschreibung des tatsächlich Wahrnehmbaren zu belegen. K

Schmack 1976

Unterrichtsartikulation → Artikulationsschemata des Unterrichts

Unterrichtsatmosphäre → Atmosphäre, pädagogische → Schulleben

Unterrichtsbeobachtung → Beobachtung → Unterrichtsanalyse

Unterrichtsboykott → Leistungsverweigerung

Unterrichtsdifferenzierung → Differenzierung (1.)

Unterrichtsdokumente

In Unterrichtdokumenten wird der äußere, also beobachtbare Ablauf von schulischen Lernprozessen mit Hilfe von Bild- und Tonaufzeichnungsgeräten, meist

Fernsehkameras, festgehalten. Die Unterrichtsdokumente ermöglichen als objektives Beobachtungsmaterial Analysen der Unterrichtsverläufe unter ganz bestimmten Aspekten, z. B. unter dem Aspekt des Lehrerverhaltens, der Häufigkeit von Schülerantworten, der verwendeten → Sozialformen des → Unterrichts, der Art der Kooperation einer Lerngruppe. Sie erlauben aber auch einen jederzeit wiederholbaren Einblick in den Gesamtverlauf einer Unterrichtseinheit bzw. in methodische Details wie Motivation, Impuls- und Fragetechnik, Verwendung von Medien usw. Unterrichtsdokumente erweisen sich insofern als ausgezeichnetes Material für die empirische Unterrichtsforschung, für die Aus- und Fortbildung von Lehrern, für die Unterrichtskontrolle vor Ort, also für die Reflexion des Unterrichts durch den ausführenden Lehrer selbst und seine Klasse und für jegliche kritisch wertende Beurteilung von Unterricht.

→ Unterrichtsanalyse → Unterrichtmitschau K

Unterrichtseinheit

umfaßt die Aufbereitung der Einzelaspekte eines Lerninhaltes in ihrem Zusammenhang. Eine Unterrichtseinheit kann also im Sinne in sich geschlossener Behandlung eines Lerninhalts mit einer Unterrichtsstunde zusammenfallen, sie kann sich bei komplexeren Lernzielen aber auch über mehrere Unterrichtsstunden erstrecken. Wegen der für die Effektivität des Lernprozesses und für den → Behaltwert sowie für die wirklichkeitsbezogene Umsetzung von Lernergebnissen notwendige Zusammenschau größerer zusammengehöriger Unterrichtsstoffe steht die → Unterrichtsplanung in Unterrichtseinheiten vor der Aufliederung derselben in Unterrichtsstunden. Auf diese Weise kann die isolierte, den Zugang zu Zusammenhängen erschwerende Behandlung von Lerninhalten vermieden werden.

→ Lehrskizze → Unterrichtsplanung K

Unterrichtsfassung → Unterrichtformen

Unterrichtsfeld

Als topologischer Begriff umschreibt er z. B. formale, inhaltliche und zeitliche Phänomene des → Unterrichts und der damit verbundenen Probleme des Lehrens, Lernens und Erziehens.

→ Erziehung → Feldtheorie → Kategoriale Didaktik → Lernen O

Unterrichtsfilm

Der Unterrichtsfilm hat gegenüber dem → Schulfernsehen oftmals den Vorteil perfekter Machart für sich, vor allem dann, wenn er Ereignisse, Vorgänge und Abläufe mit dokumentarischem Charakter aufgreift. Bei Themen, die in Inhalt oder Darstellung auf Aktualität bezogen sind, kann er mit dem Fernsehen nicht konkurrieren, zumal seit dem Einzug der → Videorecorder in die Schulen Fernsehsendungen gespeichert werden können. Die aufwendigere Filmproduktion ist also dort gerechtfertigt, wo es um die Darstellung aktualitätsunabhängiger Themen geht (z. B. historische Dokumentation, Darstellung physikalischer Abläufe, Spielhandlungen).

Von ihrer Verwendung her sind Unterrichtsfilme und Fernsehmitschnitte gleicherweise sehr vielfältig einsetzbar, z. B. als motivierender Einstieg, als zentrales lernprozeßsteuerndes (evtl. sogar arbeitsteilig auszuwertendes) Arbeitsmittel, als Zusammenfassung, Exkurs, Demonstrationsmaterial, informierende Quelle.

Die methodische Variabilität von Film und Fernsehen weist H. Heinrichs (1972, hier geringfügig ergänzt) eindrucksvoll nach durch einen schlagwortartigen Katalog von Einsatzarten und Auswertungsmöglichkeiten, den er bei der Behandlung des Fernsehens anbietet, der jedoch gleicherweise für den Film gültig ist:

- „Unterrichtsgespräch als Herausstellen des Wesentlichen
- Diskussion über aufgetretene Probleme (auch als Podiumsdiskussion)," nicht nur zur Filmaussage, sondern auch zur Machart des Films und zum eigenen subjektiven Filmerleben
- Einsatz von Erschließungsmethoden wie Hauptaussage und Fragen formulieren, → Brainstorming, vorstrukturierten Fragebogen ausfüllen und in Gruppenarbeit diskutieren
- „Zeichnerische Darstellung einer Szene oder eines Kernbereichs
- Erweiterung oder Vertiefung der Information durch Multimedia-System (z. B. Lernkurzfilm, Transparente, Tonband, Schallplatte, Lernprogramm, Anschauungsmittel u. a.)
- Ergänzungslektüre (Literatur, Zeitung, Illustrierte, Berichte u. a.)
- Studium einer Karte im Altas oder über Overheadprojektion
- Arbeit am Sandkasten
- Ausführen einer in der Sendung angebotenen Arbeitsanweisung (z. B. Werken, Kunsterziehung)
- Schülerexperiment im Anschluß an die auf dem Bildschirm erschienene Experimentaldemonstration
- Darstellendes Spiel als Gestaltung des Kernproblems oder von Teilproblemen
- Gruppenunterrichtliche (arbeitsgleiche oder arbeitsteilige) Erarbeitung des Fernsehthemas
- Partnerschaftliche Übungen
- Wortschatzübungen
- Kurzaufsatz mit Erzählkern
- Durcharbeiten der von den Schülern während der Sendung angefertigten Notizen
- Schülerreferat zum Sendethema
- Analyse der Sendung auf Rollfolie des Overheadprojektors
- Thematische Exkursion."

Film und Fernsehen bergen wie kaum ein anderes Medium die Gefahr in sich, die Lernaktivität der Schüler auf bloßes Konsumieren und Reproduzieren einzuschränken. Es muß deshalb gelingen, die mit Film und Fernsehen auch gegebene Chance der Einübung in optimale und umfassende Anschauung, an der alle geistigen Fähigkeiten des Lernenden aufnehmend beteiligt sind, mit einer Aktivierung derselben geistigen Fähigkeiten zu produktiven und kreativen Lernakten zu verbinden. Es geht ferner darum, die manipulierende, aber unumgängliche Sekundärerfahrung über Medien kritisch hinterfragen zu lernen.

Heinrichs schlägt zur Entfaltung der Selbsttätigkeit der Schüler folgende Maßnahmen vor:

„Der Schüler sollte

- das Bildschirmangebot selbsttätig ordnen
- den weiteren Unterrichtsweg selbst bestimmen

- die daraus folgenden Arbeitsziele selbst vorschlagen
- selbst Kontrollen einbauen
- in Gruppen-, Partner- oder Einzelarbeit manuelle und geistige Vorhaben zur Vertiefung des Sendethemas selbst entwerfen und durchführen."

Für Lerngruppen, die mit Medien vertraut sind und die gewohnt sind, sich mit Medienangeboten kritisch auseinanderzusetzen, könnte die Vorschlagsliste noch erweitert werden:
- Die Schüler werden in die didaktische Analyse zur Auswahl der geeigneten Software einbezogen,
- sie unterstützen den Lehrer bei der Zurüstung der Software für einen klar definierten Lernprozeß oder übernehmen dieselbe in eigener Regie (Teamarbeit),
- sie kümmern sich in eigener Verantwortung um Mitschnitt von Hörfunk- und Fernsehsendungen, um rechtzeitige Bestellung von Hardware und Software bei der Mediothek der Schule bzw. bei den öffentlichen Verleihstellen und um die Organisation einsatzbereiter technischer Voraussetzungen,
- sie koordinieren verschiedenartige Medienangebote, die Ergebnisse arbeitsteiligen Lernverfahrens und den Meinungsaustausch in Sozialphasen des Lernens.

Eine derartige Aktivität der Schüler kann als Hochform medienorientierten Lernens bezeichnet werden, die nur mit viel Geduld und schrittweiser Einübung in medienspezifische Arbeitstechniken zu erreichen ist.

Köck 1977, in 1991 (Kapitel Unterrichtsmedien)

→ FWU K

Unterrichtsformen

bezeichnen die Art der Organisation der Interaktionen von Lehrer und Schülern im Unterricht aufgrund der Vorgabe methodischer Rahmenbedingungen.

So sieht z. B. im Geschichtsunterricht eine Phase des darbietenden Unterrichts in Form einer Lehrererzählung vor, daß die Schüler ohne Interaktion untereinander und ausschließlich auf den Lehrer als Informationsquelle ausgerichtet durch aufmerksames Zuhören die vorgetragenen Fakten – vorläufig unbefragt – akzeptieren und aufnehmen.

Für den dargestellten Sachverhalt werden in der Literatur auch die folgenden Bezeichnungen verwendet (Auswahl):
- Lehr- und Lernverfahren,
- Lehr- und Lernformen,
- Lehrrahmen,
- Unterrichtsrahmen,
- Handlungsmuster (Meyer 1987).

Sie sind sorgfältig abzugrenzen gegen die Lehr- und Lernstufen (→ Artikulationsschemata des Unterrichts), gegen Unterrichtsverfahren im Sinne methodischer Einzelakte und gegen → Sozialformen des Unterrichts, die eigentlich die Organisation von Lernprozessen unter sozialen Gesichtspunkten bezeichnen, insofern also innerhalb des Rahmens einer gewählten Unterrichtsform verwirklicht werden.

Übersicht über geläufige Unterrichtsformen:

Nach Weber (1925)

1.	2.	3.
darbietende Unterrichtsform	herausholende Unterrichtsform	anreizende Unterrichtsform

Nach Huber (1968)

1.	2.
unmittelbarer Unterricht-Lehrformen (vom Lehrer ausgehend)	mittelbarer Unterricht-Lernformen (vom Schüler eingeleitet, zumindest getragen)

Nach Vogel (1978)

1.	2.	3.
darstellende Unterrichtsform	erarbeitende Unterrichtsform	entdecken lassende Unterrichtsform
darbietend	a) entwickelnd b) Impulsunterricht c) aufgebend	a) kurzphasiges schülerkooperierendes Verfahren b) langphasiges schülerkooperierendes Verfahren c) dialogisches Verfahren

Lehreraktivität ← wechselseitige Bedingtheit → Schüleraktivität

Tendenz zu	Tendenz zu
– Rezeptivität – Reproduktion – Reaktivität der Schüler	– Produktivität – Kreativität der Schüler

Zuordnung der Sozialformen des Unterrichts

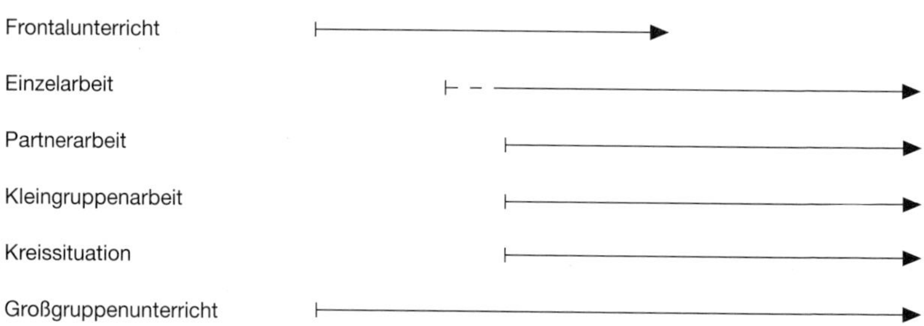

Erläuterung

Je weiter nach links in der Übersicht von Vogel eine Unterrichtsform auf dem Kontinuum Lehrer-Schüler-Aktivität angeordnet ist, desto mehr dominiert der Lehrer im Unterricht, und desto mehr befinden sich die Schüler in aufnehmenden Lernhaltungen. Umgekehrt tritt z. B. im schülerkooperierenden Verfahren der Lehrer teilweise oder völlig zurück und entläßt die Schüler – selbstverständlich mit der

nötigen Ausrüstung an Materialien und Arbeitstechniken – in die selbsttätige Bearbeitung eines Problems.
Je nach Unterrichtsform ergeben sich also quantitativ und qualitativ unterschiedliche Handlungen von Lehrer und Schülern. Dennoch darf die Übersicht nicht voreilig etwa zugunsten der erarbeitenden und entdecken lassenden Unterrichtsformen interpretiert werden mit der praktischen Folge einer methodischen Schlagseite. **Didaktisch begründet hat vielmehr jede der genannten Unterrichtsformen ihre unersetzbare Bedeutung.** So stellt die in der Literatur viel geschmähte darbietende Unterrichtsform durchaus hohe Anforderungen an die Fähigkeiten der Schüler zu Rezeptivität, Reproduktivität und Reaktivität, sofern sie gezielt die Ausbildung und Übung dieser Fähigkeiten beabsichtigt. Die Informationsflut unseres Medienzeitalters fordert geradezu eine hochentwickelte Rezeptionsfähigkeit, die als verläßlicher Filter nach bestimmten Qualitätskriterien zu sortieren vermag.
In der Unterrichtspraxis treten meistens mehrere Unterrichtsformen kombiniert in einer Lerneinheit oder Unterrichtsstunde auf, z. B. die darbietende Unterrichtsform, die in die aufgebende Unterrichtsform übergeht, oder die Impuls-Unterrichtsform, die in die kurzphasige schülerkooperierende Unterrichtsform mündet usw.
Wichtig ist dabei, daß die Wahl der jeweiligen Unterrichtsform nicht dem Zufall überlassen werden darf oder unter dem alleinigen Gesichtspunkt des methodischen Wechsels erfolgt. **Es muß vielmehr jene Unterrichtsform gewählt werden, die unter den Planungskriterien Lernziele, Lerninhalt, Methoden, Medien, Schüler und Unterrichtsökonomie möglich und angemessen erscheint.**
Wenn aber die Entscheidung für eine derart begründete Unterrichtsform gefallen ist, sollte sie weder durch unangemessene Sozialformen des Unterrichts noch durch unpassende Aktivitäten von Lehrer und Schülern in ihrer beabsichtigten Wirkung beeinträchtigt werden, es sei denn, sie erwiese sich im aktuellen Vollzug als Fehlplanung.
Beispiel: Eine spannende Lehrererzählung (darbietende Unterrichtsform) kann nur ihre Wirkung entfalten, wenn jeder einzelne Schüler im Gesamtverband der Klasse (Frontal- oder Klassenunterricht) aufmerksam dem Lehrer zuhört (Aktionsform). Zwischenfragen der Schüler oder gar Seitengespräche können die gewählte Unterrichtsform bis zur Wirkungslosigkeit zerstören.
Auch für Unterrichtsformen gelten Regeln und Rituale, die eingeübt und eingehalten werden müssen. Verständnisfragen in unserem Beispiel beugt der Lehrer vor, indem er Wortwahl und Verständnisniveau seiner Erzählung **vorher überdenkt,** neue Begriffe **vorab klärt** und irritierende Fremdwörter nicht erst während der Erzählung niederringt. K

in Köck 1991

Unterrichtsforschung → Unterrichtsanalyse

Unterrichtsgang → Erkundung → Betriebserkundung

Unterrichtsgespräch

1. Im Gespräch tauschen die Kommunikationspartner verbal und nonverbal Informationen aus. Wie immer in kommunikativen Situationen hängt das Ausmaß der Verständlichkeit auch beim Gespräch ab

- vom gemeinsamen Sprachvorrat (allgemeiner: Zeichenvorrat) zum Gesprächsinhalt
- und von der Beschaffenheit der Beziehungen zwischen den Kommunikationspartnern sowie ihrer Fähigkeit, an Beziehungsstörungen gemeinsam zu arbeiten.

2. Die **Gesprächsformen im Unterricht** verfolgen über den bloßen Informationsaustausch hinaus weitere Ziele:
- Höherer Behaltwert des im Gespräch Verarbeiteten,
- Schulung von Ausdrucks- und Diskussionsfähigkeit,
- Schulung von Kritikfähigkeit und Urteilsvermögen,
- Training der Fähigkeit des konzentrierten Zuhörens,
- Arbeit am Begegnungsstil der Klasse, Verwirklichung humaner Kommunikation,
- Befähigung zur Metakommunikation.

Die Gesprächsformen im Unterricht werden nach dem Ausmaß der Lenkung durch den Lehrer unterschieden. Ihre Verwendung wird vom jeweiligen Zweck des Lehrens und Lernens bestimmt. In Anlehnung an Meyer (1987, Bd. 2, S. 281) und Pöggeler (1964) stehen folgende Gesprächsformen im Unterricht zur Wahl:

Gelenktes bzw. gebundenes Unterrichtsgespräch bzw. Lehrgespräch, Prüfungsgespräch	Erkundungsgespräch (Interview), Sachverständigenbefragung, „mäeutische" Gesprächsformen	Diskussion, Streitgespräch (Pro–Contra), Debatte (auf Grund eines Antrags soll eine Entscheidung gefällt werden)	freies Unterrichtsgespräch bzw. Schülergespräch, evtl. Rollengespräch	Unterhaltung

←――――――――――――――――――――――――――――――→

hohe Lenkung durch den Lehrer ... geringe bzw. keine Lenkung durch den Lehrer

Für die **sach- und situationsangemessene Auswahl** von Gesprächsformen im Unterricht bieten sich als Orientierungshilfen – wie immer bei methodischen Entscheidungen – die folgenden Aspekte an:

- Ist das zugehörige Lernziel eher kognitiv oder affektiv oder instrumentell gewichtet?
  Beispiel: Für die schlichte Vermittlung unstrittiger Fakten sind eher Gesprächsformen mit hoher, zielorientierter Lenkung angemessen, erfahrungsbezogenen Lernzielen wird eher mit freien Gesprächsformen entsprochen.
- Das Gesprächsthema hilft bei der Entscheidungsfindung, insofern die Vorerfahrungen und das Vorwissen der Schüler sowie die Komplexität des Themas selbst die zulässige Gesprächsform nahelegen.
- Es ist zu fragen, in welchem Ausmaß die Schüler die Regeln einer bestimmten Gesprächsform beherrschen. Diesbezügliche Mängel müssen in Übungsphasen und durch integrierten Metaunterricht abgearbeitet werden.
- Schließlich entscheidet der Grundsatz der Unterrichtsökonomie darüber mit, ob eine zeitaufwendigere freie Gesprächsform angesichts des erstrebten Effekts vertretbar ist.

3. **Tips für die Verbesserung unterrichtlicher Gesprächsformen**
- Grundlegende Ausdrucksfähigkeit aufbauen!
- Dafür sorgen, daß sich alle Beteiligten laufend über ihren gemeinsamen verbalen und nonverbalen Zeichenvorrat verständigen. Fremdwörter und Fachsprachen schließen den Nichtwissenden vom Gesprächsverlauf aus.

- An gesprächsoffener Klassenatmosphäre arbeiten!
- Echte, problemhaltige Gesprächsanlässe aufgreifen, die an den Interessen und Bedürfnissen der Schüler orientiert sind!
- Nach und nach verbindliche Gesprächsregeln einführen!
  (Z. B. die Gesprächsregeln der → Themenzentrierten Interaktion)
- Sitzordnung von Angesicht zu Angesicht: Kreis, Halbkreis, Hufeisen.
- Gelegenheiten zum Metaunterricht über Inhalte, Verfahren, Umgangsregeln, „Normen" nutzen!
- Der Lehrer soll zunehmend mit der Gesprächsfähigkeit der Schüler
- zuhören und schweigen können,
- ordnende Hilfen anbieten,
- die Schüler am Problem halten,
- die Schüler zur Äußerung ermuntern,
- Schülerbeiträge positiv verstärken,
- seine Meinung in freien Unterrichtsgesprächen erst dann beitragen, wenn sie gefragt ist.

K

Unterrichtsgrundsatz → Unterrichtsprinzip

Unterrichtshygiene → Gesundheitserziehung → Psychohygiene → Schulhygiene

Unterrichtsinhalt
ist der durch die → didaktische Reduktion bzw. durch die → didaktische Analyse für einen schulischen Lernprozeß aufbereitete Wirklichkeitsausschnitt.
Im Modell des didaktischen Dreiecks ergeben sich die folgenden Zusammenhänge und wechselseitigen Einflüsse für die Ermittlung des Unterrichtsinhalts:

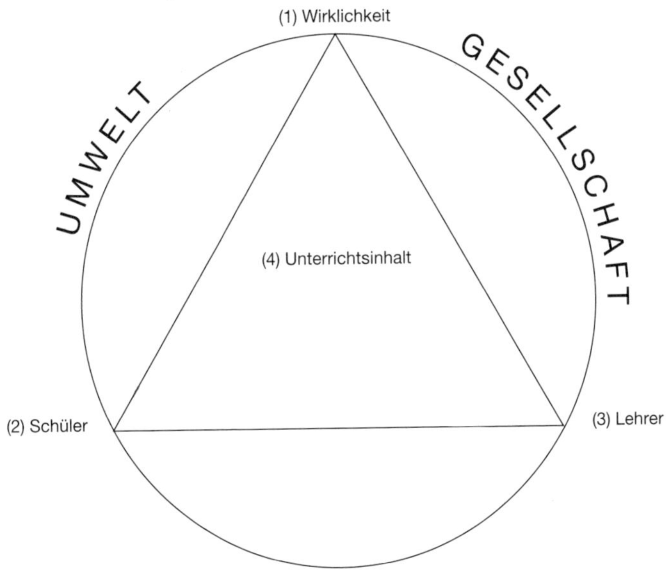

Erläuterungen:

(1) Die **Wirklichkeit** wird zum Unterrichtsinhalt entweder direkt begegnend oder vielfach gefiltert durch den → Lehrplan und durch die Vermittlung selbst und mit dem Abstand zur unmittelbaren Begegnung zunehmend entfremdet.

(2) Die **Schüler** nehmen auf die Ermittlung und die Effektivität des Unterrichtsinhalts Einfluß durch ihre Interessen und Bedürfnisse, aber auch durch die selbst angestrebten und verordneten Qualifikationen.

(3) Der **Lehrer** bringt sich in die Ermittlung und Aufbereitung des Unterrichtsinhalts nicht nur mit seinen Interessen, Vorlieben und fachlichen Fähigkeiten ein, sondern auch als „Anwalt" des Schülers, der zwischen Ansprüchen der Gesellschaft und des Schülers zu vermitteln hat.

(4) Der Unterrichtsinhalt ergibt sich also aus dem Zusammenwirken von Wirklichkeit, Schüler, Lehrer im Kontext von Umwelt und Gesellschaft als das gemeinsam erzielte Ergebnis → didaktischer Reduktion, mit Klafki als der Gehalt eines Bildungsinhalts.

Sandfuchs 1987; Wierichs 1989

→ Lerninhalt K

Unterrichtskonzepte

sind nach Meyer (1987) „Gesamtorientierungen methodischen Handelns" wie z. B. der lehrerzentrierte Unterricht und der schülerorientierte Unterricht. Sie reichen damit weit über den Wirkungsbereich von Unterrichtsformen hinaus, integrieren dieselben als Methodenelemente. Hinter Unterrichtskonzepten stehen neben methodischen Überzeugungen immer auch Grundannahmen von Unterricht, über die Möglichkeiten der organisatorischen und institutionellen Rahmenbedingungen, über die Lernfähigkeit der Schüler sowie fachwissenschaftliche und fachdidaktische handlungsleitende Interessen. K

Unterrichtslehre

Als die Lehre vom Unterricht behandelt sie als allgemeine Unterrichtslehre (→ Didaktik), die Gesamtheit der Lehrverfahren, → Unterrichtsformen, → Unterrichtstechnologie, Aufgaben, Bedingungen und faktorielle Beeinflussung des Unterrichtsgeschehens. Als besondere oder spezielle Unterrichtslehre (→ Fachdidaktik) befaßt sie sich mit den in den einzelnen Fächern zu setzenden → Lernzielen und all den das Einzelfach betreffenden Faktoren in bezug auf den Unterrichtsablauf.

Köck 1991, 1992; vgl. auch bei → Didaktik!

→ Unterricht → Unterrichtsmethoden → Unterrichtsplanung O

Unterrichtsmedien

Medien im Unterricht sind Mittel (bzw. Zeichen- und Informationssysteme), **die Kommunikation im Rahmen unterrichtlich organisierter Lernprozesse herstellen und unterstützen.**

Die Umkehrung dieser Begriffsbestimmung besagt, daß Unterricht als Kommunikation, ja selbst als bloßer Informationsumsatz (wie ihn z. B. die informationstheoretische Didaktik sieht) ohne Medien grundsätzlich nicht möglich ist.

Alle heutzutage maßgeblichen unterrichtstheoretischen Konzepte teilen die **Er-**

wartungen, die an die Medien im Rahmen des Unterrichts herangetragen werden:

- Medien ermöglichen die Auseinandersetzung mit Lerninhalten, die der direkten Erfahrung des Schülers nicht zugänglich sind, wie z. B. die Lebensumstände der Menschen in anderen Ländern (Film, Dias, Karten, Reiseberichte) oder komplizierte technische Zusammenhänge (Trickdarstellung der Funktionsweise des Ottomotors) oder Mikroorganismen (Mikroskop) oder historische Ereignisse (filmische und schriftliche Dokumente, Bilder) oder gefährliche Experimente in Physik und Chemie.
- Medien machen die gleichen Informationen für beliebig viele Lernende verfügbar. Sie dienen damit dem Prinzip der Unterrichtsökonomie bzw. der Rationalisierung von Lernprozessen.
- Medien ermöglichen die jederzeitige Wiederholung von Informationen, womit sie in gleicher Weise unterrichtsökonomischen und unterrichtsdifferenzierenden Überlegungen zugute kommen.
- Medien begünstigen durch perfekte Machart und Veranschaulichung sowie durch ihren Motivationscharakter die Optimierung von Unterricht.
- Medien sind ihrerseits leicht optimierbar im Sinne der Zweck-Mittel-Rationalisierung, d. h., sie können aufgrund ihrer überprüfbaren Wirkung schrittweise und situationsangemessen verbessert werden.
- Medien helfen, die Objektivierung von Unterricht zu verwirklichen. Sie steuern damit der alleinigen Abhängigkeit der Schüler von den Meinungen, Interessen und Darstellungsgewohnheiten des Lehrers entgegen und erweitern den Erfahrungshorizont der Schüler.
- Bestimmte Medien, wie z. B. Problemsituationen, Experimentiermaterial, Medienverbundsysteme, fördern die Eigenaktivität der Schüler und damit ihre Fähigkeit, sich Wirklichkeit langfristig selbsttätig zu erschließen.
- Medien ermöglichen die Differenzierung und Individualisierung des Unterrichts nach Interessen, Leistung und Lerngewohnheiten der Schüler.
- Medien als Unterrichtsgegenstand leiten die Schüler zu kritischem Umgang mit Informationen und ihrer Aufbereitung an.

Eine Klassifikation von Unterrichtsmedien verfolgt die Absicht, zumindest alle gebräuchlichen Unterrichtsmedien zu beschreiben und zu ordnen. Sie richtet sich dabei nach festgesetzten Einteilungskriterien, wie z. B. Funktion, unterrichtsmethodischer Ort (Motivation, Erarbeitung, Ergebnissicherung, Übung, Kontrolle), Aktivitätsverteilung, ausgelöste Lernaktivität usw.

Als empirisch gesichert kann keine der zahlreichen Medienklassifikationen und -taxonomien gelten. Darüber hinaus erschwert ihre meist komplizierte und damit lernaufwendige Handhabung den Zugang für den Praktiker.

Die folgende Übersicht beschränkt sich deshalb auf eine bloße Auflistung der im Unterricht gebräuchlichen Medien (vgl. Brucker 1986, hier erheblich erweitert):

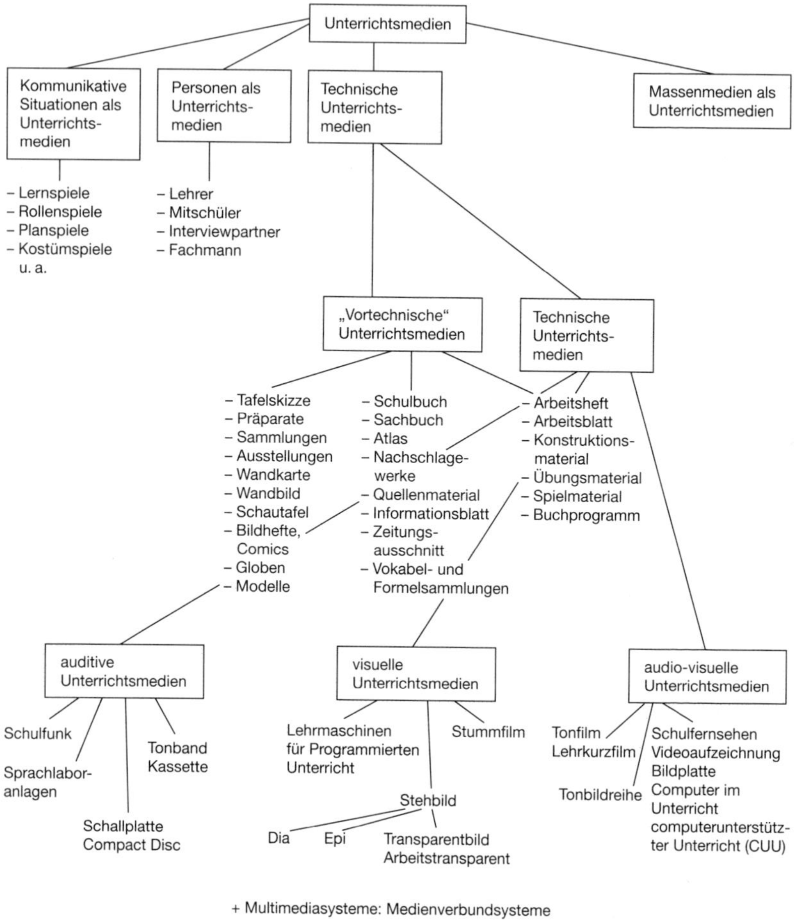

Brucker 1986; Köck 1977, 1978, in 1991; Röttel/Wiegand 1986

→ Lehrmittel → Lernhilfe → Medien → Medienauswahl → Mediendidaktik → Programmierte Instruktion

K

Unterrichtsmethoden

„sind die Formen und Verfahren, in und mit denen sich Lehrer und Schüler die sie umgebende natürliche und gesellschaftliche Wirklichkeit unter institutionellen Rahmenbedingungen aneignen" (Meyer 1987, Bd. 1, S. 45).
„Das **methodische Handeln** von Lehrer und Schülern besteht aus der zielgerichteten Arbeit, sozialen Interaktion und sinnstiftenden Verständigung" (S. 47).
Um dem methodischen Handlungsanspruch gerecht werden zu können, ist **unterrichtsmethodische Handlungskompetenz** erforderlich, deren Repertoire im Sinne

eines kontinuierlichen Lernprozesses ständig erweitert und auch kritischer Überprüfung zugänglich gemacht werden muß.
Für die Klärung der **Methodenproblematik in Unterricht und Erziehung** scheint mir die folgende Differenzierung nützlich zu sein, wie sie z. B. W. Schulz (in Lenzen 1985, Bd. 4, S. 53 f.) zusammenfaßt:

- Methode bezeichnet zunächst die **Vorstellung vom pädagogisch orientierten Handeln für eine förderliche Entwicklung der Heranwachsenden.** Sie ist zeitabhängig und wird verwirklicht in absichtlichen erzieherischen Maßnahmen, über ideologische Grundsatzentscheidungen, offizielle Lehrpläne und den sog. heimlichen Lehrplan, über Institutionen und deren spezielle Organisation.
  Methode in diesem Sinne ist **stark beeinflußt von den gesammelten Alltagserfahrungen in unterrichtlichen Situationen,** die der Lehrer als Schüler, Student, Referendar und aus seiner bisherigen Lehrerpraxis gewonnen hat. Die daraus abgeleiteten Erwartungen und Befürchtungen des Lehrers sind
  - stark emotional beladen und wenig reflektiert,
  - relativ überdauernd und verallgemeinernd und damit schwer veränderbar,
  - wissenschaftlicher Theorie kaum zugänglich und meistens auch nicht von ihr hergeleitet,
  - durch lang andauernde bzw. stark beeindruckende Erfahrungen zu Verhaltensmustern verfestigt, die Meinungen, Gefühle und Körpersprache umfassen.
- Methode meint ferner **Konzepte der Erziehung und des Unterrichts,** wie z. B. Erziehung und Unterricht im Sinne der Freinet-Pädagogik oder Projektunterricht.
- In der wohl geläufigsten Bedeutung bezeichnen Methoden **Einzelmaßnahmen zum möglichst effektiven Umgang mit Lerngegenständen und Lebenssituationen,** wie z. B. bestimmte Abfolgen des Lernprozesses oder Sozial- und Aktionsformen, aber auch das methodisch orientierte Gesamtkonzept einer Unterrichtsstunde.

Unterrichtsmethoden legen den Interaktionsrahmen von Schülern und Lehrern für ihr gemeinsames Handeln an Lerninhalten fest.
Dabei kommt dem Lehrer aufgrund seines Vorsprungs an unterrichtsmethodischer Handlungskompetenz zunächst ein Steuerungsvorteil zu. Als jeweils angemessene Unterrichtsmethode wird ja in der Regel auch jenes Lehrverfahren bezeichnet, das in einer bestimmten Unterrichtssituation den höchstmöglichen Lerneffekt bei den Schülern verspricht. Für Comenius (1592–1670) z. B. ist dieser Effekt durch die richtige Kombination von „Zeit, Stoff und Methode" zu erreichen (1960). Da es aber auch ein erklärtes Ziel des Unterrichts ist, daß die Schüler auf ihrem Wege zu selbständiger Lebensgestaltung ihre unterrichtsmethodische Handlungskompetenz ständig erweitern, muß der Lehrer auf seinen Steuerungsvorteil in Wechselwirkung mit den möglichen Fähigkeiten der Schüler verzichten. **Unterrichtsmethoden sind nicht nur Mittel der Lernsteuerung, sondern selbst Unterrichtsgegenstand und damit geplantem Meta-Unterricht zugänglich zu machen.** So kann der Lehrer z. B. gelegentlich sein methodisches Handeln begründen, den Schülern einen Blick in seine methodische „Trickkiste" gewähren, Methoden auf ihre Brauchbarkeit und ihre Grenzen prüfen lassen, individuellen Schwierigkeiten der Schüler mit bestimmten Methoden nachspüren lassen usw.
Ziel dieses Teils unterrichtlicher Arbeit, die auch unter dem Schlagwort „das Lernen lernen" seit langem mit enttäuschend geringem Effekt gehandelt wird, ist

verantwortete methodische Handlungskompetenz. Dieses Ziel wird durch die Einübung von Techniken allein nicht erreicht, sondern nur wenn es gelingt, Methoden kritisch anzuwenden.
Methodische Entscheidungen können bei der Unterrichtsplanung nicht isoliert getroffen werden. Die gewählte Unterrichtsmethode wirkt sich vielmehr unmittelbar über die bloße Transportfunktion hinaus auf die Qualität des Unterrichtsgegenstandes aus, wie umgekehrt z. B. Zielvorstellungen und Unterrichtsinhalte entscheidenden Einfluß auf die Auswahl der Unterrichtsmethoden nehmen.

Unterrichtsmethode
in allen ihren beschriebenen Erscheinungsformen ist bestimmt durch

① entwicklungspsychologische Erkenntnisse

② lernpsychologische Erkenntnisse

③ technisch-organisatorische Voraussetzungen wie Räume, Medien, Instrumente . . .

④ gesellschaftlich-politisches Umfeld, z. B. der einzelne als Untertan oder mündiger Bürger, funktionierend oder mitbestimmend,

⑤ die Pluralität der Meinungen und der Methoden der Informationsverarbeitung

⑥ durch die durch Massenmedien, Mobilität und Tempo veränderte Lernumwelt,

⑦ sachlogische Gesichtspunkte: Jede Sache trägt ihre Methode in sich; nur durch sie findet der Schüler angemessenen Zugang zur Sache;

⑧ Lernziele des Unterrichts,

⑨ den Lehrer mit seinem Berufsverständnis, seinen erkenntnis- und handlungsleitenden Interessen, seiner Lehrmotivation und eigenen Methodenkenntnis.

Zuordnung der Dimensionen unterrichtsmethodischen Handelns

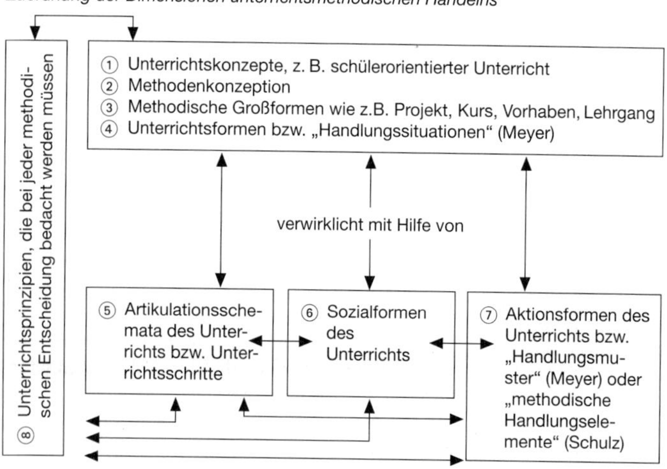

Beispiel
Der entwickelnde Unterricht im Sinne des Frage-Antwort-Unterrichts ④ wird sinnvollerweise vor allem in der Erarbeitungsphase der Unterrichtsstunde ⑤ mit Hilfe sach- und adressatenangemessener Fragetechnik des Lehrers ⑦ im Klassenunterricht (Frontalunterricht) ⑥ bei situationsabhängiger Berücksichtigung der Unterrichtsprinzipien ⑧ z. B. Anschaulichkeit, Selbsttätigkeit, Differenzierung verwirklicht.
Zu den einzelnen Unterrichtsmethoden vgl. eigene Artikel!

Aschersleben 1990; Bönsch 1991; Gudjons/Winkel 1991; Guhl/Ott 1985; Köck 1991; Meyer 1987; Oehlschläger/Schwittmann 1985; Weber 1981

→ Methode → Methodik → Unterrichtsmedien K

Unterrichtsmitschau

ermöglicht mit Hilfe technischer Systeme (Film- bzw. Fernsehtechnik) die Aufzeichnung von Unterrichtsverläufen bzw. ihre Übertragung in andere Räume, z. B. Hörsäle. Sie arbeitet mit beweglichen oder/und fest installierten Aufzeichnungsgeräten, wobei den letzteren wegen des geringeren Störeffekts für die Lerngruppe der Vorzug zu geben ist.
Die Unterrichtsmitschau dient vor allem der Produktion von → Unterrichtsdokumenten für die empirische Unterrichtsforschung und für die Aus- und → Fortbildung der Lehrer. Als Life-Übertragung bietet sie einer beliebig großen Zuschauerzahl die Gelegenheit beobachtender Teilnahme an einem aktuellen Unterrichtsgeschehen. Die dabei heute fast immer übliche Aufzeichnung mit dem → Videorecorder erlaubt eine jederzeit wiederholbare Betrachtung des Unterrichtprozesses im Ganzen oder in Details für eine kritische Reflexion.

→ Unterricht → Unterrichtsanalyse K

Unterrichtsmittel → Lehrmittel → Unterricht → Unterrichtsmedien

Unterrichtsmodelle

stellen den idealtypischen Verlauf von → Unterrichtseinheiten (z. B. in Form eines → Projekts), von Unterrichtsstunden oder einzelnen → Lehr-Lern-Sequenzen dar. Sie basieren auf (relativ) gesicherten Erkenntnissen der → Theorie des Unterrichts und der → Lernpsychologie und leisten insofern wertvolle Dienste in der Lehrerausbildung und bei Innovationen im Unterrichtsbetrieb.
Ihre Grenzen finden sie in den jederzeit möglichen Veränderungen der Unterrichtswirklichkeit und damit in der Gefahr einer Erstarrung in Routine. K

Unterrichtsökonomie

Allgemein formuliert ist es das Anliegen der Unterrichtsökonomie, durch die überlegte Organisation von Lernprozessen einen größtmöglichen Lernerfolg bei geringstem Aufwand zu erzielen. Ein Lernprozeß kann also als ökonomisch bezeichnet werden, wenn er nach dem Aufwand an Lernzeit, didaktischem Material und Gefordertheit des Lehrenden mit feststellbarem Effekt dem Aufbau von Qualifikationen, d. h. von Fähigkeiten, Fertigkeiten, Einsichten, Kenntnissen usw. dient. Für die Auswahl des Lerninhaltes ist bestimmend sein exemplarischer Charakter, der ihn legitimiert als Grundwissen, als Aufhänger oder Angelpunkt, als Material für die intensive Einübung einer Fähigkeit für Lerninhalte gleicher oder ähnlicher Art,

die dem Lernenden in Eigenverantwortung zur selbständigen Bewältigung überlassen werden müssen.
Die beschriebene, durch die Gewichtung des jeweiligen Lerninhalts bedingte Ökonomie von Lernprozessen muß der Lehrende auch beim Einsatz eines Mediums als Überlegung in seine didaktischen Entscheidungen mit einbeziehen. Damit ist aber erst eine Seite eines ökonomischen Mediengebrauchs bedacht, nämlich die der individuellen Lerneffizienz des einzelnen Lernenden hinsichtlich eines ganz bestimmten Lerninhaltes. Die Medien müssen zu ihrer Legitimation darüber hinaus aber noch auf folgende zwei Fragen eine befriedigende Antwort geben:

- auf die Frage nach der dem Lerninhalt angemessenen und d. h. eben auch ökonomischen Methode
- und auf die Frage nach dem tatsächlichen Grad ihrer entlastenden Leistungen für den Lehrenden.

Die Unterrichtsökonomie gilt als gewichtiges (leider oft auch als Alibi für minder aufwendige Planung mißbrauchtes) Planungsprinzip des Unterrichts neben → Lernziel, Komplexität und Struktur des → Lerninhalts, Interessen und Fähigkeiten der Schüler und Unterrichtsmedien.

→ Lernökonomie, Lehrökonomie → Unterricht → Unterrichtsmedien K

Unterrichtsorganisation

faßt – begrifflich unscharf, weil undifferenziert – sämtliche Maßnahmen zusammen, die bei der Vorbereitung und Durchführung von → Unterricht von Bedeutung sind.

→ Lehrdarstellung → Lehrdisposition → Lehrskizze → Unterrichtsplanung K

Unterrichtspathologie

Sie befaßt sich mit Sinnverfehlungen und Abnormitäten des Unterrichtsgeschehens.

→ Unterricht O

Unterrichtsplanung

ist nach Geißler „die Entwicklung eines erziehungswissenschaftlich begründeten Handlungsentwurfs für didaktische Interaktionen". Unterrichtsvorbereitung und Unterrichtsplanung werden häufig als synonyme Begriffe verwendet. Jedoch sollte bei der Unterrichtsplanung die Rahmenplanung und Phasenplanung unterschieden werden. Die **Rahmenplanung** orientiert sich über längere Zeiträume hinweg (Halbjahr, Semster und auch Schuljahr), berücksichtigt die Entwicklung des Schülers, befaßt sich mit dem Jahresstoffplan (synonym Jahresverteilungsplan), dem für das jeweilige Schuljahr vorgebenen → Curriculum bzw. → Lehrplan, den vorzusehenden schriftlichen Prüfungen, → Tests, Besichtigungen, Erkundungen; Medien, die rechtzeitig zu beschaffen sind, mit der Eingliederung der Unterrichtsfächer in den Stundenplan unter Berücksichtigung der Fächerprioritäten, der Ermüdungswerte der Schüler usw. Sie bezieht von den bisher bekannten schulischen Erfahrungswerten über Vorbereitung, Unterrichtsdurchführung einschließlich didaktischer Faktoren und Unterrichtskontrolle mit Leistungsbewertung alle für einen positiven Schulablauf notwendigen Überlegungen bis zur Nachbereitung

und Reflexion mit ein. Die **Phasenplanung,** die in kürzeren Zeitabschnitten (Woche, Monat) disponiert, setzt z. B. Zäsuren im durchzunehmenden Unterrichtsstoff, legt feste Termine für Schulaufgaben und für längere Zeit in Anspruch nehmende Hausaufgaben fest, plant fächer- und klassenübergreifenden Unterricht durch Verfahren wie → „Teamteaching“ oder sieht die Koodierung von Unterrichtsstoffen in Klassen der gleichen Jahrgangsstufe vor, um zu einem im voraus bestimmten Zeitpunkt koordinierte Schulaufgaben zu stellen und die Grundlage zu einer vergleichenden Leistungsmessung und → Leistungsbewertung zu schaffen.
Die **Unterrichtsvorbereitung** selbst hat sich intensiv mit den Faktoren des Lernfeldes, insbesondere mit der Subjekt-Objekt-Bezogenheit und -Begegnung zu befassen. Faktoren des Lernfeldes sind in der Terminologie des → unterrichts- und lehrtheoretischen Strukturmodells der Didaktik als Bedingungsfelder die anthropogenen und soziokulturellen Gegebenheiten und als Entscheidungsfelder die Lernziele, Lerninhalte, Unterrichtsmethoden und Unterrichtsmedien.
Noch immer wird eine Reduktion der Unterrichtsvorbereitung auf die beiden Fragen vorgenommen: „**Was** soll erreicht werden und mit welchem Stoff?“ „**Wie** bringt man die Sache vor den Schüler und mit welchem Hilfen?“ Der Lehrer hat sich bei der Vorbereitung auf eine → Unterrichtseinheit über den Stoff zu informieren und muß die im → Curriculum bzw. Lehrplan vorgesehenen → Lernziele (→ kognitiver, → affektiver, → psychomotorischer Bereich) berücksichtigen, er hat über Teilzielabgrenzungen, Vertiefungs- und Übungsmöglichkeiten z. B. durch Tests, über den entsprechenden Medieneinsatz zur Veranschaulichung oder Anschauung, über evtl. technische Vorbereitungen und über das von den Schülern benötigte Arbeitsmaterial nachzudenken. Er wird sich bei der Wahl der Unterrichtsform und des Lernverfahrens und der gezielten Aufgliederung des Stoffes auch Gedanken machen über die → Sozialformen des Unterrichts, das vorhandene Schülerwissen, den Leistungsstand, das Aufnahmevermögen der Schüler und über die altersgerechte didaktische Aufbereitung.
Um Planung und Vorbereitung fach- und sachgerecht in einen logischen Ablauf bringen und Aufgaben und Ziele transparent machen zu können, bedarf es der schriftlichen Unterrichtsvorbereitung. Sie kennt heute folgende Möglichkeiten, die je nach Situation, Anforderung und Bedürfnis zu verwenden sind: die → Lehrdisposition, die → Lehr- oder Unterrichtsskizze, die → Lehrdarstellung und das eine Unterrichtseinheit umfassende Programm.

Adl-Amini/Künzli 1991; Aselmeier/Vogel 1992; Eigler u. a. 1979; Keck 1975; Köck 1991; Memmert 1990; Meyer 1987; Peterßen 1978, 1991

→ Didaktische Analyse → Programmierte Instruktion → Strukturmodelle der Didaktik → Unterricht

OK

Unterrichtsprinzipien

sind handlungsleitende Grundsätze der Unterrichtsgestaltung, im Unterrichtsverlauf nicht direkt beobachtbar, aber aus dem tatsächlichen Verlauf erschließbar. Indem sie zur Begründung unterrichtlicher Maßnahmen herangezogen werden, sorgen sie bei jedem Schritt der Planung und Durchführung von Unterricht sozusagen als Regulative dafür, daß die Begegnung von Schüler und Lerninhalt möglichst intensiv und effektiv gelingt. Das Unterrichtsprinzip der Anschaulichkeit z. B. gibt in Verbindung mit dem Unterrichtsprinzip der Angemessenheit dem Lehrer Kriterien an die Hand, daß er mit seinen unterrichtlichen Anforderungen das

Abstraktions- und Arbeitsvermögen der Schüler nicht überfordert. Oder mit der bewußten Beachtung des Unterrichtsprinzips der Selbsttätigkeit kann der Lehrer sicherstellen, daß die Schüler durch allzu ausgedehnte lediglich aufnehmende Lerntätigkeit nicht in Langeweile oder entlastende Störmanöver abdriften.
Unterrichtsprinzipien können nicht unter allen Umständen totale Geltung beanspruchen. Die jeweilige Lernsituation entscheidet darüber, welche Unterrichtsprinzipien zusammenwirken können, wann dagegen einem einzigen Unterrichtsprinzip der Vorzug zu geben ist und welche konkurrierenden Unterrichtsprinzipien im Sinne dialektischer Wechselwirkung einzusetzen sind.
Fachübergreifend gültige Unterrichtsprinzipien sind z. B.

- → Angemessenheit,
- Sachgemäßheit, Wissenschaftlichkeit,
- Elementarisierung (das → Elementare),
- → Anschaulichkeit,
- → Lebensnähe, Praxisnähe, Aktualität,
- → Selbsttätigkeit,
- → Differenzierung und → Indvidualisierung,
- → Lernerfolgskontrolle, Erfolgssicherung. K

Brunnhuber 1986, Köck 1973

Unterrichtspsychologie

befaßt sich als angewandte Psychologie mit der Untersuchung der psychischen Vorgänge bei Lehrern und Schülern in unterrichtlich organisierten Lehr-Lern-Prozessen, insbesondere in ihrer Wechselwirkung aufeinander. Wenngleich die aufeinander bezogenen Vorgänge des Lehrens und Lernens auch unter wissenschaftlicher Fragestellung nicht sinnvoll getrennt betrachtet werden können, zielt die Unterrichtspsychologie dennoch schwerpunktmäßig auf die Ableitung von Handlungsempfehlungen für psychologisch fundierte Maßnahmen und Akte des Lehrens, während die → Lernpsychologie schwerpunktmäßig das Verhalten von Menschen als Lernenden erforscht. Letztlich ist die Wechselwirkung zwischen beiden aber nicht aufhebbar, da die Unterrichtspsychologie die notwendige Rückmeldung über ihre Handlungsempfehlungen nur von der Lernpsychologie bekommen kann. K

Klausmeier/Ripple 1973–1975; Rost 1979–1982

Unterrichtsrahmen → Unterrichtsformen

Unterrichtssequenz → Lehrsequenz

Unterrichtsskizze → Lehrskizze

Unterrichtssoziologie

Sie kümmert sich um die in der Lehr-, Unterrichts- und Lernsphäre aufweisbaren zwischenmenschlichen Prozesse und stellt bezogen auf den Gesamtbereich → Unterricht und Unterrichtsgeschehen eine Mensch-Mensch-Sach-Relation her.
→ Soziologie O

Unterrichtsstil → Erziehungsstile

Unterrichtsstufen → Artikulationsschemata des Unterrichts

Unterrichtstechnologie

Sie ist ein Teilbereich der → Bildungstechnologie. Ihrem speziellen Aufgabenbereich entsprechend befaßt sie sich mit geplanten Lernprozessen für einen bestimmten Adressatenkreis (z. B. Geschichts- oder Mathematikunterricht für Schüler der 5. Jahrgangsstufe), insofern diese Lernprozesse durch technische → Medien angereichert (Enrichment-Funktion) oder gesteuert (Medien als „Funktionsträger") sind.

Für die Unterrichtstechnologie als **Didaktik-Ansatz** ist unterrichtliches Handeln Technik als Folge von Ursache-Wirkungs-Verhältnissen. Sie definiert Unterricht also als zweckrationales Handeln aufgrund von Zweck-Mittel-Beziehungen; die Schüler sind Objekte eines auf optimale Zielerreichung ausgerichteten, manipulierten Unterrichts, ständiger Kontrolle unterworfen. Vorausgesetzt werden im unterrichtstechnologischen Ansatz die zu vermittelnden Erziehungs- und Lernziele, ein gesicherter Wissenskanon als gegebene Eingangskenntnisse und die Kenntnisse der zur Zielerreichung optimalen Methoden.

Flechsig 1969; Frank 1969, 1975; Freund 1973; Köck 1977, 1978, in 1991; Melezinek 1982; Teschner 1973

→ Bildung → Kybernetische Didaktik → Systemtheoretisches Strukturmodell der Didaktik (unter → Strukturmodelle der Didaktik) → Unterricht → Unterrichtsplanung

K

Unterrichtstheorie → Theorie des Unterrichts

Unterrichts- und lehrtheoretisches Strukturmodell der Didaktik

Das Strukturmodell der Didaktik, wie es die Berliner Schule (Heimann, Otto, Schulz 1977[9]) entworfen hat, fordert die wissenschaftliche Analyse und Kontrolle **aller** an Lehr- und Lernprozessen beteiligten Faktoren.

Es liefert gleichsam eine Checkliste jener Elementarstrukturen, die den Unterricht allemal beeinflussen und deshalb in der didaktischen Analyse und deren Niederschlag, der Unterrichtsskizze, planend bedacht werden sollten.

Makroplanung des Unterrichts

Bezüglich der Makroplanung des Unterrichts, die sich in Lehrplänen und Curricula niederschlägt, macht sich das unterrichts- und lehrtheoretische Strukturmodell der Didaktik Aussagen der → Curriculumtheorie zu eigen. Da die unmittelbar unterrichtspraktischen Empfehlungen der Berliner Schule immer eingebettet im gesellschaftlichen Gesamtzusammenhang zu sehen sind, wird zur nachvollziehenden Orientierung in der Makroplanung von Unterricht ein zusammenfassendes Schaubild von W. Schulz übernommen (zit. in Ruprecht 1976, S. 69):

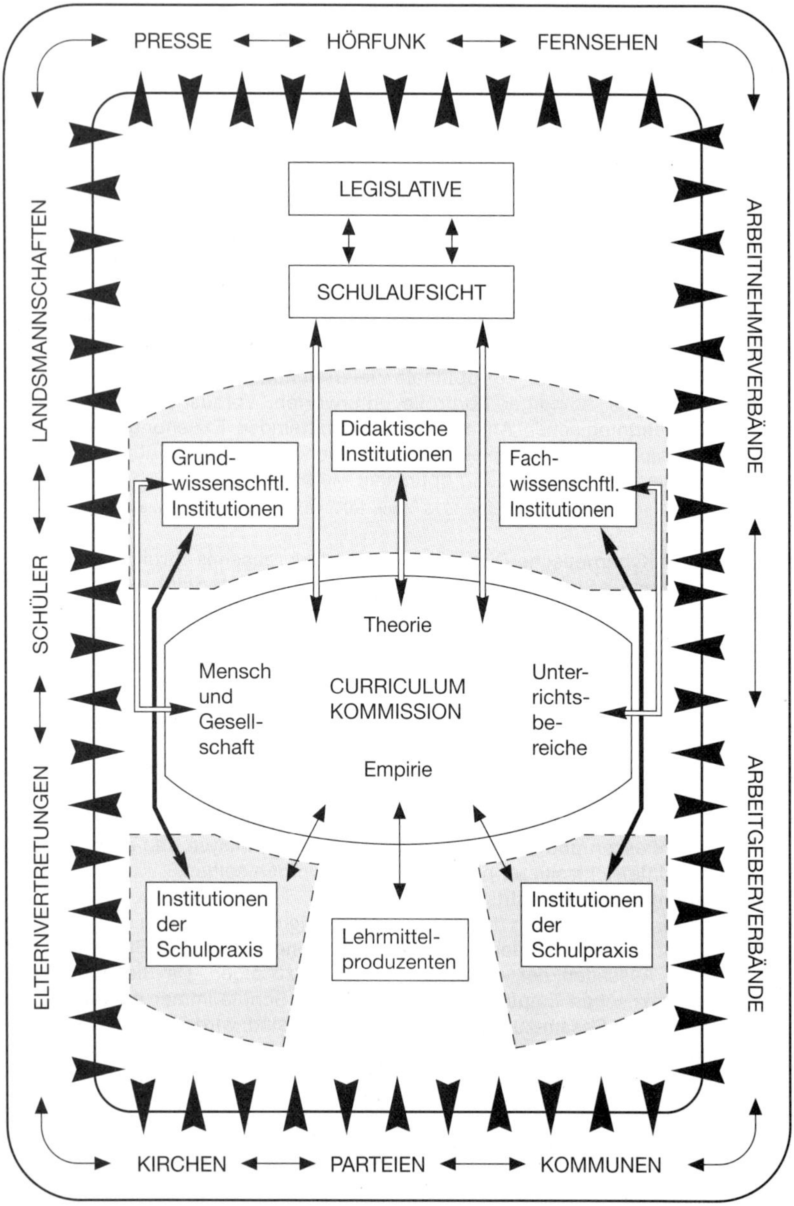
PRESSE
HÖRFUNK
FERNSEHEN
LANDSMANNSCHAFTEN
SCHÜLER
ELTERNVERTRETUNGEN
ARBEITNEHMERVERBÄNDE
ARBEITGEBERVERBÄNDE
LEGISLATIVE
SCHULAUFSICHT
Didaktische Institutionen
Grund-wissenschftl. Institutionen
Fach-wissenschftl. Institutionen
Theorie
Mensch und Gesell-schaft
CURRICULUM KOMMISSION
Unter-richts-be-reiche
Empirie
Institutionen der Schulpraxis
Lehrmittel-produzenten
Institutionen der Schulpraxis
KIRCHEN
PARTEIEN
KOMMUNEN

Mikroplanung des Unterrichts
Für die tägliche Unterrichtsplanung sind die in der nachfolgenden Graphik enthaltenen Dimensionen (Elementarstrukturen des Unterrichts) zu befragen:

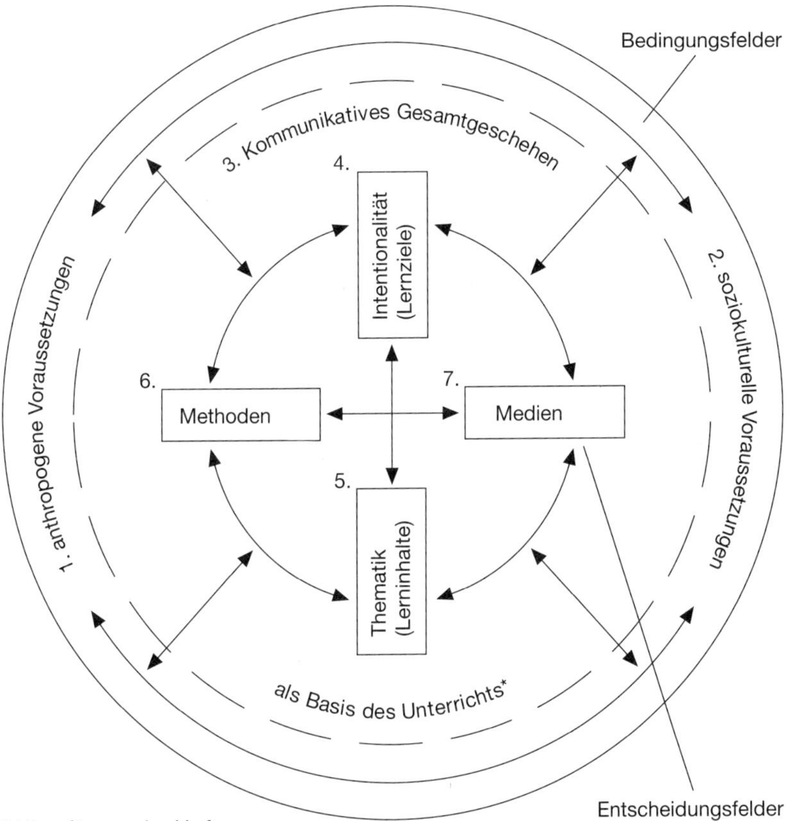

* Hinzufügung des Verfassers

Zur Erläuterung:
1. Mit den **Bedingungsfeldern** sind jene Gegebenheiten gemeint, die als persönliche „Ausrüstung" aller Beteiligten und als äußere Rahmenbedingungen in die Unterrichtsplanung eingebracht werden. Sie wirken immer auf den Unterricht ein, sind ihrerseits aber zum größten Teil durch das unterrichtliche Geschehen – zumindest unmittelbar – kaum zu verändern.

Beispiele für anthropogene Voraussetzungen:

- Geschlecht
- Alter
- Anlagen
- „Temperament"
- „Typ"
- anthropologische Gegebenheiten (z. B. der Mensch als lernendes Wesen, als Sozialwesen, als begrenztes Wesen...)
- Lehr- und Lernkapazität
- Grundfähigkeiten wie Kontaktfähigkeit, Aggressivität, Geben und Nehmen...

Beispiele für soziokulturelle Voraussetzungen:

- Herkunft, Milieu
- Klassenfrequenz
- Auswahl der Schüler nach Alter, Geschlecht, Konfession
- Lehrplan
- Schulordnung
- Schulart
- Ausstattung der Schule mit Räumen und Lehrmitteln
- gruppendynamische Gegebenheiten wie Rangordnung, Gruppenbildung, Tendenz zur Cliquenbildung...
- Einstellungen, z. B. zum Lernen (bedingt u. a. durch Familie, soziale Klasse, kulturelle Anregungen, Peergroups sowie durch das jeweilige Selbstbild und die individuelle Entwicklung)

2. Die **Entscheidungsfelder** umfassen jene Dimension der Unterrichtsplanung, bei denen der Lehrer in Rücksicht auf die Bedingungsfelder (1. und 2.) und auf die kommunikative Gesamtsituation der Klasse (3.) seine didaktischen und methodischen Entscheidungen (4. bis 7.) treffen muß.

a) Auch im Zeitalter verbindlich vorgeschriebener **Lernziele** in Curricula oder Lehrplänen sind didaktische Entscheidungen zu treffen. Auch lernzielorientierte Curricula fordern wie ehedem die stofforientierten Lehrpläne den Lehrer zur Auswahl nach dem **Prinzip des Exemplarischen** (qualitativer Aspekt) auf. Ferner muß er entscheiden, welche im Curriculum an verschiedenen Stellen plazierten Lernziele bei dem Vorwissen einer bestimmten Lerngruppe in einer Unterrichtseinheit zusammen**gebündelt** werden können (quantitativer Aspekt). Und schließlich ist der Lehrer – zumindest in Formen des offenen Curriculums wie z. B. dem bayerischen Lehrplan – wieder voll in seine didaktische Entscheidungsfreiheit gestellt, wenn er bei der konkreten Unterrichtsvorbereitung zur Formulierung von Feinzielen bzw. einzelner Unterrichtsschritte aufgerufen ist.

b) Beim Umgang mit den Lernzielen, insbesonders ihrer konkretisierenden Umsetzung in den Unterricht und der damit verbundenen **Thematik (Lerninhalt)** einer Unterrichtsstunde greift in vollem Umfang die → didaktische Analyse, wie sie in verschiedenen Ausformungen vom bildungstheoretischen Strukturmodell der Didaktik erarbeitet wurde.

c) Hinsichtlich der im Unterricht verwendbaren **Methoden** ist der Berliner Schule für den Versuch zu danken, mit ihrer Methodensystematik konsensfähige Unterscheidungen im methodischen Begriffswirrwarr getroffen zu haben (vgl. hierzu → Unterrichtsmethoden!)

3. Als **handlungsleitende Grundsätze jeder Unterrichtsplanung** nennt die Berliner Schule die Prinzipien der Interdependenz, der Variabilität und der Kontrollierbarkeit.

a) Das **Prinzip der Interdependenz** besagt, daß in jeder Unterrichtsplanung eine

„widerspruchsfreie Wechselwirkung der Planungselemente“ gegeben sein müsse. Es ist also nicht damit getan, eine Unterrichtsstunde durch schrittweise aufeinanderfolgende Bearbeitung der Elementarstrukturen 1. bis 7. zu gestalten, vielmehr muß jeder neue Planungsschritt auch widerspruchsfrei zu den bereits vollzogenen passen.
Solche **Fragen zur Interdependenz der Planungselemente** könnten z. B. sein:
- Ist der ausgewählte Lerninhalt (5.) ausreichend geeignet für die Erreichung des Lernzieles? (4.)
- Ist die geplante Methode (6.) sowohl sachangemessen (5.) als auch adressatenangemessen, d. h. wird sie von den Schülern (1. + 2.) im hier geforderten Maße überhaupt beherrscht?
- Erleichtern die Medien (7.) die Erreichung der Lernziele (4.), oder treiben sie von ihnen weg?

b) Das **Prinzip der Variabilität** meint
- die „absichtsvolle Bereitstellung von Alternativen“ (der Lehrer baut vertiefende Zusatzangebote, differenzierende methodische oder mediale Maßnahmen usw. in seine Planung ein),
- das „Zulassen von Variationen“ (der Lehrer geht auf planungsverändernde Interessenrichtungen, alternative Lösungsvorschläge und dergleichen mehr ein),
- die „nachträgliche Korrektur von Unterrichtszielen“ und „Elastizität beim Ansteuern dieser Ziele“, was kritische Nacharbeit am Unterricht und Einbezug der Schüler (so weit als möglich) in die Gestaltung des Unterrichts bedeutet.

c) Das **Prinzip der Kontrollierbarkeit** versteht die Berliner Schule als **Kontrolle des Verhältnisses von Planung und tatsächlichem Verlauf.** In diesem Sinne kann sich der Lehrer z. B. in ein realistisches Zeitgefühl einüben, indem er die einzelnen Schritte seiner Unterrichtsvorbereitung mit geschätzten Zeitangaben versieht, denen er die tatsächlich im Unterrichtsverlauf verbrauchte Zeit gegenüberstellt. Meines Erachtens stellt es eine wünschenswerte Erweiterung der Bedeutung des Prinzips der Kontrollierbarkeit dar, es auch auf den Sachverhalt zu beziehen, daß eine Unterrichtsskizze so ausführlich gestaltet sein muß, daß sie für den Fachmann nachvollziehbar ist.

Heimann u. a. 1977; vgl. auch bei → Strukturmodelle der Didaktik

→ Didaktik → Strukturmodelle der Didaktik K

Unterrichtsvorbereitung → Unterricht → Unterrichtsplanung

Unterrichtszeit → Lernzeit

Unterrichtsziel → Bildungsziel → Erziehungsziel → Lernziel

Unterscheidungslernen → Diskriminationslernen

Unterschicht → Schicht, soziale

Unvollständige Familie

Von unvollständigen Familien oder Unvollständigkeit einer Familie spricht man, wenn Eltern getrennt leben oder geschieden sind, ein Elternteil verstorben ist, eine grundsätzlich nicht heilbare Erkrankung eines Familienmitgliedes vorliegt und dieses auf Dauer von seinen Angehörigen getrennt leben muß, wenn die Mutter nicht verheiratet ist oder der Vater alleine für das Kind zu sorgen hat. Häufig sind Kinder aus unvollständigen Familien sozial benachteiligt. Ihre seelische, geistige, mitunter auch körperliche Entwicklung ist meist problemreich und verläuft gelegentlich sogar langsamer.

→ Familie → Familienerziehung → Familientherapie O

Urangst

bedeutet allgemein Existenzangst aufgrund lebensbedrohender Ereignisse, im psychoanalytischen Sprachgebrauch die durch die Trennung von der Mutter im Geburtsvorgang ausgelöste Angst (= Geburtstrauma). K

Urschreitherapie → Primärtherapie

Urteil

Das Urteil ist die Behauptung einer Beziehung, eines Verhältnisses zwischen Begriffen. Es zerlegt einen Gedanken in seine begrifflichen Bestandteile und kann als Hauptform des analytischen Denkens angesehen werden.

→ Analyse → Schluß O

Urteilsformen im Unterricht

bezeichnen jene alltäglichen Vorgänge in der Unterrichtspraxis, bei denen der Lehrende versteckt oder offen, bewußt oder unbewußt Urteile den Schülern gegenüber zum Ausdruck bringt.

Als Urteilsformen kommen z. B. in Betracht:

- Der → Erziehungsstil des Lehrers, der seine grundsätzliche Einstellung gegenüber den Schülern als Person erkennen läßt und der sich z. B. in Wertschätzung und Mitspracherecht, aber auch in Nichternstnehmen und Ironie niederschlägt.
- Die Art und Weise der → Verstärkungen von seiten des Lehrers, also z. B. Lob, Tadel, Ignorieren, Abwerten usw.
- → Reversibilität (= Umkehrbarkeit) und → Irreversibilität (= Nichtumkehrbarkeit) der Lehrersprache.

Es ist längst erwiesen, daß die dargestellten Urteilsformen Atmosphäre und Verlauf des Unterrichts wesentlich beeinflussen. Ebenso ist längst bekannt, daß der Lehrer seine diesbezüglichen Verhaltensweisen durch Trainingsformen aufbauen und gegebenenfalls auch ändern kann. K

Grell 1990; Heimann u. a. 1977

Urvertrauen

bildet sich als Grundeinstellung des Vertrauens in den ersten Lebensmonaten eines Kindes durch den tatsächlich erlebten Umgang mit den nächsten Bezugspersonen. Urvertrauen bzw. – bei negativen Erfahrungswerten – Urmißtrauen prägen weitgehend irreparabel die spätere Beziehungsfähigkeit des Menschen. Einschränkende Ansichten dazu siehe unter → Trauma, Traumatisierung! K

Utilitarismus

(vom lateinischen utilis = nützlich) erklärt in Gleichsetzung von nützlich = gut den Nutzen des einzelnen oder einer Gruppe oder der Gesellschaft zum leitenden Zweck des menschlichen Handelns. K

Valenz

Sie stellt eine Bewertung bzw. eine Wertigkeit dar und wird im gleichen Sinne wie der Begriff Aufforderungscharakter verwendet. Nach K. Lewin ist die Valenz die Bezeichnung für die Gewichtigkeit von Wahrnehmungsgegenständen, die vorhandene Bedürfnisse anspricht und zu entsprechenden Verhaltensweisen anregt, sofern das Ergebnis aus Anreiz und Motivation eine subjektiv bestimmte Schwelle überschreitet (vgl. z. B. die Werbewirkung!) OK

Validität

1. Validität, wörtlich übersetzt Gültigkeit, gilt neben → Relevanz, → Objektivität und → Reliabilität als unverzichtbares Gütekriterium für Forschungsverfahren und der mit ihnen erzielten Ergebnisse. Validität fragt z. B. danach, ob das gewählte Verfahren dem Zweck des Forschungsvorhabens überhaupt angemessen ist und gültige Ergebnisse bringen kann. Validität gibt das Ausmaß an, in dem ein Test tatsächlich das mißt, was er messen soll.
   Nach Campbell (1957) wird zwischen der internen und externen Validität unterschieden:
   - Die **interne Validität** prüft die Gültigkeit der ausgewählten Verfahren in bezug auf das aktuelle, vorliegende Forschungsvorhaben. Dabei sind folgende Aspekte zu beachten:
     a) Die Inhaltsvalidierung bezieht sich auf die „inhaltliche Überprüfung des Verfahrens selbst“ (Mollenhauer/Rittelmeyer 1977), also inwiefern ein Test offensichtlich bedeutsames Material enthält (= → Content validity).
     b) In der außenkriterienbezogenen Validierung wird das Verfahren z. B. durch einen Test auf seine Tauglichkeit überprüft (= Kriteriumsvalidität).
     c) Die Konstruktvalidierung fordert die Überprüfung des Verfahrens in Bezug auf sein theoretisches Konzept, d. h. inwieweit ein Verfahren überhaupt ein psychologisches Konzept repräsentiert (= Konstruktvalidität).
     d) Das Verfahren wird aufgrund seiner Übereinstimmung mit einer bestimmten Vorhersage geprüft bzw. aufgrund seiner Tauglichkeit für Vorhersagen (= Vorhersagevalidität). Das Ausmaß der Validität kann in einem Validitätskoeffizienten erfaßt werden (→ Korrelation).
   - Die **externe Validierung** fragt danach, inwieweit die gewählten Verfahren über die aktuelle Forschungssituation hinaus auch für andere Forschungssituationen gültig sind. Es geht also hier um die Problematik der Repräsentanz und der → Generalisierung von Verfahren und Forschungsergebnissen. Da sich z. B. nach Mollenhauer/Rittelmeyer (1977) keine zwei sozialen Situationen gleichen, kann es dabei nur um die Übertragung wesentlicher Merkmale gehen. Nach K. Holzkamp (1981) wird bezüglich der Repräsentanz unterschieden zwischen **Subjekt-Repräsentanz** (= Übertragbarkeit von Forschungsergebnissen auf andere Personen oder Gruppen außerhalb der ursprünglichen Forschungssituation), **Umgebungs-Repräsentanz** (= Übereinstimmung in den Gegebenheiten der Umgebung zwischen der Untersu-

chungssituation und der externen Anwendungssituation) und Handlungs- bzw. Erlebnisrepräsentanz (= Entsprechung im Handeln und Erleben in der Forschungssituation und den Situationen außerhalb des Forschungsfeldes).

2. Validität im Bereich der Organisation von Lehr- und Lernprozessen bezeichnet die Genauigkeit, Zweckmäßigkeit und Richtigkeit eines in einer Einheit an den Lernenden herangebrachten Lehrstoffes. Sie überprüft den Ablauf und mißt nach entsprechenden Verfahren das, was z. B. von einer lernzielorientierten Unterrichtseinheit oder einem Test erwartet wird und gefordert werden soll. Die Validierungskriterien sind weitreichend und unterschiedlich. Sie beziehen z. B. mit ein: Überprüfung der Fachleistungen, der verwendeten Tests, Leistungskontrollen, Methoden und sonstiger didaktischer Möglichkeiten, der inhaltlichen Validität (→ content validity), der Adressaten und evtl. entsprechender gesellschaftlicher Belange. Das folgende Schema zeigt eine Möglichkeit der Validierung eines Testprogramms in Form einer Problemanalyse.

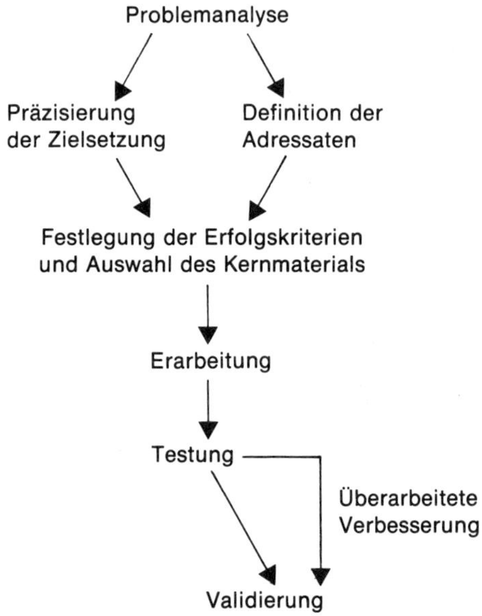

Die Validität stellt ein sehr bedeutendes und schwierig zu sicherndes Kriterium dar. Die Ergebnisse der Validierung dienen den Untersuchungen für die Feststellung der Operationalisierung und werden für Evaluationsuntersuchungen mit herangezogen.

Baron-Boldt 1989; Hollmann 1991; vgl. auch bei → Test!

→ Evaluation → operationalisiertes Lernziel K

Vandalismus

bedeutet in der Psychologie geplante oder ungeplante Zerstörung durch Kinder und Jugendliche, nur in seltenen Fällen auch durch Erwachsene, die im allgemeinen mit dem Gesellschaftssystem, in dem sie leben, aus irgendwelchen Gründen nicht zufrieden sind. Die zerstörten Objekte sind meist Gegenstände, die für eine Gesellschaftsgruppe oder eine Einzelperson von besonderer Bedeutung sind. Dieser Vandalismus kann seine Ursache in geistiger Überforderung und Demütigung von Jugendlichen durch Erwachsene haben. Er wendet sich gegen den vom Jugendlichen empfundenen Druck der Gesellschaft und die fordernde Erwachsenenwelt. O

Klockhaus/Habermann-Morbey 1986; Klockhaus/Trapp-Michel 1988

→ Verhaltensauffälligkeit

Vanishing

Hiermit wird die absichtliche stufenweise Verringerung von → Lernhilfen in einem Unterrichtsprogramm angesprochen. Die Antwortfindung durch den Lernenden wird damit allmählich unabhängiger von Programmhinweisen.

→ Phaseneinheiten → Programmierte Instruktion O

Variable

Variablen sind veränderliche Größen, die bei der Verhaltensbeobachtung und bei psychologischen Meßverfahren von grundlegender Bedeutung sind. Ihrer Herkunft entsprechend werden Reiz-, Reaktions- und Personvariablen unterschieden. Nach ihren Beziehungen untereinander werden unabhängige (in der Beobachtungssituation oder im Experiment vorab gesetzte, klar beschriebene Bedingungen), von diesen abhängige und → intervenierende (nicht kontrollierbare oder erfaßbare) Variablen unterschieden.

→ Hypothetisches Konstrukt → Vermittlungsvariable K

Vater-/Mutter-Kind-Einrichtungen

sind nach Kinder- und Jugendhilfegesetz Wohnformen für alleinerziehende männliche oder weibliche Jugendliche mit einem Kind unter sechs Jahren, die aufgrund ihrer Persönlichkeitsentwicklung auf Unterstützung bei der Pflege und Erziehung des Kindes angewiesen sind. Die jungen Väter und Mütter sollen während ihres Aufenthalts in solchen Einrichtungen einer schulischen oder beruflichen Ausbildung nachgehen bzw. eine Berufstätigkeit aufnehmen. K

Vaterherrschaft → Patriarchat

Vaterrecht → Patriarchat

Vaterschaft

wird bei einem ehelichen Kind nach BGB (Bürgerliches Gesetzbuch) beim Ehemann der Mutter vermutet. Eine Anfechtung der Vaterschaft muß innerhalb der Frist von zwei Jahren erfolgen und rechtskräftig festgestellt werden.

Die Vaterschaft für ein nichteheliches Kind wird durch Anerkennung (auch schon vor der Geburt) oder durch gerichtliche Entscheidung festgestellt, im zweiten Fall meistens durch ein Abstammungsgutachten aufgrund von Blutgruppenuntersuchungen. Für das gerichtliche Verfahren erhält das Kind einen Pfleger, bei minderjährigen Müttern einen → Vormund. K

VCR → Video-Cassetten-Recorder

Vegetative Störungen → Vegetatives Nervensystem

Vegetatives Nervensystem

Das vegetative oder autonome Nervensystem stellt ein Teilsystem des Nervensystems (Gesamtheit aller Nervenzellen und Nervenleitungen bzw. aus Nervengewebe bestehender Organismusstrukturen) dar. Es unterliegt nicht der willentlichen Entscheidung und regelt in erster Linie die unbewußten körperlichen Vorgänge, wie z. B. Stoffwechsel, Blutzirkulation, Herztätigkeit, Eingeweide- und Drüsenaktivität.

Eine **vegetative Störung** (synonym vegetative Dysregulation) beschreibt Harnack (1977) als eine „Reaktionsweise, die gekennzeichnet ist durch einen Mangel an Stabilität unter wechselnden Umweltbedingungen, durch eine Hyperreagibilität schon bei Reizen geringer Stärke, die gemeinhin nicht zu einer Gleichgewichtsverschiebung im Organismus führen". Als häufig vorkommende Symptome für vegetative Störungen im Kindesalter nennt Harnack zusammenfassend:

1. Allgemeinsymptome:
   Erhöhte nervöse Erregbarkeit, rasche Ermüdbarkeit, Konzentrationsschwäche, Leistungsminderung, Schlafstörungen.
2. Magen-Darm-Trakt:
   Rezidivierende (= in Abständen wiederkehrende – Köck) Leibschmerzen, Übelkeit, Erbrechen, Darmlabilität
3. Nervensystem:
   Rezidivierende Kopfschmerzen, Schwindel, Ohnmachtsneigung
4. Herz-Kreislauf-System:
   Herzklopfen, Herzstiche, Herzbeklemmung
5. Atemapparat:
   Atembeklemmung u. a.

„Wie systematische Untersuchungen bewiesen haben, sind insbesondere Präpubertät und → Pubertät eine Zeit erhöhter vegetativer Labilität."

Nachdrücklich weist Harnack darauf hin, daß Medikamente bestenfalls einer vorübergehenden Symptombehandlung dienen. Eine nachhaltige Therapie müsse auf eine „leistungsadäquate Beanspruchung" abzielen, d. h. eine „aufbauende, der jeweiligen Lage angepaßte Belastung und damit zunehmendes Training bisher unzureichender Funktionen" anstreben, bei gleichzeitiger Einplanung „sinnvoller Ruhepausen".

OK

Verantwortung, pädagogische

Rechtlich bedeutet Verantwortung die Rechtfertigung von Handlungen, durch die gegen eine Rechtsordnung verstoßen wurde.

Eine eher moralische oder ethische Qualität erhält der Begriff, wenn die Annahme einer Strafe damit verbunden wird („die Verantwortung übernehmen"; vgl. M. Webers Verantwortungsethik!).

Pädagogische Verantwortung muß in der Begriffsbestimmung einen Sonderstatus beanspruchen, da sie – eingebunden in zwischenmenschliche Kommunikation – nicht auf total steuerbare Dinge oder Situationen trifft, sondern auf Menschen, die reaktionsfähig und entscheidungsmächtig sind.

Der spezifische Auftrag der pädagogischen Verantwortung besteht im Angebot von Modellen, Situationen und Informationen, mit deren Hilfe der junge Mensch lernen kann, für sich selbst Verantwortung zu übernehmen und zwar durch die selbstgeleistete Gewinnung von → Ich-Identität. Die Verantwortung des Erziehers ist in ihrem Ansatz bereits angelegt auf Selbstverantwortung des Zöglings. K

Apel 1988; Birkenbeil 1986; Danner 1985; Jonas 1989; Röbe 1988; Weischedel 1972

Verbal Interaction Category System (VICS)

ist ein Kategoriensystem zur Erfassung der sprachlichen Interaktion im Unterricht, das von E. J. Amidon und E. Hunter 1967 vorgelegt wurde. Es umfaßt folgende Kategorien:

Vom Lehrer angeregtes Gespräch	1. vermittelt Information oder Meinung 2. gibt Anweisungen 3. stellt enggefaßte Fragen 4. stellt weitgefaßte Fragen
Antwort des Lehrers	5. akzeptiert a) Ideen b) Verhalten c) Gefühle 6. weist zurück a) Ideen b) Verhalten c) Gefühle
Antwort des Schülers	7. antwortet dem Lehrer a) vorhersehbar b) nicht vorhersehbar 8. antwortet einem anderen Schüler
Vom Schüler angeregtes Gespräch	9. regt ein Gespräch mit dem Lehrer an 10. regt ein Gespräch mit einem anderen Schüler an 11. Ruhe
Sonstiges	Z. Durcheinander (Z darf nur angewendet werden, wenn mehr Durcheinander herrscht als sprachliches Verhalten, oder es darf gleichzeitig mit einer anderen Kategorie angewendet werden, um störende Unterbrechungen anzudeuten, während jemand spricht: z. B. 1 Z, 1 Z, 3 Z, 7aZ)

→ Interaktion, soziale K

Verbindungslehrer

Der Verbindungslehrer, dem vermittelnde Tätigkeiten innerhalb einer Schule als spezielle Aufgabe obliegen, wird entweder von allen Schülern oder den → Klassensprechern einer Schule gewählt. Nimmt ein Lehrer die Wahl zum Verbindungslehrer an, so zählen die mit dem Amt verbundenen Tätigkeiten zu seinen Dienstaufgaben. Seine besonderen Aufgaben sind:

- den Schülern zu helfen, ihre Rechte und Aufgaben zu erkennen und verantwortlich zu handeln,
- notwendige Maßnahmen verständlich zu machen und zu begründen,
- bei Konflikten zwischen Schülern und Lehrern oder Schulleitung zu vermitteln,
- Einholung von Informationen bei Eltern, Lehrern und Schülern, soweit sie für seine Aufgaben von Bedeutung sind,
- Teilnahme an Klassensprecherversammlungen,
- Kontaktpflege mit Schulleitung und Schulgremien,
- soweit möglich Teilnahme an den Sitzungen des → Schulforums,
- **Beratung** von Einrichtungen der → Schülermitverantwortung.

Wurde ein Verbindungslehrer in Schülerangelegenheiten eingeschaltet, so sollten endgültige Maßnahmen erst nach Rücksprache mit dem Verbindungslehrer getroffen werden.

→ Schulbeirat → Schulberatung O

Verbrauchererziehung

zielt auf die kritische Wahrnehmung eigener waren- oder dienstleistungsbezogener Bedürfnisse, ihrer Abhängigkeit von der gesellschaftlichen Wertschätzung und auf die Entwicklung einer kritisch reflektierenden Verbraucherhaltung. Dazu gehört auch die Kenntnis der einschlägigen Gesetze und Verordnungen zum Schutz des Verbrauchers sowie von Einrichtungen der Verbraucherberatung und verbraucherorientierter Informationen durch Presse, Funk und Fernsehen. Da Verbrauchererziehung in erster Linie eine Aufgabe der Erziehungsberechtigten ist, bieten sich flankierende Maßnahmen von Seiten der Schule durch Thematisierung bei Elternabenden an, z. B.

- Kinder als Adressaten der Werbung (mit Beispielen aus den Massenmedien)
- Taschengeld
- Kinder, Verführte der Konsumgesellschaft u. a.

Darüberhinaus betreibt die Schule organisierte Aufklärung durch Integration der Verbrauchererziehung in den Unterricht als → Unterrichtsprinzip, durch erlebte Verbrauchererziehung anhand von → Erkundungen, durch thematische Aufarbeitung in Fächern wie Hauswirtschaft, Sozialkunde, Wirtschafts- und Rechtslehre, Religionslehre bzw. Ethikunterricht.

Bick/Meiser 1977; Kaminski 1978; Stiftung Verbraucherinstitut 1992; Unterrichtsmodelle zur Verbraucherbildung in Schulen (Reihe); Vohland 1982

→ Fächerübergreifender Unterricht K

Verdrängung

bezeichnet den Vorgang, unerfüllbare, unerlaubte oder peinliche Triebansprüche, Wünsche, Erlebnisse und Handlungen aus dem → Bewußtsein ins → Unbewußte zu verlagern. Von hier aus können sie in Ersatzhandlungen wirksam werden, sofern der Verzicht auf sie nicht endgültig, d. h. ohne Auslösung von Konflikten gelingt.

Die Verdrängung stellt nach Ansicht der → Psychoanalyse den wichtigsten → Abwehrmechanismus dar.

Literatur vgl. bei → Psychoanalyse! K

Vererbung → Genetik

Verfahrensziel → Prozeßziel

Verführung
ist nach § 182 StGB (Strafgesetzbuch) der Straftatbestand, ein Mädchen unter 16 Jahren durch willenseinschränkende Mittel wie z. B. Geschenke, sexuelle Berührungen, Alkohol oder Drogen, Angstauslösung oder Ausnützen eines Abhängigkeitsverhältnisses zum Beischlaf zu veranlassen. Das Delikt wird nur auf Antrag verfolgt.
Vom Strafgesetz nicht oder nur bedingt erfaßt werden Verführungen in nicht sexuellen Bereichen, wie z. B. in der Politik, durch → Jugendreligionen, durch Werbung und durch geistige Beeinflussung, die sich mit Hilfe zum Teil raffinierter Manipulationsinstrumente nicht minder willenseinschränkend auswirken als der oben erwähnte Straftatbestand.

→ Vergewaltigung K

Vergessen
bezeichnet die Tatsache, daß sich ein Individuum an Gelerntes nicht vollständig oder überhaupt nicht mehr erinnern kann. Die **Vergessenskurve** von Ebbinghaus besagt, daß in der Zeit unmittelbar nach einem Lernvorgang am meisten vom Gelernten vergessen wird, während der weitere Verlauf des Vergessens langsamer vor sich geht bzw. der verbliebene Rest des Gelernten relativ lange behalten wird. Das Vergessen hängt in seiner Eigenart und in seinem Ausmaß zweifellos von den Lernbedingungen und vom Lerninhalt (interesseweckend, für den Lernenden brauchbar, durchschaubar usw.) ab, es werden aber auch physiologische Ursachen des Vergessens vermutet.

Vester 1975; vgl. auch bei → Lernen und → Lernpsychologie!

→ Gedächtnis → Gedächtnishemmungen K

Vergewaltigung
beschreibt nach § 177 StGB (Strafgesetzbuch) den Straftatbestand der Nötigung einer Frau – ohne Einschränkung des Alters – zum außerehelichen Beischlaf. Unberücksichtigt, aber im Hinblick auf eine Änderung des § 177 immer wieder diskutiert, bleibt hier die Vergewaltigung *in* der Ehe.

→ Kindesmißbrauch → Pornographie → Verführung K

Vergleichende Bezugsmessung
auch als gruppenbezogene Konkurrenzmessung bezeichnet, sollte allein dazu dienen, das eigene Können zu bestimmten Zeiten im Vergleich zu anderen realistisch einzuschätzen. Dies ist aus pädagogischen Gründen notwendig, um den Eltern und vor allem den Schülern Einsicht in den Stand ihres Wissens zu geben und ihnen zu zeigen, auf welchem Niveau sich ihre Leistungen im Vergleich zu anderen Schülern bewegen.

→ Lehr- und lernzielbezogene Ergebnismessung → Lernerfolgskontrolle → Lernzielstufen → Personenbezogene Erfolgsmessung → Schulleistungsmessung → Schulstreß O

Vergleichende Pädagogik/Erziehungswissenschaft
ist durch die Aufgaben gekennzeichnet,
- Bildungs -und Erziehungssysteme anderer Länder vor dem Hintergrund ihrer geschichtlichen und kulturellen Besonderheiten zu beschreiben (= Auslandspädagogik) und Effizienz- und Trendanalysen vorzunehmen;
- im Vergleich fremder und eigener Bildungs- und Erziehungssysteme Gemeinsamkeiten und Unterschiede herauszuarbeiten sowie Konsequenzen für eigene und gemeinsame Reformprozesse abzuleiten;
- im Zuge der europäischen Vereinigung und internationaler Verständigung Möglichkeiten der Vereinheitlichung, ebenso aber auch Notwendigkeiten der Verschiedenartigkeit im Bildungs- und Erziehungssystem zu erarbeiten.

Obwohl der Franzose M.-A. Jullien bereits 1817 eine Sammlung pädagogischer Informationen auf internationaler Ebene vorschlug, wurde die Vergleichende Pädagogik erst in den 20er Jahren des 20. Jahrhunderts als wissenschaftliche Disziplin etabliert. Methodisch baut sie vor allem auf → Hermeneutik, Empirie und → Statistik auf.
Internationale Institute der Vergleichenden Pädagogik unter dem Dach der → UNESCO, der OECD (Organization for Economic Cooperation and Development), des Europarats und nationale Vereinigungen haben mittlerweile für eine Aufwertung dieser Fachdisziplin gesorgt. K

Berger/Gruber 1976; Busch 1974

Vergleichende Psychologie → Allgemeine Psychologie

Vergleichende Verhaltensforschung → Verhaltensforschung

Verhältnis, pädagogisches → Erziehungsstile → Pädagogischer Bezug → Pädagogischer Takt → Pädagogisches Feld

Verhältnisskala → Skalierung

Verhalten
Als Verhalten wird jegliche Art von → Reaktionen, Bewegungen und Handlungen bezeichnet, die direkt beobachtbar oder indirekt (z. B. über ihre Auswirkungen oder durch spezielle Meßgeräte) erschließbar ist. Der Klassifizierung v. a. zur Verwendung bei gezielten Beobachtungen dient die Einteilung des Verhaltens in angeborenes und gelerntes, in motorisches, kognitives, emotionales und soziales Verhalten, in normentsprechendes und normabweichendes Verhalten usw. Für die Formulierung des jeweiligen Beobachtungsauftrages ist es allerdings unerläßlich, das zu beobachtende Verhalten über die genannte grobe Klassifizierung hinaus z. B. in Form konkreter Handlungsvollzüge zu beschreiben. Von **Verhaltensmustern** wird gesprochen, wenn verschiedene Verhaltensweisen regelmäßig miteinander auftreten. Um **konsistente Verhaltensmuster** handelt es sich, wenn die gekoppelten Verhaltensweisen gegen Veränderungen relativ beständig sind. **Verhaltensgewohnheiten** liegen vor, wenn diese verschiedenen Verhaltensweisen immer in derselben Reihenfolge auftreten.

Verhaltensrepertoire wird die Gesamtheit aller zur Verfügung stehenden Verhaltensweisen genannt.

Eibl-Eibesfeldt 1986; Goffman 1971; Hassenstein 1987; Laucken 1974; Lorenz 1987–1988; Miller u. a. 1970, deutsch 1991; Morris 1970, 1981; Nichelmann/Tembrock 1992; Skinner 1973; Watzlawick u. a. 1990

→ Rollenmuster K

Verhaltensänderung

Lernvorgänge aller Art erzeugen Verhaltensänderungen. Im allgemeinen ergeben sie sich entweder durch entsprechende passive oder aktive Anpassung.

→ Akkomodation → Assimilation → Lernerfolgskontrolle → Verhalten O

Verhaltensauffälligkeit

(in der Fachliteratur syn. auch Verhaltensabweichung) bezeichnet allgemein das Verhalten eines Menschen, das gegen Erwartungsnormen des Umfeldes durch Intensität und/oder wiederholtes Auftreten in einem Maße verstößt, daß die Vertreter dieser Erwartungsnormen das Verhalten mehr oder minder mißbilligen und evtl. mit Gegenmaßnahmen antreten. In Umgangssprache und Fachliteratur fällt auf, daß der Begriff ausschließlich für negativ empfundene Abweichungen von der Norm verwendet wird, was immer auch gleich mit negativen Urteilen und Etiketten verbunden ist. Ferner wird Verhaltensauffälligkeit ebenso auschließlich nur auf Kinder und Jugendliche bezogen, was die normvertretende Erwachsenenwelt – als scheinbar nicht auffällig – kritiklos zu einer befugten Urteilsinstanz erhebt.
Die interaktionistische Theorie legt vor allem Wert auf die Entstehungsgeschichte auffälligen Verhaltens, indem sie dasselbe als Ergebnis eines mißlungenen **Interaktionsprozesses** sieht, in dessen Verlauf die Grenze der Belastbarkeit des Erwachsenen überschritten wurde. Über den Verursacher des auffälligen Verhaltens ist damit noch gar nichts ausgesagt, da Kind bzw. Jugendlicher – in der schwächeren Position – durch ihr Verhalten in Beziehungen (zu Eltern, Lehrern, Erziehern usw.) ja meistens reagieren.
Zu denken gibt, daß sowohl Verhaltensauffälligkeiten als auch ihre fixierte Erscheinungsform der → Verhaltensstörungen von Soziologie und Sozialpädagogik einhellig als Produkt der Gesellschaft bezeichnet werden, die den Betroffenen in irgendeiner Weise in seinen Lebenschancen behindere. Insofern seien Verhaltensauffälligkeiten und Verhaltensstörungen in erster Linie eine Aussage über die gesamte Gesellschaft und ihren Zustand.
Näherhin werden Verhaltensauffälligkeiten und Verhaltensstörungen als Problem der hochtechnisierten Industriegesellschaft gesehen, in der Anpassung, Funktionstüchtigkeit, Produktorientierung, Nützlichkeit usw. gefragt sind, der Einzelne also legitimiert ist als austauschbares Teil eines übergeordneten Ganzen, nach Standards ständig bewertet und beurteilt, wobei diese Standards immer höher gesetzt werden (Noten, Verteilungsgutachten, Unterordnung um den Preis von Wohlwollen und Beziehungen usw.). Für nicht eingepaßte Individuen, insbesondere für Kinder und Jugendliche, die gegen die Bedürfnisse der Erwachsenenwelt verstoßen (Ansatz von Alice Miller) hat die Gesellschaft kennzeichnende Etiketten bereit, – zur Behandlung oder Aussonderung.

Grobeinteilung von Verhaltensauffälligkeiten nach Entstehungsbereichen

Reifungsabweichungen, z. B.
- Akzeleration
- Retardation
- Schulunreife

Verhaltensstörungen

Behinderungen
(nach Bundessozialhilfegesetz)
- geistige und seelische Behinderungen
- körperliche Behinderungen
- Mehrfachbehinderte
- Behinderungen im Bereich der
  - Sehorgane
    - Kurzsichtigkeit (Myopie)
    - Übersichtigkeit (Hyperopie)
    - Schielen (Strabismus)
  - Hörorgane
  - Sprachorgane
    - Mutismus (freiwillige Stummheit)
    - Stammeln
    - Sigmatismus (fehlerhafte Aussprache der Zischlaute S, Sch, Ch, Z)
    - Rhotazismus (fehlerhafte Aussprache des Buchstaben R)
    - Poltern (überhastetes, lautverschluckendes Sprechen)
    - Stottern (Hemmung des Redebeginns und des Redeflusses)
    - Dysgrammatismus (Unfähigkeit, einen Sachverhalt grammatisch und syntaktisch einwandfrei zu formulieren)

Emotionale Störungen, z. B.
- Furcht, Phobien, Angstzustände
- Depression
- Deprivation

Beziehungsstörungen, z. B.
- Autismus
- Kontaktschwäche
- Fehlentwicklung im Sexualbereich
- Erziehungsschädigungen (harter, inkonsequenter, verwöhnender Erziehungsstil)
- Das → marginality-Kind
- Bandenkultur (zur Lösung von Anpassungs- und Statusproblemen)

Lernbehinderungen/Lernstörungen, z. B.
- Motivationsstörung
- Leistungsstörungen
- Lernhemmungen
- Konzentrationsschwäche
- Wahrnehmungsschwächen
- sensorische → Hyperaktivität
- Dissoziation
- → Perseveration
- → Underachievement

(Vgl. zu den einzelnen Nennungen eigene Artikel!)

Die Abgrenzungen sind bei solchen Schemata immer unscharf. So ist es z. B. eine Ermessensentscheidung, Beziehungsstörungen, emotionale Störungen und Lernbehinderungen den Verhaltensstörungen unterzuordnen. Wie immer man die Einteilung von Verhaltensauffälligkeiten auch vornimmt, die eigentliche Schwierigkeit liegt sowieso nicht in einwandfreien logischen Ableitungen, sondern darin, **die unaufhebbare Wechselwirkung der genannten Bereiche nicht aus dem Auge zu verlieren.** So gibt es z. B. keine Verhaltensstörung, die nicht mehrfach bedingt wäre und die ihrerseits nicht wieder Nachfolgewirkungen einleiten würde.

Amelang 1986; Bach 1986; Bellebaum 1984; Huber 1982; Kluge/Kleuters 1984; Köck 1983; Lamnek 1990; Mensch u. Verhaltensauffälligkeit (Reihe); Ortner/Ortner 1991; Schepping 1992; Shepherd u. a. 1973

vgl. auch → Devianz → Hypothesen- und Erwartungstheorie → Sonderpädagogik → Stigmatisierungseffekt → Vandalismus → Verhaltensstörung K

Verhaltensbeobachtung → Beobachtung

Verhaltensdimension

bezeichnet einen komplexen Verhaltensbereich im Unterschied zu einzeln beschreibbaren Verhaltensweisen. In der Persönlichkeitspsychologie löst der Begriff als mit Einschränkungen meßbare Größe die überkommene, inhaltlich schwer bestimmbare Bezeichnung Eigenschaft ab.

→ Verhalten K

Verhaltensdisposition

Die Möglichkeit, auf Veranlassung bestimmter Gegebenheiten und Anregungsbedingungen → Fähigkeiten, → Fertigkeiten, → Reaktionen und → Einstellungen bereit zu haben, um in vorgesehenen oder unvorhergesehenen Lebenslagen situationsgerecht zu reagieren oder eine gestellte Aufgabe bewältigen zu können, ist unter Verhaltensdisposition zu verstehen. O

Verhaltensforschung

als die Wissenschaft von der Erforschung objektiv feststellbarer tierischer und menschlicher Verhaltensweisen lehnt sich an den → Behaviorismus an und stützt sich methodisch ausschließlich auf → Beobachtung und → Experiment (= deskriptive bzw. empirische Verhaltensforschung).
Die **vergleichende Verhaltensforschung** widmet sich der Untersuchung lernbezogener Verhaltensweisen bei Tieren und Menschen im Vergleich. Von den dabei ermittelten Gesetzmäßigkeiten des tierischen Verhaltens wird behauptet, daß sie unter vergleichbaren experimentellen Voraussetzungen auch für das menschliche Lernverhalten Geltung haben. K

Eibl-Eibesfeldt 1986; Immelmann 1982, 1983; Lorenz 1978; Tembrock 1980

Verhaltensgestörtenpädagogik → Sonderpädagogik

Verhaltensmodifikation

bezeichnet Vorgang und Ergebnis von Verhaltensänderungen bei vorliegenden Verhaltensauffälligkeiten bzw. Verhaltensstörungen. Nach J. Grell (1990) werden folgende Techniken der Verhaltensmodifikation eingesetzt: Positive und negative → Verstärkung, → Extinktion (= Löschung von Verhalten durch Nicht-Verstärkung und Ignorieren), → Gegenkonditionierung, → Desensibilisierung, → Modell-Lernen, → Rollenspiel, → Simulation, → Restriktion, → Exklusion (= Ausschluß der ein Verhalten bedingenden Umstände), Verhaltensverträge, Inhibition (= Verbot) und Unterbrechung (des unerwünschten Verhaltens) und kognitive Techniken wie Planspiel oder Konfrontation. Ferner sind noch die vielfältigen Möglichkeiten der Verhaltensmodifikation durch gruppendynamische → Trainingsmethoden mit einzubeziehen.

Adameit 1983; Belschner u. a. 1976; Eisert/Barkey 1979; Gräff u. a. 1976; Homme 1979; Müller 1980

→ Verhaltenstherapie K

Verhaltensmuster → Verhalten

Verhaltenspsychologie

ist die Bezeichnung für eine Richtung in der Psychologie, die sich stark am → Behaviorismus orientiert. In der Literatur geläufiger ist die gleichbedeutende Bezeichnung → Verhaltensforschung. K

Verhaltensstil

In jeder Gruppe werden Verhaltensstile geprägt und ausgespielt. Solche sind nach Bion:

1. Kampf
2. Flucht
   Diese beiden treten meistens gemeinsam auf, oft auch in ein- und derselben Person gekoppelt.
3. Abhängigkeit und Gegenabhängigkeit, die v. a. im Zusammenhang mit → Autorität ein Generalproblem darstellen.
4. Paarbildung und Bildung von Untergruppen wie Fraktionen, Koalitionen, Cliquen.

→ Gruppe → Gruppenbildung → Verhalten K

Verhaltensstörung

liegt vor, wenn die auffälligen Verhaltensmuster
- immer wieder auftreten,
- meistens mehrfach (z. B. durch Entwicklung, Milieu, hirnorganische Schädigung) bedingt sind,
- dem Betroffenen selbst erhebliche Interaktionsprobleme bzw. Konflikte mit seiner Umwelt einbringen,
- und die Umwelt ebenso erheblich störend beeinträchtigen.

Der Begriff Verhaltensstörung drückt also nicht einen Zustand, sondern eine Relation aus, die vor allem durch gestörte Sprache gekennzeichnet ist und die immer vor dem Hintergrund der gegebenen geschichtlichen und gesellschaftlichen Situation interpretiert werden muß.

Bei Berücksichtigung der dargestellten Bedingungszusammenhänge kann die folgende Übersicht im Sinn einer Grobeinteilung hilfreich sein:

Bettelheim 1985, 1991; Bleidick 1985; Goetze/Neukäter 1989; Hansen/Seitz 1991; Harnack 1958; Lask 1991; Meves 1991; Petermann 1987; Pietrowicz 1974; Schenk-Danzinger 1976; Schmidt 1977; Schumacher 1979; Shepard 1973; Stott u. a. 1975; Trapmann u. a. 1990; vgl. auch bei → Devianz → Sonderpädagogik → Vandalismus → Verhaltensauffälligkeit!

→ Hypothesen- und Erwartungstheorie → Stigmatisierungseffekt → Verhaltensauffälligkeit K

Verhaltensstörungen
z. B.

Aggressivität, Hyperaktivität, Sprachstörungen, Angst, Delinquenz/Kriminalität

Erscheinungsformen

bedingt durch

hirnorganische Schädigungen — Umwelteinflüsse

Allgemeine Herkunft

eingeteilt in

- Erziehungsschwierige,
  Schwererziehbare,
  Gemeinschaftsschwierige
- Verwahrloste,
  Milieugeschädigte: Soziales Fehlverhalten wie
  - Schuleschwänzen
  - Stehlen
  - Lügen
  - Vagabundieren
  - Alkoholismus
  - Drogenkonsum
  - Bandenbildung
  - Delinquenz
  - Prostitution
- Neurotisch Gestörte
- Psychotisch Gestörte
  manisch-depressiv oder
  schizophren,
  beide Formen nicht vor der Pubertät manifest

Einteilung unter erzieherischen Gesichtspunkten

behandelt durch

- Gezielte pädagogische und psychologische Diagnostik und Maßnahmen, evtl. durch Erziehungsberatung und Erziehungsbeistand
- Umfeldveränderung, evtl. Heimunterbringung
- Schulpsychologe
- Psychotherapie
- jugendpsychiatrische Behandlung
- evtl. medikamentöse Behandlung

Allgemeine erzieherische bzw. therapeutische Maßnahmen

Verhaltenstherapie

Ziel der Verhaltenstherapie ist es, ineffiziente, störende oder krankhafte Verhaltensweisen auf die erwünschte Form hin zu korrigieren. Eine **Modifikation des Verhaltens** ist bereits gegeben, wenn z. B. der Lehrer aus dem größeren Verhaltensrepertoire des außerschulischen Bereichs einige Verhaltensweisen der Schüler, die den sozialen Verhältnissen einer Lerngruppe und dem individuellen Lernverhalten förderlich sind, durch Belohnungen (Lob, Zuwendungen usw.) verstärkt,

so daß diese verstärkten Verhaltensweisen mit immer größerer Wahrscheinlichkeit auftreten als andere nicht erwünschte.
Die Verhaltens**therapie** geht davon aus, daß Verhalten erworben, gelernt ist und daß deshalb störende, krankhafte Verhaltensweisen auch wieder gelöscht, verlernt werden können, um neue, dem Individuum und der Gesellschaft förderliche Verhaltensweisen aufbauen zu können.
Vor der Therapie ist grundsätzlich eine Verhaltensanalyse durchzuführen, die über die Entwicklung des Verhaltens und seine Einbettung in das soziale Umfeld Aufschluß gibt.
Als erfolgreiche therapeutische Techniken haben sich die systematische Desensitivierung, die Aversionstherapie, das operante Konditionieren, das Beobachtungslernen und die Methode der Selbstregulierung z. B. mit Hilfe von Videoaufnahmen erwiesen.

Belschner 1976; Feldman/Broadhurst 1976; Fliegel u.a. 1989; Kuhlen 1977; Lazarus 1976; Lieb/Lutz 1992; Mandel u.a. 1989 und 1976; Meermann/Vandereycken 1991; Redlin 1977; Reinecker 1987; Revenstorf 1983–1988; Ross/Petermann 1987; Verhaltenstherapie 1990; Wilson 1989; Zeier 1988; Zulliger 1970

→ Psychotherapie → Verhaltensmodifikation K

Verhaltenstraining

In Anlehnung an den Vorgang der kontinuierlichen Verhaltensänderung in Gruppenprozessen, wie er von Miles (1965) beschrieben wurde, sind beim Verhaltenstraining folgende Stadien zu durchlaufen:

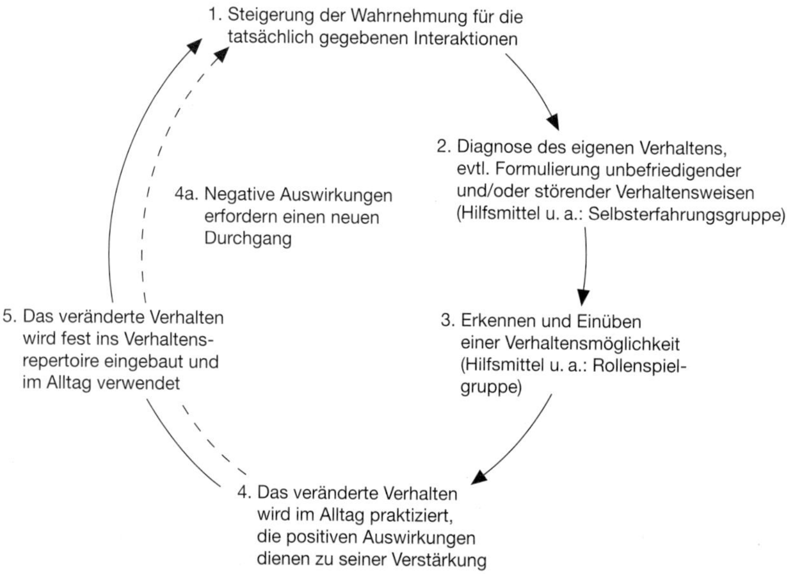

Fittkau u. a. 1989; Mandel u. a. 1976 und 1989; Perrez u. a. 1985; Teegen u. a. 1975; Watson/Tharp 1975

→ Kategorienschemata → Micro teaching → Planspiel → Rollenspiel → Simulation
→ Trainingsformen, gruppendynamische K

Verhaltensvarianz
bedeutet das Ausmaß an Veränderlichkeit von Verhaltensweisen in konkreten Erlebnis- oder Handlungssituationen.
→ Verhalten K

Verifikation
bezeichnet den Vorgang der Bestätigung z. B. einer Vermutung oder einer Hypothese durch empirische Überprüfung oder durch logische Schlußfolgerung. Voraussetzung der Verifikation ist also die grundsätzliche Verifizierbarkeit (= Nachprüfbarkeit) dessen, was Bestätigung erfahren soll. Im Gegensatz zur Verifikation führt die **Falsifikation** zur Verwerfung einer Theorie, einer Vermutung oder einer Hypothese.
→ Kritischer Rationalismus K

Verifizierbarkeit, verifizierbar → Verifikation

Verinnerlichung → Internalisation, Internalisierung

Verkehrserziehung
erhielt ihre rechtlichen Grundlagen für den Unterricht bereits durch eine Empfehlung der Kultusministerkonferenz vom 7. 7. 1972. Als Richtziele wurden Unfallverhütung und Qualifikation der Schüler für den Wirklichkeitsbereich Verkehr formuliert. Im einzelnen soll die Verkehrserziehung
- „die Wahrnehmungsfähigkeit und das Reaktionsvermögen entwickeln und durch Beobachtungs- und Erkenntnishilfen zum Erwerb von Erfahrungen beitragen;
- verkehrskundliches Wissen vermitteln und verkehrstechnische Fertigkeiten einüben;
- zu den sozialintegrativen Formen des Verhaltens hinführen, die für die Teilnahme am Verkehr notwendig sind;
- die Bereitschaft wecken, sich um eine humane Gestaltung des Verkehrs zu bemühen".

Konsequenzen für den Unterricht (nach Böcher)
- Verkehrserziehung umfaßt ganzheitlich die kognitiven, affektiven und instrumentellen Verhaltensbereiche.
- Verkehrserziehung muß entwicklungsgemäß der Verkehrsrolle und dem Wahrnehmungsvermögen der Kinder entsprechen.
- Verkehrserziehung ist an der Verkehrswirklichkeit orientiert, indem sie am lokalen Umfeld anknüpft.
- Verkehrserziehung greift problemorientiert für die Schüler wichtige, erlebbare Verkehrssituationen auf.
- Verkehrserziehung geht von unmittelbaren Bedürfnissen und Motiven der Schüler aus.
- Verkehrserziehung ist handlungsorientiert bis hin zur Erarbeitung von Veränderungsvorschlägen für konkrete Verkehrssituationen.
- Anschauungsmaterial, Fallbeispiele, Planspiele und Simulationen müssen den Vorzug vor theoretischer Vermittlung haben.

Das Hauptproblem der Praxis der Verkehrserziehung besteht darin, daß sie als Unterrichtsprinzip oder fächerübergreifend betrieben oft unberücksichtigt bzw. auf Verbalakrobatik beschränkt bleibt. Die **bessere Lösung** stellen Kurse, Projekte, Kooperation mit der Polizei und mit Verkehrsverbänden, die Ausbildung von Schülerlotsen, Unterricht „vor Ort" und systematisches Verkehrstraining dar.

Als unterrichtsergänzende, praxisnahe Lernangebote werden vorgeschlagen:

- Mediatoren-Training für den Vorschulbereich: Eltern-Trainings-Programm
- Kinder-Verkehrs-Clubs, in den 70er Jahren in Skandinavien gegründet, die Lernspiele und Medienpakete für Eltern und Kinder im Vorschulbereich anbieten.
- Gezielte Maßnahmen in den Kindergärten
- Ausbildung der → Schülerlotsen in Kooperation mit dem → Elternbeirat, der Gemeinde als Träger und der Polizei; zur Vermeidung von Kompetenzstreitigkeiten sind hier die detaillierten Vorschriften einzuhalten.
- Ausbildung in der Jugendverkehrsschule
- Kurse zur Ausbildung in der Ersten Hilfe
- Besuche von Gerichtsverhandlungen über Verkehrsdelikte
- Ausbildung zum Schulbusbegleiter, meistens als Zusatzausbildung des Schülerlotsen.

Hauptsächlich betroffene Fächer bzw. Lehrer:

- Klassenlehrer, vor allem in der Grundschule
- Naturwissenschaftlich-technische Fächer
- Gesellschaftswissenschaftliche-politische Fächer
- Zusammenarbeit mit der Polizei und den im Deutschen Verkehrssicherheitsrat vereinigten Organisationen, z. B. zur Durchführung
  freiwilliger Fahrradprüfungen,
  Fahrradkontrollen,
  Fahrübungen mit dem Mofa,
  Schulwegbegehungen.
- Der Deutsche Verkehrssicherheitsrat und die Deutsche Verkehrswacht halten Materialien für alle Schulstufen bereit.

Landesinstitut f. Erziehung u. Unterricht... 1987 (3×); Schauner 1991; Schwarzwalder 1990

→ Fächerübergreifender Unterricht K

Verkehrung oder Umschlagen ins Gegenteil

ist ein von der → Psychoanalyse beschriebener → Abwehrmechanismus des Ich, bei dem Ansprüche des Es (Triebbedürfnisse) – meist aus Angst, ihnen nicht genügen zu können oder weil sie für gesellschaftlich nicht erwünscht gehalten werden – in ihr Gegenteil verkehrt werden. So kann z. B. das Bedürfnis nach sexueller Begegnung in extreme Zurückhaltung oder Schüchternheit umschlagen.

K

Vermeidungsreaktion

Durch die Vermeidungsreaktion versucht ein Organismus schädlichen oder schmerzhaften Reizen, deren wahrscheinliches Auftreten durch Angstzustände angezeigt wird, zu entgehen, indem er vor diesen Reizen die Flucht ergreift bzw. ihnen ausweicht. Da mit der geglückten Vermeidungsreaktion für den Betroffenen gleichzeitig Angstabbau verbunden ist, wird sie – als subjektiv angenehm empfunden – schnell gelernt und nur gegen heftigen Widerstand aufgegeben (vgl. Vermeidungsreaktionen mißerfolgsängstlicher Schüler gegenüber bestimmten Lerninhalten, Unterrichtsfächern, Leistungsmessungen, Lehrern usw.). K

Vermittelnde Methode → Fremdsprachenmethodik

Vermittlungsvariable (VV)

Vermittlungsvariable sind → Medien, die im Rahmen des → Lehrens und → Lernens als → Lernhilfen eingesetzt werden und versuchen, das Spannungsverhältnis zwischen den unterschiedlichen → Ausgangslagen der Lernenden auf dem Wege zu den zu erreichenden Lernzielen zu lockern, zu verringern und verschwinden zu lassen. Als Vermittlungsvariable werden jedoch nur solche Medien bzw. Lernhilfen bezeichnet, die geeignet sind, Lehrerfunktionen zu objektivieren. Solche sind z. B. Lehrprogramme, → Tests, Funk- und Fernsehsendungen.

→ Chancengleichheit (Chancengerechtigkeit) → Lernziel → Programmierte Instruktion → Unterricht → Variable O

Vernunft

bedeutet die Fähigkeit des Menschen zur Sinnerfassung und zur tieferen Einsicht in die Realität und ihre Sinnzusammenhänge bei fortschreitender Aufdeckung von Irrtümern, die Fähigkeit, sich sinnvoll zu verhalten und sinnvoll zu handeln. Demgegenüber bezeichnet **Verstand** die Fähigkeit des Menschen zu abstraktem, analysierendem und zweckorientiertem Denken, im Unterschied zur sinnlichen Wahrnehmung. K

Albert 1991; Horkheimer 1952, 1970; Kant 1990 (2×); Mittelstrass/Riedel 1977; Moore 1991; Pleines 1987, 1989; Poser 1981; Schütz 1981

Verschiebung

bezeichnet im psychoanalystischen Sprachgebrauch den Vorgang, daß ein Affekt vom tatsächlichen Bezugsobjekt auf ein anderes verlagert wird, das nicht das geringste mit der affektbesetzten Situation zu tun hat. So wendet z. B. der durch den Vorgesetzten frustrierte Arbeitnehmer seinen Zorn gegen seine Ehefrau, da er ihn am Vorgesetzten nicht ohne unangenehme Folgen auslassen kann. Für Verschiebungen werden bevorzugt Objekte ausgewählt, die sich gegen die Affektentladung aufgrund von Unterlegenheit oder Abhängigkeit nicht wehren können.

→ Abwehrmechanismen → Psychoanalyse → Substitution K

Verstärkung, Verstärker

ist ein zentraler Begriff in den → Lerntheorien der Reiz-Reaktions-Theoretiker. Er wird dort als Maßnahme zur Lösung von Trieb- und Bedürfnisspannungen verstanden. Bezieht sich die Verstärkung auf einen primären Trieb (z. B. Futtergabe bei Hunger), spricht man von einem **primären Verstärker.** Auf primäre Verstärker reagiert jedes Lebewesen ohne vorausgegangene Lernprozesse. Die **sekundäre oder konditionierte Verstärkung** ist dagegen erworben, d. h. sie verdankt ihre Wirkung einem Lernprozeß aufgrund einer zeitweisen früheren Verbindung mit einem primären Verstärker. Solche sekundäre Verstärker sind z. B. die vielfältigen Arten von Lob, Tadel, Erfolg und Mißerfolg bei der Auseinandersetzung mit Lernproblemen.

Als **positiv** bezeichnet man einen Verstärker, der durch sein Auftreten zur Beibehaltung der augenblicklichen Verhaltensweise bzw. zu einer Bedürfnisreduktion anhält, z. B. Lob, Zuwendung, soziale Anerkennung. Eine **negative Verstärkung** liegt vor, wenn das Aufhören eines als negativ empfundenen Reizes den beschriebenen Effekt zeitigt, z. B. die Einstellung von Tadel, Ironie, Sarkasmus, Mißachtung usw.
In systematischer Weise arbeiten die → Programmierte Instruktion, die → Verhaltenstherapie und auch Tierdressuren mit Verstärkungen. Je nach Verfahren wird hierbei unterschieden zwischen **konstanter bzw. differentieller Verstärkung,** die sich bei jeder richtigen Reaktion im Lernprozeß einstellt, und **intermittierender bzw. partieller Verstärkung,** die nach einem festgelegten Verstärkungsplan jeweils nach mehreren richtigen Rekationen – auch in unregelmäßiger Folge – auftritt.
In Lernprozessen des Menschen ist der Übergang von der Fremdverstärkung zur Selbstverstärkung anzustreben.

Skinner 1974

→ Konditionierung → Münzverstärkungssystem K

Verstand → Vernunft

Verstehen (als Methode) → Hermeneutik

Versuch-Irrtum-Lernen

Der von Morgan und Thorndike geprägte Begriff „trial-and-error-learning" ging als Versuch-Irrtum-Lernen in die deutsche psychologische und pädagogische Literatur ein. Er bezieht sich auf mehrere aufeinanderfolgende Reaktionen und Lernprozesse, die dazu dienen, eine Problemsituation zu bewältigen und neue Erfahrungswerte zu schaffen. Es stellt zunächst ein Lernen durch Probieren, durch Nachahmen dar, wie es auch im Tierreich anzutreffen ist. So konditioniert sich z. B. das Kleinkind bereits durch Versuche im Lallen, im Sprechen, korrigiert seine Irrtümer und gelangt allmählich zur richtigen Artikulation der Laute und Wörter. An die Stelle des planlosen Probierens treten mit zunehmender Reife Denkvorgänge, es bilden sich Erfahrungsreaktionen und Problemlösungsabläufe, die später bei ähnlichen oder gleichen Situationen und Problemlagen angewandt werden und stets zu neuen Erfahrungswerten führen. Durch das Versuch-Irrtum-Lernen ergeben sich bei erfolgreichen Handlungen günstige Einflüsse auf das Merken, das Behalten und Erkennen einer Situation, bei Mißerfolgen bzw. erfahrenen Irrtümern bauen sich Sperren auf, die gefundene positive Verhaltensäußerungen verstärken.
O

Versuchsschule → Pilotprojekt

Vertikaler Transfer → Transfer

Vertikales Schulsystem → Schule, Schulwesen

Vertrauenslehrer → Verbindungslehrer

Verwahrlosung
bezeichnet den Prozeß einer erheblichen Verhaltensfehlentwicklung bzw. den jeweiligen Zustand des fehlentwickelten Verhaltens bei Kindern und Jugendlichen. Hauptursache der Verwahrlosung ist die teilweise oder totale erzieherische Vernachlässigung bezüglich der Entwicklung sozialer Fähigkeiten und der Persönlichkeitsentwicklung (z. B. Orientierung an Werten und Normen, Aufbau einer der Realität angemessenen Frustrationstoleranz). Unter den Verwahrlosten finden sich sowohl → Psychopathen als auch eine große Anzahl von Jugendlichen, die in ihrer charakterlichen Struktur nichts Abnormes zeigen.
Neben vielen Ursachen, die zur Verwahrlosung führen, werden speziell der Schule einseitiger Intellektualismus, Lebens- und Jugendferne, Vernachlässigung der Gefühls- und Empfindungswelt der Schüler zugeschrieben.
Verwahrlosung äußert sich z. B. in Schulversagen, Schulschwänzen, Streunen, Vagabundieren, Bandenbildung, Stehlen, Betteln, frühzeitigem Genußmittel- und Drogenkonsum, in einem vernachlässigten äußeren Erscheinungsbild, in der Neigung zu kriminellen Handlungen, in asozialem Verhalten, vor allem bei Mädchen auch in sexueller Verwilderung.
Aichhorn 1987; Dworschak 1969; Eberhard/Kohlmetz 1973; Gehring 1991; Hartmann 1977; Herriger 1987
→ Asozialität → Deprivation → Jugendkriminalität → Schwererziehbarkeit OK

Verwaltungsfachhochschule → Beamtenfachhochschule

Verweis → Ordnungsmaßnahmen

Verwöhnung → Erziehungsfehler → Überbehütung

Verzweigtes Programm → Programmierte Instruktion

Vexierbild → Figur-Grund-Wahrnehmung

VICS → Verbal Interaction Category System

Videoband
ist ein Magnetband von ¼ bis 2 Zoll Breite für Bild- und Tonaufzeichnungen.
→ Videorecorder → Video-Cassetten-Recorder O

Video-Cassetten-Recorder (VCR)
Der VCR gehört nicht zu den → Videorecordern mit Bandspulen. Das VCR-System arbeitet mit Kassetten, benutzt jedoch ebenfalls Magnetbänder für die Aufzeichnung von Signalen. VCR-Kassetten gestatten **schwarzweiße und farbige** Eigenaufzeichnungen und Mitschnitte von Fernsehsendungen. O

Videographie
bezeichnet den Verbund von Fernsehgerät (Monitor), → Videorecorder, evtl. Bildplattenspieler und Videokamera.
→ Neue Medien K

Videomarkt → Indizierung → Jugendgefährdende Schriften → Jugendschutz

Videorecorder

Der Videorecorder ist ein Magnetbildaufzeichnungsgerät zum Mitschnitt von Sendungen der öffentlichen Fernsehanstalten bzw. in Verbindung mit einer Fernsehkamera zur Konservierung von Produktionen der → Unterrichtsmitschau oder des → schulinternen Fernsehens. Die Wiedergabe des aufgezeichneten Materials erfolgt über ein Fernsehgerät. Bei der Verwendung des Videorecorders ist in Ermangelung international genormter Bandbreiten darauf zu achten, daß Geräte und Bandmaterial aufeinander abgestimmt sind (→ Kompatibilität). K

Videospiele, Telespiele

werden mit eigens dafür hergestellten Kleingeräten oder mit Hilfe einer Videoeinheit (Fernsehgerät, Computer zur Eingabe der Spielprogramme) gespielt. Der Spieler kann z. B. mit dem „Joy-stick", mit der „Maus" oder über eine Tastatur ins Spielgeschehen eingreifen und es zugunsten einer Identifikationsfigur steuern.
Die **Entwicklung der Videospiele** weist die folgenden Etappen auf:

1. Übernahme von Sport- und Geschicklichkeitsspielen wie z. B. Tennis, Squash, Fußball, Schiffe-Versenken und Schach ins elektronische Medium
2. Destruktionsspiele: Angriffs- und Verteidigungsspiele, Eroberungsspiele, neuerdings auch mit Horror- und Pornoelementen
3. Gleichzeitig die sog. „Funny-Games" mit lustigen Effekten
4. Simulations- und Explorationsspiele wie z. B. Planspiele, die wirklichkeitsbezogenes Handeln, Problemlösungs- und Entscheidungsfähigkeit sowie Kreativität fordern

Spezifische Motive für Videospieler:

1. Spannung und Entspannung
2. Reiz des technisch Neuen
3. Schnelle Perfektionierung der Spielfertigkeit
4. Spezielle Darbietungsform der Videospiele, die blitzartiges Reagieren und rasche Koordination von Auge, Gehirn und Hand erfordern
5. Erlebnis von Wirklichkeit mit reduzierter Komplexität, für deren Bewältigung eine überschaubare und beherrschbare Anzahl von Spielregeln ausreicht
6. Vermittlung von Erfolgserlebnissen
7. Möglichkeit, ins Bildschirmgeschehen eingreifen zu können, evtl. auch mit alltagsunüblichem Verhalten
8. Rückmeldung über die eigene Leistungsfähigkeit
9. Gefühl, die Maschine zu beherrschen
10. Evtl. Erlebnis von Gemeinsamkeit beim Spielen und Kräftemessen mit anderen

→ Horrorvideos → Medienerziehung K

Video tape recorder (VTR) → Videorecorder

Videotechnik

Vgl. eingeschränkt auf visuelle und kombiniert auditiv-visuelle Informationsübertragung → Medientechnik.

Das **elektronische Heim** stellt sich nach einem Siemens-Pressebild derzeit folgendermaßen dar:
Das elektronische Heim

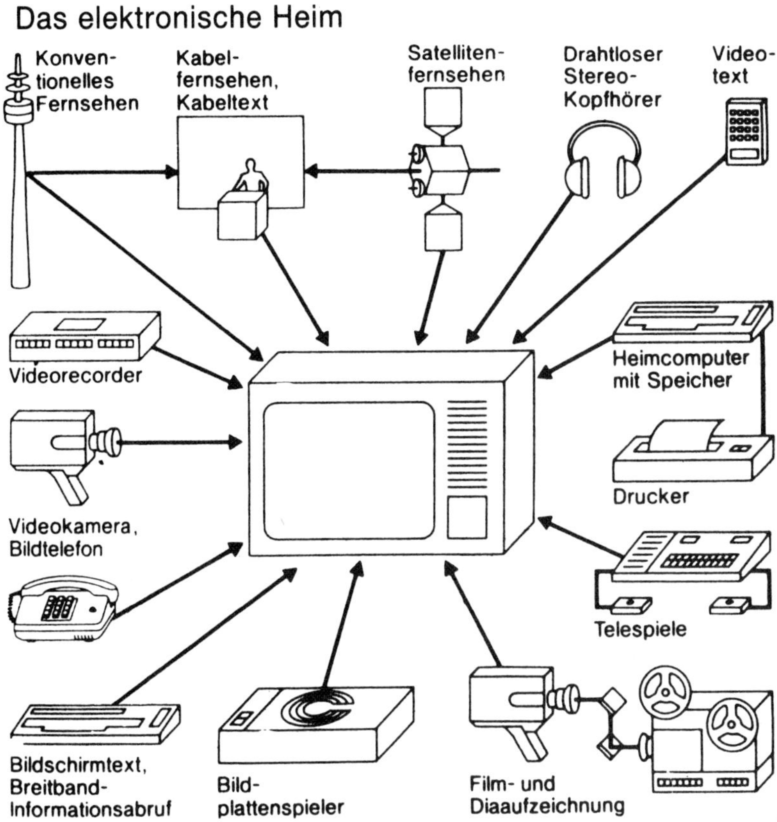

K

Bergmann 1991

Videotext
ist ein kostenloses Angebot der öffentlichen und privaten Rundfunkanstalten während der Sendezeit. Der für den Empfang nötige Videotext-Decoder gehört heutzutage zur Standardausrüstung eines jeden Fernsehgeräts. Das Videotextprogramm reicht von der Programmvorschau über Verbrauchertips, Kulturnotizen, Börsenkurse und Wettervorhersagen bis zu den neuesten Nachrichten. Ein besonders sinnvoller Service sind Untertitel für Hörbehinderte. Das Gesamtangebot ist auf einer wiederkehrenden Schleife angeordnet, wodurch sich die Wartezeiten auf die gewünschte Information erklären.

→ Neue Medien K

Videothek
bezeichnet allgemein eine Verleihstelle für Videokassetten. Im Bereich der schulischen Lehr- und Lernmittel sind in der Videothek (als speziell für diesen Zweck gefertigten Schränken) Filme und Videokassetten katalogisiert und übersichtlich geordnet zusammengefaßt.

→ Audiothek → Diathek → Foliothek → Lehrmittel → Mediothek K

Videowagen
heißt eine fahrbare Fernsehgeräteeinheit, die nach einem Praxisbericht von R. Grill in *Schulreport* Heft 6/1976 z. B. aus folgenden Teilen besteht:

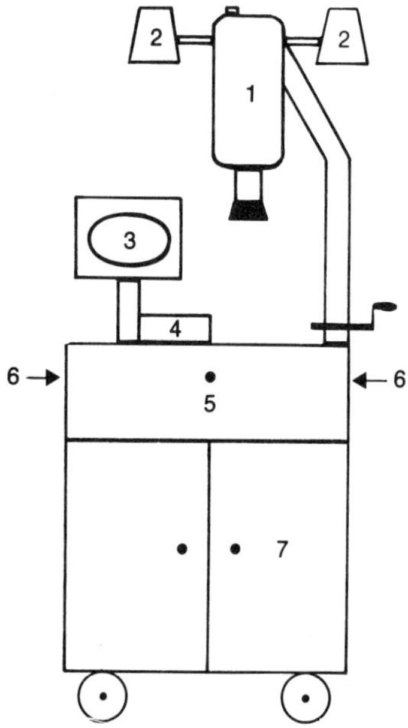

1 = Eine Kompakt-Fernsehkamera auf einem in der Höhe verstell-, schwenk- und beliebig neigbaren Kurbelstativ
2 = Beleuchtungssystem mit stufenloser Richtungseinstellung
3 = Drehbarer Kontrollmonitor (für den Lehrer)
4 = Bedienungsgerät (Steckerfeld)
5 = Kastenaufbau mit → Video-Kassettenrecorder (VCR)
6 = Vier Steckdosen zum Anschluß weiterer Geräte am Kastenaufbau (z. B. Mikroskop, Bildwiedergabegerät)
7 = Abschließbarer Schrank zur Aufbewahrung von Bandmaterial, Objektiven und anderem Zubehör
\+ Bildwiedergabegerät (Schwarz-Weiß-Monitor mit höherer Bildqualität bzw. herkömmlicher Fernsehempfänger)

→ Makroprojektion K

Vier-Phasen-Drill → Phaseneinheiten

visuell

bedeutet „das Sehen betreffend". Unter dem Gesichtspunkt des Lernens ist die Feststellung wichtig, welchem Lern- und Gedächtnistyp ein Schüler angehört, ob er z. B. über das Sehen besonders leicht lernt bzw. wegen mangelnder oder oberflächlicher visueller → Wahrnehmung besonderer Förderung bedarf.

→ Anschauung K

Vitalität

bezeichnet die Stärke der aller Aktivität eines Menschen zugrundeliegenden Lebensenergie. Sie kann durch körperliche Behinderungen, Krankheiten oder umweltbedingte übermäßige Belastungen stark beeinträchtigt werden mit der Folge nachlassender Lern- und Leistungsbereitschaft und verminderter Bereitschaft zur Realitätsbewältigung. K

Volksbildungswerk → Volkshochschule

Volkshochschule

Sie gehört zu den Bildungsinstitutionen des → Quartärbereiches, dient der → Erwachsenenbildung und bietet didaktisch erwachsenengerecht ausgerichtete Lehrgänge, Kurse, Seminare, Arbeitsgemeinschaften usw. in allen relevanten, insbesondere berufsbezogenen Fachbereichen an. Während die Ziele der ehemaligen Abendvolkshochschule grundsätzlich die Förderung geistigen und künstlerischen Schaffens in der Freizeit und die Erweiterung und Vertiefung des geistigen Daseins waren, haben diese sich auf Grund des steten Wandels in der Gesellschaft bedeutend erweitert. Vor allem dort, wo mehrere Erwachsenenbildungsinstitutionen wie z. B. Volkshochschulen gezielt zu größeren Organisationseinheiten wie Volksbildungswerken oder Bildungszentren sich vereinigten, wurden häufig Fachabteilungen gebildet und Fachgebiete dem Bedarf der Adressatenkreise entsprechend lernzielorientiert in die Programme aufgenommen. Die Notwendigkeit des → life-long-learning hat die „Volksbildungswerke" erkennen lassen, daß im Quartärbereich auch Zertifikatskurse in mehreren Fächern und unterschiedlichen didaktischen Formen angeboten werden müssen. Somit dienen die Volksbildungswerke nicht allein der Freizeitbildung, sondern auch der gezielten → Weiter-, → Fortbildung und evtl. beruflichen Umorientierung.

Apel 1990; Hoyer 1985; Otto 1988; Schloz 1989

→ Baukastensystem → Modultraining OK

Volksschule

Die Volksschule ist Pflichtschule und muß grundsätzlich von jedem Kind besucht werden. Sie gliedert sich in die → Grundschule, Jahrgangsstufe 1–4, und in die → Hauptschule, Jahrgangsstufe 5–9 bzw. 10. Die Grundschule gehört dem → Primarbereich, die Hauptschule dem → Sekundarbereich I an. Die → Schulpflicht im Sekundarbereich I kann auch an weiterführenden Schulen außerhalb der Hauptschule abgeleistet werden.

Blessing 1990

→ Volksschulpflicht O

Volksschulpflicht

Soweit das Gesetz nichts anderes vorschreibt, dauert die Schulpflicht zwölf Jahre. Zum Besuch der → Volksschule und → Berufsschule sind alle Bürger verpflichtet. Im allgemeinen ist die Volksschulpflicht an einer Volksschule zu erfüllen, die im gleichen → Schulsprengel liegt, in dem das schulpflichtige Kind wohnt. Eine Zulassung an eine private Volksschule ist nach Genehmigung durch die zuständige Schulbehörde möglich. Die Volksschulpflicht kann nach der Grundschule auch an → weiterführenden Schulen abgeleistet werden. Sie endet grundsätzlich nach neun Schuljahren und kann um zwei Jahre verlängert werden, wenn das Ziel der Hauptschule oder ein gleichwertiges Ziel an einer weiterführenden Schule nicht erreicht worden ist. Das Überspringen eines Schülerjahrganges an der Volksschule ist für Begabte möglich, jedoch nur einmal zulässig.

→ Berufsschulpflicht → Schulpflicht O

Volljährigkeit

ist mit dem 18. Geburtstag gegeben. Ab diesem Zeitpunkt ist der Mensch voll rechts- und geschäftsfähig, für Straftaten trägt er die volle Verantwortung. Er besitzt das aktive und passive Wahlrecht. In der Bundesrepublik Deutschland unterliegen Männer mit deutscher Staatsangehörigkeit der Wehrpflicht. K

Vollzeitschule

Die Vollzeitschule nimmt durch den täglichen Unterricht, an den sich entsprechende Hausaufgaben anschließen, den Lernenden voll in Anspruch. Dem Schüler ist es nicht möglich, auf Grund des Vollzeitunterrichts, der vormittags und nachmittags stattfinden kann, in einem Beruf tätig zu sein oder ein Ausbildungsverhältnis einzugehen.

Vollzeitschulen gibt es in der Form der Halbtags- und → Ganztagsschulen. OK

Vollzeitunterricht → Vollzeitschule

Voluntarismus → Intellektualismus

Vorbereitungsdienst

Der Vorbereitungsdienst bzw. die Referendarausbildung als 2. Phase der Lehrerbildung richtet sich nach von den einzelnen Bundesländern erlassenen Ausbildungsordnungen, die nicht in allen Punkten gleich sind. So ist z. B. die Ausbildungsdauer, bezogen auf Schularten oder Zuständigkeitsbereiche für die Ausbildung in der 2. Phase, nicht landeseinheitlich geregelt. Während z. B. in Schleswig-Holstein die Referendarausbildung dem → IPTS (Landesinstitut für Praxis und Theorie der Schule) übertragen wurde, wird sie in anderen Bundesländern durch sog. „pädagogische Seminare“, die sich an → Seminarschulen befinden, oder durch staatliche Zentraleinrichtungen, die von einem hauptamtlichen Seminarvorstand geleitet werden, durchgeführt. Grundsätzlich ist jeweils ein **Seminarvorstand** für die Ausbildung der Referendare in seinem Seminar verantwortlich. Ihm sind **Seminarleiter,** die mit Koordinierungsaufgaben insbesondere innerhalb von Fachbereichen betraut sind, **Seminarlehrer,** die im wesentlichen für die unterrichtspraktische, fachdidaktische Ausbildung der → Referendare in Fachsemina-

ren verantwortlich sind, beigegeben. **Betreuungslehrer** kümmern sich um den Studienreferendar, wenn er außerhalb seiner → Seminarschule mit selbständigem Unterricht an einer sog. → Zweigschule eingesetzt ist.
Die Formen der Ausbildung in der 2. Phase umfassen schwerpunktmäßig: → Hospitationen in eigenen und anderen Fächern an der Seminarschule und anderen Schulen, Lehrversuche, selbständig erteilten zusammenhängenden Unterricht, Fachseminare der Seminarlehrer, Seminartage des Seminarvorstandes, Fachsitzungen, Praktika und Übungen. Im allgemeinen ist der Vorbereitungsdienst in zwei Abschnitte gegliedert, den Seminarschuleinsatz und den Zweigschuleinsatz.
Die 2. Staatsprüfung, Assessorenprüfung, stellt den Schularten und Bundesländern entsprechend unterschiedliche Anforderungen. Verlangt werden in den meisten Bundesländern: Schriftliche Hausarbeit als Zulassungsarbeit, Lehrproben, mündliche Prüfung. In manchen Ländern kommt noch eine schriftliche Klausur hinzu.
Nach dem neuen Grundkonzept der → Lehrerbildung soll der Vorbereitungsdienst für alle Lehrämter an besonderen Ausbildungsinstitutionen erfolgen. Er wird mindestens 18 Monate betragen. Seine Aufgaben sind die theoretisch fundierte schulpraktische Ausbildung für ein Lehramt und selbständige Unterrichtstätigkeit in begrenztem Umfang. Die 2. Phase wird mit der zweiten Staatsprüfung abgeschlossen, mit deren Bestehen die Befähigung zu einem Lehramt erworben wird. O

Frommer 1986; Köck 1991, 1992; Petersen/Ritscher 1993; vgl. auch bei → Unterrichtsplanung!

Vorbild

Der Mensch benötigt von der frühesten Kindheit an eine → Bezugsperson. Vor allem in der Phase der → Vorpubertät sucht er nach Geborgenheit bei einer von ihm anerkannten Erwachsenenautorität und will am konkreten Beispiel erleben und nachahmen können. Er sucht ein Vorbild, das Normen und Werte vorlebt. Ein Vorbild ist nichts anderes als eine Modellperson, die in ihrem aktuellen Verhalten zeigt, wie sie empfindet, denkt, was sie anstrebt und leistet. Dadurch wirkt sie indirekt auf den jungen Menschen ein. Kinder und Jugendliche wählen sich Vorbilder entweder aus ihrem engeren oder aus ihrem weiteren Erfahrungsraum, die sie direkt oder indirekt motivieren und durch die sie Verstärkungen erfahren haben.
→ Bezugsgruppe → Idol → Leitbild → Verhalten O

Vorhaben

Die von O. Haase entwickelte Unterrichtsform „Vorhaben" beinhaltet Vorstellungen der Projektmethode. Die Klasse oder Schülergruppen führen eine gemeinsame Aufgabe, ein Arbeitsvorhaben durch. Die zu bearbeitende Thematik zielt auf eine Zentralaufgabe hin und ist nicht auf ein Fach begrenzt. Das Wort Vorhaben wird auch synonym zu → Projekt verwendet.
→ Fallstudie → Gesamtunterricht → Projektunterricht O

Vorklasse → Schulkindergarten

Vorlesung

Sie dient in erster Linie der Wissensweitergabe an Studierende im Tertiär- und → Quartärbereich und stellt eine nach wissenschaftlichen Gesichtspunkten gegliederte, zusammenhängende, mündliche Darlegung von Gedanken, Forschungsergebnissen, Erfahrungen, → Erkenntnissen, → Urteilen, → Schlüssen, Vergleichen und eine Zusammenschau von Stoffen in einem fachwissenschaftlichen Bereich dar. Praktische Vorlesungen beziehen neben der theoretischen Darlegung z. B. das Experiment mit ein. Die Vorlesung verlangt vom Zuhörenden auf Grund ihres wissenschaftlichen Niveaus größte → Aufmerksamkeit und → Konzentration. Methodisch orientiert sie sich an der Fachwissenschaft.

→ Referat → Vortrag O

Vormund

können eine oder mehrere Einzelpersonen, ein rechtsfähiger Verein oder das → Jugendamt sein. Aufgabe des Vormunds ist es, die allgemeine Fürsorge in den persönlichen und Vermögensangelegenheiten des Mündels (= Person, die unter Vormundschaft steht) wahrzunehmen.
Einen Vormund erhalten → Minderjährige, die nicht unter elterlicher Sorge stehen. Der Vormund wird vom Vormundschaftsgericht bestellt, und zwar auf Vorschlag der Eltern bzw. nach Anhörung des Jugendamtes. Dem Vormundschaftsgericht steht auch die Aufsicht über den Vormund zu. K

Becker 1983; Oberloskamp 1990

Vorprogramm

Das Vorprogramm nimmt zur Erreichung eines → Lernzieles notwendige Stoffinhalte voraus. Im Bereich des Individuallernens ermöglicht es dem einzelnen, sich notwendige Voraussetzungen und Vorkenntnisse selbst zu erarbeiten.

→ Kriterienprogrammierung → Programmierte Instruktion O

Vorpubertät

heißt der Abschnitt in der Entwicklung des Menschen zwischen dem ersten Erscheinen der sekundären Geschlechtsmerkmale und der ersten Menstruation beim Mädchen bzw. der ersten Ejakulation beim Jungen.
Auffallende Verhaltensweisen in der Vorpubertät sind → Introversion, beginnende Absetzung vom Familienverband und „trotzendes" Aufbegehren. Körperlich ist ein deutlicher Wachstumsschub festzustellen.

Literatur vgl. bei → Entwicklungspsychologie → Pubertät

→ Pubertät K

Vorschule

bezeichnet den institutionalisierten Bildungsbereich der Drei- bis Fünfjährigen im Vorfeld der Grundschule, wobei wiederum die gezielten Förderungsmaßnahmen schwerpunktmäßig den Fünfjährigen gelten. In Modelleinrichtungen wurde in den 70er und 80er Jahren erprobt, welche Form vorschulischer Erziehung den Kindern unter entwicklungspsychologischen und lernpsychologischen Gesichtspunkten am meisten entspricht. In Bayern konkurrierten z. B. die Modellversuche „Förderung von Fünfjährigen im Elementarbereich" (Modellkindergarten) und → „Eingangsstufe" miteinander. Während ersterer die Fünfjährigen in altersgemischten Gruppen zusammen mit Drei- und Vierjährigen innerhalb des → Kindergartens betreute, versprach sich die „Eingangsstufe" intensive Förderung der Fünfjähri-

gen in altershomogenen Gruppen, die organisatorisch der zuständigen Schule zugeordnet waren.
In Ablehnung umstrittener Versuche mit einseitig kognitiven Förderungsprogrammen (z. B. → Frühlesen) verfolgen heute alle vorschulischen Einrichtungen das Ziel, die Kinder in allen Verhaltensbereichen gleicherweise im Sinne des Aufbaus elementarer Fähigkeiten wie Aufnahmebereitschaft, Interesse, Konzentration, Ausdauer, repressionsfreies Konfliktlösungsverhalten, Freude am Lernen usw. zu fördern. Diese allgemeinen Förderungsmaßnahmen werden durch kompensatorische Maßnahmen zur Behebung von Verhaltensdefiziten der Kinder ergänzt, um ihnen insgesamt einen bruchlosen Übergang zur Grundschule zu ermöglichen. K

Autorengruppe Osdorfer Born 1975; Dollase 1978; Nitz/Henning 1988; Regel 1990; Stendler-Lavatelli 1976; Wörterbuch der Vorschulerziehung 1979

Vorschulerziehung → Elementarerziehung → Kindergarten → Schulkindergarten → Schulvorbereitende Einrichtungen → Vorschule

Vorstellung

bezeichnet den Vorgang und das Ergebnis absichtlich vollzogener Erinnerung und Vorwegnahme von Erlebnissen, Wahrnehmungen, Situationen usw. im Bewußtsein und zwar unabhängig von sinnlich gegebenen Reizen. K

Casey 1976; Parmentier 1989; Perrig 1988; Seelig 1980

Vortrag

Ein Vortrag versucht, ein Thema oder einen Themenbereich in adressatengerechter Gliederung, Darstellung und Ausdrucksform innerhalb einer den Hörern zumutbaren Zeit in zusammenhängenden, verständlichen Äußerungen durch einen einzelnen oder mehrere Sprecher so abzuhandeln, daß der Zuhörer positiv motiviert wird und sich für ihn ein Bildungsgewinn ergibt. Der Vortragende sollte daran denken, daß der Zuhörer beim Vortrag nur rezeptiv-aktiv teilhaben kann und er ihn für sein Thema, seine Gedankengänge interessieren muß, sowie einen sozialen Bezug und ein Interaktionsverhältnis zwischen Zuhörenden und Vortragendem, zwischen Lernenden und Lehrendem herzustellen hat.
Im allgemeinen sind von der didaktischen Konzeption her zwei Arten des Vortrages zu unterscheiden:
- der geschlossene Vortrag und
- der offene Vortrag.

Der geschlossene Vortrag ist in sich wohl gegliedert, behandelt ein Thema im Zusammenhang und gestattet während der Darbietung keine Diskussion. Diese kann sich nach Beendigung des Vortrages in kurzer, gelenkter Form anschließen.
Der offene Vortrag, der ebenfalls einen Themenbereich klar gegliedert und dem Zuhörer verständlich vorstellt, ist strukturell so aufgebaut, daß nach gedanklich zusammenfaßbaren Abschnitten Teilziele angestrebt werden, die kurze Wiederholungen des Schwierigen und vorher Unbekannten einbeziehen, und daß eine Zäsur gesetzt wird, die den Zuhörer zu einer reinen Sachdiskussion anregen soll, um sachliche Klarheit sowohl von der verwendeten Terminologie als auch von den Gedankengängen her zu schaffen und zu garantieren. Erst am Ende des Vortrags wird nach einer kurzen Pause die Problemdiskussion eingeleitet, deren wesentliche Ergebnisse in einem Protokoll festgehalten werden sollten. In Lehrgängen

kann sich an den offenen Vortrag, der z. B. ein Basisreferat sein kann, freie oder geplante Gruppenarbeit anschließen.
Sowohl der geschlossene als auch der offene Vortrag kann vom Inhalt und Ablauf her gesehen ein sog. vollkommener oder fragmentarischer Vortrag sein. Die vollkommene Form des Vortrages ist thematisch und inhaltlich so angelegt, daß selbst bei komplizierten und problemreichen Themen sich beim Zuhörer keine Fragen ergeben. Der Vortragende hat das Schwierige vereinfacht, Antworten auf zu erwartende Fragen und Lösungen zu auftauchenden Problemen bereits während des Vortrages selbst gegeben. Die fragmentarische Form hingegen läßt absichtlich Fragen offen, es werden Entscheidungsmodelle angeboten und der Zuhörer wird mitunter durch provozierende Fragestellungen zu Einwänden und zur Diskussion geradezu herausgefordert. Durch einen gezielten, gut überlegten Aufbau eines fragmentarischen Vortrages wird der Hörer eher zum Überlegen, Mitdenken, Urteilen und Entscheiden angeregt als durch die vollkommene Form des Vortrags.
Franz Pöggeler (1964) unterscheidet folgende Vortragsformen:

1. den vordenkenden Vortrag
2. den gestaltenden Vortrag
3. den entwickelnden Vortrag
4. den erklärenden Vortrag
5. den mitteilenden, informierenden Vortrag
6. das → Referat
7. die Rede
8. die Erzählung.

Für die methodische Gestaltung des Vortrags schlägt er vor, folgendes zu berücksichtigen:

„1. Vorbereitung
   a) Stoffsammlung
   b) Themaformulierung – Übereinkunft zwischen Veranstalter und Sprecher
   c) Faktorenklärung
   d) Manuskripterarbeitung
   e) ‚Feilen' des Manuskripts – geistige Einprägung
   f) Textmeditation vor Vortragsbeginn
   g) Orientierung im Vortragsraum
   h) Vorgespräche vor Vortragsbeginn
   i) Vortragsvorbereitung der Hörer
2. Einstimmung
   a) Geistig-persönliches Alibi des Sprechers
   b) Persönliche Kontaktnahme mit den Hörern
3. Problemeinführung
   a) Begründung des Themas
   b) Startfrage und Vortragsziel
   c) Anknüpfung an Vorerfahrung und Vorkenntnis der Hörer
   d) Begriffserklärungen
   e) Evtl.: Thesenartige Vorwegnahme der Ergebnisse
4. Thematische Entfaltung
   a) Ausweitung des Problems
   b) Problemverwirklichung

5. Problemerhellung und -klärung
   a) Kernproblem und ‚springender Punkt'
   b) Retardierende Momente – Wiederholung
   c) Zweifelsfragen gegen bisherige Ergebnisse
6. Problementscheidung
   a) Entscheidung
   b) Vorsätze – Entschlüsse
7. Zusammenfassung
   a) Stoffzusammenhang
   b) Beantwortung der Startfrage
   c) Persönliches Schlußwort
8. Nachbereitung der Hörer und des Sprechers."

In der → Schule wird der → Lehrer- und Schülervortrag fast in allen Jahrgangsstufen ins Unterrichtsgeschehen mit einbezogen. O

Literatur vgl. bei → Referat!

Voruteil

Vom anthropologischen Standpunkt aus kennzeichnet das Vorurteil die Tatsache der grundsätzlichen Offenheit, Unperfektheit und jederzeitigen Korrekturbedürftigkeit menschlichen Meinens und Urteilens. Da es letztgültige Urteile nicht gibt und somit alle Urteile mögliche Vor-Urteile enthalten, gilt als erzieherisches Ziel, den jungen Menschen für die Vorläufigkeit seiner Urteile zu sensibilisieren und ihn zu befähigen, in kritischer Offenheit seine Urteile jederzeit zu revidieren.
Vorurteile treten aber auch im Sinne von Voreingenommenheit auf, also als Ansichten, die – der Kritik verschlossen und emotional verankert – festgelegt sind. Der Aufbau solcher Vorurteile vollzieht sich schwerpunktmäßig in der frühen Kindheit. Allport konnte festellen, daß 69% dieser Vorurteile auf elterliche Einflüsse zurückzuführen sind. Adorno u. a. wiesen nach, daß das Vorurteil als Voreingenommenheit ein konstitutives Merkmal der autoritären Persönlichkeit ist, die damit ihre eigenen Schwächen, Unsicherheiten, Ängste deckt.
Vorurteile resultieren aber auch aus voreiligen oder überzogenen Verallgemeinerungen vereinzelter Beobachtungen oder sie werden als Schutz gegen das Unbekannte (z. B. Fremdgruppen) oder zur Rechtfertigung für Aggressionen gegen Sündenböcke aufgebaut. Gelegentlich sind sie auch das Ergebnis von → Projektionen eigener Schwächen in andere, dienen zur Entlastung von (aufwendiger) Realitätsprüfung und als Ersatz für Informationen. K

Ehrlich 1979; Estel 1983; Horkheimer 1963; Markefka 1990; Rattner 1971; Schäfer/Petermann 1988

Vorurteilsforschung

ist die Bezeichnung für eine sozialpsychologische Forschungsrichtung, die sich speziell mit Entstehung, Erscheinungsformen und Auswirkungen von → Vorurteilen befaßt. K

Voyeurismus

Voyeure suchen ihre sexuelle Befriedigung, indem sie andere bei sexueller Betätigung beobachten und Liebespaare belauschen.
→ Perversion O

Wachstumsbeschleunigung → Akzeleration

Wahlfach

Unter den von einer Schule angebotenen **Wahlfächern** kann der Schüler ohne Einschränkung frei auswählen, über seine Zulassung zum gewählten Fach, auch über die Rücknahme der Zulassung während des Schuljahres vor allem aufgrund pädagogischer Überlegungen, entscheidet die Schulleitung.
Bei **Wahlpflichtfächern** muß der Schüler ein Fach aus einem festgelegten Fächerangebot wählen. In beiden Fällen ist der Schüler nach erfolgter Entscheidung zum Besuch des Unterrichts verpflichtet. K

Wahlpflichtfach → Wahlfach

Wahn, Wahnvorstellung → Paranoia

Wahrnehmung

bezeichnet den Vorgang der Informationsaufnahme aufgrund äußerer Reize (= äußere Wahrnehmung) oder intrapsychischer Reize (= innere Wahrnehmung). Im Wahrnehmungsvorgang wird der objektiv gegebene Reizgegenstand auf seinem Wege zum subjektiv erlebten Wahrnehmungsgegenstand mannigfachen **Filterwirkungen** ausgesetzt:

- Die **Sinnesrezeptoren** wandeln Reize dergestalt um, daß sie für unser Nervensystem überhaupt faßbar werden. In diesem Zusammenhang kommt der **intensiven Schulung** unserer Sinne große Bedeutung zu, um nicht schon an dieser Stelle unser Wahrnehmungsfeld einer Schrumpfung zu überlassen.
- Der nächste Wahrnehmungsfilter wird dadurch wirksam, daß nur ein Bruchteil aller überhaupt aufgenommenen Reize die Qualität von **Empfindungen** erlangt, worüber übrigens die bereits vorhandene Befindlichkeit mitentscheidet, also z. B. aktuelle Bedürfnisse und Motive.
- Im Vorgang der **Apperzeption,** in dem sich der Wahrnehmende dem Reiz zum Zweck der bewußten Aufnahme zuwendet, wird dieser Reiz nochmals gefiltert, d. h. aufgrund der bisher verfügbaren Aufnahmestrategie angenommen oder verworfen.

Die vom Reiz ausgehende Information ist auf diesem Wege noch zusätzlichen Veränderungen ausgesetzt, nämlich durch

- **Wahrnehmungstäuschungen** (z. B. autokinetisches Phänomen, geometrisch-optische Täuschungen, Halluzinationen),
- **verfälschende Korrekturen** z. B. aufgrund früherer Wahrnehmungen oder infolge des Halo-Effekts,
- **äußere und intrapsychische Störungen** (z. B. Lärmeinflüsse, Sorgen)
- und **Vorurteile.**

Die Wahrscheinlichkeit unangemessener bzw. wirklichkeitsfremder Wahrnehmung ist um so größer, je weniger ein Mensch bereit ist, seine Wahrnehmungsvoraussetzungen zu überprüfen und korrigierende Informationen von anderen anzunehmen.
Für die **Wahrnehmungsinhalte** gibt H. Frank (1969, Band 1, Seite 70) folgende Klassifikation:

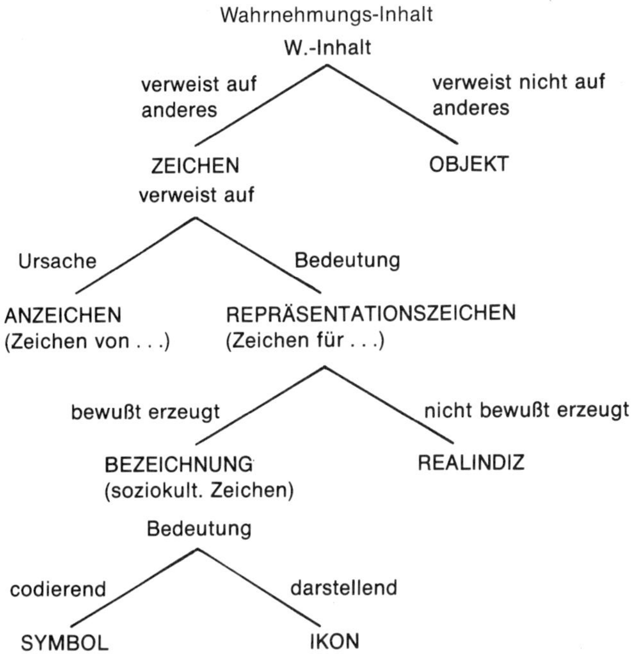

Die **Wahrnehmungsentwicklung** schreitet in enger Wechselbeziehung mit der Intelligenzentwicklung nach J. Bruner vom enaktiven Stadium (Wahrnehmung über Greifen, Handeln) über das ikonische Stadium (Wahrnehmung über Anschauung) zum symbolischen Stadium (Wahrnehmung über Begriffe in der Vorstellung) voran.

Die Art der Wahrnehmung ist je nach Entwicklungsstand des Menschen verschieden und damit auch verschieden leistungsfähig.

Alters- und reifebedingte Unterschiede beziehen sich

- auf die Auswahl von Wahrnehmungsinhalten im gesamten Wahrnehmungsfeld,
- auf das Vorhandensein von Ordnungsschemata in bezug auf Wahrnehmungen,
- auf die Art der Konzentrationsfähigkeit bei Wahrnehmungen
- bis hin zu Grundfähigkeiten, Wahrnehmungen überhaupt nach Form, Farbe, Größe u. dgl. zu differenzieren.

Reifungseinflüsse und Sozialisierungseinflüsse bedingen sich hierbei wechselseitig; d. h., eine reifungsbedingt verfeinerte Wahrnehmung (z. B. Ablösung von magischen Wahrnehmungen oder die klare Differenzierung zwischen Ich und Nicht-Ich) wirkt sich verändernd auf den Sozialisierungsprozeß aus, und die Sozialisierung bringt ihrerseits laufend neue Auswahlgesichtspunkte in den Wahrnehmungsvorgang ein. Außerdem wird die Übersetzung der Wahrnehmungen in Vorstellungen zunehmend differenzierter und abstrakter.

Die **soziale Wahrnehmung** ist von den gesammelten Erfahrungen und Erwartungen im Zusammenhang mit jeglicher Art bisheriger Wahrnehmung geprägt. Ihre Filterwirkung bedingt, daß die soziale Wahrnehmung in hohem Maße subjektiv ist.

Im einzelnen wird sie durch die folgenden Vorgänge gesteuert:
- Selektion
- Organisation der Wahrnehmung nach Bedürfnissen, Motiven, Wahrnehmungsgewohnheiten
- Akzentuierung im Sinne einer aktuellen Schwerpunktsetzung
- Fixation auf gewohnte bzw. erwartete Wahrnehmungsobjekte

Affolter 1987; Ayres 1984; Graumann 1966; Hajos 1980; Köck 1990; Laing u.a. 1973; Leiser 1987; Morrison/Morrison 1988; Oerter 1987; Reenpää 1967; Ritter 1987; Rosemann/Kerres 1986; Schapp 1976; Schüle 1983; Selz 1990; Stadler u.a. 1975; Ulmann 1975; Wittling 1976

→ Figur-Grund-Wahrnehmung → Wahrnehmungsschwächen → Wahrnehmungsstörungen K

Wahrnehmungsschwächen

verweisen auf grundsätzliche Beeinträchtigungen der Wahrnehmung durch Unfall, Krankheit oder Verletzung, auf Verzögerungen der Entwicklung oder auf Milieuschädigung. Sie können das Zellsystem und/oder ein oder meherere sensorische Systeme verändern und stören.
Wahrnehmungsschwächen bestehen vor allem in mangelhaften Fähigkeiten zur
- Raum- und Bewegungswahrnehmung,
- Gleichgewichtswahrnehmung,
- auditiven Wahrnehmung,
- visuellen Wahrnehmung,
- taktilen Wahrnehmung,
- → Figur-Grund-Wahrnehmung.

→ Wahrnehmung → Wahrnehmungsstörungen K

Wahrnehmungsstörungen

können in drei Gruppen zusammengefaßt werden:
- Unangemessene **Wahrnehmungserweiterungen** liegen mit Illusionen, Halluzinationen und drogenbedingten Wahrnehmungsverzerrungen vor.
- **Wahrnehmungseinengung** ergibt sich durch Defekte der Sinne, mangelnde Erfahrung mit emotionaler Zuwendung oder durch Abblocken von Informationen aus Angst vor evtl. nötiger Verhaltensänderung.
- Als insbesondere das schulische Lernen behindernde Wahrnehmungsstörung wird die → **Legasthenie** diskutiert, womit die partielle Lernstörung der Lese- und Rechtschreibschwäche bezeichnet wird, und die → Rechenschwäche (Dyskalkulie).

Augustin 1989; Fröhlich 1989; vgl. auch bei → Wahrnehmung!

→ Wahrnehmung → Wahrnehmungsschwächen K

Wahrnehmungstäuschungen → Wahrnehmung

Waldorfschule, freie

Der von R. Steiner geschaffene Schultyp in freier Trägerschaft erhielt den Namen von seiner ersten Verwirklichung 1991 als werkseigene Schule der Waldorf-Astoria-Zigarettenfabrik für die Kinder ihrer Arbeiter. Die Schüler verbleiben ohne Aufgliederung nach Schulformen 12 Jahre in der freien Waldorfschule. In einem

weiteren Jahr werden die dafür geeigneten Schüler auf das staatliche Abitur vorbereitet.
Die freien Waldorfschulen legen großen Wert auf eine allseitige und die speziellen Fähigkeiten der Schüler berücksichtigende Förderung. Die handwerkliche und musische Bildung stehen gleichwertig neben mehr kognitiv orientierten Bildungsgängen.
Die Erziehung erfolgt in drei Siebenjahreszyklen mit den Schwerpunkten Nachahmung (1.–7. Lebensjahr, Kindergartenalter), Nachfolge und Autorität (8.–14. Lebensjahr, Klassenlehrerprinzip), freie Urteilsbildung (15.–21. Lebensjahr).
Die Sachfächer werden in der Form des Epochalunterrichts unterrichtet. Die Lehrer treffen sich wöchentlich zu einer Konferenz, in Status und Bezahlung gibt es keine Unterschiede zwischen ihnen. Schulträger sind Schulvereine e. V. mit gleichberechtigten Eltern und Lehrern im Vorstand. Dachverband ist der Bund der freien Waldorfschulen mit Sitz in Stuttgart. Die Ausbildung zum Waldorf-Lehrer wird in ein- bis zweijährigen Kursen an eigenen Ausbildungsstätten angeboten.

Erziehung zur Freiheit 1990; Hansmann 1987; Kiersch 1990; Kranich/Ravagli 1990; Leber 1985, 1991; Lindenberg 1975; Neumann/Weihrauch 1989; Prange 1987; Schneider 1987; Steiner 1983; vgl. auch bei → Anthroposophie!

→ Anthroposophie → Alternative Schulen → Eurhythmie K

Wandervogel

Die Wandervogelbewegung geht auf eine 1896 am Steglitzer Gymnasium von Karl Fischer gegründete Schülerwandergruppe zurück, die sich 1901 in Berlin-Steglitz als „Wandervogel, Ausschuß für Schülerfahrten" konstituierte. Der Wandervogel verbreitete sich rasch in mehreren Bünden, er nahm auch bald Mädchen in seine Reihen auf und gestaltete ein Programm mit dem Lebensstil der damaligen Jugend mit Volkstanz, Volkslied, Laienspiel usw. Er stellte die erste Gruppenbildung der deutschen → Jugendbewegung dar. OK

Aufmuth 1979; Kneip 1976; Köhler/Ille 1987; vgl. auch bei

→ Jugendbewegung, → Reformpädagogik!

Wash-ahead

Das Umwegprogramm oder verzweigte Programm bietet nach jeder Frage oder jedem Lernschritt dem Schüler im Mehrfachwahlsystem (→ Multiple Choice System) mehrere Antworten zur Entscheidung an. Wird die richtige Antwort gewählt, so gelangt der Lernende in die vorwärtsweisende Verzweigung und wird zum folgenden Lernschritt weitergeführt oder er überspringt Programmschritte, deren Inhalt er bereits beherrscht. Dieses vorwärtsführende Verfahren und die Technik des Überspringens (Sprungprogramm) im Programmablauf wird als „wash-ahead" bezeichnet.

→ Wash-back → Programmierte Instruktion O

Wash-back

Im Umwegprogramm oder verzweigten Programm spricht man von einem wash-back, wenn der Lernende, der im fortschreitenden Programmablauf zu lernende Stoffinhalte, Begriffe oder Zusammenhänge nicht versteht und falsche Auswahlantworten gibt, einen oder mehrere Lernschritte zurückverwiesen wird. Der Schüler, der falsche Antworten wählt, wird durch das Programm auf Umwegen, durch sog. rückweisende Verzweigungen, solange zu Wiederholungsschritten gezwungen, bis er sich das notwendige Wissen angeeignet hat und im Hauptprogramm weiterarbeiten kann.

→ Multiple Choice System → Programmierte Instruktion → Wash-ahead O

Wechseljahre

synonym Klimakterium, bezeichnet die zwischen dem 45. und 55. Lebensjahr einer Frau sich vollziehende hormonelle Umstellung, die auf verminderte Erzeugung der Östrogene zurückzuführen ist und schließlich das Ausbleiben der Monatsblutung bedingt (→ Menopause). Das Nachlassen der Geschlechtsfunktionen ist durch individuell unterschiedlich starke physische und psychische Begleiterscheinungen wie Hitzewallungen, Kälteschauer, Schweißausbrüche, Schwindel, Herzklopfen, Angstgefühle, Abnahme der Leistungsfähigkeit, Stimmungslabilität bis hin zu Depressionen gekennzeichnet.
Die seltener auftretenden Wechseljahre des Mannes können ab dem 50. Lebensjahr ähnliche Symptome zeitigen. K

Weckamine → Drogen- und Drogenmißbrauch

Wegadaptivität

Die Wegadaptivität ermöglicht im Sinne der methodischen Anpassung eines Lernvorganges an das individuelle Leistungsvermögen und den Wissensstand des Lernenden eine echte innere → Differenzierung von Lernprozessen, ohne das gleiche → Lernziel für alle Schüler einer Lerngruppe aus dem Auge zu verlieren. Seine Hochform beim heutigen Stand der Entwicklung erreicht die Wegadaptivität beim → Computerunterstützten Unterricht und bei den verzweigenden Formen der → Programmierten Instruktion. K

Wegmodell → Unterrichtsmodell

Weiterbildung

Nach dem „Strukturplan für das Bildungswesen", den die Bildungskommission des Deutschen Bildungsrates am 13. Februar 1970 verabschiedete, wird die Weiterbildung im Rahmen des gesamten Bildungsaufbaues als übergeordneter Begriff für den nachschulischen Bildungsbereich verwendet. Es heißt im Strukturplan: „Weiterbildung wird hier als Fortsetzung oder Wiederaufnahme organisierten Lernens nach Abschluß einer unterschiedlich ausgedehnten ersten Bildungsphase bestimmt. Das Ende der ersten Bildungsphase ... ist in der Regel durch den Eintritt in die volle Erwerbstätigkeit gekennzeichnet." Weiterbildung wird hier als Oberbegriff für → Fortbildung, → Umschulung und → Erwachsenenbildung genannt. Sie soll sowohl berufliche Fortbildung als auch das Nachholen von Qualifikationen der ersten Bildungsphase und allgemeine Weiterbildung ermöglichen. Nach dem Prinzip des Baukastensystems und der ständigen Weiterbildung soll die Möglichkeit des Erwerbs zusätzlicher Qualifikation nach Ablegen und Bestehen von Prüfungen geschaffen werden. Das Wort Weiterbildung nach dem Strukturplan ist als allgemeine Aussage zum Oberbegriff für den quartären Bereich (→ Quartärbereich) im weiteren Sinne geworden und schließt somit die Weiterbildung im engeren Sinne und die Fortbildung für die einzelnen Fach- und Berufsbereiche mit ein. Sie ist als Begriff im weiteren Sinne für Maßnahmen jeglicher Höherbildung zu verstehen. Weiterbildung im engeren Sinne umfaßt im Gegensatz zur Fortbildung alle Bildungsmaßnahmen, die außerhalb der studierten Fachgebiete, des erlernten Berufes oder einer auf Grund von Prüfungen erworbenen Ausbildung liegen und zu weiteren und zusätzlichen Qualifikationen führen. Ein Lehrer z. B., der Englisch und Deutsch studierte und in diesen Fächern seine Lehrbefähigungen erwarb, bildet sich weiter, wenn er im Fach Französisch ein → Erweiterungsstudium absolviert. Träger von Weiterbildungseinrichtungen können sein: Staat, Kommune, Verbände und Vereine aller Art; Universitäten, Hochschulen und andere Bildungsinstitutionen; Kirchen; Kammern; Betriebe, Gewerkschaften; Rundfunk- und Fernsehanstalten.

Berufsbezogene wissenschaftliche Weiterbildung an wissenschaftlichen Hochschulen soll vorhandene Kenntnisse und Fähigkeiten aktualisieren, spezialisieren und ergänzen. Ihre Hauptziele sind die Nachwuchsförderung für Lehre und Forschung und die Wiederaufnahme der Studien nach beruflicher Tätigkeit (Rekurrenz). Gestützt darauf sind zwei Hauptkategorien der wissenschaftlichen Weiterbildung zu unterscheiden: Nachdiplom- und Ergänzungsstudien. Die Wiederaufnahme der Studien richtet sich an ein breiteres Zielpublikum als das Diplomstudium, was sich auf die Zulassungsverfahren auszuwirken hat. Methodisch und didaktisch ist sie nach der Lebens- und Berufserfahrung der Teilnehmer auszurichten, was bei den Qualifikationen des Lehrkörpers berücksichtigt werden muß.

Beinke/Arabin 1981; Berger 1991; Dahm 1980; Döring 1988, 1989, 1990, 1991; Handbuch der Weiterbildung 1981–1988; Institut f. Managemententwicklung 1987; Literatur- u. Forschungsreport Weiterbildung (Reihe); Wegehaupt 1983; Weiterbildung – Strukturen und Aspekte (Reihe), Weiterbildung a. d. Fachhochschulen 1982; Wiegand/Gruyter 1990

→ Lehrerfortbildung → Lehrerweiterbildung → Teleberuf → Telekolleg

Weiterführende Schulen

Alle Bildungsgänge, die auf der 4. Klasse der → Grundschule aufbauen und nach ihrer Konzeption mindestens die allgemeinbildenden Stoffgebiete vermitteln, können zu den weiterführenden Schulen gezählt werden. Hierzu gehören → Hauptschulen, → Gymnasien, → Realschulen, → Wirtschaftsschulen und weitere Schulen des → beruflichen Schulsystems. OK

Weiterführende Sonderschulen

Sie eröffnen behinderten Jugendlichen zusätzliche Bildungschancen. Es bestehen z. B. Gymnasien, Realschulen und Handels- bzw. Wirtschaftsschulen, die Blinden, Gehörlosen, Schwerhörigen und Körperbehinderten die Teilnahme am Unterricht ermöglichen.

→ Schulen für Behinderte und Kranke → Sonderpädagogik O

Welleneffekt

Als Welleneffekt bezeichnet J. Kounin (1970) die gelegentlich sich einstellende Auswirkung einer Lehreraktivität, die eigentlich nur einem Schüler galt, auf die ganze Lerngruppe. Kounin beobachtete diesen Effekt erstmals bewußt bei einer eigenen Vorlesung, in der er einen Zeitung lesenden Studenten verärgert zur Mitarbeit aufforderte. Er bemerkte, daß daraufhin auch die nicht angesprochenen

Studenten ruhiger wurden, Seitengespräche einstellten und Aufmerksamkeitsverhalten zeigten. Kounin nahm dieses Erlebnis zum Anlaß für ein Forschungsprojekt, in dessen Verlauf der Welleneffekt als Forschungsgegenstand in den Hintergrund rückte. Dafür arbeitete er mit Hilfe von → Unterrichtsdokumenten Lehreraktivitäten heraus, die entscheidenden Einfluß auf das Unterrichtsgeschehen haben: Dabeisein (den Überblick über alle Geschehnisse in der Klasse behalten), Überlappen (mehrere Tätigkeiten nebeneinander ausführen wie Hefte durchsehen und eine Lesegruppe verfolgen), Zügigkeit und Flüssigkeit der Unterrichtsführung, Gruppenaktivierung und Überprüfung, Sachmotivierung und Abwechslung.

Vgl. den Bericht über Kounins Forschungen von Heckhausen 1991, Seite 549 ff.

→ Interaktion, soziale K

Werbepsychologie

Sie nutzt die Erkenntnisse der → Allgemeinen Psychologie und untersucht als Teil der → Angewandten Psychologie und Marktpsychologie den Gesamtbereich der Konsum- und Produktwerbung und deren Motivation auf die Käufer und das Käuferverhalten, z. B. Erhöhung der Kauflust für bestimmte Güter und deren Veranlassungsfaktoren oder Möglichkeiten werbepsychologischer Einflußnahmen auf bestimmte Alters- und Bevölkerungsgruppen. OK

Behrens 1991; Mayer 1992; Moser 1990

Werkberufsschule

In der Werkberufsschule werden von den Ausbildenden der Unterricht und die Berufsausbildung der Auszubildenden übernommen, während in den übrigen Berufsschulen die schulische Ausbildung getrennt von der betrieblichen Ausbildung erfolgt.

→ Berufliches Schulwesen → Schule O

Werkstätten für Behinderte

früher auch beschützende Werkstätten genannt, sind Einrichtungen für psychisch oder geistig behinderte Erwachsene, die auf dem allgemeinen Arbeitsmarkt nicht selbständig einer Beschäftigung nachgehen können. Neben vorbereitender → Rehabilitation für den Übergang in den allgemeinen Arbeitsmarkt bieten die Werkstätten für Behinderte für die meisten ihrer Mitarbeiter umfassende Langzeitrehabilitation, die nicht nur arbeitsrechtliche Absicherung, sondern auch medizinische, psychologische und soziale Betreuung mit einschließt. K

Werte

Bei der grundsätzlichen Unterscheidung von deskriptiven Sätzen (Beschreibung von Sachverhalten) und normativen Sätzen (Handlungsvorschriften bzw. -empfehlungen) zählen die Werte und Werturteile zu den normativen Sätzen.
Werte werden als Eigenschaften von Gegenständen, Situationen, Personen und deren Handlungen erfahren, und zwar nach M. Scheler durch einen emotionalen, nicht durch einen intellektuellen Akt. Durch gehäufte Erfahrung und erfolgreiche Anwendung werden sie zu Überzeugungen und → Einstellungen, die ein Individuum oder ein soziales Gebilde (z. B. Familie, → peer group, soziale → Schicht) für

die Begegnung mit der Realität bzw. zu ihrer Bewältigung als in besonderer Weise angemessen und deshalb erstrebenswert betrachtet.
Bereits an dieser Stelle kann ein Wert aufgrund seiner Intensität und breiter gesellschaftlicher Zustimmung den Charakter einer grundlegenden Norm annehmen, d. h. als allgemein verbindlich gesetzt werden.
Die Gesamtheit aller verbindlich anerkannten Werte bestimmt die Werthaltung eines Individuums, welche wiederum sein konkretes → Verhalten entscheidend beeinflußt.
Die **Problematik der Legitimation** der Wertermittlung und -setzung wird in der Pädagogik entweder mit Hilfe der Deduktion (Ableitung pädagogischer Werte aus allgemeinen Werten, z. B. aus weltanschaulichen Vorgaben) oder aufgrund zweckrationaler Argumentation bewältigt. Bei letzterer werden von der Beschreibung wünschenswerter Handlungsfolgen aus Ziele der → Werterziehung bzw. der moralischen Erziehung formuliert. Drei Ansätze beherrschen hierbei die pädagogische Diskussion:
- Im naturalistischen Ansatz werden erzieherische Werte und Normen von der Beschreibung beobachtbaren Verhaltens abgeleitet, z. B. von Kohlberg von den Stufen der moralischen Entwicklung.
- Der intuitionistische Ansatz im Anschluß an die Wertphilosophie (N. Hartmann, M. Scheler) behauptet die unmittelbare Einsehbarkeit von Werten und Normen.
- Der konsenstheoretische Ansatz versucht mit Hilfe des praktischen → Diskurses Werte und Normen zu erschließen, die jeder ohne Zwang und Manipulation erkennen kann (vgl. z. B. die → Curriculumkonstruktion). K

Auernheimer 1981; Bucher 1984; Heinrich 1991; Kutschera 1973; Löw 1982; Osterloh 1991; Piaget 1986; Raths u. a. 1976; Scheler 1971–1990; Schlöder 1992; Schorpp 1989; Zecha 1984

Werterziehung

Im Unterschied zur philosophischen Wertediskussion bezeichnen **Werte im Praxisfeld der Schulpädagogik** grundsätzliche Einstellungen, Maßstäbe und Regeln, mit deren Hilfe Personen, Dinge, Situationen, Sachverhalte und Handlungen in ihrer Qualität eingeschätzt und bevorzugt oder abgelehnt werden. Bei aller denkbaren subjektiven Ausprägung schaffen derartige Werte eine Mindestübereinstimmung in der Beurteilung alltäglichen menschlichen Verhaltens. Unterrichtsfächer wie z. B. Religion, Ethik, Deutsche Sprache, Geschichte, Sozialkunde, Politik haben zweifellos von ihren Inhalten her einen bevorzugten Zugang zur Werterziehung. Da aber Erziehung überhaupt nicht möglich ist ohne Bezugnahme auf Werte, verdient die Werterziehung als fächerübergreifendes und jedes einzelne Unterrichtsfach betreffendes → Unterrichtsprinzip Beachtung in der Planung einer jeden Unterrichtsstunde.
Praxiserprobte Konzepte der Werterziehung:
1. Die Vermittlung eines **allgemeinverbindlichen Kataloges von Werten** und wünschenswerten Verhaltensweisen sieht z. B. der **normative Ansatz** des Character Education Curriculum (1974) vor. Einen vergleichbaren Weg beschreitet z. B. das Institut für Schulpädagogik und Bildungsplanung (München), wenn es die obersten Bildungsziele des Artikels 131 der Bayerischen Verfassung für den Unterricht zu operationalisieren versucht.

2. An der gegebenen Lebenswelt der Schüler (aktuelle Konflikte, Wahlentscheidungen, Alltagsprobleme) setzt das **Konzept der Wertklärung** an (vgl. Raths u. a. 1976 in Anlehnung an die Humanistische Psychologie). Die Schüler werden von der spontanen freien Wertentscheidung über die Suche und Prüfung von Alternativen sowie die Reflexion der Handlungskonsequenzen zur überlegten Vertretung ihrer Wertentscheidung geführt. Der Lehrer setzt hier dem Schüler kein vorab entschiedenes Wertesystem vor, sondern leitet ihn lediglich zur Auseinandersetzung mit alltäglichen Lebenssituationen an.
3. Hohe Anforderungen an die Schüler stellen die **systematische Wertanalyse** (z. B. Coombs/Meux 1971) und die auf Werte bezogene **Begriffsbildungsstrategie** (Hall 1979). Für die Wertdiskussion bedeutsame Informationen werden gesammelt, gewichtet, zueinander in Beziehung gesetzt und auf ihre Handlungskonsequenzen hin durchgespielt. Gerade auch für die Schüler erlebbare Gegenwartsprobleme wie Hochrüstung, Umweltprobleme, Arbeitsmarkt, Drogenmißbrauch u. a. erfordern den Diskurs und die Gewinnung eines durch gründliche Information gestützten Standpunkts.
4. Anlehnung an die gruppendynamische Praxis lassen die Unterrichtsprogramme „Lifeline" (Sekundarstufe II, 1972) und „Startline" (Grundschule, 1978) von Mc Phail u. a. erkennen. Ausgehend von alltäglichen Lebenssituationen arbeiten sie an der **Verbesserung der Kommunikationsfähigkeit,** sozusagen als Grundlage wertorientierten Verhaltens zueinander. Arbeitsschritte sind z. B. die möglichst unverstellte Wahrnehmung und Formulierung eigener und fremder Gefühle und Bedürfnisse, die situationsbezogene Interpretation von Absichten und Handlungen, die Rückkopplung von Handlungswirkungen an die Kommunikationspartner (Feedback), die Einübung in annehmbares Reagieren u. a. m.
5. Auf dem Gebiet der **Entwicklung moralischer Urteilsfähigkeit** haben bahnbrechende Arbeit vor allem Piaget, Dewey und Kohlberg (z. B. 1985) geleistet. Danach entwickelt sich das moralische Bewußtsein des Menschen in sechs aufeinanderfolgenden, nicht austauschbaren Etappen:
Vom ersten bis zum vierten Lebensjahr herrschen vor
- die „Orientierung an Strafe und Gehorsam" (maßgeblich für die Einschätzung einer Handlung sind ihre physischen Konsequenzen)
- und die „instrumentell-relativistische Orientierung" (richtiges Handeln wird erlebt als ein Ausgleich zwischen eigener und fremder Bedürfnisbefriedigung).

Zwischen dem vierten und achten Lebensjahr bilden sich heraus
- die „Orientierung an zwischenmenschlicher Übereinstimmung" (als richtiges Handeln wird die Anpassung an Verhaltenserwartungen praktiziert)
- und die „Orientierung an Gesetz und Ordnung" als Voraussetzung eines funktionierenden Zusammenlebens.

Ab dem achten Lebensjahr ist die Entwicklung des moralischen Urteils gekennzeichnet durch
- die „legalistische Orientierung am Gesellschaftsvertrag" (richtiges Handeln ist in dem Spannungsfeld zwischen allgemein anerkannten Werten, Normen und Regeln und deren Weiterentwicklung aufgrund kritischen Diskurses und auf der Hand liegender Nützlichkeit angesiedelt)
- und durch die „Orientierung an universalen ethischen Prinzipien", der Gerechtigkeit, der Gegenseitigkeit und Gleichheit der Menschenrechte, und auch an Prinzipien der Achtung vor der Würde des Menschen als je einzelner Person (nach Kohlberg).

Abgesehen davon, ob die fünfte und sechste Stufe der Entwicklung des moralischen Urteils überhaupt von allen Menschen erreicht wird, bewahrt die Kenntnis dieser Entwicklungsfolge den Lehrer einerseits vor Überforderung seiner Schüler, andererseits vermittelt sie ihm Hinweise für eine altersgerechte Förderung der Wertorientierung. K

Böhm 1986; Bosch 1986; Coombs/Meux 1971; Franke 1989; Hall 1979; Mc Phail u.a. 1972, 1978; Mokrosch 1987

Werthaltung → Werte

Wertschätzung

gilt als wesentliches Kriterium des sozialintegrativen → Erziehungsstils. Sie erwächst aus einer positiven erzieherischen Grundeinstellung, die das Kind bzw. den Jugendlichen als Person und Partner voll ernst nimmt, auch und gerade in seiner jeweiligen emotionalen Befindlichkeit. Wertschätzung muß der Bezugspartner spüren, Lippenbekenntnisse allein nützen ihm nichts, mangelnde Echtheit des Erziehers läßt sie unglaubwürdig werden. Wertvolle Informationen über die Beurteilung seiner Wertschätzung z. B. durch die betroffenen Schüler erhält der Lehrer u.a. durch regelmäßige → Feedbackgelegenheiten, durch informelle Tests zur Stimmung und Atmosphäre in der Lerngruppe und durch Metapherfragen wie „Der Lehrer behandelte mich heute wie..." oder „Ich empfand den Lehrer heute als..." K

Wetteifer

als das Bestreben, in der Erreichung eines Zieles, beim Nachweis von Fähigkeiten, im Kräftemessen besser als die Konkurrenten abzuschneiden, kann aus pädagogischer Sicht soweit bejaht werden, als dabei der Charakter eines **spielerischen** Wettstreits erhalten bleibt. Er wird in der Fachliteratur abgelehnt, wenn er in verbissenen Wettkampf einzelner oder von Gruppen gegeneinander umschlägt, zur Belastung für die Klassengemeinschaft wird oder wenn er gar zur Demotivierung und Diskriminierung der „Verlierer" führt.
Als Dauerproblem der Schulwirklichkeit fordert der offene oder versteckte Wettbewerb der Schüler um Noten und soziale Rangplätze die Bearbeitung durch → Metakommunikation heraus. K

Whole-Method (W-Method) → G-Methode (synonym)

Wiederholung

bedeutet die nochmalige bzw. mehrmalige Ausführung eines äußeren oder inneren Handlungsablaufs in unveränderter bzw. sinngemäßer Form. Die Wiederholung ist Mittel zum Zweck des → einprägenden Lernens und der → Übung. Sie sollte jeweils unter veränderten Aspekten oder Situationen erfolgen und entsprechend motiviert werden. Die Anzahl der Übungen richtet sich nach dem Adressatenkreis und dem Inhalt und Schwierigkeitsgrad des zu lernenden Stoffes. Im allgemeinen unterscheidet man zwischen **immanenter Wiederholung,** die den Lehrstoff in immer neuen und evtl. anderen Zusammenhängen wiederkehren läßt, und **systematischer Wiederholung,** die einen bestimmten Lehrstoff als Ganzes sieht und ins → Gedächtnis ruft. Um das Behalten von gelehrten und gelernten

Stoffen zu sichern, werden verschiedene Einprägeformen im Rahmen der Wiederholungen verwendet. Solche sind z. B. Teilwiederholungen nach einer Lehr- oder Lernphase, Zusammenfassungen, Gesamtwiederholungen am Ende einer Schulstunde oder → Unterrichtseinheit, die übergreifende Wiederholung nach mehreren Schulstunden oder Unterrichtseinheiten, die eine Zäsur setzen, wiederholendes Einprägen durch Hausaufgaben, Medien wie z. B. Kassettenrekorder, → Tests, → Referate u. a.
Durch handlungsbezogene, strukturierende und motivierende Wiederholungen wird die Behaltenssicherung und der Übungseffekt erhöht und erweitert.

Literatur vgl. bei → Übung!

→ Einprägendes Lernen → Programmierte Instruktion → Rekapitulation → Unterricht OK

Wiederholungsgesetz → Rekapitulationstheorie → Ontogenese

Wiederholungsprogramm

Es dient der Auffrischung gelernten Stoffes und der konzentrierten gerafften Stofferinnerung und -vertiefung.

→ Kriterienprogrammierung → Programmierte Instruktion O

Wiener Schule

hat sich vor allem als Bezeichnung für die tiefenpsychologischen Richtungen (→ Tiefenpsychologie) von S. Freud, A. Adler und V. E. Frankl eingebürgert. Aber auch der von Ch. Bühler initiierte Forscherkreis von Kinder- und Jugendpsychologen und die experimentelle Psychologie von H. Rohracher reklamieren diesen Namen für sich. K

Wilde Kinder → Wolfskinder

Wille, Willensbildung, Willensschwäche

Wille bezeichnet die Fähigkeit des Menschen, sich bewußt für eine bestimmte Handlung zu entscheiden und diese Handlung auch gegen Widerstände und Störfaktoren auszuführen. Die wesentlichen Determinanten von Willensakten sind also → Motivation und Steuerung. Von **Willensschwäche** ist zu sprechen, wenn Motivation und/oder Steuerung durch hirnorganische Schäden oder durch permanent unter- bzw. überfordernde Umwelteinflüsse nicht entwickelt oder gehemmt werden. Die Therapie besteht in solchen Fällen in einer individuell angemessenen, also differenzierenden Motivation, in der Vermittlung von Erfolgserlebnissen, in der langsam gesteigerten Übung von Konzentration und Ausdauer und in der Einübung in Situationen, die – mit steigenden Anforderungen – voll und ganz der individuellen Entscheidungsfreiheit überantwortet sind. Die gleichen Maßnahmen erweisen sich auch für die grundsätzliche **Willensbildung** als geeignet, bei der als zusätzliches Aufgabengebiet die Kenntnis und Anerkennung der Grenzen willentlicher Akte zu bedenken ist (Problem der Willensfreiheit).

Danner 1977; Dreher 1987; Fischel 1971; Keiler 1970; Keller 1968; Planck 1991; Schopenhauer 1977, 1986

→ Frustrationstoleranz K

Winnetka-Plan

Der Winnetka-Plan bezeichnet eine Form der Realisierung reformpädagogischer Ideen, wie sie Anfang des 20. Jahrhunderts von C. W. Washburne in Winnetka bei Chikago (USA) durchgeführt wurde. Wie andere pädagogische Reformpläne dieser Zeit (→ Dalton-Plan, → Jenaplan) knüpfte der Winnetka-Plan an die tragenden Kerngedanken der Reformpädagogik an, die vor allem die Kritik der überkommenen Bildung und ihrer Einrichtungen und die „Erziehung vom Kinde aus" forderten, welch letztere sich an der Individualität und Freiheit des Kindes orientiert.
Als Besonderheiten des Winnetka-Plans fallen auf:

- Individualisierung der Lernprozesse durch Lernaufgaben mit Anweisungen, die in individuellem Lerntempo bearbeitet werden können,
- → Projekte, die von den Schülern in Gruppenarbeit selbsttätig bewältigt werden,
- Schülerselbstregierung,
- weitgehendes Zurücktreten des Lehrers in die Position des Organisators von Lernprozessen. K

Wirtschaftserziehung

Kinder, Jugendliche und Erwachsene werden durch altersadäquate und geeignete Maßnahmen in den sinnvollen Umgang mit Werten (Geldwerte, Wertpapiere usw.), in wirtschaftliche Grundkenntnisse und in wirtschaftliches Denken eingeführt. Im Rahmen der Wirtschaftserziehung wird in besonderem Maße auch auf vernünftiges Konsumenten- bzw. Verbraucherverhalten hingewiesen. Banken und Sparkassen helfen bei der Wirtschaftserziehung durch das „Schulsparen", die „Jugendsparerziehung" und andere Maßnahmen mit.

Zarth 1987; vgl. auch bei → Verbrauchererziehung!

→ Verbrauchererziehung OK

Wirtschaftsgymnasium → Gymnasium → Berufliches Gymnasium

Wirtschaftspädagogik

Wirtschaftspädagogisches Gedankengut ist bereits im Altertum überall dort zu finden, wo Wirtschaft geplant und organisiert wurde und Menschen für Handwerk, Gewerbe und Handel aus- und weitergebildet worden sind. Mit dem Auf- und Ausbau von Klöstern und der Ausbildung von Kaufleuten im Mittelalter ergab sich eine enge Wechselbeziehung zwischen Erziehung, Ausbildung und wirtschaftlichem Geschehen. Der Ausdruck „Wirtschaftspädagogik" entstand erst zu Beginn des 20. Jahrhunderts.
Er stellt den umfassenden Begriff für alle Erziehungs- und Bildungsbemühungen dar, die sich mit sozialökonomischen und wirtschaftsberuflichen Bereichen befassen, und wird gegenwärtig als eine Forschungsrichtung im arbeitsteiligen System der Erziehungswissenschaften gesehen. Als ihre Grundlagenwissenschaft kann die Wirtschaftstheorie und als Determinanten können Sozial-, Politik-, Geschichts-, Arbeits-, Erziehungswissenschaften, Philosophie und Psychologie verstanden werden, deren jeweilige Forschungsergebnisse sie zu berücksichtigen hat.
Sie sieht ihre Aufgaben in der Berufsforschung, der Untersuchung der sich stets wandelnden Berufsbilder wirtschaftlicher Berufe, in den sich ändernden Bezug-

nahmen zur Berufsauffassung, den Spezialisierungstendenzen beruflicher Qualifikationen usw. Bedeutend ist für die Wirtschaftspädagogik außerdem die Interdependenz von Institutionen wie Schule und Betrieb und die curriculare Lehrplanentwicklung, die die Interessen beider berücksichtigt. Ferner verfolgt sie die Entwicklung einer gesamtdidaktischen Konzeption in ihrem Bereich, die Schaffung von Bildungsmodellen auf der Ebene Wirtschaft – Schule – Mensch – Einflußfaktoren (z. B. Ideologien) und beeinflußt die Ausbildung, → Fort- und → Weiterbildung in den wirtschaftswissenschaftlichen Fächern.
Als Berufswissenschaft ist die Wirtschaftspädagogik von Bedeutung in der Ausbildung zum Diplom-Handelslehrer. Sie erfüllt hier eine Integrationsfunktion in bezug auf die Verknüpfung von wirtschaftswissenschaftlichen Theorien, Inhalten mehrerer Studienfächer, betrieblicher Wirklichkeit mit wirtschaftsdidaktischen und pädagogischen Erwägungen der beruflichen Aus-, Fort- und Weiterbildung.
Als Zusatz- oder Wahlfach kann die Wirtschaftspädagogik auch studiert werden vom Diplom-Kaufmann, Diplom-Volkswirt und Diplom-Sozialwirt.

Becker/Pleiss 1988; Berke 1980; Bunk 1990; Maurer 1989; Pleiss 1973; Schmiel/Sommer 1985; Voigt 1977; Wirtschaftspädagogische Perspektiven (Reihe)

→ Berufspädagogik O

Wirtschaftsschulabschluß → Mittlerer Bildungsabschluß

Wirtschaftsschule

Die früheren Handels- und Wirtschaftsaufbauschulen wurde in Bayern in Wirtschaftsschulen umbenannt (GbSch vom 15 . Juni 1972). Die Wirtschaftsschule, die an die 6. oder 7. Klasse der Hauptschule anschließt, zählt als → berufsvorbereitende Schule zur Gruppe der → Berufsfachschulen. Sie umfaßt die Schülerjahrgänge 7 bis 10 und führt drei- und vierzügig zum Mittleren Bildungsabschluß. Sie vermittelt neben allgemeiner Bildung eine berufliche Grundbildung im Berufsfeld Wirtschaft und Verwaltung und bereitet auf entsprechende berufliche Tätigkeiten vor.
Die Wirtschaftsschule bietet zwei Wahlpflichtfächergruppen an:

1. Ausbildungsrichtung I mit Schwerpunkt in den Bereichen Rechnungswesen und Betriebsorganisation
2. Ausbildungsrichtung II mit Schwerpunkt in den Bereichen Wirtschaftsmathematik und Naturwissenschaften.

Nach Erwerb des Wirtschaftsschulabschlusses besteht die Möglichkeit des Besuchs anderer weiterführender Schulen, wie z. B. der → Fachoberschule, des → Gymnasiums (insbes. wirtschaftlicher Fachrichtung – in Bayern: Wirtschaftswissenschaftliches Gymnasium), anderer → Berufsfachschulen und nach Abschluß eines Ausbildungsverhältnisses oder einer einschlägigen Praktikantentätigkeit der → Berufsoberschule, des → Kollegs, → Abendgymnasiums oder einer → Fachakademie. OK

Wirtschaftswissenschaftliches Gymnasium → Gymnasium

Wissen

Alle Erfahrungen, → Einsichten, Kenntnisse, → Erkenntnisse und durch → Lernen, → Üben und Wiederholen erworbene Verhaltensweisen und damit die jederzeit

reproduzierbaren Denkinhalte, aus denen Urteile und Schlüsse gezogen werden können, stellen das jeweilige Wissen dar. Nach M. Scheler dient Wissen als **Leistungswissen** der äußeren Daseinsgestaltung, den technischen, beruflichen und lebenspraktischen Zwecken, als **Bildungswissen** der Formung der Persönlichkeitsstruktur und der Schaffung eines engen Verhältnisses zu kulturellen Werten, als **Heils-** oder **Erlösungswissen** dem Verständnis und der Begründung religiöser Existenz.
Der Wert des Wissens, auch des Schulwissens, ist um so größer, je weniger es isoliert steht und je stärker und inniger es in Zusammenhänge eingebunden wird, und sich der Gesamtpersönlichkeit einfügt.
In curricularen Lehrplanentwürfen wird Wissen gelegentlich auch nach seinem **Anforderungsgrad** unterschieden, z. B. (flüchtiger) Einblick, (orientierender) Überblick, genaue Kenntnis eines Sachverhalts und (umfassende) Vertrautheit.
Eine von M. Schelers Auffassung abweichende Einteilung des Wissens in verschiedene Arten liegt mit der an Logik und Wissenschaftstheorie orientierten Unterscheidung von deklarativem bzw. Faktenwissen, prozeduralem (auf Fertigkeiten beruhendem) Wissen, Regel- bzw. Strategiewissen und metakognitivem Wissen (Reflexion über das Wissen) vor. K

Bühl 1984; Heyer 1988; Müller 1991

Wissenschaftsdidaktik → Hochschuldidaktik

Wissenschaftsrat

Der Wissenschaftsrat wurde gemäß Abkommen zwischen Bund und Ländern vom 5. 9. 1957, zuletzt geändert am 28. 2. 1991, eingerichtet. Laut Artikel 2 dieses Abkommens hat der Wissenschaftsrat die Aufgabe, „im Rahmen von Arbeitsprogrammen Empfehlungen zur inhaltlichen und strukturellen Entwicklung der Hochschulen, der Wissenschaft und der Forschung zu erarbeiten, die den Erfordernissen des sozialen, kulturellen und wirtschaftlichen Lebens entsprechen. Die Empfehlungen sollen mit Überlegungen zu den quantitativen und finanziellen Auswirkungen und ihrer Verwirklichung verbunden sein. Im übrigen hat der Wissenschaftsrat die ihm durch besondere Vorschriften, insbesondere durch das Hochschulbauförderungsgesetz übertragenen Aufgaben. Der Wissenschaftsrat hat ferner die Aufgabe, auf Anforderung eines Landes, des Bundes, der Bund-Länder-Kommission für Bildungsplanung und Forschungsförderung oder der Ständigen Konferenz der Kultusminister der Länder gutachtlich zu Fragen der Entwicklung der Hochschulen, der Wissenschaft und der Forschung Stellung zu nehmen."
Artikel 4 legt fest:
„(1) Der Wissenschaftsrat besteht aus 54 Mitgliedern. Die Mitglieder sollen Wissenschaftler oder anerkannte Persönlichkeiten des öffentlichen Lebens sein oder durch ihre dienstliche oder Berufstätigkeit der Wissenschaft und ihrer Förderung nahestehen.
(2) 32 Mitglieder beruft der Bundespräsident, und zwar 24 auf gemeinsamen Vorschlag der Deutschen Forschungsgemeinschaft, der Max-Planck-Gesellschaft, der Hochschulrektorenkonferenz und der Arbeitsgemeinschaft der Großforschungseinrichtungen und acht auf gemeinsamen Vorschlag der Bundesregierung und der Landesregierungen. Diese Mitglieder werden auf drei Jahre berufen; Wiederberufung ist zulässig."

(3) 22 Mitglieder werden von den Regierungen des Bundes und der Länder entsandt, und zwar entsenden die Bundesregierung sechs Mitglieder, die Länderregierungen je ein Mitglied. Für jedes Mitglied ist ein ständiger Vertreter zu bestellen.
Die persönlichen und sachlichen Ausgaben werden je zur Hälfte vom Bund und von den Ländern getragen. K

Wissenschaftstheorie, Wissenschaftsphilosophie

behandelt nach W. Stegmüller (1983) „philosophische Fragen, welche unmittelbar die einzelwissenschaftliche Erkenntnis betreffen". (Seite XXII) Ihre „Diskussion und evtl. Lösung hat ganz unabhängig davon Bestand, ob diese Diskussionen für die Spezialforschung von Nutzen sind, diese verbessert, auf ein höheres Niveau hebt." (Seite XXIII) Empirische Wissenschaftstheorie versteht sich als „Metatheorie der Erfahrungserkenntnis". Sie versucht, für die Argumentation im einzelwissenschaftlichen Bereich das exakte und logisch einwandfreie Instrumentarium zu liefern.
Gegenstand der wissenschaftstheoretischen Diskussion sind z. B. Funktion und exakter Gebrauch von Kausalgesetzen, von Vorgängen wie Beschreibung und Erklärung, von modellhaften Systemen, von → Metasprachen u. a. m. K

Adorno u. a. 1972; Albert 1991; Bouillon/Anderssen 1991; Bubner u. a. 1985; Carnap 1959; Flach 1979; Hoyningen-Huene/Hirsch 1988; Janich u. a. 1974; Kambartel 1974; Kamlah/Lorenzen 1990; König/Zedler 1983; Leinfellner 1980; Pannenberg 1987; Petersen-Falshöft 1979; Popper 1989; Seiffert 1985–1991; Seiffert/Radnitzky 1992; Speck 1980;

Wochenarbeitsplan → Unterrichtsplanung

Wohlfahrtsverbände, freie

ergänzen die öffentliche Fürsorge durch stationäre Einrichtungen (z. B. Heime, Krankenhäuser), Tageseinrichtungen (z. B. Kindergärten) und ambulante Fürsorge (z. B. ambulante Krankenpflege, Beratungsstellen).
Zu ihnen gehören Arbeiterwohlfahrt, Deutscher Caritasverband, Deutscher Paritätischer Wohlfahrtsverband, Deutsches Rotes Kreuz, Diakonisches Werk und Zentralwohlfahrtsstelle der Juden in Deutschland. K

Wolfskinder

verdanken ihren Namen ungesicherten Berichten, wonach Kinder im Dschungel Indiens ausgesetzt wurden und in der Wildnis heranwuchsen. Ein ähnlicher Fall wurde in Frankreich nach der französischen Revolution bekannt (der Wilde von Aveyron) und in Deutschland der vielbeachtete Fall des Kaspar Hauser (aufgetaucht 1828). Alle diese Kinder erlernten nicht oder nur sehr unvollkommen die Sprache und starben in jungen Jahren.
In neuerer Zeit ist von wilden Kindern die Rede, wenn solche – oft über Jahre hinweg eingesperrt und vernachlässigt – in der Öffentlichkeit auftauchen. K

Singh 1964

Workshop

im Englischen mit der vorrangigen Bedeutung von Werkstatt, Arbeitsstätte, bezeichnet einen Kurs, eine Arbeitsgruppe bzw. einen Arbeitskreis, in dem die Mit-

glieder in Selbststeuerung ihre Aktivitäten z. B. Meinungen und Erfahrungen austauschen, sich bei der Einübung in berufsspezifische neue Techniken gegenseitig unterstützen und an der Bewältigung gemeinsamer Probleme arbeiten. Die Selbststeuerung der Gruppenaktivität und die dabei notwendige Beachtung des Beziehungsaspekts der Kommunikation bedingen den Einbezug gruppendynamischer Methoden.
Wenn nicht ausdrücklich Sachorientierung der Zusammenarbeit vereinbart wurde, ist der Übergang vom Workshop zur → Balintgruppe fließend. K

Pallasch/Reimers 1990

Wortgutachten

soll im Übertrittsverfahren an weiterführende Schulen die Anlagen, Neigungen und Fähigkeiten des Schülers beschreiben und zusammenfassend beurteilen. Zu folgenden Gesichtspunkten können exakte und durch Beobachtungen belegbare Aufzeichnungen wichtig und hilfreich sein (vgl. Honal 1983f., Artikel „Übertrittsberatung"):

a) allgemeines Lernverhalten (kognitive Fähigkeiten), z. B. Auffassen, Betrachten, Vergleichen, Behalten, Abstrahieren, Kombinieren, Verbalisieren, reproduktives und produktives Denken (Problemlösen), Übertragen;
b) Lernbereitschaft, z. B. Einstellung zur Schularbeit, Arbeitshaltung, Anstrengungsbereitschaft, Ausdauer, besondere Interessen;
c) Individual- und Sozialverhalten, z. B. Grundstimmung, Gefühlsleben, Werteinstellung, Kontaktfähigkeit, Verhalten in der Gruppe;
d) Besonderheiten der körperlichen und gesundheitlichen Verfassung, soweit sie für den Schulerfolg bedeutsam sein können;
e) besondere Schwierigkeiten beim Erlernen des Lesens und Rechtschreibens;
f) Besonderheiten des Schulverhältnisses, z. B. erschwerende Umstände wie Schul- oder Lehrerwechsel. K

Wortgutachten u. Schülergutachten 1991

Würzburger Schule

Die Würzburger Schule vertritt eine Richtung der Denkpsychologie, die von O. Külpe (1862–1915) begründet wurde. Sie wandte sich mit Hilfe der systematisch experimentierenden → Introspektion gegen die Lehre der Assoziationspsychologie, wonach Denken ausschließlich als Verbindung von → Vorstellungen erklärt wird. Demgegenüber stellte die Würzburger Schule die bestimmende Zielgerichtetheit der Denk- und Willensakte heraus.

Külpe 1922, Ronco 1963

→ Wille K

Xenologie → Okkultismus (synonym)

Xenophobie

bedeutet krankhaft gesteigerte Furcht vor fremden Menschen, Dingen oder Situationen, aber auch die daraus resultierende Fremdenfeindlichkeit.

→ Phobie K

Yoga

ist eine in Indien auf dem Boden des Hinduismus und Buddhismus entwickelte Praxis geistiger Konzentration, die auf Beherrschung des Körpers und Befreiung des Geistes abzielt. Der „Heilsweg“ der Befreiung des Geistes schreibt acht Stufen vor:

1. Moralisches Wohlverhalten
2. Äußere und innere Reinheit
3. Einnehmen bestimmter Körperhaltungen
4. Regelung des Atems
5. Abwenden der Sinnesorgane von den Objekten
6. Festlegen des Denkens auf einen bestimmten Punkt
7. Meditation
8. Versenkung

Der später entstandene Hatha-Yoga will den Menschen durch „gewaltsame Anstrengungen“ in Form körperlicher Übungen reinigen. Gemilderte Formen des Yoga werden heute im Westen als → Entspannungstechniken praktiziert.

Aurobindo 1991; Boyes 1986; Lobo 1991; Petersen 1990; Saraswati 1985; Weiss 1992

→ Meditation → Zen-Meditation K

Youth Movement

Der Begriff, der nur bedingt mit „Jugendbewegung“ im Sinne der gleichen deutschen Bezeichnung übersetzt werden kann, bezieht sich auf die britischen Jugendverbände und Jugendpflegeorganisationen. Im Youth Movement sind vorwiegend Pfadfinder und clubmäßige Gruppen zusammengeschlossen.

→ Jugendbewegung → Wandervogel O

Zeichen → Semiotik

Zeichensprache → Chirologie

Zeit, Zeitbewußtsein

Zeit ist nach Heidegger weder im Subjekt noch im Objekt, sondern früher als diese, da sie die Bedingung der Möglichkeit selbst für dieses „früher“ darstellt. Im menschlichen Erleben, also subjektiv betrachtet, ist sie ein an einem Bezugssystem (z. B. der Uhr) orientiertes Bestimmungsverhältnis im Nacheinander von Geschehnissen, das einigermaßen berechenbare Zuverlässigkeit im Leben einer Gesellschaft garantiert und von immer neuer Zeitbestimmung entlastet. Das **Zeitbewußtsein** als der Planung zugängliches Erleben der Zeit setzt Vorstellungsfähigkeit und Abstraktion vom gegenwärtigen Geschehen voraus. Es orientiert sich beim Kleinkind zunächst an räumlichen, situativen und emotional bedeutsamen Erfahrungen, z. B. an Handlungsketten und ihren Folgen, an den Mahlzeiten, an Weihnachten usw. Zukunftsbezogene Bezeichnungen lernt das Kind in der Regel eher (mit ca. zweieinhalb Jahren) als jene für die Vergangenheit (ab ca. drei Jahren). Die Wochentage kennt das Kind sicher mit fünf Jahren, die Monate und die Uhrzeit mit ca. sieben Jahren, geschichtliches Zeitverständnis entwickelt es erst ab dem 12. Lebensjahr. K

Zeitadaptivität

bezeichnet die Anpassung eines Lernprozesses an das individuelle Arbeitstempo des Lernenden. In der Regel bedeutet diese Möglichkeit für den Schüler Zeitgewinn beim Lernprozeß, da er durch die zeitliche Anpassung der Lernaufgaben an sein Leistungsniveau dauernd aktiviert bleibt und nicht durch zu rasch aufeinanderfolgende Lernschritte überrollt oder durch Unterforderung gelangweilt aufgibt. Die Zeitadaptivität ist neben der → Wegadaptivität (= Weganpassung) v. a. wesentliches Kennzeichen des → Computerunterstützten Unterrichts und der → Programmierten Instruktion. Es sei in diesem Zusammenhang nicht die Gefahr verschwiegen, daß die Möglichkeit der Bestimmung des eigenen Arbeitstempos z. B. in der Programmierten Instruktion den Schüler gelegentlich zum Bummeln verführen kann oder ihn zumindest hinter dem ihm möglichen Lerntempo zurückbleiben läßt. Dieser Gefahr könnte eine kontinuierliche Auswertung des Lern- und Problemlöseverhaltens des Schülers entgegenwirken. K

Zen-Meditation

ist die auf dem chinesischen und japanischen Buddhismus beruhende meditative Praxis, die mit Hilfe der Kontemplation im Lotussitz, beherrschter Atemübungen und mystischer Versenkung die intuitive Erleuchtung des Geistes anstrebt. Gegenstand der Meditation sind paradoxe, d. h. unauflösbare Sachverhalte.

Chang 1982; Dumoulin 1984, 1986; Enomiya-Lasalle 1987

→ Autogenes Training → Entspannungstechniken → Meditation → Yoga K

Zensur → Leistungsbewertung → Schülerzeitung (dort Meinungszensur)

Zensus

Die in der altrömischen Zeit durch Beamte (Zensoren) vorgenommene Schätzung der Bürger nach ihrem Vermögen wurde Zensus genannt. In der heutigen Zeit befaßt sich ein Zensus im Sinne einer Erhebung oder Befragung mit allen Daten, die sich auf die Bevölkerung einer Nation oder eines Landes beziehen. Durch einen staatlichen Zensus, der die Mehrzahl aller Bürger erfaßt, sollen z. B. wesentliche demographische, soziale und wirtschaftliche Sachverhalte und ihre Veränderungen festgestellt werden. Da eine Erhebung, die alle Bürger befragt, sehr kostenaufwendig ist, wird, um bestimmte Tatbestände kontinuierlich überprüfen zu können, das Verfahren des **Mikrozensus** angewendet. Das bedeutet, es werden Teilerhebungen über dasselbe Problem mehrmals jährlich an etwa 1% der Bevölkerung durchgeführt und damit Ergebnisse und Veränderungen rascher fortgeschrieben. O

Zentralisation → Differenzierung (2.)

Zentralstelle für Fernunterricht

Fernunterricht und → Fernstudium werden von verschiedenen Rechtsträgern durchgeführt. Schulaufsichtliche Einflußmöglichkeiten auf fachliche Inhalte, Umfang, Ziel und pädagogisch-didaktische Ausrichtung der Lehrgänge sind gering. Um eine Übersicht und Kontrollmöglichkeit über die auf dem Markt angebotenen Lehrgänge zu erhalten, errichteten die Bundesländer mit Staatsvertrag vom

30. Oktober 1969 eine Zentralstelle für Fernunterricht in Köln. Dort kann jedes Fernlehrinstitut die Überprüfung seiner Lehrgänge auf Inhalte, Lernziele, didaktische Abläufe, Art der Fernbetreuung und die Eignung zur Vorbereitung auf staatlich anerkannte Abschlüsse vornehmen lassen.

→ Deutsches Institut für Fernstudien → Erwachsenenbildung → Fernuniversität → Fernunterrichtsschutzgesetz → Weiterbildung O

Zertifikat → Zeugnis (synonym)

Zeugnis

ist allgemein die Bescheinigung einer amtlichen Stelle oder eines Arbeitgebers, die Aussagen über bestimmte Qualifikationen einer Person oder rechtsbedeutsame Tatsachen über sie enthält.
So erhalten → Auszubildende bei Beendigung des Berufsausbildungsverhältnisses ein Zeugnis, das Auskunft gibt über Art, Dauer und Ziel der Berufsausbildung und über die vom Auszubildenden erworbenen Kenntnisse und Fähigkeiten.
Ein Ehefähigkeitszeugnis wird Ausländern vor der Eheschließung abverlangt, das – nach den Gesetzen des Heimatlandes – ein Ehehindernis ausschließt.
Vgl. auch → Führungszeugnis!

Auch staatliche **Schulzeugnisse** sind rechtswirksame Urkunden, die Angaben über die Schule, den Schüler, die unterrichteten Fächer, die erreichten Noten und evtl. Berechtigungen sowie über außerordentliche Leistungen des Schülers (z. B. als Schülerlotse) enthalten.
Die Anlagen, Lernstil, Mitarbeit und Sozialverhalten des Schülers würdigenden **Zeugnisbemerkungen** müssen – unter Einschluß nachteiliger Aussagen – sachlich richtig sein, in Entlassungs- und Abschlußzeugnissen sollen allerdings Bemerkungen unterbleiben, die sich auf den Berufsweg des Schülers negativ auswirken könnten. Es werden unterschieden

- Zwischenzeugnisse (in der Mitte des Schuljahres zur Information des Schülers und der Erziehungsberechtigten über die Leistungsfortschritte des Schülers),
- Jahreszeugnisse (am Ende eines Schuljahres, verbunden mit der Berechtigung oder Verweigerung des Vorrückens in die nächste Jahrgangsstufe),
- Übertrittszeugnisse (zum Wechsel an eine weiterführende Schule),
- Abschlußzeugnisse (am Ende eines Bildungsganges in einer bestimmten Schulart, z. B. Abiturzeugnis),
- Abgangs- oder Entlassungszeugnis (bei nicht erfolgreich bestandener Abschlußprüfung, aber geleisteter Schulpflicht).

Zur Problematik des Sitzenbleibens vgl. → Leistungsversagen und → Schulversagen!

→ Gutachten → Wortgutachten K

Zieldiskrepanz

Sie bezieht sich auf eine Nicht-Übereinstimmung, auf ein Diskrepanzverhältnis. In der Leistungsmotivationsforschung bedeutet Zieldiskrepanz die Differenz zwischen angestrebtem „Soll-Wert" und „Ist-Wert", die Abweichung der → Leistung von einem gesetzten Leistungsziel. Liegt die erbrachte Leistung oberhalb der zur Erreichung des Leistungszieles festgelegten mittleren Zielsetzungshöhe, so spricht man von einer **positiven Zieldiskrepanz,** liegt sie darunter, von einer **negativen Zieldiskrepanz.** O

Zielerreichendes Lernen → Mastery Learning

Zielidentifikation

Ein Ziel ist als der erstrebenswerte Bezugspunkt für Aktivitäten eines Organismus zu verstehen. Um als Aktivität auslösender → Reiz wirksam werden zu können, muß z. B. das Ziel eines Lernprozesses als brauchbar und erreichbar identifiziert sein, d. h. eindeutig und für den Lernenden durchschaubar geklärt sein. K

Zirkelschluß

Im Zirkelschluß wird das, was bewiesen werden soll, als Beweisargument verwendet. Ein Zirkelschluß liegt z. B. vor, wenn übertriebenes Anpassungsverhalten auf bestimmte erzieherische Einflüsse zurückgeführt wird, die ihrerseits Ergebnis eines überangepaßten Verhaltens des Erziehers sind. K

Zivilisation → Kultur

Zoophilie → Sodomie

Zuchtmittel

kann das Jugendgericht bei Straftaten von Jugendlichen ergreifen, für die Erziehungsmaßnahmen nicht ausreichen, die Jugendstrafe aber als zu hart erscheint. Als Zuchtmittel kommen in Frage

- die Verwarnung (als Appell an das Verantwortungs- und Ehrgefühl),
- der → Jugendarrest und
- die Erteilung von Auflagen (z. B. Wiedergutmachung des verursachten Schadens, Zahlung eines Geldbetrages an eine gemeinnützige Einrichtung, Entschuldigung beim Verletzten u. a.).

→ Züchtigung K

Züchtigung

als körperliche Bestrafung steht ausschließlich den **Inhabern der elterlichen Sorge,** also den Eltern oder dem → Vormund zu, allerdings mit der – schwer nachzuprüfenden – Einschränkung, daß sie nicht entwürdigend und damit unzulässig ist.
In der Schule ist körperliche Züchtigung jedweder Art, also auch Ziehen an den Haaren oder Ohren, untersagt. Bei Zuwiderhandlung muß der Lehrer mit disziplinarrechtlichen Maßnahmen und mit strafrechtlicher Verfolgung rechnen.
Auch **Arbeitgebern und Ausbildern** ist die körperliche Züchtigung Jugendlicher verboten; außerdem sind sie verpflichtet, die bei ihnen beschäftigten Jugendlichen vor körperlicher Züchtigung und Mißhandlung durch andere Betriebsangehörige zu schützen.

→ Kindesmißhandlung → Zuchtmittel K

Zufallsexperiment → Zufallsstichprobe

Zufallsstichprobe

In diesem Bereich ist die → Statistik auf die Wahrscheinlichkeitstheorie und deren mathematische Methoden angewiesen, insofern Schlußfolgerungen (= Inferenzen) aufgrund unbewiesener Behauptungen oder Hypothesen unter Einbeziehung ihrer möglichen Folgen gezogen werden sollen (Inferenzstatistik) bzw. eine Hypothese mit Hilfe statistischer Tests (= Signifikanztests) zufallskritisch überprüft werden soll.

Literatur vgl. bei Signifikanz!

→ Signifikanz → Stichprobe K

Zukunftsforschung

dient der Verbesserung von Vorhersagen möglicher Entwicklungen in dynamischen Systemen wie z. B. der → Bildungsplanung.
Grundsätzlich werden vier Arten von Methoden der Zukunftsforschung unterschieden:

- Die **explorativen Methoden** erkunden – von der gegenwärtigen Situation ausgehend – mögliche Entwicklungen in die Zukunft.
- Die **normativen Methoden** erkunden die möglichen Wege von einem gegebenen wünschenswerten Ziel rückwärts in die Gegenwart, also entgegen dem zeitlichen Ablauf.
- Das → **Feedback-Verfahren** bedient sich in Rückkopplungsprozessen sowohl der explorativen als auch der normativen Methoden.
- Das **intuitive Denken** setzt sich mit den gegebenen Aufgaben unmittelbar, unabhängig von den Regeln einer bestimmten Methode und von den Gesetzmäßigkeiten strenger Reflexion auseinander.

Harnier (1990) stellt die folgenden Methoden der Zukunftsforschung zusammen:

Methode	**Einordnung**
Brainstorming „Delphi"-Methode Utopie und Science-Fiction	Intuitives Denken

Extrapolation von Zeitreihen
  analytische Modelle
  phänomenologische Modelle
Lernkurven
Diagramme von Zusammenhängen
Morphologische Untersuchungen
Scenario-Methode und Annäherung durch Synopse
Historische Analogien
Probabilistische Vorhersagen, z. B. Monte Carlo-Verfahren
Ökonomische Analyse, z. B. Risiko-Abschätzung
Funktionsmodelle, z. B. Simulationsspiele
Globalrechnungen
	Explorative Vorhersagen

Methode	Einordnung
Horizontale Entscheidungsmatrizen Vertikale Entscheidungsmatrizen Operations-Research Entscheidungstheorie Integrierte Relevanzbaum-Schemata Netzplantechnik Spiele (strategische) Systemanalysen	Normative Vorhersagen
Feedback-Methoden Integrierte Datenbanksysteme	Feedback

Harnier 1990

K

Zurückstellung vom Schulbesuch → Einschulung → Schulfähigkeit

Zusammenfassende Wiederholung → Rekapitulation → Wiederholung

Zusatzausbildung
beschreibt innerhalb des staatlichen Schulwesens eine in der Regel zweijährige berufsbegleitende Fortbildungsmaßnahme, durch die eine genau bezeichnete Adressatengruppe für spezielle Aufgaben ihres Berufsfeldes ausgebildet werden soll. Sie setzt mehrjährige Berufserfahrung voraus und findet wegen der sofortigen Umsetzung der theoretischen Erkenntnisse in die Praxis in der berufsbegleitenden Form statt, wobei ein- bis zweiwöchige Vollzeitkurse in regelmäßigen Abständen für die theoretische Grundlegung, → Supervisionsmaßnahmen in der beruflichen Praxis für den angemessenen Praxisbezug sorgen.
Die Zusatzausbildung schließt mit theoretischen und praktischen Prüfungen und einem Zeugnis ab. Der Zugewinn an beruflicher Qualifikation führt in der Regel zu besoldungsmäßiger Höhergruppierung.
Z. B. in Bayern werden je nach Bedarf in unregelmäßigen Abständen berufsbegleitende Zusatzausbildungen für das Personal für heilpädagogische Unterrichtshilfe an → Schulvorbereitenden Einrichtungen durchgeführt. K

Zuverlässigkeit → Reliabilität (synonym)

Zwangsaggregat
Der Begriff des Zwangsaggregates, bezogen auf die Schule, bedeutet, daß z. B. Schüler nach zufälligen Kriterien wie gleiches Alter, gleiche Konfession, gleicher Wohnort in gemeinsamen Klassen zusammengefaßt werden. Sie unterliegen einer Zwangsmacht, die determinierend wirkt und die Verhaltensweisen durch von außen kommende Einflüsse (z. B. behördliche Bestimmungen) zwingend festlegt. O

Zwangsmacht → Zwangsaggregat

Zwangsneurose

Die Neurosentheorie nimmt an, daß → Neurosen auf innere Konflikte, auf Fehlverhalten und Fehlanpassungen an die Erfordernisse der sozialen → Umwelt zurückzuführen sind. Auf Grund der Symptome und Ursachen unterscheidet man verschiedene Neuroseformen, von denen die **Zwangsneurose** eine ist. Bei ihr unterliegt der Kranke Zwängen, von denen er geleitet wird, und die ihn zu Zwangsvorstellungen und Zwangshandlungen veranlassen, wie z. B Waschzwang, übertriebener Ordungszwang, obwohl er deren Unsinnigkeit und Unrichtigkeit einsieht. Er führt die Zwangshandlungen jedoch durch, um evtl. Angstzuständen vorzubeugen oder solche zu beseitigen. Zwangsneurotische Personen konnten entsprechend der Psychoanalyse im 2. und 3. Lebensjahr ihr Ich nicht ausreichend entwickeln. Das Ich wird durch das Über-Ich, das mit Verboten und Geboten der Erziehenden beladen ist, erdrückt. Das Ich wird überlagert und zu stark in Abhängigkeit von Über-Ich und Es gebracht. Das geschwächte und sich bedroht fühlende Ich entwickelt ein überhöhtes und gesteigertes Bedürfnis nach Absicherung und Sicherheit. Eine solche „zwangsneurotische Persönlichkeit" kann nicht mit Selbstbewußtsein, Initiative oder Mut auf die Anforderungen ihrer Umwelt reagieren und sie empfindet vor allen an sie herankommenden Problemen Angst. Sie versucht die Welt in ein festes Vorstellungs- und Gedankenschema zu pressen, ihre Unsicherheit durch Ersatzhandlungen auszugleichen und bemüht sich, durch künstlich konstruierte Vorstellungen den Schwierigkeiten und unangenehmen Aufgaben des Lebens aus dem Weg zu gehen. Der Zwangsneurotiker handelt im allgemeinen nicht, sondern grübelt und sucht nach möglichen Ersatzhandlungen.

Benedetti 1989; Fenichel 1989; vgl. auch bei → Neurose!

→ Ich – Es – Über-Ich → Psychoanalyse O

Zweigschule

Im Rahmen der 2. Phase der Lehrerbildung, dem Vorbereitungsdienst, wird als Zweigschule diejenige Schule bezeichnet, an der ein Studienreferendar (→ Referendar) nach dem ersten praktischen Einsatz an einer → Seminarschule erstmals selbständig Unterricht erteilt. Die Stundenzahl ist auf etwa 12 Wochenstunden begrenzt. Ein Betreuungslehrer steht ihm während dieser Zeit beratend zur Seite.

→ Lehrerausbildung → Lehrerbildung → Vorbereitungsdienst O

Zwei-Komponenten-Theorie

Sie untersucht den theoretischen Ansatz, der den → Unterricht als → Interaktion der beiden Komponenten Basisschicht (→ Basisfaktoren) und didaktische Überformung sieht.

→ Basisfaktoren O

Zweiter Bildungsweg → berufsbezogener Bildungsweg

Zweiwortsatz

folgt in der → Sprachentwicklung des Kindes auf den → Einwortsatz und zwar im Alter von ca. eineinhalb bis zwei Jahren. Er entsteht durch Aneinanderreihung zweier Einwortsätze, z. B. „Puppe atta" kann bedeuten: „Ich will mit meiner Puppe nach draußen gehen".

Im Alter von ca. zwei bis zweieinhalb Jahren werden die Zweiwortsätze fließend in **Mehrwortsätze** übergeführt: „Oma tommt Lade bringt" kann bedeuten: „Oma ist gekommen und hat Schokolade mitgebracht". Hauptmerkmale der Zwei- und Mehrwortsätze sind:

- Die telegraphische Sprache, die Artikel, Hilfsverben, Konjunktionen und Präpositionen wegläßt und nur aufgrund der Gesamtsituation eindeutig interpretiert werden kann.
- Das Kind lernt als erstes grammatikalisches Merkmal, daß in der Wortordnung Verben am Satzende stehen, und das Subjekt vor dem Objekt kommt.
- Kleinkinder neigen zu spielerischen Wortwiederholungen, denen keine kommunikative Absicht zugrundeliegt.
- Die Aussagemöglichkeiten werden erweitert, z. B. Ortsangabe („Balla hier"), Verneinung („net schimpfen"), Besitzangabe („Papa Hut"), Wiederholung („mehr haben"), Eigenschaftsbezeichnung („kleines Ball").
- Das Kind beginnt, sich auf Vergangenes zu beziehen, z. B. „Michi weint" = Michael hat geweint.

Die Mutter unterstützt diese Phasen der Sprachentwicklung intuitiv durch die sog. **Ammensprache:**

- Schwierige Laute werden durch einfache ersetzt.
- Neue Information wird durch Betonung hervorgehoben.
- Pronomen der ersten und zweiten Person werden durch Eigennamen ersetzt.
- Phrasen- und Satzgrenzen werden durch längere Pausen voneinander getrennt.
- Kurze Sätze werden bevorzugt.
- Worte und Satzteile werden wiederholt.
- Es wird ein begrenzter, kindgemäßer Wortschatz gewählt.
- Die Tonhöhe der Rede an das Kind ist höher als sonst.
- Es besteht die Neigung, den Sprechton am Satzende anzuheben. K

Literatur vgl. bei → Sprachentwicklung!

Zwergschule → Mittelpunktschulen

Zwillingsforschung

Die Zwillingsforschung ist eine Methode der → Genetik. Der klassische Ansatz der Zwillingsforschung ist der Vergleich des Verhaltens zweieiiger (ZZ) und eineiiger (EZ) Zwillinge in gleichen Situationen. Während ZZ genetisch zwei verschiedene Individuen sind, ist die Erbanlage der EZ völlig identisch (eine Eizelle wird von einem Samenfaden befruchtet). Der Zweck des Verhaltensvergleichs zwischen ZZ und EZ ist der, den Anteil der Vererbung an der Entwicklung psychischer und körperlicher Eigenschaften und Merkmale (z. B. Intelligenz, Konstitution, Wachstum) festzustellen.

Bereits F. Galton (1822–1911), der Begründer der Zwillingsforschung, formulierte als Grundaxiom dieser Wissenschaft: Wenn Zwillinge genetisch identisch sind, müssen alle Unterschiede, die zwischen ihnen festgestellt werden, das Werk ihrer Umwelt sein.

Auf A. Gesell geht der Ansatz in der Zwillingsforschung zurück, nach dem Einfluß erzieherischer Maßnahmen auf Reifungsprozesse zu fragen. Gesell setzte einen Zwilling von EZ einem Intensivtraining im Treppensteigen aus, während der andere Zwilling (= Kontrollzwilling) nicht eigens trainiert wurde. Als Befund ergab sich, daß der Kontrollzwilling den gewonnenen Vorsprung seines Zwillingspartners durch nicht eigens geförderte → Reifung mit der Zeit wieder aufholte. Ferner stellte sich heraus, daß auch bei EZ der Reifungsvorgang insgesamt nicht völlig gleich verläuft.

R. Zazzo führte wiederum eine neue Fragestellung in die Zwillingsforschung ein, nämlich die Frage nach dem wechselseitigen Einfluß der Paar-Existenz von EZ und der individuellen Persönlichkeitsentwicklung der einzelnen Zwillingspartner.

K

Literatur

Achtnich, E. (Hrsg.): Konflikte in der Kindergruppe. ...Anregungen zum Spielen, Erzählen, Gestalten. Offenbach 1983[3]
Ackerknecht, L. K.: Individualpsychologische Kinder- und Jugendpsychotherapie. München 1982
Ackermann, H.: Informationstechnische Bildung. Im Spannungsfeld von Politik, Bildungsverwaltung u. Pädagogik. Leverkusen 1992
Adam, E.: Kritik der kybernetischen Pädagogik. Paderborn 1978
Adam, G.: Empfindung, Bewußtsein, Gedächtnis. Frankfurt 1980
Adameit / Heidrich / Möller / Sommer: Grundkurs Verhaltensmodifikation. Ein handlungsorientiertes einführendes Übungsbuch für Lehrer und Erzieher. Weinheim 1983[3]
Adick, Ch. / Reiling, J. W.: Sozialisationsprozesse im Jugendalter: Generationskonflikte. Stuttgart 1979
Adl-Amini, B. / Künzli, R. (Hrsg.): Didaktische Modelle der Unterrichtsplanung. Weinheim 1991[3]
Adler, Alexandra: Individualpsychologie. Anleitung zur Praxis. Frankfurt (Fischer-Tb.) 1990
Adler, A.: Die Technik der Individualpsychologie. 2 Bde. Frankfurt (Fischer-Tb.) 1987 und 1988
Adler, A.: Praxis und Theorie der Individualpsychologie. Frankfurt (Fischer-Tb.) 1989[7]
Adler, A.: Über den nervösen Charakter. München 1912, Frankfurt (Fischer-Tb.) 1990[10]
Adler, A.: Individualpsychologie i. d. Schule. Frankfurt (Fischer-Tb.) 1991[6]
Adorno, Th. W.: The Authoritation Personality. New York 1950
Adorno, Th. W.: Zum Bildungsbegriff der Gegenwart. Frankfurt/M./München 1967
Adorno, Th. W.: Jargon der Eigentlichkeit. Frankfurt 1973
Adorno, Th. W.: Kritik. Kleine Schriften zur Gesellschaft. Frankfurt/M. 1973
Adorno, Th. W.: Gesammelte Schriften. 20 Bände. Frankfurt 1973–1986
Adorno, Th. W.: Negative Dialektik. Frankfurt 1975
Adorno, Th. u. a.: Der Positivismusstreit i. d. deutschen Soziologie. Frankfurt 1989[13]
Aebli, H.: Psychologische Didaktik. Stuttgart 1976[6]
Aebli, H.: Denken: das Ordnen des Tuns. 2 Bde. Stuttgart 1980, 1981
Aebli, H.: Grundlagen des Lehrens. Eine Allgemeine Didaktik auf psychologischer Grundlage. Stuttgart 1987
Aebli, H.: Zwölf Grundformen des Lehrens. Stuttgart 1990[5]
Aebli, H.: Über die geistige Entwicklung des Kindes. Stuttgart 1975[4], Frankfurt (Fischer-Tb.) 1989
Affolter, F. D.: Wahrnehmung, Wirklichkeit und Sprache. Villingen-Schwenningen 1987
Aichhorn, A.: Erziehungsberatung und Erziehungshilfe. Wiesbaden 1972
Aichhorn, A.: Verwahrloste Jugend. Die Psychoanalyse i. d. Fürsorgeerziehung. Bern 1987[10]
Aimiller, K. u. a. (Hrsg.): Fernsehen und Jugend. Eine Bibliographie internationaler Fachliteratur 1969–1989. München 1989
Akademie der Pädagogischen Wissenschaften der UdSSR (Hrsg.): Allgemeine Grundlagen der marxistischen Pädagogik. Stuttgart 1973
Akademie f. Lehrerfortbildung, Dillingen (Hrsg.): Fortbildung von Lehrern aller Schularten: Modellversuch Fernsehen. Donauwörth 1986
Albert, H.: Traktat über kritische Vernunft. Tübingen 1991[5]
Albrecht, P. A. / Schüler-Springorum, H. (Hrsg.): Jugendstrafe an Vierzehn- und Fünfzehnjährigen. Strukturen u. Probleme. München 1983
Alexander, F.: Psychosomatische Medizin. Berlin/New York 1985[4]
Alisch, L. / Baumert, J. / Beck, K. (Hrsg.): Professionswissen und Professionalisierung. Braunschweig 1990
Allendorf / Wiese: Taschenbuch der Overhead-Projektion, Hrsgg. von Akademie für Informatik und Unterrichts-Technologie e. V., Köln o. J.
Allhoff, P. u. a. (Hrsg.): Handbuch der Präventionen. Berlin 1992
Altrichter, H. u. a. (Hrsg.): Fachdidaktik in der Lehrerbildung. Wien 1983
Amberg/Schiedermair: Bayerisches Schulrecht. Donauwörth 1974

Amelang, M.: Sozial abweichendes Verhalten. Entstehung – Verbreitung – Verhinderung. Berlin 1986
Amelang, M. / Bartussek, D.: Differentielle Psychologie und Persönlichkeitsforschung. Stuttgart 1985[2]
Amidon, E. J. / Hunter, E.: Verbal interaction in the classroom: The Verbal Interaction Category System. In: Amidon, E. J. / Hough, J. B.: Interaction analysis: Theory, research and application. Reading. Massachusetts 1967
Ammon, G. (Hrsg.): Psychoanalytische Pädagogik. Hamburg 1973
Ammon, G.: Psychotherapie der Psychosen. München 1975
Ammon, G. (Hrsg.): Analytische Gruppendynamik. Hamburg 1976
Ammon, G. / Eberhard, Th. (Hrsg.): Kultur – Identität – Kommunikation. München 1988
Amsler, W. u. a.: Konzepte der Heimerziehung für erziehungsschwierige Kinder und Jugendliche. Luzern 1980
Anderson, J. R.: Kognitive Psychologie. Eine Einführung. Heidelberg 1988
Anger, H.: Befragung und Erhebung. In: Graumann, C. F. (Hrsg.): Handbuch der Psychologie, Bd. 9. Göttingen 1969
Angermeier, W. F. / Bednorz, P. / Schuster, M.: Lernpsychologie. München 1991[2]
Angermeier, W. F. / Peters, M.: Bedingte Reaktionen. Grundlagen. Beziehungen zur Psychosomatik und Verhaltensmodifikation. Berlin/Heidelberg 1984[2]
Anlage und Umwelt (Arbeitsheft f. Psych.): Lüneburg 1976[2]
Anneken, R. u. a.: Kommunikationstraining für Paare. Handanweisung für Therapeuten. Tübingen 1977
Anschütz, F. u. a.: Schlafstörungen. Häufigkeit – Ursachen – Schlafmittel – nichtmedikamentöse Schlafhilfen. Stuttgart 1986
Antons, K.: Praxis der Gruppendynamik. Göttingen 1976[4]
Anzieu, D.: Analytisches Psychodrama mit Kindern und Jugendlichen. Paderborn 1984
Apel, H. u. a.: Volkshochschulen – das kommunale Weiterbildungszentrum. Bonn 1990
Apel, H. J.: Schulpädagogik. Eine Grundlegung. Köln 1990
Apel, H.: Informationstechnische Grundbildung. Anstöße zum EDV-Unterricht i. d. Erwachsenenbildung. Bonn 1989
Apel, J. / Berninghaus, J.: Leasing – Recht. München 1992
Apel, K. O.: Transformation der Philosophie. 2 Bde. Frankfurt 1973
Apel, K. O.: Diskurs u. Verantwortung. Das Problem des Übergangs zur postkonventionellen Moral. Frankfurt 1988
Appel, W. A.: Biorhythmik. Die biologische Erfolgsuhr. Landsberg 1985
Arbeitsgemeinschaft Freie Schulen (Hrsg.): Handbuch Freie Schulen. Reinbek 1984/1988
Arbeitsgruppe Aumeister: Der Praxisschock. München 1976
Arbeitsgruppe Bildungsbericht am Max-Planck-Institut für Bildungsforschung: Das Bildungswesen in der Bundesrepublik Deutschland. Reinbek 1992
Arbeitsgruppe Elternarbeit (Hrsg.): Besondere Methoden und Ansätze in der Elternarbeit. München 1983
Arbeitsgruppe Schulforschung: Leistung und Versagen. Alltagstheorien von Schülern und Lehrern. Weinheim 1980
Arend, J.: Friedensforschung zwischen Konflikt und Anpassung. Münster 1991
Arendt, H.: Macht und Gewalt. München 1990[7]
Arens, Chr. / Dzikowski, St.: Autismus heute. Aktuelle Entwicklungen in der Therapie autistischer Kinder. Dortmund 1988
Argyle, M.: Körpersprache und Kommunikation. Paderborn 1978
Armbruster, B. / Kübler, H. D.: Computer und Lernen. Medienpäd. Konzepte. Leverkusen 1987
Arnold, R. u. a. (Hrsg.): Betriebspädagogik in nationaler und internationaler Perspektive. Baden-Baden 1989
Arnold, R.: Berufspädagogik. Ein Studienbuch. Lehren und Lernen in der beruflichen Bildung. Frankfurt 1990
Arnold, R.: Betriebspädagogik. Bielefeld 1990
Arnold, R.: Interkulturelle Berufspädagogik. Oldenburg 1991

Arnold, W. (Hrsg.): Entwicklung. Interdisziplinäre Aspekte zur Evolutionsfrage. Stuttgart 1988
Arz de Falco, A.: Pränatale Diagnostik. Qualitätskontrolle für das werdende Leben. Zürich 1991
Asam, W. / Heck, M. (Hrsg.): Subsidiarität und Selbsthilfe. München 1985
Asanger, R. / Wenninger, G. (Hrsg.): Handwörterbuch Psychologie. Studienausgabe. Weinheim 1992
Aschersleben, K.: Didaktik. Stuttgart 1983
Aschersleben, K.: Einführung in die Unterrichtsmethodik. Stuttgart 1990[5]
Aschmoneit, W.: Motorik und ihre Behinderungen im Kindes- und Jugendalter. Dornburg-Frickhofen 1974
Aschmoneit, W. / Böckmann, J. u. a.: Sprachstörungen. Limburg 1976
Aselmeier, U. u. a. (Hrsg.): Fachdidaktik am Scheideweg. Der Zusammenhang von Fachunterricht und Persönlichkeitsentwicklung. München 1985
Aselmeier, U. u. a. (Hrsg.): Lehrplan ohne Schüler? Rheinfelden 1990
Aselmeier, U. / Vogel, G.: Handlungshilfen zur Unterrichtsplanung. Grundlagen und Beispiele aus sach- und schülerorientierter Sicht. Rheinfelden 1992
Ashauer, G. (Hrsg.): Audiovisuelle Medien. Handbuch für Schule und Weiterbildung. Bonn 1980
Ashby, W. R.: Einführung in die Kybernetik. Frankfurt 1974
Asperger, H. / Wurst, F. (Hrsg.): Pschotherapie und Heilpädagogik bei Kindern. München 1982
Assmann, A. / Harth, D. (Hrsg.): Kultur als Lebenswelt und Monument. Frankfurt 1991
Athanasiadis, Th.: Zum System der Leistungsbewertung mit Zensuren. (Tabellen, Schemata) Stuttgart 1974
Atkinson, J. W.: Einführung in die Motivationsforschung. Stuttgart 1975
Atteslander, P.: Methoden der empirischen Sozialforschung. Berlin 1991[6]
Aubeck, H. J.: Querschnitt der Parapsychologie. Eine Einführung in die okkulte Wissenschaft. Frankfurt 1989
Auernheimer, G. / Heinemann, K.-H. (Hrsg.): Alternativen für die Schule. Köln 1980
Auernheimer, G. u. a.: Die Wertfrage in der Erziehung. Hamburg 1981
Aufmuth, U.: Die deutsche Wandervogelbewegung unter soziologischem Aspekt. Göttingen 1979
Augustin, A.: Beschäftigungstherapie bei Wahrnehmungsstörungen. Idstein 1989
Augustin, G. / Brocke, H.: Arbeit im Erziehungsheim. Weinheim 1988[4]
Aumann, G.: Der mathematische Begriff der Signifikanz. München 1964[4]
Aurin, K. (Hrsg.): Beratung als pädagogische Aufgabe. Bad Heilbrunn 1984
Aurobindo, Sri: Die Synthese des Yoga. Gladenbach 1991[3]
Ausubel, D. P.: The Psychology of Meaningful Verbal Learning. New York 1963
Ausubel, D. P.: Psychologie des Unterrichts. Weinheim 1974
Ausubel, D. P.: Das Jugendalter. München 1979[6]
Autorengruppe Osdorfer Born: Das Vorschulbuch. Hamburg 1975
Auwärter, M. / Kirsch, E. / Schröter, K.: Kommunikation, Interaktion, Identität. Frankfurt/M. 1976
Avé-Lallemant, U.: Graphologie des Jugendlichen. 2 Bde. München 1970 und 1987
Axline, V. M.: Kinderspieltherapie. Im nicht-direktiven Verfahren. München (1947) 1990[7]
Ayres, A. J.: Bausteine der kindlichen Entwicklung. Die Bedeutung der Integration der Sinne für die Entwicklung des Kindes. Berlin 1984

Baacke, D.: Kommunikation und Kompetenz. Grundlegung einer Didaktik der Kommunikation und ihrer Medien. Weinheim 1980[3]
Baacke, D.: Die 6–12jährigen. Einführung in Probleme des Kinderalters. Weinheim 1984
Baacke, D.: Die 13- bis 18jährigen. Einführung in Probleme des Jugendalters. Weinheim 1985[4]
Baacke, D.: Jugend und Jugendkulturen. Darstellung und Deutung. Weinheim 1987
Baacke, D.: Einführung in die außerschulische Pädagogik. Weinheim 1985[2]
Baacke, D. / Frank, G. / Radde, M.: Jugendliche im Sog der Medien. Medienwelten Jugendlicher und Gesellschaft. Leverkusen 1989
Baacke, D. u. a.: Neue Medien und Erwachsenenbildung. Berlin 1990

Babilas, St. / Schleucher, H.: Mensch und Arbeit. Grundlagen der Arbeitslehre. Paderborn 1983
Babilon, F. W. / Kittler, U.: Leistungsforderung und Leistungsbeurteilung. Hamm 1990
Bach, D. (Hrsg.): Legitimität und Grenzen von Gewalt und Macht. Mülheim 1989
Bach, H. u. a.: Verhaltensauffälligkeiten in der Schule. Statistik, Hintergründe, Folgerungen. Berlin 1986
Bach, H.: Sonderpädagogik im Grundriß. Berlin 1989[13]
Bach, H. u. a. (Hrsg.): Handbuch der Sonderpädagogik. 11 Bde. Berlin 1985 f.
Bachem, A. / Schrader, R.: Einführung in den Operations Research. Wiesbaden 1989
Bachmair, J. u. a.: Beraten will gelernt sein. Ein praktisches Lehrbuch für Anfänger und Fortgeschrittene. München 1989[4]
Bachofen, J. J.: Das Mutterrecht. Frankfurt 1975
Backmann, C. W. / Secord, P. F.: Sozialpsychologie. Heidelberg 1983[4]
Baddeley, A. D.: Die Psychologie des Gedächtnisses. Stuttgart 1979
Badewien, J.: Anthroposophie. Eine kritische Darstellung. Konstanz 1986[2]
Bähren, W. / Altwein, J. E. (Hrsg.): Impotenz. Diagnostik und Therapie in Klinik und Praxis. Stuttgart 1988
Baer, J. /Gross, H.: Adoption und Adoptionsvermittlung. Neuregelungen ab 1. 1. 77. Stuttgart 1981[2]
Bärthlein, K. u. a.: Kategorie und Kategorialität. Historisch-systematische Untersuchungen zum Begriff der Kategorie im philosophischen Denken. Würzburg 1990
Bäuerle, D.: Drogenberatung in der Schule. Stuttgart 1981
Bäuerle, S. (Hrsg.): Kriminalität bei Schülern. 2 Bde. Stuttgart 1989
Bäuerle, S. (Hrsg.): Der gute Lehrer. Empfehlungen für den Umgang mit Schülern, Eltern und Kollegen. Stuttgart 1989
Bäuerle, S. (Hrsg.): Lehrer auf die Schulbank. Vorschläge zu einer zeitgemäßen Lehreraus- und -fortbildung. Stuttgart 1991
Bäuerle, W. / Markmann, J. (Hrsg.): Reform der Heimerziehung. Materialien und Dokumente. Weinheim NA 1978
Bäuml-Rossnagel, M. A. (Hrsg.): Sachunterricht. Bildungsprinzipien in Geschichte und Gegenwart. Bad Heilbrunn 1990
Bahnmüller, R. u. a.: Diplompädagogen auf dem Arbeitsmarkt. Weinheim 1988
Baillet, D.: Freinet – praktisch. Beispiele und Berichte aus Grundschule und Sekundarstufe. Weinheim 1989[2]
Balint, M.: Angstlust und Regression. Reinbek 1991[3]
Balint, M.: Der Arzt, sein Patient und die Krankheit. Stuttgart NA 1991
Ballauf, Th.: Pädagogik als Bildungslehre. (Studien zur Bildungstheorie) Frankfurt 1986
Balmer, H. H.: Die Archetypentheorie von C. G. Jung. Eine Kritik. Berlin 1972
Balzereit, B.: Betriebspsychologie. München 1980
Bammé, A. / Holling, E. / Lempert, W.: Berufliche Sozialisation. Ein einführender Studientext. Weinheim 1983
Bandmann, H.-J. (Hrsg.): Klinefelter's Syndrome. Berlin 1984
Bandura, A. u. a.: Lernen am Modell. Stuttgart 1976
Bandura, A.: Aggression. Eine sozial-lerntheoretische Analyse. Stuttgart 1979
Bandura, A.: Sozial-kognitive Lerntheorie. Stuttgart 1979
Baral, K.: Anthroposophie. Ein Orientierungshilfe. Neuhausen 1987
Barchmann, H. u. a.: Konzentration und Aufmerksamkeit im Kindesalter. Interdisziplinäre Aspekte. Berlin 1991
Barion, J.: Was ist Ideologie? Studie zu Begriff und Problematik. Bonn 1974[3]
Barmeyer, E. (Hrsg.): Science Fiction-Theorie und Geschichte. München 1972
Barnes, G. (Hrsg.): Transaktionsanalyse seit Eric Berne. 2 Bde. Berlin 1979/1980
Baron-Boldt, J.: Die Validität von Schulabschlußnoten für die Prognose von Ausbildungs- und Studienerfolg. Frankfurt 1989
Bartels, J. u. a.: Dialektik als offenes System. Köln 1986

Barthelmes, J. / Sander, E.: Familie und Medien. Forschungsergebnisse und kommentierte Auswahlbibliographie. München 1990
Bartnitzky, H. / Christiani, R. (Hrsg.): Handbuch der Grundschulpraxis und Grundschuldidaktik. Stuttgart 1981
Bartsch, N. / Knigge-Illner, H. (Hrsg.): Sucht und Erziehung. Ein Handbuch für Lehrer und Sozialpädagogen, 2 Bde. Weinheim 1987 und 1988
Barwig, K. /Mieth, D. (Hrsg.): Migration und Menschenwürde. Fakten, Analysen und ethische Kriterien. Mainz-Weisenau 1987
Bash, K. W.: Die analytische Psychologie im Umfeld der Wissenschaften. Bern 1988
Bastian, J. / Gudjons, H. (Hrsg.): Das Projektbuch, Theorie – Praxisbeispiele – Erfahrungen. Hamburg 1988[2]
Bastian, J. / Gudjons, H. (Hrsg.): Das Projektbuch II. Über die Projektwoche hinaus – Projektlernen im Fachunterricht. Hamburg 1990
Battegay, R.: Der Mensch in der Gruppe. Bde. I–III. Stuttgart/Wien 1976[5], 1973[4], 1979[3]
Battegay, R.: Psychoanalytische Neurosenlehre. Bern 1971, Frankfurt (Fischer-Tb.) 1988[2]
Battegay, R.: Narzißmus und Objektbeziehungen. Bern 1991[3]
Battegay, R. / Trenkel, A. (Hrsg.): Der Traum. Aus der Sicht verschiedener psychotherapeutischer Schulen. Bern 1987
Battegay, R. u. a. (Hrsg.): Narzißmus beim Einzelnen und in der Gruppe. Psychotherapie und Literatur. Bern 1989
Battegay, R. u. a. (Hrsg.): Handwörterbuch der Psychiatrie. Stuttgart 1992[2]
Baudouin, Ch.: Suggestion und Autosuggestion. Basel/Stuttgart 1972
Bauer, A.: Minimale cerebrale Dysfunktion und/oder Hyperaktivität im Kindesalter. Überblick und Literaturdokumentation. Ein Leitfaden für Eltern, Lehrer, Psychologen und Ärzte. Berlin 1986
Bauer, Chr. / Franger, G. / Paulus, G.: Orientierungshilfen für die interkulturelle Erziehung in Kindertagesstätten. Frankfurt 1984
Bauer, M. u. a.: Psychiatrie. Eine Einführung. Stuttgart 1976[2]
Bauer, M. / Hundmeyer, S. / Oppl, H. (Hrsg.): Der Kindergarten in Bayern. Grundwerk mit Ergänzungen. Kronach 1991
Baumann, A.: ABC der Anthroposophie. Ein Wörterbuch für jedermann. Bern 1986
Baumann, U. u. a. (Hrsg.): Klinische Psychologie. Trends in Forschung und Praxis. 5 Bde. Bern 1979–1984
Baumann, U. (Hrsg.): Lehrbuch Klinische Psychologie. 2 Bde. Bern 1990/1991
Baur, R. S.: Superlearning und Suggestopädie. Grundlagen – Anwendung – Kritik – Perspektiven. München 1990
Baus, M. / Jacoby, K.: Sozialpsychologie der Schulklasse. Bochum 1976
Bausch, K. H. / Grosse, S.: Praktische Rhetorik. Beiträge zu ihrer Funktion in der Aus- und Fortbildung. Auswahlbibliographie. Mannheim 1985
Bayer, H. / Bayer, M.: Erfahrung und Bewußtsein. Zur psychologischen und erkenntnistheoretischen Grundlage von Bewußtseinsprozessen. Köln 1980
Bayerisches Kindergartengesetz vom 25. Juli 1972 mit Durchführungsverordnungen. München 1990[11]
Bayerisches Staatsministerium des Inneren: Handreichung für Drogenkontaktlehrer an den bayerischen Schulen. München 1984
Bayerisches Staatsministerium für Unterricht und Kultus: Allgemeine Schulordnung. München 1973
Bayerisches Staatsministerium für Unterricht und Kultus: Schülermitverantwortung und Schülervertretung. Donauwörth 1977
Bayerisches Staatsministerium für Unterricht und Kultus (Hrsg.): Der Übergang vom Kindergarten zur Grundschule. Donauwörth 1990[15] (Neubearbeitung)
Beaumont, J. G.: Einführung in die Neuropsychologie. Weinheim 1987
Beck, E.: Identität der Person. Sozialphilosophische Studien zu Kierkegaard, Adorno und Habermas. Würzburg 1991

Beck, H. / Ipfling, H. J. / Kupser, P.: Das Betriebspraktikum für Schüler und Lehrer. Konzepte – Erfahrungen – Arbeitshilfen. Bad Heilbrunn 1984
Beck, K.: Die empirischen Grundlagen der Unterrichtsforschung. Göttingen 1987
Becker, D.: Praktischer Ratgeber für Vormünder von Minderjährigen, für Pfleger, Beistände und Erziehungsbeistände. Freiburg 1983
Becker, E. / Hagenbusch, A. M. / Weber, M.: Der Hort zwischen Familie, Schule und Freizeitraum. Donauwörth 1979
Becker, E. / Ruppert, W.: Ökologische Pädagogik – Pädagogische Ökologie. Frankfurt 1987
Becker, F. J.: Fachübergreifender Unterricht: Geschichte, Geographie, Politik. Düsseldorf 1979
Becker, G. E. / Stadler, H.: Alltagsprobleme in der Heimerziehung. Bad Heilbrunn 1982
Becker, G. E. / Kohler, B.: Hausaufgaben. Kritisch sehen und die Praxis sinnvoll gestalten. Weinheim 1988
Becker, G. E. / Gouschorek, G.: Kultusminister schicken 55 000 Lehrer vorzeitig in Pension. In: Päd. 6/89
Becker, G. E.: Lehrer lösen Konflikte. Ein Studien- und Übungsbuch. München/Wien/Baltimore 1989[4]
Becker, G. E.: Handlungsorientierte Didaktik. Eine auf die Praxis bezogene Theorie. Weinheim 1991
Becker, H. S.: Außenseiter. Zur Soziologie abweichenden Verhaltens. Frankfurt 1981
Becker, K. (Hrsg.): Beiträge zum Sonderschulwesen und zur Rehabilitationspädagogik. Reihe in Einzeltiteln. Berlin
Becker, K. E. / Schreiner, H. P.: Anthroposophie heute. Frankfurt 1981
Becker, M. / Pleiss, U. (Hrsg.): Wirtschaftspädagogik im Spektrum ihrer Problemstellung. Baltmannsweiler 1988
Becker, P.: Studien zur Psychologie der Angst. Weinheim 1980
Becker, St. (Hrsg.): Psychose und Grenze. Tübingen 1991
Becker, W. / Essler, W. (Hrsg.): Konzepte der Dialektik. Frankfurt 1981
Beckerath, P. G. von u. a. (Hrsg.): Handwörterbuch der Betriebspsychologie und Betriebssoziologie. Stuttgart 1981
Beckermann, A. (Hrsg.): Analytische Handlungstheorie. 2 Bde. Frankfurt 1986
Beckers, E. / Richter, E.: Kommentierte Bibliographie zur Reformpädagogik. St. Augustin 1979
Beckmann, H. K. (Hrsg.): Schulpädagogik und Fachdidaktik. Stuttgart 1981
Beeretz, F. L.: Autorität. Eine systematische Untersuchung. In: Deutsche Universitätszeitung, Heft 1. 1975
Begemann, E. / Kuntz, H. / Schön, M.: Innere Differenzierung in der Schule für Lernbehinderte. Mainz 1983 und 1987
Behr, M. (Hrsg.): Schulen ohne Zwang – wenn Eltern in Deutschland Schulen gründen. München 1984
Behr, M. / Jeshe, W. (Hrsg.): Schul-Alternativen. Düsseldorf 1982
Behr, M.: Freie Schulen und Internate. Pädagogische Programme und rechtliche Stellung. Düsseldorf/München 1988
Behr, M.: Nachhilfeunterricht. Erhebungen in einer Grauzone pädagogischer Alltagsrealität. Darmstadt 1990
Behrens, G.: Werbepsychologie. München 1991
Behrens-Cobet, H. u. a.: Freie Schulen. Eine vergessene Bildungsalternative. Essen 1986
Beiner, Fr. (Hrsg.): Zur Konfliktstruktur der Lehrerrolle. Heinsberg 1982
Beinke, L. / Arabin, L. (Hrsg.): Der Weiterbildungslehrer. München 1981
Beit, H. v.: Symbolik des Märchens. 3 Bde. Bern 1983, 1986
Beiträge zur Schulpädagogik und Didaktik, Reihe in Einzeltiteln. Frankfurt
Beiträge zur Theorie und Geschichte der Erziehungswissenschaft. Weinheim (vgl. Einzeltitel)
Bellebaum, A. / Baum, H. (Hrsg.): Reader Soziale Probleme I und II. Frankfurt/M. 1974
Bellebaum, A.: Abweichendes Verhalten. Kriminalität und andere soziale Probleme. Paderborn 1984
Belschner, W. u. a.: Verhaltenstherapie in Erziehung und Unterricht. Stuttgart 1976[4]

Beltz-Test. Gesamtverzeichnis. Weinheim
Benden, M.: Ziele der Erziehung und Bildung. (Quellentexte) Bad Heilbrunn 1982
Bender, H. (Hrsg.): Parapsychologie. Entwicklung, Ergebnisse, Probleme. Darmstadt 1980[5]
Bender, H.: Umgang mit dem Okkulten. Braunschweig 1986[2]
Bender, H.: Telepathie, Hellsehen und Psychokinese. Aufsätze zur Parapsychologie. München 1989[6]
Bender, W. u. a.: Schizophrene Erkrankungen. Therapie, Therapieresistenz, eine Standortbestimmung. Wiesbaden 1988
Bender-Szymanski, D. / Hesse, H. G.: Migrantenforschung. Eine kritische Analyse deutschsprachiger empirischer Untersuchungen aus psychologischer Sicht. Köln 1987
Benedetti, G.: Psychodynamik der Zwangsneurose. Darmstadt 1989
Benner, D.: Allgemeine Pädagogik. Eine systematisch-problemgeschichtliche Einführung in die Grundstruktur pädagogischen Denkens und Handelns. Weinheim 1991[2]
Benning, A. (Hrsg.): Erwachsenenbildung. Bilanz und Zukunftsperspektiven. Paderborn 1986
Bensch, H.: Zur Begriffsanalyse von Sozialarbeit und Sozialpädagogik. Freiburg 1990
Benz, E. / Rückriem, N. (Hrsg.): Der Lehrer als Berater. Wiesbaden 1978
Beratungsstelle und Kommission des Deutschen Bibliotheksinstituts für Schulbibliotheken (Hrsg.): Die Schulbibliothek – ihre Nutzungsmöglichkeiten im Unterricht. Berlin 1990
Berendt, B. u. a. (Hrsg.): Hochschuldidaktik. Lehren und Lernen im Hochschulalltag. Salzburg 1979
Berg, Ch. / Gaebe, B. / Keim, W. / Koch, L. / Kracht, H. J. / Röhrig, P.: Einführung in die Erziehungswissenschaft. Köln 1979[2]
Berg, H. J.: Entwicklung einer Schulklasse zur Gruppe. Erfahrungen mit Interaktionsübungen in einer Berufsfachschulklasse im Lernort Berufsschule. Frankfurt 1990
Berger, W. / Gruber, K. H.: Die vergleichende Erziehungswissenschaft. Wien 1976
Berger, W. u. a. (Hrsg.): Zukunft der Weiterbildung. Versuche, Probleme, Alternativen in Österreich. München 1991
Bergius, R.: Sozialpsychologie. Hamburg 1976
Bergmann, H.: Lexikon der Videotechnik. Berlin 1991
Berke, R. u. a.: Problemfelder wirtschaftspädagogischen Denkens. Nürnberg 1980
Berkel, K.: Konfliktforschung und Konfliktbewältigung. Berlin 1984
Berkel, K.: Konflikttraining. Konflikte verstehen und bewältigen. Heidelberg 1990[2]
Bernard, M.: Die Kunst der Graphologie. Eine Einführung mit 800 Schriftbeispielen. Basel 1990
Berndt, J. u. a.: Schul-, Schüler-, Elternstreß. Bremen 1988
Berne, E.: Spiele der Erwachsenen. Psychologie der menschlichen Beziehungen. Reinbek 1967
Berne, E.: Spielarten und Spielregeln der Liebe. Reinbek 1974
Berne, E.: Transaktionsanalyse der Intuition. Paderborn 1989
Berne, E.: Was sagen Sie, nachdem Sie „Guten Tag" gesagt haben? Psychologie des menschlichen Verhaltens. Frankfurt (Fischer-Tb.) 1991[6]
Bernfeld, S.: Sisyphos oder die Grenzen der Erziehung. Frankfurt/M. 1973
Bernhard, A.: Mythos Friedenserziehung. Gießen 1988
Bernstein, B.: Studien zur sprachlichen Sozialisation. Düsseldorf 1980[5]
Berryman, J. C. / Hargreaves, D. J. u. a.: Psychologie. Eine Einführung. Bern 1991
Berufsverband Deutscher Psychologen e. V. (Hrsg.): Richtlinien für die Erstellung psychologischer Gutachten. Bonn 1986
Bettelheim, B.: So können sie nicht leben. Die Rehabilitierung emotional gestörter Kinder. Stuttgart 1973, München (dtv-Tb.) 1985
Bettelheim, B.: Die Geburt des Selbst. Erfolgreiche Therapie autistischer Kinder. München 1977, Frankfurt (Fischer-Tb.) 1990[3]
Bettelheim, B.: Liebe allein genügt nicht. Die Erziehung emotional gestörter Kinder. Stuttgart 1991
Bettelheim, B.: Kinder brauchen Märchen. Stuttgart 1990[5]
Betz, D. / Breuninger, H.: Teufelskreis Lernstörungen. Theoretische Grundlegung und Standardprogramm. Weinheim 1987[2]

Beuttler, O.: Werkstatt-Handbuch für offene Angebote in der Jugendarbeit. Stuttgart 1990
Beyer, G.: So lernen Schüler leichter. Gedächtnis- und Konzentrationstraining. Düsseldorf/ München 1991[4]
Beyer, K. / Knöpfel E. / Pfennings, A. (Hrsg.): Einführung in pädagogisches Denken und Handeln. 7 Bde. Paderborn 1984–1987
Bick, A. / Meiser, B.: Taschenbuch der Verbrauchererziehung. Sachanalysen, Didaktik, Methodik, Lernziele, Arbeitsmaterial. Baltmannsweiler 1977
Bick, H. u. a. (Hrsg.): Angewandte Ökologie – Mensch und Umwelt. 2 Bde. Stuttgart 1984
Biener, K. u. a.: Selbstmorde bei Kindern und Jugendlichen. Verbreitung und Verhütung. Zürich 1984
Bierhoff, B.: Kleines Manifest zur kritisch-humanistischen Erziehung. Päd. nach Erich Fromm. Dortmund 1985
Biermann, B. u. a.: Soziologie für soziale Berufe. Neuwied 1992
Biermann, G.: Kinder und Jugendliche. Entwicklung – Entwicklungsstörungen. Psychohygienische Konsequenzen. Frankfurt (Fischer-Tb.) 1985
Biermann, G.: Die psychosoziale Entwicklung des Kindes in unserer Zeit. München/Basel 1975[2]
Biermann, G. (Hrsg.): Kinder im Schulstreß. München/Basel 1977
Biermann, G.: Autogenes Training mit Kindern und Jugendlichen. München/Basel 1978[2]
Biermann, G. (Hrsg.): Handbuch der Kinderpsychotherapie. 5 Bde. München 1976–1992, Frankfurt (Fischer-Tb.) 1988
Biermann, R. (Hrsg.): Interaktion – Unterricht – Schule. Darmstadt 1985
Biermann-Ratjen, E. M. / Eckert, J. / Schwartz, H. J.: Gesprächspsychotherapie. Verändern durch beistehen. Stuttgart 1991[6]
Biesalski, P.: Stimm- und Sprachstörungen. 4 Tonkassetten mit Begleitheften. Stuttgart 1985–1991
Bindmann, W.: Fachwörterbuch Mikroelektronik/Dictionary Microelectronics. Berlin 1992[4]
Bion, W. R.: Erfahrungen in Gruppen. Stuttgart 1971, Frankfurt (Fischer-Tb.) 1991[2]
Bion, W. R.: Lernen durch Erfahrung. Frankfurt 1992
Birbaumer, N.: Biologische Psychologie. Berlin 1989
Birkel, P. / Ingenkamp, K.: Hilfen zur Auswahl von Schultests. Mainz 1976
Birkenbeil, E. J.: Verantwortliches Handeln in der Erziehung. Bad Heilbrunn 1986
Birnstengel, U.: Die Interessen von Hauptschülern des 8.–10. Schuljahres. Ein Beitrag zur Messung von Verhaltenspräferenzen. Bad Heilbrunn 1989
Birtsch, V. / Maelicke, B. (Hrsg.): Geschlossene oder offene Heimerziehung. Bilanz der offenen Arbeitsansätze. Frankfurt 1986
Birus, H. (Hrsg.): Hermeneutische Positionen. Schleiermacher – Dilthey – Heidegger – Gadamer. Göttingen 1982
Bischof, N.: Das Rätsel Ödipus. Die biologischen Wurzeln des Urkonflikts zwischen Intimität und Autonomie. München 1989
Bischofberger, O. / Eggenberger, O. / Keller, C. A. / Müller, J. (Hrsg.): New Age – aus christlicher Sicht. Zürich 1988[3]
Bittner, G.: Das Unbewußte – ein Mensch im Menschen? Würzburg 1988
Blalock, H. M. (Hrsg.): Measurement in the social sciences. Theories and strategies. Chicago 1974
Blanck, G. / Blanck, R.: Angewandte Ich-Psychologie. Stuttgart 1991[5]
Blandow, J. / Faltermeier, J. (Hrsg.): Erziehungshilfen in der Bundesrepublik Deutschland. Stand und Entwicklung. Stuttgart 1989
Blandow, J. / Frauenknecht, B.: Dauerpflege, Adoption und Tagesbetreuung. Trends der sozialen und rechtlichen Entwicklung. Deutsches Jugendinstitut 1980
Blankertz, H. u. a.: Fachdidaktische Curriculumforschung. Strukturansätze für Geschichte, Deutsch, Biologie. Essen 1974
Blankertz, H.: Curriculumforschung. Strategien, Strukturierung, Konstruktion. Essen 1974[4]
Blankertz, H.: Analyse von Lebenssituationen unter besonderer Berücksichtigung erziehungs-

wissenschaftlich begründeter Modelle: Didaktische Strukturgitter. In: Frey, K. (Hrsg.): Curriculum-Handbuch, Band 2. München/Zürich 1975
Blankertz, H.: Die Geschichte der Pädagogik. Von der Aufklärung bis zur Gegenwart. Wetzlar 1982
Blankertz, H.: Theorien und Modelle der Didaktik. München 1986[12]
Blatten, W.: Bewältigung von Aggressionen. Vorschläge für das 1. und 2. Schuljahr. Frankfurt 1979
Bleckwenn, R.: Quellen und Schriften zur Geschichte der Frauenbildung. 14 Bde. Paderborn 1988 f.
Bleidick, U.: Pädagogik der Behinderten. Grundzüge einer Theorie der Erziehung behinderter Kinder und Jugendlicher. Berlin 1982[5]
Bleidick, U.: Individualpsychologie, Lernbehinderungen und Verhaltensstörungen. Hilfen für Erziehung und Unterricht. Berlin 1985
Bleidick, U.: Betrifft Integration: Behinderte Schüler in allgemeinen Schulen. Konzepte der Integration: Darstellung und Ideologiekritik. Berlin 1988
Bleidick, U. u. a.: Einführung in die Behindertenpädagogik. 3 Bde. Stuttgart 1989
Blessing, W. K.: Sozialgeschichte der deutschen Volksschule in der Neuzeit. Frankfurt 1990
Blickpunkt Hochschuldidaktik. Reihe. Weinheim
Bloch, K. H.: Masturbation und Sexualerziehung in Vergangenheit und Gegenwart. Ein kritischer Literaturbericht. Frankfurt 1989
Blomeyer, R.: Übertragung und Gegenübertragung in der Kinderpsychotherapie unter Gesichtspunkten der Analytischen Psychologie. In: Handbuch der Kinderpsychotherapie. Hrsg. von Gerd Biermann. München 1976. Erg.-Bd., Frankfurt 1988
Bloom, B. S.: Stabilität und Veränderung menschlicher Merkmale. Weinheim 1971
Bloom, B. S.: Taxonomie von Lernzielen im kognitiven Bereich. Weinheim 1976[5]
Bloom, B. S.: Human characteristics and school learning. New York/Düsseldorf 1976
Blos, P.: Adoleszenz. Eine psychoanalytische Interpretation. Stuttgart 1989[4]
Blühdorn, J.: Das Gewissen in der Diskussion. Darmstadt 1976
Blüher, H.: Wandervogel 1–3. Geschichte einer Jugendbewegung. Frankfurt 1976[5]
Blümle, G. / Patzig, W.: Grundzüge der Makroökonomie. Freiburg 1990[2]
Blumer, H.: Symbolic interactionism. Englewood Cliffs/N. J. 1969
Bluml, K. / Böck, S. (Hrsg.): Schulpraktikum. Neue Wege in d. Lehrerbildung. Wien 1988
Bock, I.: Pädagogische Anthropologie der Lebensalter. Eine Einführung. München 1984
Bockemühl, J.: Die Pubertät und ihre Krisen. Erzieherische Hilfen zur Überwindung von Schwierigkeiten. Bad Liebenzell 1991
Bockwoldt, R.: Strafaussetzung und Bewährungshilfe in Theorie und Praxis. Lübeck 1982
Boden, L. M.: Meditation und pädagogische Praxis. Methoden – Vorstufen – Modelle. München 1978
Boeckmann, K. (Hrsg.): Massenmedien verstehen. Hintergrundwissen für Lehrer und Medienerzieher. Wien 1990
Boehle, H.: Das Bilderbuch. Köln 1987
Böhm, A.: Einführung in das Jugendstrafrecht. München/Frankfurt 1985
Böhm, M.: Konservative Werterziehung. Weinheim 1986
Böhm, W. u. a.: Montessori-Pädagogik und die Erziehungsprobleme der Gegenwart. Würzburg 1989
Böhme, G.: Die philosophischen Grundlagen des Bildungsbegriffs. Eine Propädeutik. Saarbrücken 1976
Böhme, G.: Die Therapie der Sprach-, Sprech- und Stimmstörungen. Stuttgart 1980
Böhme, G.: Bildungsgeschichte des europäischen Humanismus. Darmstadt 1986
Böhme, W. u. a.: Schulgartenarbeit in Übersichten. Berlin 1991[4]
Böhmer, M.: Zentrale und dezentrale Lehrerfortbildung. Entwicklung, Strukturen und Innovationen. Weinheim 1983
Böhmig, U.: Naturnahe Behandlung von Schlafstörungen, Streß und Nervosität. Wien 1982
Böhr, Chr. / Fuchs, J. (Hrsg.): Pluralismus im Widerstreit. Krefeld 1982

Bölling, R.: Sozialgeschichte der deutschen Lehrer. Ein Überblick von 1800 bis zur Gegenwart. Göttingen 1983
Bönnhoff, H.: Nachricht zwischen Meinung und Information. Eine Orientierungshilfe im Alltag für jedermann. Frankfurt 1985
Bönsch, M.: Üben und Wiederholen im Unterricht. München 1988
Böhm, Th.: Schulrechtliche Fallbearbeitungen für Pädagogen. Neuwied 1991
Bönsch, M.: Variable Lernwege – Ein Lehrbuch der Unterrichtsmethoden. Paderborn 1991
Boerner, G. / Boerner, K. / Löffler, I.: Was man über Legasthenie und Dyskalkulie (Rechenschwäche) wissen sollte. Über die Notwendigkeit einer modernen Förderdiagnostik. Dortmund 1988
Boerner, K.: Das psychologische Gutachten. Ein praktischer Leitfaden. Weinheim 1991[4]
Bösel, M.: Nach dem Frauenhaus. Mißhandelte Frauen berichten. Frankfurt 1989
Böth, G. / Militzer-Schwenger, L.: Umgang mit Spielzeug: Einübung ins Leben. Ratingen 1991
Boettcher, E. (Hrsg.): Theorie und Praxis der Kooperation. Tübingen 1972
Böttcher, W. / Zielinski, J.: Diskussionstechnik (Ein Lernprogramm). Düsseldorf 1974
Böttcher, W. (Hrsg.): Europäische Integration und Lehrerbildung. Baden-Baden 1984
Boettcher, W. / Bremerich-Vos, A.: „Kollegiale Beratung" in Schule, Schulaufsicht und Referendarausbildung. Bern 1987
Böventer, E. v.: Einführung in die Mikroökonomie. München 1991[7]
Bohle, A. / Themel, J.: Jugendhilfe/Jugendrecht. Köln 1990
Bohman, M.: Adoptivkinder und ihre Familien. Göttingen 1979
Bohnen, A.: Individualismus und Gesellschaftstheorie. Eine Betrachtung zu zwei rivalisierenden soziologischen Erkenntnisprogrammen. Tübingen 1975
Bohnsack, F. / Nipkow, K. E.: Verfehlt die Schule die Jugendlichen und die allgemeine Bildung? Münster 1991
Bollnow, O. F.: Anthropologische Pädagogik. Bern 1983[4]
Bollnow, O. F.: Existenzphilosophie und Pädagogik. Stuttgart 1984[6]
Bolster, E.: Lebendige Elternabende und Feste im Kindergarten. München 1989[7]
Bolz, N.: Theorie der neuen Medien. München 1990
Bommert, H.: Grundlagen der Gesprächspsychotherapie. Theorie, Praxis, Forschung. Stuttgart 1987[4]
Bondy, C.: Einführung in die Psychologie. Frankfurt/M. 1967[7], Ullstein-Tb. 1990
Bongartz, D. / Goeb, A.: Das Drogenbuch. Reinbek 1988
Bonin, K. v. / Haendler, K. (Hrsg.): Der pädagogische Freiheitsraum des Lehrers. Hofgeismar 1981
Bonne, L.: Lernpsychologie und Didaktik. Weinheim/Basel 1980
Bonner Universitätssymposium: Bildung und Erziehung – notwendige Korrekturen im Schulverständnis? Köln 1983
Bonstedt, Ch.: Organisierte Verfestigung abweichenden Verhaltens. München 1977[3]
Borchers, H. u. a.: Gesamtschul-Alltag. Hamm 1990
Borg, I. / Staufenbiel, Th.: Theorien und Methoden der Skalierung. Eine Einführung. Bern 1989
Borg, W. R. u. a.: The Minicourse – A Microteaching Approach to Teacher Education. Beverly Hills 1970
Borinski, F. / Milch, W.: Jugendbewegung. Geschichte 1896–1933. Frankfurt 1982[2]
Born, M.: Mehr Disziplin in der Schule! Essen 1986
Bornemann, E.: Reifungsphasen der Kindheit. Sexuelle Entwicklungspsychologie. Wien/München/Frankfurt 1981
Bornemann, E.: Enzyklopädie der Sexualität. Berlin 1990
Bornemann, E.: Das Patriarchat. Ursprung und Zukunft unseres Gesellschaftssystems. Frankfurt (Fischer-Tb.) 1991[8]
Borowski, G. / Hielscher, H. / Schwab, M.: Einführung in die Allgemeine Didaktik. Heidelberg 1978[3]
Borrelli, M.: Zur Didaktik Interkultureller Erziehung. 2 Teile. Baltmannsweiler 1991
Borrelli, M. / Hoff, G. (Hrsg.): Interkulturelle Pädagogik im internationalen Vergleich. Baltmannsweiler 1988

Borsum, W. / Posern, H.G. / Schittko, K.: Einführung in die Didaktik. Didaktische Modelle, Grundprobleme, Praxishilfen. Weinheim/Basel 1982
Bos, W. / Tarnai, Chr. (Hrsg.): Angewandte Inhaltsanalyse in Empirischer Pädagogik und Psychologie. Münster 1989
Bosch, D.: Beiträge der beziehungstheoretischen Didaktik zur Sozial- und Werterziehung. Hamburg 1986
Bossong, H., / Stöver, H. (Hrsg.): Methadonbehandlung. Ein Leitfaden. Frankfurt/New York 1992
Bott, H.: Neue Erkenntnisse zum Biorhythmus. Individuelle Rhythmogramme für Berufserfolg und Gesundheit mit Tagesformplaner. Niedernhausen 1987
Bott, W. / Schnell, H.: Der Drogenberatungslehrer, 2 Bde. (Recht und Praxis). Frankfurt 1984 und 1987
Bouillon, H. / Andersson, G. (Hrsg.): Wissenschaftstheorie und Wissenschaften. Berlin 1991
Bower, G.H. / Hilgard, E.R.: Theorien des Lernens. 2 Bde. Stuttgart 1983[5] und 1984[3]
Boyes, D.: Autogenes Yoga. Düsseldorf 1986
Boyesen, G. / Boyesen, M.: Biodynamik des Lebens. Grundlage der biodynamischen Psychologie. Essen 1987
Bracher, K.D.: Betrachtungen zum Problem der Macht. Wiesbaden 1991
Braczyk, H.J. (Hrsg.): Qualifikation und Qualifizierung – Notwendigkeit, Chance oder Selbstzweck? Berlin 1991
Bradford, L.P. / Gibb, J.R. / Benne, K.D. (Hrsg.): Gruppentraining. T-Gruppentheorie und Laboratoriumsmethode. Stuttgart 1972
Bräuer, G. (Hrsg.): Handreichung für den interkulturellen Schüleraustausch (UNESCO-Schulprojekt). Bonn 1991
Bräutigam, W.: Reaktionen, Neurosen, Psychopathien. Stuttgart 1985[5]
Brand, I. / Breitenbach, E. / Maisel, V.: Erziehung und Förderung in der schulvorbereitenden Einrichtung für behinderte Kinder. Würzburg 1987
Brand, M.: Erziehungsberatung im Spannungsfeld von Familie und Schule. Bad Heilbrunn 1984
Brander, S. / Kompa, Ain / Peltzer, U.: Denken und Problemlösen. Einführung in die kognitive Psychologie. Wiesbaden 1989[2]
Brandstätter, H. / Schuler, H. / Stocker-Kreichgauer, G.: Psychologie der Person. Stuttgart 1978[2]
Brandt, G.A.: Psychologie und Psychopathologie für soziale Berufe. Neuwied a. Rh./Berlin 1968
Brandt, P. u.a.: Fachübergreifendes Unterrichten. Modelle zum 2. Schuljahr mit 32 Kopiervorlagen. München 1987
Braun, W.: Pädagogische Anthropologie im Widerstreit. Bad Heilbrunn 1989
Braun, W.: Pädagogik – eine Wissenschaft? Aufstieg, Verfall, Neubegründung. Weinheim 1992
Brauner, I.: Praxis der Rhetorik. Berlin 1987
Braunmühl, E.v.: Antipädagogik. Studien zur Abschaffung der Erziehung. Weinheim/Basel 1983[4]
Braunschweiger Arbeiten zur Schulpädagogik. Reihe in Einzeltiteln. Braunschweig
Bredenkamp, J.: Theorie und Planung psychologischer Experimente. Darmstadt 1980
Brehmer, I.: Schule im Patriarchat – Schulung fürs Patriarchat? Weinheim 1991
Breloer, G.: Konflikte in der Schule – Lehrer in der Klemme. Hamm 1985
Brem-Gräser, L.: Familie in Tieren. München/Basel 1986[5]
Brendel, A. / Brack v. Wins, J. / Schmitz, V.: Textanalysen II. München 1977
Brenner, A. / Gunzenhäuser, R.: Computer und Informatik in der Schule. Sekundarstufe I. Stuttgart 1987
Brenner, C.: Grundzüge der Psychoanalyse. Frankfurt (Fischer-Tb.) 1991[14]
Brenner, G. (Hrsg.): Praxishilfen für die Jugendarbeit. Reihe in Einzeltiteln. Weinheim ab 1991
Brenner, H.D. / Böker, W. (Hrsg.): Verlaufsprozeß schizophrener Erkrankungen. Bern 1992
Brepohl, K.: Lexikon der neuen Medien. Köln 1989[5]
Bresch, C. / Hausmann, R.: Klassische und molekulare Genetik. Berlin 1972[3]

Breuer, F.: Psychologische Beratung und Therapie in der Praxis. Wiesbaden 1979
Brezinka, W.: Metatheorie der Erziehung. München 1978[4]
Brezinka, W.: Die Pädagogik der Neuen Linken. Stuttgart 1981[6]
Brezinka, W.: Grundbegriffe der Erziehungswissenschaft. Analyse, Kritik, Vorschläge. München 1981[4]
Brezinka, W.: Erziehungsziele in der Gegenwart. Donauwörth 1985[2]
Brezinka, W.: Erziehung in einer wertunsicheren Gesellschaft. München 1986
Brickenkamp, R.: Handbuch psychologischer und pädagogischer Tests. Göttingen 1975, Ergänzungsband 1983
Brinkmann, G.: Team teaching. Erfahrungen, Modelle, praktische Beispiele. Ratingen 1973
Brinkmann, G. u. a. (Hrsg.): Theorie der Schule. 2 Bde. Kronberg 1974
Brinkmann, W. (Hrsg.): Erziehung – Schule – Gesellschaft. Pädagogische Quellentexte. Bad Heilbrunn 1980
Brinkmann, W.: Zur Geschichte der Pädagogischen Soziologie in Deutschland. Würzburg 1986
Brinkmann, W. / Renner, K. (Hrsg.): Die Pädagogik und ihre Bereiche. Paderborn 1982
Brocher, T.: Gruppendynamik und Erwachsenenbildung. Zum Problem der Entwicklung von Konformismus oder Autonomie in Arbeitsgruppen. Braunschweig 1967
Brocher, T.: Psychosexuelle Entwicklung. Information für Lehrer und Eltern. Leverkusen 1971
Bronfenbrenner, U.: Die Ökologie der menschlichen Entwicklung. Stuttgart 1981
Brophy, J. E. / Good, T. L.: Die Lehrer-Schüler-Interaktion. München 1976 – englisch 1974
Brown, M. / Woollams, St. / Huige, K.: Abriß der Transaktionsanalyse. Heidelberg 1984[2]
Brucker, A.: Unterrichtsmedien. In: Konkrete Didaktik der Geographie. Braunschweig 1977, S. 215
Brucker, A. (Hrsg.): Handbuch Medien im Geographieunterricht. Düsseldorf 1986
Bruder-Bezzel, A.: Geschichte der Individualpsychologie. Frankfurt (Fischer-Tb.) 1991
Brück, H.: Die Angst des Lehrers vor seinem Schüler. Reinbek 1986
Brückner, J. / Mederacke, I. / Ulbrich, Chr.: Musiktherapie für Kinder. Berlin 1991[2]
Brugger, W. (Hrsg.): Philosophisches Wörterbuch. Freiburg 1990[4]
Brumlik, M.: Der symbolische Interaktionismus und seine pädagogische Bedeutung. Frankfurt/M. 1973
Bruner, J. S.: Entwurf einer Unterrichtstheorie. Cambridge/Mass. 1971, Düsseldorf 1974
Bruner, J. S.: Der Prozeß der Erziehung. Düsseldorf 1980[5]
Brunner, E. / Huber, G. L.: Interaktion und Erziehung. Weinheim 1989
Brunner, E. J.: Grundfragen der Familientherapie. Systemische Theorie und Methodologie. Berlin 1986
Brunnert-Bestian, B. (Hrsg.): Segregation in der Bundesrepublik Deutschland. Stuttgart 1989
Brunnhuber, P.: Prinzipien effektiver Unterrichtsgestaltung. Donauwörth 1986[16]
Brusten, M. / Hurrelmann, K.: Abweichendes Verhalten in der Schule. München 1976[3]
Buber, M.: Ich und Du. München/Heidelberg 1983[11]
Buber, M.: Das dialogische Prinzip. Ich und Du und andere Schriften. Heidelberg 1984[5]
Buber, M.: Reden über Erziehung. Heidelberg 1986[7]
Bubner, R. / Kramer, K. / Wiehl, R.: Hermeneutik und Dialektik. Tübingen 1970
Bubner, R. u. a. (Hrsg.): Kontingenz (8 philosophische Beiträge). Göttingen 1985
Bucher, Th.: Dialogische Erziehung. Der Mensch vor der Frage nach dem Sinn des Lebens. Bern 1982
Bucher, Th.: Werte im Leben des Menschen. Überlegungen – Orientierung – Erziehungshilfen. Bern 1984
Bucher, Th. G.: Einführung in die angewandte Logik. Berlin 1987
Bucher, W. / Maurer, H.: Theoretische Grundlagen der Programmiersprachen. Mannheim 1984
Buchinger, H.: Die Geschichte der bayerischen Realschule (bis 1907, Bd. 1). Passau 1983
Buchinger, K. u. a.: Gruppe und Bildung. Berlin/New York 1975
Buchkremer, H.: Verständnis für Außenseiter. Stuttgart 1977
Buck, G.: Hermeneutik und Bildung. Elemente einer verstehenden Bildungslehre. München 1981

Buddensiek, W.: Pädagogische Simulationen im sozio-ökonomischen Unterricht der Sekundarstufe I. Bad Heilbrunn 1979
Buddensiek, W.: Simulationsspiel. In: Lenzen, Band 4, 604–609. Stuttgart 1983 f.
Budeus-Budde, R.: Aspekte des modernen Bilderbuchs. In: Die neue Bücherei. München 1988[2]
Büchner, P. (Hrsg.): Die Eltern und die Schule. Zwischen Konfrontation und Kooperation. München 1976
Bühl, W. L.: Theorien sozialer Konflikte. Darmstadt 1976
Bühl, W. L.: Die Ordnung des Wissens. Berlin 1984
Bühler, A.: Einführung in die Logik. Argumentation und Folgerung. Freiburg 1992
Bühner, B. / Birnmeyer, A.: Ideologie und Diskurs. Zur Theorie von Jürgen Habermas und ihrer Rezeption in der Pädagogik. Frankfurt 1982
Bülow, A. u. a. (Hrsg.): Methadon. Grundlagen, Erfahrungen und Probleme medikamentengestützter Drogentherapie. München 1991
Bünting, K. D.: Einführung in die Linguistik. Frankfurt 1990[13]
Buer, J. van: Pädagogische Freiheit des Lehrers im unterrichtlichen Alltag. Realität oder Illusion? Hamburg 1990
Bürkle, H. (Hrsg.): New Age. Kritische Anfragen an eine verlockende Bewegung. Düsseldorf 1989[2]
Büscher, K.: Berufs- und Arbeitspädagogik. Stuttgart 1989[4]
Büschges, G.: Einführung in die Organisationssoziologie. Stuttgart 1983
Büttemeyer, W. / Möller, B. (Hrsg.): Der Positivismusstreit in der deutschen Erziehungswissenschaft. München 1979
Büttner, Chr.: Spiele gegen Streit, Angst und Not. Spielpädagogik und soziales Lernen. Wiesbaden 1982
Büttner, Chr. / Trescher, H. G. (Hrsg.): Chancen der Gruppe. Erfahrungen aus dem pädagogischen Alltag. Mainz/Weisenau 1987
Büttner, Chr.: Mit aggressiven Kindern leben. Weinheim 1988
Büttner, Chr. / Meyer, E. W.: Horror- und Gewaltvideos in der Lehrerfortbildung. Frankfurt 1990
Büttner, R. G. / Reinert, G. B. (Hrsg.): Schule und Identität im Wandel. Biographien und Begebenheiten aus dem Schulalltag zum Thema Identitätsentwicklung. Hamburg 1991
Bugdahl, V.: Kreatives Problemlösen. Würzburg 1991
Buhse, R. u. a.: Informationstechnische Grundbildung. Materialien für den Mathematikunterricht in allgemeinbildenden Schulen des Landes Schleswig-Holstein. 2 Bde. Köln 1987, 1988
Bundesanstalt für Arbeit. Handbuch zur Berufswahlvorbereitung. Mannheim 1992[4] (Zu beziehen gegen Schutzgebühr von 10,– DM beim Landesarbeitsamt Nordbayern, Geschäftsstelle für Veröffentlichungen, Postfach, Nürnberg)
Bundesminister für Bildung und Wissenschaft: Fernunterrichtsschutzgesetz. Bonn 1976
Der Bundesminister für Bildung und Wissenschaft (Hrsg.): Seniorenstudium in der BRD. Bad Honnef 1990
Bundeszentrale für gesundheitliche Aufklärung (Hrsg.): Infoset Jugend und Drogen. Köln 1989
Bundeszentrale für gesundheitliche Aufklärung (Hrsg.): Unterrichtsmaterial zum Thema AIDS. Für das 9. und 10. Schuljahr. Stuttgart
Bundeszentrale für gesundheitliche Aufklärung (Hrsg.): Gesundheitserziehung und Schule. Mehrbändige Materialien-Reihe. Stuttgart
Bund-Länder-Kommission für Bildungsplanung: Bildungsgesamtplan Bd. I und II. Stuttgart 1973
Bundschuh, K.: Einführung in die Sonderpädagogische Diagnostik. München 1984[2]
Bunge, M.: Das Leib-Seele-Problem. Ein psychobiologischer Versuch. Tübingen 1984
Bunk, G. P.: Grundlagen und Grundfragen der Arbeits-, Berufs- und Wirtschaftspädagogik. Wiesbaden 1990
Bunk, H. D.: Zehn Projekte zum Sachunterricht. Frankfurt 1990
Burchard, J. M.: Lehrbuch der systematischen Psychopathologie. 3 Bde. Stuttgart 1980–1987
Burdis, H. / Kaltenecker, J. / Karas, E.: Der informelle Text in der allgemeinbildenden höheren Schule. Wien 1982

Burisch, M.: Das Burnout-Syndrom. Berlin/Heidelberg 1989
Burkel, E. (Hrsg.): Der AIDS-Komplex. Dimensionen einer Bedrohung. Berlin 1988
Busch, A. u. a. (Hrsg.): Vergleichende Erziehungswissenschaft. Texte zur Methodologie-Diskussion. Stuttgart 1974
Busch, D. u. a.: Vorbilder – Leitbilder. Kassel 1989
Buser, R.: Ausdruckspsychologie. Problemgeschichte, Methodik und Systematik der Ausdruckswissenschaft. München 1973
Butollo, W. H. / Höfling, S.: Behandlung chronischer Ängste und Phobien. Stuttgart 1984

Callies, J. / Lob, R. E.: Handbuch Praxis der Umwelt- und Friedenserziehung. 3 Bde. Düsseldorf 1987/1988
Campbell, D. T.: Factors relevant to the validity of experiments in social settings. In: Psychologisches Bulletin 1957, 55
Canetti, E.: Masse und Macht. Frankfurt 1973, Sonderausgabe Fischer-Tb. 1992
Capra, F.: Wendezeit. Bausteine für ein neues Weltbild. München (dtv-Tb.) 1992
Carlgren, F.: Erziehung – Freiheit. Die Pädagogik Rudolf Steiners. Bilder und Berichte aus der internationalen Waldorfschulbewegung. Stuttgart 1986[5]
Carlgren, F.: Der anthroposophische Erkenntnisweg. Eine Einführung. Frankfurt 1988[3]
Carnap, R.: Induktive Logik und Wahrscheinlichkeit. Wien 1959
Carrier, M. / Mittelstrass, J.: Geist, Gehirn, Verhalten. Das Leib-Seele-Problem und die Philosophie der Psychologie. Berlin 1989
Carus, F. A.: Geschichte der Psychologie (Reprint). Berlin 1990
Caruso, I. A.: Narzißmus und Sozialisation. Stuttgart 1976
Casey, E. S.: Imagining. A phenomenological study. Bloomington-London 1976
Casper, B. (Hrsg.): Phänomenologie des Idols. Freiburg 1981
Casriel, D.: Die Wiederentdeckung des Gefühls. München 1975
Catalfamo, G.: Ideologie und Erziehung. Würzburg 1984
Cattell, R. B.: Die empirische Erforschung der Persönlichkeit. Weinheim 1978[2]
Cattell, R. B. (Hrsg.): Handbuch der multivariaten experimentellen Psychologie. Heidelberg 1980
Ceh, J.: Optimales Lernen. Tips und Kniffe für geistiges Arbeiten, München 1985
Ceh, J.: Konflikte und Aggressionen bewältigen. München 1988[2]
Chang, G. C.: Die Praxis des Zen. Braunschweig 1982
Charlton, M. / Dauber, H. / Preuß, O. / Scheilke, Chr. Th.: Innovation im Schulalltag. Reinbek 1975
Charlton, M. u. a.: Konfliktberatung mit Kindern und Jugendlichen. Weinheim 1980
Chasseguet-Smirgel, J.: Anatomie der menschlichen Perversion. Stuttgart 1989
Chateau, J.: Das Spiel des Kindes. Paderborn 1969
Chessick, R. D.: Intensive psychotherapy of the borderline patient. New York 1977
Chisman, F. P.: Attitude psychology and the study of public opinion. London 1976
Chomsky, N.: Current Issues in Linguistic Theory. Berlin 1975
Chomsky, N.: Reflexionen über Sprache. Frankfurt 1977
Christiani, R. / Bartnitzky, H. (Hrsg.): Lehrer-Bücherei: Grundschule. In Einzeltiteln. Frankfurt
Christoffer, U.: Erfahrung und Induktion. Zur Methodenlehre philosophischer und theologischer Ethik. Freiburg 1989
Cicourel, A. V.: Methode und Messung in der Soziologie. Frankfurt 1975[2]
Cicourel, A. V.: Cognitive sociology. Language and meaning in social interaction. New York 1974
Cicourel, A. V.: Sprache in der sozialen Interaktion. München 1975
Claessens, D.: Instinkt – Psyche – Geltung. Zur Legitimation menschlichen Verhaltens. Wiesbaden 1970[2]
Classen, W. D. (Hrsg.): Projektunterricht. 5 Jahre Erfahrungen am Oberstufen-Kolleg. Auswertung und Beispiele. Bielefeld 1980
Clausen, B. / Eckert, H. (Hrsg.): Kommunikation aus der Sicht verschiedener Disziplinen. Hamburg 1990

Clausnitzer, I.: Wegweiser in die Makrobiotik. Ergolding 1986[6]
Clauss, A. / Traenckner, K.: Früherkennung, Früherfassung und Frühförderung Hör- und Sprachbehinderter. Erlangen 1981
Clauß, G. / Ebner, H.: Grundlagen der Statistik für Soziologen, Psychologen, Pädagogen und Mediziner. Frankfurt/M. 1989[6]
Cloer, E. (Hrsg.): Familienerziehung (Quellentexte). Bad Heilbrunn 1979
Cloer, E. (Hrsg.): Disziplinkonflikte in Erziehung und Schule. Bad Heilbrunn 1982
Cloer, E.: Disziplinieren und Erziehen. Das Disziplinproblem in pädagogisch-anthropologischer Sicht. Bad Heilbrunn 1982
Cloer, E.: Das Disziplinproblem in der Schule, In: D. dt. Schule 3/87
Cobbaert, A. M.: Graphologie. München 1992
Coburn-Staege, U.: Der Rollenbegriff. Heidelberg 1973
Cochran, W. G.: Stichprobenverfahren. Berlin/New York 1972
Cofer, Ch. N.: Motivation und Emotion. München 1979[2]
Cohen, R.: Zum Begriff der Angst in der Differentiellen Psychologie. Konstanz 1971
Cohn, R. C.: Von der Psychoanalyse zur themenzentrierten Interaktion. Von der Behandlung einzelner zu einer Pädagogik für alle. Stuttgart 1991[10]
Colberg-Schrader, H. / Krug, M.: Arbeitsfeld Kindergarten. Planung, Praxisgestaltung, Teamarbeit. München 1986[5]
Coleridge, S. T.: Versuche über die Methode. St. Augustin 1980
Combe, A. / Helsper, W. (Hrsg.): Hermeneutische Jugendforschung. Theoretische Konzepte und methodologische Ansätze. Wiesbaden 1991
Combe, A. / Petzold, H. J.: Bildungsökonomie. Eine Einführung. Köln 1977
Comenius, J. A.: Die Erneuerung der Schulen. Bochum o. J.
Comte, A.: Rede über den Geist des Positivismus. Hamburg 1979[3]
Condrau, G.: Einführung in die Psychotherapie. Geschichte, Schulen und Methoden. München 1974
Condrau, G. / Hicklin, A.: Das Werden des Menschen. Bern 1977
Connor, J. M. / Ferguson-Smith, M. A.: Leitfaden der Humangenetik. Darmstadt 1988
Conrad, C. / Kitzinger, G.: Ganzheitlicher Erstunterricht, Integrierte Unterrichtseinheiten für die 1. Jahrgangsstufe der Grundschule. Donauwörth 1990[2]
Coombs, J. / Meux, M.: Teaching strategies for value analysis. In: Metcalf, L. (ed.): Values education: rationale strategies and procedures. Washington, D. C. 1971
Copei, F.: Der fruchtbare Moment im Bildungsprozeß. Heidelberg 1965[8]
Cordes, H.: Autistische Kinder in der Schule. Bremen 1980
Cordes, H. / Döring, W.: Früherkennung autistischer Kinder. Untersuchungsplan und Merkmalslisten. Bremen 1986
Correll, W.: Einführung in die pädagogische Psychologie. Donauwörth 1978[8]
Correll, W.: Pädagogische Verhaltenspsychologie. München/Basel 1974[5]
Correll, W.: Persönlichkeitspsychologie. Donauwörth 1976
Correll, W.: Lernpsychologie. Grundfragen und pädagogische Konsequenzen. Donauwörth 1983[17]
Corsini, R. J. / Wenninger, G. (Hrsg.): Handbuch der Psychotherapie. 2 Bde. Weinheim 1987
Cosson, R. (Hrsg.): Jugendschutzrecht. Göttingen 1985
Cremer, G.: Jugendliche Subkulturen. Eine Literaturdokumentation. München 1984
Crisand, E.: Psychologie der Persönlichkeit. Eine Einführung. Heidelberg 1990[5]
Cropley, A. J.: Kreativität und Erziehung. München 1982
Cropley, A. / McLeod, J. / Dehn, D.: Begabung und Begabungsförderung. Entfaltungschancen für alle Kinder. Heidelberg 1988
Cruickshank, W. M. / Hallahan, D. P. (Hrsg.): Perceptual and learning Disabilities in children. 2 Bde. Syracuse 1975, deutsch München 1979
Cube, F. v.: Ausbildung zwischen Automation und Kommunikation. Bochum 1976
Cube, F. v.: Erziehungswissenschaft. Stuttgart 1977
Cube, F. v.: Kybernetische Grundlagen des Lernens und Lehrens. Stuttgart 1982[4]

Cube, F. v.: Fordern statt Verwöhnen. Die Erkenntnisse der Verhaltensbiologie in Erziehung und Führung. München 1988[2]
Cube, F. v.: Besiege deinen Nächsten wie dich selbst. Aggression im Alltag. München 1988
Cube, F. v. / Storch, V. (Hrsg.): Umweltpädagogik. Ansätze, Analysen, Ausblicke. Schindele 1988
Cumming, J. / Cumming, E.: Ich und Milieu. Theorie und Praxis der Milieutherapie. Göttingen 1979
Curran, S. / Curnow, R.: Lernen mit dem Computer. Niedernhausen 1984
Czerwenka, K. u. a.: Schülerurteile über die Schule. (Internationale Untersuchung.) Frankfurt 1990
Czycholl, R. (Hrsg.): Informationstechnische Bildung an kaufmännischen Schulen. Oldenburg 1987

Däumling, A. M.: Die Aufgaben des Psychologen im sozial-psychologischen Strafvollzug, in: Zeitschrift für Strafvollzug. Jahrgang 2, 1951
Däumling, A. M. u. a.: Angewandte Gruppendynamik. Stuttgart 1974
Dahlberg, I.: Klassifikation als Werkzeug der Lehre und Forschung. Frankfurt 1986
Dahm, G. u. a. (Hrsg.): Wörterbuch der Weiterbildung. München 1980
Dahmer, H.: Psychoanalyse ohne Grenzen. Freiburg 1989
Dahmer, J.: Effektives Lernen. Anleitung zu Selbststudium, Gruppenarbeit und Examensvorbereitung. Stuttgart 1991[3]
Dahrendorf, R.: Soziale Klassen und Klassenkonflikt in der industriellen Gesellschaft. Stuttgart 1957
Dahrendorf, R.: Homo Sociologicus. Ein Versuch zur Geschichte, Bedeutung und Kritik der Kategorie der sozialen Rolle. Köln/Opladen 1977[15]
Damm, D.: Politische Jugendarbeit – Grundlagen, Methoden, Projekte. München 1981[3]
Daniel, C.: Theorien der Subjektivität. Einführung in die Soziologie des Individuums. Frankfurt 1981
Danner, H.: Verantwortung und Pädagogik. Anthropologische und ethische Untersuchungen zu einer sinnorientierten Pädagogik. Frankfurt 1985
Danner, M.: Gibt es einen freien Willen? Eine psychologische Studie. Heidelberg 1977[4]
Danto, A. C.: Basis-Handlungen. In: Meggle, G. (Hrsg.): Analytische Handlungstheorie. Frankfurt 1977
Das Betriebspraktikum für Schüler. Handreichungen für Schule und Betrieb. Köln 1986[2]
Das Bilderbuch: Vorw.: Faust, W. M. München 1981
Daublebsky, B.: Spielen in der Schule. Stuttgart 1988[9]
Daucher, K.: Zur Psychologie des produktiven Denkens. Berlin 1963
Dauenhauer, E.: Kategoriale Didaktik. Rinteln 1970[2]
Dauenhauer, E.: Curriculumforschung. Eine Einführung mit Praxisbeispielen aus der Berufspädagogik. München 1976
Daumenlang, K. / Andre, K. (Hrsg.): Taschenbuch der Schul- und Erziehungsberatung. Baltmannsweiler 1983
Davison, W. Ph. / Boylan, J. / Yu F. T. C.: Mass media. Systems and effects. New York 1976
Decker, F.: Berufswahl, Berufsvorbereitung und Berufsberatung im Unterricht. Handbuch zur Didaktik der vorberuflichen Bildung und beruflichen Grundbildung. Aachen-Hahn 1981
Decker-Voigt, H. H. (Hrsg.): Handbuch Musiktherapie. Lilienthal 1983
Declering, H. / Feig, G. (Hrsg.): Polytechnik – Arbeitslehre. Zur Theorie und Praxis eines neuen Schulfaches in Hessen. Bad Salzdetfurth 1982
Dedering, H. / Schimming, P.: Qualifikationsforschung und arbeitsorientierte Bildung. Wiesbaden 1984
Deegener, G.: Anamnese und Biographie im Kindes- und Jugendalter. Weinheim 1984
Deegener, G.: Orientierungshilfen bei Kindesmißhandlung. Tabellarische Übersicht zu kompensatorischen Bedingungen und Risikofaktoren. Mainz 1991
Delling, R. M.: Fernstudium – Fernunterricht I und II. Bibliographie deutschsprachiger Texte von 1897 bis 1978 und Nachträge. Weinheim 1977 und 1982

Dennison, P. E. / Dennison, G: Brain Gym. Übungsheft und Lehrerhandbuch. Freiburg 1992[2]
Dennison, P. E. / Dennison, G.: EK für Kinder. Das Handbuch der EDU-KINESTETIK für Eltern, Lehrer und Kinder jeden Alters. Freiburg 1992[6]
Deppe-Wolfinger, H. u. a.: Integrative Pädagogik in der Grundschule. Bilanz und Perspektiven der Integration behinderter Kinder in der BRD 1976–1988. München 1990
Derbolav, J.: Probleme des mittleren Bildungsweges. Die Realschullehrerbildung in der BRD. Hannover 1970
Derbolav, J. (Hrsg.): Wesen und Werden der Realschule. Bonn 1971[3]
Dettenborn, H. / Fröhlich, H. H. / Szcewczyk, H.: Forensische Psychologie. Lehrbuch... Berlin 1989[2]
Deutsch, M.: Konfliktregelung. Konstruktive und destruktive Prozesse. München-Basel 1976
Deutsch, M. / Krauss, R. M.: Theorien der Sozialpsychologie. Frankfurt/M. 1976
Deutsche AIDS-Hilfe e. V. (Hrsg.): AIDS. Medizinisch-biologische und gesellschaftliche Aspekte einer Krankheit. Unterrichtsmaterialien. Weinheim 1989
Deutsche Gesellschaft für Supervision e. V. (Hrsg.): Materialien für die Supervisionspraxis. Hille 1992
Deutscher Bibliotheksverband 1975: AfB-Materialien 14: Theorie, Organisation und Praxis der Schulbibliothek. Ein Diskussionsbeitrag.
Deutscher Bildungsrat: Gutachten und Studien der Bildungskommission, Begabung und Lernen. Stuttgart 1971
Deutscher Bildungsrat – Empfehlungen der Bildungskommission: Strukturplan für das Bildungswesen. Stuttgart 1972
Deutscher Bildungsrat (Hrsg.): Zur pädagogischen Förderung behinderter und von Behinderung bedrohter Kinder und Jugendlicher. Stuttgart 1973
Deutscher Bildungsrat – Empfehlungen der Bildungskommission: Zur Reform von Organisation und Verwaltung im Bildungswesen, Teil I: Verstärkte Selbständigkeit der Schule und Partizipation der Lehrer, Schüler und Eltern. Stuttgart 1973
Deutscher Bildungsrat: Bildungsurlaub als Teil der Weiterbildung. Materialien. Gutachten und Studien der Bildungskommission 28. Stuttgart 1973
Deutscher Bildungsrat – Empfehlungen der Bildungskommission: Zur Neuordnung der Sekundarstufe II. Konzept für eine Verbindung von allgemeinem und beruflichem Lernen. Verabschiedet am 13./14. Februar 1974
Deutscher Handwerkskammertag (Hrsg.): Fachschulführer. Düsseldorf 1988[7]
Deutscher Hochschulführer: 2 Bde. Stuttgart 1990
Deutsches Institut für Fernstudien: Fernstudium im Medienverbund. Tübingen 1978
Deutsches Jugendinstitut (Hrsg.): Medien im Alltag von Kindern und Jugendlichen. Methoden, Konzepte, Projekte. München 1988
Deutsches Jugendinstitut (Hrsg.): Medienerziehung bei Vorschulkindern. München 1990
Deutsches Studentenwerk e. V. Bonn (Hrsg.): Förderungsmöglichkeiten für Studierende. Bad Honnef 1988[8] f.
Deutsches Studentenwerk e. V. (Hrsg.): Bundesausbildungsförderungsgesetz (mit Erläuterungen). Bad Honnef 1991[16] f.
Dewey, J.: Psychologische Grundfragen der Erziehung. München/Basel 1974
Dewey, J.: Erziehung durch und für Erfahrung. Stuttgart 1986
Dewey, J.: Kunst als Erfahrung. Frankfurt 1987
Deymann, U. / Liebelt, U. (Hrsg.): Museumspädagogik – Welt der Arbeit im Museum. Marburg 1983
Dichanz, H. u. a.: Medien im Unterrichtsprozeß. München 1974
Dieckmann, J.: Konfliktregulierung durch Dialoge. Orientierungshilfen für die soziale Arbeit. Freiburg 1989
Diederichsen, U.: Einführung in das wissenschaftliche Denken. Düsseldorf 1991[3]
Diehl, B. J. / Miller, Th. (Hrsg.): Moderne Suggestionsverfahren. Berlin 1990
Diel, P.: Motivationspsychologie. 2 Bde. Berlin 1989
Dienelt, K.: Von der Psychoanalyse zur Logotherapie. Tiefenpsychologie und Pädagogik. München/Basel 1973

Diener, H.: Drogen in Übersichten. Leipzig 1987
Dierkes, K. u. a.: Ausgeschlossen – Eingeschlossen. Zum Problem der Außenseiter. Paderborn 1980[2]
Dieterich, M.: Wir brauchen Entspannung (auch mit Tonkassetten). Gießen 1990[3]
Dieterich, R. / Walter, H. (Hrsg.): Psychologie der Lehrerpersönlichkeit. München 1983
Dietrich, G.: Unterrichtspsychologie der Sekundarstufe. Donauwörth 1972
Dietrich, G.: Allgemeine Beratungspsychologie. Göttingen 1983
Dietrich, G.: Pädagogische Psychologie. Bad Heilbrunn 1984
Dietrich, G.: Spezielle Beratungspsychologie. Göttingen 1986
Dietrich, P. / Endres, W.: Lexikon der Nachrichtentechnik. Berlin 1986
Dietrich, Th. (Hrsg.): Die Landerziehungsheimbewegung. Bad Heilbrunn 1967
Dietzel, M. / Dorow, R. / Friedmann, A.: Psychopharmaka. Standardtherapien und neue Konzepte. Berlin 1992
Dilger, J.: Das dialogische Prinzip bei Martin Buber. Frankfurt 1983
Dinges, O. / Born, M. / Janning, J. (Hrsg.): Märchen in Erziehung und Unterricht. Regensburg 1985
Dinkelbach, W.: Operations Research. Ein Kurzlehr- und Übungsbuch. Berlin 1992
Dinslage, A.: Gestalttherapie. Was sie kann, wie sie wirkt und wem sie hilft. Mannheim/Berlin 1990
Dinter, H.: Schule der Kreativität. Köln 1985
diskussion: unterricht. Reihe. Wiesbaden
Ditfurth, H. v.: Der Geist fiel nicht vom Himmel. Die Evolution unseres Bewußtseins. München 1980
Dittmann, J. / Gröger, H. J.: Handbuch der anwenderorientierten Mikroelektronik. Essen 1985
Dittmann, J. / Gröger, H. J.: Lexikon der anwenderorientierten Mikroelektronik. Essen 1988
Dmitriev, V.: Frühförderung für mongoloide Kinder. Das Down Syndrom. Weinheim 1990[2]
Dobart, A., u. a.: Ganztägige Organisationsformen der Schule. Ganztagsschule und Tagesheimschule. Wien 1984
Dobischat, R. / Wassmann, H. (Hrsg.): Bildungsurlaub. Probleme, Perspektiven und Konzepte. Bad Honnef 1982
Dobrik, M. / Hofer, M.: Aktion und Reaktion. Die Beachtung des Schülers im Handeln des Lehrers. Göttingen 1991
Doderer, K. (Hrsg.): Lexikon der Kinder- und Jugendliteratur, 3 Bde. und 1 Erg.-Band. Weinheim 1977–1982
Doderer, K. (Hrsg.): Ästhetik der Kinderliteratur. Weinheim 1981
Döbert, R. / Habermas, J. / Nunner-Winkler, G.: Entwicklung des Ichs. Frankfurt 1984[2]
Döbert, R. / Nunner-Winkler, G.: Adoleszenzkrise und Identitätsbildung. Frankfurt 1984[2]
Dörig, B.: Kreativität – praktisch. Impulse zur Methodik der Gruppenarbeit. Basel 1982
Doering, D.: Die Logotherapie Viktor Emil Frankls. Feuchtwangen 1981
Döring, K. W.: Weiterbildung im System. Zur Professionalisierung des quartären Bildungssektors. Weinheim 1988 NA
Döring, K. W. / Ziep, K. D.: Mediendidaktik in der Weiterbildung. Weinheim 1989
Döring, K. W.: Lehrerverhalten. Ein Lehr- und Arbeitsbuch. Weinheim 1989 NA
Döring, K. W.: Lehren in der Weiterbildung. Ein Dozentenleitfaden. Weinheim 1990[3]
Döring, K. W.: Praxis der Weiterbildung. Analysen – Reflexionen – Konzepte. Weinheim 1991
Dörner, D.: Problemlösen als Informationsverarbeitung. Stuttgart 1987[3]
Dörner, D. / Selg, H. (Hrsg.): Psychologie. Eine Einführung in ihre Grundlagen und Anwendungsfelder. Stuttgart 1985
Dörpfeld, Fr. W.: Schriften zur Theorie des Lehrplans. Bad Heilbrunn 1962
Dörschel, A.: Betriebspädagogik. Berlin 1975
Dohmen, G.: Bildung und Schule. Die Entstehung des deutschen Bildungsbegriffs und die Entwicklung seines Verhältnisses zur Schule. Weinheim 1964
Dolch, J.: Lehrplan des Abendlandes. Kastellaun 1974[4]
Dold, P.: Sceno – Familientherapie. München/Basel 1989
Dollard u. a.: Frustration und Aggression. Weinheim 1939, 1973[5]

Dollase, R.: Soziometrische Techniken. Weinheim 1976
Dollase, R. (Hrsg.): Handbuch der Früh- und Vorschulpädagogik. 2 Bde. Düsseldorf 1978
Dollase, R.: Grenzen der Erziehung. Düsseldorf 1984
Domke, H.: Lehrer und abweichendes Schülerverhalten. Donauwörth 1983[6]
Domke, H.: Erziehungsmethoden. Donauwörth 1991 NA
Domschke, W. / Drexl, A.: Einführung in Operations Research. Berlin 1991[2]
Donckel, K. u. a.: Informationstechnische Grundbildung. Schulbuch und Lehrerband. Braunschweig 1988
Dräger, H.: Kleine Geschichte der Erwachsenenbildung. Bad Heilbrunn 1984
Dreher, E.: Die Willensfreiheit. Ein zentrales Problem mit vielen Seiten. München 1987
Dreidoppel, H.: Die Collage. Als Struktur, Denk- und Handlungsprinzip (mit Dias). Köln 1984
Dreikurs, R.: Grundbegriffe in der Individualpsychologie. Stuttgart 1990[6]
Dreikurs, R.: Grundbegriffe der Individualpsychologie. Stuttgart 1990[6]
Dreikurs, R. / Cassel, P.: Disziplin ohne Strafe / Tränen. Ravensburg 1991[5]
Dreikurs, R. / Grunwald, B. B., / Pepper, F. Ch.: Lehrer und Schüler lösen Disziplinprobleme. Weinheim 1987
Dreitzel, H. P. / Furth, P. / Haug, F.: Diskussion über die Rollentheorie. Hamburg 1978
Drescher, R. / Hurych, F.: Wolf – Handbuch Ausbildung – Fortbildung, Band 1: Innere Differenzierung. Regensburg 1976
Drescher, R. / Hurych, Fr. (Hrsg.): Die Lehrerpersönlichkeit. Band 12 aus Wolf – Handbuch Ausbildung – Fortbildung. Regensburg 1980
Drever, J. / Fröhlich, W. D.: Wörterbuch zur Psychologie. München 1986 NA
Drews, S. / Brecht, K.: Psychoanalytische Ich-Psychologie. Grundlagen und Entwicklung. Frankfurt/M. 1981
Driesch, J. v. den / Esterhues, J.: Geschichte der Erziehung und Bildung. Bd. 1: Von den Griechen bis zur Aufklärung. Paderborn 1967[6]. Bd. 2: Von der Humanität bis zur Gegenwart. 1964[6]
Dröge, F. / Weißenborn, R. / Haft, H.: Wirkungen der Massenkommunikation. Münster 1973
Dröse, P.: Kommunikative Kompetenz und Persönlichkeit. Köln 1982
Dubiel, H.: Identität und Institution. Düsseldorf 1973
Dubiel, H.: Kritische Theorie der Gesellschaft. Eine einführende Rekonstruktion von den Anfängen im Horkheimer-Kreis bis Habermas. Weinheim 1988
Dubin, R.: Theory building. New York 1969
Duchkowitsch, W.: Medien- und Kommunikationsforschung. Wien 1984
Dudenhausen, J. W. (Hrsg.): Perinatale Medizin in Deutschland. München 1991
Dührssen, A.: Die biograph. Anamnese unter tiefenpsychologischem Aspekt. Göttingen 1986[2]
Dührssen, A.: Psychogene Erkrankungen bei Kindern und Jugendlichen. Göttingen 1988[14]
Dührssen, A.: Psychotherapie bei Kindern und Jugendlichen. Göttingen 1989[7]
Dührssen, A.: Analytische Psychotherapie in Theorie, Praxis und Ergebnissen. Göttingen 1972
Dünkel, F. / Meyer, K. (Hrsg.): Jugendstrafe und Jugendstrafvollzug. Stationäre Maßnahmen der Jugendkriminalrechtspflege im internationalen Vergleich. 3 Bde. Freiburg 1985–1991
Dumke, D. (Hrsg.): Integrativer Unterricht. Gemeinsames Lernen von Behinderten und Nichtbehinderten. Weinheim 1991
Dummer, L.: Die Diagnose der Legasthenie in der Schulklasse. Bad Heilbrunn 1977
Dumont, L.: Individualismus. Zur Ideologie der Moderne. Frankfurt 1990
Dumoulin, H.: Geschichte des Zen-Buddhismus. 2 Bde. Bern 1984, 1986
Duncker, L. / Götz, B.: Projektunterricht als Beitrag zur inneren Schulreform. Begründungen – Erfahrungen – Vorschläge für die Durchführung von Projektwochen. Langenau-Albeck 1988[2]
Duncker, L. / Maurer, Fr. / Schäfer, G. E. (Hrsg.): Kindliche Phantasie und ästhetische Erfahrung. Wirklichkeiten zwischen Ich und Welt. Langenau-Albeck 1990
Dupuis, G. / Kerkhoff, W. (Hrsg.): Enzyklopädie der Sonderpädagogik, der Heilpädagogik und ihrer Nachbargebiete. Berlin 1992
Durkheim, E.: Der Selbstmord. Frankfurt 1983
Durkheim, E.: Erziehung, Moral und Gesellschaft. Frankfurt 1984

Durkheim, E.: Die Regeln der soziologischen Methode. Frankfurt 1984
Dworschak, R.: Der Verwahrloste und seine Helfer. Aus der Praxis der Sozialarbeit. München 1969
Džambo, J.: Erziehung, Bildung, Schule im Wandel der Geschichte. Eine Auswahlbibliographie. Bad Heilbrunn 1987

Ebbinghaus, H.: Über das Gedächtnis. (Nachdruck der Ausgabe von 1885.) Darmstadt 1971
Ebeling, A.: Gehirn, Sprache und Computer. Unerreichte Natur – künstliche Intelligenz. Hannover 1988
Ebeling, P.: Das große Buch der Rhetorik. Wiesbaden 1989[9]
Eberhard, K. / Kohlmetz, G.: Verwahrlosung und Gesellschaft. Göttingen 1973
Eberlein, G.: Autogenes Training für Kinder. Berlin 1985
Eberlein, G.: Autogenes Training mit Jugendlichen. Ziel, Sinn, Praxis. Düsseldorf 1985
Eberlein, G.: Autogenes Training. Lernen und Lehren. Berlin 1987
Ebert, J.: Kategoriale Bildung. Zur Interpretation der Bildungstheorie W. Klafkis. Frankfurt 1986
Ebertz, B.: Adoption als Identitätsproblem. Zur Bewältigung biologischer Herkunft und sozialer Zugehörigkeit. Freiburg 1987
Eberwein, M. (Hrsg.): Intelligenztestverfahren. Eine Spezialbibliographie deutschsprachiger psychologischer Testverfahren. Trier 1991
Eccles, J. C.: Das Gehirn des Menschen. München 1990
Eccles, J. C.: Die Evolution des Gehirns. Die Erschaffung des Selbst. München 1990
Eccles, J. C. / Robinson, D. N.: Das Wunder des Menschseins – Gehirn und Geist. München 1991
Eckert, R.: Das Arbeitsblatt im Unterricht. München 1980
Eckhardt, W.: Bildungsökonomie. Bad Homburg o. J.
Eckstein, B.: Einmaleins der Hochschullehre. Praktische Einführung in die Grundlagen und Methoden. München 1978
Eco, U.: Einführung in die Semiotik. München 1988[6]
Edelmann, W.: Suggestopädie/Superlearning. Ganzheitliches Lernen – das Lernen der Zukunft? Heidelberg 1988
Edelstein, W. / Hopf, D. (Hrsg.): Bedingungen des Bildungsprozesses. Stuttgart 1973
Edelwich, J. / Brodsky, A.: Ausgebrannt. Das Burnout-Syndrom in den Sozialberufen. Salzburg 1984
Eder / Hofer, H. u. a.: Schul-Computer. EDV-Handbuch für Schulverwaltung und Unterricht. Loseblattsammlung. Kronach 1987
Eder, F. / Khinast, G.: Lehrerfortbildung. Konzepte und Analysen. Linz 1984
Eder, K.: Die Entstehung von Klassengesellschaften. Frankfurt/M. 1973
Edler, G. / Godehart, W. / Gross, W. (Hrsg.): Fachhochschule – Die Hochschule mit Zukunft. Königswinter 1990
Eggers, Chr. (ed.): Schizophrenia in Youth. Etiology and Therapeutic Consequences. Berlin 1990
Eggers, Ph. / Steinbacher, F. J. (Hrsg.): Sexualpädagogik. Bad Heilbrunn 1976
Eggers, Ph. / Steinbacher, F.: Pädagogische Soziologie. Bad Heilbrunn 1979
Eggers, Ph. u. a. (Hrsg.): Hochschulgesetze des Bundes und der Länder. Loseblattsammlung. Bad Honnef 1987, 33. Lfg. 1991
Eggersdorfer, F. X.: Jugenderziehung. München 1962
Eggert, D. / Kiphard, E. J.: Die Bedeutung der Motorik für die Entwicklung normaler und behinderter Kinder. Schorndorf 1980[4]
Eggert, D.: Theorie und Praxis der sonderpädagogischen Motorik. Textband und Fördermaterial. Dortmund 1992
Eggert, D . (Hrsg.): Reihe Rehabilitation. Einzeltitel (37 bis 1993). Bern
Ehl, R.: Jugendarbeit und Sexualerziehung. Bamberg 1989
Ehnert, H. / Ehnert, R.: Gespräch und Diskussion, Verwirklichen von Sprechabsichten. Ismaning 1980

Ehrhardt, J.: Antiautoritäre Erziehung. Hannover 1973
Ehrke, M. (Hrsg.): Interkulturelle Berufsausbildung. Berlin 1989
Ehrlich, H. J.: Das Vorurteil. Eine sozialpsychologische Bestandsaufnahme der Lehrmeinungen amerikanischer Vorurteilsforscher. München 1979
Ehrlich, P. R. / Ehrlich, A. H. / Holdren, J. B.: Humanökologie. Der Mensch im Zentrum einer neuen Wissenschaft. Berlin 1975
Eibl-Eibesfeldt, I.: Die Biologie des menschlichen Verhaltens. Grundriß der Humanethologie. München 1986
Eibl-Eibesfeldt, I.: Grundriß der vergleichenden Verhaltensforschung – Ethologie. München 1986[7]
Eicheler, K.: Handbuch für Pfadfinder. München 1990[3]
Eid, K. / Ruprecht, H.: Collage und Collagieren. Anregungen für Schule und Freizeit. München 1985[3]
Eiff, A. W.: Seelische und körperliche Störungen durch Streß. Stuttgart/New York 1976
Eigler, G. / Krumm, V.: Zur Problematik der Hausaufgaben. Über die Mitarbeit der Eltern bei Hausaufgaben. Ergebnisse einer Befragung von Eltern und Gymnasiasten der Klassen 5 bis 8 und einer Befragung von Gymnasialdirektoren. Weinheim NA 1979
Eigler, G. / Judith, H. / Künzel, M. / Schönwälder, A.: Grundkurs Lehren und Lernen. Weinheim 1979[4]
Eigler, G. / Straka, G. A.: Mastery learning, Lernerfolg für jeden? München 1978
Einsiedler, W. / Härle, H. (Hrsg.): Schülerorientierter Unterricht. Donauwörth 1979[3]
Einsiedler, W. / Oblinger, H. (Hrsg.): Schulpädagogik. Eine Einführung. 7 Bde. Donauwörth 1979 f.
Einsiedler, W. / Rabenstein, R. (Hrsg.): Grundlegendes Lernen im Sachunterricht. Bad Heilbrunn 1985
Eiselt, H. A. u. a.: Operations Research. Theory, Techniques, Applications. Berlin 1987
Eisenberg, U.: Jugendgerichtsgesetz. Mit Erläuterungen. München/Frankfurt 1991[4]
Eisenberg, U.: Kriminologie, Jugendstrafrecht, Strafvollzug. Köln 1991[3]
Eisenhut, G. / Heigl, J. / Zöpfl, H.: Üben und Anwenden. Bad Heilbrunn 1981
Eisert, G. / Barkey, P.: Verhaltensmodifikation im Unterricht. Bern 1979
Ekman, P.: Warum Kinder lügen. München 1992
Elbing, E.: Das Soziogramm der Schulklasse. München 1975[5]
Elhardt, S.: Tiefenpsychologie – Eine Einführung. Stuttgart 1978[6]
Eliade, B.: Offener Unterricht. Versuche zur kooperativen und kreativen Veränderung der Schulpraxis am „College d'Enseignement Technique" Dijon. Weinheim 1975
Elias, N.: Was ist Soziologie? Weinheim 1991
Ell, E.: Flegelalter. Jungen und Mädchen in der Pubertät. München 1975
Ellenberger, H. F.: Die Entdeckung des Unbewußten. 2 Bde. Bern 1973
Ellinger-Weber, S. / Kruse, M. (Hrsg.): Psychopharmaka im Alltag. Hamburg 1989
Ellis, A.: Die rational-emotive Therapie. Das innere Selbstgespräch bei seelischen Problemen und seine Veränderung. München 1982[3]
Ellis, A.: Training der Gefühle. Wie Sie sich hartnäckig weigern, unglücklich zu sein. München 1990[2]
Ellis, A. / Grieger, R. (Hrsg.): Praxis der rational-emotiven Therapie. München 1979
Emden, H.: Der Marxismus und seine Pädagogik. Anspruch und Wirklichkeit. St. Augustin 1982
Endres, W.: Konzentration – mit Spaß. Bindlach 1988
Endres, W.: Lernen mit Kniff und Pfiff. Kleine Lernmethodik. Weinheim 1991[5]
Engelkamp, J.: Das menschliche Gedächtnis. Das Erringen von Sprache, Bildern und Handlung. Göttingen 1990
Engelke, H.: Wissenschaftliche Graphologie. Einführung in ihre Grundlagen und Arbeitsweisen. Bonn 1988
Engelmayer, O. u. a.: Gewissen und Gewissensbildung. Donauwörth 1970[2]
Engelmayer, O.: Das Soziogramm in der modernen Schule. München 1972[6]

Engelmayer, O. (Hrsg.): Die Antiautoritätsdiskussion in der Pädagogik. Quellentexte, Kommentare, Analysen. Neuburgweier/Karlsruhe 1973
Engfer, A.: Kindesmißhandlung. Ursachen – Auswirkungen – Hilfen. Stuttgart 1986
Ennenbach, W.: Prototypen des Lernens und Unterrichtens. München/Basel 1970
Enomiya-Lasalle, H. M.: Kurz-Information über Zen. Aschaffenburg 1987
Enzmann, D. / Kleiber, D. (Hrsg.): Helfer-Leiden. Streß und Burnout in sozialen Berufen. Heidelberg 1989
Erd, R. (Hrsg.): Kritische Theorie und Öffentlichkeit. Frankfurt 1989
Erikson, E. H.: Dimensionen einer neuen Identität. Frankfurt 1975
Erikson, E. H.: Identität und Lebenszyklus. Frankfurt 1976
Erikson, E. H.: Jugend und Krise. Die Psychodynamik im sozialen Wandel. München 1988
Erikson, E. H.: Kindheit und Gesellschaft. Stuttgart 1991[10]
Erl, W.: Gruppenpädagogik in der Praxis. Eine Einführung. Tübingen 1980[10]
Ermann, M. / Waldvogel, B. (Hrsg.): HIV-Infizierte und ihr Umfeld. Ergebnisse aus psychosozialer Forschung und Praxis. Berlin 1992
Ermert, K. (Hrsg.): Lehrerrolle und pädagogisches Handeln in der Schule. Loccum 1986
Ertel, S. / Kemmler, L. / Stadler, M. (Hrsg.): Gestalttheorie in der modernen Psychologie. Wolfgang Metzger zum 75. Geburtstag. Darmstadt 1975
Erziehung zur Freiheit. Die Pädagogik Rudolf Steiners. Stuttgart 1990[6]
Escarpit, R.: Théorie générale de l'information et de la communication. Paris 1976
Eschenburg, Th.: Über Autorität. Frankfurt 1976
Eschenhagen, D. u. a. (Hrsg.): Umwelt im Unterricht. Köln 1990
Esser, B. / Wilde, Chr.: Montessori-Schulen. Zu Grundlagen und pädagogischer Praxis. Reinbek 1989
Esser, G. / Schmidt, M.: Minimale Cerebrale Dysfunktion – Leerformel oder Syndrom. Empirische Untersuchung zur Bedeutung eines zentralen Konzepts in der Kinderpsychiatrie. Stuttgart 1987
Esser, J.: Angst in Schule und Hochschule. Aachen/Halm 1978
Esser, J.: Mit Kindern Frieden und Zukunft gestalten. Mülheim 1991
Essler, W. K.: Induktive Logik. Grundlagen und Voraussetzungen. Freiburg 1970
Essler, W. K. / Martinez, C. R. F.: Grundzüge der Logik. 2 Bde. Frankfurt 1987[3], 1991[4]
Estel, B.: Soziale Vorurteile und soziale Urteile. Kritik und wissenssoziologische Grundlagen der Vorurteilsforschung. Wiesbaden 1983
Ettelt, W.: Die Erkenntniskritik des Positivismus und die Möglichkeit der Metaphysik. Amsterdam 1979
Eulefeld, G. u. a. (Hrsg.): Umweltbewußtsein und Umwelterziehung. Ansätze und Ergebnisse empirischer Forschung. Kiel 1991
Eulefeld, G. / Krol, G. J. u.. a.: Umwelterziehung. Theorie und Praxis. Münster 1991
Euler, D. u. a.: Computerunterstützter Unterricht. Möglichkeiten und Grenzen. Wiesbaden 1987
Eunson, B.: Betriebspsychologie. Hamburg 1990
Eurich, E.: Computerkinder: Wie die Computerwelt das Kindsein zerstört. Hamburg 1985
Ewers, M.: Grundlagen und Didaktik der Sexualerziehung. Frankfurt 1977
Ewers, M.: Strukturgitter der Naturwissenschaftsdidaktik. Essen 1977
Eyferth, H. / Otto, H. U. / Thiersch, H. (Hrsg.): Handbuch zur Sozialarbeit/Sozialpädagogik. Neuwied 1987
Eysenck, H. J.: Readings in extraversion-introversion. London 1970
Eysenck, H. J.: Neurose ist heilbar. München 1978, Frankfurt (Fischer-Tb.) 1980
Eysenck, H. J.: Intelligenz. Struktur und Messung. Berlin 1980
Eysenck, H. J. / Eysenck, M.: Persönlichkeit und Individualität. Ein naturwissenschaftliches Paradigma. Weinheim 1987
Eysenck, H. J.: Die Ungleichheit der Menschen. Ist Intelligenz erlernbar? Kiel 1984, Ullstein-Tb. Berlin 1989
Eysenck, H. J.: Das Intelligenz-Testbuch. Fähigkeiten – Begabungen – Persönlichkeit. München 1992

Fabry, J.: Wege zur Selbstfindung. Logotherapie zur Beratung und Selbsthilfe. Freiburg 1985
Fagan, J. / Shepherd, I. L.: Gestalt Therapy now. Theory, techniques, applications. Palo Alto/ Calif. 1970
Fahn, K.: Das Methodenproblem im Sachunterricht der Grundschule. Baltmannsweiler 1988
Fast, K.: Handbuch museumspädagogischer Ansätze. Leverkusen 1991
Fatzer, G. / Eck, C. D. (Hrsg.): Supervision und Beratung. Ein Handbuch. Köln 1990
Fatzer, G. / Jansen, H. H.: Die Gruppe als Methode. Gruppendynamische und gruppentherapeutische Verfahren und ihre Wirksamkeit. Weinheim 1980
Faulstich-Wieland, H.: Koedukation – Enttäuschte Hoffnungen? Darmstadt 1991
Fauser, P.: Pädagogische Freiheit in Schule und Recht. Weinheim 1986
Faust, V. (Hrsg.): Suchtgefahren in unserer Zeit. Stuttgart 1983
Faust, V. (Hrsg.): Suizidgefahr. Häufigkeit – Ursachen – Motive – Prävention – Therapie. Stuttgart 1984
Fechner-Mahn, A.: Sozialisation des Kleinkindes. Tübingen 1973
Federn, P.: Ego psychology and the psychoses. New York 1952, deutsch 1989
Fehl, U. / Oberender, P.: Grundlagen der Mikroökonomie. München 1990[4]
Fehr, E.: Semantik von Programmiersprachen. Berlin 1989
Feigenwinter, M.: Soziales Lernen im Unterricht. Einführung und Beispiele. Zug 1982
Feiks, D. / Rothermel, G. (Hrsg.): Hausaufgaben – pädagogische Grundlagen und praktische Beispiele. Stuttgart 1981
Feiks, D. / Schmidt, M. H.: Das Leistungsproblem in Gesellschaft und Schule. Freiburg 1981
Feldhoff, J. / Otto, K. A.: Projekt Betriebspraktikum. 5 Bde für die Beschäftigungsbereiche Einzelhandel, Handwerk, Büro und Verwaltung, Industrie, Soziale Dienste und Lehrerhandbuch. Düsseldorf 1985–1987
Feldman, M. Ph. / Broadhurst, A.: Theoretical and experimental Bases of the behavior therapies. London 1976
Fellsches, J.: Disziplin, Konflikt und Gewalt in der Schule. Wiesbaden 1978
Fend, H.: Sozialisierung und Erziehung. Weinheim 1976[8]
Fend, H. u. a.: Sozialisationseffekte der Schule. Weinheim/Basel 1976
Fend, H.: Gesellschaftliche Bedingungen schulischer Sozialisation. Weinheim 1979[5]
Fend, H.: Theorie der Schule. Weinheim 1981
Fend, H.: Gesamtschule im Vergleich. Bilanz von 10 Jahren wissenschaftlicher Begleitforschung. Weinheim 1982
Fend, H.: Identitätsentwicklung in der Adoleszenz. Bern 1991
Fenek, G.: Das kreative Kind. Fähigkeiten spielend fördern. Düsseldorf 1989
Fenichel, O.: Hysterien und Zwangsneurosen. Psychoanalytische spezielle Neurosenlehre. Darmstadt 1989[5]
Ferenczi, S.: Zur Erkenntnis des Unbewußten. Schriften zur Psychoanalyse. Frankfurt 1989
Fernuniversität Hagen, Gesellschaft der Freunde e. V. (Hrsg.): Jahrbuch 1987–1992 f. Hagen
Festinger, L. A.: A theory of cognitive dissonance. London 1962, deutsch Bern 1978
Fetscher, J.: Toleranz. Stuttgart 1990
Fetscher, R.: Grundlinien der Tiefenpsychologie von S. Freud und C. G. Jung in vergleichender Darstellung. Stuttgart 1978
Feuerlein, W. (Hrsg.): Theorie der Sucht. Berlin 1986
Fichtner, B.: Der Zusammenhang von Wissensstruktur und Lernstruktur als ein Grundproblem der Didaktik. Kastellaun 1977
Fiedler, P. A. / Standop, R.: Stottern. Ätiologie, Diagnose, Behandlung. Weinheim 1986[2]
Fietkau, H.-J.: Zur Methodologie des Experimentierens in der Psychologie. Meisenheim a. Glan 1973
Filan, P.: Zum Problem der Chancengleichheit in der Gesamtschule. Bad Honnef 1981
Filbert, W.: Gesellschaftliches Wertsystem und personale Identität. Die Verdinglichung des Menschen. Frankfurt 1986
Finke, J. / Teusch, L. (Hrsg.): Gesprächspsychotherapie bei Neurosen und psychosomatischen Erkrankungen. Neue Entwicklungen in Theorie und Praxis. Heidelberg 1991
Finke, U. / Hübner, R. / Rohrer, F.: Spielstücke für Gruppen. München 1986[2]

Firbas, W.: Lehrbuch der Physiologie. Wien 1991[5]
Fischel, W.: Der Wille in psychologischer und philosophischer Betrachtung. Berlin 1971
Fischer, D.: Institutionen der Lehrerfortbildung. Dokumentation zur Organisation und Struktur staatlicher und kirchlicher Lehrerfortbildung. Münster 1986
Fischer, W. / Gräupl, E. / Heitger, M. / Schirlbauer, A.: Elitebildung oder Chancengleichheit. Alternative einer mißverstandenen Bildungspolitik. Innsbruck 1988
Fischer, W. / Löwisch, D.-J.: Pädagogisches Denken von den Anfängen bis zur Gegenwart. Darmstadt 1989
Fittkau, B. (Hrsg.): Pädagogisch-psychologische Hilfen für Erziehung, Unterricht und Beratung, 2 Bde. Aachen/Hahn 1983
Fittkau, B. / Müller-Wolf, H.-M. / Schulz von Thun, F.: Kommunikations- und Verhaltenstraining für Erziehung, Unterricht und Ausbildung. München NA 1989
Flach, W.: Thesen zum Begriff der Wissenschaftstheorie. Bonn 1979
Flamm, F.: Sozialwesen und Sozialarbeit in der Bundesrepublik Deutschland. Stuttgart 1980[3]
Flechsig, K.-H.: Die technologische Wendung in der Didaktik. Konstanz 1969
Flechsig, K.-H. / Haller, H.-D.: Einführung in didaktisches Handeln. Stuttgart 1975
Flechtner, H.-J.: Memoria und Mneme. 3 Bde. Stuttgart 1976–1979
Flechtner, H. J.: Grundbegriffe der Kybernetik. Eine Einführung. München 1984
Fletcher, C.: The person in the sight of sociology. London/Boston 1975
Fliegel, St. u. a.: Verhaltenstherapeutische Standardmethoden. Ein Übungsbuch. Weinheim 1989
Flitner, A.: Spielen – Lernen. München 1986[8]
Flitner, A.: Konrad, sprach die Frau Mama. Über Erziehung und Nichterziehung. München 1988[3]
Flitner, A. / Scheuerl, H. (Hrsg.): Einführung in Pädagogisches Sehen und Denken. München 1985[2]
Flitner, A.: Reform der Erziehung. Impulse des 20. Jahrhunderts. München 1992
Flitner, W.: Allgemeine Pädagogik. Stuttgart 1974[14]
Flitner, W. / Kudritzki, G. (Hrsg.): Die deutsche Reformpädagogik. 2 Bde. Quellen. Stuttgart 1986[4], 1982[2]
Floren, F. J.: Soziale Gruppe und Individuum. 2 Bde. Paderborn 1983
Flosdorf, P. u. a.: Anleiten, Befähigen, Beraten im Praxisfeld Heimerziehung. Freiburg 1987
Flosdorf, P. (Hrsg.): Theorie und Praxis stationärer Erziehungshilfe. 2 Bde. Freiburg 1988
Flügge, I.: Handlungsfeld: Erziehungsberatung. Tübingen 1989
Földy, R. / Semrau, E.: Kommunikationswissenschaft heute. Eine Einführung in interdisziplinäre Aspekte von Forschung und Praxis. Wien 1984
Fördergemeinschaft für Schulen in freier Trägerschaft e. V. (Hrsg.): Gymnasiale Erziehung. Köln 1980
Fördergemeinschaft für Schulen in freier Trägerschaft e. V. (Hrsg.): Bildung für die Zukunft. Köln 1984
Fördergemeinschaft für Schulen in freier Trägerschaft e. V. (Hrsg.): Erziehungsziel Leben. Köln 1987
Fohrmann, J. / Müller, H. (Hrsg.): Diskurstheorien und Literaturwissenschaft. Materialien. Frankfurt 1987
Foppa, K.: Lernen, Gedächtnis, Verhalten. Köln 1975
Forschungsgruppe Jugendhilfe Klein-Zimmern: Familiengruppen in der Heimerziehung (Betreuungsmodelle). Frankfurt 1992
Foucault, M.: Die Ordnung des Diskurses. München 1974
Fränkl-Lundborg, O.: Was ist Anthroposophie? Dornach 1987[6]
Frank, H.: Kybernetische Grundlagen der Pädagogik. Baden-Baden 1969
Frank, H.: In: Lexikon der Psychologie. Freiburg/Basel/Wien 1971
Frank, H.: In: Lehren und Lernen nach 1970. Werkhefte für technische Unterrichtsmittel. Heft 5. München 1971
Frank, H.: Neue Bildungsmedien und -technologien in der Schul- und Berufsausbildung. Göttingen 1975

Frank, M.: Subjekt – Person – Individuum. Frankfurt 1986
Frank, M. (Hrsg.): Individualität. München 1988
Franke, A.: Die Klienten-zentrierte Gruppenpsychotherapie. Stuttgart 1978
Franke, E. u. a. (Hrsg.): Werterziehung und Entwicklung. Osnabrück 1989
Franke, G. H.: Die psychosoziale Situation von HIV-Positiven. Berlin 1990
Franke, H.: Problemlösen und Kreativität. Goch 1980
Franke, U.: Arbeitsbuch Aphasie. Frankfurt 1987
Franke, U.: Aggressive und hyperaktive Kinder in der Therapie. Berlin 1988
Franke, U.: Logopädisches Handlexikon. München 1991[3]
Frankenberg, G.: Schulrecht. Ein Leitfaden für Lehrer, Eltern, Schüler. Frankfurt 1984
Frankl, V. E.: Der Mensch vor der Frage nach dem Sinn. München 1985
Frankl, V. E.: Theorie und Therapie der Neurosen. Wien 1987[6]
Frankl, V. E.: Das Leiden am sinnlosen Leben. Psychotherapie für heute. Freiburg 1989[11]
Frankl, V. E.: Der leidende Mensch. Anthropologische Grundlagen der Psychotherapie. München 1990
Frankl, V. E.: Der Wille zum Sinn. Ausgewählte Vorträge über Logotherapie. München 1991[4]
Frankl, V. E.: Ärztliche Seelsorge. Grundlagen der Logotherapie und Existenzanalyse. Frankfurt (Fischer-Tb.) 1991[5]
Freedman, A. M. u. a. (Hrsg.): Psychiatrie in Praxis und Klinik. 7 Bde. Stuttgart 1984–1991
Freeman, Joan: Erziehung und Intelligenz. Natürliche Anlagen erkennen und fördern. Pforzheim 1985
Freiarbeit e. V. (Hrsg.): LehrerInnen lernen freie Arbeit. Werkstattband Grundschule, Werkstattband Sekundarstufe I. Mülheim 1991
Freinet, C.: Die moderne französische Schule. Paderborn 1979
Freinet, C.: Pädagogische Texte. Reinbek 1980
Freinet, E.: Erziehung ohne Zwang. Der Weg C. Freinets. München 1985
Freire, Paolo: Pädagogik der Unterdrückten. Stuttgart 1972[2]
Frese, E. (Hrsg.): Handwörterbuch der Organisation. Stuttgart 1991[3] NA
Frese, E.: Organisationstheorie. Historische Entwicklung – Ansätze – Perspektiven. Wiesbaden 1992[2]
Freud, A.: Das Ich und die Abwehrmechanismen. München 1968, Frankfurt (Fischer-Tb.) 1990[13]
Freud, A.: Wege und Irrwege in der Kinderentwicklung. Bern 1988[4]
Freud, S.: Werkausgabe in 2 Bänden. Frankfurt 1978
Freud, S.: Gesammelte Werke in Einzelbänden. 19 Bde. Frankfurt 1977–1987
Freud, S.: Hysterie und Angst. Studienausgabe in 12 Bdn., Bd. VI. Frankfurt 1982
Freud, S.: Abriß der Psychoanalyse. Das Unbehagen in der Kultur. Frankfurt (Fischer-Tb.) 1990[42]
Freud, S. / Breuer, J.: Studien über Hysterie. Frankfurt (Fischer-Tb.) 1990[11]
Freudenreich, D.: Gruppendynamik und Schule. Darmstadt 1986
Freudenstein, R.: Unterrichtsmittel Sprachlabor. Technik – Methodik – Didaktik. Bochum o. J.
Freund, K. P.: Unterrichtstechnologie. Würzburg 1973
Freundlich, R.: Einführung in die Semantik. Darmstadt 1988[2]
Frey, D. / Greif, S. (Hrsg.): Sozialpsychologie. Ein Handbuch in Schlüsselbegriffen. Weinheim 1987[2]
Frey, D. / Irle, M. (Hrsg.): Theorien der Sozialpsychologie. 3 Bde. Bern 1984/1985
Frey, G.: Theorie des Bewußtseins. Freiburg/München 1980
Frey, K.: Die Projektmethode. Weinheim 1980
Frey-Rohn, L.: Von Freud zu Jung. Eine vergleichende Studie zur Psychologie des Unbewußten. Zürich/Stuttgart 1980[2]
Freyberger, H. J.: Depression. Köln 1991
Friebel, V. / Friedrich S.: Schlafstörungen bei Kindern. Stuttgart 1989
Friedrich, H.: Psychosoziale Konflikte und schulpsychologische Beratung. Ansätze zu einem Forschungsprogramm. In: Deutscher Bildungsrat. Gutachten und Studien der Bildungskommission. Bd. 51. Stuttgart 1975

Friedrich, M. H.: Beiträge zur minimalen cerebralen Dysfunktion, Bd. 3: Teilleistungsschwächen und Schule. Bern 1980
Friedrich, M.: Der interpretative Ansatz in der Devianzsoziologie. München 1986
Friedrich, W. (Hrsg.): Zur Kritik des Behaviorismus. Köln 1979
Friedrich, W. / Voss, P. (Hrsg.): Sozialpsychologie für die Praxis. Erkenntnisse und Empfehlungen in 20 Bausteinen. Berlin 1988
Friedrichs, J.: Methoden empirischer Sozialforschung. Reinbek 1990[14]
Friedrichs, J. / Lüdtke, H.: Teilnehmende Beobachtung. Weinheim/Basel 1973
Frieling, E. / Sonntag, K.-H.: Lehrbuch Arbeitspsychologie. Bern 1987
Friese, H. J. / Trott, G.: Depression in Kindheit und Jugend. Bern 1988
Frijling-Schreuder, E.: Übertragung und Gegenübertragung in der psychoanalytischen Kindertherapie. In: Handbuch der Kinderpsychotherapie. Hrsg. von Gerd Biermann, Bd. I. München 1976–1981
Fritsch, G. / Kozdon, B.: Erziehung in der „offenen Gesellschaft". Fragen und Perspektiven. Bad Heilbrunn 1990
Fritz, J.: Satire und Karikatur. Fächerübergreifender Unterricht in Deutsch – Politik – Kunst – Musik. Aachen/Hahn 1980
Fritz, J.: Methoden des sozialen Lernens. Weinheim 1981[2]
Fritz, J.: Spielzeugwelten. Eine Einführung in die Pädagogik der Spielmittel. Weinheim 1989
Fritz, J.: Theorie und Pädagogik des Spiels. Eine praxisorientierte Einführung. Weinheim 1991
Fröbel, Fr.: Theorie des Spiels. In: Ausgewählte Schriften in 5 Bden. Stuttgart 1982–1987
Fröhlich, A.: Handlungsorientierte Medienerziehung in der Schule. Tübingen 1982
Fröhlich, A. D. (Hrsg.): Wahrnehmungsstörungen und Wahrnehmungsförderung. Heidelberg 1989
Fröhlich, G. / Bensch, H. (Hrsg.): Methadonprogramme in der Diskussion der Sozialen Arbeit. Freiburg 1991
Fröhlingsdorf, M.: Die neuen Medien. Eine Einführung. Bonn 1986
Fromm, E.: Anatomie der menschlichen Destruktivität. Stuttgart 1974, Reinbek (rororo-Tb.) 1977
Fromm, M. / Keim, W.: Diskussion Soziales Lernen. Baltmannsweiler 1982
Frommann, A. u. a.: Erfahrungen mit Schulsozialarbeit. Möglichkeiten der Zusammenarbeit von Sozialpädagogik und Schule. Weinheim 1987
Frommer, H. (Hrsg.): Handbuch Praxis des Vorbereitungsdienstes. 2 Bde. Düsseldorf 1986[3]
Frowein, J. A.: Zur verfassungsrechtlichen Lage der Privatschulen. Berlin 1979
Früh, W.: Inhaltsanalyse. Theorie und Praxis. München 1991[3]
Fuchs, B. / Harth-Peter, W. (Hrsg.): Montessori-Pädagogik und die Erziehungsprobleme der Gegenwart. Würzburg 1990
Fuchs-Levy, I. / Greulich-Janssen, G.: Über das Wesen und die Dynamik des Gefühls (Dissertation). Berlin 1991
Fucke, E.: Die Bedeutung der Phantasie für Emanzipation und Autonomie des Menschen. Stuttgart 1981[2]
Fudickar, M.: Kreativitätstraining und Schule. Essen 1985
Füchtner, H.: Einführung in die Psychoanalytische Pädagogik. Frankfurt 1979
Führ, Chr.: Das Schulwesen in der Bundesrepublik Deutschland. Köln 1979
Führ, Chr.: Schulen und Hochschulen in der Bundesrepublik Deutschland. Köln 1989
Füller, I. / Glaeske, G. / Nette, A.: Medikamentenmißbrauch. Frauen und Medikamente. Gesellschaftliche Situation. Hamburg 1990
Füssl, K. H. / Kubina, Chr.: Mitbestimmung und Demokratisierung im Schulwesen. Eine Fallstudie zur Praxis von Beratungsgremien am Beispiel Berlin. Berlin 1984
Fuhr, R. u. a.: Soziales Lernen, innere Differenzierung, Kleingruppenunterricht. Halm 1977
Fullat, O.: Philosophische Grundlagen der Erziehung. Stuttgart 1982
Fuller, G.: Drei Studien zur Dialektik. Aalen 1983
Funke, G.: Abdankung der Bewußtseinsphilosophie? Bonn 1987
Funke, J.: Komplexes Problemlösen. Bestandsaufnahme und Perspektiven. Berlin 1986

Funkkolleg Beratung in der Erziehung, hrsg. vom Deutschen Institut für Fernstudien an der Universität Tübingen. Weinheim 1975
Funkkolleg Erziehungswissenschaft. 3 Bde. Frankfurt/M. 1970
Funk-Kolleg: Pädagogische Psychologie. 2 Bde. Frankfurt 1991[13/17]
Furian, M. u. a.: Praxis der Elternarbeit in Kindergarten, Hort, Heim und Schule. Wiesbaden 1982
Furth, H. G.: Piaget für Lehrer. Düsseldorf 1973

Gadamer, H. G. / Boehm, G. (Hrsg.): Seminar: Philosophische Hermeneutik. Frankfurt 1976
Gadenne, V. / Oswald, M. E.: Kognition und Bewußtsein. Berlin 1991
Gage, N. L. / Berliner, D. C.: Pädagogische Psychologie. Weinheim 1986
Gagné, R. M.: Die Bedingungen des menschlichen Lernens. Hannover NA 1980
Gal, T. (Hrsg.): Grundlagen des Operations Research. Berlin 1991[3] f.
Galbraith, J. K.: Anatomie der Macht. München 1989
Garin, Eu.: Geschichte und Dokumente der abendländischen Pädagogik. Reinbek 1964 f.
Garlich, A. von u. a.: Alltag im offenen Unterricht. Frankfurt 1990
Garlichs, A. / Groddeck, H. (Hrsg.): Erfahrungsoffener Unterricht. Beispiele zur Überwindung der lebensfremden Lernschule. Freiburg/Basel/Wien 1978
Garvin, P. L. (Hrsg.): Method and Theory in Linguistics. Berlin 1970
Garz, D.: Stufentheorien der Entwicklung. Von Baldwin über Kohlberg bis zur Gegenwart. München 1987
Garz, D. / Kraimer, K. (Hrsg.): Qualitativ-empirische Sozialforschung. Konzepte, Methoden, Analysen. Wiesbaden 1991
Gasser, P. / Singer, P.: Kooperative Einführung in die Gruppenarbeit. Weinheim/Basel 1977
Gaudig, H.: Die Schule der Selbsttätigkeit. Bad Heilbrunn 1969[2]
Gebert, G. (Hrsg.): Physiologie. Stuttgart 1987
Gebhardt, G.: Nach der sexuellen Revolution. Geschlechtserziehung in Familie, Kindergarten und Schule. Frankfurt 1984[2]
Gehlen, A.: Philosophische Anthropologie und Handlungslehre. Bd. 4 der Gesamtausgabe. Frankfurt 1983
Gehlen, A.: Der Mensch. Seine Natur und Stellung in der Welt. Frankfurt/Bonn 1986[13]
Gehrig, L.: Verwahrloste Jugend – verwahrloste Gesellschaft. Ein Krankheitssymptom unserer Zeit. Zürich 1991
Geier, R. (Hrsg.): Suchtkrankenhilfe. Perspektiven und Tendenzen. Freiburg 1986
Geiger, Fr. / Kunder, H.: Betriebspraktikum für Hauptschüler. Vorbereitung – Durchführung – Nachbereitung. Donauwörth 1984
Geikowski, U.: Wirkungsvolle Referate mit dem Arbeitsprojektor. Erlangen 1986[7]
Geikowski, U.: Operationale Lernziele im Unterricht. Erlangen 1988[5]
Geissbühler-Strupler, S.: Bilderbücher werden lebendig. Durch Beobachten, Bewegen, Basteln. Bern 1984
Geißler, E. E. (Hrsg.): Autorität und Freiheit. Pädagogische Quellentexte. Bad Heilbrunn 1977[5]
Geißler, E. E.: Erziehungsmittel. Bad Heilbrunn 1982[6]
Geißler, E. E. / Schneider H.: Hausaufgabe. Darmstadt 1982
Geissler, H. (Hrsg.): Neue Aspekte der Betriebspädagogik. Hamburg 1990
Geissner, H.: Sprechwissenschaft. Theorie der mündlichen Kommunikation. Frankfurt 1988[2]
Gerards, A. (Hrsg.): Pädagogische Diagnostik in der Schule. Spezialbibliographie deutschsprachiger psychologischer Literatur. Trier 1991
Gergely, St. M.: Wie der Computer den Menschen und das Lernen verändert. München 1986
Gerlicher, K. (Hrsg.): Prävention. Vorbeugende Tätigkeiten in Erziehungs- und Familienberatungsstellen. Göttingen 1980
Gerner, B.: Erziehungsstile und Lehrerverhalten in der neueren deutschen Forschung. Darmstadt 1976
Gerner, B.: Lehrer sein heute – Erwartungen, Stereotype, Prestige. Darmstadt 1981
Gerner, B.: Einführung in die pädagogische Anthropologie. Darmstadt 1986[2]

Gernert, W.: Jugendschutz und Erziehung zur Mündigkeit. Zur Theorie und Praxis eines sozialpädagogischen Aufgabenfeldes. Neuwied 1985
Gerr, H. E.: Pfadfindererziehung. Baunach 1983
Gers, D. (Hrsg.): Das Sonderpädagogische Förderzentrum. Ein Schritt auf dem Wege zu einem integrativen Schulwesen. Soltau 1991
Gesellschaft für wissenschaftliche Gesprächstherapie (Hrsg.): Die klientenzentrierte Gesprächspsychotherapie. Reihe „Geist und Psyche“ Bd. 2149. München 1975
Gesellschaft zur Förderung des Englischunterrichts (Hrsg.): Simulationen im Fremdsprachenunterricht. Ismaning 1984
Gesing, H. / Lob, R. (Hrsg.): Umwelterziehung in der Primarstufe. Grundlinien eines umfassenden Bildungskonzeptes. Heinsberg 1991
Gessmann, H. W. (Hrsg.): Bausteine zur Gruppenpsychotherapie. Bisher 3 Bde. Neckarsulm 1984–1989
Gethmann, K. F. (Hrsg.): Lebenswelt und Wissenschaft. Studien zum Verhältnis von Phänomenologie und konstruktiver Wissenschaftstheorie. Bonn 1987
Geulen, R.: Die Personalakte in Recht und Praxis. Neuwied 1991[2]
GEW Hessen (Hrsg.): Dienst- und Schulrecht. Loseblattausgabe. Bad Homburg 1990[7]
Geyer, H. F.: Physiologie der Kultur. Frankfurt 1985
Gheorghiu, V. A. u. a. (Hrsg.): Suggestion and Suggestibility. Theory and Research. Berlin 1989
Ghezzi, C. / Jazayeri, M.: Konzepte der Programmiersprachen. München 1989
Giddens, A.: The class structure of the advanced societies. London 1973, deutsch Frankfurt 1982
Giesecke, H.: Anleitung zum pädagogischen Studium. München 1977[2]
Giesecke, H.: Offensive Sozialpädagogik. Göttingen 1981[2]
Giesecke, H.: Die Jugendarbeit. München 1983[6]
Giesecke, H.: Das Ende der Erziehung. Neue Chancen für Familie und Schule. Stuttgart 1988[4]
Giesecke, H.: Einführung in die Pädagogik. Weinheim NA 1990
Giesecke, M. / Rappe-Giesecke, K.: Kommunikation in Balintgruppen. Stuttgart 1983
Ginott, H. G.: Gruppenpsychotherapie mit Kindern. Theorie und Praxis der Spieltherapie. Weinheim 1979[7]
Glas, N.: Das Antlitz offenbart den Menschen. 2 Bde. Stuttgart 1984[5] und 1990[4]
Glasl, Fr.: Konfliktmanagement. Ein Handbuch zur Diagnose und Behandlung von Konflikten für Organisation und ihre Berater. Stuttgart 1990[2]
Glöckel, H.: Vom Unterricht. Lehrbuch der Allgemeinen Didaktik. Bad Heilbrunn 1990
Glogauer, W. (Hrsg.): Neue Konzeptionen für individualisierendes Lehren und Lernen. Bad Heilbrunn 1976
Gmelch, A.: Erfahrungs- und handlungsorientiertes Lernen. Ein Beitrag zu einer berufsorientierten Didaktik der Hauptschule. Frankfurt 1987
Gmünder, U.: Kritische Theorie. Horkheimer, Adorno, Marcuse, Habermas. Stuttgart 1985
Göbel, U. / Kramer, W. (Hrsg.): Aufgaben der Zukunft – Bildungsauftrag des Gymnasiums. Dokumentation. Köln 1989
Göppert, H.: Das Ich. Grundlagen der psychoanalytischen Ich-Lehre. München 1968
Göppner, H. J.: Hilfe durch Kommunikation in Erziehung, Therapie, Beratung. Bad Heilbrunn 1984
Goerth, J.: Einführung in die Nachrichtentechnik. Stuttgart 1982
Göttner-Abendroth, H.: Das Matriarchat. 4 Bde. Stuttgart 1989
Goetze, H.: Personenzentrierte Spieltherapie. Göttingen 1981
Goetze, H. / Jaede, W.: Die nicht-direktive Spieltherapie. Frankfurt 1988
Goetze, H. / Neukäfer, H.: Disziplinkonfikte und Verhaltensstörungen in der Schule. Oldenburg 1989
Goffman, E.: Interaktionsrituale. Frankfurt/M. 1971
Goffman, E.: Interaktion: Spaß am Spiel. Rollendistanz. München 1973
Goffman, E.: Stigma. Über Techniken der Bewältigung beschädigter Identität. Frankfurt 1975
Goffman, E.: Wir alle spielen Theater. Die Selbstdarstellung im Alltag. München 1991[4]
Goffman, E.: Das Individuum im öffentlichen Austausch. Frankfurt 1992

Golas, H. G.: Berufs- und Arbeitspädagogik für Ausbilder. 2 Bde. Düsseldorf 1985[4]
Goldschmidt, D. u. a. (Hrsg.): Forschungsgegenstand Hochschule. Überblick und Trendbericht. Frankfurt 1984
Gordon, Th.: Familienkonferenz. Die Lösung von Konflikten zwischen Eltern und Kind. Hamburg 1989 (Heyne-Tb.)
Gordon, Th.: Familienkonferenz in der Praxis. München 1989 (Heyne-Tb.)
Gorholt, M. / Seitel, G. (Hrsg.): Hochschule 2000. Zukunft der Bildung zwischen konservativer Hochschulpolitik und Gegenbewegung. Marburg 1988
Gorsuch, R. L.: Factor analysis. Philadelphia 1974
Gottschalk, W.: Allgemeine Genetik. Stuttgart 1989[3]
Gottwald, P. / Kraiker, Chr. (Hrsg.): Zum Verhältnis von Theorie und Praxis in der Psychologie. München 1976
Goudsmit, W.: Delinquenz und Gesellschaft. Wege zum Verständnis und zur Therapie von Straftätern. Göttingen 1986
Gould, St. J.: Der falsch vermessene Mensch. Basel/Boston/Stuttgart 1983
Gräff, P. / Fucks, W. / Pelz, G.: Praxis der Verhaltensmodifikation in Sonder-, Grund- und Hauptschulen. Berlin 1976
Gräfrath, B. u. a.: Einheit, Interdisziplinarität, Komplementarität. Orientierungsprobleme der Wissenschaft heute. Berlin 1991
Graff, J.: Soziologische Statistik. Pfaffenweiler 1989
Gramm, D.: Die Graphologie der Schülerschrift. Hannover 1973
Gramm, D.: Probleme der Linkshändigkeit. Donauwörth 1977
Grathoff, R.: Milieu und Lebenswelt. Einführung in die phänomenologische Soziologie und die sozialphänomenologische Forschung. Frankfurt 1989
Graumann, C. F.: Nicht-sinnliche Bedingungen des Wahrnehmens. In: W. Metzger (Hrsg.): Handbuch der Psychologie, Band 1. Göttingen 1966
Graumann, C. F.: Interaktion und Kommunikation. In: Graumann, C. F. (Hrsg.): Handbuch der Psychologie, Bd. 7. Göttingen 1972
Graumann, C. F. / Hofer, M.: Lehrerverhalten und Schülerverhalten. In: Funk-Kolleg Pädagogische Psychologie 1, Fischer-Tb 6115. Frankfurt 1991[17], S. 521–545
Greber, U. u. a. (Hrsg.): Auf dem Weg zur „Guten Schule“: Schulinterne Lehrerfortbildung. Weinheim 1991
Greenfield, P. M.: Kinder und Neue Medien. Die Wirkungen von Fernsehen, Videospielen und Computern. Weinheim 1987
Greenson, R. R.: Technik und Praxis der Psychoanalyse. Stuttgart 1989[5]
Greif, S.: Diskussionstraining. Salzburg 1976
Grell, J.: Techniken des Lehrerverhaltens. Weinheim 1990[13]
Grewe, N.: Beratungslehrer – eine neue Rolle im System. Neuwied 1990
Grigat, R.: Psychologie für Erzieher. München 1975
Grimm, H.: Psychologie der Sprachentwicklung. 2 Bde. Stuttgart 1977
Grimm, S.: Soziologie der Bildung und Erziehung. Eine Einführung und kritische Bilanz. München 1987
Grissemann, H.: Hyperaktive Kinder. Ein Arbeitsbuch. Bern 1991[2]
Groddeck, G.: Das Buch vom Es. München 1972 (Ullstein-Tb.) 1988
Grönert, J.: Erziehungsgeld, Mutterschutz, Erziehungsurlaub. Das neue Recht für Eltern mit allen Gesetzestexten. Niedernhausen 1990
Groh, H. / Gutsch, R. (Hrsg.): Netzplantechnik. Eine Anleitung zum Projektmanagement für Studium und Praxis. Düsseldorf 1982
Grohnfeldt, M.: Diagnose von Sprachbehinderungen. Theorie und Praxis der Felddiagnostik bei Sprachbehinderten. Berlin 1982
Grohnfeldt, M.: Störungen der Sprachentwicklung. Berlin 1989[3]
Grohnfeldt, M.: Grundlagen der Therapie bei sprachentwicklungsgestörten Kindern. Berlin 1990
Grondin, J.: Einführung in die philosophische Hermeneutik. Darmstadt 1991
Gross, Chr.: Das Collagenbuch. Klebe-Kursbuch für Kreative. Berlin 1987

Gross, D. / Jung, M. / Keysers, R.: Projektbezogener Schüleraustausch. Frankfurt 1990
Gross, E. (Hrsg.): Dimensionen der Pädagogik. Reihe. Düsseldorf 1982 f.
Gross, H. M.: Biorhythmik. Wie Sie Ihre Lebenskurve in den Griff bekommen. München 1988
Das große Buch der Entspannungs- und Meditationsmethoden. Alle bekannten Techniken von A–Z. München 1991
Grossmann, W.: Kindergarten. Eine historisch-systematische Einführung in seine Entwicklung und Pädagogik. Weinheim 1987
Gruber, E. R.: Was ist New Age? Bewußtseinstransformation und neue Spiritualität. Freiburg 1988[2]
Grünbaum, A. (Hrsg.): Kritische Betrachtungen zu den Grundlagen der Psychoanalyse. Berlin 1990
Gründel, J. (Hrsg.): Das Gewissen. Subjektive Willkür oder oberste Norm? Düsseldorf 1990
Grundriß der Psychologie. 20 Bde. f. Stuttgart (Urban-Tb.) 1989 f.
Grundschule 6/1992 „Thema Lernwerkstatt"
Gruppenarbeit: themenzentriert. Entwicklungsgeschichte, Kritik und Methodenreflexion. Mainz/Weisenau 1987
Grzesik, J.: Die Steuerung von Lernprozessen im Unterricht. Heidelberg 1976
Gudjons, H. u. a. (Hrsg.): Erziehungswissenschaftliche Theorien. Hamburg 1991[3]
Gudjons, H.: Handlungsorientiert lehren und lernen. Bad Heilbrunn 1989[2]
Gudjons, H.: Spielbuch Interaktionserziehung. Bad Heilbrunn 1990[4]
Gudjons, H. / Reinert, G. B.: Schulleben. Frankfurt 1980
Gudjons, H. / Teske, R. / Winkel, R. (Hrsg.): Didaktische Theorien. Hamburg 1991
Gudjons, H. / Winkel, R. (Hrsg.): Unterrichtsmethoden. Grundlegung und Beispiele. Hamburg 1991[3]
Gümbel, R.: Erstleseunterricht. Entwicklungen – Tendenzen – Erfahrungen. Frankfurt 1989
Günder, R.: Aufgabenfelder der Heimerziehung. Planmäßige Entwicklungsförderung – Elternarbeit. Stuttgart 1989
Günther, E.: Lehrbuch der Genetik. Jena 1991[6]
Guettler, K.: Concepts covered by the terms „ego", „id" and „superego". As applied today in psycho-analytic theory. Malmö 1971
Güttsches, U.: Drogenprävention im fächerübergreifenden Unterricht. Frankfurt 1986
Guhl, E. / Ott, E. H.: Unterrichtsmethodisches Denken und Handeln. Darmstadt 1985
Guilford, J. P.: The nature of human intelligence. New York 1967
Guilford, J. P. / Hoepfner, R.: Analyse der Intelligenz. Weinheim/Basel 1974
Gumbrecht, H. (Hrsg.): Kreativität – Ein verbrauchter Begriff? München 1988
Gundermann, H.: Einführung in die Praxis der Logopädie. Berlin 1981
Gutes Spielzeug von A–Z. Ratgeber für Auswahl und Gebrauch. Ulm 1982[16]
Gutjahr, G.: Psychologie des Interviews. In Praxis und Theorie. Heidelberg 1985
Guttmann, G.: Lehrbuch der Neuropsychologie. Bern 1982[3]
Guyer, W.: Wie lernen wir? Zürich 1967[5]

Haack, Fr. W.: Spiritismus. München 1988[5]
Haack, Fr. W.: PSI/Parapsychologie. München 1987[5]
Haack, Fr. W.: Die Neuen Jugendreligionen. Bisher 5 Teile. München 1988–1991
Haack, Fr. W.: Scientology, Dianetik und andere Hubbardismen. München 1990
Haack, Fr. W.: Scientology – Magie des 20. Jahrhunderts. München 1991[2]
Haar, E. von der: Berufsalltag in der Familienfürsorge. Berlin 1984
Haarmann, D. (Hrsg.): Handbuch Grundschule. Bd. 1: Allgemeine Didaktik. Weinheim 1992
Haberhausen, H.: Materialien zur Medienkunde. Iserlohn 1989
Habermas, J.: Erkenntnis und Interesse. Frankfurt 1975
Habermas, J.: Zur Logik des theoretischen und praktischen Diskurses. In: Riedel, M. (Hrsg.): Rehabilitierung der praktischen Philosophie. Freiburg 1974
Habermas, J. / Luhmann, N.: Theorie der Gesellschaft oder Sozialtechnologie – Was leistet die Systemforschung? Frankfurt 1974

Habermas, J.: Vorstudien und Ergänzungen zur Theorie des kommunikativen Handelns. Frankfurt 1984
Habermas, J.: Theorie des kommunikativen Handelns. 2 Bde. Frankfurt 1985, 1988
Habermas, J.: Legitimationsprobleme im Spätkapitalismus. Frankfurt NA 1989
Hablitzel, Chr. (Hrsg.): Berufswahl für Haupt- und Realschüler. Mit Berufe-Lexikon. München 1989⁹f.
Hablitzel, Chr. (Hrsg.): Berufswahl für Abiturienten. Ausbildungs- und Studienwege in Deutschland. Mit Berufe-Lexikon. München 1991¹¹f.
Hacker, H. / Rosenbusch, H. (Hrsg.): Erzieht Unterricht? Aktuelle Beiträge zu einem klassischen pädagogischen Thema. Baltmannsweiler 1990
Hacker, J. / Olzog, G. (Hrsg.): Deutsches Handbuch der Erwachsenenbildung. Loseblattausgabe. München 1985f.
Häberle, H. / Hambsch, R. / Rieger, K. u.a.: Nachrichtentechnik. Signalübertragung und Signalverarbeitung. Haan-Gruiten 1991
Häberle, P.: Erziehungsziele und Orientierungswerte im Verfassungsstaat. Freiburg 1981
Haeberlin, U. u.a.: Integration in der Schulklasse (Fragebogen – diagnostisches Hilfsmittel). Bern 1989
Haekel, M. u.a.: Familientherapie. Neuwied 1985
Haendler, K. / Rauschenberger, H. (Hrsg.): Schulisches Lernen mit Kopf, Herz und Hand? Hofgeismar 1987
Haenisch, H.: Lehrpläne auf dem Prüfstand. Grundlagen und Verfahren der Curriculumevaluation. Paderborn 1982
Hänsel, D.: Handlungsspielräume. Portrait einer Freinet-Gruppe. Weinheim/Basel 1985
Hänsel, D. (Hrsg.): Das Projektbuch Grundschule. Weinheim 1991³
Hänsel, D. / Müller, H. (Hrsg.): Das Projektbuch Sekundarstufe. Weinheim 1988
Härtter, R.: Das kleine Elternbuch zur Sexualerziehung. München 1973
Haesler, W.T. (Hrsg.): Kindesmißhandlung. Zürich 1985²
Hafeneger, B.: Jugendarbeit als Beruf. Geschichte einer Profession in Deutschland. Wiesbaden 1992
Haferkamp, H.: Kriminelle Karrieren. Wiesbaden 1975
Haft, H. u.a. (Hrsg.): Gesamtschule. Geschichte – Konzeption – Praxis. Kiel 1989
Hage, K. u.a.: Das Methodenrepertoire von Lehrern. Eine Untersuchung zum Unterrichtsalltag in der Sekundarstufe I. Leverkusen 1985
Hagemann, R. u.a.: Allgemeine Genetik. Stuttgart 1991³
Hagemann, W. / Tulodziecki, G.: Einführung in die Mediendidaktik. Studientexte. Köln 1978
Hagemann, W. / Neubauer, W. / Tulodziecki, G. / Zimmermann, D.: Medienpädagogik. Köln 1979
Hagen, R.: Fernsehen im Alltag von Kindern und Jugendlichen. Bad Honnef 1986
Hagenbusch, A.M.: Das schulbereite Kind. Donauwörth 1985
Hagmüller, P.: Erziehungsziele heute. Bad Honnef 1983
Hagmüller, P.: Methoden und Techniken des Lernens. Düsseldorf 1985
Hagstedt, H.: Offene Unterrichtsformen. In: Hameyer, U. (Hrsg.): Innovationsprozesse in der Grundschule. Bad Heilbrunn 1992
Hahn, R.: Schule und Erziehung. Zur Diskussion über Werte, Normen und Ziele schulischer Erziehung. Paderborn 1982
Hainz, I. / Kopetzky, I.: Fernsehen. (Mit Materialmappen zu Jugendmedienschutz und Medienpädagogik.) München 1990
Hajos, A.: Einführung in die Wahrnehmungspsychologie. Darmstadt 1980
Haken, H.: Synergetik. Eine Einführung. Berlin 1990
Haken, H.: Erfolgsgeheimnisse der Natur. Synergetik: Die Lehre vom Zusammenwirken. Berlin 1990
Haken, H. / Wunderlin, A.: Die Selbststrukturierung der Materie. Synergetik in der unbelebten Welt. Wiesbaden 1991
Haley, J.: Gemeinsamer Nenner Interaktion. München 1987²
Halisch, F. / Kuhl, J. (Hrsg.): Motivation, Intention und Volition. Berlin 1987

Hall, R. T.: Unterricht über Werte. Lernhilfen und Unterrichtsmodelle. Weinheim 1979
Hallahan, D. P. / Cruickshank, W. M.: Psychoeducational foundations of learning disabilities. Englewood Cliffs/N. J. 1973, deutsch München 1979
Hallmann, H.-J.: Drogenprävention in der Schule. München 1983
Hamann, B.: Pädagogische Anthropologie. Bad Heilbrunn 1982
Hamblin, K.: Pantomime – Spiel mit deiner Fantasie. Mülheim 1992
Hamburgische Anstalt für neue Medien (Hrsg.): Zwischen Versagen und Angst – Fernsehen im Alltag von Kindern. Berlin 1992
Hameyer, U. u. a. (Hrsg.): Handbuch der Curriculumforschung. Übersichten zur Forschung 1970–1981. Weinheim 1982
Hameyer, U. / Lauterbach, R. / Waldow, J. (Hrsg.): Computer an Sonderschulen. Einsatz neuer Informationstechnologien. Weinheim 1987
Hameyer, U. (Hrsg.): Informationstechnische Grundbildung für die Förderpädagogik. Arbeitsvorschläge aus der Praxis. Stuttgart 1990
Hamm, A.: Kontext und Reizinhalt: Ihre Einflüsse beim klassischen Konditionieren. Regensburg 1987
Handbuch der Behindertenpädagogik. München 1979
Handbuch der Psychologie. 12 Bde. Göttingen 1970 f.
Handbuch der Umwelterziehung. Loseblattausgabe. Seelze 1990 f.
Handbuch der Weiterbildung. Für die Praxis in der Wirtschaft und Verwaltung. 8 Bde. München 1981–1988
Handbuch des gesamten Jugendrechts. Incl. Sammlung jugendrechtlicher Entscheidungen. Bisher 4 Ordner. Loseblattsammlung, fortlaufend ergänzt. Neuwied
Hanke, B. u. a.: Schülerbeurteilung in der Grundschule. Ergebnisse aus der Augsburger Längsschnittuntersuchung. München 1980
Hanke, W.: Hormone. Berlin 1969[3]
Hannappel, H.: Lehren lernen. Ein Handbuch und Übungsbuch für die Lehrerausbildung. Bochum 1984
Hansch, H. A.: Der Lehrer und das Schulrecht. Hamburg 1988
Hansen, G. / Seitz, W.: Entstehung und Behandlung von Verhaltensstörungen im Kindes- und Jugendalter. Pfaffenweiler 1991
Hansmann, O. u. a.: Pro und Contra Waldorfpädagogik. Würzburg 1987
Harder, O. / Leifert, H. (Hrsg.): Entwicklungsfeld Hochschule. Lehre, Forschung, Transfer. Singen 1991
Hargreaves, D. H.: Interaktion und Erziehung. Wien/Köln 1976
Harman, G.: Das Wesen der Moral. Eine Einführung in die Ethik. Frankfurt 1981
Harman, H. H.: Modern factor analysis. Chicago/London 1976
Harnack, G.-A. von: Vegetative Störungen. In: Schulschwierigkeiten aus ärztlicher und pädagogischer Sicht. Bremen 1977
Harnier, L. v.: Elemente für Szenerios im Hochschulbereich. München 1990
Harnisch, G.: Schulstreß. Praktische Hilfen für Lehrer, Erzieher und Eltern. Düsseldorf 1984
Harnisch, G.: Erziehung der Gefühle. Mit Unterrichtsbeispielen. Essen 1984
Harrer, G. (Hrsg.): Grundlagen der Musiktherapie und Musikpsychologie. Stuttgart 1982[2]
Harris, M.: Kulturanthropologie. Ein Lehrbuch. Frankfurt 1988
Harris, Th. A.: Ich bin o.k. – Du bist o.k. Eine Einführung in die Transaktionsanalyse. Reinbek 1975
Hartfiel, G.: Soziale Schichtung. Weinheim 1981[2]
Hartkopf, W.: Studien zur Entwicklung der modernen Dialektik. Frankfurt 1972
Hartmann, B.: Mutismus. Zur Theorie und Kasuistik des totalen und elektiven Mutismus. Berlin 1991
Hartmann, H.: Ich-Psychologie. Studien zur psychoanalytischen Theorie. Stuttgart 1972
Hartmann, K.: Theoretische und empirische Beiträge zur Verwahrlosungsforschung. Berlin 1977
Hartmann, N.: Zur Grundlegung der Ontologie. Berlin 1965[4]
Hartmann, S.: Frühkindliche Sexualerziehung (Unterrichtsmaterialien). Hamburg 1989

Hartmann, U. / Jourdan, M.: Erziehungswissenschaft und Objektivität. Bad Heilbrunn 1987
Hartung, J. / Elpelt, B. / Klösener, K.H.: Statistik. Lehr- und Handbuch der angewandten Statistik. München 1989[7]
Hartung, J. / Heine, B.: Statistik-Übungen. Deskriptive Statistik. München 1990[3]
Hartung, J. / Heine, B.: Statistik-Übungen. Induktive Statistik. München 1990[2]
Haseloff, O.W.: Sucht und Drogen. Düsseldorf 1989
Haseloff, O.W. / Jorswieck, E.: Psychologie des Lernens. Berlin 1971[2]
Hassenstein, B.: Verhaltensbiologie des Kindes. München/Zürich NA 1987
Hau, Th.F. (Hrsg.): Psychosomatische Medizin. Lehr- und Handbuch der Krankheitsbilder. München 1989[2]
Hauff, M.v. / Schmid, U. (Hrsg.): Ökologie und Ökonomie. Stuttgart 1992
Hausmann, G.: Didaktik als Dramaturgie des Unterrichts. 1959
Hebenstreit, S.: Der Übergang vom Elementar- zum Primarbereich. Paderborn 1979
Heck, B. (Hrsg.): Arbeit. Ihr Wert, ihre Ordnung. München 1985
Heckel, H.: Einführung in das Erziehungs- und Schulrecht. Darmstadt 1986[2]
Heckhausen, H.: Leistungsmotivation. In: Thomae, H. (Hrsg.): Handbuch der Psychologie, Bd. 2. Göttingen 1965
Heckhausen, H.: Motivationsanalysen. Heidelberg 1974
Heckhausen, H.: Förderung der Lernmotivierung und der intellektuellen Tüchtigkeit. In: Gutachten und Studien der Bildungskommission. Band Begabung und Lernen. Stuttgart 1980[12]
Heckhausen, H.: Lehrer-Schüler-Interaktion. In: Funk-Kolleg Pädagogische Psychologie 1. Frankfurt 1991[17]
Heckhausen, H.: Motivation und Handeln. Berlin 1989[2] (englisch: Motivation and Action, 1991)
Heckmann, G.: Das sokratische Gespräch. Hannover 1981
Heckmann, R.: Die Mediothek in der Schule. Essen 1980
Heckmann, W. (Hrsg.): Reihe „Suchtprobleme in Pädagogik und Therapie". Weinheim
Heegen, F. / Rogler, R.: Betriebspraktikum konkret. Donauwörth 1984
Heese, G. / Solarova, S.: Behinderung im erziehungswissenschaftlichen Sinne. In: Zeitschrift für Heilpädagogik 36/1985
Hegele, J. (Hrsg.): Lernziel: Freie Arbeit. Unterrichtsbeispiele aus der Grundschule. Weinheim 1991[2]
Hegelheimer, A.: Die Realschule im Bildungs- und Beschäftigungssystem. Paderborn 1980
Hehlmann, W. / Böhm, W.: Wörterbuch der Pädagogik. Stuttgart 1988[13]
Heidegger, M.: Was heißt Denken? Tübingen 1984[4]
Heidegger, M.: Zur Sache des Denkens. Tübingen 1988[3]
Heidemann, R.: Körpersprache vor der Klasse. Ein praxisnahes Trainingsprogramm zum Lehrerverhalten. Wiesbaden 1989[3]
Heider, F.: Über Balance und Attribution. In: Görlitz, D. / Meyer, W.U. / Weiner, B. (Hrsg.): Bielefelder Symposiom über Attribution. Stuttgart 1978
Heider, F.: The notebooks. 6 Bde. Weinheim 1988/1989
Heigenhauser, B.: Netzplantechnik. Methodik, Vorgehensweise und Anwendung. Würzburg 1976
Heigl, F.: Indikation und Prognose in Psychoanalyse und Psychotherapie. Göttingen 1987[3]
Heigl, J.: Grundbedingungen der Erziehungswirksamkeit von Lehrplänen und Überlegungen zur Verwirklichung der obersten Bildungsziele. Fürstenzell 1986
Heigl-Evers, A. (Hrsg.): Psychoanalyse und Gruppe. Göttingen 1971
Heigl-Evers, A.: Konzepte der analytischen Gruppenpsychotherapie. Göttingen 1978[2]
Heiland, H.: Maria Montessori. Reinbek 1991
Heiliger, A. / Jaeckel, M. / Marbach, J.: Familienarbeit/Elternbildung. Erfahrungen – Modelle – Perspektiven. München 1981
Heim, E.: Praxis der Milieutherapie. Berlin 1985
Heimann, P. / Otto, G. / Schulz, W.: Unterricht – Analyse und Planung. Hannover 1977[9]
Heimlich, R.: Soziales und emotionales Lernen in der Schule. Ein Beitrag zum Arbeiten mit Interaktionsaktionsspielen. Weinheim 1988

Heineken, E.: Bewußtsein und Gedächtnis. Erlebnisdaten in der Gedächtnisforschung. Heidelberg 1987
Heinelt, G.: Einführung in die Pädagogische Psychologie. Ein Leitfaden für Studium und Erziehungspraxis. Freiburg 1983
Heinemann, S.: Aktivitäten im Schullandheim. Lichtenau/Scherzheim 1984
Heinisch, S.: Die Karikatur. Über das Irrationale im Zeitalter der Vernunft. Wien 1988
Heinrich, D. / Hergt, M.: dtv-Atlas zur Ökologie. München 1990
Heinrich, M.: Die Wissenschaft vom Wert. Zwischen wissenschaftlicher Revolution und klassischer Tradition. Hamburg 1991
Heinrichs, H.: Lexikon der audio-visuellen Bildungsmittel. München 1971
Heinsohn, G. / Knieper, B. M. C.: Theorie des Kindergartens und der Spielpädagogik. Frankfurt/M. 1975
Heintel, E.: Grundriß der Dialektik. 2 Bde. Darmstadt 1984/1985
Heintel, P.: Modellbildung in der Fachdidaktik. Eine philosophisch-wissenschaftstheoretische Untersuchung. Wien 1986
Heinzel, J.: Angstabbau bei Schülern durch Entspannung (empirische Studie). Berlin 1987
Heitger, M.: Beiträge zu einer Pädagogik des Dialogs. Wien 1983
Heitger, M. / Nitsch, K. / Schütz, Fr. / Gotsmy, H.: Partnerschaftserziehung/Sexualerziehung. Wien 1987
Heitger, M. / Schirlbauer, A. (Hrsg.): Schule der Gefühle? Zur Erziehung von Emotion und Verhalten. Innsbruck 1992
Heitkämper, P.: Friedenserziehung als Lernprozeß. Bad Heilbrunn/Obb. 1976
Heitkamp, H.: Heime und Pflegefamilien – konkurrierende Erziehungshilfen? Neuwied 1989
Helbig, P.: Begabung im pädagogischen Denken. Weinheim 1988
Hellbrügge, Th.: Die Entwicklung der kindlichen Sexualität. Lübeck 1982
Hellbrügge, Th.: Unser Montessori-Modell. Frankfurt (Fischer-Tb.) 1984
Helle, H. J. (Hrsg.): Kultur und Institution. Berlin 1982
Heller, K. (Hrsg.): Leistungsdiagnostik in der Schule. Bern 1984[4]
Heller, K. (Hrsg.): Handbuch der Bildungsberatung. Bd. 1–3. Stuttgart 1975–1976
Heller, K.-A. / Feldhusen, J. F. (Hrsg.): Identifikation und Förderung von Begabten – eine internationale Perspektive. Stuttgart/Bern/Toronto 1986
Heller, K. / Nickel, H. / Rosemann, B.: Beurteilen und Beraten. Stuttgart 1978
Heller, K. / Nickel, H. (Hrsg.): Psychologie in der Erziehungswissenschaft. 4 Bde. Stuttgart 1978–1980
Heller, K. A. / Nickel, H. (Hrsg.): Modelle und Fallstudien zur Erziehungs- und Schulberatung. Bern 1982
Heller, K. / Rosemann, B. / Gaedike, A.-K.: Planung und Auswertung empirischer Untersuchungen. Stuttgart 1981[2]
Heller, K. (Hrsg.): Leistungsbeurteilung in der Schule. Heidelberg NA 1984[4]
Helsper, W.: Okkultismus – die neue Jugendreligion? Leverkusen 1991
Hendricks, W. u. a. (Hrsg.): Fachdidaktik und Lehrplanentwicklung. Berlin 1986
Henricht, D. (Hrsg.): Aspekte der Freiheit. Regensburg 1982
Henseler, H.: Narzißtische Krisen. Zur Psychodynamik des Selbstmords. Wiesbaden 1990[3]
Hentig, H. v.: Spielraum und Ernstfall. Stuttgart 1973
Hentig, H. v.: Was ist eine humane Schule? München 1983[6]
Herbart, J. F.: Allgemeine Pädagogik. Bochum 1971[4]
Herber, H. J.: Innere Differenzierung im Unterricht. Stuttgart 1983
Herbig, M.: Praxis lernzielorientierter Tests. Düsseldorf 1976
Herdt, U. u. a.: Ganztagsangebote für Schülerinnen und Schüler. Informationen – Analysen – Meinungen. Ludwigsburg 1991
Herkner, W. (Hrsg.): Attribution – Psychologie der Kausalität. Bern 1980
Herkner, W.: Lehrbuch Sozialpsychologie. Bern 1991[5]
Herriger, N.: Verwahrlosung. Eine Einführung in Theorien sozialer Auffälligkeit. Weinheim 1987

Herrmann, J. (Hrsg.): Mission mit allen Mitteln. Der Scientology-Konzern auf Seelenfang. Hamburg 1992
Herrmann, Th. (Hrsg.): Psychologie der Erziehungsstile. Göttingen 1974[4]
Herrmann, Th. / Lantermann, E. D. (Hrsg.): Persönlichkeitspsychologie. Ein Handbuch in Schlüsselbegriffen. Weinheim 1985
Herwig, H. J.: Formen des Emanzipationsbegriffs. Zur Kritik der unbestimmten Selbstverwirklichung. München 1980
Herz, A. / Hippius, H. / Spann, W. (Hrsg.): Psychopharmaka heute. Berlin 1990
Herzog, J. / Carl, M. (Hrsg.): Neue Medien. Kommunikation und Information. Berlin 1989
Herzog, M.: Phänomenologische Psychologie. Ihre Grundlagen, Hauptverzweigungen und wichtigsten Entwicklungen. Heidelberg 1992
Hess, Th.: Lern- und Leistungsstörungen im Schulalter. Individuumsorientierte und systemische Erklärungsansätze. Dortmund 1989
Hetzer, H.: Spielen lernen – spielen lehren. München 1982[9]
Heuß, A.: Ideologiekritik. Ihre theoretischen und praktischen Aspekte. Berlin/New York 1975
Heusser, H.: Instinkte und Archetypen im Verhalten der Tiere und im Erleben des Menschen. Darmstadt 1976
Heydorn, H. J.: Bildungstheoretische Schriften, 3 Bde. Frankfurt 1979/1980
Heyer, G. u. a. (Hrsg.): Wissensarten und ihre Darstellung. Beiträge aus Philosophie, Psychologie, Informatik und Linguistik. Berlin 1988
Heyse, H. / Wichterich, H. (Hrsg.): Alte Schule – neue Medien. Kongreßbericht. Bonn 1988
Hezel, D. (Hrsg.): Jugendkriminalität. Stuttgart 1991[2]
Hickethier, K.: Einführung in die Medienkunde. Köln 1980
Hiegemann, S. / Swoboda, W. (Hrsg.): Handbuch der Medienpädagogik. Theorieansätze – Forschungsgeschichte – Perspektiven. Leverkusen 1991
Hierdeis, H. (Hrsg.): Erziehungskunde an Haupt- und Realschulen. Baltmannsweiler 1985
Hierdeis, H. (Hrsg.): Taschenbuch der Pädagogik. 2 Bde. Baltmannsweiler 1990[3]
Hilgard, E. R. / Bower, G. H.: Theorien des Lernens. 2 Bde. Stuttgart 1983, 1984
Hilke, R. / Kempf, W.: Naturwissenschaftliche und kulturwissenschaftliche Perspektiven der Aggressionsforschung. Bern 1982
Hiller, G. G.: Konstruktive Didaktik. Düsseldorf 1973
Hillmeier, H. (Hrsg.): Offene Jugendarbeit. Konzeptionelle Empfehlungen für Jugendfreizeitstätten, Jugendtreffs und Jugendräume. München 1988
Hilmer, J.: Herstellung von Arbeitstransparenten. Hrsg. vom Institut für Film und Bild in Wissenschaft und Unterricht, Schriftenreihe AV-Technik, Bd. 6. München 1978
Hiltmann, H.: Kompendium der psychodiagnostischen Tests. Bern NA 1977[3]
Hintermaier, R. / Wagner, F. S.: Grundbegriffe der Berufs- und Arbeitspädagogik. Ehningen bei Böblingen 1980
Hintz, D.: Schulleben. Einheit von Unterricht und Erziehung in der Schule. Hildesheim 1984
Hippius, H. / Laakmann, G. (Hrsg.): Depressionstherapie. Chancen und Risiken eines neuen Ansatzes. Berlin 1991
Hochbegabte Kinder und ihre Eltern. Ein Ratgeber. Bern/Stuttgart/Toronto 1985
Hochgräfe, H.: Das Erziehungskonzept in der Humanistischen Psychologie A. H. Maslows. Pfaffenweiler 1988
Hochschuldidaktische Materialien zur Tutorenausbildung. Bremen 1980[2]
Hochschulplanung. Bis 1991. 91 Einzeltitel
Hochwald, K. H.: Neue Medien – Auswirkungen in Familie und Erziehung. Münster 1983
Höck, K. / Vorwerg, M. (Hrsg.): Psychosomatik II. Konzepte und Modellvorstellungen. Leipzig 1988
Höder, J.: Gesprächspsychotherapie. Was sie kann, wie sie wirkt und wem sie hilft. Mannheim/Berlin 1992
Höhn, E. / Schick, Chr.: Das Soziogramm. Göttingen 1976[4]
Höltershinken, D. u. a.: Praxis der Medienerziehung. Bad Heilbrunn 1991
Hörmann, G. u. a. (Hrsg.): Familie und Familientherapie. Probleme – Perspektiven – Alternativen. Wiesbaden 1988

Hörmann, G. / Körner, W. (Hrsg.): Klinische Psychologie. Ein kritisches Handbuch. Reinbek 1991
Hörmann, H.: Einführung in die Psycholinguistik. Darmstadt 1987[2]
Hofer, M. (Hrsg.): Sozialpsychologie erzieherischen Handelns. Wie das Denken und Verhalten von Lehrern organisiert ist. Göttingen 1986
Hoffman, L.: Grundlagen der Familientherapie. Hamburg 1988[3]
Hoffmann, Chr. u.a.: Koeduktion – was heißt das schon? Eine Arbeitshilfe. Neuss 1990
Hoffmann, H.-J.: Psychologie und Massenkommunikation. Berlin/New York 1976
Hoffmann, K.: Praktische Erziehungskunde. Hamburg 1984[7]
Hoffmann-Riem, Ch.: Das adoptierte Kind. Familienleben mit doppelter Elternschaft. München 1989[3]
Hoffmeister, H.: Organisationslehre. 6 Bde. Pfungstadt 1990
Hofmann, W.: Wissenschaft und Ideologie. In: Universität, Ideologie, Gesellschaft. Frankfurt 1969, S. 49–81
Hofstätter, P. R.: Einführung in die Sozialpsychologie. Stuttgart 1973[5]
Hofstätter, P. R.: Sozialpsychologie. Berlin 1973[5]
Hofstätter, P. R.: Gruppendynamik. rde 38. Hamburg 1976, NA rororo-Tb. Reinbek
Hofstätter, P. R. / Wendt, D.: Deskriptive, Inferenz- und Korrelationsstatistik. Berlin 1974[4] (NA)
Hohlfeld, K. (Hrsg.): Die Schulbibliothek. Texte zu ihrer Geschichte und Theorie. Bad Honnef 1982
Holle, B.: Die motorische und perzeptuelle Entwicklung des Kindes. Ein praktisches Lehrbuch für die Arbeit mit normalen und retardierten Kindern. Weinheim 1988
Hollmann, H.: Validität in der Eignungsdiagnostik. Göttingen 1991
Holodynski, M.: Leistungstätigkeit und soziale Interaktion. Heidelberg 1992
Holstein, H.: Schulfunk im Schulunterricht. Frankfurt 1979
Holtstiege, H.: Erzieher in der Montessori-Pädagogik. Freiburg 1991
Holz, H. H. / Sandkühler, H. J. (Hrsg.): Realismus und Dialektik oder Was können wir wissen. Bonn 1984
Holzer, H.: Kommunikationssoziologie. Wiesbaden 1973
Holzkamp, K.: Theorie und Experiment in der Psychologie. Berlin 1981[2]
Holzkamp-Osterkamp, U.: Grundlagen der psychischen Motivationsforschung. 2 Bde. Frankfurt 1981[3], 1990[4]
Holzschuh, G.: Was ist Netzplantechnik? Heidelberg 1990[5]
Homme, L. u.a.: Verhaltensmodifikation in der Schulklasse. Ein praxisbezogenes Trainingsprogramm für Lehrer und Studenten. Weinheim 1979
Hommerich, Chr.: Der Diplompädagoge – ein ungeliebtes Kind der Bildungsreform. Frankfurt 1984
Honal, W. H. (Hrsg.): Handbuch der Schulberatung. Loseblattsammlung, Ergänzungslieferung. München 1983 f.
Honneth, A. / Joas, H. (Hrsg.): Kommunikatives Handeln. Beiträge zu Jürgen Habermas' Theorie des kommunikativen Handelns. Frankfurt 1986
Hopf, A. (Hrsg.): Sexualpädagogik. 4 Bde. Oldenburg 1984–1985
Hopf, Chr. / Weingarten, E. (Hrsg.): Qualitative Sozialforschung. Stuttgart 1984[2]
Hopf, W.: Ausbildung und Statuserwerb. Theoretische Erklärungen und Ergebnisse der Sozialforschung. Frankfurt 1992
Horkheimer, M.: Zum Begriff der Vernunft. Frankfurt/M. 1952
Horkheimer, M.: Über das Vorurteil. Köln/Opladen 1963
Horkheimer, M.: Vernunft und Selbsterhaltung. Frankfurt/M. 1970
Horkheimer, M.: Die gesellschaftliche Funktion der Philosophie. Ausgewählte Essays. Frankfurt 1974
Horkheimer, M.: Gesellschaft im Übergang. Frankfurt 1981
Horkheimer, M.: Gesammelte Schriften. 18 Bde. Frankfurt 1985–1991 f.
Horkheimer, M. u.a.: Studien über Autorität und Familie. Forschungsberichte aus dem Institut für Sozialforschung. Lüneburg 1987[2]
Horkheimer, M.: Traditionelle und Kritische Theorie. Frankfurt (Fischer-Tb.) 1992

Horkheimer, M. / Adorno, Th. W.: Dialektik der Aufklärung. Frankfurt 1991[4]
Hormuth, St. E. (Hrsg.): Sozialpsychologie der Einstellungsänderung. Frankfurt 1979
Horney, K.: Unsere inneren Konflikte. Neurosen in unserer Zeit, Entstehung, Entwicklung, Lösung. München 1973
Hornstein, W.: Aufwachsen mit Widersprüchen – Jugendsituation und Schule heute. Stuttgart 1990
Hoyer, M.: Zur Entwicklung des Bildungsverständnisses im Deutschen Volkshochschulverband. Bonn 1985
Hoyningen-Huene, P. / Hirsch, G. (Hrsg.): Wozu Wissenschaftsphilosophie? Berlin 1988
Hubbard, L. R.: Scientology: Die Grundlagen des Denkens. København/Dreieich 1974[3]
Hubbard, L. R.: Dianetics, The Modern Science of Health; deutsch: Dianetik: Die moderne Wissenschaft der geistigen Gesundheit. København/Dreieich 1989
Huber, F.: Pädopathologie der Verhaltensauffälligkeit: Genese, Therapie und Prophylaxe. Heidelberg 1982
Huber, G. / Rieder, H. / Neuhäuser, G. (Hrsg.): Psychomotorik in Therapie und Pädagogik. Dortmund 1990
Hübenthal, U.: Interdisziplinäres Denken. Stuttgart 1991
Hülshof, R. u. a.: Eltern und Lehrer. Theorie und Praxis schulischer Elternarbeit. Paderborn 1979
Hülshoff, Th. (Hrsg.): Handbuch der Betriebspädagogik. 3 Bausteine. Universität Koblenz-Landau 1983
Hüppe, A.: Prägnanz – Ein gestalttheoretischer Grundbegriff. Experimentelle Untersuchungen. München 1984
Hüther, J. / Schorb, B. / Brehm-Klotz, Chr.: Grundbegriffe der Medienpädagogik. Wörterbuch für Studium und Praxis. Ehningen 1990[2]
Hüther, J. / Terlinden, R. (Hrsg.): Neue Medien in der Erwachsenenbildung. Handbuch für Praktiker. Weinheim 1986
Huhn, G.: Kreativität und Schule. (Kritik der Lehrpläne vor dem Hintergrund der modernen Gehirnforschung.) Berlin 1990
Huizinga, J.: Homo ludens. rde 21. Reinbek 1987
Hume, W.: Biofeedback. Forschung und Therapie. Bern 1979
Hummel, K.: New Age Handbuch. 1989
Hundertmarck, G.: Soziale Erziehung im Kindergarten. Stuttgart 1982
Huppertz, N.: Elternarbeit vom Kindergarten aus. Freiburg 1986[18]
Huppertz, N.: Die Wirklichkeit der Zusammenarbeit zwischen Schule und Elternhaus. Beiträge zur Theoriebildung. München 1988
Huppertz, N.: Erleben und Bilden im Kindergarten. Der lebensbezogene Ansatz als Modell für die Planung der Arbeit. Freiburg 1992
Hurrelmann, B.: Fernsehen in der Familie. Auswirkungen der Programmerweiterung auf den Mediengebrauch. Weinheim 1989
Hurrelmann, K.: Erziehungssystem und Gesellschaft. Reinbek 1975
Hurrelmann, K.: Familienstreß, Schulstreß, Freizeitstreß. Weinheim 1990
Hurrelmann, K.: Einführung in die Sozialisationstheorie. Weinheim 1990[3]
Hurrelmann, K. / Ulich, D. (Hrsg.): Neues Handbuch der Sozialisationsforschung. Weinheim 1991[3]
Hurrelmann, K. / Wolf, H. K.: Schulerfolg und Schulversagen im Jugendalter. Fallanalysen von Bildungslaufbahnen. Weinheim 1986
Huschke-Rhein, R.: Systematische Pädagogik. Band 2: Qualitative Forschungsmethoden und Handlungsforschung. Köln 1991[2]
Husén, T.: Schule in der Leistungsgesellschaft. Kann die Schule überleben? Hahn 1980
Husserl, E.: Husserliana. Gesammelte Werke. Haag 1952 f.
Husserl, E.: Phänomenologie der Lebenswelt. Ausgewählte Texte II. Ditzingen o. J.
Husserl, E.: Erfahrung und Urteil. Untersuchung zur Genealogie der Logik. Hamburg 1985[6]
Husserl, E.: Die Krisis der europäischen Wissenschaften und die transzendentale Phänomenologie. Hamburg 1982[2]

Husserl, E.: Cartesianische Meditationen. Eine Einleitung in die Phänomenologie. Hamburg 1987[2]
Hussy, W.: Denkpsychologie. Ein Lehrbuch. 2 Bde. Stuttgart 1984 und 1986
Huter, A.: Mensch und Massenmedien. Der anthropologische Aspekt der Medienforschung. Salzburg 1981
Huth, A. / Huth, W.: Handbuch der Meditation. München 1990
Huth, M.: 77 Fragen und Antworten zum Projektunterricht. Hamburg 1988
Huth, M.: Unterrichtsprojekte konkret. 2 Bde. Hamburg 1989[2]
Hutterer, R. / Stipsits, R. (Hrsg.): Persönlichkeitsentwicklung und Begegnung. Wien 1984

Ilgner, R. / Voith, F. (Hrsg.): Internat – Miteinander Leben lernen. Köln 1986
Illich, J.: Entschulung der Gesellschaft. München 1972
Illig, J. / Mensch, G. / Schlereth, R.: Unterricht mit Pfiff – macht Lehrern und Schülern Spaß. München 1989
Immelmann, K.: Wörterbuch der Verhaltensforschung. Berlin 1982
Immelmann, K.: Einführung in die Verhaltensforschung. Berlin 1983
Ineichen, H.: Philosophische Hermeneutik. Freiburg 1991
Ingendahl, W.: Kommunikative Kompetenz im kulturellen Kontext. Grundlagen einer kulturwissenschaftlichen Germanistik. Wiesbaden 1992
Ingenkamp, F. D.: Neue Medien vor der Schultür. Weinheim 1984
Ingenkamp, K. (Hrsg.): Tests in der Schulpraxis. Weinheim 1978[6]
Ingenkamp, K.: Lehrbuch der Pädagogischen Diagnostik. Weinheim 1988
Ingenkamp, K.: Diagnostik in der Schule. Beiträge zu Schlüsselfragen der Schülerbeurteilung. Weinheim 1989
Ingenkamp, K. (Hrsg.): Die Fragwürdigkeit der Zensurengebung. Weinheim 1989[8]
Innerhofer, P. / Klicpera, Chr.: Die Welt des frühkindlichen Autismus. Befunde, Analysen, Anstöße. München 1988
Institut für Managemententwicklung (Hrsg.): Weiterbildung im Wandel. Konzeptionelle und methodische Innovation. Hamburg 1987
Institut für Schulpädagogik und Bildungsplanung (Hrsg.): Kollegstufenarbeit. Einzeltitel. München
Institut für soziale Arbeit e. V. (Hrsg.): AIDS-Prävention im Jugendalter. Münster 1990
Institutionelle Praxis. Oldenburg 1984
Ipfling, H. J. / Lorenz, U.: Bibliographie Hauptschule. Regensburg 1988
Ipfling, H.-J. / Lorenz, U. (Hrsg.): Die Hauptschule. Materialien – Entwicklungen – Konzepte. Bad Heilbrunn 1991
Irle, M.: Lehrbuch der Sozialpsychologie. Göttingen 1975
Iscan, F.: Wie entwerfe ich Collagen? Stuttgart 1986
Iseler, A. / Perrez, M. (Hrsg.): Relevanz in der Psychologie. Zur Problematik von Relevanzbegriffen, -forderungen und -behauptungen. Berlin/München 1976
Israel, J.: Der Begriff Entfremdung. (Von Marx bis zur Gegenwart.) Reinbek 1986
Issing, L. J. (Hrsg.): Medienpädagogik im Informationszeitalter. Weinheim 1988[2]

Jacobi, J.: Komplex, Archetypus, Symbol in der Psychologie C. G. Jungs. Zürich-Stuttgart 1957
Jacobs, K.: Autismus. Schulische Förderung und ambulante Therapie. Bonn 1988[3]
Jäger, H. (Hrsg.): AIDS. Psychosoziale Betreuung von AIDS – und AIDS-Vorfeldpatienten. Stuttgart 1987
Jäger, H. (Hrsg.): AIDS – Phobie. Krankheitsbild und Behandlungsmöglichkeiten. (Symposium München 1987) Stuttgart 1988
Jäger, H.: AIDS und HIV-Infektionen. Diagnostik – Klinik – Behandlung. Handbuch und Atlas für Klinik und Praxis. Landsberg 1991 u. Erg.-Lief.
Jaffé, S. / Schiessl, O.: Disziplin in der Schule / Literaturbericht zum Thema Aggressivität in der Schule. München 1979
Jahrbuch für Empirische Erziehungswissenschaft. Düsseldorf ab 1977
Jamme, Chr. / Pöggeler, O. (Hrsg.): Phänomenologie im Widerstreit. Frankfurt 1989

Janich, P. / Kambartel, Fr. / Mittelstrass, J.: Wissenschaftstheorie als Wissenschaftskritik. Frankfurt 1974
Janov, A.: Revolution der Psyche. Frankfurt 1985
Janov, A.: Gefangen im Schmerz. Frankfurt 1988
Janov, A.: Anatomie der Neurose. Die wissenschaftliche Grundlegung der Urschrei-Therapie. Frankfurt (Fischer-Tb.) 1988[3]
Janov, A.: Das befreite Kind. Grundsätze einer primärtherapeutischen Erziehung. Frankfurt (Fischer-Tb.) 1990[7]
Janov, A.: Der Urschrei. Ein neuer Weg der Psychotherapie. Frankfurt (Fischer-Tb.) 1991[13]
Janssen, J. u. a. (Hrsg.): Konzentration und Leistung. Göttingen 1991
Jantzen, G. H.: Biorhythmus. Wer klug ist, lebt danach. München 1986
Jantzen, H.: Namen und Werke. Biographien und Beiträge zur Soziologie der Jugendbewegung. Frankfurt 1972
Jantzen, W.: Allgemeine Behindertenpädagogik. Ein Lehrbuch. 2 Bde. Weinheim 1987 und 1990
Janzarik, W. (Hrsg.): Persönlichkeit und Psychose. Stuttgart 1988
Jaspers, K.: Was ist Erziehung? Ein Lesebuch. München/Zürich 1992
Jazayery, M. A. / Polomé, E. C. / Winter, W. (Hrsg.): Linguistic and Literary Studies. 4 Bde. Berlin 1978
Jeggle, U. (Hrsg.): Feldforschung. Tübingen 1988[2]
Jehle, P. / Nord-Rüdiger, D.: Flash! Frankfurter LehrAngst – SelbstHilfe. Programm zur Bearbeitung sozial-emotionaler Belastungen von Lehrern im Unterricht – Wege zur Selbsthilfe in der Gruppe. Frankfurt 1991
Jenchen, H. J.: Ökologie im Schulalltag. Grundlagen, Aktivitäten, Unterrichtshinweise. Münster 1992
Jendrowiak, H. W. / Kreuzer, K. J.: Anthropologische Grundlagen des Unterrichts. Düsseldorf 1982
Jeske, W.: Lernstörungen, Leistungshemmungen: Päd. Stützmaßnahmen. Neuwied 1987
Joas, H.: Pragmatismus und Gesellschaftstheorie. Frankfurt 1992
Jochimsen, R. P. / Trabandt, H.: Pflegefamilien. Eine Einführung in ihre Probleme. Loose 1989
Jochmus, I. / Förster, E. (Hrsg.): Suizid bei Kindern und Jugendlichen. Stuttgart 1983
Johannsen, M.: Friedenserziehung in Schule und Studium. 2 Bde. Pfaffenweiler 1990
Johnson, St. M.: Der narzißtische Persönlichkeitsstil. Köln 1988
Jonas, H.: Das Prinzip Verantwortung. Versuch einer Ethik für die technologische Zivilisation. Frankfurt 1989
Jordan, E. (Hrsg.): Jugendhilfe. Weinheim 1988
Jordan, E. / Münder, J.: Pädagogische Arbeit in Jugendschutzstellen. Neuwied 1987
Josef, K. / Josef, Kath.: Früherziehung bei geistig behinderten und entwicklungsverzögerten Kindern. Berlin 1975[2]
Jost, L. / Scholl-Schaaf, M.: Eltern und Schule im Dialog. Bern 1985
Jourdan, M.: Kommunikative Erziehungswissenschaft. Bad Heilbrunn 1976
Jourdan, M.: Pädagogische Kommunikation. Bad Heilbrunn 1989
Jovy, M.: Jugendbewegung und Nationalsozialismus. Analye ihrer Zusammenhänge und Gegensätze. Münster 1983
Jürgen, J.: Brevier der Friedensforschung. Frankfurt 1989[2]
Jürgens, E.: Die Orientierungsstufe im Urteil von Eltern und Lehrern. Frankfurt 1989
Jürgens, E.: 20 Jahre Orientierungsstufe. Beiträge zu einer umstrittenen Schulform. St. Augustin 1991
Jürgs, M. (Hrsg.): AIDS bei Kindern. Hamburg 1988
Jürs, G. u. a.: Projekte an Hamburger Schulen. Hamburg 1990[6]
Jüttemann, G. (Hrsg.): Qualitative Forschung in der Psychologie. Grundfragen, Verfahrensweisen, Anwendungsfelder. Heidelberg 1989[2]
Jugendrecht (JugR): Gesetzessammlung. München (dtv-Tb.) 1991[18]
Juna, J. u. a.: Konzentration ist erlernbar. Wien 1980
Jung, C. G.: Gesammelte Werke. 20 Bde. Heitersheim 1981 f.

Jung, C. G.: Von den Wurzeln des Bewußtseins. Studien über den Archetypus. Zürich 1954 und Freiburg 1983[5]
Jung, C. G.: Symbole der Wandlung. Freiburg 1985[4]
Jung, C. G.: Bewußtes und Unbewußtes. Frankfurt 1987[25]
Jung, C. G.: Über Grundlagen der Analytischen Psychologie. Die Tavistock Lectures 1935. Frankfurt 1987[5]
Jung, C. G.: Über die Psychologie des Unbewußten. Frankfurt 1988[10]
Jung, C. G.: Taschenbuchausgabe. 11 Bde. München (dtv) 1991
Jung, M. / Martin, L. R. (Hrsg.): Brennpunkte der Bildungs- und Erziehungsberatung in der Schule. Stuttgart 1981
Jurkuhn, D.: Seminar, Training, Planspiel. Handbuch. München 1992

Kade, J.: Identität und Bildung. Weinheim 1988
Kaelble, H.: Soziale Mobilität und Chancengleichheit im 19. und 20. Jahrhundert. Deutschland im internationalen Vergleich. Göttingen 1983
Kahlke, J. / Kath, F. M.: Didaktische Reduktion und methodische Transformation. Quellenband. Alsbach/Hähnlein 1984
Kail, R. / Pellegrino, J. W.: Menschliche Intelligenz. Heidelberg 1989[2]
Kaiser, F.-J.: Arbeitslehre. Bad Heilbrunn 1974
Kaiser, G.: Jugendkriminalität. Weinheim 1982[3]
Kalb, P. E. u. a. (Hrsg.): Unterrichten – und was sonst? Zum Berufsverständnis von Lehrerinnen und Lehrern. Weinheim 1990
Kambartel, F.: Was ist und soll Philosophie? Konstanzer Uni-Reden. Konstanz 1968
Kambartel, Fr. (Hrsg.): Praktische Philosophie und konstruktive Wissenschaftstheorie. Frankfurt/M. 1974
Kaminski, H.: Verbrauchererziehung in der Sekundarstufe I. Bad Heilbrunn 1978
Kamlah, W. / Lorenzen, P.: Logische Propädeutik. Vorschule des vernünftigen Redens. Mannheim NA 1990
Kanner, L.: Childhood psychosis. Initial studies and new insights. Washington D.C./New York 1973
Kant, I.: Über Pädagogik. Bochum o. J.
Kant, I.: Kritik der praktischen Vernunft. Hamburg 1990
Kant, I.: Kritik der reinen Vernunft. Hamburg 1990
Kanter, G. O. / Langenohl, H. (Hrsg.): Soziales Lernen bei Lernbehinderten. Berlin 1978
Kanter, G. O. / Masendorf, Fr. (Hrsg.): Interaktionskompetenz als didaktische Dimension. Berlin 1979
Karg, H. H.: Arbeitslehre heute. Grundlagen – Methode – Praxis. München 1986
Karg, H. H.: Allgemeine Pädagogik. Frankfurt 1987
Karlinger, F. (Hrsg.): Wege der Märchenforschung. Darmstadt 1985[2]
Karlinger, F.: Geschichte des Märchens im deutschen Sprachraum. Darmstadt 1988[2]
Karmann, G.: Humanistische Psychologie und Pädagogik. Bad Heilbrunn 1987
Karsten, M. E. u. a. (Hrsg.): Schule in der multikulturellen Gesellschaft. Ziele, Aufgaben, Wege interkultureller Erziehung. Frankfurt 1991
Kasper, S.: Periodische Manien. Düsseldorf (kostenlos) 1988
Kast, V.: Märchen als Therapie. München 1989
Kasten, K. u. a.: Schullandheimaufenthalte. Hinweise und Hilfen für die Planung und Durchführung. Hamburg 1981
Kath, F. M.: Einführung in die Didaktik. Alsbach/Hähnlein 1983
Kath, F. M. / Kahlke, J.: Das Umsetzen von Aussagen und Inhalten. Didaktische Reduktion und methodische Transformation – Eine Bestandsaufnahme. Alsbach/Hähnlein 1985[2]
Katholische Sozialethische Arbeitsstelle e. V. (Hrsg.): Jugendkriminalität – Prophylaktische Maßnahmen. Ausgangslage, Ansätze, Perspektiven. Hamm 1986
Katholische Sozialethische Arbeitsstelle / Aktion Jugendschutz (Hrsg.): Sexueller Mißbrauch von Kindern und Jugendlichen in der Familie. Psychologische, psychiatrische, juristische, sozialethische Aspekte. Freiburg 1991

Kaufman, E. / Kaufman, P. (Hrsg.): Familientherapie bei Alkohol- und Drogenabhängigkeit. Freiburg 1986[2]
Kaufmann-Hayoz, R.: Kognition und Emotion in der frühkindlichen Entwicklung. Berlin 1991
Kayser, A. / Schäkel, L.: Kinder und Lehrer lernen: Freie Arbeit. Anregungen und Beispiele. Frankfurt 1986[2]
Keck, R. W.: Zielorientierte Unterrichtsplanung. Bochum 1975
Keck, R. W. / Sandfuchs, W. (Hrsg.): Schulleben konkret. Bad Heilbrunn 1979
Keden, J. (Hrsg.): Sogenannte Jugendsekten und die okkulte Welle. Informationen, Verheißungen und Gefahren. Neukirchen/Vluyn 1989[5]
Kehrer, H. E.: Autismus. Diagnostische, therapeutische und soziale Aspekte. Heidelberg 1989
Keil, S. / Süssmuth, R. (Hrsg.): Qualifizierung von Erzieherinnen für Elternarbeit vom Elementarbereich aus. Stuttgart 1987
Keiler, P.: Wollen und Wert. Versuch der systematischen Grundlegung einer psychologischen Motivationslehre. Berlin 1970
Keim, H.: Realschule und moderne Arbeitswelt. Köln 1991
Keim, W.: Schulische Differenzierung. Eine systematische Einführung. Frankfurt 1979[2]
Keleman, St.: Bioenergetisch leben. Landsberg 1986
Kell, A.: Strukturgitter, didaktisches. In: Lenzen, D. (Hrsg.): Enzyklopädie Erziehungswissenschaft, Bd. 3, Seite 584 ff. Stuttgart 1986
Keller, G.: Lernen will gelernt sein. Ein Lerntraining für Schüler. Wiesbaden 1988[3]
Keller, G.: Lehrer helfen lernen. Lernförderung – Lernhilfe – Lernberatung. Donauwörth 1991
Keller, R. / Liedtke, F. (Hrsg.): Kommunikation und Kooperation. Tübingen 1987
Keller, W.: Psychologie und Philosophie des Wollens. München 1968[2]
Kemmler, L.: Die Anamnese in der Erziehungsberatung. Bern 1974[3]
Kemmler, L.: Erfolg und Versagen in der Grundschule. Empirische Untersuchungen. Göttingen 1975[3]
Kemmler, L.: Schulerfolg und Schulversagen. Göttingen 1976
Kemmler, R.: Autogenes Training für Kinder, Jugendliche und Eltern. München 1975
Kempf, W. / Aschenbach, G. (Hrsg.): Konflikt und Konfliktbewältigung. Handlungstheoretische Aspekte einer praxisorientierten psychologischen Forschung. Bern 1981
Kentler, H.: Eltern lernen Sexualerziehung. Reinbek 1981
Kentler, H.: Taschenlexikon Sexualität. Düsseldorf 1982
Kerber, H. / Schmieder, A. (Hrsg.): Handbuch Soziologie. Zur Theorie und Praxis sozialer Beziehungen. Reinbek 1984
Kerber, H. / Schmieder, A. (Hrsg.): Soziologie. Arbeitsfelder, Theorien, Ausbildung. Reinbek 1991
Kernberg, O. F.: Boderline conditions and pathological narcissism. New York 1975, deutsch Frankfurt 1983
Kerner, M. (Hrsg.): Ideologie und Herrschaft. Darmstadt 1982
Kerschensteiner, G.: Ausgewählte pädagogische Schriften. Band 2: Texte zum pädagogischen Begriff der Arbeit und zur Arbeitsschule. Paderborn 1982[2]
Kerscher, I.: Sozialwissenschaftliche Kriminalitätstheorien. Weinheim 1985[4]
Kerstiens, L.: Stichwort Medienpädagogik. In: Heinrichs, H.: Lexikon der audio-visuellen Bildungsmittel. München 1971
Kerstiens, L.: Modelle emanzipatorischer Erziehung. Bad Heilbrunn 1975[2]
Kerstiens, L.: Erziehungsziele, neu befragt. Bad Heilbrunn 1978
Kerstiens, L.: Das Gewissen wecken. Bad Heilbrunn 1987
Kersting, H. J.: Schulsozialarbeit. Hilfen beim Übergang vom Schul- ins Beschäftigungssystem. Aachen 1985
Kersting, H. J.: Kommunikationssystem Supervision. Aachen 1991
Ketzer / Krankenhagen (Hrsg.): Die Arbeitsprojektion im Unterricht. Stuttgart 1974
Keupp, H.: Abweichung und Alltagsroutine. Labeling – Perspektive in Theorie und Praxis. Hamburg 1976
Keupp, L.: Interpersonelle Beziehungen und Devianz. Heidelberg 1982
Khan, M. Masud: Entfremdung bei Perversionen. Frankfurt 1989

Khella, K.: Handbuch der Sozialarbeit und Sozialpädagogik. 3 Bde. Hamburg 1980–1983
Kickhöfer, B.: Rolle und Handeln. Beispiel: Lehrer. Zum Erkenntnispotential rollentheoretischer Ansätze. Weinheim 1981
Kiefersauer, U.: Erziehungskunde in der Hauptschule. 2 Bde. Donauwörth 1986
Kiersch, J.: Die Waldorfpädagogik. Eine Einführung in die Pädagogik R. Steiners. Stuttgart 1990[7]
Killermann, W.: Biologieunterricht heute. Eine moderne Fachdidaktik. Donauwörth 1991[9]
Kilpatrik, W. H. / Dewey, J.: Der Projektplan. Grundlegung und Praxis. Weimar 1935
Kind, H. u. a.: Stigmatisierung durch Strafverfahren und Strafvollzug. Zürich 1981
Kinderfernsehen I–III. Essen 1988–1991
Kindermann, W. u. a.: Drogenabhängig. Freiburg 1989
Kinder- und Jugendhilfegesetz. Texte und erläuternde Einführung. Stuttgart 1992[19]
Kindt, W.: Dokumentation der Jugendbewegung. Düsseldorf/Köln 1963–1975
Kiphard, E. J.: Psychomotorik in Praxis und Theorie. Gütersloh 1989
Kiphard, E. J.: Mototherapie. Dortmund 1990[3]
Kiphard, E. J.: Motopädagogik. Dortmund 1990[4]
Kipnis, D.: Technology and Power. Berlin 1990
Kirchhoff, H. / Pietrowicz, B. (Hrsg.): Kontaktgestörte Kinder. Basel/New York 1961
Kisker, K. P. u. a. (Hrsg.): Psychiatrie der Gegenwart. 9 Bde. (3. Auflage). Berlin 1986–1989
Klafki, W.: Das pädagogische Problem des Elementaren und die Theorie der kategorialen Bildung. Weinheim 1964[4]
Klafki, W.: Erziehungswissenschaft als kritische Theorie. In: Funk-Kolleg Erziehungswissenschaft. 3. Band. Frankfurt/M. 1971
Klafki, W.: Studien zur Bildungstheorie und Didaktik. Weinheim 1975
Klafki, W.: Aspekte kritisch-konstruktiver Erziehungswissenschaft. Gesammelte Beiträge zur Theorie-Praxis-Diskussion. Weinheim/Basel 1976
Klafki, W. u. a. (Hrsg.): Gruppenarbeit im Grundschulunterricht. Paderborn/München 1981
Klafki, W. u. a.: Schulnahe Curriculumentwicklung und Handlungsforschung. Forschungsbericht des Marburger Grundschulprojekts. Weinheim 1982
Klafki, W.: Neue Studien zur Bildungstheorie und Didaktik. Weinheim/Basel 1985
Klages, L.: Sämtliche Werke: Bde. 7 und 8. Graphologie I und II. Bonn 1968 und 1986[2]
Klages, L.: Grundlegung der Wissenschaft vom Ausdruck. Bonn 1982[10]
Klatt, S.: Einführung in die Makroökonomie. München 1989[2]
Klatzky, R.: Gedächtnis und Bewußtsein. Stuttgart 1988
Klauer, K. J.: Revision des Erziehungsbegriffs. Düsseldorf 1973
Klauer, K. J.: Das Experiment in der pädagogischen Forschung. Düsseldorf 1977
Klauer, K. J. (Hrsg.): Handbuch der Pädagogischen Diagnostik. 4 Bde. Düsseldorf 1978
Klauer, K. J.: Kriteriumsorientierte Tests. Göttingen 1986
Klausmeier, H. J. / Ripple, R. E.: Moderne Unterrichtspsychologie. 4 Bde. München 1973–1975
Kleber, E. W.: Lehrbuch der sonderpädagogischen Diagnostik. Berlin 1978[3]
Kleber, E. W.: Situationsthematischer adaptiver Unterricht. In: Twellmann, W. (Hrsg.): Handbuch Schule und Unterricht. Bd. 4.1. Düsseldorf 1981
Kleber, E. W.: Diagnostik in pädagogischen Handlungsfeldern. Weinheim 1991
Klein, A. / Legrand, H. J. / Leif, Th. (Hrsg.): Strukturwandel und neue soziale Milieus. Marburg 1990
Klein, H.: Sachunterricht in Praxis und Theorie. Bd. 1: Unterrichtsbeispiele. Landau 1988
Klein, M.: Das Seelenleben des Kindes. Stuttgart 1991[4]
Kleine, U.: Methoden der Umwelterziehung in Schule, außerschulischer Jugendarbeit und Erwachsenenbildung. Frankfurt 1991
Kleinsorge, H. / Kleinsorge, H.: Intensivkurs für das autogene Training. Toncassette mit Trainingsheft „Selbstentspannung". Jena 1988
Kleinspehn, A. / Ortmann, G. (Hrsg.): Computer und Psyche. Angstlust am Computer. Frankfurt 1988
Klement, H.-W.: Bewußtsein. Ein Zentralproblem der Wissenschaft. Baden-Baden 1974
Klemm, K. u. a.: Bildungsgesamtplan '90. Weinheim 1990

Klietmann, W. (Hrsg.): AIDS. Forschung, Klinik, Praxis, soziokulturelle Aspekte. Stuttgart 1990[2]
Klingemann, H. D. (Hrsg.): Computerunterstützte Inhaltsanalyse in der empirischen Sozialforschung. Frankfurt 1984
Klingenstein, G. / Lutz, H. / Stourzh, G. (Hrsg.): Bildung, Politik und Gesellschaft. Studien zur Geschichte des europäischen Bildungswesens vom 16. bis zum 20. Jahrhundert. München 1978
Klippert, H. u. a.: Ganzheitliche Lehrerfortbildung. Begründung, Konzeption, Praxisberichte. Sachsenheim/Hohenhaslach 1983
Klippert, H.: Projektwochen. Arbeitshilfen für Lehrer und Schulkollegien. Weinheim 1989[2]
Klippstein, E. / Klippstein, H.: Soziale Erziehung mit kooperativen Spielen. Bad Heilbrunn 1978
Klockhaus, R. / Habermann-Morbey, B.: Psychologie des Schulvandalismus. Göttingen 1986
Klockhaus, R. / Trapp-Michel, A.: Vandalistisches Verhalten Jugendlicher. Göttingen 1988
Kloë, E.: Hysterie im Kindesalter. Freiburg 1979
Klose, W.: Hörspielversuche mit Kindern. In: Rother, E. Fr.: Audio-visuelle Mittel im Unterricht. Stuttgart 1968
Kluckhuhn, R.: Rollenspiele in der Hauptschule. Aachen/Hahn 1978
Kluge, K. J. / Schmidtko, U.: Arbeits- und Leistungsverhalten in der Schule. Bonn 1980
Kluge, K. J. / Meyer-Suek, W.: Sensibilisierung von Lehrerverhalten. Mit einem Anleitungsprogramm. Stuttgart 1980
Kluge, K. J. / Kleuters, G.: Begriffswörterbuch der Verhaltensauffälligenpädagogik. Berlin 1984
Kluge, K. J. / Kornblum, K.: Schulangst und Leistungsverhalten. Bonn 1980
Kluge, K. J. / Küpper, P. / Lilienthal, H.: Soziales Lernen in Konfliktsituationen. Handlungsbezogene Kommunikationsübungen. Oberursel 1981
Kluge, K. J. / Pick, Chr.: Spieltherapie und ihre Methoden. Bonn 1986[2]
Kluge, N.: Das pädagogische Verhältnis. Darmstadt 1973
Kluge, N.: Einführung in die Systematische Pädagogik. Darmstadt 1983
Klugermann, G.: Die Außenseiterposition. Frankfurt 1987
Kluwe, R. H. / Spada, H. (Hrsg.): Studien zur Denkentwicklung. Bern 1981
Knapp, A.: Das Simulationsbüro als Lernort. Frankfurt 1985
Knapp, A.: Die Lehrerfrage (Aspekt Lehrfertigkeitstraining). Regensburg 1985
Knecht, I.: Theorie der Entfremdung bei Sartre und Marx. Frankfurt 1975
Knecht von Martial, I.: Geschichte der Didaktik. Frankfurt 1985
Knehr, E.: Konflikt-Gestaltung im Scenotest. München 1982[3]
Knehr, E. / Krüger, K.: Konzentrationsstörungen bei Kindern. Verhütung und Überwindung. Oeffingen 1989[6]
Kneip, R.: Wandervogel – Bündische Jugend 1906–1943. Frankfurt 1976
Knigge-Illner, H. u. a.: Suchtprävention in der Schule. Psychologische Beratung für Schüler und Lehrer. Weinheim 1983
Knippers, R.: Molekulare Genetik. Stuttgart 1990[5]
Knirsch, R.: Die Erkundungswanderung. Paderborn 1978
Knoll, J.: Gruppentherapie und pädagogische Praxis. Bad Heilbrunn 1977
Knoll, J. H.: Jugendbewegung. Phänomene, Eindrücke, Prägungen. Leverkusen 1988
Knoll-Jokisch, H. (Hrsg.): Sozialerziehung und soziales Lernen in der Grundschule. Bad Heilbrunn 1981
Knoop, A. u. a.: Sexualerziehung im Vor- und Grundschulalter (Bücher und audiovisuelle Medien). Stuttgart 1989
Knuf, J. / Schmitz, H. W.: Ritualisierte Kommunikation und Sozialstruktur. Norderstedt 1980
Kobi, E. E.: Grundfragen der Heilpädagogik. Bern 1983[4]
Koch, D.: Zur Hermeneutischen Phänomenologie. Ein Aufriß. Tübingen 1992
Koch, E.: Didaktik und Methodik der Umwelterziehung. Lüneburg 1983
Koch, G. / Neuhäuser, G.: Das Klinefelter-Syndrom und seine Varianten XXY–XXXXY. Erlangen 1978
Koch, H. H.: Betriebspraktikum – Ausgabe für Hauptschulen. Arbeitsmappe zur theoretischen Begleitung. Bonn 1987

Koch, H. H.: Betriebspraktikum – Ausgabe Sonderschulen. Arbeitsmappe zur theoretischen Begleitung. Bonn 1987

Koch, J.: Projektwoche konkreter. Hamburg 1990[4]

Koch, R. / Cruz, F. de la (Hrsg.): Down's syndrome. Research, prevention and management. New York 1975

Koch, U. / Lucius-Hoene, G. / Stegie, R. (Hrsg.): Handbuch der Rehabilitationspsychologie. Berlin 1988

Kochan, B. (Hrsg.): Rollenspiel als Methode sprachlichen und sozialen Lernens. Kronberg 1976[3]

Kochan, D. C.: Sprache und kommunikative Kompetenz. Stuttgart 1976[2]

Kochansky, G. u. a.: Beiträge zur theoretischen Reflexion über Erziehung im Schullandheim. Hamburg 1986

Kocka, J. (Hrsg.): Interdisziplinarität. Praxis – Herausforderung – Ideologie. Frankfurt 1987

Köck, P.: Moderne Unterrichtsführung durch Impuls und Appell. Donauwörth 1972

Köck, P.: Prinzipien der Lernpsychologie zur Gestaltung eines effektiven Unterrichts. In: Kopp, F. (Hrsg.): Effektives Lehren und Lernen. Donauwörth 1973

Köck, P. / Rohner, P.: Der Einzelne in der Gruppe. Beiträge zur Praxis personaler Bildung in der Schule. Schriftenreihe der Akademie für Lehrerfortbildung. Dillingen 1975

Köck, P.: Medien – Manipulation ohne Alternative? In: Erziehung hat Zukunft. Donauwörth 1975 und in: Pädagogische Welt, Heft 3. Donauwörth 1977

Köck, P.: Didaktik der Medien. Donauwörth 1977[2]

Köck, P.: Medien im Sachunterricht der Hauptschule. In: Sauter, H. (Hrsg.): Sachunterricht in der Hauptschule. Donauwörth 1978[3]

Köck, P.: Der verhaltensauffällige Schüler. In: Honal, W. H.: Handbuch der Schulberatung. München 1983 f.

Köck, P.: Gruppendynamik. In: Handwörterbuch der Schulleitung. München 1985 f.

Köck, P.: Gruppendynamische Trainingsformen. In: Handwörterbuch der Schulleitung. München 1985 f.

Köck, P.: Kommunikation. In: Handwörterbuch der Schulleitung. München 1985 f.

Köck, P.: Konflikt und Konfliktlösung. In: Handwörterbuch der Schulleitung. München 1985 f.

Köck, P.: Stichwort „Schüler". In: Handwörterbuch der Schulleitung. Landsberg 1985 f.

Köck, P.: Stichwort „Eltern". In: Handwörterbuch der Schulleitung. Landsberg 1985 f.

Köck, P.: Praxis der Beobachtung. Eine Handreichung für den Erziehungs- und Unterrichtsalltag. Donauwörth 1990

Köck, P.: Praxis der Unterrichtsgestaltung und des Schullebens. Donauwörth 1991

Köck, P.: Praktische Schulpädagogik. Donauwörth 1992[2]

Kögler, T.: Anthroposophie und Waldorf-Pädagogik. Ansätze einer kritischen Analyse. Neuhausen 1987[4]

Köhler, G. / Ille, G. (Hrsg.): Der Wandervogel. Es begann in Steglitz. Berlin 1987

Köhler, M.: Der Begriff der Strafe. Heidelberg 1986

Köhler, W.: Die Aufgabe der Gestaltpsychologie. Berlin/New York 1971

König, E.: Theorie der Erziehungswissenschaft. 3 Bde. München 1975–1978

König, E. / Riedel, H.: Systemtheoretische Didaktik. Weinheim 1979[4]

König, E. / Riedel, H.: Unterrichtsplanung als Konstruktion. Weinheim 1979

König, E. u. a.: Diskussion Unterrichtsvorbereitung. München 1980

König, E. / Ramsenthaler, H.: Diskussion Pädagogische Anthropologie. München 1980

König, E. / Zedler, P. (Hrsg.): Erziehungswissenschaftliche Forschung: Positionen, Perspektiven, Probleme. Paderborn/München 1982

König, E. / Zedler, P.: Einführung in die Wissenschaftstheorie der Erziehungswissenschaft. Düsseldorf 1983

Körner, S.: Experience and theory. New York 1966, deutsch: Erfahrung und Theorie. Frankfurt 1977

Koffka, K.: Principles of Gestalt psychology. London 1936

Kognitive Prozesse und geistige Leistung. Berlin 1990

Kohlberg, L.: Zur kognitiven Entwicklung des Kindes. Frankfurt 1974

Kohlberg, L.: Gesammelte Schriften. Bd. 1: Philosophische und pädagogische Untersuchungen zur Moralentwicklung. Frankfurt 1985
Kohler, B.: Elternratgeber Hausaufgaben. Helfen – aber wie? Weinheim 1991
Kohler, E. / Schuster, J.: Tafelbilder für den Geschichtsunterricht. 2 Bde. Donauwörth 1989
Kohler, E. / Schuster, J.: Tafelbilder für den Deutschunterricht. Donauwörth 1991
Kohlhaas G. / Eierdanz, J.: Seniorenstudium – wofür? Bildung, Selbstfindung und Qualifizierung als Studienziele älterer Erwachsener. Kassel 1989
Kohut, H.: Narzißmus. Eine Theorie der psychoanalytischen Behandlung narzißtischer Persönlichkeitsstörungen. Frankfurt 1976
Koitka, Chr. (Hrsg.): Freinet-Pädagogik. Frankfurt/Berlin 1979[3]
Kok, J. F. (Hrsg.): Grundlagen moderner Heimerziehung. Ein Leitfaden für Ausbildung und Praxis. Freiburg 1980[3]
Koll, R. D.: Grundkurs Bioenergetik. Theorie und Praxis der Selbstbefreiung. Mit über 100 praktischen Übungen. München 1988
Kollbrunner, J.: Das Buch der Humanistischen Psychologie. Eschborn 1989[2]
Kollehn, K.-H. / Weber, N. (Hrsg.): Der drogengefährdete Schüler. Perspektiven einer schülerorientierten Drogen- und Suchtprävention. Düsseldorf 1985
Kollehn, K.-H. / Weber, N. (Hrsg.): Suchtprävention. Berlin 1986
Kollmann, A.: Einführung in die Genetik. Frankfurt/München 1984[3]
Kolping-Bildungswerk Landesverband Bayern e.V. (Hrsg.): Informationstechnische Grundbildung. Handreichungen für die Praxis. Köln 1990
Kommer, A. (Hrsg.): Medienpädagogik. Oldenburg 1990
Kon, J. S.: Der Positivismus in der Soziologie. Geschichtlicher Abriß. Rugell 1968
Konferenz der Präsidenten und Rektoren der westdeutschen Kunsthochschulen einschließlich Berlin (Hrsg.): Kunsthochschulführer. Frankfurt 1987
Koolwijk, J. v. / Wieken-Mayser, M. (Hrsg.): Techniken der empirischen Sozialforschung. Lehrbuch in 8 Bänden, v. a. Bd. 5. München 1974–1987
Kopperschmidt, J. (Hrsg.): Rhetorik. 2 Bde. Darmstadt 1990, 1991
Korbes, F.: Die Bewältigung der menschlichen Instinktrelikte als Aufgabe der Erziehung. Frankfurt 1989
Kordy, H.: Über den Umgang mit Beobachtungen in der Psychologie. Zum Verhältnis von Beobachtungen, Modellkonstruktion und Strukturerkenntnis. Bern 1986
Korff, W.: Norm und Sittlichkeit. Mainz 1985[2]
Kornadt, H. J. (Hrsg.): Aggression und Frustration als psychologisches Problem. 2 Bde. Darmstadt 1981 und 1991
Korte, J.: Disziplinprobleme im Schulalltag. Weinheim/Basel 1982
Kottwitz, G. / Lenhardt, V.: Integrative Transaktionsanalyse. 2 Bde. Berlin 1991
Kounin, J. S.: Discipline and group management in classroom. New York 1970; deutsch: Techniken der Klassenführung. Stuttgart 1976
Kowalczyk, W. / Ottich, K.: Guten Abend: Elternabend. Tips und Hilfen für den kreativen Elternabend. Lichtenau 1991
Kowarik, O.: Legasthenikerbetreuung in Gruppen und Kursen. Wien/München 1977
Kraak, B.: Der riskante Weg von der Information zum Wissen. Über dogmatische und konformistische Urteilsbildung. Göttingen 1991
Krämer, F. J. / Scherer, G. / Wehnes, F. J.: Anthroposophie und Waldorfpädagogik. Information – Kritik. Annweiler 1987
Krämer, H. L.: Soziale Schichtung. Einführung in die moderne Theoriediskussion. München 1983
Krämer, S. / Walter, K. D.: Konzentration und Gedächtnis. Ein Trainingsprogramm (auch Tonkassetten). München 1990
Krämer, S. / Walter, K. D.: Effektives Lehren in der Erwachsenenbildung. Ein Handbuch für Dozenten, Trainer und Referenten. Ismaning 1992
Krag, W.: Zur Wirkung der suggestopädischen Lehrmethode. Allgemeine theoretische Begründung und empirische Überprüfung. Frankfurt 1989
Kraiker, Chr. / Burkhard, P. (Hrsg.): Psychotherapieführer. München 1988

Kraker-Knilli, M. / Rülcker, T. (Hrsg.): Lernen. Stuttgart 1986
Kramer, E. A.: Neue Vertragsformen der Wirtschaft: Leasing, Factoring, Franchising. Bern 1992[2]
Kramer, M.: Das praktische Rollenspielbuch. Offenbach 1985[3]
Kramer, M.: Pantomime. 40 Spielstücke für Gruppen. Offenbach 1985[2]
Kramp, W.: Studien zur Theorie der Schule. München 1973
Kramp, W. / Klafki, W. / Kley, E. / Lichtenstein-Rother, I.: Didaktische Analyse. Hannover 1976[13]
Kranich, E. M. / Ravagli, L.: Die Waldorfpädagogik in der Diskussion. Eine Analyse erziehungswissenschaftlicher Kritik. Stuttgart 1990
Krapf, G.: Autogenes Training aus der Praxis. Ein Gruppenkurs. Berlin 1980[3]
Krapp, A. / Mandl, H.: Einschulungsdiagnostik. Weinheim 1977
Krappmann, L.: Soziologische Dimensionen der Identität. Stuttgart 1988[7]
Krathwohl, D. R. / Bloom, B. S. / Masia, B. B.: Taxonomie von Lernzielen im affektiven Bereich. Weinheim 1978[2]
Kraushaar, W. (Hrsg.): Kritische Theorie und Studentenbewegung. Frankfurt 1988
Krech, D. / Crutchfield, R. S.: Grundlagen der Psychologie. 8 Bde. Weinheim 1985
Krecker, L. / Ditton, H. / Schneider, H.: Gesamtschule und gegliedertes Schulwesen. Abschlußvergleich und Längsschnittstudie. München 1986
Kreeger, L. C. (Hrsg.): Die Großgruppe. Stuttgart 1977
Kreft, D. / Münder, J. (Hrsg.): Subsidiarität heute. Münster 1989
Kreienbrock, L.: Einführung in das Stichprobenverfahren. Lehr- und Übungsbuch der angewandten Statistik. München 1989
Krempel, L.: Soziale Interaktionen: Einstellungen, Biographien, Situationen und Beziehungsnetzwerke. Dynamische Ereignisanalysen. Bochum 1987
Krenz, A.: Kompendium zur Beobachtung und Beurteilung von Kindern und Jugendlichen. Heidelberg 1985[3]
Krenz, A.: Gruppendynamische Interaktionsexperimente. Wehrheim 1990[3]
Kretzenbacher, H.: Rekapitulation. Textstrategien der Zusammenfassung von wissenschaftlichen Fachtexten. Tübingen 1990
Kreutel, M.: Die Opiumsucht. Stuttgart 1988
Kreutz, H. (Hrsg.): Pragmatische Soziologie. Leverkusen 1988
Kreuzer, A.: Soziale Rollen und Delinquenzprobleme Heranwachsender. Freiburg 1981
Kreuzer, A.: Jugend – Drogen – Kriminalität. Neuwied 1987
Kroeger, M.: Themenzentrierte Seelsorge. Stuttgart 1989[4]
Kröner-Herwig, B. / Sachse, R.: Biofeedbacktherapie. Klinische Studien, Anwendung in der Praxis. Stuttgart o. J.
Krohne, H. W.: Angst und Angstverarbeitung. Stuttgart 1975
Krohne, H. W.: Angstbewältigung in Leistungssituationen. Göttingen 1985
Kron, Fr. W. (Hrsg.): Antiautoritäre Erziehung. Quellentexte. Bad Heilbrunn 1973
Kron, Fr. W. (Hrsg.): Persönlichkeitsbildung und Soziales Lernen. Bad Heilbrunn 1980
Kross, E. (Hrsg.): Geographiedidaktische Strukturgitter – Eine Bestandsaufnahme. Berlin 1979
Krueger, F.: Zur Philosophie und Psychologie der Ganzheit. Schriften aus den Jahren 1918–1940. Berlin 1953
Krüger, H. H. / Lersch, R.: Lernen und Erfahrung. Bad Heilbrunn 1982
Krüger, H. u. a. (Hrsg.): Qualifikationen für Erzieherarbeit. 3 Bde. München 1983–1986
Krüsmann, G. u. a.: LehrerInnen lernen Freie Arbeit. Mülheim 1991
Krug, H. / Grüner, H. / Dalichau, G.: Kinder- und Jugendhilfe. Sozialgesetzbuch (SGB). 8. Buch. Starnberg 1991
Kruse, K. / Kochansky, G. u. a.: Pädagogik im Schullandheim. Handbuch. Hamburg 1981
Kruse, L. / Graumann, C. F. / Lantermann, E. D. (Hrsg.): Ökologische Psychologie. Ein Handbuch in Schlüsselbegriffen. Weinheim 1990
Kruse, T. / Wagner, H. (Hrsg.): AIDS. Anstöße für Unterricht und Gemeindearbeit. München 1988
Kruse, W.: Entspannung. Autogenes Training für Kinder. Köln 1988[5]
Kudera, L.: Das Modell der Ideologie. Berlin 1987

Küchler, J.: Gruppendynamische Verfahren in der Aus- und Weiterbildung. Grundlagen – Materialien – Einsatzmöglichkeiten. München 1979
Kühlwein, W. / Raasch, A. (Hrsg.): Angewendete Linguistik heute. Frankfurt 1990
Külpe, O.: Vorlesungen über Psychologie. Leipzig 1922[2]
Künzli, R.: Topik des Lehrplandenkens. 2 Bde. Kiel 1986
Kürzdörfer, K. (Hrsg.): Gewissensentwicklung und Gewissenserziehung. Pädagogische Quellentexte. Bad Heilbrunn 1978
Kürzdörfer, K.: Pädagogik des Gewissens. Bad Heilbrunn 1982
Küsters, G. W.: Der Kritikbegriff der Kritischen Theorie Max Horkheimers. Frankfurt 1980
Kugemann, W. F.: Kopfarbeit mit Köpfchen. Moderne Lerntechnik. München 1989[15]
Kuhlen, V.: Verhaltenstherapie im Kindesalter: Grundlagen, Methoden und Forschungsergebnisse. Weinheim 1977
Kuhlenbeck, H.: Gehirn, Bewußtsein und Wirklichkeit. Bern 1988[6]
Kultusministerium des Landes Schleswig-Holstein (Hrsg.): Neue Medien und Medienerziehung. Kiel 1985
Kunczik, M. / Weber, U.: Fernsehen. Aspekte eines Mediums. Köln 1990
Kunstmann, W.: Gesellschaft – Emanzipation – Diskurs. Darstellung und Kritik der Gesellschaftstheorie von J. Habermas. München 1977
Kupffer, H. (Hrsg.): Einführung in Theorie und Praxis der Heimerziehung. Heidelberg 1989[4]
Kury, H. (Hrsg.): Prävention abweichenden Verhaltens – Maßnahmen der Vorbeugung und Nachbetreuung. Köln 1982
Kushi, M. / Jack, A.: Das Buch der Makrobiotik. Ein universaler Weg zur Gesundheit und Lebensfreude. Südergellersen 1987[7]
Kutscha, G.: Das politisch-ökonomische Curriculum. Wirtschaftsdidaktische Studien zur Reform der Sekundarstufe II. Frankfurt 1976
Kutschera, F. v. / Breitkopf, A.: Einführung in die moderne Logik. Freiburg 1985[4]
Kutter, P.: Sozialarbeit und Psychoanalyse. Göttingen 1974
Kutter, P. / Roskamp, H.: Psychologie des Ich. Psychoanalytische Ich-Psychologie und ihre Anwendungen. Darmstadt 1974
Kutter, P. (Hrsg.): Gruppendynamik der Gegenwart. Darmstadt 1981
Kutter, P. (Hrsg.): Methoden und Theorien der Gruppenpsychotherapie. Psychoanalytische und tiefenpsychologische Perspektiven. Stuttgart 1985
Kutter, P. u. A.: Die Krankheitslehre der Psychoanalyse. Stuttgart 1989[5]
Kuypers, H. W. / Leyendecker, B.: Erwachsenenbildung in der Praxis. Bad Heilbrunn 1982
Kyber, M.: Einführung in das Gesamtgebiet des Okkultismus. München 1990

Laaser, U. / Sassen, G. (Hrsg.): Prävention und Gesundheitserziehung. Berlin 1987
Lackmann, J.: Das Strukturgitter – Paradigma der „Münsteraner Schule" in kritischer Beleuchtung. Frankfurt 1981
Lackmann, J. / Wascher, U. (Hrsg.): Arbeitslehre und Polytechnik: Annäherung und Wandel. München 1991
Ladewig, D. (Hrsg.): Drogen und Alkohol, 2 Bde. Germering, Basel 1980–1984
Längsfeld, V.: Offener Unterricht. Mühlheim 1989
Laerum. O. D.: Natürlicher Zeitgeber Biorhythmus. Stuttgart 1985
Lahrmann, L.: Phantasie und elementares Lernen. Paderborn 1973
Laiblin. W. (Hrsg.): Märchenforschung und Tiefenpsychologie. Darmstadt 1991[4]
Laing, R. D. / Phillipson, H. / Lee, A. R.: Interpersonelle Wahrnehmung. Frankfurt/M. 1973
Laing, R. D.: Das geteilte Selbst. Köln 1974, München (dtv-Tb.) 1987
Lamnek, S.: Theorien abweichenden Verhaltens. Stuttgart 1990[4]
Landenberger, G. / Trost, R.: Lebenserfahrungen im Erziehungsheim. Identität und Kultur im institutionellen Alltag. Frankfurt 1988

Landesinstitut für Erziehung und Unterricht Stuttgart (Hrsg.): Reihe Medienerziehung in – Gymnasium, – Realschule, – Hauptschule, – Grundschule. Stuttgart 1986
Landesinstitut für Erziehung und Unterricht (Hrsg.): Verkehrserziehung in der Realschule. Stuttgart 1987
Landesinstitut für Erziehung und Unterricht (Hrsg.): Verkehrserziehung in der Hauptschule. Stuttgart 1987
Landesinstitut für Erziehung und Unterricht (Hrsg.): Verkehrserziehung am Gymnasium. Stuttgart 1987
Landesinstitut für Erziehung und Unterricht Stuttgart (Hrsg.): Schulbibliothek und Unterricht. Leseerziehung an allgemeinbildenden Schulen. Stuttgart 1987
Landesinstitut für Erziehung und Unterricht (Hrsg.): Europa im Unterricht. Informationen – Aktionen – Begegnungen. Stuttgart 1988
Landesinstitut für Erziehung und Unterricht (Hrsg.): Gesundheitserziehung in der Grundschule. Materialien zu fächerübergreifenden Themen. Stuttgart 1989
Landesinstitut für Erziehung und Unterricht (Hrsg.): Gesundheitserziehung Hauptschule, Realschule und Gymnasium. Materialien zu fächerübergreifenden Themen. Stuttgart 1989
Landesinstitut für Erziehung und Unterricht Stuttgart (Hrsg.): Umweltschule. Lernen in und an der Umwelt. Stuttgart 1991
Landesinstitut Schleswig-Holstein für Praxis und Theorie der Schule (Hrsg.): Praktische Gesundheitserziehung in der Grundschule. Kiel 1987
Landesinstitut für Schule und Weiterbildung: Material- und Medienverbund zur schulischen Sucht- und Drogenvorbeugung. Soest 1988 (über Soester Verlagskontor, Jakobistraße 46, 59494 Soest; 9 Bausteine mit Videofilm)
Landwehr, R. / Baron, R. (Hrsg.): Geschichte der Sozialarbeit. Weinheim 1991
Lang, K. / Thüroff, J. W.: Impotenz. Hinweise und Ratschläge für Patienten. Weinheim 1992
Lange, E.: Soziologie des Erziehungswesens. Eine Einführung. Stuttgart 1986
Lange, O. u. a. (Hrsg.): Problemlösender Unterricht. 4 Bde. Oldenburg 1982–1987
Langenmayr, A. / Schubert, U.: Lebenslaufanalyse. Göttingen 1987
Langenmeyer, G. (Hrsg.): Karikatur – Das Bild als Waffe. Mittel und Motive der Karikatur in fünf Jahrhunderten. München 1984
Langenmeyer, M.: Sprachliche Kommunikation. Ein Arbeitsbuch. Köln 1984
Langer, D. / Hartmann, U.: Psychosomatik der Impotenz. Bestandsaufnahme und integratives Konzept. Stuttgart 1992
Langer, I. / Schulz von Thun, Fr.: Messung komplexer Merkmale in Psychologie und Pädagogik – Ratingverfahren. München 1974
Langeveld, M. J. / Danner, H.: Methodologie und „Sinn-Orientierung" in der Pädagogik. München 1981
Langmaack, B.: Themenzentrierte Interaktion. Einführende Texte rund ums Dreieck. Weinheim 1991
Langridge, D. W.: Inhaltsanalyse. Grundlagen und Methoden. München 1992
Laplanche, J. / Pontalis, J.-B.: Das Vokabular der Psychoanalyse, 2 Bände. Frankfurt/M. 1973
Larrá, F.: Das Verhältnis von Erziehungswissenschaft und Erziehungspraxis. München 1986
Larsson, Stig: Manien. Münster 1989
Laschka, W. (Hrsg.): Multikulturelle Jugendarbeit. Frankfurt 1991
Lask, Bryan: Verhaltensstörungen bei Kindern. Wien 1991
Lassahn, R.: Grundriß einer Allgemeinen Pädagogik. Wiesbaden 1983[2]
Lassahn, R.: Pädagogische Anthropologie. Eine historische Einführung. Wiesbaden 1983
Lassahn, R.: Einführung in die Pädagogik. Stuttgart 1991[6]
Latsch, A.: Das Bilderbuch als Kommunikationsmedium im Vorschulalter. Ein Beitrag zur Theorie des Bilderbuches. Köln 1979
Lau, E. E.: Interaktion und Institution. Berlin 1978
Laucken, U. / Schick, A.: Einführung in das Studium der Psychologie. Stuttgart 1985[5]
Laucken, U.: Naive Verhaltenstheorie. Stuttgart 1974

Lauer, H. E.: Aggression und Repression im individuellen und sozialen Bereich. Ursachen und Therapie. Mönchengladbach 1975[2]
Laun, R.: Freinet – 50 Jahre danach. Heidelberg 1983[2]
Lauster, P.: Statussymbole. Wie jeder jeden beeindrucken will. Düsseldorf/München 1988
Lauth, G. W. / Viebahn, P.: Soziale Isolierung. Ursachen und Interventionsmöglichkeiten. Weinheim 1987
Lautmann, R. / Schetsche, M.: Das pornographische Begehren. Frankfurt 1990
Lawton, D.: Social class, language and education. London 1968
Lazarus, A. (Hrsg.): Angewandte Verhaltenstherapie. Stuttgart 1976
Leber, A. / Trescher, H. G. / Büttner, Chr. (Hrsg.): Die Bedeutung der Gruppe für die Sozialisation. 2 Bde. Göttingen 1985
Leber, St.: Die Pädagogik der Waldorfschule und ihre Grundlagen. Darmstadt 1985
Leber, St.: Die Sozialgestalt der Waldorfschule. Stuttgart NA 1991
LeBon, G.: Psychologie der Massen. Stuttgart 1982[15]
Lecourt, E.: Praktische Musiktherapie. Salzburg 1979
Lee, Jong S.: Der pädagogische Bezug. (Von H. Nohl bis heute). Frankfurt 1989
Lehle, Fr.: Das neue Adoptionsrecht. Ein praktischer Rechtsratgeber. Karlsfeld 1985
Lehmann, J. (Hrsg.): Simulations- und Planspiele in der Schule. Bad Homburg 1977
Lehn, J. / Wegmann, H.: Einführung in die Statistik. Stuttgart 1992[2]
Lehnen, A. u. a.: Erziehender Unterricht – Praxisorientierte Hilfen. Limburg 1977
Lehrer – Schüler – Unterricht. Handbuch für den Schulalltag. Stuttgart 1991
Leibold, G.: Mein Biorhythmus. München o. J.
Leiner, B.: Stichprobentheorie. Grundlagen, Theorie und Technik. München 1989[2]
Leinfellner, W.: Einführung in die Erkenntnis- und Wissenschaftstheorie. Mannheim 1980[3]
Leiser, E.: Wahrnehmung und Denken als ein psychologisches und methodologisches Problem. Wien 1987
Leisinger, F.: Elemente des neusprachlichen Unterrichts. Stuttgart 1980[7]
Lemmermann, H.: Lehrbuch der Rhetorik. Redetraining mit Übungen. München 1988[5]
Lemper, L. Th.: Privatschulfreiheit. Zur Genese, Praxis und Chance eines Grundrechts. Köln 1989
Lempp, R.: Psychosen im Kindes- und Jugendalter, eine Störung des Realitätsbezuges. Bern 1973
Lempp, R.: Lernerfolg und Schulversagen. München 1978[3]
Lempp, R.: Eine Pathologie der psychischen Entwicklung. Bern 1981[4]
Lempp. R.: Reifung und Ablösung. Bern 1987
Lempp. R. (Hrsg.): Therapie der Psychosen im Kindes- und Jugendalter. Bern 1990
Lenk, H. (Hrsg.): Handlungstheorien – interdisziplinär. 6 Bde. München 1977–1984
Lenk, K. (Hrsg.): Ideologie. Ideologiekritik und Wissenschaftssoziologie. Frankfurt 1984
Lenk, W.: Faktorenanalyse: Ein Mythos. Weinheim 1983
Lenz, W.: Lehrbuch der Erwachsenenbildung. Stuttgart 1987
Leonhard, H. W.: Behaviorismus und Pädagogik. Bad Heilbrunn 1978
Leonhard, K.: Individualtherapie der Neurosen. Stuttgart 1981[3]
Leonhard, K.: Kinderneurosen und Kinderpersönlichkeiten. Berlin 1991[4]
Lepenies, W. (Hrsg.): Geschichte der Soziologie. 4 Bde. Frankfurt 1981
Lernen: Begriff – Bedingungen – Theorien. Düsseldorf 1984
Lerner, G.: Die Entstehung des Patriarchats. Frankfurt 1991
Lersch, Ph.: Aufbau der Person. Berlin 1970[11]
Leute, V.: Subjektivität und Objektivität in den Wissenschaften. Münster 1990
Leutz, G. A.: Psychodrama. Theorie und Praxis. Berlin 1986
Levey, J.: Die Kunst der Entspannung, Konzentration und Meditation. München 1991[2]
Levitt, Eugene: Die Psychologie der Angst. Stuttgart NA 1987[5]
Lewin, K.: Werkausgabe. 7 Bde. Stuttgart 1981 f.
Lewin, K.: Feldtheorie in: Gesamtausgabe Bd. 4. Stuttgart 1982
Lichtenstein-Rother, I. / Röbe, E.: Grundschule. Der pädagogische Raum für Grundlegung der Bildung. Weinheim 1991/5

Lieb, H. / Lutz, R. (Hrsg.): Verhaltenstherapie. Ihre Entwicklung – ihr Menschenbild. Stuttgart 1992
Liebermann, D. A.: Learning and the control of behavior. Some principles, theories and applications of classical and operant conditioning. New York 1974
Lieberz, K.: Familienumwelt und Neurose. Ergebnisse einer empirischen Untersuchung. Göttingen 1990
Liegle, L.: Welten der Kindheit und Familie. Beiträge zu einer pädagogischen und kulturvergleichenden Sozialisationsforschung. Weinheim 1987
Lienert, G. A.: Testaufbau und Testanalyse. Weinheim NA 1991[5]
Liessel, W. / Lippert, G. (Hrsg.): Informationstechnische Grundbildung konkret. Unterrichtsprojekte für die Praxis. München 1990
Lind, G. / Raschert, J. (Hrsg.): Moralische Urteilsfähigkeit. Eine Auseinandersetzung mit L. Kohlberg über Moral, Erziehung und Demokratie. Weinheim 1987
Linde, R.: Einführung in die Mikroökonomie. Stuttgart 1988
Lindemann, G.: Unterricht im Schullandheim. Bedingungen und Möglichkeiten. Hamburg 1984
Lindemann, H.: Überleben im Streß. Autogenes Training. München 1989
Lindemann, H.: Anti-Streß-Programm. München 1990
Lindemann, H.: Einfach entspannen. Psychohygiene – Training – die Methode mit Sofortwirkung. München 1992
Lindenberg, Chr.: Waldorfschulen, angstfrei lernen, selbstbewußt handeln. Praxis eines verkannten Schulmodells. Reinbek 1975
Lindner-Braun, Chr.: Soziologie des Selbstmords. Wiesbaden 1990
Linke, A. / Nussbaumer, M. / Portmann, P. R.: Studienbuch Linguistik. Tübingen 1991
Lippmann, E. D.: Drogenabhängigkeit, Familientherapie und Prävention. Berlin 1990
Literatur- und Forschungsreport Weiterbildung. Reihe in Heften. Bonn
Litt, Th.: Pädagogik und Kultur. Bad Heilbrunn 1965
Lobo, R. J.: Yoga Elementarkurs. 6 Bde., mit Toncassetten. München 1991
Lochner, H.: Methodik des kaufmännisch-wirtschaftlichen Unterrichts. München 1964
Loddenkemper, H. / Schier, N.: Leistung und Angst in der Schule. Paderborn 1979
Loeckx, J. / Mehlhorn, K. / Wilhelm, R.: Grundlagen der Programmiersprachen. Stuttgart 1986
Löw, K.: Die Grundrechte. Dokumentation. München 1982[2]
Löwisch, D. J.: Kultur und Pädagogik. Darmstadt 1989
Longardt, W. u. a. (Hrsg.): Keine Angst vorm Elternabend. Gütersloh 1990[3]
Longo, G. (Hrsg.): Information Theory. New Trends and Open Problems. Wien 1975
Lopacki, H.: Personalaktenrecht der Beamten, Angestellten und Arbeiter des Bundes und der Länder. München 1986
Lorenz, J. H. (Hrsg.): Lernschwierigkeiten: Forschung und Praxis. Köln 1990[2]
Lorenz, K.: Vergleichende Verhaltensforschung. Grundlagen der Ethologie. Wien 1978
Lorenz, K.: Über tierisches und menschliches Verhalten. Vom Weltbild des Verhaltensforschers. München 1987–1988
Lotz, N. W. / Diekstra, R.: Rational-emotive Therapie. Eine zusammenfassende Darstellung. Eschborn 1991
Lotzmann, G. (Hrsg.): Verbale und nonverbale Kommunikationsstörungen. Interdisziplinarität bei Diagnose und Therapie. Weinheim 1989
Loubser, J. J. u. a. (Hrsg.): Allgemeine Handlungstheorie. Frankfurt 1981
Louis, V.: Einführung in die Individualpsychologie. Bern 1975[2]
Louis, V.: Individualpsychologische Psychotherapie. Allgemeine Methodik. Ein Lehrbuch. München 1985
Lowen, A.: Bioenergetik – Therapie der Seele durch Arbeit mit dem Körper. Reinbek 1988
Lowen, A. / Lowen, L.: Bioenergetik für Jeden – Das vollständige Übungshandbuch. Gauting 1988
Lowen, A.: Körperausdruck und Persönlichkeit. Grundlagen und Praxis der Bioenergetik. München 1992

Ludwig, M. H.: Das Referat. Kurze Anleitung zu seiner Erarbeitung und Abfassung für Schüler und Studenten. Hollfeld 1990[2]
Lübbe, H.: Bewußtsein in Geschichten. Studien zur Phänomenologie der Subjektivität. Freiburg 1972
Lübbe, H. (Hrsg.): Wozu Philosophie? Berlin 1978
Lüde, R. / Rolf, H.: Mit dem Computer leben. Ein Arbeitsbuch zur informations- und kommunikationstechnischen Grundbildung. Frankfurt 1988
Lüer, G. (Hrsg.): Allgemeine Experimentelle Psychologie. Stuttgart 1987
Lüscher, K. / Koebbel, I. / Fisch, R.: Elternbildung durch Elternbriefe. Konstanz 1984
Lüscher, M.: Signale der Persönlichkeit. München 1990[2]
Lütkens, Ch.: Die deutsche Jugendbewegung. Ein soziologischer Versuch. Münster 1985
Lüttge, W. u. a.: Aspekte der sozialen Interaktion in Erziehung und Unterricht. Hildesheim 1978
Luft, J.: Einführung in die Gruppendynamik. Stuttgart 1972, Frankfurt (Fischer-Tb.) 1991[2]
Luhmann, N.: Grundrechte als Institution. Berlin 1986[3]
Luhmann, N.: Soziale Systeme. Grundriß einer allgemeinen Theorie. Frankfurt 1987
Luhmann, N.: Macht. Stuttgart 1988[2]
Luhmann, N.: Soziologische Aufklärung. 5 Bde. Wiesbaden 1986–1991
Luhmann, N.: Die Wissenschaft der Gesellschaft. Frankfurt 1992
Lukas, H. (Hrsg.): Sozialpädagogik, Sozialarbeitswissenschaft. Berlin 1979
Lukesch, H.: Auswirkungen elterlicher Erziehungsstile. Göttingen 1975
Lumma, K.(Hrsg.): Humanistische Psychologie in Aktion. Serie. Eschweiler
Lumma, K.: Strategien der Konfliktlösung. Eschweiler 1982
Lumma, K.: Neuorientierung. Grundlagen der Pädagogischen Psychotherapie. Eschweiler 1988
Luttringer, K.: Erziehung und Bildung nach der Emanzipation. Essen 1986
Lutz, Chr.: Praxis der Gruppentherapie bei Kindern. Fellbach-Oeffingen 1976
Lutz, R.: Das verhaltensdiagnostische Interview. Eine Anleitung zur Gesprächsführung in Diagnostik, Therapie und Beratung. Stuttgart 1978
Luyten, N. A. (Hrsg.): Aspekte der Personalisation. Auf dem Wege zum Personsein. Freiburg 1979

MacIntyre, A. C.: Das Unbewußte. Eine Begriffsanalyse. Frankfurt/M. 1968
Mader, J.: Schulkindergarten und Zurückstellung. Münster 1989
Mader, W. / Weymann, A.: Erwachsenenbildung. Bad Heilbrunn 1975
Maeck, H.: Das zielbezogene Gespräch. Düsseldorf 1990[2]
Maelicke, B.: Ambulante Alternativen zum Jugendarrest und Jugendstrafvollzug. Weinheim 1988
Mager, R. F.: Lernziele und Unterricht. Weinheim 1977
Magmer, E. / Ipfling, H. J.: Strafe und soziale Schicht. In: Scientia Paedagogica Experimentalis. Genf 1973
Maier, H.: Die Zukunft unserer Bildung. Köln 1976
Maier, H. / Voigt, J. (Hrsg.): Interpretative Unterrichtsforschung. Köln 1991
Maier, W.: Klassifikation und Schweregradbeurteilung depressiver Syndrome. Berlin 1992
Maiwald, R.: Der Begriff des Musischen und seine Verwendung in der Pädagogik. Essen 1991
Makarenko, A. S.: Pädagogische Werke. 8 Bde. Neuwied 1988 f.
Mâle, P.: Psychotherapie bei Jugendlichen. München 1976, Frankfurt (Fischer-Tb.) 1983
Maletzke, G.: Massenkommunikationstheorien. Tübingen 1988
Malinowski, B.: Eine wissenschaftliche Theorie der Kultur und andere Aufsätze. Frankfurt 1975
Malmquist, E. / Valtin, R.: Förderung legasthenischer Kinder in der Schule. Weinheim 1974
Mandel, A. u. a.: Einübung in Partnerschaft durch Kommunikationstherapie und Verhaltenstherapie. München, Bd. 1 1989[11], Bd. 2 1976[3]
Mandl, H. / Fischer, P. (Hrsg.): Lernen Im Dialog mit dem Computer. Weinheim 1985
Mandler, G.: Mind and emotion. New York 1975; deutsch: Denken und Fühlen. Paderborn 1978
Mann, I.: Schlechte Schüler gibt es nicht. Initiativen für die Grundschule. Weinheim 1991[5]
Mannheim, K.: Eine soziologische Theorie der Kultur und ihrer Erkennbarkeit. Frankfurt 1980

Manns, M. u. a.: Beobachtungsverfahren in der Verhaltensdiagnostik. Salzburg 1987
Manthey, R.: Theorie und Praxis des Planspiels im Geographieunterricht. Frankfurt 1990
Maras, R.: Das Tafelbild im Unterricht. München 1979
Maras, R.: Unterrichtsgestaltung in der Grundschule heute. Donauwörth 1988[3]
Marceau, M.: Die Weltkunst der Pantomime. Frankfurt 1989
March, J. G. / Simon, H. A.: Organisation und Individuum. Menschliches Verhalten in Organisationen. Wiesbaden 1977
Marcuse, H.: Triebstruktur und Gesellschaft. Frankfurt 1973
Marcuse, H.: Ideen zu einer kritischen Theorie der Gesellschaft. Frankfurt 1976
Marcuse, H.: Schriften. 9 Bde. Frankfurt 1978–1987
Markard, M.: Einstellung – Kritik eines sozialpsychologischen Grundkonzepts. Frankfurt 1984
Markefka, M.: Vorurteile, Minderheiten, Diskriminierungen. Neuwied/Berlin 1990[6]
Marmon, E.: Konzepte der Erziehungsberatung. Weinheim/Basel 1979
Marschall, W. (Hrsg.): Klassiker der Kulturanthropologie. Von Montaigne bis Margaret Mead. München 1990
Martens, J. U.: Verhalten und Einstellungen ändern. Ein Lehrkonzept für Seminarleiter. Hamburg 1988
Martens, K. (Hrsg.): Kindliche Kommunikation. Theoretische Perspektiven, empirische Analysen, methodologische Grundlagen. Frankfurt 1979
Martikke, H.-J.: Die Rehabilitation der Verhaltensgestörten. München/Basel 1978
Martin, B.: Psychopathologie. Weinheim 1976
Martin, K. (Hrsg.): Sozialarbeit und Sozialpädagogik im Grundriß. Berlin 1982
Martin, M.: Anthroposophie – Was ist das? Versuch einer Einführung in die Geisteswissenschaft R. Steiners. Schaffhausen 1988[2]
Maskus, R. (Hrsg.): Zur Geschichte der Mittel- und Realschule. Bad Heilbrunn 1966
Maskus, R.: Motivation in Erziehung und Unterricht. Heidelberg 1986[7]
Masschelein, J.: Kommunikatives Handeln und pädagogisches Handeln. Weinheim 1991
Matthes, A.: Schulische Sozialisation als fachspezifische Sozialisation. Bochum 1991
Matthes, E.: Von der geisteswissenschaftlichen zur kritisch-konstruktiven Pädagogik und Didaktik. Bad Heilbrunn 1992
Matthiesen, U.: Das Dickicht der Lebenswelt und die Theorie des kommunikativen Handelns. München 1985[2]
Matriarchat und Patriarchat. Zur Entstehung der Familie. Ethnographische Forschung/theoretische Diskussion. Frankfurt 1988[3]
Mauer, W. u. a.: Differenzierungsübungen mit sprachauffälligen Kindern. Berlin 1991
Mauermann, L. (Hrsg.): Lehrer als Erzieher. Donauwörth 1987
Maurer, K. W. u. a. (Hrsg.): Wirtschaftspädagogik in der Praxis. Frankfurt 1989
May, H.: Ökonomie für Pädagogen. München 1990
May, H. (Hrsg.): Handbuch zur ökonomischen Bildung. München 1991
Maydell, J. von: Bildungsforschung und Gesellschaftspolitik. Oldenburg 1982
Mayer, H.: Werbepsychologie. Lehrbuch. Stuttgart 1992
Mayer, R. E.: Denken und Problemlösen. Berlin 1979
Mayring, Ph.: Qualitative Inhaltsanalyse. Grundlagen und Techniken. Weinheim 1990
McCall, G. J. / Simmons, J. L.: Identität und Interaktion. Düsseldorf 1974
McQuail, D.: Soziologie der Massenkommunikation. Berlin 1973
Mc Phail, P. / Ungood-Thomas, J. R. / Chapman, H.: Lifeline – Moral education in the secondary school. London 1972
Mc Phail, P. / Ingram, D. / Middleton, D.: Startline – Moral education in the middle years. London 1978
Mead, G. H.: Geist, Identität und Gesellschaft aus der Sicht des Sozialbehaviorismus. Frankfurt 1973
Medawar, P. B.: Die Einmaligkeit des Individuums. Frankfurt 1969
Meermann, R. / Vandereycken, W. (Hrsg.): Verhaltenstherapeutische Psychosomatik. In Klinik und Praxis. Stuttgart 1991

Meerwein, G. u. a.: Mädchenhandel und Prostitutionstourismus. Eine Bestandsaufnahme. München 1990
Meffert, B.: Welt der Pantomime. Wilhelmshaven 1983
Meggle, G.: Grundbegriffe der Kommunikation. Berlin 1981
Mehlhorn, H. / Urban, K. (Hrsg.): Hochbegabtenförderung international. Köln 1990
Meier, L. u. a.: Tafelbilder für den Erdkundeunterricht. 2 Bde. Donauwörth 1988
Meierhofer, M.: Frühe Prägung der Persönlichkeit. Psychohygiene im Kindesalter. Bern 1989[6]
Meili, R. / Steingräber, H. J.: Lehrbuch der psychologischen Diagnostik. Bern 1978[6]
Meinert, R.: Mein Kind in der Pubertät. Düsseldorf 1985
Meiser, B. (Hrsg.): Schule und Lernen – Verlernt und Verschult. Bad Honnef 1983
Meister, H.: Förderung schulischer Lernmotivation. Düsseldorf 1982[2]
Melezinek, A.: Unterrichtstechnologie. Einführung in die Medienverwendung im Bildungswesen. Wien 1982
Melzer, W. (Hrsg.): Eltern – Schüler – Lehrer. Zur Elternpartizipation in der Schule. Stuttgart 1985
Memmert, W.: Die Führung einer Schulklasse. Disziplinschwierigkeiten müssen nicht sein. München 1987
Memmert, W.: Die Unterrichtsvorbereitung des Lehrers. München 1990
Meng, H. (Hrsg.): Psychoanalytische Pädagogik des Kleinkindes. München 1973
Meng, H. (Hrsg.): Psychoanalytische Pädagogik des Schulkindes. München 1973
Menges, G.: Stichproben aus endlichen Gesamtheiten. Theorie und Technik. Frankfurt 1959
Menges, G.: Die Statistik. Wiesbaden 1982
Menne, A.: Einführung in die Methodologie. Elementare allgemeine wissenschaftliche Denkmethoden im Überblick. Darmstadt 1984
Menne, A.: Einführung in die Logik. Tübingen 1986[4]
Mensch und Verhaltensauffälligkeit. Reihe. Heidelberg
Ments, M. van: Rollenspiel: effektiv. Ein Leitfaden für Lehrer, Erzieher, Ausbilder und Gruppenleiter. München 1991[2]
Ments, M. van: Diskussion(en) – aktiv. Leitfaden für den effektiven Einsatz von Diskussionen in Unterricht, Ausbildung, Fortbildung und Weiterbildung. München 1992
Merkert, R.: Medien und Erziehung. Darmstadt 1992
Merkle, S.: Die innere Differenzierung des Unterrichts in der Grundschule. Donauwörth 1972
Merkle, S.: Theorie und Praxis der inneren Differenzierung in der Hauptschule. Donauwörth 1973
Merten, K.: Kommunikation. Eine Begriffs- und Prozeßanalyse. Opladen 1977
Merten, K.: Inhaltsanalyse. Einführung in Theorie, Methode und Praxis. Wiesbaden 1983
Merten, K. / Teipen, P.: Empirische Kommunikationsforschung. Darstellung, Kritik, Evaluation. München 1991
Merten, K. / Schmidt, S. / Weischenberg, S. (Hrsg.): Medien und Kommunikation. Ein einführendes Lehrbuch. Wiesbaden 1992
Mertens, W.: Sozialpsychologie des Experiments. Hamburg 1975
Mertens, W.: Einführung in die psychoanalytische Therapie. 3 Bde. Stuttgart 1990–1991
Mertens, W.: Entwicklung der Psychosexualität und der Geschlechtsidentität. Bd. 1: Geburt bis 4. Lebensjahr. Stuttgart 1991
Mertens, W.: Psychoanalyse. Stuttgart 1992[4]
Merton, R. K.: The self-fulfilling prophecy. In: Autioch Review 1948
Merz, G.: Das schulpädagogische Praktikum in der bayerischen Lehrerbildung. Frankfurt 1989
Mester, H. / Tölle, R. (Hrsg.): Neurosen. Berlin 1981
Methoden der Psychologie (Reihe): Reihe in Einzeltiteln. Bern
Metzger, W.: Psychologie in der Erziehung. Bochum 1976[3]
Metzger, W.: Gestalt-Psychologie. Frankfurt 1986
Meves, Chr.: Mut zum Erziehen. Freiburg 1990[2]
Meves, Chr.: Verhaltensstörungen bei Kindern. München 1991[10]
Meves, Chr. / Illies, J.: Mit der Aggression leben. Grenzgespräch zwischen Psychologie und Biologie. Freiburg 1985[8]

Meyenberg, R. / Boeije, H.: Sucht- und Drogenprävention. Deutsch-niederländisches Suchtsymposium – eine Dokumentation. Oldenburg 1987
Meyer, E.: Unterrichtsvorbereitung in Beispielen. Bochum 1973[16]
Meyer, E. / Winzenty, O.: Frontalunterricht. Frankfurt 1984
Meyer, E. (Hrsg.): Burnout und Streß – Praxismodelle zur Bewältigung. Baltmannsweiler 1991
Meyer, F.: Demokratie in der Schule (Aktuelle Dokumente, Anthologie). Berlin/New York 1973
Meyer, F. W. / Weber, G.: Deviationstheorien und Strafgefangene. Eine empirisch-soziologische Studie. Köln o. J.
Meyer, G.: Kybernetik und Unterrichtsprozeß. Berlin 1966
Meyer, H. L.: Unterrichtsmethoden. 2 Bde. Frankfurt 1987
Meyer, H. L.: Trainingsprogramm zur Lernzielanalyse. Frankfurt 1991[12]
Meyer-Schönherr, M.: Szenario-Technik. Als Instrument der strategischen Planung. Ludwigsburg 1992
Meyers Lexikonredaktion (Hrsg.): Ökologie. Ein Sachlexikon. Mannheim 1987
Michel, K. M. / Spengler, T.: Begabung und Erziehung. Berlin 1985
Michel, K. M. / Spengler, T. (Hrsg.): Die Medien. Berlin 1987
Miebach, B.: Soziologische Handlungstheorie. Eine Einführung. Wiesbaden 1991
Miles, M. B.: Learning to work in groups. New York 1965
Milgram, St.: Obedience to Authority. New York 1974 (dt. Das Milgram-Exp.: Reinbek 1982)
Miller, A.: Am Anfang war Erziehung. Frankfurt 1981
Miller, D.: Leben mit AIDS und dem HIV. Lebenshilfe für HIV-Infizierte, Angehörige und Freunde. Stuttgart 1991
Miller, G. A. / Galanter, R. / Pribram, K. A.: Plans and the structure of behavior. London 1970; deutsch: Strategien des Handelns. Pläne und Strukturen des Verhaltens. Stuttgart 1991[2]
Mills, Th. M.: Soziologie der Gruppe. München 1974[4]
Milz, J.: Rechenstörungen verstehen und behandeln. Dortmund 1991
Minsel, W. R.: Praxis der Gesprächspsychotherapie. Grundlagen – Forschung – Auswertung. Wien 1979[4]
Mischo, J.: Okkultismus bei Jugendlichen. Ergebnisse einer empirischen Untersuchung. Mainz/Weisenau 1991
Mitscherlich, A.: Toleranz – Überprüfung eines Begriffs. Frankfurt 1974
Mitscherlich, A.: Massenpsychologie ohne Ressentiment. Frankfurt 1975
Mitschka, R.: Die Pubertät gemeinsam bewältigen. Wien 1987
Mittelstrass, J.: Die Modernität der Antike. Zur Aufgabe des Gymnasiums in der modernen Welt. Konstanz 1986
Mittelstrass, J. / Riedel, M. (Hrsg.): Vernünftiges Denken. Studien zur praktischen Philosophie und Wissenschaftstheorie. Berlin 1977
Mittenecker, E.: Planung und statistische Auswertung von Experimenten. Wien 1983[10]
Mittenecker, E. / Raab, H.: Informationstheorie für Psychologen. Einführung in Methoden und Anwendungen. Göttingen 1973
Mitter, W. / Weishaupt, H. (Hrsg.): Ansätze zur Analyse der wissenschaftlichen Begleitung bildungspolitischer Innovationen. Köln 1977
Mletzko, H. G. / Mletzko, J.: Biorhythmik. Eine Einführung in die Chronobiologie. Wittenberg 1985
Möller, H.: Was ist Didaktik? Kamps pädagogische Taschenbücher. Bochum 1971[9]
Möller, H. J. (Hrsg.): Kritische Stichwörter zur Psychotherapie. München 1981
Möller, U. (Bearb.): Aphasie. Düsseldorf 1984
Mölling, K.: Das Aids-Virus. Weinheim 1988
Mohr, B.: Bildung und Wissenschaft in Deutschland West, Bundesanzeiger Verlags-GmbH, Köln 1991
Mokrosch, R.: Christliche Werterziehung angesichts des Wertwandels. Osnabrück 1987
Moll-Strobel, H. (Hrsg.): Die Problematik der Disziplinschwierigkeiten im Unterricht. Darmstadt 1983
Mollenhauer, K.: Familienerziehung in: Wörterbuch der Erziehung. München 1974
Mollenhauer, K.: Theorien zum Erziehungsprozeß. Weinheim 1982[4]

Mollenhauer, K.: Einführung in die Sozialpädagogik. Weinheim NA 1987
Mollenhauer, K. / Brumlik, M. / Wudtke, H.: Die Familienerziehung. München 1978[2]
Mollenhauer, K. / Rittelmeyer, Chr.: Methoden der Erziehungswissenschaft. München 1977
Moltmann, B. (Hrsg.): Perspektiven der Friedensforschung. Baden-Baden 1988
Montada, L. u. a. (Hrsg.): Kognition und Handeln. Stuttgart 1983
Montessori, M.: Kinder sind anders. Stuttgart 1988[12]
Montessori, M.: Das kreative Kind. Der absorbierende Geist. Freiburg 1988[7]
Montessori, M.: Schule des Kindes. Montessori-Erziehung in der Grundschule. Freiburg 1989[3]
Montessori, M.: Erziehung zum Menschen. Montessori-Pädagogik heute. Frankfurt (Fischer-Tb.) 1991[7]
Montessori, M.: Dem Leben helfen. Freiburg 1992
Moog, W. / Moog, E. S.: Die entwicklungspsychologische Bedeutung von Umweltbedingungen im Säuglings- und Kleinkindalter. Berlin 1979[4]
Moore, J.: Die Grenzen der Vernunft. Die vierfache Natur des Selbst. Berlin 1991
Morawietz, H.: Unterrichtsdifferenzierung. Ziele, Formen, Beispiele und Forschungsergebnisse. Weinheim 1979
Morel, J. u. a.: Soziologische Theorie (Hauptvertreter). Frankfurt 1992[2]
Moreno, J. L.: Die Grundlagen der Soziometrie. Köln/Opladen 1974[3]
Moreno, J. L.: Soziometrie als experimentelle Methode. Paderborn 1981
Moreno, J. L.: Gruppenpsychotherapie und Psychodrama. Stuttgart 1988[3]
Morgenthaler, F.: Homosexualität – Heterosexualität – Perversion. Frankfurt (Fischer-Tb.) 1987
Morris, Ch. W.: Zeichen, Sprache und Verhalten. Düsseldorf 1973
Morris, D.: Der nackte Affe. München 1970
Morris, D.: Der Mensch, mit dem wir leben. Ein Handbuch unseres Verhaltens. München 1981
Morris, J. F. / Lunzer, E. A. (Hrsg.): Das Lernen in der Schule. Stuttgart 1972
Morrison, Ph. / Morrison, Phylis: Das Geheimnis unserer Wahrnehmung. Warum wir wissen was wir wissen. München 1988
Moser, H.: Der Computer vor der Schultür. Entscheidungshilfen für Lehrer, Eltern und Politiker. Zürich 1986
Moser, K.: Werbepsychologie. Eine Einführung. Weinheim 1990
Moser, T.: Jugendkriminalität und Gesellschaftsstruktur. Frankfurt 1987
Mucchielli, R.: Das nicht-direktive Beratungsgespräch. Salzburg 1972
Mucchielli, R.: Kommunikation und Kommunikationsnetze. Salzburg 1974
Mühlfeld, C.: Familiensoziologie. Hamburg 1976
Müller, A.: Kommunikation und Schulversagen. Systemtheoretische Beobachtungen im Lebensfeld Schule. Luzern 1991
Müller, C. W. u. a.: Was ist Jugendarbeit? 4 Versuche zu einer Theorie. Weinheim 1986
Müller, G. F. (Hrsg.): Prozesse sozialer Interaktion. Göttingen 1985
Müller, H. J. (Hrsg.): Ökologie. Jena 1991[2]
Müller, H. P. (Hrsg.): Wissen als Verantwortung. Ethische Konsequenzen des Erkennens. Stuttgart 1991
Müller, M.: Existenzphilosophie im geistigen Leben der Gegenwart. Heidelberg 1964
Müller, M.: Erfahrung und Geschichte. Grundzüge einer Philosophie der Freiheit als transzendentale Erfahrung. Freiburg/München 1971
Müller, M.: Philosophische Anthropologie. Hrsg. von W. Vossenkuhl. Freiburg/München 1974
Müller, R.: Gruppenarbeit mit Vorschulkindern. Therapeutische Hilfen und kompensatorische Erziehung. Tübingen 1975
Müller, R. A.: Geschichte der Universität. Von der mittelalterlichen Universitas zur deutschen Hochschule. München 1990
Müller, R. u. a.: Verhaltensmodifikation in der Praxis. Ein Kursprogramm zur Aus- und Weiterbildung für pädagogische Fachkräfte. München 1980
Müller, S. u. a. (Hrsg.): Handlungskompetenz in der Sozialarbeit/Sozialpädagogik. 2 Teile. Bielefeld 1982/1984

Müller, St. E.: Personal-soziale Entfaltung des Gewissens im Jugendalter. Mainz/Weisenau 1984[2]
Müller, U.: Ergebnisse einer Umfrage unter bayerischen Schülern und Schülerinnen zu Okkultismus und Spiritismus. Regensburg 1989
Müller, W. H. / Enskat, A.: Graphologische Diagnostik. Ihre Grundlagen, Möglichkeiten und Grenzen. Bern 1987[3]
Müller, W.: Pantomime. Eine Einführung für Schauspieler, Laienspieler und Jugendgruppen. München 1988[3]
Müller-Armack, A.: Religion und Wirtschaft. Geistesgeschichtliche Hintergründe unserer europäischen Lebensform. Stuttgart 1981[3]
Müller-Bardorff, H.: Grundschüler auf dem Weg zur Freien Arbeit. Weinheim/Basel 1986
Müller-Bardorff, H.: Meditation in der Grundschule. Regensburg 1990
Müller-Brettel, M. (Hrsg.): Bibliographie Friedensforschung und Friedenspolitik. Der Beitrag der Psychologie 1910–1990. München 1992
Müller-Freienfels: Gedächtnisschulung. 1941[4]
Müller-Schöll, A. / Priepke, M.: Handlungsfeld Heimerziehung. Tübingen 1982
Münch, D. (Hrsg.): Kognitionswissenschaft. Grundlagen, Probleme, Perspektiven. Frankfurt 1992
Münder, J.: Familien- und Jugendrecht. Weinheim 1985[2]
Münder, J.: Das neue Jugendhilferecht. Münster 1991
Muhlum, A. / Oppl, H. (Hrsg.): Handbuch der Rehabilitation. 2 Bde. Neuwied 1991
Mulaik, St. A.: The foundations of factor analysis. New York/Düsseldorf 1972
Mummendey, H. D. (Hrsg.): Einstellung und Verhalten. Psychologische Untersuchungen in natürlicher Umgebung. Bern 1979
Murken, J.-D.: The XYY-Syndrome and Klinefelter's syndrome. Stuttgart 1973
Murken, J.-D. (Hrsg.): Pränatale Diagnostik und Therapie. Stuttgart 1987[2]
Mussen, P. H.: Einführung in die Entwicklungspsychologie. München 1991[9]
Mussen, P. H. / Conger, J. J. / Kagan, J.: Lehrbuch der Kinderpsychologie. Stuttgart 1981[3]
Muth, J.: Pädagogischer Takt. Essen 1982[3]
Muthig, B.: Gesamtunterricht der Grundschule. Bad Heilbrunn 1978
Muuss, R. E.: Grundlagen der Adoleszentenpsychologie. Lübeck 1982

Naegele, I. / Valtin, R. (Hrsg.): LRS in den Klassen 1–10. Handbuch der Lese-Rechtschreibschwierigkeiten. Weinheim 1989
Nähring, H.: Friedenserziehung. Hamburg 1977
Nagels, Th. / Müller, S.: Durchführung und Auswertung des Betriebspraktikums während eines Schullandheimaufenthaltes. Hamburg 1982
Nagera, H.: Psychoanalytische Grundbegriffe. Eine Einführung in S. Freuds Terminologie und Theoriebildung. Frankfurt 1991[5]
Nahas, G. G. / Paton, W. D. M. / Idänpään-Heikkilä, J. E. (Hrsg.): Marihuana: Chemistry, Biochemistry, and Cellular Effects. Berlin 1976
Nahrstedt, W.: Freizeitpädagogik in der nachindustriellen Gesellschaft. 2 Bde. Neuwied 1974
Napp-Peters, A.: Adoption. – Das alleinstehende Kind und seine Familien: Geschichte, Rechtsprobleme und Vermittlungspraxis. Neuwied/Darmstadt 1978
Naranjo, C. / Ornstein, R. E.: Psychologie der Meditation. Frankfurt. Fischer-Tb. 1988
Natorp, P.: Sozialpädagogik. Paderborn 1975[7]
Nauck, J. (Hrsg.): Schuleingangsdiagnostik. Theor. Überlegungen und unterrichtliches Handeln. Braunschweig 1990
Nave-Herz, R. / Hurrelmann, K. / Weber, A. / Mollenhauer, K. / Götz, B. / Frister, E. / Steinkamp, G.: Freiheit und Zwang der Lehrerrolle. Hannover 1975
Neber, B.: Lehrerverhalten in Konfliktsituationen. Entwicklung und Überprüfung von vier Trainingskonzepten. Frankfurt 1979
Neber, H. (Hrsg.): Entdeckendes Lernen. Weinheim 1981[3]
Neber, H. (Hrsg.): Angewandte Problemlösungspsychologie. Münster 1987
Nedelmann, C. / Ferstl, H. (Hrsg.): Die Methode der Balint-Gruppe. Stuttgart 1989

Neef, W. / Hamann, M. (Hrsg.): Projektstudium in der Ausbildung von Ingenieuren, Wirtschafts- und Naturwissenschaftlern. Alsbach-Hähnlein 1983
Neidhardt, F.: Die Familie in Deutschland. Gesellschaftliche Stellung, Struktur und Funktionen. In: Struktur und Wandel der Gesellschaft. Opladen 1975[4]
Neidhardt, F. (Hrsg.): Frühkindliche Sozialisation. Stuttgart 1979[2]
Neill, A. S.: Theorie und Praxis der antiautoritären Erziehung. Reinbek 1969
Neisser, U.: Cognitive Psychology. New York 1967; deutsch: Kognition und Wirklichkeit. Stuttgart 1979
Nell-Breuning, O. von / Prinz, F.: Hilfreicher Beistand. Das Subsidiaritätsprinzip. München 1961
Netzer, H.: Die Strafe in der Erziehung. Weinheim 1983[9]
Neubauer, W. F.: Selbstkonzept und Identität im Kindes- und Jugendalter. München/Basel 1976
Neubauer, W. u. a.: Konflikte in der Schule. Möglichkeiten und Grenzen kooperativer Entscheidungsfindung. Neuwied 1988[3]
Neuberger, O.: Arbeit. Begriff – Gestaltung – Motivation – Zufriedenheit. Stuttgart 1985
Neuhäusler, A.: Autoritär, antiautoritär, humanitär. Erziehung zwischen den Extremen. München 1972
Neuhaus, I. S. / Adolphs, D.: Basiswissen Psychologie. Eine praxisbezogene Einführung mit Fallbeispielen. München 1975
Neukäfer, H. / Goetze, H.: Hyperaktives Verhalten im Unterricht. München 1978
Neumann, E.: Ursprungsgeschichte des Bewußtseins. Frankfurt o. J. Fi-Tb.
Neumann, F. (Hrsg.): Handbuch Politischer Theorien und Ideologien. Reinbek (rororo-Tb.) 1977
Neumann, K. D. / Weirauch, W.: Waldorfschule und Anthroposophie. Flensburg 1989[3] (NA)
Neumann, U. / Schirmer, W. (Hrsg.): Kinder und Eltern brauchen Hilfe. Beiträge aus der psychagogischen Praxis. Göttingen 1964
Neuwirth, E. u. a. (Hrsg.): Kinder, Computer und Bildung. München 1985
Nevermann, K. / Richter, J. (Hrsg.): Rechte der Lehrer, Rechte der Schüler, Rechte der Eltern. München 1977
Nezel, I.: Allgemeine Didaktik der Erwachsenenbildung. Bern 1992
Nichelmann, M. / Tembrock, G. (Hrsg.): Verhaltensentwicklung. Berlin 1992
Nickel, G.: Einführung in die Linguistik. Entwicklung, Probleme, Methoden. Berlin 1985[2]
Nickel, H.: Entwicklungsstand und Schulfähigkeit. München/Basel 1976
Nickel, H.: Entwicklungspsychologie des Kindes- und Jugendalters. 2 Bde. Bern 1981/1982
Nickolai, W. u. a.: Sozialpädagogik im Jugendstrafvollzug. Erfahrungen aus der Praxis. Freiburg 1985
Niederberger, J. M.: Organisationssoziologie der Schule. Motivation – Verwaltung – Differenzierung. Stuttgart 1984
Niedersächsisches Landesinstitut für Lehrerfortbildung, Lehrerweiterbildung und Unterrichtsforschung (Hrsg.): Brennpunkte der Lehrerfortbildung. Positionen – Aufgaben – Entwicklungen. Hildesheim 1990
Niekrawitz, C.: Interkulturelle Pädagogik im Überblick. Frankfurt 1990
Niemetz, G.: Anekdoten und Karikaturen für den Geschichtsunterricht. Stuttgart 1986
Niepold, W.: Sprache und soziale Schicht. Darstellung und Kritik der Forschungsliteratur seit Bernstein. Berlin 1981[8]
Niermann, J.: Methoden der Unterrichtsdifferenzierung. Düsseldorf 1981
Niermann, M.: Das Bilderbuch in der pädagogischen Diskussion. Düsseldorf 1979
Nikles, B. / Weiß, J. (Hrsg.): Gesellschaft. Organismus, Totalität, System. Hamburg 1975
Nisbett, R. E. / Wilson, T.: Telling More Than We Can Know. Verbal Reports on Mental Processes. In: Psychological Review 84 (3)/1977
Nitsch, J. R. (Hrsg.): Streß. Theorien, Untersuchungen, Maßnahmen. Bern 1981
Nitschke, S. / Voss, A. (Hrsg.): Mädchenhäuser. Berlin 1990
Nitz, Chr. / Hennig, E.: Praxis der Vorschulerziehung. 4 Bde. Seelze 1988
Nöth, W.: Handbuch der Semiotik. Stuttgart 1985

Nohl, H.: Jugendwohlfahrt. Leipzig 1927
Nohl, H.: Aufgaben und Wege der Sozialpädagogik. Weinheim 1965
Noller, P. / Reinicke, H.: Heroinszene. Fremd- und Selbstdefinitionen einer Subkultur. Frankfurt 1987
Nolting, H. P.: Lernfall Aggression. Wie sie entsteht und wie sie zu vermindern ist. Ein Überblick mit Praxisschwerpunkt Alltag und Erziehung. Reinbek 1987
Norman, D. A.: Aufmerksamkeit und Gedächtnis. Weinheim 1973
Nothacker, G.: „Erziehungsvorrang" und Gesetzesauslegung im Jugendgerichtsgesetz. Berlin 1985
Novak, F. / Finster, H. / Schneider, K.-H.: Psychologie. München 1978
Novak, F. u. a.: Pädagogik. 2 Bde. München 1978 und 1981
Nunberg, H.: Allgemeine Neurosenlehre. Auf psychoanalytischer Grundlage. Bern 1975[4]

Oberhuemer, P. / Müller, H. / von Engelbrechten, E.: Kind und Bilderbuch. Freiburg/Basel/Wien 1988
Oberliesen, R. / Stiebeling, A. (Hrsg.): Neue Medien – Neue Technologien. Eine Krise für Bildung und Erziehung? Berlin 1988
Oberloskamp, H. (Hrsg.): Vormundschaft, Pflegschaft und Vermögenssorge bei Minderjährigen. München 1990
Obermeier, O. P.: Poppers „Kritischer Rationalismus". Eine Auseindersetzung über die Reichweite seiner Philosophie. Stamsried 1980
Obst, H.: Neureligionen – Jugendreligionen – New Age. Berlin/Leipzig 1991[3]
Odum, E. P.: Grundlagen der Ökologie. 2 Bde. Stuttgart 1983[2]
Öffnung des Unterrichts in der Grundschule. Ja – aber wie? Bisher 10 Hefte. Berlin ab 1991
Oehlschläger, H. J. / Schwittmann, D. (Hrsg.): Das Methoden-Repertoire von Lehrern. Eine Untersuchung zum Unterrichtsalltag in der Sekundarstufe I. Leverkusen 1985
Oelkers, J.: Die Vermittlung zwischen Theorie und Praxis in der Pädagogik. München 1976
Oelkers, J. / Prior, H.: Soziales Lernen in der Schule. Frankfurt 1982
Oelkers, J. / Lehmann, Th.: Antipädagogik. Herausforderung und Kritik. Braunschweig 1983
Oelkers, J. / Schulz, W. K. (Hrsg.): Pädagogisches Handeln und Kultur. Bad Heilbrunn 1984
Oelkers, J. (Hrsg.): Fachdidaktik und Lehrerausbildung. Bad Heilbrunn 1986
Oelkers, J. / Tenorth, H. E. (Hrsg.): Pädagogik, Erziehungswissenschaft und Systemtheorie. Weinheim 1987
Oelkers, J.: Reformpädagogik. Eine kritische Dogmengeschichte. Weinheim 1989
Oerter, R. (Hrsg.): Entwicklung als lebenslanger Prozeß. Hamburg 1978
Oerter, R.: Psychologie des Denkens. Donauwörth 1980[6]
Oerter, R.: Entwicklung und Sozialisation. Donauwörth 1982[2]
Oerter, R.: Moderne Entwicklungspsychologie. Donauwörth 1987[21]
Oerter, R. / Montada, L.: Entwicklungspsychologie. Weinheim 1987[2]
Oerter, R. / Weber, E.: Der Aspekt des Emotionalen in Unterricht und Erziehung. Donauwörth 1975[2]
Oestreich, G.: Kinder zwischen Angst und Leistung. Heidelberg 1980
Oevermann, U.: Sprache und soziale Herkunft. Frankfurt 1972
Offman, E.: Interaktionsrituale. Über Verhalten in direkter Kommunikation. Frankfurt 1986
Ohe, W. von der (Hrsg.): Kulturanthropologie. Berlin 1987
Olbing, H. u. a. (Hrsg.): Kindesmißhandlung – Bewältigung und Vorbeugung. Eine Orientierung für Ärzte, Juristen, Sozial- und Erzieherberufe. Köln 1989
Olbrich, I. (Hrsg.): Frühförderung behinderter und von Behinderung bedrohter Kinder. Dortmund 1985
Olbrich, P.: Das Unterrichtsfach Erziehungskunde in der Hauptschule. Bern 1986
Olbrich, R. (Hrsg.): Therapie der Schizophrenie. Stuttgart 1990
Olechowski, R. / Wolf, W. (Hrsg.): Die kindgemäße Grundschule. Wien 1990
Olivero, J. L. / Brunner, R.: Micro-Teaching – ein neues Verfahren zum Training des Lehrverhaltens. München 1973
Olsson, B. / Rett, A.: Linkshändigkeit. Bern 1989

Oomen-Welke, I. / Rhöneck, Chr. von (Hrsg.): Schüler: Persönlichkeit und Lernverhalten. Methoden des Messens und Deutens in der fachdidaktischen Unterrichtsforschung. Tübingen 1988
Opaschowski, H. W.: Freizeitpädagogik in der Schule. Bad Heilbrunn 1977
Opaschowski, H. W. (Hrsg.): Freizeitpädagogik in der Leistungsgesellschaft. Bad Heilbrunn 1977[3]
Opaschowski, H. W.: Pädagogik und Didaktik der Freizeit. Leverkusen 1990[2]
Opp, K. D. (Hrsg.): Strafvollzug und Resozialisierung. München 1979
Oppermann, D.: Quellen zu den historischen und pädagogischen Grundlagen des Einheitsschulgedankens. Frankfurt 1981
Oppermann, D.: Gesellschaftsreform und Einheitsschulgedanke. Frankfurt 1981
Oppermann, H. (Hrsg.): Humanismus. Darmstadt 1977[2]
Ornstein, R.: Multimind. Wie die neue Hirnforschung unser Verhalten erklärt. Paderborn 1988
Ortega y Gasset, J.: Der Aufstand der Massen. Stuttgart NA 1989
Orth, E. W. (Hrsg.): Perspektiven und Probleme der Husserlschen Phänomenologie. Freiburg 1991
Ortner, A. / Ortner, U. J. (Hrsg.): Grundschulpädagogik. Wissenschaftsintegrierende Beiträge. Donauwörth 1990
Ortner, A. / Ortner, R.: Verhaltens- und Lernschwierigkeiten. Handbuch für die Grundschulpraxis. Weinheim 1991
Ortner, G. E. (Hrsg.): Neue Medien und Bildung. Informationstechnologie im pädagogischen Prozeß. Alsbach-Hähnlein 1991
Ortner, R.: Lernplanung und Unterrichtsgestaltung unter dem Aspekt biorhythmischer und arbeitsphysiologischer Bedingungen. In: Pädagogische Welt 10/1987
Ortner, R.: Personalisation und die Bestimmung des Menschen. Bamberg 1990
Oser, F. / Althof, W. / Garz, D. (Hrsg.): Moralische Zugänge zum Menschen – Zugänge zum moralischen Menschen. Beiträge zur Entstehung moralischer Identität. München 1986
Oser, F. / Althof, W.: Moralische Selbstbestimmung. Modelle der Entwicklung und Erziehung im Wertebereich. Ein Lehrbuch. Stuttgart 1992
Osgood, E. u. a.: The Measurement of Meaning. Champaign 1957
O'Shea, T. / Self, J.: Lernen und Lehren mit Computern. Künstliche Intelligenz im Unterricht. Therwil/Basel 1986
Ossenbühl, F.: Das elterliche Erziehungsrecht im Sinne des Grundgesetzes. Berlin 1981
Osswald, R.: Die Berufsakademie Baden-Württemberg. Eine Idee und ihre Verwirklichung. Stuttgart 1988
Ostasz, L.: Zur Struktur des Bewußtseins und zum Problem der Auflösung des Ich. Frankfurt 1987
Osterloh, J.: Wahrheit, Objektivität und Wertfreiheit in der Erziehungswissenschaft. Begriffsanalytische und methodologische Untersuchungen. Bad Heilbrunn 1991
Ostrander, S. / Schroeder, L.: Superlearning. Leichter Lernen ohne Streß. München 1990 (NA)
Oswald, G. / Müllensiefen, D.: Psycho-soziale Familienberatung. Freiburg 1990[3]
Oswald, W. u. a. (Hrsg.): Gerontologie. Stuttgart 1991[2]
Ott, H.: Das Sprachlabor im Zweiten Bildungsgang. In: Das Sprachlabor in der Unterrichtspraxis. Freiburg i. Br. 1967
Ott, H.: Berufliches Schulwesen. In: Lexikon zur Arbeits- und Soziallehre. Donauwörth 1976
Ott, H.: Zur Programmierung von Laborübungen. In: Das Sprachlabor in der Unterrichtspraxis. Freiburg i. Br. 1967
Otto, G.: Das Projekt. Merkmale und Realisationsschwierigkeiten einer Lehr-Lern-Form. In: Frey, K. / Blänsdorf, K. (Hrsg.): Integriertes Curriculum Naturwissenschaft der Sekundarstufe I: Projekte und Innovationsstrategien. Weinheim 1974
Otto, V. (Hrsg.): Weiterbildungsforschung: Anforderungen der Theorie – Praxis der Volkshochschulen. Frankfurt 1988

Pädagogischer Ausschuß der Bundesvereinigung Lebenshilfe für geistig Behinderte (Hrsg.): Frühförderung, Kindergarten, Schule. Empfehlungen und Materialien. Loseblattausgabe. Marburg 1983
Pätzold, G. (Hrsg.): Handlungsorientierung in der beruflichen Bildung. Frankfurt 1991
Paffrath, F.: Das Ende der antiautoritären Erziehung? Eine Konfrontation mit der Schulwirklichkeit. Bad Heilbrunn 1972
Paffrath, F. (Hrsg.): Kritische Theorie und Pädagogik der Gegenwart. Wiesbaden 1987
Pallasch, W. / Mutzeck, W. (Hrsg.): Integration von Schülern mit Verhaltensstörungen. Praktische Modelle und Versuche. Weinheim 1991[3]
Pallasch, W. / Mutzeck, W. / Reimers, H. (Hrsg.): Beratung – Training – Supervision. Eine Bestandsaufnahme und Konzepte zum Erwerb von Handlungskompetenz in pädagogischen Arbeitsfeldern. Weinheim 1992
Pallasch, W. / Reimers, H.: Pädagogische Werkstattarbeit. Weinheim 1990
Pannenberg, W.: Wissenschaftstheorie und Theologie. Frankfurt 1987
Panz, R.: Die Objektivität des Lehrers. Ein Diskussionsbeitrag zur Messung, Bewertung und Prognose von Schülerleistungen. Hamburg 1986[2]
Panzenböck, M.: Rede, Gespräch, Diskussion. Theorie und Praxis. Berlin 1979
Papert, S.: Gedankenblitze. Kinder, Computer und Neues Lernen. Hamburg 1985
Parmentier, M.: Strukturen der kindlichen Vorstellungswelt (Fallanalyse). Frankfurt 1989
Parsons, T.: Sozialstruktur und Persönlichkeit. Frankfurt 1981[4]
Parsons, T.: Gesellschaften. Evolutionäre und komparative Perspektiven. Frankfurt 1975
Patry, J. L.: Feldforschung. Methoden und Probleme sozialwissenschaftlicher Forschung unter natürlichen Bedingungen. Bern 1982
Patterson, G.: Soziales Lernen in der Familie. Psychologische Hilfen für Eltern und Kinder. München 1977[2]
Paul, J.: Rituelle Kommunikation. Tübingen 1989
Paul, R.: Einführung in die Mikroelektronik. Heidelberg 1985
Pausewang, E.: 100 Spiele zur Förderung der Kreativität im Vorschulalter. München 1989[9]
Pawlow, I. P.: Conditioned Reflexes. London 1927
Pederguana, R.: HIV-Infektion und AIDS. Arbeitsrechtliche Probleme. Zürich 1990
Peirce, Ch. S.: Collected papers I–VI. Cambridge, Mass. 1931–1935
Peirce, Ch. S.: Semiotische Schriften. 3 Bde. Frankfurt 1986–1992
Peirce, Ch. S.: Vorlesungen über Pragmatismus. Hamburg 1991
Peirce, Ch. S.: Schriften zum Pragmatismus und Pragmatizismus. Frankfurt 1991
Pelletier, K. R.: Unser Wissen vom Bewußtsein. Von Psyche und Soma. Reinbek 1988
Penland, P. R.: Communication science and technology. New York 1974
Perls, F. S. u. a.: Gestalttherapie. Lebensfreude und Persönlichkeitsentfaltung. Engl. London 1972, Stuttgart 1988[4]
Perls, F. S.: Grundlagen der Gestalt-Therapie. Einführung und Sitzungsprotokolle. München 1989[6]
Perls, F. S.: Das Ich, der Hunger und die Aggression. Die Anfänge der Gestalttherapie. Engl. New York 1969. München (dtv-Tb) 1989
Perls, F. S. / Baumgardner, P.: Das Vermächtnis der Gestalttherapie. Stuttgart 1990
Perls, F. S. u. a.: Gestalttherapie. Grundlagen. München (dtv-Tb.) 1991
Perls, F. S. u. a.: Gestalttherapie. Praxis. München (dtv-Tb.) 1991
Perls, F. S.: Gestalttherapie in Aktion, Stuttgart 1991[6]
Perrez, M. / Minsel, B. / Wimmer, H.: Was Eltern wissen sollten. Salzburg 1985
Perridon, L.: Einführung in der Sozioökonomie. München 1992
Perrig, W. J.: Vorstellungen und Gedächtnis. Berlin 1988
Persy, E.: Schulangst und deren Ausprägung in Abhängigkeit von der Schulorganisationsform. Wien 1990
Pervin, L. A.: Persönlichkeitstheorien. München 1987[2]
Pestalozzi-Fröbel-Verband (Hrsg.): Identität und Professionalität im Erzieherberuf. Ansprüche an die Fortbildung. München 1988
Petermann, F. (Hrsg.): Einstellungsmessung – Einstellungsforschung. Göttingen 1979

Petermann, F. (Hrsg.): Verhaltensgestörtenpädagogik. Neue Ansätze und ihre Erfolge. Berlin 1987
Petermann, F. / Petermann, U. (Hrsg.): Training mit aggressiven Kindern. Einzeltraining, Kindergruppen, Elternberatung. Weinheim 1988[3]
Petersen, E.: Das Yoga-Übungsbuch. München 1990
Petersen, J.: Pädagogische Argumentation und didaktische Forschung. Acht Kapitel zur Geschichte der empirischen Unterrichtsforschung. Kiel 1987
Petersen, J. u. a.: Betrifft: Hausaufgaben. Ein Überblick über die didaktische Diskussion für Elternhaus und Schule. Frankfurt 1990
Petersen, J. / Priesemann, G.: Einführung in die Unterrichtswissenschaft. Teil 2: Handlung und Erkenntnis. Frankfurt 1992
Petersen, J. / Reinert, G. B.: Pädagogische Konzeptionen. Ein Leitfaden für Studium und Weiterbildung. Donauwörth 1992
Petersen, J. / Ritscher, H.: Unterrichten lernen. Praxisbeispiel zum Lehrtraining. Donauwörth 1993
Petersen, P.: Der Jena-Plan einer freien allgemeinen Volksschule. Langensalza 1927
Petersen, P.: Der Kleine Jena-Plan. Textkritische Ausgabe. Weinheim 1990
Petersen, U.: Die logische Grundlegung der Dialektik. München 1980
Petersen-Falshöft, G.: Wissenschaftstheorie und Didaktik. St. Augustin 1979
Peterssen, W. H.: Grundlagen und Praxis des lernzielorientierten Unterrichts. München 1978[3]
Peterssen, W. H.: Lehrbuch Allgemeine Didaktik. München 1989[2]
Peterssen, W. H.: Handbuch Unterrichtsplanung. Grundfragen – Modelle – Stufen – Dimensionen. München 1991
Petzold, H. (Hrsg.): Drogentherapie. Modelle – Methoden – Erfahrungen. Heidelberg 1983
Peukert, R.: Konformität. Erscheinungsformen, Ursachen, Wirkungen. Stuttgart 1975
Pflegekinder. Hinweise und Empfehlungen. Köln 1986
Pflüger, P. M. (Hrsg.): Tiefenpsychologie und Pädagogik. Kongreßbericht. Stuttgart 1977
Pflug, B. (Hrsg.): Depressive Syndrome. Stuttgart 1981
Piaget, J.: Urteil und Denkprozeß des Kindes. Düsseldorf 1972
Piaget, J.: Das moralische Urteil beim Kinde. Frankfurt 1973, München (dtv-Tb.) 1986
Piaget, J.: Die Entwicklung des Erkennens. 3 Bde. Stuttgart 1975
Piaget, J.: Biologische Anpassung und Psychologie der Intelligenz. Stuttgart 1975
Piaget, J.: Die Äquilibration der kognitiven Strukturen. Stuttgart 1976
Piaget, J.: Probleme der Entwicklungspsychologie. Frankfurt 1984
Piaget, J.: Psychologie der Intelligenz. Stuttgart 1984[8]
Piaget, J.: Theorien und Methoden der modernen Erziehung. Frankfurt (Fischer-Tb.) 1990[7]
Piaget, J.: Das Erwachen der Intelligenz beim Kinde. München (dtv-Tb.) 1992
Piaget, J. / Inhelder, B.: Gedächtnis und Intelligenz. Stuttgart 1980
Piaget, J. / Inhelder, B.: Von der Logik des Kindes zur Logik des Heranwachsenden. Stuttgart 1980
Piaget, J. / Inhelder, B.: Die Psychologie des Kindes. dtv-Tb. München 1986
Pietrowicz, B.: Auffällige Kinder. Bochum 1974[11]
Piontkowski, U.: Psychologie der Interaktion. München 1982[2]
Piontkowski, U.: Interaktionskonflikte. Sprechen und Handeln in Beeinträchtigungsepisoden. Münster 1988
Planck, M.: Vom Wesen der Willensfreiheit und andere Vorträge. Frankfurt 1991
Platt, D. (Hrsg.): Handbuch der Gerontologie. 6 Bde. Stuttgart 1983–1990
Pleines, J. E.: Einführung in praktische Vernunft. 2 Teile. Würzburg 1987, 1989
Pleiß, U.: Wirtschaftslehrerbildung und Wirtschaftspädagogik. Die wirtschaftspädagogische Disziplinenbildung an deutschsprachigen wissenschaftlichen Hochschulen. Göttingen 1973
Pöggeler, F.: Methoden der Erwachsenenbildung. Freiburg 1964
Pöggeler, F.: Handbuch der Erwachsenenbildung. 8 Bde. Stuttgart 1973–1981
Pöldinger, W. (Hrsg.): Angst und Angstbewältigung. Bern 1988
Pöldinger, W. / Reimer, Chr. (Hrsg.): Depressionen. Therapiekonzepte im Vergleich. Berlin 1992

Pöppel, E. (Hrsg.): Gehirn und Bewußtsein. Weinheim 1989
Platte, H. K. (Hrsg.): Das Projekt: Theorie, Methoden, Beispiele. Ein Handbuch für die Schulpraxis. Köln 1990
Plöger, W.: Phänomenologie und ihre Bedeutung für die Pädagogik. Paderborn 1987
Pohl, H. J.: Grundlagen der Organisationsforschung. Bremen 1981
Polster, E. / Polster, M.: Gestalt-Therapie. Neue Erkenntnisse aus Theorie und Praxis. Frankfurt (Fischer-Tb.) 1990[6]
Pongratz, L. J.: Lehrbuch der Klinischen Psychologie. Göttingen 1975[2]
Pongratz, L. J.: Hauptströmungen der Tiefenpsychologie. Stuttgart 1983
Pongratz, L. J. (Hrsg.): Klinische Psychologie. Göttingen 1977 f.
Popitz, H.: Der entfremdete Mensch. Zeitkritik und Geschichtsphilosophie des jungen Marx. Darmstadt 1980
Popp, W. (Hrsg.): Kommunikative Didaktik. Weinheim 1976
Popper, K. R.: Die offene Gesellschaft und ihre Feinde. 1. Der Zauber Platons. Stuttgart/Tübingen 1980[6]
Popper, K. R.: Die offene Gesellschaft und ihre Feinde. 2. Falsche Propheten. Hegel, Marx und ihre Folgen. Bern 1980[6]
Popper, K. R.: Objektive Erkenntnis. Hamburg 1984[4]
Popper, K. R.: Logik der Forschung. Stuttgart/Tübingen 1989[9]
Popper, K. R.: Das Elend des Historizismus. Tübingen 1987[6]
Popper, K. R.: Auf der Suche nach einer besseren Welt. Vorträge und Aufsätze aus 30 Jahren. München 1988[2]
Popper, K. R. / Eccles, J. C.: Das Ich und sein Gehirn. München 1991[3]
Pornographie. Anhörung im Bayerischen Landtag. München 1989
Portmann, R. / Schneider, E.: Spiele zur Entspannung und Konzentration. München 1990[3]
Poser, H. (Hrsg.): Wandel des Vernunftbegriffs. Freiburg 1981
Poser, W. / Roscher, D. / Poser, S.: Ratgeber für Medikamentenabhängige. Freiburg 1985[6]
Postmeyer, B.: Jugend hilft sich selbst. Würzburg 1983[4]
Potthoff, K.: Einführung in die Modelltheorie und ihre Anwendungen. Darmstadt 1981
Potthoff, W.: Freiarbeit. Reformpädagogik an öffentlichen Schulen (Videocassetten). Freiburg 1985
Potthoff, W.: Grundlage und Praxis der Freiarbeit in der Grundschule. Freiburg 1985
Prange, K.: Pädagogik als Erfahrungsprozeß. 3 Bde. Stuttgart 1978–1981
Prange, K.: Erziehung zur Anthroposophie. Darstellung und Kritik der Waldorfpädagogik. Bad Heilbrunn 1987[2]
Praxis der Kinder- und Jugendhilfe. Handbuch für die sozialpädagogische Anwendung des KJHG. (Hrsg. Textor, M.) Weinheim 1992
Praxis der Musiktherapie. Reihe in Einzeltiteln. Stuttgart
Praxisfelder der Sozialarbeit/Sozialpädagogik (Reihe). München
Praxishandbuch für die Jugendarbeit. 2 Bde. Weinheim 1989
Preiser, S.: Kreativitätsforschung. Darmstadt 1986[2]
Prekop, J.: Der kleine Tyrann. Welchen Halt brauchen Kinder? München 1988
Prekop, J.: Hättest du mich festgehalten... Grundlagen und Anwendung der Festhalte-Therapie. München 1989[2]
Prenzel, M.: Wie Wirkungsweise von Interesse. Ein pädagogisch-psychologisches Erklärungsmodell. Wiesbaden 1988
Prestel, A.: Einführung in die mathematische Logik und Modelltheorie. Wiesbaden 1986
Presting, G. (Hrsg.): Erziehungs- und Familienberatung. Entwicklung, Inanspruchnahme und Perspektiven. Weinheim 1991
Preuß, E. (Hrsg.): Zum Problem der inneren Differenzierung. Bad Heilbrunn 1976
Preuss, H. G. (Hrsg.): Analytische Gruppenpsychotherapie. München/Berlin/Wien 1972
Preyer, K.: Berufs- und Betriebspädagogik. München 1978
Prior, H. (Hrsg.): Soziales Lernen in der Praxis. Berichte. Weinheim 1978
Prögel Praxis 165. Gesamtunterricht aktuell: Deutsch und Heimatkunde. München 1991
Projekt Ideologie – Theorie (Hrsg.): Theorien über Ideologie. Hamburg 1986

Projektgruppe Aggression in der Schule: Ergebnisse von Befragungen und Beobachtungen zur Aggression und Störung im Unterricht. Universität Erlangen-Nürnberg, Erziehungswissenschaftliche Fakultät 1985

Prokop, D. (Hrsg.): Medienforschung. 3 Bde. Frankfurt, Fischer-Tb. 1985/1986

Prokop, O. / Wimmer, W.: Der moderne Okkultismus. Stuttgart 1987[2]

Promp, D. W.: Sozialisation und Ontogenese. Ein biosoziologischer Ansatz. Berlin 1990

Pross, H. / Buss, E.: Soziologie der Masse. Wiesbaden 1984

Psychiatrie für Anfänger. Reinbek, rororo-Tb. 1986

Psychoanalytisches Seminar Zürich (Hrsg.): Die neuen Narzißmustheorien: Zurück ins Paradies? Frankfurt 1983

Die Psychologie. Reihe in Einzeltiteln. Darmstadt

Psychologische Diagnostik. Ein Lehrbuch. Weinheim 1992[2]

Psychologische Praxis (Reihe): Reihe in Einzeltiteln (bisher 55). Germering/Basel

Pühl, H. (Hrsg.): Handbuch der Supervision. Beratung und Reflexion in Ausbildung, Beruf und Organisation. Berlin 1990

Pütt, H.: Stufenausbildung. Anspruch und Wirklichkeit einer beruflichen Ausbildungsform. Essen 1976

Pulantzas, N.: Zum marxistischen Klassenbegriff. Berlin 1973

Quitmann, H.: Humanistische Psychologie. Zentrale Konzepte und philosophischer Hintergrund. Göttingen 1985

Quitzow, W.: Intelligenz – Erbe oder Umwelt? Stuttgart 1990

Racker, H.: Übertragung und Gegenübertragung. Studien zur psychoanalytischen Technik. München 1988

Ramseger, j.: Offener Unterricht in der Erprobung. Erfahrungen mit einem didaktischen Modell. Weinheim 1985[2]

Ramsenthaler, H.: Pragmatische Kommunikationstheorie und Pädagogik. Weinheim 1982

Ranke, K. (Hrsg.): Enzyklopädie des Märchens. Handwörterbuch zur historischen und vergleichenden Erzählforschung. 12 Bde. mit je 5 Lfgn., Bde. 1–6 1977–1990, Berlin

Rapaport, A.: Kämpfe, Spiele und Debatten. 3 Konfliktmodelle. Darmstadt 1976

Rapaport, A.: Ursprünge der Gewalt. Ansätze zur Konfliktforschung. Darmstadt 1990

Rapaport, A.: Allgemeine Systemtheorie. Wesentliche Begriffe und ihre Anwendungen. Darmstadt 1987

Rapaport, D.: Gefühl und Erinnerung. Stuttgart 1977

Rapp, G.: Messung und Evaluierung von Lernergebnissen in der Schule. Bad Heilbrunn 1975

Rapp, G.: Aufmerksamkeit und Konzentration. Bad Heilbrunn 1982

Rath, N.: Adornos Kritische Theorie. Vermittlungen und Vermittlungsschwierigkeiten. Paderborn 1982

Raths, L. E. / Harmin, M. / Simon, S. B.: Werte und Ziele. Methoden zur Sinnfindung im Unterricht. München 1976

Rattner, J.: Psychologie des Vorurteils. Zürich/Stuttgart 1971

Rattner, J.: Psychologie und Pathologie des Liebeslebens. Eine Einführung. München 1976, Frankfurt (Fischer-Tb.) 1981

Rattner, J.: Klassiker der Tiefenpsychologie. Weinheim 1990

Ratzke, D.: Handbuch der Neuen Medien. Stuttgart 1984[2]

Rauner, F. / Ruth, K. (Hrsg.): Informationstechnische Grundbildung zwischen Affirmation und Gestaltungskompetenz. Alsbach-Hähnlein 1989

Reble, A.: Geschichte der Pädagogik. Stuttgart 1989[15] (NA). Dokumentationsband 1991[2]

Redaktion „betrifft: erziehung" (Hrsg.): Projektorientierter Unterricht. Lernen gegen die Schule. Weinheim 1978[2]

Redaktion Deutsche Schultests im Fachverlag Beltz (Hrsg.): Handbuch: Schultests. Weinheim 1990

Redl, F.: Erziehung schwieriger Kinder. Beiträge zu einer psychotherapeutisch orientierten Pädagogik. München 1987

Redl, F. / Wineman, D.: Steuerung des aggressiven Verhaltens beim Kind. München 1990[5]
Redlin, W.: Verhaltenstherapie. Möglichkeiten und Grenzen ihrer Anwendung. Bern 1977
Reenpää, Y.: Wahrnehmen, beobachten, konstituieren. Phänomenologie und Begriffsbestimmung der ersten Erkenntnisakte. Frankfurt/M. 1967
REFA-AKIE, Verband für Arbeitsstudien und Betriebsorganisation (Hrsg.): Industrial Engineering in Deutschland. München 1985
Regel, G.: Kindgemäßes Lernen im Vorschulalter. Hamburg 1990
Regel, G. / Wieland, A. J. (Hrsg.): Psychomotorik im Kindergarten. 2 Bde. Hamburg 1984, 1988
Rehabilitation und Prävention. Reihe (25 Titel bis 1992). Berlin 1977 f.
Rehm, W. (Hrsg.): Drogen in der BRD. Die legale und illegale Drogenszene. Ulm 1989
Reich, G. E. / Schiess, G.: Praxisbezogene Einführung in die Erziehungswissenschaft. Stuttgart 1984
Reich, W.: Charakteranalyse. Köln 1989
Reich, W.: Die sexuelle Revolution. Frankfurt (Fischer-Tb.) 1990[4]
Reichan, J.: Mensch und Umwelt. Sachunterricht und Sachbegegnung (Unterrichtsmaterialien in mehreren Bänden). Zürich 1991 f.
Reichard, Chr.: Projektstudium – Konzepte und Erfahrungen. Berlin 1981
Reif, M.: Frühe Pränataldiagnostik und genetische Beratung. Stuttgart 1990
Reihe Deutsches Jugendinstitut: Verschiedene Einzeltitel. Weinheim
Reik, Th.: Aus Leiden Freuden. Masochismus und Gesellschaft. Frankfurt (Fischer-Tb.) 1983
Reimann, H.: Kommunikationssysteme. Tübingen 1974[2]
Reimer, E.: Schafft die Schule ab! Reinbek 1972
Reindl, R.: Offener Jugendstrafvollzug als Sozialisationsorganisation. Pfaffenweiler 1991
Reinecke, J.: Interviewer- und Befragtenverhalten. Theoretische Ansätze und methodische Konzepte. Wiesbaden 1991
Reinecker, H.: Grundlagen der Verhaltenstherapie. Weinheim 1987
Reinelt, T. / Datler, W. (Hrsg.): Psychotherapie als Hilfe für das Kind. Konsequenzen für Pädagogik, Heilpädagogik und Prävention. München 1984
Reinhardt, E.: Ökonomische Aspekte des Lehrens und Lernens. Darmstadt 1970
Reinhardt, E.: Unterrichtsökonomie. Darmstadt 1974[2]
Reisman, J. M.: A history of clinical psychology. New York 1976
Remmele, W. (Hrsg.): Pathologie. Ein Lehr- und Nachschlagebuch. 4 Bde. Berlin 1984
Remschmidt, H.: Psychologie für das Krankenpflegepersonal. Stuttgart 1988[5]
Remschmidt, H. / Schmidt, M. (Hrsg.): Neuropsychologie des Kindesalters. Stuttgart 1981
Remschmidt, H. (Hrsg.): Psychotherapie mit Kindern, Jugendlichen und Familien. 2 Bde. Stuttgart 1984
Rennen-Allhoff, B. / Allhoff, P.: Entwicklungstests für das Säuglings-, Kleinkind- und Vorschulalter. Berlin 1987
Renner, E. (Hrsg.): Akzente für den Unterricht in der Primarstufe. Heinsberg 1982
Renner, E.: Kulturvergleichende und sozialisationsorientierte Ansätze in der Grundschulpädagogik. Koblenz/Landau 1990
Rensch, B.: Das universale Weltbild. Evolution und Naturphilosophie. Darmstadt 1991[2]
Rényi, A.: Tagebuch über die Informationstheorie. Basel 1983
Resch, W. J.: Alternativen zur Jugendstrafe. Bonn 1991
Resnick, S.: Gestalt-Therapie. In: psychologie heute 2. 1975
Rett, A.: Mongolismus. Biologische, erzieherische und soziale Aspekte. Bern 1983[2]
Retter, H. / Nauck, J. / Ohms, R.: Orientierungsstufe – Schule zwischen den Fronten. Aachen-Hahn 1985
Retzmann, E.: Familiäre Interaktion und delinquentes Verhalten bei Kindern. Eine explorative Studie zur Planung und Durchführung eines Elterntrainings. Köln 1986
Reulecke, W. (Hrsg.): Strukturelles Lernen. Hamburg 1977
Reusch, J.: Friedensforschung in der Bundesrepublik. Entwicklung – Positionen – Perspektiven. Frankfurt 1986
Revenstorf, D.: Lehrbuch der Faktorenanalyse. Stuttgart 1976
Revenstorf, D.: Faktorenanalyse. Stuttgart 1980

Revenstorf, D.: Persönlichkeit. Eine kritische Einführung. München 1982
Revenstorf, D.: Psychotherapeutische Verfahren. 4 Bde. Stuttgart 1983–1988
Rey, E. R. (Hrsg.): Klinische Psychologie. Stuttgart 1981
Rheinberg, F.: Leistungsbewertung und Lernmotivation. Göttingen 1979
Rice, A. K.: Führung und Gruppe. Stuttgart 1973[2]
Richter, D. / Merkel, J.: Märchen, Phantasie und soziales Lernen. Berlin 1974
Richter, H. E.: Eltern-Kind-Neurose. rororo-Taschenbuch. Reinbek 1969
Richter, H. E.: Patient Familie. Hamburg 1970
Richter, H. E.: Lernziel Solidarität. Reinbek 1974
Rick, K. / Treudl, S. (Hrsg.): Frauen – Gewalt – Pornographie. Dokumentation zum Symposium. Wien 1989
Riedel, H.: Psychostruktur. Psychostruktur und Lehrprogrammierung. Quickborn 1967
Riemann, F.: Grundformen der Angst. München 1989
Riemann, F.: Grundformen helfender Partnerschaft. München 1991[6]
Rihs-Middel, M.: Erwartung, Wahrnehmung und Fragen. Weinheim 1983
Ringel, E.: Der Selbstmord. Frankfurt 1985[4]
Ringel, E. (Hrsg.): Selbstmordverhütung. Heidelberg 1987[4]
Ritsert, J.: Wissenschaftsanalyse als Ideologiekritik. Frankfurt/New York 1975
Ritsert, J.: Denken und gesellschaftliche Wirklichkeit 1. Arbeitsbuch zum klassischen Ideologiebegriff. Frankfurt 1977
Ritter, J.: Subjektivität. 6 Aufsätze. Frankfurt 1974
Ritter, M. (Hrsg.): Wahrnehmung und visuelles System. Heidelberg 1987
Ritz-Fröhlich, G.: Das Gespräch im Unterricht. Bad Heilbrunn 1982[2]
Robertson, J.: Kinder im Krankenhaus. München 1982[2]
Robinsohn, S. B.: Bildungsreform als Revision des Curriculum. Berlin 1975[5]
Robinsohn, S. B.: Erziehung als Wissenschaft. Stuttgart 1973
Robinsohn, S. B. (Hrsg.): Curriculumentwicklung in der Diskussion. Düsseldorf 1974[2]
Röbe, E. (Hrsg.): Schule in der Verantwortung für Kinder. Perspektiven pädagogischen Denkens und Handelns. Langenau/Albeck 1988
Röbe, H.-J.: Freie Arbeit – eine Bedingung zur Realisierung des Erziehungsauftrages in der Grundschule. Frankfurt 1986
Röhrich, W. (Hrsg.): Aspekte der Kritischen Theorie. Berlin 1987
Röhrs, H.: Forschungsmethoden in der Erziehungswissenschaft. Stuttgart 1968
Röhrs, H.: Kindergarten, Vorschule, Elternhaus in Kooperation. München 1976
Röhrs, H. (Hrsg.): Die Reformpädagogik des Auslands. Stuttgart 1982
Röhrs, H. (Hrsg.): Die Schulen der Reformpädagogik heute. Handbuch reformpädagogischer Schulideen und Schulwirklichkeit. Düsseldorf 1986
Röhrs, H.: Die Reformpädagogik und ihre Perspektiven für eine Bildungsreform. Donauwörth 1991
Röhrs, H.: Die Reformpädagogik. Ursprung und Verlauf unter internationalem Aspekt. Weinheim 1991
Rösel, M.: Pädagogische Dimensionen der Dialektik von Individuum und Gesellschaft. Essen 1972
Roeske, E. / Melezinek, A. (Hrsg.): Das Sprachlabor im Sprachunterricht. Alsbach/Hähnlein 1979
Rösner, E.: Abschied von der Hauptschule. Folgen einer verfehlten Bildungspolitik. Frankfurt (Fischer-Tb.) 1989
Rössner, L. (Hrsg.): Empirische Pädagogik. Bisher 3 Bde. Braunschweig 1985, 1990, 1991
Rössner, L.: Kritik der Pädagogik. Aachen 1992
Röttel, K. / Wiegand, M. (Hrsg.): Medien im Unterricht. Hähnlein 1986
Rogers, C. R.: Die klientenzentrierte Gesprächspsychotherapie. Frankfurt 1978 (NA, Fischer-Tb.)
Rogers, C. R.: Lernen in Freiheit. Frankfurt (Fischer-Tb.) 1988
Rogers, C. R.: Die nicht-direktive Beratung. Frankfurt (Fischer-Tb.) 1991[5]
Rogers, C. R.: Entwicklung der Persönlichkeit. Stuttgart 1991[8]

Rogers, J.: Adults Learning. Harmondsworth/Middlesex 1989
Rogo, D. S.: Parapsychologie – Hundert Jahre Forschung. Stuttgart 1976
Rohmann, U. H. / Elbing, U.: Festhaltetherapie und Körpertherapie. Dortmund 1989
Rohracher, H.: Einführung in die Psychologie. Weinheim 1988[13]
Rolff, H. G. / Zimmermann, P. (Hrsg.): Neue Medien und Lernen. Herausforderungen, Chancen und Gefahren. Weinheim 1985
Rollett, B.: Einführung in die Pädagogische Psychologie und Entwicklungspsychologie für Lehramtskandidaten. Wien 1987
Rollet, B. / Weltner, K. (Hrsg.): Fortschritte und Ergebnisse der Bildungstechnologie 2. München 1973
Rombach, H.: Über Ursprung und Wesen der Frage. Freiburg 1988[2]
Ronco, A.: La scuola di Würzburg. Zürich 1963
Ronneberger, F. (Hrsg.): Sozialisation durch Massenkommunikation. Stuttgart 1971
Rose, D.: Alternative Schule. Erfahrung mit pädagogischer Utopie. Hannover 1987
Rosemann, B. / Kerres, M.: Interpersonales Wahrnehmen und Verstehen. Bern 1986
Rosenbusch, H. S.: Die deutsche Jugendbewegung in ihren pädagogischen Formen und Wirkungen. Frankfurt 1973
Rosenbusch, H. S. / Schober, O. (Hrsg.): Körpersprache in der schulischen Erziehung. Baltmannsweiler 1986
Rosenthal, R. / Jacobson, L.: Pygmalion im Unterricht. Weinheim 1971
Rosina, H. J.: Faszination und Indoktrination (Psych. Manipulationspraktiken in Jugendreligionen). München 1989
Ross, A. O. / Petermann, F.: Verhaltenstherapie mit Kindern und Jugendlichen. Methoden und Anwendungsgebiete. Stuttgart 1987
Rost, D. H. (Hrsg.): Psychologie für die Grundschule. 3 Bde. Bad Heilbrunn 1979–1982
Rost, D. H. (Hrsg.): Leistungsängstlichkeit. Themenheft der Zeitschrift für Pädagogische Psychologie. Bern 1991
Roth, E.: Persönlichkeitspsychologie. Stuttgart 1981[6]
Roth, E. / Oswald, W. D. / Daumenlang, K.: Intelligenz. Aspekte, Probleme, Perspektiven. Stuttgart 1980[4]
Roth, H.: Pädagogische Psychologie des Lehrens und Lernens. Hannover 1967
Roth, H.: Pädagogische Anthropologie. Hannover 1968[2]
Roth, H. (Hrsg.): Begabung und Lernen. Gutachten und Studien der Bildungskommission. Band 4. Stuttgart 1980[12]
Roth, K. F.: Erziehung zur Völkerverständigung und zum Friedensdenken. Donauwörth 1981[2]
Roth, L. (Hrsg.): Pädagogik – Handbuch für Studium und Praxis. München 1991
Roth-Stielow, K.: Adoptionsgesetz, Adoptionsvermittlungsgesetz. Kommentar. Stuttgart 1976
Rothacker, E.: Probleme der Kulturanthropologie. Bonn 1969[3]
Rothe, Fr.: Kultur und Erziehung. Umrisse einer Ethnopädagogik. Köln 1983
Rothe, Fr. / Blanke, E. A.: Bundesausbildungsförderungsgesetz. Kommentar. Lose-Blatt-Sammlung. Stuttgart 1991[5] f.
Rothe, K.: Chancengleichheit, Leistungsprinzip und soziale Ungleichheit. Berlin 1981
Rothe, M.: Sozialpädagogische Familien- und Erziehungshilfe. Eine Handlungsanleitung. Stuttgart 1991[2]
Rothenfluh, E.: Gesundheitserziehung in den Schulen. Ziele und Inhalte für Kindergarten, Volksschule, Gymnasium und Berufsschule. Aarau 1989
Rotthaus, W. (Hrsg.): Psychotherapie mit Jugendlichen. Dortmund 1990[2]
Rozman, D.: Meditation für Kinder. Freiburg 1991
Rudolf, G.: Krankheiten im Grenzbereich zwischen Neurose und Psychose. Göttingen 1987
Rückriem, N.: Disziplin in der Schule. Freiburg 1979
Rülcker, T.: Bildung, Gesellschaft, Wissenschaft. Eine Einführung in die Grundbegriffe, Perspektiven und Grenzen der deutschen Curriculumdiskussion. Stuttgart 1976
Rüther, W.: Abweichendes Verhalten und labeling approach. Köln 1975
Rüttinger, B.: Konflikt und Konfliktlösen. Goch 1980
Rumpf, H.: Unterricht und Identität. Perspektiven für ein humanes Lernen. Weinheim 1986[3]

Ruprecht, H.: Theorien des Lernens in erziehungswissenschaftlicher Sicht. München 1974
Ruprecht, H. / Beckmann, H.-K. / Cube, F. v. / Schulz, W.: Modelle grundlegender didaktischer Theorien. Hannover 1976[3]
Ruprecht, H. / Sitzmann, G. H. (Hrsg.): Erwachsenenbildung als Wissenschaft. Wachsende Reihe. Abendsberg 1984 f.
Rutt, Th.: Petersenschule heute. Heinsberg 1983

Sachunterricht. Stundenbilder für die Unterrichtspraxis. 2 Bde. München 1989/1991
Sachverständigenkommission (Hrsg.): Koedukation/Jungenschule auch für Mädchen. Leverkusen 1986
Sader, M.: Psychologie der Persönlichkeit. Weinheim 1980
Sader, M.: Rollenspiel als Forschungsmethode. Wiesbaden 1986
Sader, M.: Psychologie der Gruppe. Weinheim 1991 (NA)
Saldern, M. v.: Erziehungswissenschaft und Neue Systemtheorie. Berlin 1991
Salzberger-Wittenberg, I.: Die Psychoanalyse in der Sozialarbeit. Stuttgart 1973
Salzmann, Chr.: Impuls, Denkanstoß, Lehrerfrage. Essen 1977[4]
Sander, A. / Raidt, P. (Hrsg.): Integration und Sonderpädagogik. St. Ingbert 1991
Sander, K. / Esser, U. (Hrsg.): Personenzentrierte Gruppenarbeit. Förderung der Person und der Gruppe in Ausbildung und Beratung. Heidelberg 1988
Sander, W. (Hrsg.): Schülerinteresse am Computer. Ergebnisse aus Forschung und Praxis. Opladen/Wiesbaden 1988
Sandfuchs, U.: Unterrichtsinhalte auswählen und anordnen. Bad Heilbrunn 1987
Sandkühler, H. / Holz, H.: Die Dialektik und die Wissenschaften. Köln 1986
Sangs, H.: Die Karikatur. Didaktische Hinweise zu Einsatzmöglichkeiten im Unterricht. Darmstadt o. J.
Santoy, C.: Praxis der Graphologie. Braunschweig 1990
Saraswati, S.: Yoga – Weg zur Inneren Freiheit. Hergensweiler 1985
Sass, H.: Psychopathie – Soziopathie – Dissozialität. Zur Differentialtypologie der Persönlichkeitsstörungen. Berlin 1987
Sayler, W. (Hrsg.): Bausteine zur interkulturellen Erziehung. Spiele und Übungen für bi- und multikulturelle Kindergruppen. Saarbrücken 1987
Schaber, G.: Betriebspsychologie in der Praxis. Leitfaden zur Mitarbeiterführung. Ludwigshafen 1987
Schach, B.: Professionalisierung und Berufsethos. Berlin 1987
Schädler, J. B. (Hrsg.): Pflegeeltern von Kindern mit Behinderung. Marburg 1990
Schäfer, A.: Disziplin als pädagogisches Problem. Essen 1981
Schäfer, B. / Petermann, F.: Vorurteile und Einstellungen. Sozialpsychologische Beiträge zum Problem sozialer Orientierung. Köln 1988
Schaefer, H.: Umwelt und Gesundheit. In: Funkkolleg – Umwelt und Gesundheit. Aspekte einer sozialen Medizin. Weinheim 1978
Schaefer, H. / Blohmke, M.: Sozialmedizin. Stuttgart 1978[2]
Schäfer, K.-H. /.Schaller, K.: Kritische Erziehungswissenschaft und kommunikative Didaktik. Heidelberg 1976[3]
Schaff, A.: Marxismus und das menschliche Individuum. Reinbek 1970
Schaff, A.: Stereotypen und das menschliche Handeln. Wien 1980
Schaller, K. (Hrsg.): Erziehungswissenschaft der Gegenwart. Bochum 1979
Schaller, K.: Pädagogik der Kommunikation. St. Augustin 1987
Schanda, H.: Paranoide Psychosen. Diagnose – Verlauf – Familienbild. Stuttgart 1987
Schanz, H. (Hrsg.): Berufspädagogische Grundprobleme. Stuttgart 1982
Schapp, W.: Beiträge zur Phänomenologie der Wahrnehmung. Frankfurt 1976
Scharfetter, Chr.: Allgemeine Psychopathologie. Stuttgart 1991[3]
Scharmann, Th.: Persönlichkeit und Gesellschaft. Göttingen 1966
Schauner, E.: Verkehrserziehung. 1./2. Schuljahr. München 1991
Scheel, B.: Offener Grundschulunterricht. Schülerzentrierter Unterricht mit Freier Arbeit und Wochenplan. Weinheim 1978

Scheerer, S. / Voft, J. (Hrsg.): Drogen und Drogenpolitik. Frankfurt 1988
Scheffczyk, L. (Hrsg.): Rationalität. Ihre Entwicklung und ihre Grenzen. Freiburg 1989
Scheffler, A. C.: Jugendsekten in Deutschland. Öffentliche Meinung und Wirklichkeit – eine religionswissenschaftliche Untersuchung. Frankfurt 1989
Scheibe, W.: Die Reformpädagogische Bewegung 1900–1932. 1976[5]
Scheler, M.: Gesammelte Werke. 13 Bde. Bonn 1971–1990
Schell, Chr.: Partnerarbeit im Unterricht. Psychologische und pädagogische Voraussetzungen. München 1972
Scheller, I.: Erfahrungsbezogener Unterricht. Praxis, Planung, Theorie. Königstein 1987[2]
Schelp, Th. u. a.: Rational-emotive Therapie als Gruppentraining gegen Streß. Seminarkonzepte und Materialien. Bern 1990
Schelten, A.: Grundlagen der Arbeitspädagogik. Stuttgart 1987
Schenk, M.: Medienwirkungsforschung. Tübingen 1987
Schenk-Danzinger, L.: Mögliche Verursachungen von Lern- und Verhaltensstörungen. Wien/München 1976
Schenk-Danzinger, L.: Pädagogische Psychologie. Wien 1976[3]
Schenk-Danzinger, L.: Legasthenie und Linkshändigkeit. Wien/München 1979
Schenk-Danzinger, L.: Entwicklungspsychologie. Wien/München 1980[20]
Schenk-Danzinger, L.: Legasthenie. Cerebral-funktionelle Interpretation, Diagnose, Therapie. München 1984
Schenk-Danzinger, L.: Entwicklungstests für das Schulalter. München o. J.
Schepping, J.: Verhaltensauffälligkeiten in Kindergarten und Hort. Donauwörth 1992
Scherer, K. u. a.: Die Streßreaktion. Physiologie und Verhalten. Göttingen 1985
Scherpner, H.: Geschichte der Jugendfürsorge. Göttingen 1979[2]
Scheuerl, H.: Die exemplarische Lehre. Sinn und Grenzen eines didaktischen Prinzips. Tübingen 1969[3]
Scheuerl, H.: Pädagogische Anthropologie. Eine historische Einführung. Stuttgart 1982
Scheuerl, H.: Geschichte der Erziehung. Ein Grundriß. Stuttgart 1985
Scheuerl, H.: Das Spiel. Weinheim 1990[11]
Scheuerl, H. (Hrsg.): Theorien des Spiels. Weinheim 1991[11]
Schicker, M.: Bildungsziel Solidarität. Inning 1985
Schiefele, H.: Lernmotivation und Motivlernen. München 1978[2]
Schiefele, H. / Krapp, A.: Aus Interesse lernen – Mit Interessen leben. München 1990
Schiek, G.: Emanzipation in der Erziehung. Pullach 1975
Schierholz, H. (Hrsg.): Pädagogische Freiheit und schulrechtliche Entwicklung. Loccum 1988
Schiffler, L.: Suggestopädie und Superlearning – empirisch geprüft. Einführung und Weiterentwicklung für Schule und Erwachsenenbildung. Frankfurt 1989
Schill, W. (Hrsg.): Medienpädagogisches Handeln in der Schule. Ein Handbuch. Leverkusen 1991
Schilling, F. / Kiphard, E. J. / Müller, H. J. (Hrsg.): Reihe Motorik. Einzeltitel. Schorndorf
Schilling, J.: Methodenbuch Jugendarbeit. 2 Bde. München 1982, 1985
Schindehütte, M. (Hrsg.): Hauptschüler – eine vernachlässigte Gruppe. Hofgeismar 1989
Schindele, R. (Hrsg.): Rehabilitationsforschung. Reihe in Einzeltiteln. Heidelberg
Schirmer, A.: Psychologie des Auszubildenden. Heidelberg 1984
Schittko, K.: Differenzierung in Schule und Unterricht. Ziele – Konzepte – Beispiele. München 1984
Schlegel, L.: Grundriß der Tiefenpsychologie. Unter besonderer Berücksichtigung der Neurosenlehre und Psychotherapie. Neurose als Abwehr. München 1985
Schlienger, J.: Elternmitbeteiligung an der Früherkennung von Behinderungen. Göttingen 1990
Schlieper, F.: Allgemeine Unterrichtslehre für Wirtschaftsschulen. Freiburg i. Br. 1956
Schlöder, B.: Soziale Werte und Werthaltungen. Leverkusen 1992
Schlottke, P. F. / Wahl, D.: Streß und Entspannung im Unterricht. Trainingshilfen für Lehrer mit Toncassette. Ismaning 1983
Schloz, Th.: Volkshochschulen. Stuttgart 1989

Schludermann, W.: Schulfernsehen aus mediendidaktischer Sicht. Alsbach-Hähnlein 1981
Schmack, E.: Unterrichtsanalytik. St. Augustin 1976
Schmack, E.: Offenes Curriculum – Offener Unterricht. St. Augustin 1978
Schmale, H.: Psychologie der Arbeit. Stuttgart o. J.
Schmalt, H. D.: Motivationspsychologie. Stuttgart 1986
Schmaus, M. / Schörl, M.: Sozialpädagogische Arbeit im Kindergarten. München 1986[6]
Schmeer-Sturm, M.-L. / Thinesse-Demel, J. / Ulbricht, K. / Vieregg, H. (Hrsg.): Museumspädagogik. Grundlagen und Praxisberichte. Baltmannsweiler 1990
Schmid, F. u. a.: Das Mongolismus-Syndrom. Münsterdorf 1976
Schmid, M.: Leerformeln und Ideologiekritik. Tübingen 1972
Schmid, W.: Schullandheim. Planung, Aktivitäten, Spiele. Stuttgart 1990[2]
Schmidbauer, M.: Die Geschichte des Kinderfernsehens in der BRD. Eine Dokumentation. München 1987
Schmidbauer, M. / Löhr, P.: Kinderfernsehen in der BRD. Eine Dokumentation von Forschungsergebnissen 1959–1988. München 1988
Schmidbauer, M. / Löhr, P.: Fernsehpädagogik. Eine Literaturanalyse. München 1991
Schmidbauer, W.: Hilflose Helfer. Über die seelische Problematik der helfenden Berufe. Reinbek (rororo-Tb.) 1992
Schmidt, G.: Die polytechnische Bildung in der Sowjetunion und in der DDR. Wiesbaden 1973
Schmidt, H.: Angst und Aggression im menschlichen Sozialverhalten. Achenbach 1975
Schmidt, H. D.: Grundriß der Persönlichkeitspsychologie. Frankfurt 1985
Schmidt, H. J.: Hausaufgaben in der Grundschule. Lüneburg 1984
Schmidt, M. H.: Verhaltensstörungen bei Kindern mit sehr hoher Intelligenz. Bern 1977
Schmidt, R. (Hrsg.): Die Individualpsychologie Alfred Adlers. Ein Lehrbuch. Frankfurt (Fischer-Tb.) 1989
Schmidt, R. F. / Thews, G. (Hrsg.): Physiologie des Menschen. Berlin 1990[24]
Schmidt, S.: Rollenspiel, Fallstudie und Planspiel. Darstellung und Vergleich der Lehrmethoden. München 1988
Schmidt, S. (Hrsg.): Gedächtnis. Probleme und Perspektiven der interdisziplinären Gedächtnisforschung. Frankfurt 1990
Schmidt, W. de: Wege wissenschaftlichen Erkennens aus der Sicht des kritischen Rationalismus. Düsseldorf 1982
Schmidtchen, G.: Soziologie der Geschlechterrollen. In: zur debatte. Themen der Katholischen Akademie in Bayern. 8. Jg., Nr. 5. München 1968
Schmidtchen, G.: Moralbilder und Wertkonflikte. Zur ethischen Orientierung junger Menschen. Leverkusen 1992
Schmidtchen, St. / Baumgärtel, F. (Hrsg.): Methoden der Kinderpsychotherapie. Stuttgart 1980
Schmiel, M.: Handbuch für die Praxis der Berufsausbildung. Düsseldorf 1988[6]
Schmiel, M. / Sommer, K. H.: Lehrbuch Berufs- und Wirtschaftspädagogik. München 1985
Schmitt, Th. A.: Das Subsidiaritätsprinzip. Ein Beitrag zur Begründung und Verwirklichung. Würzburg 1980
Schmitt-Kammler, A.: Elternrecht und schulisches Erziehungsrecht nach dem Grundgesetz. Berlin 1983
Schmitt-Wenkebach, B.: Kindergarten und Elternarbeit. Praxishandbuch für Erzieher. Hannover 1979
Schmitz, H.: Neue Phänomenologie. Bonn 1980
Schmitz, H.: Schulberatung in Bayern. München 1991
Schmitz, I.: Klientel der Familienfürsorge. Berlin 1982
Schmitz, I. / Lukas, H. (Hrsg.): Familienfürsorge im Stadtteil. Konzepte kommunaler Jugendhilfe im Vergleich. Berlin 1981
Schmoldt, B. (Hrsg.): Mitbestimmung und Demokratisierung im Schulwesen. Neuwied 1985
Schmude, R.: Der Weg zur Individualität. Erziehungsziele und Erziehungsmethoden in der analytischen Psychologie C. G. Jungs. Bochum 1991
Schnädelbach, H. (Hrsg.): Rationalität. Philosophische Beiträge. Frankfurt 1984

Schneewind, K. A. / Herrmann, Th. (Hrsg.): Erziehungsstilforschung – Theorien, Methoden und Anwendungen der Psychologie elterlichen Erziehungsverhaltens. Bern 1980
Schneewind, K. / Lukesch, H. (Hrsg.): Familiäre Sozialisation. Stuttgart 1978
Schneider, H.-D.: Soziale Rollen im Erwachsenenalter. Darmstadt 1970
Schneider, H.-D.: Sozialpsychologie der Machtbeziehungen. Stuttgart 1978
Schneider, H.: Lehren als Kommunikation und Information. Düsseldorf 1982
Schneider, H. (Hrsg.): Geschichte der Arbeit. Berlin 1983
Schneider, H.: Team und Teamarbeit. Bergisch Gladbach 1991
Schneider, H. J.: Problemorientierte Programmiersprachen. Stuttgart 1981
Schneider, H. J.: Kriminologie. Berlin 1986
Schneider, P.: Einführung in die Waldorfpädagogik. Stuttgart 1987
Schober, O.: Stichwort Semiotik. In: Stocker, K. (Hrsg.): Taschenlexikon der Literatur- und Sprachdidaktik. Kronsberg/Ts. 1987[2]
Schober, O.: Körpersprache – Schlüssel der Persönlichkeit. München 1989
Schock, H. (Hrsg.): Migration und ethnische Minderheiten. Bonn 1990
Schöler, J. (Hrsg.): Ansätze zur Integration behinderter Kinder und Jugendlicher in den Ländern der Europäischen Gemeinschaft. Berlin 1990
Schöllhammer, W. u. a.: Fachhochschulführer. Frankfurt 1989
Schön, W.: Rollenspiel als Unterrichtsmethode. Wien 1982
Schönbeck, G. / Platz, T. (Hrsg.): Schizophrenie erkennen, verstehen, behandeln. Wien 1990
Schönberger, F.: Kooperative Didaktik. Stadthagen 1984[2]
Schönberger, F. u. a.: Bausteine der Kooperativen Pädagogik. Teil 1. Stadthagen 1987
Schöne H. C.: Schulstreß und Lernerfolg. Experimentelle Untersuchungen bei Lernbehinderten. Berlin 1985
Schoenebeck, H. v.: Unterstützen statt erziehen. München 1982
Schönig, W.: Schulinterne Lehrerfortbildung als Beitrag zur Schulentwicklung. Freiburg 1990
Schöpf, A. (Hrsg.): Phantasie als anthropologisches Problem. Würzburg 1981
Schöpf, A. (Hrsg.): Aggression und Gewalt. Anthropologische und sozialwissenschaftliche Beiträge. Würzburg 1985
Schörner, G. E.: Moralische Erziehung. Bonn 1989
Scholz, F. R.: Problemlösender Unterricht und Aufgabenstellungen. Essen 1980
Scholz, H. J. / Eckert, R.: Sachwörterbuch: Stottern und Poltern. München 1978
Scholz, R.: Jugendschutz. Gesetz zum Schutz der Jugend in der Öffentlichkeit – Gesetz über die Verbreitung jugendgefährdender Schriften. Textausgabe mit Erläuterungen. München/Frankfurt 1985
Schopenhauer, A.: Die beiden Grundprobleme der Ethik: Über die Freiheit des menschlichen Willens. Über die Grundlagen der Moral. Zürich 1977
Schopenhauer, A.: Sämtliche Werke. 5 Bde. Frankfurt 1986
Schorb, B.: Computer – Bildung – Perspektiven. Ehningen bei Böblingen 1988
Schorpp, D.: Wertewandel bei Jugendlichen. Veränderungen der Arbeits- und Leistungseinstellung in Beruf und Freizeit. Konstanz 1989
Schrader, W.: Heilpädagogische Heimerziehung bei Kindern und Jugendlichen mit Verhaltensstörungen und Lernbehinderungen. Frankfurt 1991
Schräder-Naef, R. D.: Der Lerntrainer für die Oberstufe. Weinheim 1988
Schräder-Naef, R. D.: Schüler lernen Lernen. Vermittlung von Lern- und Arbeitstechniken in der Schule. Weinheim 1991[4]
Schraml, W. J.: Einführung in die Tiefenpsychologie für Pädagogen und Sozialpädagogen. Stuttgart 1976[6]
Schraml, W. J.: Abriß der klinischen Psychologie. Stuttgart 1978[3]
Schraml, W. J.: Einführung in die moderne Entwicklungspsychologie. Stuttgart 1983[6]
Schrappe, O. (Hrsg.): Methoden der Behandlung von Alkohol-, Drogen- und Medikamentenabhängigkeit. Stuttgart 1983
Schratz, M. (Hrsg.): Gehen Bildung, Ausbildung und Wissenschaft an der Lebenswelt vorbei? München 1988
Schreier, H. / Köhler, B.: Sachunterricht. Ideen, Beispiele, Anregungen. 3 Bde. Stuttgart

Schreier, H. / Köhler, B.: Sachunterricht. Ideen, Beispiele, Anregungen. 3 Bde. Hier Bd. 1: Identität aufbauen. Stuttgart 1985
Schreiner, G. (Hrsg.): Moralische Entwicklung und Erziehung. Hahn 1983
Schreiner, H.: Zur pädagogischen Situation von fremdrassigen Adoptivkindern. Frankfurt 1984
Schreiner, H. (Hrsg.): Pflegekind – Leihkind? Pflegeeltern berichten – Fachleute beraten. Stuttgart 1991
Schrey, H.-H.: Entfremdung. Darmstadt 1975
Schröder, H.: Leistung in der Schule. München 1990
Schröder, H.: Lernen und Lehren im Unterricht. Grundlagen und Aspekte der Allgemeinen Didaktik. München 1991
Schröder, H.: Grundbegriffe der Schulpädagogik und Allgemeinen Didaktik. München 1991[2]
Schröder, H.: Grundbegriffe der Pädagogischen Psychologie. München 1991[2]
Schröder, H.: Erziehungsziel: Persönlichkeit. Beiträge zum Erziehungsauftrag der Schule. München 1991[3]
Schröter, G.: Psychologische Grundlagen der Didaktik. Düsseldorf 1981
Schubert, R.: Lehrbuch der Ökologie. Jena 1991[3]
Schüle, W. (Hrsg.): Wahrnehmungspsychologie. Aktuelle experimentelle Beiträge. Heidelberg 1983
Schülein, J. A. (Hrsg.): Kommunen und Wohngemeinschaften. Gießen 1978
Schülein, J. A.: Theorie der Institution. Eine dogmengeschichtliche und konzeptionelle Analyse. Wiesbaden 1987
Schüren, R.: Soziale Mobilität. Muster, Veränderungen und Bedingungen im 19. und 20. Jahrhundert. Katharinen 1989
Schüttler-Janikulla, K. (Hrsg.): Handbuch für ErzieherInnen in Krippe, Kindergarten, Vorschule und Hort. Loseblattausgabe. München 1985 (10. Ergänzungslieferung)
Schütz, A.: Das Problem der Relevanz. Frankfurt 1981
Schütz, A. / Luckmann, Th.: Strukturen der Lebenswelt. 2 Bde. Frankfurt 1979, 1983
Schütz, E.: Vernunft und Bildung. Kippenheim 1981
Schütz, K. V.: Gruppenforschung und Gruppenarbeit. Theoretische Grundlagen und Praxismodelle. Mainz/Weisenau 1989
Schütze, F.: Sprache – soziologisch gesehen. 2 Bde. München 1975/1976
Schützenberger, A.: Einführung in das Rollenspiel. Stuttgart 1976
Schuh, J. (Hrsg.): Jugend und Delinquenz/Jeunesse et Délinquance. Grüsch (Schweiz) 1988
Schulenberg, W. (Hrsg.): Erwachsenenbildung. Darmstadt 1978
Schuler H. (Hrsg.): Lehrbuch Organisationspsychologie. Bern 1991
Schulte, H.: Zwischen Massenmedien und Schule. Münster 1992
Schulte, H.: Medienanalyse und -kritik in didaktischer Absicht. Münster 1992
Schulte, P. / Rüschenschmidt, H.: Technologie- und Wissenstransfer an den deutschen Fachhochschulen. Ergebnisse einer empirischen Untersuchung. Bad Honnef 1988
Schultz, J.: Seelische Krankenbehandlung. Stuttgart 1963[8]
Schultz, H. J.: Angst. Zürich 1987
Schultz, I. H.: Das autogene Training. Stuttgart 1991[19]
Schultz-Hencke, H.: Der gehemmte Mensch. Lehrbuch der analytischen Psychotherapie. Stuttgart 1982[6]
Schulz, S.: Phosphatreduziert kochen für das hyperaktive Kind. Rezepte und Ratschläge für Eltern und Jugendliche. Heidelberg 1989
Schulz, W.: Unterrichtsplanung. München 1980 (1981[3])
Schulz, W. (Hrsg.): Medienwirkungsforschung in der Bundesrepublik Deutschland. 2 Bde. Weinheim 1987
Schumacher, G.: Neues Lernen mit Verhaltensgestörten und Lernbehinderten. Der durchstrukturierte Klassenraum. Berlin 1975
Schumacher, J. B.: Methadon als Ersatzdroge. Die Suchtsubstitution aus strafrechtlicher Sicht. Frankfurt 1989
Schumann, R. / Stimmer, F. (Hrsg.): Soziologie der Gefühle. Zur Rationalität und Emotionalität sozialen Handelns. München 1987

Schur, E. M.: Abweichendes Verhalten und Soziale Kontrolle. Etikettierung und gesellschaftliche Reaktionen. Frankfurt 1984
Schur, M.: Das Es und die Regulationsprinzipien des psychischen Geschehens. Frankfurt 1984
Schurian, W.: Psychologie des Jugendalters. Wiesbaden 1989
Schurig, V.: Die Entstehung des Bewußtseins. Frankfurt 1976
Schuster, F. (Hrsg.): Neue Informations- und Kommunikationstechnologien in der Anwendung. Melle 1986
Schwäbisch, L. / Siems, M.: Anleitung zum sozialen Lernen. Hamburg 1977[8]
Schwarz, B.: Grundzüge pädagogischer Diagnostik. Frankfurt 1983
Schwarz, B.: Soziales Lernen und Verhalten von Schülern. Ein Beitrag zur Analyse situationsspezifischer sozialer Verhaltensweisen. Frankfurt 1991
Schwarz, C.: Systematische Logopädie. Bern 1985
Schwarze, J.: Netzplantheorie. Herne 1983
Schwarze, J.: Netzplantechnik. Eine Einführung in das Projektmanagement. Herne 1989[6]
Schwarze, J.: Grundlagen der Statistik. 2 Bde. Herne 1990[5], 1991[4]
Schwarzer, Chr. / Schwarzer, R.: Praxis der Schülerbeurteilung. München 1979[2]
Schwarzer, R.: Schulangst und Lernerfolg. Düsseldorf 1980[2]
Schwarzer, R.: Streß, Angst und Hilflosigkeit. Die Bedeutung von Kognitionen und Emotionen bei der Regulation von Belastungssituationen. Stuttgart 1987[2]
Schwarzwalder, H. u. a.: Verkehrserziehung. 3./4. Schuljahr. München 1990
Schweingruber, R.: Das Projekt in der Schule. Ein unterrichtsbegleitendes Arbeitsbuch für Lehrer. Bern 1984[2]
Schweitzer, F.: Identität und Erziehung. Was kann der Identitätsbegriff für die Pädagogik leisten? Weinheim 1985
Schwendenwein, W.: Theorie des Unterrichtens, der Unterrichtsvorbereitung und des Prüfens. Wien 1985
Schwendter, R.: Theorie der Subkultur. Frankfurt 1989
Schwind, H. P. / Baumann, J. (Hrsg.): Ursachen, Prävention und Kontrolle von Gewalt. Analysen und Vorschläge der Unabhängigen Regierungskommission zur Verhinderung und Bekämpfung von Gewalt. 4 Bde. Berlin 1990
Scobel, W. A.: Was ist Supervision? Göttingen 1991
Sechehaye, M.: Eine Psychotherapie der Schizophrenen. Stuttgart 1992
Secord, P. F. / Backman, C. W.: Sozialpsychologie. Frankfurt 1983[4]
Seebauer, R.: Einführung in die Lernpsychologie. Wien 1987
Seel, N. M.: Weltwissen und mentale Modelle. Göttingen 1991
Seelig, W.: Wille, Vorstellung und Wirklichkeit. Menschliche Erkenntnis und Physikalische Naturbeschreibung. Bonn 1980
Seelmann, K.: Kind, Sexualität und Erziehung. München 1973
Segal, A. (Hrsg.): An Atlas of International Migration. London 1992
Seibert, N. / Serve, H. J. / Zöpfl, H.: Schulpädagogik. Eine Einführung in die Themenbereiche Erziehung und Unterricht in der Schule. Freising 1990
Seidenspinner, G.: Themenzentrierte Gruppenarbeit. Regensburg 1990
Seidenspinner, G.: Hochschul-Lexikon. München 1991[2]
Seidl, E. / Hüffner, U.: Modelle des Anschauungsunterrichts. München 1970[2]
Seidl, E. / Pohl-Mayerhöfer, R.: Rollenspiele für Grundschule und Kindergruppen. 100 Modelle aus der Praxis. München 1976
Seiffert, H.: Einführung in die Wissenschaftstheorie. 3 Bde. München 1991[11], 1991[9], 1985
Seiffert, H.: Einführung in die Hermeneutik. Stuttgart 1992
Seiffert, H. / Radnitzky, G. (Hrsg.): Handlexikon zur Wissenschaftstheorie. München (dtv-Tb.) 1992
Seipp, B.: Angst und Leistung in Schule und Hochschule. Eine Meta-Analyse. Frankfurt 1990
Selg, H.: Einführung in die experimentelle Psychologie. Stuttgart 1975[4]
Selg, H.: Pornographie. Psychologische Beiträge zur Wirkungsforschung. Bern 1986
Selg, H. / Bauer, W.: Forschungsmethoden der Psychologie. Eine Einführung. Stuttgart (Urban-Tb.) 1976[3]

Selg, H. / Mees, U. / Berg, D.: Psychologie der Aggressivität. Göttingen 1988
Sell, R.: Angewandtes Problemlösungsverhalten. Denken und Handeln in komplexen Zusammenhängen. Berlin 1991[4]
Seller, H.: Sozialphysiologie I. In: Funkkolleg – Umwelt und Gesundheit – Aspekte einer sozialen Medizin. Tübingen 1978
Selye, H.: Streß. Bewältigung und Lebensgewinn. München/Zürich NA 1988
Selz, O.: Wahrnehmungsaufbau und Denkprozeß. Bern 1990
Selzam, W. v.: Wie adoptiert man ein Kind? München 1977
Senghaas, D.: Gewalt, Konflikt, Frieden. Essays zur Friedensforschung. Hamburg 1974
Sennett, R.: Authority. New York 1980
Sester, H.: 7× freie Arbeit in der Hauptschule. Skizze eines einfachen Montessori-Modells für die Normalschule. Frankfurt 1985
Seume, U.: Einrichtung und Betreuung kleinerer Schulbibliotheken. Berlin 1985
Sève, L. u. a.: Marxistische Persönlichkeitspsychologie. Frankfurt 1986
Shaffer, J. B. P. / Galinsky, M. D.: Handbuch der Gruppenmodelle. Gelnhausen/Berlin 1977
Shannon, C. E. / Weaver, W.: Mathematische Grundlagen der Informationstheorie. Urbana 1949 und München/Wien 1976
Shepherd, M. / Oppenheim, B. / Mitchell, S.: Auffälliges Verhalten bei Kindern – Verbreitung und Verlauf. Göttingen 1973
Sichel, D.: Adoption schwieriger und behinderter Kinder. Luzern 1987
Sieber, M.: Zwölf Jahre Drogen. Bern 1988
Siebert, H.: Identitätslernen in der Diskussion. Bonn 1985
Sieland, B. / Siebert, M.: Klinische Psychologie für Pädagogen. Aachen/Hahn 1979
Sievering, U. O. (Hrsg.): Schule und Praxisschock. Frankfurt 1982
Sievering, U. O. (Hrsg.): Kritischer Rationalismus heute. Frankfurt 1989[2]
Sievers, M.: Frühkindlicher Autismus. Köln 1982
Silbereisen, R. K. / Montada, L. (Hrsg.): Entwicklungspsychologie. Ein Handbuch in Schlüsselbegriffen. Weinheim 1983
Silberer, G.: Einführung in die Grundschulpädagogik. Bochum 1976
Silbermann, A.: Handwörterbuch der Massenkommunikation und Medienforschung. 2 Bde. Berlin 1982
Siller, R.: Einführung in die Grundschuldidaktik. Darmstadt 1983
Simet, G.: Phänomenologisch-hermeneutische Neufundierung der Kategorialanalytik. Frankfurt 1991
Simon, F. B.: Der Prozeß der Individuation. Über den Zusammenhang von Vernunft und Gefühlen. Göttingen 1984
Simon, J. (Hrsg.): Freiheit. Theoretische und praktische Aspekte des Problems. Freiheit 1977
Singer, W. (Hrsg.): Gehirn und Kognition. Heidelberg 1990
Singh, J. A. L.: Die Wolfskinder von Midnapore. Tagebuch des Missionars. Heidelberg 1964
Sinz, R.: Gehirn und Gedächtnis. Stuttgart 1978
Six, B. / Schäfer, B.: Einstellungsänderung. Stuttgart 1985
Sjoelund, A.: Gruppenpsychologie für Erzieher, Lehrer und Gruppenleiter. Wiesbaden 1981[3]
Skinner, B. F.: Erziehung als Verhaltensforschung. München 1971; engl. The technology of teaching. New York 1968
Skinner, B. F.: Wissenschaft und menschliches Verhalten. München 1973
Skinner, B. F.: About behaviourism. London 1974
Skinner, B. F.: Die Funktion der Verstärkung in der Verhaltenswissenschaft. München 1974
Skowronek, H.: Lernen und Lernfähigkeit. München 1975[6]
Skowronek, H. (Hrsg.): Umwelt und Begabung. Stuttgart 1976[2]
Skowronek, H. / Schmied, D. (Hrsg.): Forschungstypen und Forschungsstrategien in der Erziehungswissenschaft. Hamburg 1977
Skuhra, A. / Wimmer, H. (Hrsg.): Friedensforschung und Friedensbewegung. Wien 1985
Slavson, S. R.: Einführung in die Gruppentherapie von Kindern und Jugendlichen. Göttingen 1972[2]
Slavson, S. R.: Analytische Gruppentherapie. Theorie und Anwendung. Frankfurt 1988

Smith, L.M. / Hudgins, B.B.: Pädagogische Psychologie. 2 Bde. Stuttgart 1971
Snyderman, M. / Rothman, St.: The IQ Controversy – The Media and Public Policy. New Brunswick/New Jersey 1988
Sodeur, W.: Empirische Verfahren zur Klassifikation. Stuttgart 1974
Soeffner, H. G. (Hrsg.): Interpretative Verfahren in den Sozial- und Textwissenschaften. Stuttgart 1979
Soeffner, H. G. (Hrsg.): Kultur und Alltag. Göttingen 1988
Soeffner, H. G.: Die Ordnung der Rituale. Auslegung des Alltags. Frankfurt 1992
Sokolowski, R. u. a.: Die Phänomenologie und die Wissenschaften. Freiburg/München 1976
Solarova, S.: Geschichte der Sonderpädagogik. Stuttgart 1983
Sollmann, U. (Hrsg.): Bioenergetische Analyse. Neue Konzepte und Praxis der bioenergetisch-analytischen Therapie. Essen 1984
Sollmann, U.: Bioenergetik in der Praxis. Streßbewältigung und Regeneration. Reinbek 1988
Sommer, H.: Grundkurs Lehrerfrage (Arbeitsbuch). Weinheim 1981
Sommer, K. H. (Hrsg.): Betriebspädagogik in Theorie und Praxis. Esslingen 1990
Sonntag, W.: Induktiv denken lernen. Untersuchungen bei lernbehinderten Sonderschülern. Frankfurt 1991
Soostmeyer, M.: Zur Sache Sachunterricht. Begründung eines situations-, handlungs- und sachorientierten Unterrichts in der Grundschule. Frankfurt 1992
Soubeyran, J.: Die wortlose Sprache. Lehrbuch der Pantomime. Zürich 1984
Sowinski, B.: Deutsche Stilistik. Frankfurt 1991[7]
Sowinski, B. (Hrsg.): Fachdidaktik Deutsch. Köln 1980[2]
Spada, H. (Hrsg.): Lehrbuch Allgemeine Psychologie. Bern 1990
Speck, D.: Kommunikationstraining für den Alltag. Miteinander reden – einander verstehen. Düsseldorf/München 1991[2]
Speck, J. (Hrsg.): Handbuch wissenschaftstheoretischer Begriffe. 3 Bde. Göttingen 1980
Speck, O.: Geistige Behinderung und Erziehung. München 1990[6] (NA)
Speck, O.: System Heilpädagogik. Eine ökologisch reflexive Grundlegung. München 1991[2]
Speck, O. / Warnke, A. (Hrsg.): Frühförderung mit den Eltern. München 1989[2]
Speichert, H.: Praxis produktiver Hausaufgaben. Frankfurt 1987[2]
Spiel, W.: Therapie in der Kinder- und Jugendpsychiatrie. Stuttgart 1976
Spinner, H. F.: Pluralismus als Erkenntnismodell. Frankfurt 1974
Spittler, H. D. / Specht, Fr. (Hrsg.): Basistexte und Materialien zur Erziehungs- und Familienberatung. Göttingen 1984, Ergänzungslieferung 1986
Spitz, R. A.: Vom Säugling zum Kleinkind – Naturgeschichte der Mutter-Kind-Beziehungen im ersten Lebensjahr. Stuttgart 1985[8]
Springer, L. / Kattenbeck, G.: Aphasie. München 1987[3]
Springer, S. P. / Deutsch, G.: Linkes Gehirn/Rechtes Gehirn. Funktionelle Asymmetrien. Heidelberg 1991[2]
Staabs, G. v.: Sceno-Test. Bern 1988[7]
Staatliche Landesbildstelle Südbayern (Hrsg.): Medienerziehung in der Schule. Unterrichtspraktische Umsetzung. 2 Bde. Donauwörth 1990
Staatsinstitut für Schulpädagogik und Bildungsforschung: Informationsbroschüre für Schüler zur Bekämpfung des Drogen- und Rauschmittelmißbrauchs. München 1991
Stachowiak, H.: Allgemeine Modelltheorie. Wien 1973
Stachowiak, H.: Denken und Erkennen im kybernetischen Modell. Wien/New York 1975
Stachowiak, H.: Modelle und Modelldenken im Unterricht. Bad Heilbrunn 1980
Stachowiak, H. (Hrsg.): Pragmatik. Handbuch pragmatischen Denkens. 5 Bde. Hamburg 1986–1993
Stadler, H. (Hrsg.): Deutsch. Verstehen – Sprechen – Schreiben. Frankfurt (Fischer-Tb.) 1983
Stadler, M. / Seeger, F. / Raeithel, A.: Psychologie der Wahrnehmung. München 1977[2]
Ständige Arbeitsgemeinschaft für Medienfragen des Bayerischen Jugendrings (Hrsg.): Neue Informations- und Kommunikationstechnologien. München 1988
Stagl, J.: Kulturanthropologie und Gesellschaft. Berlin 1981[2]
Stahlberg, D. / Frey, D.: Einstellung und Verhalten. Stuttgart 1989

Stalmann, F.: Die Schule macht die Mädchen dumm. Die Probleme mit der Koedukation. München 1991
Stammberger, J. u. a. (Hrsg.): Bausteine zur Vorbereitung auf die Berufs- und Arbeitswelt. 7 Bde. Hamburg 1982
Stapf, K. H. u. a.: Psychologie des elterlichen Erziehungsstils. Bern 1972
Stark, U.: Gymnasien im Ausland. Stuttgart 1990[2]
Stark, U.: Gymnasien in der Bundesrepublik Deutschland. Stuttgart 1990[2]
Stark, U. (Hrsg.): Kinderspielplätze – Normen und Richtlinien. Stuttgart 1990
Stark, U. (Hrsg.): Kinderspielplätze – Realisierte Anlagen. Stuttgart 1990
Stauch, U.: Der Kinderhort und seine sozialpädagogische Aufgabe in der Gegenwart. Donauwörth 1983[3]
Stauner, G. / Schelter, K.: Jugendrecht von A–Z. München (dtv-Tb.) 1987
Stave, U.: Die Umwelt des kleinen Kindes. Früherziehung zur Lebenstüchtigkeit. Stuttgart 1992
Stecker, B.: Strategien des kommunikativen Handelns. Berlin 1987
Steffen, H. (Hrsg.): Bildung und Gesellschaft. Zum Bildungsbegriff von Humboldt bis zur Gegenwart. Göttingen 1972
Stegmüller, W.: Das Problem der Induktion. Humes Herausforderung und moderne Antworten. Darmstadt, Nachdruck 1986
Stegmüller, W. / Varga von Kibéd, M.: Probleme und Resultate der Wissenschaftstheorie und Analytischen Philosophie. Berlin/Heidelberg/New York 1983[2]
Steiger, R.: Lehrbuch der Diskussionstechnik. Frauenfeld 1983
Stein, E. / Roell, M.: Handbuch des deutschen Schulrechts. Frankfurt 1992[2]
Steindorf, G.: Einführung in die Schulpädagogik. Bad Heilbrunn 1976[3]
Steiner, R.: Wie erlangt man die Erkenntnisse der höheren Welten? 1904
Steiner, R.: Allgemeine Menschenkunde als Grundlage der Pädagogik. 1919
Steiner, R.: Anthroposophie. 1924
Steiner, R.: Die pädagogische Grundlage und Zielsetzung der Waldorfschule. 3 Aufsätze 1919/1920. Dornach 1983
Steinert, E. / Straub, U.: Interaktionsort Frauenhaus. Heidelberg 1988
Steinert, H. (Hrsg.): Symbolische Interaktion. Stuttgart 1973
Steinhausen, H. Ch. (Hrsg.): Psychosomatische Störungen und Krankheiten bei Kindern und Jugendlichen. Stuttgart 1981
Steinhausen, H. Ch. (Hrsg.): Das konzentrationsgestörte und hyperaktive Kind. Stuttgart 1982
Steinhausen, H. Ch. (Hrsg.): Das Jugendalter. Entwicklungen – Probleme – Hilfen. Bern 1990
Steinmetz, R. u. a.: Kommunikation. Entwicklung der menschlichen Kommunikation von der Sprache bis zum Computer (mit Video-Kassette). München 1987
Stendler-Lavatelli, C.: Früherziehung nach Piaget. München/Basel 1976
Stenger, H. (Hrsg.): Praktische Anwendungen von Stichprobenverfahren. Göttingen 1980
Stenger, H.: Stichproben. Heidelberg 1986
Stern, E.: Tiefenpsychologie und Erziehung. München/Basel 1969
Stern, W.: Allgemeine Psychologie auf personalistischer Grundlage. Haag 1950[2]
Steuber, H.: Methodologie der Didaktik. Frankfurt 1981
Stevens, J. O.: Die Kunst der Wahrnehmung. Übungen der Gestalt-Therapie. München 1990[11]
Stickelmann, B. (Hrsg.): Sexualerziehung als Aids-Prävention. Arbeitsformen und Erfahrungen aus der Jugend- und Bildungsarbeit. Weinheim 1990
Stierle, K.-H. / Warning, R. (Hrsg.): Das Gespräch (Poetik und Hermeneutik). München 1984
Stierlin, H.: Individuation und Familie. Frankfurt 1989
Stiftung Verbraucherinstitut (Hrsg.): Verbraucherbildung in der Schule (Materialien für die Gestaltung des Unterrichts). Berlin 1992
Stippel, F.: Die Zerstörung der Person. Donauwörth 1957
Stippel, F.: Aspekte der Bildung. Donauwörth 1966
Stocker, K. / Timmermann, J.: Fachdidaktik in Universität und Schule. München 1974
Stocker, K. (Hrsg.): Taschenlexikon der Literatur- und Sprachdidaktik. Frankfurt 1987[2]
Stockert, Th. R. von: Theorie und Praxis der Aphasietherapie. München 1984
Stöcker, K.: Neuzeitliche Unterrichtsgestaltung. München 1984[18]

Stöcklin-Meier, S.: Das rechte Spielzeug zur rechten Zeit. Heitersheim 1987
Stopp, U.: Praktische Betriebspsychologie. Stuttgart 1990
Storck, Chr.: Alternative Schulkonzepte. Ausweg oder Ausstieg aus den Widersprüchen der Schule und ihrer Reform? Essen 1986
Stork, J. (Hrsg.): Über die Ursprünge des Ödipuskomplexes. Versuch einer Bestandsaufnahme. Stuttgart 1987
Stork, J.: Wege der Individuation. Weinheim 1991
Stosberg, K. u. a.: Wege aus der Heroinabhängigkeit. Ergebnisse einer katamnestischen Untersuchung bei Patienten einer Langzeittherapieeinrichtung. Erlangen 1985
Stott, D. H. / Marston, N. C. / Neill, S. J.: Taxonomy of behaviour disturbance. London 1975
Stotz, G.: Kommunikations- und Medienpädagogik. Die Entwicklung der pädagogischen Mediendisziplinen. Eine metatheoretische Analyse. Hähnlein 1986
Strätz, R.: Beobachten. Anregungen für Erzieher im Kindergarten. Stuttgart 1987
Strasser, S.: Phänomenologie und Erfahrungswissenschaft vom Menschen. Berlin 1964
Strassmeier, W.: Frühförderung konkret. 260 lebenspraktische Übungen für entwicklungsverzögerte und behinderte Kinder. München 1984[2]
Straube, E. R. / Hahlweg, K. (ed.): Schizophrenia. Concepts, Vulnerability and Intervention. Berlin 1990
Strittmatter, P. (Hrsg.): Zur Lernforschung: Befunde – Analysen – Perspektiven. Weinheim 1990
Stritzke, R. u. a.: Der schulpraktische Ratgeber für den Klassenlehrer. Donauwörth 1985
Strobel, W. / Huppmann, G.: Musiktherapie. Grundlagen, Formen, Möglichkeiten. Göttingen 1991[2]
Stroebe, W. u. a. (Hrsg.): Sozialpsychologie. Eine Einführung. Berlin 1990
Ströker, E. (Hrsg.): Lebenswelt und Wissenschaft in der Philosophie E. Husserls. Frankfurt 1979
Ströker, E. / Jannsen, P.: Phänomenologische Philosophie. Freiburg 1989
Stross, A. M.: Ich-Identität. Zwischen Fiktion und Konstruktion. Berlin 1991
Stuckenhoff, W.: Rollenspiel in Kindergarten und Schule. Eine Rollenspiel-Didaktik. Paderborn 1978
Stübig, H. u. a.: Ergebnisse und Perspektiven Vergleichender Bildungsforschung. Zur Funktion des internatioalen Bildungstransfers. München 1984
Stück, K. u. a. (Hrsg.): AIDS bei Frauen und Kindern. Leben mit der Krankheit. Stuttgart 1989
Sturm, H. u. a.: Grundlagen einer Medienpädagogik. Zug 1979
Sturm, H.: Fernsehdiktate: Die Veränderung von Gedanken und Gefühlen. Gütersloh 1991
Suhrweier, H.: Grundlagen der rehabilitationspädagogischen Psychologie. Berlin 1990[2]
Susteck, H.: Eltern und Lehrer als Erziehungspartner. Essen 1979
Susteck, H.: Elternarbeit und Schulleben. Bochum 1981
Susteck, H.: Das Burnout-Syndrom. In: PW 5/91, S. 201 f.
Suttner, R.: Durchs Schulgartenjahr. Eine Jahresplanung in 28 Unterrichtsmodellen mit 46 Übungsblättern. München 1990
Suzuki, D. T. u. a.: Genetik. Weinheim 1991
Swildens, H.: Prozeßorientierte Gesprächspsychotherapie. Köln 1991
Szagun, G.: Sprachentwicklung beim Kind. Eine Einführung. Weinheim 1991[4]

Täschner, K. L.: Therapie der Drogenabhängigkeit. Ein Handbuch. Stuttgart 1983
Täschner, K. L.: Das Cannabis-Problem. Haschisch und seine Wirkungen. Köln 1986[3]
Täschner, K. L.: Haschisch – Wirkung und Gebrauch. Stuttgart 1987
Tatzl, G.: Biorhythmus. Theorie, Berechnung und praktische Anwendung mit Computerunterstützung. Hannover/Bremen 1986
Tausch, R. / Tausch, A.-M.: Erziehungspsychologie. Göttingen 1979[9]
Tausch, R. / Tausch, A. M.: Gesprächspsychotherapie. Göttingen 1990[9]
Taylor, E.: Das hyperaktive Kind. Anregungen für Eltern und Erzieher. Stuttgart 1986
Taylor, M. L.: Mit Aphasikern leben. Informationen und Hilfen. München 1981
Teegen, F. / Grundmann, A. / Röhrs, A.: Sich ändern lernen. Hamburg 1975

Teichler, U. (Hrsg.): Das Hochschulwesen in der Bundesrepublik Deutschland. Weinheim 1990
Teichmann, H. / Meyer-Probst, B. / Roether, D. (Hrsg.): Risikobewältigung in der lebenslangen psychischen Entwicklung. Berlin 1991
Tembrock, G.: Grundriß der Verhaltenswissenschaften. Stuttgart 1980[3]
Tenorth, H. E.: Geschichte der Erziehung. Einführung in die Grundzüge ihrer neuzeitlichen Entwicklung. Weinheim 1988
Teplow, L. P.: Grundriß der Kybernetik. Berlin
Terhart, E.: Lehr-Lern-Methoden. Weinheim 1989
Terhart, E.: Unterrichten als Beruf. Köln 1991
Teschner, W. (Hrsg.): Differenzierung und Individualisierung des Unterrichts. Göttingen 1971
Textor, M. R. (Hrsg.): Das Buch der Familientherapie. Sechs Schulen in Theorie und Praxis. Heidelberg 1988
Theorie und Praxis der Schulpsychologie. Reihe in Einzeltiteln. Weinheim
Theorie und Praxis der Schulpsychologie – Arbeitshilfen. Reihe in Einzeltiteln. Weinheim
Theunissen, M.: Kritische Theorie der Gesellschaft. Berlin 1981[2]
Thiele, H.: Lehren und Lernen im Gespräch. Bad Heilbrunn 1981
Thiele, H.: Trainingsprogramm. Gesprächsführung im Unterricht. Bad Heilbrunn 1983
Thiele, J. (Hrsg.): Bilderbücher entdecken. Untersuchungen, Materialien und Empfehlungen zum kritischen Gebrauch einer Buchgattung. Oldenburg 1985
Thiele, J.: Das Bilderbuch im Medienalltag von Kindern und Erwachsenen. In: Informationen des Arbeitskreises für Jugendliteratur. München 1987[4]
Thiem-Schräder, B.: Normalität und Delinquenz. Sozialarbeit zwischen Resozialisierung und Nonintervention. Bielefeld 1989
Thiersch, H.: Lebensweltorientierte Soziale Arbeit. Aufgaben der Praxis im Wandel. Weinheim 1992
Thiersch, H. / Ruprecht, H. / Hermann, U.: Die Entwicklung der Erziehungswissenschaft. München 1978
Thiesen, P.: Arbeitsbuch Spiel. Für die Praxis in Kindergarten, Hort, Heim und Kindergruppen. Köln 1991
Thomä, H.: Anorexia nervosa. Geschichte, Klinik – Theorien der Pubertätsmagersucht. Bern 1961
Thomä, H. / Kächele , H.: Lehrbuch der psychoanalytischen Therapie. 2 Bde. Berlin 1985 und 1988
Thomae, H.: Beobachtung und Beurteilung von Kindern und Jugendlichen. Basel/München 1980[13]
Thomae, H.: Persönlichkeit. Eine dynamische Interpretation. Bonn 1981[6]
Thomas, A. (Hrsg.): Interkulturelles Lernen im Schüleraustausch. Saarbrücken 1988
Thomas, A.: Grundriß der Sozialpsychologie. Göttingen 1990
Thomas, H. (Hrsg.): Ethik der Leistung. Herford 1988
Thorndike, E. L.: The Psychology of Learning. 1913
Thorndike, E. L.: The fundamentals of learning. New York 1932
Throndike, E. L.: The psychology of wants, interests and attitudes. New York/London 1970 (Neuauflage)
Thürkow, K.: Basisliteratur zur Gerontologie und Altenarbeit. Eine Literaturdokumentation... Berlin 1981
Tiedemann, J.: Leistungsversagen in der Schule. München 1985
Tiemann, K.: Planspiele für die Schule. Frankfurt 1969
Tietgens, H. (Hrsg.): Didaktische Dimensionen der Erwachsenenbildung. Bonn 1992
Tillmann, K. J.: Sozialisationstheorien. Reinbek 1989
Tinbergen, N.: Instinktlehre. Vergleichende Erforschung angeborenen Verhaltens. Berlin/ Hamburg 1979[6]
Tinbergen, N. / Tinbergen, E.: Autismus bei Kindern. Berlin 1984
Tischler, W.: Einführung in die Ökologie. Stuttgart 1984
Titze, J. / Tewes, U. (Hrsg.): Messung der Intelligenz bei Kindern mit dem HAWIK-R. Bern 1987[2]

Tobler, R. / Grond, J. (Hrsg.): Früherkennung und Früherziehung behinderter Kinder. Voraussetzungen für die Zusammenarbeit in der Praxis. Bern 1985
Tolman, Ch. W. (Hrsg.): Positivism in Psychology. Historical and Contemporary Problems. Berlin 1992
Toman, W.: Einführung in die Allgemeine Psychologie. 2 Bände. Freiburg 1973
Toman, W. / Egg, R. (Hrsg.): Psychotherapie. Ein Handbuch. 2 Bde. Stuttgart 1985
Toman, W. / Egg, R. (Hrsg.): Psychotherapeutische Verfahren. Darmstadt 1988
Topsoe, F.: Informationstheorie. Eine Einführung. Stuttgart 1974
Trapmann, H. / Liebetreu, G. / Rotthaus, W.: Auffälliges Verhalten im Kindesalter. Ursachen, Bedeutung, Korrektur. Dortmund 1990[7]
Treibel, A.: Migration in modernen Gesellschaften. Soziale Folgen von Einwanderung und Gastarbeit. Weinheim 1990
Treiber, B. / Weinert, F. E. (Hrsg.): Lehr-Lern-Forschung. München 1982
Tremel, A. K. (Hrsg.): Entwicklungspädagogik. Unterentwicklung und Überentwicklung als Herausforderung für die Erziehung. Frankfurt 1980
Trepl, L.: Geschichte der Ökologie. Frankfurt 1987
Treptow, E.: Die Entfremdungstheorie bei K. Marx. Unter besonderer Berücksichtigung des Spätwerkes. München 1978
Triebe, J. K.: Das Interview im Kontext der Eignungsdiagnostik. Bern 1976
Triebe, J. K. / Ulich, E. (Hrsg.): Beiträge zur Eignungsdiagnostik. Bern 1977
Troitzsch, K. G.: Modellbildung und Simulation in den Sozialwissenschaften. Wiesbaden 1990
Trolldenier, H. P.: Verhaltensbeobachtung in Erziehung und Unterricht mit der Interaktionsprozeßanalyse. Heidelberg 1985
Troschke, J. v.: Das Kind als Patient im Krankenhaus. München/Basel 1974
Tümmers, J. (Hrsg.): Problemlösendes Denken in der Berufserziehung. Fachdidaktische Grundlagen und praktische Unterrichtsbeispiele. Köln 1980
Tulodziecki, G.: Einführung in die Medienforschung. Köln 1981
Tulodziecki, G.: Medienerziehung in Schule und Unterricht. Bad Heilbrunn 1992[2]
Tulodziecki, G. / Zimmermann, D.: Schulfernsehen und Unterrichtspraxis. Köln 1976
Tumat, A. J. (Hrsg.): Migration und Integration (Interkulturelle Erziehung in Praxis und Theorie). Baltmannsweiler 1986
Turkle, Sh.: Die Wunschmaschine. Der Computer als zweites Ich. Hamburg 1984
Twelsiek, G.: Norm und Subjekt. Rechtsform und Rechtsbewußtsein – eine subjekthistorische Analyse. Frankfurt 1989

Uexküll, Thure von u. a. (Hrsg.): Psychosomatische Medizin. München 1986[3]
Ulich, D. / Mertens, W.: Urteile über Schüler. Zur Sozialpsychologie pädagogischer Diagnostik. Weinheim 1979[4]
Ulich, D.: Pädagogische Interaktion. Theorien erzieherischen Handelns und sozialen Lernens. Weinheim 1979[2]
Ulich, E.: Arbeitspsychologie. Zürich 1991
Ulich, K.: Schüler und Lehrer im Schulalltag. Eine Sozialpsychologie der Schule. Weinheim 1983
Ulmann, G.: Sprache und Wahrnehmung. Frankfurt 1975
Ulrich, H.: Praxisanleitung für Jugendgerichtshelfer. Neuwied 1982
Ulrich, W.: Wörterbuch – Linguistische Grundbegriffe. Unterägeri (Schweiz) 1987[4]
Ungeheuer, G.: Sprache und Kommunikation. Hamburg 1972
Ungerer, D.: Zur Theorie des sensomotorischen Lernens. Schorndorf 1977
Universität Innsbruck (Hrsg.): Gespräche der Fakultäten – Interdisziplinarität. Innsbruck 1990
Universitäten und Hochschulen im Wandel. Studien zum Bildungswesen Nord- und Westeuropas. 2 Bde. Gießen 1987 und 1989
Unterrichtsmodelle zur Verbraucherbildung in Schulen. Reihe. Bad Heilbrunn
Unterrichtsvorschläge zur Medienpädagogik. Reihe in Einzeltiteln. Zug
Urban, K. (Hrsg.): Hochbegabte Kinder. Psychologische, pädagogische, psychiatrische und soziologische Aspekte. Heidelberg 1982

Vagt, R.: Planspiel – Konfliktsituation und soziales Lernen. Heidelberg 1983[2]
Vahsen, F. G. (Hrsg.): Beiträge zur Theorie und Praxis der Freizeitpädagogik. Hildesheim 1983
Vaskovics, L. A. (Hrsg.): Umweltbedingungen familialer Sozialisation. Stuttgart 1982
Veblen, Th.: Theorie der feinen Leute. München 1971, Frankfurt (Fischer-Tb.) 1989[3]
Velthaus, G.: Die anthropologischen Ansätze einer neuen Lernkultur. Engagement, Phantasie und Bildung. Rheinfelden 1992
Verband Deutscher Schullandheime (Hrsg.): Projektarbeit im Schullandheim. 4 Bde. Hamburg 1980–1983
Verhaltenstherapie. Theorien und Methoden. Tübingen 1990[3]
Veröffentlichungen des Max-Planck-Instituts für Bildungsforschung, Reihe. Stuttgart
Vester, F.: Phänomen Streß. Stuttgart 1976
Vester, F.: Denken, lernen, vergessen. Stuttgart 1978
Vester, F.: Neuland des Denkens. Stuttgart 1980
Vester, F.: Leitmotiv vernetztes Denken. München 1988
Vetter-Tesch, M.: Ich-Entwicklung und kognitive Komplexität. Frankfurt 1981
Vierlinger, R.: Das Schulkreuz der Lehrer. Disziplinstörungen im Unterricht. Verlag Jugend und Volk. Wien/München 1990
Viertel, W.: Eine Theorie der Dialektik. Frankfurt 1983
Vivelo, F. R.: Handbuch der Kulturanthropologie. Eine grundlegende Einführung. München 1988
Vocke, W. (Hrsg.): Berufliches Schulwesen in Bayern. Ergänzbare Rechtssammlung mit Erläuterungen. Kronach 1981 f.
Völz, H.: Grundlagen der Information. Berlin 1991
Vogel, A.: Artikulation des Unterrichts. Workshop Schulpädagogik. Ravensburg 1973
Vogel, A.: Unterrichtsformen I und II. Workshop Schulpädagogik. Ravensburg 1978
Vogel, Fr.: Beschreibende und schließende Statistik. München 1992[4]
Voges, W. (Hrsg.): Methoden der Biographie- und Lebenslaufforschung. Leverkusen 1986
Vohland, U.: Offenes Curriculum – Schülerzentrierter Unterricht. Bochum 1979
Vohland, U.: Verbraucherverhalten und Verbrauchererziehung. Theorie und Didaktik des Konsums. Baltmannsweiler 1982
Vohland, U.: Okkultismus – was ist dran? München 1992
Voigt, W.: Einführung in die Berufs- und Wirtschaftspädagogik. München 1977[2]
Volpert, W. (Hrsg.): Beiträge zur Psychologischen Handlungstheorie. Bern 1980
Volpert, W.: Sensumotorisches Lernen. Heidelberg 1983[4]
Vopel, K. W. / Kirsten, R. F.: Kommunikation und Kooperation. Ein gruppendynamisches Trainingsprogramm. München 1988[6]
Vopel, K. W.: Interaktionsspiele für Jugendliche. Affektives Lernen für 12- bis 21jährige. 4 Teile. Hamburg 1989[3]
Vopel, K. W.: Interaktionsspiele. 6 Teile, 4.–6. Auflage. Hamburg 1989–1991
Vopel, K. W.: Interaktionsspiele für Kinder. Affektives Lernen für 8- bis 12jährige. 4 Teile. Hamburg 1991[5]
Vopel, K. W.: Kinder ohne Streß. 5 Bde. Hamburg 1991
Vopel, K. W.: Themenzentriertes Team-Training. 4 Bde. Salzhausen 1992
Vopel, K. W. / Alex, S.: Lehre mich nicht, laß mich lernen. Neue Interaktionsspiele für Kinder und Jugendliche. 4 Teile. Hamburg 1992
Vorwerg, M. / Alberg, T. (Hrsg.): Psychodrama. Leipzig 1991
Vries, H. de: Nachhilfe im Schulalltag. Hinweise für Eltern, Lehrer und Schüler. Kiel 1987

Waelder, R.: Die Grundlagen der Psychoanalyse. Bern 1983[2]
Wagenknecht, L. V.: Impotenz. Pathophysiologie – Diagnostik – Therapie. Berlin 1988
Wagner, A. u. a.: Schülerzentrierter Unterricht. Weinheim 1982[2]
Wagner, A. u. a.: Bewußtseinskonflikte im Schulalltag. Weinheim 1984
Wagner, H.: Raum und Stigma. Bd. 2: Segregation und Stigmatisierung im Bildungssektor. Sonderschüler und Regelschüler im strukturellen Vergleich. Bad Bentheim 1986
Wagner, R.: Formen spielerischen Lernens im Sachunterricht der Grundschule. München 1992

Wagner-Hasel, B.: Matriarchatstheorien der Altertumswissenschaft. Darmstadt 1992
Walcher, K. P.: Eine psychologische Untersuchung der Begriffe Anschauung, Anschaulichkeit und Veranschaulichung. Meisenheim 1975
Walletschek, H. / Graw, J. (Hrsg.): Öko-Lexikon. Stichworte und Zusammenhänge. München 1991[3]
Wallrabenstein, W.: Offene Schule – Offener Unterricht. Reinbek 1991
Walper, S.: Familiäre Konsequenzen ökonomischer Deprivation. Weinheim 1988
Walter, H.: Angst bei Schülern. München 1981[2]
Walter, H.-J.: Gestalttheorie und Psychotherapie. Darmstadt 1985[2]
Walter, J.: Lernen mit Computern. Möglichkeiten – Grenzen – Erfahrungen. Düsseldorf 1984
Walther, E.: Allgemeine Zeichenlehre. Stuttgart 1974
Wandel, F.: Erziehung im Unterricht. Schulpädagogische Anwendungen der Transaktionsanalyse. Stuttgart 1977
Wandl, J.: Computer und Lernen. Eine grundlegende Einführung für Lehrer und Schüler. Funktion – Programmiersprachen – Pädagogische Theorie. München 1985
Wanzenried, P.: Die Beratung der Junglehrer. Basel 1978
Warm, U.: Rollenspiel in der Schule. Theoretische Analysen – Kommunikationseffektive Praxis. Tübingen 1981
Warns, E.: Die spielende Klasse. Wuppertal 1981[2]
Wasem, E.: Medien in der Schulpraxis. Freiburg 1974
Wasmuth, U. (Hrsg.): Friedensforschung. Eine Handlungsorientierung zwischen Politik und Wissenschaft. Darmstadt 1991
Waszkewitz, B.: Grundlagen und Praxis der Persönlichkeitspsychologie. Heidelberg 1987
Watson, D. L. / Tharp, R. G.: Einübung in Selbstkontrolle. München 1985[4]
Watson, J. B.: Behaviorismus. Heidelberg 1984[3]
Watzke, O. (Hrsg.): Bildergeschichten und Comics in der Sekundarstufe I. Unterrichtsvorschläge. Donauwörth 1981
Watzke, O. (Hrsg.): Bildergeschichten und Comics in der Grundschule. Unterrichtsvorschläge. Donauwörth 1982
Watzlawick, P.: Wie wirklich ist die Wirklichkeit? Wahn – Täuschung – Verstehen. München 1990[15]
Watzlawick, P. / Beavin, J. H. / Jackson, D. D.: Menschliche Kommunikation. Bern 1990[8]
Watzlawick, P. / Weakland, J. H. (Hrsg.): Interaktion. Menschliche Probleme und Familientherapie. München 1990
Weber, A. (Hrsg.): Lehrerhandbuch und Unterrichtsmethode. Paderborn 1981
Weber, A. (Hrsg.): Kooperatives Lehren und Lernen in der Schule. Heinsberg 1986
Weber, E.: Stichwort Demokratisierung. In: Weber, E. / Domke, H. / Gehlert, S.: Kleines sozialwissenschaftliches Wörterbuch für Pädagogen. Donauwörth 1974
Weber, E.: Autorität im Wandel. Donauwörth 1974
Weber, E.: Der Erziehungs- und Bildungsbegriff im 20. Jahrhundert. Bad Heilbrunn 1976[3]
Weber, E.: Erziehungsstile. Donauwörth 1986[8]
Weber, E.: Generationskonflikte und Jugendprobleme aus (erwachsenen-)pädagogischer Sicht. München/Stamsried 1986
Weber, M.: Die Anwendung der Jugendstrafe. Rechtliche Grundlagen und gerichtliche Praxis. Frankfurt 1990
Weber, W.: Wege zum helfenden Gespräch. München 1991[9]
Webler, W. D. / Otto, H. U. (Hrsg.): Der Ort der Lehre in der Hochschule. Lehrleistungen, Prestige und Hochschulwettbewerb. Weinheim 1991
Wechsler, D.: The measurement of adult intelligence. Baltimore 1944
Wechsler, D.: Selected papers. New York/London 1974
Weede, E.: Konfliktforschung. Einführung und Überblick. Wiesbaden 1986
Wegehaupt, H.: Grundwissen für Lehrer in der Weiterbildung. Ismaning 1983
Wegener, B.: Kritik des Prestiges. Wiesbaden 1988
Wegener, H.: Einführung in die Forensische Psychologie. Darmstadt 1981
Wehner, E. G. / Durchholz, E.: Persönlichkeits- und Einstellungstests. Stuttgart 1980

Weidenmann, B. u. a. (Hrsg.): Pädagogische Psychologie. Ein Lehrbuch. Weinheim 1986
Weidemann, B. / Geissler, K.-H. (Hrsg.): Erwachsenenbildung und Gesellschaft. Wachsende Reihe. Weinheim 1988 f.
Weidhaas, H. J.: Biofeedback in der klinischen Routineversorgung. Dortmund 1988
Weigand, G. u. a. (Hrsg.): Institutionelle Analyse. Theorie und Praxis. Frankfurt 1988
Weiler, H.: Ethisches Urteilen oder Erziehung zur Moral? 2 Teile. Leverkusen 1992
Weimer, H.: Geschichte der Pädagogik. Berlin 1992[19] (NA)
Weinberger, O.: Normentheorie als Grundlage der Jurisprudenz und Ethik. Berlin 1981
Weiner, B.: Theorien der Motivation. Stuttgart 1976
Weiner, B.: Motivationspsychologie. Weinheim 1988[2]
Weiner, B. / Friese, J. / Kulka, A. / Reed, L. / Rosenbaum, R. M.: Perceiving the causes of success and failure. New York 1971
Weinert, F. E. / Kluwe, R. H. (Hrsg.): Metakognition, Motivation und Lernen. Stuttgart 1984
Weisberg, R.: Kreativität und Begabung. Heidelberg 1989
Weischedel, W.: Das Wesen der Verantwortung. Frankfurt 1972
Weise, G.: Psychologische Leistungstests. Bd. 1: Deutschsprachige Tests zur Messung von Intelligenz, Konzentration und speziellen Fähigkeiten. Ein Handbuch für Studium und Praxis. Göttingen 1975
Weisinger, H.: Kreative Kritik. München 1991
Weiss, H.: Yoga Meditation. Schule zur Selbstverwirklichung. Eltville 1992
Weiss, H. / Pagel, G. (Hrsg.): Das Bewußtsein und das Unbewußte. Beiträge zu ihrer Interpretation und Kritik. Würzburg 1989
Weiss, R.: Leistungsbeurteilung in den Schulen – Notwendigkeit oder Übel? Wien 1989
Weiss, R.: Psychologie für Erziehung und Unterricht. 2 Bde. Innsbruck 1991/1992
Weiterbildung an den Fachhochschulen. Bad Honnef 1982
Weiterbildung – Strukturen und Aspekte. Reihe. München
Weizsäcker, C. F. von: Bedingungen des Friedens. Göttingen 1981[7]
Weizsäcker, C. F. von: Theorie der Macht. Eine Rede. München 1978
Welch, M. G.: Heilung von Autismus durch die Mutter-und-Kind-Haltetherapie. In: Tinbergen, N. und E. A.: Autismus bei Kindern. Berlin 1984
Wellendorf, F.: Schulische Sozialisation und Identität. Weinheim NA 1979
Wellendorf, F.: Soziale Konflikte in der Schule. In: Weinert u. a.: Funk-Kolleg Pädagogische Psychologie, Bd. 1. Frankfurt 1991[17]
Wellenhofer, W.: Grundlagen einer modernen Arbeitsblattpraxis. München 1991
Wellershoff, D. (Hrsg.): Freiheit – was ist das? Aussagen zum Begriff der Freiheit. Herford 1986[2]
Welter, R.: Der Begriff der Lebenswelt. Theorien vortheoretischer Erfahrungswelt. München 1986
Weltner, K.: Informationstheorie und Erziehungswissenschaft. Quickborn 1970
Wendeler, J.: Lernzieltests im Unterricht. Weinheim 1981 (NA)
Wender, K. F. u. a.: Modelle des menschlichen Gedächtnisses. Stuttgart 1980
Wender, P. H.: Das hyperaktive Kind. Ravensburg 1991[9]
Wendlandt, W.: Verhaltenstherapie des Stotterns. Weinheim 1980
Wendt, H. (Hrsg.): Traumbearbeitung in der Psychotherapie. Leipzig 1990
Wendt, W. R.: Studium und Praxis der Sozialarbeit. Beiträge zur Ausbildung und zu den Arbeitsfeldern. Stuttgart 1985
Wenger, O. (Hrsg.): Schulrecht und Schulkunde. Schulrechtliches Grundwissen für Lehrer aller Schularten. Loseblattausgabe. München 1982
Wenger, O.: Schulrecht. Gerichtsurteile für Schüler, Eltern, Studenten und Lehrer. Stuttgart 1991[5]
Weniger, E.: Die Theorie der Bildungsinhalte und des Lehrplans. 1965[8]
Wenzel, H. / Wesemann, M. / Bohnsack, F. (Hrsg.): Schulinterne Lehrerfortbildung. Weinheim 1990
Werbik, H./ Kaiser, H. J. (Hrsg.): Kritische Stichwörter zur Sozialpsychologie. München 1981
Werder, L. v. (Hrsg.): Was kommt nach den Kinderläden? Erlebnisprotokolle. Berlin 1977

Werneck, T. / Ullmann, F.: Konzentrationstraining. München 1988
Werner, G.: Das behinderte Kind. Stuttgart 1977[2]
Wertheimer, M.: Produktives Denken. Frankfurt 1964
Wertheimer, M.: Zur Gestaltpsychologie menschlicher Werte. Wiesbaden 1991
Weschenfelder, K. / Zacharias, W.: Handbuch Museumspädagogik. Düsseldorf 1991 (NA)
Wescher, H.: Die Geschichte der Collage. Vom Kubismus bis zur Gegenwart. Köln 1974
Wesel, U.: Der Mythos vom Matriarchat. Über Bachofens Mutterrecht und die Stellung von Frauen in früheren Gesellschaften. Frankfurt 1980
Wester, J.: Gedächtnistraining. Ein praktisches Übungsprogramm. Wiesbaden 1989[3]
Wester, J.: Kreativitätstraining. Wiesbaden 1990
Wester, J.: Konzentrationstraining. Erfolgreiche Strategien und bewährte Techniken. Wiesbaden 1990
Westhoff, K.: Erwartungen und Entscheidungen. Berlin 1985
Westphalen, Fr. von: Der Leasingvertrag. Köln 1992[4]
Westphalen, K.: Praxisnahe Curriculumentwicklung. Donauwörth 1980[8]
Westphalen, K.: Lehrplan – Richtlinien – Curriculum. Stuttgart 1985
Wewetzer, K.-H.: Intelligenz und Intelligenzmessung. Ein kritischer Überblick über Theorie und Methodik. Darmstadt 1984[2]
Weyer, M.: Die Adoption fremdländischer Kinder. Erfahrungen – Orientierungshilfen. Stuttgart 1979
Whyte, L. L.: The Unconscious Before Freud. New York 1960
Wiater, W.: Unterrichten und lernen in der Schule. Eine Einführung in die Didaktik. Donauwörth 1991
Wiater, W. / Lohrenz, H.: Mitwirken und Mitgestalten. Bad Heilbrunn 1980
Wicher, H.: Kritik der Lernforschung. Hamburg 1989
Wicher, H.: Grundlagen und Ansätze der Lernforschung. Hamburg 1991
Wieczerkowski, W. / Wagner, H. (Hrsg.): Das hochbegabte Kind. Düsseldorf 1981
Wiederhold, K. A.: Differenzierung in Schule und Unterricht. Ratingen 1975
Wiedl, K. H. (Hrsg.): Rehabilitationspsychologie. Grundlagen, Aufgaben, Entwicklungsperspektiven. Stuttgart 1985
Wiegand, U. / Gruyter, B. de (Hrsg.): Weiterbildung – Eine Aufgabe der Universität nach innen und außen. Bad Honnef 1990
Wiener, N.: Kybernetik, Regelung und Nachrichtenübertragung in Lebewesen und Maschine. Reinbek 1968
Wiener Studien zur Wissenschaftstheorie. Bd. 2: Das Realismusproblem. Wien 1988
Wierichs, G.: Unterrichtsinhalte und ihre Analyse. Untersuchungen am Beispiel des schulischen Pädagogikunterrichts. Frankfurt 1989
Wiesenhütter, E.: Grundbegriffe der Tiefenpsychologie. Darmstadt 1987[3]
Wild, P.: Jugendgerichtshilfe in der Praxis. München 1989
Wilde, G.: Entdeckendes Lernen im Unterricht. Oldenburg 1984[2]
Wilhelm, Th.: Jenseits der Emanzipation. Pädagogische Alternativen zu einem magischen Freiheitsbegriff. Stuttgart 1975
Will, H.: Arbeitsprojektor und Folien. Bd. 4 der Reihe „Mit den Augen lernen". Weinheim 1990
Willimczik, K. / Grosser, M.: Motorische Entwicklung im Kindes- und Jugendalter. Schorndorf 1981
Wilson, G. T. u. a.: Verhaltenstherapie im Überblick. Tübingen 1989
Windolf, P.: Berufliche Sozialisation. Die Produktion des beruflichen Habitus. Stuttgart 1981
Wing, J. K. (Hrsg.): Frühkindlicher Autismus. Klinische, pädagogische und soziale Aspekte. Weinheim 1987
Winkel, G. (Hrsg.): Das Schulgartenhandbuch. Seelze 1989[2]
Winkel, R.: Angst in der Schule. Essen 1980[2]
Winkel, R.: Antinomische Pädagogik und kommunikative Didaktik. Düsseldorf 1986
Winkel, R. (Hrsg.): Pädagogische Epochen. Von der Antike bis zur Gegenwart. Düsseldorf 1987
Winkeler, R.: Differenzierung. Workshop Schulpädagogik, Material 14. Ravensburg 1975
Winkler, M.: Stichworte zur Antipädagogik. Stuttgart 1982

Winkler, W.: Individuation und Andragogik. C. G. Jungs Denken als Grundlage ganzheitlicher Erwachsenen-Bildung. München 1989
Winnicott, D. W.: Familie und individuelle Entwicklung. Frankfurt 1984
Winnicott, D. W.: Vom Spiel zur Kreativität. Stuttgart 1989[5]
Winnicott, D. W.: Reifungsprozesse und fördernde Umwelt (Frankfurt, Fischer-Tb.) 1990[4]
Winzen, G. / Raab, E. / Rademacker, H.: Handbuch Schulsozialarbeit. München 1987
Wippich, W.: Lehrbuch der angewandten Gedächtnispsychologie. 2 Bde. Stuttgart 1984 und 1985
Wirtschaftspädagogische Perspektiven. Reihe. Darmstadt
Wiswede, G.: Soziologie konformen Verhaltens. Stuttgart 1976
Wiswede, G.: Rollentheorie. Stuttgart 1977
Wit, Jan de / Veer, Guus van der: Psychologie des Jugendalters. Donauwörth 1982
Witte, A. (Hrsg.): Handbuch zur Arbeitsprojektion. Schwäbisch Gmünd 1974
Witte, A. (Hrsg.): Didaktische Handreichungen zur Arbeitsprojektion. Langen 1975
Witte, A.: Überzeugend informieren in Vortrag, Referat, Konferenz. Baden-Baden 1985
Witte, E. H.: Signifikanztest und statistische Inferenz. Analysen, Probleme, Alternativen. Stuttgart 1980
Wittenbruch, W. (Hrsg.): Erziehen in der Grundschule. Bochum 1989
Wittenbruch, W.: Das pädagogische Profil der Grundschule. Impulse für die Weiterentwicklung der Grundschule. Heinsberg 1989
Wittenbruch, W. / Möller, K. u. a.: Primarstufenlehrer – Bildung an Universitäten. Münster 1992
Wittling, W.: Einführung in der Psychologie der Wahrnehmung. Hamburg 1976
Wittmann, H.: Elternhaus, Kindergarten und Grundschule, gemeinsame Erziehungsansätze. München 1977
Wode, H.: Einführung in der Psycholinguistik. Theorien, Methoden, Ergebnisse. Ismaning 1988
Wörterbuch der Vorschulerziehung. Freiburg 1979
Wohlwill, J. F.: Strategien entwicklungspsychologischer Forschung. Stuttgart 1977
Wolf, A.: Zur Geschichte der Sozialpädagogik. Donauwörth 1977
Wolf, B.: Erziehungsberatung und Resozialisierung. Bad Heilbrunn 1983
Wolf, G.: Strafe und Erziehung nach dem Jugendgerichtsgesetz. Marburg 1985
Wolff, E. de: Étude clinique de 134 mongoliens. Basel/New York 1964
Wolff, R. P. / Moore, B. / Marcuse, H.: A critique of pure tolerance. London 1969, deutsch Stuttgart 1970
Wollenweber, H. (Hrsg.): Die Realschule. Paderborn 1979
Wolters, F.: Abenteuer Adoption. Leben mit verletzten Kindern. Frankfurt 1989
Wortgutachten und Schülergutachten. München 1991
Wragge-Lange, I.: Interaktionsmuster im Frontalunterricht. 3 Fallanalysen. Weinheim 1983
Wrigt, G. H. von: Handlung, Norm und Intention. Untersuchungen zur deontischen Logik. Berlin/New York 1977
Wucher, D. (Hrsg.): Die Musikschule. 6 Bde. Mainz 1973–1976
Wucher, D. / Berg, H. W. / Träder, W. (Hrsg.): Handbuch des Musikschul-Unterrichts. Regensburg 1979
Wuckel, D.: Illustrierte Literaturgeschichte der Science Fiction. Hildesheim 1986
Wulf, Chr. (Hrsg.): Kritische Friedenserziehung. Frankfurt 1973
Wulf, Chr. (Hrsg.): Wörterbuch der Erziehung. München 1974
Wulf, Chr.: Theorien und Modelle der Erziehungswissenschaft. München 1983[3]
Wulfers, W.: Schulsozialarbeit. Ein Beitrag zur Öffnung, Humanisierung und Demokratisierung der Schule. Hamburg 1991
Wulff, H.: Diagnose von Sprach- und Stimmestörungen. München 1983
Wunderlich, Ch.: Das mongoloide Kind. Stuttgart 1977[2]
Wurmser, L.: Das Rätsel des Masochismus. Psychoanalytische Untersuchungen von Über-Ich-Konflikten und Masochismus. Berlin 1992
Wurst, E.: Autismus. Bern 1981[2]
Wurst, F.: Sprachentwicklungsstörungen und ihre Behandlung. Wien 1978

Wurzbacher, G. (Hrsg.): Die Familie als Sozialisationsfaktor. Stuttgart 1977
Wurzbacher, G. (Hrsg.): Soziologie für Erziehungs- und Sozialberufe. München 1992[9]
Wyrwicka, W.: The mechanism of conditioned behavior. Springfield/Ill. 1972
Wyss, D.: Beziehung und Gestalt. Göttingen 1973
Wyss, D.: Die tiefenpsychologischen Schulen von den Anfängen bis zur Gegenwart. Göttingen 1991[6]
Wyss, H.: Schizophrenie. Düsseldorf 1990[4]

Yablonski, L.: Psychodrama. Die Lösung emotionaler Probleme durch Rollenspiel. Frankfurt (Fischer-Tb.) 1992
Yalom, I. D.: Theorie und Praxis der Gruppenpsychotherapie. Ein Lehrbuch. München 1989
Young, J. F.: Einführung in die Informationstheorie. München/Wien 1975

Zaporozec, A. V.: Entstehen und Aufbau der Motorik. Weinheim 1990
Zarth, M.: Wirtschaftserziehung an allgemeinbildenden Schulen. Notwendigkeit und Anforderungen. Stuttgart 1987
Zazzo, R.: Conduites et conscience. Travaux et conférences. Neuchatel/Paris 1968–1977
Zecha, G.: Für und Wider die Wertfreiheit der Erziehungswissenschaft. Paderborn 1984
Zehrfeld, K.: Freinet in der Praxis. Weinheim 1979[2]
Zeier, H.: Wörterbuch der Lerntheorien und der Verhaltenstherapie. Heidelberg 1988[2]
Zeig, J. (Hrsg.): Psychotherapie. Entwicklungslinien und Geschichte. Tübingen 1991
Zeiselmeier, G. / Schauer, H. / Jonies, R.: Aufnahmeprüfung in die Realschule. Vorbereitungsbuch Deutsch, Mathematik, Englisch. München 1988[4]
Zeissner, G.: Arbeitsbuch Kindergarten. Köln 1991
Zeitschrift Gruppendynamik. Forschung und Praxis. Stuttgart 1970 ff.
Zeitschrift „Migration". Berlin 1987 f.
Zelewske, R. (Hrsg.): Praxisbuch Jugendarbeit. Neuhausen 1991
Zeller, D.: Funktion und Rolle von Praktikumsanleitung und Supervison. In der Ausbildung von Sozialarbeitern und Erziehern. Bern 1981
Zentrum für Europäische Bildung, Bonn (Hrsg.): Europa im Unterricht. Bibliographie. Bonn 1989
Zenz, H. / Manok, G. (Hrsg.): AIDS-Handbuch für die psychosoziale Praxis. Bern 1989
Zielinski, J.: Stichwort Massenmedien. In: Heinrichs, H.: Lexikon audio-visueller Bildungsmittel. München 1971
Zielinski, W.: Lernschwierigkeiten. Verursachungsbedingungen, Diagnose, Behandlungsansätze. Stuttgart 1980
Zielke, W.: Mit Arbeitsprojektoren präsentieren – lehren – wirken – überzeugen. Stuttgart 1991[2]
Zillmann, Ch.: Begabte Schulversager. München 1981
Zillober, K.: Einführung in die Hochschuldidaktik. Darmstadt 1984
Zimmer, J. (Hrsg.): Interkulturelle Erziehung in der Grundschule, Reihe. Weinheim
Zimmermann, H. J.: Methoden und Modelle des Operations Research. Für Ingenieure, Ökonomen und Informatiker. Wiesbaden 1987
Zimmermann, W.: Die gymnasiale Oberstufe. Grundzüge – Reformkonzepte – Problemfelder. Stuttgart 1985
Zinker, J.: Gestalttherapie als kreativer Prozeß. (Engl. New York 1977) Paderborn 1981
Zinnecker, H. (Hrsg.): Der heimliche Lehrplan. Weinheim 1975
Zitelmann, A. / Carl, Th.: Didaktik der Sexualerziehung. Weinheim 1976[5]
Zöpfl, H. / Huber, H.: Über Grundlagen von Bildung und Erziehung. Donauwörth 1990
Zöpfl, H. / Wittmann, H. (Hrsg.): Umwelterziehung in der Schule. Donauwörth 1991
Zuber, O.: Trigger-Filme als Diskussionsanreger. In: Deutsche Universitätszeitung, Nr. 23. Bonn-Bad Godesberg 1978
Zubke, F.: Familienerziehung international. Köln 1988
Zucha, R. O.: Sozialpsychologie des Unterrichts. Paderborn 1980
Zuckrigl, A.: Linkshändige Kinder in Familie und Schule. München 1991[4]

Zudeick, P.: Alternative Schulen. Frankfurt/Main 1982
Zulliger, H.: Umgang mit dem kindlichen Gewissen. Stuttgart 1953, Frankfurt (Fischer-Tb.) 1989
Zulliger, H.: Die Angst unserer Kinder. Stuttgart 1966, Frankfurt (Fischer-Tb.) 1990
Zulliger, H.: Heilende Kräfte im kindlichen Spiel. Frankfurt (Fischer-Tb.) 1991
Zulliger, H.: Aus der Werkstatt eines Lehrers. München/Basel 1977
Zumkley, H.: Aggression und Katharsis. Göttingen 1978
Zygowski, H. (Hrsg.): Erziehungsberatung in der Krise. Analysen und Erfahrungen. Tübingen 1984

Peter Köck

Praxis der Beobachtung

Eine Handreichung für den Erziehungs- und Unterrichtsalltag

144 Seiten
Format 14 × 20 cm
kartoniert
Bestell-Nr. **1127**

Verhaltensbeobachtung gehört zu den Alltagsaufgaben der erzieherischen Berufe. Beobachtungsergebnisse schlagen sich mit weitreichenden Folgen in erzieherischen Maßnahmen und Beurteilungen nieder. Die vorliegende Anleitung zum Beobachten dient der ständig nötigen Überprüfung und wirklichkeitsgerechten Entwicklung dieser erzieherischen Grundfähigkeit sowie der selbstkritischen Arbeit am Beobachterverhalten. Sie ist aus der Praxis erarbeitet und als unmittelbar umsetzbare Handreichung für die Praxis entworfen.

Auer Verlag GmbH
Donauwörth · Leipzig · Dortmund